비즈니스범죄와
기업법

제4판

비즈니스범죄와 기업법

배임 · 횡령 · 회사범죄 · 배임수증재 · 독직죄

청탁금지법 · 분식회계 · 부실감사 · 자금세탁규제

한석훈

성균관대학교 출판부

| 제4판 머리말 |

제3판 개정판이 발간된 지 불과 2년 수개월이 지났음에도 그간 비즈니스범죄(기업범죄) 관련 새로운 판례들이 적지 않게 나왔고 관계된 입법의 제 · 개정도 잦았다. 우선 배임 · 횡령죄 부분에서 종전의 유죄를 무죄로 법리판단을 한 중요한 판례변경들이 있었고, 그밖에도 배임 · 횡령 · 배임수재죄 등 분야에서 눈에 띄는 새로운 판례들이 다수 나왔다. 이 책은 주로 비즈니스범죄의 법리에 관하여 해설하고 있지만, 청탁금지법과 자금세탁규제법에 관해서는 범죄뿐만 아니라 제도 전체를 종합하여 해설하고 있다. 그런데 이들 양 법제에서는 그간 「부정청탁 및 금품등 수수의 금지에 관한 법률」 및 그 시행령의 개정, 「범죄수익은닉의 규제 및 처벌 등에 관한 법률」 및 「특정 금융거래정보의 보고 및 이용 등에 관한 법률」의 개정, 「가상자산 이용자 보호 등에 관한 법률」의 제정 등 큰 변화가 있었다. 또한 청탁금지법의 주무기관인 국민권익위원회에서는 최근 청탁금지법 해설집의 2024년 개정 · 증보판을 발간하였다.

제4판에서는 제3판 발간 후 있었던 이러한 판례 · 입법의 변천과 새로운 논의를 빠짐없이 반영하고 일부 내용을 보완하여 비즈니스범죄의 법리에 관한 종합해설서로서 특히 변호사를 비롯한 법조인이나 기업의 준법통제 · 내부통제 담당자들의 실무에 도움이 되도록 힘썼다.

상법 · 자본시장법 등의 상사법뿐만 아니라 형법 · 형사특별법 등의 형사법을 아울러야 하는 비즈니스범죄의 체계적 법리 해설서가 거의 없는 국내에서 이 책이 미흡하나마 그 자리를 메울 수 있었던 것은 오로지 많은 독자들의 격려 덕분이라 생각한다. 특히 현재까지 6년째 필자가 겸임교수로서 출강하고 있는 연세대학교 법무대학원에서는 이 책을 금융법 전공과정의 교재로 채택하고 있어서 이 기회에 감사의 마음을 전하고 싶다.

제3판 발간 후 필자의 신상에도 변화가 있었다. 재작년 여름에 그간 15년간 재직해 오던 성균관대학교 법학전문대학원 교수직을 퇴임하고 지난 해 연초부터 보건복지부 국민연금기금운용위원회의 상근 전문위원으로 부임하였다. 이곳은 국민연금기금이 투자한 기업들에 대한 스튜어드십 코드(Stewardship Code)의 집행을 지원 · 감독하는 현장이므로, 기업의 지배구조와 이사의 책임도 주요 쟁점으로 다루고 있는 이 책의 연구는 물론 환경문제 · 인권경영 등을 다룬 국가인권위원회 인권위원으로서의 경험도 도움이 될 것으로 보인다.

지금 우리나라는 반만년 역사 중 처음으로 괄목할 만한 경제성장을 이루었지만, 2019년부터 시작된 저성장 기조, 수출경쟁력의 둔화 추세, 활력을 잃어가는 기업활동과 높은 실업률, 지역경제의 누적되어 온 침체, 사회의 급격한 양극화, 저출산으로 인한 인구절벽과 고령층의 가파른 증가세 등 총체적 위기에 직면해 있다. 특히 유례를 찾기 힘든 노동시장의 경직성, 기술혁신을 가로막는 지나친 기업규제, 기업가에 대한 형벌만능주의, 글로벌 스탠다드인 적극적 경영판단 보호장치의 결여 등의 반기업 환경은 창의적 기업가정신을 후퇴시켜 국가위기 탈출의 동력마저 잃게 하고 있다.

다만, 필자는 짧지 않은 세월 교수로서 학생들을 바라보면서 우리나라 젊은이들이 현실적이고 솔직할 뿐만 아니라 창의적이고 실용적인 사고를 하는 것을 간파하며 나라의 희망을 보았다. 또한 이들은 허황되지 않은 열정과 강인한 활력을 지니고 있고, 협동하며 난제를 효율적으로 해결할 줄도 안다. 인간성 상실의 메마른 기계문명 시대에 비생산적 대립과 누적된 비효율 속에서 경제발전의 후퇴냐 재도약이냐의 기로에 선 우리나라! 和而不同(조화를 추구하나 같음을 강요하지 않음), 비효율의 극복, 상식과 인간성의 회복, 이와 같은 낡은 진리에 새 빛을 비추는 것이야말로 나라의 위기를 기회로 변화시킬 시대정신이 아닐까? 진실 앞에서 용기 있고, 창의적이고 합리적인 사고와 포기를 모르는 열정을 갖추었다면 나이를 불문하고 젊은이이다. 이들이야말로 기업과 사회를 효율적으로 변모시켜 개인적인 성장과 나라의 지속적 발전을 이루게 할 시대의 희망이 아닐까 잠시 생각해 본다.

이번 제4판의 경우에도 개정내용을 치밀하게 반영하여 훌륭하게 편집해 주신 성균관대학교 출판부의 신철호 선생을 비롯한 편집진 여러분께 감사의 마음을 전하고 싶다.

2024년 2월

저자

제3판 머리말

이 책은 기업적 생활관계에서 발생하는 비즈니스범죄(기업범죄)의 법 분야 해설서로서, 관련 법리와 판례를 망라하여 체계적 해설을 시도한 이 분야 최초의 종합해설서이다.

제2판 개정판도 발간 후 많은 독자들의 호응에 힘입어 2년 만에 제3판 개정판을 발간하게 되었다. 그 사이에 관련 개정법 등 새로운 입법이 다수 있었고, 종전 판례를 변경하는 다수의 전원합의체 판결을 비롯한 새로운 판례들이 많이 나와서 이를 모두 반영하려고 노력하였다. 기업적 생활관계가 역동적인 만큼 비즈니스범죄에 관해서도 끊임없이 새로운 입법과 판례가 형성되고 있다. 대표적으로, 부동산 이중 담보권 설정이나, 채무자의 담보물인 부동산 · 동산 · 주식 임의처분의 경우에 배임죄가 성립하는지 여부, 이른바 '양자 간 등기명의신탁'을 받은 명의수탁자의 수탁부동산 임의처분의 경우에 횡령죄가 성립하는지 여부에 관해 종전 판례를 변경하여 무죄로 판시한 중요한 전원합의체 판결들이 있었다. 그밖에도 이른바 '하이마트 LBO 사건'의 배임죄 판결, 유상 자본금감소의 배임죄 여부 등 새로운 판례들이 다수 선고되어 이를 소개함은 물론, 교재의 서술 범주도 종전 '유상증자와 배임죄'를 '자본금 증감과 배임죄'로 확대하였고, 횡령죄의 이득액 산정 문제, 배임죄와 횡령죄의 구별기준에 관한 보완설명 등 전반적으로 해설내용을 보완하였다. 제7장 청탁금지법제 및 제9장 자금세탁 규제 법제에서는 개정 법령의 내용을 빠짐없이 반영하였고, 특히 가상자산(가상화폐, 암호화폐)을 자금세탁 규제대상에 포함한 개정 법령의 내용을 상세히 설명하였다. 참고문헌은 가급적 최근 간행된 신간의 내용을 재확인하여 인용하였다.

기업의 조직과 활동에 관한 입법의 경향은 크게 기업경영의 효율성 · 경쟁력 강화 입법과 기업활동의 투명성 · 안전성 강화 입법이라는 양 입장으로 분류할 수 있다. 양 입장은 어느 한쪽에 치우쳐서는 안 되고 균형을 유지하는 것이 건강하고 경쟁력 있는 기업문화의 조성을 위해 바람직하다. 그런데 2020년 개정 상법의 다중대표소송제 도입, 상장회사의 소수주주권 행사요건 완화 및 감사위원 1인 분리선임제 입법, 사실상 과실로 발생한 중대산업재해마저 사업주나 경영책임자에게 과중한 형사책임을 지우는 2021년의 「중대재해 처벌 등에 관한 법률」 입법 등은 기업활동의 투명성 · 안전성 강화에만 치중한 입법이다. 더구나 우리나라의 경우에는 경영실패로 회사가 도산하면 미국과 달리 경영자의 배임죄 여부가 쉽게 도마 위에 오르게 됨에도 불구하고, 경영판단원칙과 같은 기업경영의 효율성 및 경쟁력 강화를 위한 안전항(safe harbor)의 법리는 입법에서 철저히 외면되어 입법의 균형을 상실하고 있다. 경영판단원칙은 미국 · 독일 등 선진국이 오래전부터 경영판단의 임무위배 여부 판단기준으로 채택한 글로벌 스탠더드(global standard)로서, 경영판단에 배임죄가 광범위하게 의율되고 있는 우리나라에서는 적극적인 경영을 지원하기 위해 반드시 필요한 입법이다.

글로벌 스탠더드에 맞지 않는 비즈니스범죄 분야의 불합리한 입법은 이것만이 아니다. 직무관련성이 없더라도 공직자 등의 100만 원 초과 금품 수수와 그 제공만으로도 형사처벌까지 하는 청탁금지법, 아무런 재산상 이익 취득이 없더라도 재무제표나 감사보고서의 허위작성 만으로 무기징역형까지 처할 수 있도록 과중한 법정형을 규정한 외부감사법은 외국에 유례가 없는 기업규제 입법이다. 또한 회사의 이사 등이 회사에 대한 특정경제범죄법위반(배임/횡령)죄로 유죄판결을 받은 경우 형의 집행을 종료한 후에도 법무부장관의 취업승인을 받지 못하면 일정기간 그 회사의 경영을 계속 맡을 수 없도록 한 규정은 취업승인 여부를 정치인인 법무부장관의 판단에 맡김으로써 기업에 대한 정치적 영향력 행사를 허용한 점에서 기업경영의 효율성과 경쟁력을 침해하는 규제에 속한다. 그 취업승인의 거부는 사실상 자격정지 형벌을 추가하는 문제이고, 기업체의 경영상황과 제반 이해관계를 심사하여 기업의 이익을 위하여 승인 여부를 결정해야 할 문제이므로 이는 객관적 사법심사기관인 법원의 권한으로 함이 타당하다(제3장 제2절 Ⅳ항 참조).

기업이 번창해야 나라도 번성한다. 그러므로 기업 정책을 어떻게 정할 것인지는 나라의 흥망에 관한 중대한 문제이다. 역사적 경험에 비추어 볼 때 기업은 활약할 운동장을 넓게 만들어 주고 행정규제와 정치간섭을 가급적 최소로 함이 기업가의 창의와 기술혁신을 최대로 이끌어내는 지혜였다. 눈부시게 달라지고 있는 IT, AI 기반 지식정보사회 시대에서 기업의 경쟁력을 키우기 위해서는 더욱 그러할 것이다.

경영자의 사익을 위해 기업의 경쟁력이나 공정경쟁을 해치는 행위는 배임·횡령죄, 회사범죄, 자본시장법위반죄, 공정거래법위반죄 등 비즈니스범죄나 경제형법으로 규제하면 충분하다. 그러한 의미에서 필자는 주금의 납입을 가장하는 위장납입행위에 대해서는 납입가장죄 이외에 공정증서원본불실기재죄로 처벌할 것이 아니라 공정증서원본불실기재죄보다 그 형이 무거운 배임죄(특정경제범죄법위반 포함)로 처벌해야 함을 주장하고 있다(제5장 제7절 Ⅴ항 참조).

반만년 역사 중 모처럼 경제개발에 성공하여 겨우 일부 분야에서나마 대기업을 중심으로 세계무대에 손색없는 기업 경쟁력을 갖추게 되었지만, 3·4차 산업혁명과 비즈니스 무대의 세계화는 기업들을 일자리의 대규모 변화가 수반되는 산업구조의 대변혁과 국내외 기업 간 무한경쟁이라는 모험의 바다에 던져 놓았다. IT·AI기술을 비롯한 기술혁신의 경쟁에서 이긴 기업들과 그들의 국가만이 세계의 시장지배력을 향유하는 새로운 경영환경 속에서 기업들은 신속하고도 창의적이며 효율적으로 대응하지 못하면 순식간에 도태되어 버리는 시대가 되었다. 이 냉혹한 변혁의 시기에 사회에 새롭게 진출하는 청년들에게 꿈과 희망을 주고 가정을 부양하는 이들에게 경제력을 공급하는 소중한 일자리를 제공하는 길, 국민 전체의 복지수준을 높여 진정한 복지 선진국에 이르는 길에 서기 위해서는 기업이 번창할 수 있는 환경을 조성하는 것이 첫 번째이다. 기업활동의 투명성·안전성은 다양한 비즈니스범죄에 대한 합리적 법리 발전에 맡기고, 기업경영의 효율성과 경쟁력을 지원할 수 있는 적극적 입법이 필요한 때이다.

이번 제3판의 경우에도 적지 않은 수정·보완 내용을 빠짐없이 반영하고 가독성 높은 편집에 힘써 주신 성균관대학교 출판부의 신철호 선생을 비롯한 편집진께 감사드린다.

2021년 9월

저자

| 제2판 머리말 |

초판이 발간된 지 1년여 만에 품절되어 다시 인쇄를 하는 기회에 그 사이의 개정 입법, 새로 나온 판례 · 논문 기타 참고문헌의 주요내용을 추가하고, 전체 내용을 수정 · 보완하여 제2판을 발간하게 되었다. 특히 전면개정 된 외부감사법이 2018. 11. 1.부터 시행되고 사회적으로도 분식회계 및 부실감사 이슈가 부각되고 있는 상황이므로 이에 관한 외부감사법의 규제내용과 형벌에 관한 제8장을 새롭게 추가하였다. 최근 고액현금거래보고(CTR) 기준금액을 하향조정하고 전제범죄의 범위를 확대하는 등 규제의 내실화를 기한 자금세탁규제 법규의 개정내용, 배임 · 횡령 등 특정경제범죄법위반죄로 유죄판결 받은 사람의 취업제한 대상 기업을 피해기업체까지 확대한 특정경제범죄법 시행령의 개정내용 및 부패재산몰수법의 규제내용 등도 반영하였다.

종전 '기업범죄' 대신 '비즈니스범죄' 용어를 처음으로 사용하고, 우리나라 비즈니스범죄 종합해설서로서 그 체계화를 처음 시도한 이 책에 대하여 회사법무 · 법조계 및 학계의 많은 분들이 호응과 호평을 해 주셔서 이 기회에 깊이 감사드리고 싶다.

이 책은 비즈니스범죄와 관련된 형법, 특정경제범죄법, 상법, 외부감사법, 청탁금지법 및 자금세탁규제법 등 관련 기업법제를 실무 중심으로 이해하기 쉽게 설명하였다. 주로 배임 · 횡령 등 비즈니스범죄 전문 변호사, 회사 법무팀, 검사 등 법률전문가는 물론, 기업 · 경찰 · 연구기관 등의 실무자들에게 활용될 것을 염두에 둔 것이고, 필자가 재직하는 성균관대학교 법학전문대학원은 물론 다른 대학의 실무 중심 대학원 강의교재로도 활용되고 있다.

비즈니스범죄와 관련 기업법제를 정확히 이해하고 공부하는 이유는 건강한 기업활동을 지원하고 활력 넘치는 경제사회의 토양을 마련하기 위한 것이다. 예컨대 경영판단의 글로벌 스탠더드라고 할 수 있는 경영판단원칙을 배임 범죄에 활용한다면 적극적 경영을 지원할 수 있고, 차입매수(LBO)의 배임 범죄 의율을 합리적으로 한다면 선진 금융기법의 발전과 기업 인수합병의 활성화에 기여할 수 있게 된다. 이러한 비즈니스범죄와 기업법은 그 연구대상이 끊임없이 변화하는 기업활동 법제인 까닭에 해마다 새로운 이슈와 법제 및 판례가 생성되고 진화하는 매우 역동적인 영역이다. 계속 판수를 거듭하면서 이러한 최신 변화를 수용하고 비즈니스범죄 종합 해설서로서 그 체계와 내용을 보완해 가고자 하므로 독자 여러분의 주저 없는 지적과 조언을 기대한다.

이번 제2판의 수정 · 보완내용이 적지 아니함에도 치밀하게 그 내용을 반영하여 가독성 높은 편집을 해 주신 성균관대학교 출판부의 신철호 선생을 비롯한 편집진께 감사드린다.

2019년 8월

저자

| 머리말 |

기업의 경제활동 과정에서 부딪히는 법적 문제는 여러 모습으로 나타나지만 기업 임직원의 형사책임이 문제가 되거나 기업이 형사 피해자나 가해자가 되는 경우를 흔히 기업범죄로 다루어 왔다. 특히 경제가 어려워지고 기업이 도산하는 경우에 방송 · 신문 등 언론에서는 그에 책임 있는 경영자나 임직원에 대한 수사상황 보도로 떠들썩해진다. 이러한 기업범죄 사건은 법원 · 검찰 · 경찰은 물론 법률사무소나 사내변호사 등 실무계에서 자주 다루어지면서도 상법 · 형법 · 민법 등에 걸친 복잡한 쟁점을 내포하고 있어서 종종 어려운 사건으로 취급되어 왔다. 이처럼 기업의 활동 등 생활관계에서 발생하는 범죄를 그동안 강학상 **기업범죄**로 지칭하여 왔는데, 그 용어가 적절한 표현인지는 고민할 필요가 있다. 자원이 없고 자본력이 부족했던 우리나라가 그 동안 기술혁신을 이루고 부(富)를 창출하여 괄목할 만한 경제성장을 이루는 데는 기업이 중요한 일익을 담당하였음에도 불구하고, 기업범죄란 용어는 마치 기업이 범죄의 주체인 듯한 그릇된 인상을 주고 있어서 부적절하다. 오히려 기업은 기업범죄의 피해자인 경우가 대부분이므로 기업범죄란 용어 대신에 기업적 생활관계에서 발생하는 범죄라는 의미를 담을 수 있는 **비즈니스범죄**(Business Crime)란 용어가 적절하다고 본다. 또한 비즈니스범죄는 형법은 물론 특히 회사법의 법리를 통섭하지 않으면 안 되므로 이 책의 제목을 '비즈니스범죄와 기업법'으로 정하였다. 다만, 내용 중 종전 법리를 설명함에 있어서는 이해의 편의를 위하여 종전까지 주로 사용해 온 기업범죄란 용어를 그대로 사용하였다.

비즈니스범죄는 산업구조, 경제발전 정도, 관련 법제 등에 따라 나라마다 발생하는 범죄유형이 동일한 것은 아닌데, 이 책에서는 우리나라의 기업 경영에서 빈번하게 문제가 되어 왔거나 비즈니스 활동에서 문제가 될 수 있는 범죄유형만 정리하였다. 그 밖에 자본시장법상 증권범죄도 비즈니스범죄의 영역에 포함되어야 하겠지만, 증권범죄는 그 분량만으로도 족히 하나의 단행본을 이룰 수 있는 방대한 내용이므로 여기에서는 제외하였다. 경제질서의 규율에 관한 공정거래법 위반사범 등 경제범죄는 보호법익의 유형이나 해석원리를 달리하므로 제외하였다. 이 책은 필자가 5년 전 출간한 「기업범죄의 쟁점 연구」를 기초로 그간의 학설 · 판례의 변화를 반영하여 내용을 대폭 개편하고, 최근 문제가 되고 있는 청탁금지법(속칭 '김영란법')과 자금세탁방지법제의 규제내용까지 포함하여 비즈니스범죄의 종합 해설서로 출간하게 되었다.

우리나라에서 비즈니스범죄의 주된 유형으로 배임 · 횡령 범죄를 지목하고 비즈니스범죄에 관한 해설의 대부분을 이 유형의 범죄에 할애하는 시도는 필자가 5년 전 위 책을 출판할 때가 처음이었는데, 이는 필자가 검사로 재직하면서 실제로 접하였거나 그 동안 판례상 문제가 되어 온 대부분의 비즈니스범죄 유형이 배임 · 횡령 범죄였기 때문이다. 그 후 검찰이나 변호사업계에서도 배임 · 횡령 범죄의 전담 부서나 전문 변호사가 출현하는 등 배임 · 횡령 범죄가 우리나라의 주요 비즈니스범죄로 분류되고 형법 및 상법 학계의 활발한 연구대상이 되고 있어서 다행이다. 미국에서는 엔론(Enron)사의 회계부정 사건을 계기로 2002년 사베인스-옥슬리(Sarbanes-Oxley)법이 제정된 이래 대부분의 로스쿨에서 비즈니스범죄(화이트칼라 범죄) 과목이 개설되어 강의 중이지만, 우리나라 로스쿨에서는 필자가 재직하는 성균관대학교 외에는 강의과목으로 개설된 곳을 별로 발견하지 못하고 있다. 필자가 지난 10여년간 로스쿨의 상법 교수로서 상법(회사법)과 비즈니스범죄 과목을 강의하면서 느낀 점은 학생들이 변호사시험 준비에 급급한 나머지 형법, 회사법 등의 기본 과목 외에는 비즈니스범죄와 같은 그 심화 · 응용과목에는 미처 눈길이 미치지 못하여 실무가로서의 깊이를 기를 기회를 갖기 어렵다는 점이다. 로스쿨은 법조 실무가를 양성하는 곳인데, 우리나라는 일본과 달리 로스쿨 수료 후 사법연수원의 실무교육과정이 생략되어 있음에도 정작 로스쿨에서는 이처럼 실무교육이 취약한 점은 늘 아쉽게 생각하는 점이다.

이 책은 무엇보다 비즈니스범죄를 취급하는 기업 또는 법조 실무가를 위한 책이므로, 문제가 될 수 있는 쟁점을 거의 모두 다루고 있고 관련 판례나 실무에 필요한 학설을 대부분 소개하고 정리하였다. 그 중 배임 범죄와 회사범죄는 상법 회사편 벌칙에 규정되어 있는 전형적인 비즈니스범죄로서 형법보다 회사법의 법리가 더욱 빈번하게 활용되고 있으므로 형법과 회사법의 심화 · 응용 법역에 속하는 것으로 볼 수 있다. 배임 · 횡령 · 배임수증재 범죄는 실무의 형사사건 처리에서 사실인정이나 법리해석이 가장 어려운 사건유형에 속하여 검사의 미제(未濟)사건 목록 1위에 랭크 될 정도이다. 청탁금지법은 시행된 지 2년도 되지 아니하여 그 동안 축적된 판례나 참고할 만한 저서도 많지 않지만 해석상 쟁점이 적지 않게 발견되고 있어서, 그 동안의 판례 · 논문과 주무기관인 국민권익위원회의 해설서를 중심으로 예상되는 대부분의 쟁점을 망라하였다. 자금세탁방지법제는 금융기관을 중심으로 그 중요성이 점증하고 있지만 최근까지의 빈번한 개정내용을 반영한 체계적인 해설서가 드물어, 필자가 최근 수년간 성균관대학교의 「자금세탁방지 전문가과정」에서 금융기관 실무자들을 대상으로 강의하며 정리한 자료를 중심으로 전체 제도내용을 해설하였다. 이와 같이 주요 비즈니스범죄인 배임 · 횡령을 포함한 비즈니스범죄 전반에 걸쳐 최근까지의 주요 판례 · 논문 · 저서 등을 종합하여 대부분의 주요 쟁점을 망라하고 충실한 해석론을 전개하고 있으므로 특히 법조계나 기업의 실무 사건처리에 큰 효용이 있을 것으로 기대한다.

기업은 개개인의 부양가족을 위한 생계수단이자 국가 경제력 창출의 근간(根幹)이 되는 소중한 존재이므로 대기업이든 중소기업이든 규제의 대상이기에 앞서 보호의 대상이다. 기업을 이끄는 경영자는 기업 전체의 이익을 위하여 최선을 다할 자신이 있는 자가 맡아야 하고 그러한 경영자는 사회적인 존경을 받아 마땅하지만, 부패에 가담하여 기업에 피해를 야기하는 경영자에 대하여는 그 책임을 철저히 물어야 할 것이다. 다만, 사법기관이 사실인정도 하기 전에 미리 추정하여 예단하고 비난함으로써 기업 자체가 수사과정이나 재판 확정 전에 큰 피해를 입게 되는 어리석음은 피하는 사회적 분위기나 제도가 필요하다고 본다. 세상에는 소리 내지 않더라도 자신의 분야에서 하나하나 기술혁신을 이루어 기업의 성장에 기여한 경영자들이, 화려한 갈채 속에 등장하였다가 명멸한 명사들보다 비할 바 없이 많기 때문에 경제 사회의 지속적 성장이 가능하였다고 믿는다. 비즈니스범죄에 관한 이 책이 그러한 훌륭한 경영자를 격려하고 기업을 보호하는 데 일조할 수 있다면 더 없는 보람이 될 수 있겠다.

평소 비즈니스범죄에 관심을 갖고 많은 조언을 해 주신 상법학계의 최준선 교수님과 형법학계의 손동권 교수님께 깊이 감사드린다. 또한 지난 수년간 대학 강의 틈틈이 시간이 날 때마다 이 책의 내용을 고심하며 집필해 오는 과정에서 언제나 새로운 영감과 기운을 불어넣어 준 가족과, 이 책의 가독성 높은 편집을 위해 애써 주신 성균관대학교 출판부의 신철호 선생을 비롯한 편집진께 감사의 마음을 전하고 싶다.

2018년 3월

저자

| 차례 |

제5장 회사 범죄

제6장 배임수증재죄 및 독직죄

제7장 청탁금지법의 규제

제8장 분식회계 및 부실감사

제9장
자금세탁의 규제

| 약어(略語) 목록 |

【 인용 법령 】

가등기담보법 가등기담보 등에 관한 법률
금융사지배구조법 금융회사의 지배구조에 관한 법률
금융실명법 금융실명거래 및 비밀보장에 관한 법률
공정거래법 독점규제 및 공정거래에 관한 법률
동산채권담보법 동산 · 채권 등의 담보에 관한 법률
범죄수익은닉규제법 범죄수익은닉의 규제 및 처벌 등에 관한 법률
마약거래방지법 마약류 불법거래 방지에 관한 특례법
마약류관리법 마약류 관리에 관한 법률
부동산실명법 부동산 실권리자명의 등기에 관한 법률
부패재산몰수법 부패재산의 몰수 및 회복에 관한 특례법
자본시장법 자본시장과 금융투자업에 관한 법률
채무자회생법 채무자 회생 및 파산에 관한 법률
외부감사법 주식회사 등의 외부감사에 관한 법률
청탁금지법 부정청탁 및 금품등 수수의 금지에 관한 법률
폭력행위처벌법 폭력행위 등 처벌에 관한 법률
테러자금금지법 공중 등 협박목적 및 대량살상무기확산을 위한 자금조달행위의 금지에 관한 법률
특정경제범죄법 특정경제범죄 가중처벌 등에 관한 법률
특정금융정보법 특정 금융거래정보의 보고 및 이용 등에 관한 법률
특정범죄가중법 특정범죄 가중처벌 등에 관한 법률

【 참고문헌 】

《형사법 단행본》

김성돈(형총) 김성돈, 「형법총론」 (성균관대학교 출판부, 2021)
김성돈(형각) 김성돈, 「형법각론」 (성균관대학교 출판부, 2021)
김성돈(기업형법) 김성돈, 「기업 처벌과 미래의 형법 –기업도 형법의 주체가 될 수 있는가–」 (성균관대학교 출판부, 2018)
김일수 · 서보학(형총) 김일수 · 서보학, 「새로쓴 형법총론」 (박영사, 2014)
김일수 · 서보학(형각) 김일수 · 서보학, 「새로쓴 형법각론」 (박영사, 2016)
김혜정 · 박미숙 · 안경옥 · 원혜욱 · 이인영(형총) 김혜정 · 박미숙 · 안경옥 · 원혜욱 · 이인영, 「형법총론」 (피앤씨미디어, 2018)
김혜정 · 박미숙 · 안경옥 · 원혜욱 · 이인영(형각) 김혜정 · 박미숙 · 안경옥 · 원혜욱 · 이인영, 「형법각론」 (피앤씨미디어, 2019)
노명선(회범) 노명선, 「회사범죄(Ⅰ)」 (도서출판 성민, 2002)

도중진 · 정대관(형총) 도중진 · 정대관, 「형법총론」 (충남대학교출판문화원, 2016)
박강우(형총) 박강우, 「로스쿨 형법총론」 (준커뮤니케이션즈, 2018)
박상기(형총) 박상기, 「형법총론」 (박영사, 2012)
박상기(형각) 박상기, 「형법각론」 (박영사, 2011)
박상기 · 전지연(형법) 박상기 · 전지연, 「형법학」 (집현재, 2018)
배종대(형총) 배종대, 「형법총론」 (홍문사, 2020)
배종대(형각) 배종대, 「형법각론」 (홍문사, 2020)
손동권 · 김재윤(형총) 손동권 · 김재윤, 「새로운 형법총론」 (율곡출판사, 2011)
손동권 · 김재윤(형각) 손동권 · 김재윤, 「새로운 형법총론」 (율곡출판사, 2013)
신동운(형총) 신동운, 「형법총론」 (법문사, 2019)
신동운(형각) 신동운, 「형법각론」 (법문사, 2018)
오영근(형총) 오영근, 「형법총론」 (박영사, 2019)
오영근(형각) 오영근, 「형법각론」 (박영사, 2019)
이상돈(경형) 이상돈, 「경영과 형법」 (법문사, 2011)
이재상 · 장영민 · 강동범(형총) 이재상 · 장영민 · 강동범, 「형법총론」 (박영사, 2019)
이재상 · 장영민 · 강동범(형각) 이재상 · 장영민 · 강동범, 「형법각론」 (박영사, 2019)
이주원(특형) 이주원, 「특별형법」 (홍문사, 2021)
임웅(형총) 임웅, 「형법총론」 (법문사, 2019)
임웅(형각) 임웅, 「형법각론」 (법문사, 2019)
정성근 · 박광민(형총) 정성근 · 박광민, 「형법총론」 (성균관대학교 출판부, 2020)
정성근 · 박광민(형각) 정성근 · 박광민, 「형법각론」 (성균관대학교 출판부, 2019)
정영일(형총) 정영일, 「형법총론」 (학림, 2020)
정웅석 · 최창호(형총) 정웅석 · 최창호, 「형법총론」 (대명출판사, 2018)
정웅석 · 최창호(형각) 정웅석 · 최창호, 「형법각론」 (대명출판사, 2018)
한석훈(기범) 한석훈, 「기업범죄의 쟁점 연구」 (법문사, 2013)

《민 · 상사법 단행본》

고상룡(민총) 고상룡, 「민법총칙」 (법문사, 2004)
고상룡(물권) 고상룡, 「물권법」 (법문사, 2001)
곽윤직 · 김재형(민총) 곽윤직 · 김재형, 「민법총칙」 (박영사, 2015)
곽윤직 · 김재형(물권) 곽윤직 · 김재형, 「물권법」 (박영사, 2015)
권기범(회사) 권기범, 「현대회사법론」 (삼영사, 2021)
김건식 · 노혁준 · 천경훈(회사) 김건식 · 노혁준 · 천경훈, 「회사법」 (박영사, 2021)
김정호(상총) 김정호, 「상법총칙 · 상행위법」(법문사, 2020)
김정호(회사) 김정호, 「회사법」 (법문사, 2021)
김준호(민총) 김준호, 「민법총칙 –이론 · 사례 · 판례–」 (법문사, 20119)
김준호(물권) 김준호, 「물권법 –이론 · 사례 · 판례–」 (법문사, 2020)
김홍기(상법) 김홍기, 「상법강의」 (박영사, 2021)
손진화(상법) 손진화, 「상법강의」 (신조사, 2017)
송덕수(민법) 송덕수, 「신 민법강의」 (박영사, 2020)
송옥렬(상법) 송옥렬, 「상법강의」 (홍문사, 2021)
안강현(상총) 안강현, 「상법총칙 · 상행위법」(박영사, 2019)

오성근(회사) 오성근. 「회사법」 (박영사, 2021)
이기수 · 최병규(회사) 이기수 · 최병규, 「회사법」 (박영사, 2019)
이범찬 · 임충희 · 이영종 · 김지환(회사) 이범찬 · 임충희 · 이영종 · 김지환, 「회사법」 (삼영사, 2018)
이철송(상총) 이철송, 「상법총칙 · 상행위」 (박영사, 2018)
이철송(회사) 이철송, 「회사법강의」 (박영사, 2021)
임재연(회사II) 임재연, 「회사법 II」 (박영사, 2020)
임재연(자본) 임재연, 「자본시장법」 (박영사, 2020)
임홍근(회사) 임홍근, 「회사법」 (법문사, 2000)
장덕조(회사) 장덕조, 「회사법」 (법문사, 2020)
정경영(상법) 정경영, 「상법학강의」 (박영사, 2009)
정경영(쟁점) 정경영, 「상법학쟁점」 (박영사, 2016)
정동윤(상법-상-) 정동윤, 「상법(上)」 (법문사, 2012)
정준우(상총) 정준우, 「상법총론 –총칙 · 상행위 –」 (정독 2021)
정찬형(상법-상-) 정찬형, 「상법강의(상)」 (박영사, 2021)
지원림(민법) 지원림, 「민법강의」 (홍문사, 2020)
최기원(상법-상-) 최기원, 「상법학신론(상)」 (박영사, 2014)
최기원(회사) 최기원, 「신회사법론」 (박영사, 2012)
최준선(상총) 최준선, 「상법총칙 · 상행위법」 (삼영사, 2021)
최준선(회사) 최준선, 「회사법」 (삼영사, 2021)
홍복기 · 박세화(회사) 홍복기 · 박세화, 「회사법강의」 (법문사, 2021)
홍복기 · 김성탁 · 김병연 · 박세화 · 심영 · 권재열 · 이윤석 · 장근영(회사) 홍복기 · 김성탁 · 김병연 · 박세화 · 심영 · 권재열 · 이윤석 · 장근영, 「회사법 –사례와 이론–」 (박영사, 2017)

《주석서》

대계 I 「주식회사법대계 I」 제3판 (한국상사법학회, 2019)
대계 II 「주식회사법대계 II」 제3판 (한국상사법학회, 2019)
대계 III 「주식회사법대계 III」 제3판 (한국상사법학회, 2019)
주석 형법(각칙6) 「주석 형법[각칙(6)]」 제4판 (한국사법행정학회, 2006)
주석 상법(회사-VII) 「주석 상법[회사(VII)]」 (한국사법행정학회, 2014)

《주요 외국 문헌》

Brickey Kathleen F. Brickey & Jennifer Taub, Corporate and White Collar Crime - Cases and Materials - (Sixth ed.), New York: Wolters Kluwer(2017)
新版 注釈会社法(13) 上柳克郎 外 11人 編, 「新版 注釈会社法(13)」 (有斐閣, 2002)
新経済刑法入門 神山敏雄 외 3人 編, 「新経済刑法入門」 (成文堂, 2008)
会社法コンメンタル(21) 落合誠一 編, 「会社法コンメンタル(21) 雜則[3] ・ 罰則」 (商事法務, 2011)

1

제1장

비즈니스범죄의 기초이론

제1절 의의

민주주의와 시장경제를 기본구조로 하는 현대사회에서는 기업(즉, 상법에 규정된 회사나 상인)과 관련이 없는 경제생활이나 사회생활을 생각하기 어렵다. 상법과 그 특별법은 기본적으로 기업의 조직과 활동을 지원하기 위하여 그 사법(私法)적 권리·의무관계를 규율하고 있다. 그런데 그 의무위반 행위 중 일정 한도를 넘는 부정행위는 범죄로 형사처벌하거나 질서벌인 과태료를 부과하지 않으면 기업적 생활관계를 원만히 유지하기 어렵다. 또한 기업의 조직이나 활동력을 바탕으로 타인의 법익을 침해하거나 경제질서를 해치는 행위도 형사처벌로 특별히 규제할 필요가 있다. 이러한 형사처벌 대상 범죄를 기업범죄(Corporate Crime) 또는 비즈니스범죄(Business Crime)라 할 수 있다. 이러한 범죄는 기업적 생활관계에서 발생하는 범죄이므로 후술하는 것처럼 비즈니스범죄란 용어가 보다 적합하겠지만[1] 인용 등 필요한 경우에는 종전까지 사용해 오던 기업범죄란 용어도 병용하기로 한다.

'비즈니스범죄' 또는 '기업범죄'란 용어는 법률용어가 아닌 강학상 용어이고, 학문적으로 정립되어 있는 개념도 아니다. 그 개념에 관하여 국내에서는 화이트칼라 범죄의 개념 정의로서 "존경받고 합법적인 직업활동을 하는 과정에서 개인이나 집단에 의해 저질러진 법률위반"이라는 견해,[2] 기업범죄의 개념 정의로서 "화이트칼라 범죄의 일부로서 정상적인 기업활동에 수반하여 이루어지는 위법행위"라는 견해,[3] '기업이윤을 직접적으로 증가시킬 목적으로 기업활동 과정에서 행하여지는 모든 불

1) 미국에서는 후술하는 White Collar Crime의 일종으로서 기업적 생활관계에서 발생하는 범죄를 Business Crime, Corporate Crime, Economic Crime 등으로 표현하고 있는데, 특히 기업의 지배구조와 관련된 배임(breach of trust), 횡령(embezzlement) 등 문제와 관련해서는 Business Crime 이란 용어를 사용하고 있으며[Richard A. Booth, "What is a Business Crime?", 3 J. Bus. & Tech. L. 127(2008)], 세계변호사협회(IBA)에서도 'Business Crime Committee'란 명칭의 위원회를 두는 등 (http://www.ibanet.org) 법조계에서 White Collar Crime의 기업적 쟁점(issues)을 다루는 범죄분야의 용어로 Business Crime을 많이 사용하고 있다.

2) 사법연수원, 「신종범죄론」(2014), 8면.

3) 정영석 · 신양균, 「형사정책」(법문사, 1997), 198면.

법적 행위로서 국가형벌권의 대상이 되는 행위'라는 견해,[4] '기업의 구성원이 기업이란 사회적 조직체에 통합된 상태에서 그 조직체의 행위로서 수행하는 범죄'라는 견해[5] 등이 있다. 또한, 외국에서는 '기업이나 기업의 대표자 등 경영진 · 사용인 · 종업원이 기업의 업무와 관련하여 범하게 되는 범죄'(John Braithwaite, 室伏哲郎) 또는 '기업활동으로 행하여지는 범죄'(板倉 宏, 藤木英雄)라고 정의하고 있다.[6]

그 중 '기업' 또는 '기업활동' 등 범죄의 행위주체를 중심으로 기업범죄의 개념을 설명하는 것은 그 개념이 범죄행위주체의 신분을 기준으로 범죄개념을 정의한 화이트칼라 범죄(White Collar Crime)에서 유래한 것이기 때문이다. 미국의 범죄사회학자 서덜랜드(Edwin H. Sutherland)는 1939년 처음으로 화이트칼라 범죄란 용어를 제시하면서 이는 '존경받을 만한 높은 사회적 지위를 가진 자들이 그 직업상 범하는 범죄'라고 정의하였다. 그러나 화이트칼라 범죄 중에는 사회적 지위가 없는 단순한 직무상 범죄도 포함되어 있는 등 그 개념의 불명확성 · 모순성으로 인하여 그 이후 개념정의에 관한 많은 논쟁과 비판을 야기하게 되었다.[7] 미국에서는 아직까지도 화이트칼라 범죄의 개념정의나 체계적 원리를 정립하지 못하고 있다.[8]

비즈니스범죄 또는 기업범죄의 개념에 관한 우리나라나 외국에서의 논의를 종합해 보면, 행위주체를 기준으로 기업이나 기업의 구성원이 기업의 이익을 위하여 범하는 범죄로 제한하는 입장과, 행위의 특성을 기준으로 기업적 생활관계에서 범한 범죄라면 기업 측의 기업이익을 위한 행위는 물론 기업을 범행의 대상으로 하는 범죄도 포함하여 넓게 파악하는 입장으로 대별할 수 있다. 비즈니스범죄로 다루어지는 범죄 중에는 기업의 조직과 활동을 보호하고 기업적 생활관계를 원만히 유지하기 위한 것도 있고, 기업이나 그 종사자가 기업의 조직이나 활동력을 바탕으로 타인의 법익을 침해하거나 경제질서를 해치는 행위를 억제하기 위한 것도 있다. 따라서

---

4) 천진호, "기업범죄와 형사적 규제", 「법학논고」 제16집(경북대학교 법학연구소, 2000), 73면.

5) 박강우, 「기업범죄의 현황 및 정책분석」(한국형사정책연구원, 1999), 20면.

6) 외국에서의 기업범죄 개념에 관한 상세한 논의는 천진호, 위 논문, 71-73면 참조.

7) 이태원, "화이트칼라범죄 연구에 관한 최근 쟁점들", 「형사정책연구」(한국형사정책연구원, 1998년 봄호), 106-111면.

8) Brickey, Preface. 미국에서는 2001년 말에 발생한 유명한 기업회계부정사건인 엔론(Enron)사태와 그 이후 빈발한 유사 범죄의 발생을 계기로 화이트칼라 범죄에 관한 논의가 다시금 활발히 전개되고 있고 여러 로스쿨의 교과목에도 화이트칼라 범죄 강좌가 개설되는 등 그 중요성이 높아지고 있는 추세이다.

비즈니스범죄의 개념에 이러한 것을 모두 포함하고 통일적인 법원리나 법해석 원칙을 정립하기 위해서는 행위의 특성을 기준으로 기업적 생활관계에서 범한 범죄는 모두 비즈니스범죄로 보아야 할 것이다.

기업이란 원래 경제학적 용어이고 법률용어로는 일반적으로 사용되는 용어가 아니지만,[9] 상법학계에서는 실질적 의의의 상법 개념을 정의함에 있어서 이 용어를 활용하여 상법이란 기업적 생활관계에 관한 특별사법이라고 정의함이 일반적이다(기업법설).[10] 기업법설 입장에서도 기업의 개념이 일정한 것은 아니지만, 대체로 기업이란 계속 · 반복하여 영리를 추구하는 독립된 경제단위라 할 수 있고, 반복 · 계속성과 영리성을 주요 특성으로 하고 있다. 기업에는 회사 등 법인이나 개인기업이 모두 포함될 수 있다. 이러한 기업적 생활관계의 사법(私法)적 특성으로 인하여 후술하는 바와 같은 반복 · 계속성, 영리성, 모방성, 지능성, 분업성 등 비즈니스범죄에 공통된 특성이 나타나게 되고 경영판단원칙 등 특수한 법원리가 적용될 여지가 있는 것이다. 그러므로 비즈니스범죄란 이러한 기업의 기업활동, 즉 기업적 생활관계에서 발생하는 범죄라고 폭넓게 정의하는 것이 타당하다고 본다.[11]

따라서 기업이나 기업의 경영진 · 사용인 · 종업원 등 구성원이 기업을 위하여 범하는 범죄는 물론, 기업의 구성원이 자기의 개인적 이익을 위하여 범하거나, 기업이 피해자가 되는 경우일지라도 기업조직을 이용하는 등 기업적 생활관계에서 범한 범죄라면 모두 포함될 수 있다. 그렇다면 마치 기업이 범죄의 주체인 것처럼 느껴지는 '기업범죄'라는 용어보다 기업이 행위주체인 경우는 물론 기업이 피해자로서 보호의 대상이 될 수도 있는 '기업생활범죄' 또는 '비즈니스범죄'라는 용어가 더 적합한 표현이라고 생각한다. 그 중 외국에서도 사용하는 용어인 '비즈니스범죄'란 용어를 사용하기로 한다.

원래 범죄란 법률에 형벌을 부과하는 것으로 규정된 행위[12]를 의미하지만, 비즈니

---

9) 2007년 상법개정시 상법 제5편 제1장의 제목을 '해상기업'이라고 표현하고, 기업구조조정촉진법 등 특별법에서 '기업'이란 용어를 일부 사용하고 있을 뿐이다.

10) 최준선(상총), 34면; 이철송(상총), 8면; 정동윤, 「주석 상법 총칙 · 상행위(1)－」(한국사법행정학회, 2003), 36면; 정찬형(상법－상－), 11면.

11) 같은 취지 : 新経済刑法入門, 26면.

12) 손동권 · 김재윤(형총), 6면; 이에 대하여, 형법의 규제범위가 고정적이지 않고 시대와 상황에 따라 유동적이라는 이유로 기업범죄의 범위에 형벌 뿐만 아니라 행정적 제재를 받는 경우를 포함하거나(사법연수

스범죄의 경우에 형벌의 대상이 항상 고정적인 것은 아니며 그 제재수단의 적합성 여부도 검토할 필요가 있으므로 이 책에서는 비즈니스범죄와 관련된 과태료나 과징금 부과의 경우도 아울러 살펴보기로 한다.

원, 앞의 「신종범죄론」, 8면) 심지어는 민사적 제재를 받는 경우도 포함하는 견해[박광섭, "기업범죄에 관한 연구", 「법학연구」(충남대학교 법학연구소, 2003. 12.), 61면]가 있으나, 범죄의 개념상 형벌의 대상인 범죄행위로 한정해야 할 것이다.

제2절 연혁

I. 경제범죄 개념의 발생과 변천

기업활동이나 경제생활에 특유한 범죄, 즉 비즈니스범죄의 개념이 형성된 것은 대륙법계인 독일과 영미법계인 미국에서 비롯된 것인데, 상호 그 유래와 개념을 달리하고 있다.

독일을 비롯한 대륙법계에서는 기업이나 개인의 경제생활을 규제하는 '경제범죄'의 개념이 형성되어 왔다. 독일에서는 1914년 제1차 세계대전의 발발을 계기로 전쟁수행을 위하여 국민의 경제생활을 통제하는 경제통제법령을 제정하고 이를 위반한 경우에 형벌을 부과하면서 경제통제법규 위반 범죄로서의 '경제범죄' 개념이 처음 형성되었다.[13] 그 후 제2차 세계대전을 거친 후 자유시장경제가 회복되면서 경제범죄의 중점은 시장경제질서를 침해하는 범죄로 변화하게 되고, 1970년대에는 이러한 입장에서 경제범죄대책법까지 제정하기에 이른다. 이러한 경제범죄의 개념은 개인적 법익에 대한 침해를 중심으로 구성하는 종래의 재산범죄와는 달리 초개인적 법익인 경제질서, 경제제도 또는 주요 경제부문에 대한 침해라는 사회적 법익의 침해를 그 내용으로 하는 것이었다. 이러한 입장은 유럽 각국은 물론 일본에도 영향을 미치게 되어, 일본의 경우 1930년대 중일전쟁을 계기로 제정된 경제통제법령을 중심으로 경제범죄의 개념이 형성되었고, 제2차 세계대전의 종전 후에는 독일의 경우처럼 자유시장 경제질서를 위한 경제법규를 위반하는 범죄로 경제범죄의 중점이 이동하게 된다.[14]

---

13) 新經濟刑法入門, 3면.

14) 新經濟刑法入門, 5면.

Ⅱ. 비즈니스범죄 개념의 발생과 변천

영미법계의 경우 미국에서 1939년경 사회학자인 서덜랜드가 범죄사회학적 측면에서, 높은 사회적 지위를 가진 자들이 직업상 범하는 범죄를 '화이트칼라범죄(White Collar Crime)'라고 정의한 이래, 범죄행위의 주체를 중심으로 하는 비즈니스범죄 또는 기업범죄의 개념이 발달하게 되었다. '화이트칼라범죄'란 용어는 범죄가 주로 빈민들에 의하여 행해지는 것이라는 종래의 일반적 인식을 뒤엎는 것으로서 사회적으로 큰 충격을 줌과 동시에, 이러한 범죄의 특성과 그 대책에 관한 새로운 문제의식을 야기하게 되었다. 그러나 '화이트칼라범죄'는 그 개념 자체가 분명한 것이 아니어서 그 후 많은 비판과 논쟁을 야기하게 되었는데,[15] 그 중 클리나드(Marshall B. Clinard)와 퀴니(Richard Quinney)는 '화이트칼라범죄'를 기업범죄(Corporate Crime)와 직업범죄(Occupational Crime)로 구분하여 설명하기도 하였다. 기업범죄는 경영진이 기업을 위하여 범하거나 기업 자체가 범한 범죄이고, 직업범죄는 개인이 그 직무수행 과정에서 자신을 위하여 범하거나 기업 등 그 사용자에 대하여 범하는 범죄라는 것이다.[16] 이렇게 '화이트칼라범죄'는 원래 범죄의 행위주체를 중심으로 개념을 정의하게 된 것이지만, 그 후 점차 범죄의 성격, 근원, 범행수단으로 개념정의의 중점이 옮겨가면서 비즈니스범죄(Business Crime) 또는 기업범죄(Corporate Crime)의 개념이 확대되었다.

일본은 위와 같이 대륙법계의 경제범죄 개념에서 출발하였지만, 1950년대 이후에는 미국의 영향을 받아 기업가, 회사 임원, 고위관료 등 상류층의 범죄, 회사범죄, 배임 · 횡령 · 사기죄, 뇌물죄 등도 경제범죄의 연구대상에 포함하게 되었으므로,[17] 경제범죄라는 명칭 아래 영미법에서 발달하여 온 화이트칼라범죄, 비즈니스범죄 또는 기업범죄 개념도 포괄하고 있는 셈이다.

이상 살펴본 것처럼 대륙법계의 경제범죄나 영미법계의 화이트칼라범죄, 비즈니스범죄 또는 기업범죄는 각 발생유래와 기본개념은 상이하나, 정치상황의 변화, 경

---

15) 상세한 논의 내용은 박강우, 앞의「기업범죄의 현황 및 정책분석」, 17-20면.

16) Marshall B. Clinard & Richard Quinney, Criminal Behavior Systems: A Typology(Second ed., 1973), p. 188.

17) 新経済刑法入門, 6면.

제발전에 따른 기업의 역할 증대와 각국 법제의 상호영향에 따라 그 범위가 확대되고 내용이 발전하면서 상당 부분 같은 대상을 포함하게 되었다. 따라서 오늘날 비즈니스범죄는 범죄의 특성이나 적용 법원리가 유사한 이상 개인적 법익의 침해뿐만 아니라 경제질서를 침해하는 경제범죄까지도 포함하는 광의의 개념으로 논의하여도 무방할 것이다.

이렇게 비즈니스범죄의 개념과 그 범위를 구분하는 목적은 비즈니스범죄에 타당한 법원리나 법해석원칙을 규명하여, 이를 비즈니스범죄에 관한 법해석에 적용하고 입법에 반영함으로써 비즈니스범죄에 효과적으로 대처하려는 것이다. 대륙법계의 경제범죄이든 영미법계의 화이트칼라범죄 또는 비즈니스범죄이든 모두 기업적 생활관계에서 발생하는 범죄라는 점에서는 공통된 특성을 갖고 있다. 다만, 각 입법취지나 보호법익의 차이를 감안하여 경제범죄에는 경제질서 전체를 조망하는 거시적 접근이 필요하고, 경제범죄를 제외한 비즈니스범죄에는 개별 경제주체의 행위에 대한 미시적 접근이 필요하다.

제3절 유형

기업적 생활관계에서 발생하는 비즈니스범죄는 분류기준에 따라 여러 가지 유형으로 분류할 수 있을 것이다. 범죄행위주체를 기준으로 기업조직체 범죄, 경영진 범죄, 종업원 범죄로 분류하거나, 범행방법을 기준으로 기망 · 배신형 범죄(배임, 횡령, 사기, 분식회계, 부실감사), 부정부패형 범죄(배임수재죄 · 배임증재죄, 독직죄, 리베이트범죄, 청탁금지법위반죄),[18] 기업 · 영업질서침해형 범죄(회사범죄, 증권범죄, 독점 등 부정경쟁), 노사관계, 노사관계형 범죄(임금체불 등 근로기준법위반), 환경파괴형 범죄(환경범죄) 등으로 분류할 수 있다.[19] 그러나 범죄란 보호법익을 침해하는 행위이고[20] 보호법익을 기준으로 처벌법규의 입법취지나 규율내용도 달리 전개되는 것이므로, 범죄의 법리분석을 위해서는 보호법익을 기준으로 하는 분류가 유용하다고 본다.[21]

우리나라 실무상 많이 문제되는 비즈니스범죄를 보호법익을 기준으로 분류하자면, 회사 등 기업의 재산을 침해하는 배임죄(상법의 특별배임죄 포함) · 횡령죄, 기업의 재산 및 사무처리의 공정성을 침해하는 배임수재죄 · 배임증재죄(이하 '배임수증재죄'라 함) · 독직죄 · 리베이트범죄 또는 청탁금지법위반죄(민간부문 해당부분), 회사의 자본금충실이나 건전한 운영 또는 주주권 등 회사법상 보호법익을 침해하는 회사범죄(즉, 상법 회사편 벌칙에 규정된 죄), 회사 재무제표에 대한 사회의 신뢰 또는 회사의 경영건전성 등을 보호법익으로 하는 외부감사법위반죄, 증권 등 금융투자상품 거래의

---

18) 기업적 생활관계에서 발생하는 민간 부정부패 범죄로서 형법 제357조의 배임수재죄 · 배임증재죄, 상법 제630조의 독직죄 및 「부정청탁 및 금품등 수수의 금지에 관한 법률」(속칭 '김영란법'으로 지칭하기도 하지만, 이하 '청탁금지법'이라 함) 위반 범죄를 들 수 있다. 청탁금지법 제8조 규정에 의하면 그 금품등 수수 · 요구 · 약속죄는 언론사와 같은 기업의 대표자 및 그 임직원도 행위주체에 포함될 뿐만 아니라, 그 금품등 제공 · 제공약속 · 제공의사표시는 민간인도 행위주체가 될 수 있다.

19) 사법연수원, 「경제범죄론」(2014), 11면에서는 범죄수법에 따라 '독점기업형, 사기 · 기망형, 착취형, 관료형 범죄'로 유사한 구분을 하고 있다.

20) 신동운(형총), 77면.

21) 일본에서도 보호법익을 중심으로 경제범죄를 분류하는 견해가 주류를 이루고 있다(新経済刑法入門, 6면).

공정성을 침해하는 자본시장법위반죄(이하 '증권범죄'라 함), 국가의 경제질서나 경제제도를 침해하는 경제범죄 등으로 구분할 수 있다. 또한 범죄수익 등의 자금세탁행위를 규제함으로써 범죄의 발견과 억제를 지원하기 위한 자금세탁 관련 범죄도 주로 기업적 생활관계에서 발생하는 범죄라는 점에서 비즈니스범죄의 범위에 포함할 수 있다.

이 중 경제범죄라는 용어는 학자에 따라 그 개념정의가 일정하지는 않지만, 원래의 경제범죄란 경제거래 등 경제생활에서 요구하는 신뢰를 깨뜨려 사회적 또는 초개인적 법익인 경제질서나 개별 경제제도를 침해하거나 위태롭게 하는 범죄[22]로 정의함이 일반적이다. 이러한 경제범죄에는 독점 등의 공정거래법위반 범죄, 조세범죄, 외환거래 · 수출입 관련 범죄, 보조금 · 공적자금 관련 범죄, 신용카드 등 카드범죄, 「채무자 회생 및 파산에 관한 법률」 위반 범죄, 소비자보호법규위반 범죄, 특수판매(다단계 · 방문 · 통신판매 등) 관련 범죄, 근로자보호 · 산업재해 관련 범죄, 부동산거래 관련 범죄, 컴퓨터이용 관련 범죄, 지적재산권 · 기업정보 관련 범죄, 환경 · 보건 관련 범죄 등이 있다. 회사범죄도 회사제도라는 경제제도를 보호하고자 한다는 점에서는 광의의 경제범죄에 포함될 수 있으나, 회사제도 자체보다는 회사라는 개별 기업의 이익이나 그 이해관계인 보호를 직접목적으로 한다는 점에서 경제범죄와는 구분해야 한다. 경제범죄는 경우에 따라 개인적 법익을 침해하는 경우도 있으나, 주로 국가의 경제질서나 개별 경제제도를 침해하는 범죄로서, 개별 처벌법규의 입법취지에 따른 특별한 법리전개가 필요하다.

이 책에서는 비즈니스범죄 중 주로 기업의 지배구조와 관련하여 기업의 재산이나 건전한 운영 또는 기업활동을 침해하는 범죄로서 실무상 많이 문제가 되는 배임, 횡령, 회사범죄, 배임수증재죄 및 독직죄와 외부감사법위반죄, 그리고 기업적 생활관계에서 문제가 될 수 있는 청탁금지법 및 자금세탁의 규제내용에 한정하여 살펴보고자 한다.

이 중 배임 범죄 및 횡령 범죄는 형법각칙에 기본적 범죄유형이 규정되어 있고, 특정경제범죄법 제3조, 특정범죄가중법 제5조(국고등손실) 및 상법 회사편 벌칙(제

---

22) 사법연수원, 앞의 「경제범죄론」, 7면; 유전철, "경제범죄의 개념과 유형", 「법학논총」(조선대학교, 2002. 8.), 5면.

622조, 제623조, 제624조) 등 특별법에 그 가중처벌 유형이 규정되어 있다. 이들 범죄의 기본 유형은 형법 각칙상의 범죄이지만 주로 기업적 생활관계에서 빈발하는 범죄이고[23] 기업의 조직과 활동에 관한 상법적 지식을 전제로 하고 있는 쟁점이 많아 비즈니스범죄로서의 특성이 강하다. 또한 우리나라에서는 이들 범죄가 비즈니스범죄의 주요 부분을 구성하고 있으므로 제3장에서 배임 범죄, 제4장에서 횡령 범죄를 상세히 다루기로 한다.

회사범죄는 특별배임죄, 납입가장죄, 이익공여죄 정도 외에는 실무상 문제가 되는 경우가 아직은 많지 않지만, 오늘날 경제사회에서 회사가 차지하는 비중이 확대되어 감에 따라 회사의 보호와 건전한 운영을 위한 적극적 활용이 요구되므로 특별히 다룰 필요가 있다. 이 책에서는 회사범죄 중 특별배임죄는 제3장 배임 범죄 부분에서 함께 다루고, 상법 제630조의 독직죄는 배임수증재죄의 특별규정이므로 제6장 '배임수증재죄 및 독직죄' 부분에서 함께 다루며, 나머지 회사범죄와 회사법규위반 과태료[24] 제재 부분은 제5장 회사범죄 부분에서 다루기로 한다.

민간 부정부패 범죄에 속하는 배임수재죄 · 배임증재죄, 상법 제630조의 독직죄, 리베이트범죄, 외부감사법 제40조의 죄 및 청탁금지법위반죄 중, 배임수재죄 · 배임증재죄 및 독직죄는 제6장에서 다루고(외부감사법 제40조의 죄 및 리베이트범죄는 제6장의 서설 부분에서 간략히 설명), 이어서 제7장에서 청탁금지법의 규제내용을 다루기로 한다. 특히 청탁금지법은 2016. 9. 28.부터 시행되어 기업적 생활관계에 큰 영향을 미치고 있으므로 청탁금지법위반죄뿐만 아니라 그 규제내용 전반을 검토한다.

제8장에서는 2018. 11. 1.부터 시행된 개정 외부감사법의 벌칙내용 중 주요범죄인 분식회계로 인한 허위재무제표작성죄와 부실감사로 인한 허위감사보고서작성죄를 설명한다.

자금세탁방지 관련 법제의 경우에는 기업활동의 글로벌화 및 IT화에 따라 자금세탁의 수법도 글로벌화 되고 IT 등 다양한 첨단기법이 활용되고 있어서 그 중요성이 높아지고 있다. 특히 은행 등 금융기관의 업무를 중심으로 그 규제내용이 점차 강화

---

23) 우리나라에서 사회적으로 문제되는 대형 기업비리는 배임 · 횡령 범죄가 대부분이다.

24) 과태료는 형벌이 아닌 질서벌에 불과하지만, 회사제도의 질서를 유지함으로써 회사를 보호하기 위한 것이라는 점에서 회사범죄와 목적이 유사하고 형벌을 선고하지 아니할 때에 보충적으로 적용되는 제재라는 점(상법 제635조 제1항 단서)에서 회사범죄와 함께 다룰 필요가 있다.

되고 있으므로, 제9장에서 자금세탁 관련 범죄뿐만 아니라 자금세탁의 규제제도 전반을 검토한다.

그 밖에 증권범죄도 상장회사의 경우에 빈발하고 있는 중요한 비즈니스범죄 유형에 속하지만, 증권범죄는 '금융투자상품 거래의 공정성 및 유통의 원활성 확보'라는 사회적 법익을 보호법익으로 하고 있는 점에서 경제질서에 관한 경제범죄로서의 성격도 지니고 있다.[25] 또한 그 내용도 자본시장법의 제도나 규제내용과 불가분의 관계가 있으므로 증권범죄는 별도의 단행본으로 다루는 것이 적절하다고 본다. 그 밖에 형법각칙에 규정되어 있는 사기죄, 뇌물죄, 업무방해죄, 경매 · 입찰방해죄, 강제집행면탈죄, 유가증권 · 문서의 위조죄, 장물에 관한 죄 등도 기업활동 과정에서 많이 발생하고 있다는 점에서는 비즈니스범죄의 범주에 포함될 여지가 있을 것이다.[26] 그러나 이들 범죄는 기업적 생활관계가 아닌 일반 생활관계에서 발생하는 경우와 달리 취급할 만한 법리적 특성이 거의 없으므로 여기에서는 다루지 않기로 한다.

---

25) 대법원 2011. 10. 27. 2011도8109; 사법연수원, 앞의 「경제범죄론」, 10,18면.

26) 같은 취지 : 新経済刑法入門, 15,16면.

제4절 범죄의 특성

비즈니스범죄의 특성으로는 행위주체의 신분적, 지능적(전문적) 특성, 행위의 반복 · 계속, 이득추구 특성, 모방성(상호연쇄성) 및 피해자의 미약한 피해의식 등을 드는 것이 일반적이다.[27] 나아가 비즈니스범죄의 특성으로 비폭력성, 구성요건의 추상성, 분업성, 이익귀속과 책임부담의 모순성 및 규제관련성도 추가할 수 있다.

Ⅰ. 신분적, 지능적 및 비폭력적 특성

비즈니스범죄는 앞에서 살펴본 '화이트칼라범죄'의 개념처럼 사회적 지위가 높은 상류층에 의하여 범하는 범죄라고 한정할 수는 없지만, 기업의 경영진이나 사용인 · 종업원 등 기업의 구성원이 기업적 생활관계에서 범하게 되는 범죄라는 점에서 범죄행위주체가 신분적 특성을 지니는 경우가 많다. 따라서 비즈니스범죄의 성립여부나 처벌에 있어서는 그 신분적 특성을 감안하여 경영진에 대하여는 적극적 경영활동을 위축시킴이 없이 실효성 있는 처벌을 할 수 있도록 경영판단원칙을 검토하고, 그 밖의 기업 구성원에 대하여는 양벌제도, 삼벌제도 등 실효적인 형벌제도, 내부고발자 보호제도 등을 검토할 필요가 있다.

그리고 기업의 경영, 제품의 생산 · 판매 · 수출, 용역제공, 회계, 감사 등 기업적 생활관계에 있어서는 기업의 종류나 담당자의 직위 등에 따라 정도의 차이는 있을지라도 전문지식이나 업무경험이 필요하다. 특히 상법 회사편에 규정된 회사범죄는 일반적 · 윤리적 성격보다 전문적 · 기술적 성격이 강하다. 이러한 기업적 생활관계

---

27) 장영민 · 조영관, 「경제범죄의 유형과 대처방안」(한국형사정책연구원, 1993), 29-32면에서는 경제범죄의 특성으로 영리성, 모방성 · 상호연쇄성, 지능성 · 전문성, 신분성 · 권력성을 들고, 사법연수원, 앞의 「신종범죄론」, 10-12면에서는 화이트칼라 범죄의 특성으로 범죄의 복잡성, 책임의 분산, 피해의 분산, 관대한 처벌을 들고, 이종원, 「경제범죄론」(일신사, 1974), 109-114면에서는 화이트칼라 범죄의 특성으로 계층성 · 신분성, 관료성 · 권력성, 지능성 · 전문성 · 계획성, 조직성 · 지속성, 비노출성을 들고 있다.

에서 발생하는 비즈니스범죄는 일반범죄와 비교하여 지능적 · 비폭력적 특성을 보인다. 또한 특별한 전문지식이나 업무경험을 바탕으로 범하게 됨에 따라 계획성, 밀행성, 미약한 범죄의식 등의 특성을 수반하기도 한다. 따라서 비즈니스범죄에 대한 수사나 재판에는 기업적 생활관계에 관한 전문적 지식이 필요한 경우가 많고, 그 만큼 수사나 재판이 어렵고 복잡한 특성을 보인다.[28]

Ⅱ. 반복·계속적, 이득추구의 특성

기업은 반복 · 계속하여 영리를 추구하는 경제조직이므로, 기업적 생활관계에서 발생하는 비즈니스범죄도 범죄의 동기가 대부분 이득추구에 있고, 반복 · 계속하여 범죄를 범하는 특성을 보인다. 비즈니스범죄는 그 이득추구의 특성으로 인하여 경제규모의 확대와 기업활동의 증가에 따라 계속 증가하고 있다.[29] 이득추구 과정에서 반복 · 계속하여 범죄를 범하는 것이므로 일반 범죄자에 비하여 죄의식이 희박하거나 자기합리화 경향이 강하고, 불법이득을 숨기기 위하여 밀행적으로 범죄를 범하고 불법이득에 대한 자금세탁을 통하여 그 적발을 어렵게 만든다. 이러한 특성으로 인하여 비즈니스범죄에 대한 대책으로서 불법으로 취득한 자금의 자금세탁 방지를 위한 효율적 제도를 마련하고 그 집행력을 강화하기 위한 노력이 중요하다.

Ⅲ. 모방성

비즈니스범죄는 기업의 영리추구 과정에서 전문지식을 동원하여 지능적으로 발

28) 김영헌, 「기업범죄, 어떻게 예방할 것인가」(삼성경제연구소, 2005), 14,15면.

29) 대표적 비즈니스범죄인 배임 · 횡령죄(특정경제범죄법위반 포함) 및 증권범죄의 발생현황을 살펴보면, 배임죄는 2008년 5,135건에서 2010년 14,619건으로 급격히 증가하였다가, 2011년 5,401건으로 감소하였으나, 그 후 2014년 5,819건, 2015년 5,843건, 2016년 5,757건, 2017년 5,237건, 2018년 5,788건, 2019년 5,996건으로 등락을 반복하고 있고, 횡령죄는 2010년 26,312건에서 2012년 32,811건, 2015년 48,795건, 2016년 52,069건, 2017년 52,610건, 2018년 57,172건, 2019년 60,819건으로 대폭 증가하는 추세이다. 증권범죄는 2010년 124건에서 2012년 300건, 2015년 378건으로 계속 증가하다가 2016년 215건, 2017년 329건, 2018년 376건, 2019년 339건으로 전반적으로 증가추세라 할 수 있다[위 각 통계는 법무연수원, 「2018 범죄백서」(2019. 4.), 104,132면 및 「2020 범죄백서」(2021. 4.), 97,122면에서 인용]. 2010년 이후 10년간의 전체범죄 발생건수가 7.8% 감소한 사실(법무연수원, 「2020 범죄백서」, 65면)에 비하여 비즈니스범죄의 증가추세는 이례적이라 할 만하다.

생하는 경우가 많기 때문에 기업의 영리추구를 위하여 치열하게 경쟁하는 가운데 합리적 경영기법은 물론 탈법적인 범죄기법도 상호 모방하는 경향이 강하다. 따라서 비즈니스범죄의 예방을 위해서는 유형별 범죄기법을 분석하여 효과적으로 대처하고, 형사처벌이 필요한 경우에는 적정 양형을 통하여 형벌의 일반예방적 효과를 통하여 모방의 고리를 차단할 필요가 있을 것이다.

Ⅳ. 미약한 피해의식

경제범죄와 같이 사회적 법익 등 초개인적 법익인 경제질서나 경제제도를 침해하거나 위태롭게 하는 범죄의 경우에는 개개인이 직접적 · 구체적 피해의식을 느끼기 어렵다. 그 밖의 비즈니스범죄의 경우에도 그 지능적 · 전문적 특성으로 인하여 기업적 생활관계에 관한 지식과 경험이 많지 아니한 일반인의 경우나, 회사 등 단체가 피해자인 경우에는 그 범죄로 인한 피해의식이 미약할 수밖에 없다.[30] 이러한 특성은 비즈니스범죄의 지능적 특성과 결합하여 비즈니스범죄의 신고나 발견을 어렵게 만드는 요인이 되고,[31] 반복 · 계속하여 비즈니스범죄를 범하게 하는 유인(誘因)이 되기도 한다.

Ⅴ. 범죄구성요건의 추상성

그 시대의 경제환경 아래에서 경쟁적으로 이윤을 추구하는 기업활동은 경제환경의 변화에 따라 끊임없이 새로운 상품이나 영업방법을 개발하고 기술혁신을 이루는 등 진보하는 특성을 지니고 있다. 그러므로 이러한 기업활동을 규제하는 비즈니스범죄 관련 법률규정은 미래 기업활동의 변화까지 수용하기 위하여 추상적으로 규정할 수밖에 없게 되고, 그 만큼 죄형법정주의는 후퇴할 수밖에 없다.

따라서 비즈니스범죄의 구성요건에 해당하는 법률규정은 추상적 · 개방적 용어

30) 예컨대, 대법원 판례는 1인회사의 경우 1인 주주의 배임죄를 인정하고 있으나(대법원 1983. 12. 13. 83도2330 전원합의체 판결), 범죄자인 1인 주주도 범죄의식이 미약하고 피해회사의 피해의식이란 지극히 관념적일 뿐이다.

31) 같은 취지: 김영헌, 앞의 책, 13면.

를 사용하게 되므로[32] 그 해석문제가 따르는 경우가 많아지는 것도 불가피하다. 예컨대, 상법 제625조(회사재산을 위태롭게 하는 죄) 제1호에는 '부실한 보고', 자본시장법 제178조(부정거래행위 등의 금지) 제1항 제1호에는 '부정한 수단, 계획 또는 기교를 사용하는 행위'라고 규정하고 있다. 이 경우 무엇이 '부실한' 보고이고 '부정한' 수단 등인지 구성요건을 해석해야 하는 문제가 따르게 된다.

이러한 범죄구성요건의 불명확성은 범죄자의 범죄의식을 희박하게 하고, 재판에 있어서도 적극적 양형을 기피하게 하는 등 범죄예방과 재판에 부정적 영향을 미치는 요인이 된다. 따라서 비즈니스범죄의 구체적 사안에서는 범죄구성요건의 해석이 필요한 경우가 많은데, 그 해석방법으로 다음의 판례를 참고할 필요가 있다. 일반적으로 "법 해석은 어디까지나 법적 안정성을 해치지 않는 범위 내에서 구체적 타당성을 찾는 방향으로 이루어져야 한다. 이를 위해서는 가능한 한 원칙적으로 법률에 사용된 문언의 통상적인 의미에 충실하게 해석하는 것을 원칙으로 하면서, 법률의 입법취지와 목적, 그 제정 · 개정 연혁, 법질서 전체와의 조화, 다른 법령과의 관계 등을 고려하는 체계적 · 논리적 해석방법을 추가적으로 동원함으로써, 타당성 있는 법해석의 요청에 부응해야 한다."(판례)[33] 다만, "형벌법규의 해석은 엄격해야 하고 명문규정의 의미를 피고인에게 불리한 방향으로 지나치게 확장해석하거나 유추해석하는 것은 죄형법정주의의 원칙에 어긋나는 것으로서 허용되지 아니한다."(판례)[34]

Ⅵ. 분업성 및 이익귀속과 책임부담의 모순성

기업활동 과정에서 발생하는 업무상과실치사상의 경우나 산업재해사고의 경우에는 직접 행위자, 하위 관리 · 감독자, 상위 관리 · 감독자 및 사업주 등 다수의 기업구성원들의 작위 또는 부작위에 의한 분업적 범행인 경우가 많다. 이러한 경우에는 개개인의 범행 관여정도만으로는 전체 범행에 대한 과실이나 인과관계 등을 인정하기 어려운 경우가 있으므로, 범죄구성요건의 해석과 공범이론만으로는 아무도 처벌할 수 없는 경우도 발생할 수 있다. 그리고 범죄구성요건 해당성이 인정되더라도 개

32) 같은 취지: 노명선(회범), 31면.

33) 대법원 2014. 12. 11. 2013므4591.

34) 대법원 2017. 5. 31. 2013도8389; 2013. 11. 28. 2012도4230.

개인의 책임범위를 인정하여 양형에 반영하는 것도 용이한 일이 아니다. 따라서 법인의 범죄능력, 양벌규정, 간접행위자 처벌 등의 논의가 필요하게 된다.

그리고 기업활동 과정에서의 범행인 경우에, 평소 기업은 기업 임직원의 활동으로 그 영업이익을 향유하고 있음에도 불구하고 그 활동이 범죄가 되는 경우의 형사책임은 주로 그 임직원이 개인적으로 부담하는 모순이 있다. 예컨대 부동산 분양회사가 사기분양을 한 경우에 사기분양을 포함하여 평소 분양으로 인한 이익은 회사가 향유하지만 사기죄로 처벌되는 것은 분양 담당 임직원들이다. 임직원들은 주주나 기업 운영주가 아닌 이상 일정한 급여를 받는 자에 불과하지만 기업의 불법행위에 따른 형사책임을 모두 부담하게 된다. 그러므로 법인의 범죄능력 또는 형사책임의 주체성, 양벌규정, 불법수익에 대한 효과적인 몰수제도 등이 문제가 된다.

Ⅶ. 규제관련성

우리나라는 현대 대다수 민주주의 국가와 마찬가지로 국민경제의 균형 있는 성장 및 안정, 적정 소득분배의 유지, 시장의 지배나 경제력 남용 방지, 경제주체 간의 조화를 통한 경제의 민주화를 위하여 경제에 관한 규제와 조정을 하는 사회적 시장경제질서를 지향하고 있다(헌법 제119조 제2항). 이에 따라 기업의 설립 · 운영 · 소멸 등 기업 활동의 모든 과정에 걸쳐 국가나 지방자치단체의 복잡한 규제와 감독을 받고 있다. 비즈니스범죄, 특히 경제범죄는 일반범죄와 비교하여 이러한 규제제도에 따른 직접적 영향을 받게 되고, 그 만큼 정치권력이나 행정권력과의 유착 가능성도 비교적 높다고 말할 수 있다.

이러한 특성으로 인하여 비즈니스범죄, 특히 경제범죄의 근본적 예방을 위하여는 기업규제 제도의 합리적 개선과 함께 기업과 정치 · 행정 권력의 유착을 차단하는 제도의 마련과 끊임없는 감시가 필요하다. 후술하는 청탁금지법은 이러한 유착을 방지하는 제도로서의 기능을 수행할 수 있을 것이다.

제5절 해석 원리

Ⅰ. 형법의 일반원칙을 반영하는 해석

비즈니스범죄도 형사범죄의 한 유형이므로 형사법에 적용되는 일반원칙, 즉 죄형법정주의 및 그 파생 해석원칙인 유추해석금지, 엄격해석,[35] 소급적용금지 원칙[36]이 적용되어야 함은 물론이다. 판례는 유추해석뿐만 아니라 '명문규정의 의미를 피고인에게 불리한 방향으로 지나치게 확장해석을 하는 것'도 죄형법정주의 원칙에 어긋나므로 허용되지 않는다고 판시하고 있다.[37] 또한 비즈니스범죄도 형벌이라는 강제수단을 사용하여 개인이나 법인의 법익을 박탈하거나 제한하게 되는 것이므로 형벌은 최후수단으로 사용해야 한다는 보충성 원칙, 범죄구성요건과 제재내용이 구체적이고 명확해야 한다는 명확성 원칙[38] 및 행위와 책임에 상응하는 형벌이 부과되어야 한다는 비례의 원칙(즉, 과잉금지 원칙)이 입법뿐만 아니라 해석의 원리로도 적용되어야 할 것이다.[39]

비즈니스범죄는 변화무쌍한 경제환경에 대비하여 범죄구성요건에 해당하는 법률규정에 추상적 · 개방적 용어를 많이 사용하고 있는 점이 특징이다. 이러한 점에서 죄형법정주의는 일보 후퇴할 수밖에 없지만, 그 만큼 죄형법정주의 원칙, 보충성 원칙, 비례의 원칙 등 인권보장을 위한 형법의 일반원칙은 비즈니스범죄의 입법이나

---

35) 대법원 2011. 7. 14. 2009도 7777("명문규정의 의미를 피고인에게 불리한 방향으로 지나치게 확장해석하거나 유추해석하는 것은 죄형법정주의의 원칙에 어긋나는 것으로서 허용되지 않는다."고 판시).

36) 확장해석이란 법규의 가능한 문언 의미 범위 내의 해석이고, 유추해석이란 법규의 가능한 문언 의미의 한계를 넘어 유사한 사례에 적용하는 것이며, 소급적용금지 원칙이란 법규를 피고인에게 불리하게 과거 행위시로 소급하여 적용할 수 없다는 의미이다[손동권 · 김재윤(형총), 34,35,38면].

37) 대법원 2011. 1. 20. 2008도10479 전원합의체; 2006. 6. 2. 2006도265; 2005. 11. 24. 2002도4758; 2004. 2. 27. 2003도6535; 2002. 4. 12. 2002도150; 2002. 2. 8. 2001도5410.

38) 대법원 2006. 5. 11. 2006도920.

39) 대법원도 보충성원칙 및 비례의 원칙을 해석원칙으로도 적용하고 있다(대법원 2012. 11. 29. 2012도10269, 1994. 11. 11. 94누7126).

해석원리로서 더욱 중요성을 갖게 된다.

Ⅱ. 목적론적 해석과 통일적·유기적 해석

비즈니스범죄는 크게 배임죄, 횡령죄, 배임수증재죄 등 형법각칙에 규정된 범죄와 회사범죄, 증권범죄, 경제범죄 등 특별법에 규정된 범죄로 대별할 수 있다. 특별법상 비즈니스범죄는 범죄인 이상 형법 제8조(총칙의 적용) 규정에 따라 형법의 총칙 규정을 적용함이 원칙이고 해당 특별법의 목적, 입법취지, 보호법익 등을 감안하여 해석 · 운용할 필요가 있다. 또한 특별법상 범죄는 형법 각칙(형법 제2편)에 규정된 범죄 유형을 기초로 그것을 구체화하거나 수정한 경우가 대부분이고, 그 규정 문언도 형법전에 규정된 문언을 그대로 사용하거나 그것에 필요한 변경을 가하여 사용하는 경우가 많다.

따라서 특별법상 비즈니스범죄의 법규해석에 있어서도 형법 규정에 관한 해석으로 보충하거나 상호 차이점을 규명하는 등 형법 규정과 통일적 · 유기적으로 해석할 필요가 있다.[40] 즉, 형법의 유사 규정과 비교 · 대조하는 해석방법을 통하여 해당 특별규정의 필요성이나 문언의 의미가 분명하게 되고, 형법 규정과 특별법 규정의 적용관계(죄수관계 등)를 가리는 데에도 도움이 될 수 있다.

Ⅲ. 기업의 특성을 반영하는 해석

비즈니스범죄는 기업적 생활관계에서 발생하는 범죄로서 그 행위주체가 법인, 기업의 경영진 또는 종업원인 경우가 많고, 범죄내용도 기업의 조직 및 운영과 관련된 경우가 많다. 또한 기업 활동은 영리를 목적으로 계속 · 반복하여 행하여지는 등 일반적 생활관계와는 다른 여러 가지 특성을 지니고 있다. 따라서 이러한 기업의 특성을 반영하는 해석원리가 필요한데, 배임 범죄와 관련하여 후술하는 경영판단원칙은 기업경영의 특성을 반영한 대표적인 해석원리라 할 수 있다. 그 밖에도 기업유지강화라는 상법의 이념은 물론 기업 활동 관련 개별 제도의 입법취지도 충분히 감안해

---

40) 같은 취지 : 新経済刑法入門, 15면.

야 할 것이다. 특히 회사범죄는 회사의 조직과 운영에 관한 개별 회사제도의 입법목적이 충분히 관철될 수 있도록 해석 · 적용하지 않으면 안 된다.

2

제2장

법인의 형사책임

제1절 서설

산업혁명과 정보혁명을 거치면서 끊임없이 이어지는 기술혁신, 경제규모의 확대 및 주식회사 등 회사제도의 발달은 세계의 경제 · 사회 환경을 기업이 주도하는 경쟁체제로 변모시켜 왔다. 현대의 치열한 산업경쟁체제 아래에서 기업은 경제발전의 주역으로 활약하기도 하지만, 기업의 불법적 행위로 인한 폐해가 국민들에게 큰 상처를 남기기도 한다. 그러므로 기업적 생활관계에서 발생하는 범죄에 대하여 기업 자체를 형사처벌 할 필요도 높아지고 있다.

기업에는 상법상 회사(상법 제169조) 등 법인과 개인기업이 있다. 이 중 개인기업은 법인과는 달리 기업주인 개인이 직접 또는 대리인 · 피용자를 통하여 행위를 하고 그 기업적 생활관계에서 발생하는 권리 · 의무의 귀속주체가 된다. 그러므로 자연인인 기업주가 영업과 관련하여 범죄를 범한 경우에도 그 범죄의 행위주체는 기업주 개인이고, 달리 기업 자체의 형사책임을 논할 여지가 없다.

그러나 법인의 경우에는 기업적 생활관계에서 발생하는 권리 · 의무는 법인에게 귀속되지만 법인의 행위는 법인의 기관(機關)이나 종업원인 자연인에 의하여 행하여진다. "책임 없으면 형벌 없다."는 책임주의 원칙상 법인을 형사처벌 하기 위하여는 법인에게 형사책임을 인정할 수 있어야 한다. 그런데 책임의 근거에 관하여 고전적 견해인 도의적 책임론에 따르면 형사책임이란 범죄행위를 하게 된 의사형성의 비난가능성을 의미한다(통설).[1] 그러므로 법인의 경우에는 실제 의사를 형성하여 행위를 한 기관이나 종업원 외에 심신(心身)이 없는 법인에게 그 행위에 따르는 형사책임을 귀속시킬 수 있는지, 즉 법인이 범죄행위의 주체가 되고 법인의 범죄능력을 인정할

---

1) 손동권 · 김재윤(형총), 278면; 김성돈(형총), 374면; 오영근(형총), 250면; 신동운(형총), 376면; 정웅석 · 최창호(형총), 359면; 김혜정 · 박미숙 · 안경옥 · 원혜욱 · 이인영(형총), 204,205면; 도중진 · 정대관(형총), 524,515면. 우리 형법은 제10조(심신장애자의 책임감면) 등의 규정에 비추어 기본적으로 도의적 책임론에 책임의 근거를 두고 있다[오영근(형총), 251면; 신동운(형총), 379면; 김혜정 · 박미숙 · 안경옥 · 원혜욱 · 이인영(형총), 206면; 도중진 · 정대관(형총), 516,517면].

수 있는지 여부가 문제 된다. 특히 우리나라의 기업 대부분은 주식회사와 같은 물적 회사로서 주주 등 구성원, 즉 사원(社員)의 개성이 약하고 법인으로서의 단체성이 강하므로, 법인의 행위로 인한 범죄에 대하여 법인의 범죄능력을 인정하고 법인 자체를 형사처벌할 수 있는지 여부를 검토할 필요가 크다. 아울러 현행 상법 기타 특별법에는 예외적으로 법인을 처벌하는 양벌규정을 두고 있는데, 그 법인처벌의 근거가 무엇인지, 법인에 대한 합리적 처벌방안은 무엇인지 여부도 검토할 필요가 있다.

제2절 법인의 범죄능력

Ⅰ. 의의

법인은 자연인과 달리 심신(心身)이 없고 대표기관인 자연인에 의하여 행위를 하게 되므로, 법인의 형사책임을 인정하기 위한 전제로서 법인 자체의 범죄 행위능력, 즉 범죄능력을 인정할 수 있는지 여부가 입법론 또는 해석론으로서 문제 된다. 해석론으로는 현행 형법이나 특별법상 형사처벌 규정은 " …한 자(者)는 …에 처한다"는 형식으로 규정하고 있는 경우가 대부분인데, 그 행위를 한 '자(者)'가 자연인만을 의미하는 것인지 아니면 법인도 포함하는 것으로 해석할 수 있는지 여부의 문제이다. 그러나 현행 형법은 그 적용범위를 정하면서 "내국인, 외국인"이란 용어를 사용할 뿐이고(형법 제2조 내지 제6조), 범죄구성요건 중 "범의, 인식"(형법 제13조)을 요구하며, 형사미성년자(형법 제9조), 심신장애자(형법 제10조), 청각 · 언어장애인(형법 제11조), 사실의 착오(형법 제15조), 법률의 착오(형법 제16조) 등 자연인을 전제로 한 개념을 사용하고 있으며, 형벌의 종류도 사형 · 징역 · 금고 · 자격상실 · 자격정지 · 구류 등(형법 제41조) 자연인에게만 적용할 수 있는 형벌 중심으로 규정되어 있다. 따라서 법인의 범죄능력 인정 여부는 해석론보다는 주로 입법론으로 문제되고 있고, 실제로 성문법 국가인 대륙법 계통에서는 후술하는 바와 같이 형법에 특별규정을 두거나 특별법 제정 형식을 통하여 법인의 범죄능력을 인정하고 있는 국가가 다수를 점하고 있다.

법인의 범죄능력을 인정할 것인지 여부는 강간 · 위증 등 범죄의 성질상 신체와 정신능력을 가진 자연인만이 범할 수 있는 죄를 제외한 모든 범죄의 경우에 일반적으로 검토해 볼 수 있다. 특히 업무상과실치사(형법 제268조), 증권신고서 등 허위기재죄(자본시장법 제444조 제13호), 기계 · 설비 등의 산업안전조치 의무위반죄(산업안전보건법 제66조의2), 폐기물 투기금지위반죄(폐기물관리법 제63조) 등 각종 특별법위반죄의 경우처럼 회사가 행위주체이거나 의무 · 금지의 대상자인 범죄의 경우에 그 논의의 실익이 크다.

Ⅱ. 외국의 동향

1. 대륙법계 국가

독일, 일본 등 대륙법계 국가에서는 전통적으로 "단체는 죄를 범할 수 없다"는 로마법 법언(法諺)의 영향을 받아 원래 자연인만이 범죄능력이 있다고 보았었다. 제2차 세계대전 전에만 하더라도 법인 본질론에 관한 법인의제설 입장에서 법인은 원래 권리 · 의무의 주체가 아니지만 그 설립목적 범위 내에서 법인격으로 의제된 것일 뿐이므로 설립목적의 범위를 벗어나는 범죄능력은 인정할 수 없다고 보는 견해가 유력하였다.[2] 이에 대하여 법인도 권리주체로서의 실질을 가지는 사회적 실체로 파악하는 법인실재설 입장에서는 법인의 범죄능력을 긍정하기도 하였다. 제2차 세계대전 후에는 경제활동의 자유가 확대되고 법인의 설립도 자유롭게 허용되면서 대륙법계에서는 법인실재설이 통설이 되어[3] 법인의 범죄능력을 긍정할 수 있는 이론적 기반이 제공되었다. 그러나 형법 등 실정법의 범죄구성요건 중 고의 · 과실, 형사미성년자, 심신장애자, 농아자, 법률의 착오, 기대가능성 등의 개념은 자연인을 전제로 한 것으로 파악되어 법인의 범죄능력과 형사책임을 인정할 수 있는지 여부에 관하여는 여전히 논란이 되어 왔다.

현재 독일의 통설 · 판례는 법인실재설 입장에서 법인의 민사상 행위능력을 인정하지만 법인의 범죄능력은 인정하지 않고 있다.[4] 그러나 프랑스, 네델란드, 벨기에, 룩셈부르크, 스위스, 오스트리아, 리히텐슈타인, 헝가리, 루마니아, 에스파냐(스페인), 포르투갈, 아이슬란드, 노르웨이, 스웨덴, 핀란드, 에스토니아, 라트비아, 리투아니아, 슬로베니아, 크로아티아, 마케도니아, 몰타 등 그 밖의 대륙법계 국가들 대부분은 법인의 형사책임을 형법전에 명시하거나 특별법을 제정하여 이를 인정하고 있다.[5] 이렇게 법인의 형사책임을 인정하는 것은 법인의 범죄능력을 전제로 하는 것

---

2) 新経済刑法入門, 58면.

3) 곽윤직 · 김재형(민총), 157면.

4) 김일수, "법인에 대한 형법적 규율(상)", 법률신문 제1675호(1987. 3. 16.), 14면; 오영근(형총), 93면.

5) 안성조, "미국 판례상 집단인식에 의한 법인책임의 법리 연구", 「법학연구」 제51권 제1호(부산대학교, 2010. 2.), 432면 ; 김유근, "법인의 형사책임 : 독일 Nordrhein-Westfalen주의 기업 및 기타 단체

이다. 일본의 경우 판례는 전통적으로 법인의 범죄능력을 인정하고 있지 않지만,[6] 학설은 범죄능력 긍정설과 부정설로 대립하고 있고, 오히려 긍정설이 유력하다고 한다.[7] 중국은 형법전에서 법인 및 단체의 형사책임을 인정하고 있다.[8]

이러한 대륙법계 입법례는 대부분 법인의 대표자 등 법인을 구성하는 자연인 개인의 행위를 전제로 법인의 형사책임을 인정하고 있으므로 후술하는 종속모델론 입장이라 할 수 있다. 다만, 스위스, 에스파냐 및 오스트리아의 경우에는 후술하는 독립모델론에 입각한 입법이 포함된 것으로 평가되고 있다.[9]

2. 영미법계 국가

영미법계에서는 전통적으로 법인의제설 입장에서 법인의 범죄능력을 인정하지 않았었다. 그러나 경제와 산업의 발전에 따라 기업으로 인한 폐해가 증가함에 따라 19세기부터 판례나 입법을 통하여 대위책임 법리에 의거하여 지방자치단체 등 공법인의 부작위로 인한 과실책임 등 제한적 범위 내에서 법인의 형사책임을 인정하기 시작하였다. 그러던 중 1909년 미국의 뉴욕센트럴사건(New York Central & Hudson River Railroad Co. v. United States)[10]에서 고의에 의한 범행의 경우에도 대위책임(Vicarious Liability) 법리를 적용하여 법인의 형사책임을 인정하게 되었다.[11] 대위책임이란 민법의 사용자 불법행위책임 법리를 원용하여 사용자인 법인은 임직원 등

의 형사책임의 도입을 위한 법률안을 중심으로", 「형사정책연구」 제25권 제3호(한국형사정책연구원, 2014 · 가을), 11면.

6) 日 大判 1935. 11. 25. 刑集 14卷 1217면.

7) 新経済刑法入門, 59면; 川崎友巳, 「企業の刑事責任」(成文堂, 2004), 25,26면.

8) 중국 형법 제30조, 제31조(법인 및 단체는 벌금형에 처하고, 실제 행위자도 형벌을 부과한다).

9) 김유근, "기업의 형사법적 책임 –책임귀속상의 문제점–", 「한양법학」 제24권 제3집(한양법학회, 2013. 8.), 76,77면.

10) New York Central & Hudson River Railroad Co. v. United States, 212 U.S. 481 (1909).

11) 이 사건은 운송회사인 New York Central & Hudson River Railroad Co.(이하 'New York Central'이라 함) 및 그 회사의 운송 부 매니저가 송하인인 설탕 정제업체에 운송 관련 리베이트를 제공함으로써 이를 금지하는 Elkins 법을 위반한 죄로 기소되어 New York Central은 102,000 달러의 벌금형, 부 매니저는 6,000 달러의 벌금형이 선고되었다. 이 사건의 주요 쟁점은 법인의 임직원 등에 의해 수행된 범법행위가 그 법인의 범죄로 간주되어 법인도 처벌한다는 취지의 Elkins 법규정의 헌법적 타당성 여부에 관한 것이었다. 당시 법원은 성질상 법인의 범죄행위로 볼 수 없는 경우를 제외하고 리베이트 제공처럼 법인의 임직원이 허용된 권한 내에서 의도적으로 범죄를 범한 경우에 법인의 형사책임을 인정할 수 있다고 판시하였다(Brickey, pp. 1–3).

피용자가 그 직무권한 범위 안에서 법인을 위하여 행한 범죄행위에 형사책임을 부담한다는 것이다.[12] 그 후 미국에서는 주로 판례를 통하여 살인 · 강간 · 중혼 등을 제외한 거의 모든 범죄에 법인의 형사책임을 광범위하게 인정하면서 대위책임 법리를 발전시켜 왔다.[13] 그 행위가 법인에게 형사책임을 귀속시키게 되는 피용자의 범위는 대표자나 상위 직급의 관리자에 한하지 않고 중위나 하위 직급 피용자일지라도 법인을 위한 행위로서 법인을 대신하여 행위를 할 충분한 권한 · 의무와 책임을 가진 지위에서 행위를 한 경우라면 모두 포함하는 것으로 확대되어 왔다.[14] 1956년 미국법률협회(American Law Institute)가 마련한 모범형법전(Model Penal Code)에도 대위책임 법리에 따른 법인 형사책임 규정이 포함되었다.[15] 주(州) 법의 경우에는 일부 주에서 입법에 의하여 법인의 형사책임을 인정하고 있는데, 그 범위는 점점 확대되고 있는 추세에 있다.[16] 미국의 이러한 법인 형사책임 확대경향에 대하여는 법인에게 형사책임을 귀속시키게 되는 피용자의 범위를 모범형법전의 규정처럼 임원 등 상위 직급 관리자에 한정하자는 비판적 견해도 있지만, 법인의 하위 직급 관리자를 통한 면책을 방지하기 위하여 현재의 입장을 유지하자는 견해가 주류를 이루고 있다.[17]

영국에서는 1944년 켄트 앤 서식스 사건(Director of Public Prosecutions v. Kent and Sussex Contractors Ltd.)[18]부터 종전 법인의 민사책임에 인정해 왔던 동일시원리론(Identification Doctrine)을 적용하여 법인의 형사책임을 인정한 이래 동일시원리론을 중심으로 법인의 형사책임을 인정하고 있다.[19] 동일시원리론이란 법인의 행위

12) Brickey, pp.24,25.

13) V. S. Khanna, "Corporate Criminal Liability : What Purpose Does It Serve?", Harvard Law Review Vol. 109, pp. 1481-1484 (1996).

14) Brickey, pp.25,26; 김성룡 · 권창국, "기업 · 법인의 형사책임법제 도입가능성과 필요성", 「형사법의 신동향」 통권 제99호(대검찰청, 2015. 3.), 138면.

15) 다만, Model Penal Code 2.07(1)(a) 규정 아래에서 법인의 형사책임을 묻기 위하여는 최소한 법인의 정책을 대표할 책임이 있는 이사나 상급 관리자(high managerial agent)의 범법행위에 대한 승인 또는 묵인이 인정되어야 한다(Brickey, p.25).

16) 김성룡 · 권창국, 위 논문, 138면.

17) 김성룡 · 권창국, 위 논문, 139,140면.

18) Director of Public Prosecutions v. Kent and Sussex Contractors Ltd.,(1944) 1 K.B. 146.

19) 송기동, "영미 기업범죄 형사책임의 전개", 「형사정책」 제20권 제2호(한국형사정책학회, 2008), 51,52면.

와 동일시할 수 있는 대표자 등의 행위로 인한 법인의 형사책임을 인정하는 입장이다. 이 경우 법인의 행위와 동일시할 수 있는 자란 법인의 의사결정을 주도하는 자로서 원래는 대표자나 업무집행기관을 의미하지만 지배 · 관리권한이 있는 중간관리자를 포함하기도 한다.[20] 그 후 2007년「기업과실치사 및 기업살인에 관한 법률」(Corporate Manslaughter and Corporate Homicide Act 2007) 등 개별 범죄별로 법인의 형사책임을 규정하는 입법조치가 이루어져 왔다.[21] 특히 위「기업과실치사 및 기업살인에 관한 법률」에서는 법인의 행위와 동일시할 수 있는 개인의 범죄성립을 전제로 하지 않고 범죄를 용인하는 법인의 정책 · 규칙 · 관행 등의 존재만으로도 법인의 형사책임을 인정하는 법리인 독립모델론을 채용한 것으로 평가되고 있다.[22]

Ⅲ. 학설 및 판례

1. 범죄능력 부정설

우리나라의 경우 법인의 범죄능력을 인정할 것인지 여부에 관하여는 학설 · 판례가 대립하고 있는데, 부정설[23]의 논거는 다음과 같다.

첫째, 책임의 근거에 관한 도의적 책임론의 입장에서 형사책임이란 범죄로 나아간 의사형성과 그로 인한 행위의 윤리적 비난가능성을 말하는 것인데, 심신(心身)이 없는 법인은 비난받을 의사형성과 그로 인한 행위의 주체성, 즉 범죄 행위능력을 인정할 수 없고, 그러므로 범죄에 대한 책임능력도 없다. 또한 법인은 형벌의 사회윤리적 비난의 의미조차 느낄 수 없으므로 법인에 대한 형벌은 무의미하다.[24]

둘째, 법인은 정관 기타 설립목적 범위 안에서 권리 · 의무의 주체가 될 수 있고 그 범위 안에서 행위능력도 인정되는 것인데, 범죄행위는 법인의 설립목적 범위에 포함되지 아니하므로 법인은 그 행위주체가 될 수 없다.

---

20) 김성룡 · 권창국, 앞의 논문, 127-129면.

21) 김성룡 · 권창국, 위 논문, 142면.

22) 김호기, "법인적대적 법인문화, 위험관리 실패와 법인의 형사책임",「형사정책연구」통권 제88호(한국형사정책연구원, 2011), 7,8면.

23) 손동권 · 김재윤(형총), 108,109면; 박상기(형총), 76-78면; 이재상 · 장영민 · 강동범(형총), 106면; 배종대(형총), 144면; 정영일(형총), 81면.

24) 손동권 · 김재윤(형총), 109면.

셋째, 법인의 행위는 기관에 의하여 이루어지므로 기관인 자연인을 형사처벌하는 것 외에 법인을 형사처벌할 필요가 없다.

넷째, 법인을 형사처벌하면 법인을 구성하는 주주나 사원, 임직원, 기타 채권자 등 이해관계인에게 그 효과가 미치게 되므로, 실질적으로 범죄에 관여하지 아니한 자들까지 처벌하는 결과가 되어 근대 형법의 기본원칙인 자기책임원칙에 반한다.

다섯째, 범죄로 인한 불법수익 박탈의 형사정책적 요청은 과징금 등 형벌 외의 수단으로도 충분히 달성할 수 있으므로, 굳이 법인의 형사책임을 인정할 필요도 없다.

그 밖에 생명 · 신체가 없는 법인에게는 사형이나 징역 · 금고 등 자유형, 자격상실 · 자격정지, 구류와 같은 형벌의 수형능력이 없으므로, 형법이 법인 처벌에 관한 특별한 규정을 두지 아니한 현행제도는 법인을 형사처벌 대상에서 제외하고 있는 것으로 해석하여야 한다는 해석론을 주장하기도 한다.

판례도 "형법 제355조 제2항의 배임죄에 있어서 타인의 사무를 처리할 의무의 주체가 법인이 되는 경우라도 법인은 다만 사법상의 의무주체가 될 뿐 범죄능력이 없는 것이며, 그 타인의 사무는 법인을 대표하는 자연인인 대표기관의 의사결정에 따른 대표행위에 의하여 실현될 수밖에 없어 그 대표기관은 마땅히 법인이 타인에 대하여 부담하고 있는 의무내용대로 사무를 처리할 임무가 있다 할 것이므로, 법인이 처리할 의무를 지는 타인의 사무에 관하여는 법인이 배임죄의 주체가 될 수 없고 그 법인을 대표하여 사무를 처리하는 자연인인 대표기관이 바로 타인의 사무를 처리하는 자, 즉 배임죄의 주체가 된다"고 판시(대법원 1984. 10. 10. 82도2595 전원합의체)하는 등 양벌규정이 아닌 이상 법인의 범죄능력을 부인하고 있다.[25] 일본 판례도 앞에서 말한 것처럼 일본 형법전 각칙의 행위주체는 자연인만을 의미하는 것으로 보아 법인의 범죄능력을 부정하고 있다.

2. 범죄능력 긍정설

가. 종속모델론

독일 · 일본을 제외한 대부분의 대륙법계 국가에서는 법인실재설을 이론적 기반

---

25) 같은 취지: 대법원 1994. 2. 8. 93도1483.

으로 하여 입법에 의하여 법인의 범죄능력이나 형사책임을 인정하고 있고, 영미법계 국가에서는 법인의제설의 입장이지만 대위책임 법리나 동일시원리론에 따라 주로 판례를 통하여 법인의 범죄능력을 인정하고 있다. 이러한 법인실재설이나 대위책임 법리 또는 동일시원리론은 모두 법인을 구성하는 자연인 개인의 행위를 전제로 법인의 형사책임을 인정하는 입장이라는 점에서 모두 종속모델론(또는 개인모델론)으로 평가된다. 종속모델론의 경우에도 법인의 범죄능력을 인정하는 논거는 대륙법계 국가와 영미법계 국가의 경우로 구분하여 살펴볼 필요가 있다.

1) 대륙법계 국가

대륙법계 국가에서는 법인의 행위능력을 인정하는 법인실재설이 통설적 견해이므로 법인의 범죄능력을 인정하기가 용이하다. 그 밖에도 법인의 범죄능력을 인정하기 위하여 다음과 같은 논거를 들고 있다.[26)]

첫째, 법인은 그 기관을 통하여 의사를 형성하고 행위를 하는 것이므로 범죄능력도 인정할 수 있다. 법인의 기관인 자연인의 행위는 자연인 자신의 행위이면서 법인의 행위라는 양면성이 있으므로 자연인을 처벌하는 것 외에 법인도 처벌할 수 있고, 오늘날 법인의 사회·경제적 비중이 큰 점에 비추어 법인을 처벌할 필요도 있다.

둘째, 법인의 목적에 의한 권리능력의 제한을 인정하지 않는 무제한설은 말할 것도 없고, 그 제한을 인정하는 제한설 입장에 서더라도 통설·판례에 따르면 그 목적범위를 넓게 해석하고 있고,[27)] 민법은 법인의 불법행위능력도 인정하고 있다(민법 제35조). 그러므로 법인이 사회적 실체로서 활동하면서 하는 행위는 비록 범죄행위일지라도 그 설립목적 범위 안에 포함되고 법인의 행위로 인정할 수 있다.[28)]

셋째, 책임의 근거에 관한 사회적 책임론의 입장에서 책임능력을 사회적 위험성을 지닌 자의 수형능력을 의미하는 것으로 본다면 법인에게도 책임능력을 인정할

---

26) 정성근·박광민(형총), 86-88면; 김일수, 앞의 "법인에 대한 형법적 규율(상), 14면.

27) 법인의 설립목적에 따른 권리능력 범위에 관하여, 다수설은 '목적에 위반하지 않는 범위 내'로 파악하고 [고상룡(민총), 198면], 판례는 '목적사업을 수행하는 데 직접·간접으로 필요한 모든 행위'로 파악하고 있으나(대법원 1991. 11. 22. 91다8821), 통설·판례 모두 사실상 무제한설과 다를 바 없이 그 목적범위를 광범위하게 인정하고 있다.

28) 박광섭, "기업범죄에 대한 형사적 제재에 관한 연구", 「법학연구」 제15권 제1호(충남대학교 법학연구소, 2004. 12.), 26,27면.

수 있다. 도의적 책임론을 따르더라도 법인은 기관을 통하여 법인의 의사가 결정되는 것이므로 그러한 법인의 의사결정과 행위에 대한 사회윤리적 비난도 가능하다.[29]

넷째, 형벌 중 재산형(벌금 · 과료) 및 몰수 · 추징은 법인도 수형 가능하다. 그 밖에도 입법론으로는 자연인의 사형에 해당하는 법인의 해산명령, 자연인의 자유형에 해당하는 영업정지, 그 밖에 판결의 광고 · 공시, 정부조달사업에서의 입찰자격 제한, 보호관찰 등 법인에게 효과적인 형벌이나 보안처분 등 형사제재를 얼마든지 검토할 수 있다.

다섯째, 반사회적 활동을 지속하는 법인의 경우에는 기관 등 자연인을 처벌하는 것만으로는 불충분하므로 법인 자체를 처벌하지 않으면 안 되는 형사정책적 요청도 있다.

범죄능력 긍정설의 입장에서 법인을 형사처벌할 경우에 법인의 기관 등 직접 행위자인 자연인에 대하여는 별도의 처벌규정이 없이 당연히 형사책임을 물을 수 있는 것은 아니라고 본다.[30] 이에 대하여, 법인을 처벌하면서 그 법인을 위해 실제로 범죄행위를 한 자를 처벌하지 않는 것은 모순이라고 하는 견해[31]도 있다. 그러나 해당 범죄구성요건의 행위주체는 법인이지 그 기관이 아니기 때문에 적어도 기관인 자연인의 경우에는 기관도 범죄의 행위주체에 포함시키는 명문규정이 없는 이상 전자의 견해가 논리적이다. 다만, 기관의 행위는 기관의 행위이자 개인의 행위라는 양면성을 갖는 것이므로 양벌규정의 경우처럼 법인이 형사처벌을 받는 경우에 그 기관 등 실제 행위자도 자신의 행위에 대한 형사책임을 부담한다고 하여 이를 이중처벌이라고 할 수는 없을 것이다. 실제로 범죄를 예방하기 위한 형사정책적 견지에서는 실제 행위자를 처벌함이 없이 법인만 처벌하는 것은 무의미할 것이다.

이러한 종속모델론의 경우에 법인의 형사책임이 실제 행위자인 자연인 개인의 행위에 종속하는 정도에 관하여는 입법례마다 차이는 있지만 실제 행위자인 자연인이 특정되고, 그 행위가 구성요건해당성 및 위법성은 물론 유책성도 갖출 것을 요구함이 일반적이다.[32]

---

29) 이보영, "기업범죄의 형사적 제재", 「법학연구」 제37집(한국법학회, 2010. 2.), 155면.

30) 김일수, 앞의 논문, 14면.

31) 손동권 · 김재윤(형총), 115면.

32) 김유근, 앞의 "기업의 형사법적 책임", 73면.

2) 영미법계 국가

영국의 동일시원리론은 법인을 구성하는 임직원 중 이사나 중간관리자 등 법인과 동일시할 수 있는 자의 행위만을 법인의 형사책임으로 귀속시키는 법리이다.[33] 따라서 법인은 단순한 종업원의 행위에 대하여는 그 형사책임을 부담하지 않게 되는 등 대위책임 법리의 경우보다 그 책임이 인정되는 경우가 좁아질 수밖에 없다.[34]

미국의 경우에는 임직원 등 피용자가 **그 직무상 권한 · 의무 · 책임의 범위 내에서 법인을 위하여 한 행위**에 대한 형사책임을 법인이 대신 부담한다는 대위책임 법리를 전개하고 있다. 이러한 대위책임을 인정하기 위하여는 다음 세 가지 요건을 충족해야 한다.

첫째, 법인의 기관이나 임직원이 주관적 불법요소인 범의(mens rea)를 갖고 불법행위(actus reus)를 범해야 한다.[35] 법인에게 형사책임을 귀속시키게 되는 임직원이란 상급 관리자에 한하지 않고 하급 직원이나 심지어는 최말단 직원도 포함할 수 있다.[36] 어느 한 임직원에게 범의를 인정하기 어려운 경우에는 임직원 전체가 하나의 단위로써 집단인식(collective knowledge)[37]에 의한 범의를 인정할 수 있더라도 무방하다.[38]

둘째, 법인의 기관이나 임직원이 법인의 업무 중 자신의 직무권한 범위 내에서 행위를 해야 한다.[39] 이때 '직무권한 범위'란 직무와 관련하여 수행하는 모든 활동을

---

33) 동일시원리론에 관한 상세한 소개는 송기동, 앞의 "영미 기업범죄 형사책임의 전개", 44,51-55면 참조.

34) 다만, 동일시원리론 중에는 법인의 행위와 동일시할 수 없는 종업원의 행위에 대하여도 법인의 선임 · 감독책임은 인정할 수 있다는 주장(이 경우에는 법인 면책조항의 설정도 가능)이 있다(김성룡 · 권창국, 앞의 논문, 130면).

35) V. S. Khanna, op. cit., p. 1489; 주관적 불법요소 개념에 관한 상세한 소개는 송기동, 앞의 "영미 기업범죄 형사책임의 전개", 47-50면 참조.

36) Brickey, pp.24,25. 다만, 대위책임 법리를 채택한 Model Penal Code에서는 앞에서 말한 것처럼 법인의 정책을 대표할 책임이 있는 이사나 상급 관리자의 행위로 제한하고 있으나, 판례는 그 적용을 거부하고 전통적 대위책임 법리를 따르고 있다[Commonwealth v. Beneficial Finance Co. 360 Mass. 188, 275 N.E.2d 33 (1971)].

37) 집단인식(collective knowledge)이란 법인 등 단체의 경우에 고의의 내용인 인식 여부를 판단함에 있어서 단체를 구성하는 모든 임직원들이 그 직무범위 내에서 인식하고 있는 것의 총합으로 보아야 한다는 것이다. 예컨대, 甲회사의 전체 인식대상 중 A, B 직원이 각 일부만을 알고 있고, C 직원이 나머지 부분만을 알고 있는 경우에, 甲회사는 모든 것을 알고 있다고 보는 것이다(Brickey, p.38).

38) V. S. Khanna, op. cit., p.1489.

39) Alan O. Sykes, "The Boundaries of Vicarious Liability: An Economic Analysis of the Scope of

포함하는 것으로 심지어는 법인이 그 행위를 금지하고 있었던 경우도 포함하는 등 매우 광범위하게 해석하고 있다.[40]

셋째, 법인의 기관이나 임직원이 그 법인의 이익을 위하여 행위를 해야 한다.[41] 그 행위가 오로지 법인의 이익만을 위한 것이 아니었어도 무방하고 그로 인하여 실제로 법인이 이익을 얻지 못한 경우일지라도 무방하다.[42]

미국 판례에서는 이러한 대위책임 법리에 따라 대륙법계 국가보다 광범위하게 법인의 형사책임을 인정하고 있다. 다만, 대위책임의 법리에 따라 법인의 형사책임을 인정하면서도 법인의 책임 있는 관리자(responsible corporate officer)가 그 권한범위 내 위반사실을 알고 있으면서 위반 결과를 야기하였거나 방지하지 못한 경우에는 그 관리자도 법인과 함께 형사처벌하고 있다.[43] 그러나 이렇게 광범위하게 법인의 형사책임을 인정하는 대위책임 법리에 대하여는 영미법학계에서도 법인의 형사책임을 과도하게 인정함으로써 사실상 그 법인의 무고한 주주, 임직원, 채권자, 소비자 등 이해관계자까지 처벌하는 셈이 되어 부당하고, 법인을 마치 속죄물처럼 취급함으로써 고대(古代)의 속죄양 제도나 다를 바 없다는 등의 비판을 하기도 한다.[44]

나. 독립모델론(조직체모델론)

위와 같은 종속모델론은 모두 법인에 속한 자연인의 행위를 전제로 법인의 책임을 인정하는 책임론이므로 실제 행위자인 자연인의 위반행위를 증명하지 않으면 안 된다. 그런데 기업범죄의 분업성이나 증명의 어려움으로 인하여 개개 자연인의 위반행위나 범의를 증명하기 어려워 법인을 처벌할 수 없게 되는 경우가 발생할 수 있다. 또한 법인을 구성하는 자연인의 각 행위와 책임이 분명하여 그에 상응하는 처벌

Employment Rule and Related Legal Doctrines", 101 Harv. L. Rev. 563, 581−593 (1988).

40) V. S. Khanna, op. cit., p.1489; U.S. v. Hilton Hotels Corp. 467 F.2d 1000 (9th Cir. 1972).

41) Brickey, p.16; V. S. Khanna, ib., p. 1490.

42) United States v. American Radiator & Standard Sanitary Corp., 433 F.2d. 174, 204 (3d Cir. 1970).

43) United States v. Dotterweith, 320 U.S. 277 (1943) ; Brickey, pp. 42,56.

44) Edward B. Discant, "Comparative Corporate Criminal Liability, Exploring the Uniquely American Doctrine Through Comparative Criminal Procedure", 118 Yale L. J. 126 (2008); Albert W. Alschuler, "Two Ways to Think about the Punishment of Corporations", 46 Am. Crim. L. Rev. 1359 (2009).

을 하게 된다면, 나아가 법인 자체를 처벌할 필요가 있을 것인지도 문제될 여지가 있다. 그러나 영리를 추구하는 법인인 회사가 평소 대표자나 종업원 등 자연인의 활동으로 이익을 취득하고 독자적 사회적 실체로 취급되고 있으면서 그 활동과정에서 타인의 보호법익을 침해한 경우의 형사책임을 부담하지 않는 것은 부당하다는 비판도 있다.[45)]

따라서 이러한 문제를 해결하기 위하여 자연인 개인의 행위나 책임을 매개로 하지 않고 법인 조직체 자체의 책임을 인정해야 한다는 독립모델론(즉, 조직체모델론)이 주장되고 있다. 스위스 형법, 에스파냐 형법, 오스트리아 단체책임법 및 영국의 '기업과실치사 및 기업살인에 관한 법률'은 독립모델론에 따른 규정을 포함하고 있는 것으로 평가된다.[46)] 이러한 독립모델론은 조직체인 법인 자체를 형사처벌함으로써 조직체 전체의 행동을 통제하려는 입장으로서 구체적인 위반행위를 한 개인이 특정되지 않더라도 무방하다.[47)] 법인의 행위를 개인의 행위를 넘어 법인의 조직구조적 결과로 보고, 법인의 정책, 내부관행 등 조직구조에 의한 법인의 행위나 범의를 인정함으로써 법인의 범죄능력과 형사책임을 인정하려는 입장이라고 말할 수 있다.[48)] 특히 업무상과실치사상죄, 시설 · 조치의무위반죄 등 과실범이나 부작위범의 경우에는 법인 자체의 과실이나 부작위를 상정할 수 있으므로 범죄구성요건 및 위법성을 쉽게 충족할 수 있게 된다.[49)]

독립모델론은 법인이라는 조직체의 특성을 감안한 범죄성립요건을 구성하거나 위반행위 방지를 위한 조직체의 시스템 결함 자체를 근거로 법인의 형사책임을 인정하는 입장이다. 그러한 조직체의 시스템결함을 인정하는 기준으로는 법규자율준수 프로그램(Compliance Program)을 드는 것이 일반적이다.[50)] 또한 사회적 체계의 행

---

45) 김성돈(기업형법), 53면.

46) 김유근, 앞의 "기업의 형사법적 책임", 76,77면; 독일의 경우에도 Nordrhein-Westfalen 주(州)는 2013. 9.경 독립모델론에 입각한 법률안인「기업 및 기타 단체의 형사책임 도입을 위한 법률안」 제2조를 발의하였다[박광민, "기업에 대한 형사책임귀속의 바람직한 방안", 「성균관법학」 제27권 제3호(성균관대학교 법학연구소, 2015. 9.), 86면].

47) 新経済刑法入門, 60,61면.

48) 안성조, 앞의 "미국 판례상 집단인식에 의한 법인책임의 법리 연구", 438면.

49) 김성룡 · 권창국, 앞의 "기업 · 법인의 형사책임법제 도입가능성과 필요성", 132면.

50) 김성룡 · 권창국, 위 논문, 135면; 박광민, 위 논문, 87면.

위라는 새로운 행위개념을 전제로, "기업 종사자들의 행위가 기업 자체의 귀속 메커니즘에 의해 기업 자체의 행위로 구성됨으로써 기업의 행위로 귀속된다."는 논거로 기업(법인 포함, 이하 같음)의 독자적 행위능력을 인정하고, 이러한 기업의 자율적 행위능력을 전제로 기업도 범죄의 일반예방 목적을 위한 법 충실의무 위반행위의 주체가 될 수 있다는 점에서 그 범죄능력도 인정할 수 있다고 보는 견해[51)]도 있다.

이에 대하여, 기업 경영시스템상의 구조적 결함이나 기업문화로부터 야기된 법익침해의 경우에는 조직체모델론을 따르고, 기업 내부 구성원 개인이 직접 범죄행위를 범할 수 있고 그 증명도 명확한 경우에는 동일시원리론을 따르는 '혼합(결합)모델'이 구체적 문제의 해결을 위한 가장 합리적 접근방식이라는 견해[52)]도 있다.

그러나 독립모델론은 단체책임을 부정하고 개인책임을 전제로 공범이론을 발전시켜 온 근대형사법 체계에 반하고, 법인은 자연인과 달리 구성원이 달라지면 조직의 범죄성도 변경되는데 구성원을 떠난 법인의 조직구조적 범죄성을 인정하는 것은 무리라는 지적이 있다.[53)] 무엇보다도 죄형법정주의 원칙상 범죄구성요건의 명확성이 요구되는데, 일의적일 수 없는 법규자율준수제도의 시행 또는 법인행위 귀속 메커니즘의 구비 등을 범죄능력의 인정기준으로 삼는 것은 범죄구성요건의 명확성을 요구하는 죄형법정주의 원칙에 반하고, 달리 법인에 대한 명확한 범죄능력 인정기준을 설정하기가 어렵다는 난점이 있다. 다만, 과실범이나 부작위범의 경우에는 실제 행위자인 자연인의 행위를 전제로 하지 않더라도 법인 자체의 주의의무위반이나 작위의무위반을 용이하게 인정할 수 있을 것이다.

3. 범죄능력 부분적 긍정설

해석론상 범죄능력 부정설의 논거에 따라 법인의 범죄능력을 부정하고 법인을 범죄의 행위주체로 인정하지 않지만, 현행 양벌규정에 따라 법인을 형사처벌하는 경우에는 법인의 범죄능력이 법률에 의해 창설된 것으로 보아야 한다는 견해[54)]이다.

---

51) 김성돈(기업형법), 339,369,370면.

52) 박광민, 앞의 논문, 88, 89면에서는 이러한 방식의 특별법을 제정하는 것이 바람직하다고 주장하고 있다.

53) 新経済刑法入門, 61면.

54) 오영근(형총), 95면; 신동운(형총), 129면; 박강우(형총), 68면.

현행 양벌규정을 책임주의에 충실하게 해석하기 위하여 범죄능력 부정설을 수정하는 입장이다. 이 견해에 대하여 같은 법체계 내에서 법인의 범죄능력에 관한 통일적 해석을 결여하게 되는 것은 부당하다고 비판하는 견해[55]가 있다.

그러한 입장이 아니라면 법인의 범죄능력 부정설 입장에서는 법인의 범죄능력을 부정하면서 위 양벌규정에 대하여는 예외적으로 형벌능력(즉, 수형능력)만 인정한 것으로 볼 수밖에 없는데, 이에 대하여는 행위 없는 책임을 인정하는 것이 되어 "책임 있는 행위 없이 형벌 없다"는 형법의 책임주의 원칙에 반하므로 부당하다고 비판하는 견해가 있다.[56] 이러한 입장에서는 이론상 범죄능력 긍정설의 논거에 따라 법인의 범죄능력을 긍정하고 법인을 범죄의 행위주체로 인정한다. 다만, 범죄의 성격과 형벌체계에 따라 법인의 범죄능력도 제한을 받을 수 있는 것이므로 현행 양벌규정에 따라 법인을 형사처벌 하는 행정범(법정범)이 아닌 형사범(자연범)의 경우에는 윤리적 · 비기술적(非技術的) 범죄라는 점에서 법인의 범죄능력을 부정한 것으로 보아야 한다고 주장한다.[57]

양벌규정에 관한 헌법재판소나 최근 대법원의 판례 입장은 법인의 대표자 등 기관(機關)의 행위는 대표관계의 특성상 그로 인한 법률효과가 귀속되는 법인에게 그 형사책임을 물을 수 있고, 이러한 법인의 책임은 법인 자신의 직접책임이라는 입장을 취하고 있다. 즉, 판례는 도의적 책임론의 입장에서 "일반적으로 형사상 책임은 '행위자가 합법을 결의하고 행동할 수 있었음에도 불구하고 불법을 결의하고 행동하였다고 하는 의사형성에 대한 윤리적 비난'을 의미하는데, 이러한 전통적 책임개념은 자연인을 전제로 한 것이므로 '책임 없으면 형벌 없다'는 책임주의 원칙이 단지 법적으로 인격이 부여된 법인에게도 그대로 적용되는지에 대하여 의문이 생길 수 있다. 형사적 책임은 순수한 윤리적 비난이 아니라 국가적 규범의 침해에 대한 법적인 책임이므로 자연인에 대한 위와 같은 책임개념을 법인의 책임에 대하여도 동일하게 적용할 필요가 없을 뿐 아니라, 법인의 행위는 이를 대표하는 자연인인 대표기관의 의사결정에 따른 행위에 의하여 실현되므로 자연인인 대표기관의 의사결정 및

55) 김성돈(형총), 169면.
56) 임웅(형총), 99면.
57) 임웅(형총), 100면.

행위에 따라 법인의 책임 유무를 판단하지 못할 바도 아니다."[58] 따라서 "법인은 기관을 통하여 행위를 하므로 … 법인 대표자의 법규위반행위에 대한 법인의 책임은 법인 자신의 법규위반행위로 평가될 수 있는 행위에 대한 법인의 직접책임이다."라고 판시하고 있는데,[59] 이러한 판시내용은 적어도 양벌규정에 관한 한 법인 대표관계의 특성을 논거로 법인의 범죄능력을 긍정하는 입장이라고 평가할 수 있다.

4. 결어

법인에 대한 형사처벌을 허용할 것인지 여부는 형벌에 관한 책임주의 원칙상 책임의 근거론에 영향을 받을 수밖에 없다. 도의적 책임론의 입장에서는 비난받을 의사형성과 행위를 한 자연인 자체를 처벌하는 것이 원칙이므로 법인의 형사책임을 일반적으로 인정할 수는 없을 것이다. 그런데 도의적 책임론의 입장에서 원칙적으로 법인의 범죄능력을 부정하더라도, 법인은 기관의 의사나 행위가 바로 법인의 의사나 행위로 되는 것이므로, 범죄의 종류나 성격에 따라서는 법인에 대한 사회윤리적 비난이 가능하여 법인 자체를 범죄의 행위주체로 보아야 할 경우가 있다. 범죄 중 살인 · 강도 등의 경우처럼 실제 행위를 한 자연인의 의사형성과 그 행위에 대하여 윤리적 비난을 함이 마땅한 범죄의 경우에는 법인의 범죄능력을 인정할 필요가 없을 것이다. 그러나 행정범의 경우처럼 기술적 특성을 지니거나 사기죄, 배임죄, 산업안전보건법위반죄, 환경범죄 등 비즈니스범죄의 경우처럼 분업성, 반복 · 계속적 이득추구의 특성을 지닌 범죄의 경우에는 실제 행위를 한 자연인에 대한 윤리적 비난보다는 이익귀속 주체인 법인에 대한 사회윤리적 비난가능성이 높다. 이러한 범죄의 경우에는 법인의 형사책임을 인정하여 법인 자체를 처벌할 필요가 있다.

우리나라의 현행법체계를 살펴보면, 형법 제8조에 의하여 형법의 총칙규정은 특별규정이 없는 한 모든 형사범죄에 적용되는데, 그 중 형사미성년자(형법 제9조), 심신장애자(형법 제10조), 청각 · 언어장애인(형법 제11조) 등 규정은 범죄행위주체가 자연인임을 전제로 하고 있다. 또한 상법 제637조는 상법 제622조, 제623조, 제625조, 제627조, 제628조 또는 제630조 제1항에 규정된 자가 법인인 경우에는 그 행

58) 헌법재판소 2009. 7. 30. 2008헌가24 결정.

59) 헌법재판소 2010. 7. 29. 2009헌가25 전원재판부; 대법원 2010. 9. 30. 2009도3876.

위를 한 이사, 집행임원, 감사, 그 밖에 업무를 집행한 사원[60] 또는 지배인,[61] 즉 실제 행위자에게 그 벌칙 규정을 적용함을 명시하고 있다.[62] 이러한 규정들은 법인은 그 범죄행위의 주체가 될 수 없음을 전제로 한 규정이다. 반면에 상법 제634조의3 기타 770여 개 특별법에는 양벌규정으로 법인을 처벌하는 규정을 두고 있는데, 이러한 규정들은 법인의 범죄능력을 전제로 한 규정으로 보는 것이 책임주의 원칙에도 부합하는 해석이다. 따라서 현행법은 원칙적으로 법인의 범죄능력을 부정하는 입장에서 범죄를 규정하고 있지만, 양벌규정을 두고 있는 범죄의 경우만은 예외적으로 법인의 범죄능력을 인정하고 있는 입장이라고 할 수 있다. 현행 양벌규정은 바로 이러한 입장에서 행정범이나 비즈니스범죄를 중심으로 예외적으로 법인의 범죄능력을 인정하고 형사책임을 묻고 있는 것으로 볼 수 있다(범죄능력 부분적 긍정설). 양벌규정 중 대표자 등 법인 기관의 행위로 인하여 법인이 형사책임을 부담하는 경우에는 법인 자신의 행위책임을 부담하는 것이고, 법인의 대리인 · 사용인 · 종업원의 행위로 인하여 법인이 형사책임을 부담하는 경우에는 후술하는 것처럼 법인 자신의 선임 · 감독상 과실 행위책임이라고 보아야 할 것이다.

법인 기관의 행위는 그 행위의 효과뿐만 아니라 그로 인한 채무불이행 책임이나 불법행위 책임까지 법인에게 귀속되는 것인데(민법 제35조),[63] 이러한 대표관계의 법리를 법인의 민사책임에 국한시켜야 할 필요는 없으므로 법인 기관의 행위에 대해 법인의 형사책임을 묻는 것은 대표관계의 법리에 비추어 가능한 일이다. 이때 법인의 기관을 처벌해야만 법인을 처벌할 수 있는 것으로 보아야 할 필연성은 없으므로, 양벌규정으로 기관도 처벌할 것인지는 입법정책의 문제이다. 또한 대표관계의 법리에 따르면 법인 기관의 고의적 행위로 인하여 법인을 고의범으로 처벌하는 것도 가능한 일이다(종속모델론). 다만, 어느 정도 범위의 범죄에 관하여 법인의 형사책임을

---

60) 이는 그 내용 및 체계상 합명 · 합자회사의 무한책임사원, 유한책임회사의 업무집행자 등 법인을 대표하는 자를 의미하는 것으로 보아야 할 것이다.

61) 지배인은 회사를 대표하는 자는 아니지만, 회사의 영업에 관한 재판상 또는 재판 외 모든 행위를 할 수 있는 포괄대리권을 가진 자이므로(상법 제11조 제1항), 범죄 행위주체에 포함시킨 것으로 보아야 할 것이다.

62) 다만, 이 규정에는 법인이 행위주체인 범죄 중 상법 제624조의2, 제625조의2, 제629조가 제외되어 있으나, 이는 입법의 불비로 보인다.

63) 송덕수(민법), 298면.

인정할 것인지,[64] 이를 양벌규정으로 정하여 법인과 기관을 함께 처벌할 것인지, 같은 법정형으로 처벌할 것인지 여부는 형사정책적 판단에 따른 입법의 문제일 뿐이다. 예컨대 분식회계로 인한 증권신고서 등 허위기재죄(자본시장법 제444조 제13호)의 경우처럼 회사 대표이사의 지시에 따라 회계담당직원 등이 업무집행의 일환으로 조직적으로 행하는 범죄의 경우에는 그 허위공시로 인한 피해를 입게 되는 일반투자자 등 피해자의 입장에서는 이를 회사인 법인 자체의 고의적 범행으로 인식하는 것이 자연스럽고, 업무수행으로 실제 행위를 한 자보다 회사인 법인 자체를 무겁게 처벌함으로써 허위공시를 억제해야 할 형사정책적 필요도 있다. 따라서 법인 기관의 행위에 대한 법인의 형사책임을 물음에 있어서는 양벌규정 형식으로 규정하더라도 법인 자체의 범죄능력 및 형사책임을 인정함으로써 법인에 대한 법정형을 법인 기관에 대한 법정형보다 상향조정하는 등 비연동형으로 규정할 필요가 있다.[65]

그런데 법인의 기관 외의 대리인 · 사용인 · 종업원의 행위로 인한 법인의 형사책임을 인정하는 문제는 누구의 어떠한 행위를 법인의 범죄행위로 볼 수 있는지 여부가 불분명하므로 죄형법정주의의 명확성원칙에 비추어 신중한 접근이 필요하다. 현행 양벌규정에 따르면 법인은 실제 행위자의 행위를 매개로 하여 그 선임 · 감독상의 과실책임을 부담할 뿐이다. 이러한 양벌규정 체제에서는 회사 등 법인의 복잡한 내부 구조와 비즈니스범죄의 분업성으로 인해 위반행위자를 특정하고 그 위반행위 · 인과관계 · 고의 등을 증명하는 것이 용이하지 아니하여 결국 아무도 처벌할 수 없는 부당한 결과가 초래될 수 있다. 또한 고의범인 실제 행위자보다 실제 행위자에 대한 선임 · 감독상 과실 책임을 부담할 뿐인 법인 등 업무주를 무겁게 처벌하는 것은 '책임에 따른 형벌'이라는 책임주의에 반하게 되므로 법인 등 업무주에 대한 형벌을 실제 행위자의 법정형과 동일하게 규정하는 경우가 대부분이다.[66] 이 경우 법인의 수형능력이나 과실범의 성격상 실제 행위자의 법정형 중 징역형 등 자유형을 제

64) 예컨대, 사기죄, 배임죄, 과실치사상죄 등에 관하여 법인의 형사책임을 인정하는 입법도 가능할 것이다.

65) 한석훈, "회계부정의 형사책임 개선과제", 「선진상사법률연구」 통권 제78호(법무부, 2017. 4.), 221면.

66) 「보건범죄 단속에 관한 특별조치법」 제6조 등 일부 양벌규정에서 법인 등 업무주에 대한 벌금형을 실제 행위자보다 높거나 별도로 법정한 경우가 있으나, 이는 실제 행위자에 대한 법정형에 징역형만 규정되어 있거나 징역과 벌금의 필요적 병과형만 규정되어 있어서 법인에 대한 별도의 벌금형을 규정할 필요가 있는 경우이다.

외한 벌금형으로만 처벌하게 되므로 결과적으로 법인은 실제 행위자보다 가볍게 처벌될 수밖에 없게 된다. 요컨대 법인 등 업무주를 실제 행위자보다 무겁게 처벌하기 어려운 양벌규정 체제로는 법인에 대한 처벌에 한계가 있을 수밖에 없다. 이러한 한계를 넘어설 수 있는 이론이 앞에서 살펴본 독립모델론이지만, 독립모델론을 고의범인 작위범에까지 일반적으로 적용하기에는 명확한 범죄성립 기준을 설정하기 어렵다는 난점이 있다. 다만, 실제 행위자인 자연인의 행위를 전제로 하지 않더라도 법인 자체의 주의의무위반이나 작위의무위반을 인정할 수 있는 과실범이나 부작위범의 경우에는 적용하기가 보다 용이할 것이다.

따라서 법인의 기관이 아닌 임직원의 행위로 인한 법인의 형사책임에 관하여 업무상과실치사상죄, 시설 · 조치의무위반죄 등의 과실범이나 부작위범처럼 법인이 주의의무 · 조치의무를 부담하여 법인 자체의 과실이나 부작위로 보는 것이 타당한 경우에는 굳이 실제 행위자의 범죄행위를 매개로 하여 법인을 처벌하는 양벌규정에 의하지 않고 독립모델론에 따라 법인을 독립하여 형사처벌하는 입법이 적합할 것이다. 그 밖의 경우에는 양벌규정에 따라 법인의 임직원에 대한 선임 · 감독상 과실책임을 물을 수밖에 없는데, 이 경우 법인에 대하여는 과실책임에 따른 양형상 제약을 감안해 볼 때 굳이 형사책임을 묻기 보다는 민사상 사용자책임에 기한 손해배상 책임(민법 제756조)이나 행정적 제재를 강화하는 것이 보다 효과적일 것이다.

Ⅳ. 법인격 없는 사단·재단 및 조합

1. 문제점

설립 중의 회사는 '법인격 없는 사단'(즉, '법인 아닌 사단' 또는 '권리능력 없는 사단')으로 보는 견해가 통설 · 판례이다.[67] 설립 중의 회사를 포함하여 '법인격 없는 사단 또는 재단'(이하 '법인격 없는 단체'라 함)은 권리능력조차 없는 것이 원칙이지만 사회생활상

---

67) 이철송(회사), 232면; 정대, 대계Ⅰ, 312면; 김건식 · 노혁준 · 천경훈(회사), 92면; 손진화(상법), 409,410면; 김홍기(상법), 319면; 송옥렬(상법), 775면; 대법원 2008. 2. 28. 2007다37394,37400. 이에 대하여 설립 중의 회사도 회사의 전신으로서 법인격이 부여되지 않았을 뿐 설립될 회사와 실질적으로 동일한 사단이므로, 그 법적 성질을 성립 중의 법인으로 보는 견해[최준선(회사), 158면; 김정호(회사), 94면; 이기수 · 최병규(회사), 159면]도 있다.

하나의 조직체로서 활동하기 때문에 범죄능력 및 형사책임을 인정할 수 있는지 여부가 문제된다.

현행 법률의 양벌규정에는 대부분 그 처벌대상에 법인격 없는 단체를 포함하고 있지 않지만, 공정거래법 제70조 등 일부 규정에는 법인격 없는 단체도 처벌대상에 포함하고 있으므로,[68] 이러한 명문 규정이 있는 경우에만 범죄능력 및 형사책임을 인정할 것인지도 포함하여 검토할 필요가 있다.

아울러 민법상 조합이나 합자조합(상법 제86조의2) 등 상법상 조합의 범죄능력 및 형사책임도 검토할 필요가 있다.

2. 범죄능력 인정 여부

법인격 없는 단체의 민사 법률관계에 관하여 통설 · 판례는 법인격 없는 단체에도 법인에 관한 법규 중 법인격을 전제로 한 것을 제외하고는 모두 유추적용할 수 있다는 입장이므로, 권리능력 · 행위능력 및 불법행위능력에 관해서도 법인에 관한 규정이 유추적용되는 것으로 보고 있다.[69] 나아가 법인격 없는 단체도 민사소송상 당사자능력이 인정되고(민사소송법 제52조) 부동산등기신청인(부동산등기법 제30조)도 될 수 있으므로 권리 · 의무의 주체성을 인정해야 한다는 견해[70]도 있다.

그런데 법인격 없는 단체의 범죄능력을 인정할 것인지 여부에 관하여는 활발한 논의가 없지만 법인의 범죄능력에 관한 긍정설 및 부정설의 각 논거에 비추어 볼 때 단체의 사회적 실체가 법인과 유사한 이상 법인격 유무에 따라 결론을 달리할 것은

---

68) 공정거래법 제128조(양벌규정)는 처벌대상으로 "법인(**법인격이 없는 단체**를 포함한다. 이하 이 조에서 같다)"이라고 규정하고 있는데[구 공정거래법(2020. 12. 29. 법률 제17799호로 개정되기 전이 것) 제70조), 이와 같은 규정을 두고 있는 양벌규정으로는 「표시 · 광고의 공정화에 관한 법률」 제19조 등이 있다. 한편, 자본시장법 제448조(양벌규정)는 처벌대상으로 "법인(**단체**를 포함한다. 이하 이 조에서 같다)"이라고 규정하고 있는데, 이 '단체'에는 법인격 없는 단체도 포함한다고 보아야 할 것이다. 이와 같은 규정을 두고 있는 양벌규정으로는 통계법 제40조, 공직선거법 제260조, 「승강기시설 안전관리법」 제27조, 「건설근로자의 고용개선 등에 관한 법률」 제25조, 자격기본법 제42조, 「노동조합 및 노동관계조정법」 제94조, 노동위원회법 제32조 등이 있다.

69) 대법원 2003. 11. 14. 2001다32687; 1992. 10. 9. 92다23087; 송덕수(민법), 283,289면; 지원림(민법), 105,114면; 김준호(민총), 155,156,160면.

70) 고상룡(민총), 251-259면; 대법원 2003. 11. 14. 2001다32687 판결은 법인격 없는 사단이 청산절차에 들어간 경우에 "청산의 목적범위 내에서 권리 · 의무의 주체가 된다"고 판시하고 있다.

아니다.[71] 이에 대하여 법인격 없는 단체의 경우에는 그 구성원들 개인만을 대상으로 하더라도 그 단체의 사회적 활동을 충분히 통제할 수 있다는 이유로 법인격 없는 단체의 범죄능력을 부인하는 견해[72]가 있다.

법인의 범죄능력 부분적 긍정설 입장에서는 현행법의 양벌규정상 그 처벌대상에 법인은 포함하고 있으면서 법인격 없는 단체가 포함되어 있지 아니한 경우에는 죄형법정주의 원칙상 법인격 없는 단체는 범죄능력이 없다고 보는 견해[73]가 일반적이다. 판례도 "법인격 없는 사단과 같은 단체는 법인과 마찬가지로 사법상 권리의무의 주체가 될 수 있음은 별론으로 하더라도 법률에 명문 규정이 없는 한 그 범죄능력은 없고, 그 단체의 업무는 단체를 대표하는 자연인인 대표기관의 의사결정에 따른 대표행위에 의하여 실현될 수밖에 없다"고 판시하여[74] 같은 입장을 취하고 있다.

생각건대 법인격 없는 단체의 경우에도 법인과 마찬가지로 현행법은 원칙적으로 법인격 없는 단체의 범죄능력을 부정하는 입장에서 범죄를 규정하고 있지만, 양벌규정에 법인격 없는 단체의 형사처벌 규정을 두고 있는 범죄의 경우에는 법인격 없는 단체의 범죄능력을 예외적으로 인정하고 있다고 보아야 할 것이다. 따라서 양벌규정의 처벌대상에 법인이 규정되어 있더라도 법인격 없는 단체도 포함한다는 명문규정이 없다면 법인격 없는 단체의 범죄능력을 인정할 수 없을 것이다.

민법상 조합이나 합자조합(상법 제86조의2) 등 상법상 조합의 경우에는, 원래 조합의 권리능력을 인정할 수 없을 뿐만 아니라 단체성도 법인격 없는 단체만큼 강하지 못하여 구성원들의 개성이 강한 단체이므로 조합의 범죄능력을 인정할 수 없음은 당연하다.

---

71) 오영근(형총), 97면에서도 "형법 적용에 있어서는 법인격 유무라는 형식적 요건보다는 사실적 상태라는 실질적 요건을 중시해야 하므로 법인격 없는 사단의 범죄능력과 형벌능력도 인정해야 할 입법론적 필요성은 있다"고 하여 법인과 같이 취급함이 타당하다고 보고 있다.

72) 박강우(형총), 70면.

73) 신동운(형총), 125,126면; 오영근(형총), 97면; 박강우(형총), 69,70면; 이기헌, 「법인의 형사책임에 관한 비교법적 연구」(한국형사정책연구원 연구총서 95-11, 1995), 101면; 이천현, "기업범죄의 억제를 위한 최근의 정책동향과 과제", 「형사정책」 제20권 제2호(한국형사정책학회, 2008), 14,15면.

74) 대법원 1997. 1. 24. 96도524; 1995. 7. 28. 94도3325(법인격 없는 사단에 고용된 사람이 자가용자동차의 무허가 유상운송행위를 한 사안으로서, 양벌규정에 명문 규정이 없는 이상 죄형법정주의 원칙상 법인격 없는 사단에 대하여는 양벌규정에 따라 처벌할 수 없고, 나아가 법인격 없는 사단의 구성원 개개인을 '개인' 업무주의 지위에 있다고 볼 수도 없다는 취지임).

따라서 단체의 형사처벌 규정이 없는 법인격 없는 단체나 조합이 범죄를 범한 것처럼 보이는 경우에도 실제로 그 행위를 한 대표자 등 자연인을 범죄행위의 주체로 보아야 한다(판례).[75] 다만, 위반행위의 성질상 조합 자체가 범죄를 범한 것으로 인정되는 경우에는 그 구성원들 모두를 양벌규정상 개인 업무주로서 실제 행위자와 함께 처벌할 수 있다(판례).[76]

75) 대법원 1997. 1. 24. 96도524(법인격 없는 사단에 관한 사안).

76) 대법원 2005. 12. 22. 2003도3984 판결은 민법상 조합이 건축법위반 행위를 한 경우에 조합원들을 범죄행위주체인 개인 업무주로 보았고, 양벌규정에 따라 실제 행위자인 그 대표자도 처벌한 사례이다.

제3절 양벌규정상 법인의 형사처벌

Ⅰ. 총설

현행 상법이나 기타 특별법에는 500개 이상의 양벌규정에 따라 같은 범행에 관하여 실제로 범행을 한 자연인뿐만 아니라 법인도 형사처벌하는 규정을 두고 있다. 이러한 양벌규정은 법인의 일반적 범죄능력을 인정하지 않는 현행 제도 아래에서 실제 행위자 외 법인이나 영업주의 처벌이 필요한 경우의 수요를 충족해 주는 기능을 수행하고 있다. 이에 따라 양벌규정의 지위, 실제 행위자인 자연인과의 관계에서 법인이 부담하는 양벌규정상 책임의 법적 성질, 양벌규정에 따른 처벌의 요건 및 절차상 문제점, 법인에 대한 형사제재 방법에 관하여 살펴볼 필요가 있다.

특히 우리나라와 유사한 법체계를 이루고 있는 일본의 경우에도 우리나라와 유사한 양벌규정을 두고 있으므로 일본 학설 · 판례의 동향을 비교 · 검토해 보는 것도 유익할 것이다.

Ⅱ. 양벌규정의 구조 및 지위

1. 규정의 구조

양벌규정은 "법인의 대표자나 법인 또는 개인 업무주(이하, 業務主인 법인 또는 개인을 '업무주'라 함)의 대리인 · 사용인 · 종업원(이하, 대표자 · 대리인 · 사용인 · 종업원을 '실제 행위자'라 함)이 (업무주의) 업무에 관하여 (어떠한) 위반행위를 하면, 그 행위자를 벌하는 외에 그 (업무주)에게도 해당 조문의 벌금형을 과(科)한다. 다만, (업무주가) 그 위반행위를 방지하기 위하여 해당 업무에 관하여 상당한 주의와 감독을 게을리하지 아니한 경우에는 그러하지 아니하다."란 형식으로 규정되어 있다. 즉, 실제 행위자의 업무주와의 관계, 위반행위의 업무관련성, 위반행위, 양벌 과형(科刑), 면책조항으로 구성되어 있다.[77] 벌금의 법정형은 업무주에게 실제 행위자와 동일한 금액의 벌금형을 정한 경우가 대부분이고(벌금액 연동제), 간혹 벌금의 법정형이 상호 동일하지 않게 규정된 경우(벌금액 비연동제)[78]도 있다.

이러한 양벌규정은 상법이나 기타 특별법에만 규정되어 있는데, 우리나라의 경우에는 업무주가 법인인 경우에 실제 행위자 및 업무주인 법인과 함께 그 법인의 대표자나 임원도 함께 처벌하는 이른바 삼벌규정은 존재하지 않는다.

2. 규정의 지위 관련 문제점

가. 업무주의 범죄구성요건 창설 규정

법인의 범죄능력을 부정하는 범죄능력 부정설 입장에서는 양벌규정으로 범죄능력 없는 법인을 처벌하는 것은 범죄행위나 책임이 없이 형벌을 부과하는 것이므로 책임주의에 반하는 것이다. 그러므로 양벌규정은 책임주의에 기한 형법 제1조 등 총칙의 예외를 특별한 규정으로 둘 수 있도록 허용하는 형법 제8조의 '특별한 규정'으로서 소형법총칙적 기능 또는 형사처벌 긍정기능이 있다고 설명하는 견해[79]가 있다.

---

77) 상법 제634조의3, 자본시장법 제448조, 산업안전보건법 제173조,공정거래법128조, 「부정경쟁방지 및 영업비밀보호에 관한 법률」 보칙 19조, 「조세범 처벌법」 제18조, 「환경범죄 등의 단속 및 가중처벌에 관한 법률」 제10조, 선원법 제178조, 「마약류 관리에 관한 법률」 제68조, 문화재보호법 제102조, 관세법 제279조 등; 과거에는 면책조항이 없는 양벌규정도 많았으나, 후술하는 헌법재판소 2007. 11. 29. 2005헌가10 위헌결정 이후로는 면책조항을 삽입하는 취지의 개정입법을 하였으므로, 여기에서는 면책조항이 있는 경우만을 다루기로 한다.

78) 「보건범죄 단속에 관한 특별조치법」 제6조는 "법인의 대표자나 법인 또는 개인의 대리인, 사용인, 그 밖의 종업원이 그 법인 또는 개인의 업무에 관하여 제2조, 제3조, 제4조 및 제5조의 어느 하나에 해당하는 위반행위를 하면 그 행위자를 벌하는 외에 그 법인 또는 개인을 1**억 원 이하의 벌금**에 처한다.(이하 생략)" 「마약류 관리에 관한 법률」 제68조는 "법인의 대표자나 법인 또는 개인의 대리인, 사용인, 그 밖의 종업원이 그 법인 또는 개인의 마약류 업무에 관하여 이 법에 규정된 죄를 범하면 그 행위자를 벌하는 외에 그 법인 또는 개인에게도 1**억 원(대마의 경우에는 5천만 원) 이하의 벌금형**을 과(科)하되, 제61조부터 제64조까지의 어느 하나에 해당하는 위반행위를 하면 해당 조문의 벌금형을 과한다.(이하 생략)" 문화재보호법 제102조는 "법인의 대표자나 법인 또는 개인의 대리인, 사용인, 그 밖의 종업원이 그 법인 또는 개인의 업무에 관하여 제94조부터 제96조까지 또는 제98조부터 제101조까지의 어느 하나에 해당하는 위반행위를 하면 그 행위자를 벌하는 외에 그 법인 또는 개인에게도 해당 조문의 벌금형을 과(科)하고 **벌금형이 없는 경우에는 3억 원 이하의 벌금**에 처한다.(이하 생략)"라고 각 실제 행위자와 상이한 법정형을 규정하고 있다.

79) 이재상 · 장영민 · 강동범(형총), 107면; 법인의 범죄능력 부분적 긍정설 입장이지만 특별형법에서 공통적 입법형식의 하나로 자리 잡아가고 있는 양벌규정은 특별형법에 관한 한 사실상 총칙규정으로서의 위치에 있다."고 보는 견해[신동운(형총), 116,117면]도 있다.

그러나 법인의 범죄능력을 인정하는 범죄능력 긍정설이나 범죄능력 부분적 긍정설 입장에서는 양벌규정으로 법인을 처벌하는 것은 범죄능력 있는 법인에 대하여 그 위반행위를 처벌하는 것이므로, 양벌규정을 형법 총칙의 예외규정으로 보기보다는 법인 등 업무주에 대한 별도의 범죄구성요건을 창설하는 규정으로 보아야 할 것이다.

나. 실제 행위자의 범죄구성요건 창설 규정

양벌규정이 실제 행위자에 대한 별도의 범죄구성요건을 창설하는 규정으로도 볼 수 있는지 여부가 문제된다. 양벌규정은 일정한 신분을 가진 업무주에게 의무를 부과하거나 행위를 금지하는 의무규정(이하 '의무규정'이라 함)을 위반한 업무주를 실제 행위자와 함께 처벌하는 경우에, '그 행위자를 벌하는 외에'라는 문구를 기재하고 있다. 이 경우 비신분자인 실제 행위자는 원래 의무규정의 의무부과 대상자가 아니지만 양벌규정의 위 문구로 인하여 범죄의 행위주체가 되고 실제 행위자의 범죄구성요건이 창설되는 것인지 여부가 문제된다.[80]

예컨대, 산업안전보건법 제173조(양벌규정)에는 "법인의 대표자나 법인 또는 개인의 대리인, 사용인, 그밖의 종업원이 그 법인 또는 개인의 업무에 관하여 제167조 제1항 또는 제168조부터 제172조까지의 어느 하나에 해당하는 위반행위를 하면 그 행위자를 벌하는 외에 그 법인에게 다음 각 호의 구분에 따른 벌금형을, 그 개인에게는 해당 조문의 벌금형을 과(科)한다. 다만, 법인 또는 개인이 그 위반행위를 방지하기 위하여 해당 업무에 관하여 상당한 주의와 감독을 게을리하지 아니한 경우에는 그러하지 아니하다. 1. 제167조제1항의 경우: 10억원 이하의 벌금, 2. 제168조부터 제172조까지의 경우: 해당 조문의 벌금형"이라고 규정하고 있다. 그 중 제167조 제1항은 "제38조 제1항부터 제3항까지, 제39조 제1항 또는 제63조를 위반하여 근로자를 사망에 이르게 한 자는 7년 이하의 징역 또는 1억 원 이하의 벌금에 처한다."라는 벌칙규정을 두고 있다. 그리고 의무규정인 같은 법 제38조(안전조치) 제1항은 "사업주는 다음 각 호의 어느 하나에 해당하는 위험으로 인한 산업재해를 예방하

---

80) 이러한 문제를 법인 범죄능력 부정설 입장에서는 의무규정의 신분자가 아닌 자를 처벌하는 기능이라는 뜻에서 '수범자 확대기능'의 문제로 검토하고 있다[이재상 · 장영민 · 강동범(형총), 107,108면].

기 위하여 필요한 조치를 하여야 한다. 1. 기계 · 기구, 그 밖의 설비에 의한 위험 2. 폭발성, 발화성 및 인화성 물질 등에 의한 위험 3. 전기, 열, 그 밖의 에너지에 의한 위험"이라고 규정하고 있다. 만약 A건설회사의 사용인이나 종업원에 해당하는 현장소장 B가 위와 같은 위험의 예방조치를 소홀히 하여 근로자를 사망에 이르게 한 경우에, B는 의무규정의 '사업주'가 아니므로 벌칙규정을 위반한 자는 아니지만, '그 행위자를 벌하는 외에'라고 기재된 양벌규정을 실제 행위자의 범죄구성요건을 창설하는 규정으로 보아 B를 7년 이하의 징역 또는 1억 원 이하의 벌금에 처할 수 있는가 하는 문제이다.

1) 처벌 부정설

신분범의 경우에 신분범을 위하여 위반행위를 한 비신분자에게도 그 처벌범위를 확대하는 것은 그러한 내용의 특별규정이 형법 총칙이나 특별법에 규정되어 있어야만 가능한 일이다.[81] 그런데 양벌규정의 '그 행위자를 벌하는 외에'라는 문언이나 '… 종업원이 …위반행위를 하면'이라는 문언만으로는 벌칙규정이나 의무규정의 처벌대상 범위를 확대하는 규정으로 볼 수 없다. 또한 양벌규정은 실제 행위자를 처벌하는 경우에 법인 등 업무주를 함께 처벌하기 위한 규정일 뿐이기 때문에, 양벌규정만으로는 실제 행위자를 처벌할 수 없다고 보는 것이 죄형법정주의 원칙에 충실한 해석이라고 하는 견해[82]이다.

이 견해에 따르면 위 사례에서 실제 행위자인 현장소장 B에 대하여는 업무주인 A 건설회사와의 공범이 인정되지 않는 한 처벌할 수 없으므로, A 건설회사만 업무주로서 1억 원 이하의 벌금에 처할 수 있을 뿐이다.

2) 처벌 긍정설

양벌규정의 '그 행위자를 벌하는 외에'라는 문언을 업무주를 위하여 실제 위반행위를 한 행위자를 처벌하는 범죄구성요건 창설규정으로 해석하지 않는다면, 업무주는 처벌하면서 실제로 업무주를 위하여 범죄행위를 한 자를 처벌할 수 없게 되는 모순이 생긴다. 그러므로 위 양벌규정을 업무주에 대한 처벌규정일 뿐만 아니

---

81) 독일의 경우에는 후술하는 바와 같이 형법의 총칙 편 제14조에 이를 규정하고 있다.

82) 이재상 · 장영민 · 강동범(형총), 102면; 김성돈(형총), 108면.

라 비신분자인 실제 행위자에게도 처벌범위를 확대하는 범죄구성요건 창설규정으로 보는 견해[83]이다.

판례는 종전에는 일관되지 않은 태도였으나, 대법원 1999. 7. 15. 95도2870 전원합의체 판결에서 "구 건축법(1991. 5. 31. 법률 제4381호로 전문 개정되기 전의 것) 제54조 내지 제56조의 벌칙규정에서 그 적용대상자를 건축주, 공사감리자, 공사시공자 등 일정한 업무주(業務主)로 한정한 경우에, 같은법 제57조의 양벌규정('행위자를 벌한다'라고 규정)은 업무주가 아니면서 당해 업무를 실제로 집행하는 자가 있는 때에 위 벌칙규정의 실효성을 확보하기 위하여 그 적용대상자를 당해 업무를 실제로 집행하는 자에게까지 확장함으로써, 그러한 자가 당해 업무집행과 관련하여 위 벌칙규정의 위반행위를 한 경우 위 양벌규정에 의하여 처벌할 수 있도록 한 행위자의 처벌규정임과 동시에 그 위반행위의 이익귀속주체인 업무주에 대한 처벌규정이다. …이러한 양벌규정의 입법취지는 업무주를 대신하여 실제로 업무를 집행하는 자임에도 불구하고 벌칙규정의 적용대상자로 규정되어 있지 아니하여 벌칙규정만으로는 처벌할 수 없는 위반행위자를 양벌규정에 의하여 처벌할 수 있도록 함으로써 벌칙규정의 실효성을 확보하는 데에 있다."고 판시하여 처벌 긍정설의 입장임을 분명히 하였다. 이 전원합의체 판결 이후 판례는 같은 취지로 일관하고 있다.[84]

이러한 입장을 따르면, 위 사례에서 양벌규정에 따라 비신분자인 현장소장 B는 실제 행위자로서 7년 이하의 징역 또는 1억 원 이하의 벌금에 처할 수 있고, 사업주인 A건설회사는 1억 원 이하의 벌금에 처할 수 있게 된다.

3) 결어

문언해석 및 죄형법정주의 원칙에 비추어 볼 때 양벌규정의 '그 행위자를 벌하는 외에'라는 문언을 그 행위자에 대한 범죄구성요건 창설규정으로 보기 어려운 것은 사실이다.

그러나 위 사례의 경우처럼 처벌규정의 법정형에 자유형과 재산형이 있는 경우

---

83) 손동권 · 김재윤(형총), 115면; 신동운(형총), 116면.

84) 대법원 2011. 9. 29. 2009도12515; 2010. 4. 29. 2009도7017; 2007. 12. 28. 2007도8401; 2007. 11. 15. 2007도5976; 2005. 12. 22. 2003도3984; 2005. 11. 25. 2005도6455; 2004. 9. 24. 2004도4066; 2004. 5. 14. 2004도74; 2003. 6. 27. 2002도4727; 1999. 9. 17. 97도3349.

에도 양벌규정은 실제 행위자가 아닌 업무주에 대하여는 재산형(벌금형)만 부과할 수 있도록 규정하고 있으므로, 처벌 부정설을 따른다면 양벌규정이 적용되어 법인만 처벌하는 경우에는 처벌규정의 자유형을 누구에게도 부과할 수 없게 되는 결과가 된다. 그렇다면 법인 아닌 개인 업무주가 직접 위반행위를 한 경우에는 자유형까지 부과할 수 있지만, 법인 업무주가 대표자, 사용인 또는 종업원 등을 통하여 위반행위를 한 경우에는 법인에 대하여 벌금형만 부과할 수 있게 되어 개인과 법인에 대한 처벌의 불공평이 발생한다. 또한 양벌규정의 표제에는 '양벌', 내용에는 '그 행위자를 벌하는 외에'라고 기재하고 있는 점, 양벌규정의 입법취지가 실제 행위자나 그 행위의 이익귀속주체인 업무주를 모두 처벌함으로써 의무규정 및 벌칙규정의 실효성을 확보하고자 하는 것인 점 등을 감안하면 양벌규정은 실제 행위자의 범죄구성요건 창설규정임과 동시에 그 위반행위의 이익귀속주체인 업무주에 대한 처벌규정으로 보아야 할 것이다(처벌 긍정설).

이에 관하여, 독일 형법[Strafgesetzbuch(StGB)] 제14조는 "법인의 대표기관, 그 기관의 구성원, 타인의 법정대리인 또는 업무주로부터의 수임인 등이 그 자격이나 위임에 기하여 위반행위를 한 경우에, 그 가벌성을 부여하는 특별한 인적 요소가 업무주에게만 존재하고 실제 행위자에게는 존재하지 않더라도 실제 행위자에게도 그 가벌성을 부여하는 법률규정을 준용한다."는 취지를 총칙 편의 일반규정으로 규정하고 있다. 우리나라의 경우에도 이러한 일반규정을 형법 총칙 편에 규정하는 것이 죄형법정주의의 명확성 원칙에 충실한 입법이 될 것이다.

Ⅲ. 양벌규정상 법인 형사책임의 법적 성질

1. 문제점

업무주는 법인이든 자연인이든 실제 행위자인 타인의 행위에 대한 책임을 부담하는 자이다. 그러므로 동일 행위에 대하여 실제 행위자와 함께 법인 등 업무주를 처벌하는 근거가 무엇인지, 즉 업무주가 부담하는 책임의 법적 근거 또는 법적 성질을 어떻게 파악할 것인지 문제가 된다.

이에 관하여는 업무주의 책임을 묻기 위하여 업무주의 고의 · 과실을 요구하는지 여부에 따라 크게 과실책임설과 무과실책임설로 대별할 수 있다. 또한 과실책임설을 따르더라도 고의 · 과실의 증명책임을 누가 부담할 것인지 여부에 따라 다시 과실추정설, 순과실설(진정과실책임설)로 분류할 수 있다.

2. 무과실책임설

업무주는 위반행위의 이익귀속주체로서 행정법규의 행정목적을 관철하기 위하여 영업 관련 위반행위가 있으면 업무주의 고의 · 과실을 묻지 않고 처벌되는 것이라는 견해[85]이다. 과거 양벌규정에 면책조항이 없는 경우가 대부분이었던 시절부터 법인의 범죄능력을 부인하는 입장에서 책임주의의 예외로서 법인의 수형능력만 인정하는 견해의 주장이다. 이 입장에서는 "자연인과 같은 의식과 정신이 결여된 법인에게 과실책임을 묻는 자체가 형법의 근본원칙과 부합할 수 없다"고 주장한다.[86] 이러한 입장에서는 양벌규정은 주로 행정 · 기업 · 경제 · 환경범죄 관련 특별법에 규정되어 그 특별법의 입법목적 관철을 위한 형사정책적 규정으로 기능할 뿐이라고 본다.

그러나 무과실책임설은 "책임 있는 행위가 없으면 형벌도 없다"는 책임주의 원칙에 반하므로 부당하다.[87] 그뿐만 아니라 후술하는 2007. 11. 29.자 위헌결정(헌법재판소 2007. 11. 29. 2005헌가10) 이후 대부분 양벌규정에 업무주가 위반행위 방지를 위해 상당한 주의와 감독을 게을리하지 아니한 경우의 면책조항을 두고 있으므로 현행법의 해석론으로는 더 이상 주장하기 어려운 견해이다. 따라서 지금은 입법적으로 과실책임으로 통일되어 있다고 보아야 할 것이다.

다만, 법인의 범죄능력을 부정하는 입장에서 양벌규정에 따른 법인의 처벌은 형식적으로는 형벌이지만 실질적으로는 법인의 기관이나 종업원의 범죄행위로 인한 사회적 책임인 보안처분이나 행정제재로 보아야 한다고 주장하는 견해가 있다. 이 견해는 법인은 그 구성원의 법인을 위한 범죄행위로 인하여 이익을 취득한 것이 있다면 이를 사회에 환원해야 하고, 적어도 그 법인을 위해 활동하면서 범죄행위를 한

---

85) 배종대(형총), 146면에서는 법인의 범죄능력을 부정하는 입장에서 볼 때 현행 양벌규정은 무과실책임을 인정한 것으로 볼 수밖에 없고, 무과실책임을 규정한 양벌규정 입법은 책임원칙에 위배되어 부당하므로 형벌이 아닌 과태료 처벌로 전환해야 한다는 입법론을 주장하고 있음.

86) 김성룡 · 권창국, 앞의 "기업 · 법인의 형사책임법제 도입가능성과 필요성", 124면.

87) 배종대(형총), 146면; 임웅(형총), 99면.

자를 창출시킨 사회적 책임을 부담해야 한다고 설명한다.[88] 그러나 현행 양벌규정은 형벌을 부과하고 있으므로 입법론이라면 몰라도 해석론으로는 무리한 해석이다.

3. 과실책임설

양벌규정에 따른 업무주의 책임은 대리인 · 사용인 · 종업원의 위반행위를 방지하기 위하여 필요한 선임 · 감독상 주의의무를 소홀히 한 과실 또는 법인의 기관으로서 법인과 동일시되는 대표자의 과실에 따른 책임이라는 견해[89]이다. 그 근거로 업무주는 자신이 선임하여 업무에 종사하게 한 자의 업무 전반에 걸쳐 그 발생결과를 예견하고 위반행위를 회피하도록 감독하여야 할 **선임 · 감독상 주의의**무가 있다고 설명한다. 업무주가 그러한 선임 · 감독 소홀에 관한 고의 · 과실이 있거나 실제 행위자의 위반행위에 가담한 경우에 그로 인한 책임을 부담하는 것은 당연하다는 입장이다.

이와 유사한 견해로서 부작위감독책임설이 있는데, 이 견해는 법인 등 업무주가 실제 행위자에 의한 위험이나 결과발생을 방지해야 할 보증인적 지위에 있으므로 그 **관리 · 감독상 작위의무** 위반책임을 부담하는 것이라고 설명한다.[90] 이 견해는 종래의 과실책임설과 달리 과실에 의한 감독책임뿐만 아니라 고의에 의한 감독책임도 인정할 수 있다는 점에서 논리적으로 타당하다고 주장한다. 그러나 종래의 과실책임설이 과실에 의한 감독책임 외에 고의에 의한 감독책임을 부정하는 것은 아니므로[91] 이 점은 과실책임설과 차별화할 논거가 될 수 없을 것이다. 또한 종래의 과실책임설은 **선임 · 감독상 주의의무 위반**이라는 주관적인 면을 법인처벌의 근거로 하고 있음에 반하여 부작위감독책임설은 **관리 · 감독의무 불이행**이라는 객관적인 면을 그 근거로 하고 있으므로 종업원 등의 범죄행위를 저지할 수 있는 모든 기대 가능한 안

---

88) 손동권 · 김재윤(형총), 109면.

89) 박상기(형총), 79,80면; 박상기 · 전지연(형법), 47면; 이재상 · 장영민 · 강동범(형총), 110면; 오영근(형총), 97면.

90) 부작위감독책임설은 독일 질서위반법의 법인 처벌규정 해석에 관한 판례 및 다수설의 입장이다(박광민, 앞의 논문, 74면). 정성근 · 박광민(형총), 91면.

91) 이러한 점을 분명히 하기 위하여 '고의 · 과실에 의한 감독의무불이행책임'으로 표현하는 견해[임웅(형총), 104면]도 있다.

전조치 의무를 불이행한 법인의 책임을 인정하게 된다고 주장한다.[92] 그러나 양벌규정은 법인 등 업무주의 업무에 관하여 요구되는 주의의무를 고의나 과실로 위반한 경우에 업무주를 처벌하는 것이다. 이러한 주의의무 위반에는 범죄구성요건상 고의 · 과실 이전 단계에서 요구되는 객관적 주의의무위반과 그에 대한 고의 · 과실이 모두 포함될 수 있다. 과실책임설에서 요구하는 선임 · 감독상 고의 · 과실이란 이러한 객관적 주의의무 위반을 전제로 그에 대한 고의나 과실을 의미하는 것이다. 그러므로 부작위감독책임설은 선임 · 감독상 의무를 부담하게 된 근거의 설명에 차이가 있을 뿐 과실책임설과 비교하여 실질적 내용의 차이는 없다고 보아야 할 것이다.

그리고 양벌규정의 업무주가 법인인 경우에는 법인의 기관인 대표자의 행위는 곧 법인 자신의 행위로서 법인은 자신의 행위에 대한 행위책임을 부담하는 것이고, 그 밖의 대리인 · 사용인 · 종업원(이하 '종업원등'이라 함)의 행위에 관한 법인의 책임은 그 선임 · 감독상 과실책임이라는 **행위책임 · 감독책임 이원설**[93]이 있다. 이는 과실책임설에 법인의 행위능력 또는 불법행위능력 법리를 적용한 결과이다.

요컨대 법인의 범죄능력에 관한 긍정설 또는 부분적 긍정설 입장에서는 법인 등 업무주의 양벌규정에 따른 책임의 법적 성질에 관하여 과실책임설 입장을 취하게 되고, 이는 근대 형법의 기본원칙인 자기책임원칙에 부합한다. 이러한 광의(廣義)의 과실책임설은 그 책임의 근거나 구체적 내용 설명에 따라 위와 같이 종래의 과실책임설(狹義), 부작위감독책임설 또는 행위책임 · 감독책임 이원설로 분류할 수 있다. 그 중 행위책임 · 감독책임 이원설이 책임의 근거와 법적 성질을 정확히 설명하고 있는 셈이다.

행위책임 · 감독책임 이원설의 입장에서는 법인 기관의 행위에 대하여 이를 법인의 행위로 보아 법인을 처벌하면서 동시에 그 행위를 한 대표자도 처벌하는 양벌규정이 이중처벌에 해당하는 것은 아닌지 검토할 필요가 있다. 특히 1인회사[94] 등 소규모 회사에서 1인 주주나 대주주를 겸하는 대표이사의 경우에는 법인에 대한 처벌이 실질적으로는 대표이사에 대한 제재가 된다는 점을 감안하지 않을 수 없다.[95] 그

---

92) 박광민, 앞의 "기업에 대한 형사책임귀속의 바람직한 방안", 76면.

93) 김일수 · 서보학(형총), 91면; 신동운(형총), 122,123면.

94) 회사의 구성원인 사원(社員)이 형식상 또는 실질상 1인인 회사.

95) 일본에서도 법인 대표자의 행위에 대하여 대표자와 함께 법인을 처벌하는 것은 실질적으로 이중처벌에

러나 이는 동일 행위가 대표자 개인의 행위이자 법인의 행위가 됨에 따른 결과일 뿐이다. 즉, 이러한 경우에도 대표자는 법인과 다른 행위주체인 자연인으로서 자신의 행위에 대한 형사책임을 부담하는 것이므로 이를 이중처벌로 볼 수는 없다.[96] 특히 법인의 경우에 그 실제 행위자인 기관을 처벌함이 없이 법인만 벌금형에 처한다면 형벌의 일반예방 또는 특별예방적 효과를 기하기 어렵다는 형사정책적 측면도 감안하면 이를 이중처벌로 보아야만 할 필요도 없을 것이다.

4. 판례의 입장

헌법재판소는 2007. 11. 29. 보건범죄 단속에 관한 특별조치법 제6조의 양벌규정[97]에 관하여 개인이 업무주인 사안에서 "이 사건 법률조항이 종업원의 업무 관련 무면허의료행위가 있으면 이에 대해 업무주가 비난받을 만한 행위가 있었는지 여부와는 관계없이 자동적으로 업무주도 처벌하도록 규정하고 있고, 그 문언상 명백한 의미와 달리 '종업원의 범죄행위에 대해 업무주의 선임감독상의 과실(기타 업무주의 귀책사유)이 인정되는 경우'라는 요건을 추가하여 해석하는 것은 문리해석의 범위를 넘어서는 것으로서 허용될 수 없다. 그러므로 위 법률조항은 다른 사람의 범죄에 대해 그 책임 유무를 묻지 않고 형벌을 부과함으로써, 형사법의 기본원리인 '책임없는 자에게 형벌을 부과할 수 없다'는 책임주의에 반한다."라고 판시하였다(이하 '2007년 양벌규정 위헌결정'이라 함).[98] 그 후 업무주가 법인인 경우인 헌법재판소 2009. 7. 30.

해당한다는 이유로 법인 처벌에 반대하거나 법인을 처벌하더라도 기소와 양형에 이를 고려함이 타당하다는 견해(新経済刑法入門, 62면), 동일시원리론 입장에서 이중처벌에 해당하는 것으로 보는 견해[淺田和茂, "法人の犯罪とその處罰", 「神山敏雄先生 古稀祝賀論文集」第二卷 經濟刑法(成文堂, 2006), 52면] 등이 있다.

96) 같은 취지: 川崎友巳, 210면 ; 대위책임 법리에 따라 법인을 형사처벌하는 미국의 판례에서도 실제 행위자인 대표자의 개인적 형사책임을 배제할 근거는 없다고 판시하고 있다[United States v. Wise, 370 U.S. 405 (1962)].

97) 당시 「보건범죄 단속에 관한 특별조치법」 제6조는 "법인의 대표자 또는 법인이나 개인의 대리인 · 사용인 기타 종업원이 그 법인 또는 개인의 업무에 관하여 제2조 내지 제5조의 위반행위를 한 때에는 행위자를 처벌하는 외에 법인 또는 개인에 대하여도 각 본조의 예에 따라 처벌한다."라고만 규정하고 있을 뿐, 현재와 같은 면책조항은 존재하지 않았다.

98) 헌법재판소 2007. 11. 29. 2005헌가10 전원재판부. 이 사건은 피고인 김○윤은 상피고인 강○용이 운영하는 ○○기공소의 직원으로서 치과의사면허 없이 위 기공소에서 2004. 10. 15.경부터 같은 해 10. 17.경까지 7명에 대한 치과치료를 해주고 그 대가로 합계 320만 원을 교부받아 무면허 치과의료행위를 업(業)으로 하였다는 것이고, 개인 업무주인 피고인 강○용은 위 기공소를 운영함에 있어서 그 사용인인 상피고인 김○윤이 위 범죄사실과 같이 치과의료행위를 업으로 하였다는 사안이다.

2008헌가14, 2009. 7. 30. 2008헌가16, 2009. 7. 30. 2008헌가17, 2009. 7. 30. 2008헌가18, 2009. 7. 30. 2008헌가24 각 결정에서도 같은 취지의 판시를 하는 등 면책조항이 없는 다른 특별법상 양벌규정들에 관하여 같은 취지의 결정을 반복하였다.[99] 이에 따라 특별법상 양벌규정에 면책조항을 삽입하는 취지의 개정작업이 이루어졌다. 이러한 헌법재판소의 결정례는 과실책임설 입장을 따른 것이다.

다만, 위 헌법재판소의 결정은 어디까지나 실제 행위자가 법인의 대표자인 경우가 아니라 법인 또는 개인의 종업원등인 경우에 한정되는 법리이다. 실제 행위자가 법인의 대표자인 경우의 법인 책임에 관하여, 헌법재판소나 대법원 판례는 “법인은 기관을 통하여 행위를 하므로 법인이 대표자를 선임한 이상 그의 행위로 인한 법률효과는 법인에게 귀속되어야 하고, 법인 대표자의 범죄행위에 대하여는 법인 자신이 자신의 행위에 대한 책임을 부담하여야 하는바, 법인 대표자의 법규위반행위에 대한 법인의 책임은 법인 자신의 법규위반행위로 평가될 수 있는 행위에 대한 법인의 직접책임으로서, 대표자의 고의에 의한 위반행위에 대하여는 법인 자신의 고의에 의한 책임을, 대표자의 과실에 의한 위반행위에 대하여는 법인 자신의 과실에 의한 책임을 부담하는 것이다. 따라서 양벌규정 중 법인의 ‘대표자’ 관련 부분은 대표자의 책임을 요건으로 하여 법인을 처벌하므로 (양벌규정에 면책조항이 없더라도) 책임주의 원칙에 반하지 않는다.”고 판시하고 있다.[100] 즉, 법인 대표자의 위반행위에 대한 법인의 형사책임은 종업원등의 위반행위에 대한 법인의 형사책임과는 달리, 대표의 법률관계상 대표자의 행위가 바로 법인 자신의 행위로 귀속되므로 법인의 자기책임이 된다는 것이다. 따라서 판례는 행위책임 · 감독책임 이원설 입장이라 할 수 있다.[101]

이러한 판례의 입장에 대하여는 “대표자 등 기관의 행위가 그 법인의 행위로 되기 위하여는 소정의 의사결정과정과 행위방식을 필요로 하는 것이므로 대표자의 행위가 곧 그 법인의 행위로 되는 것은 아니다.”라고 전제하고, “법인 대표자의 일정한

---

99) 헌법재판소 2010. 10. 28. 2010헌가14; 2010. 10. 28. 2010헌가23; 2010. 9. 30. 2010헌가52; 2010. 9. 2. 2009헌가11 전원재판부; 2009. 7. 30. 2008헌가16.

100) 헌법재판소 2011. 12. 29. 2010헌바117; 2010. 7. 29. 2009헌가25 전원재판부; 대법원 2010. 9. 30. 2009도3876.

101) 손동권 · 김재윤(형총), 113면도 같은 취지이다.

범죄행위가 있으면 법인이 그와 같은 대표자의 범죄에 대해 어떠한 잘못이 있는지를 전혀 묻지 않고 곧바로 법인을 형사처벌하도록 규정한 것은, 비난받을 만한 행위를 하였는지 여부를 묻지 않고 무조건 다른 사람의 범죄행위를 이유로 처벌하는 것으로서 형벌에 관한 책임주의에 반하는 것이다. 이러한 부당함을 방지하기 위해서는 법인에게 대표자에 대한 선임 · 감독상의 과실이 있는지 여부에 따라 책임을 물어야 한다."고 하는 반론[102]도 있다. 그러나 대표자 등 기관의 모든 행위가 다 법인의 행위로 되는 것이 아니라 위 판결이유처럼 '법인 자신의 법규위반행위로 평가될 수 있는 행위', 즉 법인 기관의 행위로 볼 수 있는 행위만이 법인의 행위로 되는 것이다. 그럼에도 불구하고 법인에게 그 행위책임을 묻기 위하여 다시 기관에 대한 법인의 선임 · 감독상 과실까지 추가로 요구해야 할 필요는 없을 것이다. 만약 이를 요구하는 경우에는 대표자에 대한 법인의 선임 · 감독상 과실 여부의 판단기준을 정하는 것이 불분명하므로 형벌법규의 명확성 원칙에도 반하는 해석이 된다.

이에 따라 판례는 법인 대표자의 법규위반행위에 대한 법인의 책임은 법인 자신의 법규위반행위로 평가될 수 있는 행위에 대한 법인의 직접책임이고, 사실상 1인회사의 경우에도 회사와 주주는 별개의 인격체로서 1인회사의 재산이 곧바로 1인 주주의 소유라고 할 수 없기 때문에, 법인 대표자의 행위로 인해 양벌규정으로 법인도 처벌하는 것을 이중처벌이라 할 수 없다고 판시하였다.[103]

5. 면책조항의 증명책임

행위책임 · 감독책임 이원설을 비롯하여 광의의 과실책임설에 따르면 대리인 · 사용인 · 종업원(즉 '종업원등')의 위반행위에 대한 법인 등 업무주의 책임을 묻기 위하여는 업무주의 선임 · 감독상 주의의무 위반사실을 증명해야 한다. 그 증명이 용이하지 않으므로 그 증명책임을 누가 부담하는지 여부에 관하여 아래와 같이 학설이 대립하고 있다.

---

102) 헌법재판소 2011. 12. 29. 2010헌바117 결정 중 반대의견 참조.
103) 대법원 2018. 4. 12. 2013도6962.

가. 과실추정설

과실추정설은 종업원등의 업무 관련 위반행위가 있으면 적어도 업무주의 선임·감독 등 위반행위를 방지하기 위하여 필요한 주의의무를 소홀히 한 과실이 추정된다는 견해[104]이다. 따라서 업무주는 자신에게 그 고의나 과실이 없었다는 사실을 증명하지 않으면 처벌을 면할 수 없게 된다.

종전에 우리나라의 일부 판례가 이러한 입장을 취하였고,[105] 현재 일본의 통설·판례[106] 입장이기도 하다. 그 논거로 양벌규정의 구조상 단서조항으로 "다만, (업무주가) 그 위반행위를 방지하기 위하여 해당 업무에 관하여 상당한 주의와 감독을 게을리하지 아니한 경우에는 그러하지 아니하다"라는 형식으로 규정하고 있음을 들고 있다. 이러한 형식으로 규정한 것은 "업무주에게 무과실에 대한 증명책임을 부과함으로써 업무주에 대한 과실의 추정을 강하게 하여 양벌규정의 실효성을 살리려는데 그 목적이 있다."고 보기 때문이다(종전 판례).[107]

과실추정설 아래에서는 위와 같이 업무주가 추정된 과실을 번복하기 위하여 반대사실에 대한 증명책임을 부담하게 되지만, 실제로 업무주가 무과실을 증명하는 것이 용이하지 않기 때문에 준법감시인제도, 준법지원인제도, 기타 기업의 법규자율준수 제도(Compliance Program)와 같은 범죄방지 시스템의 구축과 그 제도적 효과가 중요한 과제로 논의된다. 일본에서는 이러한 범죄방지 시스템을 정비하고 있으면 사업자의 과실을 부정해야 한다는 견해가 유력하게 주장되고 있다.[108]

나. 순과실설(진정과실책임설)

범죄의 성립을 위하여 필요한 범죄구성요건·위법성·유책성의 증명책임은 무죄추정 원칙상 모두 검사에게 있으므로, 명문규정이 없는 한 업무주에게 종업원등의

104) 박상기(형총), 79,80면.

105) 대법원 2002. 1. 25. 2001도5595; 1992. 8. 18. 92도1395; 1982. 6. 22. 82도777; 1980. 3. 11. 80도138.

106) 会社法コンメンタル(21), 163면; 日 最大判 1957. 11. 27. 刑集 11巻 12号 3113면; 日 最判 1965. 3. 26. 刑集 19巻 2号 83면.

107) 대법원 2002. 1. 25. 2001도5595; 1980. 3. 11. 80도138.

108) 新経済刑法入門, 60면.

선임 · 감독에 과실이 있다는 점도 검사가 증명해야 하는 것이고 그 과실을 추정할 수는 없다고 보는 견해[109]로서, 일본의 유력설[110]이다.

판례는 종전에는 과실추정설에 따라 판시하였으나, 2007년 양벌규정 위헌결정에서 과실책임설을 따르는 입장을 분명히 한 후로는 검사에게 그 증명책임이 있음을 분명히 하고 있다. 즉, "양벌규정에 의한 법인의 처벌은 **법인이 위반행위가 발생한 그 업무와 관련하여 상당한 주의 또는 관리 · 감독 의무를 게을리한 과실**로 인하여 처벌되는 것"이라고 하면서 그 증명책임이 검사에게 있음을 전제로 판시하고 있다.[111] 또한 그 과실, 즉 법인이 상당한 주의 또는 관리 · 감독을 게을리하였는지 여부는 "당해 법률의 입법 취지, 처벌조항 위반으로 예상되는 법익 침해의 정도, 위반행위에 관하여 양벌규정을 마련한 취지 등은 물론, 위반행위의 구체적인 모습과 그로 인하여 실제 야기된 피해 또는 결과의 정도, 법인의 영업규모 및 행위자에 대한 감독가능성이나 구체적인 지휘 · 감독 관계, 법인이 위반행위 방지를 위하여 실제 행한 조치 등 당해 위반행위와 관련된 모든 사정을 전체적으로 종합하여 판단해야 한다."고 판시하고 있다.[112] 따라서 현재의 판례는 순과실설 입장으로 볼 수 있다.

다. 결어

과실[113]을 범죄구성요건요소로 볼 것인지 책임요소로 볼 것인지 아니면 양 요소를 포함하고 있는 것으로 볼 것인지(이중적 지위설)[114] 여부에 관하여는 학설이 대립하

---

109) 임웅(형총), 103면; 김성돈(형총), 175,176면.

110) 新経済刑法入門, 60면.

111) 대법원 2012. 5. 9. 2011도11264(피고인 A신용정보주식회사 소속 채권추심원들이 국민건강보험공단 사이트에 권한 없이 침입하여 정보통신망을 통하여 처리 · 보관되는 타인의 비밀을 침해하여, 피고인 회사를「정보통신망 이용촉진 및 정보보호 등에 관한 법률」제75조의 양벌규정에 따라 기소한 사안에서, 피고인 회사에게 '사용인 또는 그 밖의 종업원'에 해당하는 위 채권추심원들의 위반행위를 방지하기 위한 주의 또는 관리 · 감독 의무를 이행하지 아니한 과실이 있음을 인정하여 피고인 회사에 유죄를 인정한 원심판단을 인용).

112) 대법원 2012. 5. 9. 2011도11264; 2010. 2. 25. 2009도5824(도로법상 양벌규정에 관한 판례); 2010. 9. 9. 2008도7834(산업안전보건법상 양벌규정에 관한 판례).

113) 과실이란 결과를 예견하고 결과발생을 회피하여야 할 주의의무를 위반한 것임[대법원 2011. 4. 14. 2010도10104; 손동권 · 김재윤(형총), 351면].

114) 다수설인 이중적 지위설 입장에서는 구성요건요소로서는 일반 보통인을 표준으로 객관적으로 주의의무위반을 판단하고 책임요소로서는 행위자 개인적 능력을 기준으로 주관적으로 주의의무위반을 판단한다[손동권 · 김재윤(형총), 350면; 이재상 · 장영민 · 강동범(형총), 205면; 정성근 · 박광민(형총),

지만[115] 과실이 범죄성립요건임은 분명하고, 판례는 과실을 범죄구성요건으로 파악하고 있다.[116] 형사재판에서는 무죄추정 원칙상 업무주의 고의·과실을 포함하여 범죄구성요건이나 위법성 및 유책성의 증명책임이 모두 검사에게 있기 때문에 양벌규정상 법인 등 업무주의 고의나 과실에 관한 증명책임을 검사가 부담하는 것은 당연하다. 판례도 "형사재판에 있어서 공소가 제기된 범죄사실에 대한 입증(증명)책임은 검사에게 있고, 유죄 인정은 법관으로 하여금 합리적인 의심을 할 여지가 없을 정도로 공소사실이 진실한 것이라는 확신을 가지게 하는 증명력을 가진 증거에 의하여야 하므로, 그와 같은 증거가 없다면 설령 피고인에게 유죄의 의심이 간다 하더라도 피고인의 이익으로 판단할 수밖에 없으며, 민사재판이었더라면 입증책임을 지게 되었을 피고인이 그 쟁점이 된 사항에 대하여 자신에게 유리한 입증을 하지 못하고 있다 하여 위와 같은 원칙이 달리 적용되는 것은 아니라 할 것이다."라고 판시하고 있다.[117]

그럼에도 불구하고 종전 판례가 과실추정설을 따른 배경은 종업원 등 업무관련자의 위반행위가 영업이익의 귀속주체인 법인 등 업무주의 묵인·방치에 기인하였거나 그 방지를 위한 감독이 불충분한 업무주의 기업운영체계상 하자 등으로 발생·강화될 가능성이 높음에도 그 책임소재를 가려내기 어려운 기업의 조직 및 업무구조의 특성을 감안하여, 특별법의 실효성을 제고하려는 시각에 따른 결과이다.[118] 그러나 기업의 조직 및 업무구조의 특성상 업무주에 대한 고의·과실의 증명이 어렵다는 이유만으로는 무죄추정의 헌법상 원칙(헌법 제27조 제4항)에 기한, 형사재판의 증명책임에 관한 일반원칙까지 희생시킬 수 있는 논거가 될 수는 없다고 본다. 따라

340면; 배종대(형총), 503면; 신동운(형총), 247면].

115) 대립하는 학설의 내용에 관하여는 손동권·김재윤(형총), 349,350면 및 김성돈(형총), 499-502면에서 상세히 설명.

116) 판례는 과실을 책임요소로 보는 입장이라고 설명하는 견해[김성돈(형총), 501면]도 있으나, 판례는 과실 유무 판단기준에 관하여 이중적 지위설과는 달리 "과실의 유무를 판단할 때에는 같은 업무와 직종에 종사하는 **일반적 보통인의 주의정도**를 표준으로 판단해야 한다."고 판시하고 있는 점(대법원 2014. 7. 24. 2013도16101), 대법원 2011. 5. 26. 2010도17506 판결에서 업무상과실치사의 주의의무위반에 관한 판단을 소홀히 한 원심판결이 "업무상과실치사죄의 구성요건에 관한 법리를 오해하였다."고 판시하고 있는 점 등에 비추어 보면 범죄구성요건요소로 보는 입장으로 파악된다.

117) 대법원 2003. 12. 26. 2003도5255.

118) 헌법재판소 2009. 7. 30. 2008헌가24 전원재판부 결정의 반대의견.

서 증명책임의 일반원칙을 따르는 순과실설이 타당하다.

Ⅳ. 양벌규정의 처벌 요건 및 절차

1. 문제점

양벌규정은 앞에서 말한 것처럼 업무주나 실제 행위자에 대한 범죄구성요건을 창설하는 규정으로서의 기능을 지니고 있다. 양벌규정의 객관적 범죄구성요건은 업무주의 대표자나 대리인 · 사용인 · 종업원이 업무주의 업무에 관하여 해당 조문의 위반행위를 하는 것이다. 그 밖에 업무주에 대하여는 업무주가 그 위반행위를 방지하기 위하여 해당 업무에 관하여 상당한 주의와 감독을 게을리한 사실이 추가된다.

이러한 요건 중 업무주, 대표자, 대리인, 사용인, 종업원의 개념, 업무관련성 및 '업무주의 상당한 주의와 감독'의 판단기준이 문제된다. 또한 업무주의 범죄는 실제 행위자의 범죄성립에 어느 정도로 종속되는 것인지도 검토할 필요가 있다.

그리고 절차상 문제로서 자수, 친고죄의 고소, 전속적 고발권자의 고발은 양벌 대상자 개개인별로 필요한 것인지를 검토하고, 형벌에 관하여 양벌 대상자들 사이에 처벌은 동일해야 하는 것인지, 회사에 대한 형벌은 회사합병시 승계되는 것인지 여부 등도 검토할 만한 문제이다.

2. 처벌 요건

가. 업무주

업무주는 양벌규정에 관한 각 법률규정에는 '회사', '법인 또는 개인', '선박소유자' 등으로 표현하고 있다. 업무주란 각 위반행위의 영업이나 업무의 주체로서 통상 업무상 손익이 귀속되는 주체를 말한다.[119] 즉, 형식상 명의자를 의미하는 것이 아니라 자기의 계산으로 사업을 경영하는 실질적 경영자를 말한다(통설 · 판례).[120] 위반행위

---

119) 신동운(형총), 118면.

120) 이기헌, 앞의 「법인의 형사책임에 관한 비교법적 연구」, 117면; 대법원 2007. 8. 23. 2007도3787; 2000. 10. 27. 2000도3570("법인이 아닌 약국에서의 영업으로 인한 사법상의 권리의무는 그 약국을 개설한 약사에게 귀속되므로 대외적으로 그 약국의 영업주는 그 약국을 개설한 약사라고 할 것이지만, 그 약국을 실질적으로 경영하는 약사가 다른 약사를 고용하여 그 고용된 약사를 명의상의 개설약사로

의 이익귀속주체인 업무주를 처벌함으로써 벌칙규정의 실효성을 확보하려는 양벌규정의 입법취지에 비추어 타당한 해석이다.

국가나 지방자치단체도 공법인으로서 업무주에 포함할 수 있는지 여부가 문제된다. 국가는 형벌을 부과하는 주체로서 자신에게 형벌을 부과하는 것은 모순이므로 업무주가 될 수 없지만, 지방자치단체는 국가와는 별개의 독립한 공법인이므로 업무주가 될 수 있다(통설 · 판례).[121] 국가가 국가사무 중 일부를 지방자치단체의 장에게 위임하여 그 사무를 처리하게 하는 기관위임사무의 경우에는 지방자치단체는 국가기관의 일부로 볼 수 있으므로 그 지방자치단체는 업무주가 될 수 없다(판례).[122] 법령상 지방자치단체의 장이 처리하도록 하고 있는 사무가 자치사무인지, 기관위임사무에 해당하는지 여부를 판단할 때에는 "그에 관한 법령의 규정 형식과 취지를 우선 고려하여야 하고, 그 밖에도 사무의 성질이 전국적으로 통일된 처리가 요구되는 사무인지 여부, 그에 관한 경비부담과 최종적인 책임귀속의 주체 등도 고려하여 판단해야 한다."는 것이 판례의 입장이다.[123]

나. 대표자

'대표자'란 그 의사와 행위가 법인의 의사와 행위로 인정될 수 있는 법인의 기관으로서, 법인의 정관 등에 기재된 내부절차에 따라 적법하게 선임되었으면 그 명칭이나 선임 · 퇴임의 등기 여부를 불문한다.

등록하게 해두고 실질적인 영업약사가 약사 아닌 종업원을 직접 고용하여 영업하던 중 그 종업원이 약사법위반 행위를 하였다면 약사법 제78조의 양벌규정상의 형사책임은 그 실질적 경영자가 진다."고 판시); 1992. 11. 10. 92도2034.

121) 신동운(형총), 118면; 대법원 2005. 11. 10. 2004도2657[부산시 서구청 소속 공무원이 압축트럭 청소차를 운전하여 고속도로를 운행하던 중 제한축중을 초과 적재하여 운행함으로써 도로관리청의 차량운행제한을 위반한 사안에서, 당시 위 공무원이 수행하고 있던 업무는 지방자치단체 고유의 자치사무 중 주민의 복지증진에 관한 사무를 규정한 지방자치법 제9조 제2항 제2호 (자)목 에서 예시하고 있는 '청소, 오물의 수거 및 처리'에 해당하는 업무라고 할 것이므로 그 지방자치단체인 부산시 서구가 구 도로법 제86조의 양벌규정에 따른 처벌대상이 된다고 판시].

122) 대법원 2009. 6. 11. 2008도6530(부산광역시 소속 공무원이 지정항만인 부산남항 순찰 등의 업무를 위해 관할관청의 승인 없이 경광등 및 실내앰프를 설치하여 개조한 승합차를 운행함으로써 구 자동차관리법을 위반한 사안에서, 지방자치법, 구 항만법 등에 비추어 위 지정항만순찰 등의 업무가 지방자치단체장이 국가로부터 위임받은 기관위임사무에 해당하므로 지방자치단체인 부산광역시가 구 자동차관리법 제83조의 양벌규정에 따른 처벌대상이 될 수 없다고 판시).

123) 대법원 2009. 6. 11. 2008도6530; 2005. 11. 10. 2004도2657; 2003. 4. 22. 2002두10483.

내부절차에 따라 적법하게 선임되지 않았거나 이미 퇴임한 자가 당해 법인을 실질적으로 경영하면서 사실상 대표하고 있는 경우에도 '대표자'에 포함할 것인지는 문제가 된다. 우리나라의 판례는 이러한 자도 '대표자'의 범위에 포함하고 있다.[124] 이에 대하여 일본 판례는 법인의 실질적 경영자는 양벌규정상 법인의 '대표자'가 아니라 '종업원'에 해당한다고 판시하고 있다.[125] 생각건대 법인이란 법률에 의하여 법인격이 주어진 단체이고 법인의 대표자란 그 행위가 법률상 법인의 행위로 인정될 수 있는 자를 말하는 것이다. 앞의 양벌규정상 법인 형사책임의 법적 성질 부분에서 살펴본 것처럼 우리 판례도 실제 행위자가 대표자인지 또는 대리인 · 사용인 · 종업원(즉 '종업원등')인지 여부에 따라 그 형사상 취급을 달리 하고 있고, 그 근거를 법인 대표자 행위의 법률효과가 법인에게 귀속되는 대표관계의 법리에 두고 있다. 따라서 법인을 실질적으로 경영하면서 사실상 대표하고 있는 자의 행위를 법률상 법인의 행위로 인정할 수는 없으므로, 이러한 자는 '대표자'라 할 수 없고, 후술하는 '대리인', '사용인' 또는 '종업원'이 될 수 있을 뿐이라고 보아야 할 것이다.

다. 대리인, 사용인, 종업원

'대리인', '사용인' 또는 '종업원'은 업무주의 업무에 종사하는 자이다. 판례에 따르면 양벌규정은 그들의 업무상 행위에 대하여 업무주에게 선임 · 감독상 책임을 물음으로써 벌칙조항의 실효성을 확보하려는 것이다.[126] 그러므로 대리인, 사용인 또는 종업원은 직접 또는 간접으로 업무주의 감독 · 통제를 받는 **종속관계**에 있는 자라야만 한다. 업무주와 고용계약이 체결되어 근무하는 자뿐만 아니라 그 법인의 업무를 직접 또는 간접으로 수행하면서 법인의 감독 · 통제 아래 있는 자이면 무방하다.[127]

---

124) 대법원 1997. 6. 13. 96도1703(피고인 1이 법인등기부상 피고인 2 주식회사의 대표이사직을 사임한 것으로 등기되어 있으나, 그 이후에도 위 회사의 회장 겸 대표자로서 위 회사를 실제로 운영하면서 공소외 김미진으로 하여금 그의 지시에 따라 위 회사의 수입과 지출을 관리하고 이에 관련된 각종 장부를 작성하도록 한 사실을 인정한 다음 피고인 1이 위 회사의 실제상 대표자에 해당한다고 하여 피고인 1, 피고인 2 주식회사를 조세범처벌법상 양벌규정으로 처벌한 사안임); 같은 입장의 견해[신동운(형총), 79면; 김성돈(형총), 177면].

125) 日 最決 1983. 3. 11. 刑集 37卷 2号 54면.

126) 대법원 2012. 5. 9. 2011도11264.

127) 대법원 2012. 5. 9. 2011도11264; 2009. 4. 23. 2008도11921; 2006. 2. 24. 2003도4966; 1993. 5. 14. 93도344.

'대리인'은 업무주를 위하여 자신의 명의로 대외적 법률행위를 하되 그 법률효과를 업무주에게 귀속시키는 관계에 있는 자로서 업무주와 고용관계에 있거나 업무주의 감독 · 통제를 받는 자를 말한다.[128] 지배인(상법 제10조), 부분적 포괄대리권을 가진 사용인(상법 제15조), 물건판매점포의 사용인(상법 제16조) 등 상업사용인은 '대리인'에 포함된다.

'사용인' 및 '종업원'은 대리인 외에 업무주의 업무를 보조하는 자로서 직접 또는 간접으로 업무주의 감독 · 통제 아래 있는 자를 말한다.[129] '종업원'과 '사용인'은 일응 고용관계 유무, 즉 종속성의 강약에 따라 구분할 수 있으나 같은 처벌규정 내에 있으므로 구분의 실익은 없다. '종업원'에는 업무주와 정식 고용계약이 체결되어 근무하는 자뿐만 아니라, 고용관계가 없더라도 **법인의 대리인, 사용인 등이 자기의 보조자로서 사용하고 있으면서 직접 또는 간접으로 법인의 감독 · 통제 아래 있는 자**도 포함된다(판례).[130] 나아가 '종업원'은 "업무주의 사업경영 과정에서 직접 또는 간접으로 업무주의 감독 · 통제 아래 그 사업에 종사하는 자"이면 무방하므로, 업무주 스스로 고용한 자가 아니라 **타인의 고용인으로서 타인으로부터 보수를 받고 있더라도 객관적 외형상으로 업무주의 업무를 처리하고 업무주의 종업원을 통하여 간접적으로 감독 · 통제를 받는 자**도 업무주의 '종업원'에 포함된다(판례).[131]

---

128) 신동운(형총), 117,118면; 김성돈(형총), 177면에서는 "독립적 관계에서 위임을 받은 대리인이 아니라 예컨대 상사지배인과 같이 종업원의 신분을 가지고 있는 자를 의미한다"고 설명하고 있지만, 고용관계 없이 독립적 관계에서 위임을 받은 대리인일지라도 업무주의 감독 · 통제를 받는 종속관계에 있다면 포함되어야 할 것이다.

129) 대법원 2007. 8. 23. 2007도3787; 2006. 2. 24. 2003도4966(구 「방문판매 등에 관한 법률」 제63조 양벌규정상 '사용인' 개념에 관하여 같은 취지); 2004. 3. 12. 2002도2298["「소음 · 진동규제법」 제62조(현재의 「소음 · 진동관리법」 제59조) 소정의 '법인의 사용인'에는 법인과 정식 고용계약이 체결되어 근무하는 자뿐만 아니라 그 법인의 업무를 직접 또는 간접으로 수행하면서 법인의 통제 · 감독 아래 있는 자도 포함된다."고 판시]; 2003. 6. 10. 선고 2001도2573.

130) 대법원 2012. 5. 9. 2011도11264; 2009. 4. 23. 2008도11921; 2006. 2. 24. 2003도4966; 1993. 5. 14. 93도344[피고인 회사의 안동지점 대리 A는 위 지점의 업무가 폭주하자 위 지점에 상시 출입하는 고객이었던 B로 하여금 위 지점의 업무인 투자상담 · 주식매도 · 매수주문수령 · 전화받기, 그 밖의 심부름 등을 하게 하여 위 지점의 업무를 보조하게 하였는데, B가 고객으로부터 유가증권의 종류 · 종목 및 매매의 구분과 방법에 관하여 결정을 받지 아니하고 일임매매(현재는 자본시장법상 투자일임업으로 규제하고 있음)를 한 사안이다. B가 위 지점장 이하 직원들의 통제 · 감독 아래 있음으로써 피고인 회사의 간접적 통제 · 감독 아래 있었음이 인정되어 피고인 회사에 증권거래법 제215조 제2항(양벌규정, 현재의 자본시장법 제448조)을 적용한 사안].

131) 대법원 1987. 11. 10. 87도1213[피고인 A가 경영하는 극장에서 상영하는 영화의 배급업자인 영화사의 직원 B가 A와 영화사 사이에 수익금을 분배하기로 한 약정에 따라 극장의 관람객수를 확인하던 중,

라. 위반행위의 업무관련성

실제 행위자의 위반행위가 업무주의 '업무에 관하여' 행하여질 것, 즉 업무관련성이 필요한다. 이 때 '업무에 관하여'란 **객관적 외형상으로** 업무주의 업무에 관한 행위로서 실제 행위자가 그러한 업무주의 업무를 수행함에 있어서 위반행위를 한 경우라야만 한다.[132] 객관적 외형상으로 업무주의 업무에 관한 행위인 성질을 갖고 있다면, 그 위반행위가 법인 내부의 결재를 받지 아니하였다거나, 그 행위의 동기나 목적이 업무주가 아닌 종업원 등이나 기타 제3자의 이익을 위한 것에 불과하고 업무주의 업무에 이로운 행위가 아니라고 하더라도 무방하다(판례).[133] 업무주인 법인의 정관에 기재된 목적범위 밖의 행위일지라도 객관적 외형상으로 그 법인 업무로서의 성질을 갖고 있는 경우에는 위 업무관련성을 인정할 수 있다.[134]

그런데 객관적 외형상 업무관련성 이외에 실제 행위자에게 주관적으로도 업무주의 업무를 위한다는 의사가 필요한 것인지 여부에 관하여는 판례의 입장이 분명하지 않다. 위와 같이 객관적 외형상으로 업무주의 업무에 관한 행위인 성질을 갖고 있다면, 그 행위의 동기나 목적이 업무주가 아닌 종업원등 실제행위자나 기타 제3자의 이익을 위한 것에 불과하고 업무주의 업무에 이로운 행위가 아니라 하더라도 무방하다는 판례가 있다.[135] 그런가 하면 업무주의 '업무에 관하여' 행한 것으로 보기 위해서는 "객관적으로 업무주의 업무를 위하여 하는 것으로 인정할 수 있는 행위가 있어야 하고, 주관적으로도 실제 행위자가 업무주의 업무를 위하여 한다는 의사를

A의 검표담당 종업원이 잠시 자리를 비우게 되자 A의 종업원인 극장지배인의 지시로 B가 그 검표 업무를 대행하던 중에 미성년자를 입장시켜 미성년자보호법(현재의 청소년보호법)을 위반한 사안에서, B는 미성년자출입제지 업무에 관한 한 A의 간접적인 감독통제를 받는다 할 것이므로 A와 B는 미성년자보호법 제7조(양벌규정, 현재의 청소년보호법 제62조) 소정의 영업자와 종업원의 관계에 있다고 판시).

132) 같은 취지: 대법원 2007. 11. 16. 2005다3229; 2002. 1. 25. 2001도5595; 1987. 11. 10. 87도1213; 1977. 5. 24. 77도412.

133) 대법원 2007. 11. 16. 2005다3229; 2002. 1. 25. 2001도5595; 1987. 11. 10. 87도1213; 1977. 5. 24. 77도412; 新経済刑法入門, 58면도 같은 취지임.

134) 같은 취지 : 日 最判 1950. 10. 6. 刑集 4卷 10号 1936면.

135) 대법원 2007. 11. 16. 2005다3229(양벌규정에 따라 업무주가 납부해야 할 벌금은 업무주의 실제 행위자에 대한 선임감독상 과실로 인하여 부담하는 자기 과실책임이므로 이를 실제 행위자 등에게 손해배상 청구할 수 없다고 판시하면서 그 형사책임의 요건인 업무주의 업무관련성을 설명하고 있음); 2002. 1. 25. 2001도5595; 1987. 11. 10. 87도1213; 1977. 5. 24. 77도412; 新経済刑法入門, 58면도 같은 취지임.

가지고 행위를 함을 요한다."는 판례도 있다.[136] 즉, 객관적 외형상 업무관련성을 갖추었다고 하더라도 종업원등 실제 행위자가 업무주의 업무를 위하여 하는 것이 아니라 개인적인 목적으로 위반행위를 한 경우에는 업무주의 업무에 관한 행위로 볼 수 없다는 입장[137]이다.

생각건대 업무주의 책임을 인정함에 있어서 객관적 업무관련성 외에 주관적 업무관련성도 갖출 것을 요구한다면 양벌규정의 실효성이 크게 반감될 것이므로 이러한 해석은 '벌칙조항의 실효성 확보'라는 양벌규정의 입법취지에 맞지 않다. 또한 주관적 업무관련성까지 요구하는 과거의 판례는 면책조항이 없는 양벌규정이 많았던 과

---

136) 같은 내용의 판시를 한 판례로서 대법원 2006. 6. 15. 2004도1639, 1997. 2. 14. 96도2699, 1983. 3. 22. 80도 1591, 1977. 9. 13. 77도2055 판결이 있다. 그 중 2004도1639 판결은 객관적으로든 주관적으로든 업무 관련성이 인정되어 양벌규정으로 업무주를 처벌한 사안이었다. 96도2699 판결은 보세장치장을 운영하는 A회사의 사무직원 B가 휴가 중임에도 평소 알고 지내던 화주(貨主)의 부탁을 받고 보세장치장에 들어가 근무자들 몰래 화물을 보세장치장 밖으로 반출하여 화주에게 건네준 사안으로서 A회사를 관세법상 양벌규정 위반으로 기소하였으나, 주관적으로는 물론 객관적 외형상으로도 업무관련성을 인정할 수 없어서 무죄가 확정되었다. 77도2055 판결은 주한미군의 군용식품 등 보급품을 운송하는 甲회사의 운송차량 운전사인 乙이 그 운송 도중 운송물품 일부를 절취한 사안으로서 乙을 관세법위반 등으로 기소하면서 甲회사도 관세법상 양벌규정 위반으로 기소하였으나, 甲회사의 업무가 운송업무로서 관세를 부담해야 할 성질의 업무가 아닐 뿐만 아니라 甲회사의 사용자인 乙의 위 행위는 주관적으로 법인의 업무를 위한다는 의사가 없음은 물론 객관적으로도 甲회사의 운송업무와는 전혀 무관한 행위로서 도저히 이를 甲회사의 업무에 관한 행위라고 할 수 없다는 이유로 무죄가 확정되었다. 따라서 위판례들은 객관적 외형상으로는 업무관련성이 인정되지만 주관적으로는 업무관련성이 없는 사안에 관한 판례의 입장으로 볼 수 없다. 다만, 80도1591 판결은 "법인의 형사처벌은 형법상 행위자책임 원칙에 대한 예외로서 법률상 특별규정이 있는 경우에만 정책적으로 인정되는 것임에 비추어, 손해의 공평한 분담이라고 하는 이념을 실현하기 위하여 인정되는 민사상 사용자 책임의 경우와는 달리 이를 엄격하게 해석함이 타당할 것"이라는 논거로, 관세법의 양벌규정상 '법인의 업무에 관하여' 행한 것으로 인정하기 위해서는 "객관적으로 법인의 업무를 위하여 행한 것으로 인정할 수 있는 행위가 있어야 하고, 주관적으로는 종업원등이 법인의 업무를 위하여 한다는 의사를 가지고 행위를 함을 요한다."고 판시하면서, 종업원등의 행위가 외형상 회사의 업무처리에 즈음하여 이 사건 범칙행위가 이루어진 사실을 인정할 수 있을 뿐, 그 밖에 종업원등의 주관적 의사에 관한 심리가 미진하다는 이유로 파기환송하였다.

137) 신동운(총론), 119면에서는 실제 행위자의 개인적 행위임에도 양벌규정을 매개로 업무주를 처벌한다면 양벌규정이 단순히 처벌조항의 주체를 확장시키는 정도를 넘어 전혀 다른 새로운 구성요건을 창출하는 것이 되어 죄형법정주의 원칙에 위배된다는 이유로 같은 견해를 취하고 있다. 그런데 이 견해가 원용하고 있는 대법원 2009. 5. 28. 2009도988 판결은 양벌규정이 적용되는 벌칙규정의 전제인 금지규정에서 건설공사의 발주자나 수급인 등의 도급계약 체결 또는 건설공사 시공과 관련된 수·증재 행위를 금지하고 있는 경우에, 수급인의 사용인이 발주자의 사용인에게 부정한 청탁을 하며 재물을 공여한 행위는 객관적 외형상으로 보아도 발주자에게 영득시킨다는 명목으로 재물을 수수한 것이 아니라 발주자의 사용인이 배임수재 명목으로 수수함에 대하여 그 공여를 한 것으로 보아야 하므로, 금지규정을 위반한 위반행위 자체가 될 수 없다는 취지일 뿐이므로, 이 판례를 양벌규정의 업무관련성 여부에 관한 판례로 원용할 것은 아니다.

거의 입법 아래에서 업무주의 부당한 형사책임을 완화하여 책임주의 원칙을 관철하기 위한 방편이었던 것으로 보인다. 예외 없이 업무주에 대한 면책조항이 있는 현행 양벌규정 아래에서는 면책조항의 해석 · 적용을 통하여 책임주의 원칙을 관철할 수 있으므로 업무관련성 요건까지 엄격하게 해석할 필요는 없을 것이다. 따라서 '업무에 관하여'란 객관적 외형상 업무주의 업무를 수행함에 있어서 위반행위를 하는 경우로 해석해야 한다. 다만, 실제 행위자의 주관적 동기나 목적은 위와 같은 업무관련성 여부를 판단하는 하나의 자료일 뿐이다. 즉, 업무관련성 요건을 판단함에 있어서는 "법인의 적법한 업무의 범위, 피용자 등(즉, 실제 행위자)의 직책이나 직위, 피용자 등의 범법행위와 법인의 적법한 업무 사이의 관련성, 피용자 등이 행한 범법행위의 동기와 사후처리, 피용자 등의 범법행위에 대한 법인의 인식 여부 또는 관여 정도, 피용자 등이 범법행위에 사용한 자금의 출처와 그로 인한 손익의 귀속 여하 등 여러 사정을 심리하여 결정하여야 한다."(판례)[138]

마. 업무주 범죄성립의 종속성

양벌규정의 업무주에 대한 처벌은 실제 행위자의 위반행위를 전제로 하고 있으므로, 업무주의 범죄성립은 실제 행위자의 범죄성립에 어느 정도로 종속하는 것인지 여부가 문제된다. 즉, 실제 행위자의 범죄가 범죄구성요건, 위법성, 유책성 등의 범죄성립요건과 처벌조건 중 어느 정도까지 구비하여야 업무주를 양벌규정으로 처벌할 수 있는 것인가 하는 문제이다.

판례는 실제 행위자가 종업원인 경우에 관하여 "양벌규정에 의한 업무주의 처벌은 위반행위자인 종업원 등 실제 행위자의 처벌에 종속하는 것이 아니라 독립하여 그 자신의 실제 행위자에 대한 선임 · 감독상의 과실로 인하여 처벌되는 것이므로" 실제 행위자의 범죄성립이나 처벌이 업무주 처벌의 전제조건이 될 필요가 없다는 입장이다.[139] 그러므로 실제 행위자의 위반행위가 신분범의 구성요건상 자격의 결여 등으로 범죄구성요건을 갖추지 못하였다 하더라도 업무주를 양벌규정으로 처벌할

---

138) 대법원 1997. 2. 14. 96도2699; 1983. 3. 22. 80도1591.

139) 대법원 2006. 2. 24. 2005도7673(실제 행위자의 고의 위반행위가 인정되었음에도 불구하고 업무주만 공소제기를 하였더라도 양벌규정을 적용하여 처벌할 수 있다는 취지의 판시).

수 있다고 판시하고 있다.[140] 그러나 위 판례들의 사안은 실제 행위자에게 범죄구성요건 해당성이 없는 경우가 아니었으므로, 이를 업무주 범죄성립의 종속성에 관한 기준을 정립한 판례로 보기는 어렵다.

이에 반하여 양벌규정의 업무주를 처벌하려면 실제 행위자의 위반행위가 범죄성립요건을 충족해야 하지만 책임조각사유는 행위자에 대한 비난가능성 문제이므로 실제 행위자에게 책임조각사유가 있는 것은 무방하다고 보는 견해[141]가 있다. 일본에서도 양벌규정의 '위반행위'란 고의 · 과실 등 주관적 요건도 포함하여 범죄구성요건에 해당하는 위법한 행위를 말하는 것이고, 실제 행위자가 유책성까지 갖추지는 않더라도 업무주를 양벌규정으로 처벌할 수 있다는 견해[142]가 있다. 이에 대하여 실제 행위자가 대표자인 경우에는 대표자의 행위가 법인의 행위와 동일시되므로 구성요건 해당성, 위법성 및 유책성을 모두 갖추어야 하지만, 실제 행위자가 그 밖의 종업원등인 경우에는 이들의 위반행위 이외에 감독책임 관련 독자적 처벌요건이 추가로 요구되고 있으므로 실제 행위자의 행위가 최소한 구성요건해당성 및 위법성까지는 갖추어 불법으로 평가할 수 있으면 된다고 보는 견해[143]도 있다.

생각건대 양벌규정상 업무주 책임의 법적 성질에 관한 행위책임 · 감독책임 이

---

140) 1987. 11. 10. 87도1213[미성년자보호법(현재의 청소년보호 법)상 선량한 풍속을 해할 염려가 있는 흥행장 등의 '영업자'는 미성년자를 그 영업소 내에 출입하게 하여서는 아니된다는 의무규정, 이 규정에 위반한 자는 1년 이하의 징역이나 100만 원 이하의 벌금, 구류 또는 과료에 처한다는 벌칙규정, 법인이나 개인의 대리인, 사용인 기타 종업원의 위반행위에 대하여 행위자를 벌하는 외에 법인 또는 개인에대하여도 위 벌금형을 과하도록 한 양벌규정 아래에서, 피고인 A가 경영하는 극장에서 그 종업원 B가 미성년자의 관람이 금지된 영화가 상영되고 있음에도 불구하고 14세 미성년자 2명을 위 극장에 출입하게 하여 A, B 모두 양벌규정으로 처벌한 사안이다. 이경우 "위 의무규정의 '영업자'에는 영업주가 아닌 영업주의 대리인, 사용인 기타 종업원 등 고용인도 포함된다고 해석되며", 가사 종업원에게 '영업자' 자격이 없다고 하더라도 "양벌규정에 의한 영업주의 처벌은 금지위반 행위자인 종업원의 처벌에 종속하는 것이 아니라 독립하여 그 자신의 종업원에 대한 선임 · 감독상의 과실로 인하여 처벌되는 것이므로 영업주의 위 과실책임을 묻는 이 사건에서 금지위반 행위자인 종업원에게 구성요건상의 자격이 없다고 하더라도 영업주인 피고인의 범죄성립에는 아무런 지장이 없다."라고 판시하였다.] 그 중 종업원 B에 대하여는 의무규정의 '영업자'에 그 종업원도 포함시킨 것은 문언의 해석범위를 벗어난 부당한 해석으로 보인다. 차라리 앞에서 말한 것처럼 양벌규정상 '행위자를 벌하는 외'란 문언을 실제 행위자의 범죄구성요건 창설 규정으로 보고 양벌규정상 위 종업원에 대한 범죄구성요건도 충족된 것으로 보는 것이 타당할 것이다.

141) 신동운(형총), 118면; 김유근, 앞의 "기업의 형사법적 책임", 64면에서는 부작위범의 일반이론에 따라 같은 취지로 설명.

142) 福田平,「行政刑法」(有斐閣, 1978), 75면; 会社法コンメンタル(21), 162,163면.

143) 김성돈(형총), 179면.

원설 입장에서는 실제 행위자가 법인의 기관인 대표자인 경우와 그 밖의 종업원등인 경우로 구분해야 할 것이다. 실제 행위자가 대표자인 경우에는 대표의 법률관계상 기관의 행위가 바로 법인 자신의 행위로 평가되므로 행위에 대한 평가가 문제되는 범죄구성요건해당성, 위법성 및 강요된 행위(형법 제12조)나 법률의 착오(형법 제16조) 등 행위와 관련된 책임조각사유에 관해서는 법인의 범죄성립은 대표자의 행위에 종속된다고 보아야 할 것이다. 그러나 행위자별로 파악해야 할 책임조각사유(형사미성년자, 심신장애인 등)나 처벌조건(헌법 제84조의 '재직 중인' 대통령)의 경우에는 대표자와 독립하여 법인의 범죄성립을 판단해야 할 것이다. 실제 행위자가 종업원등인 경우에는 실제 행위자에 대한 선임 · 감독 등 위반행위를 방지 하기 위하여 필요한 주의의무를 소홀히 한 과실에 따른 책임이므로, 종업원등 실제 행위자의 위반행위가 범죄구성요건을 충족하지 않거나 위법하지 않다면 그 감독책임을 물을 대상행위가 없다는 점에서 업무주의 범죄성립은 실제 행위자의 행위에 종속적이라 할 수 있을 것이다. 다만, 유책성이란 행위자 개인에 대한 비난가능성을 의미하므로(통설)[144] 책임조각사유 여부는 실제 행위자와 업무주에 대하여 개별적으로 그 해당 여부를 판단해야 한다. 따라서 종업원등의 위반행위는 범죄구성요건 및 위법성만 충족되면 유책성이나 처벌조건에 관해서는 실제 행위자와 독립하여 업무주의 범죄성립을 판단할 수 있을 것이다.

또한 실제 행위자의 범죄행위는 반드시 1인의 행위로 제한할 것이 아니고 수인의 분업적 행위로 성립할 수도 있으므로, 이러한 경우 그 수인 사이에 의사연락이 없어서 실제로 개개 행위자의 행위만으로는 범죄구성요건이나 위법성을 구비하였다고 볼 수 없는 경우일지라도 그 수인의 행위를 일괄하여 실제 행위자의 위반행위가 성립한 것으로 볼 수도 있다는 견해[145]가 있다. 그러나 실제 행위자의 위반행위 성립을 전제로 업무주를 처벌하는 현행 양벌규정의 형식상 특별한 입법조치 없이 위와 같이 해석하는 것은 무리이다.

---

144) 손동권 · 김재윤(형총), 277면; 박상기(형법), 155면.

145) 김종덕, "기업범죄에 있어서 개인의 형사책임", 「법학연구」 제18집(한국법학회, 2005), 334,335면에서는 같은 취지로 설시하면서, 나아가 "실제 행위자가 특정되지 않더라도 그 행위의 결과가 전체로서의 기업체 활동에 기인한 것이고 그 결과발생에 관리감독자의 과실이 중요원인으로 작용한 경우에는 기업체와 대표자 등 관리 · 감독자를 처벌할 수 있는 규정을 둘 필요가 있다"고 주장하고 있다.

이와 같이 양벌규정은 자연인의 행위를 매개로 해야만 업무주인 법인을 처벌할 수 있는 제도이므로, 현대 산업사회에서 복잡한 업무를 분업적 · 단계적으로 처리하는 회사의 형사책임을 묻는 제도로는 부적합하다는 비판이 제기된다. 즉, 회사의 의사결정절차나 행위과정이 여러 단계를 거치거나 분업적으로 이루어지거나 직위 승계자 사이에 연속적으로 행하여지는 경우에 실제 행위자를 특정하는 것이 용이한 일이 아니라는 점, 실제 행위자의 위반행위를 증명하기가 용이하지 아니한 점, 법인의 형사책임이 기본적으로 선임 · 감독상 과실책임에 그치거나 후술하는 바와 같이 원칙적으로 실제 행위자와 동일한 벌금형만 부과하게 되어 형벌로서의 실효성이 약화되고 있는 점 등이 그 비판의 논거로 제시되고 있다.[146] 따라서 양벌규정의 대안으로 앞에서 말한 것처럼 자연인 개인의 행위나 책임을 매개로 하지 않고 법인 자체의 책임을 인정해야 한다는 독립모델론이 설득력 있게 주장되고 있다.

바. 업무에 관한 '상당한 주의와 감독'

법인 등 업무주 책임의 법적 성질에 관한 과실책임설 중 과실추정설에 따르면 업무주의 면책요건이 되고 순과실설에 따르면 업무주의 과실 내용이 되는, 업무에 관한 '상당한 주의와 감독'의 기준과 내용을 어떻게 볼 것인지 문제가 된다. 이를 엄격하게 요구한다면 사실상 업무주의 무과실책임을 인정하는 셈이 되어 부당하고, 반대로 그 기준을 완화하여 업무주의 책임을 어렵게 인정한다면 업무주의 주의와 감독을 통하여 특별법규의 실효성을 확보하려는 양벌규정의 입법취지에 부응하지 못하게 된다. '상당한 주의와 감독'의 구체적인 기준과 내용은 개별 사건마다 다를 수 있으므로 일의적으로 정할 것은 아니라고 본다. 다만, 판례는 "구체적인 사안에서 법인(업무주)이 상당한 주의 또는 감독을 게을리하였는지 여부는 당해 위반행위와 관련된 모든 사정, 즉 당해 법률의 입법취지, (양벌규정의 전제인) 처벌조항의 위반으로 예상되는 법익침해 정도, 그 위반행위에 관하여 양벌규정을 마련한 취지는 물론, 위반행위의 구체적인 모습, 그로 인하여 야기된 실제 피해결과와 피해정도, 법인의 영업규모 및 (실제) 행위자에 대한 감독가능성이나 구체적인 지휘 · 감독관계, 법인이 위반행위 방지를 위하여 실제 행한 조치 등을 전체적으로 종합하여 판단하여야 한

---

146) 김성룡 · 권창국, 앞의 "기업 · 법인의 형사책임법제 도입가능성과 필요성", 124-126면.

다."는 입장이다.[147]

이에 관하여 업무주의 '상당한 주의와 감독'의 충족기준이 불분명하여 형사처벌 법규의 명확성 원칙에 위배되므로 그 구체화 · 정형화 방안으로 공정거래 분야나 금융기관을 중심으로 활발히 도입되고 있는 법규자율준수제도(Compliance Program)를 활용할 수 있다는 견해[148]도 있다. 그러나 법규자율준수의 기준이 일정하게 정해지지 않는 한 주의 · 감독 의무위반의 기준이 될 수 없는데, 업태나 회사종류 별로 일일이 그 기준을 정하기 어렵고, 그 제도의 시행만으로 업무주의 실제 행위자에 대한 선임 · 감독상 주의의무를 다하였다고 볼 수 있을 것인지도 의문이다. 위반행위의 발생사실 자체가 업체 내 자율규제가 미비했음을 나타내는 것이고,[149] 법규자율준수제도가 형식에 그치는 경우도 적지 않기 때문이다. 다만, 업체 내 법규자율준수제도의 도입 및 운용상황은 위반행위 방지를 위한 업무주의 주의와 감독 정도를 판단하는 중요한 자료가 될 수 있고, 업무주의 양형에도 큰 영향을 미칠 수 있으므로[150] 가급적 이를 도입할 필요는 있을 것이다.

3. 절차상 문제점

가. 자수

자수란 범인이 죄를 범한 후 자발적으로 수사책임이 있는 관서에 자기의 범행을 신고하고 그 처분을 구하는 의사표시로서,[151] 자수자에 대한 형벌의 임의적 감면사

---

147) 대법원 2013. 10. 24. 2012도7558; 2012. 5. 9. 2011도1264; 2010. 4. 15. 2009도9634; 업무에 관한 '상당한 주의와 감독'에 관한 개별 판례의 내용 분석에 관하여는 최대호, "법인의 형사책임 양벌규정의 법인면책사유로서 '상당한 주의와 감독'의 판단기준 −", 「중앙법학」(중앙법학회, 2011), 15−29면 참조.

148) 최대호, 위 논문, 28면; 한성훈, "법인의 감독책임의 명확화에 관한 소고", 「한양법학」 제40집(한양법학회, 2012), 54−56면에서는 법규자율준수 제도(Compliance Program)와 함께 독일 질서위반법 제130조(영업체와 기업에서의 감독의무위반) 규정 및 스위스 형법 제102조 제1항(기업의 보충적 책임) 규정을 참고하여 업무주의 '상당한 주의와 감독' 충족 기준을 정할 수 있다고 제안하고 있다.

149) 김성돈(기업형법), 230면.

150) 미국의 법인 양형기준(Organizational Guidelines)에서는 범죄를 방지하고 추적하는 효과적인 법규자율준수제도(Compliance Program)를 운영하는 법인에 대하여는 그 양형을 완화하고 있으나(Brickey p.733), 우리나라의 양형기준에서는 법률자율준수제도에 관한 언급이 없다.

151) 대법원 2006. 9. 22. 2006도4883(그러므로 "수사기관의 직무상 질문 또는 조사에 응하여 범죄사실을 진술하는 것은 자백일 뿐 자수가 아니다.").

유가 된다(형법 제52조 제1항). 판례에 따르면 범인이 체포되기 전이라면 제3자를 통하여 신고하여도 자수로 인정되고,[152] 범행이 발각된 후 수사기관에 자진 출석하여 범죄사실을 자백한 경우도 포함되며, 일단 자수하였으면 자수의 효력은 확정적으로 발생하고 그 후 수사기관이나 법정에서 범행을 부인하더라도 자수의 효력이 소멸하는 것은 아니다.[153] 자발적 신고일지라도 신고의 내용이 자기의 범행으로서 범죄성립요건을 갖춘 사실이 아니라면 자수가 성립하지 않고, 그 후의 수사나 재판 과정에서 범행을 시인하더라도 자수가 성립될 여지는 없다.[154]

그런데 양벌규정은 종업원등 실제 행위자의 위반행위로 인하여 업무주를 처벌하는 것이므로 실제 행위자가 그 위반행위를 수사기관에 자발적으로 신고한 경우에는 업무주의 별도 신고가 없더라도 업무주도 자수한 것으로 볼 수 있는지 여부가 문제된다.

업무주 책임의 법적 성질에 관한 행위책임 · 감독책임 이원설 입장에서는 실제 행위자가 법인의 대표자인 경우에는 법인의 기관인 대표자의 자수행위가 곧 법인의 자수행위로 되는 것이므로 법인의 별도 신고를 요구할 필요가 없다. 그러나 실제 행위자가 그 밖의 종업원등인 경우에는 양벌규정에 따라 업무주가 부담하는 형사책임은 종업원등에 대한 선임 · 감독상 과실에 대한 자기책임이다. 따라서 업무주는 자신의 과실로 인하여 종업원등의 위반행위가 발생한 사실을 자신이 수사기관에 신고하여야 업무주의 자수행위가 있었던 것으로 평가할 수 있을 것이다. 판례도 법인의 사용인 또는 종업원이 위반행위를 하여 양벌규정에 따라 법인을 처벌하는 경우에, 법인에게 자수감경에 관한 형법 제52조 제1항의 규정을 적용하기 위해서는 법인의 이사 기타 대표자가 수사기관에 자수한 경우에 한하고, 그 위반행위를 한 사용인 또는 종업원이 자수한 것만으로는 자수감경 규정에 의하여 형을 감경할 수 없다고 판시하고 있다.[155]

---

152) 대법원 1997. 3. 20. 96도1167 전원합의체; 1964. 8. 31. 64도252.

153) 대법원 2004. 10. 14. 2003도3133; 2001. 5. 15. 2001도410; 1999. 7. 9. 99도1695; 1997. 3. 20. 96도1167 전원합의체.

154) 대법원 2004. 10. 14. 2003도3133; 1999. 9. 21. 99도2443; 1994. 10. 14. 94도2130; 1993. 6. 11. 93도1054.

155) 대법원 1995. 7. 25. 95도391.

나. 친고죄의 고소 및 전속적 고발권자의 고발

고소란 피해자 등 고소권자가 수사기관에 범죄사실을 신고하여 범인의 처벌을 구하는 의사표시이다. 친고죄란 피해자 등 고소권자의 고소가 있어야만 공소를 제기할 수 있는 범죄로서 저작권법위반죄의 경우처럼 양벌규정으로 처벌하는 경우에도 친고죄로 규정한 경우[156]가 있다. 또한 경제형법 등의 양벌규정 중에는 관할 행정관청의 고발이 있어야 공소를 제기할 수 있도록 전속적 고발권을 규정한 경우[157]도 있다. 친고죄의 고소나 전속적 고발권자의 고발은 각 입법취지는 상이하지만[158] 모두 소송조건이 되는 점은 같다. 이러한 친고죄의 고소나 전속적 고발권자의 고발은 양벌 대상자 개개인별로 필요한 것인지 여부가 문제된다.

대부분의 양벌규정에 면책조항이 없었던 과거에 판례는 친고죄의 고소와 전속적 고발권자의 고발에 대하여 상이한 입장을 보이고 있었다. 즉, 친고죄에 관하여 "고소는 범죄의 피해자 등 고소권자가 수사기관에 대하여 범죄사실을 신고하여 범인의 처벌을 구하는 의사표시이므로, 고소인은 범죄사실을 특정하여 신고하면 족하고 범인이 누구인지 나아가 범인 중 처벌을 구하는 자가 누구인지를 적시할 필요도 없는 바, 저작권법의 양벌규정은 직접 위법행위를 한 자 이외에 아무런 조건이나 면책조항 없이 그 업무의 주체 등을 당연하게 처벌하도록 되어 있는 규정으로서 당해 위법행위와 별개의 범죄를 규정한 것이라고는 할 수 없으므로, 친고죄의 경우에 있어서도 행위자의 범죄에 대한 고소가 있으면 족하고, 나아가 양벌규정에 의하여 처벌받는 자에 대하여 별도의 고소를 요한다고 할 수는 없다."고 판시하였다.[159] 반면, 전속적 고발권자의 고발에 관하여는 "조세범처벌법은 조세에 관한 범칙행위에 대하여는 원칙적으로 국세청장 등의 고발을 기다려 논하도록 규정하고 있는바, 같은 법에

---

156) 저작권법 제141조에 양벌규정을 규정하면서, 같은 장의 제140조(고소) 본문에 "이 장의 죄에 대한 공소는 고소가 있어야 한다."라고 규정하고 있다.

157) 공정거래법 제71조는 공정거래위원회의 고발, 조세범처벌법 제21조는 국세청장, 지방국세청장 또는 세무서장의 고발, 출입국관리법 제101조 제1항은 출입국관리사무소장, 출입국관리사무소 출장소장 또는 외국인보호소장의 고발이 없으면 공소를 제기할 수 없는 것으로 규정하고 있다.

158) 친고죄는 피해자의 보호를 목적으로 하고, 전속적 고발권은 경제형법 등 전문분야의 기술성 · 전문성을 존중하기 위한 것이다[김성돈(형총), 148면].

159) 대법원 1996. 3. 12. 94도2423(ㅇㅇ회계법인 소속 사용인과 직원이 고소인의 저작권을 침해하였다는 이유로 그 사용인과 직원만을 고소한 경우에, 그 고소의 효력이 양벌규정으로 처벌되는 ㅇㅇ회계법인에게도 미치는지 여부가 문제된 사안).

의하여 하는 고발에 있어서는 이른바 고소·고발 불가분 원칙이 적용되지 아니하므로, 고발의 구비 여부는 양벌규정에 의하여 처벌받는 자연인인 행위자와 법인에 대하여 개별적으로 논하여야 한다."고 판시하였다.[160]

그러나 전자의 판례는 대부분의 양벌규정에 면책조항이 없고 양벌규정상 업무주 책임의 법적 성질에 관하여 무과실책임설을 취하던 과거에나 주장할 수 있었던 견해일 뿐이다. 2007년 양벌규정 위헌결정에서 과실책임설을 따르는 입장을 분명히 한 이래 대부분의 양벌규정에 면책조항을 삽입하는 개정작업이 이루어지고, 양벌규정상 업무주 책임의 법적 성질에 관하여 통설·판례가 과실책임설 입장을 취하게 된 지금에 와서는 더 이상 따르기 어려운 견해이다. 고소나 고발은 고소권자나 일반인이 수사기관에 범죄사실을 신고하여 범인의 처벌을 구하는 의사표시로서 소송조건이 되는 것이므로 고소·고발불가분 원칙이 적용되지 않는 이상 소추대상인 개별 범죄나 범죄자별로 그 효력이 미칠 뿐이다. 친고죄의 고소나 전속적 고발권자의 고발이 있는 경우에 고소·고발의 객관적 불가분 원칙에 의하더라도 1개의 범죄사실이 아닌 이상 고소나 고발의 효력은 다른 범죄사실에 미치지 아니하고(통설), 고소의 주관적 불가분 원칙(형사소송법 제233조)에 의하더라도 친고죄 고소의 효력은 공범 관계가 아닌 다른 범죄자에게 미치지 않는다(통설).[161] 양벌규정상 업무주의 범죄는 실제 행위자의 범죄사실과는 구별되는 별개의 범죄사실이고, 업무주와 실제 행위자가 공범관계에 있는 것도 아니다. 이 점은 실제 행위자가 법인의 대표자 등 기관인 경우에도 마찬가지로 보아야 할 것이다. 그러므로 친고죄의 고소나 전속적 고발권자의 고발의 효력은 업무주나 실제 행위자 각자에 대하여 개별적으로 발생할 뿐 상호 효력이 미치는 것은 아니다.

다. 형벌

양벌규정의 법정형은 실제 행위자에 대하여는 자유형과 재산형을 부과할 수 있도록 규정하더라도, 업무주에 대하여는 이익귀속주체로서 원칙적으로 과실책임을 묻

160) 대법원 2004. 9. 24. 2004도4066(조세에 관한 범칙행위를 한 법인에 대한 고발의 효력이 그 법인의 대표이사에게도 미치는지 여부가 문제된 사안).

161) 이상현, "공정거래법상 전속고발권에 대한 '고소불가분 원칙'의 적용가능성", 「법조」(법조협회, 2010. 11.), 234,235면.

는 것이므로 재산형, 즉 벌금형만 부과할 수 있도록 규정하고 있다. 이 경우 업무주에 대한 벌금의 법정형은 원칙적으로 실제 행위자에 대한 그것과 동일하게 규정하고 있다. 다만, 실제 행위자의 법정형에 벌금형이 없는 경우에는 별도로 벌금형을 정하거나,[162] 예외적으로 범죄 억지력 제고를 위해 산업재산권 분야를 중심으로 실제 행위자의 벌금액보다 높은 금액의 벌금을 법정형으로 규정하고 있다.[163]

양벌규정에 따라 업무주와 실제 행위자를 처벌하는 경우에 양벌 대상자들 사이에 벌금의 법정형이 동일한 경우에도 벌금의 선고형까지 동일하여야 하는 것은 아니다. 판례도 주식회사와 그 대표자를 양벌규정에 따라 처벌하면서 대표자에 대하여는 징역형과 함께 병과한 벌금형의 선고를 유예하면서 그 주식회사에 대하여는 벌금형을 선고한 것은 정당하다고 판시하였다.[164] 업무주나 실제 행위자의 책임은 그 형사책임의 근거가 다르고, 구체적인 양형사유는 범죄자마다 상이할 수 있으므로 당연한 입장이다.

회사가 합병된 경우에 합병으로 소멸되는 회사의 공 · 사법상 권리 · 의무는 합병으로 인하여 포괄적으로 존속회사 또는 합병으로 신설되는 회사에 승계됨이 원칙이다. 그런데 형벌로서 법인에게 부과된 벌금형도 그 승계 대상에 포함되는 것으로 볼 것인지가 문제된다. 판례는 "법인이 선고받은 형벌은 행정적 제재처분이나 민사상 불법행위책임과는 성격을 달리하는 점, 형사소송법 제328조 제1항 제2호가 '피고인인 법인이 존속하지 아니하게 되었을 때'를 공소기각결정의 사유로 규정하고 있는 것은 형사책임이 승계되지 않음을 전제로 한 것이라고 볼 수 있는 점 등에 비추어, 합병으로 인하여 소멸한 법인이 그 종업원 등의 위법행위에 대해 양벌규정에 따라

---

162) 문화재보호법 제102조는 양벌규정으로 처벌하는 업무주의 법정형을 실제 행위자의 벌금형과 동일하게 규정하되, 벌금형이 없는 경우에는 "3억 원 이하의 벌금에 처한다"라고 규정하고, 「보건범죄 단속에 관한 특별조치법」 제6조는 양벌규정으로 처벌하는 업무주인 법인 또는 개인을 "1억 원 이하의 벌금에 처한다"라고 규정하고, 「마약류 관리에 관한 법률」 제68조는 양벌규정으로 처벌하는 업무주의 법정형을 벌금형이 있는 제61조 내지 제64조의 범죄에 해당하는 경우에는 실제 행위자에 대한 벌금형과 동일하게 규정하고, 벌금형이 없거나 벌금액 1억 원 이하로 규정된 범죄에 해당하는 경우에는 "1억 원(대마의 경우에는 5천만 원) 이하의 벌금형을 과(科)한다"라고 규정하고 있다.

163) 특허법 제230조는 양벌규정으로 처벌함에 있어서 개인 업무주에 대하여는 실제 행위자에 대한 벌금형과 동일한 법정형을 규정하고 있으나, 법인 업무주에 대하여는 실제 행위자의 벌금액보다 3배 이상인 '3억 원 이하' 또는 '6천만 원 이하'의 벌금에 처할 수 있도록 규정하고 있다. 상표법 제97조, 실용신안법 제50조, 디자인보호법 제87조의 양벌규정에서도 같은 방식으로 규정하고 있다.

164) 대법원 1995. 12. 12. 95도1893.

부담하던 형사책임은 그 성질상 이전을 허용하지 않는 것으로서 합병으로 인하여 존속하는 법인에 승계되지 않는다."고 판시하였다.[165] 그러나 합병으로 인하여 피합병회사는 소멸하지만 그 경우에도 소멸회사의 재산과 채무가 구성원과 함께 포괄적으로 존속회사나 신설회사에 이전되는 것이므로, 합병을 합병 당사회사 사이의 법인격의 합일로 봄이 통설이다(인격합일설).[166] 그러므로 청산절차를 거치지 아니하는 합병을 청산절차를 거쳐 법인이 더 이상 존속하지 아니하는 경우와 똑같이 파악하여 형사소송법 제328조 제1항 제2호의 공소기각 사유로 삼는 것은 부당하다. 그 밖에는 위 판례도 법인의 형사책임이 성질상 합병 후 존속하는 회사에 승계되지 않는다고 판시하고 있을 뿐, 더 이상 구체적인 이유는 제시하지 못하고 있다. 생각건대 만약 합병시 피합병회사의 형사책임이 합병 후 존속하는 회사에 승계되지 않는다면 합병이 회사의 형사책임을 면제받는 탈법수단으로 이용될 가능성이 있으므로 형사정책적으로도 이를 허용할 수 없을 것이다. 인격적 합일이라는 합병의 본질이나 위와 같은 형사정책적 입장에 비추어 합병으로 소멸하는 회사의 형사책임은 합병으로 존속하거나 신설되는 회사에 승계되는 것으로 보아야 할 것이다.

Ⅴ. 법인에 대한 형사제재 방법에 관한 입법론

1. 문제점

형법상 인정되는 형벌의 종류는 생명형인 사형, 자유형인 징역 · 금고 · 구류, 자격제한형(명예형)[167]인 자격상실 · 자격정지, 재산형인 벌금 · 과료 · 몰수가 있다(형법 제41조). 현재 법인에 대한 양벌규정에는 법인에 대한 형벌로서 벌금형과 같은 재산형만 규정하고 있다. 형법 총칙에 규정된 위 형벌의 종류는 원래 자연인을 대상으로 하여 마련된 것인데, 신체가 없는 법인에 대하여는 그 중 벌금형 외에 생명형이나 자격제한형은 부과하기가 불가능하거나 부적절하기 때문이다.

---

165) 대법원 2015. 12. 24. 2015도13946; 2009. 12. 24. 2008도7012; 2007. 8. 23. 2005도4471.

166) 최준선(회사), 767면; 김병태 · 노혁준, 대계Ⅲ, 417면.

167) 일반적으로 '명예형'으로 지칭하고 있으나, 공무원이 되는 자격, 공법상의 선거권과 피선거권, 법률로 요건을 정한 공법상의 업무에 관한 자격, 법인의 이사, 감사, 지배인, 기타 업무에 관한 검사역이나 재산관리인이 되는 자격이 상실되거나 일정기간 정지되는 형벌이므로, '자격제한형'으로 지칭함이 적절하다고 본다.

그러나 법인에 대한 현행 재산형 제도가 범죄의 억지력 등 형벌의 기능을 제대로 발휘하고 있는지, 적정성 원칙에 따라 형벌이 범죄에 상응하여 부과되고 있는 것인지 여부에 관하여는 논란이 적지 않다. 그러므로 현행 양벌규정상 벌금형 제도의 합리화와 다른 형사제재방법의 도입에 관한 입법론을 검토해 볼 필요가 있다.

2. 법인에 대한 벌금형의 합리화

가. 법인 형벌 중과(重科) 제도의 검토

현행 양벌규정상 업무주인 법인에 대한 벌금의 법정형은 위반행위를 한 실제 행위자인 자연인의 법정형과 동일하게 정하는 것을 원칙으로 하고 있다. 다만, 실제 행위자의 법정형에 자유형만 있거나 자유형과 벌금형의 필요적 병과를 규정하고 있는 경우에는 법인 처벌을 위한 벌금형을 별도로 정할 수밖에 없다. 또한 권리침해로 인한 피해규모가 크고 그 영업이익이 법인에게 귀속되는 산업재산권 분야 범죄 등 특별한 경우에만 법인의 법정형을 실제 행위자보다 고액으로 정하는 사례가 있을 뿐이다.[168] 이처럼 법인에 대한 법정형을 원칙적으로 실제 행위자인 자연인과 동일한 형으로 규정하고 있는 이유는 자연인 개인의 책임을 매개로 하여 법인의 책임을 인정하고 있기 때문에 자연인의 책임을 넘는 형사책임을 법인에게 물을 수 없다는 생각 때문이다.[169] 이러한 입장은 일응 책임에 따른 형벌이라는 형벌에 관한 책임주의에 충실한 입장으로 볼 수도 있겠지만, 법인에 대하여는 자연인과는 달리 징역·금고와 같은 자유형을 부과할 수 없기 때문에 자연인에 비하여 상대적으로 형벌이 약화되는 결과가 된다. 게다가 벌금·과료와 같은 재산형의 범죄억지력은 수형자의 재력에 따라 달리 나타날 수밖에 없는데, 통상적으로 자연인 개인보다 재력이 많은 법인에 대하여 자연인과 같은 금액의 벌금을 부과할 경우에는 그 형벌로서의 기능을 제대로 발휘하기도 어려울 것이다. 또한 실제 행위자 개인의 의사보다 기업 전체의 조직적 의사가 더 크게 작용하는 기업운영 과정을 고려하면 실제 행위자의 불법보다 법인의 관리·감독상 불법이 더 큰 것으로 평가할 수도 있다. 그러므로 업무주

---

168) 이천현, 앞의 "기업범죄의 억제를 위한 최근의 정책동향과 과제", 13,14면.

169) 新経済刑法入門, 61면.

인 법인에 대하여 실제 행위자보다 더 높은 벌금형을 부과해야 한다는 주장[170]이 있다. 일본에서는 1992년경 독점금지법의 개정으로 법인에 대한 벌금의 법정형을 위반행위를 한 실제 행위자의 벌금액보다 상향하는 입법을 한 이래, 금융상품거래법(金融商品取引法), 은행법 등에서도 이를 따르는 개정 입법을 하였다.[171]

그러나 이러한 법인 형벌 중과(重科)의 입법은 책임주의에 위배된다는 비판이 제기될 수 있다. 업무주인 법인의 책임이 주로 종업원 등 실제 행위자에 대한 선임 · 감독상 과실책임인 이상 실제 행위자의 고의적 행위로 인한 책임보다 무겁게 처벌하는 것은 책임정도에 비례하여 형벌을 부과해야 한다는 과잉금지원칙[172]에 위배된다는 것이다. 헌법재판소도 2007년 양벌규정 위헌결정에서 「보건범죄 단속에 관한 특별조치법」 제6조 양벌규정의 개인 업무주에 대한 법정형에 관하여 "일정한 범죄에 대해 형벌을 부과하는 법률조항이 정당화되기 위해서는 범죄에 대한 귀책사유를 의미하는 책임이 인정되어야 하고, 그 법정형 또한 책임의 정도에 비례하도록 규정되어야 하는데, …가사 위 법률조항을 종업원에 대한 선임 · 감독상의 과실 있는 영업주만을 처벌하는 규정으로 보더라도, 과실밖에 없는 영업주를 고의의 본범(종업원)과 동일하게 '무기 또는 2년 이상의 징역'이라는 법정형으로 처벌하는 것은 그 책임의 정도에 비해 지나치게 무거운 법정형을 규정하는 것이므로, … 형벌에 관한 책임원칙에 반한다."고 판시하여 과실범인 업무주에 대한 처벌이 고의범인 실제 행위자에 대한 처벌보다 무거운 것은 부당하다는 취지로 판시하고 있다. 일본에서도 최근 위와 같이 법인 등 업무주를 실제 행위자보다 중과하는 입법이 증가하자 책임주의 관점에서 벌금액 제도를 근본적으로 재검토하자는 주장이 제기되고 있다.[173]

원래 양벌규정 방식의 법인 처벌은 법인의 범죄능력을 인정하지 않았던 우리나라나 독일 · 일본의 입법례로서 실제 행위자인 자연인을 주된 범죄행위자로 파악하고 법인은 그 처벌에 부수하여 선임 · 감독상 책임만을 묻는 입장이다(법인 부수처벌

170) 박광섭, 앞의 "기업범죄에 대한 형사적 제재에 관한 연구", 29면.

171) 新経済刑法入門, 61,62면.

172) 신동운(형총), 818면에서는 헌법 제10조(인간의 존엄과 가치 선언), 제12조 제1항 제2문 후단(법률과 적법절차에 의하지 아니한 처벌 등 금지), 제37조 제2항(국가안전보장, 질서유지 또는 공공복리를 위하여 필요한 경우에 한하여 법률로써 국민의 자유와 권리 제한) 규정에 비추어 우리나라의 헌법체계에서는 책임주의가 헌법적 지위를 차지하고 있는 것으로 보고 있다.

173) 新経済刑法入門, 31면.

론).[174] 이에 반하여 법인의 범죄능력을 인정하는 미국 · 영국의 경우에는 법인 자체가 주된 범죄행위자로 파악되고 실제 행위자인 자연인은 법인의 처벌에 부수하여 처벌하거나 법인 처벌의 일부로 보게 된다(법인처벌 독립론). 따라서 우리나라와 같은 법인 부수처벌론 체제 아래에서는 앞에서 살펴본 것처럼 법인은 기관의 행위로 인한 책임 외에는 원칙적으로 과실책임을 부담하거나 실제 행위자인 자연인에 부수하여 처벌될 뿐이므로, 법인에 대한 양벌규정상 법정형을 주된 범죄행위자인 실제 행위자보다 무겁게 규정하는 것은 부당하다고 보는 견해에도 일리는 있다.

그러나 같은 위반행위에 관하여 자연인인 실제 행위자에게 부과하는 자유형과 벌금형중 업무주인 법인에 대하여는 그 행위주체의 특성상 벌금형만 부과하게 되는 것임에도 그 벌금형의 법정형을 동액으로 정하는 것은 오히려 형평에 맞지 않는 일이다. 또한 법인범죄에서는 자연인의 경우와는 달리 복수심이나 충동적 범행 동기와 같은 경제적 이득이 아닌 범행동기를 예상하기 어렵다. 그러므로 현행 법인에 대한 벌금형 처벌로는 범죄 억지력이 미약하다고 보는 것은 법인이 범죄로 인하여 받게 되는 수익 등 경제적 이득과 비교하여 벌금형의 벌금액이 제재수단으로서 가볍다고 평가될 경우에 발생하는 문제이다. 그렇다면 이는 범죄 억지력 등 형벌의 기능 발휘에 관한 문제이므로 법인에 대한 법정형을 이러한 형벌의 기능을 제대로 발휘할 수 있을 정도로 벌금액을 상향조정하거나 법인에게 적용할 수 있는 새로운 형벌이나 보안처분[175]의 종류를 형법 총칙에 추가하는 등 형벌제도를 개편할 필요가 있을 것이다. 아울러 범죄로 인한 수익을 환수하기 위해서는 몰수 · 추징과 같은 부가형이나 과징금과 같은 행정제재를 통하여 해결하는 것이 원칙이므로, 이러한 제재를 병행하는 것도 바람직할 것이다. 형벌은 범죄수익의 환수 차원을 넘는 제재가 되어야만 범죄의 억지력을 발휘할 수 있을 것이기 때문이다.

나아가 법인의 범죄능력을 인정하는 견지에서, 의무 · 금지의 대상자가 법인이거나,[176] 과실범이나 부작위범의 경우에 회사의 방침이나 조직체계 자체가 범죄결과

---

174) 박기석, "판례와 사례 분석을 통한 기업범죄 처벌의 개선방안", 「형사정책」 제20권 제2호(한국형사정책학회, 2008), 93,94면.

175) 보안처분이란 범죄자의 사회복귀와 범죄자로부터 사회를 방위하기 위한 특별예방 목적의 형사제재로서 책임주의는 배제되지만 비례원칙은 적용된다[김혜정 · 박미숙 · 안경옥 · 원혜욱 · 이인영(형총), 414,466면].

176) 예건대 자회사의 모회사주식 취득제한위반죄(상법 제625조의2)의 경우를 들 수 있으나, 이 경우에 회

발생의 주된 원인이고 회사의 임직원들 수인에 의한 분업적 행위(작위 · 부작위)에 따른 결과이기 때문에 어느 특정 개인보다는 법인 자체에 대한 사회윤리적 비난가능성이 높은 범죄[177]의 경우에는 법인 등 업무주를 독립하여 처벌하는 입법도 필요할 것이다. 이러한 경우에는 법인이 실제 행위자에 대한 선임 · 감독상의 과실책임이 아니라 직접 행위자로서의 행위책임을 지는 것이므로 더욱 강력한 처벌이 가능할 것이다.

3. 새로운 형사제재 방법

가. 삼벌규정 제도

일본에서는 일부 경제범죄의 경우에 업무주인 법인 및 실제 행위자인 종업원 이외에 법인의 기관인 대표자 기타 임원을 처벌하는 삼벌(三罰)규정이 있다. 예컨대 일본의 「사적독점금지 및 공정거래확보에 관한 법률」(私的獨占の禁止及び公正取引の確保に關する法律) 제95조의2 규정은 같은 법의 일정한 위반행위의 경우에 양벌규정에 의하여 업무주와 실제 행위자를 처벌하는 것 이외에 "그 위반계획을 알면서 그 방지에 필요한 조치를 취하지 않거나, 그 위반행위를 알면서 그 시정에 필요한 조치를 취하지 아니한 법인의 대표자도 해당 처벌규정의 벌금형을 부과한다"는 내용의 삼벌규정을 두고 있다.[178] 이러한 삼벌규정은 법인의 기관인 대표자 기타 임원의 고의적 부작위에 가벌성을 인정하는 입장이라 할 수 있지만, 과실행위를 제외하고 있고 고의의 증명이 어렵기 때문에 실무상 거의 활용되지 않는다고 한다.[179]

우리나라에서도 양벌규정으로 실제 행위자와 법인 등 업무주만 처벌할 것이 아니라 이러한 삼벌규정 제도를 도입하여 간접행위자인 법인의 대표자나 관리 · 감독자

사가 피해자임에도 의무 · 금지규정 위반의 행위주체도 회사로 규정하는 것이 타당한 입법인지는 재고할 필요가 있을 것이다.

177) 예컨대 사업상 위험의 예방을 위해 필요한 조치를 소홀히 하여 근로자의 사상(死傷)을 초래한 산업안전보건법위반죄의 경우를 들 수 있다.

178) 그 밖에 일본 *労働基準法* 제121조에서도 제1항에서는 노동기준법 위반행위에 관하여 실제 행위자와 법인 등 업무주를 처벌하는 양벌규정을 두고, 제2항에서 "사업주(법인의 대표자 등)가 위반계획을 알면서 그 방지에 필요한 조치를 취하지 아니한 경우, 그 위반행위를 알면서 그 시정에 필요한 조치를 취하지 아니하거나 위반을 교사한 경우에는 사업주(법인의 대표자 등)를 실제 행위자로서 처벌한다."고 규정하고 있다.

179) 新経済刑法入門, 30면.

도 처벌할 필요가 있다고 주장하는 견해가 있다. 이러한 견해는 다음과 같은 형사정책적 필요와 이론적 근거를 제시하고 있다. 즉, 법인의 범죄를 행하도록 지시하거나 그 범죄방지 조치를 소홀히 하는 대표자 등 상급 관리자들의 관리 · 감독 아래 발생하는 범죄행위에 대하여 대표자 등 관리 · 감독자에게 형사책임을 부과함으로써 상급 관리자로 하여금 주의 깊은 관리 · 감독을 하게 하거나 범죄방지를 위한 관행과 절차를 개발 · 실행하게 해야 할 형사정책적 필요성이 있다고 주장한다.[180] 또한 이론적으로도 "대표자 등의 행위는 한편으로는 기업체 행위로서의 지위를, 다른 한편으로는 자기자신의 행위로서의 지위라는 이중적 지위를 가지므로" 법인 등 업무주의 책임은 대표자 등을 통한 자신의 행위책임을 지는 것이고(그 책임의 내용은 결국 선임 · 감독책임이 될 것임), 이와 별도로 대표자 등 관리 · 감독자는 실제 행위자에 대한 자신의 선임 · 감독책임을 진다는 것이다.[181] 다만, 대표자 등 상급 관리 · 감독자의 권한범위가 광범위함에 비추어 그 책임범위가 지나치게 넓어질 우려가 있으므로 대표자나 관리 · 감독자 등 간접행위자의 책임은 고의나 중과실의 경우에만 부담하는 것으로 제한할 필요가 있다고 한다.[182]

현행 양벌규정에 의하더라도 업무주인 법인의 대표자나 관리 · 감독자를 실제 행위자의 공범으로서 처벌할 수 있는 경우가 있겠지만, 입법론으로서는 법인의 대표자나 관리 · 감독자의 적극적 방지조치가 필요한 범죄의 경우에 삼벌규정 제도의 도입도 검토해 볼 수 있을 것이다.

나. 벌금의 부과방법 기타 재산형의 실효성 확보제도

벌금형의 실효를 기하기 위한 제도로서 벌금 슬라이드(slide)제, 일수벌금제, 주식벌금제 등이 있고, 몰수 · 추징의 실효성 확보를 위한 몰수 · 추징 보전명령제도가 있다.

1) 벌금 슬라이드제와 몰수·추징제도

벌금 슬라이드제란 범죄로 인한 이득액에 연동하여 벌금액을 정하는 제도로서,

180) 김종덕, 앞의 "기업범죄에 있어서 개인의 형사책임", 333면.

181) 김종덕, 위 논문, 334면.

182) 김종덕, 위 논문, 335면; 천진호, 앞의 "기업범죄와 형사적 규제", 75면.

예컨대 관세법위반 중 밀수출입죄의 경우에 세관장에게 수입신고를 하지 아니하고 물품을 수입한 자에 대하여는 "5년 이하의 징역 또는 관세액의 10배와 물품원가 중 높은 금액 이하에 상당하는 벌금에 처한다."라고 규정하고 있는 경우(관세법 제269조 제2항 제1호)를 말한다. 제8장에서 설명하는 외부감사법 제39조 제1항의 벌금형도 이러한 경우에 속한다.

이러한 벌금제도는 주로 범죄수익의 박탈을 목적으로 하는 것이므로, 몰수제도와의 관계가 문제된다. 원래 범죄수익의 박탈은 행정제재인 과징금이나 부가형인 몰수·추징에 의하여 실현하는 것이 원칙이지만, 형법상 몰수의 대상은 물건으로서 이익을 포함하지 않는 것이고 추징은 몰수가 불능인 경우에 할 수 있음이 원칙이므로(형법 제48조 제1항, 제2항 참조)[183] 범죄수익이 물건이 아닌 무형의 이익인 경우에는 벌금 슬라이드제가 몰수제도 대신 범죄수익을 박탈하는 기능을 수행하게 된다.

이에 대하여 재산형인 벌금과 몰수 제도의 통일적 규율을 위해서는 벌금 슬라이드제보다는 몰수의 대상에 범죄로 인하여 취득한 무형의 이익도 포함하는 것이 바람직하다는 견해[184]가 있다. 그러나 벌금 슬라이드제는 범죄수익의 박탈 기능도 수행하지만, 재산상 이익 취득이 주된 동기인 비즈니스범죄의 경우에 범행 규모에 합당한 양형의 편의를 위한 제도이기도 하므로 이를 적극 활용할 필요가 있을 것이다.

또한 모든 범죄에 일반적으로 적용되는 현행 형법 총칙의 몰수제도는 몰수 대상이 물건으로 제한되고 임의적 몰수를 원칙으로 하지만(형법 제48조 제1항), 이득추구를 특성으로 하는 비즈니스범죄를 규율하는 특별법상 몰수제도는 그 범죄수익의 박탈을 위하여 몰수 대상을 재산상 이익이 포함된 재산으로 확대하고 가급적 필요적 몰수로 규정할 필요가 있을 것이다. 상법 제633조, 외부감사법 제45조 등 특별법에는 이러한 규정이 많이 있다.

그리고 현행 몰수·추징제도의 경우 일반적으로는 판결 전에, 몰수대상 재산의

183) 판례도 뇌물죄의 경우에 "소비대차에 의하여 수뢰가 이루어졌을 경우의 뇌물은 금융이익이지 소비대차의 목적인 금원 자체는 아니므로 대여로 받은 그 금원 등 자체는 형법 제134조('범인 또는 정을 아는 제3자가 받은 뇌물 또는 뇌물에 공할 금품은 몰수한다. 그를 몰수하기 불능한 때에는 그 가액을 추징한다.')에 의하여 몰수 또는 추징을 할 수 없고, 그 금원 등 자체는 범죄행위로 인하여 취득한 물건으로서 피고인 이외의 자의 소유에 속하지 아니하므로 형법 제48조 제1항 제2호에 의하여 몰수할 것이므로, 원판결이 이와 같은 견해에 입각하여 소비대차에 의하여 수수된 금 200만 원을 추징한다고 판단하였음에 무슨 위법이 있을 수 없다."고 판시하였다(대법원 1976. 9. 28. 75도3607).

184) 新経済刑法入門, 63면.

보전을 위한 처분금지 또는 제한, 추징보전을 위한 범죄자 소유 일반재산의 처분금지와 같은 보전조치를 할 수 없다. 다만, 범죄수익은닉규제법, 마약거래방지법, 부패재산몰수법, 「공무원범죄에 관한 몰수 특례법」, 「불법정치자금 등의 몰수에 관한 특례법」 등 특별한 경우에만 몰수 · 추징보전명령, 기소전 몰수 · 추징보전명령 제도를 두고 있을 뿐이다. 비즈니스범죄의 경우에는 몰수 · 추징제도의 실효성을 확보하기 위하여 사유재산권을 침해하지 않는 범위 내에서 몰수보전명령 및 추징보전명령 제도의 적극적 도입이 필요할 것이다.[185]

2) 일수벌금제

일수벌금제란 범죄자의 보유재산 정도에 비례하여 정하는 1일 벌금액에, 행위의 불법성 또는 행위자의 책임에 상응하여 정한 기간을 곱하여 벌금액을 산정하는 제도이다.[186] 독일 등 일부 유럽국가에서 시행하는 제도로서 자유형의 대체기능을 수행할 수 있고 배분적 정의를 실현함으로써 현행 총액벌금형제보다 벌금액을 현실화할 수 있는 장점이 있다.[187]

그러나 범죄자의 보유재산에 따른 벌금부과는 '책임에 비례하는 형벌'이라는 형벌에 관한 책임주의에 위배될 소지가 있고, 개인이나 법인의 보유재산을 파악하는 데 불필요한 비용이 소모되며, 보유재산을 공정하고 철저히 파악할 적절한 방법을 모색하기도 어려워 불필요한 분쟁을 파생시킬 우려가 있다.[188]

3) 주식벌금제

주식벌금제란 법인에게 부과된 벌금을 그 법인의 주식으로 납부하도록 벌금형을 선고하는 것을 말한다. 법인에게 금전으로 벌금을 부과할 경우에는 주주 외에도 회사의 채권자, 거래처 등 회사 관련자들에게도 간접적 피해를 줄 수 있으므로, 법인의 주주 등 지분권자나 지분보유상황에 이해관계가 있는 경영진에게만 영향을 미치

---

185) 박광섭, 앞의 "기업범죄에 대한 형사적 제재에 관한 연구", 32면.

186) 도중진 · 정대관(형총), 803면.

187) 오영근(형총), 512면; 이보영, 앞의 "기업범죄의 형사적 제재", 163면; 안경옥, "특정경제범죄가중처벌등에관한법률의 정비방안", 「형사정책」(한국형사정책학회, 2005), 29,30면.

188) 김혜정 · 박미숙 · 안경옥 · 원혜욱 · 이인영(형총), 423면.

게 하는 방법이라 할 수 있다.[189]

그러나 법인의 범죄는 주로 대표자나 임직원에 의하여 이루어지는데, 주식벌금제는 범죄에 가담하지 아니한 주주에게 직접적 손실을 가하게 되는 점,[190] 대표자나 임직원이 주식을 보유하지 않고 있거나 주식보유상황과 무관한 경우에는 범죄의 일반예방적 효과가 떨어진다는 단점이 있으므로 합리적 형벌제도로 보기 어렵다.[191]

다. 그 밖의 형사제재 방법

그 밖에 법인에 대한 형사제재수단으로서 미국에서 시행되고 있는 법인에 대한 사회봉사명령(community service order)이나 보호관찰(probation), 인 · 허가 취소(loss of license), 일정행위 금지(debarment), 공표명령[192] 제도 등도 효과적인 법인 제재수단으로 거론되고 있다.[193] 또한 프랑스 신형법에는 법인에 대한 형벌의 종류로서 벌금, 법인해산, 직업활동이나 사회활동의 수행금지, 사법감시, 범죄행위에 제공된 영업소의 폐쇄, 공공조달 배제, 기업자금 공모금지, 수표발행이나 신용카드사용 금지, 판결문 공표 등을 규정하고 있다.[194] 다만, 이러한 제재수단 중에는 형벌이나 보안처분이 아닌 행정제재의 일환으로 시행함이 적절한 것도 있으므로, 효율적 제재수단으로 기능할 수 있도록 각 제재수단의 장 · 단점을 비교 · 검토해 볼 필요가 있을 것이다.

그 밖에 기업의 법규자율준수제도(Compliance Program)를 범죄의 범죄의 성립요건 중 과실 여부나 비난가능성의 판단, 검사의 기소 여부 판단, 형의 선고시 양형조건 등으로 고려할 필요가 있다는 견해[195]가 있다.

법규자율준수 제도는 기업 내부의 자율적 감시시스템을 통한 기업의 투명성 확보

---

189) 이보영, 앞의 "기업범죄의 형사적 제재", 162면.

190) 신주발행으로 주식벌금을 납부할 경우에는 '주식의 희석화'현상['주식의 희석화'의 개념은 이철송(회사), 911면에서 상세히 설명]으로 기존 주주의 직접적 손실을 초래하게 된다.

191) 같은 취지: 박광섭, 앞의 "기업범죄에 대한 형사적 제재에 관한 연구", 30,31면.

192) 공표명령은 위반사실을 일반 공중에 일정한 방법으로 알리도록 명령하는 제도인데, 우리나라는 공정거래법 제27조 규정처럼 행정제재의 일환으로 시행되고 있다.

193) 박기석, 앞의 "판례와 사례 분석을 통한 기업범죄 처벌의 개선방안", 96면; 이보영, 앞의 "기업범죄의 형사적 제재", 164면; 천진호, 앞의 "기업범죄와 형사적 규제", 76–79면; V. S. Khanna, op. cit., p. 1497.

194) Nouveau Code pénal Article 131-39.

195) 이천현, 앞의 "기업범죄의 억제를 위한 최근의 정책동향과 과제", 35면; 新経済刑法入門, 60면.

를 위하여 회사법 등 사법(私法) 제도상으로는 이미 상당 부분 도입되어 시행하고 있다. 금융회사는 법령을 준수하고 경영을 건전하게 하며, 주주 및 이해관계자 등을 보호하기 위하여 금융회사의 임직원이 직무를 수행할 때 준수하여야 할 기준 및 절차, 즉 '내부통제기준'을 마련해야 하고, 그 준수 여부를 점검하는 등 내부통제 업무를 총괄하는 준법감시인을 두어야 한다(금융사지배구조법 제24조 제1항, 제25조 제1항). 그 밖의 최근 사업연도 말 자산규모 5천억 원 이상의 상장회사는 법령을 준수하고 회사경영을 적정하게 하기 위하여 임직원의 직무수행시 따라야 할 '준법통제기준'을 마련해야 하고, 그 준수 여부를 점검하는 등의 업무를 담당하는 준법지원인을 두어야 한다(상법 제542조의13 제1항, 제2항). 이러한 내부통제기준이나 준법통제기준 제도는 법규자율준수제도를 포함하고 있는 것으로 볼 수 있다.[196]

그러나 법규자율준수제도의 프로그램 내용이 일정한 것은 아니므로 그 준수 여부만을 과실 여부 판단의 절대적 기준으로 볼 수 없음은 앞에서 말한 것과 같다. 다만, 법규자율준수제도의 내실 있는 시행을 형사책임의 전제인 과실 여부나 비난가능성의 판단, 검사의 기소 여부 판단사유, 양형사유 등으로 참작할 필요는 있을 것이다.

---

196) 박세화, 대계Ⅱ, 1350면.

제3장

배임 범죄

제1절 서설

개인 기업이나 회사, 상장회사나 비상장회사를 막론하고 기업생활에서 가장 빈번하게 발생하고 쟁점도 복잡한 범죄가 배임 범죄이다. 배임 범죄는 기본 유형으로 형법에 배임죄(형법 제355조 제2항, 이하 '단순배임죄'라 함) 및 그 행위주체의 신분적 가중처벌(가중책임) 유형인 업무상배임죄(형법 제356조, 제355조 제2항, 이하 '업무상배임죄'라 함)가 규정되어 있다. 또한 그 가중처벌 유형인 특정경제범죄법위반(배임)죄,[1] 특정범죄가중법위반(국고등손실)죄[2] 및 상법 회사편의 특별배임죄(제622조, 제623조, 이하 '상법상 특별배임죄'라 함)와, 가중 · 감경처벌 유형인 신탁법(제140조) 등 특별법상 배임 범죄가 있다. 이들 배임 범죄를 모두 포괄하여 광의의 배임죄(이하 '배임죄'라 함)라 할 수 있다. 현대 경제사회에서 기업활동의 비중이나 기업규모가 커지고 인적 조직이 확대되어 가면서 타인에게 기업경영이나 재산관리 사무를 위임하여 처리할 수밖에 없게 된다. 이렇게 타인의 사무처리를 위임받은 자가 그 임무에 위배하는 행위를 하여 기업 등 타인에게 손해를 야기하는 경우에 그 배임행위를 한 자에 대하여 그로 인한 손해를 배상청구 할 수도 있지만, 나아가 배임죄로 형사처벌 할 수도 있다.

배임행위를 형법전에서 형사처벌하는 입법례는 우리나라를 포함하여 독일[3] · 일

---

1) 「공소장 및 불기소장에 기재할 죄명에 관한 예규」(2021. 3. 30.자 대검예규 제1195호, 이하 '죄명에 관한 대검예규'라 함) 별표4에 의하면 공식 죄명은 '특정경제범죄가중처벌등에관한법률위반(배임)'이다. 다만, 이 책에서는 죄명이 긴 경우에는 약칭 법령명을 사용하여 죄명을 표기하기로 한다.

2) 죄명에 관한 대검예규의 공식 죄명은 '특정범죄가중처벌등에관한법률위반(국고등손실)'이다.

3) 독일의 배임죄는 1851년 프로이센 형법전에 독립된 재산범죄 유형으로 처음 규정된 후 1871년 독일제국형법전을 거쳐 현행 형법전(Strafgesetzbuch)까지 이어지고 있고, 일본과 우리나라 배임죄의 입법적 선례가 되었다[조인현, "기업 인수 · 합병 과정에서의 배임행위와 판례의 태도 -이른바 LBO 사안의 사법적(司法的) 대응론-", 「형사정책」 25권 2호(한국형사정책학회, 2013), 209,210면]. 배임죄에 관한 독일 형법 제266조 제1항은 "법률 · 관청의 위임이나 법률행위를 통해 인정된 타인 재산의 처분 또는 타인에 대한 의무부과 권한을 남용하거나, 법률 · 관청의 위임, 법률행위 또는 신용관계 등에 의하여 부과되는 타인의 재산상 이익을 도모해야 할 의무를 위반하고, 그로 인하여 재산상 이익을 보호해야 할 자에게 손해를 가한 자는 5년 이하의 자유형 또는 벌금형에 처한다."고 규정하고 있다.

본[4] 등 일부 대륙법계 국가에서만 찾아볼 수 있을 뿐, 미국 등 영미법계 국가에서는 배임행위 자체를 일반적으로 형사처벌하는 규정은 존재하지 않는다.[5] 다만, 우편사기죄나 전신사기죄 등을 폭넓게 적용하여 형사처벌하고 있을 뿐이므로 일반적인 배임죄 제도를 두고 있는 나라보다 그 적용범위에 한계가 있게 된다. 우리나라는 배임죄에 대한 일반적 처벌규정을 두고 있을 뿐만 아니라 후술하는 것처럼 그 법리해석에 따라서는 적용범위를 확대할 수 있는 여지가 적지 아니하므로, 배임죄의 남용을 방지하기 위하여 입법론이나 해석론상 배임죄의 신중한 운용을 요구하는 견해[6]가 점증하고 있다. 반면 경영자 등 타인의 재산관리 사무를 맡은 자의 배신행위로 기업 등에 재산상 피해를 입히는 것은 사기나 다를 바 없으므로[7] 이를 배임죄로 처벌해야 함은 물론 더욱 엄하게 처벌해야 함에도 사회적 비중이 큰 고위경영자들에 대하여는 가벼운 처벌에 그치고 있어 부당하다는 반론도 적지 않다.[8]

우리나라에서는 기업범죄 중 실무에서 가장 빈번하게 적용되고 언론에도 자주 오르내리는 범죄이며 기업의 경영자가 실제로 가장 크게 의식하거나 우려하는 범죄가 배임죄이다. 그럼에도 불구하고 배임죄는 그 범죄구성요건을 비롯하여 여러 가지 어려운 해석상 쟁점을 안고 있다. 또한 배임이란 상사 또는 민사 법률관계에서 위임

---

4) 배임죄에 관한 일본 刑法 제247조는 "타인의 사무를 처리하는 자가 자기 또는 제3자의 이익을 도모하거나 본인에게 손해를 가할 목적으로 그 임무에 위배하는 행위를 하여 본인에게 재산상 손해를 가한 때에는 5년 이하의 징역 또는 510만 엔 이하의 벌금에 처한다"라고 규정하고, 일본 会社法 제960조(구 商法 제486조)는 발기인, 이사, 지배인 등이 "자기 또는 제3자의 이익을 도모하거나 주식회사에 손해를 가할 목적으로 그 임무에 위배하는 행위를 하여 그 주식회사에 재산상 손해를 가한 때에는 10년 이하의 징역 또는 1,000만 엔 이하의 벌금에 처한다"라고 규정하여, 자기 또는 제3자의 이익 취득 목적이나 본인에 대한 가해의 목적을 요구하고 있는 반면 재산상 이익 취득 사실은 요구하지 않는 점이 우리나라의 배임죄와 다르다.

5) 미국에서는 배임행위가 사기를 구성할 경우에 우편사기죄[Mail Fraud(18 U.S.C. §1341)]나 전신사기죄[Wire Fraud(18 U.S.C. §1343)]로 처벌하거나[오택림, "미국 연방법상 Mail and Wire Fraud에 관한 연구", 「법조」 60권 6호(법조협회, 2011. 6.), 71면], 투자회사의 이사나 지배주주의 신임의무(fiduciary duty) 위반행위를 형사처벌하는 등 특별법이 있을 뿐이다[Investment Company Act of 1940 §36(a)(b), §48, §49].

6) 이상돈, "경영실패와 경영진의 형사책임", 「법조」 52권 5호(법조협회, 2003. 5.), 92-96면; 그 밖의 배임죄 폐지론과 개정론에 관하여는 최준선, "상법상 특별배임죄규정의 개정방향," 「경제법연구」 11권 2호(한국경제법학회, 2012. 12.), 112-117면에 상세히 소개하고 있다.

7) 독일 형법에는 배임죄를 사기죄와 같은 장(제22장)에 '사기 및 배임의 죄'라는 제목으로 편성하고 법정형도 유사하게 규정하고 있다.

8) 김혜정 · 기광도, "고위경영자의 횡령 · 배임죄 양형현황 및 개선방안", 「법조」 65권 7호(법조협회, 2016. 8.), 104,105면.

된 신뢰를 배신하는 범죄이니만큼 이러한 쟁점의 해결을 위하여는 형사법뿐만 아니라 상법의 회사편 등 민사법을 통섭하는 검토가 필요한 범죄이기도 하다.

우선 현행 배임죄의 구조와 기본적 쟁점을 개관한 후, 주로 단순배임죄 · 업무상배임죄 및 상법상 특별배임죄를 중심으로 범죄구성요건, 기타 관련 법리를 설명하고, 기업 관련 배임죄에서 문제되는 경영판단원칙, 유상증자(또는 전환사채 · 신주인수권부사채 등 증자 관련 사채의 발행), LBO(차입매수) 관련 쟁점을 검토하기로 한다.

제2절 의의 및 구조

Ⅰ. 개념

배임죄는 **타인의 사무를 처리하는 자**(행위주체)가 그 **임무에 위배하는 행위**(임무위배행위)로 **재산상 이익을 취득하거나 제3자에게 이를 취득하게 하여**(이득) 그 **타인**(**피해자**)**에게 손해를 가하는**(가해) 범죄라고(형법 제355조 제2항) 기본개념을 정의할 수 있다.

업무상배임죄, 상법상 특별배임죄, 기타 특별법상 특별배임죄도 이러한 기본개념은 동일하고, 다만 그 행위주체나 피해자가 특별한 경우일 뿐이다.

Ⅱ. 본질

타인의 사무를 처리하는 자의 '임무위배행위', 즉 배임행위란 무엇인가 하는 점이 배임죄의 본질에 관한 문제로 논의되어 왔다. 본질론의 견해 차이는 배임죄 행위주체의 범위나 그 임무위배행위의 성립범위에 차이를 보일 수 있다.

배신설은 재산의 보호 또는 관리를 위임한 타인의 신뢰를 배반하는 행위가 배임행위라고 주장한다(통설 · 판례).[9] 즉, 배임죄의 본질을 재산상의 내부적 신임관계를 법령 · 계약상 의무나 신의성실의무에 위반하여 침해하는 것으로 보는 견해이다. 판례도 배신설 입장에서 "배임죄에 있어서 타인의 사무를 처리하는 자라 함은 양자간의 신임관계에 기초를 둔 타인의 재산 보호 내지 관리 의무가 있음을 그 본질적 내용으로 하는 것이므로, 배임죄의 성립에 있어 행위자가 대외관계에서 타인의 재산을 처분할 적법한 대리권이 있음을 요하지 아니한다."고 판시하고 있다.[10] 또한 배

9) 박상기 · 전지연(형법), 684면; 임웅(형각), 526면; 이재상 · 장영민 · 강동범(형각), 421면; 손동권 · 김재윤(형각), 461면; 김성돈(형각), 469면; 오영근(형각), 374면; 배종대(형각), 441면; 신동운(형각), 1235면; 정웅석 · 최창호(형각), 696면.

10) 대법원 1999. 9. 17. 97도3219.

신설에 의하면 임무위배행위도 신임관계를 위반하는 행위라면 법률행위이든 사실행위이든 불문한다.[11] 이에 대하여 배신설을 따를 경우에는 계약상 채무불이행 등 민사상 배신행위 모두를 배임행위로 보는 등 배임죄의 성립범위가 지나치게 넓어질 우려가 있으므로 형벌의 최후수단성 · 보충성에 비추어 배임행위의 성립범위를 제한하는 노력이 필요하다는 비판이 있다.[12]

사무처리의무위반설은 민사법상 타인의 사무를 처리해야 할 의무 있는 자의 의무위반행위를 배임행위로 보는 견해이다.[13] 그 논거로 우리나라의 배임죄는 행위주체 및 행위내용에 관하여 "타인의 사무를 처리하는 자가 그 임무에 위배하는 행위로써"라고 규정하고 있을 뿐 신뢰배반에 관한 언급이 없다는 점과 배신설로 인한 배임죄의 성립범위 확대를 제한할 필요가 있다는 점을 들고 있다.[14] 사무처리의무위반설 중에도 그 의무위반행위를 민법 등 법적 의무의 위반행위로 한정하는 견해[15]와 그 밖에도 신임관계에서 현실적으로 맡은 임무의 위반행위까지 포함하는 견해[16]가 있다. 전자의 견해는 배임행위를 법적 의무 위반행위로 제한해야 할 근거가 없다는 비판이 있고,[17] 후자의 견해는 배임죄의 행위주체를 법적 의무 있는 자뿐만 아니라 신임관계에서 현실적으로 임무를 맡은 자도 포함하고 임무위배행위도 법률행위는 물론 사실행위도 포함하게 되므로,[18] 결국 배임죄의 성립범위에 있어서 위 배신설과 다를 바 없다는 비판을 할 수 있다.[19]

---

11) 박상기 · 전지연(형법), 684면.

12) 강동욱, "형사상 배임죄의 입법례와 주체에 관한 고찰", 「법학논총」 제37권 제1호(단국대학교 법학연구소, 2013), 166면.

13) 문형섭, "배임죄의 본질과 주체의 범위", 「법조」(법조협회, 2002. 1.), 20면; 허일태, "배임죄에서의 행위주체와 손해의 개념", 「비교형사법연구」 제6권 제2호(한국비교형사법학회, 2004), 142,143면.

14) 허일태, 위 논문, 142면.

15) 강동욱, 위 논문, 164,169면.

16) 허일태, 위 논문, 143면.

17) 이재상 · 장영민 · 강동범(형각), 421면 각주1.

18) 허일태, 위 논문, 143면.

19) 그 밖에 과거 독일에서는 개정 전 형법의 해석과 관련하여 **권한남용설**이 주장된 적이 있다. 권한남용설은 타인 재산의 대외적 처분권한, 즉 대리권을 가진 자가 내부적 의무에 반하여 그 대외적 권한행사를 남용한 행위가 배임행위라는 견해이다. 권한남용설을 따르면 배임행위는 타인의 사무를 대외적으로 처리할 법적 처분권한, 즉 대리권을 가진 자의 대리권 남용 법률행위에 한정하게 되어 배임죄의 성립범위를 근거 없이 좁히는 결과가 된다. 그러므로 대리권 없는 자의 신뢰 배반행위나 사실행위 등 비법률행위를 배제하게 되어 배임죄의 적용범위가 매우 협소해 진다. 현재는 우리나라뿐만 아니라 독일에서도

Ⅲ. 보호법익

1. 보호법익의 내용

전체재산설은 배임죄의 보호법익을 '피해자의 전체 재산'으로 보고 있다. 배임죄는 피해자의 손해발생을 범죄구성요건으로 하고 있는데, 그 손해발생 여부는 배임행위를 전후한 피해자의 전체재산을 비교하여 판단할 수 있다는 점을 논거로 든다(통설 · 판례).[20] 판례도 전체재산설 입장에서 "재산상의 손해를 가한다 함은 총체적으로 보아 본인의 재산상태에 손해를 가하는 경우, 즉 본인의 전체적 재산가치의 감소를 가져오는 것을 말하므로 재산상의 손실을 야기한 임무위배행위가 동시에 그 손실을 보상할 만한 재산상의 이익을 준 경우, 예컨대 그 배임행위로 인한 급부와 반대급부가 상응하고 다른 재산상 손해(현실적인 손해 또는 재산상 실해 발생의 위험)도 없는 때에는 전체 재산가치의 감소, 즉 재산상 손해가 있다고 할 수 없다."고 판시하고 있다.[21]

이에 대하여 재산설은 배임죄의 보호법익을 '피해자의 재산'이라고 하거나,[22]'피해자의 재산권'으로 설명하는 입장이다.[23] 후자의 견해는 보호법익은 법률상의 일정한 권리로 파악해야 한다는 입장에서의 표현일 뿐이고 보호법익을 재산으로 본다고 하여 그것이 재산권을 의미하는 것이 아니라고 할 수는 없으므로, 결국 '피해자의 재산'을 보호법익으로 파악하는 견해이다.

그러나 재산설도 배임행위 전후에 걸친 피해자의 전체재산을 비교하여 손해 여부를 판단하는 전체계산 원칙을 부정하는 것은 아니므로,[24] 전체재산설이나 재산설은 표현상의 차이일 뿐 내용상 차이는 없다고 보아야 할 것이다. 보호법익을 전체 재산으로 본다는 것은 피해자의 전체 재산의 감소가 없는 한 피해자의 재물이나 재산상

이 견해를 따르는 학자는 남아있지 않다[배종대(형각), 440면; 정성근 · 박광민(형각), 420면].

20) 손동권 · 김재윤(형각), 460면; 오영근(형각), 372면; 임웅(형각), 524면; 김일수 · 서보학(형각), 384면; 정성근 · 박광민(형각), 421면; 김성돈(형각), 468면.

21) 대법원 2011. 11. 24. 2010도11394; 2011. 4. 28. 2009도14268; 2005. 4. 15. 2004도7053; 1981. 6. 23. 80도2934.

22) 박상기 · 전지연(형법), 683면.

23) 손동권 · 김재윤(형각), 460면; 배종대(형각), 439면; 이재상 · 장영민 · 강동범(형각), 419면.

24) 손동권 · 김재윤(형각), 471면; 배종대(형각), 440면.

이익의 교부만으로는 범죄가 성립하지 않는다는 의미를 가진다. 이러한 점에서 피공갈자나 피기망자의 하자 있는 의사에 기하여 이루어지는 재물이나 재산상 이익의 교부 자체로 범죄가 성립할 수 있는 공갈죄[25)]나 사기죄[26)]의 보호법익인 '재산'과는 구별할 필요가 있다.[27)] 따라서 전체재산설이 배임죄의 보호법익의 내용을 보다 정확히 표현하고 있다.

2. 보호의 정도

보호법익에 대한 보호의 정도에 관하여는 **침해범설**과 **위험범**(위태범)**설**이 대립하고 있다. 배임죄의 기수시기는 일반적으로 범죄구성요건이 충족되는 시기인 피해자에게 '손해를 가한 때'인데, 그 시기를 언제로 볼 것인지는 보호법익인 피해자 전체재산의 보호정도에 관한 각 견해에 따라 달라지게 된다.

침해범설은 실제 재산상 손해가 발생한 때 비로소 배임죄의 기수에 이른다고 보는 견해[28)]이다. 침해범설은 그 주요 논거로 배임죄에 관한 법률규정상 "재산상 … 손해를 가한 때"라고 명시하고 있는 점, 배임죄는 민사적 성격이 강한 재산죄이므로 그 형사처벌을 제한할 필요가 있다는 점, 미수범 처벌규정이 있음을 감안할 때 배임죄의 기수시기를 늦추는 것이 입법취지에 부합하다는 점 등을 제시하고 있다.[29)]

위험범설은 피해자의 재산권에 대한 손해발생 위험만 있더라도 배임죄가 기수에 이른다는 견해[30)]이다. 판례는 "경제적 관점에서 피해자의 전체 재산상태에 관한 현

---

25) 대법원 2013. 4. 11. 2010도13774.

26) 대법원 2009. 10. 15. 2009도7549; 2004. 4. 9. 2003도7828; 1992. 9. 14. 91도2994; 1983. 2. 22. 82도3139.

27) 판례는 사기죄의 보호법익을 개별적인 **재산**(즉, 재물 또는 재산상 이익)으로 보는 입장으로 해석되고(대법원 2004. 4. 9. 2003도7828 ~"사기죄는 타인을 기망하여 그로 인한 하자 있는 의사에 기하여 재물의 교부를 받거나 재산상의 이득을 취득함으로써 성립되는 범죄로서 그 본질은 기망행위에 의한 재산이나 재산상 이익의 취득에 있는 것이고 상대방에게 현실적으로 재산상 손해가 발생함을 요건으로 하지 아니한다."), 통설은 공갈죄의 보호법익을 **재산과 의사결정의 자유**로 보고 있다[오영근(형각), 334면; 박상기 · 전지연(형법), 660면; 김성돈(형각), 421면; 이재상 · 장영민 · 강동범(형각), 378면].

28) 손동권 · 김재윤(형각), 460면; 임웅(형각), 524면; 김성돈(형각), 469면; 오영근(형각), 373면; 정성근 · 박광민(형각), 421면.

29) 일본에서도 위험범설을 따르면 특별배임죄의 미수 · 기수시기가 애매하게 된다는 점을 논거로 침해범설을 주장하는 견해가 있다[前田信二郎, 「會社犯罪の硏究 –經營者背任の性格と類型–」(有斐閣, 1970), 82면].

30) 박상기 · 전지연(형법), 683면; 배종대(형각), 461면; 이재상 · 장영민 · 강동범(형각), 419면.

실적 손해뿐만 아니라 그 '재산상 실해발생의 위험'을 초래한 경우에도 배임죄가 성립할 수 있다"고 판시하여 위험범설 입장으로 일관하고 있다.[31] 다만, 위험범설을 주장하는 학설도 그 위험이란 '개연성이 매우 높은 손해발생 위험'[32]이라고 설명하여 배임죄의 기수 범위를 제한하고 있다. 판례도 위 '재산상 실해발생의 위험'이란 막연한 위험이 아니라 '피해자 재산가치의 감소로 볼 수 있는 재산상 손해의 위험이 발생한 경우'라고 하거나,[33] '권리행사가 사실상 불가능하거나 현저히 곤란한 상태에 이른 경우'라고 하거나,[34] '구체적 · 현실적인 위험'[35]이 발생한 경우라고 판시하고 있다. 따라서 판례는 재산상 손해의 구체적 위험발생을 요구하는 **구체적 위험범설**의 입장이고,[36] 위험범설을 따르는 학설도 마찬가지 입장이라 할 수 있다. 다만, 판례는 구체적 · 현실적 위험 여부를 판단함에는 "민사법상 평가가 경제적 관점에서 피해자의 재산상태에 미치는 영향을 충분히 고려하고, 구체적 사안별로 타인사무의 내용

---

31) 대법원 2011. 4. 28. 2009도14268; 2009. 6. 25. 2008도3792; 2007. 6. 15. 2005도4338; 2006. 6. 2. 2004도7112; 2005. 7. 29. 2004도5685; 일본 판례도 위험범설 입장이다(日 最判 1954. 11. 5. 刑集 8卷 11号 1675면).

32) 배종대(형각), 462면.

33) 대법원 2000. 11. 24. 99도822; 1998. 2. 24. 97도183.

34) 대법원 2006. 7. 27. 2006도3145(이 사건은 피해자 회사의 사업부 영업팀장인 피고인이 회사 체인점들의 요청에 따라 전산상 회사의 체인점들에 대한 외상대금 채권이 줄어든 것으로 처리하는 전산조작행위를 한 사안임. 이에 대하여 "전산상 외상대금 채권이 자동 차감된다는 사정만으로는 곧바로 회사의 외상대금채권 행사가 사실상 불가능해지거나 현저히 곤란하게 되었다고 단정할 수는 없고, 만약 회사가 관리 · 운영하는 전산망 이외에 전표, 매출원장 등 회사의 체인점들에 대한 외상대금채권의 존재와 액수를 확인할 수 있는 방법들이 존재하고 또한 삭제된 외상대금액을 기술적으로 용이하게 복구하는 것이 가능하다면, 위와 같은 전산조작행위로 말미암아 회사의 체인점들에 대한 외상대금채권 행사가 사실상 불가능해지거나 또는 현저히 곤란하게 된다고 할 수는 없을 것이므로 회사에게 재산상 실해발생의 위험이 생기는 것도 아니라 할 것이다."라고 판시).

35) 대법원 2015. 9. 10. 2015도6745(甲은행 지점장인 피고인이 업무상 임무에 위배하여 물품대금지급보증서를 발급한 후 乙회사의 거래처인 丙회사에 건네줌으로써 甲은행에 손해를 가하였다고 하여 특정경제범죄법위반(배임)죄로 기소된 사안에서, 丙회사는 지급보증서가 정상적으로 발급된 것이 아님을 확인하고 乙회사를 통하여 물품을 주문하였던 사람들에게 물품을 공급하지 않음으로써 乙회사가 丙회사에 대하여 아무런 물품대금 채무를 부담하지 않게 된 사정 등에 비추어, 피고인이 甲은행을 대리하여 乙회사가 丙회사에 대해 장래 부담하게 될 물품대금 채무에 대하여 지급보증을 하였더라도, 丙회사가 乙회사와 거래를 개시하지 않아 지급보증 대상인 물품대금 지급채무 자체가 현실적으로 발생하지 않은 이상, 보증인인 甲 은행에 경제적인 관점에서 손해가 발생한 것과 같은 정도로 구체적인 위험이 발생하였다고 평가할 수 없다고 판시).

36) 같은 취지 : 박상기(형각), 403면; 오영근(형각), 372면; 임웅(형각), 539면; 이 점에 관하여 우리나라의 판례와 유사한 일본 판례의 평석도, "판례가 마치 배임죄를 형식범 또는 추상적 위험범으로 평가하는 듯한 인상을 주고 있지만, 구성요건으로 실해의 발생을 요구하고 있기 때문에 구체적 위험범으로 평가하고 있는 것으로 보아야 한다"는 견해(前田信二郎, 앞의 책, 81,82면)가 있다.

과 성질, 임무위배의 중대성, 피해자의 재산상태에 미치는 영향 등을 종합하여 판단해야 한다."고 판시하고 있다.[37]

그리고 침해범설 입장이지만 '손해'의 개념을 완화하여 해석하는 견해(**완화된 침해범설**)가 있다. 즉, 배임죄가 기수로 되기 위하여 재산상 현실적 손해가 있어야 하지만, 여기서 현실적 손해란 사실적 손해이면 충분하므로 법적으로는 손해발생의 위험만 있는 경우도 포함해야 한다고 주장하는 견해[38]이다. 또한 침해범설 입장에서도 대부분 재산상 손해를 법률적 판단이 아니라 경제적 관점으로 파악하고 있다(경제적 재산개념설).[39] 경제적 재산개념설을 따른다면, 법률적으로는 무효로서 아직 현실적 손해발생이 없더라도 실질적으로는 개연성이 매우 높은 실해발생 위험이 발생하였다면 피해자로서는 그 자체를 재산가치의 감소인 '손해'로 파악할 수 있게 된다. 위험범설도 위와 같이 개연성이 매우 높은 구체적 · 현실적 위험으로 제한하고 있으므로, 완화된 침해범설은 실제로는 위험범설과 크게 다를 바 없을 것이다.

생각건대 배임죄의 구성요건은 "손해를 발생하게 한 때"가 아니라 "손해를 가한 때"로 규정되어 있으므로 그 의미를 실제 재산상 손해가 발생한 때로 좁게 해석해야 할 논리적 필연성은 없다. 배임죄의 본질이 타인 재산의 보호 · 관리를 위임받은 자의 배신행위로부터 타인의 재산상 이익을 보호하려는 데 있으므로, 이를 위하여 구체적 위험의 발생만으로 범죄가 완성된 것으로 보아야 할 필요가 있다면 구체적 위험범설을 따를 수 있을 것이다. 경제활동 중 발생하는 배임행위의 모습은 매우 다양한데, 그 중 배임행위는 종료되었으나 그 결과인 손해의 발생은 오랜 기간이 지나서야 나타나는 경우도 있고, 다른 원인의 경합으로 배임행위로 인한 손해발생 사실의 확인이 어려운 경우도 있다. 또한 침해범설을 따른다면 배임행위로 인하여 구체적 · 현실적인 손해발생의 위험을 야기하였더라도 경제사정의 변화나 타인의 개입 등 우연한 사정으로 손해의 결과가 발생하지 아니한 경우에는 미수범으로 처벌하게 되는데, 이러한 해석은 결국 행위책임이 아닌 결과책임을 인정하는 셈이 되므로 부당하다. 침해범설은 주로 배임죄의 남용을 우려하여 그 적용을 제한하려는 입장에

---

37) 대법원 2017. 7. 20. 2014도1104 전원합의체.

38) 손동권 · 김재윤(형각), 471면.

39) 손동권 · 김재윤(형각), 471면; 임웅(형각), 540면; 김성돈(형각), 482면; 김일수 · 서보학(형각), 393면.

서 주장되고 있지만, 위험범설도 구체적 위험이나 범죄구성요건의 해석과 관련하여 제한적 입장을 취한다면 합리적인 결론을 낼수 있을 것이다.

Ⅳ. 구조

1. 구성체계 및 법정형

가. 단순배임죄, 업무상배임죄, 특정경제범죄법위반(배임)죄 및 특정범죄가중법위반(국고등손실)죄

배임죄의 기본 유형인 단순배임죄의 법정형은 5년 이하의 징역 또는 1,500만 원 이하의 벌금이고(형법 제355조 제2항), 행위주체가 업무자로서 신분적 가중처벌 유형인 업무상배임죄는 10년 이하의 징역 또는 3,000만 원 이하의 벌금이다(형법 제356조, 제355조 제2항). 각 10년 이하의 자격정지를 병과할 수도 있다(형법 제358조, 임의적 병과).

특정경제범죄법위반(배임)죄는 단순배임죄 및 업무상배임죄[40]로 취득한 재산상 이익가액(이하 '이득액'이라 함)이 5억 원 이상인 경우의 가중처벌 유형으로서, 그 이득액이 5억 원 이상 50억 원 미만인 때에는 3년 이상의 유기징역, 그 이득액이 50억 원 이상인 때에는 무기 또는 5년 이상의 징역에 처하고(특정경제범죄법 제3조 제1항), 각 그 이득액 이하에 상당하는 벌금을 병과할 수도 있다(특정경제범죄법 제3조 제2항, 임의적 병과).

특정경제범죄법위반(배임)죄를 범하여 유죄판결을 받은 사람은 법무부장관의 취업승인을 받은 경우[41]를 제외하고는 일정기간[42] 동안 특정경제범죄법 제2조 제1호의

---

40) 특정경제범죄법 제3조 제1항에서 가중처벌의 대상 횡령 · 배임 범죄를 형법 제355조, 제356조로 한정하고 있고, 그 미수범인 형법 제359조는 제외하고 있으므로, 특정경제범죄법위반(횡령 · 배임)죄는 그 형법상 범죄가 기수범인 경우에만 성립한다[손동권, "회사 경영자의 상법상 특별배임행위에 대한 현행법 적용의 문제점과 처벌정책을 둘러싼 입법논쟁", 「형사정책」(한국형사정책학회, 2013), 271면; 이주원(특형), 400면].

41) 법무부장관의 취업승인을 받으려는 사람은 취업하려는 날의 1개월 전까지 법무부장관에게 취업승인신청서를 제출해야 한다(특정경제범죄법 시행령 제13조 제1항). 다만, 이러한 취업승인 여부는 기업체의 경영과 이해관계자 등의 제반 상황을 심사하여 결정할 문제이므로 이를 정치인인 법무부장관의 권한사항으로 한 것은 부당하다고 본다. 이를 법원이 비송사건절차에 따라 심사한 후 결정하는 것으로 특정경제범죄법 제14조 제1항 각 호 외 부분 단서 등을 개정할 필요가 있다.

42) 즉, "징역형의 집행이 종료되거나 집행을 받지 아니하기로 확정된 날부터 5년, 징역형의 집행유예기간

'금융회사등',[43] 국가 · 지방자치단체가 자본금의 전부나 일부를 출자한 기관, 그 출연 · 보조를 받는 기관 및 유죄판결된 범죄행위와 밀접한 관련이 있는 기업체에 취업할 수 없도록 제한되고 있다(특정경제범죄법 제14조 제1항, **강제적 취업제한**). 그 중 "유죄판결된 범죄행위와 밀접한 관련이 있는 기업체"에는 그 범죄로 인해 재산상 이익을 취득한 제3자인 기업체, 그 제3자나 범죄행위의 공범이 임원 또는 과장급 이상 간부직원으로 있거나 그 범죄행위 당시 그 직위에 있었던 기업체, 그 제3자나 범죄행위의 공범 또는 그 특수관계인(직계존 · 비속, 형제자매, 배우자)이 5% 이상 출자한 기업체 및 **그 범죄행위로 인해 재산상 손해를 입은 기업체**와 이들 중 어느 하나 기업체가 5% 이상 출자한 기업체가 포함된다(특정경제범죄법 시행령 제10조 제2항).[44] 또한 특정경제범죄법위반(배임)죄를 범하여 유죄판결을 받은 자 또는 그를 대표자나 임원으로 하는 기업체는 위 법무부장관의 취업승인을 받은 경우를 제외하고는 같은 기간 동안 대통령령으로 정하는 관허업(官許業)의 허가 · 인가 · 면허 · 등록 · 지정 등을 받을 수 없다(특정경제범죄법 제14조 제2항, **강제적 인 · 허가등 금지**). 이를 위반한 경우에 법무부장관은 그 취업 중인 기관이나 기업체의 장 또는 허가 등을 한 행정기관의 장에게 그의 해임이나 허가 등의 취소를 요구해야 하고(특정경제범죄법 제14조 제4항), 그 해임요구를 받은 기관이나 기업체의 장은 지체 없이 그 요구에 따라야 한다(특정경제범죄법 제14조 제5항). 위 취업제한 및 인 · 허가 등 금지규정을 위반한 자[45]나 법무부

이 종료된 날부터 2년, 징역형의 선고유예기간"

43) '금융회사등'에는 은행법에 따른 은행, 자본시장법에 따른 투자매매업자 · 투자중개업자 · 집합투자업자 · 신탁업자 · 증권금융회사 · 종합금융회사, 보험업법에 따른 보험업자, 상호저축은행과 그 중앙회, 농업협동조합과 농협은행, 수산업협동조합과 수협은행, 신용협동조합과 그 중앙회, 새마을금고와 그 연합회, 신용보증기금, 기술보증기금 등이 있다(특정경제범죄법 제2조 제1호).

44) 이들 기업체 중 "그 범죄행위로 인해 재산상 손해를 입은 기업체"와 그 기업체가 5% 이상 출자한 기업체는 2019. 11. 8. 시행되는 개정시행령에서 추가한 것이다. 이에 대하여, 이는 자신의 투자기업에 대한 경영권을 박탈하는 결과가 될 수 있어, 자격정지형의 내용을 확대하는 것이 됨에도 시행령으로 개정함은 죄형법정주의 원칙에 위배된 것이고, 금융회사와 같은 공공성이 없는 사기업체가 피해를 입힌 자를 계속 임직원으로 채용할 것인지 여부는 해당 사기업체의 판단에 맡기는 것이 타당하다고 비판하는 견해[최준선, "특경법 위반 구실 '경영권 박탈' 안 돼", 한국경제신문(2019. 5. 13.), A34]도 있다.

45) 특정경제범죄법 제14조 제6항에서 '제2항을 위반한 자'란 제2항 금지행위의 주체인 강제적 인 · 허가등 금지규정 대상자로 해석할 수밖에 없을 것이다. 그런데 행정청이 관허업의 인 · 허가를 해 주었으면서 그 인 · 허가신청을 한 자만 형사처벌하는 것은 과잉금지원칙에 맞지 않는 입법이다. 제2항의 인 · 허가등 금지규정만 두어서 행정청의 인 · 허가등 금지의 기준으로 삼는 것으로 충분하다고 본다. 나아가 그 위반자를 형사처벌 하더라도 행정청을 기망하여 인 · 허가 등을 받은 자나 고의로 인 · 허가 등을 한 공무원을 처벌하는 내용으로 개정할 필요가 있다.

장관의 해임요구에 불응한 자는 1년 이하의 징역 또는 500만 원 이하의 벌금에 처한다(특정경제범죄법 제14조 제6항).

형법상 배임죄(형법 제355조 제2항, 제356조) 및 특정경제범죄법위반(배임)죄는 「부패재산의 몰수 및 회복에 관한 특례법」(약칭 부패재산몰수법) 제2조 제1호 별표 기재 범죄이므로(별표 1의 라, 4의 나.), 같은 법 제2조 제1호의 '부패범죄'에 해당하여 같은 법의 몰수 · 추징 특례규정이 적용될 수 있다(임의적 몰수 · 추징). 그 특례규정에 따르면 '부패재산'을 같은 법 제4조의 몰수요건을 갖춘 경우에 몰수 · 추징 할 수 있는데(같은 법 제3조 제1항 본문, 제5조), '부패재산'이란 '범죄수익'(부패범죄의 범죄행위에 의하여 생긴 재산 또는 그 범죄행위의 보수로서 얻은 재산)과 '범죄수익에서 유래한 재산'(범죄수익의 과실(果實)로서 얻은 재산, 범죄수익의 대가로서 얻은 재산 및 이들 재산의 대가로서 얻은 재산, 그 밖에 범죄수익의 보유 또는 처분에 의하여 얻은 재산)을 말한다(같은 법 제2조 제2호). 또한 몰수하는 부패재산이 부패재산 외의 재산과 합하여진 경우에는 부패재산과 그 외의 재산이 합하여진 재산(약칭 '혼합재산') 중 부패재산의 비율에 상당하는 부분을 몰수할 수 있다(같은 법 제3조 제2항). 부패재산을 몰수할 수 없거나 그 재산의 성질, 사용상황, 그 재산에 관한 범인 외의 자의 권리 유무, 그 밖의 사정으로 인하여 이를 몰수함이 상당하지 아니하다고 인정될 때에는 그 가액(價額)을 범인으로부터 추징한다(같은 법 제5조 제1항). 만약 부패재산이 범죄피해재산(범죄행위에 의하여 그 피해자로부터 취득한 재산 또는 그 재산의 보유 · 처분에 의하여 얻은 재산)이면 범죄피해자가 그 재산에 관하여 범인에 대한 재산반환청구권 또는 손해배상청구권 등을 행사할 수 없는 등 피해회복이 심히 곤란하다고 인정되는 경우에 몰수 · 추징할 수 있고, 몰수 · 추징한 범죄피해재산은 피해자에게 환부(還付)해야 한다(같은 법 제2조 제3호 나, 제6조). 그밖에도 같은 법 제7조 이하에서는 몰수 · 추징 보전절차, 국제공조, 해외부패재산의 환수에 관한 특례 등을 규정하고 있다.[46]

또한 형법상 배임죄(형법 제355조 제2항, 제356조) 중 범죄행위로 인한 이득액 3억 원 이상인 범죄, 특정경제범죄법위반(배임)죄, 후술하는 특정범죄가중법위반(국고등손

---

46) 그밖에 형법상 횡령죄(형법 제355조 제1항, 제356조), 특정경제범죄법위반(횡령)죄, 배임수증재죄(형법 제357조), 독직죄(상법 제630조), 권리행사방해 증수뢰죄(상법 제631조), 이익공여죄 · 이익수수죄 · 제3자이익공여죄(상법 제634조의2) 등도 '부패범죄'에 속하므로(부패재산몰수법 제2조 제1호 별표 1의 라, 4의 나, 12) 부패재산몰수법의 몰수 · 추징 특례규정 등이 적용된다.

실)죄 및 「회계관계직원 등의 책임에 관한 법률」 제2조 제1호 · 제2호 또는 제4호(제1호 또는 제2호에 규정된 사람의 보조자로서 그 회계사무의 일부를 처리하는 사람만 해당)에 규정된 사람이 국고 및 지방자치단체에 손실을 미칠 것을 알면서도 그 직무에 관하여 범한 배임죄(형법 제355조 제2항)는 범죄수익은닉규제법 제2조 제1호 별표 기재 범죄이므로(별표 1의 거, 너, 18, 19), 같은 법 제2조 제1호의 중대범죄에 해당하여 같은 법 제8조 이하의 몰수 · 추징 특례규정이 적용될 수 있다(임의적 몰수 · 추징).

특정범죄가중법위반(국고등손실)죄는 국가나 지방자치단체의 회계사무를 집행하는 공무원 등이나 그 보조자인 회계관계직원[47]이 국고(國庫) 또는 지방자치단체에 손실을 입힐 것을 알면서 그 직무에 관하여 형법 제355조의 배임죄(또는 횡령죄)를 범한 경우의 가중처벌 유형으로서, 그 국고 또는 지방자치단체의 손실이 1억 원 이상 5억 원 미만인 경우에는 3년 이상의 유기징역, 그 손실이 5억 원 이상인 경우에는 무기 또는 5년 이상의 징역에 처한다(특정범죄가중법 제5조).

위 특정범죄가중법위반(국고등손실)죄는 「공무원범죄에 관한 몰수 특례법」(약칭, 공무원범죄몰수법)의 '특정공무원범죄'에 해당하므로(같은 법 제2조 제1호 나,다.) 같은 법의 필요적 몰수 · 추징 특례규정이 적용된다. 그 특례규정에 따르면 '불법재산'을 같은 법 제5조의 몰수요건을 갖춘 경우에 몰수 · 추징해야 하는데(필요적 몰수 · 추징), '불법재산'이란 불법수익(특정공무원범죄의 범죄행위로 얻은 재산)과 불법수익에서 유래한 재산(불법수익의 과실로서 얻은 재산, 불법수익의 대가로서 얻은 재산, 이들 재산의 대가로서 얻은 재산 등 불법수익이 변형되거나 증식되어 형성된 재산을 말하고, 불법수익이 불법수익과 관련 없는 재산과 합하여 변형되거나 증식된 경우에는 불법수익에서 비롯된 부분으로 한정함)을 말한다(같은 법 제2조 2,3,4호, 제3조 제1항, 제5조). 또한 이들 불법재산이 그 외의 재산과 합하여진 경

47) '회계관계직원'이란 「회계관계직원 등의 책임에 관한 법률」 제2조 제1호에 규정된 자[국가재정법, 국가회계법, 국고금관리법 등 국가의 예산 및 회계에 관계되는 사항을 정한 법령에 따라 국가의 회계사무를 집행하는 사람으로서, 수입징수관, 재무관, 지출관, 계약관, 현금출납 공무원, 유가증권 취급 공무원, 선사용자금출납명령관, 기금의 회계사무를 처리하는 사람, 채권관리관, 물품관리관, 물품운용관, 물품출납 공무원, 물품 사용 공무원, 재산관리관, 국세환급금의 지급을 명하는 공무원, 관세환급금의 지급을 명하는 공무원, 회계책임관, 그 밖에 국가의 회계사무를 처리하는 사람, 또는 이들의 대리자, 분임자(分任者), 분임자의 대리자], 같은 조 제2호에 규정된 자(지방재정법 및 지방회계법 등 지방자치단체의 예산 및 회계에 관계되는 사항을 정한 법령에 따라 지방자치단체의 회계사무를 집행하는 징수관, 재무관, 지출원, 출납원, 물품관리관, 물품 사용 공무원, 또는 그 외의 사람으로서 위 제1호에 규정된 사람이 집행하는 회계사무에 준하는 사무를 처리하는 사람) 및 위 제1호, 제2호에 규정된 사람의 보조자로서 그 회계사무의 일부를 처리하는 사람을 말한다(특정범죄가중법 제5조 각 호 외 부분).

우에 그 불법재산을 몰수해야 할 때에는 그 혼합재산 중 불법재산의 비율에 해당하는 부분을 몰수한다(같은 법 제4조). 다만, 몰수해야 할 재산에 대하여 재산의 성질, 사용 상황, 그 재산에 관한 범인 외의 자의 권리 유무, 그 밖의 사정을 고려한 결과 그 재산을 몰수하는 것이 타당하지 아니하다고 인정될 경우에는 몰수하지 않을 수 있다(같은 법 제3조 제2항). 이러한 경우나 불법재산을 몰수할 수 없는 경우에는 그 가액을 범인에게서 추징한다(같은 법 제6조). 불법재산의 증명 곤란에 대비하는 특칙도 두었다. 즉, 특정공무원범죄 후 범인이 취득한 재산으로서 그 가액이 취득 당시 범인의 재산운용상황 또는 법령에 따른 지급금의 수령상황 등에 비추어 현저하게 고액이고, 그 취득 재산이 불법수익 금액 및 재산 취득시기 등 모든 사정에 비추어 특정공무원범죄로 얻은 불법수익으로 형성되었다고 볼 만한 상당한 개연성이 있는 경우에는 특정공무원범죄로 얻은 불법수익이 그 재산의 취득에 사용된 것으로 인정할 수 있다(같은 법 제7조). 그밖에도 같은 법 제8조 이하에서는 몰수 · 추징절차 및 몰수 · 추징 보전절차 등을 규정하고 있다.

나. 특별배임죄

1) 상법상 특별배임죄

상법 회사편에는 회사 발기인 · 이사 · 집행임원 등의 특별배임죄(상법 제622조, 이하 '**회사임원등 특별배임죄**'라 함), 주식회사 사채권자집회 대표자 등의 특별배임죄(상법 제623조, 이하 '**사채권자집회 대표자등 특별배임죄**'라 함)가 규정되어 있다('회사임원등 특별배임죄'와 '사채권자집회 대표자등 특별배임죄'를 합하여 '상법상 특별배임죄'라 함). 회사임원등 특별배임죄의 법정형은 업무상배임죄와 같이 10년 이하의 징역 또는 3천만 원 이하의 벌금이고, 사채권자집회 대표자등 특별배임죄의 법정형은 7년 이하의 징역 또는 2천만 원 이하의 벌금이다. 이러한 상법상 특별배임죄는 징역과 벌금을 병과할 수 있으나(상법 제632조, 임의적 병과), 특정경제범죄법위반(배임)죄의 경우와 같은 취업제한 규정을 두거나 단순배임죄나 업무상배임죄와 같은 자격정지형의 병과 규정은 없다.

2) 그 밖의 특별법상 특별배임죄

신탁법에는 신탁사채권자집회 대표자등 특별배임죄 규정이 있는데, 그 법정형은 위 사채권자집회 대표자등 특별배임죄와 마찬가지로 7년 이하의 징역 또는 2천만 원 이하의 벌금이고(신탁법 제140조) 징역과 벌금을 병과할 수 있다(신탁법 제144조, 임의적 병과). 보험업법에는 보험계리사, 손해사정사 등의 특별배임죄 규정이 있는데, 그 법정형은 보험계리사, 손해사정사 등의 경우에 10년 이하의 징역 또는 5천만 원 이하의 벌금에 처하거나 이를 병과할 수 있다(보험업법 제197조 제1항, 제206조). 선주상호보험조합법에는 선주상호보험조합 임원 등의 배임죄 규정이 있는데, 그 법정형은 1년 이상 10년 이하의 징역 또는 1억 원 이하의 벌금이고(선주상호보험조합법 제56조) 징역과 벌금을 병과할 수 있다(선주상호보험조합법 제61조). 그밖에도 여러 특별법에 특별배임죄(각 특별법에는 표제를 특별배임죄 또는 배임죄로 표시하거나 아무런 표제가 없는 등 기재방식은 다양하나, 이하 '특별법상 특별배임죄'라 함)가 규정되어 있다.

2. 특별배임죄의 법적 성질

상법상 특별배임죄나 특별법상 특별배임죄는 범죄의 행위주체, 피해자 또는 법정형에 차이가 있을 뿐, 그 밖의 범죄구성요건은 형법상 단순배임죄나 업무상배임죄와 같다. 그러므로 특별배임죄와 형법상 단순배임죄 또는 업무상배임죄와의 관계가 법적 성질로서 문제가 된다.

가. 가중적 신분범설

상법 회사편 및 특별법상 특별배임죄는 회사임원, 사채권자집회 대표자, 신탁사채권자집회 대표자, 선주상호보험조합 임원 등 일정한 신분자의 배임행위에 대하여 회사법 기타 해당 특별법의 입법목적을 관철하기 위하여 단순배임죄나 업무상배임죄보다 가중처벌하는 신분적 가중처벌 규정으로 보아야 한다는 견해이다(**가중적 신분범설**). 행위주체의 신분과 피해자 외에는 범죄구성요건상 차이가 없고, 따라서 범죄의 본질, 즉 임무위배행위의 내용을 달리 파악할 근거가 없다는 점을 논거로 들 수 있다(다수설 · 판례).[48] 판례도 구 상호신용금고법(법률 제5050호) 제39조 제1항 제2호

---

48) 박길준, "상법상의 벌칙규정에 대한 입법론적 고찰 –일본법과의 비교를 중심으로–", 「연세행정논총」 제15집(연세대학교 행정대학원, 1990), 145면; 최준선, 앞의 "상법상 특별배임죄규정의 개정방향", 99면; 고재종, "회사법상 이사 등의 특별배임죄 성립 여부", 「한양법학」(한양법학회, 2010. 11.), 80면 ; 한석훈(기범), 63면; 한석훈, "상법 벌칙규정의 개정과제 –회사임원 등의 특별배임죄 규정을 중심으로–", 「기업법 연구」 제27권 제2호(한국기업법학회, 2013. 6.), 283–285면; 한석훈, 대계Ⅲ, 1011면. 이들 견해는 주로 상법상 특별배임죄의 법적 성질로서 논의하고 있다.

에 규정된 상호신용금고 임원 등의 특별배임죄에 관하여 단순배임죄 또는 업무상배임죄의 가중적 신분범이라고 판시하였다.[49] 가중적 신분범설 입장에서는 특별배임죄 규정은 형법상 단순배임죄나 업무상배임죄의 특별규정이 되고,[50] 특별배임죄는 단순배임죄 또는 업무상배임죄와 비교하여 행위주체의 신분에 따라 가벌성이 가중되는 부진정신분범으로 보게 된다. 그러므로 그러한 신분관계 없는 자가 특별배임죄의 공범이 된 경우에는 형법 제33조 본문 규정에 의하여 특별배임죄의 공범으로 의율되고, 같은 조 단서 규정에 따라 단순배임죄 또는 업무상배임죄에 정한 형으로 처벌된다.[51]

나. 독립범죄설

특별배임죄는 단순배임죄와 업무상배임죄의 관계와 같은 신분적 가중처벌 범죄가 아니라 위법성 및 유책성이 본질적으로 상이한 독립된 범죄라고 주장하는 견해이다. 특히 상법상 특별배임죄에 관하여, 행위주체인 이사 등은 선관주의의무(즉, 선량한 관리자의 주의의무, 이하 '선관주의의무'라 함) 외에도 충실의무를 부담하는 특수한 신분자인 점, '화이트칼라 범죄로서의 독자적인 사회적 구조와 규범적 의미'가 있는 점을 논거로 단순배임죄나 업무상배임죄와는 독립된 범죄라고 주장한다. 다만 회사 안에서의 특수한 신분을 가진 자가 범하는 범죄라는 점에서 '특수한 신분범죄'일 뿐이라는 것이다(**독립범죄설**).[52] 독립범죄설에 따르면 특별배임죄를 신분에 따라 범죄의 성립 여부가 좌우되는 진정신분범으로 보게 되므로, 공범의 경우 형법 제33조 본문 규정에 따라 신분관계 없는 공범도 특별배임죄의 형으로 처벌할 수 있게 된다.

---

49) 대법원 1997. 12. 26. 97도2609.

50) 손동권, 앞의 "회사 경영자의 상법상 특별배임행위에 대한 현행법 적용의 문제점과 처벌정책을 둘러싼 입법논쟁", 269면; 강동욱, 앞의 "형사상 배임죄의 입법례와 주체에 관한 고찰", 154면.

51) 대법원 1997. 12. 26. 97도2609.

52) 임중호, "회사범죄와 그 대책방안", 「법학논문집」 제15집(중앙대학교 법학연구소, 1990), 76,77면; 송호신, "상법상의 회사관련범죄에 대한 연구 –벌칙조항의 활성화 방안을 중심으로–," 박사학위논문(한양대학교, 2002)[이하 '송호신(박사학위논문)'이라 함], 39,48면; 前田信二郎, 앞의 「會社犯罪の研究」, 44면에서도 "특별배임죄는 (이사 등)행위주체가 신인관계상 독자적 판단과 행동을 하는 백지위임적 권한행사의 모습을 보이는 점에서 형법상 배임죄의 민법적 신뢰관계상 의무위반과는 성격이 다르므로, 양자의 구성요건을 성립시키는 방법이 같다고 하더라도 그 실체의 의미내용이 다르고 위법성의 본질이나 책임비난의 판단방법도 다르다"고 주장하고 있다.

다. 평가

독립범죄설은 이사 등이 부담하는 선관주의의무의 내용은 신인의무로서 민법상 위임관계에서 위임인의 사무를 처리하는 수임인이 부담하는 선관주의의무와는 그 내용이 본질적으로 다르다고 보는 입장을 전제로 하고 있는 듯하다. 그러나 특별배임죄와 단순배임죄 또는 업무상배임죄는 각 행위주체가 가지는 권한의 포괄성 등 권한범위에 양적 차이가 있을 뿐, 재산의 보호나 관리를 위임한 자의 신뢰를 배반하는 배신성에 있어서 질적 차이가 있다고 할 수는 없으므로 **가중적 신분범설**이 타당하다. 다만, 사채권자집회 대표자등 특별배임죄 또는 신탁사채권자집회 대표자등 특별배임죄의 경우에 그 행위주체인 대표자등의 사무는 대부분 특정적 · 일시적인 사무로서 계속 · 반복하는 업무가 아닐 뿐만 아니라 전체 사채권자의 동의나 법원 인가를 거친 결의나 결정을 집행하는 제한된 사무임을 감안하여 단순배임죄보다는 법정형을 가중하고 업무상배임죄보다는 법정형을 감경하는 특칙 규정을 둔 것으로 보아야 할 것이다. 따라서 사채권자집회 대표자등 특별배임죄 또는 신탁사채권자집회 대표자등 특별배임죄의 경우만은 **가감(加減)적 신분범**으로 표현함이 타당하다.

3. 구성체계의 검토

특정경제범죄법위반(배임)죄나 상법상 또는 특별법상 특별배임죄는 해당 법률 나름의 입법목적을 관철하기 위해 특별히 규정된 것이고 그 법정형도 상이하게 규정하고 있다. 그런데 이러한 각 배임죄 규정들이 범죄와 형벌의 체계상 합리적이고 균형 있게 규율된 것인지 여부에 관하여는 논란이 있다.

가. 특정경제범죄법위반(배임)죄와 특별배임죄

업무상배임죄와 같은 행위주체의 신분개념으로서의 '업무'란 '사회생활상 **계속 · 반복**하여 행하는 사무'를 의미한다.[53] 그런데 특별배임죄 중 사채권자집회 대표자, 신탁사채권자집회 대표자와 같은 행위주체는 집회의 사무를 처리하되 계속 · 반복하여 처리하는 자로 예정된 자가 아니거나 그러한 업무자에 해당하더라도 전체 사채

53) 대법원 2012. 9. 13. 2012도5525; 1982. 1. 12. 80도1970; 김성돈(형각), 437,469면; 박상기(형각), 414면.

권자의 동의나 법원 인가를 거친 결의나 결정을 집행하는 제한된 사무를 처리하는 자이다. 그러므로 이들에 대한 특별배임죄는 단순배임죄의 신분적 가중처벌 규정이거나 업무상배임죄의 신분적 감경처벌 규정으로 보아야 함은 앞의 제2항에서 살펴보았다.[54] 그런데 그 범행으로 인한 이득액이 5억 원 이상인 때에는 특정경제범죄법위반(배임)죄로 의율하여 가중처벌할 수 있는 단순배임죄보다 오히려 가벼운 법정형이 규정되어 있어서 문제가 될 수 있다. 이러한 경우에 형법상 단순배임죄나 업무상배임죄를 적용하여 특정경제범죄법위반(배임)죄로 의율할 수 있다고 해석한다면, 이는 특별법우선 원칙에 위배되는 해석이 될 뿐만 아니라 업무상배임죄에 대한 신분적 감경처벌규정을 둔 의의가 상실되므로 부당하다는 비판이 가능하다. 상법상 회사임원등 특별배임죄의 경우에도 그 범행으로 인한 이득액이 5억 원 이상인 때에는 특정경제범죄법위반(배임)죄로 의율하여 가중처벌할 수 있는 업무상배임죄보다 오히려 가벼운 법정형이 규정된 셈인데, 이때 업무상배임죄를 적용하여 특정경제범죄법위반(배임)죄로 의율할 수 있다고 해석한다면 특별법우선 원칙에 위배된다는 비판이 가능하다. 다른 특별법상 특별배임죄의 경우에도 마찬가지이다. 이는 특정경제범죄법위반(배임)죄를 범죄로 인한 이득액에 따라 가중처벌하면서 형법상 단순배임죄 또는 업무상배임죄의 가중처벌 규정으로만 하였을 뿐, 특별배임죄는 일체 그 가중처벌 대상에서 제외한 입법의 결과이다.

일단 해석론으로는, 가중적 신분범인 특별배임죄는 물론, 가감적 신분범으로 규정한 사채권자집회 대표자등 특별배임죄나 신탁사채권자집회 대표자등 특별배임죄의 경우에도 단순배임죄보다 가중처벌하려는 데 주된 입법취지가 있는 이상, 비록 특별법우선 원칙에는 반하지만 입법취지상 단순배임죄나 업무상배임죄로 적용하여 특정경제범죄법위반(배임)죄로 의율하더라도 무방한 것으로 해석할 수밖에 없고, 실무에서도 이와 같이 처리하고 있다.

나. 업무상배임죄와 상법상 특별배임죄 등

54) 이에 반하여 사채권자집회 대표자등 특별배임죄가 형법상 업무상배임죄의 특칙 규정임을 전제로, 상법상 사채권자집회 대표자등 특별배임죄의 법정형이 형법상 업무상배임죄보다 하회하는 것은 입법의 모순이라고 주장하는 견해[박길준, 앞의 “상법상의 벌칙규정에 대한 입법론적 고찰”, 146면; 천경훈, 주석 상법(회사-Ⅶ), 122면]가 있다.

상법상 회사임원등 특별배임죄의 법정형은 징역과 벌금을 병과할 수 있는 것 외에는 형법상 업무상배임죄와 법정형이 동일하다. 오히려 업무상배임죄는 자격정지형을 병과할 수 있는데(형법 제358조) 회사임원등 특별배임죄의 경우에는 그 병과를 할 수 없으므로 특별배임죄를 업무상배임죄의 가중적 신분범으로 특별히 규정한 의미가 퇴색하게 되었다.

또한 특별배임죄의 경우에 회사의 임직원으로서 회사에 배임행위를 하여 유기징역형을 선고받고도 그 형의 집행을 종료하기만 하면 다시 그 피해회사의 임직원으로 재직할 수 있도록 입법한 것은 범죄예방과 피해자 보호에 큰 허점을 드러내고 있는 셈이다.[55] 반면에, 그 배임죄로 인한 이득액이 5억 원 이상인 때에는 위와 같이 단순배임죄나 업무상배임죄로 의율하면 특정경제범죄법위반(배임)죄로 처벌하게 되어 법정형도 훨씬 높아질 뿐만 아니라 피해회사 등 유죄판결된 범죄행위와 밀접한 관련이 있는 기업체 등에 일정기간 취업할 수 없는 취업제한도 강제적으로 이루어진다(특정경제범죄법 제14조). 따라서 상법상 특별배임죄 규정은 전혀 그 기능을 발휘할 수 없게 된다. 이러한 결과는 다른 특별법상 특별배임죄의 경우에도 마찬가지로 발생하고 있으므로, 특별배임죄에 관한 합리적이고 균형있는 규율을 위한 입법조치가 필요하다.

다. 입법론

고도 산업사회에서 회사제도가 차지하는 사회경제적 역할이나 비중은 매우 크고, 회사임원 등과 같이 대리권 기타 권한이 대단히 포괄적인 지위에 있는 자의 배임행위로 인한 피해는 일반적인 배임행위로 인한 경우보다 그 피해규모가 매우 광범위하다. 회사임원등 특별배임죄 규정을 두는 이유는 이러한 점을 감안하여 회사임원 등의 회사에 대한 배임행위를 가중처벌함으로써 회사나 회사제도를 보호할 필요가 있기 때문이다.[56] 그 밖의 대부분 특별법상 특별배임죄도 이와 유사하게 각 특별법

---

55) 유기징역 또는 유기금고의 판결을 받은 자는 그 형의 집행이 종료하거나 면제될 때까지 공무원이 되는 자격, 공법상의 선거권과 피선거권, 법률로 요건을 정한 공법상의 업무에 관한 자격만 정지될 뿐이다(형법 제43조 제2항).

56) 강동욱, "배임죄의 본질과 주체에 관한 고찰-상법상의 특별배임죄와 관련하여-," 「법과 정책연구」 제10집 제1호(한국법정책학회, 2010. 4.), 234,235면; 会社法コンメンタル(21), 60면.

상의 제도를 보호하기 위하여 해당 임직원의 배임행위를 가중처벌하고 있는 것이다.

그런데 앞에서 살펴본 것처럼 회사임원등 특별배임죄는 형법에 거의 같은 법정형을 규정하였거나 자격정지형을 병과할 수 있는 업무상배임죄 규정이 있어서 그 가중처벌의 의미가 없다. 특히 배임죄로 인한 이득액이 5억 원 이상인 경우에는 특별배임죄가 아닌 단순배임죄나 업무상배임죄로 의율해야만 특정경제범죄법 제3조가 적용되어 3년 이상의 유기징역 또는 무기징역까지 선고할 수 있게 되어 있다. 그러므로 실무에서는 회사임원등 특별배임죄 또는 특별법상 특별배임죄로 의율할 사안일지라도 배임행위로 인한 이득액이 5억 원 이상인 경우에는 단순배임죄나 업무상배임죄로 의율하여 결국 특정경제범죄법위반(배임)죄로 공소제기 하고 있는 실정이다. 이러한 실무례는 엄밀히는 특별법우선 원칙에 반하는 관행이고,[57] 상법 및 특별법상 특별배임죄의 입법취지가 무색하게 되는 구조적 문제가 있으므로 입법적 검토가 필요하다.

일본의 경우에도 일본 회사법(会社法) 제960조의 이사등 특별배임죄는 일본 구 상법 제486조를 그대로 계승한 것으로서 우리나라의 회사임원등 특별배임죄에 해당한다. 그러나 일본 형법(刑法)은 우리나라의 형법과 같은 업무상배임죄의 규정이 없이 배임죄 규정(일본 刑法 제247조)만 있을 뿐이고 그 법정형이 '5년 이하의 징역 또는 50만 엔 이하의 벌금'임에 비하여, 일본 회사법 제960조 특별배임죄의 법정형은 '10년 이하의 징역 또는 1,000만 엔 이하의 벌금'으로 상대적으로 대폭 가중처벌하고 있다.[58] 또한 우리나라의 특정경제범죄법 제3조 규정과 같이 범죄로 인한 이득액에 따라 가중처벌하는 특별법은 존재하지 않으므로[59] 우리나라의 배임죄 범죄체계와 같은 모순은 발생하지 않는다. 독일은 형법에 배임죄의 처벌규정이 있다는 이유로 1965년 주식법(Aktiengesetz) 개정시 우리나라의 회사임원등 특별배임죄에 해당하는 이사 등 특별배임죄를 폐지하였고,[60] 그 범죄로 인한 이득액에 따라 가중처벌하는 규정은 두고 있지 않다.

---

57) 손동권, 앞의 "회사 경영자의 상법상 특별배임행위에 대한 현행법 적용의 문제점과 처벌정책을 둘러싼 입법논쟁", 269,270면.

58) 주강원, "상법상 특별배임죄에 대한 연구", 「법학연구」(연세대학교 법학연구소, 2008), 361,362면.

59) 이주원(특형), 372면 각주1.

60) 상세한 폐지경위는 강동욱, 앞의 "형사상 배임죄의 입법례와 주체에 관한 고찰", 156면 참조.

이에 관한 입법론은 다음과 같다. 우리나라의 경우에는 형법에 업무상배임죄의 처벌규정이 있기 때문에 상법에 회사임원등 특별배임죄에 관한 처벌규정을 둘 필요가 없다는 견해[61]가 있다. 또한 범죄로 인한 이득액이라는 결과반가치를 기준으로 행위반가치에 대한 비난으로서의 성격이 강한 자유형을 가중처벌하는 것은 부당하므로 특정경제범죄법 위반(배임)죄의 징역형 가중 규정은 폐지하고 벌금형을 병과하는 규정만 존치하거나 그 병과하는 벌금액수를 상향조정하는 내용으로 개정하자는 견해[62]가 있다. 나아가, 범죄로 인한 이득액 산정의 어려움을 감안하여 그 이득액의 다과는 양형인자로 반영하도록 하면 족하고 특정경제범죄법의 가중처벌 규정은 폐지하자는 견해[63]도 있다. 이에 반하여 피해자가 회사인 회사임원등 특별배임죄는 그 범죄로 인한 피해규모가 큰 경우가 많으므로 그 법정형을 업무상 배임죄보다 강화해야 하고, 차후 회사경영자로서의 자격도 제한할 수 있도록 자격상실형이나 자격정지형의 병과 규정을 신설해야 한다는 견해[64]도 있다.

생각건대 형법상 업무상배임죄를 규율하고 있음에도 불구하고 상법에 회사임원등 특별배임죄를 규정하고 있는 이유는, 회사임원등 특별배임죄의 행위주체들은 그 권한이 포괄적이고 회사와 고도의 신임관계에 있어서 그 배신에 대한 비난가능성이 높으며, 그 배임행위는 단순 배임행위보다 회사와 이해관계를 갖는 주주 · 채권자 · 임직원 · 거래처 · 소비자 기타 다수의 이해관계인에게 광범위한 피해를 미치기 때문이다.[65] 원래 그 입법 모델인 일본 구 상법상 특별배임죄의 신설 이유도 "회사 임원 등의 배임행위로 인하여 일반사회에 미치게 되는 해독은 보통의 배임행위로 인한 것보다 중대하고 지속적인 것이 상례임에 비추어 형법상 배임죄보다 가중처벌하기 위한 것"[66]이었다. 또한 그 동안 우리나라 기업운영 실태에 비추어 보더라도 특별배임죄나 특정경제범죄법위반(배임)죄가 수행하여 온 현실적 기능을 간과해서는

---

61) 박길준, 앞의 "상법상의 벌칙규정에 대한 입법론적 고찰", 147면.

62) 손동권, 앞의 "회사 경영자의 상법상 특별배임행위에 대한 현행법 적용의 문제점과 처벌정책을 둘러싼 입법논쟁", 273면.

63) 최승재, "LBO와 배임죄의 성립 여부 판례의 동향을 중심으로–", 「증권법연구」 11권 3호(한국증권법학회, 2011), 315,316면.

64) 송호신(박사학위논문), 102–104면.

65) 같은 취지 : 강동욱, 앞의 "배임죄의 본질과 주체에 관한 고찰", 234–235면.

66) 会社法コンメンタル(21), 60면; 주강원, 앞의 논문, 362면.

안 될 것이다. 특히 강력한 지배주주 중심의 회사가 대부분인 우리나라에서는 대표이사 등 회사의 재산관리사무에 종사하는 자가 회사자금을 방만하게 운용하거나 사익을 위하여 함부로 사용하더라도, 감사나 사외이사 등 감독기관의 효율적 감시기능을 기대하기 어려웠다. 이러한 현실에서 그나마 특별배임죄나 특정경제범죄법위반(배임)죄가 회사 보호를 위한 최후의 보루로서 기능하여 온 현실을 무시할 수는 없을 것이다. 그러므로 입법론으로 상법상 회사임원등 특별배임죄는 형법의 업무상배임죄보다 그 처벌을 대폭 강화함이 특별배임죄의 입법취지나 배임죄 전체의 범죄체계에 부합할 것이다. 그 처벌강화 방안으로는 특정경제범죄법 제3조, 제14조를 참고하여 특별배임죄의 법정형 하한선을 설정하고, 강제적 취업제한 제도를 도입하는 방법을 생각해 볼 수 있을 것이다. 그러나 사채권자집회 대표자등 특별배임죄, 신탁사채권자집회 대표자등 특별배임죄 또는 그 밖의 특별법상 특별배임죄의 경우에는 이득액에 따라 가중처벌하는 특정경제범죄법이 있는 이상 그 개별 특별배임죄 규정을 폐지함으로써 일반법인 형법상 단순배임죄나 업무상배임죄 및 특정경제범죄법위반(배임)죄[67]를 적용하거나 회사가 피해자인 경우에는 상법상 특별배임죄를 적용하면 충분할 것이다. 이러한 입법방향이 특별법우선 원칙을 위배하지 않으면서 배임죄의 범죄체계를 합리적으로 재편하는 길이 될 것이다.

---

67) 형법상 단순배임죄나 업무상배임죄의 경우에 그 범죄로 인한 이득액을 기준으로 가중처벌하는 특정경제범죄법위반(배임)죄를 존치할 것인지 여부는 별개의 문제이다.

제3절 범죄구성요건

Ⅰ. 범죄행위주체와 피해자

1. 단순배임죄 및 업무상배임죄

가. 타인의 사무를 처리하는 자

1) 개념

단순배임죄의 행위주체는 '타인(즉, 피해자)의 사무를 처리하는 자'이고, 업무상배임죄의 행위주체는 '업무상 타인의 사무를 처리하는 자'이다.

'타인의 사무를 처리하는 자'의 범위는 배임죄의 본질에 관한 견해에 따라 달라질 수 있지만, 통설 · 판례인 배신설에 따르면 단순한 채권 · 채무관계를 넘어 '신임관계에 기초하여 타인의 재산을 보호하거나 관리하는 지위에 있는 자'를 말한다.[68] 판례는 이 요건을 엄격히 해석하는 경향이어서, "당사자 관계의 전형적 · 본질적 내용이 통상의 계약에서의 이익대립관계를 넘어서 그들 사이의 신임관계에 기초하여 타인의 재산을 보호 또는 관리하는 데에 있어야 한다."고 판시하고 있다.[69] 타인의 재산관리에 관한 사무를 대행한다거나 타인 재산의 보전행위에 협력하는 자 등이 이에

68) 대법원 2009. 2. 26. 2008도11722("두 당사자 관계의 본질적 내용이 단순한 채권관계상의 의무를 넘어서 그들 간의 신임관계에 기초하여 타인의 재산을 보호 내지 관리하는 데 있어야 한다. 만약, 그 사무가 타인의 사무가 아니고 자기의 사무라면, 그 사무의 처리가 타인에게 이익이 되어 타인에 대하여 이를 처리할 의무를 부담하는 경우라도, 그는 타인의 사무를 처리하는 자에 해당하지 않는다."고 판시); 김성돈(형각), 447면.

69) 대법원 2020. 2. 20. 2019도9756 전원합의체; 대법원 2021. 12. 16. 2020도9789("가상자산권리자의 착오나 가상자산 운영시스템의 오류 등으로 법률상 원인관계 없이 다른 사람의 가상자산 전자지갑에 가상자산이 이체된 경우, 가상자산을 이체받은 자는 가상자산의 권리자 등에 대한 부당이득 반환의무를 부담하게 될 수 있다. 그러나 이는 당사자 사이의 민사상 채무에 지나지 않고, 이러한 사정만으로 가상자산을 이체받은 사람이 신임관계에 기초하여 가상자산을 보존하거나 관리하는 지위에 있다고 볼 수 없다."고 판시).

해당한다.[70] 그러므로 대리인 등 대외적 법적 처분권한이 있는 자[71]에 한정하지 않는다. 또한 타인의 재산을 보호하거나 관리해야 할 지위에 있는 자가 사임하거나 해임되어 그 법적 권한이 소멸된 후 사무인계 전에 사무를 처리하는 경우에도 신임관계가 남아 있다면 포함된다.

'업무'란 법령 · 계약에 따른 적법한 권한의 유무를 불문하고 사실상 사회생활상 지위에 기하여 계속 또는 반복하여 행하는 사무를 말한다(통설 · 판례). 그러므로 업무상 타인의 사무를 처리하는 직위에 있는 자가 종전 직위를 사임한 후에도 계속 그 사무에 종사하고 있다면 업무상 타인의 사무를 처리하는 자에 해당할 수 있다(판례).[72] 문제된 타인의 사무처리를 이러한 업무로 하는 자가 업무상배임죄의 행위주체가 된다. 이처럼 업무상배임죄의 행위주체는 타인의 사무를 처리하는 자라는 신분 외에 업무처리자라는 신분이 추가로 요구되므로 이중적 신분범이라고 한다.[73]

이처럼 업무상배임죄를 배임죄보다 가중처벌하는 이유는 계속 · 반복되는 업무상 신뢰관계를 배반한 점에서 비난가능성이 높고, 업무처리자의 빈번한 배임행위를 방지할 필요가 있기 때문이다.

2) 사무의 처리근거 및 범위

배신설에 의하면 타인의 사무를 처리하게 된 근거, 즉 신임관계의 발생근거는 법령, 법률행위, 관습, 사무관리 또는 신의성실원칙에 의해서도 발생할 수 있다.[74] 즉, 이러한 근거에 기하여 법률상 또는 사실상 신임관계가 인정될 수 있다. 사무의 범위

---

70) 대법원 2003. 9. 26. 2003도763; 1994. 9. 9. 94도902; 2021. 6. 24. 2018도14365("지입차주와 지입계약을 체결한 지입회사의 운영자는 지입차주가 실질적으로 소유하거나 처분권한을 가지는 자동차의 소유권등록 명의를 신탁받고 운송사업용 자동차로서 등록 및 그 유지 관련 사무의 대행을 위임받은 자이므로 지입차주와의 관계에서 '타인의 사무를 처리하는 자'의 지위에 있다."고 판시).

71) 배임죄의 본질에 관한 권한남용설은 이러한 자로 한정한다.

72) 대법원 1982. 1. 12. 80도1970("형법 제356조 소정의 '업무'는 직업 혹은 직무라는 말과 같아 법령 · 계약에 의한 것뿐만 아니라, 관례를 따르거나 사실상이거나를 묻지 않고 같은 행위를 반복할 지위에 따른 사무를 가리킨다. 피고인이 등기부상 공소외 회사의 대표이사를 사임한 후에도 계속하여 사실상 대표이사 업무를 행하여 왔고 회사원들도 피고인을 대표이사의 일을 하는 사람으로 상대해 왔다면 피고인은 위 회사 소유 금전을 보관할 업무상의 지위에 있었다고 할 것이다."); 손동권 · 김재윤(형각), 463면; 김성돈(형각), 471면.

73) 손동권 · 김재윤(형각), 483면.

74) 대법원 1999. 6. 22. 99도1095; 대법원 1999. 9. 17. 97도3219; 정성근 · 박광민(형각), 427면; 김성돈(형각), 471면.

에는 사적인 사무로 제한할 이유가 없는 이상 공무(公務)도 포함되므로 공무원도 행위주체가 될 수 있다.[75)]

이처럼 배신설에 따르면 배임죄의 적용범위가 지나치게 확대될 우려가 있으므로, 통설 · 판례는 배임죄의 보호법익에 비추어 '사무'의 종류를 재산상 사무로 제한한다(**제한설**).[76)] 이에 반하여 법률규정에 '타인의 사무를 처리하는 자'라고 기재되어 있을 뿐 그 사무의 종류에 제한이 없고, 범죄구성요건으로 '재산상 이익'을 취득하는 경우에만 배임죄가 성립하는 이상 그 '사무'는 재산상 사무에 한정할 필요가 없다고 보는 견해(**무제한설**)[77)]가 있다. 또한 절충적 견해로서 반드시 재산상 사무일 필요는 없더라도 범죄구성요건상 '재산상 이익'을 취득하고 '재산상 손해'를 가하는 경우라야 하므로 적어도 재산적 이해관계를 가지는 사무일 필요가 있다는 견해(절충설)[78)]도 있다. 제한설 입장에 따르더라도 '재산상 사무'의 범위를 보호법익을 감안하여 합리적으로 해석하면 무방할 것이다.

3) 사무처리의 독립성

타인의 사무를 처리한 것을 타인과의 신임관계를 위반한 것으로 평가하기 위해서는 그 사무처리를 함에 있어서 독립적 판단을 할 수 있는 지위에 있는 자라야만 할 것이다. 그 처리 사무가 반드시 포괄적 권한이 부여된 사무라야만 하는 것은 아니지만 타인의 지시에 따라 기계적으로 사무를 처리하는 자에게는 보호해야 할 신임관계를 인정할 수 없기 때문이다.

그러나 신임관계가 인정된다면 사무를 처리할 고유 권한이 있는 자에 한정할 필요는 없으므로 그 권한이 있는 자의 지휘 · 감독을 받는 부하직원처럼 그 보조자로

---

75) 대법원 2010. 10. 14. 2010도387; 1975. 11. 25. 73도1881; 1974. 11. 12. 74도1138; 손동권 · 김재윤(형각), 464면; 김일수 · 서보학(형각), 387면.

76) 김일수 · 서보학(형각), 387면; 이재상 · 장영민 · 강동범(형각), 424면; 배종대(형각), 442면; 정성근 · 박광민(형각), 426면; 김성돈(형각), 472면; 손동권 · 김재윤(형각), 464면; 박상기 · 전지연(형법), 686면; 대법원 2008. 6. 26. 2007도7060("배임죄의 주체인 '타인의 사무를 처리하는 자'라 함은 양자간의 신임관계에 기초를 둔 타인의 재산의 보호 내지 관리의무가 있음을 그 본질적 내용으로 하는 경우라 할 것"); 1984. 12. 26. 84도2127("배임죄의 경우 '타인의 사무처리'로 인정되려면, 타인의 재산관리에 관한 사무의 전부 또는 일부를 타인을 위하여 대행하는 경우와 타인의 재산보전행위에 협력하는 경우라야만 되는 것이다.")

77) 임웅(형각), 530면.

78) 강동욱, 앞의 "배임죄의 본질과 주체에 관한 고찰", 237면.

서 직접 또는 간접으로 그 처리에 관한 사무를 담당하는 자일지라도 단순히 상급자의 지시에 따른 소극적 업무처리에 그친 것이 아니라면 배임죄의 행위주체가 될 수 있다(판례).[79] 이 경우 부하직원이 배임죄의 행위주체가 된다면 그 자신이 신분관계 있는 행위주체에 해당하므로 그 상사와는 독립하여 배임죄를 범할 수 있고, 상사와 함께 공범으로 처벌되더라도 공범과 신분에 관한 형법 제33조는 적용 여지가 없게 된다.

4) 사무처리자 지위의 부존재·무효·취소

사무처리의 근거가 되는 법률행위가 부존재 또는 무효이거나 취소되어 처음부터 사무처리 임무가 존재하지 않거나 소멸한 경우에는 배임죄의 행위주체인 사무처리자에 해당할 수 없다(판례).[80] 즉, 판례는 후술하는 부동산 이중매매로 인한 배임 사안에서 "부동산의 이중매매에 있어서 매도인의 선매수인에 대한 매매계약이 특별한 사정에 의하여 선매수인에 대하여 사기죄를 구성하는 경우에도 그 매매계약에 **무효의 사유가 있거나 취소되지 않는 한** 매도인의 선매수인에 대한 소유권이전의무가 존재하지 아니하거나 소멸할 리가 없다."고 판시하였다.[81] 또한 판례는 부동산 이중매매로 인한 배임 사안에서 "내연의 처와의 불륜관계를 지속하는 대가로서 부동산에 관한 소유권이전등기를 경료해 주기로 약정한 경우, 위 부동산 증여계약은 선량한 풍속과 사회질서에 반하는 것으로 **무효**이므로 위 증여로 인한 소유권이전등기의무가 인정되지 아니하는 이상 동인이 타인의 사무를 처리하는 자에 해당한다고 볼 수 없어 비록 위 등기의무를 이행하지 않는다 하더라도 배임죄를 구성하지 않는다."고 판시하였다.[82] 그리고 상법상 회사임원등 특별배임죄에 관한 판례이지만 "상법 제622조 소정의 특별배임죄의 주체는 상법상 회사의 적법한 이사나 대표이사의 지위에 있는 자라 할 것인바, 주주총회나 이사회가 적법하게 개최된 바도 없으면서 마치 결의한 사실이 있는 것처럼 결의록을 만들고 그에 기하여 이사나 대표이사의 선

79) 대법원 2000. 4. 11. 99도334; 1999. 7. 23. 99도1911; 1986. 5. 27. 86도614; 1982. 7. 27. 81도203.

80) 사무처리의 근거가 명백히 무효인 경우에는 사실상 신임관계를 인정할 수 없고 '타인의 사무를 처리하는 자'에 해당하지 않는다고 하는 견해[박상기(형각), 400면]도 같은 입장으로 보인다.

81) 대법원 1992. 12. 24. 92도1223.

82) 대법원 1986. 9. 9. 86도1382.

임등기를 마친 경우에도 그 결의는 **부존재**한 결의로서 효력을 발생할 수 없고 따라서 회사의 이사나 대표이사의 지위에 있는 자라고 인정할 수 없어 상법 제622조 소정의 특별배임죄의 주체가 될 수 없다."고 판시하였다.[83)]

이에 대하여 무효원인이 선량한 풍속 기타 사회질서에 반하여 무효인 경우가 아닌 이상, 법적 형식이나 행위능력 결여 등 그 밖의 무효 · 취소사유가 있는 경우에는 **사실상의 신임관계**가 인정될 수 있다고 보는 견해[84)]도 있다. 이 경우 사실상 신임관계란 타인의 사무처리에 관하여 그의 재산상 이익을 보호해야 할 특별한 보증인적 지위를 인정할 수 있는 경우라는 것이다.[85)]

생각건대 사무처리자로서의 지위가 그 발생근거인 법률행위의 부존재 또는 무효사유가 있어 처음부터 인정되지 않는 경우에는 타인의 사무처리에 관하여 그의 재산상 이익을 보호해야 할 법적 의무가 없으므로, 달리 신의성실 원칙상 그러한 의무를 특별히 인정할 수 있는 경우(즉, 후술하는 바와 같이 표현책임이 인정되는 경우에 신의성실 원칙에 기한 **사실상 신임관계**가 인정될 수 있을 것임)가 아닌 이상 배임죄의 행위주체가 될 수 없을 것이다. 그 발생근거인 법률행위에 취소사유가 있는 경우에 그 취소 후의 행위에 관하여는 취소로 인하여 법률관계가 소급하여 무효가 되므로(민법 제141조 본문) 무효인 법률관계와 마찬가지로 보아야 하겠지만, 그 취소 전까지의 행위에 관하여는 배임죄의 행위주체가 될 수 있을 것이다. 취소할 수 있는 법률행위에 의한 신임관계에 있는 자도 그 취소 전까지는 유효한 처분행위를 할 수 있고, 취소의 소급효로 인하여 이미 성립한 범죄구성요건, 위법성 및 비난가능성이 소급하여 소멸하는 것은 아니기 때문이다.

나. 이중 양도 · 담보권설정의 경우

부동산 · 동산 · 채권 등 재산권을 양도하거나 담보설정한 자가 그 양수인이나 담보권자에 대하여 '타인의 사무를 처리하는 자'에 해당하는지 여부는 지난 수년간 극심한 판례변경을 거쳐 왔다. 최근 판례의 입장은 재산권에 관하여 매매 · 교환 등의

---

83) 대법원 1986. 9. 9. 85도218.

84) 이재상 · 장영민 · 강동범(형각), 423면; 손동권 · 김재윤(형각), 463면; 김성돈(형각), 472면.

85) 김일수 · 서보학(형각), 384면.

양도계약이나 저당권 · 양도담보권 설정 등의 계약을 한 양도인 등이 계약내용에 따른 이행을 할 채무는 특별한 사정이 없는 한 '타인의 사무'가 아닌 '자기의 사무'로 보고 있다. 그 이유는 통상의 계약관계에서 계약상 급부의무의 이행은 이익대립관계를 넘어 상대방과의 신임관계에 기초하여 상대방의 사무를 처리하는 것이라거나 상대방의 재산을 보호 또는 관리하는 것으로 볼 수 없기 때문이다. 다만, 부동산 양도인의 경우만은 후술하는 바와 같이 그 양수인을 보호해야 할 현실적 필요에 따라 일정한 경우 '타인의 사무를 처리하는 자'로 보고 그 이중양도에 대하여 배임죄의 성접을 인정하고 있을 뿐이다.

1) 부동산의 이중매매

판례는 **부동산 이중매매**의 경우에, 부동산 매도인이 매수인(이하 '1차 매수인'이라 함)으로부터 계약금뿐만 아니라 중도금까지 수령한 때에는 다른 약정이 없는 한 잔금수령과 동시에 1차 매수인 앞으로의 소유권이전등기에 협력할 의무는 자기의 사무임과 동시에 1차 매수인인 '타인의 사무'에도 해당한다고 본다.[86] 그러므로 그 후 매도인이 이중으로 제3자(이하 '2차 매수인'이라 함)에게 부동산을 매도처분하는 경우에는 배임죄의 성립을 인정하고 있다.[87] 배임죄가 성립하는 이유는 다음 '동산의 이중매매' 부분에서 설명한다.

이때 매도인이 2차 매수인으로부터 중도금을 수령한 때, 1차 매수인에 대하여 소유권이전등기에 협력해야 할 임무를 위배하는 행위와 밀접한 행위를 한 것이 되므로 배임죄의 실행의 착수가 인정된다(판례).[88] 이에 대하여 2차 매수인으로부터 중도금을 수령한 후에도 아직 1차 매수인에 대한 소유권이전등기의무의 이행이 가능하다는 이유로 배임죄의 실행의 착수시기는 2차 매수인을 위한 등기이전에 착수한 때로 보는 견해[89]도 있다. 그러나 실행의 착수시기에 관하여 범죄구성요건 해당 행위

---

86) 이에 대하여 부동산 매도인이 매매잔금까지 수령하였더라도 그 매수인 앞으로의 소유권이전등기에 협력해야 할 임무란 논리적으로 매도인의 임무일 뿐 타인의 사무로 볼 수 없으므로 부동산 이중매매의 경우에도 배임죄가 성립하지 않는 것으로 보는 견해[오영근(형각), 386면]도 있다.

87) 대법원 2018. 5. 17. 2017도4027 전원합의체; 1988. 12. 13. 88도750.

88) 대법원 2010. 4. 29. 2009도14427; 2003. 3. 25. 2002도7134; 1983. 10. 11. 83도2057.

89) 김성돈(형각), 493면; 이재상 · 장영민 · 강동범(형각), 438면.

와 밀접한 행위를 한 때 실행의 착수가 있다고 보는 판례[90]의 입장(밀접행위설)에서는 2차 매수인으로부터 중도금을 수령하였으면 2차 매매계약의 해제권을 상실하게 되므로(민법 제565조 제1항) 1차 매수인에 대한 등기이전 협력 임무의 위배행위와 밀접한 행위가 있었다고 보는 것이 타당할 것이다.[91] 또한 그 소유권이전등기를 마친 때 1차 매수인에 대한 소유권이전등기의무는 이행불능이 되어 그 부동산의 소유권을 취득할 수 없게 하는 손해를 가한 것이므로 배임죄는 기수에 이른다(판례).[92]

부동산 매도인이 제3자에게 매매로 인한 소유권이전이 아니라 전세권 · 저당권 또는 담보목적 가등기 등 담보권이나 지역권 등 물권을 설정하는 경우에도 1차 매수인에 대한 임무위배행위를 한 것은 마찬가지이므로 배임죄가 성립한다.[93] 이러한 담보권 설정의 경우에 배임행위로 인한 재산상 이득액 및 피해자의 손해액은 설정된 담보권의 피담보채무액이고, 이는 근저당권 설정의 경우에도 마찬가지이다.[94]

이러한 법리는 부동산 교환계약, 부동산 대물변제 약정 또는 서면에 의한 부동산 증여계약을 원인으로 그 소유권이전등기 의무를 부담하는 자의 경우에도 마찬가지로 적용된다(판례).[95] 부동산 교환계약의 경우 상대방이 부동산 교환계약에 따른 금전지급의무를 다하고 부동산의 소유권이전등기에 필요한 서류를 제공하였다면(법무사에게 이전등기 서류 일체를 맡긴 상대방으로부터 서류의 상환이행을 통지받은 경우도 마찬가지임), "사회통념 내지 신의칙에 비추어 매매계약에서 중도금이 지급된 것과 마찬가지로 교환계약이 본격적으로 이행되는 단계에 이른 때"에 해당하여 상대방의 재산적 이익을 보호 · 관리해야 할 신임관계에 있게 되므로, 그 임무를 위배하여 교환 대상 부동산을 처분(지역권 설정등기 등)하였으면 배임죄가 성립한다.[96] 부동산을 증여한 자도 서면으로 증여 의사를 표시한 때부터는 그 증여계약이 무효 · 취소 또는 해제되

---

90) 대법원 2010. 4. 29. 2009도14554; 1999. 9. 17. 98도3077; 1986. 12. 23. 86도2256.

91) 같은 취지: 박상기(형각), 408면.

92) 대법원 1984. 11. 27. 83도1946.

93) 대법원 2018. 10. 4. 2016도11337(지역권 설정 사안); 1990. 10. 16. 90도1702(근저당권 설정 사안); 1989. 11. 28. 89도 1309(담보목적 가등기 사안).

94) 대법원 2009. 5. 28. 2009도2086; 1998. 2. 10. 97도2919; 1989. 10. 24. 89도641; 1982. 11. 23. 82도2215.

95) 대법원 2020. 6. 18. 2019도14340.

96) 대법원 2018. 10. 4. 2016도11337.

지 않는 한 수증자에게 그 부동산의 소유권을 이전해야 할 임무가 있는 '타인의 사무를 처리하는 자'에 해당하므로 그 부동산을 제3자에게 처분하면 배임죄가 성립할 수 있다.[97)]

만약 매도인이 매수인에게 순위보전의 효력이 있는 가등기를 마쳐 주었더라도 이는 향후 매수인에게 손해를 회복할 수 있는 방안을 마련하여 준 것일 뿐 그 자체로 물권변동의 효력이 있는 것은 아니어서 매도인으로서는 소유권을 이전하여 줄 의무에서 벗어날 수 없으므로, 그와 같은 가등기로 인하여 매수인의 재산보전에 협력하여 재산적 이익을 보호 · 관리할 신임관계의 전형적 본질적 내용이 변경된다고 할 수 없다(판례).[98)] 따라서 이 경우에도 매도인은 '타인의 사무를 처리하는 자'에 해당하므로 부동산을 이중으로 매도하면 배임죄가 성립한다. 또한 1차 매수인이 매도인의 제3자에 대한 매도처분이나 담보권 설정 전에 처분금지 가처분을 하였더라도, 1차 매수인에 대한 손해발생 위험은 이미 발생한 것이므로 배임죄 보호법익의 보호정도에 관한 위험범설을 따르는 판례 입장에서는 배임죄의 기수를 인정한다.[99)]

매도인이 부동산의 이중매매를 하고 2차 매수인으로부터 중도금을 수령한 후 1차 매수인에게 소유권이전등기를 한 경우에, 2차 매수인에 대하여는 그 임무를 위법하게 위배한 것이 아니므로 배임죄가 성립하지 않는다(판례).[100)]

그러나 수분양권 매도인이 분양자 측의 동의나 승낙을 얻어 수분양자 명의변경절차를 이행해야 할 계약상 의무는 특별한 사정이 없는 한 '자기의 사무'에 해당하고 당사자 관계의 전형적 본질적 내용이 통상적인 계약에서의 이익대립관계를 넘어서 신임관계에 기초하여 타인의 재산을 보호 또는 관리하는 것이라고 할 수 없으므로, 수분양권 매도인은 '타인의 사무를 처리하는 자'라 할 수 없음이 원칙이다. 따라서 수분양권 매도인이 그 의무를 이행하지 않고 수분양권 또는 이에 근거하여 향후 소유권을 취득하게 될 목적물을 미리 제3자에게 처분하더라도 배임죄가 성립하지 않는다(판례).[101)]

---

97) 대법원 2018. 12. 13. 2016도19308.

98) 대법원 2020. 5. 14. 2019도16228.

99) 대법원 1990. 10. 16. 90도1702.

100) 대법원 2010. 4. 29. 2009도14427; 2009. 2. 26. 2008도11722; 1992. 12. 24. 92도1223.

101) 대법원 2021. 7. 8. 2014도12104.

2) 동산의 이중매매

판례는 동산(動産) 이중매매의 경우에는 "매매와 같이 당사자 일방이 재산권을 상대방에게 이전할 것을 약정하고 상대방이 그 대금을 지급할 것을 약정함으로써 그 효력이 생기는 계약의 경우, 쌍방이 그 계약의 내용에 좇은 이행을 해야 할 채무는 특별한 사정이 없는 한 '자기의 사무'에 해당하는 것이 원칙이다. 매매의 목적물이 동산일 경우 매도인은 매수인에게 계약에 정한 바에 따라 그 목적물인 동산을 인도함으로써 계약의 이행을 완료하게 되고 그때 매수인은 매매목적물에 대한 권리를 취득하게 되는 것이므로, 매도인에게 자기의 사무인 동산인도 채무 외에 별도로 매수인 재산의 보호 내지 관리 행위에 협력할 의무가 있다고 할 수 없다."는 이유로 동산의 매도인이 매매 중도금까지 수령한 후 제3자에게 매매 목적물인 동산을 매도처분 하였다고 하더라도 배임죄를 인정하지 않는다.[102] 이는 쌍무계약의 채무자가 계약을 이행해야 하는 사무는 채권자를 위한 타인의 사무가 아니라 채무자가 자기의 채무를 이행하는 자기 사무에 불과하다는 원칙에 충실한 입장이다.

이에 대하여 동산 이중매매의 경우에도 "매도인이 1차 매수인으로부터 중도금을 수령한 때에는 특별한 사정이 없는 한 임의로 계약을 해제할 수 없게 되어 그 계약 내용에 좇은 채무의 이행은 채무자로서의 자기 사무 처리라는 측면과 아울러 1차 매수인의 재산보전에 협력하는 타인 사무의 처리라는 성격을 동시에 가지게 되므로, 매도인은 배임죄의 주체인 '타인의 사무를 처리하는 자'의 지위에 있고 이중으로 양도처분을 하면 배임죄가 성립한다."고 보는 견해[103]가 있다.

위 판례는 물건 이중매매의 배임죄 성립 여부에 관하여 동산과 부동산을 달리 취급하고 있는 이유에 관하여 주로 연혁적 이유를 들고 있고 보충적으로 권리이전절차의 차이를 들고 있다. 즉, 의용민법 시대의 물권변동에 관한 의사주의(意思主義) 아

---

102) 대법원 2011. 1. 20. 2008도10479 전원합의체(피고인이 특정물인 '인쇄기'를 甲에게 양도하기로 하고 계약금 및 중도금을 수령하였음에도 이를 자신의 채권자 乙에게 기존 채무 변제에 갈음하여 양도함으로써 재산상 이익을 취득하고 甲에게 동액 상당의 손해를 입힌 사안).

103) 위 2008도10479 전원합의체 판결의 반대의견(또한 "부동산 매도인의 등기협력의무도 동산 매도인의 인도 의무와 같이 매수인으로 하여금 목적물의 소유자가 되도록 한다는 의무의 구체적 내용에 불과한 것이고, 그 내용으로서의 '협력'도 결국 등기 소요 서류를 가지고 등기소에 출석하거나 등기 소요 서류를 매수인에게 '제공'하는 것이다. 이는 동산 매도인이 매수인으로 하여금 목적 동산의 소유자가 되도록 하기 위하여 그 목적물을 제공하는 것과 하등 다를 바 없다."고 반박하고 있다); 박상기(형각), 410면.

래에서 1차 매수인은 매매계약의 체결만으로 목적물의 소유권을 취득하게 되어 그 후의 이중매매를 횡령죄로 처벌해 왔으나, 1960. 1. 1.자 민법의 시행으로 형식주의(形式主義)로 변경됨으로써 등기나 인도로 1차 매수인에게 소유권이 이전되기 전 단계에 이루어지는 이중매매는 더 이상 횡령죄로 처벌할 수 없게 되었다. 그러므로 물권변동에 관한 형식주의 아래에서는 매도인은 비록 중도금을 수령하더라도 계약상 채무의 이행이라는 자기의 사무를 처리하는 자에 불과하지만, 부동산 이중매매를 범죄시해 오던 태도를 형식주의 아래에서도 계속 유지하기 위하여 배임죄로 처벌하게 된 것일 뿐이고, 그 동안 이러한 판례법리가 굳어진 마당에 그 당부에 관한 논의는 유보하더라도 이를 동산 이중매매의 경우에도 그 적용을 확대하는 것은 부당함을 논거로 들고 있다.[104] 또한 보충적 이유로서 부동산 매매의 매도인은 그 소유권이전을 위한 등기협력의무를 부담하고 있다는 점에서 물건의 인도 외에 별도로 처리해야 할 사무가 없는 동산 매매의 매도인과는 그 지위가 다르다고 하면서, 1차 매수인으로부터 중도금 이상의 대금을 수령함으로써 임의로 계약을 해제할 수 없고 등기협력의무를 부담하게 된 부동산 매도인은 1차 매수인에 대하여 타인의 사무를 처리하는 지위에 있게 된다고 설명하고 있다.[105]

위와 같이 동산 이중매매의 경우에 배임죄의 성립을 부정하는 법리는 권리이전에 등기 · 등록을 요하는 동산에 대한 매매계약에서도 동일하게 적용된다. 그러므로 자동차의 매도인은 매수인에 대하여 그의 사무를 처리하는 지위에 있지 아니하여, 자동차 매도인이 매수인에게 소유권이전등록을 하지 아니하고 제3자에게 처분하더라도 배임죄가 성립하지 않는다(판례).[106] 또한 판례는 부동산 임차권의 양도인, 수분양권의 매도인의 경우에도, 이들이 권리이전계약에 따라 양수인에게 부담하는 의무는 '자기의 사무'에 불과하므로 이들은 양수인을 위한 '타인의 사무를 처리하는 자'에 해당하지 않는다는 이유로 배임죄의 주체가 될 수 없다고 판시하고 있다.[107]

부동산 이중매매의 배임죄 성립 여부에 관하여도 종전 판례를 변경할 것인지 논

104) 위 2008도10479 전원합의체 판결 다수의견 중 대법관 김지형, 이홍훈, 김능환의 보충의견.

105) 위 2008도10479 전원합의체 판결 다수의견 중 대법관 전수안의 보충의견.

106) 대법원 2020. 10. 22. 2020도6258 전원합의체.

107) 대법원 2021. 7. 8. 2014도12104; 1991. 12. 10. 91도2184.

란이 있었지만, 대법원은 전원합의체 판결[108]에서 부동산 이중매매의 경우에는 배임죄의 성립을 인정하는 종전 입장을 유지하였다. 그 이유로, ① 부동산은 국민의 기본적 생활 터전으로서 경제생활에서 차지하는 비중이 큰 점, ② 부동산 매매대금은 거액으로서 통상 계약금, 중도금 및 잔금으로 나뉘어 지급되고, 매수인이 매매대금 중 상당부분인 중도금까지 지급하더라도 매도인의 이중매매를 방지할 보편적이고 충분한 수단이 없는데, 그럼에도 불구하고 상호 신뢰에 기초하여 중도금이 지급되는 것이므로 이 단계부터는 매도인이 매수인의 재산보전에 협력하는 신임관계가 당사자 관계의 전형적 · 본질적 내용이 되며, 이러한 신임관계에 있는 매도인은 매수인의 부동산 소유권 취득사무를 처리하는 자로서 '타인의 사무를 처리하는 자'가 된다는 점, ③ 오래전부터 부동산 이중매매 시 배임죄를 인정해 온 대법원 판례의 법리는 매수인 보호의 역할을 충실히 수행해 왔고, 현재의 부동산 매매거래 현실에 비추어 보더라도 여전히 타당하며 매도인의 계약 자유를 과도하게 제한한다고 볼 수 없는 점 등을 들고 있다.

학설은 부동산은 물론 동산 이중매매의 경우에도 배임죄의 성립을 긍정하는 견해가 있는가 하면,[109] 동산과 부동산의 가액 차이, 부동산계약에 대한 사회적 신뢰의 보호 필요성 등을 감안하여 동산과 부동산을 달리 취급하는 현행 판례 입장을 지지하는 견해[110]도 있다.

3) 면허권·허가권·특허권 및 채권의 이중 양도

양도할 수 없는 면허권 · 허가권을 이중으로 양도한 경우에는 양도 당사자간 양도의 합의만으로 권리이전의 효력이 발생하지만, 양도인에게는 그 양수인의 관할 관청에 대한 면허권 · 허가권의 명의변경 절차에 협력할 의무가 남아있게 된다. 이러

108) 대법원 2018. 5. 17. 2017도4027.

109) 손동권, "배임죄 성립에 있어 동산과 부동산 사이의 차이문제", 「형사법연구」 25권 4호(한국형사법학회, 2013. .), 314면에서는 동산과 부동산의 이중매매 사이에 사무처리자로서의 지위에 관하여는 구조적 차이가 없음을 논거로 그 배임죄 성립에 차이가 없어야 한다고 주장하면서, 매매 당사자가 중도금을 수수하여 임의로 계약을 해제할 수 없게 된 경우에는 단순한 채권 · 채무관계를 넘어 '잠정적 물권적 지위'에 있게 되므로 매도인은 채무자로서 자기의 사무를 처리하는 자일 뿐만 아니라 매수인의 재산보전에 협력하는 타인사무를 처리하는 지위에도 있으므로 배임죄의 성립을 긍정해야 한다고 주장하였다.

110) 배종대(형각), 450면.

한 양도인의 의무는 자기의 사무인 동시에 1차 양수인의 재산인 권리를 보호 · 관리해야 할 '타인의 사무'에 해당한다. 따라서 양도인이 이미 양도 합의한 면허권 · 허가권을 이중 양도하여 2차 양수인이 먼저 그 권리를 취득할 수 있도록 협력하는 행위는 배임죄가 성립한다는 것이 종전 판례의 입장이었다.[111] 그러나 앞에서 살펴본 것처럼 재산권의 이중 양도에 관한 최근 판례 입장에 비추어 이들 양도인들이 부담하는 급부의무도 권리이전계약에 따른 '자기의 사무'에 불과한 것으로 보고 무죄로 판례변경을 할 가능성이 있다.

발명을 한 사람 또는 그 승계인의 '특허를 받을 수 있는 권리'(특허법 제33조, 제37조)를 이중으로 양도하여 2차 양수인이 특허권 등록까지 마치도록 한 경우에도 배임죄가 성립할 수 있다는 것이 종전 판례의 입장이었다. 양도인이 '특허를 받을 수 있는 권리'를 양도하는 약정을 하면 양도 당사자 간 양도의 합의만으로 권리이전의 효력이 발생하고[112] 그 권리의 승계를 제3자에게 대항하기 위해 양수인이 특허출원을 하는 절차만 남게 되는데(특허법 제38조 제1항), 이 경우 양도인은 그 발명의 내용에 관한 비밀을 유지한 채 양수인의 특허권 취득에 협력해야 할 의무를 부담하게 된다. 종전 판례는 양도인의 이러한 협력의무는 자기의 사무인 동시에 양수인의 재산보전에 협력하는 '타인의 사무'에 해당하므로, 그 임무를 위반하여 그 발명에 대한 '특허를 받을 수 있는 권리'를 제3자에게 이중으로 양도하여 제3자가 특허권 등록까지 마치도록 하였다면, 이는 위 1차 양수인에 대한 배임행위가 되므로 배임죄가 성립한다는 것이다(판례).[113] 그러나 앞의 최근 판례입장에 비추어보면 이 경우에도 양도인

---

111) 대법원 1981. 7. 28. 81도966(**캬바레 영업허가권**의 반환의무가 있는 임차인이 제3자에게 영업허가권을 양도하고 그 명의를 이전하려 한 행위에 대하여 배임미수죄를 인정한 사안); 1979. 11. 27. 76도3962 전원합의체(주류제조면허 이중양도 사안에서 "주류제조면허의 양도계약은 양도인이 면허취소신청을 함과 동시에 양수인이 면허신청을 하는 방법으로 일반적으로 널리 행하여 지고 있으므로 이를 무효라 할 수 없고, 양도인의 면허취소신청은 양수인의 면허획득에 중요한 요소가 되는 것이므로 자기자신의 사무인 동시에 양수인이 면허신청을 하여 면허를 얻는 사무의 일부를 이루고 있는 양수인의 사무라고 할 것이므로 그 의무불이행은 배임죄가 성립한다."고 판시); 1979. 7. 10. 79도961("**토석채취권**을 매도한 자는 그 매수인에게 그들이 토석을 채취할 수 있도록 그에 필요한 서류를 넘겨주어 토석채취 허가를 받는데 협력하여야 할 의무가 있으므로 위 임무에 위배하여 타인에게 토석채취권을 양도하고 소요 서류를 교부하여 토석채취허가를 취득케 한 경우에는 배임죄가 성립한다."고 판시).

112) 대법원 2020. 5. 14. 2020후10087.

113) 대법원 2012. 11. 15. 2012도6676("직무발명에 대한 특허를 받을 수 있는 권리 등을 사용자 등에게 승계시킨다는 취지를 정한 약정 또는 근무규정의 적용을 받는 종업원 등은 사용자 등이 이를 승계하지 아니하기로 확정되기 전까지는 임의로 위와 같은 승계 약정 또는 근무규정의 구속에서 벗어날 수 없는

의 협력의무를 '자기의 사무'에 불과한 것으로 보고 무죄로 판례변경할 가능성이 있다.

특허권을 이중 양도한 경우에 배임죄가 성립할 수 있는지도 문제이다. 특허권은 특허청장의 설정등록에 의하여 권리가 발생하고, 특허권의 이전은 이전등록을 하였을 때 그 효력이 발생한다(특허법 제87조 제1항, 제101조 제1항). 특허권이란 대체할 수 없는 권리로서 그 가액도 부동산 이상으로 거액일 수 있으며, 특허권 이전의 효력발생요건으로서 이전등록이 필요하고 양도인은 그 이전등록의 협력의무를 부담한다는 점은 부동산의 경우와 유사하다. 그러므로 특허권 이중 양도의 경우에 부동산 이중매매의 경우와 마찬가지로 배임죄가 성립할 수 있는지, 아니면 동산 이중매매의 경우와 마찬가지로 배임죄가 성립하지 않는 것인지는 논란이 될 수 있다. 생각건대 부동산 이중매매 시 배임죄로 처벌하게 된 현실적 필요나 연혁적 이유는 부동산에 특유한 것이고, 특허권의 양도는 이전등록을 해야만 그 권리이전의 효력이 발생하므로, 양도인이 그 이전등록에 협력해야 할 의무는 양도계약을 이행하는 자기의 사무일 뿐 양수인 재산의 보호 · 관리를 위한 '타인의 사무'로 볼 수는 없다. 따라서 특허권 이중 양도의 경우에는 동산 이중매매의 경우와 마찬가지로 배임죄가 성립하지 않는 것으로 보아야 할 것이다.

채권(지명채권)을 이중 양도한 경우에 배임죄가 성립할 수 있는지도 문제된다. 채권의 양도는 양도 당사자 간의 양도 합의만으로 권리이전의 효력이 발생하고,[114] 그 채권양도로 채무자에게 대항하려면 양도인의 채무자에 대한 양도 통지나 채무자의 승낙이 필요하며, 그 통지나 승낙을 확정일자 있는 증서로 하지 않으면 채무자 외의 제3자에게 대항하지 못한다(민법 제450조). 그러므로 채권의 양도인은 채무자에게 채권양도 통지를 하거나 채무자로부터 채권양도 승낙을 받음으로써 양수인으로 하

상태에 있는 것이어서, 종업원 등이 그 발명의 내용에 관한 비밀을 유지한 채 사용자 등의 특허권 등 권리의 취득에 협력하여야 할 의무는 자기 사무의 처리라는 측면과 아울러 상대방의 재산보전에 협력하는 타인 사무의 처리라는 성격을 동시에 가지게 되므로, 이러한 경우 종업원 등은 배임죄의 주체인 '타인의 사무를 처리하는 자'의 지위에 있다고 할 것이다. 따라서 위와 같은 지위에 있는 종업원등이 임무를 위반하여 직무발명을 완성하고도 그 사실을 사용자 등에게 알리지 않은 채 그 발명에 대한 특허를 받을 수 있는 권리를 제3자에게 이중으로 양도하여 제3자가 특허권 등록까지 마치도록 하는 등으로 그 발명의 내용이 공개되도록 하였다면, 이는 사용자 등에게 손해를 가하는 행위로서 배임죄를 구성한다."고 판시); 대법원 2014. 11. 13. 2011다77313,77320 도 같은 취지임.

114) 지원림(민법), 1273면.

여금 채무자에 대한 대항요건을 갖출 수 있도록 해 줄 의무, 그 의무이행 전에 타인에게 채권을 이중으로 양도하지 않음으로써 양수인으로 하여금 원만하게 채권을 추심할 수 있도록 해야 할 의무를 부담한다. 이처럼 채권 양도인이 채무자에 대한 양도 통지나 채무자의 승낙이란 대항요건을 갖추어 주어야 할 의무를 자기의 양도계약 이행을 위한 자기의 사무인 동시에 양수인에게 귀속된 채권의 보호·관리를 위한 '타인의 사무'로 본다면, 양도인이 채권을 제3자에게 이중으로 양도하는 행위는 배임죄가 성립할 수 있다.

그러나 판례는 "채권양도인은 채권양수인과 사이에 채권양도계약 또는 채권양도의 원인이 된 계약에 따른 채권·채무관계에 있을 뿐, 채권양수인을 위하여 '타인의 사무를 처리하는 자'의 지위에 있다고 볼 수 없다."고 판시하여 채권 이중양도의 경우에 배임죄의 성립을 부정하고 있다.[115]

회사의 성립 또는 신주의 납입기일 후 6월이 경과하도록 주권이 발행되지 않은 주식은 양도할 수 있는데(상법 제335조 제3항 단서), 그 양도방법은 지명채권 양도의 일반원칙에 따라야 한다(통설·판례).[116] 이때 주권발행 전 주식을 이중 양도한 경우에 배임죄가 성립할 수 있는지 여부에 관해서도 판례는 마찬가지로 판시하고 있다. 즉, 판례는 "주권발행 전 주식의 양도는 양도인과 양수인의 의사표시만으로 그 효력이 발생하고, 그 주식 양수인은 특별한 사정이 없는 한 양도인의 협력을 받을 필요 없이 단독으로 자신이 주식을 양수한 사실을 증명함으로써 회사에 대하여 그 명의개서를 청구할 수 있다. 따라서 양도인이 양수인으로 하여금 회사 이외의 제3자에게 대항할 수 있도록 확정일자 있는 증서에 의한 양도통지 또는 승낙을 갖추어 주어야 할 채무를 부담한다 하더라도 이는 자기의 사무로 보아야 하고, 이를 양수인과의 신임관계에 기초하여 양수인의 사무를 맡아 처리하는 것으로 볼 수 없다. 그러므로 주권발행 전 주식의 양도계약에서 양도인은 양수인에 대하여 그의 사무를 처리하는

---

115) 대법원 2022. 6. 23. 2017도3829 전원합의체; 2021. 7. 15. 2015도5184(채무자가 기존 금전채무를 담보하기 위해 다른 금전채권을 채권자에게 양도한 후 그 채권양도담보의 대항요건을 갖추어 주기 전에 담보목적 채권을 제3자에게 이중으로 양도한 사안에서 "채무자가 채권양도담보계약에 따라 부담하는 '담보 목적 채권의 담보가치를 유지·보전할 의무'를 이행하는 것은 채무자 자신의 사무에 해당할 뿐, 채무자가 통상의 계약에서의 이익대립관계를 넘어서 채권자와의 신임관계에 기초하여 채권자의 사무를 맡아 처리한다고 볼 수 없으므로, 이 경우 채무자는 채권자에 대한 관계에서 '타인의 사무를 처리하는 자'에 해당한다고 할 수 없다."고 판시).

116) 최준선(회사), 298면; 대법원 2012. 11. 29. 2012다38780; 2006. 9. 14. 2005다45537.

지위에 있지 아니하여, 양도인이 위와 같은 제3자에 대한 대항요건을 갖추어 주지 아니하고 이를 타에 처분하였다 하더라도 형법상 배임죄가 성립하는 것은 아니다." 라고 판시하였다.[117]

4) 담보권 설정 약정 후 임의 처분

채무자가 채무를 담보하기 위해 부동산, 동산 또는 주식에 저당권이나 양도담보권을 설정하거나 설정해 주기로 약정한 후 그 담보물을 임의로 제3자에게 양도하거나 담보제공 하는 등 처분하여 담보가치를 감소시킨 경우에, 현재 판례는 배임죄가 성립하지 않는 것으로 보고 있다.[118] 판례는 배임죄의 행위주체인 '타인의 사무를 처리하는 자'를 엄격히 해석하여 '타인의 사무를 처리하는 자'라고 하려면 타인의 재산관리에 관한 사무의 전부 또는 일부를 타인을 위하여 대행하는 경우와 같이 당사자 관계의 전형적 · 본질적 내용이 통상적인 계약에서의 이익대립관계를 넘어서 그들 사이의 신임관계에 기초하여 타인의 재산을 보호 또는 관리하는 데에 있어야 한다는 입장을 기초로 하고 있다. 이익대립관계에 있는 통상의 계약관계에서 채무자의 성실한 급부이행에 의해 상대방이 계약상 권리의 만족 내지 채권의 실현이라는 이익을 얻게 되는 관계에 있다거나, 계약을 이행함에 있어 상대방을 보호하거나 배려할 부수적인 의무가 있다는 것만으로는 채무자를 타인의 사무를 처리하는 자라고 할 수 없고, 위임 등과 같이 계약의 전형적 · 본질적인 급부의 내용이 상대방의 재산상 사무를 일정한 권한을 가지고 맡아 처리하는 경우에 해당해야 한다는 것이다.[119]

채무자가 금전채무를 담보하기 위하여 그 소유의 동산 또는 주식을 채권자에게 양도담보로 제공함으로써 채권자인 양도담보권자에 대하여 담보물의 담보가치를 유

---

117) 대법원 2020. 6. 4. 2015도6057.

118) 대법원 2020. 10. 22. 2020도6258 전원합의체(버스에 저당권을 설정한 채무자가 타인에게 버스를 처분한 사안); 2020. 6. 18. 2019도14340 전원합의체(아파트에 근저당권을 설정해 주기로 약정한 채무자가 타인에게 근저당권을 설정해 준 사안); 2020. 2. 20. 2019도9756 전원합의체(회사의 대표이사가 골재생산기기인 동산에 대해 양도담보계약을 체결하였음에도 타인에게 매각한 사안). 이 세 판결에서 이러한 경우 채무자의 배임죄가 성립한다고 판시한 대법원 2012. 9. 13. 2010도11665; 2011. 12. 22. 2010도7923; 2011. 11. 10. 2011도11224; 2010. 11. 25. 2010도11293; 2010. 2. 25. 2009도13187; 2008. 3. 27. 2007도9328; 2007. 6. 15. 2006도3912; 2003. 7. 11. 2003도67; 1998. 11. 10. 98도2526; 1983. 3. 8. 82도1829 등 종전 판례들은 모두 폐기.

119) 대법원 2020. 8. 27. 2019도14770 전원합의체(기계에 대해 동산담보설정계약을 체결한 채무자가 기계를 임의로 처분한 사안).

지 · 보전할 의무 내지 담보물을 타에 처분하거나 멸실 · 훼손하는 등으로 담보권 실행에 지장을 초래하는 행위를 하지 않을 의무 및 담보권 실행 시 채권자나 그가 지정하는 자에게 담보물을 현실로 인도하는 등 채권자의 담보권 실행에 협조할 의무를 부담하게 되었더라도, 이를 들어 채무자가 통상의 계약에서의 이익대립관계를 넘어서 채권자와의 신임관계에 기초하여 채권자의 사무를 맡아 처리하는 것으로 볼 수 없다(판례).[120] 금전채권채무 관계에서 채권자가 채무자의 급부이행에 대한 신뢰를 바탕으로 금전을 대여하고 채무자의 성실한 급부이행에 의해 채권의 만족이라는 이익을 얻게 된다 하더라도, 채권자가 채무자에 대한 신임을 기초로 그의 재산을 보호 또는 관리하는 임무를 부여하였다고 할 수 없고, 금전채무의 이행은 어디까지나 채무자가 자신의 급부의무의 이행으로서 행하는 것이므로 이를 두고 채권자의 사무를 맡아 처리하는 것으로 볼 수 없다. 그러므로 채무자를 배임죄의 주체인 '타인의 사무를 처리하는 자'에 해당한다고 할 수 없고, 그가 담보물을 제3자에게 담보제공이나 양도처분하는 등으로 담보가치를 감소 또는 상실시켜 채권자의 담보권 실행이나 이를 통한 채권실현에 위험을 초래하더라도 배임죄가 성립한다고 할 수 없다(판례).[121] 따라서 채무자가 동산이나 주식에 관하여 양도담보설정계약을 체결하여 채권

---

120) 대법원 2022. 12. 22. 2020도8682 전원합의체.

121) 대법원 2020. 2. 20. 2019도9756 전원합의체(배임죄 불성립 이유의 보충설명으로 "채무자가 그 소유의 동산을 점유개정 방식으로 양도담보로 제공하는 경우 채무자는 그의 직접점유를 통하여 양도담보권자에게 간접점유를 취득하게 하는 것이므로, 채무자가 담보목적물을 점유하는 행위에는 '보관자'로서 담보목적물을 점유한다는 측면이 있고, 채무자는 그 과정에서 담보물을 처분하거나 멸실 · 훼손하는 등의 행위를 하여서는 아니 될 의무를 부담한다. 그러나 그와 같은 의무는 점유매개관계가 설정되는 법률관계에서 직접점유자에게 공통적으로 인정되는 소극적 의무에 불과하다. 이러한 소극적 의무가 있다는 사정만으로는 직접점유자에게 신임관계에 기초하여 간접점유자의 재산상 이익을 보호 · 관리할 의무가 있고 그러한 보호 · 관리의무가 당사자 관계의 전형적 · 본질적 내용을 이루는 것이라고 볼 수는 없다. 점유매개관계를 설정한 직접점유자가 '타인의 사무를 처리하는 자'의 지위에 있는지를 판단하기 위해서는 그 점유매개관계의 기초가 되는 계약관계 등의 내용을 살펴보아야 하고, 점유매개관계의 기초가 되는 계약관계 등의 내용상 직접점유자의 주된 급부의무 내지 전형적 · 본질적 급부의무가 타인의 재산상 사무를 일정한 권한을 가지고 맡아 처리하는 것이어야 '타인의 사무를 처리하는 자'라고 할 수 있다. 양도담보설정계약에서 당사자 관계의 전형적 · 본질적인 내용은 채무자의 채무불이행 시 처분정산의 방식이든 귀속정산의 방식이든 담보권 실행을 통한 금전채권의 실현에 있다. 채무자 등이 채무담보목적으로 그 소유의 물건을 양도한 경우 반대의 특약이 없는 한 그 물건의 사용수익권은 양도담보설정자에게 있다. 동산을 점유개정 방식으로 양도담보에 제공한 채무자는 양도담보설정 이후에도 여전히 남아 있는 자신의 권리에 기하여, 그리고 자신의 이익을 위하여 자신의 비용부담 아래 담보목적물을 계속하여 점유 · 사용하는 것이지, 채권자인 양도담보권자로부터 재산관리에 관한 임무를 부여받았기 때문이 아니다. 따라서 이러한 측면에서도 채무자가 양도담보권자의 재산을 보호 · 관리하는 사무를 위탁받아 처리하는 것이라고 할 수 없다."고 판시).

자에게 이를 양도할 의무가 있음에도 제3자에게 처분한 경우에는 배임죄가 성립하지 않는다.[122] 이러한 법리는 자동차 등과 같이 권리이전에 등기 · 등록을 요하는 동산에 관한 양도담보설정계약에도 마찬가지로 적용된다(판례).[123] 채무자가 금전채무를 담보하기 위하여 그 소유의 동산에 관하여 「자동차 등 특정동산 저당법」 또는 「공장 및 광업재단 저당법」에 따라 채권자에게 저당권을 설정해 주기로 약정하거나(또는 저당권을 설정하였거나), 동산채권담보법에 따라 동산담보로 제공한 후, 그 동산을 제3자에게 임의로 처분한 경우에도 마찬가지이다(판례).[124]

부동산의 담보제공과 관련해서도, 판례는 "채무자가 금전채무를 담보하기 위한 저당권설정계약에 따라 채권자에게 그 소유의 부동산에 관하여 저당권을 설정할 의무를 부담하게 되었다고 하더라도, 이를 들어 채무자가 통상의 계약에서 이루어지는 이익대립관계를 넘어서 채권자와의 신임관계에 기초하여 채권자의 사무를 맡아 처리하는 것으로 볼 수는 없다. 채무자가 저당권설정계약에 따라 채권자에 대하여 부담하는 저당권을 설정할 의무는 계약에 따라 부담하게 된 채무자 자신의 의무이다. 채무자가 위와 같은 의무를 이행하는 것은 채무자 자신의 사무에 해당할 뿐이므로, 채무자를 채권자에 대한 관계에서 '타인의 사무를 처리하는 자'라고 할 수 없다. 따라서 채무자가 제3자에게 먼저 담보물에 관한 저당권을 설정하거나 담보물을 양

---

122) 대법원 2020. 2. 20. 2019도9756 전원합의체(동산을 양도담보 설정계약 후 제3자에게 처분한 사안); 2020. 10. 15. 2017도21716(동산을 양도담보로 제공한 후 제3자에게 처분한 사안); 2020. 4. 9. 2013도13138(주식을 양도담보로 제공한 후 제3자에게 처분한 사안).

123) 대법원 2022. 12. 22. 2020도8682 전원합의체.

124) 대법원 2020. 10. 22. 2020도6258 전원합의체(판결이유로 "채무자가 저당권설정계약에 따라 부담하는 의무, 즉 동산을 담보로 제공할 의무, 담보물의 담보가치를 유지 · 보전하거나 담보물을 손상 · 감소 또는 멸실시키지 않을 소극적 의무, 담보권 실행 시 채권자나 그가 지정하는 자에게 담보물을 현실로 인도할 의무와 같이 채권자의 담보권 실행에 협조할 의무 등은 모두 저당권설정계약에 따라 부담하게 된 채무자 자신의 급부의무이다. 또한 저당권설정계약은 피담보채권의 발생을 위한 계약에 종된 계약으로, 피담보채무가 소멸하면 저당권설정계약상의 권리의무도 소멸하게 된다. 저당권설정계약에 따라 채무자가 부담하는 의무는 담보목적의 달성, 즉 채무불이행 시 담보권 실행을 통한 채권의 실현을 위한 것이므로 저당권설정계약의 체결이나 저당권 설정 전후를 불문하고 당사자 관계의 전형적 · 본질적 내용은 여전히 금전채권의 실현 내지 피담보채무의 변제에 있다. 따라서 채무자가 이러한 급부의무를 이행하는 것은 채무자 자신의 사무에 해당할 뿐이고, 채무자가 통상의 계약에서의 이익대립관계를 넘어서 채권자와의 신임관계에 기초하여 채권자의 사무를 맡아 처리한다고 볼 수 없으므로 채무자를 채권자에 대한 관계에서 배임죄의 주체인 '타인의 사무를 처리하는 자'에 해당한다고 할 수 없다. 그러므로 채무자가 담보물을 제3자에게 처분하는 등으로 담보가치를 감소 또는 상실시켜 채권자의 담보권 실행이나 이를 통한 채권실현에 위험을 초래하더라도 배임죄가 성립하지 아니한다."고 판시); 대법원 2020. 8. 27. 2019도14770 전원합의체.

도하는 등으로 담보가치를 감소 또는 상실시켜 채권자의 채권실현에 위험을 초래하더라도 배임죄가 성립한다고 할 수 없다. 이러한 법리는 채무자가 금전채무에 대한 담보로 부동산에 관하여 양도담보설정계약을 체결하고 이에 따라 채권자에게 소유권이전등기를 해 줄 의무가 있음에도 제3자에게 그 부동산을 처분한 경우에도 적용된다."고 판시하여 배임죄의 성립을 부정하고 있다.[125]

부동산에 관한 담보신탁계약 형태의 비전형 담보제공에 관해서도 판례는 마찬가지로 배임죄의 성립을 부정하고 있다.[126]

---

125) 대법원 2020. 6. 18. 2019도14340 전원합의체. 이 판결에서 다수의견에 반대하는 소수의견(대법관 김재형, 민유숙, 김선수, 이동원)은 "채무자가 채권자로부터 금원을 차용하는 등 채무를 부담하고 그 채무 담보를 위하여 부동산 (근)저당권설정계약을 체결한 경우에, 위 약정의 내용에 좇아 채권자에게 저당권을 설정하여 줄 의무는 자기의 사무인 동시에 상대방의 재산보전에 협력할 의무에 해당하여 '타인의 사무'에 해당한다. 이렇게 보는 것이 부동산의 이중매매, 이중전세권설정, 면허권 등의 이중처분에 관하여 배임죄를 인정하여 온 판례의 확립된 태도와 논리적으로 부합하는 것이다. 다수의견은 저당권설정계약이 피담보채권의 발생을 위한 계약에 종된 계약이고 저당권설정 이후에도 당사자 관계의 전형적·본질적 의무는 피담보채무의 변제이므로 채무자가 저당권설정 전후 부담하는 각종 의무는 금전채무에 부수되는 종된 의무라는 시각에 서 있는 듯하나, 금전소비대차계약에 따른 채무자의 의무와 담보설정계약에 따른 저당권설정자의 의무는 엄연히 서로 다른 계약에 기초하여 발생한 의무로서, 담보물권이 피담보채권에 대하여 부종성을 갖는다고 해서 이를 배임죄에서 말하는 '타인의 사무'를 판단하는 기준과 결부시키는 것은 타당하지 않다. 담보계약을 통해 채권자가 취득하는 담보권은 그 자체로 독립된 재산적 가치가 있을 뿐 아니라 담보물의 담보가치에 대한 채권자의 신뢰 또한 형사법에 의해 보호되어야 할 고유한 법률상 이익에 해당한다. 다수의견은 거래관계에서 발생하는 당사자 간의 신임관계를 보호하기 위하여 타인의 재산보전에 협력할 의무가 있는 경우에는 배임죄의 주체인 '타인의 사무를 처리하는 자'에 해당한다고 보아 온 대법원 판례와 논리적으로 일관되지 않고, 담보계약에 기초한 신임관계도 배임죄에 의하여 보호되어야 할 법익이 될 수 있다는 점을 도외시한 것으로 찬성할 수 없다."고 주장하였다.

126) 대법원 2020. 4. 29. 2014도9907(피고인이 특정 토지 위에 건물을 신축하는 데 필요한 공사자금을 A 새마을금고로부터 대출받으면서 이를 담보하기 위하여 B 신탁회사를 수탁자, A 금고를 우선수익자, 피고인을 위탁자 겸 수익자로 한 담보신탁계약 및 자금관리대리사무계약을 체결하였으므로, 계약내용에 따라 건물이 준공된 후 B 회사에 신탁등기를 이행하여 A 금고의 우선수익권을 보장해 주어야 할 의무가 있음에도, 이에 위배하여 C 앞으로 건물의 소유권보존등기를 마쳐 줌으로써 A 금고에 손해를 가한 사안에서, "이 사건 건물에 대해서는 위 계약에 따라 신탁등기가 이루어지는 것이 아니라 향후 건물이 준공되어 소유권보존등기까지 마친 후 B 신탁회사를 수탁자로, A 금고를 우선수익자로 한 담보신탁계약 등을 체결하고 그에 따른 등기절차 등을 이행하기로 약정한 것에 불과하고, 그 약정은 A 금고가 피고인에 대한 대출금 채권의 변제를 확보하기 위한 것으로 A 금고의 주된 관심은 이 사건 건물에 대한 신탁등기 이행 여부가 아니라 대출금 채권의 회수에 있다. 피고인은 A 금고와의 관계에서 향후 이 사건 건물이 준공되면 B 신탁회사와 사이에 이 사건 건물에 대한 담보신탁계약, 자금관리대리사무계약 등을 체결하고, 그에 따라 신탁등기절차를 이행하고 A 금고에 우선수익권을 보장할 민사상 의무를 부담함에 불과하다. 'A 금고의 우선수익권'은 계약당사자인 피고인, A 금고, B 신탁회사 등이 약정한 바에 따라 각자의 의무를 성실히 이행하면 그 결과로서 보장될 뿐이다. 결국 피고인이 통상의 계약에서의 이익대립관계를 넘어서 A 금고와의 신임관계에 기초하여 A 금고의 우선수익권을 보호 또는 관리하는 등 그의 사무를 처리하는 자의 지위에 있다고 보기 어렵다. 따라서 피고인을 배임죄에서의 '타인의 사무를 처리하는 자'에 해당한다고 할 수 없다."고 판시).

그러나 건물의 소유자가 건물에 전세권을 설정하는 계약을 체결하고 전세금의 중도금까지 지급받아 전세권 설정의무가 있음에도, 전세권 설정등기 전에 임의로 제3자에게 저당권 설정등기를 마치는 등 처분행위를 함으로써 전세금 반환채무에 대한 담보능력 상실의 위험을 발생시킨 경우[127] 전세권자에 대한 배임죄가 성립한다고 한 종전 판례[128]는 아직 유효하다. 전세금이 통상 거액으로서 계약금, 중도금 및 잔금으로 나뉘어 지급되고, 중도금까지 지급한 다음 잔금 지급과 동시에 전세권 등기를 필요로 하는 전세권자를 보호할 보편적이고 충분한 수단이 없다는 점에서는 부동산 이중매매의 경우와 유사하다. 하지만 전세권은 소유권이 아닌 용익물권으로서 담보물권성도 지니고 있다는 점[129]에서는 채무자가 저당권이나 양도담보권 목적물의 담보가치를 감소시키는 경우와 유사한 면도 있다. 따라서 위와 같이 건물의 소유자가 건물 전세금 반환채무에 대한 담보능력 상실 또는 감소의 위험을 발생시키거나 전세 목적물의 담보가치를 함부로 감소시킨 경우에 배임죄가 성립할 것인지는 앞으로 논란의 여지가 있다.

그밖에 양도담보권자의 담보물 처분과 관련된 배임죄의 성립 여부는 제4장 제3절 Ⅰ. 5. 다. 2)항 '양도담보와 형사책임' 부분에서 설명한다.

채무자가 채권자에 대하여 소비대차 등으로 인한 채무를 부담하고 이를 **담보하기 위하여 장래에 차용채무를 변제하지 못할 경우** 부동산의 소유권을 이전하기로 하는 내용의 **대물변제예약**을 체결한 후 그 부동산을 제3자에게 매도처분 하였다면 배임죄가 성립하지 않는다. 판례는 그 이유로서 "채무자가 대물변제예약에 따라 부동산에 관한 소유권을 이전해 줄 의무는 예약당시에 확정적으로 발생하는 것이 아니라 채무자가 차용금을 제 때에 반환하지 못하여 채권자가 예약완결권을 행사한 후에야 비로소 문제가 되고, 채무자는 예약완결권 행사 이후라도 얼마든지 금전채무를 변제하여 당해 부동산에 관한 소유권이전등기절차를 이행할 의무를 소멸시키고 의무에서 벗어날 수 있다. 채권자는 당해 부동산을 특정물 자체보다는 담보물로서 가치를 평가하고 이로써 기존의 금전채권을 변제받는 데 주된 관심이 있으므로, 채무자

---

127) 배임죄의 보호법익 침해정도에 관한 위험범설 입장에서는 구성요건인 '손해'란 현실적인 손해가 발생한 경우뿐만 아니라 재산상 손해발생 위험이 발생한 경우도 포함한다.

128) 대법원 1993. 9. 28. 93도2206; 1990. 4. 24. 89도2281.

129) 지원림(민법), 713,714면.

의 채무불이행으로 인하여 대물변제예약에 따른 소유권등기를 이전받는 것이 불가능하게 되는 상황이 초래되어도 채권자는 채무자로부터 금전적 손해배상을 받음으로써 대물변제예약을 통해 달성하고자 한 목적을 사실상 이룰 수 있다. 이러한 점에서 대물변제예약의 궁극적 목적은 차용금반환 채무의 이행확보에 있고, 채무자가 대물변제예약에 따라 부동산에 관한 소유권이전등기절차를 이행할 의무는 궁극적 목적을 달성하기 위해 채무자에게 요구되는 부수적 내용이어서 이를 가지고 배임죄에서 말하는 신임관계에 기초하여 채권자의 재산을 보호 또는 관리하여야 하는 '타인의 사무'에 해당한다고 볼 수는 없다."고 판시하고 있다.[130] 따라서 채무의 담보를 위하여 장래에 차용채무를 변제하지 못할 경우에 대물변제를 하기로 예약한 경우에 채무자의 그 대물변제로 인한 소유권이전등기 이행 의무는 자기의 사무일 뿐 채권자인 타인의 사무로 볼 수 없다. 이는 부동산 소유권의 이전을 직접 목적으로 채무지급에 갈음하는 대물변제 약정을 한 경우와는 구별해야 할 것이다.

채무의 담보를 위하여 영업매장의 임차인 명의와 판매대금 입금계좌 명의를 채권자 명의로 변경해 준 채무자가 그 임차인 지위 등 권리 일체를 임의로 제3자에게 양도한 사안에 관하여, 판례는 "채무자가 채무의 변제를 위하여 담보로 제공한 임차권 등의 권리를 그대로 유지할 계약상 의무가 있다고 하더라도, 이는 기본적으로 채무의 변제방법에 관한 것이고, 그 성실한 이행에 의하여 채권자가 계약상 권리의 만족이라는 이익을 얻는다고 하여도 이를 가지고 통상의 계약에서의 이익대립 관계를 넘어서 배임죄에서 말하는 신임관계에 기초하여 채권자의 재산을 보호 또는 관리해야 하는 '타인의 사무'에 해당한다고 볼 수 없다."는 이유로 배임죄의 성립을 부정하고 있다.[131]

동산의 이중 양도담보의 경우, 즉 채무자가 채권자(이하 '1차 채권자'라 함)에게 동산을 양도담보로 제공하고 점유개정의 방법으로 점유하던 중 다시 제3자(이하 '2차 채권자'라 함)에게 그 동산을 양도담보로 제공하고 점유개정의 방법으로 계속 점유하는 경

---

130) 대법원 2014. 8. 21. 2014도3363 전원합의체(피고인이 차용채무의 채권자에게 채무를 변제하지 못할 경우 장차 모친으로부터 받게 될 부동산 유증상속분을 대물변제하기로 약정한 후 모친이 사망하여 그 부동산을 유증받았다. 그 후 채권자로부터 대물변제 약정에 따른 부동산소유권 이전등기 요청을 받았음에도 불구하고 피고인 앞으로 소유권이전등기를 마친 후 제3자에게 매도처분하여 그 소유권이전등기를 경료해 주고도 위 차용채무는 변제하지 아니한 사안).

131) 대법원 2015. 3. 26. 2015도1301.

우에, 2차 채권자는 1차 채권자에 대하여 배타적으로 자기의 담보권을 주장할 수 없다. 그러므로 채무자의 이중 양도담보 제공행위는 그로 인하여 1차 채권자의 양도담보권 상실이나 그 담보가치의 감소 등 손해를 가한 것이 아니므로 배임죄가 성립하지 않는다(판례).[132] 또한 앞의 전원합의체 판결[133] 입장에 따르면 채무자를 배임죄의 행위주체인 '타인의 사무를 처리하는 자'에 해당한다고 할 수도 없을 것이다.

다. 법인의 경우

1) 법인의 범죄행위 주체

배임죄의 행위주체인 '(업무상) 타인의 사무를 처리하는 자'가 법인인 경우, 즉 법인에게 처리의무가 있는 타인의 사무에 관하여, 법인은 배임죄의 행위주체가 될 수 없고 법인을 대표하여 사무를 처리하는 자연인(즉, 대표기관)이 바로 타인의 사무를 처리하는 자로서 배임죄의 행위주체가 된다(판례).[134] 이는 앞에서 말한 것처럼 판례가 법인의 일반적 범죄능력을 인정하지 않기 때문이다.

2) 주주에 대한 배임 여부

후술하는 상법상 특별배임죄의 경우처럼 회사의 대표기관 등 임직원은 회사의 사무를 처리하는 자로서 자기 회사에 대한 배임죄를 범할 수 있으나, 이 경우 피해자는 그 회사일 뿐 회사의 사원(즉, 회사 지분을 가진 구성원, 이하 '사원'은 같은 개념임)은 아니다. 회사의 임직원은 회사 사원의 사무를 처리하는 지위에 있지 않기 때문이다. 판례는 주식회사의 대표이사에 대하여 대표이사는 주주들의 사무를 처리하는 지위에 있는 자가 아님을 분명히 하고 있다. 즉, "신주발행은 주식회사의 자본조달을 목

---

132) 대법원 2007. 2. 22. 2006도6686[점유개정의 방법으로 양도담보에 제공한 동산인 어선(총톤수 20t 미만의 동력 어선이어서 선박등기법의 적용을 받지 않아 동산에 준하여 취급됨)을 다시 제3자에게 매도하고 어선원부상 소유자명의를 변경 등록한 사안에서, 동산을 양도담보로 제공하고 점유개정의 방법으로 점유하고 있다가 이를 다시 제3자에게 역시 점유개정의 방법으로 양도하는 경우에는, 제3자가 그 동산을 선의취득할 수가 없으므로 최초의 양도담보권자에게 어떠한 재산상 손해의 위험이 발생한다고 할 수 없는 점, 어선원부 등은 행정상 편의를 위하여 소유자를 등록, 변경하는 공부에 불과할 뿐 사법상 권리변동과는 무관하므로, 어선원부상의 소유자명의 변경만으로는 양도담보권자인 피해자에게 사실상 담보물의 발견을 어렵게 하여 어떠한 재산상 손해를 발생시키는 위험이 없다는 점을 이유로 배임죄의 성립 부인]; 1990. 2. 13. 89도1931.

133) 대법원 2020. 2. 20. 2019도9756 전원합의체.

134) 대법원 1985. 10. 8. 83도1375; 1984. 10. 10. 82도2595 전원합의체.

적으로 하는 것으로서, 신주발행과 관련한 대표이사의 업무는 회사의 사무일 뿐이므로 신주발행 과정에서 대표이사가 납입된 주금을 회사를 위하여 사용하도록 관리·보관하는 업무 역시 회사에 대한 선관주의의무 내지 충실의무에 기한 것으로서 회사의 사무에 속하는 것이다. 그러므로 신주발행에서 대표이사가 일반 주주들에 대하여 그들의 신주인수권과 기존 주식의 가치를 보존하는 임무를 대행한다거나 주주의 재산보전 행위에 협력하는 자로서 타인의 사무를 처리하는 자의 지위에 있다고는 볼 수 없다."고 판시하였다.[135] 회사와 주주 등 사원은 별개의 권리·의무주체이고 대표이사 등 회사 기관의 주주 등 사원에 대한 충실의무 등 신임관계를 인정하지 않는 우리 회사법제 아래에서는 당연한 결론이다.

이에 대하여는 특히 주주가 간접유한책임을 부담할 뿐인 주식회사의 경우에 대표이사 등 경영자가 업무를 처리함에 있어 지배주주의 이익을 위하여 다수의 소액 주주들에게 손해를 발생시키는 회사 운영을 하는 사례가 많은 우리나라의 실정상 주주에 대한 배임죄를 신설할 필요가 있다는 입법론을 제기하는 견해[136]도 있다.

라. 조합의 경우

조합은 범죄능력이 없으므로 '타인의 사무를 처리하는 자'가 조합인 경우에도 조합을 대표하여 사무를 처리하는 자연인(즉, 대표자)이 바로 타인의 사무를 처리하는 자로서 배임죄의 행위주체가 된다. 다만, 조합도 재산상 손익의 귀속주체는 될 수 있으므로 배임죄의 피해자가 될 수 있다.[137]

2. 상법상 특별배임죄

가. 회사 임직원 및 사채권자집회 대표자 등

상법 회사편은 단순배임죄나 업무상배임죄의 신분적 가중처벌의 특별규정으로서 특별배임죄를 규정하고 있다. 이 특별배임죄의 범죄구성요건은 회사나 사채권자가 피해자인 점, 행위주체를 회사의 포괄적 업무를 담당하는 임직원 등으로 제한하고

135) 대법원 2010. 10. 14. 2010도387; 2004. 5. 13. 2002도7340.

136) 강동욱, 앞의 "배임죄의 본질과 주체에 관한 고찰", 235면.

137) 대법원 2011. 4. 28. 2009도14268.

있는 점이 다를 뿐이다.

회사임원등 특별배임죄의 행위주체는 회사의 발기인, 업무집행사원, 이사, 집행임원, 감사위원회 위원, 감사, 일시이사, 주식회사 또는 유한회사 이사의 직무대행자, 주식회사 감사의 직무대행자, 지배인, 기타 회사영업에 관한 어느 종류 또는 특정한 사항의 위임을 받은 사용인(상법 제622조 제1항), 회사의 청산인, 청산인의 직무대행자, 신설합병시의 설립위원(상법 제622조 제2항)이다. 그 보호법익은 회사의 전체 재산이다. 사채권자집회 대표자등 특별배임죄의 행위주체는 주식회사 사채권자집회의 대표자 또는 그 결의를 집행하는 자이고(상법 제623조), 그 보호법익은 사채권자들의 전체 재산이다. 죄형법정주의 원칙에 비추어 특별배임죄에 관한 상법 제622조, 제623조에서 행위주체로 열거되지 아니한 자는 독자적으로는 특별배임죄의 행위주체가 될 수 없다(판례).[138]

위 행위주체가 법인인 경우에 법인은 배임죄의 범죄능력이 없으므로 실제 그 행위를 한 이사, 집행임원, 감사, 그 밖에 업무를 집행한 사원 또는 지배인을 특별배임죄로 처벌해야 한다(상법 제637조).

상법상 특별배임죄는 모두 일정한 신분을 가진 자만이 행위주체가 될 수 있으므로 신분범이다. 앞에서 말한 것처럼 회사임원등 특별배임죄는 형법상 업무상배임죄, 사채권자집회 대표자등 특별배임죄는 단순배임죄의 신분적 가중처벌(또는 가감처벌) 범죄이므로 각 부진정신분범이다. 따라서 위 행위주체에 해당하지 않는 자가 공범이 되는 경우에는 형법 제33조 단서의 '신분관계로 인하여 형의 경중이 있는 경우'에 해당한다.

이러한 신분은 임무위배 행위, 즉 배임행위 당시 보유하였으면 그 후 재산상 이익의 취득이나 손해 발생 당시에는 그 신분을 보유하고 있지 않더라도 무방하다.[139] 또한 배임행위 당시 그 신분자가 아니었다면 재산상 이익 취득이나 손해 발생 당시에는 신분을 보유하게 되었더라도 특별배임죄로 의율할 수 없다.[140] 배임죄의 신분은

---

138) 대법원 1998. 2. 10. 96도2287.

139) 주강원, 앞의 "상법상 특별배임죄에 대한 연구", 368면; 일본의 통설 · 판례 입장임[日 大判 1933. 12. 18. 刑集 12卷 2360면; 会社法コンメンタル(21), 61면].

140) 일본 학설 · 판례도 같은 견해임[会社法コンメンタル(21), 61면; 日 神戸地判 1959. 5. 6. 下刑集 1卷 5号 1178면].

신임관계의 근거가 되는 것이므로 신임관계의 침해 당시인 배임행위시를 기준으로 그 신분자인지 여부를 판단하여 특별배임죄로 처벌해야 함은 당연하다.

위 행위주체의 신분 보유 여부를 판단함에 있어서 상법 회사편의 회사법적 해석에 따를 것인지 여부는 문제가 될 수 있다. 형사법과 민·상사법은 그 추구하는 법적 이념이나 죄형법정주의 등 해석원리가 상이하므로 형사법상 개념을 민·상사법의 해석과 일치시킬 필요는 없다고 보는 견해가 있을 수 있다. 그러나 같은 법률 안에서 사용하는 법적 개념은 가급적 통일적으로 파악하는 것이 입법자의 의도에 부합하므로, 상법 제622조 및 제623조 벌칙에 기재된 범죄행위주체의 개념도 상법 회사편의 해석에 따르는 것을 원칙으로 해야 할 것이다. 다만, 위 상법 벌칙 규정의 입법취지를 감안하거나 형사법의 해석원칙인 죄형법정주의 원칙 등에 비추어 같은 용어일지라도 사법(私法)인 회사법상 개념과 달리 해석할 수도 있을 것이다(개념의 상대성).[141)]

나. 개별적 검토

1) 회사의 발기인

발기인은 주식회사의 설립을 기획하고 그 설립사무를 주관하는 자로서 설립중 회사의 업무집행기관이 된다. 법률관계에서 '발기인'이라 함은 주식회사의 설립시 정관을 작성한 자로서 정관에 기명날인 또는 서명을 한 자를 말하므로(상법 제289조 1항),[142)] 특별배임죄의 행위주체도 마찬가지로 형식적으로 파악하게 된다(형식설). 실제로는 회사의 설립사무에 종사하였더라도 정관에 발기인으로 기명날인 또는 서명이 되어 있지 아니한 자는 발기인이 아니다. 또한 정관에 발기인으로 기명날인 또는 서명을 한 자는 실제 회사 설립사무에 종사했는지 여부를 불문하고 발기인으로 본다.

이에 대하여 실제로 회사설립에 능동적으로 관여한 자는 정관을 작성하지 않았더라도 이 죄의 행위주체가 될 수 있다는 견해(실질설)[143)]가 있으나, 이러한 해석은 죄

141) 같은 취지: 会社法コンメンタル(21), 61면.

142) 최준선(회사), 148면; 이철송(회사), 229면; 정찬형(상법-상-), 659면; 이기수·최병규(회사), 156면; 정대, 대계 I, 306면; 정동윤, 「상법-상-」, 380면.

143) 김성탁, "주식인수금의 가장납입에 대한 상법상의 형사처벌조항", 「기업법연구」 제8집(한국기업법학

형법정주의의 명확성 원칙에 반하므로 부당하다.[144)]

상법상 발기인은 서면에 의하여 주식을 인수해야 하므로(상법 제293조) 1주라도 인수하지 아니한 발기인은 행위주체에 포함되지 않는 것인지 여부가 문제될 수 있다. 그러나 발기인의 주식인수는 발기인이 부담하는 법적 의무일 뿐 발기인이 되기 위한 자격요건이라 할 수는 없다.[145)]

유사발기인의 책임에 관한 상법 제327조에 의하면 주식청약서 기타 주식모집에 관한 서면에 성명과 회사설립에 찬조하는 뜻을 기재할 것을 승낙한 유사발기인은 발기인과 동일한 책임이 있는 것으로 규정하고 있다. 이러한 유사발기인도 행위주체인 '발기인'에 포함되는 것인지가 문제될 수 있다.[146)] 그러나 회사임원 등의 특별배임죄는 회사사무를 처리해야 할 임무를 가진 자의 임무위배 행위를 처벌하는 제도인데, 유사발기인은 회사의 설립사무 기타 사무를 처리할 임무를 가진 자가 아니므로 회사에 대한 임무위배 행위가 있을 수 없다. 또한 위 상법상 유사발기인의 책임은 거래안전을 보호하기 위하여 외관주의 또는 금반언의 법리에 따라 회사법상 손해배상책임을 인정한 것이다.[147)] 따라서 위 유사발기인 규정만으로 회사재산과 같은 법익보호를 입법목적으로 하고 엄격한 책임주의에 바탕을 두어야 하는 형사상 책임까지 인정할 수는 없을 것이다.[148)]

2) 회사의 업무집행사원

상법상 '업무집행사원'이란 용어는 합명회사나 합자회사, 즉 인적회사의 업무집행사원을 지칭한다. 업무집행사원은 합명 · 합자회사의 업무집행기관으로서 회사의 업무를 처리하는 자이다.

유한책임회사의 업무집행기관인 '업무집행자'(상법 제287조의3 제4호)도 '업무집행사

회, 2001), 570면.

144) 일본 판례도 형식설 입장이다(日 最高裁 1932. 6. 29. 民集 11巻 1257면).

145) 같은 취지: 会社法コンメンタル(21), 62면.

146) 일본에서는 유사발기인도 회사에 손해를 끼칠 가능성은 발기인과 마찬가지라는 논거로 특별배임죄의 행위주체에 포함해야 한다는 견해가 있다[会社法コンメンタル(21), 62면]. 참고로, 유사발기인의 책임을 규정한 일본 会社法 제103조 제2항은 유사발기인을 '발기인으로 간주하여' 발기인의 책임에 관한 규정을 적용하는 것으로 규정하고 있다.

147) 정동윤(상법-상-), 429면.

148) 같은 취지 : 김성탁, 앞의 "주식인수금의 가장납입에 대한 상법상의 형사처벌조항", 570,571면.

원' 문언의 가능한 의미 범위 내에 속하고, 모든 회사의 업무집행기관을 행위주체에 포함하면서 유한책임회사의 업무집행기관만 제외할 이유가 없으므로 당연히 행위주체에 포함되는 것으로 해석해야 할 것이다.[149] 2011. 4. 14.자 상법 개정 당시 유한책임회사 제도 및 주식회사의 집행임원 제도를 신설하면서 상법 제622조 제1항에 회사임원등 특별배임죄의 행위주체로 '집행임원'만 추가하였을 뿐 유한책임회사의 '업무집행자'를 추가하지 않은 것은 위 '업무집행사원' 개념에 포함된 것으로 보았기 때문인 것으로 보인다. 그러나 유한책임회사의 업무집행자는 사원이 아닌 경우도 있을 수 있으므로, 죄형법정주의에 따른 형벌법규의 명확성 요청에 비추어 볼 때 상법 제622조 제1항의 특별배임죄 행위주체에 유한책임회사의 '업무집행자'를 추가하는 입법이 필요하다.[150]

합명 · 합자회사와 같은 인적회사는 무한책임을 부담하는 사원이 존재하고 사원의 인적 신용이 회사신용의 기초가 되며 소규모 사원의 인적결합을 중시하는 조합으로서의 특성을 가진다. 그러므로 합명 · 합자회사의 업무집행사원을 특별배임죄의 행위주체로 규정하고 단체성이 약한 인적회사를 그 피해자로 보는 것은 회사에 대한 배신행위를 규제하여 회사재산을 보호하려는 특별배임죄의 본질이나 인적회사의 특성에 비추어 볼 때 부당하므로 이를 행위주체에서 제외해야 한다는 입법론[151]이 있다. 그러나 조합의 업무집행자인 조합원도 조합에 대한 배임죄나 업무상배임죄를 범할 수 있는 점(판례),[152] IT산업이나 벤처기업을 중심으로 소규모 인적회사의 사회적 기능이나 영향력이 커지고 있는 추세인 점을 감안해 보면, 인적회사의 업무집행사원을 특별배임죄의 행위주체에 포함시킨 것을 부당하다고 볼 것은 아니라고 생각한다. 다만, 인적회사의 경우 물적회사보다 업무집행사원에 대한 견제가 용이하다는 점, 업무집행사원 자신도 회사채무에 대하여 직접 · 무한책임을 부담하는 경우가

149) 한석훈, 대계Ⅲ, 1018면.

150) 한석훈, 대계Ⅲ, 1018면.

151) 박길준, 앞의 "상법상의 벌칙규정에 대한 입법론적 고찰", 148면; 일본 회사법 제960조도 특별배임죄의 피해자를 주식회사로 제한함으로써 인적회사의 업무집행사원 등은 특별배임죄의 행위주체에서 배제하고 있다.

152) 대법원 2011. 4. 28. 2009도14268(2인으로 구성된 동업조합의 조합원 1인이 조합재산으로 매수한 토지의 매매계약을 다른 조합원 몰래 임의로 해약하여 손해를 입힌 사안에서, 그 조합에 대한 배임죄가 성립한다고 판시).

있는 점 등을 참고하여 실제 처벌에는 물적회사의 경우와 차등을 둘 수는 있을 것이다.[153)]

3) 회사의 이사, 집행임원, 감사위원회 위원 및 감사

이사나 감사는 주식회사와 유한회사의 업무집행기관 또는 업무감독기관으로서 주식회사는 주주총회에서 선임하고, 유한회사는 정관에 규정을 두거나 사원총회에서 선임한다(상법 제382조 제1항, 제547조 제1항). 집행임원은 집행임원 설치 주식회사에서 이사회의 감독 아래 업무집행을 전담하는 자로서 이사회에서 선임한다(상법 제408조의2 제3항 제1호).[154)] 감사위원회 위원은 주식회사의 정관 규정으로 감사에 갈음하여 이사회 아래 설치된 감사위원회의 구성 이사로서(상법 제415조의2) 감독업무를 담당하며, 이사회나 주주총회(최근 사업연도 말 현재 자산총액 2조 원 이상 대규모상장회사의 경우)에서 선임한다(상법 제393조의2 제2항 제3호, 제542조의12 제1항). '이사, 집행임원, 감사위원회 위원, 감사'(이하 '임원'이라 함)는 위와 같이 주주총회 · 사원총회나 이사회에서 상법 및 정관에 따라 적법하게 선임되었으면 공시방법에 불과한 법인등기부에의 등기 여부는 불문한다.[155)] 또한 그 중 이사 · 감사 또는 주주총회에서 선임되는 감사위원회 위원이 특별배임죄의 행위주체가 되는 구체적인 시기(始期)는 위 각 주주총회나 사원총회의 선임결의에 대한 임원의 동의 또는 승낙이 있으면 그 지위를 취득하고 이와 별도로 회사와의 임용계약체결이 필요한 것은 아니다(판례).[156)] 그러나

---

153) 현행 일본 회사법 제960조에 의하면 특별배임죄의 행위주체에 인적회사의 업무집행사원을 제외하고 있다.

154) 최준선(회사), 594면; 정찬형(상법-상-), 1031면; 오성근(회사), 774면.

155) 新版 注釋会社法(13), 559면; 会社法コンメンタル(21), 63면; 김성탁, 앞의 "주식인수금의 가장납입에 대한 상법상의 형사처벌조항", 571면에서는 상법 제622조 제1항의 행위주체를 원용하고 있는 납입가장죄의 행위주체에 관하여 같은 취지임.

156) 대법원 2017. 3. 23. 2016다251215 전원합의체("주주총회에서 이사나 감사를 선임하는 경우, 그 선임결의와 피선임자의 승낙만 있으면, 피선임자는 대표이사와 별도의 임용계약을 체결하였는지 여부와 관계없이 이사나 감사의 지위를 취득한다고 보아야 한다. 이와 달리, 이사나 감사의 선임에 관한 주주총회의 결의는 피선임자를 회사의 기관인 이사나 감사로 한다는 취지의 회사 내부의 결정에 불과한 것이므로, 주주총회에서 이사나 감사 선임결의가 있었다고 하여 바로 피선임자가 이사나 감사의 지위를 취득하게 되는 것은 아니고, 주주총회의 선임결의에 따라 회사의 대표기관이 임용계약의 청약을 하고 피선임자가 이에 승낙을 함으로써 비로소 피선임자가 이사나 감사의 지위에 취임하여 그 직무를 수행할 수 있게 된다는 취지의 대법원 1995. 2. 28. 94다31440 판결 , 대법원 2005. 11. 8. 2005마541 결정 및 대법원 2009. 1. 15. 2008도9410 판결은 이와 저촉되는 한도에서 변경한다.") 이 판례는 주식회사의 이사와 감사의 지위 취득에 관한 것이지만, 그 지위가 상법 규정에 따른 단체법적 성질을 가

이사회에서 선임하는 집행임원 등의 경우에는 일반원칙에 따라 그 선임결의에 따라 회사와 임용계약을 체결한 때 행위주체가 된다.

행위주체에 감사위원회 위원 및 감사를 포함시킨 점에 관하여, 이들은 회사의 업무집행에 직접 관여하는 자가 아니라는 이유로 입법론상 부당하다고 주장하는 견해[157]가 있다. 그러나 감사위원회 위원 또는 감사도 회사와 이사 사이의 소송에서는 회사를 대표하는(상법 제394조 제1항, 제415조의2 제7항) 등 회사의 업무집행에 직접 관여할 수 있다. 또한 이들의 업무감독 임무도 회사로부터 위임을 받아 신임관계에 기하여 행하는 것이고, 배임행위는 업무집행행위 외에 업무감독 임무를 수행하는 과정에서도 발생할 수 있기 때문에 이들을 제외시킬 필요는 없을 것이다.[158]

주주총회의 **임원 선임결의에 취소사유가 있는 경우**에는 그 주주총회 결의취소 소송의 성질을 어떻게 볼 것인지 여부에 따라 그 취소판결 확정 전 임원의 행위에 관하여 특별배임죄의 행위주체 여부가 결정될 것이다. 상법 제376조 제2항, 제190조 본문 규정에 의하면 주주총회 결의취소의 확정판결은 제3자에 대한 효력이 있으나, 판결의 불소급효를 규정한 상법 제190조 단서 규정은 준용하지 않고 있다. 그러므로 결의취소 판결의 소급효를 긍정하는 것이 통설 · 판례[159]의 입장이지만, 결의취소의 소는 결의무효나 결의부존재 확인의 경우와는 달리 제소권자 · 제소기간의 제한이 있고, 결의취소의 소만으로 그 효력을 다툴 수 있을 뿐이다(상법 제376조 제1항). 이를 근거로 학설 · 판례는 모두 결의취소의 소를 형성의 소로 보고 있다.[160] 형성의 소인 이상 선임결의 취소판결이 확정되기 전까지는 적법한 임원으로서 취급되는 것이므로, 그 결의취소판결 확정 전까지는 특별배임죄의 행위주체가 된다. 나중에 결의취소 판결이 확정되더라도 그 소급효로 인하여 이미 충족된 범죄구성요건 및 위법성과 그 비난가능성이 소급하여 소멸될 수는 없을 것이다.

짐을 이유로 하는 것이므로 유한회사의 이사나 감사의 경우에도 마찬가지로 해석함이 타당할 것이다.

157) 송호신(박사학위논문), 89면.

158) 현행 일본 会社法 제960조 제1항에서도 특별배임죄의 행위주체에 監査役을 포함하고 있다.

159) 대법원 2004. 2. 27. 2002다19797; 최준선(회사), 426면; 정찬형(상법-상-), 944면; 김정호(회사), 355면; 김건식 · 노혁준 · 천경훈(회사), 348면; 정경영(상법), 491면; 이철송(회사), 641면.

160) 대법원 1987. 4. 28. 86다카553; 서울남부지방법원 2011. 1. 14. 2010가합4821; 최준선(회사), 424면; 정찬형(상법-상-), 945면; 임재연(회사Ⅱ), 228면; 이기수 · 최병규(회사), 570면; 김정호(회사), 355면; 이철송, 대계Ⅱ, 284면; 김홍기(상법), 544면; 오성근(회사), 538면.

주주총회의 **임원 선임결의에 무효나 부존재 사유가 있는 경우**에는 상법 제380조, 제190조 본문 규정에 의하여 그 결의무효나 결의부존재의 확정판결의 효력이 제3자에게도 미치는 점을 근거로 그 결의무효나 결의부존재 확인소송의 성질을 형성의 소라고 주장하는 형성소송설(소수설)이 있다.[161] 이에 대하여 통설 · 판례는 제소권자, 제소기간 및 주장방법(즉, 결의하자소송, 공격방어방법, 선결문제 등)에 제한이 없는 점 등에 비추어 이를 확인의 소로 보고 있다(확인소송설).[162] 형성소송설을 따르면 선임결의의 무효 또는 부존재확인 소송의 승소판결이 확정되기 전에는 일단 유효한 선임결의로 취급되고 임원으로서의 지위에 있게 되므로 특별배임죄의 행위주체가 될 수 있을 것이다. 이에 따라 주주총회 선임결의 취소 판결이 있는 경우는 물론 주주총회 선임결의 무효 또는 부존재 확인판결의 경우에도 그 확정판결 전까지는 특별배임죄의 행위주체에 해당한다고 보는 견해[163]가 있다. 그러나 통설 · 판례인 확인소송설을 따르면 선임결의는 처음부터 당연히 효력이 없고 임원으로서의 지위에 있지 아니하므로 특별배임죄의 행위주체가 될 수 없게 된다.

이사회에서 임원을 선임하는 경우에 **이사회 선임결의의 내용 또는 절차에 하자가 있다면**, 상법에 그 하자소송이나 효력에 관한 아무런 규정이 없는 이상 일반원칙에 따라 그 선임결의는 처음부터 무효이거나 부존재로 보아 어떠한 방법으로든 다툴 수 있다고 해석함에는 이견이 없다.[164]

따라서 판례는 주주총회 · 이사회 등의 **임원 선임결의가 무효나 부존재인 경우**에는 당해 임원은 특별배임죄의 행위주체가 될 수 없다고 판시하고 있다(판례).[165] 생각

---

161) 이철송(회사), 628,630면; 정동윤(상법-상-), 585면.

162) 최준선(회사), 435,446면; 정찬형(상법-상-), 938,942면; 정경영(상법), 492,495면; 이기수 · 최병규(회사), 580면; 권기범(회사), 793면; 김정호(회사), 360면; 임재연(회사Ⅱ), 251,256면; 장덕조(회사), 274면; 손진화(상법), 554면; 김건식 · 노혁준 · 천경훈(회사), 351,352면; 송옥렬(상법), 975면; 오성근(회사), 551,555면; 대법원 2011. 6. 24. 2009다35033.

163) 김성탁, 앞의 "주식인수금의 가장납입에 대한 상법상의 형사처벌조항", 571면(상법 제622조 제1항의 행위주체를 원용하고 있는 납입가장죄에 관한 주장임).

164) 김주영, 대계Ⅱ, 475,476면.

165) 대법원 2006. 6. 2. 2005도3431; 2006. 4. 27. 2006도1646[납입가장죄에 관한 판례로서, 주주가 아닌 1인 주주가 개최한 주주총회의 이사 선임결의나 그 결의에서 선임된 이사들에 의하여 개최된 이사회의 대표이사 선임결의가 모두 무효(위 주주총회나 이사회 결의는 부존재로 보아야 할 것임)이므로, 비록 이사나 대표이사 선임 등기가 경료되어 있더라도 상법 제622조 제1항의 행위주체로 인정하지 아니한 사안]; 1986. 9. 9. 85도218("특별배임죄의 주체는 상법상 회사의 적법한 이사나 대표이사의 지위에 있는 자에 한하므로, 주주총회나 이사회가 적법하게 개최된 바도 없이 마치 그 결의사실이

건대 총회결의가 무효인 경우란 임원 선임결의의 내용이 법령에 위반하여 그 선임의 효력을 인정할 수 없는 경우이고 총회결의가 부존재하는 경우란 그 총회의 소집절차나 결의방법에 총회결의가 존재한다고 볼 수 없을 정도로 중대한 하자가 있는 경우이다(상법 제380조). 이러한 경우에는 그 결의하자소송의 확정판결 전일지라도 그 임원에게 회사업무를 처리할 임무가 있다고 볼 수 없으므로 특별한 경우가 아닌 한 회사와의 신임관계도 인정할 수 없을 것이다. 따라서 주주총회 선임결의가 무효나 부존재인 경우에는 확인소송설에 따라 처음부터 특별배임죄의 행위주체가 될 수 없다고 보아야 한다.[166)]

주주총회의 이사 선임결의가 그 결의내용에 이사 결격사유가 있는 등 법령에 위반하여 **무효**이지만 실제로 이사로서 회사업무를 처리하던 중 적법한 이사일 경우 임무위배에 해당하는 행위를 하였고 **표현대표이사** 등 표현법리에 의하여 회사의 책임이 인정되어 회사에 손해를 가하게 된 경우에 당해 이사를 특별배임죄의 행위주체로 인정할 수 있는지 여부가 문제될 수 있다. 표현대표이사도 사실상 행사하는 권한범위는 적법한 대표이사와 다르지 않으므로 그 사실상 권한의 포괄성에 비추어 특별배임죄의 행위주체에 포함할 필요는 있다. 또한 배임죄의 행위주체가 타인의 사무, 즉 회사업무를 처리하는 근거는 법령이나 법률행위뿐만 아니라 관습, 사무관리 또는 신의성실원칙도 포함되므로 표현대표이사도 사실상 신임관계에 기초하여 회사재산을 보호하거나 관리하는 지위에 있는 자임이 인정되는 경우에는 특별배임죄의 행위주체가 될 수 있다는 견해(포함설)가 있다.[167)] 그러나 죄형법정주의 원칙을

있는 것처럼 결의록을 만들고 그에 기하여 이사나 대표이사의 선임등기를 마친 경우, 그 결의는 부존재한 결의로서 효력을 발생할 수 없어 회사의 이사나 대표이사의 지위에 있는 자로 인정할 수 없고 위 특별배임죄의 주체가 될 수 없다."고 판시); 1978. 11. 28. 78도1297(이사 및 대표이사 선임등기는 있었으나, 그 선임결의를 위한 임시주주총회나 이사회가 적법하게 개최된 바 없으므로 각 선임결의가 부존재하여 특별배임죄의 행위주체로 인정하지 아니한 사안).

166) 대법원 1983. 3. 22. 82다카1810 전원합의체 판결에서는 "주식회사의 이사선임 결의가 무효 또는 부존재임을 주장하여 그 결의의 무효 또는 부존재확인을 구하는 소송에서 회사를 대표할 자는 현재 대표이사로 등기되어 그 직무를 행하는 자이고, 그 대표이사가 무효 또는 부존재확인청구의 대상이 된 결의에 의하여 선임된 이사라고 할지라도 그 소송에서 회사를 대표할수 있는 자임에는 변함이 없다."고 판시하고 있지만, 회사에 대한 소송의 대표자 문제와 배임죄의 행위주체 문제는 별개의 문제이다.

167) 천경훈, 주석 상법(회사Ⅶ), 102,103면에서는 포함설 입장에서 그 논거로 이사 선임이 무효나 부존재이지만 표현대표이사 법리에 따라 회사의 책임이 인정되어 회사의 손해가 발생한 경우에 특별배임죄가 성립하지 않는다면 유효한 이사 선임이었다면 당연히 지게 되었을 죄책을 그 선임에 하자가 있다는 이유로 면책해 주는 결과가 되어 부당하다고 주장하고 있다.

근거로 상법 제622조 제1항의 "이사"를 상법상 회사의 적법한 이사로 제한하는 판례의 입장[168]에서는 표현대표이사는 형법상 업무상배임죄나 특정경제범죄법위반(배임)죄의 주체가 될 수 있지만 상법상 특별배임죄의 행위주체는 될 수 없다. 나아가, 주주총회의 이사 선임결의가 부존재하지만 표현대표이사 등 표현책임이 성립하는 경우에도 특별배임죄의 행위주체가 될 수 있다는 견해[169]도 있다. 그러나 선임결의가 존재한다고 할 수 없을 정도로 중대한 절차상 하자가 있는 결의부존재의 경우(상법 제380조 후단)에는 그 결의로 선임된 이사와 회사와의 신임관계조차 인정하기 어려운 경우가 대부분일 것이므로 찬성하기 어렵다.

4) 실질상 이사

상법 제401조의2 제1항에 규정된 업무집행지시자등(이하 '실질상 이사'라 함)은 회사나 제3자에 대한 손해배상 책임을 부담함에 있어서는 이사로 의제되는데, 회사임원등 특별배임죄의 적용에 있어서도 이사로 간주되어 그 행위주체가 되는지는 상법 제622조에 명문규정이 없으므로 문제가 된다. 실질상 이사란 회사에 대한 자신의 영향력을 이용하여 이사에게 업무집행을 지시한 자(이하 '업무집행지시자'라 함), 이사의 이름으로 직접 업무를 집행한 자(이하 '무권대행자'라 함),[170] 이사가 아니면서 명예회장 · 회장 · 사장 · 부사장 · 전무 · 상무 · 이사 기타 회사의 업무를 집행할 권한이 있는 것으로 인정될 만한 명칭을 사용하여 회사의 업무를 집행한 자(이하 '표현이사'라 함)를 말한다. 2011. 4. 14.자 상법 개정으로 인하여 집행임원이 상법 제622조 제1항의 행위주체에 포함됨으로써 종전 실질상 이사(이른바 '비등기 이사') 중 이사회에서 집행임원으로 선임된 자는 집행임원으로서 행위주체가 될 수 있다. 그러나 그 밖의 실질상 이사의 경우나, 상법 제408조의9, 제401조의2 제1항에 의한 실질상 집행임원(즉, 집행임원에게도 '실질상 이사' 규정을 준용하고 있으므로 집행임원의 업무집행지시자, 무권대행자 및 표현집행임원을 말함)의 경우에는 마찬가지의 문제가 남아 있다.

이 문제에 관한 해석론으로는 부정설이 학설 · 판례의 입장이다. 즉, 실질상 이사

---

168) 대법원 2006. 6. 2. 2005도3431.

169) 천경훈, 주석 상법(회사Ⅶ), 102,103면.

170) 상법 제401조의2 제1항 제2호에는 '이사의 이름으로 직접 업무를 집행한 자'라고만 기재되어 있으나, 그 입법취지에 비추어 회사에 대한 자신의 영향력을 이용하여 이러한 행위를 하는 자로 해석해야 한다 [대법원 2009. 11. 26. 2009다39240; 이철송(회사), 827면].

나 실질상 집행임원은 회사로부터 업무를 위임받은 자가 아니므로 위배할 만한 법적 임무가 존재하지 않는 점, 명문 규정이 없이 실질상 이사나 실질상 집행임원을 행위주체에 포함시키는 해석은 죄형법정주의 원칙에 위배됨을 논거로 실질상 이사나 실질상 집행임원을 특별배임죄의 행위주체에서 제외하고 있다.[171] 판례도 "상법 제622조 제1항의 '이사'란 상법상 회사의 적법한 이사나 대표이사의 지위에 있는 자를 의미하고, … 회사의 대주주로서 회사의 경영에 상당한 영향력을 행사해오다가 그 증자과정을 지시 · 관여한 업무집행지시자는 상법 제401조의2에서 규정하는 업무집행지시자로 볼 수 있을지언정, 상법 제622조 제1항의 행위주체로 볼 수 없다"고 판시하여 부정설을 따르고 있다.[172] 다만, 실질상 이사(또는 실질상 집행임원)가 이사(또는 집행임원)의 배임행위에 대한 교사범이나 공모공동정범 등 공범으로서의 요건을 충족하는 경우에 공범으로 처벌할 수 있음은 물론이다.[173]

입법론으로는 다음과 같이 학설이 대립하고 있다. 무권대행자나 표현이사는 회사 내 조직법상 지위에 있는 자가 아니므로 회사에 대한 임무위배가 있을 수 없으나, 업무집행지시자의 경우에는 회사의 조직법상 지위를 갖는 자에 대하여 영향력을 행사하는 자인 이상 그에 상응하는 법적 책임도 인정할 수 있으므로 특별배임죄의 행위주체로 추가해야 한다는 견해[174]가 있다. 나아가, 업무집행지시자뿐만 아니라 실질상 이사 모두를 특별배임죄의 행위주체로 추가해야 한다는 견해[175]도 있다. 이에 반하여 실질상 이사는 회사에 대한 임무가 존재하지 않고, 실질상 이사에 해당되는지 여부는 미리 명확하게 정해진 것이 아니라 사후에 판단되는 것이므로 죄형법정주의의 명확성 원칙상 특별배임죄의 행위주체로 삼는 것이 부당하다고 주장하는 견해[176]도 있다.

---

171) 최준선, 앞의 "상법상 특별배임죄규정의 개정방향", 101면; 이상돈, 앞의 "경영실패와 경영진의 형사책임", 80면; 강동욱, 앞의 "배임죄의 본질과 주체에 관한 고찰", 242면; 천경훈, 주석 상법(회사Ⅶ), 103면; 会社法コンメンタル(21), 64면.

172) 대법원 2006. 6. 2. 2005도3431(상법 제628조 납입가장죄의 행위주체에 관한 판결이지만, 그 행위주체를 '상법 제622조 제1항에 규정된 자'로 규정하고 있기 때문에 곧 특별배임죄의 행위주체에 관한 해석이 된다.)

173) 주강원, 앞의 "상법상 특별배임죄에 대한 연구", 368면.

174) 송호신(박사학위논문), 91-101면.

175) 주강원, 위 논문, 370면.

176) 최준선, 앞의 "상법상 특별배임죄규정의 개정방향", 101면.

생각건대 상법이 실질상 이사나 실질상 집행임원을 그 지시하거나 집행한 업무에 관하여는 "이사(또는 집행임원)로 본다"고 규정하여 손해배상 책임을 인정하는 것은 실질상 이사나 실질상 집행임원이 실제로 관여하는 일에 관하여 이사나 집행임원으로서의 선관주의의무나 충실의무를 기울여야 할 임무를 부여한 것으로 보아야 할 것이다.[177] 그렇다면 그 범위 내에서는 실질상 이사나 실질상 집행임원도 회사에 대하여 이사나 집행임원과 똑같은 임무를 부담하는 것이고 그 임무위배 행위는 특별배임죄를 구성할 수 있을 것이다.[178] 또한 실질상 이사나 실질상 집행임원은 그 업무 관여행위 당시 자신의 관여행위가 상법상 책임을 부담하게 될 것인지 여부를 파악하기 어렵다고 볼 수도 없을 것이다. 따라서 실질상 이사나 실질상 집행임원을 특별배임죄의 행위주체에 포함하는 입법조치는 법리상 불가능한 것이 아니며, 이사 · 집행임원 등 다른 행위주체와 비교하여 보더라도 균형을 갖춘 입법이 될 것이다. 다만, 이러한 입법조치가 없는 현재로서는 해석상 실질상 이사를 회사임원등 특별배임죄의 행위주체로 인정하는 것은 죄형법정주의에 반하는 일이다. 실무에서는 그 행위주체와의 공모범으로 인정하거나, 아니면 형법상 업무상배임죄(또는 특정경제범죄법 제3조의 배임죄)로 의율하면서 그 행위주체인 '타인의 사무를 처리하는 자'에 포함하여 처벌하고 있다.[179]

5) 직무대행자 및 일시이사

주식회사나 유한회사의 경우 이사 · 감사 선임결의의 무효 · 취소 · 부존재확인[180]의 소, 이사 해임의 소 또는 주식회사 감사 해임의 소가 제기된 때, 급박한 사정이

---

177) 실질상 이사(또는 실질상 집행임원)의 손해배상 책임의 법적 성질에 관한 기관책임설 입장[최준선(회사), 573면; 최기원(상법-상-), 863면; 최수정, 대계Ⅱ, 1085면]과 같은 입장임.

178) 한석훈, 앞의 "상법 벌칙규정의 개정과제 회사임원 등의 특별배임죄 규정을 중심으로-", 291,292면.

179) 판례는 "배임죄의 주체로서 '타인의 사무를 처리하는 자'란 타인과의 대내관계에 있어서 신의성실의 원칙에 비추어 그 사무를 처리할 신임관계가 존재한다고 인정되는 자를 의미하고, 반드시 제3자에 대한 대외관계에서 그 사무에 관한 권한이나 대리권이 존재할 것을 필요로 하지 않는다. 또한 업무상배임죄에 있어서의 업무라 함은 직업 또는 직무와 같은 것으로 사회생활상의 지위에 기하여 반복 또는 계속적으로 행하는 사무를 의미하고, 그 근거는 법령, 계약, 관습의 어느 것에 의하건 묻지 않고 사실상의 것도 포함한다."고 판시하며 실질상 이사도 업무상배임죄의 행위주체에 포함시키고 있다(서울고등법원 2013. 6. 13. 2012노4016).

180) 이사 · 감사 선임결의 무효나 취소의 소뿐만 아니라 그 부존재확인의 소도 직무집행정지 또는 대행자 선임 가처분의 본안소송이 될 수 있다[이철송(회사), 849면].

있는 경우에는 그 제기 전에 법원은 당사자의 신청에 따라 이사나 감사의 직무집행정지 또는 직무대행자 선임 가처분을 할 수 있다(상법 제407조 제1항, 제415조, 567조, 제570조). 이러한 가처분이 있으면, 그 직무집행정지기간 중에 있는 이사나 감사는 더 이상 회사업무를 처리하는 자가 아니어서 회사와의 신임관계를 인정할 수 없으므로 특별배임죄의 행위주체가 될 수 없다.[181] 이 때에는 법원이 선임하는 직무대행자가 회사업무를 처리하게 되고 특별배임죄의 행위주체가 된다.

그런데 제622조 제1항은 행위주체가 되는 직무대행자로서 주식회사의 이사 · 감사 직무대행자(제407조 제1항, 제415조) 및 유한회사의 이사 직무대행자(제567조)만 명시하고 있을 뿐, 유한회사의 감사 직무대행자(제570조)는 누락하고 있다. 그러나 유한회사의 감사를 그 행위주체에 포함하면서 그 직무대행자만 주식회사의 경우와는 달리 행위주체에서 제외할 이유가 없다. 다만, 죄형법정주의 원칙상 해석론으로는 유한회사의 감사 직무대행자를 그 행위주체에 포함할 수 없으므로 이에 관한 명문 규정을 두는 입법조치가 필요하다.[182]

주식회사 집행임원의 경우에도 이사회의 집행임원 선임결의 무효의 소가 제기되거나 그 제기 전에 직무집행정지 또는 직무대행자 선임 가처분을 할 수 있으나(상법 제408조의9, 제407조 제1항), 상법 제622조 제1항의 행위주체에는 집행임원의 직무대행자를 누락하고 있다. 주식회사의 업무집행기관인 이사 · 집행임원 및 이사의 직무대행자는 행위주체에 포함하면서 집행임원의 직무대행자만 행위주체에서 배제할 이유가 없다. 그러나 죄형법정주의 원칙상 그 행위주체에 집행임원의 직무대행자가 포함된 것으로 해석할 수는 없으므로 이에 관한 명문 규정을 두는 입법적 조치도 필요하다.

위 각 직무대행자는 가처분결정에 다른 정함이 있거나 법원의 허가를 받은 경우 외에는 회사의 상무(常務)에 속하지 아니한 행위를 하지 못한다(상법 제408조 제1항). 그러나 직무대행자가 그 권한범위를 넘은 행위를 한 경우에도 회사는 선의의 제3자에 대하여는 그로 인한 책임을 부담함으로써(상법 제408조 제2항) 손해를 입을 수 있다. 따라서 직무대행자의 권한범위를 넘은 행위도 특별배임죄의 성립요건을 충족할

---

181) 新版 注釋 会社法(13), 559면.

182) 한석훈, 대계Ⅲ, 1025면. 천경훈, 주석 상법(회사-Ⅶ), 105면; 한석훈, 대계Ⅲ, 953면.

수 있다.[183)]

주식회사 및 유한회사의 이사 또는 감사는 법률 또는 정관에 정한 인원수를 결하게 되는 경우에는 임기만료나 사임으로 인하여 퇴임한 이사 또는 감사(이하 '퇴임이사' 또는 '퇴임감사'라 함)는 새로 선임된 이사 또는 감사가 취임할 때까지 이사 또는 감사의 권리 · 의무가 있다(상법 제386조 제1항, 제415조, 제567조, 제570조). 이러한 퇴임이사 또는 퇴임감사는 상법 제622조 제1항의 '이사' 또는 '감사'에 해당하는 자이므로 특별배임죄의 행위주체가 된다.[184)]

그리고 이러한 경우에 법원은 필요하다고 인정할 때에는[185)] 이해관계인의 청구에 따라 일시 이사 직무를 행할 이사(이하 '일시이사'라 함)[186)] 또는 일시 감사 직무를 행할 감사(이하 '일시감사'라 함)를 선임할 수 있다(상법 제386조 제2항, 제415조, 제567조, 제570조). 그 중 주식회사의 일시이사(상법 제386조 제2항)는 상법 제622조 제1항의 행위주체에 포함되어 있으나, 같은 규정에는 '제415조 또는 제567조의 **직무대행자**'라고 기재되어 있으므로 주식회사의 일시감사, 유한회사의 일시이사 및 일시감사(제415조, 제567조, 제570조)는 상법 제622조 제1항의 행위주체에 명시되어 있지 않다. 그런데 위 퇴임이사 · 퇴임감사나 일시이사 · 일시감사 제도는 기업의 유지강화라는 상법의 이념에 따라 이사 · 감사의 결원으로 인한 업무중단을 방지하기 위한 것이므로,[187)] 이들을 행위주체에서 배제할 이유가 없다. 문제는 해석론으로 이들을 상법 제622조 제1항의 행위주체에 포함할 수 있는지 여부이다.

이 점에 관하여 주식회사의 일시감사는 상법 제622조 제1항의 행위주체인 '제415조'에, 유한회사의 일시이사는 상법 제622조 제1항의 행위주체인 '제567조'에 각 포함되는 것으로 해석하는 견해[188)]가 있다. 형벌에 관한 상법 제622조 제1항은

---

183) 같은 취지: 会社法コンメンタル(21), 65면.

184) 같은 취지: 会社法コンメンタル(21), 65면.

185) 통설 · 판례는 회사업무의 중단 방지라는 일시이사 제도의 입법취지에 비추어 법률 · 정관 규정상 이사 정원수를 결한 경우라면 임기만료나 사임 사유에 한정하지 않고 이사의 사망, 해임 등 모든 경우에 일시이사를 선임할 수 있는 것으로 넓게 해석하고 있다[대법원 1964. 4. 28. 63다518; 최준선(회사), 472면; 이철송(회사), 678면].

186) 일시이사는 '임시이사' 또는 '가(假)이사'로 지칭되기도 하지만, 판례도 '일시이사'라는 명칭을 사용하고 있다(대법원 1981. 9. 8. 80다2511 등).

187) 이철송(회사), 679면.

188) 천경훈, 주석 상법(회사-Ⅶ), 104,105면.

죄형법정주의 원칙에 따라 문언의 가능한 의미 범위 내에서 해석하지 않으면 안되고 같은 법률에 사용된 용어는 가급적 같은 개념으로 보아야 할 것이다. 상법 제622조 제1항은 행위주체를 "… 제386조 제2항, 제407조 제1항, 제415조 또는 제567조의 **직무대행자** …"라고 규정하고 있다. 이 중 상법 제415조는 주식회사의 일시감사 및 감사 직무대행자를 인정하는 규정이고, 상법 제567조는 유한회사의 일시이사 및 이사 직무대행자를 인정하는 규정이다. 그러므로 위 "제415조 또는 제567조의 직무대행자"를 문언해석에 충실하게 풀이하면 주식회사의 일시감사와 유한회사의 일시이사는 행위주체에서 제외되지만, 위와 같이 일시이사에 관한 상법 제386조 제2항도 직무대행자로 표현한 문맥에는 맞지 않게 된다. 또한 회사임원등 특별배임죄의 행위주체에 주식회사의 감사 직무대행자와 유한회사의 이사 직무대행자를 포함하면서 주식회사의 일시감사와 유한회사의 일시이사를 배제할 이유가 없다. 일시이사(또는 일시감사)는 이사 직무대행자(또는 감사 직무대행자)보다 그 권한범위가 넓으면서도[189] 법원에 의하여 선임되는 점은 마찬가지이기 때문에 그 배임행위를 규제할 필요가 있기 때문이다. 그러므로 위 '제386조 제2항, 제407조 제1항, 제415조 또는 제567조의 직무대행자'를 '제386조 제2항, 제407조 제1항, 제415조 또는 제567조의 **직무를 대신 행하는 자**'로 해석하여 주식회사의 일시감사는 감사 직무대행자와 함께 위 '제415조'에, 유한회사의 일시이사는 이사 직무대행자와 함께 위 '제567조'에 포함되는 것으로 해석하는 것이 합리적인 해석이다.[190] 다만, 유한회사의 감사 직무대행자는 물론 일시감사도 이를 인정하는 규정인 상법 제570조(즉, 유한회사의 감사에 일시이사에 관한 제386조 제2항 준용)가 위 제622조 제1항의 행위주체에는 누락되어 있으므로 죄형법정주의 원칙상 특별배임죄의 행위주체에 포함되지 않는 것으로 해석할 수밖에 없다.[191]

---

189) 이사 직무대행자의 권한범위는 가처분결정에 다른 정함이 없는 한 회사의 상무로 제한되지만(상법 제408조 제1항 본문), 일시이사의 권한은 통상의 이사와 같다[이철송(회사), 679면; 임재연(회사Ⅱ), 366면].

190) 그러나 주식회사의 일시감사나 유한회사의 일시이사를 제622조 제1항의 행위주체로 명확히 표현하는 입법을 하는 것이 죄형법정주의의 명확성 원칙에 부합할 것이다.

191) 같은 취지: 천경훈, 주석 상법(회사-Ⅶ), 105면. 이는 입법의 불비이므로 유한회사의 감사 직무대행자 및 일시감사도 제 622조 제1항의 행위주체로 추가하는 입법조치가 필요하다.

6) 회사의 지배인

상법 제622조 제1항의 행위주체에는 회사의 '지배인'이 포함되어 있다. 회사의 지배인은 회사에 갈음하여 그 영업에 관한 재판상 또는 재판외 모든 행위를 대리할 수 있는 포괄적 대리권을 가진 자이다(상법 제11조 제1항). 따라서 회사와는 고도의 신임관계에 있으므로 특별배임죄의 행위주체에 포함된 것이다.

상법 제14조의 표현지배인 규정에 의하면 회사의 지배인은 아니지만 회사가 지배인으로 인정될 만한 명칭을 사용하게 한 자는 상거래의 안전을 위하여 재판 외 영업행위에 관하여 지배인과 동일한 권한이 있는 것으로 보게 되는 경우가 있다. 이러한 표현지배인도 특별배임죄의 행위주체에 포함하는 견해[192]가 있다. 그러나 제622조 제1항에서 행위주체를 '지배인'이라고 명시하고 있는 이상 죄형법정주의 원칙에 따라 상법 제10조의 지배인으로 한정해야 할 것이고, 거래의 안전을 입법취지로하는 표현지배인까지 포함하는 것으로 볼 수는 없을 것이다(부정설).[193]

7) 회사의 영업에 관한 어느 종류 또는 특정한 사항의 위임을 받은 사용인

상법 제622조 제1항의 행위주체에는 "기타 회사영업에 관한 어느 종류 또는 특정한 사항의 위임을 받은 사용인"이 포함되어 있다. 같은 행위주체로서 회사의 임원·지배인 등 회사의 영업에 관한 포괄적 대리권을 갖는 지위에 있는 자들이 열거되어 있고, 형법상 업무상배임죄보다 신분적 가중처벌을 하기 위하여 특별배임죄의 행위주체로 규정되어 있음에 비추어 볼 때, 이 사용인은 회사영업에 관한 구체적 사항의 대리권을 위임받은 사용인은 해당되지 않는다. 적어도 회사 영업의 어떤 종류 또는 특정 사항에 관하여 대외적으로 회사를 대리할 수 있는, 부분적이기는 하나 포괄적 대리권을 가진 사용인, 즉 상법 제15조 규정의 '부분적 포괄대리권을 가진 사용인'을 의미한다(통설·판례).[194] 부분적 포괄대리권을 가진 사용인의 임무위배 행위는 그 대리권한에 관한 행위라야만 배임죄가 성립한다.

이에 대하여 위 '사용인'에는 상법 제16조에 규정된 '물건판매점포의 사용인'도 포

---

192) 김성탁, 앞의 "주식인수금의 가장납입에 대한 상법상의 형사처벌조항", 572면; 곽동효, "회사법상의 납입가장죄", 「회사법상의 제문제(하)」 재판자료 38집(법원행정처, 1987), 564면.

193) 부정설이 일본의 유력설이다[会社法コンメンタル(21), 65면].

194) 대법원 1978. 1. 24. 77도1637; 주강원, 앞의 "상법상 특별배임죄에 대한 연구", 371면; 천경훈, 주석 상법(회사-Ⅶ), 106면.

함된다는 견해[195]가 있다. 그러나 물품판매점포의 사용인은 지배인이나 부분적 포괄대리권을 가진 사용인과는 달리 회사의 권한위임 유무와 무관하게 거래안전을 위하여 대리권이 의제되는 자로서[196] 회사와의 신임관계를 전제로 하지 않으므로 위 제622조 제1항의 명문 규정이나 입법취지에 반하는 해석이므로 부당하다.

입법론으로서, 위 '지배인'이나 '부분적 포괄대리권을 가진 사용인'은 회사 업무집행기관의 보조자에 불과하고 그 권한범위가 이사 등 업무집행기관에 비하여 협소하여 대부분 업무집행기관의 명령에 따른 행위를 함에 비추어, 이들을 특별배임죄의 행위주체로 규정한 것은 부당하다는 견해[197]가 있다. 그러나 지배인은 회사의 본점이나 지점 영업에 관한 재판상 또는 재판 외 모든 행위를 대리할 포괄적 대리권을 갖고 있는 자이다. 부분적 포괄대리권을 가진 사용인도 특정 종류나 특정 사항에 관하여는 재판 외 모든 행위를 대리할 포괄적 대리권을 갖고 있는 자이다(상법 제15조 제1항). 이들은 그 권한범위 안에서는 이사 등 업무집행기관의 구체적인 지시를 받지 않고 권한을 행사하는 자이므로 이들에 대한 회사와의 신임관계도 보호할 필요가 있다.[198] 행위주체의 권한범위와 그 배임행위로 인한 손해발생의 위험성은 비례하더라도 그 피해규모까지 비례하는 것은 아니므로 굳이 특별배임죄의 행위주체에서 제외할 필요는 없을 것이다.

위 지배인이나 부분적 포괄대리권을 가진 사용인은 그 대리권의 수권 이외에 회사와 고용관계에 있어야만 하는지 여부가 문제된다. 상법 제11조, 제15조의 해석상 위 사용인들의 선임행위는 대리권 수여행위일 뿐 고용계약까지 필요로 하는 것은 아니라는 것이 다수설[199] 입장이다. 또한 회사와의 신임관계를 특별히 보호하고자 하는 상법 제622조 제1항의 입법취지에 비추어 보면, 포괄적 대리권을 가지고 회사의 지휘감독 아래 계속하여 종속적으로 회사의 영업을 담당하는 자인 이상, 그 밖에

195) 양동석 · 박승남, "회사법상의 특별배임죄", 「기업법연구」 제28권 제1호(한국기업법학회, 2014), 194면.

196) 최준선(상총), 154면.

197) 송호신(박사학위논문), 89-91면; 前田信二郎, 앞의 책, 45,46면.

198) 현행 일본 会社法 제960조 제6호, 제7호에서도 '지배인'과 함께 '사업에 관한 어느 종류 또는 특정 사항의 위임을 받은 사용인'을 특별배임죄의 행위주체에 포함시키고 있다.

199) 이 견해는 선임행위의 법적 성질을 대리권수여계약으로 보는 입장[최준선(상총), 138,152면]과, 수권자에게 의무나 책임을 부담시키는 것이 아니므로 거래안전을 위하여 상대방 있는 단독행위로 보아야 한다는 입장[이철송(상총), 115,136면; 정준우(상총), 51면; 안강현(상총), 82,100면]으로 구분된다.

회사와의 고용계약이나 그 보수지급 여부는 문제되지 않는 것으로 보아야 한다.[200)]

8) 사무처리 권한 있는 자의 보조기관

형법상 단순배임죄나 업무상배임죄의 행위주체인 '(업무상) 타인의 사무를 처리하는 자'에는 고유의 권한으로서 그 사무처리를 하는 자에 한하지 않고 그 자의 부하직원처럼 보조기관으로서 직접 또는 간접으로 그 처리에 관한 사무를 담당하는 자도 단순히 상급자의 지시에 따른 소극적 업무처리에 그친 것이 아니라면 그 행위주체에 포함되는 것이 판례의 입장임은 앞에서 말하였다. 이러한 입장에서는 특별배임죄의 경우에도 행위주체의 보조기관에 대하여 마찬가지로 해석할 여지가 있게 된다. 이 문제는 보조기관도 특별배임죄의 신분자로 보아 단독으로 처벌할 수 있는지, 아니면 고유권한 있는 신분자와의 공범으로 가담한 경우에만 처벌할 수 있고, 그 경우에도 형법 제33조 규정에 따라 처벌할 수 있는지 여부의 문제가 된다.

생각건대 원래 형법상 단순배임죄나 업무상배임죄의 경우에 사무처리의 고유권한이 있는 자의 보조기관도 단순히 상급자의 지시에 따른 소극적 업무처리에그치는 것이 아니라 그 사무처리를 위임한 타인(또는 회사)의 재산을 보호·관리하는 사실상 신임관계를 간접적으로라도 인정할 수 있는 경우에만 그 행위주체에 포함시킬 수 있는 것으로 제한적으로 해석함이 배임죄의 본질에 부합한다. 그러나 상법 기타 특별법상 특별배임죄의 경우에 신분적 가중처벌규정을 둔 이유는 단순배임죄나 업무상배임죄의 행위주체보다 그 권한이 포괄적이라는 점에 있다. 따라서 그러한 포괄적 권한을 인정할 수 없는 보조기관을 특별배임죄의 행위주체로 인정하는 것은 특별배임죄의 입법취지나 죄형법정주의 원칙에 반하는 해석이다.

9) 유한책임회사의 업무집행자 또는 직무수행자

2011년 개정상법에 신설된 유한책임회사의 업무집행자나 직무수행자(업무집행자가 법인인 경우에 그 법인이 해당 업무집행자로서의 직무를 행할 자로 선임한 자 - 상법 제287조의15)를 포함할 수 있는지 문제가 된다. 유한책임회사의 내부관계나 대표권에 관하여는 합명회사 규정을 준용하고 있으므로(상법 제287조의18, 제287조의19 제5항) 업무집행자나 직무수행자는 합명회사의 업무집행사원과 동일한 포괄적 업무집행권한을 가진

---

200) 일본 판례도 같은 취지임(日 最決 2005. 10. 7. 刑集 59巻 8号 1086면).

다. 상법 제622조 제1항에 열거된 행위주체 중에는 권한의 포괄성이나 회사와의 신임관계 면에서 위 업무집행자나 직무수행자보다도 약한 '회사의 지배인 또는 부분적 포괄대리권을 가진 사용인'조차 포함하고 있다. 그러므로 만약 특별배임죄의 행위주체에서 유한책임회사의 업무집행자나 직무수행자를 누락하였다면 입법의 불비가 아닐 수 없다.[201] 따라서 위와 같은 논리적 구조에 비추어 유한책임회사의 업무집행자는 상법 제622조 제1항의 '업무집행사원'에 포함되고, 유한책임회사의 업무집행자인 법인의 직무수행자는 상법 제637조 규정에 따라 업무집행자가 법인인 경우에 "그 행위를 한 이사, 집행임원, 감사, 그 밖에 업무를 집행한 사원 또는 지배인"에 해당함으로써 그 행위주체가 되는 것으로 보아야 할 것이다.

다만, 유한책임회사 업무집행자의 직무대행자(상법 제287조의5 제5항, 제287조의13)는 상법 제622조 제1항의 행위주체에 아무런 근거 규정이 없으므로 행위주체가 될 수 없다.

10) 청산회사의 청산인, 청산인 직무대행자 및 일시청산인

상법 회사편에 있는 5종의 회사, 즉 합명 · 합자 · 유한책임 · 주식 · 유한회사는 해산 후에는 청산 목적범위 내에서 존속하고 **청산인**은 그 청산회사의 업무집행기관으로서 청산사무에 관한 포괄적 권한을 가진다(상법 제245조, 제269조, 제254조, 제287조의45, 제542조, 제613조 제1항). 청산인은 영업중 회사의 업무집행기관이 가지는 권한보다는 권한범위가 제한적이지만, 청산회사와 위임관계에 있어 선량한 관리자의 주의로 청산사무를 처리하여야 할 임무를 부담하는 자이고, 그 권한이 포괄적이므로 특별배임죄의 행위주체로 한 것이다(상법 제622조 제2항). 다만, 청산사무는 일시적 사무이고 청산인의 권한범위도 제한적이므로 상법 제622조 제2항에서 별개 항목의 처벌규정을 둔 것이지만 그 법정형은 같은 조 제1항을 준용하고 있어서 차이가 없다.

주식회사가 해산하여 청산회사가 되면 합병 · 분할 · 분할합병 또는 파산의 경우 외에는 정관에 다른 규정이 없는 이상 이사가 청산인이 되고, 주주총회에서 청산인

---

201) 한석훈, 앞의 "상법 벌칙규정의 개정과제 회사임원 등의 특별배임죄 규정을 중심으로-", 292면. 죄형법정주의의 명확성 원칙에 충실하자면 상법 제622조 제1항의 행위주체에 '유한책임회사의 업무집행자와 직무수행자'도 포함하는 명문 규정을 두는 것이 바람직하다.

을 선임할 수도 있다(상법 제531조 제1항). 주주총회에서 청산인 선임결의를 하는 경우에 청산인 선임결의의 취소나 무효 또는 부존재확인의 소가 제기되거나 그 제소 전에 당사자 신청에 따라 법원은 청산인 직무집행정지 또는 청산인 직무대행자 선임 가처분을 할 수 있다(상법 제542조 제2항, 제407조 제1항). 또한 청산인이 된 이사를 선임한 해산 전 주주총회 선임결의의 취소나 무효 또는 부존재확인의 소를 본안소송으로 한 청산인 직무집행정지 또는 청산인 직무대행자 선임 가처분을 할 수도 있다. 주식회사의 이사에 대한 직무집행을 정지하고 그 직무대행자를 선임하는 법원의 가처분이 이미 있는 경우에는, "해산 당시의 이사의 직무는 그 직무대행자에 의하여 이루어지고 직무대행자의 직무행위의 내용은 직무집행이 정지된 이사의 그것과 일응 동일하므로 상법 제531조 제1항에 따라 해산 전 가처분에 의하여 선임된 이사 직무대행자는 회사가 해산하는 경우 당연히 청산인 직무대행자가 된다."(판례).[202] 이러한 주식회사의 청산인 직무대행자는 상법 제622조 제2항의 행위주체인 "제542조 제2항의 직무대행자"로서 특별배임죄의 행위주체가 된다.[203]

청산주식회사나 청산유한회사에서 청산인의 임기만료[204]나 사임으로 청산인 부재 상태가 되거나 정관[205]에 정한 청산인 인원수를 결하게 되는 경우에, 새로 선임되는 청산인이 취임할 때까지 계속하여 청산인의 권리 · 의무가 인정되는 퇴임청산인(상법 제542조 제2항, 제613조 제2항, 제386조 제1항)은 청산인과 달리 취급할 이유가 없으므로

---

202) 대법원 1991. 12. 24. 91다4355.

203) 입법론으로 유한회사의 청산인 직무대행자(상법 제613조 제2항, 제407조 제1항)도 상법 제622조 제2항의 행위주체에 포함함이 타당하다는 견해[천경훈, 주석 상법(회사-Ⅶ), 107면]가 있다. 그러나 위 제622조 제2항의 행위주체는 권한범위가 제한적이고 비교적 일시적 사무를 처리하는 자이지만 그 사무의 중대성에 비추어 권한범위가 포괄적이고 계속적 사무를 처리하는 같은 조 제1항의 이사 등 회사 임원의 배임행위에 준하여 엄히 처벌하고자 하는 것이므로 그 행위주체를 제한함이 타당할 것이다. 이러한 취지에서 그 행위주체를 회사합병시의 설립위원(설립위원을 행위주체에 포함한 것은 설립위원은 발기인과 유사한 지위에 있는 점, 합병시 회사신설 사무의 중요성 등을 감안한 것으로 보임) 외에는 다수의 이해관계자가 관여할 수 있는 주식회사의 청산인 직무대행자로 제한하여 규정한 것으로 보인다[한석훈, 대계Ⅲ, 1028면 각주 91]. 그렇다면 위와 같은 개정보다는 오히려 위제622조 제2항의 행위주체인 "회사의 청산인"도 주식회사의 청산인으로 제한하는 입법을 하는 것이 바람직할 것이다.

204) 청산인은 임기가 정해져 있지 않지만, 이사가 해산 당시 또는 그 후 임기가 만료되더라도 새로 청산인이 선임되어 취임할 때까지는 청산인으로서의 권리 · 의무를 가지는 퇴임청산인이 될 수 있다(대법원 1991. 11. 22. 91다22131).

205) 법률에 의하여 청산인의 수를 제한하고 있지는 아니하므로 청산인 수가 법률상 정원수를 결하는 경우는 발생하지 않는다.

상법 제622조 제2항의 '청산인'에 포함되어 특별배임죄의 행위주체가 된다.[206)]

그런데 청산 중 주식회사에서 정관에 정한 청산인의 인원수를 결하여 법원에 의하여 일시 청산인의 직무를 행할 자로 선임되는 주식회사의 **일시청산인**(상법 제542조 제2항, 제386조 제2항)[207)]도 상법 제622조 제2항에서 특별배임죄의 행위주체로 언급한 "제542조 제2항의 직무대행자"에 포함되는 것인지는 문제가 된다. 일시청산인은 특별배임죄의 행위주체에 포함되어 있는 청산인 직무대행자와 비교하여 청산회사와의 신임관계 면에서 다르지 않고 권한범위는 오히려 넓으므로 행위주체에서 제외할 이유가 없다.[208)] 또한 상법 제542조 제2항은 주식회사의 일시이사에 관한 상법 제386조 제2항을 청산인에게도 준용하여 일시청산인을 포함하고 있다. 따라서 위 "제542조 제2항의 직무대행자"를 '제542조 제2항에 기재된 직무를 대신 행하는 자'로 해석하여 주식회사의 일시청산인도 그 행위주체에 포함되는 것으로 해석할 수 있을 것이다.[209)]

그러나 유한회사의 일시청산인은 그 근거규정인 상법 제613조 제2항이 상법 제622조 제2항에 포함되어 있지 않으므로 죄형법정주의 원칙상 특별배임죄의 행위주체에 포함되지 않는다.

11) 회사 신설합병의 설립위원

상법 회사편에 있는 5종의 회사, 즉 합명 · 합자 · 유한책임 · 주식 · 유한회사는 회사합병으로 신 회사를 설립할 수 있다. 이러한 신설합병을 하는 경우에 정관 작성 기타 신 회사 설립사무는 각 소멸회사에서 선임한 설립위원이 공동으로 해야 한다(상법 제175조 제1항). 신설회사가 주식회사인 경우에 설립위원은 발기인과 같은

---

206) 한석훈, 대계Ⅲ, 1028면.

207) 청산인은 법률상 인원수가 정해져 있지 않으므로 정관에 정한 청산인 인원수를 결한다 하더라도 해산 후에는 법원에 일시청산인을 선임신청하는 경우가 드물겠지만, 1인 청산인의 사임으로 청산인 부재상태인 경우에는 발생할 수 있다. 다만, 해산 당시 일시이사 또는 일시대표이사의 지위에 있던 자는 정관에 다른 규정이 있거나 주주총회에서 청산인을 선임하지 않으면 해산으로 청산인 또는 대표청산인이 되므로[대법원 1981. 9. 8. 80다2511; 이철송(회사), 1094면] 상법 제622조 제2항의 행위주체가 된다.

208) 일본 会社法 제960조 제2항 제3호에서도 특별배임죄의 행위주체에 '일시청산인(一時清算人)'을 명시하고 있다.

209) 입법의 불비이므로 주식회사의 일시청산인을 상법 제622조 제2항의 행위주체로 명확히 표현하는 입법을 하는 것이 죄형법정주의의 명확성 원칙에 부합할 것이다.

지위에 있게 된다. 이처럼 신설합병시 설립위원은 발기인과 유사한 지위에 있게 되고 그 담당하는 회사설립 사무가 중요한 점[210] 등을 감안하여 특별배임죄의 행위주체로 규정되었다. 다만, 설립위원은 회사의 비상상황에서 제한된 범위 내에서 일시적으로 회사 관련 사무를 집행하는 점에서는 청산인과 유사하므로 상법 제622조 제2항의 행위주체에 포함된 것이다. 다만, 우리나라에서는 대부분 흡수합병을 활용할 뿐 신설합병 사례는 거의 없으므로[211] 설립위원이 배임죄로 의율된 사례도 거의 없다.

12) 사채권자집회의 대표자 또는 그 결의를 집행하는 자

주식회사는 사채발행의 집단성 · 공중성 · 계속성으로 인하여 대규모 사채권자들의 이해관계사항[212]을 결정하기 위한 사채권자집회[213] 제도를 두고 있다(상법 제490조). 사채권자집회는 빈번한 개최의 번거로움을 피하고 효율적인 의사결정을 하기 위하여 해당 종류 사채 총액(상환받은 금액 제외)의 500분의 1 이상을 가진 사채권자 중 1명 또는 여러 명의 대표자를 선임하여 그 결의할 사항의 결정을 위임할 수 있다(상법 제500조). 이 때 대표자에 대한 위임은 결정사항의 일부만 특정하여 위임할 수도 있고 결정사항 전부를 포괄적으로 위임할 수도 있다.[214] 사채권자집회의 결의는 그 결의에 전체 사채권자의 동의가 있지 아니한 이상 법원의 인가를 받아야 그 효력이 생기도록 규정하였는데(상법 제496조, 제498조), 위와 같이 대표자가 사채권자집회로부터 위임받아 결정한 사항도 법원의 인가를 받아야 그 효력이 생긴다.[215] 그리고 사채권자집회의 결의사항을 집행하기 위하여 사채권자집회에서 집행자를 정하는 결

---

210) 천경훈, 주석 상법(회사-Ⅶ), 107면.

211) 임재연(회사Ⅱ), 680면.

212) 자본의 감소 또는 합병에 대한 이의(상법 제439조 제3항, 제530조 제2항), 사채발행회사의 불공정행위에 대한 취소의 소 제기결정(상법 제512조), 사채관리회사 사임에 대한 동의(상법 제481조 제1문), 사채관리회사의 해임청구(상법 제482조), 사무 승계 사채관리회사의 선정 동의(상법 제483조 제1항 제2문) 등과 같은 법정사항, 그 밖의 사채원리금 지급유예, 이행지체의 면제 또는 사채이율의 인하 등의 이해관계사항을 말한다(김두환, 대계Ⅲ, 84면).

213) 사채권자집회는 이해관계가 같은 사채의 종류별로 이루어지는 임시적 의결기관인데, 그 '사채종류'의 개념에 관하여는 이철송(회사), 1060,1061면에서 상세히 설명하고 있다.

214) 김두환, 대계Ⅲ, 91면.

215) 김두환, 대계Ⅲ, 91면.

의를 하지 않은 이상 사채관리회사[216]가 그 결의를 집행하고, 사채관리회사가 없는 때에는 사채권자집회 대표자가 집행한다(상법 제501조). 사채권자집회의 집행자, 사채관리회사 또는 사채권자집회 대표자가 사채상환에 관한 결의나 결정을 집행하는 경우에는 사채권자를 위하여 사채에 관한 변제를 받거나 그 채권보전을 위한 재판상 또는 재판 외 모든 행위를 할 수 있고, 그 변제를 받은 때에는 사채권자에게 연대하여 변제액을 지급할 의무가 있다(상법 제503조, 제484조 제1항, 제485조 제2항).

사채권자집회의 대표자가 위와 같이 위임사항을 결정하거나, 집행자, 사채관리회사 또는 사채권자집회 대표자가 사채권자집회의 결의 또는 사채권자집회 대표자의 결정을 집행하는 경우에는 사채권자집회의 구성원인 전체 사채권자에 대하여 선량한 관리자로서의 주의의무가 있다.[217] 따라서 상법 제623조는 사채권자집회 대표자, 집행자 또는 사채관리회사를 특별배임죄의 행위주체로 한 것이다. 행위주체가 법인인 사채관리회사[218]의 경우에는 상법 제637조 규정에 따라 사채관리회사에서 실제 행위를 한 이사, 집행임원, 감사, 그 밖에 업무를 집행한 사원 또는 지배인이 그 범죄행위주체가 된다.

사채권자집회 대표자의 위임사무 결정 및 집행이나, 집행자나 사채관리회사가 사채권자집회의 결의(또는 사채권자집회 대표자의 결정)를 집행하는 사무는 특정적 또는 일시적인 경우가 대부분이다.[219] 또한 사채권자집회의 결의나 사채권자집회 대표자의 결정은 위와 같이 전체 사채권자의 동의가 없었던 이상 반드시 법원의 인가를 받아야 그 효력이 발생한다. 그러므로 사채권자집회 대표자 또는 집행자의 위 집행사무는 업무상배임죄의 '업무'에 해당한다고 보기 어렵거나, 사채관리회사의 경우처럼

---

216) 사채 발행회사는 사채발행시 사채관리회사를 정하여 변제의 수령, 채권의 보전, 그 밖에 사채의 관리를 위탁할 수 있다(상법 제480조의2).

217) 사채관리회사의 경우에는 상법 제484조의2 제2항에 전체 사채권자에 대하여 선량한 관리자의 주의로 사무를 처리해야 할 의무가 있음을 명시하고 있고, 사채권자집회에서 선임된 대표자나 집행자는 사채권자집회 구성원인 전체 사채권자에 대하여 위임관계에 기한 선관주의의무를 부담하는 것으로 보아야 할 것이다.

218) 사채관리회사는 은행, 신탁회사 등 법인이다(상법 제480조의3 제1항, 상법시행령 제26조).

219) 예컨대 사채권자집회에서 특정 자본감소나 합병 사안에 대한 이의 결정 여부를 위임받은 사채권자집회 대표자가 그 임무를 위배하고 이의를 하지 않아 전체 사채권자에게 손해를 입힌 경우, 만기에 지급유예를 함이 없이 사채를 추심할 것은 위임받은 사채권자집회 대표자가 만기에 사채 발행회사의 재산이 보전되지 않을 것을 예상하고서도 그 임무를 위배하여 채권보전을 위한 가압류를 하지 아니하여 전체 사채권자에게 손해를 입힌 경우를 예상할 수 있을 것이다.

업무에 해당한다고 하더라도 그 권한이 회사임원 등에 비하여 매우 제한적이며, 해당 종류 사채권자 전원의 동의나 법원 인가를 거친 결의나 결정을 집행하는 사무인 이상 그 남·오용 위험이 적으므로 그 법정형은 형법상 단순배임죄보다는 크고 회사임원등 특별배임죄보다는 낮게 규정한 것이다.[220] 따라서 사채권자집회 대표자등 특별배임죄에 관한 상법 제623조는 형법상 단순배임죄의 가중처벌적 신분범이거나 형법상 업무상배임죄의 감경처벌적 신분범으로 보아야 할 것이다.[221]

다만, 앞에서 말한 것처럼 실무상으로는 배임행위로 인한 이득액이 5억 원 이상인 경우에는 상법상 특별배임죄로 의율할 사안일지라도 형법상 단순배임죄나 업무상배임죄로 의율하여 결국 특정경제범죄법위반(배임)죄로 공소제기 하고 있다.

Ⅱ. 임무위배행위

1. 개념

배임죄의 본질에 관한 배신설 입장에서는 '임무에 위배한 행위', 즉 **배임행위**란 **신임관계에 기초하여 재산의 보호나 관리를 위임한 타인의 신뢰를 배반하는 행위**이다. 구체적으로는, 처리하는 사무의 성질·내용 및 행위 당시의 상황 등 구체적인 사정을 고려할 때 신의성실원칙에 비추어 통상의 사무집행범위를 일탈한 행위가 배임행위라고 하고 있다(통설).[222] 판례도 배신설의 입장에서 임무위배행위란 "사무의 내용·성질 등 구체적 상황에서 **법률규정, 계약내용 또는 신의성실원칙에 비추어** 당연히 할 것으로 기대되는 행위를 하지 않거나 당연히 하지 않아야 할 것으로

---

220) 상법 제623조 규정이 모델로 삼은 일본 회사법 제961조에 규정된 대표사채권자 또는 결의집행자의 특별배임죄 규정의 성격에 관하여, 이는 일본 형법상 배임죄의 가중처벌 규정인데 그 법정형이 이사등의 특별배임죄에 관한 같은 법 제960조만큼 가중되지 아니한 이유는 사채권자집회 결의가 법원 인가를 받지 아니하면 효력이 발생하지 않고 주로 특정결의를 집행하는 사무일 뿐이므로 그 권한남용의 위험이 적기 때문이라고 한다[会社法コンメンタル(21), 98,99면].

221) 이에 대하여, 앞의 '구성체계의 검토' 부분에서 말한 것처럼 사채권자집회 대표자등 특별배임죄는 당연히 형법의 업무상배임죄에 해당함을 전제로 법정형이 업무상배임죄보다 낮은 특별 처벌규정을 둘 필요가 없으므로 폐지함이 타당하다는 견해[천경훈, 주석 상법(회사-Ⅶ), 121,122면]가 있다. 그러나 사채권자집회 대표자 등의 사무집행이 형법상 단순배임죄에 해당할 경우도 있고, 업무상배임죄에 해당하더라도 상법 제623조를 업무상배임죄의 감경처벌적 신분범 규정으로 보아야 할 것이다.

222) 김성돈(형각), 477면; 배종대(형각), 454면; 손동권·김재윤(형각), 468면; 이재상·장영민·강동범(형각), 427면; 정웅석·최창호(형각), 705면.

기대되는 행위를 함으로써 피해자와의 신임관계를 저버리는 일체의 행위를 말한다" 라고 판시하고 있다.[223] 또한 판례는 어떠한 행위가 임무위배행위에 해당하는지 여부는 "그 사무의 성질 · 내용, 사무집행자의 구체적 역할과 지위, 행위 당시의 구체적 상황에 따라 그 행위가 **신의성실원칙에 비추어 통상의 업무**(**형법상 단순배임죄의 경우에는 '사무'**)**집행 범위를 일탈하였는가 여부**에 따라 판단해야 한다."고 판시하고 있다.[224] 배신설을 따르면 배임행위는 법률행위이든 사실행위이든 작위이든 부작위[225]이든 무방하고, 대외적 대리권한을 유월 · 남용한 경우이든 대내적 신임관계를 위반한 경우이든 가리지 않는다. 구체적 사안에서 임무위배행위인지 여부는 행위주체인 '타인의 사무를 처리하는 자'의 지위나 '재산상 손해' 요건의 해당 가능성 등을 감안하여 판단하게 된다.

이사회 또는 주주총회 결의 등 내부적 절차를 거친 경우에도 신의성실원칙에 비추어 통상의 업무(사무)집행 범위를 일탈하였으면 배임행위가 성립할 수 있다(판례).[226] 예컨대 이사나 집행임원이 회사와의 자기거래 행위에 대하여 상법 제398조 규정에 따른 이사회의 사전승인을 받았다 하더라도, 거래의 내용이 회사에 재산상 손해를 가하는 경우라면 임무위배행위가 될 수 있다.

또한 **법령, 정관, 사무처리규칙, 계약 등에 따르지 아니한 경우**에 곧 임무위배행위가 된다고 단정할 수 있는 것도 아니다. 예컨대 회사의 돈으로 뇌물을 주는 행위는 법령위반 행위이지만, 그러한 행위로 회사가 관청과의 계약을 확보한다거나

---

223) 대법원 2010. 10. 28. 2009도1149; 2010. 4. 29. 2009도13868; 1998. 2. 10. 96도2287.

224) 대법원 2010. 4. 29. 2009도13868.

225) 대법원 2021. 5. 27. 2020도15529("업무상배임죄는 타인과의 신뢰관계에서 일정한 임무에 따라 사무를 처리할 법적 의무가 있는 자가 그 상황에서 당연히 할 것이 법적으로 요구되는 행위를 하지 않는 **부작위**에 의해서도 성립할 수 있다. 그러한 부작위를 실행의 착수로 볼 수 있기 위해서는 작위의무가 이행되지 않으면 사무처리의 임무를 부여한 사람이 재산권을 행사할 수 없으리라고 객관적으로 예견되는 등으로 구성요건적 결과발생의 위험이 구체화한 상황에서 부작위가 이루어져야 한다. 그리고 행위자는 부작위 당시 자신에게 주어진 임무를 위반한다는 점과 그 부작위로 인해 손해가 발생할 위험이 있다는 점을 인식하였어야 한다."고 판시); 2012. 11. 29. 2012도10139.

226) 대법원 2005. 10. 28. 2005도4915; 2000. 5. 26. 99도2781; 1989. 10. 13. 89도1012. 이에 대하여 회사 이사회의 결의는 회사의 의사라는 이유로 피해자의 승낙이 있었다고 보는 견해[강동욱, "이사 등의 경영행위에 대한 배임죄의 성립범위 –객관적 구성요건의 해석을 중심으로–", 「한양법학」 제24권 제1집(한양법학회, 2013. 2.), 8면]가 있으나, 이사와 회사 사이의 임무위배 문제에서는 이사회의 의사를 회사의 의사로 볼 수는 없을 것이고, 오히려 이사회에서 이사의 행위를 승인한 이사들의 공모가담 여부를 문제삼아야 할 것이다.

인 · 허가를 받게 된 경우라면 임무위배행위로 볼 수 없다고 하는 견해[227]가 있다. 이 죄는 재산을 보호법익으로 하는 재산죄이므로 피해자인 타인의 재산에 대한 위험정도를 감안하여, 행위주체가 타인에 대하여 부담하는 재산의 보호 · 관리의무(선관주의의무나 충실의무 등)를 위반하였는지 여부를 기준으로 실질적으로 임무위배행위 여부를 판단해야 하기 때문이라고 한다.[228]

이 문제에서는 회사 이사 등 타인의 사무를 처리하는 행위주체가 부담하는 임무의 내용과 법령 · 정관 준수의무와의 관계를 검토해야 할 것이다. 일반적으로 이사는 법령과 정관의 규정에 따라 회사를 위하여 그 직무를 충실히 수행해야 할 의무가 있다(상법 제382조의3). 그러므로 이사가 법령 또는 정관에 위반한 행위를 한 경우에는 회사에 대한 손해배상 책임을 지게 되는데(상법 제399조 제1항), 이 경우 '법령'이란 "이사로서 임무를 수행함에 있어서 준수해야 할 의무를 개별적으로 규정하고 있는 상법 등의 제 규정과 회사가 기업활동을 함에 있어서 준수하여야 할 제 규정"이다(판례).[229] 이 중 **회사가 기업활동을 함에 있어서 준수하여야 할 제 규정**은 회사의 이익과 상반될 수도 있는데, 그러한 경우에 회사의 이익을 위하여 법령을 위반한 경우가 있을 수 있다. 판례는 회사의 이사가 회사의 이익을 위하여[230] 회사자금을 당시 대통령에게 뇌물로 공여한 사안에서 "회사가 기업활동을 함에 있어서 형법상의 범죄를 수단으로 하여서는 안 되므로 뇌물 공여를 금지하는 형법규정은 회사가 기업활동을 함에 있어서 준수하여야 할 것으로서, 이사가 회사의 업무를 집행하면서 회사의 자금으로서 뇌물을 공여하였다면 이는 상법 제399조에서 규정하고 있는 법령에 위반된 행위에 해당된다고 할 것이고 이로 인하여 회사가 입은 뇌물액 상당의 손해를 배상할 책임이 있다."고 판시하였다.[231] 또한 "회사가 기업활동을 하면서 형사상의 범죄를 수단으로 하여서는 안 되므로 뇌물공여를 금지하는 법률 규정은 회사가 기업활동을 할 때 준수하여야 하고, 따라서 회사의 이사 등이 업무상의 임무에 위배하여 보

227) 会社法コンメンタル(21), 68면.

228) 会社法コンメンタル(21), 68면; 日 最判 2004. 9. 10. 刑集 58巻 6号 524면.

229) 대법원 2005. 10. 28. 2003다69638.

230) 피고인 이사 측은 그 뇌물공여가 후술하는 경영판단원칙에 해당하는 경우라고 주장하는 등 회사의 이익을 위한 행위라는 취지로 주장한 사안이다.

231) 대법원 2005. 10. 28. 2003다69638.

관 중인 회사의 자금으로 뇌물을 공여하였다면 이는 오로지 회사의 이익을 도모할 목적이라기보다는 뇌물공여 상대방의 이익을 도모할 목적이나 기타 다른 목적으로 행하여진 것이라고 보아야 하므로, 그 이사 등은 회사에 대하여 업무상횡령죄의 죄책을 면하지 못한다. 이러한 법리는 회사의 이사 등이 회사의 자금으로 부정한 청탁을 하고 배임증재를 한 경우에도 마찬가지로 적용된다."라고 판시하고 있다.[232] 이러한 판례의 입장은 비록 배임죄에 관한 판례는 아니지만, 법령 · 정관 준수의무 위반행위가 있는 경우에는 임무위배행위가 됨을 적극적으로 인정하는 입장으로 볼 수 있다.

생각건대 회사 등 타인(이하 '회사'라 함)의 사무를 처리하는 자가 그 회사의 이익을 위하여 법령 · 정관을 위반하거나 회사 내부절차를 위반한 사무처리를 하였을지라도 그것만으로 곧 임무위배행위가 된다고 볼 수는 없을 것이다. 다만, 위 뇌물제공 사례처럼 그로 인하여 회사에게 이익이 된 것이 아니라 오히려 손해를 가하게 될 수도 있어서 내부적 신임관계의 침해로 평가되는 경우에는 회사 재산의 보호 · 관리를 위한 선관주의의무나 충실의무를 위반함으로써 그 임무를 위배한 행위로 평가할 수 있을 것이다.[233] 위 판례도 그 이유 설시가 명확하지 아니할 뿐 같은 취지인 것으로 보인다.

타인으로부터 **모험적 거래**를 위임받은 경우에 타인의 구체적인 사전동의 없이 거래를 하였더라도 원래 사무의 성격상 그 사무처리의 손익 여부가 매우 불분명한 것이므로 통상의 거래관행 범위 안에서 거래를 한 때에는 본인의 추정적 승낙을 인정하여 임무위배행위에 해당하지 않는다고 보아야 한다(통설).[234]

2. 형사법의 고유 개념 인정 여부

상법 제399조 제1항은 주식회사의 이사가 "고의 또는 과실로 … 그 **임무를 게을리한 경우**(이하 '임무해태'라 함)에는 회사에 대하여 손해를 배상할 책임이 있다."고 규정하고 있다. 이처럼 행위주체의 임무내용이 상법 등 민사법 규정에 따라 정해지는 경우에 '임무위배행위'의 개념도 같은 내용으로 볼 것인지(구별 불요설), 아니면 형사

232) 대법원 2013. 4. 25. 2011도9238.

233) 한석훈, 대계Ⅲ, 1031,1032면.

234) 이재상 · 장영민 · 강동범(형각), 429면; 배종대(형각), 455면.

법 고유의 임무위배행위 개념을 인정할 것인지 문제가 된다(구별 필요설). 독일의 경우에도 형법(StGB) 제266조(배임) 제1항의 "법률 · 관청의 위임, 법률행위 또는 신용관계 등에 의하여 부과되는 타인의 재산상 이익을 도모해야 할 의무를 위반하고"의 해석과 관련하여 연방대법원(Bundesgerichtshof, 약칭 BGH) 판례가 상반된 입장을 보이고 있다. 즉, '회사법상 의무위반이 중대한 경우'를 의미한다는 입장[235]과 '회사법상 의무위반'을 의미한 것일 뿐 그 위반이 중대한 경우라야 하는 것은 아니라고 하는 입장[236]이 대립하고 있다.[237] 아래에서는 우리나라의 구별 필요설과 구별 불요설의 논거를 검토한다.

가. 구별 필요설

상법상 이사 등의 민사책임은 주주, 회사 채권자 등 이해관계자들의 이해조정을 목적으로 함에 반하여 형사책임은 그 추구하는 목적이 다르다는 점을 근거로, 상법상 이사 등의 손해배상 책임 여부를 판단하는 '임무해태'의 기준은 형벌권 행사가 목적인 배임죄의 '임무위배' 판단 기준보다 개방적이고 유연하게 해석되어야 한다는 견해[238]가 있다. 형법은 겸억성, 보충성을 지니는 점에서 상법과 차이가 있으므로 이사의 상법상 신임의무나 충실의무 위반이 중대한 경우에만 배임행위가 될 수 있다는 견해[239]도 있다. 결국 구별 필요설은 배임죄의 임무위배행위를 회사법상 의무를 위반한 '임무해태행위' 중 중대한 위반행위만으로 제한하는 입장이라 할 수 있다.

나. 구별 불요설

배임죄는 재산의 보호나 관리를 위임한 자의 신뢰를 배반하는 행위를 처벌하는 범죄이고(배신설) 이사의 경우 회사에 대한 신뢰 배반 여부를 판단하는 기준은 민 · 상법

---

235) BGH, NJW 2006, 453(Kinowelt社 사건).

236) BGH, NStZ 2006, 214(Mannesmann社 사건).

237) 최문희, "독일에서의 이사의 의무위반과 배임죄", 「BFL」 제36호(서울대학교 금융법센터, 2009. 7.), 104면(독일의 판례 및 학설 대립에 관하여는 같은 논문 101~105면에서 상술).

238) 안수현, "회사법이론에서 본 LBO거래의 가벌성", 「이화여자대학교 법학논집」 제14권 제3호(이화여자대학교 법학연구소, 2010. 3.), 60면.

239) 이승준, "합병형 차입매수(LBO)의 배임죄 성부 판단", 「형사정책연구」(한국형사정책연구원, 2013), 97면; 최문희, 위 논문, 105,106면.

상 이사에게 부여된 임무위반 여부를 기준으로 해야 한다는 견해[240]가 있다. 다만, 배임죄는 고의범으로서 고의의 인식 대상에 임무위배 행위를 포함하고 있으므로 이사 등의 회사에 대한 임무해태 행위(제399조 제1항, 제414조 제1항 등) 중 **고의적인** 임무해태의 경우에만 배임죄의 구성요건에 해당한다는 견해[241]도 마찬가지 입장이다. 배임죄는 과실범 처벌규정이 없으므로 당연히 고의적인 임무위배행위만 성립하기 때문이다.

다. 결어

생각건대 구별 필요설이 논거로 드는 형사법의 보충성 원칙이란 형벌이 부과되는 형사법에 의한 법익보호는 다른 법률에 의한 보호수단이 끝난 후 최후수단으로만 발동되어야 한다는 것으로서,[242] 이는 원래 입법원리이므로 해석원칙으로 이 원칙을 원용함에는 신중을 기할 필요가 있다. 또한 같은 법률에 사용하는 용어는 특별한 이유가 없는 이상 같은 의미로 사용해야 할 텐데, 상법상 특별배임죄의 임무위배행위의 '임무'를 그 행위주체가 같은 법률상 부담하는 의무의 내용과 달리 해석해야 할 특별한 이유가 없다. 상법 등 특별법에 특별배임죄를 규정하는 이유는 바로 같은 법률에 규정된 의무의 이행을 확보하기 위하여 그 고의적 의무위반행위를 형사처벌하려는 것이다. 그리고 구별 필요설은 어느 정도를 배임죄로 처벌할 만한 중대한 위반행위인지 여부에 관한 아무런 기준을 제시하지 못하고 있으므로 명확한 형사법 규정을 명문 근거 없이 불명확한 개념으로 전환함으로써 죄형법정주의 원칙을 위반하고 있다.

따라서 행위주체의 임무내용이 상법 기타 민사법 규정이나 민 · 상사 계약에 따라 정해지는 경우에는 그 의무위반, 즉 임무해태는 배임죄의 임무위배행위가 되는 것이다. 우리나라의 판례도 배임죄의 임무위배 여부를 판단함에 있어서 '중대한 위반행위'라는 개념을 사용하지 않으므로 같은 입장으로 볼 수 있다.

---

240) 최승재, 앞의 "LBO와 배임죄의 성립 여부", 304면.

241) 윤영신, "동양그룹의 합병형 LBO와 배임죄", 「BFL」 제36호(서울대금융법센터, 2009.7.), 35면.

242) 손동권 · 김재윤(형각), 10,11면; 정성근 · 박광민(형총), 45면; 김성돈(형총), 797면.

3. 회사에 대한 임무위배행위

회사 이사의 행위가 주주총회 결의나 이사회 결의를 거친 경우일지라도 그 결의 내용이 부적법하여 무효이고 그로 인해 회사에 손해를 초래하게 되었다면 임무위배 행위가 될 수 있다.[243]

그런데 이 경우 회사 이사 등의 행위에 주주 전원의 승낙이 있었다면 배임행위를 인정할 수 있는지 문제가 된다. 후술하는 '재산상 손해 발생' 요건 부분에서 상술하는 것처럼 1인회사의 경우에 판례는 회사와 주주가 독립된 별개의 인격체임을 전제로 1인 주주인 대표이사의 배임행위가 있더라도 배임죄의 성립을 인정하고 있는데,[244] 이러한 입장에서는 회사 주주 전원의 승낙이 있더라도 배임행위가 성립하게 된다.

계열회사에 대한 자금지원 행위의 경우에, 각 회사가 독립된 별개의 인격체이므로 기업집단 전체의 손익 개념을 인정하지 않고 자금지원을 한 개별 회사의 이익이나 손해를 중심으로 그 회사 이사 등 경영진의 배임행위 여부를 가려야 한다(판례). 즉, "회사의 이사 등이 계열회사에 회사자금을 대여할 때에 계열회사가 이미 채무변제능력을 상실한 상태임에도 불구하고 충분한 담보를 제공받는 등 상당하고도 합리적인 채권회수 조치를 취하지 아니한 채 대여한 경우에는, 계열그룹 전체의 회생을 위한다는 목적에서 이루어진 행위로서 그 행위의 결과가 일부 해당 회사를 위한 측면이 있다 하더라도 배임행위가 성립할 수 있다"고 판시하였다.[245]

---

243) 대법원 2016. 1. 28. 2014다11888["상법이 정관 또는 주주총회의 결의로 이사의 보수를 정하도록 한 것은 이사들의 고용계약과 관련하여 사익도모의 폐해를 방지함으로써 회사와 주주 및 회사채권자의 이익을 보호하기 위한 것이므로, 비록 보수와 직무의 상관관계가 상법에 명시되어 있지 않더라도 이사가 회사에 대하여 제공하는 직무와 그 지급받는 보수 사이에는 합리적 비례관계가 유지되어야 하며, 회사의 채무 상황이나 영업실적에 비추어 합리적인 수준을 벗어나서 현저히 균형성을 잃을 정도로 과다하여서는 아니 된다. 따라서 회사에 대한 경영권 상실 등에 의하여 퇴직을 앞둔 이사가 회사로부터 최대한 많은 보수를 받기 위해 그에 동조하는 다른 이사와 함께 이사의 직무내용, 회사의 재무상황이나 영업실적 등에 비추어 지나치게 과다하여 합리적 수준을 현저히 벗어나는 보수지급기준을 마련하고 그 지위를 이용하여 주주총회에 영향력을 행사함으로써 소수주주의 반대에 불구하고 이에 관한 주주총회결의가 성립되도록 하였다면, 이는 회사를 위하여 직무를 충실하게 수행하여야 하는 상법 제382조의3에서 정한 의무(충실의무)를 위반하여 회사재산의 부당한 유출을 야기함으로써 회사와 주주의 이익을 침해하는 것으로서 회사에 대한 배임행위에 해당하므로, 주주총회결의를 거쳤다 하더라도 그러한 위법행위가 유효하다 할 수는 없다"고 판시].

244) 대법원 1983. 12. 13. 83도2330 전원합의체.

245) 대법원 2012. 7. 12. 2009도7435.

범죄구성요건의 증명책임은 검사가 부담하는 것이므로 **배임행위의 증명책임도** 검사가 부담한다. 그런데 회사임원 등이 회사자금을 회사를 위해 지출한 것처럼 위장하였지만 그 돈을 회사를 위해 사용한 대강의 지출내역조차 주장하지 못하고 있고, 회사의 재산상태나 경영실적에 비추어 그 자금지출을 감추어진 상여나 이익배당으로서 적정 규모라 할 수 없다면 배임행위를 인정할 수 있다고 판시하였다.[246]

Ⅲ. 재산상 이익 취득

1. 개념

범죄행위주체가 임무위배행위로 인하여 재산상 이익을 취득하거나 제3자로 하여금 재산상 이익을 취득하게 해야 한다. '제3자'란 범죄행위주체와 피해자를 제외한 모든 자를 말한다. 이러한 '재산상 이익 취득' 요건을 충족하지 못하면 배임행위로 인하여 피해자에게 손해를 가하였다고 할지라도 배임죄는 성립하지 않는다. 이 점은 피해자에게 재산상 손해를 가하였으면 '재산상 이익 취득' 요건을 요구하지 않는 일본의 배임죄[247]와 다른 점이다.

'재산상 이익'이란 물건인 재물을 포함함은 물론[248] 재산적 가치가 있는 이익이라면 모두 해당하고, 적극적 이익이든 소극적 이익이든 유형의 이익이든 무형의 이익이든 모두 해당하지만, 재산상 이익이 따르지 않는 단순한 사회적 지위나 직책상의 이익은 포함되지 않는다. 채권 취득, 채무 면제, 채무이행기 연기, 재산적 가치있는 용역 제공 등 다양한 형태의 재산상 이익이 있을 수 있다.[249] 비트코인 등의 가상자

---

246) 대법원 1989. 10. 10. 87도966(상법의 회사임원등 특별배임죄 사안).

247) 일본은 형법상 배임죄에 관한 刑法 제247조나 회사법상 특별배임죄에 관한 会社法 제960조(이사 등의 특별배임죄) 및 제961조(대표사채권자 등의 특별배임죄)에서 "자기 또는 제3자의 이익을 도모하거나 본인(또는 주식회사 · 사채권자)에게 손해를 가할 목적으로 임무위배행위를 하여 본인(또는 주식회사 · 사채권자)에게 재산상 손해를 가하는 경우"를 각 범죄구성요건으로 규정하고 있다.

248) 다만, 판례에 의하면 형법 제347조의2(컴퓨터 등 사용 사기)는 일반 사기죄(형법 제347조)가 재물죄 겸 이득죄로 규정된 것과 달리 그 범행 객체를 재산상 이익으로 한정하고 있으므로 그 '재산상 이익'에는 재물이 포함되지 않는 것으로 해석하고 있다(대법원 2003. 5. 13. 2003도1178).

249) 신동운(형각), 885면.

산,[250] 게임머니 · 게임아이템도 재산상 이익에 해당한다.[251]

현금 유동성의 증가와 같은 무형의 이익도 재산상 이익으로 볼 수 있다. 예컨대 "회사가 매입한 비상장주식의 실거래가격이 시가에 근접하거나 적정한 가격으로 볼 수 있는 범위 내에 속하여 실거래가격과의 차이가 명백하지 않은 경우라고 하더라도, 그 거래의 주된 목적이 비상장주식을 매도하려는 매도인의 자금조달에 있고 회사로서는 그 목적 달성에 이용된 것에 불과하다고 보이는 등의 특별한 사정이 있다면, 비상장주식을 현금화함으로써 매도인에게 유동성을 증가시키는 재산상의 이익을 취득하게 하고 반대로 회사에 그에 상응하는 재산상의 손해로서 그 가액을 산정할 수 없는 손해를 가한 것으로 볼 수 있다."(판례).[252] 다만, "기업의 경영과 자금운영에 구체적 위험을 초래하지 않았음에도 단지 현금유동성의 상실만을 이유로 배임죄의 성립요건인 재산상 위험이 발생하였다고 인정하는 것은 신중을 기해야 한다."(판례).[253] 그러므로 현금 유동성의 상실을 재산상 손해발생으로 판단하기 위하여는 그로 인하여 자금운영 등에 구체적 위험을 초래한 사실도 증명해야 한다.

재산상 이익의 취득이나 피해자의 재산상 손해 발생 여부는 법률적 관점이 아니라 경제적 관점에서 실질적으로 판단함(**경제적 재산 개념**)이 통설 · 판례의 입장이

---

250) 대법원 2021. 11. 11. 2021도9855.

251) 서울중앙지방법원 2014. 6. 26. 2014노323.

252) 대법원 2008. 5. 29. 2005도4640; 2005. 4. 29. 2005도856(회사 대표이사가 대주주 소유의 다른 비상장주식을 매수한 사안에서 "비상장주식의 실거래가격이 시가와 근사하거나 적정한 가격으로 볼 수 있는 범위 내에 속하는 것으로 보여 실거래가격과의 차액 상당의 손해가 있다고 할 수 없는 경우에 있어서도, 그 거래의 주된 목적이 비상장주식을 매도하려는 매도인의 자금조달에 있고 회사가 그 규모 및 재정 상태에 비추어 과도한 대출을 일으켜 그 목적달성에 이용된 것에 불과하다고 보이는 등의 특별한 사정이 있는 경우라면 그와 같이 비상장주식을 현금화함으로써 매도인에게 유동성을 증가시키는 재산상의 이익을 취득하게 하고 반대로 회사에 그에 상응하는 재산상의 손해로서 그 가액을 산정할 수 없는 손해를 가한 것으로 볼 수 있다."고 판시).

253) 대법원 2008. 5. 29. 2005도4640[SK씨앤씨주식회사(이하 '주식회사' 생략)의 이사가 SK그룹 회장과 공모하여 SK씨앤씨가 보유하던 상장 주식회사인 SK(주) 주식과 SK그룹 회장이 보유하던 비상장회사인 (주)워커힐 주식을 상호 교환한 것이 SK씨앤씨에게 주식가치 차액 상당 및 현금유동성 상실의 손해를 가하고 SK그룹 회장에게 이익을 취득하게 한 것이라는 사안에서, (주)워커힐 주가를 과대평가함으로써 SK씨앤씨에 손해를 가한 사실은 인정하지만, 현금유동성 상실 손해에 관하여는 "SK씨앤씨가 상장주식을 비상장주식으로 교환한 것인 만큼 처분의 용이성 면에서는 분명 차이가 있겠으나, SK씨앤씨가 SK(주) 주식을 장기보유 목적으로 취득 · 보유하여 온 이상, 이를 (주)워커힐 주식으로 대체하였다고 하여 현금유동성 면에서도 의미있는 차이가 나는지 의문일 뿐 아니라, 이 사건 주식교환 자체로 SK씨앤씨에게 유동성위기나 영업 차질이 초래되었다고 볼 객관적인 자료가 없는 이 사건에서, SK씨앤씨의 재무구조, 유동성, 안정성에 관한 심리 · 판단 없이, 이 사건 교환으로 현금유동성 상실로 인한 재산상 위험이 발생하였다고 단정한 원심의 조치는 적절하다고 할 수 없다."고 판시(SK증권 사건)].

다.[254] 그러므로 재산상 이익을 취득하게 한 처분행위에 법률상 무효 · 취소사유가 있다거나 민사법상 손해배상청구권 등 구제수단이 있는지 여부는 문제가 되지 않는다. 그리고 예컨대 회사의 영업사원이 회사가 지정한 최고 할인율보다 더 높은 할인율을 적용하여 회사가 제한한 최저가격보다 낮은 가격으로 제품을 판매함으로써 이른바 '덤핑판매'를 하였지만 시가대로 판매한 것이라면 경제적 · 실질적으로는 제3자인 거래처로 하여금 재산상 이익을 취득하게 한 것이 아니다(판례).[255]

또한 배임죄의 보호법익인 전체 재산설에 비추어 볼 때 '재산상 이익 취득' 또는 후술하는 '재산상 손해 발생'은 모두 전체적 재산가치의 증가 또는 감소를 의미한다(즉, **전체계산 원칙**). 그러므로 전체적 재산가치의 실질적 증감을 산정하기 위하여 반대급부나 가치의 정당한 증감에 해당하는 부분은 공제되어야 한다(차액설).[256] 예컨대 회사의 대표이사가 회사 거래처에 대한 계약을 이행하지 아니하여 회사로 하여금 거래처에 그로 인한 손해배상금을 지급하게 한 것만으로는 거래처로서는 그 손해를 배상받았을 뿐 전체 재산가치의 증가가 있었던 것은 아니므로 거래처에게 재산상 이익을 취득하게 한 경우에 해당하지 않는다. 판례도 회사를 대표하여 기계 제작 · 설치 계약의 이행에 관한 업무를 처리하는 자가 고의로 기계제작 의무를 이행하지 아니하여 계약이 해제됨으로써 거래 상대방이 보증보험회사로부터 선급금반환 및 위약금 명목의 보험금을 수령한 사안에서, "위 보험금의 수령사실만으로는 상대방의 전체 재산가치의 증가로 볼 수 없으므로 상대방이 재산상 이익을 취득하였다고 단정할 수 없다"고 판시하였다.[257] 아파트 입주자대표회의의 회장이 아파트 열 사용요금의 지출결의서에 날인을 거절함으로써 아파트 입주자들에게 그 공급업체에 대한 연체료를 부담시킨 사안에서도, "열 사용요금 납부 연체로 인하여 발생한 연체

254) 손동권 · 김재윤(형각), 470,471면; 김성돈(형각), 482면; 배종대(형각), 461면; 오영근(형각), 382면; 이재상 · 장영민 · 강동범(형각), 430면; 신동운(형각), 1262,1263면; 정웅석 · 최창호(형각), 713면.

255) 대법원 2009. 12. 24. 2007도2484["제3자인 거래처에 재산상 이익이 발생하였는지 여부는 경제적 관점에서 실질적으로 판단하여야 할 것인바, 영업사원(피고인)이 회사(피해자)가 정한 할인율 제한을 위반하였다 하더라도 시장에서 거래되는 가격에 따라 제품을 판매하였다면 지정 할인율에 의한 제품가격과 실제 판매시 적용된 할인율에 의한 제품가격의 차액 상당을 거래처가 얻은 재산상의 이익이라고 볼 수는 없다."고 판시]

256) 배종대(형각), 384면; 이주원(특형), 392면.

257) 대법원 2007. 7. 26. 2005도6439.

료는 금전채무 불이행으로 인한 손해배상에 해당하므로, 공급업체가 연체료를 지급받았다는 사실만으로 공급업체가 그에 해당하는 재산상의 이익을 취득하게 된 것으로 단정하기 어렵고, 나아가 공급업체가 열 사용요금 연체로 인하여 실제로는 아무런 손해를 입지 않았거나 연체료 액수보다 적은 손해를 입었다는 등의 특별한 사정이 인정되는 경우에 한하여 비로소 연체료 내지 연체료 금액에서 실제 손해액을 공제한 차액에 해당하는 재산상 이익을 취득한 것으로 볼 수 있을 뿐이다."라고 판시하였다.[258]

'재산상 이익 취득' 사실을 증명하기 위해서는 재산상 이익가액도 밝힐 필요가 있지만, 이득가액이 확인되지 않더라도 재산상 이익의 취득 사실만 증명할 수 있다면 범죄의 성립에는 영향이 없다.

형법(제355조 제2항) 등에서 '재산상 이익을 취득'하여 '재산상 손해를 가함'이라고 규정함으로써 이익과 손해를 대등한 범죄성립요건으로 서로 대응하여 병렬적으로 규정하고 있다. 그러므로 임무위배행위로 인하여 여러 재산상 이익과 손해가 발생하더라도 재산상 이익과 손해가 **서로 대응하는 관계**에 있는 등 일정한 관련성이 인정되어야 배임죄가 성립한다. 따라서 임무위배행위로 피해자에게 손해를 가하였다고 할지라도 그 임무위배행위로 인하여 행위자 또는 제3자가 재산상 이익을 취득한 사실이 없다면 배임죄가 성립할 수 없다(판례).[259]

---

258) 대법원 2009. 6. 25. 2008도3792.

259) 대법원 2021. 11. 25. 2016도3452(A 새마을금고 전무 또는 이사장인 피고인들이 공모하여, 새마을금고의 여유자금 운용에 관한 규정을 위반하여 금융기관들로부터 ELS 상품 등 원금 손실의 위험이 있는 금융상품을 매입함으로써 A 금고에 액수 불상의 재산상 손해를 가하고 금융기관들에게 수수료 상당의 재산상 이익을 취득하게 하였다고 하여 업무상배임죄로 기소된 사안에서, "피고인들의 임무위배행위로 인하여 A 금고에 발생한 액수 불상의 재산상 손해와 금융기관들이 취득한 수수료 상당의 이익 사이에 **대응관계가 있는 등 관련성**이 있다고 볼 수 없는 점, 금융기관들에게 지급된 수수료는 판매수수료로서 피고인들이 금융상품을 매입하면서 금융기관들로부터 제공받은 용역에 대한 대가로 지급된 것이므로, 금융기관들이 제공한 용역에 비하여 지나치게 과도한 수수료를 지급받았다는 등의 특별한 사정이 없는 한, 금융기관들이 용역제공의 대가로 정당하게 지급받은 위 수수료가 피고인들의 임무위배행위로 인하여 취득한 재산상 이익에 해당한다고 단정하기 어려운 점 등을 종합하면, 피고인들의 임무위배행위로 A 금고에 액수 불상의 재산상 손해가 발생하였더라도 금융기관들이 취득한 수수료 상당의 이익을 그와 관련성 있는 재산상 이익이라고 인정할 수 없다는 이유로, 이와 달리 보아 공소사실을 유죄로 판단한 원심판결에 배임죄 성립에 관한 법리오해의 잘못이 있다."고 판시).

2. 특정경제범죄법위반(배임)죄의 이득액

특정경제범죄법위반(배임)죄는 단순배임죄나 업무상배임죄의 이득액이 5억 원 이상인 경우에 범죄가 성립하는 것이므로 특정경제범죄법위반(배임)죄의 이득액은 범죄구성요건이 되고 그 가액에 따라 가중처벌하므로 가중처벌 요건도 된다. 그러므로 그 이득액은 형벌권의 존부와 범위에 관한 사실로서 형사소송법 제307조에 규정된 '엄격한 증명'[260]의 대상이 되므로 엄격하게 산정해야 하고(판례)[261] 만약 그 이득액이 불분명한 경우에는 배임죄나 업무상배임죄로 의율해야 한다. 수 죄의 경우에는 포괄 1죄인지 실체적 경합범인지 여부에 따라 이득액 합산 여부가 달라진다. 즉, 특정경제범죄법 제3조 제1항에서 말하는 이득액은 단순 1죄의 이득액이나 포괄 1죄가 성립하는 경우에는 그 이득액의 합산액을 의미하는 것이지만, 실체적 경합범으로 처벌될 수 죄에 있어서는 각 이득액을 의미하는 것일 뿐 그 합산 금액을 의미하는 것이 아니다.[262] 이에 대하여 범인의 범죄행위로 인한 이득액의 총액이 같은 경우라 할지라도 포괄 1죄가 되는 것[특정경제범죄법위반(배임)죄로 처벌]보다 실체적 경합범인 수 죄로 되는 것[형법상 단순배임죄나 업무상배임죄로 처벌]이 가볍게 처벌되는 것은 모순이라고 주장하는 견해[263]도 있다.

특정경제범죄법위반(배임)죄의 이득액은 범죄구성요건 요소로서 엄격하게 산정되어야 하고, 위험범이라고 하여 위험액을 곧 특정경제범죄법상 이득액으로 볼 근거

---

260) '엄격한 증명'이란 증거능력 있고 적법한 증거조사를 거친 증거에 의한 증명을 말하며, 범죄구성요건, 법률상 형의 가감사실 등 형벌권의 존부와 범위에 관한 사실은 엄격한 증명의 대상이다[정웅석 · 최창호 · 이경렬 · 김한균, 「신형사소송법」(박영사, 2021), 517면; 노명선 · 이완규, 「형사소송법」(성균관대학교 출판부, 2009), 460-463면].

261) 대법원 2013. 5. 9. 2013도2857[특정경제범죄법위반(횡령)죄 사안]; 2011. 6. 30. 2011도1651[특정경제범죄법위반(배임)죄 사안]; 2007. 4. 19. 2005도7288 전원합의체[특정경제범죄법위반(사기)죄 사안].

262) 대법원 1993. 6. 22. 93도743[이 사건 아파트의 건설사업주체인 주식회사의 대표이사인 피고인이 이 사건 아파트의 각 세대를 분양받은 수 인의 피해자들에 대하여 각 별도로 그 소유권이전등기절차를 이행하여 주어야 할 업무상의 임무가 있었음에도 각기 제3자에게 이중양도를 하였다면, 각 피해자의 보호법익은 독립한 것이므로 피고인의 범의가 단일하고 제3자 앞으로 각 소유권이전등기를 한 각 행위시기가 근접하여 있으며 피해자들이 모두 위 주식회사로부터 소유권이전등기를 받을 동일한 권리를 가진 자라고 하여도 피고인의 위 각 범행을 포괄 1죄라고 볼 수는 없고 피해자별로 독립한 수개의 업무상 배임죄가 성립하여 실체적 경합범 관계가 된다고 보아야 한다. 따라서, 이 사안에서 특정경제범죄법위반(배임)죄의 '이득액'을 판단함에 있어서 각 이득액을 합산할 것이 아니라고 판시].

263) 손동권, 앞의 "회사 경영자의 상법상 특별배임행위에 대한 현행법 적용의 문제점과 처벌정책을 둘러싼 입법논쟁", 273면.

는 없으므로, 현저히 가중처벌하게 되는 특정경제범죄법위반(배임)죄의 이득액은 죄형균형 원칙의 입장에서 손해발생 위험에 대응하는 이익만으로는 부족하고 현실적으로 발생한 손해에 대응하는 이익의 가액으로 축소해석 해야 한다는 견해[264]가 있다. 그러나 판례는 특정경제범죄법위반(배임)죄도 일반 배임죄와 마찬가지로 위험범이므로 손해발생 위험이 있는 거래가액 전액을 손해액으로, 그에 대응하는 가액을 이득액으로 보게 되는 경우가 원칙적이다.[265] 생각건대 특정경제범죄법 제3조 제1항은 "형법 제355조, 제356조의 죄를 범한 자는 그 범죄행위로 취득하거나 제3자로 하여금 취득하게 한 재물 또는 재산상 이익의 가액이…"라고 규정하여 단순배임죄나 업무상배임죄가 성립하면 그 취득한 재물이나 재산상 이익의 가액을 기준으로 가중처벌하고 있을 뿐이다. 그러므로 특정경제범죄법위반(배임)죄의 이익 또는 손해의 개념 자체를 형법상 단순배임죄나 업무상배임죄의 경우와 달리 해석하는 것은 부당하고, 판례의 입장도 마찬가지 취지인 것으로 보인다. 또한 앞의 '재산상 이익 취득' 개념에서 설명한 것처럼 판례는 형법상 단순배임죄나 업무상배임죄에서의 이득액 산정의 경우에도 경제적 재산 개념 및 전체계산 원칙에 따르고 있을 뿐, 그 이득액을 반드시 피해자의 손해액 또는 손해발생 위험가액에 대응하여 파악하고 있는 것은 아니며, 재산상 손해를 가한 사실은 인정하면서 재산상 이익의 취득을 부인하는 경우도 있다.[266]

그리고 미수범 처벌규정이 없는 특정경제범죄법 제3조 제1항의 '이득액'이란 범죄의 기수시기인 손해발생으로 인정되는 시기에 배임행위로 인하여 취득하게 되는 재물이나 재산상 이익의 가액이지 궁극적으로 그와 같은 이득을 실현할 것인지, 거기에 어떠한 조건이나 부담이 붙었는지 여부는 영향이 없다(판례).[267]

부동산의 처분으로 인한 이득액 산정에 있어서는 처분 당시의 부동산 시가를 기준으로 산정한다. 다만, 이미 그 부동산에 근저당권설정등기가 경료되어 있거나 압류 또는 가압류 등이 이루어져 있는 때에는 "특별한 사정이 없는 한 아무런 부담이

---

264) 이주원(특형), 405면.

265) 대법원 2000. 4. 11. 99도334.

266) 대법원 2006. 7. 27. 2006도3145; 1982. 2. 23. 81도2601.

267) 대법원 2000. 2. 25. 99도4305[특정경제범죄법위반(사기)죄 사안]; 1990. 10. 16. 90도1815[특정경제범죄법위반(공갈)죄 사안].

없는 상태에서의 그 부동산의 시가 상당액에서 근저당권의 채권최고액 범위 내의 피담보채권액, 압류에 걸린 집행채권액, 가압류에 걸린 청구금액 범위 내의 피보전채권액 등을 뺀 실제의 교환가치"를 그 부동산의 가액, 즉 이득액으로 보아야 한다(판례).[268)]

비상장주식의 매매 등 거래로 인한 배임의 경우에는 그로 인한 재산상 이익 및 손해의 평가와 관련하여 후술하는 것처럼 **비상장주식의 시가**를 어떻게 평가할 것인지 문제가 된다.

회사의 대표이사가 임무위배행위로 회사에 채무를 부담시키고 그로 인해 그 채권자가 이익을 취득한 사례처럼 채무부담 행위로 인한 이익을 취득한 경우의 이득액은 그 행위가 무효가 아닌 한 채무의 이행 여부를 불문하고 그 부담 채무액 전액이다.[269)]

연대보증이나 물적 담보제공 등 담보제공 배임행위로 인한 이익 취득의 경우처럼 채권자 아닌 자가 담보이익만 취득한 때의 이득액은 제공된 담보가치만이다. 그러므로 연대보증 담보제공의 경우에 피담보채무를 부담하는 주채무자가 "이미 채무변제능력을 상실한 상태 또는 사실상 변제능력을 상실한 것과 같다고 평가될 정도의 상태에 있었다고 단정하기 어렵고, 오히려 주채무자가 상당한 정도의 대출금채무를 자력으로 임의 변제할 능력을 갖추고 있었던 것으로 볼 수 있는 경우"라면 배임행위로 취득한 이득액을 산정할 수 없는 경우에 해당한다(판례).[270)] 이러한 경우에는 취득한 담보가치의 이득액을 산정할 수 없는 상태로 본 것이다. 근저당권 제공 배임행위로 인한 이득액은 근저당권의 채권최고액이 아니라 그 피담보채무 상당액이다(판

---

268) 대법원 2011. 6. 30. 2011도1651[부동산 이중매매로 인한 특정경제범죄법위반(배임) 사안].

269) 이주원(특형), 396면.

270) 대법원 2015. 9. 10. 2014도12619[피고인이 실질적으로 소유·지배하는 A주식회사 명의로 빌딩을 매입하면서 은행에서 매입자금을 대출받고 B주식회사로 하여금 대출금채무에 연대보증하게 함으로써 B회사에 손해를 가한 사안이다. "빌딩은 일본 동경 중심가의 상업적 요지에 있는 건물로 **대출 당시 부동산 가격과 임대료의 상승이 예측되고 있었던 점** 등 제반 사정을 종합하면, 연대보증 당시 주채무자인 A회사가 **이미 채무변제능력을 상실한 상태 또는 사실상 변제능력을 상실한 것과 같다고 평가될 정도의 상태에 있었다고 단정하기 어렵고, 오히려 A회사가 상당한 정도의 대출금채무를 자력으로 임의 변제할 능력을 갖추고 있었던 것으로 볼 수 있어 배임행위로 취득한 재산상 이익의 가액(이득액)을 산정할 수 없는 경우임**에도, 이와 다른 전제에서 연대보증의 피담보채무인 대출 원리금 상당액을 이득액으로 하여 특정경제범죄법 제3조 제1항 제1호를 적용한 원심판결에 이득액 산정에 관한 법리오해의 잘못이 있다."고 판시(CJ그룹 사건)].

례).[271]

Ⅳ. 재산상 손해 발생

1. 개념

배임죄의 기수(旣遂)에 이르려면 범죄 실행의 결과가 발생해야 하므로(형법 제25조 제1항) 임무위배행위로 인하여 피해자인 타인에게 '재산상 손해를 가한 때' 기수에 이른다. 판례에 의하면 '재산상 손해를 가한 때'란 현실적인 손해가 발생한 경우뿐만 아니라 '재산상 실해발생의 위험'을 초래한 경우도 포함하고, '재산상 실해발생의 위험'이란 타인에게 손해가 발생할 막연한 위험 가능성이 있는 것만으로는 부족하고 타인의 모든 재산상태와의 관계에서 경제적 관점에서 보아 타인에게 손해가 발생한 것과 같은 정도로 구체적 · 현실적 위험이 있는 경우를 의미한다(구체적 위험범설).[272]

---

271) 대법원 1998. 2. 10. 97도2919; 근저당권을 편취한 사기죄의 경우 그 이득액은 제3자와의 거래에 대한 담보로 이용할 수 있는 이익액인 근저당권 채권최고액으로 보고 있음에 반하여(대법원 2000. 4. 25. 2000도137), 근저당권 제공 배임행위로 인한 이득액은 제공된 담보가치인 그 피담보채무 상당액이다. 그 이유에 관하여 배임죄는 사기죄와 달리 피해자의 손해발생을 구성요건으로 규정하고 있으므로 그 이득액은 피해자의 손해액인 피담보채무액을 초과할 수 없기 때문이라고 설명하기도 한다[이주원(특형), 399,340면].

272) 긍정판례: 대법원 2015. 9. 10. 2015도6745; 2006. 6. 2. 2004도7112; 2011. 6. 30. 2011도1651(피고인이 부동산을 매도하여 그 매수인의 소유권 확보방안으로 가등기를 이전하기로 약정하고 중도금까지 수령하였음에도 피고인이 실질적으로 지배하는 회사 앞으로 가등기를 이전한 사안에서, 피고인의 가등기 이전등기 의무의 이행이 불가능하지는 않지만 이행불능에 빠질 실해발생 위험이 있다고 판시).
부정판례: 대법원 2022. 10. 14. 2018도13604("도시개발법은 체비지의 소유권 취득에 관하여 제42조 제5항에서 '제34조에 따른 체비지는 시행자가, 보류지는 환지 계획에서 정한 자가 각각 환지처분이 공고된 날의 다음 날에 해당 소유권을 취득한다. 다만 제36조 제4항에 따라 이미 처분된 체비지는 그 체비지를 매입한 자가 소유권이전등기 등기를 마친 때에 소유권을 취득한다.'고 규정하고 있다. … 그러므로 도시개발법에 따라 이루어진 도시개발사업의 시행자는 체비지로 지정된 토지에 관하여 환지처분공고 다음 날에 소유권을 원시적으로 취득하게 되나, 당해 체비지를 매수한 자는 토지를 점유하거나 체비지대장에 등재되었다고 하더라도 소유권이전등기를 마친 때에 비로소 소유권을 취득하게 된다. 따라서 환지처분 전 시행자로부터 체비지를 매수한 자 또는 그 전매수인이 자신의 매도인에 대하여 가지는 체비지에 관한 소유권이전등기청구권 등의 권리는 모두 매매계약에 기한 채권적 청구권으로서, 이를 행사하기 위하여 체비지대장에의 등재와 같은 공시방법이 별도로 요구되는 것은 아니다."라고 전제하고, B 주식회사가 도시개발사업의 시행자인 A 조합으로부터 기성금 명목으로 체비지를 지급받은 다음 이를 다시 C에게 매도했는데, A 조합의 조합장인 피고인이 환지처분 전 체비지대장에 소유권 취득자로 등재된 B 회사와 C 명의를 임의로 말소함으로써 재산상 이익을 취득하고 병에게 손해를 가하였다는 공소사실로 배임죄로 기소된 사안에서, "A 조합이 시행한 도시개발사업은 도시개발법에 따라 이루어진 것이므로 체비지대장에의 등재가 환지처분 전 체비지 양수인이 취득하는 채권적 청구권의

이때 임무위배행위와 재산상 이익 취득 및 재산상 손해 또는 실해의 위험 발생 사이에는 인과관계가 인정되어야 한다.

재산상 손해는 적극적으로 손해를 발생시킨 경우이든 발생할 수 있는 재산상 이익을 소극적으로 취득할 수 없게 한 경우이든 불문한다. 앞의 '재산상 이익 발생' 부분에서 말한 것처럼 현금 유동성의 상실도 재산상 손해발생으로 볼 수 있으나, 이 경우에는 그로 인하여 피해자의 자금운영 등에 구체적 위험을 초래한 사실도 증명해야 한다.

배임죄의 보호법익에 비추어 볼 때 재산상의 손해를 가한다는 것은 피해자의 전체 재산상태에 손해를 가하여 전체 재산가치의 감소를 가져오는 것을 말한다(이를 **전체계산 원칙**이라 함, 통설 · 판례).[273] 따라서 재산상 손실을 야기한 배임행위가 동시에 그 손실을 보상할 만한 재산상 반대이익을 준 경우, 즉 같은 배임행위로 인한 급부와 반대급부가 대응하여 이루어지고 다른 현실적인 재산상 손해나 그 손해발생 위험도 없었다면 전체 재산가치의 감소가 없으므로 반대급부에 상당하는 금액만큼은 재산상 손해가 인정되지 않는다.[274]

공시방법이라고 볼 수 없고, 도시개발법에 따라 이루어진 도시개발사업에서 체비지 전매수인 C는 자신에게 체비지를 매도한 B 회사에 대하여 매매계약에 따른 소유권이전등기청구권 등 채권적 청구권을 가질 뿐 A 조합과 사이에서 직접적인 권리를 가지는 것은 아니어서, C가 매매계약에 따라 취득한 권리를 행사하는 것은 체비지대장의 기재 여부와는 무관하다. 그러므로 체비지대장상 취득자 란의 C 명의가 말소되었더라도 C의 B 회사에 대한 권리가 침해되거나 재산상 실해 발생의 위험이 있다고 볼 수 없으며, 또한 B 회사가 A 조합에 대하여 체비지 양도계약에 따른 소유권이전등기청구권 등 채권적 청구권을 행사하는 것 역시 체비지대장의 기재 여부와 무관하다는 점에서 그 명의의 말소 사실이 법률상 특별한 의미나 효과를 가진다고 보기도 어렵다는 이유로, 이와 달리 체비지대장에의 등재는 환지처분 전 체비지 양수인이 취득하는 물권 유사 권리의 공시방법에 해당한다는 전제에서 피고인의 행위가 배임죄를 구성한다고 본 원심판결에 배임죄에서의 타인의 사무를 처리하는 자, 재산상 손해의 발생 등에 관한 법리오해의 잘못이 있다."고 판시).

273) 대법원 2011. 4. 28. 2009도14268; 1999. 6. 22. 99도1095; 1995. 12. 22. 94도3013; 손동권 · 김재윤(형각), 471면; 정성근 · 박광민(형각), 431면; 김성돈(형각), 481면; 배종대(형각), 461면; 김일수 · 서보학(형각), 393면; 이재상 · 장영민 · 강동범(형각), 430면.

274) 대법원 2011. 4. 28. 2009도14268[A와 B가 공동으로 토지를 매수하여 그 지상에 창고사업을 하기로 하는 내용의 동업약정을 하고 동업재산이 될 토지의 매수계약을 체결한 다음 매도인에게 계약금을 지급하였는데, 그 후 A가 소유권이전등기 업무를 처리하면서 B 몰래 매도인과 위 매매계약을 해제하고 B를 매매 당사자에서 배제하는 내용의 새로운 매매계약을 체결한 다음 제3자 명의로 소유권이전등기를 마침으로써 A의 동업조합에 대한 배임이 문제된 사안이다. 이 경우 A의 배임행위 및 그로 인한 조합재산의 가치감소에 상응하는 손해는 인정할 수 있지만, A의 배임행위로 인한 이득액 및 재산상 손해액에 관하여, "피해자인 (동업)조합으로서는 장차 취득할 것이 기대되었던 토지의 가치에 상응하는 재산이 감소되었지만 다른 한편으로는 토지의 잔금지급의무를 면하게 되었으므로 토지의 매수대금 상당액이 위 배임행위로 인하여 조합이 입게 된 재산상 손해액에 해당한다고 할 수는 없는데도, A(피고

또한 범죄구성요건이 되는 재산상 손해의 발생이나 실해발생 위험 여부는 법률적(즉, 私法的) 판단이 아닌 경제적 · 실질적 관점에서 파악해야 하므로(**경제적 재산 개념**), 손해를 발생시킨 처분행위에 법률상 무효 · 취소 사유가 있다거나 민사법상 손해배상 청구권과 같은 구제수단이 있는지 여부는 문제가 되지 않는다(통설 · 판례).[275] 그러므로 배임행위의 효력이 피해자에 대하여 무효이거나 피해자가 취소할 수 있는 경우에도 그에 관한 재판에서 피해자의 패소위험 등 재산감소의 구체적 · 현실적 위험이 있다고 할 수 있는 경우에는 재산상 손해가 인정될 수 있다.[276]

판례도 주식회사의 대표이사가 그 회사의 영업용 중요재산을 매도처분한 사안에서, "그 매도처분이 사실상 영업양도(상법 제374조 제1항 제1호)에 해당하고 그 처분 당시 주주총회의 특별결의를 거치지 아니함으로써 그 매매계약 및 이에 따른 소유권이전등기가 법률상 당연무효라고 하더라도 경제적 관점에서 볼 때 적어도 재산에 관한 **소유권이전등기를 넘겨 준 이상** 그 처분행위로 인하여 피해자 회사에 현실적인 손해를 가하였거나 재산상 실해발생의 위험을 초래하였다고 볼 수 있다."고 판시하여 특정경제범죄법위반(배임)죄를 인정하였다.[277] 회사의 대표자가 대표권한을 남용하여 회사 소유 아파트 55세대를 제3자에게 양도하고 그 소유권이전등기를 마친 배임행위의 경우에, 양도 당시 상대방인 제3자가 대표권남용 사실을 알았거나 알 수 있어서 소유권이전등기가 무효라 하더라도 "경제적 관점에서 파악하여 배임행위로 인해 본인에게 현실적인 손해를 가하였거나 재산상 실해 발생의 위험을 초래한 경우에는 재산상의 손해를 가한 때에 해당되어 배임죄[특정경제범죄법위반(배임)죄]를 구성한다."고 판시하였다.[278] 또한 A주식회사의 실질적 경영자인 피고인이 자신의

인)가 얻은 이득액 및 피해자가 입은 손해액을 토지의 매수대금 상당액으로 인정하는 것은 부당하다" 고 판시].

275) 대법원 2005. 4. 15. 2004도7053; 2004. 3. 26. 2003도7878; 1992. 5. 26. 91도2963; 김일수 · 서보학(형각), 393면; 손동권 · 김재윤(형각), 471면; 정성근 · 박광민(형각), 431면; 배종대(형각), 461면; 김성돈(형각), 482면; 이재상 · 장영민 · 강동범(형각), 430면.

276) 같은 취지: 新経済刑法入門, 161면.

277) 대법원 1992. 5. 26. 91도2963.

278) 대법원 2017. 10. 26. 2013도6896. 그런데 이와 유사한 사안인 대법원 2012. 2. 23. 2011도15857 판결(A주식회사의 실질적 경영자인 피고인이 자신의 개인채무를 담보하기 위하여 A회사 소유 부동산에 B 앞으로 근저당권 설정등기를 마침으로써 A회사에 재산상 손해를 가하였다고 업무상배임죄로 기소된 사안)에서는 "B는 피고인이 개인채무를 담보하기 위해 근저당권을 설정한다는 사정을 잘 알고 있어서 근저당권 설정행위는 대표권 남용행위로서 무효이므로 A회사는 B에 대하여 무효인 근저당권

개인사업체가 A회사에 골프장 조경용 수목을 매도하였다는 허위의 매매계약을 체결하고 그 매매대금 채권과 A회사의 피고인에 대한 채권을 상계처리한 사안에서, "피고인의 수목 매매대금 채권이 존재하지 아니하여 상계가 법률상 무효라고 하더라도 A회사에 재산상 실해 발생의 위험이 초래되었다고 보아 업무상배임죄가 성립한다."고 판시하였다.[279)]

그러나 배임행위가 단순한 채무부담행위로서 채무부담이 법률상 효력이 없는 경우에는 손해발생이 없게 되므로, 그 행위로 인하여 실제로 채무이행이 이루어졌다거나 피해자가 민법상 사용자책임 또는 법인 불법행위책임을 부담하는 등 달리 재산상 손해발생의 구체적·현실적 위험이 있다고 할 수 있는 특별한 사정이 없는 한 배임죄의 기수가 아닌 미수죄로 처벌할 수 있을 뿐이다(판례).[280)] 그 사례로 회사의 대표이사가 자신 개인을 차용인으로 하여 작성·교부한 차용증에 회사를 차용인으로 추가하여 회사의 법인 인감을 날인한 행위의 배임죄 기수 여부가 문제된 사안에서 "대표이사로서 행한 적법한 대표행위라고 할 수 없으므로 회사가 위 차용증에 기한 차용금 채무를 부담하게 되는 것이 아니고, 대여자인 상대방도 적법한 대표행위가 아님을 알았거나 알 수 있었다 할 것이어서 회사의 사용자책임이나 법인 불법행위책임 등에 따른 손해배상 의무도 부담할 여지가 없으므로, 회사에 재산상 손해가 발생하였다거나 재산상 실해발생의 위험이 초래되었다고 볼 수 없다."고 판시하였

에 기한 채무는 물론 사용자책임이나 법인의 불법행위 등에 따른 손해배상 의무도 부담할 여지가 없고, 그 후 근저당권은 해지를 원인으로 말소되어, 피고인의 근저당권 설정행위로 말미암아 A회사에 재산상 손해가 발생하였다거나 재산상 실해발생 위험이 초래된 것으로 볼 수 없다."고 판시하고 있으나, 이 사안은 대표이사가 회사의 사무수행과는 무관하게 임의로 회사재산을 개인 용도로 처분한 것이므로 업무상횡령죄로 의율함이 타당하고, 근저당권 설정등기를 마친 때 업무상횡령죄의 기수에 이른 것으로 보아야 할 것이다. 또한 업무상배임죄로 의율하더라도 피고인은 단순히 채무부담행위만 한 것이 아니라 그 채무를 담보하는 근저당권 설정등기까지 마친 것이므로 적어도 A회사에 재산상 실해발생의 위험이 초래된 것으로 보아 업무상배임죄의 기수에 이른 것(원심 판단)으로 봄이 타당하다.

279) 대법원 2012. 2. 23. 2011도15857.

280) 대법원 2017. 7. 20. 2014도1104 전원합의체; 2011. 7. 14. 2011도3180; 2010. 9. 30. 2010도6490; 2004. 4. 9. 2004도771; 2011. 11. 24. 2010도11394(주식회사의 대표이사가 주주총회 의사록을 허위로 작성하고 이를 근거로 임직원들에게 주식매수선택권 부여계약을 체결한 사안에서, 계약체결만으로는 구성요건이 완성되거나 범행이 종료된 것이 아니며, 임직원들의 주식매수선택권 행사에 호응하여 실질가치에 미달하는 행사가액으로 신주를 발행하여 줌으로써 비로소 회사에 현실적인 손해나 실해발생 위험이 초래된 것으로 볼 수 있으므로, 범죄행위는 피고인이 의도한 배임행위가 모두 실행되는 때인 위 신주발행 시점에 종료되는 것이고, 이때부터 공소시효가 진행된다고 판시).

다.[281)]

또한 회사의 대표이사가 대표권을 남용하여 회사 명의의 약속어음을 발행하였으나 그 발행행위가 회사와 발행 상대방 사이에 무효로 되는 경우에도, "무효인 약속어음이 실제로 제3자에게 유통되기 전에는 재산상 구체적 · 현실적 위험이 초래되었다고 할 수 없으므로 기수에 이른 것으로 볼 수 없고 미수죄로 처벌할 수 있을 뿐이다."라고 판시하여 이에 배치되는 종전 판례를 변경하였다.[282)] 그러나 회사 대표자의 대표권 남용 약속어음 발행의 경우에도 그 약속어음에 기하여 채권 압류 및 전부명령을 받아 그 채권추심까지 마친 사례에서는, 비록 약속어음의 발행이 대표권 남용에 해당하여 무효일지라도 회사에 현실적인 손해가 발생하였거나 실해발생의 위험이 생긴 것이므로 업무상배임죄의 기수가 성립한다고 판시하였다.[283)]

그리고 다음과 같은 경우에는 비록 신임관계에 위배되는 행위를 하였을지라도 그 행위의 결과가 피해자에게 귀속될 여지조차 없어서 그로 인한 재산상 손해발생을 인정할 수 없거나 재산상 손해를 가하는 임무위배행위조차 인정되지 않아 무죄가 된다. 즉 "상호저축은행이 채무를 보증하거나 담보를 제공하는 행위를 금지하는 구 상호저축은행법(2010. 3. 22. 법률 제10175호로 개정되기 전의 것) 제18조의2 제4호(현행 제18조의2 제1항 제3호)는 효력규정으로서 이를 위반하는 상호저축은행 대표이사 등의 행위는 무효이므로, 그로 인하여 상호저축은행이 민법상 사용자책임 또는 법인의 불법행위책임을 부담하는 등의 특별한 사정이 없는 한 배임죄는 성립하지 아니한다."고 판시하였다.[284)] 또한 새마을금고와 같은 금융기관이 **동일인 대출한도 초과**

---

281) 대법원 2004. 4. 9. 2004도771; 2012. 5. 24. 2012도2142("주식회사의 대표이사가 자신의 채권자들에게 피해자 회사 명의의 금전소비대차 공정증서 등을 작성해 주었다고 하더라도, 대표이사의 행위가 대표권 남용으로서 상대방도 이를 알았거나 알 수 있었던 이상 위 공정증서는 무효이고, 그로 인하여 피해자 회사에 재산상 손해가 발생하였다거나 재산상 실해발생의 위험이 초래되었다고 볼 수도 없다.") 판결도 유사 사례이다.

282) 대법원 2017. 7. 20. 2014도1104 전원합의체. 종전에는 "회사 대표이사의 약속어음 발행이 대표권 남용행위로 되고 발행 상대방이 그 남용사실을 알았거나 (중대한) 과실로 알지 못하여 회사가 상대방에 대하여는 채무를 부담하지 않는다 하더라도 어음이 제3자에게 유통될 경우 회사가 소지인에 대하여 어음금채무를 부담할 위험은 이미 발생하였으므로, 그 어음이 제3자에게 유통되지 않는다는 특별한 사정이 없는 한 경제적 관점에서는 회사에 대하여 배임죄에서의 재산상 실해발생의 위험이 초래되었다고 봄이 상당하다."고 판시하여 왔으나(대법원 2013. 2. 14. 2011도10302; 2012. 12. 27. 2012도10822 등) 위 전원합의체 판결로 이를 폐기하였다.

283) 대법원 2017. 9. 21. 2014도9960.

284) 대법원 2010. 9. 30. 2010도6490.

대출을 한 경우에도 그것만으로 금융기관의 재산상 실해발생 위험이 있다고 단정할 수는 없고, "대출 당시 대출채무자의 재무상태, 다른 금융기관으로부터의 차입금, 기타 채무를 포함한 전반적인 금융거래상황, 대출채무자의 사업현황 및 전망, 대출금의 용도, 소요기간 등에 비추어 볼 때 채무상환능력이 부족하거나 제공된 담보의 경제적 가치가 부실해서 대출채권의 회수에 문제가 있는 것으로 판단되는 경우"에만 재산상 실해발생의 위험을 인정할 수 있을 뿐이다(판례).[285] 따라서 그러한 경우가 아닌 한 재산상 손해를 가하는 임무위배행위로 볼 수 없으므로 무죄가 된다.

그 밖에도 금융기관이 거래처에 대한 기존 대출금의 원리금 변제에 충당하기 위하여 거래처에 신규대출을 함에 있어, 형식상 신규대출을 한 것처럼 서류상으로만 정리하였을 뿐 실제로는 거래처에 대출금을 새로 교부한 것이 아닌 경우[이른바 **대환**(貸環)대출]에는 그로 인하여 금융기관에 어떤 새로운 손해가 발생하는 것은 아니므로 기존 대출행위와 별도로 배임죄가 성립하는 것은 아니다(판례).[286] 다만, 이 경우에도 금융기관이 실제로 거래처에 대출금을 새로 교부한 때에는 "거래처가 그 대출금을 임의로 처분할 수 없다거나 그 밖에 어떠한 이유로든 그 대출금이 기존 대출금의 원리금으로 상환될 수밖에 없다는 등의 특별한 사정이 없는 한, 비록 새로운 대출금이 기존 대출금의 원리금으로 상환되도록 약정되어 있다거나 실제로 신규 대출금 중 일부를 기존 대출금 상환에 사용하였다고 하더라도 그 대출과 동시에 이미 손해발생의 위험은 발생하였다고 보아야 할 것이므로 (업무상)배임죄가 성립한다."(판례).[287]

회사의 대표이사가 제3자를 위하여 회사재산을 담보로 제공한 후 이미 설정한 **담**

---

285) 대법원 2008. 6. 19. 2006도4876 전원합의체 판결["새마을금고의 동일인 대출한도 제한규정은 새마을금고 자체의 적정한 운영을 위하여 마련된 것이지 대출채무자의 신용도를 평가해서 대출채권의 회수가능성을 직접적으로 고려하여 만들어진 것은 아니므로 동일인 대출한도를 초과하였다는 사실만으로 곧바로 대출채권을 회수하지 못하게 될 위험이 생겼다고 볼 수 없고, 구 새마을금고법(2007. 5. 25. 법률 제8485호로 개정되기 전의 것) 제26조의2, 제27조에 비추어 보면 동일인 대출한도를 초과하였다는 사정만으로는 다른 회원들에 대한 대출을 곤란하게 하여 새마을금고의 적정한 자산운용에 장애를 초래한다는 등 어떠한 위험이 발생하였다고 단정할 수도 없다. 따라서 동일인 대출한도를 초과하여 대출함으로써 구 새마을금고법을 위반하였다고 하더라도, 대출한도 제한규정 위반으로 처벌함은 별론으로 하고, 그 사실만으로 특별한 사정이 없는 한 업무상배임죄가 성립한다고 할 수 없다."고 판시].

286) 대법원 2000. 6. 27. 2000도1155.

287) 대법원 2010. 1. 28. 2009도10730.

보물을 교체하는 경우에는, "기존 담보물의 가치보다 새로 제공하는 담보물의 가치가 더 크다면 특별한 사정이 없는 한 회사에게 위와 같은 방법으로 증가된 담보가치 중에서 피담보채무액에 상당하는 액수만큼 재산상 손해가 발생하였다고 할 것이나, 회사의 대표이사가 제3자를 위하여 회사재산을 담보로 제공한 후 이미 설정한 담보물을 교체하는 경우에 기존 담보물의 가치보다 새로 제공하는 담보물의 가치가 더 작거나 동일하다면 회사에 재산상 손해가 발생하였다고 볼 수 없다."고 판시하였다.[288)]

그리고 일반적으로 배임죄에서 피해자에게 '손해를 가하는 것'이 범죄구성요건 요소이므로, 재산상 손해를 가한 사실만 인정되면 그 손해액이 확인되지 않거나 불확정적인 경우 등 불분명한 경우일지라도 배임죄의 성립에 지장이 없다.[289)]

2. 손해액 산정

판례는 구체적 위험범설 입장에서 손해발생 여부 및 손해액을 산정하고 있으나 구체적 산정에 있어서는 분쟁이 적지 않다. 이에 관한 판례의 입장을 정리하면 아래와 같다.

배임행위가 매매행위인 **부동산 이중매매** 사안에서 그 배임행위로 인한 손해액 산정방법은 앞의 이득액 산정에서 말한 것과 마찬가지이다. 즉, 그 이중처분 당시 부동산에 아무런 부담이 없는 때에는 **부동산 시가 상당액**을 손해액으로 본다. 그러나 부동산에 근저당권 설정등기가 경료되어 있거나 압류 또는 가압류 등이 이루어진 때에는 "특별한 사정이 없는 한 아무런 부담이 없는 상태의 부동산 시가 상당액에서 근저당권의 채권최고액 범위 내의 피담보채권액, 압류에 걸린 집행채권액, 가압류에 걸린 청구금액 범위 내의 피보전채권액 등을 뺀 실제 교환가치를 부동산 가액으로 보고" 손해액을 산정해야 한다(판례).[290)]

배임행위가 담보권 제공인 경우의 손해액은 실질적으로 제공된 담보가치 상당액

---

288) 대법원 2006. 11. 9. 2004도7027.

289) 피해자의 재산상 손해가 추상적으로 적시되어 있어도 배임죄가 성립할 수 있다는 취지의 판례(대법원 1983. 12. 27. 83도2602); 손해가 불확정 상태일지라도 배임죄가 성립할 수 있다는 취지의 판례(日大判 1933. 12. 4. 刑集 12卷 2196면).

290) 대법원 2011. 6. 30. 2011도1651.

이다. 그러므로 배임행위가 부동산 근저당권 설정인 경우의 손해액은 특별한 사정이 없는 한 근저당권의 채권최고액이 아니라 그 근저당권에 의하여 **담보되는 피담보채무 상당액**이다. 즉, 부동산의 매도인이 매수인 앞으로 소유권이전등기를 경료하기 이전에 제3자로부터 금원을 차용하고 그 담보로 근저당권 설정등기를 해준 경우에는 "특별한 사정이 없는 한 매도인은 매수인에게 그 근저당권에 의하여 담보되는 피담보채무 상당액의 손해를 가한 것이다."[291)]

대출채무의 담보인 근저당권을 유지해야 할 임무가 있는 자(예컨대 근저당권을 보유하는 은행의 임직원 등)가 그 배임행위로 **근저당권을 말소한 경우**에, 근저당권자로서는 근저당권이 소멸하지 않았더라면 그 실행으로 피담보채무를 변제받았을 것임에도 근저당권의 소멸로 말미암아 변제를 받을 수 있는 권능을 상실하게 된 것이므로, "그 근저당권의 소멸로 인하여 근저당권자가 입게 되는 손해는 그 소멸 당시 근저당 목적물인 부동산의 가액 범위 내에서 채권최고액을 한도로 하는 피담보채권액이고, 이러한 법리는 근저당권 이외 다른 담보권의 경우에도 마찬가지로 적용된다."[292)]

위와 같이 배임행위로 대출금의 담보권을 침해한 경우의 손해액을 산정함에 있어서 대출금액에서 잔존 담보가치를 공제해야 한다. 즉, 판례는 금융기관의 대출담당 직원이 아파트를 담보로 대출해 준 후 그 대출채무자의 부탁을 받고 그 아파트 임차인이 먼저 전입신고를 하는 등 대항력을 갖추도록 허용하고 아파트에 대한 금융기관의 근저당권설정등기를 경료한 사안에서, "금융기관이 입은 손해는 아파트에 대한 대출액수와, 대출 당시 부동산가액에서 대항력이 발생한 임대차보증금의 액수를 공제한 나머지 금액을 비교하여, 부동산 가액에서 위 임대차보증금 액수를 공제한 잔액, 즉 잔존 담보가치가 대출액수에 미달하는 때에 그 부족분에 해당하는 금액으로 보아야 한다"고 판시하였다.[293)]

은행 등 금융회사 임직원이 **담보가치를 초과한 부실대출**을 한 배임행위의 경우 금융회사의 손해액 산정이 문제가 된다. 판례는 "담보물의 가치를 초과하여 대출한 금액이나 실제로 회수가 불가능하게 된 금액만을 손해액으로 보는 것이 아니라, 재

---

291) 대법원 2009. 5. 28. 2009도2086; 1998. 5. 28. 2009도2086.

292) 대법원 2013. 1. 24. 2012도10629; 1997. 11. 25. 97다35771.

293) 대법원 2009. 7. 23. 2009도3712.

산상 권리의 실행이 불가능하게 될 염려가 있거나 손해발생 위험이 있는 **대출금 전액**을 손해액으로 보아야 한다."고 판시하고 있다.[294] 그러나 그 대출금액 중 확실한 담보가 제공된 금액만큼은 사회통념상 손해발생의 위험조차 없다고 봄이 타당하다. 그러므로 배임죄의 보호법익을 피해자의 전체 재산으로 본다면 이러한 부실대출의 경우에 손해발생의 구체적 위험액은 대출액에서 제공된 담보물의 가치를 공제한 차액으로 보아야 할 것이다(**차액설**).[295] 이러한 입장에서는 특정경제범죄법 제3조 제1항의 '이득액' 등 재산상 이득액도 마찬가지로 산정하게 된다. 이에 대하여 배임으로 인한 재산상 위험발생과 재산상 이득액의 개념을 구분하는 입장에서, 부실대출의 경우에 재산상 손해발생 위험액은 대출금 전액이지만 배임으로 인한 '이득액'은 대출금액에서 제공된 (물적)담보가치를 공제한 차액이라고 주장하는 견해[296]도 있다.

이자 수입이 예상되는 금융기관 부실대출의 경우에는 대출금의 예상되는 **이자액 중 미수령금액도** 소극적 손해로 추가할 수 있다.[297]

3. 1인회사의 경우

가. 문제점

1인회사란 주주 등 회사의 사원[즉, 주식회사의 주주, 합명 · 합자 · 유한책임 · 유한회사의 사원(社員) 등 지분을 가진 구성원, 이하 '사원'은 같은 개념임]이 형식상 또는 실질상 1인인 회사를 말한다.[298] 1인회사의 1인 사원이 대표이사 등 회사 기관으로서 1인회사에

---

294) 대법원 2013. 10. 17. 2013도6826; 2006. 4. 27. 2004도1130; 2000. 3. 24. 2000도28; 1996. 7. 12. 95도1043; 1989. 4. 11. 88도1247.

295) 민사판례에서는 이러한 차액설 입장에서 "금융기관의 임직원이 채무자에 대한 신용조사, 담보물에 대한 외부감정 절차를 거치지 않는 등 여신업무에 관한 규정을 위반하여 자금을 대출하면서 충분한 담보를 확보하지 아니함으로써 그 임무를 게을리 하여 금융기관이 대출금을 회수하지 못하는 손해를 입은 경우에, 그 임직원은 그 대출로 인하여 금융기관이 입은 손해를 배상 할 책임이 있다. 이때 금융기관이 입은 통상의 손해는 위 임직원이 규정을 준수하여 적정한 담보를 취득하였더라면 회수할 수 있었을 미회수 대출원리금이다."라고 판시하고 있다(대법원 2019. 1. 17. 2016다236131; 2015. 10. 29. 2012다98850).

296) 이주원(특형), 405면.

297) 일본 판례는 이러한 부실대출의 경우에 소극적 손해인 대출금의 이자액도 손해액에 포함하고 있다(日大判 1922. 9. 27. 刑集 1卷 483면).

298) 이는 넓은 의미(광의)의 1인회사 개념이다. 그 중 형식상 1인회사란 주식 등 회사지분이 1인 주주(사원)의 명의로 되어 있는 회사로서 좁은 의미(협의)의 1인회사라고도 하고, 실질상(또는 사실상) 1인회사란 형식상으로는 주주 등 사원 명의가 2인 이상으로 되어 있지만 실질상으로는 이들이 모두 가족 또

손해를 가하는 행위를 한 경우에 회사에 대한 임무위배행위 및 회사의 손해 발생을 인정하여 (업무상)배임죄가 성립하는 것인지 문제가 된다.

판례는 1인회사의 경우에도 "**회사와 그 사원은 별개의 인격을 가진 존재로서 동일인이라 할 수 없으며**, 회사에 재산상 손해가 발생하였을 때 배임죄는 기수가 되는 것이므로 궁극적으로 그 손해가 사원의 손해가 된다고 하더라도 이미 성립한 죄에는 아무런 영향이 없고 회사의 손해가 항상 사원의 손해와 일치하는 것도 아니므로, 1인회사의 대표기관인 사원도 그 회사에 대한 배임죄의 행위주체가 될 수 있다."고 판시하고 있다.[299] 이러한 입장에서는 사원이 아닌 회사 임원의 배임행위에 대하여 사실상 1인 사원이나 대지분을 가진 사원의 양해가 있었다고 하더라도 같은 논거로 배임죄가 성립한다.[300] 판례는 마찬가지 이유로 1인 주주의 회사에 대한 횡령죄(업무상횡령죄)도 인정하고 있다.[301] 실무상으로는 사원이 간접유한책임을 부담함으로써 회사의 자산만이 회사채무의 담보가 되는 물적회사인 주식회사나 유한회사의 경우에 주로 문제가 되고 있다.

이는 1인회사의 1인 주주 또는 사원(이하 '주주'라고만 함)의 행위로 인하여 주주와는 별도로 회사의 손해발생을 인정할 수 있는지, 즉, 주주의 이익과 회사의 이익을 구분해야 하는지 여부의 문제로서 **회사의 본질**에 관한 **주주지상주의**[Shareholder Primacy Theory, 또는 주주자본주의(Shareholder Capitalism)]와 **이해관계자주의**[Stakeholder Theory, 또는 이해관계자 자본주의(Stakeholder Capitalism)]의 대립과 관계되는 문제이다.[302]

나. 주주지상주의와 이해관계자주의

주주지상주의와 이해관계자주의의 대립은 회사는 누구의 이익을 위하여 존재하

는 명의신탁 관계 등으로서 사실상 1인이 지배하는 회사를 말한다[최준선(회사), 77면].

299) 대법원 1983. 12. 13. 83도2330 전원합의체(주식회사에 관한 판례, 이와 견해를 달리하는 종전 대법원 판례 폐기); 대법원 2011. 3. 10. 2008도6335(유한회사에 관한 판례); 2006. 11. 9. 2004도7027; 2006. 6. 16. 2004도7585(주식회사에 관한 판례). 주로 주식회사나 유한회사와 같은 물적회사에서 문제가 되고, 아직 (사실상) 1인 인적회사에 관한 판례는 보이지 아니함.

300) 대법원 2011. 3. 10. 2008도6335.

301) 대법원 2006. 6. 16. 2004도7585; 1988. 7. 26. 88도936.

302) 송종준, "회사법상 LBO의 배임죄 성부와 입법과제-신한 및 한일합섬 LBO 판결을 계기로 하여-", 「증권법연구」 10권 2호(한국증권법학회, 2009. 12.), 337면.

고 경영진은 누구의 이익을 위하여 권한을 행사해야 하며 누구에 대하여 의무를 부담하는 것인가 하는 점에 관한 입장의 차이이다. 이러한 입장의 차이에 따라 회사법상 회사지배구조와 자본금제도에 큰 차이를 나타내고 이사 등 경영진의 의무와 책임에도 영향을 미치게 된다. 일찍이 1931년경 미국에서 전개된 'Berle과 Dodd의 논쟁' 이래 미국을 중심으로 한 영미법계 국가에서는 주로 주주지상주의를 따르고, 독일을 중심으로 한 대륙법계 국가에서는 이해관계자주의를 따르고 있었으나,[303] 최근에는 미국에서도 이해관계자주의 입장이 증가하여 양 입장이 대립하고 있다고 한다.[304] 주주지상주의 입장에서는 회사는 주주의 이익을 위하여 존재하므로 이사 등 경영진은 전체 주주의 이익만을 위해 활동해야 한다고 주장한다.[305] 따라서 이러한 입장에서는 이사 등 경영진의 신인의무(fiduciary duties), 즉 선관주의의무나 충실의무도 주주들에 대하여 부담하는 의무로 보게 되고, 주로 채권자보호를 위하여 필요한 자본금충실원칙 등 법정자본금제도를 유지할 이유가 없게 된다.[306]

이에 반하여 이해관계자주의에 의하면 회사는 주주 · 회사채권자 · 회사거래처 · 근로자 · 소비자 · 지역사회 등 모든 이해관계자의 이익을 위하여 존재하므로 경영진은 주주의 이익만이 아니라 모든 이해관계자 이익의 총체인 회사 그 자체의 이익을 위해 활동해야 하고 회사에 대한 선관주의의무나 충실의무를 부담한다고 한다.[307] 이때 회사의 이익이란 "주주, 채권자 등 이해관계자들의 일시적이거나 단기적인 손익이 아니라 법인의 계속적 존속을 전제로 현재 및 미래의 다양한 이해관계자들의 변동 가능한 모든 이해관계가 결합된 독자적인 손익"으로 파악해야 한다는 것이다.[308]

따라서 이해관계자주의는 법인이익독립론으로 귀결되어야 할 것이다. 이와 관

---

303) 최준선, "주주자본주의와 이해관계자 자본주의", 「상사법연구」 26권 2호(한국상사법학회, 2007), 170면.

304) 장덕조(회사), 9면.

305) Adolf A. Berle Jr., "Corporate Powers as Powers in Trust", 44 Harv. L. Rev. 1049, 1074 (1931); 최준선, 앞의 논문, 170,171면.

306) 송종준, 앞의 논문, 337면.

307) E. Merrick Dodd, "For Whom are Corporate Managers Trustees?", 45 Harv. L. Rev. 1145, 1163 (1932); 송종준, 앞의 논문, 337면.

308) 송종준, 앞의 논문, 340면.

련하여 이해관계자주의가 곧 법인이익독립론으로 연결되는 것은 아니라는 주장[309]이 있다. 그러나 회사의 존재의의나 이사 등 경영진이 부담하는 의무의 대상으로 삼을 수 있는 것은 상이한 개별 이해관계자들의 이익이 아니라 일의적인 이해관계자들 전체이익이라고 보아야 할 것이다. 이러한 이해관계자들 전체이익은 법인인 회사 자체의 이익으로 나타날 수밖에 없고, 이해관계자들의 이익에 기반을 두지 아니한 법인자체의 이익이란 허상에 불과하므로 이해관계자주의는 법인이익독립론으로 귀결될 수밖에 없을 것이다. 1인회사 관련 판례들은 이러한 법인이익독립론에 근거를 두고 있는 것으로 보아야 할 것이다.[310]

주주지상주의는 회사가 주주들의 출자에 의하여 이루어진 것이므로 주주들이 회사의 소유자라는 점, 다른 이해관계자들은 각자 회사와 계약관계에 있으므로 해당 계약에 따른 보호를 받을 수 있다는 점, 주주들은 이익배당과 잔여재산분배를 받는 자로서 투자위험을 최종적으로 부담하는 자이므로 회사의 경영성과에 직접적 이해관계가 있다는 점을 주된 논거로 한다. 주주들이 회사에 출자하고 최종적 투자위험을 부담하고 있음에도 불구하고 경영진이 주주들을 위하여 회사운영을 하지 않는다면 마치 도박사가 다른 자의 판돈으로 도박하는 것과 같이 실패확률이 높은 비효율성을 초래한다는 법경제학적 주장을 하기도 한다.[311] 우리나라 실정법상으로는 상법에서 인정되는 주주총회의 이사 선임 · 해임권(상법 제382조 제1항, 제385조) 및 이사보수 결정권(상법 제388조), 중요사항에 관한 주주총회 결의 제도(상법 제361조, 제374조, 제375조 등), 주주의 대표소송 제도(상법 제403조) 및 각종 소수주주권은 물론 주식매수선택권(Stock Option) 제도도 회사가 주주의 이익을 위하여 존재하기 때문에 규

---

309) 전현정, “LBO와 배임죄-손해를 중심으로-”, 「BFL」 24호(서울대학교 금융법센터, 2007. 7.), 91면; 최민용, “LBO와 손해”, 「상사법연구」 29권 2호(한국상사법학회, 2010. 8.), 337면.

310) 윤영신, “동양그룹의 합병형 LBO와 배임죄”, 「BFL」 36호(서울대학교 금융법센터, 2009. 7.), 27면; 대법원 2005. 10. 28. 2005도4915(“회사의 대표이사는 이사회 또는 주주총회의 결의가 있더라도 그 결의내용이 회사채권자를 해하는 불법한 목적이 있는 경우에는 이에 맹종할 것이 아니라 **회사를 위하여** 성실한 직무수행을 할 의무가 있으므로 대표이사가 임무에 배임하는 행위를 함으로써 **주주 또는 회사채권자**에게 손해가 될 행위를 하였다면 그 회사의 이사회 또는 주주총회의 결의가 있었다고 하여 그 배임행위가 정당화 될 수는 없다.”고 판시하고 있는데, 이러한 판시내용은 판례가 회사와 주주 · 회사채권자 등 이해관계자들을 동시(同視)하는 입장임을 나타낸다).

311) Michael C. Jensen(구본혁 번역), 「기업은 누구를 위해 존재하는가」(라이프맵, 2011), 5면(A Theory of the Firm).

정하고 있는 주주지위 보호제도라고 설명한다.[312] 특히 2011. 4. 14.자 개정 상법에서, 적립된 자본준비금 및 이익준비금 총액이 자본금의 1.5배를 초과하는 경우에는 주주총회 결의에 따라 그 초과금액 범위에서 자본준비금과 이익준비금을 감액할 수 있도록 개정한 것(상법 제461조의2)은 채권자보호보다는 주주이익 극대화를 가능하게 한 사례라고 한다.[313] 또한 이해관계자주의에 대한 비판으로서, 상법 회사편 규정에는 위와 같이 주주의 이익을 보호하기 위한 규정과 채권자보호절차 등 회사채권자의 이익을 보호하기 위한 규정(상법 제232조, 제439조 제2항 본문 등)만 있을 뿐이므로 그 밖의 근로자 기타 이해관계자의 이익 보호는 회사편의 규율범위를 넘는 것이라는 점,[314] 이해관계자의 범위가 명확한 것이 아니고 이해관계자를 위한 활동의 구체적 내용이 모호하기 때문에 경영진에게 지나친 재량 여지를 남길 수 있다는 점, 회사에 독립된 법인격을 인정하는 의미는 회사가 권리 · 의무의 귀속주체가 됨으로써 법률관계를 간명하게 처리하게 하고 회사재산을 주주 등의 재산과 구분하여 회사채권자를 보호하기 위한 수단일 뿐 그것만으로 주주와 독립된 회사의 이익을 인정해야 하는 것은 아니라는 점을 논거로 들고 있다.[315] 그 밖에도 이해관계자주의는 서로 다른 이해관계자들 사이의 갈등을 어떻게 해결해야 할지에 대한 설명을 제시하지 못하므로 경영진으로 하여금 오히려 경영진이 선호하는 의사결정을 하도록 허용하는 부당한 결과가 된다고 비판하기도 한다.[316] 그러나 주주들도 지배주주와 소액주주, 기업가주주와 투자자주주 등 구체적 상황에 따라 개개인별 이해관계가 동일한 것은 아닐 뿐만 아니라, 회사의 이익이 이해관계자 전체의 이익을 나타내는 것으

---

312) 이상훈, "LBO와 배임죄(하) -손익관계와 출자환급적 성격 및 법인이익독립론을 중심으로-", 「법조」 57권 5호(법조협회, 2008. 5.), 223-227면[이 논문에서는 주식매수선택권 제도도 스톡옵션(stock option)을 부여받은 임직원의 이해관계를 주주의 이해관계와 일치시킴으로써 임직원이 주주의 입장에서 행위를 하도록 하기 위한 것이므로, 주주 이익 보호제도 중 하나라고 주장한다.]; 윤영신, 앞의 논문, 30면.

313) 최준선, 앞의 "주주자본주의와 이해관계자 자본주의", 189면.

314) 윤영신, 앞의 논문, 31면.

315) 이철송, "자본거래와 임원의 형사책임". 「인권과 정의」 359호(대한변호사협회, 2006.7.), 106면; 최문희, "주식회사의 법인격의 별개성 再論 -'에버랜드 판결'에 대한 비판적 고찰을 통하여-", 「한양법학」 28권(한양법학회, 2009. 11.), 34,37면; 최민용, 앞의 논문, 336,337면; 윤영신, 앞의 논문, 27면은 법률행위의 귀속, 채무의 책임재산의 경우 문제되는 독립된 법인격과 회사가 행위를 하는 경우에 추구해야 할 회사의 이익은 별개 차원의 문제라는 이유로 법인이익독립론을 비판한다.

316) Michael C. Jensen, 앞의 책, 6면; 윤영신, 앞의 논문, 30면.

로 보는 법인이익독립론 입장에 대하여는 합당한 비판이 될 수도 없다.

이에 대하여 이해관계자주의나 법인이익독립론 입장에서는 현대와 같이 사채 등 다양한 투자수단이 발달한 상황에서는 더 이상 회사가 주주들의 출자만으로 이루어진 것이라고 말할 수는 없고, 물적회사의 경우 유한책임을 부담하는 주주들은 주식 수 등 출자지분에 따른 제한된 경영참여권과 재산적 권리를 가질 뿐이라고 본다.[317] 또한 회사는 주주들과는 독립된 법인격이 있으므로, 경영진은 주주만이 아니라 주주를 포함하여 여러 이해관계자들을 위해 존재하는 회사의 이익을 위해 활동해야 하는 것이라고 주장한다.[318] 특히 우리나라에서는 상법에서 회사가 법인임을 명시하고 있고(상법 제169조), 이사의 선관주의의무나 충실의무도 주주가 아닌 회사에 대한 것인 점(상법 제382조 제2항, 제382조의3) 등에 비추어 주주지상주의 입장으로 보기 어렵다는 것이다.[319] 오히려 상법 회사편은 미국 회사법과 달리 대부분 강행규정으로 구성되어 있고, 주주들에 의한 정관변경도 매우 제한적이라는 점, 자본금유지원칙 등 법정자본금제도를 유지하고 있는 점, 자기주식취득 제한, 액면미달 신주발행의 제한(상장회사는 시가 발행), 법정준비금제도, 이익배당의 제한, 자본금 감소절차 규제 등 채권자의 이익침해 예방을 위한 강행규정을 두고 있는 점에 비추어 회사법제는 이해관계자주의에 바탕을 둔 법인재산의 독자성을 전제로 하고 있다고 주장한다.[320]

생각건대 주주지상주의 입장에서는 주주야말로 투자위험을 최종적으로 부담한다는 점을 강조하지만, 회사가 경영악화로 도산하는 경우에는 회사의 채권자나 거래처, 종업원 등 다른 이해관계자도 그 피해를 받게 되는 점은 마찬가지이므로 경영진의 행위규범을 정함에 있어서 투자위험의 최종 책임자가 누구인지가 중요한 것은 아니다. 오히려 상장회사 대부분은 회사경영에 참여하는 기업가주주 보다는 주로 주가의 시세차익을 기대하여 수시로 주식처분을 하는 투자자주주가 대다수를 점하고 있어서 실제로는 대다수 주주가 회사채권자와 다를 바 없고, 사채(社債)권자의

---

317) 장덕조, “전환사채의 저가발행과 회사의 손해, 그리고 주주의 손해”, 「법조」 58권 5호(법조협회, 2009. 5.), 90-93면.

318) 송종준, 앞의 “회사법상 LBO의 배임죄 성부와 입법과제”, 337면.

319) 김건식, “회사법상 충실의무법리의 재검토”, 「21세기 한국상사법학의 과제와 전망」(심당 송상현 선생 화갑기념 논문집, 2002), 163면; 장덕조, 앞의 논문, 98,99면.

320) 송종준, 앞의 “회사법상 LBO의 배임죄 성부와 입법과제”, 338,339면.

경우에는 사채계약의 내용을 좌우할 수 없으므로 해당 계약에 따른 보호를 받을 수 있는 입장이 아닌 점은 주주와 다를 바 없다. 회사가 주주의 출자금만으로 운영하는 것이 아니라 그 이상의 사채(社債)나 대출채무를 부담하는 경우가 적지 아니하므로 회사 경영진이 주주만을 위하여 운영한다면 그것이야말로 남의 판돈으로 도박하는 셈이라고도 할 수 있다. 또한 물적회사는 주로 주주 등 사원의 회사채무에 대한 유한책임과 독립된 법인격 활용을 위하여 설립 · 유지되고 있으므로, 경영진의 의무나 책임 등 행위규범을 규율함에 있어서는 주주뿐만 아니라 회사채권자 등 모든 이해관계자를 보호하기 위한 장치를 둘 필요가 있다(이해관계자주의 입장). 이에 따라 상법 회사편 중에는 앞에서 말한 주주나 회사채권자의 이익보호규정 외에도 사용인의 우선변제권(제468조) 등 근로자의 이익을 보호하는 규정도 있다. 그뿐만 아니라 이사 · 집행임원의 회사에 대한 책임 규정(제399조, 제408조의8 제1항, 제567조)을 비롯하여 이사 · 집행임원의 경업금지(제397조, 제567조), 회사 기회 및 자산의 유용금지(제397조의2, 제567조), 자기거래금지(제398조, 제567조) 등 의무규정, 특별배임죄(제622조), 회사재산을 위태롭게 하는 죄(제625조)를 비롯한 상법 회사편 대부분의 규정이 회사 자체의 이익을 보호하기 위한 규정이다. 따라서 우리 회사법제는 이해관계자주의 또는 법인이익독립론에 기반을 두고 있는 것으로 봄이 타당할 것이다.

판례는 1인회사의 경우에 앞에서 말한 것처럼 회사의 독립된 법인격을 논거로 회사에 대한 배임죄 또는 횡령죄의 성립을 인정하고 있는 점,[321] 이사는 회사에 대하여 선관주의의무 및 충실의무를 부담할 뿐, 주주나 회사채권자에 대하여는 직접 선관주의의무를 부담한다거나 그들의 사무를 처리하는 지위에 있는 것이 아니라고 판시하고 있다.[322] 이러한 판례의 입장은 이해관계자주의에 기초하는 것인지 여부는 불분명하지만 적어도 법인이익독립론 입장으로 볼 수 있을 것이다.

다. 회사의 재산상 손해 여부

321) 대법원 2006. 6. 16. 2004도7585; 1인 사원인 유한회사에 관하여도 “유한회사와 그 사원은 별개의 법인격을 가진 존재로서 동일인이라 할 수 없고 유한회사의 손해가 항상 사원의 손해와 일치한다고 할 수도 없으므로, 1인 사원이나 대지분을 가진 사원도 본인인 유한회사에 손해를 가하는 임무위배행위를 한 경우에는 배임죄의 죄책을 진다.”라고 판시(대법원 2011. 3. 10. 2008도6335).

322) 대법원 2010. 10. 14. 2010도387; 2009. 5. 29. 2007도4949 전원합의체; 2004. 6. 17. 2003도7645 전원합의체; 1990. 5. 25. 90도6.

주주지상주의 입장에서는 회사는 주주의 이익만을 위하여 존재하고 경영진은 전체 주주의 이익만을 위하여 활동해야 한다고 주장하고 있으므로, 1인 주주의 의사에 따라 하는 행위를 배임행위라 할 수 없고, 주주의 손익과 별도로 회사의 손해발생을 인정할 수도 없게 될 것이다. 그러나 이해관계자주의(또는 법인이익독립론) 입장에서는 회사의 이익은 주주의 이익과 구별해야 하고 회사는 주주의 이익만이 아니라 회사채권자 · 회사거래처 · 근로자 · 소비자 · 지역사회 등 회사의 모든 이해관계자의 이익을 위하여 존재하고, 경영진은 주주의 이익만이 아니라 이해관계자 전체의 이익을 나타내는 회사의 이익을 위하여 활동해야 한다. 그러므로 1인 주주의 의사에 따르거나 1인회사가 아닌 경우에 주주총회(유한회사의 경우에는 사원총회)의 동의를 받은 행위라 할지라도 주주의 손해와 구별되는 회사의 손해를 인정할 수 있고 회사손해 발생의 구체적 위험이 있는 행위는 배임행위가 될 수 있게 된다.[323)]

유한책임회사의 경우에는 내부적으로는 조합으로서의 실질을 지니고 사적자치가 폭넓게 인정되고 있으나,[324)] 외부적으로 사원은 간접 · 유한책임을 부담할 뿐인 물적회사에 속하고 사원수에 제한이 없어 1인 사원도 허용되고 있으므로(상법 제287조의3) 마찬가지 문제가 발생할 수 있다. 따라서 1인 사원인 유한책임회사의 경우에도 주식회사나 유한회사와 마찬가지로 취급할 수 있을 것이다.

이들 물적회사를 중심으로 1인 주주 등 배후인이 유한책임 및 법인격 제도를 남용하는 경우에 법인격을 부인하여 회사의 채권자일지라도 배후인에 대한 민사청구를 허용하는 이른바 '법인격 부인론'이 판례상 인정되고 있다.[325)] 이렇게 법인격이 부인되는 법률관계에서는 1인회사의 배후인으로서 회사채무에 대한 책임을 부담하는 1인 주주의 손실과 별도로 회사의 손해발생을 인정할 수 있는지 문제가 된다. 일본의 학설이지만 1인 주주가 책임을 부담하는 이상 회사의 손해가 발생하지 않는다는 이유로 회사에 대한 배임행위나 배임죄는 성립할 수 없다고 보는 견해[326)]가 있다. 그러나 법인격 부인론은 배후의 주주가 특정 법률관계에서 회사 채권자에 대한 민사

---

323) 같은 취지: 사법연수원, 「경제범죄론」(2014), 278면; 노명선(회범), 183면.

324) 유한책임회사의 내부관계에 관하여는 정관이나 상법에 다른 규정이 없으면 합명회사에 관한 규정을 준용한다(상법 제287조의18).

325) 대법원 2016. 4. 28. 2015다13690; 2001. 1. 19. 97다21604.

326) 会社法コンメンタル(21), 69면.

책임을 부담하게 되는 법리일 뿐, 그 법리의 적용으로 회사의 법인격이 소멸된다거나 회사의 민사책임이 면책되는 것은 아니다.[327] 따라서 법인격 부인론이 적용되는 1인회사일지라도 회사의 손해는 인정되고 회사에 대한 배임행위도 성립할 수 있다.

합명회사나 합자회사와 같은 인적회사의 경우에는 사원(社員)이 2인 이상인 경우에만 회사를 설립할 수 있고(상법 제178조, 제269조) 사원이 1인으로 된 때에는 해산원인이 되므로(제227조 제3호, 제285조 제1항) 형식적으로는 1인회사가 허용될 수 없지만, 사실상 사원이 1인인 실질상 1인회사는 성립할 수 있다. 이러한 인적회사의 경우 비록 무한책임사원이 존재하지만 회사는 그 사원과 별개의 법인격체이므로 사실상 1인 사원의 행위로 인한 회사의 손해발생을 인정할 수 없는 것은 아니다. 다만, 사실상 1인 사원이 회사채무에 대하여 직접 · 무한책임을 부담하게 되므로 그의 재산상 이익 취득 또는 회사 손해발생의 전체계산원칙에 비추어 이득 또는 손해발생 사실이나 불법이득의사를 인정하기 어려울 수 있다.

Ⅴ. 주관적 범죄구성요건

1. 고의

배임죄는 고의범이므로 범죄가 성립하기 위해서는 앞에서 말한 범죄구성요건 사실(즉, 객관적 범죄구성요건인 행위주체, 임무위배행위, 재산상 이익 취득 및 손해발생)에 대한 고의(故意)가 있어야 한다. 고의의 본질에 관하여 용인설을 따르는 통설 · 판례[328]에 의하면 고의는 범죄를 구성하는 요건사실에 대한 '인식'과 함께 의지적 요소로서 그 결과(또는 위험)를 '의욕'하거나 적어도 이를 용인(容認)해야 하고, 용인만으로 충분하므로 미필적 고의도 인정된다. 따라서 배임죄도 단순배임죄나 업무상배임죄는 물론 상법 기타 특별법상 특별배임죄의 경우일지라도, 행위주체의 신분, 임무위배 사실 및 그로 인한 자기 또는 제3자의 재산상 이익 취득과 피해자의 재산상 손해발생(또는 손해발생 위험) 사실에 대한 인식과 더불어 적어도 그 용인이 필요하다(통설 · 판례).[329]

327) 최준선(회사), 74면; 이철송(회사), 59면; 김건식 · 노혁준 · 천경훈(회사), 67면.

328) 대법원 2017. 1. 12. 2016도15470; 2004. 5. 14. 2004도74; 1987. 2. 10. 86도2338; 김성돈(형총), 225면; 신동운(형총), 209면; 오영근(형총), 118,124면; 임웅(형총), 170면.

329) 대법원 2012. 7. 12. 2009도7435; 2011. 7. 28. 2010도965; 2010. 4. 29. 2009도13868; 2007.

이러한 인식은 미필적 인식으로도 충분하고 피해자에게 재산상 손해를 가하려는 적극적인 의사나 자기 또는 제3자의 재산상 이익 취득의 목적까지 필요한 것은 아니다 (판례).[330)]

또한 행위자에게 피해자의 이익을 위한다는 인식이 일부 미필적으로 있었을지라도 이러한 인식은 부수적인 것일 뿐 자기 또는 제3자의 재산상 이익 취득 및 피해자에 대한 가해 의사가 주된 것이라면 배임의 고의를 인정할 수 있다는 것이 통설 · 판례의 입장이다.[331)] 판례는 이러한 입장에서 재벌그룹의 회장 및 그 계열회사의 대표이사가 공모하여 그룹 전체의 회생을 위한다는 목적 아래 다른 그룹 계열회사에 대하여 자금지원을 한 행위의 배임죄 여부가 문제 된 사안에서 "그 행위의 결과가 일부 피해자 계열회사를 위한 측면이 있다 하더라도 피해자 계열회사의 이익을 위한다는 의사는 부수적일 뿐이고 다른 계열회사의 이득 또는 피해자 계열회사에 대한 가해의 의사가 주된 것임이 판명되면 배임죄의 고의가 인정된다."고 판시하였다.[332)]

배임행위에 대한 경영판단원칙의 적용 여부가 문제되는 경우에 그 원칙의 도입 여부에 관하여는 후술하는 바와 같은 논란이 있지만, 경영판단원칙이 적용된다고 하여 미필적 고의가 허용되지 않고 의도적 고의나 확정적 고의가 필요하다고 볼 것은 아니다. 판례도 "기업의 경영판단과 관련하여 경영자에게 배임의 고의가 있었는지 여부를 판단함에 있어서도 일반적인 (업무상)배임죄와 마찬가지의 법리가 적용되어야 함은 물론이지만, 기업 경영에 내재된 속성을 고려하여, 문제된 경영상 판단에 이르게 된 경위와 동기, 판단대상인 사업의 내용, 기업이 처한 경제적 상황, 손실발생의 개연성과 이익획득의 개연성 등 제반 사정에 비추어 **자기 또는 제3자가 재산상 이익을 취득한다는 인식과 피해자에게 손해를 가한다는 인식(미필적 인식을 포함)**하의 의도적 행위임이 인정되는 경우에 한하여 배임죄의 고의를 인정하여야 한다"고 판

---

11. 15. 2007도6075; 정성근 · 박광민(형각), 434면; 김일수 · 서보학(형각), 395면; 손동권 · 김재윤(형각), 473면; 박상기(형각), 405면; 이재상 · 장영민 · 강동범(형각), 433면; 前田信二郎, 앞의「會社犯罪の研究」, 81면.

330) 대법원 2012. 7. 12. 2009도7435; 2007. 11. 15. 2007도6075; 2004. 7. 9. 2004도810; 1983. 12. 13. 83도2330 전원합의체.

331) 대법원 2012. 7. 12. 2009도7435; 2010. 12. 23. 2008도8851; 2009. 2. 26. 2008도522; 이재상 · 장영민 · 강동범(형각), 434면.

332) 대법원 2009. 7. 23. 2007도541.

시하고 있다.[333]

피고인이 배임죄의 고의를 부인하는 경우에 고의 유무를 판단하는 방법은 "사물의 성질상 고의와 상당한 관련성이 있는 간접사실을 증명하는 방법에 의하여 증명할 수밖에 없고, 무엇이 상당한 관련성이 있는 간접사실에 해당할 것인지 여부는 정상적인 경험칙에 바탕을 두고 치밀한 관찰력이나 분석력에 의하여 사실의 연결상태를 합리적으로 판단하는 방법에 의하여야 한다."(판례)[334]

2. 불법이득의사

배임죄의 주관적 범죄구성요건 요소로서 고의 외에 이른바 초과 주관적 구성요건 요소로서 불법이득의사(즉, 위법이득의사)가 필요한지 여부에 관하여는 학설이 대립하고 있다. 이는 단순배임죄나 업무상배임죄뿐만 아니라 상법 기타 특별법상 특별배임죄의 경우에도 해당되는 문제이다. 배임죄가 재산상 이익 취득을 범죄구성요건으로 하는 재산범이자 이득죄이기 때문에 논의되는 문제이다.

필요설 중 대부분은 불법이득의사의 내용을 '자기 또는 제3자를 위한 재산상 이익 취득 의사'로 파악하면서, 우리나라는 독일 형법과 달리 타인의 재산상 손해발생 외에 재산상 이익취득을 범죄구성요건으로 하고 있기 때문에 고의 외에 불법이득의사가 필요하다고 주장한다(통설).[335] 판례도 배임죄에서 '불법이득의사'라는 용어를 '고의'와 구분하여 사용하면서 이를 구비할 것을 요구하고 있다.[336] **불필요설**은 위와 같은 이익취득 의사는 고의의 내용이므로 고의와 별도로 불법이득의사를 인정할 필요가 없다고 주장하고 있다.[337] 이에 대하여 필요설 중에는 고의를 초과하는 불법이득

---

333) 대법원 2010. 4. 29. 2009도13868; 2009. 6. 11. 2008도4910; 2004. 7. 22. 2002도4229.

334) 대법원 2004. 7. 9. 2004도810.

335) 박상기(형각), 406면; 임웅(형각), 541면; 이재상 · 장영민 · 강동범(형각), 433,434면; 김일수 · 서보학(형각), 395면에서는 '위법이득 의사'로 표현하고 있다; 배종대(형각), 465면에서는 "배임죄와 횡령죄를 함께 규정하면서 객체에서만 차이를 두고 있는 점을 감안하면 필요설이 타당하다."고 설명하고 있다.

336) 대법원 2014. 6. 26. 2014도753; 2013. 9. 27. 2013도6835; 2011. 10. 27. 2009도14464; 2008. 1. 17. 2007도6987, 2005. 4. 29. 2005도856; 1983. 7. 26. 83도819; 판례도 통설과 같은 입장이라고 설명하는 견해[김성돈(형각), 488면; 박상기(형각), 406면; 김일수 · 서보학(형각), 395면].

337) 정성근 · 박광민(형각), 434면.

의사의 내용을 "이익취득의 불법성에 대한 인식과 소유자 지위 배제의 지속성에 대한 의사"로 파악하면서, 배임죄는 재산범죄이므로 고의를 초과하는 불법이득의사가 필요하다고 주장하는 견해[338]도 있다.

생각건대 불법이득의사의 필요 여부를 판단하기에 앞서 그 불법이득의사의 내용을 정하는 것이 우선되어야 한다. 그런데 '이익취득의 불법성에 대한 인식'은 객관적 범죄구성요건 중 '임무위배행위'에 대한 인식에 포함되거나 범죄의 위법성 인식 문제에 포함된다. 그리고 '소유자 지위 배제의 지속성에 대한 의사'는 '재산상 이익 취득'의 의사에 포함된다고 보아야 하고, 만약 포함되지 않는다면 이를 배임죄의 성립을 위하여 특별히 요구해야 할 근거가 없다고 보아야 할 것이다. 그렇다면 불법이득의사의 내용이란 통설이 말하는 것처럼 '자기 또는 제3자를 위한 재산상 이익 취득의사'로 파악할 수밖에 없는데, 이는 '자기 또는 제3자를 위한 재산상 이익 취득'이라는 범죄구성요건사실에 대한 고의의 내용에 완전히 포함되는 것으로 볼 수밖에 없다. 필요설은 이익취득에 대한 미필적 고의만 있다거나 피해자의 이익을 위하여 사무를 처리한 때에는 배임죄가 성립하지 아니함을 설명하기 위하여 불법이득의사가 필요하다고 주장하고 있는 것처럼 보인다.[339] 그러나 배임죄의 구성요건 중 이익취득에 대해서만 미필적 고의를 배제할 이유가 없고 판례도 마찬가지 입장임은 앞에서 살펴보았다. 또한 피해자의 이익을 위하여 사무를 처리한 때에는 이익취득의 고의조차 인정할 수 없는 것이므로 불법이득의사 개념을 별도로 인정할 필요는 없을 것이다.

따라서 '재산상 이익 취득'을 객관적 범죄구성요건으로 포함시키고 있는 우리나라의 배임죄에서는 객관적 범죄구성요건에 대한 고의 외에 불법이득의사라는 개념을 별도로 요구할 필요는 없을 것이며, 판례가 말하는 '불법이득의사'란 '임무위배행위로 인한 재산상 이익 취득'의 고의를 의미하는 것으로 보아야 할 것이다.

338) 손동권 · 김재윤(형각), 473,474면.

339) 이재상 · 장영민 · 강동범(형각), 434면; 배종대(형각), 465면.

Ⅵ. 미수범

1. 실행의 착수시기

미수범은 법률에 미수범 처벌규정이 있는 경우에 한하여 처벌할 수 있는데(형법 제29조), 형법상 단순배임죄, 업무상배임죄 및 상법상 특별배임죄는 각 미수범 처벌규정이 있다(형법 제359조, 상법 제624조). 배임죄의 미수범이 성립하는 경우에는 기수범보다 그 형을 감경할 수 있다(형법 제25조). 미수(未遂)란 범죄의 실행에 착수하였으나 범죄구성요건을 완전히 실현한 기수(旣遂)에 이르지 못한 상태를 말하고,[340] 따라서 미수범이 처벌되는 범죄의 경우에는 그 실행의 착수시기가 처벌 가능 여부를 가리는 중요한 시점이 된다.

배임죄의 경우 실행의 착수시기는 고의를 가지고 임무위배행위를 개시한 때, 즉, 임무위배행위를 한다는 점과 이로 인해 자기 또는 제3자가 이익을 취득하여 본인에게 손해를 가한다는 점에 대한 인식이나 의사를 갖고 임무위배행위를 개시한 때이다.[341] 임무위배행위에 필요한 상급자의 결재나 이사회 결의 등 내부적 절차를 거치지 않았더라도 무방하다. 판례도 "군(郡)조합의 구매주임이 정상가격보다 높은 가격으로 묘목을 판매하여 재산상 이득을 취득하고 조합원들에게 손해를 끼칠 목적으로 조합원들로부터 묘목의 구매신청서를 받은 이상 (업무상)배임의 실행에 착수한 것이라 할 것이고, 위 묘목 판매사업이 조합사업으로 확정되는 절차인 이사회의 결의나 도(道)지부의 승인을 거치지 아니하였더라도 이는 조합 내부의 절차에 불과한 것이어서 위 결론에는 영향이 없다."고 판시하였다.[342]

배임죄의 실행에 착수한 후 기수에 이르지 못하였으면 배임죄의 미수범으로 처벌된다.

2. 기수시기

특정경제범죄법위반(배임)죄는 미수범 처벌규정이 없고, 가중처벌 대상 배임죄

---

340) 손동권 · 김재윤(형각), 428면.

341) 대법원 2017. 7. 20. 2014도1104 전원합의체; 정성근 · 박광민(형각), 433면; 김성돈(형각), 486면; 배종대(형각), 463면; 김일수 · 서보학(형각), 394면.

342) 대법원 1966. 9. 27. 66도912.

로서 형법 제355조 제2항, 제356조만 규정하고 있을 뿐 그 미수범에 관한 형법 제359조는 제외하고 있으므로 특정경제범죄법위반(배임)죄의 미수범은 처벌할 수 없다.[343] 기수시기는 미수범 처벌규정이 없는 죄의 경우에는 처벌 가능 여부를 가리게 되고, 미수범 처벌규정이 있는 죄의 경우에는 처벌의 감경 · 면제(형법 제25조, 제26조, 제27조) 여부를 가리는 중요한 시점이 된다.

배임죄의 기수시기는 범죄구성요건의 규정형식에 비추어 볼 때 배임행위로 인하여 재산상 이익을 취득하고 피해자에게 '손해를 가한 때'이다[344] 그러므로 형법상 단순배임죄나 업무상배임죄의 재산상 이익 취득액은 물론 특정경제범죄법위반(배임)죄의 '이득액'도 그 기수시기를 기준으로 산정하게 되고, 기수시기 후의 상황은 범행 당시 예견할 수 있었더라도 감안되지 않는다.[345]

그런데 재산상 손해를 가한 때의 구체적 의미에 관하여는 배임죄 보호법익의 보호정도와 관련하여 앞에서 말한 것처럼 판례 입장인 구체적 위험범설과 이를 비판하는 침해범설이 대립하고 있다. 이러한 견해의 차이는 배임죄의 기수시기뿐만 아니라 손해액을 정함에도 영향을 미치게 된다. 침해범설 입장에서는 '손해를 가한 때'라는 문언에 비추어 피해자의 재산에 대한 현실적 손해가 발생한 때를 기수시기로 보고, 그 현실적 손해액이 피해액이 된다고 본다.[346] 이에 대하여 위험범설 입장에서는 '손해를 가한 때'란 직접적으로 현실적인 손해를 가한 경우가 아니더라도 재산상 손해발생의 위험을 초래한 경우도 포함하게 된다.[347] 이때 손해발생의 위험도 경제

343) 손동권, 앞의 "회사 경영자의 상법상 특별배임행위에 대한 현행법 적용의 문제점과 처벌정책을 둘러싼 입법논쟁", 271면; 이주원(특형), 372면; 부산고등법원 2006. 3. 2. 2005노454[A회사와 B회사의 대표이사를 겸하고 있던 피고인이, 공사를 시행한 A회사의 이익을 위하여 두 회사 사이의 계약에 따라 공사비를 부담해야 할 책임이 있는 B회사에게 실제 견적서보다 부풀린 허위의 견적서를 제시하여 실제 공사비보다 부풀린 금액을 지급하도록 하여 A회사로 하여금 약 40억 원 상당의 재산상 이익을 취득하게 하여 기수에 이르고, 또 추가로 같은 방법으로 약 34억 원 상당의 재산상이익을 취득하게 하려다가 미수에 그친 사안으로서, 위 기수 사실은 특정경제범죄법위반(배임)죄로, 위 미수 사실은 업무상배임미수죄로 처벌하였음].

344) 대법원 1987. 4. 28. 83도1568; 정성근 · 박광민(형각), 433면; 김성돈(형각), 487면.

345) 이주원(특형), 374,375면.

346) 오영근(형각), 383면(배임죄를 침해범으로 보는 입장이지만 그 기수시기를 '현실적 손해를 가한 때'로 보면서 손해발생시기를 넓게 해석하고, 다만 그 시기는 '손해가 현실화된 때'와는 구분된다고 설명); 손동권 · 김재윤(형각), 471면, 김일수 · 서보학(형각), 394면; 정성근 · 박광민 (형각), 431,432면; 김성돈(형각), 469면.

347) 박상기(형각), 403면; 배종대(형각), 461,462면(손해발생의 위험을 야기하고 재산상 이익취득행위를

적 관점에서 파악하는 것으로서 '재산가치의 감소로 볼 수 있는 재산상 손해의 위험이 발생한 경우[348] 또는 '재산상 손해발생과 같이 평가할 수 있는 정도의 구체적 · 현실적 위험이 발생한 경우'라야 한다.[349] 위험범설을 따르면 이러한 재산상 손해발생의 위험이 있는 때 기수에 이르고 그 손해가능액이 피해액이 된다.

담보가 부실한 부실대출에 의한 배임행위의 경우에, 위험범설에 의하면 기수시기는 실제로 회수가 불가능한 때가 아니라 대출금의 회수가 불가능하게 될 위험이 있는 부실대출 당시이다. 그러므로 은행 지점장이 담보가 부실한 대출을 하여 대출 은행에 손해발생 위험을 발생시켰으나, 그 후 그 담보물을 양수한 제3자에 의하여 대출금이 대위변제 되었거나 담보물인 부동산의 시가가 다른 경제적 요인으로 폭등하여 실제 손해는 발생하지 아니한 경우에도, 부실대출 행위로 손해발생 위험이 생긴 때 은행의 재산가치는 이미 감소하였다가 사후에 다른 요인으로 피해가 회복된 것으로 평가해야 할 것이다.[350]

완료하면 현실적으로 이익을 취득하지 않았더라도 기수에 이른다고 설명); 이재상 · 장영민 · 강동범(형각), 431면.

348) 대법원 2000. 11. 24. 99도822; 1998. 2. 24. 97도183.

349) 대법원 2015. 9. 10. 2015도6745.

350) 위험범설을 따르는 일본 판례도 신용보증협회의 지소장이 도산에 이른 채무자의 채무를 신용보증한 사안에서 "채무가 아직 불이행 단계에 이르지 아니하여 현실적 손해가 발생하지 않았다 하더라도 경제적으로는 위 협회의 재산적 가치는 감소한 것으로 볼 수 있다."고 판시하였다(日 最決 1983. 5. 24. 刑集 37卷 4号 437면).

제4절 공범

Ⅰ. 개관

배임죄의 경우에도 공범에 관한 형법의 일반법리가 그대로 적용됨은 물론이다. 그러므로 배임죄의 공동정범, 교사범, 종범, 간접정범도 성립할 수 있고, 공범과 신분에 관한 형법 제33조도 그대로 적용된다.

다만, 회사 등 기업 관련 배임행위는 업무집행지시자 등 배후 실세(實勢)의 관여가 있다거나 배임행위인 거래행위의 거래 상대방이 배임행위에 적극적으로 관여하는 경우가 있다. 따라서 공모공동정범의 인정기준과 거래 상대방의 공범 성립 여부를 검토할 필요가 있다.

또한 배임죄는 신분범이므로 공범자에게는 공범과 신분에 관한 형법의 일반법리가 적용된다. 다만, 상법 기타 특별법상 특별배임죄의 경우에는 특별배임죄의 법적 성격에 따라 그 적용결과가 달라질 수 있다.

Ⅱ. 공범 성립 여부

1. 공모공동정범의 인정기준

행위지배설(통설 · 판례)[351]에 의하면 타인의 배임행위에 가담한 자를 형법 제30조의 공동정범으로 인정하기 위하여는 가담자가 **공동가공의 의사**와 그 공동의사에 기한 '**기능적 행위지배**'를 통한 범죄의 실행이라는 주관적 · 객관적 요건을 모두 충족

351) 정범(즉, 공동정범 및 간접정범)과 공범(즉, 교사범 및 종범)의 구분에 관한 학설 중, '객관설'은 범죄구성요건의 전부나 일부를 스스로 실현시키는 자를 정범으로 보는 견해이고, '의사설'은 자신을 위하여 범행을 한다는 의사를 가진 자를 정범으로 보는 견해인데, 그 절충적 견해인 '행위지배설'은 범죄의 실현과정 및 결과에 이르기까지 계획적으로 그 범행에 적합한 수단을 투입 · 조종하는 등으로 그 진행을 좌우하는 자를 정범으로 보고, 이러한 행위지배를 하지 못하고 범행에 관여하는 자는 공범으로 보는 견해이다[김성돈(형총), 596-598면; 손동권 · 김재윤(형총), 502-504면; 신동운(형총), 598-600면].

해야 한다(판례).[352] '기능적 행위지배'란 분업적 역할분담에 따라 전체계획의 수행에 필요불가결한 부분을 분업적으로 수행하는 것을 말한다.[353] 또한 판례는 공모공동정범을 인정하고 있는데, 공동정범의 경우에 2인 이상이 공동가공하여 범죄를 실현하려는 의사의 결합과 기능적 행위지배만 있으면 범죄의 실행행위에는 직접 가담하지 아니한 공모자일지라도 다른 공모자의 행위에 대하여 공동정범으로서의 형사책임을 진다.[354] 다만, 범죄구성요건 행위를 직접 분담하여 실행하지 아니한 공모자가 공모공동정범으로 인정되기 위하여는 "전체 범죄에 있어서 그가 차지하는 지위 · 역할이나 범죄경과에 대한 지배 내지 장악력 등을 종합하여 그가 단순한 공모자에 그치는 것이 아니라 **범죄에 대한 본질적 기여를 통한 기능적 행위지배**가 존재하는 것으로 인정되어야 한다."(판례)[355]

그리고 판례는 공모공동정범의 경우에 "공범자들 상호간에 직접 모의한 적이 없었다고 하더라도 **순차적**이거나 **암묵적**으로 범죄를 공동으로 실현하려는 의사의 결합이 이루어지면 공모관계가 성립하고, 이러한 공모가 이루어진 이상 실행행위에 직접 관여하지 아니한 자라도 그 공모에 기한 기능적 행위지배가 있었다면 다른 공모자의 행위에 대하여 공동정범이 인정된다"고 판시하고 있다.[356]

2. 거래 상대방의 경우

배임행위는 매매계약, 담보권 설정 등 거래의 형태로 이루어지는 경우가 있는데, 그 거래 상대방으로서 수익을 받는 자나 그와 밀접한 관련이 있는 제3자를 배임행위의 공동정범이나 방조범 등 공범으로 인정할 수 있는 기준이 문제가 된다. 계약자유의 원칙에 비추어 볼 때 그 수익자 등이 행위자의 거래행위가 배임행위에 해당한다는

---

352) 대법원 2010. 4. 29. 2009도13868.

353) 김성돈(형총), 598면; 박상기(형총), 429면; 신동운(형총), 598면; 대법원 1989. 4. 11. 88도1247.

354) 대법원 2002. 7. 26. 2001도4947.

355) 대법원 2010. 7. 15. 2010도3544(뇌물공여죄의 공모공동정범 사안으로서, 건설 관련 회사의 유일한 지배자가 회사 대표의 지위에서 장기간에 걸쳐 건설공사 현장소장들의 뇌물공여행위를 보고받고 이를 확인 · 결재하는 등의 방법으로 위 행위에 관여한 경우에, 비록 사전에 구체적인 대상 · 액수를 정하여 뇌물공여를 지시하지 아니하였다고 하더라도 그 핵심적 경과를 계획적으로 조종하거나 촉진하는 등으로 기능적 행위지배를 하였다고 보아 공모공동정범의 죄책을 인정하였음); 2007. 11. 15. 2007도6075[특정경제범죄법위반(배임)죄 사안].

356) 대법원 2010. 4. 29. 2009도13868.

사실을 인식하고 거래를 하였다는 것만으로는 배임죄의 공범으로 인정하기에 부족하다. 배임행위자와는 별개의 이해관계를 가지고 독자적 판단에 따라 거래에 임하는 상대방으로서는 그 거래가 배임행위에 기한 것임을 알았다고 하더라도 배임행위의 피해자를 위하여 거래를 포기해야 할 의무가 없는 한, 배임행위를 알고 거래에 응하였다는 것만으로 공동정범의 '공동가공 의사'(즉, 기능적 행위지배에 대한 고의)[357]나 방조범의 방조의사(즉, 방조행위에 대한 고의)[358]를 인정할 수 없거나 그 위법성을 인정할 수 없기 때문이다.

다만, 거래 상대방 등 수익자에게 거래행위가 피해자에 대한 배임행위에 해당한다는 사실의 인식이 있을 뿐만 아니라, 수익자가 배임 의도가 전혀 없었던 실행행위자에게 배임행위를 교사한다거나 배임행위의 전 과정에 관여하는 등으로 배임행위에 적극 가담한 경우에는 수익자를 배임의 실행행위자에 대한 공동정범으로 인정할 수 있다(판례).[359] 이러한 경우에는 배임죄의 교사범도 인정할 수 있겠지만 공모공동정범도 인정하는 판례의 입장에서는 대부분 공동정범의 성립을 인정하고 있다.

그러나 수익자의 관여정도가 그에 미치지 못하였다면 비록 수익자에게 정범의 행위가 배임행위에 해당한다는 사실의 인식이 있었고 그 거래에 응함으로써 정범의 실행을 용이하게 해 준 결과가 되더라도 방조범으로 처벌할 수 없다. 즉, 판례는 "거래상대방의 대향적 행위의 존재를 필요로 하는 유형의 배임죄에 있어서 거래상대방으로서는 기본적으로 배임행위의 실행행위자와는 별개의 이해관계를 가지고 반대편에서 독자적으로 거래에 임한다는 점을 감안할 때, 거래상대방이 배임행위를 교사하거나 그 배임행위의 전 과정에 관여하는 등으로 배임행위에 적극가담함으로써 그 실행행위자와의 계약이 반사회적 법률행위에 해당하여 무효로 되는 경우 배임죄의 교사범 또는 공동정범이 될 수 있음은 별론으로 하고, 관여정도가 거기까지 이르지

357) 판례는 "공동가공의 의사는 타인의 범행을 인식하면서도 이를 제지하지 아니하고 용인하는 것만으로는 부족하고, 공동의 의사로 특정한 범죄행위를 하기 위해 일체가 되어 서로 다른 사람의 행위를 이용하여 자기의 의사를 실행에 옮기는 것을 내용으로 하는 것이어야 한다."고 판시(대법원 2015. 10. 29. 2015도5355; 2001. 11. 9. 2001도4792; 1998. 9. 22. 98도1832).

358) 방조범의 성립요건으로서 방조행위, 피방조자인 정범의 실행행위 및 각 행위에 대한 고의가 필요한데 [김성돈(형총), 698,704면], 방조행위란 "정범의 실행을 용이하게 하는 직접 · 간접의 모든 행위"이다(대법원 2015. 3. 12. 2012도13748).

359) 대법원 2016. 10. 13. 2014도17211; 2011. 10. 27. 2010도7624; 2010. 9. 9. 2010도5972; 2009. 9. 10. 2009도5630; 2008. 7. 24. 2008도287; 2003. 10. 30. 2003도4382.

아니하여 법질서 전체적인 관점에서 살펴볼 때 사회적 상당성을 갖춘 경우에 있어서는 비록 정범의 행위가 배임행위에 해당한다는 점을 알고 거래에 임하였다는 사정이 있어 외견상 방조행위로 평가할 수 있는 행위가 있었다 할지라도 범죄를 구성할 정도의 위법성은 없다고 봄이 상당하다."고 판시하였다.[360] 이 경우 판례는 방조행위의 고의를 부정하기 어려우므로 방조행위의 위법성을 부정하고 있다.

Ⅲ. 특별배임죄의 공범과 신분

형법 제8조에 따라 공범에 관한 형법 총칙 규정(형법 제30조 내지 제34조)은 상법 기타 특별법상 특별배임죄에도 적용되므로, 각 특별배임죄에서 규정하는 행위주체로서의 신분자가 아닐지라도 형법 제33조에 따라 특별배임죄의 공동정범 · 교사범 · 종범 등 공범으로 의율하여 처벌할 수 있다.

앞에서 말한 특별배임죄의 법적 성질에 관하여 특별배임죄를 형법상 단순배임죄나 업무상배임죄의 가중적 신분범으로 보는 입장에서는 특별배임죄를 신분관계로 인하여 형의 경중(輕重)이 있는 부진정신분범으로 보게 된다. 그러므로 특별배임죄의 신분관계 없는 자가 그 신분 있는 자와 공모하는 등 공범으로 특별배임죄를 범한 경우에 그 신분관계 없는 자에 대해서는 형법 제33조 본문에 의하여 특별배임죄의 공범으로 의율하되, 형법 제33조 단서에 의하여 형법상 단순배임죄 또는 업무상배임죄에 정한 형으로 처벌하게 된다(판례).[361]

이에 대하여 특별배임죄의 법적 성질에 관하여 단순배임죄나 업무상배임죄와는

---

360) 대법원 2005. 10. 28. 2005도4915.

361) 대법원 1999. 4. 27. 99도883; 이는 신분범의 공범에 관한 형법 제33조의 적용범위에 관하여, 형법 제33조 본문 규정은 진정신분범 및 부진정신분범의 공범에 모두 적용되어 범죄가 성립하지만 부진정신분범의 공범에 대한 법정형은 같은 조 단서 규정에 따라야 한다고 보는 판례와 소수설[신동운(형총), 726,727면; 김성돈(형총), 718,719면; 오영근(형총), 433면] 입장에 따른 결론이다. 이 문제에 관한 다수설은 형법 제33조의 규정 문언에 비추어 같은 조 본문은 진정신분범의 공범에, 같은 조 단서는 부진정신분범의 공범에 적용된다고 보는 견해이므로[박상기(형총), 495면; 이재상 · 장영민 · 강동범(형총), 533면; 배종대(형총), 493,494면; 김혜정 · 박미숙 · 안경옥 · 원혜욱 · 이인영(형총), 372면; 도중진 · 정대관(형총), 757면], 특별배임죄의 신분관계 없는 공범은 형법 제33조 단서만 적용되어 형법상 단순배임죄 또는 업무상배임죄의 공범으로 의율되고 처벌될 것이다. 형법 제33조가 본문 및 단서의 규정형식을 취하고 있고 같은 조 단서는 법정형에 관한 규정임에 비추어, 전자의 견해가 현행법에 적합한 해석이라고 생각한다.

독립한 범죄로 보는 입장(독립범죄설)에서는 특별배임죄를 상법 기타 특별법상의 특수한 신분범인 진정신분범으로 파악하게 된다. 그러므로 특별배임죄의 신분관계 없는 자가 그 신분 있는 자와 공모하여 특별배임죄를 범한 경우에 그 신분관계 없는 자에 대해서는 형법 제33조 본문에 의하여 특별배임죄의 공범으로서 특별배임죄에 정한 형으로 처벌하게 될 것이다. 그러나 특별배임죄를 부진정신분범으로 파악하는 것이 판례의 입장이고 타당한 견해임은 앞의 특별배임죄의 법적 성질 부분에서 설명하였다.

제5절 죄수 및 친족간 범행

Ⅰ. 죄수

1. 특별배임죄와 단순배임죄 또는 업무상배임죄

상법 기타 특별법상 특별배임죄와 형법상 단순배임죄나 업무상배임죄의 죄수관계를 검토할 필요가 있다. 어느 범죄의 구성요건이 다른 범죄의 구성요건 요소를 모두 포함하면서 그 밖의 다른 요소를 더 요구하고 있다면 다른 범죄와는 '특별관계'에 있는 것이고(판례)[362] "특별법은 일반법에 우선한다."는 원칙에 따라 특별관계에 있는 범죄만 성립하게 된다.[363] 이는 1개의 행위가 외관상 수 개 범죄의 구성요건을 충족하는 것처럼 보이지만 실질적으로는 1죄만을 구성하는 것이므로 법조경합이라고 하고, 실질적으로 1죄인가 또는 수죄(즉, 상상적 경합관계 등)인가는 구성요건적 평가와 보호법익 측면에서 고찰하여 판단해야 한다(판례).[364]

회사임원등 특별배임죄는 업무상배임죄의 구성요건을 모두 포함하면서 행위주체가 회사임원 등 특별한 신분자일 것을 요구하고 있다. 사채권자집회 대표자등 특별배임죄 또는 신탁사채권자집회 대표자등 특별배임죄도 배임죄의 구성요건을 모두 포함하면서 행위주체가 사채권자집회나 신탁사채권자집회의 대표자 또는 그 결의를 집행하는 자라는 특별한 신분자일 것을 요구하고 있다. 그 밖의 특별법상 특별배임죄의 경우에도 마찬가지이다. 각 특별배임죄의 보호법익도 피해자의 전체 재산으로 보아야 한다. 따라서 상법 기타 특별법상 특별배임죄와 단순배임죄 또는 업무상배임죄의 관계는 특별배임죄가 특별관계에 있는 법조경합 관계이다.[365] 그러므로 특별

362) 대법원 2012. 8. 30. 2012도6503; 2003. 4. 8. 2002도6033.

363) 임웅(형총), 617면; 손동권 · 김재윤(형총), 634면.

364) 대법원 2012. 8. 30. 2012도6503; 2003. 4. 8. 2002도6033; 1984. 6. 26. 84도782.

365) 강동욱, 앞의 "배임죄의 본질과 주체에 관한 고찰", 230면; 이상돈(경형), 17면.

법 우선 원칙에 따라 특별배임죄가 단순배임죄 또는 업무상배임죄에 우선하여 적용되어야 함이 원칙이다.[366]

그런데 실무에서는 특별배임죄에 해당하는 경우에 형법상 단순배임죄나 업무상배임죄의 요건도 모두 포함하고 있는 이상 단순배임죄나 업무상배임죄로 의율하더라도 무방한 것으로 처리한다. 이는 특정경제범죄법 제3조 제1항의 가중처벌 대상범죄에 단순배임죄나 업무상배임죄는 포함되어 있으나 특별배임죄는 제외되어 있으므로, 배임행위로 인한 이득액이 5억 원 이상인 경우에 특별배임죄보다 형이 무거운 특정경제범죄법위반(배임)죄로 의율하기 위한 편법이라 할 수 있다. 이러한 실무 처리례에 대하여는 특별법 우선 원칙에 반할 뿐만 아니라 피고인에게 유리하게 법 적용을 해야 하는 죄형법정주의 정신에 위배되므로 부당하다고 비판하는 견해[367]가 있다.

생각건대 앞의 제2절 Ⅳ. 3.의 가.항 부분에서 말한 것처럼 특별배임죄를 규정한 입법취지가 회사임원 등과 같은 특별한 신분관계의 경우에 그 처벌을 강화하려는 것이라면 형이 더 무거운 특정경제범죄법위반(배임)죄로 의율하더라도 그 입법취지에 반하는 것은 아니다. 그러나 특정경제범죄법위반(배임)죄는 특별배임죄의 특별법은 아니므로 이러한 실무례는 엄밀히는 특별법 우선 원칙에 반하는 관행이고, 특별배임죄의 입법취지를 무색하게 하는 구조적 문제가 있으므로 입법 조치가 필요하다.

2. 포괄일죄

여러 개의 배임행위가 있더라도 피해법익이 단일하고 범죄의 태양이 동일하며 단일한 범의에 기한 일련의 행위로 볼 수 있는 경우에는 그 배임행위들은 포괄하여 1

366) 손동권, 앞의 "회사 경영자의 상법상 특별배임행위에 대한 현행법 적용의 문제점과 처벌정책을 둘러싼 입법논쟁", 269면; 최승재, "배임죄 판례분석을 통한 경영자의 배임죄 적용에 있어 이사의 적정 주의의무 수준에 대한 고찰 : 대법원 2013. 9. 26. 선고 2013도5214 판결을 중심으로", 「KERI 정책제언」 14-12(한국경제연구원, 2014), 10면에서는 판례가 회사임원 등의 특별배임죄도 형법상 단순배임죄와 같이 신임관계 위반을 내용으로 하는 범죄로 보고 있음을 논거로 양 범죄를 일반법과 특별법 관계로 보고 있다.

367) 손동권, 위 논문, 269,270면; 강동욱, "형사상 배임죄의 입법례와 주체에 관한 고찰", 「법학논총」 제37권 1호(단국대학교 법학연구소, 2013.) 155면; 최준선, "경영판단의 원칙과 배임죄에 대한 고찰", 「상장협연구」 제69호(한국상장회사협의회, 2014. 4.), 158-160면.

죄를 구성한다(판례).[368]

예컨대 그룹 회장이 그룹 산하 각 계열회사의 대표이사들과 공모하여 각 계열회사로 하여금 그룹 산하 다른 계열회사에 그 부도를 막거나 지연시키기 위한 목적으로 일정기간 동안 지속적·반복적으로 유사한 형태의 자금지원을 여러 번 하게 한 것이 각 지원 계열회사에 대한 배임행위를 구성하는 경우에는 피해법익이 다른 각 지원 계열회사별로 포괄일죄를 구성한다(판례).[369] 또한 판례는 대출회사의 사무소장이 사업내용이 다른 별개의 법인에 대하여 부당대출을 하면서, 각각 다른 일자에 대출약정을 체결하고 담보도 별도로 제공받은 경우에, 위 각 부당대출 행위는 각기 다른 범의 아래 저질러진 수개의 행위이므로 각 배임행위는 실체적 경합관계에 있다고 판시하고 있다(판례).[370]

3. 배임죄와 사기죄

배임행위가 동시에 피해자에 대한 기망행위를 포함하는 경우에는 배임죄와 사기죄의 관계를 검토할 필요가 있다. 예컨대 회사의 부분적 포괄대리권을 가진 사용인이 그 임무에 위배하여 회사를 기망하고 회사와 제3자 사이에 계약을 체결함으로써 제3자에게 재산상 이익을 취득하게 하고 회사에 손해를 가한 경우이다. 판례는 이러한 경우에 사기죄와 배임죄의 상상적 경합관계로 보고 있다. 즉, "사기죄와 업무상배임죄 또는 배임죄는 각 구성요건을 달리하는 별개의 범죄이고, 형법상으로도 각각 별개의 장(章)에 규정되어 있어, 1개의 행위에 관하여 사기죄와 업무상배임죄(배임죄나 특별배임죄도 마찬가지임)의 각 구성요건이 모두 구비된 때에는 양 죄를 법조경합관계로 볼 것이 아니라 상상적 경합관계로 보아야 한다."고 판시하였다.[371] 통설도 사기죄와 배임죄는 각 범죄구성요건을 달리할 뿐만 아니라 배임죄가 보호하려는 신임관계는 사기죄가 보호하는 일반적 신뢰와는 구분해야 한다는 이유로 1개의 행

---

368) 대법원 2011. 8. 18. 2009도7813; 2009. 7. 23. 2007도541; 2004. 7. 9. 2004도810.

369) 대법원 2009. 7. 23. 2007도541.

370) 대법원 2005. 10. 28. 2005도5996.

371) 대법원 2002. 7. 18. 2002도669 전원합의체(신용협동조합의 전무인 피고인이 조합의 담당직원을 기망하여 예금인출금 또는 대출금 명목으로 금원을 교부받은 사안).

위가 실질적으로 수 죄에 해당한다고 보고 같은 견해를 취하고 있다.[372] 이에 반하여 배임행위는 사기행위에 흡수되는 것이므로 사기죄만 성립한다고 보는 견해[373]가 있으나, 사기행위의 불법성이 배임행위의 불법성을 당연히 포함하는 것으로 볼 수는 없으므로, 흡수관계로 보는 것은 부당하다.

그리고 제3자에 대한 사기행위가 배임죄 피해자에 대한 배임행위를 구성하고 그로 인하여 제3자 및 피해자에게 각 손해를 가한 경우, 예컨대 건물주로부터 건물의 월세 임대차계약 체결권한을 위임받은 자가 마치 전세 임대차계약을 체결할 권한이 있는 것처럼 임차인을 속이고 전세 임대차계약을 체결하여 그 임차인으로부터 전세보증금 명목으로 돈을 교부받아 건물주에게 전세보증금 반환채무를 부담하는 손해를 입게 한 사안이다. 판례는 이 사안에서 사기죄와 배임죄가 성립하고, 이 때 "양죄는 서로 구성요건, 행위의 태양 및 보호법익을 달리하고 있어 (수개의 행위로 보고) 상상적 경합관계가 아니라 실체적 경합관계에 있다."고 판시하였다.[374] 그런데 이 사안에서 판례는 사기행위와 배임행위를 별개의 행위로 파악하였으나, 임차인에 대한 사기행위가 곧 건물주에 대한 배임행위로 된 경우이므로 "사회관념상 행위가 사물자연의 상태로서" 1개의 행위[375]라고 보아 상상적 경합관계로 봄이 타당할 것이다.

다만, 사기죄의 성립을 위하여는 피기망자의 교부행위가 있어야만 하는 것이므로, 만약 회사의 대표이사가 처분행위에 필요한 회사 이사회의 승인을 기망수단으로 받아내어 회사에 손해를 발생시키는 처분행위를 한 경우라면 피기망자의 교부행위가 없었기 때문에 사기죄는 성립하지 않는다.

4. 배임죄와 횡령죄

배임죄와 횡령죄(또는 업무상횡령죄, 이하 횡령죄 및 업무상횡령죄를 포괄하여 '횡령죄'라 함)는 피해자인 타인과의 신임관계를 침해하는 범죄라는 점에서 유사한 범죄이다. 그

---

372) 정성근 · 박광민(형각), 437,438면; 박상기(형각), 412면; 김성돈(형각), 490면; 이재상 · 장영민 · 강동범(형각), 440면.

373) 오영근(형각), 392면; 일본 판례의 입장이다(日 大判 1914. 12. 22. 刑錄 20輯 2596면).

374) 대법원 2010. 11. 11. 2010도10690.

375) 대법원 2017. 9. 21. 2017도11687("상상적 경합은 1개의 행위가 수개의 죄에 해당하는 경우를 말하는데, 여기에서 1개의 행위라 함은 법적 평가를 떠나 사회관념상 행위가 사물자연의 상태로서 1개로 평가되는 것을 의미한다."고 판시); 1987. 2. 24. 86도2731.

러므로 형법에서도 제40장에 양 죄를 함께 수록하고 있고 조문(형법 제355조 또는 제356조)도 함께 수록하고 있다. 다만, 횡령죄는 행위의 객체가 재물로 한정되고, 그 행위주체도 타인의 사무를 처리하는 자 중 타인의 재물을 보관하는 자로 제한된다는 점에서 배임죄에 대하여 특별관계에 있다고 할 수 있다. 그러므로 어떠한 행위가 같은 피해자에 대하여 양 죄에 모두 해당할 수 있는 경우에도 횡령죄만 성립하는 것으로 보는 점에는 이론(異論)이 없다.[376] 즉, 재물죄인 횡령죄가 이득죄인 배임죄의 특별관계인 법조경합 관계에 있으므로 배임죄는 별도로 성립하지 않는다.[377]

그러나 어떠한 행위가 배임에 그치지 않고 횡령죄를 구성하는 것인지 여부가 명확한 것은 아니다. 배임죄와 횡령죄의 구별기준에 관하여는 후술하는 횡령죄의 본질론에서 살펴보기로 한다.

5. 배임죄와 상호저축은행법위반죄

상호저축은행은 개별 차주나 동일 차주에게 일정 한도를 초과하여 신용공여 하는 것을 금지하고, 이를 위반한 경우에는 1년 이하의 징역 또는 1천만 원 이하의 벌금에 처하거나 이를 병과할 수 있다(상호저축은행법 제39조 제5항 제6호, 제7항, 제12조 제1항, 제2항, 제3항). 이러한 동일인 대출한도를 초과한 대출행위로 인하여 상호저축은행에 손해를 가함으로써 상호저축은행법위반죄(즉, 같은 법 제39조 제5항 제6호 위반)와 업무상배임죄(또는 특정경제범죄법 제3조 제1항, 형법 제356조, 제355조 제2항 위반, 또는 상호저축은행법 제39조 제2항 제2호)가 모두 성립하는 경우에, 양 죄는 각 보호법익이 다른 점에 비추어 수 개의 죄에 해당하지만 1개의 행위로 볼 수 있으므로 상상적 경합관계에 있다(판례).[378]

상호저축은행은 대주주 · 임직원 또는 그 특수관계인에 대한 신용공여 및 예금등을 하거나 가지급금을 지급하거나 위 대주주 등의 그 수령행위를 금지하고, 이를 위반한 행위를 처벌하고 있다(상호저축은행법 제39조 제1항 제3호, 제4호, 제37조). 상호저축은행의 임원 등이 이를 위반하여 상호저축은행에 손해를 가함으로써 상호저축은

376) 같은 취지 : 芝原邦爾, 「經濟刑法」(岩波新書, 2007), 16면.

377) 이재상 · 장영민 · 강동범(형각), 439면.

378) 대법원 2012. 6. 28. 2012도2087.

행법위반죄(즉, 같은 법 제39조 제1항 제3호 또는 제4호 위반)와 업무상배임죄(또는 특정경제범죄법 제3조 제1항, 형법 제356조, 제355조 제2항 위반, 또는 상호저축은행법 제39조 제2항 제2호)가 모두 성립하는 경우에도 마찬가지 이유로 양 죄는 상상적 경합관계에 있다(판례).[379]

Ⅱ. 친족간의 범행

1. 처벌특례 규정 및 법적 성격

형법상 단순배임죄 및 업무상배임죄의 경우에는 행위주체와 피해자의 친족관계에 따른 특례 규정을 두고 있다. 그 관계가 직계혈족, 배우자, 동거친족, 동거가족 또는 그 배우자[380] 관계인 경우에는 그 형을 면제하고(형법 제361조, 제328조 제1항), 그 밖의 친족관계인 경우에는 고소가 있어야 공소를 제기할 수 있다(형법 제361조, 제328조 제2항). 이러한 친족관계에 해당하는지 여부는 민법 규정에 따르고(판례)[381] 범행 당시를 기준으로 판단함이 원칙이지만 부친이 혼외출생자를 인지하는 경우처럼 출생시에 소급하여 친족관계의 효력이 발생한 결과 범행 당시 친족관계에 있게 되는 경우도 포함한다.[382]

위 형 면제 규정의 입법취지는 "가까운 친족 간의 재산범죄에 대하여는 피해자의 고소 여부와 상관없이, 피해자가 고소를 하더라도 형을 면제하여 처벌하지 않겠다는 것으로 가정 내부의 문제는 국가형벌권이 간섭하지 않는 것이 바람직하다는 정책적 고려와 함께 가정의 평온이 형사처벌로 인해 깨지는 것을 막으려는 것이다."(헌법재판례)[383] 그러므로 위 특례규정에서 형을 면제하게 되는 친족관계는 범죄는 성립하지만 행위자의 개인적 관계로 인하여 처벌을 면제하는 사유이므로 인적처벌조각

---

379) 대법원 2013. 10. 24. 2012도7473(같은 취지로 판시한 원심인 서울고등법원 2013. 6. 13. 2012노4016 확정).

380) '그 배우자'란 "동거가족의 배우자만을 의미하는 것이 아니라, 직계혈족, 동거친족, 동거가족 모두의 배우자를 의미하는 것으로 볼 것이다."[대법원 2011. 5. 13. 2011도1765(상습사기 사안)].

381) 대법원 1991. 8. 27. 90도2857(절도죄 사안); 1980. 4. 22. 80도485(야간주거침입절도죄 사안).

382) 대법원 1997. 1. 24. 96도1731(절도죄 사안).

383) 헌법재판소 2012. 3. 29. 2010헌바89(절도죄 사안).

사유로 보아야 한다(통설).[384)]

고소가 있어야 공소를 제기할 수 있도록 한 위 규정의 입법취지는 "먼 친족 간의 절도죄에 대하여는 국가가 먼저 개입하지 아니하되 피해자가 굳이 고소를 하여 처벌을 원한다면 처벌할 수 있도록 한 것이다."(헌법재판례)[385)] 그러므로 이러한 친고죄에 해당하는 친족관계에서는 고소가 소추조건이 된다(통설).[386)]

위 형 면제 사유에 해당하거나 친고죄의 경우에 고소가 없으면 '공소권 없음'의 불기소처분을 하게 되고,[387)] 공소제기 후에는 전자의 경우에는 형 면제 판결(형사소송법 제322조), 후자의 경우에는 공소기각 판결을 하게 된다(형사소송법 제327조 제2호).

2. 적용범위

위 처벌특례 규정은 해당 친족관계가 없는 공범에 대하여는 적용되지 않는다(형법 제361조, 제328조 제3항). 친족관계를 인적처벌조각사유나 소추조건으로 보는 이상 당연한 결론이다.

특정경제범죄법위반(배임)죄의 경우에도 특정경제범죄법 제3조 제1항은 형법상 단순배임죄나 업무상배임죄의 가중처벌 규정일 뿐 그 범죄의 성질은 그대로 유지되는 것이고 특정경제범죄법에 형법 제361조, 제328조의 적용을 배제한다는 명시적인 규정이 없으므로 위 처벌특례에 관한 형법 제361조 규정이 그대로 적용된다(판례).[388)]

그러나 상법상 회사임원등 특별배임죄의 경우에는 피해자가 법인인 회사이므로 피해자와 행위주체 사이에 친족관계가 존재할 수 없고, 사채권집회 대표자등 특별배임죄의 경우에는 피해자인 모든 사채권자와 위 친족관계에 있는 상황을 상정하기도 어렵다. 따라서 친족간 특례규정을 적용될 여지가 없다.

---

384) 김성돈(형각), 336면.

385) 헌법재판소 2012. 3. 29. 2010헌바89.

386) 김성돈(형각), 336면.

387) 검찰사건사무규칙 제115조 제3항 제4호.

388) 대법원 2010. 2. 11. 2009도12627(상습사기 사안).

제6절 경영판단원칙과 배임죄

Ⅰ. 의의

기업경영에 영향을 미치는 환경이나 여건은 수시로 변화하고 예측하기 어려운 경우가 많다. 그럼에도 불구하고 경영상의 판단은 현재의 수집 가능한 정보를 기초로 사실을 인식하고 **불확실한 장래 예측**을 전제로 이루어지는 것이므로 다른 일상적 판단이나 의사·감정인 등 전문가의 판단보다 고도의 위험을 감수해야 하는 특징이 있다.[389)] 그러므로 실패한 경영판단에 대하여 경영자로서의 임무위배로 인한 책임을 물음에 있어서 이러한 경영판단의 특수성을 인정하지 않고는 위험을 감수하는 적극적 경영을 기대할 수 없게 되어 기업활동을 위축시킬 우려가 있다. 또한 경영판단이란 결과를 알 수 없는 상태에서의 사전적 판단이고 경영자의 전문영역에 속하는 것인데, 경영에 관한 **전문성이 없는 법관에 의한 심사 및 사후심사로 인한 편견의 위험**[390)]**을 방지할 필요가 있다.**[391)] 이러한 이유로 18세기 중엽부터 영미법에서 특히 미국 판례법을 중심으로 경영판단원칙(Business Judgment Rule)이 발달하여 왔다. 독일은 1997. 4. 21. 연방통상재판소의 ARAG/Garmenbeck사건 판결[392)]에서 미국의 경영판단원칙을 처음 수용한 이래 수년간의 논의를 거쳐 2005년 주식법(Aktiengesetz) 개정 당시 이 원칙을 입법화하였고,[393)] 그 시기를 전후하여 우리나라

---

389) 한석훈, "경영판단행위의 형사규제-경영판단원칙의 입법화 방안을 중심으로-", 「상사법연구」 35권 1호(한국상사법학회, 2016. 5.), 11,12면.

390) '사후심사로 인한 편견의 위험'이란 경영판단은 사후에 밝혀진 사실을 모르는 상태에서 이루어지는 것인데 재판은 사후에 밝혀진 사실을 알게 된 상태에서 사전 경영판단의 당부(當否)를 심사하는 것이므로 사후 발생사실의 인식으로 인한 편견이 개입할 수 있음을 가리킨다. 경영판단의 절차적 사항 외에 판단내용도 심사대상으로 하는 경우에는 사후심사의 편견이 개입할 위험이 있다.

391) 이영봉, "經營判斷의 法則에 관한 硏究", 박사학위논문(성균관대학교, 1999), 12면.

392) BGH, 21. April 1997 – II ZR 175/95, BGHZ 135, 244ff.

393) 독일의 경영판단원칙 입법화 과정 및 그 해석에 관하여는 한석훈, 위 논문, 15–19면에서 상세히 소개하고 있다.

나 일본의 판례에도 이 원칙이 반영되고 있으므로 이제 경영판단원칙은 글로벌 스탠더드(global standard)라 할 수 있다.

경영판단원칙이란 경영자가 주관적으로 기업의 최대이익을 위하여 성실하게 경영상 판단을 하였고 그 판단과정에 불공정을 의심할 만한 절차적 · 관계적 사유가 없다면 경영자가 임무수행에서 요구되는 주의의무를 다한 것으로 인정하는 법리이다.[394] 이 원칙은 배임죄의 일반적 처벌규정이 없는 영미법에서는 경영자의 임무위배행위로 인한 손해배상책임 여부를 가리는 기준으로 발전하여 온 법리이다.[395] 그러나 우리나라에서는 경영자의 임무위배행위가 민사상 손해배상책임은 물론 형사상 배임죄를 구성할 수 있으므로 경영자의 민사책임을 묻는 소송에서는 물론 경영자에 대한 업무상배임죄 등 배임죄 사건에서는 거의 예외없이 재판에서 주장되고 문제가 되고 있다.

Ⅱ. 입법례

경영판단원칙의 기원에 관하여는 여러 견해가 있으나 1742년 영국의 Charitable Corp. v. Sutton 사건에서 그 기원을 찾을 수 있다고 한다.[396] 그 후 주로 미국의 판례법을 통하여 그 개념과 내용이 형성되어 왔고, 1994년경 미국법률가협회(American Law Institute, 이하 'ALI'라고만 함)는 그 동안 미국 판례법상 나타난 이 원칙의 내용을 정리하여「회사지배의 원칙 : 분석과 권고(Principles of Corporate Governance : Analysis and Recommendations, 이하 'ALI원칙'이라고만 함)」란 제목으로 발표하였다. 경영판단원칙의 내용은 이렇게 판례를 통하여 형성되어 왔고 현재도 형

---

394) 이러한 개념정의는 미국 판례법상 개념이라고 할 수 있으나, 원래 이 원칙은 주로 미국 판례법을 통하여 그 개념이 확립되어 왔고, 우리나라의 학설 · 판례도 미국 판례법상 경영판단원칙의 도입 여부를 중심으로 논의하거나 유사한 내용으로 파악하고 있으므로, 미국 판례법상 개념을 전제로 논의를 전개하는 것이 타당하다고 본다.

395) 권재열, "경영판단의 원칙–도입여부에 관한 비판적 검토–,"「비교사법」통권 제10호(한국비교사법학회, 1999. 6.), 19면; 곽병훈, "미국 회사법의 경영판단원칙,"「재판자료(외국사법연수논집)」98집(법원행정처, 2002. 12.), 127면.

396) Henry R. Horsey, "The Duty of Care Component of the Delaware Business Judgment Rule", 19 Del. J. Corp. L. 971, 975 (1994).

성되고 있는 중이므로 일의적인 내용으로 파악하기는 어렵지만[397] ALI원칙이 그 후 미국 주(state)회사법 등 입법이나 판례에 반영되고 있다.

독일은 1997년 연방최고재판소의 아라게(ARAG/Garmenbeck)사건 판결에서 최초로 미국의 경영판단원칙 법리를 수용한 후,[398] 2005년 주식법(Aktiengesetz) 개정시 경영판단원칙을 입법에 반영하여 "기업가적 결정이 적절한 정보에 근거하여 회사의 이익을 위하여 한 것으로 합리적으로 인정될 수 있는 경우이면 이사의 의무위반은 없는 것이다."라는 규정을 두게 되었다(독일 주식법 제93조 제1항 제2문). 이 규정은 후술하는 ALI원칙의 절차적 · 주관적 사항과 거의 유사한 내용을 규정하면서 이를 충족하는 경우에는 경영자의 주의의무위반이 없는 것으로 보고 있는 점, 그 규정의 해석 적용에 관한 독일 판례의 입장 등에 비추어 ALI원칙을 도입한 것으로 평가되고 있다.[399] 다만, 독일의 경우에는 주식법 제93조 제2항 제2문의 주의의무 증명책임 규정에 따라 경영자가 주의의무를 준수한 것으로 추정되지 않고 경영자에게 그 주의의무를 다한 사실의 증명책임이 있다는 점이 미국의 경우와 다를 뿐이다.[400]

일본에서는 최고재판소가 2010. 7. 15. 아파만숍(Apamanshop) 주주대표소송 사건[401]에서 처음으로 경영판단원칙을 반영하여 "경영판단은 그 결정의 과정 및 내용에 현저한 불합리가 없는 한 이사로서의 **선관주의의무**를 위반한 것이 아니다."라는 판시를 한 이래 판례는 현재까지 그 틀을 유지하고 있다.[402] 일본 회사법 제423조 제1항의 해석상 이사 등 경영자의 임무해태 사실의 증명책임은 경영자의 책임을 추궁하는 자에게 있다는 점(일본 판례 · 학설)[403]은 독일보다 경영자를 더 보호하는 셈

397) 원동욱, "경영판단 원칙의 최근 동향과 향후 전망 –미국의 사례를 중심으로–", 「상사법연구」 제29권 제3호(한국상사법학회, 2010. 11.), 86,87면.

398) 한석훈, 앞의 "경영판단행위의 형사규제", 16면.

399) Jens Koch, Das Gesetz zur Unternehmensintgrität und Mordernisierung des Anfechtungsrechts (UMAG), ZGR 2006, 769, 783.

400) 독일에서의 경영판단원칙 입법의 평가에 관하여는 한석훈, 앞의 "경영판단행위의 형사규제", 19,20면 참조.

401) 日 最判 2010. 7. 15. 金融 · 商事判例 1347号, 12면.

402) 落合誠一, "アパマンショップ株主代表訴訟最高裁判決の意義", 商事法務 1913号(2010. 11. 5.), 9면; 福瀧博之, "経營判斷の原則についての覺書: ドイツ法における法解釈学的存位置付け", 法学論集 64巻 5号(關西大學法学会, 2015. 1.), 33면.

403) 한석훈, 앞의 "경영판단행위의 형사규제", 23면.

이다. 그리고 경영판단에 관한 특별배임죄 형사사건에서도 이사의 **임무위배** 판단에 위 민사판례와 같은 취지로 판시하고 있다. 즉, 일본 최고재판소 2009. 11. 9.자 판결에서 은행의 대표이사가 실질상 도산 상태에 있는 회사들에 적자보전 자금 등을 무담보로 추가 융자해 준 행위가 구 상법(商法)상 특별배임죄에 해당되는지 여부가 문제된 사안에서, "은행의 이사가 융자업무를 취급함에 있어서 요구되는 주의의무의 정도는 일반 주식회사 이사의 경우에 비하여 높은 수준이므로 경영판단원칙이 적용될 여지는 그 만큼 제한된다. …객관적인 회사 재건 · 정리계획도 없고 기존 대출금을 보다 많이 회수하여 은행의 손실을 최소화하려는 목적도 명확하다고 할 수 없는 상태에서 적자보전 자금 등을 사실상 무담보로 추가 융자한 것은 그 판단에 **현저히 합리성을 결여**하여 은행 이사로서 융자시 요구되는 채권보전의무를 위반함으로써 이사로서의 **임무위배**에 해당한다."고 판시하였다.[404)]

그러나 일본의 민 · 형사 판례는 위와 같이 경영판단의 내용도 심사대상에 포함하고 있는 점에서 1차적 심사대상을 경영판단의 절차적 · 주관적 사항으로 한정하는 미국이나 독일의 경영판단원칙과는 많은 차이가 있다. 따라서 일본에서도 경제발전을 위하여는 이러한 점을 개선하여 경영판단의 주의의무위반을 심사함에 있어서 경영판단의 절차적 · 주관적 사항만으로 그 심사대상을 한정하는 방향으로 판례가 발전해야 하고 그러한 판례의 입장에 따른 입법이 필요하다는 견해[405)]도 나타나고 있다.[406)]

---

404) 日 最高裁 2009. 11. 9. 平18(あ)2057号, 「判例タイムズ」 1317号, 142면; 靑水眞 · 阿南剛,"取締役の責任に關する上級審判例と經營判斷の原則(3)", 「旬刊商事法務」 1897号(商事法務硏究會, 2010. 4. 25.), 25-31면; 弥永眞生, "会社法判例速報 特別背任と經營判斷原則", 「ジュリスト」 1392号(有斐閣, 2010. 1. 1.), 178,179면.

405) 高橋英治, "ドイツと日本における経營判斷原則の發展と課題(下)," 「商事法務」 2048号(2014. 11. 15.), 47면.

406) 일본에서의 경영판단원칙 입법화 논의에 관하여는 한석훈, 앞의 "경영판단행위의 형사규제", 24,25면 참조.

Ⅲ. 민사판례상 경영판단원칙의 내용

1. 미국 판례법상 경영판단원칙

가. 경영판단원칙의 내용

ALI원칙과 미국 판례법에 따라 경영판단원칙의 내용을 정리하면 다음과 같다. 이 원칙은 원래 회사의 이사 · 집행임원 등 경영을 담당하는 자(이하 '경영자'라 함)가 직무상 준수해야 할 주의의무(duty of care)를 강화하기 위하여 그 대상에 경영판단 영역까지 포함하게 되면서, 단순한 경영판단의 잘못의 경우에도 그로 인한 경영자의 법적 책임을 묻게 되는 것을 제한하는 법리로 발달하게 된 것이다.[407] 따라서 원래 경영자가 준수해야 할 직무상 주의의무, 즉 선관주의의무의 내용부터 검토할 필요가 있다.[408]

ALI원칙에 의하면 "경영자는 보통의 신중한 사람(ordinarily prudent person)[409]에게 그 위치와 상황에서 합리적으로(reasonably) 기대할 수 있는 주의로, 기업의 최대이익(the best interests)이라고 합리적으로 믿는 대로, 성실하게(in good faith) 직무를 수행해야 할 주의의무(duty of care)가 있다[ALI원칙 §4.01(a)].[410] 다만, 경영판단을 하는 경우에는 이러한 주의의무의 기준은 **경영판단원칙**에 관한 규정을 따르게 되는데, 경영판단원칙에 관한 규정에 의하면 성실하게(in good faith) 경영판단을 한(**성실성**) 경영자가 ①경영판단 대상과 **이해관계** 없이(is not interested) ②경영자라면 그 상황에서 적절하다고 합리적으로(reasonably) 믿을 수 있는 정도로 경영판단 대상에 관

---

407) Henry R. Horsey, op. cit., p.975.

408) 영미법에서 회사의 경영자는 수탁자의 의무에 준하는 고도의 주의의무인 신인의무(fiduciary duty)를 부담하고, 신인의무에는 직무상의 주의의무(duty of care)와 충실의무(duty of loyalty)가 있다. 그 중 충실의무는 경영자가 회사와의 이해충돌시 회사의 최대이익을 위하여 전력을 다해야 한다는 내용이므로 그 성질상 경영자 보호를 위한 경영판단원칙이 문제되지 않고, 직무상 주의의무의 경우에만 경영판단원칙이 문제가 된다[한석훈, "경영진의 손해배상책임과 경영판단 원칙", 「상사법연구」(한국상사법학회, 2009. 2.), 135면; 박수영, 대계Ⅱ, 588면 각주6].

409) 이는 해당 직무의 수행능력을 가진 일반전문가(generalist)를 의미한다[American Law Institute, Principles of Corporate Governance: Analysis and Recommendations, The American Law Institute (2012), p.148].

410) 이러한 주의의무의 내용은 현재 미국의 모범사업회사법(Model Business Corporation Act) §8.30(a) 규정, 미국 대부분 주(州) 회사법이나 판례의 입장과 유사하다. 이영봉, 앞의 "경영판단의 법칙에 관한 연구", 23면. 김건식, "은행이사의 선관주의의무와 경영판단원칙", 「민사판례연구 ⅩⅩⅥ」(박영사, 2004. 2.), 419면 각주18도 같은 취지임.

한 정보를 수집하고(**적절한 정보수집**) ③회사에 **최대이익**(the best interests)이 되는 경영판단이라고 합리적으로(rationally) 믿은 경우라면 그 주의의무를 이행한 것이 된다[ALI원칙 §4.01(c)].[411] 그리고 경영판단을 존중하여 이러한 ALI원칙 §4.01(a)(c)의 요건은 이미 갖추어진 것으로 추정(presumption)되므로 그 책임을 추궁하는 자는 경영자가 ALI원칙 §4.01(c)에 기재된 위 각 항목 중 하나라도 위반하는 등 주의의무를 위반한 사실 및 그로 인하여 회사에 손해를 발생시킨 사실을 증명할 책임을 부담한다[ALI원칙 §4.01(d)]. 다만, 경영자의 책임을 추궁하는 자가 경영자에게 경영판단 대상과 위 ①항의 이해관계가 있음을 증명하면, 경영자는 그럼에도 불구하고 회사를 위하여 공정(fair)하고 합리적인(reasonable) 판단을 하였음을 증명하면 책임을 부담하지 않는다.[412] 또한 위 ②항의 적절한 정보수집이란 경영판단의 중요성, 정보수집에 이용할 수 있는 시간, 정보제출자의 신용, 회사의 영업상태, 판단의 부정적 측면 등을 감안하여 현실적으로 판단해야 하는데,[413] 경영자가 그러한 정보수집을 함이 없이 경영판단을 하였음이 증명되는 경우에는 경영자가 그럼에도 불구하고 회사를 위하여 **'충분한 공정성**(entire fairness)'을 갖춘 판단이었음을 증명하면 책임을 부담하지 않는다.[414] 이러한 '충분한 공정성(entire fairness)'의 개념이 명확한 것은 아니지만 주로 거래의 공정성(fair dealing)을 의미하고, 회사합병 등 거래가격이 문제되는 경우에는 거래가격의 공정성(fair price)도 충족하여야 함을 뜻한다.[415]

---

411) Regina A. Iorii, "Defensive Strategies and the Business Judgement Rule : Does Almost Anything Go in Delaware", 11 Del. J. Corp. L. 535 (1986); 이영봉, 앞의 논문, 157면.

412) American Law Institute, op. cit., pp.176,177; Treadway Companies, Inc. v. Care Corp., 638 F.2d 357, 382 (2d Cir. 1980).

413) American Law Institute, id. pp.177,178.

414) Cinerama, Inc. v. Technicolor, Inc., 663 A.2d 1156, 1162-1164 (Del. Supr. 1995); Smith v. Van Gorkom, 488 A.2d 858, 873 (Del. Supr. 1985); Weinberger v. UOP, Inc., 457 A.2d 701, 711 (Del. Supr. 1983).

415) Cinerama, Inc. v. Technicolor, Inc. 663 A.2d 1156, 1162-1164 (Del. Supr. 1995); Nixon v. Blackwell, 626 A.2d 1366, 1381 (Del. Supr. 1993); 곽병훈, 앞의 "미국 회사법의 경영판단원칙", 140-146면; 한석훈, 앞의 "경영진의 손해배상책임과 경영판단 원칙", 131면. 위 Cinerama, Inc. v. Technicolor, Inc. 사건의 판결은 회사합병 승인 결의시의 주식 평가액이 문제된 사안에서 이사회의 합병승인 결의 당시 이사들에게 충분한 정보가 제공되지 아니한 사실이 입증되어 경영판단원칙상 주의의무 준수의 추정이 번복되었으나, '충분한 공정성'이 입증되어 결국 경영자의 주의의무 이행이 인정되었다. 이 판례에서 델라웨어 주 대법원은 '충분한 공정성'을 거래의 공정성과 거래가격의 공정성으로 보았다. 거래의 공정성을 판단함에 있어서는 거래시한의 제한 여부, 거래착수 경위, 교섭의 독립성, 선택의 개방성, 이사들에 대한 정보제공 여부, 이사회 승인 여부, 주주들에 대한 공개의무 준수 여부, 다

그리고 경영자는 성실하게 직무를 수행해야 할 의무가 있으므로 위 경영판단원칙 규정은 위법적(violate the law) 경영판단에는 적용되지 않는다(**적법성**).[416] 이러한 경영판단원칙은 적극적 · 효율적 경영을 장려하기 위한 법리이므로 부적절한 외부 영향력이 없이 '독자적인 경영판단(conscious exercise of judgment)'을 한 경우에만 적용되고(**독자성**),[417] 독자적인 판단이라면 부작위 형식의 경영판단에도 적용된다.[418]

나. 경영판단원칙의 법적 성격 및 기능

이러한 미국 판례법상 경영판단원칙의 법적 성격 및 기능에 관하여는, 경영자가 준수해야 할 주의의무의 정도에 관하여 훨씬 완화된 사법적 심사기준을 정한 것이라는 견해,[419] 추상적인 주의의무의 기준에 관하여 경영자에 대한 구체적 내용을 정한 것일 뿐 주의의무의 수준을 완화한 것은 아니라는 견해,[420] 경영자는 선의로 기업을 위하여 경영판단을 한 것으로 추정함으로써 경영자의 책임을 추궁하는 자가 주의의무위반 사실을 증명하도록 증명책임을 전환한 것이라고 보는 견해[421] 등이 있다.

원래 미국에서는 자본주의의 꽃이라 할 수 있는 회사제도가 발달하면서 소유와 경영이 분리되고 전문경영인 시대가 도래하게 되자, 주주 등 회사 소유자가 회사업무를 타인인 이사 등 경영자에게 위임함으로써 발생하게 되는 이른바 대리인문제(agency problem)가 중요한 문제로 대두되었다. 이를 해결하기 위하여 경영자에게

수 주주들의 거래승인 여부를 감안하였다. 또한 거래가격의 공정성을 판단함에 있어서는 경영자가 합병교섭 과정에서 주가가 높게 평가될 수 있도록 지속적으로 노력한 점, 그 결과 주식 평가액이 합병교섭 이전의 시가나 교섭기간 중의 경쟁적인 가격보다 훨씬 높은 109%의 프리미엄을 가산하여 결정된 점, 고위 경영자도 같은 주식 평가액으로 합병 매수청구에 응하고 합병되는 주식에 대한 경쟁적 매수를 하지 않은 점, 대주주들도 같은 주식 평가액으로 주식을 매도한 점, 골드먼삭스社 등 신뢰할 수 있는 금융전문회사 등이 위 주식 평가액이 공정하다고 평가한 점 등에 비추어 거래가격도 공정한 것으로 판단하였다.

416) American Law Institute, op. cit., p.174.

417) American Law Institute, op. cit., p.174.

418) Aronson v. Lewis, 473 A.2d 805, 813 (Del. 1984).

419) 곽병훈, 앞의 "미국 회사법의 경영판단원칙", 127면; 이영봉, 앞의 "경영판단의 법칙에 관한 연구", 192,193면; 오성근, "경영판단원칙의 적용기준의 법리에 관한 검토", 「기업법연구」(한국기업법학회, 2006), 28면.

420) 김건식, 앞의 "은행이사의 선관주의의무와 경영판단원칙", 422,423면.

421) 권재열, 앞의 "경영판단의 원칙", 36면.

수탁자의 의무와 유사한 고도의 신인의무(fiduciary duty)를 부과하고, 그 내용을 점차 강화하여 왔다. 신인의무의 내용 중 충실의무(duty of loyalty)는 주로 경영자와 회사의 이해관계가 충돌하는 경우에 회사 최대이익을 위하여 전력을 다해야 할 의무이므로 그 성질상 경영판단원칙으로 경영자를 보호할 필요가 없다. 그러나 신인의무 중 직무상 주의의무(duty of care)는 경영자의 직무수행시 기울여야 할 의무이므로 그 주의의무의 내용을 강화하게 되면서 균형상 필요하게 된 법 원칙이 경영판단원칙이다.[422] 주의의무의 대상이 경영판단에까지 확대되면서, 항상 불확실한 장래 예측으로 인한 위험이 따르고 전문성을 요하는 경영판단 행위의 속성상 적극적 경영활동의 보장과 공평의 견지에서 경영자가 준수해야 할 주의의무의 내용을 절차적 · 주관적 요소 등 사법심사에 적합한 내용으로 그 1차적 심사대상을 제한하고 증명책임을 탄력적으로 배분하려는 것이다. 따라서 경영판단원칙은 경영판단의 직무상 주의 의무위반에 관한 평가기준으로서의 법적 성격을 지니고 있다.

경영판단원칙의 내용 중 이해관계, 적절한 정보수집, 적법성 및 독자성은 경영판단의 **절차적 사항**이라 할 수 있고, 경영자의 성실성 및 회사 최대이익 추구는 경영자의 **주관적 사항**이라 할 수 있다. 우선 이러한 절차적 · 주관적 사항만이 **1차적 심사대상**이 되고, 그 흠결이 없다면 경영자의 직무상 주의의무위반 여부를 심사할 수 없다. 또한 경영판단을 존중하여 그 흠결 없음이 추정되기 때문에 경영자의 책임을 추궁하는 자가 그 중 하나라도 흠결 있음을 증명해야 한다. 만약 그 절차적 · 주관적 사항 중 하나라도 흠결 있음이 증명되더라도 바로 주의의무위반이 인정되는 것이 아니라 판단대상을 제한받음이 없이 경영자의 주의의무위반 여부를 심사할 수 있을 뿐이다.[423] 물론 이러한 경우에도 경영자의 주의의무위반 사실의 증명책임은 그 책임을 추궁하는 자에게 있고, 경영자의 책임을 추궁하는 자는 다른 절차적 · 주관적 사항을 포함하여 제한 없이 경영자의 주의의무위반 사실을 증명해야 한다. 다만, 이

422) Edward D. Welch / Andrew J. Turezyn, "Folk on the Delaware General Corporation Law : Fundamentals", Little Brown & Co. (1996), p.95; 강희갑, "미국법상 이사의 충실의무와 이사의 자기거래", 「기업법연구」(한국기업법학회, 2000), 337면; 김광록, "미국의 최근 판례를 통해 본 경영판단의 원칙" 「법학연구」(한국법학회, 2008), 262면.

423) 다만, 주관적 사항의 흠결이 증명되는 경우, 즉 성실하지 못한 경영판단이었다거나 경영자가 회사 최대이익이 되는 경영판단이라고 합리적으로 믿지 아니한 사실이 증명된다면 다른 특별한 사정이 없는 한 주의의무위반이 증명되었다고 할 수 있으나, 이러한 주관적 사항의 증명은 경영자 자신이 자인하지 않는 이상 증명이 거의 불가능하므로 대부분 절차적 사항을 중심으로 판례가 형성될 수밖에 없다.

해관계의 존재가 증명되더라도 경영자는 그럼에도 불구하고 공정하고 합리적인 판단이었음을 증명한 경우, 또는 적절한 정보수집을 못하였음이 증명되더라도 경영자가 그럼에도 불구하고 충분히 공정한 판단이었음을 증명하면 주의의무위반이 인정되지 않아 책임을 면할 수 있게 된다.

생각건대 이러한 경영판단원칙의 내용은 주의의무의 정도에 관하여 훨씬 완화된 사법적 심사기준을 정한 것이라거나 추상적 주의의무 기준에 관한 구체적 내용을 정한 것이라기보다는 경영자가 행한 경영판단의 주의의무 위반이 문제되는 경우에 경영판단을 존중하여 1차적 심사대상을 위 절차적 · 주관적 사항만으로 한정하는 **1차 심사대상의 한정효과**를 부여한 것으로 보아야 할 것이다. 1차 심사대상을 한정하는 경영판단원칙은 성실하게 경영판단을 한 경영자에게 **안전항**(safe harbor)을 제공하는 기능을 수행한다.[424] 또한 1차적 심사대상 중 그 사항의 성격상 주로 증명대상으로 거론되는 것은 절차적 사항이고 그 중에서도 이해관계 여부나 적절한 정보 수집 여부인데, 그 중 이해관계의 존재나 부적절한 정보수집이 증명되면 경영자가 그럼에도 불구하고 공정하고도 합리적이었다거나 충분히 공정한 경영판단이었음을 증명하여 면책받을 수 있게 허용한 점에서 증명책임을 탄력적으로 배분하고 있다는 평가도 할 수 있다(**증명책임의 탄력적 배분**).

이러한 기능을 지니고 있는 경영판단원칙에 대하여는 미국에서도 경영자의 임무해태 여부를 정보수집 등 절차적 요소에 치중하여 판단하게 함으로써 경영자의 면죄부로 악용될 우려가 있다는 비판은 있으나,[425] 경영판단원칙은 현재까지 미국 판례법상 경영판단에 관한 지배적 법리로 적용되고 있다.

2. 경영판단원칙의 민사상 도입론

상법상 주식회사의 이사, 집행임원 및 유한회사의 이사 등 경영자가 회사를 운영함에 있어서는 선관주의의무를 부담한다(상법 제382조 제2항, 제408조의2 제2항, 제567조). 만약 경영자가 고의나 과실로 법령 또는 정관을 위반하거나 그 **임무를 게을리하**

---

424) American Law Institute, op. cit., p.173.

425) 미국 델라웨어 주(州)의 경영판단원칙에 대한 비판내용에 관하여는 손창일, "미국법상 경영판단의 원칙에 관한 비판적 소고 -주주와 회사 이익 보호의 관점에서-", 「상사판례연구」(한국상사판례학회, 2009. 12.), 22-32면에서 자세히 소개하고 있다.

여(즉, 임무해태) 회사에 손해를 야기하는 경우, 또는 고의나 중대한 과실로 그 임무를 게을리하여 제3자에게 손해를 야기한 경우에는 그 손해배상 책임이 있다(상법 제399조, 제401조, 제408조의8, 제567조). 주식회사의 업무집행지시자 등 실질상 이사 또는 실질상 집행임원의 경우에는 원래 회사에 대한 선관주의의무를 부담하는 자는 아니지만 상법 규정에 따라 손해배상 책임에 관하여는 이사와 마찬가지로 취급된다(상법 제401조의2, 제408조의9). 이들의 손해배상 책임을 논함에 있어서 모두 회사에 대한 임무해태, 즉 선관주의의무위반 여부가 문제되므로 경영자의 주의의무위반 해석기준인 경영판단원칙을 도입할 것인지 여부에 관한 학설의 대립과 판례의 입장을 검토할 필요가 있다.

이에 관한 입법론 및 해석론으로서, 경영판단원칙은 경영자의 주의의무를 경감시키거나 사법심사기준을 완화하는 법리이므로 경영자의 경영판단을 존중하여 유능한 경영자의 적극적 기업활동을 지원하기 위하여 이 원칙을 도입할 필요가 있다고 주장하는 도입긍정설이 있다(다수설).[426] 이에 반하여 경영판단원칙은 경영자의 책임을 완화하는 법리이므로 폐쇄회사적 성격이 강한 기업이 많고 시장기능에 의한 경영견제기능이 약한 우리나라에서는 소액주주 등 회사 이해관계자 보호를 위하여 아직 이 원칙을 도입할 필요가 없다고 주장하는 도입부정설이 있다.[427] 또한 경영판단원칙에 의한 경영자의 면책 효과는 경영자의 주의의무 내용의 해석론으로도 해결할 수 있다는 이유로 도입할 필요가 없다고 주장하는 견해[428]도 있다.

판례는 2002년경부터 회사의 경영자에 대한 손해배상 청구 소송에서 미국 판례법상 경영판단원칙에서 말하는 판단기준을 일부 원용하고 '경영판단원칙'이라는 용어도 사용해 오고 있다.[429] 그 중 대표적 판결인 2007년 **대우 부당자금지원 사건**

---

426) 이영봉, 앞의 "경영판단의 법칙에 관한 연구" 213-215면; 윤보옥, "미국회사법에서의 이사의 의무와 경영판단의 법칙", 「비교사법」(한국비교사법학회, 2000), 374면; 송인방, "경영판단원칙의 도입가능성에 관한 검토", 「법학연구」(충남대학교 법학연구소, 2003. 12.), 330,331면; 고재종, "회사경영상 책임과 이사의 구제제도에 관한 고찰", 「기업법연구」(한국기업법학회, 2003. 9.), 286면; 고재종, "경영판단의 원칙의 도입 여부에 관한 비교법적 고찰", 「비교법학연구」(한국비교법학회, 2003), 57면.

427) 권재열, 앞의 "경영판단의 원칙", 30-34면.

428) 김건식, 앞의 "은행이사의 선관주의의무와 경영판단원칙", 423면.

429) 대법원 2008. 7. 10. 2006다39935; 2007. 10. 11. 2006다33333; 2007. 7. 26. 2006다33685; 2005. 10. 28. 2003다69638; 2005. 7. 15. 2004다34929; 2002. 6. 14. 2001다52407.

판례[430]는 "회사의 이사가 합리적으로 이용가능한 범위 내에서 **필요한 정보를 충분히 수집 · 조사하고 검토**하는 절차를 거친 다음, 이를 근거로 **회사의 최대이익**에 부합한다고 합리적으로 신뢰하고 **신의성실에 따라** 경영상의 판단을 내렸고, 그 **내용이 현저히 불합리하지 않은 것**으로서 통상의 이사를 기준으로 할 때 합리적으로 선택할 수 있는 범위 안에 있는 것이라면, 비록 사후에 회사가 손해를 입게 되는 결과가 발생하였다 하더라도 그 이사의 행위는 허용되는 경영판단의 재량범위 내에 있는 것이어서 회사에 대하여 손해배상 책임을 부담한다고 할 수 없다."고 판시하였다. 이 판결은 회사의 이사 등 경영자가 이러한 과정을 거치지 않고 회사자금을 관계회사에 대여하는 등 부당자금지원한 행위를 임무해태 행위로 보아 회사에 대한 손해배상책임을 인정하였다.

그 후 2011년 **대운상호저축은행 부실대출 사건** 판례[431] 중 일반 부실대출 사안에서는 "대출과 관련된 경영판단을 함에 있어서 통상의 합리적인 금융기관 임원으로서 그 상황에서 **합당한 정보를 가지고 적합한 절차에 따라 회사의 최대이익을 위하여 신의성실에 따라** 대출심사를 한 것이라면 그 **의사결정과정에 현저한 불합리가 없는 한** 그 임원의 경영판단은 허용되는 재량의 범위 내의 것으로서 회사에 대한 선량한 관리자의 주의의무 내지 충실의무를 다한 것으로 볼 것이며, 금융기관의 임원이 위와 같은 선량한 관리자의 주의의무에 위반하여 자신의 임무를 해태하였는지의 여부는 그 대출결정에 통상의 대출담당임원으로서 간과해서는 안 될 잘못이 있는지의 여부를 대출의 조건과 내용, 규모, 변제계획, 담보의 유무와 내용, 채무자의 재산 및 경영상황, 성장가능성 등 여러 가지 사항에 비추어 종합적으로 판정해야 한다."고 판시하였다. 이어서 같은 판례의 프로젝트 파이낸스 부실대출 사안에서는 "금융기관의 이사가 대출 요건으로서의 프로젝트 사업성에 관하여 심사함에 있어서 **필요한 정보를 충분히 수집 · 조사하고 검토**하는 절차를 거친 다음 이를 근

---

430) 대법원 2007. 10. 11. 2006다33333(피고들이 회사의 대표이사 또는 이사로서 해외에 있는 관계회사에 아무런 채권회수조치 없이 미화 1억 9,282만 달러를 대여하거나 그 회사가 발행한 신주를 인수하는 등의 방식으로 지원함으로써 자신의 회사에 손해를 입힌 사안).

431) 대법원 2011. 10. 13. 2009다80521(상호저축은행의 임원이 인적 · 물적 담보를 받고 대출을 하거나 프로젝트 파이낸스 대출을 하였으나 대출금을 회수하지 못하여 상호저축은행에 손해를 입게 한 사안으로서 원심은 그 임무해태를 인정하지 않았으나, 대법원은 프로젝트 파이낸스 대출의 경우 심리미진을 이유로 파기환송하였음).

거로 **금융기관의 최대 이익**에 부합한다고 합리적으로 신뢰하고 **신의성실에 따라** 경영상의 판단을 내렸고, 그 **내용이 현저히 불합리하지 아니하여** 이사로서 통상 선택할 수 있는 범위 안에 있는 것이라면, 비록 사후에 회사가 손해를 입게 되는 결과가 발생하였다고 하더라도 그로 인하여 이사가 회사에 대하여 손해배상책임을 부담한다고 할 수 없지만, 금융기관의 이사가 이러한 과정을 거쳐 임무를 수행한 것이 아니라 단순히 회사의 영업에 이익이 될 것이라는 일반적 · 추상적인 기대 아래 일방적으로 임무를 수행하여 회사에 손해를 입게 한 경우에는 **필요한 정보를 충분히 수집 · 조사하고 검토하**는 절차를 거친 다음 이를 근거로 **회사의 최대 이익**에 부합한다고 합리적으로 신뢰하고 **신의성실의 원칙에 따라** 경영상의 판단을 내린 것이라고 볼 수 없으므로, 그와 같은 이사의 행위는 허용되는 경영판단의 재량범위 내에 있는 것이라고 할 수 없다."고 판시하고 있다.

이들 민사판례에서 말하는 경영판단원칙이 미국 판례법상의 경영판단원칙을 도입한 것인지 여부에 관하여는 논란이 있다.[432]

생각건대 민사판례의 입장은 미국이나 독일의 경우처럼 절차적 · 주관적 사항의 흠결이 없으면 경영자로서의 주의의무를 다한 것으로 보는 것이 아니고, 일본의 경우처럼 판단 **내용의 현저한 불합리** 여부까지 심사대상에 포함하고 있어서 절차적 · 주관적 사항은 주의의무위반 여부를 심사하는 기준 중 하나에 불과하다. 그러므로 1차 심사대상을 절차적 · 주관적 사항으로 한정하는 1차 심사대상의 한정 효과는 기대할 수 없게 되고 처음부터 경영판단의 내용까지 사법심사의 대상이 되어 경영판단의 '안전항'이라거나 법관에 의한 사후심사의 편견 방지라는 경영판단원칙의 주요 효과는 기대할 수 없는 셈이다.[433] 이러한 점에서 우리나라는 미국 판례법상 경영판단원칙을 그대로 도입한 것이라고는 말할 수 없을 것이다. 다만, 최근 대운상호저축은행 부실대출 사건의 경우 일부 부실대출 사안에서는 위와 같이 '내용의 현저한 불합리' 여부를 심사대상에서 제외하고 있다. 또한 같은 판례 중 프로젝트 파이낸스 부실대출 사안에서는 '내용의 현저한 불합리' 여부를 심사대상에 포함하고는 있으나,

---

432) 최준선(회사), 594면에서도 "우리나라의 판결은 경영상 판단의 내용까지 심사하면서, 경영판단을 위한 법률정책이나 사상에 의한 기초 없이 단지 소송활동의 과정에서 간간히 경영판단원칙이 원용되고 있을 뿐이다."라고 평가하고 있다.

433) 한석훈, 앞의 "경영판단행위의 형사규제", 30면.

실제로는 충분한 정보수집(즉, 프로젝트 사업대상 부지 매입에 관한 충분한 자료)의 흠결을 이유로 주의의무위반에 관한 심리미진이 있다고 하여 파기환송 판결을 하였다. 따라서 아직 민사판례의 입장이 일의적인 것은 아니지만, 민사판례는 경영자의 선관주의의무위반 여부 판단을 함에 있어서 실제로는 절차적 · 주관적 사항을 중시하고 있다는 점에서 경영판단원칙의 법리를 많이 차용하고 있다고 평가할 수 있을 것이다.

Ⅳ. 경영판단원칙의 형사상 도입론

1. 배임죄에의 도입론

미국 판례법에서 발달한 경영판단원칙은 경영자의 회사에 대한 직무상 주의의무위반에 관한 민사 손해배상책임에 관한 법리이기는 하지만, 배임죄는 타인의 사무를 처리하는 자의 임무위배행위를 처벌하는 범죄이고 회사사무를 처리하는 경영자의 임무위배행위 여부를 가림에 있어서는 경영자에게 부과된 직무상 주의의무위반이 문제가 되기 때문에 직무상 주의의무위반의 판단기준인 이 원칙을 배임죄에 도입하는 것을 검토할 필요가 있다. 미국에서는 일반적인 배임죄 처벌규정이 없지만 우리나라와 같이 그러한 형사처벌규정이 폭넓게 활용되고 있는 나라에서는 그 형사책임이 기업 및 경영자에게 미치는 엄청난 위력에 비추어 배임죄에 경영판단원칙의 적용 여부를 검토하는 일은 불가피하므로 해석론 및 입법론으로 문제가 된다.

가. 도입 부정설

미국에서는 소유와 경영의 분리가 잘 이루어져 전문경영인에 의한 경영판단이 행하여지고, 집단소송, 징벌적 손해배상 등 효과적인 민사제재수단이 있어서, 이러한 제재수단에 맞서서 경영자를 보호하는 경영판단원칙이 발달해 온 것이다. 그런데 이러한 민사제재수단이 없고 지배주주에 의한 폐쇄적 기업이 대부분인 우리나라에 이를 도입하여 경영자의 형사책임을 완화할 경우에는 경영실패로부터 소액주주나 회사채권자를 보호하기 어렵다는 형사정책적 논거를 드는 견해[434]가 있다. 배임죄의

434) 김기섭, “법인대표의 경영상의 판단과 업무상배임죄”, 「판례연구」(서울지방변호사회, 2005. 1.), 10

구성요건인 '임무위배행위'나 '재산상 이익', '고의' 등을 합리적으로 해석하면 배임죄의 불명확성으로 인한 적용확대를 해소할 수 있으므로 굳이 이 원칙을 도입할 필요가 없다는 견해[435]도 있다. 또한 민사 과실책임의 면책 이론으로 발달한 경영판단원칙을 고의범인 배임죄에 적용하는 것은 논리적으로 타당하지 않다는 견해,[436] 경영판단원칙의 도입으로 경영판단의 절차적 측면에만 사법이 관여하고 그 내용적 측면에 대하여 이사의 경영상 결정에 전적인 신뢰를 부여하게 되면 경영판단의 과보호가 문제될 수 있다고 보는 견해[437]도 있다.

나. 도입 긍정설

불확실한 장래를 예측하면서 위험을 감수해야 하는 경영판단의 특수성을 감안하여 국가 형벌권의 과도한 개입을 막고 적극적 경영활동을 보장하기 위하여 경영판단원칙을 적용함으로써 배임죄의 처벌범위를 줄일 필요가 있다는 형사정책적 논거를 드는 견해[438]가 있다. 또한 위험감수원칙이 지배하는 사전적 · 목적합리적 경영판

면; 노명선(회범), 152면; 조국, "기업범죄통제에 있어서 형법의 역할과 한계 —업무상 배임죄 배제론에 대한 응답—", 「형사법연구」 19권 3호(상)(한국형사법학회, 2007. 9.), 168,169면; 권재열, 대계 Ⅱ, 906-908면; 최성진, "경영판단원칙과 경영책임자에 대한 업무상 배임죄의 성부", 「동아법학」 제60호(동아대학교 법학연구소, 2013), 297면.

435) 노명선, "회사범죄에 관한 연구 —주식회사 임직원의 형사책임을 중심으로—", 「법조」 48권 10호(법조협회, 1999), 155,156면; 손동권, 앞의 "회사 경영자의 상법상 특별배임행위에 대한 현행법 적용의 문제점과 처벌정책을 둘러싼 입법논쟁", 280면; 조국, 위 논문, 184면; 임정호, "형법상 배임죄에 있어서 경영판단원칙에 대한 재검토 —형법 규정과 신인의무의 간극—", 「법학연구」 제23권 제2호(연세대학교 법학연구원, 2013. 6.), 81면; 김건식, 앞의 "은행이사의 선관주의의무와 경영판단 원칙", 423면(이사의 주의의무위반 판단 시 경영판단원칙의 도입 여부와 관련하여 "ALI 원칙이 제시하는 경영판단원칙 정도라면 구태여 상법을 개정하지 않더라도 법원의 주의의무 해석을 통해서 기능적으로 유사한 결론을 도출할 수 있을 것"으로 보고 있다); 조기영, "배임죄의 제한해석과 경영판단의 원칙 —경영판단 원칙 도입론 비판—", 「형사법연구」(한국형사법학회, 2007. 봄), 106,107면(특히 이 논문 98면에서는 "우리나라의 형법이 독일이나 일본과는 달리 반드시 '자기나 제3자의 재산상 이익취득'을 범죄구성요건으로 하고 있고, 이 구성요건에 해당한다면 상법상 충실의무에 위반하는 행위로서 경영판단원칙이 적용되지 않으므로 이 원칙을 도입할 필요가 없다."고 주장하고 있다. 그러나 경영자의 배임행위가 충실의무 위반이 아닌 직무상 선관주의의무 위반의 경우에 이루어지는 사례도 있으므로, 배임죄의 구성요건에 해당하면 모두 충실의무 위반행위가 된다는 주장은 부당하다).

436) 강동범, 「배임죄의 성립범위에 관한 연구(2) —소위 경영판단 원칙의 도입 반대와 대안 중심으로—」(법무연수원, 2015), 98면; 강동욱, "이사의 경영판단행위와 배임죄의 성부", 「한양법학」 제32집(한양법학회, 2010), 121면; 곽병선, "경영판단의 원칙과 업무상배임죄", 「법학연구」 제56집(한국법학회, 2014), 30면.

437) 이경렬, "경영판단의 과오와 업무상배임죄의 성부", 「법조」 Vol. 603(법조협회, 2006. 12.), 156면.

438) 이규훈, "업무상 배임죄와 경영판단", 「형사판례연구(13)」(형사판례연구회, 2005), 328면; 최준선,

단과 위험회피원칙이 지배하는 사후적 · 가치합리적 법적판단의 성질상 차이를 논거로 불확실한 장래예측의 위험과 사후심사의 편견 방지를 위한 법리인 경영판단원칙의 적용으로 그 간극을 메울 필요가 있다고 하는 견해[439]도 있다.

도입긍정설 입장에서도 구체적으로 경영판단원칙을 해석론으로 적용할 수 있는지, 범죄론체계상 지위를 어떻게 볼 것인지는 의견이 나뉘고 있다.

적극적 경영을 지원해야 할 필요나 형벌의 보충성원칙에 비추어 경영자의 회사법상 임무해태행위 중 중대한 임무해태의 경우에만 배임죄의 임무위배행위로 보아 형사처벌할 수 있는 것으로 해석하고, 그 중대성 여부를 심사하기 위한 기준으로 경영판단원칙을 활용할 수 있다는 견해[440]가 있다. 즉, 경영판단원칙의 절차적 · 주관적 사항에 흠결이 없는 경우에는 객관적 범죄구성요건 중 임무위배행위가 성립하지 않는다는것이다. 또한 "배임죄의 성립요건 중 임무위배행위 요건은 경영자가 기울여야 할 주의의무의 내용과 관련하여 판단할 수 있는 것인데, 경영판단원칙은 그 주의의무의 대상이나 범위를 정하는 것이므로 배임죄에 도입할 필요가 있다."는 견해[441]도 경영판단원칙을 임무위배행위의 판단 법리로 보는 입장이다.[442]

이에 대하여 경영판단원칙의 절차적 · 주관적 사항에 흠결이 없는 경우에는 배임의 고의가 인정되지 않는 것으로 보는 견해[443]가 있다. 경영판단원칙의 적용으로 배

「배임죄 성립범위에 관한 연구(Ⅰ) -소위 경영판단 원칙의 도입 찬성과 대안 중심으로-」(법무연수원, 2015), 154면[이 논문 197,198면에서는 경영판단원칙의 도입방안으로 상법 제382조 제2항(회사와 이사의 관계)에 "이사가 충분한 정보를 바탕으로 회사의 이익을 위하여 합리적으로 경영상의 판단을 한 경우에는 의무의 위반으로 보지 않는다."란 문언을 추가하고, 제622조(회사임원 등의 특별배임죄)에 "다만, 경영상의 판단에 대하여는 벌하지 아니한다."는 문언을 추가하자는 입법론을 주장하고 있다.]

439) 이상돈, 앞의 "경영실패와 경영진의 형사책임", 88-98면; 이정민, "경영판단원칙과 업무상 배임죄", 「형사정책연구」(한국형사정책연구원, 2007. 겨울), 166면.

440) 이정민, "업무상 배임죄에 있어서 경영상 판단 존중", 「고려법학」 제78호(고려대학교 법학연구원, 2015. 9.), 54면.

441) 정성근 · 박광민(형각), 429면.

442) 이사 등 경영자가 손익 전망이 불확실한 **모험적 거래**를 하는 경우에 사회생활상 일반통념에 따른 업무집행범위를 일탈하지 아니한 행위이면 임무위배행위가 되지 않는다고 보는 견해[박상기(형각), 402,403면]도 경영판단원칙의 도입 여부는 별론으로 하고 적어도 그 범죄론체계상 지위에 관하여는 경영판단원칙을 임무위배행위 판단 법리로 보는 입장이다.

443) 이경렬, 앞의 논문, 142면; 최승재, "경영판단의 항변과 기업경영진의 배임죄의 성부", 법률신문(2004. 10. 21.), 15면; 구회근 "회사 임원의 업무상 배임죄에 관한 판례 분석", 「기업소송연구」 통권 제3호(기업소송연구회, 2005. 12.), 72면.

임죄 성립에 미필적 고의가 배제되고 의도적 고의 또는 확정적 고의만 인정할 수 있다는 견해[444]도 경영판단원칙을 **고의** 판단 법리로 보는 입장이다.

또한 경영판단원칙을 절차적 · 주관적 사항을 중심으로 **임무위배행위 및 고의** 인정기준으로 도입하자는 견해[445]도 있고, 경영판단원칙의 절차적 · 주관적 사항에 흠결이 없는 경영판단행위는 사회상규에 위배되지 아니한 것으로 보아서 **위법성**을 조각하는 것으로 보는 견해[446]도 있다.

2. 형사판례

대법원은 경영자의 배임 여부가 문제된 형사판결에서는 민사판결처럼 '경영판단원칙'이라는 용어를 사용하지는 않고 있으나, 대법원 2004. 7. 22. 선고 2002도4229 판결(대한보증보험 지급보증 사건)에서 '경영상 판단'에 관한 입장을 처음으로 밝힌 이래 경영판단에 대하여는 계속하여 동일한 입장을 판결의 대전제(大前提)[447]로 설시하고 있다. 즉, "기업의 경영에는 원천적으로 위험이 내재하여 있어서 경영자가 아무런 개인적 이익을 취할 의도 없이 선의에 기하여 가능한 범위 내에서 수집된 정보를 바탕으로 기업의 이익에 합치된다는 믿음을 가지고 신중하게 결정을 내렸다 하더라도 그 예측이 빗나가 기업에 손해가 발생하는 경우가 있을 수 있는 바, 이러한 경우에까지 고의에 관한 해석기준을 완화하여 업무상배임죄의 형사책임을 묻고자 한다면, 이는 죄형법정주의 원칙에 위배되는 것은 물론이고 정책적인 차원에서 볼 때에도 영업이익의 원천인 기업가 정신을 위축시키는 결과를 낳게 되어 당해 기업뿐만 아니라 사회적으로도 큰 손실이 될 것이므로, …문제된 **경영상 판단에 이르게 된 경위와 동기, 판단대상인 사업의 내용, 기업이 처한 경제적 상황, 손실발생의 개연성과 이익획득의 개연성 등 제반 사정**에 비추어, 자기 또는 제3자가 재산상 이

---

444) 이상돈, 「경영판단원칙과 형법」(박영사, 2015), 30면; 안경옥, "경영판단행위에 대한 배임죄처벌의 가능성", 「김일수 교수 화갑기념논문집」(2006), 427면; 박수희, "경영판단행위와 형법상 배임죄", 「한양법학」(한양법학회, 2015), 40면; 이규훈, 앞의 "업무상 배임죄와 경영판단", 343,344면; 오경식, "경영판단의 원칙과 배임죄 성립여부에 대한 연구", 「비교형사법연구」(한국비교형사법학회, 2013), 274면.

445) 김성돈(형각), 481면.

446) 김홍기, 앞의 "경영판단기준의 명료화와 운용방안에 관한 연구 – 판례의 분석 및 해석론을 중심으로 –", 232면.

447) 즉, 삼단논법 중 추론의 기초가 되는 대전제를 말함.

익을 취득한다는 인식과 회사에 손해를 가한다는 인식(미필적 인식을 포함) 아래의 의도적 행위임이 인정되는 경우에 한하여 배임죄의 고의를 인정하는 엄격한 해석기준은 유지되어야 할 것이고, 그러한 인식이 없는데 단순히 본인에게 손해가 발생하였다는 결과만으로 책임을 묻거나 주의의무를 소홀히 한 과실이 있다는 이유로 책임을 물을 수는 없다."고 판시(이하 '**판결의 대전제**'라 함)하고 있다.[448] 우리나라의 형사 판례는 경영판단의 형사책임이 문제되는 경우에는 예외 없이 이러한 입장을 판결의 대전제로 하고 구체적 사안 별로 합리적인 경영판단의 재량범위 내 행위인지 여부나 배임의 고의 여부를 판단하고 있다.

그리고 동일 기업집단에 속한 계열회사 사이 지원행위의 경영판단이 문제되는 경우에는 기본적으로는 독립된 법인격을 가지고 있는 개별 계열회사 별로 배임 여부를 판단하되, 계열회사들의 공동이익을 도모하기 위한 것인지 여부도 감안해야 한다는 입장이다. 즉, "기업집단의 공동목표에 따른 공동이익의 추구가 사실적, 경제적으로 중요한 의미를 갖는 경우라도 그 기업집단을 구성하는 개별 계열회사는 별도의 독립된 법인격을 가지고 있는 주체로서 각자의 채권자나 주주 등 다수의 이해관계인이 관여되어 있고, 사안에 따라서는 기업집단의 공동이익과 상반되는 계열회사의 고유이익이 있을 수 있다."[449] "이와 같이 동일한 기업집단에 속한 계열회사 사이의 지원행위가 기업집단의 차원에서 계열회사들의 공동이익을 위한 것이라 하더라도 지원 계열회사의 재산상 손해의 위험을 수반하는 경우가 있으므로, 기업집단 내 계열회사 사이의 지원행위가 합리적인 경영판단의 재량범위 내에서 행하여졌는지 여부는 신중하게 판단하여야 한다. 따라서 동일한 기업집단에 속한 계열회사 사이의 지원행위가 합리적인 경영판단의 재량범위 내에서 행하여진 것인지 여부를 판단하기 위해서는 문제 된 경영상 판단에 이르게 된 경위와 동기, 판단대상인 사업의 내용, 기업이 처한 경제적 상황, 손실발생의 개연성과 이익획득의 개연성 등 제반 사정과 아울러, 지원을 주고받는 계열회사들이 자본과 영업 등 실체적인 측면에서 결합되어 공동이익과 시너지 효과를 추구하는 관계에 있는지 여부, 이러한 계열

---

448) 대법원 2017. 11. 9. 2015도12633; 2013. 12. 26. 2013도7360; 2012. 6. 14. 2012도1283; 2011. 7. 28. 2008도5399; 2010. 4. 29. 2009도13868; 2010. 1. 14. 2007도10415.

449) 대법원 2017. 11. 9. 2015도12633; 2013. 9. 26. 2013도5214.

회사들 사이의 지원행위가 지원하는 계열회사를 포함하여 기업집단에 속한 계열회사들의 공동이익을 도모하기 위한 것으로서 특정인 또는 특정회사만의 이익을 위한 것은 아닌지 여부, 지원 계열회사의 선정 및 지원 규모 등이 당해 계열회사의 의사나 지원 능력 등을 충분히 고려하여 객관적이고 합리적으로 결정된 것인지 여부, 구체적인 지원행위가 정상적이고 합법적인 방법으로 시행된 것인지 여부, 지원을 하는 계열회사에 지원행위로 인한 부담이나 위험에 상응하는 적절한 보상을 객관적으로 기대할 수 있는 상황이었는지 여부 등까지 충분히 고려해야 한다. 위와 같은 사정들을 종합하여 볼 때 문제 된 계열회사 사이의 지원행위가 합리적인 경영판단의 재량범위 내에서 행하여진 것이라고 인정된다면 이러한 행위는 본인에게 손해를 가한다는 인식하의 의도적 행위라고 인정하기 어려울 것이다."라고 판시하고 있다.[450] 이 판결은 프랑스에서 1985년 프랑스 최고법원(Cour de Cassation)의 로젠블룸(Rozenblum) 판결[451]을 계기로 확립된 로젠블룸 원칙(Rozenblum Doctrine)을 반영한 판례로 평가되고 있다.[452]

경영판단에 관한 형사판례 중 대표적인 판례 3건은 다음과 같다.

■ 대한보증보험 지급보증 사건(대법원 2004. 7. 22. 2002도4229)[453]

【 사실관계 】

① 피고인 A는 대한보증보험주식회사(이하 '대한보증보험'이라 함)의 대표이사로서 H회사 등 7개 업체의 기술개발용자금 69억 6,700만 원에 대한 지급보증 보험계약을 체결하였다. 그런데 당시 그 계약의 연대보증인인 D회사가 신용도 취약업체임에도 불구

---

450) 대법원 2017. 11. 9. 2015도12633.

451) Cass. Crim. 4. february 1985, D.(1985), 478[로젠블룸 가족이 다수의 부동산 개발회사를 설립하여 부동산 개발사업을 하였으나 사업실패로 각 청산되기에 이르자, 이들 계열회사 사이의 상호 자금지원에 관하여 회사 재산 · 신용 오용죄(abus de biens sociaux et abus de crédit-프랑스 상법 Article L 242-3, L 242-6)로 기소된 사안].

452) 황남석, "기업집단 내 계열회사간 지원행위와 경영판단 – 대법원 2017. 11. 9. 선고 2015도12633 판결 –",「법조 최신판례분석」67권 4호(법조협회, 2018. 8.), 558면. 이 논문에서는 로젠블룸 원칙이란 다음 적용요건이 모두 충족되면 기업집단 내 계열회사 간의 자금지원일지라도 배임죄가 성립하지 않는 경우로 보는 원칙이라고 정리하면서, 그 적용요건으로 ① 동일 기업집단에의 소속, ② 공통의 이해관계, ③ 지원행위와 그 대가의 균형 및 과도한 부담 부존재를 들고 있다(같은 논문 545-555면).

453) 특정경제범죄법위반(배임)죄 사안으로서, 한석훈, "형사책임에 대한 경영판단원칙의 적용", 「성균관법학」(성균관대학교 법학연구소, 2010. 8.), 360-362면에서 정리한 내용과 같음.

하고, 농수산부장관 등을 역임한 D회사 대표이사 J로부터 D회사가 한국 최초로 중국에서 추진하는 대규모 농장개발사업에 대한 사업내용 · 진행상황 · 사업전망 등을 듣고, 절차를 거쳐 D회사를 우대기업으로 선정한 후 위 지급보증을 하였다. 그 후 H회사 등 보증의뢰 업체 및 D회사 모두 부도처리 되었다(이하 '사안 ①'이라 함).

② 피고인 A는 삼미종합특수강(이하 '삼미특수강'이라 함)의 회사채 78억 4,700만 원에 대한 지급보증 보험계약을 체결하였다. 그런데 당시 삼미특수강의 재무구조는 3년 연속 누적된 적자로 인하여 부채비율이 878%에 달하고, 3년 전에 우대업체 선정이 취소되었으며, 과다계약자로서 청약접수 비대상업체로 분류되고 심사등급 C급에 해당하였다. 그럼에도 불구하고 삼미특수강을 우대업체로 재선정하여 심사등급을 상향조정하고, 자금사정 및 신용사정의 악화로 우대업체 선정이 취소된 삼미社(이하 '삼미'라 함)를 지급보증계약의 연대보증인으로 하여 지급보증을 하였으나, 삼미특수강 및 삼미 모두 부도처리 되었다(이하 '사안 ②'라 함).

③ 피고인 B는 대한보증보험의 대표이사로서 한보철강공업 주식회사(이하 '한보철강'이라 함)의 회사채 399억 원에 대한 지급보증 보험계약을 체결하였다. 그런데 당시 한보철강의 영업실적은 급격히 악화되고 과다차입금으로 인한 금융이자 부담으로 부채비율이 845%에 달하는 등 심사등급 B급에 해당하였다. 그럼에도 불구하고 보험회사의 영업지침상 우대업체인 경우에는 심사등급을 완화할 수 있도록 되어 있고 한보철강은 이미 우대업체로 선정되어 있어서, 그 심사등급을 A급으로 상향조정한 후, 전환권 행사시의 주가가 340억 원 상당인 한보철강의 무보증 전환사채만을 담보로 제공받아 지급보증 하였으나, 한보철강은 부도처리 되었다(이하 '사안 ③'이라 함).

【 판결요지 】

이 사건 공소사실은 부실 지급보증 유형으로서 1심에서 피고인 A는 유죄, 피고인 B는 무죄를 선고하였고, 2심에서는 피고인 B도 유죄선고를 하였으나, 대법원에서는 피고인 A, B 모두에 대하여 무죄 취지로 파기환송 하였다. 그 중 경영판단에 관한 대법원의 판시내용은 다음과 같다.

가. 사안 ①에 관한 판결요지

"원래 보증보험은 보험사고의 발생위험을 전제로 신용위주로 하는 사업이고, 피고인 A는 연대보증인 D회사의 사업전망이 있다고 판단한 것이며, 적법한 내부절차를 거쳤고, D회사를 우대업체로 선정한 후에는 반대한 실무자도 없었으며, 피고인 A와 J는 같은 재무부 출신이라는 점 외에는 별다른 친분관계가 없었고, 피고인 A가 금품 기타 개인적 이익을 얻은 바 없는 점 등에 비추어, 그 지급보증이 임무위배행위에 해당한다거나 배임의 고의가 있었다고 단정하기 어렵다."고 판시하였다.

나. 사안 ②에 관한 판결요지

위와 같은 보증보험 사업의 성격 외에 "삼미특수강 및 삼미는 SM그룹 산하 업체로서 피고인 A는 재정상태가 좋지 아니한 SM그룹 산하 업체에 대한 대한보증보험의 지급보증 잔액을 매년 감소시켜 오던 중 그 보증잔액이 580억 원인 상황에서, SM그룹 산하 삼미금속社(이하 '삼미금속'이라 함)에 대한 회사채 보증액 54억 4,000만 원이 만기 도래하여 그 상환자금을 마련하도록 지원할 필요가 있었다. 그런데 삼미특수강은 이 사건 지급보증을 받아 회사채를 발행하면 그로 인한 취득 자금으로 위 54억 4,000만 원의 회사채를 상환하고 과거에 대한보증보험의 지급보증을 받은 전환사채 중 100억 원 상당을 주식으로 전환하기로 하였기 때문에, 결과적으로 SM그룹 전체의 보증잔액은 73억 원 정도 감소되어 오히려 대한보증보험으로서는 손해가 아니라 이득이 발생한 것이다. 이러한 종전 회사채의 상환과 전환사채의 주식전환을 조건으로 업무처리하기로 한 후에는 반대한 내부직원이 없었다. 그리고 삼미특수강은 세계 3대 규모의 특수강 제조업체로서 규모 면에서는 특별우대업체에 해당하고, 북미 현지법인 인수로 인하여 일시적 자금난을 겪고 있었지만 시설투자가 일단락되어 향후 금융비용의 절감이 예상되었고, 우대업체 자격 취소 후 매출액과 영업이익이 지속적으로 개선되고 있었다. 당시 삼미특수강의 재무상황과 비재무상황을 면밀히 검토하여 영업지침에 따라 우대업체로 재선정한 것이고, 우대업체로 선정되는 경우에는 청약접수 비대상업체에서도 제외되는 것이므로, 업무처리 과정에서 영업지침에 위배된 바 없었다. 그 외 피고인 A는 금품 기타 개인적 이익을 얻은 사실이 없었고, SM그룹 회장과의 친분관계도 없었다."는 이유로 그 지급보증이 임무위배행위에 해당한다거나 배임의 고의가 있었다고 단정하기 어렵다고 판시하였다.

다. 사안 ③에 관한 판결요지

위와 같은 보증보험 사업의 성격 외에 "피고인 B는 한보철강에 지속적으로 담보를 요구하여 당시 340억 원 상당의 가치가 있는 그 회사의 전환사채를 담보로 받았고, 대한보증보험에 보증보험료 7억 4,300만 원의 수입을 얻게 하였다. 한보철강의 부채비율이 높았던 것은 제철소 건설을 위한 대규모 설비투자 때문이었는데, 그 건설공사의 준공을 2년 정도 앞둔 상황에서 총 투자비용의 78%인 3조 7,000억 원의 설비투자를 완료한 상태였고, 나머지 자금만 투자하여 완공하면 신제철공법으로 가격 및 품질 면에서 경쟁력이 있어서 이익창출이 예견되었다. 당시 국내 3대 신용평가기관 중 2곳의 신용평가는 'A3-'부터 'BBB-'까지의 수준을 유지하고 있었다. 다른 신용평가기관은 이와 달리 한보철강이 "영업정상화 단계까지 회사의 존속 여부도 불투명하다."는 보고서를 발간하였으나, 피고인 B가 그 평가내용을 알고 있었다고 볼 만한 자료가 없고, 입수된 정보에 의하면 한보철강의 주거래은행들은 위 제철소 완공 비용을 계속 지원할 것으로 예견되었다. 한보철강에 대한 심사등급 상향조정은 영업지침에 따른 것으로서 내부 실무자들의 반대나 절차상 법령 · 영업지침 위반도 없었다. 그 외 피고인 B가 금품을 수수한 바가 없었고, 한보철강 등과 개인적 친분이나 정실관계도 없었다."는 이유로 그 지급보증이 임무위배행위에 해당한다거나 배임의 고의가 있었다고 단정하기 어렵다고 판시하였다.[454]

■ 철도재단 유전인수 사건(대법원 2007. 11. 15. 2007도6075)[455]

【 사실관계 】

피고인은 철도청 산하 한국철도교통진흥재단(이하 '철도재단'이라 함)의 이사(철도청 사업개발본부장 겸직)로서 2005. 1. 1.자 철도청의 공사(公社)화를 앞두고 만성적 적자를 해결하기 위해 설립한 철도재단의 수익사업으로 러시아 사할린 유전인수사업(이하 '이 사건 유전인수'라 함)을 추진하게 되었다.

피고인은 2004. 8.경 사할린 유전개발업체 페트로사흐社(이하 'P회사'라 람)의 사업성, 경제성, 재무구조 및 인적구성 등에 관한 충분한 조사나 검토 절차를 거침이 없이 철도재단이 민간 사업참여자(H, J 및 K)와 함께 P회사 주식의 97.16%를 그 소유자 니미르社(이하 'N회사'라 함)로부터 공동인수하기로 하고, 그 인수를 위하여 각 투자비율(철도재단 35%, 민간 사업참여자 65%)대로 출자하는 형식으로 코리아크루드오일 주식

---

454) 일부 용어는 이해의 편의상 가필한 것임(이하 다른 분석사례에서도 마찬가지임).

455) 특정경제범죄법위반(배임) 사안으로서, 한석훈, 앞의 "경영판단행위의 형사규제", 31-35면에서 정리한 내용과 같음.

회사(이하 '코리아오일'이라 함)를 공동설립하고 같은 해 2004. 9. 3. 코리아오일 명의로 N회사로부터 P회사 주식을 매매대금 6,200만 달러에 인수하는 매매계약을 체결하였다.[456] 그 후 그 인수자금 대출은행인 우리은행으로부터 J 및 K의 신용불량을 이유로 동인들의 지분을 철도재단이 인수할 것을 요구받고 철도재단이 J 및 K의 코리아오일 지분 60%도 인수하고, 같은 해 2004. 9. 15. 철도재단이 우리은행으로부터 인수자금 650만 달러를 대출받아 그 중 620만 달러를 2004. 10. 4. 코리아오일에 대여하고 같은 날 N회사에 1차 주식인수대금 명목으로 송금하게 하여 N회사로 하여금 주식매수대금 620만 달러 상당의 재산상 이익을 취득하게 하고 철도재단에 같은 금액 상당의 재산상 손해를 가하였다(그 후 위 주식매매계약은 해지되어 270만 달러는 회수되었다).[457]

당시 철도청이나 철도재단은 유전사업 경험이 전무함에도 불구하고, ① 피고인은 사할린에 사전실사를 전혀 하지 않았고, 1개월 전 이 사건 유전인수의 사업성을 출장조사한 적이 있는 한국석유공사는 사업성이 낮다는 이유로 P회사 주식 인수를 포기하였음에도 한국석유공사에 자문을 의뢰한 적도 없었고, 세계적 석유개발용역전문회사인 슐럼버거도 이 사건 인수사업은 위험은 높고 수익성은 낮다는 결론을 내린 바 있으며, 담당 실무자나 철도청 간부들이 여러 가지 문제점을 지적하였음에도 그 보완조치를 하지 않았고, 당시 철도청은 2005. 1. 1. 공사화 되면 기존 부채에 10조 4천억 원에 달하는 고속철도 부채도 인수해야 할 상황이었고 만성적 적자를 해결하기 위하여는 더 안정적 수익사업이 필요한 상황에서 이를 충분히 검토함이 없이 인수자금을 대출금으로 모두 충당하려고 하였다. ② 철도청 내규상 이 사건 유전인수 추진은 정책심의회의를 거치게 되어 있으나 담당 실무자가 그 사업성 및 수익성을 판단할 수 있는 자료가 미비하여 이를 개최할 수 없다고 반대함에 따라 정책심의회의는 거치지 못하고 대신 사업설명회만 개최하였다. ③ 피고인은 내부 사업설명회 등에서 "삼일회계법인이 600만 톤의 원유 매장량을 확인하였다."고 말하거나 "향후 미국 석유회사 등이 사업추진주체

456) 또한 철도재단 정관의 목적사업 범위에 "석유, 유전 등 에너지 사업 등을 포함한 해외개발, 조달 및 유통사업"을 수익사업으로 추가하는 정관변경을 하였다.

457) 그 밖에도 이 사건 중에는 "철도재단이 2004. 9. 16. J 및 K의 코리아오일 지분 60%에 해당하는 주식을 매수함에 있어 피고인이 그 적정 거래가격 산정을 위하여 전문회계법인이나 기타 평가기관에 평가를 의뢰하고 이사회 의결 등 내부적 절차를 거쳐야 할 임무에 위배하여 그 절차를 거침이 없이 현저히 고가에 그 주식을 매수하여 J 및 K로 하여금 재산상 이익을 취득하게 하고 철도재단에 같은 금액 상당의 손해를 가하였다."는 요지의 배임 피고사건도 있으나, 편의상 논의 대상에서 제외한다.

로 참여할 예정이고, 이 사건 유전인수에 공동 참여하는 민간 사업참여자가 운영하는 회사는 일본기업을 물리치고 이 사건 유전인수의 경쟁입찰에 성공한 1차 우선협상대상자로서 우선협상 시한이 같은 해 8. 15.까지이며, 같은 해 8. 18.까지 인수계약을 체결하지 않을 경우 영국이나 일본 기업으로 사업권이 넘어간다."고 주장하고, "이 사건 인수사업은 이○○ 국회의원이 사업참여를 제의하였다."고 말하거나 대통령의 방러일정에 이 사건 인수사업이 포함될 수 있는 것처럼 허위보고나 과장보고를 하였다. ④ P회사는 1996년도부터 2002년도까지 순자산가치가 마이너스여서 러시아법에 따르면 청산절차에 들어가야 할 정도였고, 2004년도부터 2005년도까지 사이에 오호츠크 해 사업권의 허가조건을 충족시키기 위한 작업이 필요한데 이를 위해서는 1,675만 달러의 투자가 필요하고, 원유생산량은 점차 감소하는 추세로서 그 생산량 증대를 위하여는 추가 생산정 시추가 필요한데 이를 위하여는 적지 않은 비용이 들어가며, 그 밖에도 당시 적자상태의 철도청이나 철도재단의 재정상태에 비추어 본다면 유가상승의 가능성 등을 고려하더라도 이 사건 유전인수의 사업성을 충분히 검토하였다면 기존 사업과 무관하고 경험도 없으며 고도의 위험성을 수반하는 이 사건 해외 유전사업에 참여하지 않았을 것이라고 봄이 상당하였다.

【판결요지】

이 사건은 부실기업 인수 유형으로서 1심, 2심 및 대법원 모두 피고인에 대하여 유죄 취지의 선고를 하였다. 그 중 경영판단에 관한 대법원의 판시내용은 다음과 같다.

"이 사건 유전인수 추진경위와, ⓐ 인수할 P회사 유전의 사업성 · 경제성, 국내외 유수 기업의 사업 참여가능성, 인수자금 확보 방안 등과 관련하여 이를 평가하고 판단하기 위해 필요한 검토 · 검증의 정도, 피고인이 실제 행한 검토 · 검증 노력의 정도, 사업추진과 관련하여 철도청 내부와 우리은행 등 관련 외부기관의 문제제기에 대하여 피고인이 보인 태도와 그 문제점 보완 노력의 정도, ⓑ 철도청 내부 회의 등에서 피고인이 보고한 확인되지 않고 검증되지 않은 내용과 그 보고 내용이 사업추진 결정과 그 이후 사업추진 과정에 미친 영향, 철도재단이 이 사건 유전인수에 관하여 처음에는 35% 지분 참여 정도의 수준에 있었다가 95% 지분을 보유하게 되어 사실상 유일한 사업추진 주체가 되는 것으로 사정이 중대하게 변경된 시점을 전후하여 ⓒ 피고인이 이 사건 유전인수 추진의 전망과 사업성 평가, 인수자금 마련 내지 국내외 유수 기업 참여 등을 통한 P회사 주식인수계약의 이행가능성 판단과 이를 위한 실행과정에서 보였던 태도와 그 이후 철도재단의 사업추진 과정 등 이 사건 유전인수와 그 과정에서 이루어진 코리아오일 60% 지분 인수과정을 둘러싼 여러 사정을 종합하여 보면, 원심이 그 판시와 같은 사정들을 근거로 피고인의 이 사건 유전인수 추진이 임무위배행위에 해당하고, 그에 따라 N회사에 재산상 이익을 취득하게 하고 철도재단에 손해를 가한 데 대한 범의와 불법이득의 의사가 모두 존재한다고 판단한 것은 정당하다."고 판시하였다.

■ 대한전선 보증·대여 사건(대법원 2013. 12. 26. 2013도7360)[458]

【 사실관계 】

피고인 A는 J그룹의 운영 전반을 관리하는 자, 피고인 B는 같은 그룹 계열회사인 S회사의 팀장, 피고인 C는 같은 그룹 계열회사인 T회사의 대표이사이다.

가. 대출금 보증 사안

피고인 A는 2008. 6.경 K회사가 평택 성해지구에서 추진하는 도시개발사업을 위하여 P상호저축은행으로부터 170억 원을 대출받음에 있어 K회사를 설립한 R로부터 그 연대보증 요청을 받고, 보증사고에 대비한 충분한 담보를 확보하거나 그 대출금을 다른 용도로 사용하는 것을 방지하기 위한 조치를 마련하는 등 손해방지 조치를 함이 없이 피고인 B에게 지시하여 계열회사 S회사로 하여금 그 연대보증을 하게 함으로써 K회사로 하여금 170억 원 상당의 재산상 이익을 취득하게 하고 S회사에 같은 금액 상당의 손해를 가하였다(그 후 R은 P상호저축은행에 대출금 중 80억 원을 변제하였고, 2013. 1.경까지 이자도 계속 납부하였다).

① 피고인 A는 그 전부터 계열회사를 통하여 R이 추진하는 골프장 사업에 자금을 지원하는 등 밀접한 관계를 맺고 있었고, A가 개인적으로 운영하는 회사가 K회사의 주식 20%를 보유하고 있었다.

② S회사는 K회사와 위 보증 제공에 관한 계약을 체결하면서, K회사가 대출금을 사업권의 인수비용, 토지매입을 위한 계약금 등 S회사 및 P상호저축은행에 신고한 용도로 사용해야 한다는 의무 조항을 두었고, 보증 제공의 대가로 매년 보증금액의 1%를 보증료로 받는 외에 추후 평택 성해지구 도시개발사업의 건축공사에 대한 시공권을 S회사가 지정하는 자에게 부여하기로 하면서 그 시공이익을 10% 이상 보장받고, 사업수

---

458) 특정경제범죄법위반(배임) 사안으로서, 한석훈, 앞의 "경영판단행위의 형사규제", 35-41면에서 정리한 내용과 같음.

익의 40%를 지급받기로 하였으며, K회사가 대출금을 만기에 상환하지 못하여 S회사가 대신 변제하게 될 경우 S회사가 위 도시개발사업에 관한 사업권 등을 양도받을 수 있도록 하는 개입권을 약정하면서, W컨트리클럽 등을 운영하는 R의 연대보증을 받았다.

③ R은 원래 D회사로부터 평택 성해지구 도시개발사업의 재무파트너 제의를 받고 3-4개월에 걸친 사업성 검토를 거쳐, 위 사업권을 12억 원에 인수하면서 K회사를 설립하고, 종전 D회사의 임직원 5명을 고용하여 평택 성해지구 도시개발사업에 계속 관여하게 하였으며, 차후 사업이 성공할 경우 그 임직원에게 10~30억 원가량의 성과급을 지급하기로 하였다.

④ 당시 D회사는 평택 성해지구 소유자 332명 중 159명(약 47.9%)의 동의를 받았고, 전체 사유지 면적 212,215평 중 126,628평(약 59.67%)에 해당하는 소유자로부터 동의를 받은 상태였기 때문에 도시개발법상 조합 설립의 인가에 필요한 지구 면적의 2/3 이상, 소유자 총수의 1/2 이상의 토지소유자 동의를 받을 수 있다고 충분히 기대할 수 있는 상황이었다.

⑤ S회사는 원금 회수와 이자 수익을 주된 목적으로 하는 금융기관이 아닌 부동산개발업 등을 목적으로 하는 일반기업으로서, 위 도시개발사업의 사업성을 검토한 후 이를 높게 인정한 결과에 터 잡아 K회사의 도시개발사업에 투자하게 되었으며, 이를 통해 J그룹 계열 건설사들의 일감을 확보하고 시공이익과 시행이익도 기대할 수 있었기 때문에 일반적인 브릿지론(Bridge Loan)과 달리 사업 투자의 의미가 강하였고, 이에 따라 시공이익을 10%로, 사업수익을 40%로 정하였을 뿐 아니라 K회사가 대출금을 만기에 상환하지 못할 경우 S회사가 위 도시개발사업에 관한 사업권 등을 양도받는 개입권 규정을 두게 되었다.

⑥ R은 위 연대보증 전부터 S회사 등 J그룹 계열사로부터 골프장 사업 등에 자금을 지원받아 왔는데, 기왕의 거래에서 J그룹이 R의 구체적인 자금사용에 관여한 적이 없었고, R도 지원 자금을 용도 외로 사용하거나 이행기를 지체하는 등의 문제를 일으킨 적이 없었으며,

⑦ 이에 따라 S회사 이사회에서도 연대보증을 결의하였다.

⑧ 위 대출금 170억 원 중 160억 원이 N캐피탈의 기업어음을 매입하는 데 사용되었는데, N캐피탈은 R이 운영하는 회사들의 자금을 총괄하기 위하여 만든 회사로서 일반 여 · 수신업무를 담당하지 아니하고 기업어음을 발행하는 방식으로 수신업무를 담

당하였고, 위 160억 원 상당도 마찬가지 방법으로 기업어음이 발행된 후 그 중 상당한 부분이 K회사에 지급되어 평택 성해지구 도시개발사업에 사용되었다.

나. 사업자금 대여 사안

피고인 A는 2008. 8.경 서울 서초구 방배동 아파트건설사업을 추진 중인 G회사를 운영하는 R로부터 그 사업자금을 빌려줄 것을 부탁받고, 충분한 담보를 제공받거나 그 대여금을 다른 용도로 사용하는 것을 방지하기 위한 조치를 마련하는 등 손해방지 조치를 함이 없이 피고인 C에게 지시하여 계열회사 T회사로 하여금 G회사에 2회에 걸쳐 합계 85억 원을 대여하게 함으로써 G회사로 하여금 85억 원 상당의 재산상 이익을 취득하게 하고 T회사에 같은 금액 상당의 손해를 가하였다.

① T회사는 G회사와 자금대여에 관한 약정을 체결하면서 G회사는 위 대여금을 사업부지 매입자금 및 사업권 인수비용으로만 사용한다는 의무 조항을 두었고, 추후 G회사가 취득하게 될 부동산에 근저당권을 설정하기로 정하면서, 3개 건설회사의 연대보증을 받았다.

② T회사는 G회사에 돈을 대여한 후 약속한 근저당권을 설정하여 주지 않는다는 이유로 반환을 요구하여 각 대여일로부터 11일과 7일이 지난 후에 합계 50억 원을 반환받았다.

③ T회사는 원금 회수와 이자 수익을 주된 목적으로 하는 금융기관이 아니고 금융감독기관으로부터 엄격한 감독을 받는 회사도 아니다.

④ R은 서울 서초구 방배동 일대에서 아파트건설사업을 추진 중에 있는 Q로부터 사업권 양수를 제의받아 L에게 사업성 검토를 시켜 3~4개월가량 사업성을 검토한 후 사업성이 있다고 판단하여 2008. 7.경 G회사를 인수하고, 2008. 8. 초순경 G회사(대표이사 L) 명의로 Q와 사업권양수 및 부동산매입용역 계약을 체결하고 Q 등을 고용하여 사업을 진행시켰다.

⑤ R은 2008. 7. 초순경 피고인 A에게 사업계획서 등을 보여주며 사업을 설명하였고, 이에 A는 피고인 C에게 사업성 검토를 시켰으며, 피고인 C는 R 등의 도움을 받아 사업성을 검토한 다음, 2008. 8. 초순경 A에게 사업성이 있으며, 초기 필요자금으로 60억 원이 필요하다고 보고하였다.

⑥ T회사가 위 아파트 건설사업에 자금을 지원한 것은 위 아파트 건설사업의 사업성을 검토한 후 이를 높게 인정한 결과로서 J그룹 계열 건설사들의 일감을 확보하고 시

공이익과 시행이익을 얻기 위한 것으로 일반적인 브릿지론과 달리 사업 투자의 의미가 강하였다.

⑦ R은 위 대여 전부터 J그룹 계열사로부터 골프장 사업 등에 자금을 지원받아 왔는데, 기왕의 거래에서 J그룹이 R의 구체적인 자금사용에 관여한 적이 없었을 뿐만 아니라 R도 이행기를 지체하는 등의 문제를 일으킨 적이 없었다.

【 판결요지 】

이 사건 공소사실은 부실보증 및 부실대출 유형으로서, 위 가, 나.항 배임사건 모두 1심, 2심에서는 유죄 선고를 하였으나, 대법원에서는 각 무죄 취지로 파기환송 하였다. 대법원의 파기사유는 다음과 같다.

가. 대출금 보증 사안에 관한 판결요지

"위 사실관계에 비추어 보면, ⓐ 이 사건 연대보증은 단순한 채무보증이 아니라 J그룹 전체의 이익을 고려한 투자로서의 성격이 강하였던 것으로 보이고, 여기에 ⓑ S회사가 이 사건 연대보증을 할 당시에는 R이 운영하는 골프장이 정식으로 개장한 후였던 만큼 R이 단순한 채무초과 상태를 넘어 채무변제능력을 상실한 상태였다고 보기는 어려운 점, 그 후 J그룹에서 자본잠식상태였던 W컨트리클럽을 인수한 것은 W컨트리클럽의 계속기업가치가 상당한 것으로 평가될 수 있음을 나타낸다고 볼 수 있는 점, ⓒ S회사와 같은 일반기업이 위와 같이 담보가 부족한 제3자가 대출받는 데 연대보증을 할 경우 차주의 자금 사용처를 통제 · 감독하여야 한다고 정한 대 · 내외의 규정이 마련되어 있었다고 볼 자료가 없는 점, 이른바 브릿지론 대출의 실무에서 연대보증인은 차주로부터 자금통제권을 반드시 확보하여야한다는 상관행이 존재하는지 및 만약 존재한다고 하더라도 위 피고인들이 그러한 상관행의 존재를 알고 있었는지 여부는 기록상 나타나 있지 않은 점 등을 종합해 보면, ⓓ 위와 같은 상관행의 존재를 전제로 위 피고인들이 이를 인식하고 있었다거나, 위 피고인들이 R이 위 대출금을 위 약정에 반하여 다른 사업체에 사용할 것을 알고 있었다거나 혹은 ⓔ 위 피고인들과 R 사이에 위 연대보증과 관련하여 부정한 대가가 수수되었다는 등의 특별한 사정이 없는 한, 단지 위 피고인들이 K회사의 대출금 사용처를 통제 · 감독하기 위한 조치 없이 S회사로 하여금 연대보증하게 하였다는 사정을 주된 이유로 하여 위 피고인들의 행위를 업무상배임죄에 있어서의 임무위배행위에 해당한다거나 위 피고인들에게 배임의 고의가 있었다고 섣

불리 단정하여서는 아니 될 것이다."

나. 사업자금 대여 사안에 관한 판결요지

"이 사건 금전대여도 ⓐ J그룹 전체의 이익을 고려한 투자로서의 성격이 강하였던 것으로 보이고, ⓑ T회사와 같은 일반기업이 위와 같이 담보가 부족한 제3자에게 금원을 대여할 경우 제3자의 자금 사용처를 통제 · 감독해야 한다고 정한 법령이나 사내규정 등이 마련되어 있다고 볼 자료가 없다는 점, 이른바 브릿지론 대출의 실무에서 대여주체로서의 일반기업은 차주로부터 자금통제권을 반드시 확보해야 한다는 상관행이 존재하는지 및 만약 존재한다고 하더라도 위 피고인들이 그러한 상관행의 존재를 알고 있었는지 여부는 기록상 나타나 있지 않다는 점, ⓒ W컨트리클럽의 계속기업가치가 상당하였던 것으로 보이는 점 등의 사정을 종합해 보면, ⓓ 위와 같은 상관행의 존재를 전제로 위 피고인들이 이를 인식하고 있었다거나, 위 피고인들이 R이 위 대출금을 위 약정에 반하여 다른 사업체에 사용할 것을 알고 있었다거나 혹은 ⓔ 위 피고인들과 R 사이에 위 금전 대여와 관련하여 부정한 대가가 수수되었다는 등의 특별한 사정이 없는 한, 단지 위 피고인들이 G회사의 대여금 사용처를 통제 · 감독하기 위한 조치를 강구하지 아니한 채 T회사로 하여금 금원을 대여하게 하였다는 사정을 주된 이유로 하여 위 피고인들의 행위를 업무상배임죄에 있어서의 임무위배행위에 해당한다거나 위피고인들에게 배임의 고의가 있었다고 섣불리 단정하여서는 아니 될 것이다."

3. 결어

가. 형사판례 평석

배임죄에 관한 판례는 경영판단이 문제되는 경우에 피고인 측의 경영판단원칙 주장을 위와 같이 임무위배행위 또는 배임의 고의 판단문제로 보고 있다.[459] 이러한 형사판례의 의의에 관하여는 경영인의 형사책임에 대하여도 경영판단원칙의 정신을 수용하여 경영판단의 속성을 고려한 엄격한 해석기준을 세운 것이라고 평가하는 견

459) 대대수 학설은 대한보증보험 지급보증 사건 판례가 경영판단을 배임 고의 여부 문제로 보는 입장이라고 해석하고 있으나[이규훈, 앞의 "업무상 배임죄와 경영판단", 344면; 이종상, "이사의 책임과 배임죄에 대한 비판적 고찰", 「BFL」(서울대학교 금융법센터, 2006. 9.), 51면], 앞에서 살펴본 것처럼 위 판례는 "…등에 비추어 임무위배행위에 해당하거나 배임의 고의가 있었다고 단정하기 어렵다"고 설시하고 있음에 비추어 경영판단 문제를 배임의 고의뿐만 아니라 임무위배 행위의 문제로도 보고 있음.

해가 일반적이다.[460] 그 중 다수의 학설은 판례가 경영상 판단과 관련된 배임죄의 성립에는 적어도 임무위배행위에 대하여 미필적 고의를 넘는 의도성을 요구하고 있는 것으로 보고 있다.[461] 위 각 판례 중 판결의 대전제에서 "의도적 행위임이 인정되는 경우에 한하여 배임죄의 고의를 인정하는 엄격한 해석기준은 유지되어야 할 것이고"라고 표현하여, 마치 고의에 필요한 의지적 요소[462] 중 '목표지향적인 확실한 의욕'이 포함된 의도적 고의나 '단순한 의욕'이 포함된 확정적 고의만을 의미하고 '용인의사'가 포함된 미필적 고의는 제외하는 취지인 것처럼 보인다. 그러나 같은 판시 문장에서 "자기 또는 제3자가 재산상 이익을 취득한다는 인식과 본인에게 손해를 가한다는 인식(미필적 인식을 포함)하의 의도적 행위임이 인정되는 경우에 한하여 배임죄의 고의를 인정하는 엄격한 해석기준은 유지되어야 할 것이고"라고 판시하여 미필적 고의를 포함함을 명시하고 있다. 또한 판결의 대전제 중 "경영상 판단과 관련하여 기업의 경영자에게 배임의 고의가 있었는지를 판단함에 있어서도 … 고의에 관한 해석기준을 완화하여 업무상배임죄의 형사책임을 묻고자 한다면 이는 죄형법정주의 원칙에 위배되는 것임"이라고 설시할 뿐이어서 일반적인 배임죄에 있어서 고의의 증명방법과 마찬가지의 법리가 적용되어야 함을 분명히 밝히고 있다. 따라서 판례가 경영판단과 관련하여 임무위배행위에 대한 미필적 고의를 배임의 고의로서 불충분하다고 보는 입장이라고 평가할 수는 없다. 판례의 구체적인 판시내용을 분석하면 다음과 같다.

대한보증보험 지급보증 사건에서는 피고인들이 적법한 내부절차나 영업지침에 따른 것이며,[463] 거래 대상자와의 친분관계나 금품수수 등 개인적 이익을 취득함이

---

460) 김기섭, 앞의 "법인대표의 경영상의 판단과 업무상배임죄", 4면; 이종상, 위 논문, 51면; 구회근, "업무상 배임죄와 경영판단원칙대법원판례를 중심으로-", 「법조」 54권 11호(법조협회, 2005), 75,76면; 이규훈, 앞의 "업무상 배임죄와 경영판단", 345면; 이경렬, 앞의 "경여판단의 과오와 업무상배임죄의 성부", 125면; 박미숙, "경영판단과 배임죄의 성부" 「형사판례연구」(한국형사판례연구회, 2007), 207면.

461) 이규훈, 위 논문, 344면; 조기영, 앞의 "배임죄의 제한해석과 경영판단의 원칙", 95면; 이경렬, 위 논문, 140면.

462) 고의의 본질에 관한 통설 · 판례인 용인설 입장에서는 인식적 요소 외에 의지적(또는 의욕적) 요소가 필요하다.

463) 즉, 사안 ①에서 적법한 내부절차를 거쳤다고 설시한 점, 사안 ②에서 삼미특수강을 우대업체로 재선정한 것은 영업지침에 따른 것이라고 설시한 점, 사안 ③에서 한보철강에 대한 신용평가가 'A3-'부터 'BBB-'까지의 수준을 유지하고 있었고 이와 달리 저평가한 신용평가기관의 보고서는 피고인 B가 이

없었다는 점을 근거로 **임무위배행위** 및 **배임의 고의**를 인정하지 않고 있다. 즉, 경영판단의 절차적 사항을 주된 심사대상으로 하고 있는 것이다.

철도재단 유전인수 사건에서는 인수할 P회사 유전의 사업성 · 경제성 및 인수자금 확보방안 등에 대한 피고인의 검토 · 검증 노력의 미흡, 유전인수사업 참여에 대한 외부기관의 문제제기에 대하여 피고인이 보인 태도, 그 문제제기에 대한 보완노력의 미흡, 철도청 내부회의에서 피고인이 미확인 · 미검증 내용을 보고하고 이후 사업추진에 영향을 미치게 한 점, 사업전망 · 사업성평가 및 인수자금 마련 등 유전인수사업의 실행과정에서 보였던 피고인의 태도 및 이후의 사업추진과정(즉, 판결요지 ⓐ, ⓑ, ⓒ 부분) 등을 **임무위배행위**의 근거로 판시하고 있다. 즉, 이 판결에서도 절차적 · 주관적 사항을 주된 심사대상으로 하고 있는 셈이다.

대한전선 보증 · 대여 사건에서는 이 사건 연대보증이나 대여행위는 J그룹 전체의 이익을 고려한 투자로서의 성격이 있었다고 판시하거나, 채무자 회사의 운영자로서 그 채무를 연대보증한 R의 채무변제능력을 인정한다거나, R이 운영하는 W컨트리클럽의 계속기업가치가 상당하였다고 판시한 점(판결요지 가.의 ⓐ, ⓑ, 나.의 ⓐ, ⓒ 부분)은 경영판단의 내용 심사에 해당한다. 그러나 연대보증하거나 대여한 회사가 채무자 회사의 자금용도를 통제 · 감독해야 한다는 규정이나 상관행의 존재를 인정할 자료가 없는 점, 피고인들이 그러한 상관행의 존재나 채무자 회사 운영자 R의 대출금 전용(轉用)사실을 알고 있었음을 인정할 자료가 없는 점(판결요지 가.의 ⓒ, ⓓ, 나.의 ⓑ, ⓓ 부분), 피고인들이 이 사건 연대보증이나 대여와 관련하여 부정한 대가를 수수하지 아니한 점(판결요지 가.의 ⓔ, 나.의 ⓔ 부분) 등을 근거로 **임무위배행위** 및 **배임의 고의**를 부인하고 있는데, 이는 절차적 · 주관적 사항을 주된 심사대상으로 하고 있는 셈이다.

따라서 형사판례는 경영판단의 **임무위배행위** 여부나 **배임의 고의** 여부의 심사대상 및 심사기준으로서 민사판례와 마찬가지로 경영판단의 **절차적 · 주관적 사항**을 중시하면서도 **판단내용의 합리성**(또는 공정성)도 심사대상에 포함하고 있는 입장이라

사건 당시 그 내용을 알고 있었다고 볼 만한 자료가 없었고, 입수된 정보에 의하면 한보철강의 주거래은행들은 계속 한보철강을 지원할 것으로 예견되었으며, 한보철강의 심사등급 상향조정에 절차상 법령 · 영업지침 위반이 없었다고 설시한 점 등을 말한다.

고 평가할 수 있다.[464)]

나. 도입 필요성 및 범죄론체계상 지위

위와 같이 형사판례에서도 경영판단의 절차적 · 주관적 사항, 즉 경영자가 경영판단을 함에 있어서 충분히 정보를 수집하였는지, 판단대상과 이해관계가 있는지, 위법적인 판단이었는지, 회사 최대이익을 위한 판단이었는지 여부 등을 배임죄 성립의 주된 심사대상 및 심사기준으로 삼고 있다는 점에서 이미 미국 판례법상 경영판단원칙의 영향을 받고 있다고 말할 수 있다. 그러나 경영판단의 내용도 심사사항에 포함하고 있으므로 경영판단원칙의 안전항으로서의 기능 및 사후심사의 편견 방지라는 주된 효과는 발휘되지 못하고 있는 형편이다. 따라서 불확실한 장래예측을 전제로 사전적 · 전문적 판단을 하게 되는 경영판단의 특수성과 전문성을 반영하여 적극적 · 효율적 경영활동을 보장하기 위해서는 1차적 사법심사의 대상을 절차적 · 주관적 사항으로 한정할 필요가 있을 것이다. 그러나 우리나라와 같은 성문법 국가에서 수사기관이나 법관이 명문 규정이 없이 해석론으로 1차적 사법심사의 대상을 위와 같이 한정할 수는 없을 것이므로 이를 위한 입법조치가 필요하다고 본다.[465)]

---

464) 한석훈, 앞의 "경영판단행위의 형사규제", 43면.

465) 그 입법화 방안으로는 주식회사 이사 또는 집행임원의 주의의무위반에 관한 상법 제399조 제1항, 제401조 제1항, 제408조의8 제1항, 제2항에 각 제2문으로 "이사가 그 상황에서 적절하다고 합리적으로 믿을 수 있을 정도로 정보를 수집하고 회사의 이익을 위하여 이해관계 없이 정당한 절차에 따라 독자적으로 성실하게 경영판단을 한 경우에는 그 임무를 게을리한 것이 아니다."라는 문언을 추가하는 것이 바람직하다. 유한회사의 이사 또는 주식회사 · 유한회사 일시이사의 회사나 제3자에 대한 손해배상 책임에 관하여는 제386조, 제567조 규정에 의하여 위 상법 제399조 제1항 제2문 규정이 준용되는 결과가 된다. 그 밖의 특별법상 임원의 책임에 관하여는 위 상법 제399조 제1항 제2문 규정을 준용하는 규정을 두거나 별도의 동일 규정을 추가하는 조치가 필요할 것이다. 이러한 입법이 마련되더라도 공판단계에서는 유 · 무죄 판단을 위하여 범죄성립요건 전부가 증명의 대상이고 그 중 경영판단의 주관적 사항을 판단하기 위해서는 경영판단의 내용까지 심사하지 않을 수 없게 된다. 그러나 수사단계는 공소제기를 위한 증거수집 절차로서 최종판단 절차가 아니며, 수사권 남용으로부터 경영판단의 안전항을 마련하고 사후심사의 편견을 방지할 필요가 있다. 그러므로 위와 같은 입법을 근거로 경영판단원칙을 반영한 수사지침을 수립한다면 배임죄의 방만한 적용으로부터 적극적 경영을 수호하는 제도적 기능을 다할 수 있게 될 것이다. 그 수사지침의 요지는, 경영실패에 따르는 경영자의 배임행위 여부가 문제되는 경우에 일단 경영판단의 절차적 · 주관적 사항은 준수한 것으로 추정되는 것이므로, 수사기관이 그 사항 중 하나라도 흠결이 있음을 증명하지 못한다면 더이상 경영판단의 내용을 조사함이 없이 무혐의로 종결하도록 하는 내용이 되어야 할 것이다. 또한, 그 증명대상인 사항의 성질상 수사기관은 절차적 사항의 흠결을 주된 증명대상으로 하게 될 텐데, 절차적 사항 중 하나라도 흠결 있음이 증명되면 위 추정력은 배제되고 경영판단의 내용까지도 수사대상으로 할 수 있도록 하는 것이어야 할 것이다.

경영판단원칙을 경영자의 형사책임에 도입하거나 적용하는 경우에는 이 원칙이 배임죄의 범죄체계상 어떠한 요건에 관한 문제가 되는 것인지를 검토해야 한다. 이에 관하여 앞의 '배임죄에의 도입론'에서 살펴본 것처럼 도입 긍정설 입장이든 도입 부정설 입장[466]이든 다수의 학설은 이 원칙을 배임의 고의 판단문제로 파악하고 있다. 그 논거가 분명하지는 않으나 아마도 이 원칙의 내용 중 회사에 최대이익이 되는 판단이라고 합리적으로 믿고 성실하게 판단하였다는 주관적 사항을 의식하였기 때문인 것으로 보인다. 판례는 그 태도가 명확한 것은 아니지만 앞의 '형사판례' 부분에서 정리한 것처럼 경영판단원칙을 **임무위배행위**와 **배임의 고의** 양측 모두의 판단문제로 파악하는 입장으로 볼 수 있다.[467] 이러한 입장은 고의의 대상이 객관적 범죄구성요건임에 비추어 객관적 범죄구성요건인 **임무위배행위**의 판단문제로 보는 입장과 다를 바 없다.

생각건대 경영판단원칙은 주관적 사항의 증명이 불분명한 단계에서 주로 절차적 사항의 구비 여부를 중심으로 문제되는 것이고, 절차적 사항이든 주관적 사항이든 이 원칙은 경영판단의 직무상 주의의무위반을 심사하는 기준으로 발달한 법리이다. 배임죄의 경우에 그 직무상 주의의무위반이란 '임무위배행위'를 말하는 것이므로 경영판단원칙은 배임죄의 경우 객관적 범죄구성요건 중 '임무위배행위'의 심사기준에 관한 법리로 보아야 할 것이다. 이렇게 파악할 때에만 원래 경영자의 고의 · 과실로 임무를 게을리한 경우의 민사상 손해배상책임에서 임무를 게을리한 경우의 심사기준으로 발달한 경영판단원칙이 고의범인 배임죄에도 '임무위배행위'의 심사기준으로 적용될 수 있는 것이다. 배임죄 중 '임무위배' 요건의 개념은 상법 회사편상 '임무를 게을리한 경우(상법 제399조 제1항)'의 개념과 다를 바 없고,[468] 다만 배임죄가 고의범인 이상 과실로 임무를 게을리한 경우만 제외될 뿐이다.[469]

---

466) 손동권, 앞의 "회사 경영자의 상법상 특별배임행위에 대한 현행법 적용의 문제점과 처벌정책을 둘러싼 입법논쟁", 279면.

467) 최승재, 앞의 "배임죄 판례분석을 통한 경영자의 배임죄 적용에 있어 이사의 적정 주의의무 수준에 대한 고찰", 19면에서는 판례도 경영판단원칙과 고의를 결부하는 입장이라고 주장하고 있으나, 판례는 "임무위배 행위에 해당한다거나 배임의 고의가 있었다고 단정하기 어렵다."고 판시하고 있음이 보통이다(대법원 2004. 7. 22. 2002도4229).

468) 같은 취지: 이규훈, 앞의 "업무상 배임죄와 경영판단", 338면.

469) 경영판단원칙의 범죄론체계상 지위에 관하여는 한석훈, 앞의 "경영판단행위의 형사규제", 46~49면에서 상세히 설명하고 있음.

상법상 이사의 회사에 대한 손해배상책임에 관한 규정(상법 제399조 제1항 등)도 '고의 또는 과실'과 '임무를 게을리한 경우'를 구분하고 있고 고의 또는 과실은 임무를 게을리한 경우에 관한 것이므로 논리적으로 임무를 게을리한 경우에 대한 판단이 선행되어야 한다. 이렇게 상법에서도 주관적으로 파악되는 '고의 · 과실' 개념과 객관적으로 파악되는 '임무를 게을리한 경우'의 개념을 구분해야 하는 것이고 경영판단원칙은 직무상 주의의무위반인 임무를 게을리한 경우에 관한 법리이다.[470] 그러므로 앞의 '도입 부정설' 중 "민사 과실책임의 면책 이론으로 발달한 경영판단원칙을 고의범인 배임죄에 적용하는 것이 논리적으로 타당하지 않다."는 주장이나 경영판단원칙을 주관적인 '고의' 판단문제로 보는 견해는 부당하다. 독일 주식법 제93조 제1항 제2문에도 경영판단원칙의 절차적 · 주관적 사항을 갖춘 경우에는 **주의의무위반**이 아닌 것으로 규정하고 있고, 일본 판례도 경영판단원칙은 민사상 임무해태 판단문제일 뿐만 아니라 형사상 배임죄의 임무위배 판단문제로 보고 있음(앞의 일본 최고재판소 2009. 11. 9.자 판결)은 앞의 'Ⅱ. 입법례'에서 언급하였다.

실질상 이사(상법 제401조의2 제1항 각 호)나 실질상 집행임원(상법 제408조의9, 제401조의2 제1항 각 호)은 회사에 대한 선관주의의무, 즉 임무를 부담하는 자가 아니므로, 회사에 대한 임무위배를 전제로 하는 배임죄의 행위주체가 될 수 없고 임무위배 심사기준인 경영판단원칙의 적용문제도 발생하지 않는다. 다만, 이들은 회사 이사 등과의 공범으로 처벌될 수는 있지만, 이 경우에도 임무위배 여부나 경영판단원칙의 적용은 이사 등에 대해서만 문제될 뿐 실질상 이사나 실질상 집행임원에 대하여 문제되는 것은 아니다.

그리고 경영판단원칙의 절차적 · 주관적 사항을 위반하지 아니한 경영판단은 범죄구성요건인 '임무위배행위'에 해당하지 않는 이상, 나아가 이를 정당한 업무행위라거나 사회상규에 반하지 않는 정당행위로서 위법성이 조각되는 것으로 볼 필요는 없을 것이다.

---

470) 일본에서도 이사 등 경영자의 회사에 대한 임무해태로 인한 손해배상 책임의 요건에 관하여, 임무해태라는 객관적 요건과 과실이라는 주관적 요건을 구분하는 이원설과, 임무해태가 있으면 과실도 인정되는 것이므로 과실이라는 요건을 별도로 구분할 필요가 없다고 보는 일원설이 있지만, 통설 · 판례는 **이원설** 입장이고 경영판단원칙도 그 중 임무해태 판단에 적용되는 법리로 보고 있다[福瀧博之, 앞의 "經營判斷の原則についての覺書", 36면; 大江 忠, 「要件事實会社法(2)」(商事法務, 2011), 680면].

제7절 자본금 증감과 배임죄

Ⅰ. 의의

주식회사는 사채(社債)를 발행하거나 대출을 받는 등 외부에서 자금을 조달할 수도 있지만, 재무구조나 금리의 부담이 없는 자금조달 방법으로 회사의 자본금을 증액하는 내부자금 조달방법을 활용할 수 있다. 주식회사가 내부적 자금조달을 위하여 자본금을 증액하는 방법으로 신주를 발행하거나 주식으로의 전환이 가능한 전환사채나 신주인수권이 부여된 신주인수권부사채를 발행하게 된다.[471] 전환사채나 신주인수권부사채는 사채의 일종이기는 하나 주식으로 전환할 수 있는 전환권이 있거나 사채권자에게 신주발행청구권이 부여된 사채이므로 우회적 유상증자의 방법으로 이용된다. 신주발행, 전환사채 · 신주인수권부사채의 발행 등 내부적 자금조달을 위한 유상의 자본금 증가 행위를 광의의 유상증자라 할 수 있는데, 배임죄의 성립 여부 면에서는 같이 취급할 수 있으므로 이 절에서 유상증자라 함은 광의의 유상증자를 지칭하기로 한다.

주식회사의 자본금을 감액하는 행위는 자본금감소, 약칭 감자(減資)라 한다. 액면주식을 발행하는 주식회사의 경우 자본금은 발행주식의 액면총액임이 원칙이므로(상법 제451조 제1항), 자본금감소는 주식의 액면 금액(주금액)을 감액하거나 발행 주식수를 감소시키는 방법으로 하게 된다.[472] 그 중 유상감자는 유상으로 주금액 일부를 주주들에게 환급하거나, 주식을 매수하여 소각하거나 유상으로 주식을 병합하여 주식수를 감소시키는 것이다.

유상증자를 하는 경우에 주식회사의 대표이사 등 경영자가 신주의 발행가액이나

---

471) 그 밖의 내부자금 조달방법으로 법정준비금의 자본금전입, 주식배당, 주식분할, 주식병합, 회사의 합병 · 분할 · 분할합병, 주식의 포괄적 교환 및 포괄적 이전 등을 들 수 있지만, 이는 자금조달 외의 특수목적을 위한 것이다.

472) 그 밖에도 주금액 감액과 주식수 감소가 동시에 이루어질 수도 있으나, 이러한 감자방법은 복잡하여 실제로는 거의 이용되지 않는다고 한다[최준선(회사), 713면].

전환가액을 시가 등 적정가격보다 저가로 발행하는 것이 회사나 기존 주주들에게 손해를 가하는 임무위배행위가 되어 배임죄를 구성하는 것인지 문제가 된다. 유상감자를 하는 경우에는 주식회사의 경영자가 주주들에 대한 1주당 감자 환급금(주금액 환급금이나 주식의 소각 · 병합 시의 환급금)을 시가 등 적정가격보다 고가로 환급해 주는 것이 회사에 손해를 가하는 임무위배행위가 되어 배임죄를 구성하는 것인지 문제가 된다. 만약 배임죄를 구성한다면 저가발행 또는 고가 환급 여부를 가리기 위하여 주식의 적정가격을 어떻게 평가할 것인지도 문제가 된다.

자본금의 증감을 목적으로 하는 회사의 행위에는 유상증자, 유상감자 외에도 주식배당, 상환주식의 상환, 회사합병, 주식회사의 분할 · 분할합병, 주식의 포괄적 교환 및 포괄적 이전 등의 경우가 있다. 주식배당의 경우에는 주주총회의 결의에 따라 기존 주주들에 대하여 이루어지는 것이고, 신주의 발행가액은 주식의 권면액으로 하도록 법정되어 있으므로(상법 제462조의2), 신주의 발행가액과 관련하여 배임 문제는 발생할 여지가 없다. 상환주식의 상환도 그 상환가액을 정관 규정에 따르도록 법정되어 있으므로(상법 제345조 제1,3항) 배임 문제가 발생할 여지가 거의 없을 것이다. 그 밖에 회사합병, 주식회사의 분할 · 분할합병, 주식의 포괄적 교환 · 이전의 경우에는 주주총회의 특별결의 등 엄격한 내부절차를 거치게 되는 것이므로, 주식의 가액평가와 관련한 경영자의 배임 문제가 발생할 여지가 적다. 문제가 되더라도 이처럼 엄격한 내부절차를 거치는 점은 유상감자의 경우와 유사하므로, 주식가격의 고가나 저가 평가로 인한 배임죄 여부는 해당 제도의 법적 성질에 유상증자나 유상감자의 법리를 유추하여 해결할 수 있을 것이다.

자본금 증감과 관련하여 배임죄의 성립 여부 문제가 발생하는 것은 주로 유상증자의 경우이므로, 유상증자의 경우를 중심으로 검토한 다음 유상감자의 경우를 설명한다.

자본금의 증감과는 무관하지만 주식 거래와 관련되어 배임죄가 문제되는 경우로 자기주식 취득의 경우가 있다. 자기주식의 취득이란 주식회사가 회사의 계산으로 그 회사 발행 주식을 취득하는 것을 말하는데,[473] 자기주식의 취득가액을 적정가격보다 고가로 취득하는 경우에는 배임죄가 문제될 수 있다. 자기주식의 취득은 그 취

473) 최준선(회사), 308면.

득가액 총액이 배당가능이익을 초과하지 않는 범위[474]에서, 거래소 시세가 있는 주식(상장주식)은 거래소에서 취득해야 하고, 거래소 시세가 없는 주식(비상장주식)은 상환주식을 제외하고 주주평등 원칙에 따라 각 주주가 가진 주식수에 따라 균등한 조건으로 취득하는 방법으로서 상법 시행령 제9조, 제10조에 규정된 취득방법으로 취득할 수 있다(상법 제341조 제1항). 또한 자기주식을 취득하려는 회사는 미리 취득할 수 있는 주식의 종류 및 수, 취득가액의 총액한도, 1년을 초과하지 않는 범위에서 자기주식을 취득할 수 있는 기간을 주주총회의 결의(정관에 이사회 결의로 이익배당을 할 수 있다고 정한 회사는 이사회의 결의)로 결정해야 한다(상법 제341조 제2항). 이사회는 이러한 결정에 따라 구체적으로 자기주식 취득의 목적, 취득할 주식의 종류 및 수, 주식 1주의 취득대가로 교부할 금전이나 그 밖의 재산의 내용 및 그 산정방법 등을 결의해야 한다(상법 시행령 제10조 제1호). 그러므로 비상장회사가 자기주식을 취득하는 이사회 결의를 함에 있어서 주식 1주의 취득대가를 시가 등 적정가격보다 고가로 취득하기로 한 경우에 이사의 배임죄가 성립하는지 문제될 수 있다. 이에 대하여는 위와 같은 상법의 제한범위 내에서 상법상 절차에 따라 자기주식을 취득한 경우에는 자본금충실 원칙이나 주주평등 원칙을 침해하지 않으며, 배당가능이익을 재원으로 주주에게 배당하는 경우에는 대가 없이 주주에게 현금 등을 지급할 수도 있는 점과의 균형을 감안하면 이사들의 임무위배를 인정할 수 없다는 무죄설[475]이 있다. 그러나 자기주식의 취득은 자본거래가 아니므로 다른 자산을 매수하는 경우와 마찬가지로 취득가액과 적정가격(또는 공정가격)과의 차액만큼 회사의 자산이 유출되는 손해가 발생한다. 이사회는 주주총회에서 정하는 취득가액의 총액한도 내에서 개별적인 주식가액을 정하게 되는데, 취득 당시의 공정한 시장가치를 초과하지 않도록 주식 가액을 정해야 할 임무가 있다.[476] 따라서 이사들이 그러한 공정가격을 초과하는 취득가액으로 자기주식 취득의 이사회 결의를 하는 것은 임무위배행위가 될 수 있을 것이다(배임죄설).

474) 직전 결산기의 대차대조표상 순자산액에서 상법 제462조 제1항 각 호의 금액을 뺀 금액을 초과하지 않고, 해당 영업연도 결산기에 대차대조표상 순자산액이 상법 제462조 제1항 각 호 금액의 합계액에 미치지 못할 우려가 없는 범위를 말한다(상법 제341조 제1항 각 호 외 부분, 제3항).

475) 서울고등법원 2020. 11. 25. 2019노2099.

476) 이철송(회사), 413면.

Ⅱ. 유상증자 절차

1. 자본금 증가를 위한 신주 발행

가. 신주발행사항의 결정

주식회사가 자본금 증가를 위한 신주를 발행하기 위해서는 정관에 규정된 발행할 주식 총수 범위 내에서 이사회(정관 규정이 있는 경우에는 주주총회)가 신주의 종류와 수, 발행가액과 납입기일, 신주의 인수방법, 무액면주식의 발행가액 중 자본금으로 계상하는 금액 등을 결정한다(상법 제416조). 이 때 발행가액은 주금액보다 하회할 수 없음이 원칙이지만, 회사성립 후 2년을 경과하고 최저발행가액에 관한 주주총회의 특별결의와 법원의 인가를 받은 경우에는 주금액에 미달하는 이른바 할인발행을 할 수도 있다(상법 제417조).

나. 신주인수권자

신주인수권이란 주식회사가 회사성립 후 신주를 발행하는 경우에 신주를 우선적으로 인수할 수 있는 권리[477]로서, 기존 주주의 이익보호를 위하여 기존 주주에게 그가 가진 주식수에 따라 배정함이 원칙이다(상법 제418조 제1항). 다만, 신기술의 도입, 재무구조 개선 등 회사의 경영상 목적을 달성하기 위하여 필요한 경우에는 **정관 규정[478]에 따라 주주 외의 자에게 신주인수권을 부여할 수도 있다**(상법 **제418조 제2항). 전자를 주주배정 방식**이라 하고 후자를 **제3자배정 방식**이라고 하는데, 신주의 우선적 인수기회를 주주나 제3자 중 누구에게 부여하였는지 여부에 따른 구분이다. 따라서 주주배정 방식의 경우에 실제로 주주가 그 신주인수권을 포기하여 결과적으로 제3자에게 신주가 배정되었다고 하더라도 주주배정 방식으로 보아야 한다(판례).[479]

---

477) 최준선(회사), 632면; 이철송(회사), 909면; 정찬형(상법-상-), 1149면.

478) 정관 규정이 없더라도 정관변경 절차와 같은 요건인 주주총회 특별결의에 의하여 제3자에게 신주인수권을 부여할 수 있는지 여부에 관하여는, 주주총회 특별결의가 있으면 실질적인 정관변경이 있는 것으로 볼 수 있다고 하거나 전환사채 및 신주인수권부사채의 규정을 유추적용할 수 있다는 이유로 이를 긍정하는 견해[이철송(회사), 916면; 김정호(회사), 688면]와 , 주주의 예측가능성을 침해할 수 있으므로 명문규정 없이 이를 허용하는 것은 부당하다는 견해[최준선(회사), 646면; 정명재, 대계Ⅲ, 12면; 송옥렬(상법), 1140면]가 대립하고 있다.

479) 대법원 2009. 5. 29. 2007도4949.

주주 외의 자에게 신주인수권을 부여하더라도 해당 제3자가 신주인수권을 취득하기 위하여는 회사와의 별도 계약이 필요하다. 따라서 제3자의 신주인수권은 계약상의 권리이다(통설).[480]

주권상장법인의 경우에는 위와 같은 신주인수권 부여 방식뿐만 아니라 **정관 규정**과 이사회 결의에 따라 주주의 신주인수권을 배제하고 불특정 다수인을 상대방으로 한 **일반공모 방식**으로 신주를 발행할 수 있다[자본시장법 제165조의6 제1항, 제4항].

다. 신주발행절차

회사는 이사회(또는 주주총회)의 신주발행사항 결정에 따라 주주배정 방식의 경우에는 신주배정일을 정하여 그 날 주주명부에 기재된 주주가 신주인수권을 가진다는 뜻(신주인수권의 양도가 가능한 경우에는 그 뜻도 포함)을 신주배정일(또는 그 날이 주주명부 폐쇄기간 중인 경우에는 그 기간 초일)의 2주간 전에 공고해야 한다(상법 제418조 제3항). 주권상장법인이 주주배정 방식으로 신주를 배정하는 경우에는 신주발행사항 결정 당시 그 신주인수권 양도에 관한 결정이 없었더라도 주주가 신주인수권을 양도할 수 있도록 주주에게 신주인수권증서를 발행하고 증권시장에 상장하는 등 신주인수권증서가 유통될 수 있도록 해야 한다(자본시장법 제165조의6 제3항, 자본시장법 시행령 제176조의8 제4항).

그리고 회사는 신주인수권자인 주주나 제3자에 대하여 그 인수권을 가지는 주식의 종류와 수, 일정한 청약기일까지 신주인수의 청약을 하지 아니하면 신주인수권을 상실한다는 뜻(신주인수권 양도가 가능한 경우에는 그 내용 포함)을 청약기일 2주간 전에 통지해야 한다(상법 제419조 제1항, 제2항). 만약 신주인수권자가 청약기일까지 신주인수의 청약을 하지 아니하거나 납입기일까지 발행가액을 납입하지 아니한 때에는 신주인수권을 상실한다(상법 제419조 제3항, 제423조 제2항). 회사는 이와 같이 신주인수권을 상실한 **실권주**(失權株)를 이사회에서 정한 신주 인수방법(즉, 실권주의 처분방법)의 범위 내에서 임의로 제3자에게 배정하거나 일반인으로부터 공모할 수 있고,

480) 이철송(회사), 921면; 정찬형(상법-상-), 1160면.

이때 신주의 발행가액 등 그 발행조건을 변경할 수는 없다(판례).[481] 다만, 주권상장법인의 경우에는 실권주가 대주주의 지분강화 수단으로 남용되거나 제3자배정 방식의 절차상 또는 발행가액상 제한을 회피하는 데 이용되는 것을 방지하기 위하여[482] 그 남용우려가 없는 예외사유[483]에 해당하지 않는 한 그 실권주의 발행을 철회해야 한다(자본시장법 제165조의6 제2항). 이 규정은 전환사채, 신주인수권부사채, 교환사채 등 주식 관련 사채권의 경우에도 준용된다(자본시장법 제165조의10 제1항).

단주(端株)[484]가 발생하는 경우에는 명문 규정은 없으나 거래소의 시세 있는 주식은 거래소를 통하여 매각하고 그 시세 없는 주식은 공정한 가격으로 매각하여 발행가액과의 차액을 단주 주주에게 배분해야 한다(통설).[485] 단주의 매각 등 처리에 관한 결정도 신주의 인수방법을 정하는 문제이므로 상법 제416조 규정에 따라 이사회에서 정함이 원칙이다.[486]

이러한 절차를 거쳐 신주에 대한 주식인수의 청약을 받고 배정을 한 후, 신주인수인이 납입기일에 납입한 때에는 그 납입기일 다음 날부터 주주가 된다(상법 제423조 제1항).

---

481) 대법원 2012. 11. 15. 2010다49380("회사가 주주배정방식에 의하여 신주를 발행하려는데 주주가 인수를 포기하거나 청약을 하지 아니함으로써 그 인수권을 잃은 때에는 회사는 이사회의 결의에 의하여 그 인수가 없는 부분에 대하여 자유로이 이를 제3자에게 처분할 수 있고, 이 경우 그 실권된 신주를 제3자에게 발행하는 것에 관하여 정관에 반드시 근거 규정이 있어야 하는 것은 아니다."라고 판시).

482) 이철송(회사), 933면; 홍복기 · 김성탁 · 김병연 · 박세화 · 심영 · 권재열 · 이윤석 · 장근영(회사), 507면.

483) 자본시장법 제165조의6 제2항 단서는 예외사유로서 "금융위원회가 정하여 고시하는 방법에 따라 산정한 가격 이상으로 신주를 발행하는 경우로서, 실권주가 발생하는 경우 대통령령으로 정하는 특수한 관계에 있지 아니한 **투자매매업자**가 인수인으로서 그 실권주 전부를 취득하는 것을 내용으로 하는 계약을 해당 주권상장법인과 체결하는 경우(제1호), 주주배정 방식의 경우 신주인수의 청약 당시에 해당 주권상장법인과 주주 간의 별도의 합의에 따라 실권주가 발생하는 때에는 신주인수의 청약에 따라 배정받을 주식수를 초과하는 내용의 청약(이하 '초과청약'이라 함)을 하여 그 **초과청약**을 한 주주에게 우선적으로 그 실권주를 배정하기로 하는 경우(이 경우 신주인수의 청약에 따라 배정받을 주식수에 대통령령으로 정하는 비율을 곱한 주식수를 초과할 수 없다, 제2호), 그 밖에 주권상장법인의 자금조달의 효율성, 주주 등의 이익 보호, 공정한 시장질서 유지의 필요성을 종합적으로 고려하여 대통령령으로 정하는 경우(제3호)"를 규정하고 있다.

484) 1주 미만으로 배정된 주식.

485) 최준선(회사), 658,659면; 이철송(회사), 934면.

486) 이철송(회사), 906면.

라. 신주의 불공정 발행에 대한 구제수단

회사가 신주의 발행가액을 현저한 저가로 발행하는 등 현저히 불공정하게 발행하는 경우에는 그로 인하여 불이익을 받을 염려가 있는 주주는 회사에 대하여 그 발행을 유지(留止)할 것을 청구할 수 있다(상법 제424조).

또한 회사의 이사와 통모하여 현저하게 불공정한 발행가액으로 주식을 인수한 주식인수인은 공정한 발행가액과의 차액에 상당하는 금액을 회사에 지급하여야 할 의무가 있고, 그 이사도 회사나 주주에 대하여 그로 인한 손해배상 책임이 있다(상법 제424조의2 제1항, 제3항). 발행주식총수의 100분의 1 이상의 주식을 가진 주주(주권상장법인의 경우에는 6개월 전부터 계속하여 발행주식총수의 1만분의 1 이상에 해당하는 주식을 보유하는 주주)는 이러한 통모 주식인수인이나 이사의 책임을 추궁하기 위한 대표소송을 제기할 수 있다(상법 제424조의2 제2항, 제403조, 제542조의6 제6항).

신주발행에 "법령이나 정관의 중대한 위반 또는 현저한 불공정이 있어 그것이 주식회사의 본질이나 회사법의 기본원칙에 반하거나 기존 주주들의 이익과 회사의 경영권 내지 지배권에 중대한 영향을 미치는 경우로서 신주와 관련된 거래의 안전, 주주 기타 이해관계인의 이익 등을 고려하더라도 도저히 묵과할 수 없는 정도라고 평가되는 경우에 한하여"[487] 주주 · 이사 또는 감사는 신주발행일로부터 6개월 내에 신주발행무효의 소를 제기할 수 있다(상법 제429조). 신주발행의 하자가 극히 중대하여 신주발행이 존재하지 아니하는 정도에 이르는 등의 특별한 사정이 있는 경우에는 위와 같은 제소권자나 제소기간의 제한을 받지 아니하는 신주발행부존재 확인의 소도 판례상 인정된다.[488]

그 밖에 이사 등 경영자가 불공정한 신주발행으로 회사에 재산상 손해를 가한 경우에는 임무위배행위에 해당하여 후술하는 것처럼 배임죄로 의율될 수도 있다.

---

487) 대법원 2010. 4. 29. 2008다65860.

488) 대법원 1989. 7. 25. 87다카2316.

2. 전환사채의 발행

가. 전환사채의 의의 및 발행사항 결정

주식회사가 불특정다수인을 상대로 채권(債券) 발행 방식으로 집단적 · 정형적으로 채권자를 모집하는 사채(社債) 중 사채권자에게 주식으로 전환할 수 있는 전환권을 인정한 사채를 전환사채(Convertible Bonds, 약칭 CB)라 한다.

전환사채를 발행하는 경우에는 이사회(정관 규정이 있는 경우에는 주주총회)[489)]가 전환사채의 총액, 전환조건,[490)] 전환으로 인하여 발행할 주식의 내용, 전환기간, 주주에게 전환사채 인수권을 준다는 뜻과 그 전환사채의 액, 주주 외의 자에게 전환사채를 발행하는 것과 그 전환사채의 액 중 정관 규정에 없는 사항을 결정한다(상법 제513조 제1, 2항). 그 밖에도 이사회는 일반적 사채발행의 경우처럼 사채의 이율 및 발행가액 등 사채의 주요내용을 정해야 한다.

나. 전환사채인수권자

전환사채의 발행은 그 전환권 행사로 인하여 주주의 주식보유비율이나 주식가치에 영향을 미칠 수 있기 때문에 신주발행의 경우처럼 기존 주주는 그가 가진 주식수에 따라 전환사채를 우선적으로 인수할 권리가 있다(상법 제513조의2 제1항 본문). 그러나 신주발행의 경우와는 달리 전환사채 금액 중 최저액에 미달하는 단수(端數)에 대하여는 주주의 인수권이 미치지 않는다(상법 제513조의2 제1항 단서).

다만, 신기술의 도입, 재무구조 개선 등 회사의 경영상 목적을 달성하기 위하여 필요한 경우에는 **정관 규정**이나 **주주총회의 특별결의**에 의하여 주주 외의 자에게 전환사채를 발행할 수도 있다(제3자 인수). 이 경우에는 그 발행할 수 있는 전환사채의 액, 전환조건, 전환으로 인하여 발행할 주식의 내용 및 전환청구기간도 정관 규정이나 주주총회의 특별결의로 정해야 한다(상법 제513조 제3항, 제418조 제2항 단서).

---

489) 만약 정관에 신주발행사항의 결정을 주주총회 결의에 따르도록 규정되어 있다면, 전환사채 발행절차에 관한 상법 제513조 제2항은 신주발행에 관한 제416조와 균형이 맞도록 규정한 것이므로 전환사채의 발행사항 결정도 주주총회 결의에 따라야 한다[대법원 1999. 6. 25. 99다18435; 이철송(회사), 1064,1065면; 김홍기(상법), 760면; 이범찬 · 임충희 · 이영종 · 김지환(회사), 451면; 장덕조(회사), 525면].

490) 전환조건이란 전환으로 발행되는 신주의 수를 의미하는 전환비율을 말하고, 예컨대 "사채 5만원을 보통주식 1주로 전환할 수 있다."고 정하게 된다[이철송(회사), 1065면].

이처럼 주주 아닌 자에게 전환사채를 발행하는 경우에 정관 규정이나 주주총회의 특별결의에 의할 것을 요구하는 이유는 그것이 실질적으로는 주주 아닌 제3자에게 신주인수권을 부여하는 결과가 되기 때문이다.[491] 이때 정관이나 주주총회의 특별결의로 정하게 되는 전환조건 등 위 제3자 인수 요건은 주주의 이익이나 회사 지배권 변동에 직접적 영향을 미치는 사항이므로 상당한 정도로 특정되어야 하고 이를 포괄적으로 이사회에 위임하는 것은 허용되지 않는다.[492] 다만, 전환사채를 통한 원활한 자금조달의 필요상 정관에 전환조건 등을 미리 획일적으로 확정하여 규정하도록 요구할 것은 아니며, 정관에 일응의 기준을 정해 놓은 다음 이에 기하여 실제로 발행할 전환사채의 구체적인 전환조건 등은 그 발행시마다 정관에 벗어나지 않는 범위에서 이사회에서 결정하도록 위임하는 방법을 취하는 것은 허용된다(판례).[493]

또한 주권상장법인의 경우에는 신주발행의 경우처럼 **정관 규정**과 이사회 결의에 따라 주주의 전환사채인수권을 배제하고 불특정 다수인을 상대방으로 한 **일반공모방식**으로 전환사채를 발행할 수도 있다[자본시장법 제165조의10 제1항 제2호, 상법 제513조, 자본시장법 제165조의6 제1항, 제4항].

다. 전환사채의 발행절차

주주에게 전환사채인수권이 있는 경우에는 신주발행의 경우처럼 회사는 이사회(또는 주주총회)의 위와 같은 사채발행사항 결정에 따라 **전환사채 배정일**을 정하여 그 날 주주명부에 기재된 주주가 전환사채인수권을 가진다는 뜻을 그 배정일(배정일이 주주명부 폐쇄기간 중인 때에는 그 기간 초일) 2주간 전에 공고해야 한다(상법 제513조의2 제2항, 제418조 제3항). 또한 각 주주에 대하여 그 인수권을 가지는 전환사채액, 발행가액, 전환조건, 전환으로 인하여 발행할 주식의 내용 및 전환기간과, 일정한 **청약기일**까지 전환사채의 청약을 하지 아니하면 그 인수권을 상실한다는 뜻을 청약기일 2주간 전에 통지해야 한다(상법 제513조의3, 제419조 제2항). 만약 청약기일까지 전환사

---

491) 이철송(회사), 1066면.

492) 최준선(회사), 693면; 이철송(회사), 1066면; 대법원 2004. 6. 25. 2000다37326.

493) 대법원 2004. 6. 25. 2000다37326(회사 정관에 전환사채의 발행에 관하여 전환조건 중 하나인 "전환가액은 주식의 액면금액 또는 그 이상의 가액으로 사채발행시 이사회가 정한다."라고 규정한 것을 유효하다고 판시).

채의 청약을 하지 아니한 때에는 전환사채인수권을 상실한다(상법 제513조의3 제2항, 제419조 제3항).

회사는 이와 같이 전환사채인수권을 상실한 **실권사채**(失權社債)를 이사회에서 정한 실권사채 처분방법의 범위 내에서 임의로 제3자에게 배정하거나 일반인으로부터 공모할 수 있고, 이때 전환사채의 발행가액 등 그 발행조건을 변경할 여지는 없다(판례).[494] 다만, 신주발행의 경우처럼 주권상장법인의 경우에는 실권사채가 대주주의 지분강화 수단으로 남용되는 것을 방지하기 위하여 그 남용우려가 없는 예외사유에 해당하지 않는 이상 그 실권사채의 발행을 철회해야 한다(자본시장법 제165조의10 제1항 제2호, 상법 제513조, 제165조의6 제2항).

이러한 절차를 거쳐 전환사채의 청약과 배정을 함으로써 사채모집이 끝나면, 사채 발행 회사나 사채모집의 위탁을 받은 회사는 지체 없이 전환사채 인수인에 대하여 각 사채의 전액 또는 제1회의 납입을 시켜야 함은 일반적인 사채모집의 경우와 같다(상법 제476조). 사채 발행 회사는 그 납입 완료일부터 2주간 내에 본점 소재지에서 전환사채의 총액, 각 전환사채액, 각 전환사채의 납입금액, 사채를 주식으로 전환할 수 있다는 뜻, 전환조건, 전환으로 인하여 발행할 주식의 내용, 전환기간, 주식의 양도에 관하여 이사회의 승인을 받도록 정한 때에는 그 규정을 등기해야 한다(상법 제514조의2).

라. 전환청구

전환사채권자는 전환기간 내에 전환청구서에 채권 또는 전자등록된 채권의 증명자료를 첨부하여 전환청구를 할 수 있고, 그 전환청구를 한 때 전환된 신주의 발행효력이 생긴다(상법 제515조, 제516조 제2항, 제350조 제1항). 이 때 전환 전 전환사채의 발행가액을 전환된 신주의 발행가액으로 한다(상법 제516조 제2항, 제348조). 따라서 전환사채의 발행가액과 전환조건(즉, 전환으로 발행되는 신주의 수를 의미하는 전환비율)에

494) 대법원 2009. 5. 29. 2007도4949 전원합의체("상법상 전환사채를 주주 배정방식에 의하여 발행하는 경우에도 주주가 그 인수권을 잃은 때에는 회사는 이사회의 결의에 의하여 그 인수가 없는 부분에 대하여 자유로이 이를 제3자에게 처분할 수 있는 것인데, 단일한 기회에 발행되는 전환사채의 발행조건은 동일해야 하므로, 주주배정으로 전환사채를 발행하는 경우에 주주가 인수하지 아니하여 실권된 부분에 관하여 이를 주주가 인수한 부분과 별도로 취급하여 전환가액 등 발행조건을 변경하여 발행할 여지가 없다."고 판시).

따라 전환된 신주 1주의 발행가액(즉, 전환가액)이 정해지고,[495] 그 전환가액의 적정 여부에 따라 이사 등 경영자의 민·형사 책임이 문제가 될 수 있다.

마. 전환사채의 불공정 발행에 대한 구제수단

전환사채의 발행이 불공정한 경우 이에 대한 구제수단은 불공정한 신주발행의 경우와 마찬가지이다. 즉, 회사가 전환사채를 발행함에 있어서 전환사채의 발행가액을 현저한 저가로 발행하는 등 현저히 불공정하게 발행하는 경우에는, 신주발행의 경우처럼 그로 인하여 불이익을 받을 염려가 있는 주주는 회사에 대하여 그 발행의 유지를 청구할 수 있다(상법 제516조 제1항, 제424조). 또한 회사의 이사와 통모한 전환사채권자는 공정한 발행가액과의 차액에 상당하는 금액을 회사에 지급해야 할 의무가 있고, 그 이사도 회사나 주주에 대하여 그로 인한 손해를 배상해야 한다(상법 제516조 제1항, 제424조의2). 발행주식총수의 100분의 1 이상의 주식을 가진 주주(주권상장법인의 경우에는 6개월 전부터 계속하여 발행주식총수의 1만분의 1 이상에 해당하는 주식을 보유하는 자)는 이러한 통모 전환사채권자나 이사의 책임 추궁을 위한 대표소송을 제기할 수도 있다(상법 제516조 제1항, 제424조의2, 제403조, 제542조의6 제6항).

전환사채발행무효의 소에 관하여는 상법에 신주발행무효의 소와 같은 명문 규정을 두고 있지 않다. 그러나 전환사채는 장래에 주식으로 전환할 수 있는 전환권이 부여된 사채이므로 전환사채의 위법 또는 불공정한 발행은 주식회사의 물적 기초나 기존 주주들의 이해관계에 중대한 영향을 미칠 수 있다는 점은 신주발행의 경우와 다르지 않다. 따라서 신주발행무효의 소에 관한 상법 제429조를 유추적용하여 전환사채발행무효의 소도 인정함이 통설·판례이다.[496] 그리고 마찬가지 이유로 전환사채 발행의 하자가 극히 중대하여 전환사채의 발행이 존재하지 아니하는 정도에 이르는 등의 특별한 사정이 있는 경우에는 제소권자나 제소기간의 제한을 받지 아니하는 전환사채발행부존재 확인의 소도 인정된다(판례).[497]

---

495) 실제로는 전환사채총액과 전환가액을 먼저 정한 후 전환사채총액을 전환가액으로 나누어 전환으로 발행할 주식수를 산정하는 사례가 많다.

496) 대법원 2004. 8. 20. 2003다20060; 2004. 6. 25. 2000다37326; 최준선(회사), 696면; 이철송(회사), 1073면.

497) 대법원 2004. 8. 20. 2003다20060.

3. 신주인수권부사채의 발행

가. 신주인수권부사채의 의의

신주인수권부사채(Bond with Stock Purchase Warrants, 약칭 BW)란 사채권자에게 신주 발행 청구권(즉, 신주인수권)이 부여된 사채이다. 신주인수권부사채의 신주인수권이란 사채권자의 일방적 의사표시로 회사가 신주발행의 의무를 부담하게 되는 형성권이라는 점에서 자본금 증가를 위한 신주 발행의 경우에 주주나 제3자가 신주를 우선적으로 배정받을 지위를 의미하는 신주인수권과는 그 개념이 다르다.

나. 신주인수권부사채 발행사항의 결정

신주인수권부사채를 발행하는 경우에는 채권과 신주인수권이 결합되어 있는 비분리형으로 발행하는 것이 원칙이지만, 신주인수권만을 양도할 수 있게 하는 발행사항 결정이 있는 경우에는 채권과 별도로 신주인수권증권을 동시에 발행하는 분리형 신주인수권부사채도 허용된다(상법 제516의2 제2항 제4호, 제516의5 제1항).

신주인수권부사채를 발행하는 경우에는 이사회(정관 규정이 있는 경우에는 주주총회)가 신주인수권부사채의 총액, 각 사채에 부여된 신주인수권의 내용(즉, 각 사채에 대한 신주인수권의 부여비율, 신주인수권의 행사로 발행할 주식의 종류 · 발행가액 등), 신주인수권 행사기간, 신주인수권만을 양도할 수 있는 것에 관한 사항, 대용납입에 관한 사항(즉, 신주인수권을 행사하려는 자의 청구가 있는 때에는 신주인수권부사채의 상환에 갈음하여 그 사채 발행가액으로 신주 발행가액의 납입이 있는 것으로 본다는 뜻), 주주에게 신주인수권부사채의 인수권을 준다는 뜻과 그 인수권의 목적인 신주인수권부사채의 액, 주주 외의 자에게 신주인수권부사채를 발행하는 것과 이에 대하여 발행할 신주인수권부사채의 액 중 정관에 규정이 없는 사항을 결정한다(상법 제516조의2 제2항).

각 신주인수권부사채에 부여된 신주인수권의 행사로 인하여 발행할 신주의 발행가액 합계액은 각 '신주인수권부사채의 금액'을 초과할 수 없도록 제한하고 있다(상법 제516조의2 제3항). 즉, 신주인수권부사채의 금액을 신주의 발행가액으로 나눈 수량의 주식에 대해서만 신주인수권을 갖는 셈인데,[498] 이는 신주인수권의 남발을 방

---

498) 이철송(회사), 1080면.

지하여 주주의 이익을 보호할 필요가 있기 때문이다.

다. 신주인수권부사채의 인수권

신주인수권부사채의 발행도 전환사채의 경우처럼 주주의 주식보유비율이나 주식가치에 영향을 미칠 수 있기 때문에, 기존 주주는 그가 가진 주식수에 따라 신주인수권부사채를 우선적으로 인수할 권리가 있다(상법 제516조의11, 제513조의2 제1항 본문). 신주인수권부사채 금액 중 최저액에 미달하는 단수(端數)에 대하여는 주주의 인수권이 미치지 않는 점은 전환사채의 경우와 같다(상법 제516조의11, 제513조의2 제1항 단서).

또한 전환사채의 경우처럼 신기술의 도입 및 재무구조 개선 등 회사의 경영상 목적을 달성하기 위하여 필요한 경우에는 **정관 규정**이나 **주주총회의 특별결의**에 따라 주주 외의 자에게 신주인수권부사채를 발행할 수도 있다. 이렇게 제3자에게 신주인수권부사채를 발행할 경우에는 그 발행할 수 있는 신주인수권부사채의 액, 신주인수권의 내용, 신주인수권 행사기간을 **정관 규정**이나 **주주총회의 특별결의**로 정해야 한다(상법 제516조의2 제4항, 제418조 제2항 단서).

주권상장법인의 경우에는 전환사채 발행의 경우처럼 **정관 규정**과 이사회 결의에 따라 주주의 신주인수권부사채 인수권을 배제하고 불특정 다수인을 상대방으로 한 **일반공모 방식**으로 신주인수권부사채를 발행할 수도 있다(자본시장법 제165조의10 제1항 제2호, 상법 제513조, 자본시장법 제165조의6 제1항 제3호, 제4항).

라. 신주인수권부사채의 발행절차

주주에게 신주인수권부사채의 인수권이 있는 경우에는 전환사채 발행의 경우처럼 회사는 이사회(또는 주주총회)의 사채발행사항 결정에 따라 신주인수권부사채의 배정일을 정하여 그 날 주주명부에 기재된 주주가 신주인수권부사채의 인수권을 가진다는 뜻을 **신주인수권부사채 배정일**(배정일이 주주명부 폐쇄기간 중인 때에는 그 기간 초일) 2주간 전에 공고해야 한다(상법 제516조의11, 제513조의2 제2항, 제418조 제3항). 그리고 이 경우 회사는 이사회(또는 주주총회)의 사채발행사항 결정에 따라 신주인수권부사채의 인수권자인 각 주주에 대하여 인수권을 가지는 신주인수권부사채액, 사채의 발행가액, 신주인수권의 내용, 신주인수권 행사기간, 신주인수권만을 양도할 수 있는 것에 관한 사항, 대용납입에 관한 사항(즉, 신주인수권을 행사하려는 자의 청구가 있는 때에는 신주인수권부사채의 상환에 갈음하여 그 사채의 발행가액으로 신주 발행가액의 납입이 있는 것으로 본다는 뜻) 및 일정한 청약기일까지 신주인수권부사채의 청약을 하지 아니하면 그 인수권을 상실한다는 뜻을 주주에게 청약기일 2주간 전에 통지해야 한다(상법 제516조의3, 제419조 제2항). 그 청약기일까지 신주인수권부사채의 청약을 하지 아니한 주주는 신주인수권부사채의 인수권을 상실한다(상법 제516조의3 제2항, 제419조의 제3항).

회사는 신주인수권부사채의 인수권을 상실한 **실권사채**(失權 社債)를 이사회에서 정한 실권사채 처분방법의 범위 내에서 임의로 제3자에게 배정하거나 일반인으로부터 공모할 수 있고, 판례(후술하는 에스디에스 유상증자 사건)에 의하면 이때 신주인수권부사채의 발행가액 등 그 발행조건을 변경할 여지가 없음은 전환사채의 경우와 마찬가지이다. 다만, 전환사채 발행의 경우처럼 주권상장법인의 경우에는 실권사채가 대주주의 지분강화 수단으로 남용되는 것을 방지하기 위하여 그 남용우려가 없는 예외사유에 해당하지 않는 이상 그 실권사채의 발행을 철회해야 한다(자본시장법 제165조의10 제1항 제2호, 상법 제516조의2, 제165조의6 제2항).

이러한 절차를 거쳐 신주인수권부사채의 청약을 받고 배정을 함으로써 사채모집이 끝나면, 사채 발행 회사나 사채모집의 위탁을 받은 회사가 지체 없이 신주인수권부사채 인수인에 대하여 각 사채의 전액 또는 제1회의 납입을 시켜야 함은 일반적 사채모집의 경우와 같다(상법 제476조). 사채 발행 회사는 그 납입 완료일로부터 2주간 내에 본점 소재지에서 신주인수권부사채라는 뜻, 신주인수권의 행사로 인하여 발행할 주식의 발행가액 총액, 각 신주인수권부사채의 금액, 각 신주인수권부사채의 납입금액, 신주인수권부사채의 총액, 각 신주인수권부사채에 부여된 신주인수권의 내용, 신주인수권의 행사기간을 등기해야 한다(상법 제516조의8).

마. 신주인수권의 행사

신주인수권부사채권자나 신주인수권증권의 소유자는 정해진 신주인수권 행사기간 중 언제든지 신주의 발행가액 전액을 납입하여 신주인수권을 행사할 수 있다. 이때에는 신주발행청구서에 채권(비분리형인 경우)이나 신주인수권증권(분리형인 경우) 또는 전자등록된 채권이나 신주인수권증권의 증명자료를 첨부해야 한다(상법 제516조의

9). 대용납입(상법 제516조의2 제2항 제5호)의 경우에는 신주인수권을 행사하려는 자가 대용납입 청구를 한 때 신주인수권부사채의 상환에 갈음하여 그 신주 발행가액의 납입이 있는 것으로 보게 된다. 신주인수권을 행사한 자는 그 발행가액을 납입한 때에 신주발행의 효력이 발생하여 주주가 된다(상법 제516조의10 제1문).

신주의 발행가액은 신주인수권부사채의 발행 당시 그 발행사항 중 '신주인수권의 내용'(상법 제516조의2 제2항 제2호)으로 정하여지는 것인데, 그 신주 발행가액의 적정 여부에 따라 이사 등 경영자의 민·형사 책임이 문제가 될 수 있다.

바. 신주인수권부사채의 불공정 발행에 대한 구제수단

신주인수권부사채의 발행이 불공정한 경우 이에 대한 구제수단은 전환사채의 불공정 발행의 경우와 마찬가지이다. 즉, 회사가 신주인수권부사채를 발행함에 있어서 현저한 저가로 발행하는 등 현저히 불공정하게 발행하는 경우에 그로 인하여 불이익을 받을 염려가 있는 주주는 회사에 대하여 그 발행의 유지(留止)를 청구할 수 있다(상법 제516조의11, 제516조 제1항, 제424조). 또한 회사의 이사와 통모한 신주인수권부사채권자는 공정한 발행가액과의 차액에 상당하는 금액을 회사에 지급해야 할 의무가 있고, 그 이사도 회사나 주주에 대하여 그로 인한 손해를 배상해야 한다(상법 제516조의11, 제516조 제1항, 제424조의2).

그리고 전환사채의 경우와 마찬가지로 발행주식총수의 100분의 1 이상의 주식을 가진 주주(주권상장법인의 경우에는 6개월 전부터 계속하여 발행주식총수의 1만분의 1 이상에 해당하는 주식을 보유하는 자)는 이러한 통모 신주인수권부사채권자나 이사의 책임을 추궁하는 대표소송을 제기할 수 있다(상법 제516조의11, 제516조 제1항, 제424조의2, 제403조, 제542조의6 제6항).

신주인수권부사채의 경우에도 신주인수권부사채 발행의 무효확인이나 부존재확인의 소에 관하여 아무런 규정이 없지만, 전환사채의 경우와 같은 이유로 신주발행무효의 소에 관한 상법 제429조가 유추적용되어 신주인수권부사채발행 무효의 소가 인정되고, 신주인수권부사채발행 부존재 확인의 소도 제기할 수 있다.[499]

---

499) 최준선(회사), 704면; 이철송(회사), 1082면; 대법원 2015. 12. 10. 2015다202919.

Ⅲ. 유상증자의 배임죄 성립 여부

1. 유상증자와 형사책임

회사의 이사 등 경영자가 회사 소유의 자사주(自社株)를 타인에게 시가 등의 적정가격보다 현저히 저가로 양도하는 경우에는 그 임무에 위배한 행위로 회사에 손해를 가한 것이라고 인정함에 어려움이 없을 것이다.[500)]

그런데 경영자가 신주, 전환사채 및 신주인수권부사채(이하 '신주 등'이라고만 함)를 발행하는 경우에 신주의 발행가액, 전환사채의 전환가액, 신주인수권의 행사로 발행할 신주의 발행가액을 시가 등의 적정가격 보다 저가로 발행하는 경우에는 회사의 본질 및 자본금 조달의 본질을 어떻게 볼 것인지 여부에 따라 회사의 손해발생 여부 및 경영자의 임무위배 여부가 달라질 수 있다.

2. 재산상 손해 발생

가. 회사의 손해 인정 여부

유상증자를 하면서 신주 등의 발행가액을 적정가격보다 저가로 정한 경우에는 **회사**가 그 차액 상당을 취득하지 못하는 소극적 손해를 입게 된 것인지, 아니면 기존 **주주**들이 고가의 구주와 저가의 신주가 동등하게 평가됨으로써 발생하는 이른바 주가의 희석화[501)] 현상으로 인한 주가하락의 손해를 입게 되었을 뿐 회사의 손해는 없는 것인지 문제가 된다. 발행가액이 저가일지라도 주주배정 방식으로 발행한 경우에는 주주의 지분율에 따라 신주 등을 배정하는 한 구 주식의 희석화로 인한 손해는

---

500) 대법원 2008. 5. 15. 2005도7911 판결에서는 상장회사의 대표이사 등 경영자가 회사 소유의 자사주를 발행주식총수의 2.77% 보유 주주인 그룹 회장에게 전일 종가인 가격으로 양도하였으나, 그 대금 중 10%만 받아 명의개서까지 해 주고 나머지 90%는 2년에 걸쳐 변제하는 조건으로 매도하여 그룹 회장으로 하여금 35.03% 소유 대주주가 되게 함으로써 회사의 지배구조에 상당한 영향력을 행사할 수 있게 한 사안에서, "그룹 회장이 위 자사주를 거래소 시장에서 취득하는 데에 소요되는 비용 또는 회사가 제3자에게 위 자사주를 매각하였을 때에 얻을 수 있었을 것으로 기대되는 경영권 프리미엄 등이 매도 가격에 반영되지 아니하고, 매매대금 90%의 지급을 담보하기 위한 아무런 담보도 제공받지 아니한 손해를 회사에 가한 점을 인정하여" 배임죄가 성립한다고 판시하였다.

501) 주식 1주의 가치는 회사가 보유하는 순자산을 보유 주식수로 나눈 것이므로, 저가 발행된 주식의 경우에는 그 발행가액과 적정가격과의 차액만큼 구 주식의 가치가 하향되는 현상을 초래하는데, 이를 '주가의 희석화'라 한다.

신주 등의 취득으로 인한 이득과 상쇄되기 때문에 주주의 손해가 있을 수 없게 된다. 따라서 전자의 입장에 선다면 그러한 경우에도 회사의 손해 발생을 인정할 여지가 있게 되지만, 후자의 입장에 선다면 더 이상 손해발생을 인정할 여지가 없게 되므로 유상증자를 한 이사 등 경영자에 대하여 배임죄의 성립을 문제 삼을 수 없게 된다.

1) 주주 손해설

유상증자로 자본금이 증가하는 경우에 회사로서는 자본거래(즉, 자본금 조달)의 본질상 재산이 증가하는 것일 뿐 손해가 있을 수 없고, 회사의 본질상 주식회사의 손해는 주주들에게 지분적으로 귀속되어 주주들의 손해 외에 회사를 손해의 주체로 인정할 필요가 없으므로 단지 제3자배정 방식으로 신주 등을 저가로 발행하면 주식의 희석화 현상으로 인하여 기존 주주들의 비례적 이익을 침해하는 손해가 발생할 수 있을 뿐이라는 견해(주주 손해설 또는 자본거래설)[502]가 있다. 이 견해는 회사의 본질에 관하여, 회사란 법적 편의를 위해 인격의 주체로 의제된 것일 뿐 회사재산은 주주들에게 지분적으로 귀속되는 것이므로 주주들의 손해와 별도로 회사의 손해를 논할 필요가 없다는 입장이다.[503] 또한 자본금이란 사업을 위한 주주의 출연금이자 책임한도에 불과하므로, 주식을 몇 주로 하고 자본금을 얼마나 증가시킬 것인지 여부는 주주들의 투자판단에 불과할 뿐 회사의 손익을 따질 문제가 아니라는 것이다.[504] 또한 주주지상주의 입장에서 이사 등 경영자는 주주에 대하여 선관주의의무 등 신인의무를 부담할 뿐 회사에 대하여는 그러한 의무가 없음을 논거로 발행가액을 저가로 한 유상증자를 하더라도 회사에 대한 임무위배나 회사의 손해발생을 인정할 수 없다고 하는 견해[505]도 있다.

---

502) 이철송, "자본거래와 임원의 형사책임", 「인권과 정의」 359호(대한변호사협회, 2006. 7.), 103-108면.

503) 이철송, 위 논문, 105,106면.

504) 이철송, 위 논문, 111,112면.

505) 주진열, "사채저가발행의 배임죄 법리에 대한 법경제학적 고찰 : 2009년 삼성 SDS 판결을 중심으로", 「증권법연구」 11권 2호(한국증권법학회, 2010. 9.), 312,324면.

2) 회사 손해설

회사는 독립된 법인격이 있기 때문에 권리 · 의무의 주체로서 재산상 손해를 입을 수 있고, 주주배정 방식이든 제3자배정 방식이든 신주 등의 저가발행은 적정가격과 발행가액과의 차액만큼 회사에 들어올 수입이 감소된 만큼 직접적으로 회사에 소극적 손해를 발생시킨 것이라는 견해[506]가 있다(회사 손해설 또는 차액설).

3) 구분설

절충적 견해로서 주주배정 방식 유상증자의 경우에는 회사의 손해를 인정할 수 없으나, 제3자배정 방식 유상증자의 경우에는 적정가격(또는 공정가격)과 발행가액과의 차액만큼 회사에 들어올 수입이 감소된 소극적 손해를 회사에 발생시킨 것이라는 견해로서 대법원 2009. 5. 29. 선고 2007도4949 전원합의체 판례(후술하는 '에버랜드 유상증자 사건', 이하 이 절에서는 '전원합의체 판례'라 함)의 입장이다.[507] 전원합의체 판례는 그 논거로서 주주배정 방식의 유상증자인 경우에는 "회사로서는 그 인수대금만큼 자금이 유입됨으로써 자본 및 자산의 증가가 이루어지는데 주주들로서는 신주 등을 인수하더라도 기존에 보유하던 지분비율에는 아무런 영향이 없고 단지 보유 주식수만 늘어나는 것이므로 **실질적으로는 기존 주식의 분할과 주주들의 추가 출자가 동시에 이루어지는 셈**이고, 주주는 회사에 대하여 주식의 인수가액에 대한 납입의무를 부담할 뿐 인수가액 전액을 납입하여 주식을 취득한 후에는 **주주유한책임 원칙에 따라 주주에게 추가출자의무가 없으며, 준비금의 자본전입이나 주식배당의 경우에는 주주에게 무상으로 신주를 발행하기도 하는 점**에 비추어 주주배정 방식의 유상증자인 경우에는 원칙적으로 액면가를 하회해서는 안된다는 제약(상법 제330조, 제417조) 외에는 주주 전체의 이익과 회사의 자금조달의 필요성과 급박성 등을 감안하여 경영판단에 따라 자유로이 그 발행조건을 정할 수 있다."고 한다. 그러나 제3자 배정의 경우에는 "**제3자는 신주 등을 인수함으로써 회사의 지분을 새로 취득하**

---

506) 장덕조, "전환사채의 저가발행과 회사의 손해", 「법조」(법조협회, 2006. 10.), 20,24면; 이상돈, "전환사채의 저가발행을 통한 경영권 승계의 배임성", 「형사정책연구」 제23권 제2호(한국형사정책연구원, 2012), 31면에서는 "배임죄는 권리나 처분의 자유를 보호하는 데 중점이 있지 않고, 재산상태의 보호, 바꿔 말해 전체재산으로서의 경제적 가치의 총량의 감소를 막는 데 중점이 있다"는 경제적 손해개념설을 논거로 같은 결론을 내리고 있다.

507) 대법원 2009. 5. 29. 2008도9436 판결도 같은 날 선고된 전원합의체 판례의 법리를 그대로 따르고 있다.

게 되므로 그 제3자와 회사와의 관계를 주주의 경우와 동일하게 볼 수는 없는 것"이고, 상법도 이사와 통모하여 현저하게 불공정한 발행가액으로 신주 등을 인수한 **제3자에 대하여 공정한 발행가액과의 차액반환 의무를 인정하고 있고, 그 이사에 대하여 임무위배로 인한 손해배상책임을 인정하고 있음**(상법 제424조의 2, 제516조 제1항, 제516조의11)[508]을 논거로 "공정한 발행가액과 실제 발행가액과의 차액에 발행주식수를 곱하여 산출된 액수만큼 회사가 손해를 입은 것으로 보아야 한다."고 판시하고 있다.

그리고 기본적으로는 이 견해와 같은 입장을 취하면서도 "주주배정 방식으로 신주 등을 발행하는 경우 중 **경영권 방어, 회사지배권 이전 등의 목적으로 하는 경우**에는 자금조달 등 재무적 목적으로 하는 경우처럼 이사가 회사의 자금조달, 투자자수요 등을 고려하여 유연하게 발행할 수 있다는 논거는 더 이상 유효할 수 없는 점 등을 논거로 이사는 시가 등 공정한 가액으로 발행가액을 정할 의무가 있다"고 보는 견해[509]도 있다.

4) 결어

이러한 견해의 대립은 회사의 본질과 회사에 법인격을 인정하는 의미에 관한 시각 차이에서 비롯된 것이다. 회사의 본질, 즉 회사는 누구의 이익을 위하여 존재하며 경영자는 누구의 이익을 위하여 권한을 행사하여야 하고 누구에 대하여 의무를 부담하는 것인가 하는 문제에 관한 주주지상주의와 이해관계자주의의 대립과 그 논거에 관하여는 앞의 제3절 Ⅳ. 3.의 나.항에서 언급하였다.

회사의 본질에 관한 주주지상주의 입장[510]에서는 회사의 이익이나 손해란 개념

---

508) 상법 제424조의2 규정은 신주 등을 제3자배정 방식으로 발행하는 경우에만 적용될 뿐, 구주의 희석화를 초래하지 않는 주주배정 방식으로 발행하는 경우에는 적용되지 않는 것으로 해석함이 다수설이고[이철송(회사), 942면; 김건식 · 노혁준 · 천경훈(회사), 675면; 손진화(상법), 686면; 송옥렬(상법), 1164,1165면; 정찬형(상법-상-), 1176면; 홍복기 · 김성탁 · 김병연 · 박세화 · 심영 · 권재열 · 이윤석 · 장근영(회사), 527면], 판례(대법원 2009.5.29. 2007도4949 등)도 같은 입장이다. 이에 대하여 회사의 자본금충실을 위해서는 주주에게만 신주를 발행하는 경우에도 적용되어야 한다고 보는 견해[최준선(회사), 661면; 장덕조(회사), 463면; 이기수 · 최병규(회사), 659면]도 있다.

509) 김홍기, "현행 주식가치평가의 법적 쟁점과 '공정한 가액'에 관한 연구", 「상사법연구」(한국상사법학회, 2011. 5.), 192,193면.

510) 이철송, 앞의 "자본거래와 임원의 형사책임", 106면; 이상훈, 앞의 "LBO와 배임죄(하)", 227,228면; 최문희, 앞의 "주식회사의 법인격의 별개성 재론", 34,37면; 최민용, 앞의 "LBO와 손해", 336,337면.

을 인정할 수 없기 때문에 주주 손해설을 따르게 되고, 이해관계자주의(또는 법인이익독립론) 입장[511]에서는 이해관계자들의 모든 이익의 총체로서의 회사의 이익이나 손해를 인정할 수 있으므로 회사손해설을 취하거나, 주주배정 방식 유상증자의 경우 자본거래의 본질을 감안하여 구분설을 취하게 되는 것으로 평가할 수 있을 것이다.

생각건대 법인이익독립론으로 귀결되는 이해관계자주의의 타당성과 주주지상주의 논거의 부당성에 관하여는 앞의 제3절 Ⅳ. 3.의 나.항에서 언급하였다. 회사는 비록 주주들에 의해 설립되고 경영자의 임면도 주주들의 의사에 따르는 것이지만, 그 존속과 성장에는 주주 외에도 사채권자 등 채권자, 거래처, 근로자, 경영진, 지역사회나 국가정책의 지원 등도 기여하고 밀접한 이해관계를 갖게 된다. 또한 오늘날 회사는 경제활동주체의 상당 부분을 차지하면서 국가경제의 중추를 형성하고 있으므로 그 흥망성쇠가 위와 같은 여러 이해관계자들에게 미치는 영향은 결코 가볍지 않다. 그것을 단순히 회사와의 계약관계에 의해 처리하면 그만이라고 보는 것은 사회적 존재인 회사의 이러한 사회적 위치나 기능을 전혀 도외시하는 것이다. 그리고 주주의 잔여재산 분배청구권자로서의 지위라는 주주지상주의의 논거는 상장회사 자본금의 대부분이 주식의 전매차익을 주된 목적으로 하는 투자자주주의 주금으로 이루어지는 오늘날 자본시장에서는 설득력을 잃고 있다. 특히 주식회사 등 물적회사의 경우에는 그 사단성(社團性)[512]에 비추어 보더라도 주주 등 구성원과 독립된 회사의 이익을 인정하는 것이 보다 자연스럽다. 그렇기 때문에 현행 상법도 주식회사 이사 또는 집행임원의 선관의무나 충실의무, 유한회사 이사의 선관의무를 회사에 대한 의무로 규정하고 있고(상법 제382조 제2항, 제382조의3, 제408조의2 제2항, 제408조의9, 제567조), 판례도 1인 주주의 회사에 대한 배임죄나 횡령죄를 인정하고 있는 것이다. 합명회사 등 인적회사도 그 내부관계에는 조합으로서의 실질이 반영되고 있지

511) 김건식, 앞의 "회사법상 충실의무법리의 재검토", 163면; 장덕조, 앞의 "전환사채의 저가발행과 회사의 손해, 그리고 주주의 손해", 90-93,98,99면.

512) 2011. 4. 14.자 개정 상법은 모든 회사를 사단으로 규정한 종전 상법 제169조를 비판하는 견해를 수용하여, 같은 규정 중 '사단' 부분을 삭제하여 회사의 개념을 정하고 있으나, 이는 1인회사가 널리 인정되는 현실을 반영한 것일 뿐 회사의 사단성을 부정하려는 것은 아니다[최준선(회사), 75면; 이철송(회사), 41면].

만 외부관계는 법형식적 사단성에 따라 다른 회사와 마찬가지로 규율되고 있다.[513)]

따라서 회사는 그 사회적 위치나 기능에 비추어 주주들을 포함한 여러 이해관계자들의 이익을 위하여 존재하는 것으로 보아야 할 것이다. 이러한 입장에서는 주주 등 구성원이 유한책임을 부담할 뿐인 물적회사란 독립된 법인격을 통하여 주주, 채권자, 거래처 등 회사재산과 이해관계를 갖는 자들을 위한 책임재산을 확보하는 제도적 의미도 갖는 것으로 보는 것이 타당하다. 그렇다면 적어도 주식회사 등 물적회사 유상증자의 경우에는 회사가 취득할 수 있었을 이익을 취득하지 못함으로 인하여 발생하는 회사의 소극적 손해의 발생도 인정할 수 있게 된다.

그러나 유상증자는 주주들이 출자하는 자본금액을 증가시키는 문제이므로, 기존 주주들의 투자판단 문제인 자본금 조달의 본질상 회사의 손해 여부는 주주배정 방식인지 제3자배정 방식인지 여부에 따라 구분하여 고찰할 필요가 있다고 본다(구분설). 그러므로 회사의 독립된 사단법인성을 인정하더라도 기존 주주들에게 신주 등을 우선 배정하는 **주주배정 방식**의 경우에 신주의 발행가액을 얼마로 할 것인지 여부는 기존 주주들의 투자판단에 속하는 것이므로 신주의 발행가액을 현저히 저가로 한 유상증자를 하더라도 회사의 손해를 인정할 수는 없을 것이다. 이 경우 이사회 등 경영진이 정한 신주 발행가액에 따라 주주들이 신주를 인수하는 절차는 그 발행가액에 대한 주주들의 동의를 전제하고 규정한 것으로 볼 수 있고, 회사의 다른 이해관계자들은 주주들의 투자판단을 존중할 수밖에 없다. 다만, 신주의 발행가액은 특별한 경우(상법 제417조)가 아닌 한 액면가액을 하회할 수 없는 제한이 있으므로, 이를 위반한 발행가액의 신주발행은 이사의 임무위배행위가 되고 그 차액 상당의 회사 손해를 인정할 수 있을 것이다. 이와는 달리 기존 주주들이 아닌 제3자에게 신주인수권을 부여하는 **제3자배정 방식**이나 **일반공모** 방식의 경우에는 이사회 등 경영자가 정한 구체적인 신주 발행가액에 기존 주주들의 동의가 있었다고 볼 만한 절차 과정이 없는 만큼 이를 기존 주주들의 투자판단으로 볼 수는 없으므로, 회사에 유입될 수 있었던 자본금이 덜 유입된 만큼 회사의 소극적 손해의 발생을 인정할 수 있을 것이다.

이때 회사의 소극적 손해를 인정하기 위하여는 "객관적으로 보아 취득할 것이 충

---

513) 이철송(회사), 43면.

분히 기대되는데도 임무위배행위로 말미암아 이익을 얻지 못한 경우", 즉 "재산증가를 **객관적 · 개연적**으로 기대할 수 있음에도 임무위배행위로 이러한 재산증가가 이루어지지 않은 경우를 의미하는 것이므로 임무위배행위가 없었다면 실현되었을 재산상태와 임무위배행위로 말미암아 현실적으로 실현된 재산상태를 비교하여 그 유무 및 범위를 산정하여야 할 것이다."(판례)[514)]

나. 주주배정 방식 및 제3자배정 방식의 구별기준과 실권주 등의 발행조건

구분설 입장에서는 주주배정 방식과 제3자배정 방식을 구별하는 기준이 중요해지는데, 이에 관하여 전원합의체 판례는 "회사가 주주들에게 그 지분비율에 따라 신주 등을 우선적으로 인수할 기회를 부여하였는지 여부에 따라 객관적으로 결정되어야 할 것이지, 주주들이 그 인수권을 실제로 행사하여 신주 등을 배정받았는지 여부에 좌우되는 것은 아니다."라고 판시하였다.

또한 전원합의체 판례에 따르면 주주배정 방식의 경우에 주주가 청약기일까지 신주 등의 인수청약을 하지 아니하여 신주 등 인수권을 상실하면 이사회 결의로 자유로이 실권주 또는 실권사채를 제3자에게 처분할 수 있다. 이 경우 "사채(또는 주식)는 **유통성 · 공중성 · 집단성 등의 성질**을 갖고 있어서 사채청약서(또는 주식청약서), 채권(또는 주권), 사채원부 및 등기부에 '전환사채 총액, 전환조건, 전환청구기간, 전환으로 발행할 주식의 내용 등'[515)]을 기재(또는 등기)하도록 규정하고 있는 점과 **사채권자 평등 원칙**(또는 주주평등 원칙)에 비추어 **단일 기회에 발행되는 전환사채**(또는 주식)**의 발행조건은 동일해야** 하므로, 실권되어 제3자에게 발행하는 신주 등의 발행가액 등 발행조건은 변경할 수 없다."는 것이 전원합의체 판례의 취지이다.[516)]

이에 반하여 주주배정 방식으로 신주 등을 발행하였으나 주주가 인수하지 아니함

---

514) 대법원 2009. 5. 29. 2008도9436.

515) 신주인수권부사채 발행의 경우에는 '신주인수권부사채 총액, 각 신주인수권부사채에 부여된 신주인수권의 내용, 신주인수권을 행사할 수 있는 기간 등'이 될 것이고, '사채발행의 가액 또는 그 최저가액'은 사채청약서에만 기재하는 사항임(상법 제516조의4, 제474조 제2항, 제478조 제2항, 제488조). 신주발행의 경우에는 '회사가 발행할 주식 총수, 액면주식의 1주 금액 등'이 될 것이고, '신주의 발행가액'은 주식청약서에만 기재하는 사항임(상법 제420조, 제289조 제1항 제2호 내지 제4호, 제416조 제1호 내지 제4호, 제356조, 제317조 제2항).

516) 전원합의체 판례는 전환사채 발행에 관하여 위와 같이 판시하고 있으나, 그 논거에 비추어 신주인수권부사채 및 신주 발행 유상증자의 경우에도 마찬가지로 보아야 할 것이다.

으로써 실권되어 제3자에게 배정되는 신주 등은 다시 이사회 결의를 거쳐야 하는 것이므로, 당초의 발행과 동일한 기회에 발행하는 것이 아니므로 발행가액, 전환가액 등 발행조건을 변경할 수 있다고 하는 견해(전원합의체 판례의 소수의견)도 있다. 원래 신주 등 인수권이란 신주 등 발행의 경우에 주주 보호를 위하여 인정되는 것인데, 주주에게 자력이 없는 등 그 인수권을 행사하지 못하는 사정이 있는 경우에는 그 보호가 불완전하기 때문에 이때는 이사의 주의의무에 기한 보호가 추가로 요청된다는 이유로 같은 결론을 제시하는 견해[517]도 있다.

그리고 주주배정 방식으로 전환사채를 발행하였으나 대량으로 실권된 부분은 전환사채의 제3자배정에 관한 상법규정을 준용하여 주주총회의 특별결의를 거쳐야 하는 것으로 해석해야 하고, 이를 위반한 경우에는 임무위배행위를 구성하는 것으로 보아야 한다고 주장하는 견해[518]도 있다.

생각건대 신주 등 인수권이란 신주 등을 우선 배정받을 수 있는 권리를 말하는 것이므로(상법 제418조 제1항, 제513조의2 제1항, 제516조의2 제2항 제7호), 그 신주 등 인수권을 부여받은 자가 주주인지 제3자인지 여부에 따라 주주배정 방식과 제3자배정 방식을 구별해야 할 것이다. 그러므로 주주에게 배정된 신주 등을 주주가 포기하여 그 실권주나 실권사채를 제3자에게 배정하게 되더라도 주주배정 방식의 발행으로 보아야 할 것이다. 따라서 신주 등을 배정받은 주주가 청약기일까지 청약하지 아니한 실권주나 실권사채에 대해서는 명문 규정 없이 제3자배정에 관한 상법 규정을 준용할 근거는 없으므로 이사회 결의만으로 제3자에게 이를 배정하더라도 무방하다고 해석할 수밖에 없을 것이다.

그러나 다시 이사회 결의로 이를 제3자에게 배정함에 있어서 그 실권주나 실권사채의 발행가액도 주주배정 방식의 경우와 동일하지 않으면 안된다고 보는 전원합의체 판례는 문제가 있다. 최초 발행을 위한 이사회와는 다른 이사회 결의로 실권주나 실권사채를 재배정하는 것을 단일한 기회의 발행이라고 하는 것도 의문이지만, 단일한 기회에 발행되는 주식이나 사채라 하더라도 공중에 대한 유통을 위하여 액

---

517) 송옥렬, "삼성 전환사채 저가발행과 배임죄의 성부", 「BFL」 제36호(서울대금융법센터, 2009. 7.), 20면.

518) 이상돈, 앞의 "전환사채의 저가발행을 통한 경영권 승계의 배임성", 25,26,29면.

면금, 상환조건 등을 달리할 수는 없겠지만 발행가액은 달리 정하더라도 그 발행·유통에 지장을 주는 것이 아니다. 상법에서도 신주나 사채의 발행가액은 주식청약서나 사채청약서의 기재사항일 뿐(상법 제420조 제3호, 제416조 제2호, 제474조 제2항 제6호), 공중에 대한 유통을 위한 주권이나 채권, 공시서류인 주주명부나 사채원부 또는 등기부의 기재사항(또는 등기사항)은 아니다. 주식청약서나 사채청약서는 유통되는 것이 아니고 청약시에만 그 작성이 요구되는 것일 뿐이므로 그 청약자에 대하여 신주 등의 발행가액을 달리 정한다고 하여 주식제도나 사채제도의 운용에 지장을 초래할 이유도 없다. 따라서 실권주나 실권사채의 발행가액을 주주배정 신주 등의 경우와 달리한다고 하여 신주나 사채의 유통성·공중성·집단성에 반하는 것으로 볼 근거가 없다. 그리고 주주가 스스로 우선 인수권을 포기한 신주나 사채를 제3자에게 재배정하는 경우에 그 발행가액을 주주배정의 경우와 달리 시가를 기준으로 한 공정가액으로 정하는 것은 합리적 이유가 있는 차별이므로 주주평등 원칙이나 사채권자평등 원칙에 반하는 것으로 볼 수가 없다. 나아가 주주평등 원칙이나 사채권자평등 원칙은 아직 주주나 사채권자가 되기 전인 제3자에게까지 적용할 것도 아니라고 보아야 할 것이다.

오히려 이사 등으로서는 주주배정의 경우에는 신주 등의 발행가액을 저가로 정하였더라도 그 실권된 신주 등을 제3자에게 재배정하는 이사회 결의를 하는 기회에는 회사의 이익을 위하여 주주배정의 경우와는 달리 공정가액으로 정해야 할 의무가 있다고 보아야 할 것이다. 주주가 신주 등의 인수를 포기하였더라도 이는 주주 자신의 인수권을 포기하는 의사표시에 불과하고, 실권된 주식이나 사채를 주주가 아닌 제3자에게 배정하는 이상 그 발행가액 등 발행조건은 제3자배정 방식의 경우와 마찬가지로 기존 주주들의 투자판단으로 볼 수 없기 때문이다. 따라서 회사에 대한 선관주의의무가 있는 이사들로서는 실권주나 실권사채에 대하여 회사의 이익을 위하여 공정한 발행가액으로 발행조건을 다시 정해야 할 임무가 있고, 이를 위배하여 실권주나 실권사채의 발행가액을 공정가격보다 저가로 발행하는 경우에는 회사에 유입될 수 있었던 자본금이 덜 유입된 만큼 회사의 소극적 손해발생을 인정할 수 있을 것이다. 이러한 문제를 해결하기 위해 에버랜드 유상증자 사건 후 자본시장법이 개정되어 주권상장법인의 경우에는 실권주나 실권사채(주식 관련 특수사채의 경우)는 그 발행을 철회하도록 의무를 부과하고 있음은 앞에서 설명하였으나, 비상장 주식회사의 경우에는 여전히 문제가 될 수 있다.

다. 적정가격과 공정가격

전원합의체 판례는 유상증자로 인한 회사의 손해발생을 인정하는 경우에 구체적인 손해액을 산정함에 있어서는 적정가격과 공정가격의 개념을 분리하여 설명하고 있다. 즉, 유상증자의 경우 신주 등의 발행가액을 현저하게[519] 낮은 가액으로 발행함으로써 회사가 입은 손해액은 "회사법상 (1주당) 공정한 발행가액과 실제 발행가액과의 차액에 (유상증자로 인하여 발행하거나 발행하게 될) 발행주식수를 곱하여 산출된 액수"라고 한다. 이 경우 공정한 발행가액, 즉 **공정가격**이라 함은 "기존 주식의 시가 또는 주식의 실질가액을 반영하는 **적정가격**과 더불어 회사의 재무구조 및 영업전망과 그에 대한 시장의 평가, 금융시장의 상황, 신주의 인수가능성 등 여러 사정을 종합적으로 고려하여 합리적으로 인정되는 가격을 의미한다."는 것이다.[520]

3. 임무위배행위

유상증자로 인한 회사의 손해발생을 인정할 수 있다고 보는 입장에서는 경영자의 그러한 유상증자 행위는 배임죄의 구성요건인 임무위배행위를 인정할 수 있는 전제가 될 수 있다. 위 전원합의체 판례의 입장(구분설)에 따르면 신주 등의 발행가액을 공정가격보다 저가로 정한 유상증자 행위 중 제3자배정의 경우에만 회사의 소극적 손해 발생을 인정할 수 있다. 또한 이 경우에도 이사 등 경영자의 임무위배행위를 인정하기 위해서는 경영자가 공정가격으로 신주의 발행가액을 정할 임무가 있음에도 불구하고 그 임무에 위배하였음을 인정할 수 있어야만 할 것이다. 이사 · 집행임원 등 경영자는 회사와는 위임관계에 있으므로(상법 제382조 제2항, 제408조의2 제2항) 회사에 대하여 선량한 관리자로서의 주의의무가 있고, 그 선관주의의무의 내용으로서 경영자는 회사의 최대이익을 위하여 성실하게 그 직무를 수행해야 할 임무가 있다. 따라서 신주 등의 발행가액에 대하여도 경영자는 회사가 최대이익을 취득할 수 있도록 공정가격으로 신주를 발행해야 할 임무가 있다고 말할 수 있다.

---

519) 판례는 후술하는 것처럼 상법 제424조의2 등 통모인수인 차액반환 규정을 근거로 현저하게 저가로 발행한 경우에만 경영진의 임무위배를 인정하고 있다.

520) 대법원 2009. 5. 29. 2007도4949 전원합의체; 2009. 5. 29. 2008도9436.

이에 반하여 제3자배정 방식의 유상증자인 경우에도 자본금이란 주주가 출연하는 책임재산을 의미할 뿐이므로 그 발행가액을 얼마로 할 것인지 여부는 주주의 경영정책적 투자판단에 속하는 문제이고 이사에게 최대한 높은 발행가액을 정할 의무를 부여할 수 없다는 견해[521]가 있다. 이 견해는 회사설립 당시 처음 주식을 발행하는 경우이거나 주주배정 방식의 유상증자 절차에서 주주가 신주 등을 인수하는 경우에는 타당할 수 있다. 그러나 제3자배정 방식의 유상증자인 경우 또는 주주배정 방식의 유상증자 절차에서 실권주나 실권사채를 제3자에게 배정하는 경우에는 이를 주주들의 투자판단으로 볼 수 없다는 점을 간과하고 있다. 또한 회사의 본질에 관한 이해관계자주의의 입장을 따르거나 현행 상법 규정(상법 제382조 제2항)에 따르면[522] 이사의 선관주의의무는 주주를 비롯한 이해관계자들의 모든 이익을 포괄하는 회사에 대한 의무이지 주주들에 대한 의무라고 볼 수도 없다. 그러므로 이사 등 경영자는 제3자배정 방식의 유상증자를 하거나 나아가 실권주나 실권사채에 대하여는 회사를 위해 최대한 높은 발행가액을 정해야 할 임무가 있다고 말할 수 있다고 본다. 다만, 전원합의체 판례에 따르면 실권주나 실권사채에 대해서까지는 그러한 임무를 인정할 수 없게 된다.

그리고 전원합의체 판례는 상법규정상 회사의 이사가 주식인수인과 통모하여 현저하게 불공정한 발행가액으로 신주 등을 인수하게 한 경우에 통모인수인이 공정한 발행가액과의 차액을 회사에 지급할 의무가 있고 이사도 회사나 주주에 대하여 그로 인한 손해를 배상할 책임이 있음(상법 제424조의2, 제516조 제1항, 제516조의11, 이하 '통모인수인 차액반환 규정'이라 함)을 근거로 더욱 완화된 해석을 하고 있다. 즉, 이러한 민사책임에 관한 상법 규정에 비추어 볼 때 이사 등 경영자는 유상증자를 하는 경우에 적어도 **현저히 불공정한 발행가액**으로 발행해서는 안 될 임무가 있고, 이를 위배한 경우에만 임무위배행위를 한 것으로 평가할 수 있다는 것이 판례의 입장이다.[523] 그 **현저히 불공정한 발행가액**의 범위에 관하여 후술하는 에스디에스 유상증자 사

521) 이철송, 앞의 "자본거래와 임원의 형사책임", 111,112면.

522) 이사의 선관주의의무에 관한 상법 제382조 제2항은 "회사와 이사의 관계"라고 명시하고 있고, 한편 이사의 충실의무에 관한 상법 제382조의3도 "회사를 위하여"라고 명시하고 있다.

523) 대법원 2009. 5. 29. 2007도4949 전원합의체; 2009. 5. 29. 2008도9436.

건의 파기환송심인 서울고등법원 판례[524]는 특별한 사정이 없는 한 실제 발행가액이 공정가격의 3분의 2 미만인 경우로 보았으나 그 근거는 제시하지 않았다.

이에 반하여 통모인수인 차액반환 규정은 신주 등을 저가로 발행한 결과 기존 주식의 희석화로 입게 되는 기존 주주들의 손해와 통모인수인 사이의 법률관계를 해결하기 위한 규정임을 이유로, 이를 제3자배정 방식 유상증자의 경우 회사에 대한 경영자의 임무위배를 인정하는 논거로 드는 것은 부당하다는 견해[525]가 있다. 그러나 통모인수인 차액반환 규정은 주주의 이익보호뿐만 아니라 직접적으로는 오히려 회사의 자본금충실을 기하기 위한 규정이므로(통설)[526] 회사에 대한 이사 등 경영자의 임무위배 여부를 판단하는 근거규정도 될 수 있을 것이다. 다만, 통모인수인 차액반환 규정에서 공정한 발행가액과의 차액반환 의무를 **'현저히 불공정한 발행가액'**의 경우로 제한한 것은 신주 등 인수인에 대하여 유한책임원칙에 반하여 이례적인 차액반환 책임을 부과하는 요건을 엄격히 하기 위한 취지일 뿐이다. 그러므로 상법도 통모인수인 차액반환 규정은 "이사의 회사 또는 주주에 대한 손해배상 책임에 영향을 미치지 아니한다."고 규정하고 있다(상법 제424조의2 제3항). 따라서 통모인수인 차액반환 규정을 이사 등 경영자의 임무위배를 판단함에 있어서 판례와 같이 완화해석할 근거로 삼을 수는 없다고 보아야 하고, 그 현저한 불공정의 기준을 위 하급심 판례처럼 실제 발행가액이 공정가격의 3분의 2 미만인 경우로 볼 근거도 없다.

4. 주요 판례

■ 에버랜드 유상증자 사건(대법원 2009. 5. 29. 2007도4949 전원합의체 판례)

【 사실관계 】

S그룹의 계열사로서 관광객 이용 시설업 등을 목적으로 하는 비상장 주식회사인 에버랜드社(이하 '에버랜드'라 함)[527]는 1996. 10. 30. 이사회에서 총 17명 이사 중 8명이

---

524) 서울고등법원 2009. 8. 14. 2009노1422.

525) 전원합의체 판례의 소수의견 중 별개의견의 논거임; 최문희, 앞의 "주식회사의 법인격의 별개성 再論", 24면.

526) 통모인수인 책임의 법적 성질은 '자본금충실을 위한 추가출자의무'로 보는 견해가 통설이다[이철송(회사), 943면; 최준선(회사), 661면; 김홍기(상법), 699면; 송옥렬(상법), 1163면].

527) 1996년말 현재 자본금 35억 3,600만 원, 자산총액 8,387억 원, 발행주식총수 707,200주 상태였음.

참석하여(정족수 미달) 전환사채의 발행을 결의하였다. 결의내용은 주주(우선)배정 방식으로 하되, 전환조건은 전환사채 총액(99억 5,459만 원)을 전환가액으로 나눈 주식수를 기명식 보통주식으로 발행하고 전환가액은 1주당 7,700원으로 정하였다.

주주들 중 2.94%의 지분을 가진 제일제당 주식회사만 전환사채의 인수청약을 하였고, 나머지 주주들(S그룹의 다른 계열사이거나 계열사로 있다가 분리된 회사 및 재단법인, S그룹 계열사의 전 · 현직 임원들임)은 청약일인 1996. 12. 3.까지 인수청약을 하지 않았다. 그러자 에버랜드는 같은 날 이사회를 개최하여 실권한 전환사채(96억 6,181만 원 상당)를 S그룹 회장의 자녀 등 4인에게 배정하기로 결의하였다. 그에 따라 위 4인은 같은 날 17:00경 인수청약 및 인수대금 납입을 완료하였고, 1996. 12. 17. 각 전환권을 행사하여(신주발행총수 1,254,777주, 발행주식총수의 64%) 에버랜드의 주주가 되었다.

위 신주 1주의 발행가액은 7,700원임에 반하여, 당시 1주당 85,000원 내지 89,290원의 주식거래 실례가 있었고, 상속세법상 보충적 주식평가방법에 따르면 1주당 127,755원임에도 불구하고, 적정 전환가액 산정을 위한 평가절차는 없었다.

따라서 이 사건 공소사실은 에버랜드의 대표이사와 상무이사(경영지원실장으로서 자금조달계획을 수립 · 집행)는 공모하여, 업무상 임무에 위배하여 위 4인으로 하여금 주식의 실제가치(주식거래실례 중 최소액 85,000원)와 전환가액(7,700원)의 차액에 전환으로 취득한 신주(1,254,777주)를 곱하여 산정된 총 969억 94,262,100원 상당의 재산상 이익을 취득하게 하고 에버랜드에 같은 금액 상당의 손해를 가하였다는 것이다[특정경제범죄법위반(배임)].

【 판결요지 】

주주배정 방식으로 유상으로 신주, 전환사채, 신주인수권부사채(이하 신주 등이라고만 함)를 발행하는 경우에는, 회사로서는 그 인수대금만큼 자본 및 자산이 증가하지만 주주들의 지분비율에는 영향이 없이 보유주식수만 늘어나는 것이므로, 실질적으로는 기존 주식의 분할과 주주들의 추가출자가 동시에 이루어지는 셈이다. 그런데 주주에게 추가출자의무가 없고 준비금의 자본(금)전입이나 주식배당의 경우에는 무상으로 신주를 발행하기도 하는 점 등에 비추어, **주주배정 방식으로 신주 등을 발행하는 경우에는 발행가액을 반드시 시가에 의해야 하는 것은 아니다.** 그러므로 이사가 주주배정 방식으로 신주 등을 발행하는 경우에는 원칙적으로 액면가를 하회해서는 안 된다는 제약 외에는 주주 전체의 이익과 회사의 자금조달의 필요성과 급박성 등을 감안하여 경영판단에 따라

자유로이 발행조건을 정할 수 있다.[528)]

그러나 **제3자배정 방식의 경우에는, 제3자는 신주 등을 인수함으로써 회사의 지분을 새로 취득하게 되므로, 제3자에게 시가보다 현저하게 낮은 가액으로 신주 등을 발행하는 경우에는 회사에게 공정한 발행가액과의 차액**(즉, 회사법상 공정한 발행가액과 실제 발행가액과의 차액에 발행주식수를 곱하여 산출된 금액) **상당의 회사자산을 증가시키지 못하게 하는 손해를 가한 것으로 보아야 한다.**[529)] 그렇기 때문에 상법은 신주 등 발행의 경우에 제3자가 이사와 통모하여 현저하게 불공정한 가액으로 주식을 인수한 경우 회사에 대하여 공정한 발행가액과의 차액에 상당한 금액을 지급할 책임을 인정하고 있다(상법 제424조의2 제1항, 제516조 제1항, 제516조의10). 그러므로 현저하게 불공정한 가액으로(회사의 재무구조, 영업전망과 그에 대한 시장의 평가, 주식의 실질가액, 금융시장의 상황, 신주의 인수가능성 등 여러 사정을 종합적으로 고려하여 판단) 제3자배정 방식에 의하여 신주 등을 발행하는 행위는 이사의 임무위배행위에 해당한다.[530)]

주주배정 방식과 제3자배정 방식을 구별하는 기준은 회사가 주주들에게 그 지분비율에 따라 신주 등을 우선적으로 인수할 기회를 부여하였는지 여부에 따라 객관적으

---

528) 소수의견(반대의견)은 주식회사 설립의 경우에 1주의 금액, 발행주식총수, 자본금액 및 액면 이상 주식 발행시의 발행가액을 주주인 발기인들이 정해야 하고 이러한 법리는 신주발행의 경우에도 마찬가지이므로, 신주 등 발행의 경우에 "신주 등의 종류와 수 및 발행가액은 기본적으로 주주들이 결정할 문제이다. 회사의 자본 및 자산가치가 주식의 액면가 및 시가로 반영되는 것이므로 회사에 얼마를 더 출자하고 회사의 자본과 자산을 몇 주의 주식으로 분할할 것인지는 주주들에게 달려 있기 때문이다. … 따라서 신주 등의 발행에 있어서도, 주주배정 방식으로 발행하여 모든 신주가 주주에게 인수되고 납입되는 것을 전제로 하는 한에 있어서는, 이사회가 그 발행가액을 액면가 이상의 가액으로 적절히 정할 수 있고, 이를 시가로 정해야만 하는 것은 아니다."라고 설명하고 있다.

529) 소수의견(반대의견)은 이 점에 관하여 "신주 등 1주의 적정한 발행가액은 이를 인수하는 제3자가 기존 주주와 동등한 권리와 지위를 취득하는 데 대한 대가로서의 성질을 가지는 것이라는 점에 비추어 기존 주식의 시가 상당액이어야 함이 원칙이고, 다만 회사의 재무구조, 영업전망과 그에 대한 시장의 평가, 금융시장의 상황, 신주의 인수가능성 등 여러 사정을 종합적으로 고려한 경영판단에 따라 합리적이라고 인정되는 범위 내에서 상당한 정도로 감액하여 정할 수 있다"라고 보충설명을 하고 있다.

530) 대법원 2001. 9. 28. 2001도3191 판결도 같은 취지임. 그러나 전원합의체 판례의 소수의견(별개의견)은 주주배정 방식이든 제3자배정 방식이든 배임죄는 성립하지 않는다고 결론을 내리면서, 그 논거로 "신주 등의 발행은 자금조달의 한 수단으로서, 이사는 회사에 필요한 만큼의 자금을 형성하면 될 뿐 그 이상 가능한 한 많은 자금을 형성해야 할 의무를 지는 것은 아니고, 또 회사에 어느 정도 규모의 자금이 필요한지 어떠한 방법으로 이를 형성할 것인지는 원칙적으로 이사의 경영판단에 속하는 사항이며, 제3자배정 방식의 경우에도 기존 주식가치의 희석화로 말미암아 기존 주주에게 손해가 발생하더라도 상법상 회사와 주주는 서로 독립되어 있어 회사의 이익과 주주의 이익이 엄격히 구별되는 것이므로, 이사가 주주의 사무를 처리하는 지위에 있지 아니한 이상 배임죄의 임무위배가 있다고 볼 수 없다."고 설시하고 있다.

로 결정되어야 할 것이지, 주주들이 그 인수권을 실제로 행사하여 신주 등을 배정받았는지 여부에 좌우되는 것은 아니다. 이 사건의 경우와 같이 **주주배정 방식인 경우에 주주가 인수를 포기한 신주 등을 회사가 제3자에게 배정함으로써 기존 주식의 가치가 희석되더라도 이는 기존 주주 자신의 선택에 의한 것이고, 회사에 유입되는 자금의 규모에는 아무런 차이가 없으므로 회사에 대한 임무위배나 손해발생이 있었다고 볼 수도 없다.**

주주배정 방식에 의하여 전환사채를 발행하는 경우에, **주주가 청약일까지 인수청약을 하지 아니하여 그 인수권을 상실하면 이사회 결의로 자유로이 전환사채를 제3자에게 처분할 수 있는 것인데, 사채의 유통성 · 공중성 · 집단성 등의 성질이나 사채권자평등의 원칙에 비추어 단일 기회에 발행되는 전환사채의 발행조건은 동일하여야 하므로 실권되어 제3자에게 발행하는 전환사채의 전환가액 등 발행조건을 변경할 수는 없다.**

배임죄에 있어서 **임무위배행위란 형식적으로 법령을 위반한 모든 경우를 의미하는 것이 아니라, 구체적 행위유형 또는 거래유형 및 보호법익 등을 종합적으로 고려하여 경제적 실질적 관점에서 본인에게 재산상 손해가 발생할 위험이 있는 행위를 의미한다.**[531] 이러한 법리에 비추어 보면 이 사건 전환사채 발행에 관한 이사회 결의에 정족수 미달의 흠이 있다거나 그 결의가 없었다고 하더라도 이사회 결의는 회사의 내부적 의사결정에 불과하므로 신주발행의 효력에는 영향이 없는 점,[532] 주주배정 방식인 이상 회사에 손해가 생겼다고 보기 어려운 점, 그 후 실권된 전환사채의 제3자배정에 관한 1996. 12. 3.자 이사회 결의에 흠이 있다고 인정할 자료가 없는 점 등을 종합하여

---

531) 대법원 2008. 6. 19. 2006도4876 전원합의체 판결은 "새마을금고의 **동일인 대출한도 제한규정**은 새마을금고 자체의 적정한 운영을 위하여 마련된 것이지 대출채무자의 신용도를 평가해서 대출채권의 회수가능성을 직접적으로 고려하여 만들어진 것은 아니므로 동일인 대출한도를 초과하였다는 사실만으로 곧바로 대출채권을 회수하지 못하게 될 위험이 생겼다고 볼 수 없고, 구 새마을금고법(2007. 5. 25. 법률 제8485호로 개정되기 전의 것) 제26조의2, 제27조에 비추어 보면 동일인 대출한도를 초과하였다는 사정만으로는 다른 회원들에 대한 대출을 곤란하게 하여 새마을금고의 적정한 자산운용에 장애를 초래한다는 등 어떠한 위험이 발생하였다고 단정할 수도 없다. 따라서 **동일인 대출한도를 초과하여 대출함으로써 구 새마을금고법을 위반하였다고 하더라도, 대출한도 제한규정 위반으로 처벌함은 별론으로 하고, 그 사실만으로 특별한 사정이 없는 한 업무상배임죄가 성립한다고 할 수 없고,** 일반적으로 이러한 동일인 대출한도 초과대출이라는 임무위배의 점에 더하여 대출 당시의 대출채무자의 재무상태, 다른 금융기관으로부터의 차입금, 기타 채무를 포함한 전반적인 금융거래상황, 사업현황 및 전망과 대출금의 용도, 소요기간 등에 비추어 볼 때 채무상환능력이 부족하거나 제공된 담보의 경제적 가치가 부실해서 대출채권의 회수에 문제가 있는 것으로 판단되는 경우에 재산상 손해가 발생하였다고 보아 업무상배임죄가 성립한다고 해야 한다."라고 판시.

532) 같은 취지: 대법원 2007. 2. 22. 2005다77060,77077.

보면, 전환사채의 발행을 중단하지 않고 진행한 점에 임무위배행위가 있었다고 볼 수도 없다.[533)]

이사가 신주 등의 발행사무를 처리함에 있어서 기존 주주의 의사에 반하여 주식회사의 지배권을 제3자에게 이전하게 하였더라도, 이는 기존 주주의 이익을 침해하는 것일 뿐, 지배권의 객체인 주식회사의 이익을 침해하는 것은 아니다. 또한 주식회사의 이사는 회사의 사무를 처리하는 자의 지위에 있을 뿐, 회사와 별개인 주주들에 대한 관계에서 직접 주주들의 사무를 처리하는 자의 지위에 있는 것도 아니다. 따라서 회사 지분비율의 변화가 기존 주주 스스로의 선택에 기인한 것이라면, 이사에게 지배권 이전과 관련하여 임무위배가 있다고 할 수 없다.

다수의견은 이상과 같은 이유로 이 사건의 경우에는 이사로서의 임무위배나 회사의 손해발생을 인정할 수 없다고 보고, 이와 달리 피고인들을 유죄로 인정한 원심 판결은 배임죄의 임무위배에 관한 법리오해가 있다는 이유로 파기하여 원심법원으로 환송하였다.

■ 에스디에스 유상증자 사건(대법원 2009. 5. 29. 2008도9436)[534)]

【 사실관계 】

S그룹의 계열사로서 컴퓨터 시스템 통합구축 서비스의 판매, 컴퓨터를 이용한 정보처리 및 정보통신 서비스의 제공 등을 목적으로 하는 비상장 주식회사인 에스디에스社(이하 '에스디에스'라 함)[535)]는 1999. 2. 25. 이사회에서 신주인수권부사채의 발행을 결

---

533) 소수의견(반대의견)은 주주배정 방식으로 발행되는 신주 등의 발행가액을 시가보다 현저히 저가로 발행하였으나 그 신주 등의 상당 부분이 주주에 의한 인수가 없어 실권된 특별한 사정이 있는 경우에는, 이사로서는 선관주의의무상 그 발행을 중단하고 추후 그 실권주나 실권사채 부분에 대하여 새로이 제3자배정 방식에 의한 발행을 모색하거나, 그 실권주나 실권사채를 처음부터 제3자배정 방식으로 발행하였을 경우와 마찬가지로 취급하여 발행가액을 시가로 변경할 의무가 있으며, 후자의 경우에 실권된 부분의 제3자배정에 관하여 다시 이사회 결의를 거치는 것이므로 당초의 발행결의와는 동일한 기회로 볼 수 없다고 설시하면서 다수의견의 결론에 반대하고 있다(따라서 배임행위 및 회사의 손해발생을 인정한 원심판결이 정당하다는 결론을 내림).

534) 이 판례의 공소사실 중에는 S그룹의 회장과 회장비서실의 실장, 차장, 재무팀장, 재무팀 부장이 에버랜드 유상증자 사건(전원합의체 판례)의 전환사채 발행에 공모가담한 사실이 포함되어 있으나, 같은 날 선고된 전원합의체 판례의 판결이유를 그대로 원용하고 있고, 그 외 특정범죄가중법위반(조세)의 점은 논의의 대상이 아니므로, 여기에서는 신주인수권부사채의 발행 관련 공소사실에 관해서만 언급하기로 한다.

535) 1998년말 현재 자본금 600억 원, 발행주식총수 1,200만 주 상태였음.

의하였다. 결의내용은 권면액 230억 원의 무보증 분리형 신주인수권부사채를 연 8%의 이자율로 사모방법으로 발행하되 주주가 아닌 K증권㈜(이하 'K회사'라 함)가 총액인수하게 하고, 신주인수권의 행사가격(즉, 신주 1주의 발행가액)은 사채전액에 대하여 기명식 보통주식 1주당 7,150원, 신주인수권의 행사기간은 사채발행 1년 후부터 상환기일 전날까지로 정하여 발행하기로 결의하였다. K회사는 다음날 위와 같이 발행된 권면액 합계 230억 원의 신주인수권부사채를 총액인수한 후 사채권과 신주인수권증권을 분리하여, 사채권은 218억 2,010만 원에 중간인수자로 예정되어 있던 M증권㈜(이하 'M회사'라 함)에 매도하였고, M회사는 같은 날 이를 수수료 없이 같은 금액으로 S그룹 회장의 자녀 4인을 포함한 6인(이하 '이 사건 6인'이라 함)[536]에게 양도하였으며, 신주인수권증권은 K회사가 직접 이 사건 6인에게 합계 11억 7,990만 원에 양도하였다.

그 후 이 사건 6인은 신주인수권을 행사하여 에스디에스의 주식 3,216,780주(총 발행주식의 21.1%)를 1주당 7,150원에 취득한 결과, 그 중 S그룹 회장의 자녀 4인의 주식지분 합계만 하더라도 종전 보유 주식지분 14.8%와 합하면 총 발행주식의 25.4%[537]가 되어 제1대주주로 부상하게 함으로써 경영지배권을 확보하게 되었다.

위 신주인수권부사채 발행 당시 에스디에스의 재무상황은 매우 양호하여 통상적 자금수요 외의 긴급자금이 필요한 상황은 아니었다. 또한 이 사건 공소사실에 따르면 위 신주인수권의 행사가격을 7,150원으로 정함에 있어서, 정상적인 주식거래 사례가 있는지, 그 거래사례에 나타난 가격이 정상적인 교환가치를 적정하게 반영하고 있는지 등은 고려하지 않은 채, 당시 시행중인 상속세 및 증여세법이 정한 보충적 주식평가방법에 따라 1999. 1. 1. 현재를 기준으로 평가한 가액에 약간의 지배주주 프리미엄을 더하여 결정하였다.

그런데 에스디에스의 주가는 사채발행일에 근접한 1999. 2. 10.경부터 1999. 3. 15.경까지의 기간 동안은 1주당 53,000원 내지 60,000원 범위 내에서 안정되어 있었고, 그 후에도 거래가격이 지속적으로 상승하였으며, 특히 이 사건 사채발행일인 1999. 2. 26.에는 에스디에스 주식 303주가 1주당 55,000원에 거래된 적도 있는데, 이 가격은 1999. 2. 당시 에스디에스 주식의 객관적 교환가치가 적정하게 반영된 정

536) 이 사건 6인 중 S그룹 회장의 자녀 외 2인은 이 사건 피고인이다.

537) 이 사건 6인 중 나머지 2인이 취득한 주식지분까지 합하면 32.9%에 달한다.

상적 거래에 의한 가격이었다.

따라서 이 사건 공소사실은 에스디에스의 대표이사, 이사(동시에 S그룹의 회장), 감사(동시에 S그룹의 기업구조조정본부장) 및 S그룹의 기업구조조정본부 재무팀장과 에스디에스의 경영지원실장이 공모하여, 업무상 임무에 위배하여 이 사건 6인에게 에스디에스의 신주인수권부사채를 적정가격에 현저히 미치지 못하는 가격으로 넘겨줌으로써 그들에게 에스디에스의 주식 3,216,780주를 1주당 7,150원에 취득할 수 있는 권리를 부여한 결과, 1주당 적정가격인 55,000원과 위 신주인수권 행사가격인 7,150원의 차액에 위 3,216,780주를 곱하여 산정된 총 1,539억 2,292만 3천 원 상당의 재산상 이익을 취득하게 하고 에스디에스에 같은 금액 상당의 손해를 가하였다는 것이다[특정경제범죄법위반(배임)].

【 판결요지 】

이 사건과 같은 날 선고된 전원합의체 판례의 법리를 원용하여, 이 사건 신주인수권부사채의 발행은 제3자배정 방식에 의한 것임이 분명하므로 만약 이 사건 신주인수권의 행사가격인 1주당 7,150원이 시가보다 현저하게 낮은 경우에 해당한다면 배임죄를 인정할 수 있음에도 불구하고, 이와 달리 피고인들을 무죄로 인정한 원심 판결은 배임죄의 임무위배 및 손해에 관한 법리오해가 있었다는 이유로 원심판결을 파기환송 하였다.

나아가 신주인수권부사채의 저가 발행으로 인하여 회사가 입은 손해액의 산정에 관한 판결내용은 다음과 같다. 배임죄에서 요구하는 '재산상 손해'에는 **객관적으로 보아 취득할 것이 충분히 기대되는 데도 임무위배행위로 말미암아 이익을 얻지 못한 소극적 손해**를 야기한 경우도 포함되는데, 이러한 소극적 손해는 재산증가를 **객관적 · 개연적**으로 기대할 수 있음에도 임무위배행위로 이러한 재산증가가 이루어지지 아니한 경우를 의미하는 것이다. 그러므로 임무위배행위가 없었다면 실현되었을 재산상태와 임무위배행위로 말미암아 현실적으로 실현된 재산상태를 비교하여 그 유무 및 범위를 산정해야 할 것이다. 따라서 이 사건 신주인수권부사채를 현저하게 낮은 가액으로 발행함으로써 회사가 입은 손해는 **신주인수권부사채의 공정한 신주인수권 행사가격과 실제 신주인수권 행사가격의 차액에 신주인수권 행사에 따라 발행할 주식수를 곱하여 산출된 액수에 의하여 산정하여야 할 것**이고, 이 경우 **공정한 신주인수권의 행사가격이라 함은 기존 주식의 시가 또는 주식의 실질가액을 반영하는 적정가격과 더불어 회사의**

재무구조, 영업전망과 그에 대한 시장의 평가, 금융시장의 상황, 신주의 인수가능성 등 여러 사정을 종합적으로 고려하여 합리적으로 인정되는 가격을 의미한다.

그런데 원심은 위 공소사실에 기재된 가격에 신주인수권부사채를 발행하여 인수되었을 개연성을 인정하기 어렵다는 이유만으로 신주인수권부사채의 공정한 신주인수권 행사가격이 얼마인지에 관하여 심리 · 판단하지 아니한 채 신주인수권부사채의 저가발행과 관련하여 손해가 발생하지 않았다고 단정한 것은 배임죄에서의 손해산정에 관한 법리오해가 있었다고 판시하였다.

Ⅳ. 유상감자와 배임

1. 유상감자 절차

자본금이란 회사가 보유해야 할 순자산액의 기준인 추상적 · 규범적 개념으로서,[538] 회사가 실제로 보유하는 재산(순자산)과는 구별된다. 그러나 자본금은 이익배당의 공제항목이 되고(상법 제462조 제1항 제1호) 이익준비금의 적립한도 기준이 되는(상법 458조) 등으로 자산의 사외유출을 억제하는 기능을 한다. 따라서 자본금을 감소시킨다는 것은 그만큼 회사의 물적 기초를 감소시키고 회사 자산의 사외유출을 허용하여 회사의 책임재산을 감소시킴으로써 주주나 채권자의 이해관계에 큰 영향을 미칠 수 있으므로, 주주총회의 특별결의와 채권자보호절차 등의 엄격한 절차를 거치도록 하고 있다.[539] 다만, 결손[540]의 보전(補塡)을 위한 자본금 감소는 자본금을 무상으로 감액시킴으로써 그만큼 결손액을 감소시키는 것을 말하므로, 유상감자와는 달리 주주나 채권자의 이해관계에 미치는 부정적 영향이 거의 없어서 주주총회의 보통결의만으로 이루어지고 채권자보호절차도 거치지 않는다(상법 제438조 제2항, 제439조 제2항 단서).

무액면주식 발행 회사의 경우에는 주식수와 자본금액이 비례하는 것이 아니므로

538) 최준선(회사), 135면.

539) 이철송(회사), 955면.

540) 상법 제438조 제2항의 결손(缺損)이란 자산에서 부채를 공제한 순자산액이 자본금과 법정준비금에 미달하는 자본금 결손을 말한다[권기범(회사), 1209면].

자본금 총액만 줄이는 방법으로 자본금 감소가 이루어진다.[541] 따라서 주주에게 일정 주금을 환급하는 유상감자(실질감자)는 액면주식 발행 회사에서 주금액 환급이나 주식의 소각 · 병합 방법으로 자본금 감소를 하면서 이루어진다.[542]

2. 유상감자의 배임죄 성립 여부

유상감자는 과다한 자본금을 주주들에게 되돌려 주어 재무구조를 개선한다거나 합병을 앞두고 합병비율을 조정하는 등 여러 가지 다양한 목적에 이용되지만, 근자에는 주주가 출자금을 회수하는 수단으로 유상감자를 이용하는 사례가 늘고 있다고 한다.[543] 이때 이사회에서 구체적으로 주주들에 대한 1주당 감자 환급금(주금액 환급금이나 주식의 소각 · 병합 시의 환급금)을 결의하면서, 주주들의 회수 출자금액을 높이기 위하여 시가 등 적정가격(또는 공정가격)보다 고가로 환급 결의하는 것이 회사에 손해를 가하는 임무위배행위가 되어 배임죄를 구성하는 것인지 여부가 문제된다.

유상감자에 따른 주금의 환급은 신주발행과 마찬가지로 자본거래에 속하고, 주금의 환급은 주주들에 대하여 주식수에 비례하여 이루어질 뿐이므로 마치 주주배정 방식의 신주발행의 경우와 마찬가지의 견해 대립이 있을 수 있다.

신주의 저가발행에 관한 앞의 Ⅲ. 2의 가.항 기재 주주 손해설 입장에서는 유상감자에 따른 고가의 주금 환급으로 과다하게 회사자금이 유출되더라도 주식회사의 본질상 회사의 손해는 주주들에게 지분적으로 귀속되는 것일 뿐 주주들의 손해 외에 회사의 손해를 인정할 수 없으므로, 그러한 이사회 결의는 배임행위에 해당하지 않게 된다(무죄설). 이에 대하여 같은 항 기재 회사 손해설 입장에서는 회사는 독립된 법인격체로서 손해의 주체가 될 수 있으므로 주주에 대한 환급금과 시가 등 적정가격(또는 공정가격)과의 차액만큼 회사자금이 과다하게 유출되는 회사의 손해가 발생하는 것이고, 그러한 이사회 결의는 배임행위에 해당할 여지가 있게 된다(배임죄설).

또한 신주의 저가발행에 관한 판례[544]의 입장(앞의 Ⅲ. 2의 가.항 기재 구분설)에서는 유상감자의 경우 주주들에게 시가 등 적정가격(또는 공정가격)보다 고가의 감자환급금

---

541) 최준선(회사), 713면.

542) 이철송(회사), 956면.

543) 이철송(회사), 956면.

544) 대법원 2009. 5. 29. 2007도4949 전원합의체.

이 지급되더라도 자본거래의 본질상 원칙적으로 기존 지분비율에는 아무런 영향이 없고, 회사의 재산감소에 대응하여 회사의 주주들에 대한 투하자금 환급의무의 감소 및 주주들의 보유 주식수나 주식가치의 감소가 있을 뿐 회사의 손해를 인정할 수 없게 된다(무죄설).

이에 관하여 최근 하급심 판례는 신주발행에 관한 위 판례와 마찬가지 입장에서 무죄설을 따르고 있다. 즉, 회사가 주주배정 방식(주주가 가진 주식 수에 따라 신주를 배정하는 방식)으로 신주를 발행하는 경우에 회사의 이사로서는 원칙적으로 액면가를 하회해서는 안 된다는 제약 외에는 경영판단에 따라 자유로이 그 발행조건을 정할 수 있다는 법리는 고가의 주금 환급금을 정한 유상감자의 경우에도 마찬가지로 적용할 수 있다고 판시하고 있다. 이에 따라 "유상감자를 통하여 회사재산이 감소하더라도 동시에 주주의 회사에 대한 지분의 가치 내지 주주에 대한 회사의 투하자본 환급의무도 함께 감소한다. … 회사의 이사가 주주평등 원칙에 따라 주주들에게 주식 수에 따른 비율로 유상감자의 기회를 부여하고, 유상감자 절차를 적법하게 모두 거친 경우에는 시가보다 높게 1주당 감자 환급금을 정하였다고 하더라도 그 점만으로 배임죄의 구성요건인 임무위배행위에 해당한다고 볼 것은 아니다. 그러나 회사의 재정상황에 비추어 감자 환급금 규모가 지나치게 커 과도한 자금이 유출된다면 회사의 존립 자체가 위태로워질 수 있다. 신주발행의 경우에는 자본금충실 원칙을 지키기 위한 최소한의 신주발행금액(액면가액)을 정하고 있지만, 유상감자에 있어서는 자본금충실 원칙을 지키기 위한 감자가액의 상한 내지 감자비율에 대한 제약이 없다. 결국 유상감자로 인한 배임 여부를 판단할 때에는 회사의 재정상황에 비추어 과도한 자금이 유출되어 회사가 형해화되거나 그 존립 자체에 현저한 지장이 초래되었는지 여부 등을 고려하여 임무위배행위 여부를 판단해야 한다."고 판시하였다.[545)]

545) 서울고등법원 2020. 11. 25. 2019노2099(이 사안은 유상감자로 인해 회사의 재정상황에 비추어 과도한 자금이 유출되어 회사가 형해화되었다거나 그 존립 자체에 현저한 지장이 초래되었다고 볼 증거가 없다는 이유로 무죄선고 되었음. 이에 대하여 상고가 제기되어 현재 대법원 2020도17272 사건으로 소송계속 중임).

Ⅴ. 배임 대상 주식의 적정가격 평가 문제

1. 문제점

신주발행, 전환사채 또는 신주인수권부사채의 발행 등 유상증자를 하는 경우에 경영자의 임무위배행위 및 그로 인한 재산상 손해 발생 가능성이 인정되더라도, 그로 인한 피고인 또는 제3자의 재산상 이익 취득 및 회사의 손해발생 또는 그 구체적 위험이 인정되어야만 배임죄를 인정할 수 있다. 그런데 그 재산상 이득과 회사의 손해발생 및 그 이득액[546]을 산정하기 위해서는 우선 유상증자로 인하여 발행되는 신주의 적정가격을 어떻게 평가할 것인지 문제가 된다. 만약 유상감자나 자기주식 취득의 경우 배임죄가 성립한다면, 그 배임행위로 인한 이득 및 손해의 발생이나 그 이득액 산정도 이곳에서의 논의에 따르게 될 것이다.

전원합의체 판례는 앞에서 말한 것처럼 배임행위로 인한 재산상 이득액이나 회사의 손해액은 발행되는 신주 1주의 공정한 가격(즉 '공정가격')과 실제 발행가액의 차액에 유상증자로 인하여 발행되거나 전환되는 주식수를 곱하여 산출된 액수에 의하여 산정하고 있다. 또한 **공정가격**은 기존 주식의 시가 또는 주식의 실질가액[547]을 반영하는 **적정가격**과 더불어 회사의 재무구조, 영업전망과 그에 대한 시장의 평가, 금융시장의 상황, 신주의 인수가능성 등 여러 사정을 종합적으로 고려하여 합리적으로 인정되는 가격을 의미한다고 판시하고 있다.

따라서 우선 **적정가격**을 산정하기 위한 주식의 시가나 실질가액을 어떻게 평가할 것인가 하는 점이 선결문제인데, 상장주식의 경우에는 그 객관적 교환가치가 반영된 시가가 형성되어 있고 시가에 따르는 시장가치법은 가장 객관성이 보장되는 주식가치 평가방법이므로,[548] 불충분한 거래, 주가조작 등 시장기능을 방해하는 부정한 수단에 의하여 객관적 교환가치를 제대로 반영하지 못하고 있다고 볼 만한 특별

546) 배임행위로 인한 재산상 '이득액'이 5억 원을 초과하는 경우에는 특정경제범죄법 제3조 위반 행위가 되어 가중처벌 된다.

547) 주식의 가치평가 방법에는 거래시장의 수요 · 공급 관계에 따라 형성되는 시가에 따르는 시장가치법과, 기업의 자산 · 수익력 · 현금흐름 등 본질적 기업가치에 따르는 자산가치법 · 수익가치법 및 비교가치법으로 양분할 수 있는데(박영욱, 대계Ⅰ, 625면), 주식의 실질가액이란 후자의 본질적 기업가치 평가액을 말한다.

548) 박영욱, 대계Ⅰ, 625면.

한 사정이 없는 한 거래소 시가에 따르면 될 것이다.[549] 만약 위와 같은 특별한 사정이 있는 경우에는 후술하는 주식가치의 일반적 평가방법에 따라 주식의 적정가격을 평가할 수 있을 것이다.[550] 그러나 비상장주식의 경우에는 주식가치 평가에 관한 객관적인 기준이 없으므로 어떠한 평가방법을 사용하여 어떻게 주식의 적정가격을 평가할 것인지에 관한 어려운 문제가 따른다.

2. 비상장주식의 가격 평가방법

가. 판례의 기본입장

판례는 배임죄에서 비상장회사의 주식가격이 문제되는 경우에 그것이 자본거래이든 영업거래이든 그 가액을 평가함에 있어서 다음과 같은 일관된 입장을 견지하고 있다. 즉, "**객관적 교환가치가 적정하게 반영된 정상적인 거래의 실례가 있는 경우에는 그 거래가격**을 시가로 보아 주식의 가액을 평가해야 하고(시장가치법 입장),[551] 그러한 거래사례가 없는 경우에는 보편적으로 인정되는 여러 평가방법들[552]을 고려하되, 그 평가방법을 규정한 관련 법규들은 그 제정목적에 따라 서로 상이한 기준을 적용하고 있음을 감안할 때 어느 한 가지 평가방법이 항상 적용되어야 한다고 단정할 수는 없고, **거래**(즉, 유상증자 등) **당시 당해 비상장회사 및 거래당사자의 상황, 당해 업종의 특성 등 제반 사정을 종합적으로 검토하여 합리적으로 판단해야 한다.**"는 것이 기본입장이다.[553] 이러한 판례의 입장은 회사 자산인 주식의 저가 매각, 주주총회결의 반대주주의 주식매수청구권 행사나 합병 등의 경우처럼 주식의 공정한 가액평가가 문제되는 민사소송의 경우에도 마찬가지로 견지되고 있다.[554]

---

549) 대법원 2011. 10. 13. 2008마264(주권상장법인의 합병에 반대한 주주의 주식매수청구 사건).

550) 박영욱, 대계 I, 641면.

551) 이는 비상장주식의 경우에도 객관적인 시장가치가 형성되어 있으면 시장가치에 따르는 것을 원칙으로 한다는 취지이다. 그러나 시장가치법에 대해서는 시장가치도 투기적 요인이나 주가조작 등에 의한 영향을 받을 수 있고 매매당사자의 기업에 대한 정보부족으로 왜곡될 여지도 있다는 비판이 있다[권기범, "현행 주식매수청구권제도의 개선방향", 「상장협」(한국상장회사협의회, 2000. 3.), 24면].

552) 즉, 후술하는 시장가치법, 자산가치법, 수익가치법, 비교가치법 및 이들을 혼합한 각 법령상의 평가방법을 말한다.

553) 대법원 2008. 5. 15. 2005도7911; 2005. 4. 29. 2005도856.

554) 대법원 2006. 11. 24. 2004마1022(회사합병 반대주주의 주식매수청구권 행사 사안); 2006. 11. 23. 2005마958(회사합병 반대주주의 주식매수청구권 행사 사안); 2005. 10. 28. 2003다69638(이

그런데 구체적인 경우에 어떠한 평가방법을 적용하여 어떻게 평가할 것인지를 판단하는 일은 쉽지 않은데, 위 에스디에스 유상증자 사건의 파기환송심인 서울고등법원 판례(이하 '환송심 판례'라 함)[555]등 비상장주식의 가격 평가방법에 관한 판례의 입장은 다음과 같다.

주식이란 회사에 대한 권리의무를 가지는 구성원(사원)으로서의 지위이므로 주식가치란 기업가치의 지분가치를 말한다.[556] 기업가치, 즉 주식가치의 일반적 평가방법에는 그 평가목적에 따라 여러 가지가 있고, 비상장회사의 주식가치 분석방법에도 분석에 고려해야 할 사항에 따라 다양한 방법이 있는데, 그 주식가치 평가방법을 고려하고 그 방법들이 실정법에서 실제로 적용되고 있는 실태를 참작하여 합리적인 평가방법을 사용해야 한다. 주식가치 분석방법으로는 일반적으로 시장가치법과, 그 밖에 자산가치법, 수익가치법, 비교가치법이 있다.

시장가치법은 객관적 교환가치가 적정하게 반영된 정상적인 거래 실례에 따라 주식가치를 평가하는 방법이다. 기업 관련 모든 정보가 알려진 상황에서 정상적으로 형성된 거래가격은 본질적 기업가치를 나타내는 것으로 볼 수 있고 가장 객관적인 평가방법이므로[557] 우선적으로 고려된다. 그러나 비상장주식은 거래사례 자체가 많지 않아서 객관적 교환가치가 적정하게 반영되는 경우가 드물다는 점이 취약점이다.

자산가치법은 기업이 현재 보유하고 있는 순자산(총자산 − 총부채)을 발행주식총수로 나누어 주식가치를 평가하는 방법이다. 이 방법은 현재의 자산가치를 기준으로 평가하는 것이기 때문에 기업의 미래가치 또는 위험성이나 시장의 기업에 대한 실제 선호도를 반영하지는 못하지만 객관적 평가가 가능하고 평가방법이 비교적 간편하므로 유형자산이 대부분인 회사나 도산기업의 가치평가에 유용하다.[558]

사가 회사 자산인 주식을 저가매각한 행위가 임무해태에 해당되는지 문제가 된 사안); 정영철, "판례를 통하여 본 주식의 공정한 가액", 「비교사법」 16권 1호(한국비교사법학회, 2009), 360면에서는 비상장주식의 가격평가에 관한 판례들이 일관성이 없다고 비판하고 있으나, 이는 판례의 구체적 가격평가에 일관성이 없다는 취지일 뿐 위와 같은 판례의 기본입장에 변화가 있다는 의미는 아닌 것으로 보인다).

555) 서울고등법원 2009. 8. 14. 2009노1422(이 판결은 상고제기 없이 확정되었음).

556) 박영욱, 대계 I, 624면.

557) 박영욱, 대계 I, 625면.

558) 수익가치를 무시하고 자산가치만으로 비상장주식의 주가를 평가한 것이 부당하다고 본 사례로 대법원 2008. 5. 15. 2005도7911 판결을 들 수 있다. 이 판결은 골프장을 건설 중인 골프장사업체인 비상장회사의 주식을 그 회사가 자본잠식 상태임을 이유로 1주당 1원에 매도한 사안에서, "회원권이 분양되

수익가치법은 예상되는 미래의 순수익가치를 기초로 현재의 주식가치를 평가하는 방법이다. 이 방법은 구체적으로 장래 기대되는 배당액(순이익)을 환원율로 환원하여 산정하는 **배당환원 방식**, 장래 기대되는 영업이익을 환원율로 환원하여 산정하는 **이익환원 방식**, 기업의 영업활동 결과로 장래에 얻을 수 있는 잉여 현금흐름의 가치를 '기업의 기대수익률'(기업이 필요한 자금을 동원하는 데 소요되는 기회비용인 가중평균자본비용) 등으로 할인하는 현금흐름할인 방식, 또는 이들 방식을 혼합하는 **혼합방식**이 있다. 수익가치법은 미래의 배당액, 영업이익 또는 현금흐름을 추정하거나 그 환원율 등 할인율을 산정함에 있어서 객관적 평가가 어렵고 평가가 복잡하다는 단점이 있다.[559] 그러나 수익가치법은 미래에 기대되는 배당액, 영업이익 또는 현금흐름 등 수익가치를 기준으로 평가하는 것이기 때문에 계속기업의 가치를 평가하는 데에는 적절하다. 수익가치법 중 배당환원 방식은 기업의 배당성향이 투자수익과 무관한 경우에는 적용하기 어려우나, 거래당사자가 배당만을 기대하는 일반투자자인 경우에는 가장 합리적인 방식이다. 수익가치법 중 현금흐름 방식은 미래의 현금흐름과 이를 현재가치화하기 위한 할인율을 산정함에 있어서 평가자의 주관이 개입될 위험이 있어 객관성은 떨어지지만, 급속히 발전할 것으로 전망되는 정보기술산업 등의 주식가치 평가에 적합하다.

비교가치법은 평가대상 기업과 유사한 비교기준 기업으로서 동일 업종의 규모·실적 등이 유사한 주권상장법인이나 인수합병 사례 기업을 선택하여, 그 재무수치 등과 평가대상 기업의 동일한 재무수치를 비교하여 평가대상 기업의 가치를 측정하는 방법이다. 그러나 비교가치법은 평가대상 기업과 유사한 비교기준 기업을 찾기가 어렵다는 단점이 있다.

기 전에는 수입을 기대할 수 없는 골프장 사업의 특성상 채무초과 상태는 당연하고 골프장 건설 및 운영에 관한 사업계획의 실현에 따라서는 미래에 수익가치를 기대할 수 있음에도 불구하고, 그 평가를 누락하는 손해를 가하였다."는 취지로 판시하였다; 자산가치법에는 자산과 부채를 평가하는 방법에 따라 장부가치법과 시가법이 있고, 시가법은 시가 평가기준에 따라 공정시장가치법, 대체원가법, 감정가치법, 청산가치법 등이 있다[박영욱, 대계 I, 627면].

559) 박영욱, 대계 I, 629면; 따라서 객관적 평가를 보완하기 위한 방법으로 「상속세법 및 증여세법 시행령」 제54조 등 현행법에서는 일반적으로 과거의 수익이 미래에도 그 대로 유지될 것으로 추정하는 등 보다 단순화된 기준을 채용하고 있다[송옥렬, "회사법상 비상장주식 평가의 쟁점과 대안", 「서울대학교 법학」(서울대학교 법학연구소, 2011. 9.), 315-316면; 김홍기, 앞의 "현행 주식가치평가의 법적 쟁점과 '공정한 가액'에 관한 연구", 165면].

위 환송심 판례는 「상속세 및 증여세법」의 평가규정은 주로 친족 간에 이루어지는 상속과 증여에 대한 과세를 목적으로 매우 보수적이고 엄격한 기준을 적용하게 되는 것이므로 영리법인이 최저 비용으로 최대 자본을 확충하기 위해 신주인수권부사채를 발행하는 경우의 신주인수권 행사가격의 평가방법으로는 부적합하다고 보았다. 그러면서 "제3자배정 방식의 신주인수권부사채 발행시의 주식평가는 기존 주주 외의 제3자인 일반인을 상대로 대량으로 자본을 확충한다는 점에서 기업공개시의 주식평가와 그 기능이 비슷한 점, 정보기술산업에 속하는 에스디에스의 주식 가치 평가에는 수익가치를 더 중요시해야 하는 측면이 있는 점, 유가증권 인수업무에 관한 규정 및 그 시행세칙에 따른 평가방법[560]은 일반투자자들의 이익보호를 위하여 유가증권의 가치를 되도록 보수적으로 낮게 분석 · 평가하고 있는 점에 비추어, 위 유가증권 인수업무에 관한 규정[561] 및 그 시행세칙을 준용하여 평가하는 것이 가장 합당하다."고 판시하였다.

위 유가증권 인수업무에 관한 규정 및 그 시행세칙에 따르면, 수익가치에 관하여 추정 재무제표를 기준으로 주(株)당 추정이익을 산정하도록 규정되어 있다. 그러나 추정 재무제표의 작성이 용이하지 아니할 뿐만 아니라, 미래의 추정이익은 그 기준 시점 당시 당해 기업이 영위하는 산업의 현황 및 전망, 거시경제 전망, 당해 기업의 내부 경영상황, 사업계획 또는 경영계획 등을 종합적으로 고려하여 산정할 수 있으므로,[562] 에스디에스의 1996년부터 1998년까지 순이익증가율의 평균, 에스디에스

---

560) 에스디에스 유상증자 사건의 신주인수권부사채 발행 당시 시행되던 구 증권거래법 및 그에 따른 유가증권 인수업무에 관한 규정 및 그 시행세칙에서는 기업공개 등을 위한 유가증권의 분석기준으로서 '자산가치'와 '수익가치'(즉, 향후 2사업연도의 추정 재무제표를 기준으로 주당 추정이익을 구한 후 이를 자본환원율로 나눈 값)를 1:1.5의 비율로 가중평균한 가액을 주식의 본질가치로 보았다.

561) 환송심 판례에서 원용하는 '유가증권 인수업무에 관한 규정'은 2000. 12. 29. 폐지되어 '유가증권의 발행 및 공시 등에 관한 규정'으로 전면 개편되었고, 이 규정 또한 위와 같이 2009. 2. 4. 폐지되어 '증권의 발행 및 공시 등에 관한 규정'(즉, 위 증권발행공시규정)으로 전면 개편되었다. 따라서 현재는 위 '증권의 발행 및 공시 등에 관한 규정' 및 그 시행세칙으로 규율되고 있다.

562) 대법원 2005. 6. 9. 2004두7153 판결도 비상장주식의 양도가 현저히 유리한 조건의 거래로서 부당지원행위에 해당하는지 여부에 관하여 판단함에 있어서, "급속히 발전할 것으로 전망되는 정보통신 관련 사업을 영위하면서 장래에도 계속 성장할 것으로 예상되는 기업의 주식가격은 기준시점 당시 당해 기업의 순자산가치 또는 과거의 순손익가치를 기준으로 하여 산정하는 방법보다는 당해 기업의 미래의 추정이익을 기준으로 하여 산정하는 방법이 그 주식의 객관적인 가치를 반영할 수 있는 보다 적절한 방법이라고 할 것이고, 또한 당해 기업의 미래의 추정이익을 기준으로 주식가격을 산정하고자 할 경우 미래의 추정이익은 그 기준시점 당시 당해 기업이 영위하는 산업의 현황 및 전망, 거시경제전망, 당해 기업의 내부 경영상황, 사업계획 또는 경영계획 등을 종합적으로 고려하여 산정하여야 한다."고

의 경영실태와 영업전망, 경영진이 예상한 1999년도 성장 전망, 매출액 성장률 등 제반 사정을 고려하여 1999년도 이후의 순이익증가율은 적어도 30%를 상회할 것으로 예상된다고 판시하였다.[563)]

따라서 유가증권 인수업무에 관한 규정 및 그 시행세칙에 따라 기업회계기준에 의한 1998년도의 주당 순이익 1,669원을 기준으로 계산하여 1999. 1. 1. 당시의 1주당 순이익가치는 18,829원으로 한 것이다.[564)]

한편, 에스디에스의 1주당 순자산가치는 7,332원이므로,[565)] 유가증권 인수업무에 관한 규정 및 그 시행세칙이 정하는 바에 따라 순자산가치와 순이익가치를 1:1.5의 비율로 가중평균하여 산정한 1주당 14,230원{(7,332원×1+18,829원×1.5)÷2.5}이 에스디에스의 1주당 가치가 된다고 판시하였다. 이러한 평가방법은 수익가치법(그 중 배당환원방식)의 비중을 높여 자산가치법과 혼합한 혼합방식이라고 할 수 있다.

환송심 판례는 이러한 과정을 거쳐 산정된 적정가격인 1주당 14,230원은 신주인수권부사채의 발행 당시 에스디에스에 긴급한 자금수요가 없었고 필요자금 조달에 어려움이 없었던 점 등에 비추어 그대로 공정한 신주인수권 행사가격이라고 볼 수 있으며, 실제 행사가격인 7,150원의 1.99배에 이르므로(실제 가격이 공정한 가격보다 2/3 미만), 현저히 불공정한 가액으로 발행한 경우에 해당한다고 판시하였다.

판시하였다.

563) 당시 삼일회계법인의 주식평가보고서상「상속세법 및 증여세법」에 의하면 46.1%, 유가증권 인수업무에 관한 규정 및 그 시행세칙이 따르는 기업회계기준에 의하면 80.4%, 에스디에스의 1998년도 사업보고서에 의하면 에스디에스의 경영진도 30.5%의 성장세를 이어갈 것으로 예상하고 있었으며, 1986년 내지 2004년의 재무제표 및 주요 재무비율지수, 경영진단의견서 등을 종합하면 에스디에스는 1997년 이후부터 사업이 안정화되고 공공기관 등의 수요가 급증함에 따라 매출액증가율, 영업이익률, 경상이익률, 순이익률, 총자본순이익률 등이 모두 증가하였고, 1999년의 실제 매출액은 1998년보다 23% 이상 증가하였고, 1999년의 실제 당기순이익은 1998년보다 100% 넘게 증가하였음.

564) 1999년도 추정 주당 순이익은 2,169원(1,669원×1.3)이고, 2000년도 추정 주당 순이익은 2,819원(2,169원×1.3)이므로, 이를 1.5 : 1의 비율로 가중평균하면 2,429원{(2,169×1.5+2,819×1)÷2.5}이고, 이에 유가증권 인수업무에 관한 규정 시행세칙이 정하고 있는 이 사건 신주인수권부사채 발행 당시의 자본환원율(5개 시중은행의 1년 만기 정기예금 최저이율 평균치의 1.5배) 12.9%를 적용하면 에스디에스의 1999. 1. 1. 당시의 순이익가치는 18,829원(2,429원÷0.129)이 됨.

565) 1999. 1. 1. 당시의 순자산 92,725,039,812원(총자산 500,266,892,145원-총부채 407,541,852,333원)에서 본래 비용이지만 실질가치 없이 이연자산으로 계상되었던 신주발행비 7,236,607원, 사채발행비 184,181,906원, 환율조정차 4,488,699,777원 및 실질가치 없이 무형고정자산으로 계상되었던 49,200,000원을 공제한 금액을 발행주식총수 1,200만 주로 나누면 7,332원(원 미만 버림)이 된다. 그 후 1999. 8. 12.자 개정「유가증권 인수업무에 관한 규정 시행세칙」은 자산가치의 산정시 이연자산을 차감하지는 않는다.

결국 판례의 기본입장에 따르면, 주식의 적정가격은 객관적 교환가치가 적정하게 반영된 정상적인 주식거래 실례가 있는 경우에는 시장가치법에 따르고, 그러한 거래사례가 없는 경우에는 위 일반적 평가방법이 채택되거나 혼합된 현행 법령상의 주식가치 평가방법 중 거래내용, 거래당사자 상황, 평가대상 기업 및 당해 업종특성 등 제반 사정에 비추어 가장 적합한 평가방법을 기준으로 합리적으로 평가해야 한다. 현행 법령상의 주식가치 평가방법 중 주요내용을 설명하면 다음과 같다.

나. 법령상 주식가치 평가방법

1) 「상속세 및 증여세법」의 평가방법

「상속세 및 증여세법」에서는 비상장주식의 평가방법에 관하여 원칙적으로 거래시가에 의하되(즉, 시장가치법) 시가를 산정하기 어려운 경우에는 보충적으로 1주당 순손익가치(즉, 수익가치)[566]와 1주당 순자산가치[567]를 각각 3과 2의 비율로 가중평균한 가액으로 평가하고, 부동산과다보유법인[소득세법 제94조 제1항 제4호 (다)목에 해당하는 법인]의 경우에는 1주당 순손익가치와 순자산가치를 각각 2와 3의 비율로 가중평균한 가액으로 평가한다[「상속세 및 증여세법」 제60조 제1항, 제3항, 제63조 제1항 제1호(나)목, 「상속세 및 증여세법 시행령」 제54 조 제1항 본문, 제2항, 제5항]. 다만, 그 가중평균한 가액이 1주당 순자산가치에 100분의 80을 곱한 금액보다 낮은 경우에는 1주당 순자산 가치에 100분의 80을 곱한 금액을 비상장주식의 가액으로 한다(「상속세 및 증여세법 시행령」 제54 조 제1항 단서). 이는 시장가치법에 따르는 것을 원칙으로 하되, 불특정다수인 사이에 자유롭게 거래가 이루어질 때 통상 성립되는 가격 등과 같은 객관적인 시가의 산정이 어려운 경우(「상속세 및 증여세법」 제60조 제2항)에는 수익가치법과 자산가치법을 부동산 보유정도에 따른 일정 비율로 혼합하여 비상장주식의 가치를 평가하는 혼합방식이다. 그 중 수익가치는 최근 3년간 순손익액의 가중평균액을, 3년 만기 회사채의 유통수익률을 감안하여 기획재정부령으로 정하는 이자율(순손익가치 환원율)로 나누어 순손익가치를 산출하고 있으므로, '장래 기대되는 영업이익'보다 객

---

566) 1주당 순손익가치 = 1주당 최근 3년간 순손익액의 가중평균액 ÷ 3년 만기 회사채의 유통수익률을 감안하여 기획재정부령으로 정하는 이자율.

567) 1주당 순자산가치 = 당해법인의 순자산가액 ÷ 평가기준일 현재의 발행주식총수.

관적인 '과거 3년간의 손익액'을 기초로 수익가치를 산정하는 방식이다.[568)]

다만, 상속세 및 증여세 과세표준 신고기한 이내에 청산절차의 진행 등으로 인하여 사업의 계속이 곤란하다고 인정되는 회사, 사업개시 전 회사 , 사업개시 후 3년 미만이거나 휴업 · 폐업 중인 회사, 자산총액 중 부동산 또는 부동산 취득가능 권리 등의 가액 합계액이 80% 이상 차지하는 회사, 자산총액 중 주식 · 출자지분의 가액 합계액이 80% 이상 차지하는 회사, 회사설립시 정관에 존속기한이 확정된 회사로서 평가기준일 현재 잔여 존속기한이 3년 이내인 회사의 경우에는 회사의 주식평가는 순자산가치로만 평가한다(「상속세 및 증여세법 시행령」 제54 조 제4항). 이러한 경우에는 계속기업을 전제로 하는 수익가치의 반영이 부적절한 경우이므로 자산가치법으로만 평가하려는 것이다.[569)]

2) 자본시장법의 평가방법

자본시장법규에서는 합병 · 분할합병, 주식의 포괄적 교환 · 이전을 하는 경우에 비상장주식의 가격 평가는 자산가치와 수익가치를 가중산술평균한 가액에 따르도록 규정하고 있다[자본시장법 제165조의4 제1항, 자본시장법시행령 제176조의5 제1항 제2호 (나)목, 제2항, 제176조의6 제2항], 이때 자산가치 및 수익가치의 산정과 이를 가중산술평균하여 가액을 산출하는 방법은 자산가치(순자산÷발행주식총수)와 수익가치를 각각 1과 1.5의 비율로 가중산술평균한 가액이다[「증권의 발행 및 공시 등에 관한 규정」(이하 '발행공시규정'이라 함) 제5-13조 제1항, 같은 규정 시행세칙 제4조, 제5조]. 수익가치는 현금흐름할인모형, 배당할인모형 등 미래의 수익가치 산정에 관하여 일반적으로 공정하고 타당한 것으로 인정되는 모형을 적용하여 합리적으로 산정한다(발행공시규정 시행세칙 제6조). 이때 유사한 업종을 영위하는 회사의 가치(상대가치)를 비교하여 합병 등의 증권신고서에 기재함으로써 공시해야 한다(자본시장법 시행령 제176조의5 제2항, 발행공시규정 제5-13조 제5항, 발행공시규정 시행세칙 제7조).

이러한 자본시장법규의 평가방법은 「상속세 및 증여세법」의 평가방법보다 상대적으로 수익가치법을 중시하면서 자산가치법과 혼합하여 비상장주식의 가치를 평가하는 혼합방식이다. 또한 수익가치법의 미래 수익가치 평가방법으로 현금흐름할인

568) 박영욱, 대계 I , 634면.

569) 박영욱, 대계 I , 633면.

방식, 배당환원 방식 등 다양한 방식을 선택할 수 있도록 하여 평가방법에 유연성과 자율성을 부여하고 있다. 실무상 비상장주식의 합병가액 평가방법으로는 주로 이익환원 방식과 현금흐름할인 방식이 사용되고 있다고 한다.[570)]

3. 상장주식의 가격 평가방법

주권상장법인은 앞에서 설명한 것처럼 특별한 사정이 없는 한 증권시장을 통하여 객관적 교환가치가 반영된 시가가 형성되고 있으므로 그 시가를 기준으로 주식가격을 평가하는 것이 용이하다. 그러므로 신주발행, 전환사채 · 신주인수권부사채의 발행, 합병 · 분할합병, 주식의 포괄적 교환 · 이전 또는 주식매수청구를 하는 경우의 주식가격 산정방식에 관하여는 자본시장법규에 증권시장의 시가(즉, 시장가치법)를 기준으로 주식가격을 평가하게 하는 구체적인 명문 규정을 두고 있다. 다만, 상장회사의 주식이라 하더라도 증권시장의 주가가 불충분한 거래, 주가조작 등 시장기능을 방해하는 부정한 수단의 영향으로 주권상장법인의 객관적 가치를 제대로 반영하지 못하고 있는 경우에는 시장주가를 배제하거나 또는 시장주가와 함께 순자산가치나 수익가치 등 다른 평가방식을 반영하고 당해 법인의 상황이나 업종의 특성 등을 종합적으로 고려하여 공정한 가액을 산정할 수도 있다(판례).[571)] 그러나 단순히 시장주가가 순자산가치나 수익가치에 기초하여 산정된 가격과 다소 차이가 난다는 사정만으로 위 시장주가가 주권상장법인의 객관적 가치를 반영하지 못한다고 쉽게 단정해서는 안 된다(판례).[572)]

가. 신주발행의 경우

주권상장법인은 주주배정 방식 및 제3자배정 방식은 물론, 정관이 정하는 바에 따라 이사회 결의로 주주의 신주인수권을 배제하고 불특정 다수인을 상대로 신주를 모집하는 일반공모 방식으로 신주를 발행할 수도 있다(자본시장법 제165조의6 제1항, 제4항). 그 중 제3자배정 방식 또는 일반공모 방식으로 신주를 발행하여 유상증자 하

---

570) 박영욱, 대계 I, 636면.

571) 대법원 2011. 10. 13. 2008마264; 김홍기, 앞의 "현행 주식가치평가의 법적 쟁점과 '공정한 가액'에 관한 연구", 181-185면.

572) 대법원 2011. 10. 13. 2008마264.

는 경우의 신주 발행가액은 **청약일 전 제3거래일부터 제5거래일까지의 가중산술평균주가**(즉, 그 기간 동안 증권시장에서 거래된 해당 종목의 총 거래금액을 총 거래량으로 나눈 가격)를 기준주가로 하여 주권상장법인이 정하는 할인율을 적용하여 산정한다(발행공시규정 제5-18조 제1항 본문). 그 할인율은 일반공모 방식의 경우에는 100분의 30 이내, 제3자배정 방식의 경우에는 100분의 10 이내로 정해야 한다(발행공시규정 제 5- 18조 제1항 단서). 다만, 제3자배정 방식의 경우에는 신주 전체에 대하여 증권 발행 후 지체없이 한국예탁결제원에 예탁(공사채등록법에 따른 등록 포함)하고 그 예탁일부터 1년간 그 증권(증권에 부여된 권리의 행사로 취득하는 증권 포함)을 인출하거나 매각하지 않기로 하는 내용의 예탁계약을 체결하고 이를 이행하는 조건인 경우에는 유상증자를 위한 이사회결의일(발행가액을 결정한 이사회결의가 이미 있는 경우에는 그 이사회결의일로 할 수 있음) 전날을 기산일로 하여 과거 1개월간, 1주일간 및 최근일의 각 가중산술평균주가를 산술평균한 가격과, 최근일 가중산술평균주가 중 낮은 가격을 기준주가로 하여 주권상장법인이 정하는 할인율을 적용하여 산정할 수 있다(발행공시규정 제5-18조 제2항). 만약 주권상장법인이 증권시장에서 시가가 형성되어 있지 않은 종목의 신주를 발행하고자 하는 경우에는 권리내용이 유사한 다른 주권상장법인 주식의 시가 및 시장상황을 고려하여 주식가격을 산정한다(발행공시규정 5-18조 제3항). 이러한 주식가격 평가방법은 상장회사의 신주발행시 발행가액을 산정함에 있어서 시장가치법에 의하되, 시가가 형성되어 있지 아니한 경우에는 보충적으로 비교가치법에 의하도록 한 것이다. 또한 주가의 빈번한 변동에 따른 평가의 왜곡을 줄이기 위하여 가중산술 평균 등의 평균주가 산정방식도 도입하고 있다.[573]

발행공시규정에서는 위와 같이 일반공모 방식이나 제3자배정 방식인 신주발행 유상증자의 경우에만 신주 발행가액을 규제하고 있을 뿐, 주주배정 방식으로 신주 발행 유상증자를 하는 경우에는 발행가액을 규제하고 있지 않은데, 이는 유상증자시 회사의 손해발생 및 임무위배 여부 문제에 관한 판례의 입장인 위 구분설을 따른 입법으로 해석할 수 있을 것이다.[574]

---

573) 박영욱, 대계 I, 635,636면.

574) 이러한 신주 발행가액 규제의 입법취지는 신주의 저가발행으로 주식 가치를 희석시켜 기존 주주의 손해를 야기하는 것을 방지하려는 데 있다고 보는 견해[임재연(자본), 793면]도 있으나, 주주의 손해 이전에 회사의 손해를 방지하기 위한 것으로 보아야 할 것이다.

나. 전환사채 및 신주인수권부사채 발행의 경우

주식 관련 사채인 전환사채 및 신주인수권부사채를 발행하는 경우에도 신주발행의 경우처럼 주권상장법인은 주주배정 방식 및 제3자배정 방식은 물론, 정관이 정하는 바에 따라 이사회 결의로 주주의 신주인수권을 배제하고 불특정 다수인을 상대로 신주를 모집하는 일반공모 방식으로 신주를 발행할 수도 있다(자본시장법 제165조의10 제1항, 제165조의6 제1항, 제4항). 전환사채나 신주인수권부사채를 발행하는 경우에 그 전환가액 또는 신주인수권 행사로 발행할 신주의 발행가액은 사채 발행을 위한 이사회결의일 전날을 기산일로 하여 과거 1개월간, 1주일간 및 최근일의 각 가중산술평균주가를 산술평균한 가액과, 최근일 가중산술평균주가와, 청약일(청약일이 없는 경우에는 납입일) 전 제3거래일 가중산술평균주가 중 높은 가액(일반공모증자 방식으로 사채를 모집하는 경우에는 낮은 가액) 이상으로 한다(발행공시규정 제5-22조 제1항 본문, 제5-24조 제1항). 만약 전환 또는 신주인수권 행사에 따라 발행할 주식이 증권시장에서 시가가 형성되어 있지 않은 경우에는 권리내용이 유사한 다른 주권상장법인 주식의 시가 및 시장상황을 고려하여 이를 산정한다(발행공시규정 제5-22조 제1항 단서, 제5-18조 제3항, 제5-24조 제1항).[575] 이러한 주식가격 평가방법도 **시장가치법**에 의하되, 시가가 형성되어 있지 아니한 경우에는 보충적으로 **비교가치법**에 의하도록 한 것이다.

위와 같이 주권상장법인의 전환사채나 신주인수권부사채 발행의 경우에는 신주발행의 경우와는 달리 주주배정 방식으로 발행하는 경우에도 일반공모나 제3자배정 방식과 마찬가지로 발행가액을 규제하고 있다. 그뿐만 아니라 주권장법인이 전환사채나 신주인수권부사채를 발행하는 경우에는 일반공모 방식인 경우에는 그 발행 후 1월, 제3자배정 또는 주주배정 방식인 경우에는 그 발행 후 1년이 각 경과한

---

575) 전환사채를 발행하는 경우에는 기업구조조정 촉진을 위한 금융기관협약에 의하여 기업개선작업을 추진 중인 주권상장법인, 또는 금융기관이 공동으로 추진 중인 경영정상화계획에서 정한 자를 대상으로 사채를 발행하는 경영정상화 추진 주권상장법인 금융기관의 대출금 또는 사채를 상환하기 위하여 전환사채를 발행하는 경우에는 이러한 가격제한 규정을 적용하지 않을 수 있다(발행공시규정 제5-22조 제3항). 또한 2 이상의 신용평가회사가 평가한 전환사채의 신용평가등급(해당 채권의 발행일부터 과거 3월 이내에 평가한 채권의 등급이 있는 경우 그 등급으로 갈음할 수 있음)이 투기등급(BB+이하)인 경우이거나, 전환사채를 「자산유동화에 관한 법률」에 따라 발행하는 유동화증권의 기초자산으로 하는 경우에는 전환가액을 위와 같이 산정한 가액의 100분의 90 이상으로 할 수 있다(발행공시규정 제5-22조 제2항).

후에야 전환하거나 신주인수권을 행사할 수 있는 조건으로 발행해야 한다는 규제도 하고 있다(발행공시규정 제5-21조 제2항, 제5-24조 제1항). 이는 주식 관련 사채가 자금조달보다는 회사 지배권 확보의 수단으로 전락하는 것을 막기 위한 규제로 보아야 할 것이다.

다. 합병 · 분할합병, 주식의 포괄적 교환 · 이전의 경우

합병 · 분할합병 또는 주식의 포괄적 교환 · 이전(이하 '합병등'이라 함)을 하는 경우 상장주식의 합병가액 등 가격평가는 시장가치법에 따라 증권시장에서 형성된 가격을 가중산술평균한 가액에 따르도록 규정하고 있다. 즉, 합병등을 위한 이사회 결의일과 합병계약을 체결한 날 중 앞서는 날의 전날을 기산일로 하여, 최근 1개월간 종가(증권시장에서 거래일에 성립된 최종가격, 이하 같음)를 거래량으로 가중산술평균한 평균종가(다만, 산정 대상기간 중에 배당락 또는 권리락이 있는 경우로서 배당락 또는 권리락이 있은 날부터 기산일까지의 기간이 7일 이상인 경우에는 그 기간의 평균종가로 함), 최근 1주일간 종가를 거래량으로 가중산술평균한 평균종가 및 최근일의 종가를 모두 산술평균한 가액을 기준으로 100분의 30(계열회사 간 합병의 경우에는 100분의 10)의 범위에서 할인 또는 할증한 가액에 따라야 한다[자본시장법 제164조의4 제1항, 자본시장법 시행령 제176조의5 제1항 제1문 제1호, 제2호 (가)목 본문, 제176조의6 제2항].[576] 주권상장법인과 주권비상장법인간 합병등의 경우에 주권상장법인의 주식을 위와 같은 방식으로 평가한 가격이 자산가치에 미달하는 경우에는 자산가치로 정할 수 있다[자본시장법 시행령 제176조의5 제1항 제2호 (가)목 단서]. 만약 이러한 방식으로 가격을 산정할 수 없는 상징주식의 경우나 비상장주식의 경우에는 자산가치와 수익가치를 가중산술평균한 가액에 따라야 한다[자본시장법 시행령 제176조의5 제1항 제2문, 제2호 (나)목 단서].

---

576) 2015년 ㈜삼성물산과 ㈜제일모직의 흡수합병 당시 합병비율 산정을 위한 주식가격 평가도 이러한 자본시장법령에 따른 것이었는데, ㈜삼성물산의 일부 주주들이 그 주식가격 평가가 부당하다는 등의 이유로 합병승인결의금지 가처분 신청 및 합병무효의소를 제기하였으나 1심에서 모두 기각되었다(서울중앙지방법원 2015. 7. 1. 2015카합80852; 서울중앙지방법원 2017. 10. 19. 2016가합510827). 이 사건의 사실관계에 관해서는 김정호, "삼성물산과 제일모직간 합병의 회고", 「상사판례연구」 29집 3권(한국상사판례학회, 2016. 9.), 300면 이하 참조. 이 사건과 관련하여 자본시장법령에서 이해관계자간 합병의 경우에도 주식의 시가를 기준으로 합병비율을 산정하게 한 것은 불합리하다는 견해[노혁준, "합병비율의 불공정성과 소수주주 보호 유기적 제도설계를 향하여-", 「경영법률」 26권 2호(한국경영법률학회, 2016), 100면]도 있다.

라. 주식매수청구권 행사의 경우

주권상장법인의 위 합병등 또는 영업양도 등의 이사회 결의에 반대하는 주주가 해당 법인에 대하여 주식매수청구권을 행사하는 경우의 주식 매수가격은 주주와 해당 법인 간의 협의로 결정함이 원칙이다(자본시장법 제165조의5 제1항, 제3항 본문). 다만, 그 협의가 이루어지지 않는 경우에는 이사회 결의일 이전에 증권시장에서 거래된 해당 주식의 거래가격을 기준으로 하여 자본시장법 시행령(제176조의7 제3항)에서 정한 방법에 따라 산정된 금액으로 하며, 해당 법인이나 매수를 청구한 주주가 그 매수가격에 대하여도 반대하면 법원에 매수가격의 결정을 청구할 수 있다(자본시장법 제165조의5 제3항 단서).

위 자본시장법 시행령에서 정한 상장주식 가격평가 방법은 이사회 결의일 전날부터 과거 2개월(같은 기간 중 배당락 또는 권리락으로 인하여 매매기준가격의 조정이 있는 경우로서 배당락 또는 권리락이 있은 날부터 이사회 결의일 전일까지의 기간이 7일 이상인 경우에는 그 기간)간 공표된 매일의 증권시장에서 거래된 최종시세가격을 실물거래에 의한 거래량을 가중치로 하여 가중산술평균한 가격, 이사회 결의일 전날부터 과거 1개월(같은 기간 중 배당락 또는 권리락으로 인하여 매매기준가격의 조정이 있는 경우에는 위와 같음)간의 위와 같은 최종시세가격을 마찬가지로 가중산술 평균한 가격 및 이사회 결의일 전날부터 과거 1주일간의 위와 같은 최종시세가격을 마찬가지로 가중산술평균한 가격을 모두 산술평균하여 산정하는 방식이다(자본시장법 시행령 제176조의7 제3항 제1호). 다만, 증권시장에서 거래가 형성되지 아니한 주식의 경우에는 위 합병가액 산정시의 비상장주식 가액 산정방식에 따른다[자본시장법 시행령 제176조의7 제3항 제2호, 제176조의5 제1항 제2호 (나)목].

마. 「상속세 및 증여세법」의 평가방법

「상속세 및 증여세법」에서는 상장주식의 평가방법에 관하여 시장가치법에 따라 증권 시장에서 일정기간 형성된 가격을 산술평균한 가액에 따르도록 규정하고 있다. 즉, 유가증권시장과 코스닥시장에서 거래되는 상장주식은 평가기준일 이전 · 이후 각 2개월 동안 공표된 매일의 거래소 최종 시세가액(거래실적 유무를 따지지 아니함)의 평균액으로 평가함이 원칙이다[「상속세 및 증여세법」 제63조 제1항 제1호 (가)목].

4. 결어

앞에서 살펴본 것처럼 주권비상장법인의 경우에는 유상증자시 신주 등의 발행가액에 관한 명문규정이 없으므로, 위 에스디에스 유상증자 사건 및 그 환송심 판례에서 보듯이 기업의 업태, 평가의 목적 등을 감안하여 현행 법령상의 적절한 평가방법을 선택하고 이를 사안에 적합하게 해석 · 적용할 수밖에 없다. 그 일반적 평가방법의 종류나 현행 법령상 평가방법에 관하여는 앞에서 살펴 본 바와 같다.

이렇게 현행 법령상의 평가방법은 여러 가지 주식가치 평가방법을 혼용하고 있고, 주관적 요소가 많은 수익가치법에 따른 평가를 하더라도 가급적 그 객관성을 보장하기 위하여 과거나 현재의 재무제표 등 자료를 기초로 평가하고 있는 것이 특색이다.

계속기업의 주식가치 평가를 위해서는 미국에서 재무이론으로 발달하여 우리나라의 회계법인들이 주로 사용하는 현금흐름할인 방식의 수익가치법이 가장 정확한 방법이라는 견해가 있다.[577] 이 방식에서는 미래의 현금흐름을 여러 가지 통계학적 방법으로 추정한 자료를 기초로 하기 때문에 투자자들의 투자 동기에 가장 부합하는 것으로 보고 있다.[578] 그러나 미래의 전망에 기초하는 이러한 순수한 수익가치법은 평가자에 따라 그 결과가 크게 달라질 수 있다는 점에서 우리나라의 법제나 판례에서는 아직 쉽게 채택하지 못하고 있는 실정이다.[579]

결국 비상장주식의 적정가격 평가를 위해서는 어느 한 가지 평가방법만이 가장 정확하다고 고수할 수는 없는 형편이므로, 현행 법령상 채택하고 있는 평가방법 중 평가목적과 회사상황에 가장 유사한 방법을 선택하여 이를 기준으로 구체적 상황에 적합한 평가방법을 정할 수밖에 없을 것이다. 실제로 법원도 객관적 교환가치가 적정하게 반영된 정상적인 거래 실례가 있는 경우에는 그 거래가격을 시가(시장가치)

---

577) 미국에서는 1983년 이전에는 주식의 순자산가치, 시장가치, 수익가치를 가중평균하여 산정하는 델라웨어 가중평균 방식(Delaware Block Method)을 대부분 사용하여 왔으나, 1983년 Weinberger 판결 이후에는 델라웨어 가중평균 방식 외에도 현금흐름할인(Discounted Cash- Flow method, 약칭 DCF) 방식 등 금융계에서 일반적으로 인정되는 모든 평가방법을 고려할 수 있는 것으로 입장을 변경하였는데, 법원이 여러 요소를 종합적으로 고려하여 판단하는 입장이라는 점에서 현재 우리나라 법원의 태도와 같은 것으로 파악되고 있다(송옥렬, 앞의 "회사법상 비상장주식 평가의 쟁점과 대안", 322,323면).

578) 송옥렬, 위 논문, 320면.

579) 송옥렬, 위 논문, 317,318면.

로 보아 주식의 가액을 평가하지만, 그러한 거래 실례가 없는 경우에는 당해 신주 발행목적 등 거래의 내용, 발행 당시 회사나 거래당사자의 상황, 회사나 그 업종의 특성 등 제반 사정을 종합적으로 검토하여 현행 법령상 가장 유사한 평가방법을 선택하고 이를 기준으로 삼아 적정한 평가방법인지 여부를 판단하고 있는 입장이다.

그런데 주식가치의 평가방법에는 위와 같이 다양한 평가방법이 있고 그 혼합방식도 존재하며 기업의 업태나 실태도 다양하므로, 구체적으로 그 중 어떠한 평가방법을 선택하여 어떻게 평가하는 것이 적정한 것인지 여부를 판단하는 것은 쉽지 않다. 따라서 회사 경영자의 주식가격 평가가 임무위배행위인지 문제가 되고 특히 그것이 배임죄 등 형사책임 문제도 되는 경우에는, 적정 평가방법 선정을 위하여 충분한 정보를 수집하고 회사의 최대이익을 위하여 성실하게 판단한 것인지 등 절차적 · 주관적 사항을 중시하여 판정하게 되는 경영판단원칙을 감안할 필요가 있을 것이다.

제8절 차입매수(LBO) 방식의 기업인수와 배임죄

Ⅰ. 의의

회사제도의 발전과 함께 기업인수 · 합병(M&A) 시장이 활발해지고 금융기법이 다양해지면서 차입매수(Leveraged Buyout : LBO) 방식 기업인수(이하 '차입매수'라 함)가 등장하게 되었다. 차입매수란 "일의적인 법적 개념이 아니라 일반적으로 기업인수를 위한 자금의 상당 부분에 관하여 피인수회사의 자산을 담보로 제공하거나 그 상당 부분을 피인수기업의 자산으로 변제하기로 하여 차입한 자금으로 충당하는 방식의 기업인수 기법을 일괄하여 부르는 경영학상의 용어이다."(판례)[580] 즉, 타인으로부터 인수자금을 차입하여 기업을 인수하면서(이 경우 인수 대상 기업이 대부분 회사이므로 그 회사 발행 주식을 매수하여 경영권을 취득함) 인수대상 기업(이하 '피인수회사'라 함)으로 하여금 그 차입금 채무의 담보를 제공하게 하거나 그 채무를 부담하게 하는 것을 말한다.

이러한 차입매수는 피인수회사의 자산을 기업인수를 위한 지렛대(lever)로 활용하는 것이고, 피인수회사의 부채비율(자기자본에 대한 부채의 비율)을 증가시켜 대리인 비용을 감소시키고 차입금에 대한 이자는 법인세법상 손비로 처리되어 그 만큼 법인세를 감소시키고 세후 순이익을 증가시킴으로서 재무적 지렛대 효과(재무 레버리지 효과 – financial leverage effect)도 발생하게 한다.[581] 또한 인수자는 피인수회사의 가치와 자신의 신용을 활용하여 조달한 자금으로 피인수회사의 경영권을 취득한 후에는 경영성과를 통해 차입금을 상환하기 위하여 피인수회사에 대한 구조조정을 하는 등 기업의 효율성을 증대시키고 재무구조와 경영의 개선을 위해 노력하게 되는 순기능이 있다. 그러나 피인수회사의 부채비율이 지나치게 과다해질 경우에는 피인수회사

---

580) 대법원 2015. 3. 12. 2012도9148; 2013. 6. 13. 2011도524; 2010. 4. 15. 2009도6634.
581) 최민용, 앞의 "LBO와 손해", 321면.

를 파산에 이르게 할 수도 있고, 인수자가 투기목적, 경영권 인수 등 개인적 이득을 위하여 차입매수를 남용하는 역기능도 있을 수 있다. 이처럼 차입매수는 부채를 지렛대로 하여 부실기업의 경쟁력을 회복하고 기업의 효율성을 제고시키는 유용한 기능이 있는 반면, 그 악용 가능성도 있고 그러한 경우에는 피해규모도 적지 않다. 그러므로 그 유형에 따라 미국 등 외국의 규제나 대응방식이 다양하다.[582] 우리나라의 실무계나 학계에서는 주로 배임죄의 성립 여부와 관련된 판례를 중심으로 그 합법성 여부에 대하여 많은 논란이 있어 왔다. 판례는 차입매수의 배임죄 성립 여부에 관하여 "거래현실에서 그 구체적인 태양은 매우 다양하다. 이러한 차입매수에 관하여는 이를 따로 규율하는 법률이 없는 이상 일률적으로 차입매수 방식에 의한 기업인수를 주도한 관련자들에게 배임죄가 성립한다거나 성립하지 아니한다고 단정할 수 없는 것이고, 배임죄의 성립 여부는 차입매수가 이루어지는 과정에서의 행위가 배임죄의 구성요건에 해당하는지 여부에 따라 개별적으로 판단되어야 한다."는 입장이다.[583]

원래 차입매수는 1980년대부터 미국에서 발달한 기업인수 · 합병 기법의 하나이다.[584] 그러나 독일에서는 주식법 제71a조 (1)항에서 "회사가 타인에게 그 회사 주식을 취득하기 위한 선급금 · 대출금을 지급하거나 그 담보를 제공하기 위한 목적으로 하는 법률행위는 무효이다."라는 명문규정을 두고 있으므로 담보제공형 차입매수는 금지되고 있다.

차입매수는 인수자가 실질적으로 인수자금을 조달하는 것이 아니라 피인수회사의 자산이나 가치를 담보로 인수자금을 조달하는 것이므로, 이에 응하는 피인수회사의 이사 등 경영자가 인수자에게 그 만큼 이익을 취득하게 하고 피인수회사에는 손해를 가하는 배임행위를 하는 것인지 문제가 된다. 즉, 피인수회사의 이사 등 경영자가 인수자와 공모하여 이러한 차입매수로 인하여 피인수회사에 손해 또는 손해발생 위험을 야기하게 되는 것인지 여부가 주요 쟁점이 되고 있다. 또한 차입매수는

---

582) 미국과 유럽의 차입매수에 대한 규제 및 대응방식에 관하여는 송종준, "LBO 규제체계의 비교분석과 합리적 규제방안의 모색 –유럽 · 미국법상 회사의 금융지원규제를 중심으로–," 「선진상사법률연구」 (법무부, 2011. 10.), 93~112면 참조.

583) 대법원 2015. 3. 12. 2012도9148; 2013. 6. 13. 2011도524; 2010. 4. 15. 2009도6634.

584) 윤영신, 앞의 "동양그룹의 합병형 LBO와 배임죄", 23면.

인수자가 피인수회사의 기존 주주들과의 합의 아래 이루어지는 경우가 많으므로, 피인수회사의 주주들을 배임죄의 피해자로 볼 수 있는지 여부에 따라 그 범죄성립 여부가 달라질 수도 있다.

Ⅱ. 차입매수(LBO) 방식 기업인수의 유형

차입매수는 미국 등 외국에서 자금조달의 현실적 필요에 따라 실무상 금융기법으로 고안되고 전파되어 왔기 때문에 구체적인 유형은 매우 다양할 수 있다. 그 중 우리나라의 판례상 문제가 되는 차입매수 사례를 분석해 보면 담보제공형, 합병형, 환급형 및 이들 유형이 결합된 복합형으로 분류할 수 있다.

1. 담보제공형

담보제공형 차입매수는 인수자(회사인 경우가 많음) 또는 인수자가 설립한 특수목적회사(Special Purpose Company, 이하 'SPC'라 함)가 인수자금을 차입하고 피인수회사의 주식 취득을 통하여 경영권을 취득한 다음 피인수회사의 자산을 그 차입금의 담보로 제공하거나 피인수회사로 하여금 보증하게 하는 유형이다. 피인수회사는 인수자의 회사인수를 위하여 담보를 제공하는 것이므로 담보제공형으로 불리고, 후술하는 대법원 2006. 11. 9. 선고 2004도7027 판결(이하 '신한 LBO사건'이라 함)이 대표적인 사례이다.

2. 합병형

합병형 차입매수는 인수자가 피인수회사 주주들과의 기업인수 합의를 거쳐 SPC를 설립한 후 SPC로 하여금 인수자금을 차입하여 피인수회사 발행 주식이나 채권을 취득하게 하고 그 주식이나 채권을 차입금의 담보로 제공하며, 그 후 SPC로 하여금 피인수회사를 합병하게 하거나(반대로, 피인수회사로 하여금 SPC를 합병하게 하는 경우도 있음) 또는 SPC를 합병한 인수회사가 피인수회사를 합병함으로써 피인수회사도 우회적으로 차입금 채무를 부담하게 되는 유형이다.[585] 담보제공형 차입매수가 피인수

---

585) 이상훈, "LBO와 배임죄(상) –손익관계와 출자환급적 성격 및 법인이익독립론을 중심으로–" 「법조」

회사의 경영자로서 회사에 대한 임무위배에 해당하는지 문제가 되자 그러한 법리상 문제를 회피하기 위해 활용되고 있는 유형으로서, 후술하는 대법원 2010. 4. 15. 선고 2009도6634 판결(이하 '한일합섬 LBO사건'이라 함)이 대표적인 사례이다.

3. 환급형

환급형(또는 감자형, 자산인출형)[586] 차입매수는 인수자(또는 인수자가 설립한 SPC)가 인수자금을 차입하고 피인수회사의 주식 취득을 통하여 경영권을 취득한 다음 피인수회사로 하여금 유상감자(有償減資)나 이익배당을 실시하게 하여 차입금을 상환하는 유형이다. 후술하는 대법원 2013. 6. 13. 선고 2011도524 판결(이하 '대선주조 LBO사건'이라 함)이 대표적인 사례이다.

4. 복합형

담보제공형, 합병형 또는 환급형 차입매수가 결합된 복합형 차입매수가 있을 수 있다. 즉, 후술하는 대법원 2015. 3. 12. 선고 2012도9148 판결(이하 '온세통신 LBO사건'이라 함)과 같이 담보제공형 차입매수에서 SPC가 그 담보제공을 받은 후 피인수회사와 합병하는 유형을 복합형으로 분류하고 있다.[587] 그러나 후술하는 것처럼 법원이 온세통신 LBO사건에서 무죄를 선고한 것은 담보제공형과 합병형의 무죄선고 사유에 해당한다고 보았기 때문일 뿐이다. 따라서 이를 별도의 유형으로 분류하여 법리를 논할 필요는 없을 것이다.

위 각 유형의 경우에 문제가 되는 배임죄의 임무위배란 피인수회사의 자산을 기업인수를 위하여 제공한 피인수회사 이사 등 경영자의 임무위배 여부를 말하는 것

57권 4호(한국법조협회, 2008. 4.), 109면; 김병연, "차입매수(Leveraged Buyout)와 배임죄의 적용 – 신한LBO 및 한일합섬LBO 사례와 관련하여–" 「상사법연구」(한국상사법학회, 2010. 5.), 220면; 최민용, 앞의 "LBO와 손해", 320면.

586) 이승준, 앞의 "합병형 차입매수의 배임죄 성부 판단", 88면에서는 '감자(減資)형' 차입매수로 표현하고, 원창연, "차입매수(LBO)와 배임죄의 성부", 「YGBL」 5권 1호(연세대학교 법학연구원 글로벌비즈니스와 법센터, 2013), 94면에서는 '자산인출형' 차입매수로 표현하기도 한다. 그러나 주주가 배당가능이익 범위 내에서 배당받은 이익으로 차입금을 상환하는 경우에는 배임죄로 문제삼기 어려우므로 주로 유상감자의 환급금이 문제가 될 수 있다는 점에서 '환급형' 또는 '감자형'이라는 용어가 적절하다고 본다.

587) 원창연, 위 논문, 95면; 김재윤, "차입매수(LBO)에 대한 형사책임", 「법학연구」 제53집(한국법학회, 2014), 202면.

이고, 통상 인수자(회사인 경우에는 인수회사의 경영자)는 그 공모범으로서 문제가 되는 것이다. 또한 차입매수는 인수자의 신용 · 경영능력 등 역량을 활용하여 자금을 차입하는 것이므로, 각 유형의 경우에 인수자나 인수자가 설립한 SPC도 차입금 채무를 부담하거나 그 채무에 대한 보증을 하는 경우가 많은데, 그 유무 및 정도는 후술하는 것처럼 배임죄의 성립에도 영향을 미치게 된다.

Ⅲ. 배임죄의 성립 여부

1. 담보제공형 차입매수

담보제공형 차입매수의 경우 피인수회사는 인수자가 차입한 인수자금을 변제하지 못할 위험이 있음에도 그에 상응하는 반대급부를 받음이 없이 피인수회사의 자산을 담보로 제공하는 것이 문제가 된다. 그로 인하여 인수자에게 그만큼 재산상 이익을 취득하게 하고 피인수회사에게는 손해 또는 손해발생 위험을 초래하게 된 것이라면, 그러한 이사 등 경영자의 행위를 임무위배행위로 볼 수 있기 때문이다.

가. 배임죄 긍정설

판례는 배임죄의 보호법익 보호정도에 관한 구체적 위험범설 입장에서 손해발생의 위험을 초래한 경우도 배임죄의 성립요건인 '손해를 가한 때'에 포함된다고 본다. 신한 LBO사건을 비롯하여 판례는 이러한 입장을 전제로 "인수자가 피인수회사의 위와 같은 담보제공으로 인한 위험 부담에 상응하는 대가를 지급하는 등의 반대급부를 제공하는 경우에 한하여 허용될 수 있다. 만일 인수자가 피인수회사에 아무런 반대급부를 제공하지 않고 임의로 피인수회사의 재산을 담보로 제공하게 하였다면, 인수자 또는 제3자에게 담보가치에 상응한 재산상 이익을 취득하게 하고 피인수회사에 그 재산상 손해를 가하였다고 봄이 상당하다."고 판시하고 있다.[588] 즉, 피인수회사가 그 **담보제공으로 인한 위험부담에 상응하는 반대급부**를 인수자로부터 제공받는 등 손해방지 조치를 취하지 아니한 이상 그 담보제공시 담보가치에 상응하는

588) 대법원 2012. 6. 14. 2012도1283; 2008. 2. 28. 2007도1283; 2006. 11. 9. 2004도7027(신한 LBO사건).

재산상 손해발생 위험이 발생한 것이라고 하여 배임죄의 성립을 긍정하고 있다. 또한 "부도로 인하여 회생절차가 진행 중인 주식회사의 경우에도 그 회사의 주주나 채권자들의 잠재적 이익은 여전히 보호되어야 하므로, 피인수회사가 회생절차를 밟고 있는 기업이라고 하더라도 위와 같은 결론에는 아무런 영향이 없다."고 판시하고 있다.[589)]

만약 인수자 측이 인수한 피인수회사 발행 주식 · 채권 등을 인수자금을 대출한 금융기관이나 담보제공 피인수회사에 그 차입금이 상환될 때까지 별도의 담보로 제공하여 임의로 처분할 수 없도록 한 경우라 하더라도 결론은 마찬가지라고 판시하고 있다.[590)] 또한 인수자의 인수자금이 피인수회사의 신주 납입금으로 입금되어 피인수회사의 채무를 변제하거나 인수하는 데 사용되어 피인수회사의 경영정상화에 기여했다 하더라도, "이는 인수자가 경영권을 취득하려는 개인적 이익을 위한 행위이므로 인수자의 인수자금 대출로 인한 직접적 이득은 피인수회사에 귀속된다고 할 수 없고(즉, 위 담보제공의 반대급부로 볼 수 없고), 인수자가 위 담보제공을 받은 후 경영정상화를 위하여 노력하였다는 사정은 양형사유에 불과할 뿐 위법하게 이루어진 담보제공에 관한 배임의 고의를 부정할 사유는 되지 못한다."고 판시하였다.[591)] 그리고 신한 LBO사건의 경우 피인수회사가 인수자금의 담보로 제공한 부동산에는 원래 인수자금 대출 금융기관의 종전 근저당권, 전세권 및 가처분 등기가 경료되어 있었는데, 인수자의 SPC가 피인수회사를 인수하면서 그 등기를 모두 말소하였지만 판례는 이를 인수자 측의 반대급부로 보지 않았다.

이러한 판례 입장에 관하여, 피인수회사의 대표이사가 한 담보제공 행위는 피인수회사와는 이해충돌이 되는 자기거래이므로 엄격한 공정성이 요구되는데, 담보제

---

589) 대법원 2012. 6. 14. 2012도1283; 2008. 2. 28. 2007도1283; 2006. 11. 9. 2004도7027(신한 LBO사건).

590) 대법원 2008. 2. 28. 2007도5987(신한 LBO사건 판결의 파기환송심 판결에 대한 상고심 판결임); 2008. 2. 28. 2007도1283.

591) 대법원 2006. 11. 9. 2004도7027(신한 LBO사건). 이에 대하여 인수자 측이 피인수회사에 납입한 신주 납입금은 일단 피인수회사에 귀속되는 것이므로 비록 그 납입금으로 피인수회사의 채무 변제자금에 충당하였더라도 이는 피인수회사 소유 자금으로 변제한 것으로서 인수회사의 반대급부로 보지 아니한 것은 타당하다는 견해[전현정, "LBO와 배임죄 -손해를 중심으로-, 연구대상판결: 대법원 2006. 11. 9. 선고 2004도7027 판결" 「BFL」 제24호(서울대학교 금융법센터, 2007. 7.), 97면]가 있다.

공과 등가성 있는 반대급부가 제공되지 아니한 이상 공정성이 없어 이사로서의 충실의무에 위배된 것이라는 이유로 판례 입장을 지지하는 견해[592]가 있다.

나. 배임죄 부정설

위 판례 입장에 대하여 침해범설은 우선 법률상 명문 규정이 없음에도 불구하고 손해발생의 위험만으로 배임죄의 성립을 인정하는 판례의 위험범설은 죄형법정주의 원칙에 반하는 것이고, 배임죄에 미수범 처벌규정을 둔 취지와도 맞지 아니함을 이유로 배임죄는 침해범으로 보아야 한다고 주장한다.[593] 침해범설 입장에서는 기업인수 자금의 차입금에 대하여 피인수회사의 자산을 담보로 제공함으로써 그 담보실행으로 인한 손해발생 위험을 초래하였더라도 차입매수의 전과정을 평가할 때 그것만으로는 임무위배행위로 보지 않을 수 있는 여지가 있게 된다.[594]

그리고 배임죄 부정설은 차입매수시 피인수회사가 그 자산을 차입금의 담보로 제공하는 경우(담보제공형 차입매수)는 물론 나아가 그 대출채무를 부담하는 경우(합병형 차입매수의 경우도 포함)에도 다음과 같은 논거로 그것만으로는 피인수회사에 손해를 발생시키는 배임행위로 볼 수 없다고 주장한다.

첫째, 차입매수로 인하여 피인수회사의 채무 등 재산적 부담이 증가하더라도 그 차입금이 인수자의 주식매수대금으로 사용되는 것이고, 채무의 증가에 따라 주식의 실질가치도 그 만큼 감소하는 것이므로 마치 주주에게는 유상감자 · 배당 · 자사주취득 등 출자환급을 한 경우와 같게 된다.[595] 이 경우 피인수회사의 자산 유출로 볼 수는 있지만 주주에게는 손해가 없기 때문에, 앞에서 '유상증자와 배임죄'에서 살펴본 회사의 본질론에 따라 그 결론을 달리하게 된다. 즉, 이해관계자주의(또는 법인이익독립론)에 의하면 차입매수로 인하여 회사자산의 유출이라는 손해가 발생하게 되므로 차입매수는 배임행위가 된다고 볼 수도 있을 것이다. 그러나 주주지상주의에 의하면 차입매수로 인한 피인수회사의 담보제공이나 채무부담이 있더라도 그것이 주주

592) 송종준, "회사법상 LBO의 배임죄 성부와 입법과제," 「증권법연구」(한국증권법학회, 2009), 344,345면.

593) 김병연, 앞의 "차입매수와 배임죄의 적용", 240면; 이상돈(경형), 20,21면.

594) 김병연, 위 논문, 241면.

595) 이상훈, 앞의 "LBO와 배임죄(상)", 125,126면; 이상훈, "LBO에 대한 개정상법의 영향과 바람직한 규제의 방향," 「증권법연구」(한국증권법학회, 2012), 67,68면.

들의 동의 없이 주주에게 손해를 발생시킨 행위가 아닌 한 배임행위가 될 수 없다는 결론에 이르게 된다.[596)]

둘째, 주주지상주의 입장에서는 물론 이해관계자주의(또는 법인이익독립론)에 따르더라도, 담보제공이나 합병으로 인한 피인수회사의 채무부담 행위는 차입매수의 한 과정일 뿐이므로 일련의 차입매수 행위 전체를 검토하여 손해발생 여부나 배임행위 여부를 검토해야 한다는 것이다. 즉, 담보제공이나 채무부담을 포함하여 그 후 전과정에 걸쳐 피인수회사의 재무적 분석, 거래계획, 채무변제, 자산 재분배나 구조조정 등을 통한 경영정상화 과정, 수익창출 여부와 그 사용내역, 인수인의 경영능력 등의 상황을 감안하여 반대급부의 유무 및 정도를 살펴보고 손해발생이나 배임행위 여부를 판단해야 한다는 것이다(**전과정평가설**).[597)] 다만, 차입매수로 인하여 피인수회사가 적어도 지급불능 상태에 빠진 정도가 된다면 차입매수시의 담보제공이나 채무부담만으로 손해발생이나 배임행위가 된다고 평가할 수 있다는 것이다.[598)]

다. 결어

차입매수의 경우에는 기업인수 합의에서부터 경영정상화에 이르기까지 재무구조와 경영의 개선이라는 하나의 목적을 위한 일련의 행위를 하는 것이라는 특수성을 감안해야 할 것이다. 그러므로 판례의 입장처럼 배임죄를 위험범으로 본다고 할지라도 피인수회사의 담보제공이나 채무부담 행위만 떼어내어 손해발생의 위험성 여부를 검토하거나 그에 상응하는 반대급부 유무를 평가하여 경영자의 임무위배 여부를 가리는 것은 부당하다고 본다. 일련의 차입매수과정 전체에 걸쳐 그 손해발생의 위험과 그에 상응하는 반대급부 유무를 판단함이 타당할 것이다(전과정평가설).

또한 반대급부를 인정하는 기준도 문제가 될 수 있는데, 신한 LBO사건의 판례에서 인수자의 인수자금이 피인수회사의 신주 납입금으로 입금되어 피인수회사의 채

---

596) 이상훈, 앞의 "LBO와 배임죄(하)", 227,228면.

597) 김병연, 앞의 "차입매수와 배임죄의 적용", 239-241면; 김홍식, "차입매수(Leveraged Buyout)의 법적 논점에 관한 고찰," 「상사판례연구」(한국상사판례학회, 2007), 254면; 이상돈(경형), 347,348면; 김진욱, "차입매수(LBO/MBO)거래의 규제와 패러다임의 변화 — 상장회사에 적용되는 규제의 문제점과 함께 —," 「상사판례연구」(한국상사판례학회, 2012), 285,286면; 최민용, 앞의 "LBO와 손해", 341면.

598) 최민용, 위 논문, 343면.

무를 변제하거나 인수하는 데 사용되어 피인수회사의 경영정상화에 기여한 것, 피인수회사가 인수자금의 담보로 제공한 부동산에 원래 설정되어 있던 인수자금 대출금융기관의 종전 근저당권 · 전세권 · 가처분 등기가 그 인수자금 마련 과정에서 말소된 것을 피인수회사의 담보채무 부담에 대한 반대급부로 보지 아니한 점은 부당하다고 본다. 그러나 피인수회사의 담보제공 등 채무부담에 상응하는 반대급부가 어느 정도 요구되는 것인지는 구체적 사안에 따라 개별적으로 판단할 문제로서 일의적인 기준을 제시할 수는 없다.[599] 다만, 피인수회사의 이사 등 경영자가 피인수회사의 최대이익을 위하여 인수자의 차입매수에 응할 것인지를 판단하는 것은 그 직무상 경영판단에 속하는 일이므로 경영판단원칙이 적용될 여지가 있다.[600] 따라서 그 임무위배 여부를 판단함에 있어서는 1차적으로는 피인수회사의 최대이익을 위하여 적절한 정보수집을 하고 성실하게 판단한 것인지, 이해관계 없이 적법하고 독자적으로 판단한 것인지 등과 같은 절차적 · 주관적 사항이 심사대상이 되어야 할 것이다. 그러나 배임죄에 관한 판례는 앞에서 살펴본 것처럼 아직 경영판단의 내용도 그 심사대상으로 하고 있는 입장이므로 담보제공형 차입매수의 경우에도 피인수회사의 담보제공 등 채무부담에 상응하는 반대급부 구비 여부를 엄격하게 심사하여 경영자의 임무위배 여부를 가리고 있는 것이다.

2. 합병형 차입매수

가. 배임죄 부정설

판례는 합병형 차입매수의 경우에는 담보제공형 차입매수와는 달리 다음과 같이 합병의 본질 및 효력을 이유로 배임죄를 부정하는 입장이다. 즉, 피인수회사는 합병으로 인하여 인수자가 설립한 SPC와 인격적으로 합일하여 일체가 되는 것이고 그 후에는 피인수회사가 합병 후 존속회사와 별도로 존재하는 것이 아니므로, 합병 후 존속회사나 신설회사가 원래 피인수회사가 보유하였던 자산으로 차입금 채무를 부담하게 되더라도 피인수회사의 손해라는 관념이 성립될 수 없다. 이러한 경우에는 인수자 측 SPC의 재무구조가 매우 열악하여 합병을 하게 되면 피인수회사의 재산

599) 김병연, 앞의 "차입매수와 배임죄의 적용", 243면.
600) 안수현, 앞의 "회사법이론에서 본 LBO거래의 가벌성", 68면.

잠식이 명백히 예상됨에도 합병을 실행하여 그로 인한 재산상 손해가 발생하였다거나, 합병비율이 부당하다거나, 그 밖에 합병의 실질이나 절차상 하자가 있는 경우에 그 합병행위 자체를 배임행위로 의율할 수 있을 뿐이라고 한다.[601]

이러한 판례의 입장에 대하여 한일합섬 LBO사건의 사안처럼 인수자 측 합병 회사가 차입매수만을 위한 특수목적회사가 아닌 일반사업회사인 경우에는 합병 당사회사의 법인격이 합일되어 인수자 측 합병 회사의 재산도 피인수회사의 채무를 위한 책임재산으로 제공되었다는 점에서 피인수회사의 채무부담에 대한 인수자 측의 반대급부가 없었다고 볼 수 없다는 이유로 판례의 입장을 지지하는 견해[602]가 있다. 나아가 회사의 손익이란 주주나 회사채권자의 손익을 의미하고 이사는 주주와 회사채권자의 이익을 위하여 업무를 집행해야 할 임무가 있음을 전제로, 인수자 측 합병회사가 일반사업회사가 아닌 특수목적회사라 할지라도 합병절차상 반대주주의 주식매수청구권, 채권자보호절차 등 주주와 회사채권자를 보호하는 제도가 있는 이상 주주나 회사채권자의 손해가 있을 수 없으므로 피인수회사의 손해나 이사의 임무위배도 있을 수 없다고 보는 견해[603]도 있다.

나. 배임죄 긍정설

합병형 차입매수는 담보제공형 차입매수와는 그 차입매수의 형식이나 절차상 차이가 있을 뿐 실질적으로 차입금 채무의 변제를 위하여 피인수회사의 자산을 이용하는 점에서는 차이가 없다고 보는 견해[604]도 있다. 이러한 입장에서는 담보제공형 차입매수의 경우와 마찬가지로 등가성 있는 반대급부의 제공이 없는 한 배임죄가 성립한다는 주장을 할 수 있다.

다. 결어

회사합병이란 2개 이상 법인격체인 회사가 1개의 법인격체로 단일화되는 것이므로 합병 후의 존속회사나 신설회사가 소멸회사의 권리의무를 포괄적으로 승계하지

---

601) 대법원 2010. 4. 15. 2009도6634(한일합섬 LBO사건) 판결 및 그 1심 및 2심 판결의 입장임.

602) 원창연, 앞의 "차입매수와 배임죄의 성부", 114,115면.

603) 윤영신, 앞의 "동양그룹의 합볍형 LBO와 배임죄", 38,39면.

604) 송종준, 앞의 "회사법상 LBO의 배임죄 성부와 입법과제", 345,346면.

만 그 반대로 합병으로 소멸하는 소멸회사가 존속회사나 신설회사의 권리의무를 승계하는 것은 아니다. 이러한 합병의 법적 효력을 차입매수 등 합병의 동기에 따라 달리 해석하는 것은 법해석의 한계를 넘는 일이므로 합병의 본질 및 효력에 따라 소멸회사의 손해발생 여부를 판단하는 배임죄 부정설이 타당하다.[605)]

배임죄 부정설 입장인 판례에 의하면 합병형 차입매수의 경우에 합병행위 자체에 실질상 또는 절차상 하자 있는 경우에는 배임행위가 될 수 있는데, 그러한 하자로서 한일합섬 LBO사건의 1심 판결은 합병으로 피인수회사의 재산잠식이 발생한 경우를 들고 있다. 학설 중에는 주주총회의 합병결의를 거치고 채권자보호절차를 거친 것만으로 합병에 관한 이사의 임무를 다한 것으로 볼 수 없고, 합병비율이 적절하지 않다거나, 합병 후 존속회사나 신설회사의 채무상환, 자본적 기초 또는 회사존속에 악영향을 미치는 사유가 있는 경우에는 합병의 하자로 되어 배임죄가 성립할 수 있다고 보는 견해[606)]가 있다. 또한 합병으로 피인수회사가 손해를 입고 인수자 측이 이익을 취득한 경우에는 합병의 하자로서 배임죄가 성립할 수 있다는 견해[607)]도 있다.

그러나 **합병비율의 불공정**을 합병으로 인한 피인수회사의 손해로 보는 일부 학설의 입장은 문제가 있다고 본다. 회사의 본질론에 관한 이해관계자주의 입장에서는 합병비율의 불공정은 소멸회사인 피인수회사 주주의 손해가 되어 합병무효의 소의 원인이 될 수 있을 뿐 소멸회사인 피인수회사 자체의 손해가 될 수는 없어 회사에 대한 임무위배가 인정되지 않으므로 배임죄도 성립하지 않을 것이다.[608)] 다만, 회사의 본질론에서 주주지상주의 입장이나 주주 및 회사채권자만을 이해관계자로 보는 이해관계자주의 입장에서는 합병비율의 불공정은 곧 피인수회사의 손해가 될 수 있다. 그러나 이러한 입장에서도 합병절차상 주주가 합병결의에 찬성하거나 주식매수청구권을 행사하지 아니하고 회사 채권자가 채권자이의를 하지 아니한 경우에는 주주나 채권자에게 충분한 정보를 제공하고 합병이 공정한 절차에 따른 이상 피해

---

605) 같은 취지 : 김병연, 앞의 "차입매수와 배임죄의 적용", 233면.

606) 신희강 · 류경진, "LBO거래의 실행과 법적 문제", 「BFL」 제24호(서울대학교 금융법센터, 2007. 7.), 31면; 안수현, 앞의 "회사법이론에서 본 LBO거래의 가벌성", 69면; 이승준, 앞의 "합병형 차입매수의 배임죄 성부 판단", 105면.

607) 최승재, 앞의 "LBO와 배임죄의 성립 여부", 307,308면.

608) 한석훈, 대계Ⅲ, 1078면.

자에게 그 손해를 감수하려는 의사가 있는 경우이므로 피해자승낙 이론에 따라 배임죄로 처벌할 수 없다고 보는 견해[609]가 있다. 그리고 법령이나 정관에 위배된 행위가 곧 임무위배행위가 되는 것은 아니므로 주주총회의 합병결의나 채권자보호절차 등 합병절차상 하자가 있다고 하여 곧 임무위배행위가 된다고 할 수 없음은 물론이다.[610]

결국 합병으로 피인수회사의 재산잠식을 초래하는 등 합병행위 자체로 피인수회사에 손해를 가하고 인수자 측에게 이익을 취득하게 한 것인지 여부를 기준으로 배임죄의 성립요건인 손해 및 이득 발생 여부와 합병형 차입매수행위의 임무위배 여부를 판단해야 할 것으로 본다.[611] 또한 합병형 차입매수로 인하여 피인수회사의 재산잠식이 있더라도 그것만으로 피인수회사의 손해발생을 단정할 것이 아니라, 합병 당사회사의 자산구조, 현금흐름, 고객관계 및 미래가치나, 합병으로 인한 절세, 경영효율 개선, 기타 시너지 효과 등을 감안하여 피인수회사의 재산상 손해발생 여부를 검토해야 할 것이다.[612] 따라서 이러한 합병에 관한 판단도 이사 등 경영자의 경영판단에 해당하는 것이므로 담보제공형 차입매수의 경우와 마찬가지로 경영판단원칙이 적용될 여지가 있을 것이다.

3. 환급형 차입매수

환급형 차입매수의 경우에는 피인수회사가 자본금의 환급이나 이익배당을 한 경우이고 달리 담보제공이나 채무부담을 하는 경우가 아니므로 담보제공형 차입매수의 경우처럼 손해발생의 위험만으로 배임죄가 성립하는지 여부나 차입매수의 전과정을 평가해야 하는지 여부는 문제되지 않는다. 다만, 그러한 자본금의 환급이나 이

609) 윤영신, 앞의 "동양그룹의 합병형 LBO와 배임죄", 40면.

610) 같은 취지: 윤영신, 앞의 "동양그룹의 합볍형 LBO와 배임죄", 42면(이 논문에서는 합병비율의 불공정이나 주주 및 채권자 보호절차상 하자는 합병무효의 소, 매수청구권 행사 주주의 매수가격 산정, 채권자의 손해배상 청구, 이사의 손해배상책임 등으로 해결할 문제일 뿐 배임죄 처벌대상이 아니라고 보는 논거로 형사처벌의 보충성도 들고 있다).

611) 한석훈, 대계Ⅲ, 1078,1079면.

612) 한석훈, 대계Ⅲ, 1079면; 이승준, 앞의 "합병형 차입매수의 배임죄 성부 판단", 105면에서도 한일합섬 LBO사건에서 피인수회사에 재산상 손해가 발생하였는지 여부를 판단함에 있어서 "합병으로 인한 부채비율, 자산유출정도, 경영효율성 증대분, 세후 자본수익률의 증대라는 레버리지 효과, 법인세 감소의 조세효과 등에 대한 종합적인 검토"가 미흡하였다고 비판하고 있다.

익배당이 이사 등 경영자의 임무위배행위가 되는 것인지, 그로 인한 피인수회사의 손해발생을 인정할 수 있는지 여부를 검토해야 한다.

환급형 차입매수의 대표적 사례인 대선주조 LBO사건에서 판례는 다음과 같이 판시하면서 배임죄의 성립을 부정하고 있다(배임죄 부정설). 즉, 유상으로 자본금의 감소를 하는 것에 대하여는 "유상감자를 통하여 회사재산이 감소한다고 하더라도 동시에 주주의 회사에 대한 지분의 가치 내지 주주에 대한 회사의 투하자본 환급의무도 함께 감소하게 되므로, 이로 인해 주주가 부당한 이익을 얻고 회사가 손해를 입었다고 하기 위해서는 단순히 회사의 재무구조상의 필요가 없음에도 이를 하였다는 점만으로는 부족하고 유상 소각되는 주식의 가치를 실질상의 그것보다 높게 평가하여 감자 환급금을 지급하는 등으로 주주에게 부당한 이익을 취득하게 함으로써 결국 회사에도 손해를 입히는 등의 특별한 사정이 인정되어야 배임죄를 인정할 수 있다."고 판시하였다.[613] 또한 주주에게 이익배당이나 중간배당을 하는 것에 대하여도 "주주가 법령과 정관에서 정한 바에 따라 이익배당 · 중간배당을 받는 것은 주식회사에서 주주가 투하자본을 회수할 수 있는 정당한 권리이므로, 이로 인해 주주가 부당한 이익을 얻고 회사가 손해를 입었다고 하기 위해서는 전례나 영업이익의 규모, 현금자산 등에 비추어 이익배당이나 중간배당이 과다하다는 점만으로는 부족하고, 이익배당이나 중간배당이 법령과 정관에 위반하여 이루어지는 위법배당에 해당하여 주주에게 부당한 이익을 취득하게 함으로써 결국 회사에도 손해를 입히는 등의 특별한 사정이 인정되어야 배임죄를 인정할 수 있다."는 것이다.[614]

위와 같은 판례의 입장은 회사의 본질론에 관한 이해관계자주의(또는 법인이익독립론) 입장을 전제로 한 것으로 이해할 수 있다. 환급형 차입매수의 경우에는 회사의 자산이 유출되지만 주주들에게는 손해가 없는 경우이기 때문이다. 따라서 환급형 차입매수의 경우에는 회사의 본질론 중 주주지상주의를 따르면 배임죄가 성립할 수 없고, 이해관계자주의를 따르면 차입매수로 인하여 부당하게 회사자산 유출의 손해가 발생한 경우에만 이사 등 경영자의 임무위배행위를 인정할 수 있게 된다. 유상감자의 경우에 이사 등 경영자가 유상소각되는 주식의 가치를 실제 가치보다 높게 평

613) 부산고등법원 2010. 12. 29. 2010노669(대선주조 LBO사건의 2심 판결).

614) 부산고등법원 2010. 12. 29. 2010노669.

가하여 감자 환급금을 지급하는 등으로 주주에게 부당한 이익을 취득하게 하였다면 임무위배로 회사에 손해를 가한 것이므로 배임죄가 성립할 수 있을 것이다. 이익배당이나 중간배당의 경우에는 원래 주주에게만 배당하는 것이므로 법령과 정관이 정한 바에 따라 배당가능이익 범위 내에서 적법절차에 따라 배당이 이루어진 이상 이를 이사 등 경영자의 임무위배행위로 볼 수 없을 것이다. 위 판례의 입장은 이와 같은 취지이므로 타당하다고 본다.

4. 대표적 판례

앞에서 말한 것처럼 신한 LBO사건은 전형적인 담보제공형 차입매수 유형이고, 한일합섬 LBO사건은 합병형 차입매수의 대표적 유형이며, 대선주조 LBO사건은 환급형 차입매수의 대표적 사례이다. 온세통신 LBO사건은 기본적으로 담보제공형 차입매수 유형에 속하지만 SPC가 그 담보제공을 받은 후 피인수회사와 합병한 경우이므로 담보제공형 차입매수와 사후합병형 차입매수의 복합형에 속한다. 아래에서는 각 사건의 사실관계, 판결요지 및 판례 평석을 정리한다.

■ 신한 LBO사건(대법원 2006. 11. 9. 2004도7027)

【사실관계】

피고인은 회사정리절차(현재의 '회생절차') 진행 중인 건설업체 ㈜신한(이하 '신한'이라 함)을 인수하기 위해 2001. 5. 23. SPC를 설립하고(피고인이 SPC의 사실상 1인주주임), 그 대표이사로서 2001. 6. 4. D종합금융(이하 'D종금'이라 함)으로부터 350억 원을 대출받았다. 당시 그 대출금의 담보로는 일단 SPC가 신한의 유상증자시 취득하게 될 신주 520만 주(주금액 5,000원, 합계 260억 원 상당)에 근질권을 설정해 주었다가, 나중에 신한을 인수하면 신한 소유의 부동산에 근저당권을 설정해 주기로 약정하였다.

또한 SPC는 2001. 6. 5. H은행으로부터 320억 원을 대출받으면서 그 담보로 일단 SPC가 신한의 정리채권자(현재의 '회생채권자')들로부터 양수하기로 한 정리채권(현재의 '회생채권') 원금 합계 620억 원 상당을 담보로 제공하였다가, 나중에 신한을 인수하면 신한이 보유하고 있는 현금 320억 원을 H은행에 예금하고 그 예금에 질권을 설정하면서 위 정리채권에 대한 담보는 해지하여 주기로 약정하였다.

그 후 위 각 약정에 따라 SPC는 위 D종금의 대출금 350억 원 및 H은행의 대출금 320억 원으로 신한의 신주 520만 주를 260억 원에 인수하고 정리채권자들이 보유하고 있던 신한의 주식 511만(만 미만 수량 생략, 이하 같음) 주를 99억(억 미만 금액 생략, 이하 같음) 원에, 정리채권(원리금 합계 665억 원 상당)을 그 당시 현재가치인 283억 원에 각 인수하고 D종금 등 금융기관에 대한 여신취급수수료 등 명목으로 23억 원을 지급하는 등 위 차입금 합계 670억 원 중 665억 원 상당을 신한의 전체 주식 중 66.2% 및 정리채권의 인수자금으로 사용하였다. 그리하여 2001. 6. 7. 신한의 대표이사로 취임한 피고인은 그 다음날 회사정리절차 종결 결정을 받았고, 위 각 약정대로 신한의 부동산과 예금을 각 차입금의 담보로 제공하고, 종전에 담보로 제공하였던 SPC 소유의 신주나 정리채권에 대한 담보설정은 해지하였다.

위와 같이 담보로 제공한 부동산에는 원래 D종금의 254억 원 상당 근저당권 및 300억 원 상당의 전세권이 설정되어 있었고 D종금의 가처분등기까지 경료되어 있었는데, SPC의 신한 인수로 인하여 그 근저당권 및 전세권 및 가처분등기가 모두 말소되었다. 또한 그 후 SPC가 위 부동산을 담보로 한 D종금의 대출금 중 250억 원을 변제함으로써 그 중 6건의 부동산에 대한 근저당권이 해지되었다. 신한은 2001. 6. 8. 위 유상증자받은 자금 260억 원 중 161억 원으로 회사채무 원리금 230억 원 상당을 변제하는 등 경영정상화 노력을 한 결과, 회사채무가 종전 1,034억 원에서 2002. 12. 31.경에는 737억 원으로 감소하고, 각종 공사를 수주함으로써 국내 건설업계 도급순위가 2001. 6.경 당시 55위였던 것을 2003년에는 47위로 상승하고, 회사의 순자산가치(즉, 자산 − 부채)도 2001. 3.경 888억 원 정도인 것이 2003. 6. 30.경 1,262억 원으로 증가하고, 2003년 상반기에는 우리나라 전체 상장법인 중 매출 증가율 8위를 기록하는 등 비약적인 성장을 하였다.[615)]

【판결요지】

배임죄에서 '손해를 가한 때'라 함은 현실적인 재산상 손해를 가한 경우뿐만 아니

615) 이 사건 공소사실 중에는 그 밖에도 피고인이 신한의 대표이사로서 2001. 12. 21.부터 2002. 12. 30.까지 사이에 4회에 걸쳐 SPC가 보유하고 있는 신한에 대한 정리채권을 담보로 신한의 자금 310억 원을 SPC에 변제기 약정 없이 이자도 원금상환시 일괄 지급하는 조건으로 대여한 행위와, 2002. 1. 18.경 위 SPC의 D종금에 대한 차입금 채무의 담보로 신한의 D종금에 대한 예탁금 50억 원에 근질권을 추가 설정한 행위가 각 배임죄에 해당한다는 부분이 있으나, 이는 배임죄의 일반이론이 문제되는 것일 뿐 차입매수에 특유한 문제가 아니므로 여기에서는 논외로 한다(위 대여행위는 담보로 받은 정리채권이 실질적 가치가 있어서 그 담보력이 충분했다는 이유로 무죄로 확정되었고, 위 추가 담보제공행위도 담보교체 행위에 불과하고 추가로 재산상 손해발생 염려도 없었음을 이유로 무죄로 확정되었음).

라 **재산상 손해발생의 위험을 초래한 경우도 포함**되고, 일단 손해의 위험을 발생시킨 이상 나중에 피해가 회복되었다고 하여도 배임죄의 성립에 영향을 주는 것은 아니다.

기업인수에 필요한 자금을 마련하기 위하여 그 인수자가 금융기관으로부터 대출을 받고 나중에 피인수회사의 자산을 담보로 제공하는 이른바 LBO방식을 사용하는 경우에, 피인수회사로서는 주채무가 변제되지 아니할 경우에는 담보로 제공되는 자산을 잃게 되는 위험을 부담하게 된다. 그러므로 인수자가 피인수회사의 위와 같은 **담보제공으로 인한 위험부담에 상응하는 대가를 지급하는 등의 반대급부를 제공하는 경우에 한하여 허용될 수 있다.** 그렇지 아니한 경우에는 인수자 또는 제3자에게 담보가치에 상응하는 재산상 이익을 취득하게 하고 피인수회사에게 그 재산상 손해를 가하였다고 봄이 상당하다. 부도로 인하여 회사정리절차가 진행 중인 주식회사의 경우에도 그 회사의 주주나 채권자들의 잠재적 이익은 여전히 보호되어야 하므로, 피인수회사가 회사정리절차를 밟고 있는 기업이라고 하더라도 이러한 결론에는 아무런 영향이 없다.

업무상배임죄의 고의가 인정되려면, 업무상 타인의 사무를 처리하는 자가 본인에게 재산상 손해를 가한다는 의사와 자기 또는 제3자에게 재산상 이득을 주려는 의사가 있어야 할 뿐만 아니라, 그의 행위가 임무에 위배된다는 인식이 있어야 할 것인바, **피고인이 피해자 본인의 이익을 위한다는 의사를 가지고 있었다 하더라도 이는 부수적일 뿐이고 이득 또는 가해의 의사가 주된 것임이 판명되면 배임죄의 고의가 인정된다.** 피고인은 서류상 회사인 SPC가 신한의 주식 및 신한에 대한 정리채권 등을 인수하기 위한 금융기관 대출금의 담보로 신한의 자산을 제공하였으면서도 그 담보제공 부담에 상응하는 반대급부를 제공하거나 최소한 그 대출금이 상환될 때까지 SPC가 인수한 주식 · 채권 등이 임의로 처분되지 못하도록 신한 또는 금융기관에 담보로 제공하는 등의 조치도 취하지 않았다. 피고인이 위 대출금을 모두 신한의 채권자들에 대한 채무변제에 사용하였고, 위 담보제공 후 신한의 경영 정상화를 위해 노력하였다 하더라도,[616)]

---

616) 원심은 "피고인이 위 각 금융기관들로부터 대출받은 금원을 궁극적으로 모두 신한의 채권자들에 대한 채무변제 등의 용도에 사용 · 집행하고 이를 통하여 피고인이 개인적인 이득을 취한 바가 전혀 없으며, 결과적으로 이는 신한의 재무구조 개선에 기여하게 된 것인 점 등을 종합하여 보면, 피고인은 회사정리절차가 진행중인 신한를 인수하여 자신의 노력에 따라 충분히 경영을 정상화시킬 수 있다는 나름대로의 합리적인 계산 아래 어디까지나 신한의 이익을 도모한다는 의사로 그 인수자금의 조달을 위하여 이 사건 담보제공에 이른 것으로 볼 여지가 크며, 단지 피고인이 신한의 인수를 위하여 피인수기업인 신한의 자산을 위 금융기관들에 담보로 제공하였다고 하여 그와 같은 사실을 들어 곧바로 피고인에게 신한에 손해를 가하려는 의사가 있었던 것이라고 단정할 수는 없다."고 판시하면서 배임죄의 성립

위 대출은 기본적으로 SPC의 신한 경영권 인수자금을 마련하기 위해 이루어진 것이므로 그 대출로 인한 직접적 이득은 신한에 귀속된다 할 수 없고 SPC의 이익을 위한 행위라고 보아야 한다. 그리고 **피고인이 그 대출을 위하여 정당한 반대급부 등을 제공하지 아니하고 신한의 자산을 담보로 제공한 것 역시 실질적으로 피고인 또는 SPC가 신한의 주주로서의 지위 또는 경영권을 취득하려는 개인적인 이익을 위한 행위이므로, 피고인에게는 자신이나** SPC의 이익을 위하여 신한에게 손해를 가한다는 배임의 고의가 있었음이 인정된다.

따라서 피고인은 신한의 대표이사로서 그 임무에 위배하여 피고인 또는 제3자(즉, SPC)에게 재산상 이익을 취득하게 하고 신한에게 재산상 손해를 가하는 배임죄를 범한 것이라고 판시하였다(1심에서는 유죄로 판시하고, 원심인 2심에서는 무죄를 선고했으나 원심을 파기환송 하였음).

■ 한일합섬 LBO사건(대법원 2010. 4. 15. 2009도6634)

【 사실관계 】

피고인 甲은 D그룹의 회장으로서 D그룹 지주회사인 메이저社(이하 '메이저'라 함)의 이사이고, 피고인 乙은 D그룹의 구조조정본부장이다. 甲, 乙은 회사정리절차 진행 중인 ㈜한일합섬(이하 '한일합섬'이라 함)이 공개매각 될 예정인데 한일합섬에는 즉시 활용할 수 있는 약 1,700억 원 상당의 현금성 자산과 활용 가능한 많은 부동산이 있고 건설사업 등 일부 사업은 메이저의 사업과도 연관성이 있어 시너지 효과가 있다는 사실을 알고 이를 인수하기로 결정하였다.

이를 위하여 메이저는 2006. 12. 13. 5,000만 원을 출자하여 서류상 회사인 SPC를 설립하였고, 乙은 그 대표이사로 취임하였다. D그룹(컨소시엄)은 2006. 12. 26. 한일합섬과의 사이에 그 회사 유상증자 신주 및 회사채를 5,002억 원에 인수함으로써 한일합섬을 인수하기로 하는 양해각서를 체결하였다. 그 인수자금을 마련하기 위하여 乙은 2007. 1. 30. SPC의 대표이사로서 금융기관으로부터 인수자금 4,667억 원을 차입하면서, 그 대출금의 담보로 메이저가 보유하는 계열사 주식 200만 주(주금액 5,000원, 액면가 합계 1,000억 원) 및 SPC 및 계열사 등이 추후 인수하게 될 한일합섬 신주

을 부정하였다(서울고등법원 2004. 10. 6. 2003노3322).

(1주당 발행가액 17,050원)에 대한 근질권설정계약과 SPC가 추후 인수하게 될 한일합섬 사채 2,000억 원 상당 등에 대한 양도담보계약을 각 체결하였고, 메이저가 연대보증 약정도 하였다.

SPC는 2007. 1. 말경 메이저 등 D그룹 계열사들로부터 회사채 발행 등을 통하여 추가로 1,302억 원을 투자받았다. SPC는 2007. 1. 31. 위 차입금으로 신주인수를 통하여 한일합섬 발행 주식 중 56.62%를 취득하였고, 그 밖에 공개매수 등을 통하여 매수한 주식 등을 포함하면 실질적으로 한일합섬 발행주식총수 중 91.5%를 취득하였다. 또한 SPC는 같은 날 위 차입금으로 한일합섬의 회사채 2,000억 원 상당을 인수하였다. 결국 메이저 등 D그룹은 메이저의 자산을 담보로 제공하여 마련한 대출금 4,667억 원과 메이저 등 D그룹 일부 계열사들이 투자한 1,302억 원을 인수자금으로 사용하여 SPC로 하여금 한일합섬을 인수하게 한 것이다.

한일합섬은 2007. 2. 6. 乙을 이사로 선임하였고, 2007. 2. 7. 법원의 회사정리절차 종결 결정을 받았으며, 2007. 2. 15. SPC에게 위 인수 회사채 대금 2,000억 원을 상환하였는데, SPC는 그 돈을 위 금융기관의 대출금 변제에 사용하였다.

각 합병 당사회사의 이사회 · 주주총회 등 내부절차를 거쳐 메이저는 2008. 2. 29. SPC를 합병한 후 2008. 5. 13. 한일합섬을 합병하였고, 같은 날 한일합섬이 보유하고 있던 현금 1,800억 원과 메이저가 보유하고 있던 현금 867억 원 합계 2,667억 원으로 남아있던 위 금융기관의 대출금을 모두 변제하였다.

이 사건 공소사실의 요지는, 甲과 乙은 한일합섬의 다른 대표이사 및 이사 등과 공모하여, 일단 외부 차입금으로 한일합섬을 인수한 후 한일합섬의 현금성 자산으로 그 차입금 중 상당부분을 상환하기 위하여, 재무구조가 비교적 견실한 한일합섬(합병 당시 자산 4,688억 원, 부채 331억 원, 자본 4,357억 원)과 그에 비하여 재무구조가 부실한 메이저(합병 당시 자산 1조 670억 원, 부채 7,350억 원, 자본금 3,320억 원)를 합병시켜 메이저로 하여금 한일합섬이 보유하고 있던 현금 1,800억 원 및 한일합섬의 법인격 소멸에 따른 현금유동성을 취득하게 함으로써 그에 상당하는 액수 미상의 재산상 이익을 취득하게 하고, 한일합섬에게 그에 상응하는 재산상 손해를 가하여 배임죄를 범하였다는 것이다.[617]

---

617) 이 사건 공소사실 중에는 그 밖에도 배임수재, 배임증재 및 업무상횡령 부분도 포함되어 있으나, 여기

【판결요지】

1심 판결이유에 따르면 다음과 같다.

D그룹은 경영상 이유 외에도 한일합섬을 인수하기 전부터 한일합섬의 현금성 자산을 인수자금 마련을 위한 차입금의 변제에 사용할 생각이었던 것은 사실로 보인다. 그러나 기업의 인수·합병 동기에 합병 후 피인수회사의 자산으로 인수차입금채무를 변제하겠다는 의도가 포함되어 있다고 하여, **합병의 법률적·경제적 효과를** 전혀 무시한 채 이를 피인수회사에 대한 배임행위라고 단정하기는 어렵다. **합병으로 인해 인수기업과 피인수회사는 인격적으로 합일하여 일체가 되고, 그 효과에 의하여 합병 이후 인수기업과 피인수회사의 재산은 혼연일체가 되어 구분할 수 없게 되므로,** 합병 이후에 원래는 피인수회사가 보유했던 자산으로 인수기업이 원래 부담하고 있던 채무의 변제에 사용하는 것은 기업의 내부적·자율적 자금운용행위와 특별히 구분된다거나 다른 성질의 것이라 보기 어렵기 때문이다. **합병은 두 법인이 합일되는 것이므로 합병 이후에는 일방의 손해와 일방의 이익을 관념할 수 없고, 소멸회사·주주·채권자 등의 권리침해도 관념할 수 없다. 합병이 관계 법령에 의하여 유효한 이상, 합병과 동시에 피합병회사의 자산이었던 예금 등으로 존속회사의 채무금을 변제하는 것은 존속회사의 자율적 경영판단 영역에 속하는 것**이라 하지 않을 수 없다. 그러므로 이 사건 합병의 효과로 인하여, 합병 이후에 원래 메이저 소유였던 재산으로 채무를 변제하는 것과 한일합섬 소유였던 재산으로 채무를 변제하는 것은 법률적·경제적으로 완전히 동일한 것이다.

또한 검찰의 주장대로 이 사건 합병이 오직 한일합섬의 현금성 자산을 이용하기 위한 것이라고 하더라도, 우리 법제 아래에서는 관계 법령상 유효한 합병인 이상 합병의 목적이 불순하다거나 경제관념에 반한다거나 하는 동기에 대한 규범적 평가만으로 피합병기업에게 손해가 있다고 할 수는 없는 것이므로, 현실적으로 피합병기업(회사·주주·채권자)에게 재산상 손해 또는 손해발생의 위험이 있는지를 따져 보아야 할 것이다. 만일 **합병대상인 회사의 재무구조가 매우 열악하여 합병을 하게 되면 일방의 재산잠식이 명백히 예상됨에도 합병을 실행하여 그로 인해 재산잠식 등의 재산상 손해가 발생한 경우에는 합병을 주도한 이사들의 배임 여부가 문제될 수도 있다**고 할 것이다.

그러나 메이저는 D그룹의 지주회사로서 한일합섬과 비교하여 경제력이 우월하므로

에서는 논외로 한다.

위 합병이 한일합섬에게 경제적으로 심히 불리한 것이라고 보기는 매우 어렵고, 이 사건은 합병으로 인하여 한일합섬에게 재산잠식이 발생한 경우도 아니다. 한일합섬이 메이저에 합병된 결과 얻게 되는 법제상 · 경영상의 이익은 전혀 감안하지 않은 채, 단순히 메이저가 인출하여 사용한 한일합섬이 보유하였던 현금성 자산만이 손해라고 하는 것은 합당하다고 보기 어렵다. 더욱이 메이저 등 D그룹 일부 계열사들은 한일합섬 인수자금 중 1,302억 원을 투자하였고, 나머지 인수자금 차입 당시에도 그 회사자산을 담보로 제공한 점, 합병의 요건이나 절차상 합병무효사유가 있다고 보기도 어려운 점 등에 비추어 이 사건 합병으로 한일합섬에 1,800억 원 상당 내지 법인격 소멸에 따른 현금유동성 상실이라는 손해를 입게 하였다고 볼 수는 없다.

그리고 SPC**와 한일합섬이 합병하는 경우에도, 합병 당시 만약** SPC**가 사실상 자본금이 거의 없는 형식적인 회사에 불과하였다면 한일합섬으로서는 실질적인 자산증가는 없이 오직** SPC**의 대출금채무만을 부담하게 되는 결과 배임이 성립할 여지는 있다.** 그러나 이 사건의 경우에 2007. 1.경 메이저 등이 1,000억 원 이상을 SPC에 투자하였으므로 한일합섬에게 아무런 자산의 증가가 없었다고 보기도 어려울 뿐만 아니라, SPC는 메이저, 즉 D그룹에서 한일합섬을 인수하기 위한 필요에 의하여 설립된 회사로서 실질적인 인수자가 D그룹이라는 점 및 앞서 살펴본 바와 같은 합병으로 인한 법률적 · 경제적 효과 등을 감안해 보면 SPC와 한일합섬의 합병도 배임죄가 성립하기는 어렵다[1심인 부산지방법원 2009. 2. 10. 2008고합482,516 · 656(병합) 판결 및 2심인 부산고등법원 2009. 6. 25. 2009노184 판결은 무죄로 판시하였고, 대법원 판결은 원심 판단이 정당하다고 판시].

■ 대선주조 LBO사건(대법원 2013. 6. 13. 2011도524)

【 사실관계 】

피고인 甲은 사모투자전문회사(PEF)의 자금을 운용하는 자산운용회사인 C사의 대표이사인데, C사 등 사모투자전문회사의 펀드자금과 외부차입금 합계 3,600억 원으로 대선주조를 인수하기 위해 2007. 5.경 SPC를 설립하고 그 대표이사로서 외부차입금 2,500억 원을 차입하여 SPC가 대선주조 주식 98.97%를 인수하게 하고 대선주조의 이사로 취임하였다. 피고인 乙은 C사가 2007. 8. 중순경부터 대선주조社(이하 '대선주조'라 함)를 인수하는 과정에서 그 재무상황을 감독하고 각종 업무현황을 조율하기 위해 대선주조에 재무관리책임자(CFO)로 보낸 자로서 대선주조의 이사로 취임하였다. 甲과 乙은 위 SPC의 차입금 상환을 위하여 2008. 9. 30. 대선주조 발행주식을 800,000주에서 16,000주로 50:1의 비율로 유상감자하는 방법으로 284억 원(억 미만 금액 생략, 이하 같음, 소수주주들에게 지급된 유상감자 환급금 11억 원 포함)을 주주들에게 환급하고, 2008년도 결산 배당의 방법으로 2009. 4. 3. 100억 원 및 2009. 5. 12. 49억 원의 배당금을 각 주주들에게 지급하고, 대선주조의 정관까지 개정하면서 중간배당하는 방법으로 2009. 10. 1. 153억 원, 2009. 12. 11. 27억 원의 배당금을 각 주주들에게 지급하였다.

이 사건 공소사실은 피고인들의 이러한 행위는 대선주조의 이사로서 업무상 임무에 위배하여 주주인 SPC에 유상감자 환급금 및 이익배당금 합계 614억 원 상당의 재산상 이익을 취득하게 하고, 대선주조에 같은 금액 상당의 재산상 손해를 가하였다는 것이다.

【판결요지】

주식회사의 이사는 주식회사의 사무를 처리하는 자의 지위에 있지만 주식회사와는 별개의 법인격인 주주나 회사채권자들에 대한 관계에서 직접 그들의 사무를 처리하는 자의 지위에 있다고 볼 수는 없다. 그러므로 주식회사의 이사가 회사에 대한 신임관계를 저버리는 행위를 함이 없이 주주나 회사채권자의 이익만 해치는 행위를 하였더라도 그로 인하여 회사가 주주나 회사채권자에게 별도의 손해배상책임을 부담하게 되었다는 등의 특별한 사정이 없는 이상 주주 또는 회사채권자에 대한 배임행위는 물론 회사에 대한 배임행위도 성립할 수 없다.

유상감자는 상법에 의해 보호되는 주주의 투하자본 반환수단으로서 개인의 처분행위와는 명백히 구별될 뿐만 아니라, **유상감자를 통하여 회사재산이 감소한다고 하더라도 동시에 주주의 회사에 대한 지분의 가치 내지 주주에 대한 회사의 투하자본 환급의무도 함께 감소하게 된다.** 그러므로 이로 인해 주주가 부당한 이익을 얻고 회사가 손해를 입었다고 하기 위해서는, **단순히 회사의 재무구조상의 필요가 없음에도 이를 하였다는 점만으로는 부족하고, 유상소각되는 주식의 가치를 실질상의 가치보다 높게 평가하여 감자 환급금을 지급하는 등으로 주주에게 부당한 이익을 취득하게 함으로써 결국 회사에도 손해를 입히는 등의 특별한 사정이 인정되어야 한다.** 이 사건의 경우에 대주주의 경우 1주당 35,000원으로, 소수주주의 경우 1주당 454,694원(SPC의 종전 취득가액)으로 주당 환급금을 산정하였는데, 전체 유상감자 환급금을 주당 평균하더라도 검사가 제시하는 1주당 실거래가 40,000원 내지 80,000원에 훨씬 못 미치고, 대주주가 자신의 환급금을 낮추는 대신 자신의 몫의 일부를 떼어 소수주주들에게 나누어 주는 것은 주주평등의 원칙에 반하지 않으며, 달리 이 사건 유상감자 환급금의 수준이 대선주조 주식의 실질가치보다 과대하게 평가되었음을 인정할 아무런 증거도 없으므로, 유상감자로 인하여 주주에게 부당한 이익을 취득하게 하였다고 볼 수 없다.

또한 **주주가 유상감자를 통해 투자한 자본을 회수한 뒤 이를 어디에 사용하는지에 관하여는 법령상 아무런 제한이 없으므로 피고인들이 SPC의 대선주조 인수자금을 상환하기 위해 이 사건 유상감자를 실시하였다고 하여 이를 위법하다고 할 수는 없다.** 이 사건의 경우에 유상감자 절차에서 일부 채권자에 대한 통지절차가 누락되었고, 법원의 허가 없이 상법에 규정되지 않은 방법으로 단주를 처리한 위법은 있으나, 당시 대선주조의 영업이익이나 자산규모 등에 비추어 채권자들이 이의를 제기할 경우 변제 또는 담보제공 등을 할 수 있었을 것으로 보이고, 이에 대하여 이의를 제기한 채권자가 아무도 없었으며, 이후 채권자들에게 채권이 모두 변제되었고, 주주나 채권자 등이 자본감소로 인한 변경등기가 있은 날로부터 6개월 이내에 자본감소무효의 소를 제기하지 아니하였으므로(설령 소송이 제기되었더라도 당시 대선주조의 영업이익이나 자산규모 등에 비추어 하자가 즉시 보완될 수 있었을 것으로 보인다) 대선주조의 채권자들에게 손해를 입혔다고 볼 수도 없다.

그리고 **주주가 법령과 정관에서 정한 바에 따라 이익배당이나 중간배당을 받는 것은 주식회사에서 주주가 투하자본을 회수할 수 있는 정당한 권리이므로, 이로 인해 주주가 부당한 이익을 얻고 회사가 손해를 입었다고 하기 위해서는, 전례나 영업이익의 규모, 현금자산 등에 비추어 이익배당이나 중간배당이 과다하다는 점만으로는 부족하고, 이익배당이나 중간배당이 법령과 정관에 위반하여 이루어지는 위법배당에 해당하여 주주에게 부당한 이익을 취득하게 함으로써 결국 회사에도 손해를 입히는 등의 특별한 사정이 인정되어야 한다.** 이 사건 이익배당과 중간배당은 배당가능이익이 2009. 8. 31. 기준으로 547억 원, 2009. 9. 30. 기준으로 372억 원에 이르는 등 위 각 배당액을 훨씬 상회하여 모두 상법이 규정하는 제한범위 내에서 이루어졌고, 달리 이익배당이나 중간배당이 그와 관련한 법령이나 정관을 위반하였음을 인정할 아무런 증거도 없으므로, 이익배당이나 중간배당으로 인하여 주주에게 부당한 이익을 취득하게 하였다고 볼 수도 없다.

따라서 피고인들이 대선주조의 이시로서 수행한 유상감자, 이익배당 및 중간배당으로 인하여 회사의 적극재산이 감소했다고 하더라도 이는 우리 헌법과 상법이 보장하는 사유재산제도, 사적자치의 원리에 따라 주주가 가지는 권리행사에 따르는 당연한 결과에 불과하여, 이를 두고 주주에게 부당한 이익을 취득하게 함으로써 대선주조에 손해를 입혔다고 볼 수 없으므로 피고인들이 업무상배임죄를 저질렀다고 볼 수 없다[1심인 부산지방법원 2010. 8. 10. 2010고합73 판결 및 2심인 부산고등법원 2010. 12. 29. 2010노669 판결은 각 무죄로 판시하였고, 대법원 판결은 원심 판단이 정당하다고 판시].

■ 온세통신 LBO사건(대법원 2015. 3. 12. 2012도9148)

【 사실관계 】

피고인은 코스닥 등록회사인 유비스타의 대표이사로서 2006. 5. 23. 유비스타가 당시 회사정리절차 진행 중인 ㈜온세통신(이하 '온세통신'이라 함)의 매각입찰에 참여하여 온세통신을 1,544억 원에 인수하기로 온세통신과 투자계약을 체결하였다. 피고인은 그 인수자금 조달을 위해 인수회사인 유비스타의 전환사채 발행으로 680억 원, 유상증자로 222억 원, 회사의 은행 차입금으로 950억 원, 회사 내부자금으로 71억 원, 합계 1,983억 원을 마련하였다. 피고인은 그 자금으로 710억 원(억 미만 금액 생략, 이하 같음)은 유비스타가 온세통신의 유상증자 신주(온세통신의 구주는 전량 소각) 100%를 인수하여 1인 주주로서 보유하게 하고 834억 원은 온세통신의 회사채 834억 원 상당을 인수하게 하였다. 온세통신은 그 신주 및 회사채의 인수대금 중 일부로 온세통신의 구주를 전부 소각하는 비용(약 144억 원)이나 정리채권 및 정리담보권의 채무변제 비용으로 사용하였다.

그 후 2006. 9. 26. 온세통신의 회사정리절차는 종결되었고, 피고인은 온세통신의 대표이사로 취임하여 그 채권자에게 온세통신의 매출채권과 부동산 등 자산 587억 원 상당을 위와 같이 유비스타가 보유하는 온세통신의 회사채 또는 유비스타가 차입한 은행 차입금의 담보로 제공하였다. 또한 온세통신이 위 대출은행에 온세통신의 부동산을 담보로 제공하여 차입한 대출금 834억 원으로 유비스타에게 위 회사채 834억 원을 조기 상환하였으며, 유비스타는 그 조기 상환받은 자금으로 자신의 인수자금 조달을 위해 부담한 은행 차입금을 변제하였다. 유비스타는 위 투자계약 당시부터 온세통신과의 합병을 전제로 인수계약을 논의했으며, 실제로 위와 같이 온세통신을 인수한 후 2007. 11. 12. 온세통신을 흡수합병 하였다. 그런데 피고인이 온세통신의 대표이사로서 위와 같이 온세통신의 자산을 유비스타의 인수자금에 대한 담보로 제공한 행위와 유비스타에게 발행한 온세통신 회사채를 조기 상환한 행위가 임무위배행위라는 이유로 배임죄로 기소되었다.

【 판결요지 】

항소심 판결은 ① 인수회사(유비스타)가 전환사채 발행, 유상증자, 은행 대출금 및 회사 내부자금으로 조달한 자체자금을 인수자금으로 투입하였으므로 인수를 위한 상당 정도의 반대급부 제공이 있었던 점, ② 인수회사가 피인수회사(온세통신)의 구주를 전부 소각하고 신주 100%를 취득하여 1인 주주가 됨으로써 피인수회사와 경제적 이해관계가 일치하게 된 점, ③ 인수회사는 피인수회사와 인수를 위한 투자계약을 체결할 당시부터 피인수회사와의 합병을 전제로 인수계약을 논의하였고, 실제로 피인수회사를 흡수합병 하여 합병효과로 인수회사와 피인수회사의 재산은 혼연일체가 되고 합병 전에 피인수회사의 담보제공으로 인한 부담이나 손해는 인수회사에게 귀속된 점, ④ 피인수회사의 회사채 조기상환은 피인수회사에게도 부채비율 감소로 재무구조가 개선되고 이자비용이 절감되는 것이므로 전체적으로 손해로 보기 어려우며 이는 경영자의 경영판단에 속하는 것인 점, ⑤ 인수회사는 피인수회사를 인수할 경영상 필요가 있었고, 실제로 인수 후 피인수회사 건물에 200억 원 상당의 설비투자를 한 점 등에 비추어, 피인수회사의 대표이사가 된 피고인의 피인수회사에 대한 임무위배행위나 피인수회사의 손해발생을 인정할 수 없고, 피고인의 배임 범의도 인정할 수 없다는 이유로 무죄를 선고하였다.[618]

이에 대하여 대법원은 "차입매수의 경우 배임죄의 성립 여부는 차입매수가 이루어지는 과정에서의 행위가 배임죄의 구성요건에 해당하는지 여부에 따라 개별적으로 판단되어야 한다"는 종전 입장을 전제로, "원심이 설시한 이유 중 다소 미흡한 부분이 없지 아니하나, 원심이 위와 같은 사정을 종합하여 피고인이 인수자금 조달과정에서 피인수회사의 자산을 담보로 제공하거나 회사채를 조기상환함에 있어 인수회사에게 이익을 주고 피인수회사에게 손해를 가하고자 하는 배임죄의 고의가 있었다고 볼 수 없

618) 서울고등법원 2012. 7. 5. 2012노268.

다고 판단한 것은 정당하다."고 판시하였다[1심인 서울중앙지방법원 2012. 1. 5. 2011고합680, 2011고합1363 판결은 유죄로 판시하였으나, 2심 및 대법원은 위와 같이 무죄로 판시].

5. 판례 검토

가. 신한 LBO사건

담보제공형 차입매수의 경우 인수자의 배임죄 성립 여부도 배임죄의 일반 법리에 따라 인수자가 피인수회사의 담보제공에 상응하는 반대급부를 제공하였는지 여부를 기준으로 피인수회사의 손해 또는 손해발생 위험을 평가하고, 이에 따라 임무위배행위 및 배임죄의 성립 여부를 판단하고 있다.

그런데 그 반대급부 여부를 판단함에 있어서 판례는 일련의 과정으로 이루어지는 차입매수의 경영상 특수성은 감안하지 않고 담보제공 당시의 재산적 대가관계만으로 이를 평가하고 있어서 부당하다. 피인수회사의 담보제공이나 채무부담 당시를 기준으로 그 반대급부 여부를 평가할 것이 아니라 일련의 차입매수 과정 전체를 평가하여 그 손해발생의 위험이나 배임행위 여부를 판단해야 한다는 **전과정평가설** 입장에서는 신한 LBO사건을 다음과 같이 평가할 수 있을 것이다.

피고인은 SPC의 차입금 합계 670억 원 중 대부분인 665억 5,700만 원을 피인수회사인 신한의 신주 인수나 주식 및 정리채권 매입 등 인수자금으로 사용하였다. 그 신주인수로 인한 신한의 유상증자금 260억 원은 물론이고 정리채권 약 283억 원 상당을 인수자가 설립한 SPC(신한의 주식 66.2% 보유)가 매입함으로써 그 상환압박을 덜 받게 된 것, 신한의 부동산(즉, 위 인수자금을 대출한 D종금 및 H은행에 그 대출금의 담보로 제공된 부동산)에 선순위로 설정되어 있던 D종금의 254억 원 상당 근저당권 및 300억 원 상당 전세권과 D종금의 가처분 등기를 위 유상증자로 인한 신주인수대금 등 인수자금으로 말소한 것[619]은 신한의 이득으로 보아야 할 것이다. 또한 비록 신한이 인수자의 인수자금 대출금에 대하여 담보를 제공하였다고 하더라도 피고인이 막대한 대출금을 융통함으로써 위와 같이 신한에 필요한 현금유동성을 창출한 것 자체

---

619) 이 점에 관하여 대법원은 SPC의 신주인수로 신한에 납입된 신주인수대금은 일단 신한의 소유이므로 신한의 자금으로 종전의 담보권 및 가처분 등기를 말소한 것일 뿐이라는 취지로 설시하고 있으나, 이는 차입매수의 경영상 기능을 외면하고 반대급부의 개념을 지나치게 좁게 해석하는 것이다.

가 반대급부의 일부를 이룬다고 봄이 타당하다.

그리고 신한의 대표이사로 취임한 피고인은 법원으로부터 그때까지 진행되어 오던 신한의 회사정리절차 종결 결정을 받았고, 나중에 SPC는 D종금의 인수자금 대출금 중 250억 원을 변제함으로써 신한이 이 사건 담보로 제공한 부동산들 중 6건 부동산 근저당권을 해지하였다. 또한 피고인은 신한이 유상증자로 인해 SPC로부터 받은 260억 원 중 약 161억 원으로 신한의 채무 원리금 약 230억 원 상당을 변제하고 나머지 99억 원을 신한의 운영자금으로 사용하는 등 경영정상화 노력을 하였다. 그 결과 신한은 회사채무가 종전 1,034억 원 상당에서 차입매수 1년 6개월 후인 2002. 12. 31.경에는 737억 원 상당으로 감소하고, 각종 공사의 수주를 통하여 국내 건설업계 도급순위가 8개 순위나 상승하였으며, 순자산가치(자산-부채)도 차입매수 전인 2001. 3.경 888억 원 정도에서 2003. 6. 30.경 1,262억 원으로 증가하였고, 2003년 상반기에는 우리나라 전체 상장법인 중 매출증가율 8위를 기록하는 등 비약적인 성장을 하였다.

따라서 이러한 일련의 과정을 통해 관찰되는 경영상 이익은 차입매수의 결과로 보아야 할 터인데, 이를 전혀 감안하지 않은 채 단순히 신한의 자산을 위 대출금의 담보로 제공하게 한 행위만을 손해라고 평가하는 것은 합당하다고 보기 어렵다.

나. 한일합섬 LBO사건

합병형 차입매수의 경우에 합병의 동기가 차입매수에 있다고 하더라도 합병의 본질 및 효력에 비추어 합병 후의 채무부담 관계는 합병된 피인수회사의 손익으로 따질 수 없는 문제이므로, 합병행위 자체에 실체적 또는 절차적 하자가 있어서 피인수회사에 손해나 손해발생 위험을 입게 한 경우에만 배임으로 의율할 수 있다고 보는 판례의 입장은 타당하다. 한일합섬 LBO사건에서 법원은 메이저와 한일합섬의 합병에 관하여, 메이저는 D그룹의 지주회사로서 한일합섬과 비교하여 경제력이 우월하므로 위 합병이 한일합섬에게 경제적으로 심히 불리한 것으로 보기 어렵다는 점, 그 합병으로 인하여 한일합섬에게 재산잠식이 발생한 경우도 아니라는 점, 메이저 등 D그룹 일부 계열사들이 한일합섬 인수자금 중 1,302억 원을 투자하고 나머지 인수자금 차입 당시에도 그 회사자산을 담보로 제공한 점, 그 밖에 합병의 요건이나 절차상 합병무효사유가 있다고 보기 어려운 점 등에 비추어 이 사건 합병으로 한일합섬에 손해를 입게 하였다고 볼 수 없다고 판시하였다. 다만, 이처럼 합병행위 자체로 인한 손해 여부 및 경영자의 임무위배 여부를 판단함에 있어서는 합병에 관한 판단이 경영판단에 속한다는 점과 차입매수의 경영상 특성이 충분히 반영되어야 할 것이다. 그러므로 차입매수 전과정에 걸쳐 종합적으로 평가할 일이고 경영판단원칙에 따라 합병 판단의 절차적 · 주관적 사항이 1차적 심사대상이 되어야 할 것이다. 위 판결에서 합병의 적법절차 여부를 판단한 것은 절차적 사항을 심사한 것이지만, 그 밖에 합병 당사회사의 경제력 비교, 인수자금의 실제 부담 등 위 판결은 주로 합병 판단의 내용을 심사하고 있다. 경영판단원칙에 충실하자면 차입매수 및 합병 판단에 있어서 적절한 정보수집을 한 것인지, 인수회사의 이사 등 경영자인 피고인들의 이해관계 여부 등 절차적 · 주관적 사항을 1차적으로 검토할 필요가 있다고 본다.

그리고 1심 판결은 SPC와 한일합섬이 합병하는 경우에도, 합병 당시 SPC가 사실상 자본금이 거의 없는 형식적인 회사에 불과하였다면 한일합섬으로서는 실질적인 자산증가는 없이 오직 SPC의 대출금 채무만을 부담하게 되는 결과 배임이 성립할 여지가 있을 수 있으나, SPC는 메이저 등으로부터 1,000억 원 이상을 투자받은 상황이므로 합병으로 인해 한일합섬에게 아무런 자산증가가 없었다고 보기도 어렵다고 판시하고 있다. 이는 이 사건 합병이 실질적으로는 SPC와 한일합섬 사이의 합병인 점을 의식하여 일련의 차입매수 과정 전체를 종합적으로 평가한 것으로서 필요한 판단이라고 본다.

다. 대선주조 LBO사건

환급형 차입매수의 경우에는 유상감자나 이익배당 등 출자환급의 성격을 감안하지 않을 수 없다. 비록 회사의 본질론 중 이해관계자주의(또는 법인이익독립론) 입장에 따라 차입매수로 인하여 회사의 자산 유출이 있었다고 보더라도, 유상감자나 이익배당이 위법 · 부당하지 아니한 이상 피인수회사의 손해발생이나 임무위배행위를 인정할 수 없다고 보아야 할 것이다. 유상감자나 이익배당과 같은 출자의 환급으로 인하여 주주에게 손해가 발생하는 것은 아니므로, 회사의 본질론에 관한 주주지상주의를 따르면 환급형 차입매수로 인한 손해발생 및 임무위배행위를 인정할 수 없음은 당연하다.

따라서 대선주조 LBO사건의 판결이유는 이해관계자주의 및 법인이익독립론 입장에 기한 판단으로 이해할 수 있을 것이다.

라. 온세통신 LBO사건

온세통신 LBO사건은 담보제공형 차입매수 유형 중 인수회사가 피인수회사로부터 그 담보제공을 받은 후 피인수회사와 합병한 사안이다. 즉, 인수회사가 피인수회사를 인수받은 후 피인수회사의 자산을 인수회사가 차입한 인수자금의 담보로 제공한 점, 그 인수 후 피인수회사가 대출을 받아 인수회사가 인수과정에서 발행받은 피인수회사의 회사채를 조기 상환함으로써 인수회사의 인수자금 상환에 사용케 하고 피인수회사가 실질상 인수자금의 채무자가 되도록 한 점에서 기본적으로는 담보제공형 차입매수라 할 수 있다. 그러나 이어서 인수회사가 피인수회사를 흡수합병 한 것은 합병형 차입매수와 유사한 점이 있고, 담보제공 후 합병한 유형이라는 의미에서 담보제공형 차입매수와 사후합병형 차입매수의 **복합형**이라 할 수 있을 것이다. 이에 대하여 온세통신이 대출금으로 위 회사채를 조기 상환한 것을 자산인출형(즉, 환급형)으로 보고 담보제공형, 합병형 및 자산인출형의 복합형 차입매수라고 평가하는 견해[620]도 있다.

이 사건 인수를 위해 인수회사인 유비스타는 피인수회사 온세통신이 발행하는 신주의 인수대금 710억 원 및 회사채의 인수대금 834억 원을 자신의 회사 자금과 은행 차입금으로 조달하였고, 온세통신은 회사 소유 부동산 등 자산 587억 원 상당을 위 유비스타의 은행 차입금 담보로 제공했을 뿐, 그 밖에 온세통신이 부담하게 된 대출채무 834억 원은 온세통신 발행 회사채를 조기 상환하기 위한 것이었다. 온세통신이 대출받은 위 834억 원은 온세통신이 회사정리절차를 종결하는 데 필요한 정리채권·정리담보권의 채무변제를 위해 발행한 위 회사채의 상환에 사용한 것이므로, 유비스타가 그 회사채 834억 원 상당을 인수했던 것은 그만큼 온세통신에 현금유동성을 제공한 셈이다. 이러한 회사채 관련 현금유동성의 제공 외에는 유비스타가 온세통신의 담보제공과 무관하게 조달한 인수자금은 불과 123억(710억 − 587억) 원에 불과하다. 따라서 인수회사가 피인수회사의 인수자금 담보제공 등 채무부담에

620) 원창연, 앞의 "차입매수와 배임죄의 성부", 104면.

상응하는 충분한 반대급부를 한 경우는 아니다. 그럼에도 불구하고 온세통신 LBO 사건에서 무죄를 선고한 판결이유는 위와 같이 인수회사가 인수를 위한 상당 정도의 자체 인수자금을 제공한 점 외에도, 인수회사가 SPC가 아닌 사업회사로서 피인수회사의 1인 주주가 되어 피인수회사와 경제적 이해관계가 일치하게 된 점, 인수회사가 피인수회사를 사후에 흡수합병함으로써 양 회사의 재산이 혼연일체가 되고 합병의 효력으로 합병 전 피인수회사의 담보제공 등 채무부담이나 그로 인한 손해가 인수회사에게 귀속되었고 인수회사가 처음부터 그러한 합병을 전제로 인수계약을 체결한 점, 인수회사가 피인수회사를 인수할 경영상 필요가 있었고 실제로 인수 후 피인수회사 건물에 200억 원 상당의 설비투자를 한 점 등에 비추어 전체적으로 배임의 고의를 인정할 수 없다는 것이다. 그 밖에 피인수회사의 회사채 조기상환은 그로 인하여 피인수회사도 부채비율 감소로 재무구조가 개선되고 이자비용이 절감되는 등의 반대급부를 받는 것이므로 전체적으로 피인수회사의 손해를 인정하기 어렵고, 이는 경영자의 경영판단에 속하는 것으로서 그로 인한 손해발생이나 이사 등 경영자의 임무위배를 인정할 수 없다는 것이다.

따라서 이 판례는 충분한 반대급부가 없었던 담보제공형 차입매수의 경우일지라도 일련의 차입매수과정 전체를 종합적으로 평가하여, 상당한 반대급부를 제공하였고, 인수회사와 피인수회사 사이에 경제적 이해관계가 일치하고 인수회사가 피인수회사를 인수할 경영상 필요도 있었으며, 처음부터 합병을 전제로 인수를 추진하여 실제로 인수 후에 합병하였고, 인수 후 피인수회사에 상당한 설비투자도 하였던 경우에는 배임의 고의 및 그 전제인 임무위배행위도 인정할 수 없다고 본 판례라는 점에서 종전 담보제공형 차입매수에 관한 판례의 입장에 전과정평가설을 반영한 진일보한 판례로 보아야 할 것이다.

온세통신 LBO사건과 비교할 만한 사건으로 하이마트 LBO사건[621]을 들 수 있다. 이 사건은 사모투자회사(PEF)가 100% 지분을 가진 SPC를 설립하여 전자제품 유통회사 하이마트를 인수하기 위해 SPC로 하여금 그 인수자금 등 2,550억 원을 차입하게 하였는데, 피인수회사인 하이마트의 대표이사인 피고인이 다른 이사들과 공모하여 대주(貸主)에게 그 차입금 채무를 담보하기 위해 하이마트 소유의 223개 토

---

621) 대법원 2020. 10. 15. 2016도10654.

지 · 건물에 근저당권을 설정해 준 행위가 배임죄가 되는지 문제된 사안이다. 그 대출 당시 하이마트도 인수회사의 요청에 따라 위 대주로부터 2,170억 원을 차입하기로 하고 채권최고액을 6,136억 원으로 한 근저당권을 설정한 것인데, 하이마트가 차입을 예정한 대출금 중 일부는 위 SPC의 하이마트 인수자금 대출금의 대환을 위한 이른바 리파이낸싱(re-financing) 목적의 대출이었다. 위 SPC는 차입한 인수자금으로 피고인을 포함한 하이마트의 주주들로부터 주식을 매수하거나 포괄적 주식교환을 통해 하이마트 주식 100%를 보유한 다음, 1~2년 후 하이마트에 흡수합병 되어 소멸되었다. 위 SPC는 위 차입금 2,550억 원의 대출계약을 하면서 그 담보로 대주에게 SPC가 장래 취득할 하이마트 주식, 보유예금, 인수회사인 사모투자회사가 다른 특수목적법인을 통해 보유하는 위 SPC 주식 전부에 관한 근질권설정계약서를 제출하기로 약정했으나 충분한 담보는 되지 못했다. 이 사건도 인수회사가 피인수회사로부터 담보제공을 받은 후 피인수회사와 합병한 사례이므로 담보제공형 차입매수와 사후합병형 차입매수의 복합형이라 할 수 있을 것이다. 그러나 이 사례에서는 "하이마트가 인수절차가 진행되기 전에 비해 채무원리금 변제의 부담이 크게 증가하고 미변제 시 보유 부동산을 상실할 위험이 발생하는 등 전체적으로 재산상 손해만 입었을 뿐, 이를 상쇄할 만한 다른 반대급부를 인수회사 등으로부터 제공받지 못하였다."는 이유로 피고인에 대해 배임죄를 인정하였다.

제4장

4 횡령 범죄

제1절 서설
제2절 구조
제3절 범죄구성요건
제4절 미수범, 공범, 죄수 및 친족간 범행
제5절 관련문제

제1절 서설

Ⅰ. 의의

횡령죄는 기본 유형인 형법의 횡령죄(형법 제355조 제1항, 이하 '단순횡령죄'라 함)가 있고, 그 신분적 가중처벌(가중책임) 유형인 업무상횡령죄(형법 제356조, 제355조 제1항, 이하 '업무상횡령죄'라 함)가 있다. 따라서 업무상횡령죄는 행위주체의 신분에 따라 책임이 가중되는 부진정신분범이다. 그 밖에 그 가중처벌 유형인 특정경제범죄법위반(횡령)죄(특정경제범죄법 제3조)[1] 및 특정범죄가중법위반(국고등손실)죄(특정범죄가중법 제5조)[2] 등이 있다. 단순횡령죄, 업무상횡령죄 및 위 특별법상 횡령죄를 포괄하여 광의의 횡령 범죄(이하 '횡령죄'라 함)라 할 수 있다.

횡령죄는 타인의 신임관계를 배반하는 배신성을 지닌다는 점에서는 배임죄와 유사하므로,[3] 형법에서는 배임죄와 같은 장 같은 조문에서 함께 규정하고 있고 그 처벌도 동일한 법정형으로 규정하고 있다. 그리고 타인 재물의 소유권을 침해하는 영득죄라는 점에서는 절도죄(형법 제329조)와 유사하지만, 타인의 점유를 침탈하는 죄가 아니라는 점에서 절도죄와 다르고 자기의 점유나 지배 아래 있는 타인 소유 물건을 행위객체로 한다는 점에서 단순횡령죄의 법정형은 절도죄보다 가볍다.[4]

횡령죄는 행위주체가 타인의 재물을 보관하는 자이거나 업무상 보관자의 지위에 있는 자인 경우에만 성립하는 신분범이다. 기업적 생활관계에서는 업무상 기업의 재물을 임직원이 보관한다거나 어느 기업이 다른 기업의 재물을 보관하는 등 보관자의 신분에 있는 경우가 빈번하므로, 비즈니스범죄에 있어서 횡령죄로 의율되는 경우가 많다.

---

1) 죄명에 관한 대검예규의 공식 죄명은 '특정경제범죄가중처벌등에관한법률위반(횡령)'이다.

2) 위 대검예규의 공식 죄명은 '특정범죄가중처벌등에관한법률위반(국고등손실)'이다.

3) 배종대(형각), 407면; 김성돈(형각), 433면; 정웅석 · 최창호(형각), 696면.

4) 박상기 · 전지연(형법), 665면.

Ⅱ. 보호법익

횡령죄의 보호법익은 '재물에 관한 타인의 소유권'이라고 보는 견해가 통설이다.[5] 이에 대하여 1차적으로는 재물에 관한 타인의 소유권이지만 부차적으로는 '위탁관계'도 보호법익이라고 하는 견해,[6] 위탁관계의 침해를 나타내기 위하여 그 보호법익을 민법상 간접점유의 '점유매개관계로 나타난 소유권의 향유'라고 하는 견해[7]가 있다(소수설). 소수설이 위탁관계를 보호법익으로 포함시키는 이유는 범죄구성요건 중 행위주체를 '보관하는 자'로 규정하고 있음을 반영하고 소유권만을 보호법익으로 하는 점유이탈물횡령죄(형법 제360조)와 구분하기 위한 것으로 보인다.[8] 그러나 같은 장(형법 제40장)에서 규정하고 있는 점유이탈물횡령죄와는 행위의 주체나 객체를 통하여 구분하면 충분하므로 굳이 '위탁관계'를 보호법익에 포함할 필요는 없을 것이다.

판례는 횡령죄의 보호법익을 '타인의 재물에 관한 **소유권 등 본권**'이라고 판시하고 있다.[9] 본권이란 물건을 사실상 지배하는 점유권(민법 제192조)의 반대개념으로서 물건을 직접 지배하는 권리를 말하고,[10] 물건의 사용가치와 교환가치를 전부 지배하는 소유권, 그 중 교환가치만 지배하는 용익물권 및 교환가치만 지배하는 담보물권으로 구분된다.[11] 판례의 사안은 대부분 타인의 재물을 보관하는 사람이 그 사람의 동의 없이 담보제공 행위를 한 경우이지만,[12] 용익물권 · 담보물권 등 제한물권의 설정에 의한 침해도 소유권의 일부 침해로 볼 수 있으므로 이러한 경우를 위하여 소유

---

5) 정성근 · 박광민(형각), 386면; 김성돈(형각), 432면; 김일수 · 서보학(형각), 285면; 이재상 · 장영민 · 강동범(형각), 388면; 오영근(형각), 344면.

6) 박상기(형법), 660면; 신동운(형각), 1152면.

7) 배종대(형각), 407면.

8) 박상기(형법), 660면.

9) 대법원 2013. 2. 21. 2010도10500 전원합의체; 2009. 2. 12. 2008도10971; 2002. 11. 13. 2002도2219.

10) 고상룡(물권), 16면; 곽윤직 · 김재형(물권), 21면; 지원림(민법), 437면.

11) 김준호(물권), 20,21면.

12) 대법원 2002. 11. 13. 2002도2219("횡령죄는 다른 사람의 재물에 관한 소유권 등 본권을 그 보호법익으로 하고 본권이 침해될 위험성이 있으면 그 침해의 결과가 발생되지 아니하더라도 성립하는 이른바 위태범이므로, **다른 사람의 재물을 보관하는 사람이 그 사람의 동의 없이 함부로 이를 담보로 제공하는 행위**는 불법영득의 의사를 표현하는 횡령행위로서 사법(私法)상 그 담보제공행위가 무효이거나 **그 재물에 대한 소유권**이 침해되는 결과가 발생하는지 여부에 관계없이 횡령죄를 구성한다.")

권 외 본권까지 보호법익으로 보아야 하는 것은 아니다. 그러나 예컨대 물건의 질권자로부터 전질권(轉質權)을 설정받은 전질권자가 소유권자의 동의만 받고 물건을 임의로 처분한 경우에 횡령죄가 성립할 것인지 여부는 통설과 판례의 입장에 따라 결론을 달리할 수 있게 된다. 용익물권이나 담보물권도 소유권과 비교하여 권리의 양의 차이가 있을 뿐 물건에 대한 직접적 지배권인 물권이라는 본질은 마찬가지이므로 그러한 제한물권자도 보호할 필요가 있을 것이다. 따라서 판례의 입장이 타당하다고 본다.[13]

그 보호의 정도에 관하여는 위험범(위태범)설과 침해범설이 대립하고 있다. 위험범설은 피해자의 소유권이 침해될 위험성만 있더라도 횡령죄가 성립할 수 있다는 견해[14]로서 판례[15]의 입장이다. 위험범설은 보관자가 횡령물의 소유권을 취득하지 않더라도 횡령물에 대한 영득의사를 외부적으로 표출한 때 기수에 이른 것으로 보아야 함을 논거로 들고 있다.[16] 이에 대하여 침해범설은 실제로 소유권이 침해된 때 비로소 횡령죄가 성립한다는 견해로서, 사실상의 소유상태가 침해되거나 소유권의 내용인 사용 · 수익 · 처분권이 침해된 경우에도 소유권의 침해로 볼 수 있다고 한다.[17] 침해범설은 미수범 처벌규정이 존재한다는 점과 재물에 대한 사실상 소유상태의 침해까지 소유권의 침해로 보아야 함을 논거로 들고 있다. 횡령죄는 "재물을 횡령하거나 반환을 거부한 때" 범죄구성요건이 충족되고(형법 제355조 제1항), 이때 기수에 이르게 된다. 이러한 횡령행위로 곧 사법(私法)상 타인의 소유권 등 본권이 변동되거나 제한되는 효력까지는 발생하지 않고 그 권리침해의 구체적 위험만 발생하였더라도 위법성 평가가 가능한 범죄구성요건은 충족되는 것으로 보아야 할 것이다. 물건에

---

13) 대법원 2010. 6. 24. 2009도9242 판결에서도 "횡령죄의 주체는 타인의 재물을 보관하는 자이어야 하고, 여기에서 '보관'은 위탁관계에 의해 재물을 점유하는 것을 의미하므로, 횡령죄가 성립하기 위하여는 그 재물의 보관자와 재물의 **소유자(또는 그 밖의 본권자)**사이에 법률상 또는 사실상의 위탁신임관계가 존재하여야 하고"라고 판시하여 소유권 이외의 본권자도 보호법익의 주체임을 명시하고 있다.

14) 손동권 · 김재윤(형각), 421면; 이재상 · 장영민 · 강동범(형각), 388면.

15) 대법원 2013. 2. 21. 2010도10500 전원합의체; 2002. 11. 13. 2002도2219; 1975. 4. 22. 75도123; 2012. 8. 17. 2011도9113[김성돈(형각), 407면에서는 이러한 판례의 입장을 구체적 위험범설 입장으로 해석하고 있다].

16) 박상기(형각), 362면.

17) 김성돈(형각), 432면; 오영근(형각), 344면; 정성근 · 박광민(형각), 387면; 김일수 · 서보학(형각), 285면; 배종대(형각), 407면.

대한 직접적 지배권인 물권의 본질에 비추어 볼 때 재물에 대한 사실상 소유상태의 방해는 소유권의 침해가 아니라 침해의 위험에 해당한다.[18] 따라서 보호법익인 재물의 소유권 등 본권의 보호정도에 관해서는 구체적 위험범으로 보아야 할 것이다. 구체적 위험범으로 파악하더라도 미수범의 성립은 가능하므로 미수범 처벌규정의 존재는 침해범설의 충분한 논거가 될 수 없다.

Ⅲ. 본질

1. 횡령죄의 본질

횡령죄는 타인의 재물을 보관하는 자가 그 재물을 횡령하거나 반환을 거부하면 성립하는 죄이고, 여기에서 '보관'이란 위탁관계에 의해 재물을 점유하는 것을 의미하므로 횡령죄도 보관을 위탁한 자의 신뢰를 배반하는 죄라는 점에서는 배신설을 따르는 배임죄와 그 본질이 다르지 않다. 다만, 횡령죄의 '횡령'이나 '반환거부'라는 횡령행위의 내용을 어떻게 파악할 것인지는 견해 차이가 있는데, 그 동안 횡령죄의 본질론으로 논의되어 온 것은 이러한 문제이다.

가. 영득행위설

영득행위설에 의하면 횡령행위란 보관하고 있는 타인 소유 재물을 그 보관 · 위탁 취지에 반하여 **위법하게 취득**함으로써 그 **소유권**[19]**을 침해하는 행위**(즉, 영득행위)라고 한다(통설). 그러므로 주관적 범죄구성요건으로서 타인의 소유권을 배제하려는 의사인 불법영득의사가 필요하고 횡령행위는 적어도 이러한 불법영득의사의 외부적 표현행위인 영득행위이며, 불법영득의사가 없는 일시사용 · 손괴 · 은닉행위나 위탁자를 위한 처분행위는 횡령행위가 될 수 없다고 한다.[20] 그 논거로는 횡령죄의 보호법익이 타인의 소유권(또는 소유권 등 본권)이라는 점, 후술하는 월권행위설을 따르면

---

18) 예컨대, 보관 중인 타인의 부동산을 임의로 제3자에게 매도하는 매매계약을 하고 계약금을 수령한 행위는 횡령행위의 실행에 착수한 것이고, 그 후 그 소유권 이전등기나 저당권 설정등기를 한 경우에 비로소 소유권을 방해하는 구체적 위험이 발생하여 기수에 이르게 된다.

19) 횡령죄의 보호법익을 '타인의 재물에 관한 소유권 등 본권'으로 파악하는 입장에서는 소유권뿐만 아니라 그 밖의 본권도 포함해야 할 것이다.

20) 김성돈(형각), 433면; 김일수 · 서보학(형각), 286면; 주석 형법(각칙6), 321면.

자기가 점유하는 타인의 재물을 손괴한 경우에도 횡령죄에 해당하므로 타인이 점유하는 타인의 재물을 손괴한 손괴죄보다도 무겁게 처벌되어 부당하다는 점을 들고 있다.[21][22]

영득행위설은 불법영득의사를 고의를 초과하는 주관적 범죄구성요건으로 파악하는 견해[23]와, 영득행위는 고의의 대상일뿐이므로 불법영득의사는 고의를 초과하는 초과주관적 구성요건요소가 아니라고 보는 견해[24]가 있다.

나. 수정 월권행위설

원래 월권행위설(불법처분설)은 횡령행위란 보관물에 대하여 위탁받은 권한을 넘는 배신적 처분행위라고 본다. 따라서 월권행위설의 입장에서는 횡령죄의 성립에 별도의 불법영득의사를 요구하지 아니하므로 영득행위설과는 달리 보관물을 그 위탁 취지에 반하여 **일시사용 · 손괴 · 은닉행위**를 하더라도 권한을 넘어 배신적 처분행위가 되는 경우에는 횡령행위가 될 수 있게 된다. 그러나 현재 월권행위설을 주장하는 견해는 횡령죄의 본질이 보관물에 대하여 위탁받은 권한을 넘는 배신적 처분에 있다는 점을 강조하지만, 범죄구성요건인 '횡령'은 그 자체에 '영득'의 의미가 내포되어 있으므로 '횡령'이란 위탁받은 권한을 넘는 배신적 처분에 의한 '영득'을 뜻한다고 한다. 따라서 단순한 **손괴**는 '영득'이라 할 수 없으므로 횡령행위가 될 수 없으나, 보관물의 **일시사용**은 '횡령'에 해당하고 보관물을 은닉한 경우는 '반환거부'에 해당하여 횡령행위가 된다고 주장한다(수정 월권행위설).[25] 또한 '반환거부' 행위 중 불법영득의

21) 손동권 · 김재윤(형각), 422면; 이재상 · 장영민 · 강동범(형각), 390면.

22) 영득행위설과 유사한 견해로서 "횡령행위란 위탁자의 신임을 배반하는 배신행위로써 타인의 재물을 불법으로 영득하는 행위"라는 견해[배종대(형각), 408면]가 있다. 그러나 이 견해 입장에서도 불법영득의사가 없는 배신행위만으로는 횡령행위로 보지 아니하고, 영득행위설도 단순한 소유권 침해행위가 아니라 보관하고 있는 타인 소유 재물을 그 보관위탁 취지에 반하여 불법으로(위법하게) 취득하여 소유권을 침해하는 행위를 횡령행위로 보는 것이므로 반드시 타인의 신임을 배신하는 배신성을 수반하게 되는 것이다. 따라서 절충설은 영득행위설과 다를 바 없는 견해로 보아도 무방할 것이다[정성근 · 박광민(형각), 386면; 김일수 · 서보학(형각), 286면].

23) 이재상 · 장영민 · 강동범(형각), 410면.

24) 오영근(형각), 371면(횡령행위에 '영득' 개념이 포함되어 있이므로 횡령행위에 대한 고의 외에 불법영득의사 개념은 불필요한 것으로 보는 견해임); 김성돈(형각), 450면.

25) 정성근 · 박광민(형각), 386면에서는 "보관물의 은닉행위는 '반환거부'에 해당하므로 횡령죄가 될 수 있다."고 주장하지만 은닉행위가 모두 반환거부 행위인 것은 아니고 반환거부 전의 은닉행위가 문제될 수도 있을 것이다.

사가 없는 손괴 · 일시사용 · 은닉을 위한 반환거부일지라도 위탁권한을 넘은 배신적 처분행위로 볼 수 있다면 횡령죄가 될 수 있다고 보게 된다.

다. 판례의 입장

판례는 "횡령행위란 불법영득의사를 실현하는 일체의 행위를 말하는 것으로서 불법영득의사가 외부에 인식될 수 있는 객관적 행위가 있을 때 횡령죄가 성립한다."고 판시하고 있다.[26] 또한 횡령죄에 있어서 불법영득의사란 "타인의 재물을 보관하는 자가 위탁의 취지에 반하여 자기 또는 제3자의 이익을 위하여 권한 없이 그 재물을 자기의 소유인 것과 같이 사실상 또는 법률상 처분하는 의사를 말하는 것으로서, 반드시 자기 스스로 영득해야만 횡령죄가 성립하는 것은 아니다."라고 판시하고 있다.[27] 이러한 판례의 입장은 횡령행위에 불법영득의사를 요구하고 있다는 점에서 영득행위설에 가까운 견해로 볼 수 있다.[28]

라. 결어

위 각 학설 모두 횡령행위를 타인의 재물을 보관하는 자가 그 위탁받은 신임관계를 배반한 배신적 처분행위라고 보는 점은 같으나, 범죄의 주관적 구성요건요소로서 고의 외에 불법영득의사도 필요한 것인지, '횡령' 및 '반환거부'의 내용을 어떻게 파악해야 할 것인지 여부가 다를 뿐이다. 즉, 수정 월권행위설에 의하면 불법영득의사는 필요하지 않고 '횡령'에 '영득'의 개념도 내포되어 있지만 '영득'의 내용에 손괴행위는 포함되지 않고 일시사용은 포함되며 은닉행위는 '반환거부'에 포함되고, 불법영득의사가 없는 '반환거부'의 경우에도 횡령죄가 성립할 수 있다고 한다.

생각건대 횡령죄의 보호법익을 재물에 대한 타인의 소유권 등 본권으로 파악한다면, '횡령'이나 '반환거부'는 적어도 타인의 소유권 등 본권을 배제하는 행위를 말하는 것이고 이를 '영득'의 개념으로 파악할 수 있을 것이다. 그러므로 손괴는 물론 일

---

26) 대법원 2010. 6. 24. 2008도6756; 2004. 12. 9. 2004도5904.

27) 대법원 2004. 10. 27. 2003도6738; 2004. 3. 12. 2004도134; 1996. 9. 6. 95도2551; 1989. 9. 12. 89도382.

28) 같은 이유로 판례도 영득행위설 입장이라고 평가하는 견해[김성돈(형각), 433면; 박상기 · 전지연(형법), 665면].

시사용이나 단순한 은닉행위까지 이러한 '영득' 개념에 포함할 수는 없을 것이다. 영득행위 중 불법적 영득행위, 즉 위탁받아 보관 중인 타인의 재물을 권한 없이 타인의 소유권(또는 본권)을 배제하고 자기의 소유인 것처럼 처분하는 의사인 불법영득의사에 기한 영득행위만이 횡령죄를 구성하는 것이다. 따라서 횡령죄가 성립하려면 불법영득의사에 기한 횡령 또는 반환거부가 필요하다는 점에서 영득행위설이 타당하다. 이 경우 불법영득의사는 범죄구성요건인 '횡령'에 대한 고의의 내용에 포함되므로 고의를 초과하는 주관적 구성요건요소로 볼 수는 없을 것이다. 그리고 범죄구성요건인 '반환거부'도 후술하는 것처럼 횡령행위의 한 유형으로서 보관물에 대한 소유자의 권리를 배제하는 의사표시로 본다면 불법영득의사는 '반환거부'의 고의에도 당연히 포함되는 것으로 보아야 할 것이다.

2. 배임죄와 횡령죄의 구별기준

배임죄와 횡령죄는 모두 배신성을 지니는 범죄이고, 형법의 횡령 · 배임죄 및 업무상횡령 · 배임죄, 특정경제범죄법위반(횡령 · 배임)죄 또는 특정범죄가중법위반(국고등손실)죄 모두 배임죄와 횡령죄 사이에는 법정형이나 죄질의 차이가 없다. 그러나 범죄의 객관적 · 주관적 구성요건에 차이가 있으므로 그 구성요건 해당 여부에 따라 범죄의 성립이 좌우되거나 위 특별법 적용 여부에 차이가 있는 경우에는 구별실익이 있다.[29]

그 구별기준에 관하여 양 범죄의 보호법익, 행위주체, 객체, 실행행위 등 객관적 구성요건과 고의, 불법영득의사 등 주관적 구성요건을 종합적으로 검토하여 구별하되, 횡령죄의 구성요건을 충족한다면 배임죄보다 형법 제355조의 조문체계상 먼저 규정된 횡령죄로 처벌해야 한다는 견해[30]가 있다. 그러나 범죄의 구별기준은 일의적으로 적용되어야 할 텐데, 이 견해는 양 범죄의 구성요건이 모두 충족되는 경우의 구별기준이 될 수 없고, 양 범죄의 구성요건을 모두 충족할 경우에 횡령죄를 우선해야 하는 근거의 제시도 불충분하다.

---

29) 허일태, "위탁금전과 형법상 소유권개념", 「비교형사법연구」 5권 1호(한국비교형사법학회, 2003. 5.), 271면.

30) 문영식, "횡령죄와 배임죄의 구별", 「형사법의 신동향」 통권 34호(대검찰청, 2012. 3.), 309,310면.

다수의 견해는 배임죄의 본질에 관한 배신설(통설 · 판례) 입장에서는 물론 사무처리의무위반설에 의하더라도 배임죄나 횡령죄는 모두 타인의 신뢰나 신임을 배반한다는 점에서 그 본질이 다르지 않지만, 횡령행위는 그 중 재물에 관한 배신행위이고 배임행위는 재물을 포함하는 재산상 이익에 관한 배신행위라는 점에서 구분된다고 설명한다. 즉, 횡령죄의 객체는 재물이고 배임죄의 객체는 재물을 포함하는 재산상 이익으로서 양 죄는 특별구성요건과 일반구성요건 관계에 있다는 것이다(객체기준설).[31] 따라서 양 죄는 법조경합 관계에 있으므로 특별법우선 원칙에 따라 횡령죄의 성립 여부를 우선 검토해야 하고 그 성립이 인정되면 배임죄는 별도로 성립하지 않게 된다고 설명하고 있다.[32][33]

그러나 어떠한 행위가 배임에 그치지 않고 횡령죄를 구성하는 것인지 여부는 행위의 객체가 재물인지 여부만으로 명확히 가릴 수 있는 것은 아니다. 배임죄의 임무위배행위 중 재물에 대한 임무위배행위가 모두 횡령죄의 '횡령'이나 '반환거부'를 구성하는 것은 아니므로 행위의 객체가 금전 등과 같은 재물이지만 횡령죄의 영득행위가 아니라 배임죄의 임무위배행위에 해당하는 것으로 보아야 할 경우가 있기 때문이다. 그러므로 행위의 객체가 재물이 아니라면 횡령죄가 될 수 없는 것일 뿐, 배임죄의 행위객체에는 재물도 포함되는 것이므로 행위객체가 재물인 경우에 횡령죄를 인정하기 위해서는 또다른 구별기준이 필요하다.

이에 대하여 행위의 주체와 객체를 구별기준으로 삼아야 한다는 견해[34]가 있다. 즉, 배임죄의 행위주체는 '타인의 사무를 처리하는 자'이고 횡령죄의 행위주체는 '타인의 재물을 보관하는 자'인데, '타인의 재물을 보관하는 자'는 곧 타인의 재물을 보관하는 사무를 처리하는 자로 볼 수 있으므로, 행위의 주체와 객체 두가지 측면에서 횡령죄는 배임죄와 구별되고, 배임죄에 대해 특별관계에 있다는 것이다. 그러나 타인의 재물을 보관하는 자가 모두 타인과의 신임관계가 인정되는 타인의 사무처리자

---

31) 손동권 · 김재윤(형각), 422면; 김성돈(형각), 470면; 이재상 · 장영민 · 강동범(형각), 439면.

32) 손동권 · 김재윤(형각), 422면; 芝原邦爾, 앞의「經濟刑法」, 16면.

33) 이에 대하여 과거 배임죄의 본질에 관한 권한남용설에 따르면 배임행위는 법률행위로 한정되므로 법익침해행위의 종류에 따라 배임행위는 법률행위에 의한 침해이고 횡령행위는 사실행위에 의한 침해로 구분할 수 있고, 따라서 양 죄는 택일 관계에 있다고 설명하였다.

34) 임웅(형각), 526,527면.

라고 볼 수도 없거니와,[35] 이 견해는 행위의 주체와 객체가 양 범죄에 모두 해당할 경우에는 구별기준이 될 수 없다는 점에서 미흡하다.

이에 관하여 일본의 학설이긴 하지만 재물의 처분이 있더라도 위임받은 사무의 일반권한 범위 내의 배신적 행위이면 배임죄로 의율해야 하고, 그 사무와 무관하거나 그 사무범위를 일탈하여 한 행위이면 횡령죄로 의율해야 한다고 보는 견해[36]가 있다. 위임받은 사무의 일반권한 범위 내의 행위인지 여부를 기준으로 하는 입장이므로 권한범위기준설이라 지칭할 수 있다. 그러나 배임행위는 위임받은 사무의 일반권한 범위를 일탈한 경우에도 성립할 수 있으므로 권한범위를 기준으로 하는 것은 미흡한 기준으로 보인다.

생각건대 배임죄와 횡령죄는 행위의 객체가 재물인지 여부 뿐만 아니라 양 범죄의 본질상 차이에 착안하여 행위가 임무위배행위인지 횡령행위인지 여부도 중첩적 기준으로 삼아 구분해야 할 것이다. 그런데 배임죄의 임무위배행위는 타인의 사무를 처리하는 자가 그 사무수행상 임무에 관한 타인의 신뢰를 배반하는 **사무수행 관련 행위인 반면, 횡령행위는 위탁받아 보관 중인 타인 재물의 소유권 등** 본권을 불법영득의사로 침해하는 행위로서 사무수행과 무관한 행위이다(사무수행기준설). 그러므로 행위객체가 재물인 경우에도 그 행위가 사무수행에 관한 행위이면 배임행위가 되고 사무수행과 무관한 행위이면 횡령행위가 되는 것이다. 예컨대 은행 지점장이 은행지점이 보유하는 현금을 개인적 용도로 소비했다면 횡령죄가 되지만 대출업무의 일환으로 담보 없이 부실대출을 해준 것이라면 배임죄가 성립하는 것이다. 이 경우 사무수행 관련 행위인지 여부는 행위의 규범적 의미를 규명하는 문제이므로 행위자의 주관적 인식**이나 의사만으로 판단할 것이 아니라 행위의 성질 및 내용에 따라 객관적으로 판단해야 할 것이다. 예컨대 부동산 이중매매의 경우에 매도인의 주관적 의사는 1차 매수인을 위한 사무수행상 행위가 아니라 할지라도, 객관적으로 그 행위의 성질 및 내용은 1차 매수인에 대한 소유권이전 사무와 관련하여 수행하는 활동에 속하므로 횡령행위가 아니라 배임행위로 파악하고 배임죄의 성립 여부를 판**

---

35) 예컨대, 위탁자의 지시에 따라 기계적 사무에만 종사하는 물건 배달원, 단순노무에 종사하는 피용자 등은 횡령죄의 주체는 될 수 있으나 배임죄의 주체는 될 수 없다(문영식, 위 논문, 305면).

36) 前田信二郎, 앞의「會社犯罪の硏究」, 36-40면.

단하게 된다. 따라서 사무수행 관련 행위란 '사무(또는 업무)수행과 관련된 모든 활동'으로 넓게 보아야 할 것이다.

앞에서 말한 것처럼 횡령죄와 배임죄는 모두 신임관계를 기본으로 하고 있는 같은 죄질의 재산범죄로서 그 형벌에 있어서도 경중의 차이가 없고 동일한 범죄사실에 대하여 단지 법률적용만을 달리하는 경우에 해당한다는 이유로, 법원은 배임죄로 기소된 공소사실에 대하여 공소장변경 없이도 횡령죄를 적용하여 처벌할 수 있다는 입장이다.[37] 마찬가지 이유로 횡령죄로 기소된 공소사실이 배임죄를 구성한다면 공소장변경 없이도 배임죄를 적용하여 처벌할 수도 있을 것이다. 또한 배임죄에 해당하는 행위를 법원이 횡령죄로 의율하여(그 반대의 경우도 마찬가지임) 처벌할지라도 배임죄와 횡령죄는 다 같이 신임관계를 기본으로 하고 있는 재산범죄로서 죄질이 동일하고, 그 형벌에 있어서도 같은 조문에 규정되어 있어 경중의 차이가 없으므로, 그러한 잘못은 판결에 영향을 미친 법령위반으로 볼 수 없어서 상급심에서 원심을 파기할 사유가 될 수 없다.[38]

---

37) 대법원 1999. 11. 26. 99도2651.

38) 대법원 2006. 5. 26. 2003도8095; 1990. 11. 27. 90도1335; 1990. 6. 8. 89도1417; 1975. 4. 22. 75도123.

제2절 구조

단순횡령죄의 경우 타인의 재물을 보관하는 자가 그 재물을 횡령하거나 반환을 거부한 때 5년 이하의 징역 또는 1,500만 원 이하의 벌금에 처하고(형법 제355조 제1항), 업무상횡령죄의 경우 타인의 재물을 보관하는 자가 업무상의 임무에 위배하여 그러한 행위를 한 때 10년 이하의 징역 또는 3,000만 원 이하의 벌금에 처한다(형법 제356조, 제355조 제1항).[39]

특정경제범죄법위반(횡령)죄는 단순횡령죄 또는 업무상횡령죄로 인하여 취득한 재물의 가액(이하 '이득액'이라 함)이 5억 원 이상인 경우에 법정형을 가중하고 있다. 그 이득액이 5억 원 이상 50억 원 미만인 때에는 3년 이상의 유기징역(특정경제범죄법 제3조 제1항 제1호), 이득액이 50억 원 이상인 때에는 무기징역 또는 5년 이상의 유기징역에 처하고(특정경제범죄법 제3조 제1항 제2호), 위 각 경우에 이득액 이하에 상당하는 벌금을 병과할 수도 있다(특정경제범죄법 제3조 제2항, 임의적 병과). 횡령죄는 재물을 영득하는 재물죄이므로 그 '이득액'이란 단순일죄나 포괄일죄로 인정되는 하나의 범죄로 취득한 것으로 인정되는 재물의 가액 상당액을 말한다. 부동산 공유지분이 범죄의 객체일 경우에는 해당 공유지분의 가액 상당액을 말한다. 특정경제범죄법 제3조 제1항의 '이득액' 산정에 있어서는 이득액(즉, 사기 · 공갈 · 횡령 · 배임으로 인한 이득액)이 범죄구성요건의 일부로 되어 있고 그 이득액에 따라 그 죄에 대한 형벌도 가중되어 있으므로, 이를 적용함에 있어서는 이득액을 엄격하고 신중하게 산정함으로써 범죄와 형벌 사이에 적정한 균형이 이루어져야 한다는 죄형균형 원칙과, 형벌은 책임에 기초하고 그 책임에 비례해야 한다는 책임주의 원칙이 훼손되지 않도록 유의해야 한다(판례).[40]

---

39) 일본의 경우에도 우리나라와 유사하게 刑法 제252조 제1항은 "자기가 점유하는 타인의 물건을 횡령한 자는 5년 이하의 징역에 처한다."고 단순횡령죄를 규정하고, 刑法 제253조는 "업무상 자기가 점유하는 타인의 물건을 횡령한 자는 10년 이하의 징역에 처한다."고 업무상횡령죄를 규정하고 있다.

40) 대법원 2013. 5. 9. 2013도2857("특정경제범죄법 제3조 제1항의 적용과 관련하여 피고인이 근저당권

특정경제범죄법위반(횡령)죄는 같은 법 제3조 제1항에서 미수범 처벌규정을 제외하고 있으므로 기수범만 존재한다는 점은 배임범죄의 '구조'(제3장 Ⅳ. 1.의 가.)에서 설명하였다.

특정경제범죄법위반(횡령)죄를 범하여 유죄판결을 받은 자는 특정경제범죄법위반(배임)죄의 경우와 마찬가지로 일정기간 동안 취업 및 인·허가 등이 금지된다. 즉, 법무부장관의 취업승인을 받은 경우[41]를 제외하고는 일정기간[42] 동안 특정경제범죄법 제2조 제1호에 정한 '금융회사등', 국가·지방자치단체가 자본금의 전부 또는 일부를 출자한 기관, 그 출연(出捐)이나 보조를 받는 기관 및 유죄판결된 범죄행위와 밀접한 관련이 있는 기업체에 취업할 수 없다(특정경제범죄법 제14조 제1항, 강제적 취업제한). 그 중 "유죄판결된 범죄행위와 밀접한 관련이 있는 기업체"에는 그 범죄행위로 인해 재산상 이익을 취득한 제3자인 기업체, 그 제3자나 범죄행위의 공범이 임원 또는 과장급 이상 간부직원으로 있거나 그 범죄행위 당시 그 직위에 있었던 기업체, 그 제3자나 범죄행위의 공범 또는 특수관계인이 5% 이상 출자한 기업체 및 그 범죄행위로 인해 재산상 손해를 입은 기업체와 이들 중 어느 하나 기업체가 5% 이상 출자한 기업체가 포함된다. 또한 특정경제범죄법위반(횡령)죄를 범하여 유죄판결을 받은 자 또는 그를 대표자나 임원으로 하는 기업체는 위 법무부장관의 취업승인을 받은 경우를 제외하고는 같은 기간 동안 대통령령으로 정하는 관허업(官許業)의 허가·인가·면허·등록·지정 등을 받을 수 없다(특정경제범죄법 제14조 제2항, **강제적 인·허**

설정등기를 마치는 방법으로 부동산을 횡령함으로 인하여 취득한 구체적인 이득액은 부동산의 시가 상당액에서 이 사건 범행 전에 설정된 피담보채무액을 공제한 잔액이 아니라 부동산을 담보로 제공한 피담보채무액 내지 그 채권최고액이라고 봄이 상당하다."고 판시); 2007. 4. 19. 2005도7288 전원합의체("사람을 기망하여 부동산의 소유권을 이전받거나 제3자로 하여금 이전받게 함으로써 이를 편취한 경우에 특정경제범죄법 제3조 제1항의 적용을 전제로 하여 그 부동산의 가액을 산정함에 있어서는, 그 부동산에 아무런 부담이 없는 때에는 그 부동산의 시가 상당액이 곧 그 가액이라고 볼 것이지만, 그 부동산에 근저당권설정등기가 경료되어 있거나 압류 또는 가압류 등이 이루어져 있는 때에는 특별한 사정이 없는 한 아무런 부담이 없는 상태에서의 그 부동산의 시가 상당액에서 근저당권의 채권최고액 범위 내에서의 피담보채무액, 압류에 걸린 집행채권액, 가압류에 걸린 청구금액 범위 내에서의 피보전채권액 등을 뺀 실제의 교환가치를 그 부동산의 가액으로 보아야 한다."고 판시).

41) 법무부장관의 취업승인을 받으려는 사람은 취업하려는 날의 1개월 전까지 법무부장관에게 취업승인신청서를 제출해야 한다(특정경제범죄법 시행령 제13조 제1항). 법무부장관에게 이러한 취업승인 결정권한을 부여한 입법의 부당함은 앞의 제3장(배임 범죄) 제2절 Ⅳ.의 1. 가. 부분에서의 설명과 같다.

42) 즉, "징역형의 집행이 종료되거나 집행을 받지 아니하기로 확정된 날부터 5년, 징역형의 집행유예기간이 종료된 날부터 2년, 징역형의 선고유예기간"

가등 금지). 법무부장관은 이를 위반한 사람이 있을 때에는 그 사람이 취업하고 있는 기관이나 기업체의 장 또는 허가 등을 한 행정기관의 장에게 그의 해임이나 허가 등의 취소를 요구해야 하고(특정경제범죄법 제14조 제4항), 그 해임 요구를 받은 기관이나 기업체의 장은 지체 없이 그 요구에 따라야 한다(특정경제범죄법 제14조 제5항). 위 취업제한 및 인·허가 등 금지규정을 위반한 자나 법무부장관의 해임요구에 불응한 자는 1년 이하의 징역 또는 500만 원 이하의 벌금에 처한다(특정경제 범죄법 제14조 제6항).

형법상 횡령죄(형법 제355조 제1항, 제356조) 및 특정경제범죄법위반(횡령)죄는 부패재산몰수법 제2조 제1호 별표 기재 범죄이므로(별표 1의 라, 4의 나.), 같은 법 제2조 제1호의 '부패범죄'에 해당하여 같은 법의 몰수·추징 특례규정이 적용될 수 있다(임의적 몰수·추징). 그 특례규정의 내용은 앞의 배임죄 부분(제3장 제2절 Ⅳ. 1의 가.)에서 설명한 내용과 같다.

또한 형법상 횡령죄(형법 제355조 제1항, 제356조) 중 범죄행위로 인한 이득액 3억 원 이상인 범죄, 특정경제범죄법위반(횡령)죄, 후술하는 특정범죄가중법위반(국고등손실)죄 및 「회계관계직원 등의 책임에 관한 법률」 제2조 제1호·제2호 또는 제4호(제1호 또는 제2호에 규정된 사람의 보조자로서 그 회계사무의 일부를 처리하는 사람만 해당)에 규정된 사람이 국고 및 지방자치단체에 손실을 미칠 것을 알면서도 그 직무에 관하여 범한 횡령죄(형법 제355조 제1항)는 범죄수익은닉규제법 제2조 제1호 별표 기재 범죄이므로(별표 1의 거, 너 및 별표 18, 19), 같은 법 제2조 제1호의 중대범죄에 해당하여 같은 법 제8조 이하의 임의적 몰수·추징 특례규정이 적용될 수 있다.

특정범죄가중법위반(국고등손실)죄는 국가나 지방자치단체의 회계사무를 집행하는 공무원 등이나 그 보조자인 회계관계직원[43]이 국고(國庫) 또는 지방자치단체에 손실

---

43) '회계관계직원'이란 「회계관계직원 등의 책임에 관한 법률」 제2조 제1호에 규정된 자[국가재정법, 국가회계법, 국고금관리법 등 국가의 예산 및 회계에 관계되는 사항을 정한 법령에 따라 국가의 회계사무를 집행하는 사람으로서, 수입징수관, 재무관, 지출관, 계약관, 현금출납 공무원, 유가증권 취급 공무원, 선사용자금출납명령관, 기금의 회계사무를 처리하는 사람, 채권관리관, 물품관리관, 물품운용관, 물품출납 공무원, 물품 사용 공무원, 재산관리관, 국세환급금의 지급을 명하는 공무원, 관세환급금의 지급을 명하는 공무원, 회계책임관, 그밖에 국가의 회계사무를 처리하는 사람, 또는 이들의 대리자, 분임자(分任者), 분임자의 대리자], 같은 조 제2호에 규정된 자(지방재정법 및 지방회계법 등 지방자치단체의 예산 및 회계에 관계되는 사항을 정한 법령에 따라 지방자치단체의 회계사무를 집행하는 징수관, 재무관, 지출원, 출납원, 물품관리관, 물품 사용 공무원, 또는 그 외의 사람으로서 위 제1호에 규정된 사람이 집행하는 회계사무에 준하는 사무를 처리하는 사람) 및 위 제1호, 제2호에 규정된 사람의 보조자로

을 입힐 것을 알면서 그 직무에 관하여 형법 제355조의 횡령죄(또는 배임죄)를 범한 경우에 그 법정형을 가중하고 있다. 그 국고 또는 지방자치단체의 손실이 1억 원 이상 5억 원 미만인 경우에는 3년 이상의 유기징역, 그 손실이 5억 원 이상인 경우에는 무기 또는 5년 이상의 징역에 처한다(특정범죄가중법 제5조).

특정범죄가중법위반(국고등손실)죄는 공무원범죄몰수법의 '특정공무원범죄'에 해당하므로 같은 법의 필요적 몰수 · 추징 특례규정이 적용되고, 그 특례규정의 내용은 앞의 배임죄 부분(제3장 제2절 Ⅳ. 1의 가.)에서 설명한 내용과 같다.

횡령죄와 같은 형법 제40장에 점유이탈물횡령죄가 규정되어 있으나(형법 제360조), 이 죄는 신뢰관계의 배반을 요건으로 하지 않는 범죄이므로 횡령죄와는 법적 성질이 다르다고 보는 견해가 통설이고,[44] 기업적 생활관계에 특유한 문제도 없으므로 여기에서는 다루지 않기로 한다.

그리고 횡령죄에도 친족간 범행에 관한 처벌특례 규정(형법 제328조)이 준용된다. 그러므로 행위주체와 피해자의 관계가 직계혈족, 배우자, 동거친족, 동거가족 또는 그 배우자 관계인 경우에는 그 형을 면제하고(형법 제361조, 제328조 제1항), 그 밖의 친족관계인 경우에는 고소가 있어야 공소를 제기할 수 있다(형법 제361조, 제328조 제2항). 위 친족간 처벌특례 규정의 법적 성격 및 적용범위에 관하여는 배임죄에서 설명한 것과 같으므로 여기에서는 설명을 생략한다.

여기에서는 주로 단순횡령죄 및 업무상횡령죄를 중심으로 범죄구성요건, 기타 관련 법리를 설명하고, 실무상 빈번하게 문제가 되는 비자금의 조성 · 사용행위, 정치자금 기부행위 등 관련 쟁점을 검토하기로 한다.

서 그 회계사무의 일부를 처리하는 사람을 말한다(특정범죄가중법 제5조 각 호 외 부분).

44) 손동권 · 김재윤(형각), 423면; 오영근(형각), 369면; 주석 형법(각칙6), 319면.

제3절 범죄구성요건

Ⅰ. 행위의 주체와 객체

단순횡령죄의 주체는 타인의 재물을 보관하는 자(진정신분범)이고, 업무상횡령죄의 주체는 업무상 타인의 재물을 보관하는 자(부진정신분범)이다. 각 행위의 객체는 타인의 재물이다.

횡령죄의 경우에도 행위주체와 피해자의 친족관계에 따른 친족간 특례 규정을 두고 있다(형법 제361조). 이 특례규정의 친족관계는 인적처벌조각사유가 되거나 소추조건이 되는 것인데, 그 법적 성질 및 적용범위에 관하여는 앞의 제3장 제5절 Ⅱ.항에서 배임죄에 관하여 설명한 내용과 같다.

1. 재물의 개념

횡령죄는 신임관계를 배반하는 범죄라는 점에서는 배임죄와 범죄의 성격이 같으나, 재물을 영득하는 재물죄라는 점에서 재물을 포함하여 재산상 이익을 행위의 객체로 하는 이득죄인 배임죄와 구별할 수 있다. 횡령죄의 객체인 재물은 재물죄로서의 성격상 물리적으로 관리할 수 있는 것이어야만 하므로 동산(動産) 및 관리할 수 있는 동력(형법 제361조, 346조)뿐만 아니라 부동산[45]이나 주권 등 유가증권도 포함되지만, 사무적으로 관리할 수 있을 뿐인 채권이나 광업권 등 권리는 포함되지 않는다.[46] 매매계약서처럼 증거증권에 불과한 채권증서는 그 증서상 권리행사가 문제될 때에는 재물에 해당하지 않지만 채권증서의 점유관계가 문제될 때에는 동산인 재물에 해당할 수 있다.

---

45) 독일 형법 제246조의 경우에는 횡령죄의 객체를 동산으로 명시하고 있지만, 우리나라 형법에서는 횡령죄의 객체를 '재물'로 기재하고 있을 뿐이므로 부동산을 제외할 이유가 없고, 판례도 이를 포함하는 입장이다(대법원 1994. 3. 8. 93도2272).

46) 대법원 1994. 3. 8. 93도2272; 김성돈(형각), 403면.

전기를 무단으로 사용하는 경우에, 전기는 관리할 수 있는 동력에 해당하므로 재물에 해당한다.[47] 그런데 타인의 전화기를 무단 사용하여 전화통화를 한 경우에, 이는 전기통신사업자가 갖추고 있는 통신선로, 전화교환기 등 전기통신설비를 이용하고 전기의 성질을 과학적으로 응용한 기술을 사용하여 전화가입자에게 음향의 송·수신이 가능하도록 하여 줌으로써 상대방과의 통신을 매개하여 주는 전기통신사업자의 역무, 즉 전기통신사업자에 의하여 가능하게 된 전화기의 음향 송·수신 기능을 부당하게 이용하는 것일 뿐이다. 따라서 이러한 내용의 역무는 무형적 이익에 불과하고 물리적 관리의 대상이 될 수 없으므로 재물이 아니다(판례).[48]

주식(株式)은 자본구성의 단위 또는 주주의 지위를 뜻하고, 주주권을 표창하는 유가증권인 주권(株券)과는 구분이 되는바, 주권은 유가증권으로서 재물에 해당되므로 횡령죄의 객체가 될 수 있으나, 자본의 구성단위 또는 주주의 지위를 의미하는 주식은 재물이 아니므로 횡령죄의 객체가 될 수 없다.[49] 그러나 한국예탁결제원에 예탁되어 증권예탁결제제도를 이용하여 계좌 간 대체 기재 방식으로 양도되는 주권도 횡령죄의 객체인 재물에 해당한다.[50] 다만, 주권이 발행되지 않은 상태에서 주권불소지 제도, 일괄예탁 제도 등에 근거하여 예탁결제원에 예탁된 것으로 취급되어 계좌 간 대체 기재 방식에 의하여 양도되는 주식은 재물이 아니므로 횡령죄의 객체가 될 수 없다(판례).[51]

이 죄의 행위객체인 '재물'로 인정되려면 특정된 상태라야 한다.[52] 처음부터 대상

47) 대법원 1958. 10. 31. 4291형상361.

48) 대법원 1998. 6. 23. 98도700(이 판례는 절도죄의 객체로서의 재물 여부에 관한 판단이지만, 횡령죄의 경우에도 해당된다).

49) 대법원 2005. 2. 18. 2002도2822.

50) 대법원 2007. 10. 11. 2007도6406(피고인은 피해자로부터 주식 약 70만 주를 피고인의 ○○증권 삼일로지점 계좌로 이체받아 피해자를 위하여 보관하던 중 그 예탁주식의 반환을 거부한 사안).

51) 대법원 2023. 6. 1. 2020도2884(피고인은 주식명의신탁약정에 따라 피해자 소유의 주식회사 엘피케이 주식을 피고인 명의로 주주명부에 등재하여 피해자를 위해 보관해 오던 중, 위 주식이 중소기업 전용 주식거래 시장인 코넥스(KONEX)에의 상장을 앞두고 피고인 명의의 대신증권 계좌에 입고되고 한국예탁결제원에 예탁되어 계좌 간 대체 기재의 방식으로 양도가 가능하게 되자, 위 주식 중 일부는 매도하고 나머지 주식은 피고인 소유라고 주장하면서 반환을 거부한 사안에서, 아직 주권이 발행되지 않은 상태라면 한국예탁결제원에 예탁된 것으로 취급되어 계좌 간 대체 기재의 방식에 의하여 양도되는 주식일지라도 재물이 아니므로 횡령죄의 객체가 될 수 없다고 판시).

52) 박상기(형법), 662면.

물건이 구체적으로 특정되어 있지 않다거나, 특정되었더라도 대체보관을 허용하고 있는 경우에는 횡령죄의 객체가 될 수 없는 것이 원칙이다.

2. 재물의 소유관계

가. 일반론

'**타인**의 재물'이란 타인이 소유하는 재물이라는 뜻이다. 횡령죄의 객체는 타인 소유의 재물이고(통설), 타인의 재물인지 아닌지는 민법 · 상법 등 실체법에 따라 결정됨이 원칙이다(판례).[53] 다만, 금전의 횡령이 문제가 된 경우 중 목적과 용도를 정하여 위탁한 금전은 정해진 목적과 용도에 사용될 때까지 그 소유권이 위탁자에게 유보되어 있는 것으로 보는 등[54] 민법상 소유권과는 다소 다른 형법상 금전 소유권 개념을 인정하고 있다.

횡령죄의 객체가 타인의 재물에 속하는 이상 구체적으로 누구 소유의 재물인지는 횡령죄의 성립 여부에는 영향이 없고 피해자가 누구인지를 확정하는 문제가 될 뿐이다.[55]

1) 1인회사의 경우

회사는 그 주주(株主)나 지분권자인 사원과는 별개의 법인격을 가지므로 주주나 사원이 1인뿐인 이른바 1인회사의 경우에도 회사 소유의 재물은 1인 주주(사원)로서는 타인의 재물이 된다. 따라서 1인회사의 주주(사원)가 회사 자금을 임의로 처분하였다면 횡령죄가 성립할 수 있다는 것이 판례의 입장이다.[56] 회사의 본질에 관한 이해관계자주의(또는 법인이익독립론) 입장에서 타당한 결론이다.

---

53) 대법원 2016. 5. 19. 2014도6992 전원합의체; 2010. 5. 13. 2009도1373; 2003. 10. 10. 2003도3516; 김성돈(형각), 440,441면.

54) 대법원 2006. 3. 9. 2003도6733; 2002. 10. 11. 2002도2939.

55) 대법원 2019. 12. 24. 2019도9773[甲 주식회사의 대표이사는 甲회사가 납품하는 물품을 마치 甲회사의 자회사(별다른 실체가 없이 甲회사의 사업부서와 같은 역할을 수행할 뿐인 회사)인 乙 주식회사가 납품하는 것처럼 서류를 꾸며, 甲회사가 지급받아야 할 납품대금을 乙회사 명의의 계좌로 지급받은 다음 급여 등의 명목으로 임의로 사용하여 횡령죄로 공소제기 된 사안에서, 甲회사를 피해자로 한 횡령죄의 성립을 인정하였음].

56) 대법원 2007. 6. 1. 2005도5772; 1989. 5. 23. 89도570.

2) 법인격남용의 경우

회사가 외형상으로는 법인의 형식을 갖추고 있으나 실질적으로는 그 배후에 있는 개인의 개인기업에 불과하거나 배후인에 대한 법률적용을 회피하기 위한 수단으로 회사의 법인격을 이용하는 이른바 법인격남용의 경우에는 신의성실원칙이나 권리남용금지의 법리에 따라 회사의 행위에 대한 민사책임을 그 배후인에게도 물을 수 있다(판례).[57] 이는 해당 민사책임에 있어서 회사와 배후인을 동일시하는 법리이다. 그러므로 만약 1인 주주인 배후인이 회사자금을 임의처분 하였지만 법인격부인론이 적용되는 경우에는 타인의 재물을 처분한 것이 아니므로 횡령죄가 성립하지 않는다고 보는 것이 '의심스러운 경우에는 피고인의 자유를 위하여' 판단한다는 원칙에 부합한다고 보는 견해[58]가 있다.

그러나 법인격부인론은 회사의 법인격을 일반적으로 부인하는 것이 아니라 특정 사안에서 법인격을 남용한 배후인의 민사책임을 묻기 위한 이론일 뿐이므로, 법인격부인론이 적용되는 상황이 배후인의 형사책임을 면하게 할 근거가 될 수는 없을 것이다. 회사의 본질론에서 이해관계자주의를 따르면 회사에는 주주(또는 사원) 외에도 회사의 채권자, 종업원, 거래처, 소비자, 지역사회 등 여러 이해관계자들이 있는데, 이들을 보호할 필요가 있음은 법인격을 남용하여 회사자금을 함부로 사용하는 배후의 1인 주주(또는 사원)에 대하여도 마찬가지라고 본다. 따라서 법인격남용론을 근거로 회사 소유 재물의 타인성이나 그 횡령죄의 성립을 부인하는 것은 부당하다.

3) 공동소유물

공동소유물도 타인의 재물에 포함된다. 법인 아닌 사단의 총유물(민법 제275조)인 경우에는 물론, 공유물(민법 제262조) 또는 조합의 합유물(민법 제271조)인 경우에도 그 분할이나 재산분배 전까지는 공동소유물이므로 각 공유자나 조합원에게는 그 재물 전부가 타인 소유의 재물이 된다.

따라서 예컨대 동업조합의 경우에도 손익분배의 정산이 되지 않았다면 동업자인 조합원이 임의로 다른 동업자들의 합유에 속하는 동업재산을 처분할 권한이 없으므

---

57) 대법원 2008. 9. 11. 2007다90982.

58) 배종대(형각), 425면.

로 동업자 중 한 사람이 동업재산을 보관 중 임의로 처분하였다면 지분비율에 관계없이 처분한 금액 전부에 대하여 횡령죄가 성립한다(판례).[59]

다만, 횡령죄에 있어서 부동산을 보관하는 자라 함은 동산의 경우와는 달리 그 부동산에 대한 점유를 기준으로 할 것이 아니고 그 부동산을 제3자에게 유효하게 처분할 수 있는 권능 유무를 기준으로 판단해야 한다. 그러므로 토지의 일부 지분에 관하여 명의신탁에 의한 소유권이전등기를 경료받은 사람은 그 지분 범위 내에서 그 토지를 제3자에게 유효하게 처분할 수 있는 권능을 갖게 되어 그 부동산을 보관하는 자의 지위에 있게 된다(판례).[60]

4) 공유물의 매각대금

공유물의 매각대금도 정산하기까지는 공유자의 공유에 속하는 타인 소유 재물이므로 공유자 1인이 그 매각대금을 임의로 소비하였다면 그 전액에 대한 횡령죄가 성립한다.[61]

공유물의 사용 · 수익으로 인한 수익금에 대한 공유자 사이의 소유권 귀속관계에 관하여는 그 공유물 관리에 관한 사항의 결정권자에 의한 적법한 사용 · 수익방법을 감안하여 판단하지 않으면 안 된다. 판례에 따르면 건물의 공유지분 과반수를 보유하고 있는 자는 공유물의 관리에 관한 사항을 단독으로 결정할 수 있으므로(민법 제265조), 공유지분 과반수 보유자가 공유물인 건물의 임대수익을 보유지분이 미미한 자를 제외하고 나머지 공유지분권자들에게만 분배하였다 하더라도, 이는 공유물 관리에 관한 사항의 결정권자에 의한 적법한 사용 · 수익방법에 따른 것으로서, 그 중 분배에서 제외된 자의 지분 상당액은 위 방법에 따라 분배받은 다른 공유자들에게 귀속된 것이라고 판시하여, 이를 횡령죄의 객체인 타인(분배에서 제외된 공유자) 소유의 재물로 보지 않았다.[62]

---

59) 대법원 2000. 11. 10. 2000도3013; 1996. 3. 22. 95도2824.

60) 대법원 1989. 12. 8. 89도1220; 1987. 2. 10. 86도1607("타인 소유의 토지에 관하여 그 소유권이전등기를 경료받음이 없이 그 경작관리권만을 위임받아 이를 점유해 온 자는 그 토지 자체에 대한 보관자의 지위에 있다고는 할 수 없고, 그 후 동인이 허위의 보증서와 확인서를 발급받아 「부동산소유권이전등기 등에 관한 특별조치법」에 의한 소유권이전등기를 임의로 경료하였다 하더라도 그와 같은 원인무효의 등기에 의하여 그 토지에 대한 처분권능이 새로이 발생하는 것은 아니다."라고 판시).

61) 대법원 1983. 8. 23. 80도1161.

62) 대법원 2009. 6. 11. 선고 2009도2461.

5) 위임사무 처리과정에서 수령한 재물

금전 수수를 수반하는 사무처리를 위임받은 자가 그 위임사무 처리 행위에 기하여 위임자를 위하여 제3자로부터 수령한 금전은, 목적이나 용도를 한정하여 위탁된 금전과 마찬가지로 특별한 사정이 없는 한 그 수령과 동시에 위임자의 소유에 속하므로, 수임자는 이를 위임자를 위하여 보관하는 관계에 있다(판례).[63] 금전 외 재물의 경우에도 마찬가지로 보아야 할 것이다. 이 경우에 수령한 금전 등이 사무처리의 위임에 따라 위임자를 위하여 수령한 것인지 여부는 수령의 원인이 된 **법률관계의 성질과 당사자의 의사**에 의하여 판단되어야 한다.[64] 만약 위임자와 수임자 사이에 그 사무처리와 관련하여 별도의 채권 · 채무 등 계산관계가 존재하고 수령한 금전에 관한 정산절차가 남아 있는 등 위임자에게 반환해야 할 금액을 쉽게 확정할 수 없는 사정이 있다면, 이러한 경우에는 수령한 금전의 소유권을 바로 위임자의 소유로 귀속시키기로 하는 약정이 있었다고 쉽사리 단정할 수 없고 오히려 수령한 금전은 일단 수임자의 소유로 귀속되고 위임자에 대하여는 그 정산금 지급채무라는 민사채무만 부담하는 것으로 볼 수도 있다(판례).[65]

63) 대법원 2009. 6. 11. 2009도2461; 2004. 4. 9. 2004도671; 2004. 3. 12. 2004도134(피고인이 금전의 수수를 수반하는 부동산의 매도에 관한 사무의 위임취지에 반하여, 부동산의 매매계약금으로 수령한 돈을 자신의 위임자에 대한 채권의 변제에 충당한다는 명목으로 그 반환을 거부하면서 자기의 소유인 것 같이 이를 처분하였다면 피고인이 위 매매계약금의 반환을 거부한 데에는 정당한 사유가 있다고 할 수 없어 불법영득의 의사가 인정된다고 한 사안); 1995. 11. 24. 95도1923.

64) 대법원 2010. 11. 25. 2010도10417.

65) 대법원 2005. 11. 10. 2005도3627(이 사건 공소사실은 피고인이 피해자 A와의 사이에 A가 B에게 납품해 오던 조명기구 납품을 피고인이 계속 납품하되 B로부터 납품대금을 수령하면 A에게 조명기구 부품을 납품한 업자들에 대한 **액수미상의 미확정** 부품 외상대금을 공제한 정산금을 A에게 지급하기로 합의하였으면서 그 정산금을 보관하던 중 임의로 지출하여 횡령하였다는 것임. 그 후 피고인은 B에 대한 납품을 완료하고 부품 납품업자들에게 나머지 외상대금을 직접 변제하였으나 그 정산금을 A에게 지급하지 않고 임의로 지출하였음. 이 사안에 대한 판결내용은 "위 합의 당사자의 의사는 B에 대한 납품대금을 수령하면 그 특정의 금전을 피해자에게 그대로 반환하는 것이 아니라 수령한 금전에서 피해자가 납품한 금액을 계산하고 부품 납품업자들에게 대신 지급한 금액을 공제하는 등의 정산절차를 거쳐 그 나머지 금액을 피해자들에게 지급하기로 한 것이었다고 봄이 상당하다. 피고인이 취득한 납품대금은 일단 전액 피고인에게 귀속되고, 피고인은 그 금액에서 피해자의 납품금액을 확정하고 부품 납품업자들에게 대신 지급한 금액을 공제하는 등 정산절차를 거쳐 그 나머지 금액만큼 피해자에게 지급할 의무를 부담하는 데 불과하다고 볼 것이므로, 피고인이 이를 임의로 사용한 행위는 위 약정상의 채무불이행에 지나지 않고 횡령죄는 성립하지 않는다고 볼 것이다."라는 취지임).

6) 대체물의 경우

금전 · 유가증권 기타 대체물의 소유 및 점유 관계는 구분하여 살펴볼 필요가 있다.

대체물이더라도 봉함물[66] · 공탁물 등 위탁자의 의사표시에 따라 **특정물로 위탁된 경우**라면, 보관자는 그 대체물을 점유하고 있는 동안 나중에 반환할 때까지 선량한 관리자의 주의로 보존해야 하고(민법 제374조) 그 소유관계에 변동은 없으므로 그 대체물을 보관자가 점유하는 타인 소유의 재물로 보는 견해가 통설이다.[67] 다만, 판례는 그 중 **봉함물의 경우**에 그 포장물은 수탁자가 점유하지만 그 내용물은 위탁자가 점유하고 있는 것으로 보아 내용물을 취거한 경우에는 절도죄가 성립한다고 판시하고 있다.[68] 이에 대하여 이러한 판례의 입장은 지나치게 기교적이라는 이유로 봉함물 전체가 수탁자의 점유 아래 있다고 보고 내용물에 대해서도 횡령죄가 성립한다고 보는 견해[69]가 있다. 또한 구체적인 위탁관계를 살펴서 실질적 위탁관계에 있다면 봉함물 전체가 수탁자의 점유 아래 있으므로 횡령죄가 성립하지만 잠금장치가 된 봉함물인 경우 등 형식적 위탁관계에 있다면 봉함물 전체가 위탁자의 점유 아래 있으므로 절도죄가 성립한다는 견해[70]가 있다. 생각건대 구체적 위탁관계를 평가하여 점유의 귀속을 판단해야 할 문제라고 보는 견해가 구체적 타당성에 부합하는 해석일 것이다. 그런데 횡령죄에서의 보관 개념을 후술하는 바와 같이 사실상 지배 · 관리하거나 법률상 지배 · 처분할 수 있는 상태에 있는 것으로 파악한다면 봉함물을 건네받아 소지하고 있는 경우에는 그 내용물에 대해서도 수탁자가 사실상 지배 · 관리하고 있으므로 이를 점유하고 있는 것으로 보아야 할 것이다. 따라서 수탁자의 실질적 위탁관계를 인정할 수 있는 이상 판례와 같이 구분하는 것은 부당하고 수탁자가 봉함물 전체를 점유한다고 보아 내용물을 임의처분한 경우에도 횡령죄가 성립한다고 봄이 타당할 것이다.[71]

---

66) 이때 봉함물이란 잠금장치 여부를 불문하므로 잠금장치 없이 포장만 된 물건도 포함하여 논의되고 있다.

67) 손동권 · 김재윤(형각), 433면; 김성돈(형각), 442면; 박상기(형각), 376면.

68) 대법원 1956. 1. 27. 4288형상375; 서울고등법원 1982. 7. 9. 82노1239 사건의 판결이유도 이러한 법리를 전제로 설시하고 있음.

69) 손동권 · 김재윤(형각), 433면; 오영근(형각), 353면; 임웅(형각), 506면.

70) 박상기(형각), 254면; 김성돈(형각), 313면; 정성근 · 박광민(형각), 279면.

71) 같은 취지: 배종대(형각), 278,417면; 이재상 · 장영민 · 강동범(형각), 267,404,405면.

금전을 수탁자 명의로 금융기관에 예탁하여 보관하도록 **보관방법을 특정하여 대체물의 보관을 위탁한 경우**에는 위탁자와 수탁자 사이에는 그 금전이나 나중의 예금 인출금의 소유권이 위탁자에게 귀속되는 관계로 보아야 할 것이므로, 타인 소유의 재물을 보관하는 경우로서 횡령죄의 객체가 될 것이다.[72)]

수탁자가 보관을 위탁받은 대체물을 소비할 수 있는 **소비임치** 계약을 체결한 경우(민법 제702조)에는, 대체물의 소유권이 수탁자에게 이전되므로 타인 소유의 재물이라 할 수 없다. 금전 기타 대체물은 재물 자체보다 그 가치에 의미를 지니는 것이므로 용도나 목적을 지정함이 없이 단순히 맡기는 경우에는 이러한 소비임치의 경우로 보아야 한다.[73)]

그런데 특정물은 아니지만 **구체적 용도나 목적이 지정되어 금전 등 대체물을 위탁한 경우**에는 문제가 된다. 이러한 경우에 대체물, 특히 금전은 고도의 유통성 · 대체성으로 인하여 재물보다는 재산상 이익으로서의 성격이 강하고, 위탁된 금전이 중요한 것이 아니라 위탁의 용도가 의미를 가질 뿐이므로 그 보관물은 타인 소유의 재물로 볼 수 없어 횡령죄의 객체가 될 수 없고 그 수탁자는 타인의 사무를 처리하는 자로서 배임죄가 성립할 수 있을 뿐이라고 주장하는 견해(배임죄설)[74)]가 있다. 이에 반하여 용도나 목적이 지정된 대체물의 경우에는 그 위탁자에게 소유권이 유보되어 있다고 보아야 할 것이므로 타인 소유의 재물을 보관하는 경우로 보아야 한다고 주장하는 견해(횡령죄설)[75)]가 있다. 판례는 "목적과 용도를 정하여 위탁한 금전은 정해진 목적과 용도에 사용할 때까지는 이에 대한 소유권이 위탁자에게 유보되어 있다고 보아야 할 것이나(즉, 횡령죄의 객체 인정), **특별히 그 금전의 특정성이 요구되지 않는 경우 수탁자가 위탁의 취지에 반하지 않고 필요한 시기에 다른 금전으로 대체시킬 수 있는 상태에 있는 한 이를 일시 사용하더라도 횡령죄를 구성한다고 할 수**

---

72) 대법원 1984. 2. 14. 83도3207(협회의 임원이 협회의 공금을 협회장의 승인 아래 피고인 개인구좌에 입금시킨 후 위 돈을 수시로 인출하여 개인적 용도에 소비한 사안에서, 위와 같이 자기명의로 예금하여 보관중인 타인의 금원을 인출하여 소비한 행위는 횡령죄에 해당하는 것이며 그만한 돈을 별도로 현금 또는 수표로 보관 중이었다 하여 예금에 대한 불법영득의 의사가 없다고 볼 수는 없다고 판시).

73) 손동권 · 김재윤(형각), 433면.

74) 오영근(형각), 354면; 배종대(형각), 416면(다만, 회사나 단체 소유 금전을 조직 내부 사무분담에 따라 관리 · 보전하는 자가 그 금전을 유용한 때에는 횡령죄가 성립한다고 보고 있음); 이재상 · 장영민 · 강동범(형각), 406면.

75) 손동권 · 김재윤(형각), 433면; 박상기(형각), 376면.

없고, 수탁자가 그 위탁 취지에 반하여 다른 용도에 소비할 때 비로소 횡령죄를 구성한다."고 판시하고 있다.[76] 이러한 판례의 입장은 원칙적으로 **횡령죄설**의 입장이지만 위탁취지에 반하지 않고 대체 지급할 수 있는 상태인 이상 위탁자가 일시 사용을 허용한 것으로 위탁자의 의사내용을 추정하는 입장으로 해석할 수 있다.

특히 금전의 경우에는 특정물이 아닌 이상 그 점유가 있는 곳에 소유권이 있다고 보는 것이 민법의 법리이지만(민법 제250조 단서 참조, 통설),[77] 이는 금전이 일정액의 가치만을 표상하는 것으로서 고도의 유통성을 확보하기 위해 동적 거래안전을 중시할 필요가 있기 때문이다. 그러나 권리자의 정적 거래안전이 중시되는 형사법 분야에서는 금전도 일반 대체물과 같이 다루는 것이 타당하다. 그런데 용도가 지정된 금전 기타 대체물의 임의적 처분을 허용한다면 위탁자의 용도대로 사용하지 못할 위험이 발생하는 것이므로, 당사자 사이에 특약이 없는 한 그 대체물은 위탁자의 소유로 남겨둔 것으로 위탁자의 의사를 해석해야 할 것이고, 보관자가 이를 다른 용도로 임의 사용하는 경우에는 횡령죄가 성립할 수 있다. 다만, 그 보관상의 특정성이 요구되지 않고 필요한 시기에 다른 대체물로 대체시킬 수 있는 상태에 있는 한 위탁자가 그 일시적 사용을 허용한 것으로 볼 수 있을 것이다. 따라서 판례의 입장이 타당하다.

---

76) 대법원 2008. 3. 14. 2007도7568(피고인은 골프회원권 등 매매중개업체인 주식회사를 운영하는 자로서, 피해자로부터 골프회원권을 4억 원에 매입하여 달라는 위임을 받고 4억 원을 위 회사 명의의 예금통장으로 입금 받아 이를 보관하던 중, 다른 골프회원권 매입대금 등으로 임의로 소비한 사안에서, **회원권 매입 명목으로 받은 4억 원은 그 목적과 용도를 정하여 위탁된 금전으로서 골프회원권 매입시까지 일응 그 소유권이 위탁자인 피해자에게 유보되어 있는 것**이기는 하나, 위 회사에는 30여 명의 딜러가 각기 사업자등록을 하고 각자의 책임하에 골프회원권 매매를 중개하고 4명의 팀장과 1명의 본부장이 딜러들을 관리하며, 각 딜러들이 골프회원권 매입대금으로 받은 돈을 회사의 법인 통장에 입금하면 법인 통장에 입금된 돈을 회사가 그때그때마다 필요한 곳에 공동으로 사용하는 방식으로 운영되고 있는 점에 비추어, **위 4억 원이 회사자금의 공동관리를 위하여 만들어진 회사의 법인통장에 입금되어 다른 회사자금과 함께 보관된 이상 그 특정성을 계속 인정하기는 어렵다고 할 것이며, 나아가 피해자에게 회원권을 매입하여 주기로 한 시기까지 회사 법인통장에 적어도 4억 원 이상의 잔고가 있었던 이상,** 비록 골프회원권의 시세 상승 등 외부적 요인으로 피고인이 약정한 기한까지 골프회원권을 매입하여 주지 못하고 그 대금도 반환하지 못하였다고 하더라도, 피고인이 그로부터 2달여 후에 위 매매대금을 전액 반환한 사정 등을 함께 고려한다면, 그러한 사정만으로 바로 피고인의 불법영득의사를 추단할 수는 없다고 판시); 2002. 10. 11. 2002도2939; 1995. 10. 12. 94도2076.

77) 김준호(물권), 94면; 지원림(민법), 517면; 곽윤직 · 김재형(물권), 162면; 송덕수(민법), 441면.

7) 채권양도의 경우

지명채권을 양도한 채권양도인이 채무자에게 채권양도 통지를 하기 전에 그 채무자로부터 채권 변제금을 수령한 경우, 그 변제금의 소유권이 채권양도인과 채권양수인 중 누구에게 귀속되는지 문제가 된다. 이때 채권양도인이 그 채권 변제금을 채권양수인에게 반환하는 것을 거부하거나 임의로 처분하는 경우에, 채권 변제금의 소유권이 채권양수인에게 귀속된다면 횡령죄가 성립할 수 있고, 그 소유권이 채권양도인에게 귀속된다면 배임죄가 성립하거나 민사상 채무불이행에 불과한 것으로 보아 무죄로 볼 수도 있다.

이에 관하여 채권양도는 그 합의시 유효하게 성립하고 채무자에 대한 채권양도 통지는 채무자에 대한 대항요건에 불과하며 채권 변제금의 소유권은 특별한 사정이 없는 한 그 채권자에게 귀속되므로 채권 변제금의 소유권은 채권양수인에게 귀속되고 채권양도인이 그 수령금을 임의로 처분하면 횡령죄가 된다고 하는 견해(횡령죄설)[78]가 있다.

이에 반하여 민법원칙에 따르면 채권 변제금을 채권양수인에게 귀속시킨다는 특약이 있다거나 목적이나 용도를 정한 금전 수수로 볼 수 없는 이상 변제금의 소유권은 그 수령인인 채권양도인에게 귀속되는 것이 원칙이므로 채권 변제금의 소유권은 채권양도인에게 귀속되고 이를 수령한 채권양도인이 채권양수인에게 교부할 임무에 위배하여 임의처분하면 배임죄가 성립한다고 보는 견해(배임죄설)[79]가 있다.

그러나 판례는 "채권양도인이 채무자에게 채권양도 통지를 하는 등으로 채권양도의 대항요건을 갖추어 주지 않은 채 채무자로부터 채권을 추심하여 금전을 수령한 경우, 특별한 사정이 없는 한 금전의 소유권은 채권양수인이 아니라 채권양도인에게 귀속하고, 채권양도인이 채권양수인을 위하여 양도 채권의 보전에 관한 사무를 처리하는 신임관계가 존재한다고 볼 수 없다. 따라서 채권양도인이 위와 같이 양도한 채권을 추심하여 수령한 금전에 관하여 채권양수인을 위해 보관하는 자의 지위에 있다고 볼 수 없으므로, 채권양도인이 위 금전을 임의로 처분하더라도 횡령죄

---

78) 손동권 · 김재윤(형각), 435면; 정성근 · 박광민(형각), 398면.

79) 김성돈(형각), 444면; 오영근(형각), 354면.

는 성립하지 않는다."고 판시하였다.[80] 즉, 채권 변제금의 소유권이 채권양도인에게 귀속되어 채권양도인은 '타인의 재물을 보관하는 자'에 해당하지 않으므로 횡령죄가 성립하지 않는다는 것이다. 그뿐만 아니라, "채권양도인은 채권양수인과 사이에 채권양도계약 또는 채권양도의 원인이 된 계약에 따른 채권 · 채무관계에 있을 뿐이고, 채권양수인을 위하여 타인의 사무를 처리하는 자의 지위에 있다고 볼 수 없다."고 판시하여[81] 배임죄의 행위주체도 될 수 없는 것으로 봄으로써 무죄설 입장을 취하게 되었다. 위 판례는 우선 횡령죄가 성립하지 않는다는 이유로 "첫째, 채권양도에 의하여 양도된 채권이 동일성을 잃지 않고 채권양도인으로부터 채권양수인에게 이전되더라도, 채권양도인이 양도한 채권을 추심하여 금전을 수령한 경우 금전의 소유권 귀속은 채권의 이전과는 별개의 문제이다. 채권 자체와 채권의 목적물인 금전은 엄연히 구별되므로, 채권양도에 따라 채권이 이전되었다는 사정만으로 채권의 목적물인 금전의 소유권까지 당연히 채권양수인에게 귀속한다고 볼 수 없다. 둘째, 채권양도인이 채권양도 후에 스스로 양도한 채권을 추심하여 수령한 금전에 대해서는 채권양도인과 채권양수인 사이에 어떠한 위탁관계가 설정된 적이 없다. 채권양수인은 채권양도계약에 따라 채권양도인으로부터 채권을 이전받을 뿐이고, 별도의 약정이나 그 밖의 특별한 사정이 인정되지 않는 한 채권양도인에게 채권의 추심이나 수령을 위임하거나 채권의 목적물인 금전을 위탁한 것이 아니다. 셋째, 채권양도의 대항요건을 갖추기 전 채권양도인과 채무자, 채권양수인 세 당사자의 법률관계와 의사를 구체적으로 살펴보더라도 채권양도인이 채무자로부터 채권양수인을 위하여 대신 금전을 수령하였다거나, 그밖에 다른 원인으로 채권양도인이 수령한 금전의 소유권이 수령과 동시에 채권양수인의 소유로 되었다고 볼 수 없다. 채권양수인의 의사는 자신이 채권을 온전히 이전받아 행사할 수 있도록 대항요건을 갖추어 달라는 것이지, 채권양도인으로 하여금 대신 채권을 추심하거나 금전을 수령해 달라는 것이 아니다. 넷째, 금전의 교부행위가 변제의 성질을 가지는 경우에는 특별

---

80) 대법원 2022. 6. 23. 2017도3829 전원합의체(건물 임차인 A가 그 임대인 B에 대한 임대차보증금 반환채권을 C에게 양도하였으나 B에게 그 채권양도 통지를 하지 않고 있던 중, B로부터 남아있던 임대차보증금을 반환받아 보관하다가 개인용도로 사용하여 횡령죄로 기소된 사안). 이 판결에서 횡령죄설 입장의 종전 대법원 1999. 4. 15. 97도666 전원합의체 판결은 폐기.

81) 대법원 2022. 6. 23. 2017도3829 전원합의체.

한 사정이 없는 한 금전이 상대방에게 교부됨으로써 그 소유권이 상대방에게 이전된다. 따라서 채무자가 채권양도인에게 금전을 지급한 것은 자신의 채권자인 채권양도인에게 금전의 소유권을 이전함으로써 유효한 변제를 하여 채권을 소멸시킬 의사에 따른 것이고, 채권양도인 역시 자신이 금전의 소유권을 취득할 의사로 수령한 것이 분명하다. 따라서 채권양도인이 채권양도 통지를 하기 전에 채무자로부터 채권을 추심하여 금전을 수령한 경우 금전의 소유권은 채권양도인에게 귀속할 뿐이고 채권양수인에게 귀속한다고 볼 수 없다."고 판시하고, 다음의 배임죄 불성립 이유와 마찬가지 이유로 "채권양도인과 채권양수인은 통상의 계약에 따른 이익대립관계에 있을 뿐 횡령죄의 보관자 지위를 인정할 수 있는 신임관계에 있다고 할 수 없다."고 판시하였다. 또한 배임죄와 관련해서도 "첫째, 매매 · 교환 등과 같이 당사자 일방이 재산권을 상대방에게 이전할 것을 약정하고 상대방이 대가를 지급할 것을 약정함으로써 효력이 생기는 계약의 경우, 쌍방이 계약의 내용에 따른 이행을 할 채무는 특별한 사정이 없는 한 '자기의 사무'임이 원칙이다. 둘째, (배임죄의 행위주체인) '타인의 사무를 처리하는 자'라고 하려면, 타인의 재산관리에 관한 사무의 전부 또는 일부를 타인을 위하여 대행하는 경우와 같이 당사자 관계의 전형적 본질적 내용이 통상의 계약에서의 이익대립관계를 넘어서 그들 사이의 신임관계에 기초하여 타인의 재산을 보호하거나 관리하는 데에 있어야 한다. 이익대립관계에 있는 통상의 계약관계에서 채무자의 성실한 급부이행에 의해 상대방이 계약상 권리의 만족 또는 채권의 실현이라는 이익을 얻게 되는 관계에 있다거나, 계약을 이행할 때에 상대방을 보호하거나 배려할 부수적인 의무가 있다는 것만으로는 채무자를 타인의 사무를 처리하는 자라고 할 수 없고, 위임 등과 같이 계약의 전형적 본질적인 급부의 내용이 상대방의 재산상 사무를 일정한 권한을 가지고 맡아 처리하는 경우에 해당해야 한다. 셋째, 채권양도인과 채권양수인의 양도에 관한 의사 합치에 따라 채권이 양수인에게 이전되고, 채권양도인은 채권양도계약 또는 채권양도의 원인이 된 계약에 기초하여 채권양수인이 목적물인 채권에 관하여 완전한 권리나 이익을 누릴 수 있도록 할 의무를 부담한다. 즉, 채권양도인은 채무자에게 채권양도 통지를 하거나 채무자로부터 승낙을 받음으로써 채권양수인이 채무자에 대한 대항요건을 갖추도록 할 계약상 채무를 진다. 이와 같이 채권양도인이 채권양수인으로 하여금 채권에 관한 완전한 권리를 취득하게 해 주지 않은 채 이를 다시 제3자에게 처분하거나 직접 추심하여 채무자로부터 유효한 변제를 수령함으로써 채권 자체를 소멸시키는 행위는 권리이전계약에 따른 자신의 채무를 불이행한 것에 지나지 않는다. 따라서 채권양도인이 채권양수인에게 채권양도와 관련하여 부담하는 의무는 일반적인 권리이전계약에 따른 급부의무에 지나지 않으므로, 채권양도인이 채권양수인을 위하여 어떠한 재산상 사무를 대행하거나 이를 맡아 처리한다고 볼 수 없다."고 판시하고 있다.[82)]

나. 위탁매매의 경우

상법 제2편 제7장에 규정된 위탁매매인은 위탁자를 위한 매매로 인하여 상대방에 대하여 직접 권리를 취득하고 의무를 부담하지만(상법 제102조), 위탁매매인이 위탁자로부터 받은 물건 또는 유가증권이나 위탁매매로 인하여 취득한 물건 또는 유가증권은 위탁자와 위탁매매인 사이에는 이를 위탁자의 소유로 본다(상법 제103조). 이는 그 위탁물이나 취득물이 금전일지라도 다른 특약 기타 특별한 사정이 없는 한 마찬가지로 보아야 할 것이므로 위탁매매인이 이를 임의로 처분한 경우에는 횡령죄가 성립할 수 있다.[83)]

다만, 위탁매매인과 위탁자간에 위탁물의 판매대금에서 각종 비용이나 수수료 등을 공제한 이익을 분배하기로 하는 등 그 대금처분에 관하여 특약 기타 정산관계가 있는 경우에는, 그 정산관계가 밝혀지지 않는 한 위탁물의 판매대금을 소비하거나 위탁자에 대한 인도를 거절하였다고 하여 곧바로 그 판매대금 전액에 대한 횡령죄가 성립한다고 할 수는 없다(판례).[84)]

---

82) 판례는 횡령죄의 성립 여부만 상고심 판단대상이어서, 이를 횡령죄의 행위주체인 타인의 재물을 '보관하는 자'에 해당할 만한 신임관계를 인정할 수 없는 논거로 설시하고 있으나, 이는 곧 배임죄의 행위주체인 '타인의 사무를 처리하는 자'를 인정할 수 없는 논거가 되는 것이다. 이 판례에서도 "금전채권 양도에 관하여 배임죄가 문제되는 경우와 횡령죄가 문제되는 경우를 달리 취급하여 횡령죄의 경우에만 범죄성립을 인정하는 것도 마찬가지로 부당하다. 채권양도인이 채권양도 통지를 하기 전에 양도 채권 자체를 제3자에게 처분 · 환가하여 배임죄로 기소된 경우에는 무죄라고 하면서도, 양도 채권을 직접 추심하여 수령한 금전을 사용함으로써 횡령죄로 기소된 경우에는 유죄라고 할 정당한 근거를 찾을 수 없다. 위 두 경우 모두 권리이전계약을 불이행한 행위의 본질이 서로 같고, 이로 말미암아 채권양도인이 얻는 경제적 이익과 채권양수인에게 발생하는 채권 상실의 결과가 같다. 그런데도 형사처벌에 관해서 두 경우를 달리 취급하는 것은 받아들이기 어려운 결론이다."라고 판시(대법원 2022. 6. 23. 2017도3829 전원합의체).

83) 대법원 1986. 6. 24. 86도1000; 1982. 2. 23. 81도2619; 배종대(형각), 416면; 김성돈(형각), 444면; 김일수 · 서보학(형각), 296면; 오영근(형각), 354면.

84) 대법원 1990. 3. 27. 89도813; 1982. 11. 23. 82도1887; 배종대(형각), 394면.

다. 익명조합의 경우

익명조합원이 영업을 위하여 출자한 금전 기타 재산은 상대방인 영업자의 재산으로 의제되고(상법 제79조), 영업자의 영업상 행위로 인한 제3자와의 권리나 의무는 영업자에게만 귀속되고 익명조합원에게 발생하는 것이 아니다(상법 제80조). 그러므로 익명조합의 영업자가 익명조합에 출자한 금전 기타 재산은 물론 그 영업으로 인한 이익금을 함부로 개인 용도에 소비하였더라도 횡령죄가 성립하지 않는다.[85)]

■ 익명조합 횡령 사건(대법원 2011. 11. 24. 2010도5014)

【사실관계】

A와 B가 특정 토지를 매수하여 전매한 후 전매이익금을 정산하기로 약정한 다음, A가 B로부터 조달받은 돈 등을 합하여 토지를 매수하고 소유권이전등기는 A명의로 마친 후, 위 토지를 제3자에게 임의로 매도한 후 B에게 전매이익금 반환을 거부함으로써 이를 횡령하였다는 혐의로 기소된 사안.

【판결요지】

비록 B가 토지의 전매차익을 얻을 목적으로 일정 금원을 출자하였더라도, 이후 업무감시권 등에 근거하여 업무집행에 관여한 적이 전혀 없고, B가 토지의 매수 및 전매를 A에게 전적으로 일임하고 그 과정에 전혀 관여하지 아니하였으며, A가 아무런 제한 없이 재산을 처분한 점 등에 비추어, A와 B 사이의 약정은 조합 또는 내적 조합에 해당하는 것이 아니라 '익명조합과 유사한 무명계약'에 해당한다고 보아야 한다. 따라서 A는 B의 재물을 보관하는 자의 지위에 있지 아니하므로 횡령죄는 성립하지 아니한다.

라. 지입차량의 경우

회사가 그 명의로 자동차를 소유하고 화물운송업을 경영하면서 실제로는 지입차주가 회사와 별도로 사업자등록을 한 후 회사에는 매월 지입료만 내고 자기의 계산 아래 위 차량을 이용하여 독자적으로 영업활동을 하는 경우에, 회사가 지입차주로부터 받은 지입료를 임의 처분하는 경우에 횡령죄가 성립할 것인지 문제가 된다.

이러한 지입관계는 회사와 차주 사이의 합의에 의한 내부적 사항에 불과한 것으

---

85) 대법원 2011. 11. 24. 2010도5014; 1971. 12. 28. 71도2032.

로서 대외적인 관계에 있어서는 회사가 위 자동차를 소유하고 이를 운영하는 경영 주체라고 보는 것이 판례[86]의 입장이다. 따라서 다른 특별한 사정이 없는 한 지입차주들이 납부하는 지입료도 지입회사의 소유가 되므로 지입회사가 이를 임의로 소비하더라도 횡령죄가 성립하지 않는다.[87] 판례도 "지입차주들이 차량위탁관리료와 산업재해보상보험료 및 제세공과금을 합한 일정 금액을 일괄하여 납입하는 지입료는 일단 지입회사의 소유로 되어 회사가 그 지입료 등을 가지고 그 운영비와 전체 차량의 제세공과금 및 보험료에 충당할 수 있는 것이므로 지입차주들이 낸 보험료나 세금을 회사가 항목유용하였다 하더라도 횡령죄가 되지 아니한다."고 판시하였다.[88]

마. 가맹계약의 경우

가맹계약(Franchise Agreement), 이른바 프랜차이즈계약은 독립된 상인인 가맹상(프랜차이즈이용자)이 가맹업자(프랜차이즈회사)의 상호 · 상표 등 영업표지의 사용허락을 받고 가맹업자가 지정하는 품질기준이나 영업방식에 따라 영업을 하며 이에 대한 사용료를 가맹업자에게 지급하기로 하는 특수한 계약이다(상법 제168조의6). 가맹계약 관계에서 가맹상이 판매대금을 임의로 사용할 수 있는지 문제가 된다.

가맹계약의 기본적 성격은 각 독립된 상인간의 계속적인 물품 등 공급계약이다. 가맹업자의 경우 실제로는 가맹상의 영업활동에 관여함이 없이 경영 · 기술지도, 상품대여의 대가로 매출액의 일정 비율을 보장받는 등 그 대가를 지급받는 것에 지나지 아니하여, 가맹업자와 가맹상이 공동경영하고 그 사이에서 손익분배가 공동으로 이루어진다고 할 수 없으므로, 이러한 가맹계약을 동업계약 관계로는 볼 수 없다. 따라서 가맹상이 판매하여 보관 중인 물품판매대금은 가맹상의 소유라 할 것이어서 이를 임의 소비한 행위는 가맹계약상의 채무불이행에 지나지 아니하므로 횡령죄는 성립하지 않는다(판례).[89]

---

86) 대법원 1992. 4. 28. 90도2415.

87) 오영근(형각), 351면("회사에 지입된 차량은 지입차주가 아닌 회사의 소유이므로 지입차주가 지입차량을 임의처분한 행위는 횡령죄에 해당된다.")

88) 대법원 1997. 9. 5. 97도1592.

89) 대법원 1998. 4. 14. 98도292; 1996. 2. 23. 95도2608; 오영근(형각), 352면.

3. 보관

가. 일반론

횡령죄의 범죄구성요건 중 '보관'이란 **위탁관계에 의하여 재물을 점유하는 것을 말한다.**[90)]

이때 점유란 타인이 위탁한 재물을 사실상 지배 · 관리하거나 법률상 지배 · 처분할 수 있는 상태에 있는 것을 말하고, 이때 재물을 사실상 지배 · 관리할 수 있는 상태란 민법상의 점유 개념과 일치하는 것은 아니다.[91)] 그러므로 간접점유 관계에 있어서의 직접점유자(점유매개자)는 물론이고, 민법상의 점유보조자(민법 제195조)도 사실상 지배 · 관리자라면 형법상으로는 보관자의 지위를 가질 수 있다.[92)] 소유권의 취득에 등록이 필요한 차량의 경우에도 차량을 인도받아 보관하고 있는 사람은 보관자의 지위에 있게 되므로, 이를 사실상 처분하면 횡령죄가 성립하며 그 보관 위임자나 보관자가 차량의 등록명의자일 필요는 없다(판례).[93)] 또한 "부동산의 경우 보관자의 지위는 점유를 기준으로 할 것이 아니라 그 부동산을 제3자에게 유효하게 처분할 수 있는 권능의 유무를 기준으로 결정하여야 하므로, 원인무효인 소유권이전등기의 명의자는 횡령죄의 주체인 타인의 재물을 보관하는 자에 해당한다고 할 수 없다."(판례)[94)] 그리고 타인의 금전을 위탁받아 보관하는 자는 이를 은행 등 금융기관에 예치한 경우에도 법률상 지배 · 처분할 수 있는 상태에 있는 자이므로 보관자로서의 지위를 유지한다.(판례)[95)]

---

90) 대법원 2022. 6. 30. 2017도21286.

91) 이재상 · 장영민 · 강동범(형각), 391면; 박상기(형각), 367면; 주석 형법(각칙6), 324면.

92) 대법원 1986. 8. 19. 86도1093(다방 주인 소유의 오토바이를 점유하고 있는 주방장으로부터 심부름을 다녀오라고 하면서 건네받은 오토바이를 타고 가다가 마음이 변하여 이를 반환하지 아니한 채 그대로 타고 가버렸다면 횡령죄를 구성함은 별론으로 하고 적어도 절도죄를 구성하지는 아니한다고 판시).

93) 대법원 2015. 6. 25. 2015도1944 전원합의체(또한 "이와 같은 법리는 지입회사에 소유권이 있는 차량에 대하여 지입회사로부터 운행관리권을 위임받은 지입차주가 지입회사의 승낙 없이 그 보관 중인 차량을 사실상 처분하거나 지입차주로부터 차량 보관을 위임받은 사람이 지입차주의 승낙 없이 그 보관 중인 차량을 사실상 처분한 경우에도 마찬가지로 적용된다."고 판시).

94) 대법원 2010. 6. 24. 2009도9242; 2007. 5. 31. 2007도1082.

95) 이재상 · 장영민 · 강동범(형각), 394면; 대법원 2000. 8. 18. 2000도1856. 또한 이 판례는 "타인의 금전을 위탁받아 보관하는 자가 보관방법으로 금융기관에 자신의 명의로 예치한 경우, 「금융실명거래 및 비밀보장에 관한 긴급재정경제명령」이 시행된 이후 금융기관으로서는 특별한 사정이 없는 한 실명확인을 한 예금명의자만을 예금주로 인정할 수밖에 없으므로, 수탁자 명의의 예금에 입금된 금전은 수탁

횡령죄는 타인의 재물을 보관하는 자가 신임관계에 반하여 이를 횡령하거나 반환을 거부함으로써 성립하는 범죄이므로 '보관'은 반드시 위탁관계에 따른 보관이라야만 한다(판례).[96] 이때 그 재물의 보관자와 재물의 소유자 등 본권자(또는 위탁자) 사이에 법률상 또는 사실상 위탁신임관계가 존재해야 한다(판례).[97] 그러므로 위탁관계가 없는 유실물 등에 대하여는 점유이탈물횡령죄가 성립할 수 있을 뿐이다.[98] 위탁관계는 법률상 또는 사실상의 위탁관계를 모두 포함하므로 위탁자의 위탁권한 유무를 불문하며, 위탁하는 법률행위가 무효 또는 취소된 경우에도 인정될 수 있다.[99] 이러한 위탁관계의 발생원인은 법규나 사용대차, 임대차, 위임, 임치, 고용 등의 계약에 의하여 설정되는 경우도 있고 사무관리, 관습, 조리 또는 신의칙에 의해서도 성립될 수 있다(판례).[100] 다만, "횡령죄의 본질이 신임관계에 기초하여 위탁된 타인의 물건을 위법하게 영득하는 데 있음에 비추어 볼 때 그 위탁신임관계는 **횡령죄로 보호할 만한 가치 있는 신임에 의한 것**으로 한정함이 타당하다."(판례)[101] 위탁관계가 있는지 여부는 재물의 보관자와 소유자 사이의 관계, 재물을 보관하게 된 경위 등에 비추어 볼 때 보관자에게 재물의 보관상태를 그대로 유지해야 할 의무를 부과하여 그 보관상태를 형사법적으로 보호할 필요가 있는지 등을 고려하여 규범적으로 판단해야 한다(판례).[102]

재물의 위탁행위가 범죄의 실행행위나 준비행위 등과 같이 범죄실현의 수단으로서 이루어진 경우 그 행위 자체가 처벌대상인지와 상관없이 그러한 행위를 통해 형

자만이 법률상 지배 · 처분할 수 있을 뿐이고 위탁자로서는 위 예금의 예금주가 자신이라고 주장할 수는 없으나, 그렇다고 하여 보관을 위탁받은 위 금전이 수탁자 소유로 된다거나 위탁자가 위 금전의 반환을 구할 수 없는 것은 아니므로 수탁자가 이를 함부로 인출하여 소비하거나 또는 위탁자로부터 반환요구를 받았음에도 이를 영득할 의사로 반환을 거부하는 경우에는 횡령죄가 성립한다."고 판시하였다.

96) 대법원 1994. 11. 25. 93도2404.

97) 대법원 2016. 5. 19. 2014도6992 전원합의체; 2010. 6. 24. 2009도9242.

98) 이재상 · 장영민 · 강동범(형각), 394면.

99) 김성돈(형각), 439면; 김일수 · 서보학(형각), 288면; 박상기(형각), 368면.

100) 대법원 2018. 7. 19. 2017도17494 전원합의체; 2006. 1. 12. 2005도7610; 1987. 10. 13. 87도1778; 김성돈(형각), 438면; 김일수 · 서보학(형각), 287,288면; 이재상 · 장영민 · 강동범(형각), 395면.

101) 대법원 2018. 7. 19. 2017도17494 전원합의체; 2016. 5. 19. 2014도6992 전원합의체.

102) 대법원 2018. 7. 19. 2017도17494 전원합의체.

성된 위탁관계는 횡령죄로 보호할 만한 가치 있는 신임에 의한 것이 아니다(판례).[103)]

법률상 원인관계 없이 자신의 예금계좌로 송금 · 이체된 돈을 임의로 사용한 경우 횡령죄가 성립하는지 그 피해자가 누구인지 여부는 누구에 대한 위탁관계가 성립한 것으로 볼 것인지 여부의 문제이다. 이에 대한 판례의 입장은 다음과 같다. 송금의뢰인이 다른 사람의 예금계좌에 자금을 송금 · 이체한 경우 특별한 사정이 없는 한 송금의뢰인과 계좌명의인 사이에 그 원인이 되는 법률관계가 존재하는지 여부에 관계없이 계좌명의인(수취인)과 수취은행 사이에는 그 자금에 대하여 예금계약이 성립하고, 계좌명의인은 수취은행에 대하여 그 금액 상당의 예금채권을 취득한다(판례).[104)] 이때 송금의뢰인과 계좌명의인 사이에 송금 · 이체의 원인이 된 법률관계가 존재하지 않음에도 송금 · 이체에 의하여 계좌명의인이 그 금액 상당의 예금채권을 취득한 경우 계좌명의인은 송금의뢰인에게 그 금액 상당의 돈을 반환해야 한다.[105)] 이와 같이 계좌명의인이 송금 · 이체의 원인이 되는 법률관계가 존재하지 않음에도 계좌이체에 의하여 취득한 예금채권 상당의 돈은 송금의뢰인에게 반환해야 할 성격의 것이므로, 계좌명의인은 그와 같이 송금 · 이체된 돈에 대하여 송금의뢰인을 위하여 보관하는 지위에 있다고 보아야 한다. 따라서 계좌명의인이 그와 같이 송금 · 이체된 돈을 그대로 보관하지 않고 영득할 의사로 인출하면 횡령죄가 성립한다.[106)] 이러한 법리는 착오송금의 경우뿐만 아니라 계좌명의인이 개설한 예금계좌가 전기통신금융사기(보이스피싱 · 스미싱 사기) 범행에 이용되어 그 계좌에 피해자가 사기 피

---

103) 대법원 2022. 6. 30. 2017도21286(피고인은 피해자와 함께 자금을 공동투자하여 의료소비자생활협동조합을 설립한 다음 그 명의로 요양병원을 설립 · 운영하여 수익을 나누어 가지기로 동업약정을 하여 피해자로부터 투자금을 받은 다음, 이를 피고인이 개인적인 용도로 소비한 사안에서, "무자격자가 의료법 제33조 제2항을 위반하여 의료기관을 개설하거나 운영하는 행위는 의료법 제87조에 따라 10년 이하의 징역이나 1억 원 이하의 벌금으로 처벌되는 범죄행위이다. 이 사건 동업약정은 무자격자인 피고인 및 피해자가 필요한 자금을 투자하여 시설을 갖추고, 의료기관을 개설할 자격이 있는 의료소비자생활협동조합 명의로 의료기관 개설신고를 한 다음 의료기관의 운영과 손익 등을 자신들에게 귀속시키기로 하는 약정으로서, 의료법 제87조에 따라 처벌되는 무자격자의 의료기관 개설 · 운영행위를 목적으로 한다. 피해자가 투자한 이 사건 금원은 의료기관을 개설할 자격이 없는 자의 의료기관 개설 · 운영이라는 범죄의 실현을 위해 교부되었으므로, 해당 금원에 관하여 피고인과 피해자 사이에 횡령죄로 보호할 만한 신임에 의한 위탁관계가 인정되지 않는다. 따라서 피고인은 '타인의 재물을 보관하는 자'에 해당하지 않으므로 횡령죄가 성립하지 않는다."고 판시).

104) 대법원 2018. 7. 19. 2017도17494 전원합의체.

105) 대법원 2018. 7. 19. 2017도17494 전원합의체; 2007. 11. 29. 2007다51239.

106) 대법원 2018. 7. 19. 2017도17494 전원합의체; 2010. 12. 9. 2010도891; 2005. 10. 28. 2005도5975.

해금을 송금 · 이체한 경우에도 마찬가지로 적용된다.[107] 따라서 계좌명의인은 피해자와의 사이에 아무런 법률관계 없이 송금 · 이체된 사기 피해금 상당의 돈을 피해자에게 반환해야 하므로, 피해자를 위해 사기 피해금을 보관하는 지위에 있고, 계좌명의인이 그 돈을 영득할 의사로 인출하면 피해자에 대한 횡령죄가 성립한다.[108] 이 경우 계좌명의인의 인출행위는 전기통신금융사기의 범인에 대한 관계에서는 횡령죄가 되지 않는다. 그 이유는 ① 계좌명의인이 전기통신금융사기의 범인에게 예금계좌에 연결된 접근매체를 양도하였다 하더라도 은행에 대하여 여전히 예금계약의 당사자로서 예금반환청구권을 가지는 한, 접근매체를 교부받은 사람은 계좌명의인의 예금반환청구권을 자신이 사실상 행사할 수 있게 된 것일 뿐 예금 자체를 취득한 것이 아니므로 그 계좌에 송금 · 이체된 돈이 그 접근매체를 교부받은 사람에게 귀속되었다고 볼 수는 없고,[109] ② 사기범이 제3자 명의의 사기 이용 계좌로 돈을 송금 · 이체하게 하는 행위는 범죄행위에 해당하고, 사기범이 그 계좌를 이용하는 것도 전기통신금융사기 범행의 실행행위에 해당하여 계좌명의인과 사기범 사이의 관계를 횡령죄로 보호하는 것은 그 범행으로 송금 · 이체된 돈을 사기범에게 귀속시키는 결과가 되어 옳지 않으므로, 계좌명의인과 전기통신금융사기 범인 사이의 관계는 횡령죄로 보호할 만한 가치가 있는 위탁관계가 아니기 때문이다.[110] 만약 전기통신금융사기 범행에 이용된 예금계좌의 계좌명의인이 그 사기에 가담한 공범이라면 자신이 가담한 범행의 결과 피해금을 보관하게 된 것일 뿐이어서 피해자와 사이에 위탁관계가 없고, 그가 송금 · 이체된 돈을 인출하더라도 이는 자신이 저지른 사기범행의 실행행위에 지나지 아니하여 새로운 법익을 침해한다고 볼 수 없으므로 사기죄 외에 별도로 횡령죄를 구성하지 않는다.[111]

착오로 타인의 계좌에 이체된 것이 가상자산인 경우, 즉 가상자산 권리자의 착오

---

107) 대법원 2018. 7. 19. 2017도17494 전원합의체(보이스피싱 사기 사례).

108) 대법원 2018. 7. 19. 2017도17494 전원합의체.

109) 판례는 전기통신금융사기 범행으로 피해자의 돈이 사기이용계좌로 송금 · 이체되었다면 이로써 편취행위는 기수에 이른다고 보고 있지만(대법원 2017. 5. 31. 2017도3045; 2010. 12. 9. 2010도6256), 이는 사기범이 접근매체를 이용하여 그 돈을 인출할 수 있는 상태에 이르렀다는 의미일 뿐 사기범이 그 돈을 취득하였다는 것은 아니다(대법원 2018. 7. 19. 2017도17494 전원합의체).

110) 대법원 2018. 7. 19. 2017도17494 전원합의체.

111) 대법원 2018. 7. 19. 2017도17494 전원합의체; 2017. 5. 31. 2017도3045.

나 가상자산 운영시스템의 오류 또는 전기통신금융사기 범죄 등으로 타인의 가상자산 전자지갑에 가상자산이 이체되었는데, 가상자산을 이체 받은 사람이 이를 임의로 사용 · 처분한 경우에 횡령죄나 배임죄가 성립하는지 문제될 수 있다. 이에 관하여 판례는 "가상자산은 국가에 의해 통제받지 않고 블록체인 등 암호화된 분산원장에 의해 부여된 경제적인 가치가 디지털로 표상된 정보로서 재산상 이익에 해당할 뿐 재물이 아니며,[112] … 가상자산을 이체 받은 자는 가상자산의 권리자 등에 대하여 부당이득반환의무라는 민사상 채무를 부담할 수는 있으나 … 신임관계에 기초하여 가상자산을 보존하거나 관리하는 지위에 있는 것은 아니므로" 횡령죄나 배임죄가 성립할 수 없다고 판시하고 있다.[113]

나. 유가증권의 경우

유가증권은 재산권을 표창하는 증권으로서 그 자체가 재물로 취급되는 것이므로 유가증권의 보관을 위탁받은 자는 타인의 재물을 보관하는 자로서 횡령죄의 주체가 될 수 있다. 또한 화물상환증, 선하증권, 창고증권과 같은 물건인도청구권을 표창하는 유가증권을 보관하는 경우에 증권의 소지자는 그 증권으로써 표창하는 물건에 관한 처분을 할 수 있으므로(상법 제132조, 제139조, 제157조, 제861조) 그 물건에 관하여 법률상 지배 · 처분할 수 있는 상태에 있게 된다. 그러므로 위와 같은 유가증권의 보관자는 그 표창하는 물건에 관하여도 보관자의 지위에 있게 된다.[114]

다만, 금전청구권을 표창하는 어음이나 수표가 원인관계상 채권의 지급을 담보하기 위하여 그 채권자에게 적법하게 교부된 경우에는 어음 · 수표의 무인증권성에 비추어 채권자와 채무자 사이의 어음 · 수표 반환에 관한 약정은 원인관계상의 인적항

---

112) 대법원 2021. 11. 11. 2021도9855. 이어서 판례는 "**가상자산**은 보관되었던 전자지갑의 주소만을 확인할 수 있을 뿐 그 주소를 사용하는 사람의 인적사항을 알 수 없고, 거래내역이 분산 기록되어 있어 다른 계좌로 보낼 때 당사자 이외의 다른 사람이 참여해야 하는 등 일반적인 자산과는 구별되는 특징이 있다. 이와 같은 가상자산에 대해서는 현재까지 관련 법률에 따른 법정화폐에 준하는 규제가 이루어지지 않는 등 법정화폐와 동일하게 취급되고 있지 않고 그 거래에 위험이 수반되므로, 형법을 적용하면서 법정화폐와 동일하게 보호해야 하는 것은 아니다."라고 판시(대법원 2021. 12. 16. 2020도9789).

113) 대법원 2021. 12. 16. 2020도9789(H가상자산거래소에 개설된 A의 전자지갑에 들어있던 비트코인이 알 수 없는 경위로 B의 전자지갑 계좌로 착오 이체되었는데, B가 이를 자신의 다른 계좌로 이체하여 배임죄로 기소된 사안).

114) 손동권 · 김재윤(형각), 425면; 김성돈(형각), 436면.

변 사유에 불과하고 채권자는 그 어음 · 수표상 권리를 취득하는 것이므로 횡령죄의 주체인 타인의 재물을 보관하는 자라 할 수 없다(판례).[115]

다. 부동산의 경우

부동산의 경우 보관자의 지위는 사실상 '점유'를 기준으로 할 것이 아니라 그 부동산을 제3자에게 유효하게 처분할 수 있는 권능이 있는지 여부를 기준으로 판단해야 한다는 것이 판례의 입장임은 앞에서 말하였다. 법률행위에 의한 부동산의 물권변동은 등기하여야 그 효력이 생기고(민법 제186조), 등기의 공신력이 인정되지 않는 우리 법제 아래에서는 등기를 하였더라도 유효하게 처분할 수 있는 권능이 있는 자만이 법률상 지배 · 처분할 수 있는 상태에 있는 자이다. 부동산의 공유자 중 1인이 다른 공유자의 지분을 임의로 처분하더라도 그에게 그 처분권능이 없는 한 다른 공유지분의 보관자가 아니므로 횡령죄가 성립하지 아니한다(판례).[116] 학설 중에는 부동산을 사실상 지배하고 있는 자도 등기명의 여부를 불문하고 그 부동산의 보관자로 인정하는 견해[117]가 있다. 그러나 부동산에 대한 선의취득이 인정되지 않는 이상 그러한 자의 처분으로는 진정한 소유자의 소유권 등 본권을 침해할 위험조차 발생할 리 없으므로 소유권 등 본권을 보호법익으로 하는 횡령죄의 행위주체인 사실상의 지배 · 관리자로 보기는 어렵다.

그리고 부동산 명의수탁자가 부동산을 처분할 수 있는 권능이 있고 위탁자와의 위탁관계가 인정된다면 부동산의 사실상 지배자이든 등기명의자이든 모두 부동산의 보관자에 해당한다(통설 · 판례).[118] 판례는 임야의 진정한 소유자와는 전혀 무관한 자로부터 임야 지분을 명의신탁받아 지분이전등기를 경료한 명의수탁자가 신탁받은 지분을 임의로 처분한 사안에서, "소유자와 명의수탁자 사이에 위 임야 지분에 관한

---

115) 대법원 2000. 2. 11. 99도4979; 김성돈(형각), 436면.

116) 대법원 2000. 4. 11. 2000도565; 2004. 5. 27. 2003도6988(이 판례는 구분소유자 전원의 공유에 속하는 공용부분인 지하주차장 일부를 일부 공유자가 독점 임대하였더라도 그 피고인이 그 공용부분을 다른 구분소유자들을 위하여 보관하는 지위에 있는 것은 아니므로 위 공용부분을 임대하고 수령한 임차료 역시 다른 구분소유자들을 위하여 보관하는 것은 아니라고 할 것이어서 그 돈을 임의로 소비하였어도 횡령죄가 성립하지 아니한다고 판시하면서, 그 논거로 부동산의 일부 공유자에게 다른 공유자의 지분에 대한 처분권능이 없음을 들고 있다.

117) 이재상 · 장영민 · 강동범(형각), 392면.

118) 정성근 · 박광민(형각), 390면.

법률상 또는 사실상의 위탁신임관계가 성립했다고 할 수 없고, 또한 어차피 원인무효인 소유권이전등기의 명의자에 불과하여 위 임야 지분을 제3자에게 유효하게 처분할 수 있는 권능을 갖지 아니한 수탁자로서는 위 임야 지분을 보관하는 자의 지위에 있다고도 할 수 없으므로, 그 처분행위가 명의신탁자에 대해서나 또는 소유자에 대하여 위 임야 지분을 횡령한 것으로 된다고 할 수 없다"고 판시하였다.[119)]

따라서 부동산의 단순점유자나 부동산 이전등기서류의 단순 보관자는 그것만으로는 부동산을 보관하는 자에 해당하지 않지만, 부동산의 진정한 소유자로부터 그 등기명의를 신탁받은 명의수탁자라든가, 소유권보존등기가 되어있지 아니한 신축건물의 건축허가명의를 신탁받은 자는 유효하게 부동산을 처분할 수 있으므로 여기의 보관자에 해당한다(판례).[120)]

4. 업무상 보관자

업무상횡령죄의 행위주체는 타인이 업무상 위탁한 재물을 보관하는 자로서, 위탁관계가 업무에 따른 것으로서 계속 · 반복하는 업무상 신뢰관계를 배반한 점에서 비난가능성이 높아 가중처벌 되는 범죄이다.

여기서 '업무'란 법규 · 계약에 의하거나 관례에 따르거나 사실상이거나를 묻지 않고 **같은 행위를 계속하거나 반복할 사회생활상 지위에 따른 사무**를 의미한다(통설 · 판례).[121)] 또한 그 업무의 내용에 타인의 재물을 보관하는 것을 포함하는 경우라야만 할 것이다.[122)] 사임한 주식회사의 대표이사가 사실상 계속 대표이사 직무를 맡고 있는 경우에도 업무상 위탁관계가 성립할 수 있다(판례).[123)]

다만, 업무자의 신분은 가중처벌을 통하여 피해자를 보호하기 위한 요건이 되는 것이므로 무면허 업무는 보호대상인 업무로 볼 수 있으나 사회질서나 강행법규에 반하는 업무는 위 업무로서 인정할 수 없다(통설).[124)]

---

119) 대법원 2007. 5. 31. 2007도1082(2010. 6. 24. 2009도9242 판결도 같은 취지임).

120) 대법원 1990. 3. 23. 89도1911; 손동권 · 김재윤(형각), 424면.

121) 대법원 2006. 4. 27. 2003도135; 1982. 1. 12. 80도1970; 정성근 · 박광민(형각), 413,414면; 손동권 · 김재윤(형각), 454면; 이재상 · 장영민 · 강동범(형각), 415,416면.

122) 손동권 · 김재윤(형각), 454면.

123) 대법원 1982. 1. 12. 80도1970.

124) 정성근 · 박광민(형각), 414면; 김성돈(형각), 464면.

5. 관련문제

가. 불법원인급여와 횡령

민법 제746조의 해석상 불법의 원인으로 인하여 금전 기타 재물을 급여한 경우에는 불법원인이 수익자에게만 있거나 수익자의 불법성이 급여자의 불법성보다 현저히 큰 반면 급여자의 불법성은 미약한 경우가 아닌 한 그 반환을 청구하지 못한다.[125] 이와 같이 불법원인급여로 인하여 급여자의 민사상 반환청구권이 상실되는 급여물을 수익자가 임의로 처분하는 경우에 횡령죄의 성립 여부가 문제된다.

불법원인급여는 위탁형 불법원인급여와 이전형 불법원인급여의 두 가지 유형으로 구분해 볼 수 있다. **위탁형 불법원인급여**는 어떠한 불법행위를 부탁하면서 그에 필요한 재물을 위탁하는 경우로서 '불법원인기탁' 또는 '불법원인위탁'이라고도 한다.[126] 예컨대 뇌물수수나 도박자금 전달 등 불법원인으로 금전 기타 재물을 위탁받은 수탁자가 이를 임의로 처분한 경우에 횡령죄가 성립할 수 있는가 하는 문제이다. **이전형 불법원인급여**란 어떠한 불법행위의 대가이거나 불법한 원인으로 재물의 소유권을 양도하는 경우로서 '불법원인급여'라고 지칭하기도 한다.[127] 예컨대 뇌물전달 기타 불법행위의 대가로 금전 기타 재물을 양도하였는데, 약속대로 불법행위를 하지 아니하여 반환해야 함에도 불구하고 반환을 거부한 경우에 횡령죄가 성립할 수 있는가 하는 문제이다.

1) 부정설

횡령죄 부정설은 ① 불법원인 급여를 한 사람은 그 원인행위가 법률상 무효임을 내세워 상대방에게 부당이득반환청구를 할 수 없고, 또 급여한 물건의 소유권이 자기에게 있다고 하여 소유권에 기한 반환청구도 할 수 없어서 결국 급여한 물건의 소유권은 수탁자에게 귀속되므로 수탁자가 받은 급여물은 타인의 소유라고 할 수 없다는 점, ② 이와 같이 위탁자가 급여물의 반환청구권을 상실한 결과 수탁자는 그 반환의무가 없음에도 불구하고 형사상 그 반환을 강제하는 것은 법질서 전체의 통

---

125) 대법원 1999. 9. 17. 98도2036; 대법원 1997. 10. 24. 95다49530.

126) 박상기(형각), 383면; 김일수 · 서보학(형각), 290면.

127) 박상기(형각), 381면; 김일수 · 서보학(형각), 289면.

일을 깨뜨리게 되어 허용할 수 없다는 점, ③ 횡령죄 긍정설이 논거로 드는 위탁자와 수탁자 사이의 신임관계란 범죄적 내용이므로 형법이 보호할 가치가 없다는 점을 논거로 횡령죄의 성립을 부정한다(통설).[128] 판례는 위 ① 기재와 같은 논거로 부정설 입장으로 일관하고 있다.[129]

부정설 중에는 급여자에게 소유권이전 의사가 있는 이전형 불법원인급여의 경우에는 수익자에게 급여물의 소유권이 귀속되어 타인 소유의 재물이라 할 수 없으므로 횡령죄의 객체가 될 수 없고, 소유권이전 의사가 없는 위탁형 불법원인급여의 경우에는 소유권은 위탁자에게 남아있으나 형법적 보호가치가 없다는 이유로 횡령죄가 성립하지 않는다고 하는 견해[130]도 있다. 그러나 위탁형 불법원인급여의 경우에도 급여자의 반환청구권이 허용되지 아니하여[131] 상대적으로 급여물의 소유권이 수익자에게 귀속되는 것은 마찬가지이므로 이전형 불법원인급여와 구분하여 검토할 필요는 없을 것이다.

2) 긍정설

횡령죄 긍정설은 ① 범죄성립 여부는 민사상 급여물 반환청구권 유무와는 관계없이 독자적으로 판단해야 하고, ② 불법원인급여물에 대하여도 위탁자와 수탁자 상호간의 신임관계는 인정할 수 있으며, ③ 민법상 급여물의 반환청구권을 인정하지 못하더라도 그 소유권을 상실하지 아니하므로 급여물은 수탁자에게는 타인 소유물이라는 논거를 들고 있다.[132] 그 밖에 위탁자의 불법원인급여물에 대한 물권적 반환청구권이 인정되지 않더라도 수탁자가 위탁자와의 신임관계를 침해한 위법성까지 부인되는 것은 아닌 점, 횡령죄 부정설을 따르게 되면 수탁자를 필요 이상으로 보호하게 되어 국민의 건전한 법감정에 반한다는 점, 이러한 이유로 독일 · 일본에서는 횡령죄 긍정설을 따른다는 점 등을 논거로 드는 견해[133]도 있다.

---

128) 손동권 · 김재윤(형각), 429면; 정성근 · 박광민(형각), 394,395면; 김성돈(형각), 445면; 박상기 (형각), 383면; 배종대(형각), 414면; 오영근(형각), 348,349면; 이재상 · 장영민 · 강동범(형각), 397면.

129) 대법원 1999. 6. 11. 99도275; 1988. 9. 20. 86도628.

130) 강동범, "소위 불법원인급여와 횡령죄의 성부", 「형사판례연구(1)」(1993), 193,194면.

131) 대법원 2004. 9. 3. 2004다27488,27495.

132) 임웅(형각), 505,506면.

133) 박정난, "불법원인급여의 형사법적 제문제 횡령죄를 중심으로-", 「형사법의 신동향」 통권 29호(대검찰

3) 절충설

절충설은 이전형 불법원인급여의 경우는 수익자에게 그 소유권이 귀속되어 그 급여물은 타인 소유의 재물이라 할 수 없으므로 횡령죄의 객체가 될 수 없으나, 위탁형 불법원인급여의 경우에는 소유권은 위탁자에게 남아있고, 순객관적으로는 보호할 가치가 없는 신임관계의 배반이지만 수탁자가 횡령죄의 불법을 저지르기 위하여 실행에 나아간 경우이므로 횡령죄의 불능미수가 된다고 한다.[134]

4) 결어

범죄성립 여부는 민사법리와 달리 판단할 수 있다 하더라도, 횡령죄의 범죄구성요건 중 재물의 타인 소유 여부는 민법 · 상법 등 실체법인 사법(私法)관계에 따라 결정되는 것이 원칙이다. 그런데 위탁형이든 이전형이든 불문하고 불법원인급여의 경우에 불법원인급여물의 소유권이 반사적으로 수익자에게 귀속된다는 것은 판례의 입장이다.[135] 또한 불법원인급여의 경우에 위탁자(급여자)와 수탁자(수익자) 사이의 신임관계는 형사상 보호가치 있는 것으로 보기도 어렵다. 그리고 위탁형 불법원인급여 대상 재물일지라도 절충설의 견해처럼 그 재물의 소유권이 위탁자에게 귀속된다고 볼 수도 없으므로 이를 이전형 불법원인급여와 구분할 필요가 없다. 이처럼 불법원인급여물의 수탁자는 타인 소유물의 보관자라는 행위주체성조차 인정될 수 없는 이상 수탁자가 불법원인급여 재물을 임의로 처분했더라도 범죄의 실행에 착수한 것으로 볼 수가 없다. 그러므로 실행의 착수를 전제로 하는 미수 여부는 논할 필요조차 없을 것이다. 따라서 **부정설**이 타당할 것이다.

5) 구체적 검토

민법 제746조 규정에 의하면 불법원인급여의 경우에 그 불법원인이 급여자에게 있는 경우에는 수익자에게 불법원인이 있는지 여부, 수익자의 불법원인의 정도, 그 불법성이 급여자의 불법성보다 큰지 여부를 불문하고 급여자는 위와 같이 불법원인급여의 반환을 구할 수 없는 것이 원칙이다. 그러나 판례는 수익자의 불법성이 급여

청, 2010. 12.), 467,468면.

134) 김일수 · 서보학(형각), 291면.

135) 대법원 2004. 9. 3. 2004다27488,27495; 1979. 11. 13. 79다483 전원합의체.

자의 그것보다 현저히 큰 데 반하여 급여자의 불법성은 미약한 경우에 급여자의 반환청구가 허용되지 않는다면 공평에 반하고 신의성실 원칙에도 어긋난다는 이유로, 이 경우에는 민법 제746조 본문의 적용이 배제되어 급여자의 반환청구가 허용된다고 해석한다(불법성 비교론).[136] 그러므로 불법원인급여 재물에 대한 횡령죄 **부정설** 입장에 서더라도, **불법원인급여의 수익자가 지닌 불법성이 급여자의 그것보다 현저히 큰 데 반하여 급여자의 불법성은 미약한 경우**에는 수익자의 횡령죄 성립이 인정된다(판례).[137]

그리고 불법원인급여 중 **'불법'**의 개념에 관하여도 학설이 대립한다. **반사회질서설**(공서양속설)은 '불법'이란 단순한 강행법규 위반으로는 부족하고 선량한 풍속 기타 사회질서에 위반하는 경우(민법 제103조)라는 견해로서 다음과 같은 논거를 들고 있다(다수설).[138] ① 민법 제746조는 민법 제103조에 대응하는 규정이므로 '불법'의 내용도 민법 제103조의 위반내용으로 보아야 한다. ② 강행법규는 국가정책에 따르는 것이지 시대의 윤리사상에 바탕을 두는 것이 아니므로 민법 제746조의 입법취지에 비추어 그 '불법'에 모든 강행법규가 포함되지는 않는다. ③ 강행법규 위반을 포함하여 급여물의 반환청구권을 인정하지 않는다면 강행법규에 의하여 그 실현을 막으려고 한 취지에 반하게 된다는 것이다. **선량한 풍속 위반설**은 가장 좁은 의미로 해석하여 '불법'이란 선량한 풍속 위반의 경우만을 의미한다고 하는 견해이다. 이 견해는 불법원인급여에 해당하면 급여자의 반환청구를 거부하고 수령자가 받은 부당한 급여를 묵인 · 방치하는 결과가 되므로 불법의 범위는 입법취지를 살리는 범위에서 최소한으로 그쳐야 한다고 주장한다. 따라서 사회질서 중 국민이 반드시 지켜야 할 최소한도의 도덕률인 선량한 풍속을 위반한 것만을 불법으로 파악하여야한다는 것이

---

136) 대법원 1997. 10. 24. 95다49530.

137) 대법원 1999. 9. 17. 98도2036(전직 경찰관으로서 행정사 업무에도 종사하는 포주가 다방 종업원에게 찾아가 자신의 윤락업소에서 윤락행위를 해 줄 것을 적극 권유하여 그녀가 그 업소에서의 윤락행위로 받은 화대를 포주가 보관하였다가 절반씩 분배하기로 약정하였음에도, 포주가 그녀의 윤락행위로 받아 보관중인 화대를 임의로 소비한 경우에, 포주와 윤락녀의 사회적 지위, 약정에 이르게 된 경위와 약정의 구체적 내용, 급여의 성격 등을 종합해 볼 때 포주의 불법성이 윤락녀의 불법성보다 현저히 크므로 화대의 소유권이 여전히 윤락녀에게 속한다는 이유로 횡령죄가 성립한다고 판시).

138) 대법원 2011. 1. 13. 2010다77477; 2003. 11. 27. 2003다41722; 1969. 11. 11. 69다925; 지원림(민법), 1699면; 곽윤직, 「채권각론」(박영사, 2012), 364면.

다.[139] 그 밖에 '불법'이란 선량한 풍속 기타 사회질서에 위반하는 경우는 물론 강행법규[140] 위반의 경우도 포함한다고 보는 견해(강행법규 위반 포함설)도 있다.[141]

판례는 "부당이득의 반환청구가 금지되는 사유로 민법 제746조가 규정하는 불법원인이라 함은 그 원인되는 행위가 선량한 풍속 기타 사회질서를 위반하는 경우를 말하는 것으로서, 법률의 금지에 위반하는 경우라 할지라도 그것이 선량한 풍속 기타 사회질서에 위반하지 않는 경우에는 이에 해당하지 않는 것이다."라고 판시하고 있다.[142] 따라서 강행법규 위반만으로는 '불법'에 해당하지 않는다. 예컨대 강행법규인 부동산실명법에 의하여 무효인 부동산 명의신탁 약정에 기하여 타인 명의의 등기가 마쳐졌다고 하더라도 그 이유만으로 그 등기이전이 당연히 불법원인급여에 해당하는 것은 아니다(판례).[143] 나아가 판례는 " 민법 제746조에서 말하는 '불법'이 있다고 하려면, 급여의 원인 된 행위가 그 내용이나 성격 또는 목적이나 연유 등으로 볼 때 선량한 풍속 기타 사회질서에 위반될 뿐 아니라 반사회성 · 반윤리성 · 반도덕성이 현저하거나, 급여가 강행법규를 위반하여 이루어졌지만 이를 반환하게 하는 것이 오히려 규범목적에 부합하지 아니하는 경우 등에 해당하여야 한다."고 판시하고 있다.[144] 다만, 판례는 '불법원인'의 범위는 넓게 해석하는 입장이다. 즉, 불법원

139) 고상룡(민총), 347면(국민의 재판청구권을 거절하고 수령자의 부당한 이득을 묵인하는 불공평을 감수하더라도 급여자의 반환청구를 거부하는 것이 상당하다고 할 만큼 '인격적 비난을 받아야 할 악'에 한정하여 '불법'의 범위를 파악해야 한다는 견해).

140) **강행법규**란 당사자의 의사에 의하여 그 적용을 배제할 수 없는 규정으로서 강행법규 위반시 그 사법상 효력도 부정하게 되는 **효력규정**과 그 위반에 대한 형사상 · 행정상 제재는 받더라도 그 사법상 효력은 유효한 **단속규정**으로 구분함이 다수설의 입장이지만[고상룡(민총), 323면; 송덕수(민법), 96면], 효력규정만을 강행규정으로 보는 소수설[지원림(민법), 182면]도 있다.

141) 각 학설의 논거에 대한 상세한 분석은 류석준, "기업의 비자금조성행위에 대한 형사처벌 가능성 검토", 「형사법연구」 제19권 제3호(하)(한국 형사법학회, 2007년 가을), 669-672면; 추신영, "불법원인급여에 대한 비판적 검토", 「경희법학」 제50권 제4호(경희법학연구소, 2015. 12.), 293-296면 참조.

142) 대법원 2011. 1. 13. 2010다77477; 2003. 11. 27. 2003다41722; 1969. 11. 11. 69다925.

143) 대법원 2003. 11. 27. 2003다41722.

144) 대법원 2017. 3. 15. 2013다79887,79894; 2017. 4. 26. 2016도18035(자금세탁의 전제범죄로 취득한 수표를 현금으로 교환해 달라는 의뢰를 받은 피고인이 그 보관 중인 수표와 교환된 현금을 임의처분한 사안에서, 자금세탁을 위하여 위 수표를 교부받은 행위는 범죄수익은닉규제법 제3조 제1항 제3호에 의하여 형사처벌되는 범죄수익은닉을 법률행위의 내용 및 목적으로 하는 것이므로 선량한 풍속 기타 사회질서에 위반되고 그 자금세탁계약 자체로 반사회성이 현저하며, 그 반환을 허용함은 자금세탁을 조장하게 되어 범죄수익은닉규제법의 입법목적에도 배치된다는 이유로, 그 수표와 현금은 불법원인으로 급여한 물건에 해당하여 그 소유권이 피고인에게 귀속되므로 그 처분은 횡령죄가 되지 않는다고 판시).

인급여의 '불법원인'이라 함은 그 원인되는 행위가 선량한 풍속 기타 사회질서에 위반하는 경우를 말하는 것으로, "급여의 원인이 되는 법률행위의 목적인 권리 · 의무의 내용이 선량한 풍속 기타 사회질서에 위반되는 경우뿐만 아니라, 그 내용 자체는 반사회질서적인 것이 아니라 하더라도 법률적으로 이를 강제하거나 그 법률행위에 반사회질서적인 조건 또는 금전적 대가가 결부됨으로써 반사회질서적 성질을 띠게 되는 경우, 표시되거나 상대방에게 알려진 법률행위의 동기가 반사회질서적인 경우에도 불법원인급여에 해당될 수 있다."고 판시하고 있다.[145)]

불법원인급여에 관한 민법 제746조 규정은 선량한 풍속 기타 사회질서에 위반한 사항을 내용으로 하는 법률행위를 무효로 하는 민법 제103조와 표리를 이루어, 법은 사회적 타당성이 없는 행위를 한 사람을 보호할 수 없다는 이념을 실현하려고 하는 것이다(판례).[146)] 따라서 '불법'의 개념은 선량한 풍속 기타 사회질서에 위반하는 경우로 보아야 하고, 강행법규 중에도 선량한 풍속 기타 사회질서와 관계되어 그 위반시 사법상 효력을 부정하는 규정은 포함되지만, 그 밖에 경제통제 법령과 같이 선량한 풍속이나 사회질서와 관계되지는 않지만 행정목적이나 정책목적상 일정한 행위를 강제하거나 금지하기 때문에 그 위반시 사법상 효력을 부정하게 되는 규정 위반은 포함될 수 없을 것이다. 다만, 민법 제103조는 법률행위의 유 · 무효에 관한 규정이지만 민법 제746조는 급여물의 반환청구 유 · 무에 관한 규정으로서 그 적용시 급여 수령자가 받은 불법이득을 묵인 · 방치함으로써 불의에 협력하는 결과가 될 수도 있으므로 후자의 '불법'은 전자의 무효사유보다 엄격한 해석이 필요하다고 본다. 최근 판례가 민법 제746조의 '불법'을 해석함에 있어서 "반사회성 · 반윤리성 · 반도덕성이 현저하거나, 급여가 강행법규를 위반하여 이루어졌지만 이를 반환하게 하는

---

145) 대법원 2008. 10. 9. 2007도2511(이 사건은 병원에서 의약품 선정 · 구매 업무를 담당하는 약국장인 피고인이 병원을 대신하여 제약회사로부터 의약품 공급의 대가로 기부금 명목의 돈을 받아 보관중 임의소비한 사안인데, 위 돈은 병원이 피고인에게 불법원인급여를 한 것에 해당하지 않아 여전히 반환청구권을 가지므로, 업무상 횡령죄가 성립한다고 판시); 2002. 4. 12. 2002도53; 1999. 6. 11. 99도275(이 사건은 피고인이 급여자로부터 제3자에 대한 뇌물공여 또는 배임증재의 목적으로 전달하여 달라고 교부받은 금전은 불법원인급여물에 해당하여 그 소유권은 피고인에게 귀속되는 것으로서 피고인이 위 금전을 제3자에게 전달하지 않고 임의로 소비하였다고 하더라도 횡령죄가 성립하지 않는다고 판시).

146) 대법원 1979. 11. 13. 79다483 전원합의체.

것이 오히려 규범목적에 부합하지 아니하는 경우 등"으로 제한하고 있음[147]은 이러한 시각의 반영으로 볼 수 있을 것이다.

나. 부동산 명의신탁의 경우

부동산 명의신탁의 경우에는 부동산실명법의 제정으로 명의신탁 부동산의 소유권 귀속이 문제가 되고, 이에 따라 횡령죄의 객체인 부동산의 타인 소유 여부를 검토할 필요가 있다. 명의신탁이란 부동산 · 자동차 · 선박 등의 등기 · 등록 명의에 관한 신탁계약에 의하여 명의신탁자가 내부적으로는 그 물건의 소유권 등 물권을 보유하고 관리 · 수익하면서 그 소유권 등 물권을 표상하는 등기 · 등록 명의만은 실체적인 거래관계가 없이 명의수탁자 명의로 이전하여 두는 것을 말한다. 부동산실명법 시행 전 판례는 이러한 명의신탁의 경우에 명의수탁자와 제3자 사이의 외부관계에 있어서는 명의수탁자에게 소유권 등 물권이 있으나, 명의신탁자와 명의수탁자 사이의 내부관계에 있어서는 명의신탁자가 그 신탁계약에 기하여 등기 · 등록 명의인인 명의수탁자에게 그 물건에 대한 실질적인 소유권 등 물권을 주장할 수 있다고 하는 이른바 **상대적 권리이전설** 입장이었다.[148] 이에 따라 판례는 부동산의 소유권에 관한 명의신탁의 경우에 명의수탁자가 명의신탁 부동산을 임의로 처분하는 것은 자신이 보관하는 명의신탁자 소유의 부동산을 횡령하는 행위로 보고 있었다.[149]

그런데 이러한 부동산 명의신탁 제도를 악용한 투기 · 탈세 · 탈법행위 등 반사회적 행위가 성행하게 되자, 이를 방지하기 위하여 1995. 7. 1.부터 시행된 「부동산 실권리자명의 등기에 관한 법률」(즉, 부동산실명법)이 제정되었다. 부동산실명법 제4조는 부동산의 소유권 기타 물권에 관하여 "① 명의신탁약정은 무효로 한다. ② 명의신탁약정에 따른 등기로 이루어진 부동산에 관한 물권변동은 무효로 한다. 다만, 부동산에 관한 물권을 취득하기 위한 계약에서 명의수탁자가 어느 한 쪽 당사자가

---

147) 이러한 대법원 2017. 4. 26. 2016도18035 판결에 대하여, 불법원인급여와 횡령죄에 관한 기존 판례의 입장처럼 민법 제746조의 해석에 의존하여 급여물의 소유권 귀속관계를 정하고 이에 따라 횡령죄의 성립 여부를 판단하고 있는 점을 비판하면서, 형법의 독자성을 감안하면 쌍방의 불법성을 비교하여 횡령죄의 성립 여부를 판단함이 타당하다고 주장하는 견해[이경렬, "범죄수익 자금의 세탁과 횡령죄의 성립에 관한 법리 검토 -대법원 2017. 4. 26. 선고 2016도18035 판결-", 「법조」 최신판례분석 제66권 제5호(법조협회, 2017. 10.), 745면]가 있다.

148) 대법원 1982. 11. 23. 81다372.

149) 대법원 1971. 6. 22. 71도740 전원합의체.

되고 상대방 당사자는 명의신탁약정이 있다는 사실을 알지 못한 경우에는 그러하지 아니하다. ③ 제1항 및 제2항의 무효는 제3자에게 대항하지 못한다."라고 규정하고 있다. 이 경우의 '제3자'란 "명의수탁자가 물권자임을 기초로 그와의 사이에 새로운 이해관계를 맺는 자를 말하고, 여기에는 소유권이나 저당권 등 물권을 취득한 자뿐만 아니라 압류 또는 가압류채권자도 포함되며, 제3자의 선의 · 악의를 묻지 않는다."(판례).[150)]

한편 부동산실명법 제8조 규정에 의하면 종중이 보유하는 부동산 물권을 종중 외의 자 명의로 등기한 경우, 부동산 물권을 배우자 명의로 등기한 경우 또는 종교단체 명의로 그 산하 조직이 보유한 부동산에 관한 물권을 등기한 경우 중 조세포탈, 강제집행면탈 또는 법령상 제한의 회피를 목적으로 하지 아니한 때에는 위 부동산실명법 규정이 적용되지 않는다. 그러므로 이러한 경우나 부동산실명법의 적용범위 밖인 자동차 · 선박 · 건설기계 등의 경우에는 종전 판례상 명의신탁 관련 횡령죄 법리가 현재도 그대로 적용된다고 보는 것이 통설이다.[151)] 그 밖에 부동산실명법이 적용되는 부동산 명의신탁의 경우에는 부동산실명법 제4조 규정에 따라 부동산 명의신탁약정 및 그로 인한 물권변동의 효력이 달라지게 된 결과, 명의수탁자가 명의신탁 부동산을 명의신탁자의 동의 없이 임의로 처분한 경우에 횡령죄를 구성하는지 여부는 구체적인 유형별로 그 부동산이 타인 소유의 재물인지 및 그 '보관' 여부를 가려서 검토하지 않으면 안 된다.[152)]

부동산 명의신탁의 유형으로는 부동산의 등기명의만 명의수탁자에게 신탁할 뿐 부동산 취득의 원인이 되는 계약에는 명의수탁자가 관여하지 않는 **등기명의신탁**과, 부동산을 취득하려고 하는 명의신탁자가 명의수탁자에게 그 등기명의뿐만 아니라 원인계약의 체결도 신탁하는 **계약명의신탁**이 있다.[153)] 그리고 등기명의신탁은 부동산의 소유자인 명의신탁자와 명의수탁자 사이에 다른 원인관계 없이 그 이전등기만

---

150) 대법원 2009. 3. 12. 2008다36022; 2000. 3. 28. 99다56529.

151) 정성근 · 박광민(형각), 405면; 이재상 · 장영민 · 강동범(형각), 401면; 김성돈(형각), 455면.

152) 부동산에 관한 물권을 명의신탁약정에 따라 명의수탁자 명의로 등기하는 것을 금지하고(부동산실명법 제3조 제1항) 이를 위반한 명의신탁자와 명의수탁자를 형사처벌하고 있는데(부동산실명법 제7조), 이러한 부동산실명법위반죄의 처벌은 횡령죄의 성립 여부와는 별개의 문제이고, 양 범죄는 별개의 행위이므로 실체적 경합범 관계에 있다[정성근 · 박광민(형각), 406면].

153) 지원림(민법), 658면; 송덕수(민법), 422면.

경료하는 **양자간 등기명의신탁** 유형과, 명의신탁자가 양도인으로부터 부동산을 양수하는 원인계약을 체결하면서 그 소유권이전등기는 양도인이 직접 명의수탁자 앞으로 경료하게 하는 **중간생략등기형 명의신탁**(3자간 등기명의신탁) 유형이 있다.[154)]

판례에 의하면 중간생략등기형 명의신탁인지 아니면 계약명의신탁인지를 구분하는 문제는 원인계약의 당사자가 누구인가를 확정하는 문제인데, 계약명의자가 명의수탁자로 되어 있다 하더라도 계약당사자를 명의신탁자로 볼 수 있다면 이는 중간생략등기형 명의신탁이 된다고 한다. 따라서 계약명의자인 명의수탁자가 아니라 명의신탁자에게 계약에 따른 법률효과를 직접 귀속시킬 의도로 계약을 체결한 사정이 인정된다면 명의신탁자가 계약당사자라 할 것이므로, 이러한 명의신탁관계는 중간생략등기형 명의신탁으로 보아야 한다(판례).[155)]

1) 양자간 등기명의신탁

부동산실명법 제4조 제2항 본문 규정에 따르면 명의신탁약정에 따라 행하여진 등기에 의한 물권변동은 무효이므로, 부동산의 소유권은 명의신탁자에게 남게 된다. 따라서 명의수탁자는 명의신탁자의 소유권에 기한 등기말소 청구나 진정명의 회복을 원인으로 한 소유권이전등기 청구에 따라야 할 의무가 있는데, 명의신탁 부동산을 임의처분하면 자신이 보관중인 명의신탁자의 부동산을 횡령한 경우에 해당하므로 명의신탁자에 대한 횡령죄를 구성한다고 보는 견해가 다수설의 입장이다(**횡령죄설**).[156)]

이에 대하여 횡령죄의 성립을 부정하는 무죄설의 논거는 다음과 같다.[157)] ① 이 경우 명의신탁 등기는 부동산실명법을 위반한 불법원인급여에 해당하므로 불법원인급여물에 대한 임의처분이 횡령죄가 되지 아니하는 이상 횡령죄가 성립하지 않는다. ② 만약 부동산실명법을 위반한 등기임에도 불구하고 그 부동산의 소유권이 명

---

154) 지원림(민법), 658면; 송덕수(민법), 422,423면; 김준호(물권), 261,262면.

155) 대법원 2010. 10. 28. 2010다52799(A가 매매계약 당사자로서 계약 상대방으로부터 토지 지분을 매수하면서 그 중 1/2 지분에 관한 매매계약상 등기명의만을 B 명의로 하기로 한 사안으로, 그 매매계약에 따른 법률효과를 A에게 직접 귀속시킬 의도였던 사정이 인정되므로 A와 B의 명의신탁약정은 3자간 등기명의신탁에 해당한다고 판시).

156) 정성근 · 박광민(형각), 406면; 배종대(형각), 421면; 손동권 · 김재윤(형각), 439면; 이재상 · 장영민 · 강동범(형각), 402면; 김일수 · 서보학(형각), 300면.

157) 박상기(형각), 378,379면; 오영근(형각), 359면.

의신탁자에게 귀속된다면 명의신탁약정의 무효화를 통한 명의신탁의 악용방지라는 부동산실명법의 목적 달성이 어려워지는 난관에 봉착할 수 있다. ③ 명의신탁약정과 그에 기한 물권변동이 무효이므로 명의수탁자는 부동산의 보관자라 할 수 없다는 것이다.

우선 판례는 명의신탁약정에 기한 이전등기가 불법원인급여가 되는지 여부에 관하여, "명의신탁약정에 기한 이전등기 자체로 선량한 풍속 기타 사회질서에 위반하는 경우에 해당한다고 단정할 수 없을 뿐만 아니라, 위 법률은 원칙적으로 명의신탁약정과 그 등기에 기한 물권변동만을 무효로 하고 명의신탁자가 다른 법률관계에 기하여 등기회복 등의 권리행사를 하는 것까지 금지하지는 않는 대신, 명의신탁자에 대하여 행정적 제재나 형벌을 부과함으로써 사적자치 및 재산권보장의 본질을 침해하지 않도록 규정하고 있으므로, 무효인 명의신탁약정에 기하여 타인 명의의 등기가 마쳐졌다는 이유만으로 그것이 당연히 불법원인급여에 해당한다고 볼 수 없다."고 판시하고 있다.[158] 그 밖에도 부동산실명법 제6조는 부동산실명법을 위반한 명의신탁자에 대하여 그 물권을 자신의 명의로 등기하도록 강제하는 이행강제금 제도까지 두고 있는 점에 비추어 보면, 명의신탁약정에 기한 소유권이전을 불법원인급여로 보아 그 반환청구권을 부인하는 해석은 부동산실명법의 입법취지에도 배치된다.[159]

판례는 종전에는 명의수탁자가 명의신탁자에 대한 관계에서 '타인의 재물을 보관하는 자'의 지위에 있다고 보아 횡령죄설 입장이었으나,[160] 2021년 전원합의체 판결에 의하여 위 종전 판례를 폐기하고 무죄설 입장을 취하고 있다. 즉, "횡령죄의 구성요건인 '보관'이란 위탁관계에 의하여 재물을 점유하는 것을 뜻하므로 횡령죄가 성립하기 위해서는 재물의 보관자와 재물의 소유자(또는 기타의 본권자) 사이에 법률상 또는 사실상의 위탁관계가 존재해야 하는데, … 명의신탁자와 명의수탁자 사이에 무효인 명의신탁약정 등에 기초하여 존재한다고 주장될 수 있는 사실상의 위탁관계라는 것은 부동산실명법에 반하여 범죄를 구성하는 불법적인 관계에 지나지 아니할

---

158) 대법원 2003. 11. 27. 2003다41722.

159) 정성근 · 박광민(형각), 406면.

160) 대법원 2011. 1. 27. 2010도12944; 2009. 11. 26. 2009도5547; 2009. 8. 20. 2008도12009 등.

뿐 이를 형법상 보호할 만한 가치 있는 신임에 의한 것이라고 할 수 없다. 따라서 명의수탁자가 명의신탁자에 대한 관계에서 '타인의 재물을 보관하는 자'의 지위에 있다고 볼 수 없다."고 판시하였다.[161] 이는 후술하는 중간생략등기형 명의신탁 유형에서 무죄설로 판례변경 한 2016년 전원합의체 판결과 같은 입장을 취한 것이다.

2) 중간생략등기형 명의신탁

중간생략등기형 명의신탁의 경우에는 부동산실명법 제4조 제1항, 제2항에 의거하여 명의신탁약정은 무효이고 그 약정에 따라 행하여진 등기에 의한 물권변동도 무효이므로, 부동산의 소유권은 양도인에게 남게 된다. 한편 양도인과 명의신탁자 사이의 원인계약은 유효하므로 양도인은 명의신탁자에 대하여 소유권이전등기 의무를 부담하게 된다. 이에 따라 명의신탁자는 원인계약에 기한 양도인에 대한 소유권이전등기청구권을 보전하기 위하여 양도인을 대위하여 명의수탁자에 대하여 무효인 소유권이전등기의 말소등기청구를 할 수 있고, 양도인에 대하여는 매매계약으로 인

---

161) 대법원 2021. 2. 18. 2016도18761 전원합의체["위탁관계가 있는지 여부는 재물의 보관자와 소유자 사이의 관계, 재물을 보관하게 된 경위 등에 비추어 볼 때 보관자에게 재물의 보관상태를 그대로 유지하여야 할 의무를 부과하여 그 보관상태를 형사법적으로 보호할 필요가 있는지 등을 고려하여 규범적으로 판단해야 한다. 부동산실명법에 의하면, 누구든지 부동산에 관한 물권을 명의신탁약정에 따라 명의수탁자 명의로 등기해서는 아니 되고(제3조 제1항), 명의신탁약정과 그에 따른 등기로 이루어진 부동산에 관한 물권변동은 무효가 되며(제4조 제1항, 제2항 본문), 명의신탁약정에 따른 명의수탁자 명의의 등기를 금지하도록 규정한 부동산실명법 제3조 제1항을 위반한 경우 명의신탁자와 명의수탁자 쌍방은 형사처벌 된다(제7조). 이러한 부동산실명법의 명의신탁관계에 대한 규율 내용 및 태도 등에 비추어 보면, 부동산실명법을 위반하여 명의신탁자가 그 소유인 부동산의 등기명의를 명의수탁자에게 이전하는 이른바 양자간 명의신탁의 경우, 계약인 명의신탁약정과 그에 부수한 위임약정, 명의신탁약정을 전제로 한 명의신탁 부동산 및 그 처분대금 반환약정은 모두 무효이다. 나아가 명의신탁자와 명의수탁자 사이에 무효인 명의신탁약정 등에 기초하여 존재한다고 주장될 수 있는 사실상의 위탁관계라는 것은 부동산실명법에 반하여 범죄를 구성하는 불법적인 관계에 지나지 아니할 뿐 이를 형법상 보호할 만한 가치 있는 신임에 의한 것이라고 할 수 없다. 명의수탁자가 명의신탁자에 대하여 소유권이전등기말소의무를 부담하게 되나, 위 소유권이전등기는 처음부터 원인무효여서 명의수탁자는 명의신탁자가 소유권에 기한 방해배제청구로 말소를 구하는 것에 대하여 상대방으로서 응할 처지에 있음에 불과하다. 명의수탁자가 제3자와 한 처분행위가 부동산실명법 제4조 제3항에 따라 유효하게 될 가능성이 있다고 하더라도, 이는 거래 상대방인 제3자를 보호하기 위하여 명의신탁약정의 무효에 대한 예외를 설정한 취지일 뿐 명의신탁자와 명의수탁자 사이에 위 처분행위를 유효하게 만드는 어떠한 위탁관계가 존재함을 전제한 것이라고는 볼 수 없다. 따라서 말소등기의무의 존재나 명의수탁자에 의한 유효한 처분가능성을 들어 명의수탁자가 명의신탁자에 대한 관계에서 '타인의 재물을 보관하는 자'의 지위에 있다고 볼 수도 없다. 그러므로 부동산실명법을 위반한 양자 간 명의신탁의 경우 명의수탁자가 신탁받은 부동산을 임의로 처분하여도 명의신탁자에 대한 관계에서 횡령죄가 성립하지 아니한다. 이러한 법리는 부동산 명의신탁이 부동산실명법 시행 전에 이루어졌고 같은 법이 정한 유예기간 이내에 실명등기를 하지 아니함으로써 그 명의신탁약정 및 이에 따라 행하여진 등기에 의한 물권변동이 무효로 된 후에 처분행위가 이루어진 경우에도 마찬가지로 적용된다."고 판시].

한 소유권이전등기 청구를 하여 부동산의 소유권을 이전받을 수 있다.[162] 그런데 명의수탁자가 명의신탁 부동산의 등기명의자임을 기화로 그 부동산을 제3자에게 임의처분 하는 경우에 명의신탁자나 양도인은 그 제3자에 대하여는 부동산실명법 제4조 제3항에 따라 제3자의 선 · 악의 여부를 불문하고 대항하지 못한다.[163] 그러므로 이러한 경우에 명의수탁자는 자신이 보관하는 타인의 재물에 대한 횡령죄를 범한 것인지, 횡령죄가 성립한다면 그 피해자는 누구로 볼 것인지 문제가 된다.[164]

이 경우에 양도인은 매매대금을 수령한 이상 사실상 피해가 없는 반면, 명의신탁자는 매매대금을 지급하였으나 명의수탁자의 부동산 임의처분으로 인하여 그 소유권을 취득할 수 없는 실질적 피해자이고, 위와 같이 양도인을 대위하여 부동산의 소유권을 이전받을 수 있는 자이므로 명의신탁자를 피해자로 하는 횡령죄가 성립한다고 하는 견해[165]가 있다.

이에 대하여 횡령죄의 보호법익은 재물의 소유권이고 부동산실명법에 따라 명의신탁약정이나 그로 인한 소유권이전이 무효인 이상, 명의신탁 부동산의 소유권이 양도인에게 귀속되므로 양도인에 대한 횡령죄가 성립한다고 보는 견해[166]가 있다.

그리고 양도인은 소유권을 회복하여 명의신탁자에게 이전시켜 주지 못한 피해자이고, 명의신탁자는 매매대금을 모두 지급하였음에도 불구하고 소유권을 이전받지 못한 피해자이므로, 양도인과 명의신탁자 모두에 대한 횡령죄가 성립한다고 보는 견해[167]도 있다.

만약 횡령죄가 성립한다면 그 피해자가 누구인지 여부를 가리는 것은 실무상 친족상도례(형법 제361조, 제328조)의 적용대상, 피해변제나 피해자와의 합의 여부 등을

---

162) 대법원 1999. 9. 17. 99다21738.

163) 이는 양자간 등기명의신탁이나 계약명의신탁의 경우에도 마찬가지이다[지원림(민법), 662면; 송덕수(민법), 428,429면; 김준호(물권), 261면(이는 명의신탁자가 악의의 제3자에게도 대항할 수 없게 함으로써 명의신탁을 억제하는 효과를 기대할 수 있고, 만약 악의의 제3자에게 대항할 수 있다면 명의신탁자를 종전보다 더 보호하는 셈이 되어 부당하기 때문이다); 대법원 2009. 3. 12. 2008다36022].

164) 이에 대하여, 명의신탁자에 대한 신뢰관계의 배신행위이므로 배임죄를 구성한다고 보는 견해[김일수 · 서보학(형각), 301면]도 있다. 그러나 명의신탁자와 명의수탁자 사이의 위탁신임관계를 인정할 수 없다고 보는 후술하는 판례의 입장에서는 신뢰관계의 배신행위로 볼 수 없으므로 배임죄를 구성한다고 볼 수도 없을 것이다.

165) 배종대(형각), 422면.

166) 이재상 · 장영민 · 강동범(형각), 402면.

167) 손동권 · 김재윤(형각), 440면.

가림에 있어서 중요한 문제이다.

그런데 판례는 종전에는 중간생략등기형 명의신탁의 경우에 명의신탁약정과 그에 의한 등기가 무효이므로 명의신탁자가 양도인을 대위하여 명의수탁자에 대하여 무효인 등기의 말소를 청구할 수 있는 이상 명의신탁자를 피해자로 하는 횡령죄가 성립하는 것으로 보았으나,[168] 2016년 전원합의체 판결에 의하여 위 종전 판례를 폐기하고 **무죄설** 입장을 취하고 있다. 즉, "부동산실명법 제4조 제2항 본문에 의하여 명의수탁자 명의의 소유권이전등기는 무효이고, 신탁부동산의 소유권은 매도인이 그대로 보유하게 된다. 따라서 명의신탁자로서는 매도인에 대한 소유권이전등기청구권을 가질 뿐 신탁부동산의 소유권을 가지지 아니하고, 명의수탁자 역시 명의신탁자에 대하여 직접 신탁부동산의 소유권을 이전할 의무를 부담하지는 아니하므로, 신탁부동산의 소유자도 아닌 명의신탁자에 대한 관계에서 명의수탁자가 횡령죄에서 말하는 '**타인의** 재물을 **보관**하는 자'의 지위에 있다고 볼 수는 없다. 명의신탁자가 매매계약의 당사자로서 매도인을 대위하여 신탁부동산을 이전받아 취득할 수 있는 권리 기타 법적 가능성을 가지고 있기는 하지만, 명의신탁자가 이러한 권리 등을 보유하였음을 이유로 명의신탁자를 사실상 또는 실질적 소유권자로 보아 민사상 소유권이론과 달리 횡령죄가 보호하는 신탁부동산의 소유자라고 평가할 수는 없다. 부동산실명법의 입법취지와 아울러, 명의신탁약정에 따른 명의수탁자 명의의 등기를 금지하고 이를 위반한 명의신탁자와 명의수탁자 쌍방을 형사처벌까지 하고 있는 부동산실명법의 명의신탁관계에 대한 규율 내용 및 태도 등에 비추어 볼 때, 명의신탁자와 명의수탁자 사이에 그 **위탁신임관계**를 근거 지우는 계약인 명의신탁약정 또는 이에 부수한 위임약정이 무효임에도 불구하고 횡령죄 성립을 위한 사무관리 · 관습 · 조리 · 신의칙에 기초한 위탁신임관계가 있다고 할 수는 없다. 명의신탁자와 명의수탁자 사이에 존재한다고 주장될 수 있는 사실상의 위탁관계라는 것도 부동산실명법에 반하여 범죄를 구성하는 불법적인 관계에 지나지 아니할 뿐 이를 형법상 보호할 만한 가치 있는 신임에 의한 것이라고 할 수 없다. 그러므로 명의신탁자는 신탁부동산의 소유권을 가지지 아니하고, 명의신탁자와 명의수탁자 사이에 위탁신임관계를 인정할 수도 없다. 따라서 명의수탁자가 명의신탁자의 재물을 보관하는 자

---

168) 대법원 2008. 4. 10. 2008도1033; 2007. 6. 28. 2006다48632; 2001. 11. 27. 2000도3463.

라고 할 수 없으므로, 명의수탁자가 신탁받은 부동산을 임의로 처분하여도 명의신탁자에 대한 관계에서 횡령죄가 성립하지 아니한다."고 판시하였다.[169] 또한 같은 판례에서 "명의수탁자의 처분행위를 형사처벌의 대상으로 삼는 것은 부동산실명법상 처벌규정이 전제하고 있는 금지규범을 위반한 명의신탁자를 형법적으로 보호함으로써 부동산실명법이 금지 · 처벌하는 명의신탁관계를 오히려 유지 · 조장하여 그 입법목적에 반하는 결과를 초래하게 되므로 타당하지 않다. 결국 부동산실명법의 입법취지 및 규율내용 등을 종합적으로 살펴보면 중간생략등기형 명의신탁에서 신탁부동산을 임의로 처분한 명의수탁자에 대한 **형사처벌의 필요성도 인정하기 어려우므로**, 형사처벌의 필요성을 이유로 횡령죄 성립을 긍정할 수도 없다."고 판시하고 있고, 중간생략등기형 명의신탁의 경우에 명의수탁자와 부동산 양도인과의 사이에 법률상 · 사실상 위탁신임관계를 인정하지 아니함은 종전 판례[170]에서도 확인하고 있으므로 그 양도인에 대한 횡령죄도 성립할 수 없다는 것이 판례의 입장이다.

앞에서 살펴본 것처럼 횡령죄는 타인의 재물을 보관하는 자가 타인의 재물에 대한 소유권 등 본권을 침해하는 죄이고, 여기서 보관이라 함은 위탁관계에 의하여 재물을 점유하는 것을 의미한다. 그러므로 횡령죄가 성립하기 위하여는 그 재물의 보관자가 재물의 소유자인 피해자와의 사이에 법률상 또는 사실상의 위탁신임관계가 존재해야 한다.[171] 따라서 횡령죄의 객체는 단순한 타인의 소유물이 아니라 위탁받아 보관하고 있는 타인의 소유물이고, 횡령죄는 타인의 재물을 보관하는 자가 위탁이라는 신임관계에 반하여 이를 횡령하거나 반환을 거부함으로써 성립하는 것이다.

그런데 중간생략등기형 명의신탁의 경우에는 부동산실명법의 강행규정이나 입법취지에 비추어 명의수탁자는 명의신탁자나 양도인과의 사이에 형사상 보호할만한 가치있는 위탁신임관계가 있다고 볼 수 없으므로 판례의 입장이 타당하다고 본다.

---

169) 대법원 2016. 5. 19. 2014도6992 전원합의체. 박상기(형법), 670면; 강동범, "최신판례분석 : 등기명의신탁에서 신탁부동산의 임의처분과 횡령죄의 성부 -대법원 2016. 5. 19. 선고 2014도6992 전원합의체 판결-", 「법조」 65권 7호(법조협회, 2016. 8.), 614면도 이러한 판례 입장을 따르고 있음.

170) 대법원 2010. 6. 24. 2009도9242.

171) 대법원 2007. 5. 31. 2007도1082.

3) 계약명의신탁

명의수탁자가 원인계약의 당사자가 되는 계약명의신탁의 경우에도 부동산실명법 제4조 제1항에 의거하여 명의신탁자와 명의수탁자 사이의 명의신탁약정은 무효이다. 이 경우에는 등기명의신탁의 경우와는 달리 명의신탁자와 명의수탁자 사이에 명의신탁 약정 외에도 부동산매입의 위임 약정도 있게 되는데, 특별한 사정이 없는 한 일부무효의 법리(민법 제137조)에 따라 부동산매입의 위임 약정도 무효로 보아야 한다.[172] 그러나 그 약정에 따라 행하여진 등기에 의한 물권변동의 효력은 부동산실명법 제4조 제2항에 의하여 양도인이 계약명의신탁약정 사실을 그 양도의 원인계약 체결당시 알고 있었으면(즉, 악의) 무효이지만 알지 못한 경우에는(즉, 선의) 유효하다.

가) 양도인이 악의인 경우 : 양도인이 계약명의신탁 약정사실을 그 양도의 원인계약 체결당시 알고 있었으면 물권변동의 효력이 무효이므로 부동산의 소유권은 양도인에게 남아있게 된다.[173] 이 경우에 양도인과 명의수탁자간 양도의 원인계약은 불능을 목적으로 하는 법률행위가 되어 무효이므로,[174] 양도인은 명의수탁자에 대하여 원인계약의 무효를 이유로 이전등기의 말소등기청구를 하거나 진정명의 회복을 원인으로 한 이전등기청구를 할 수 있다. 명의신탁자는 양도인과 새로운 약정을 하지 않는 한 아무런 법률관계도 없으므로 명의수탁자에 대하여 교부한 부동산 매수자금을 부당이득 하였음을 이유로 그 반환을 청구할 수 있을 뿐, 양도인에 대하여는 양도인이 명의신탁자가 그 계약 매수인으로 됨에 동의하는 등의 특별한 사정이 없는 한 직접적으로는 어떠한 청구권도 없다.[175] 이때 명의수탁자가 부동산의 등기명의자임을 기화로 그 부동산을 제3자에게 임의처분 하는 경우에 양도인은 그 제3자에 대하여는 부동산실명법 제4조 제3항에 따라 제3자의 선·악의 여부를 불문하고 대항하지 못한다. 이러한 명의수탁자의 처분행위가 횡령죄가 되는지 아니면 배임죄가 되는지 및 그 피해자는 누구인지 문제가 된다.

양도인이 명의신탁 사실을 알고 있었고 매매대금이 지급되어 이전등기까지 마

---

172) 대법원 2004. 4. 27. 2003도6994; 송덕수(민법), 424면.

173) 대법원 2009. 5. 14. 2007도2168.

174) 대법원 2003. 9. 5. 2001다32120; 송덕수(민법), 426면.

175) 지원림(민법), 676면; 송덕수(민법), 427면; 김준호(물권), 265면; 대법원 2003. 9. 5. 2001다32120.

친 이상 양도인에 대한 신임관계 위반은 인정할 수 없으며, 명의신탁자와 명의수탁자 사이에는 명의신탁약정의 무효와 무관하게 사실상의 신임관계가 존재하므로 그 신임관계에 기한 임무에 위배한 행위로서 명의신탁자에 대한 배임죄를 구성한다는 견해[176)]가 있다. 이에 대하여 명의신탁자가 자금을 부담하면서 명의수탁자로 하여금 양도인과 원인계약을 체결하게 한 구조이므로 명의신탁자와 명의수탁자 사이에 부동산 자체에 대한 사실상 위탁으로 보기 어렵고, 명의신탁자는 양도인과의 사이에 아무런 법률관계가 없어서 부동산에 관한 법률상 권리를 주장할 방법이 없다는 이유로 횡령죄나 배임죄 모두 성립하지 않는다고 주장하는 견해(무죄설)[177)] 도 있다.

이러한 유형은 중간생략등기형 명의신탁의 경우와 비교할 때 명의신탁약정이 무효이고 물권변동의 효력도 무효이므로 부동산의 소유권이 양도인에게 남아있게 되는 점은 동일하지만, 명의수탁자와 양도인 사이에 물권변동의 원인계약이 무효이고 명의신탁자와 양도인 사이에는 아무런 법률관계가 없다는 점에서 구조상 차이가 있다. 우선, 명의수탁자와 양도인 사이의 원인계약이 무효이므로 명의수탁자가 타인 소유 재물의 보관자인지 여부를 검토할 필요가 있다. 즉, 앞에서 말한 것처럼 부동산의 경우에 보관자의 지위는 '점유'를 기준으로 할 것이 아니라 그 부동산을 제3자에게 유효하게 처분할 수 있는 권능의 유무를 기준으로 결정해야 하므로, 원인무효인 소유권이전등기의 명의자는 횡령죄의 주체인 타인의 재물을 보관하는 자에 해당한다고 할 수 없음이 원칙이다.[178)] 그런데 부동산 명의신탁의 경우에는 위와 같이 부동산실명법 제4조 제3항에 따라 명의수탁자가 제3자에게 유효한 등기이전을 할 수 있게 된 결과, 명의수탁자는 양도인과의 원인계약이 무효임에도 불구하고 양도인 소유의 부동산을 제3자에게 유효하게 처분할 수 있는 권능은 있다. 그러나 횡령죄의 구성요건인 '보관'이란 법률상 또는 사실상 위탁관계에 의하여 재물을 점유하는 것인데, 원래 양도인과 명의수탁자 사이에는 아무런 위탁신임관계가 없다. 그리고 양도인은 명의신탁자와는 아무런 법률관계가 없는 이상 명의신탁자에

176) 정성근 · 박광민(형각), 409면; 김일수 · 서보학(형각), 302면; 손동권 · 김재윤(형각), 442,443면; 배종대(형각), 423면.

177) 주석 형법(각칙6), 361면; 김성돈(형각), 459면; 박상기(형법), 672면.

178) 대법원 2010. 6. 24. 2009도9242; 대법원 2007. 5. 31. 2007도1082(양자간 등기명의신탁 사안).

대한 이전등기를 위하여 명의수탁자에게 말소등기 청구를 해야 할 필요가 없으므로 양도인과 명의수탁자 사이에는 이를 위한 법률상 또는 사실상의 위탁신임관계도 인정할 여지가 없다. 또한 명의신탁자는 양도인을 대위하더라도 명의수탁자에 대하여 부동산의 말소등기나 이전등기를 청구할 수 없기 때문에 부동산의 물권변동과 관련하여서는 명의신탁자와 명의수탁자 사이에 아무런 위탁신임관계도 인정할 수 없다.

따라서 명의수탁자는 양도인이나 명의신탁자 누구에 대하여도 위탁신임관계에 따라 부동산을 보관하는 자라 할 수 없으므로, 그 부동산의 임의처분으로 인하여 횡령죄나 배임죄가 성립하는 것은 아니라고 보아야 할 것이다. 다만, 명의신탁자는 명의수탁자에 대하여 교부한 부동산 매매대금에 관하여 부당이득금 반환청구만 할 수 있을 뿐이다(**무죄설**).

판례도 "명의신탁자와 명의수탁자가 이른바 계약명의신탁 약정을 맺고 명의수탁자가 당사자가 되어 명의신탁 약정이 있다는 사실을 알고 있는 소유자와 부동산에 관한 매매계약을 체결한 후 그 매매계약에 따라 당해 부동산의 소유권이전등기를 명의수탁자 명의로 마친 경우에는 부동산실명법 제4조 제2항 본문에 의하여 수탁자 명의의 소유권이전등기는 무효이고 당해 부동산의 소유권은 매도인이 그대로 보유하게 되므로, 명의수탁자는 부동산 취득을 위한 계약의 당사자도 아닌 명의신탁자에 대한 관계에서 횡령죄에서의 '타인의 재물을 보관하는 자'의 지위에 있다고 볼 수 없고, 또한 명의수탁자가 명의신탁자에 대하여 매매대금 등을 부당이득으로서 반환할 의무를 부담한다고 하더라도 이를 두고 배임죄에서의 '타인의 사무를 처리하는 자'의 지위에 있다고 보기도 어렵다.[179] 한편 위 경우 명의수탁자는 매도인(즉, 양도인)에 대하여 소유권이전등기말소의무를 부담하게 되나, 위 소유권이전등기는 처음부터 원인무효이므로 명의수탁자는 매도인이 소유권에 기한 방해배제청구로 그 말소를 구하는 것에 대하여 상대방으로서 응할 처지에 있음에 불과하고, 그가 제3자와 사이에 한 처분행위가 부동산실명법 제4조 제3항에 따라 유효하게 될 가능성이 있다고 하더라도 이는 거래의 상대방인 제3자를 보호하기 위하여 명의신탁 약정의 무효에 대한 예외를 설정한 취지일 뿐 매도인과 명의수탁자 사이에 위 처분행위를 유

179) 대법원 2012. 12. 13, 2010도10515; 2008. 3. 27. 2008도455; 2001. 9. 25. 2001도2722.

효하게 만드는 어떠한 신임관계가 존재함을 전제한 것이라고는 볼 수 없으므로, 그 말소등기의무의 존재나 명의수탁자에 의한 유효한 처분가능성을 들어 명의수탁자가 매도인에 대한 관계에서 횡령죄에서의 '타인의 재물을 보관하는 자' 또는 배임죄에서의 '타인의 사무를 처리하는 자'의 지위에 있다고 볼 수도 없다."고 판시하여 **무죄설** 입장에 있다.[180)]

나) 양도인이 선의인 경우 : 양도인이 계약명의신탁 약정사실을 그 양도의 원인계약 체결당시 모르고 있었으면 명의신탁 약정은 무효이지만 그에 기한 물권변동의 효력은 유효하므로 부동산의 소유권은 양도인뿐만 아니라 명의신탁자에 대하여도 명의수탁자에게 완전히 귀속된다. 명의신탁자는 명의수탁자에 대하여 교부한 부동산 매수자금을 부당이득하였음을 이유로 그 상당 금액의 반환을 청구할 수 있을 뿐이다.[181)] 따라서 명의수탁자가 부동산을 임의처분하더라도 자신이 점유하는 자신의 소유물을 처분하는 것일 뿐 타인의 재물을 보관하는 지위에 있지 아니하므로 횡령죄는 성립하지 않는다(통설 · 판례).[182)]

또한 이러한 계약명의신탁의 법리는 명의수탁자가 명의신탁 부동산에 관한 등기를 이전받기 전에 양도인과 합의하여 매매계약을 해제한 후 반환받은 매매대금에도 마찬가지로 적용되어 명의수탁자가 그 매매대금을 명의신탁자를 위하여 보관 · 관리하는 자의 지위에 있지 아니하므로, 명의수탁자가 그 매매대금을 임의처분하거나 반환거부 하더라도 횡령죄가 성립하지 않는다(판례).[183)]

그러나 명의수탁자가 명의신탁 부동산을 임의로 처분하여 이익을 취득한 경우에

---

180) 대법원 2012. 11. 29. 2011도7361.

181) 대법원 2005. 1. 28. 2002다66922; 다만, 판례에 따르면 "부동산실명법 시행 전에 위와 같은 명의신탁 약정과 그에 기한 물권변동이 이루어진 다음 같은 법 제11조에서 정한 유예기간 내에 실명등기 등을 하지 않고 그 기간을 경과한 때에도 같은 법 제12조 제1항에 의하여 제4조의 적용을 받게 되어 위 법리가 그대로 적용되는데, 이 경우 명의수탁자는 명의신탁 약정에 따라 명의신탁자가 제공한 비용을 매매대금으로 지급하고 당해 부동산에 관한 소유명의를 취득한 것이고, 위 유예기간이 경과하기 전까지는 명의신탁자는 언제라도 명의신탁 약정을 해지하고 그 부동산에 관한 소유권을 취득할 수 있었던 것이므로, 명의수탁자는 같은 법 시행에 따라 그 부동산에 관한 완전한 소유권을 취득함으로써 부동산 자체를 부당이득하였다고 보아야 할 것이고, 같은 법 제3조 및 제4조가 명의신탁자에게 소유권이 귀속되는 것을 막는 취지의 규정은 아니므로 명의수탁자는 명의신탁자에게 자신이 취득한 부동산을 부당이득으로 반환할 의무가 있다."고 판시하였다(2002. 12. 26. 2000다21123).

182) 대법원 2009. 9. 10. 2009도4501; 2008. 3. 27. 2008도455; 2006. 9. 8. 2005도9733; 2000. 3. 24. 98도4347; 정성근 · 박광민(형각), 409면; 김성돈(형각), 458면.

183) 대법원 2007. 3. 29. 2007도766.

명의신탁자에 대한 관계에서 배임죄가 성립하는지는 문제가 된다. 배임죄 부정설(**무죄설**)은 명의수탁자가 부동산실명법에 따라 명의신탁 부동산의 소유권을 적법하게 취득한 이상 그 재산에 관하여는 명의신탁자에 대한 법적 임무나 사실상 보호해야 할 재산상 사무가 있다고 할 수 없으므로, 그 부동산의 처분을 두고 배임행위로 재산상 이익을 취득한 것으로 볼 수도 없다는 논거로 배임죄도 성립하지 않는다고 한다.[184] 판례도 "명의수탁자가 명의신탁자에 대하여 부담하는 명의신탁 약정 무효로 인한 부당이득반환 의무는 명의수탁자가 명의신탁자에 대하여 부담하는 통상의 채무에 불과할 뿐만 아니라, 명의신탁자와 명의수탁자 사이의 명의신탁 약정이 무효인 이상 특별한 사정이 없는 한 명의신탁자와 명의수탁자 사이에 명의신탁 약정과 함께 이루어진 부동산 매입의 위임 약정 역시 무효로 볼 것이다. 그러므로 명의수탁자를 명의신탁자와의 신임관계에 기하여 명의신탁자를 위하여 신탁 부동산을 관리하면서 명의신탁자의 허락 없이는 이를 처분하지 말아야 할 의무를 부담하는 등으로 명의신탁자의 재산을 보전 · 관리하는 지위에 있는 자에 해당한다고 볼 수 없다. 따라서 명의수탁자는 타인의 사무를 처리하는 자의 지위에 있지 않다."는 논거로 명의수탁자의 명의신탁자에 대한 배임죄의 성립도 부인하고 있다.[185] 이에 반하여 **배임죄 긍정설**은 명의신탁 약정이 비록 강행규정을 위반하여 무효일지라도 선량한 풍속 기타 사회질서에 위반하는 내용이 아닌 이상 명의신탁자와 명의수탁자 사이의 사실상의 신임관계까지 무효가 되는 것은 아니므로 명의수탁자의 명의신탁자에 대한 배임죄가 성립한다고 주장한다.[186] 생각건대 부동산실명법이 명의신탁자와 명의수탁자 사이의 명의신탁 약정을 무효로 한 입법취지는 양 자 사이에 명의신탁 부동산의 보전 · 관리에 협력할 의무도 부인하고자 하는 취지로 보아야 할 것이므로, 명의수탁자는 명의신탁자의 사무를 처리하는 지위에 있다고 볼 수 없다. 따라서 **무죄설**이 타당하다.

---

184) 손동권 · 김재윤(형각), 441면; 박상기(형각), 380면; 김일수 · 서보학(형각), 303,304면; 오영근(형각), 360면 각주2; 주석 형법(각칙6), 360면.

185) 대법원 2008. 3. 27. 2008도455; 2004. 4. 27. 2003도6994.

186) 정성근 · 박광민(형각), 409면; 배종대(형각), 424면; 이재상 · 장영민 · 강동범(형각), 403,404면; 김성돈(형각), 458면.

다. 양도담보의 경우

1) 양도담보의 의의, 유형 및 법적 성질

민법이나 상법에 규정된 담보권이 아니면서 의용상법 시대부터 판례에 의하여 발달해 온 비전형담보제도로서 이른바 양도담보가 있다. 양도담보란 채무의 담보를 위하여 담보목적물의 소유권을 채권자에게 이전하는 형식을 취하는 것을 말한다.[187] 양도담보의 담보목적물은 동산 · 부동산이 대부분이지만 재산적 가치와 양도성이 있다면 주식 등 유가증권이나 채권 · 지식재산권도 담보로 제공될 수 있다.[188] 통설은 신용의 수수(授受)를 매매 형식으로 하고 아울러 환매나 재매매 특약을 함으로써 채권 · 채무관계를 남기지 아니하여 피담보채무가 존재하지 않으므로 채권자가 채권을 행사할 수 없는 경우를 '매도담보'라 하고, 담보목적물의 소유권은 이전하되 채권 · 채무관계가 남아있는 경우를 '양도담보' 또는 '좁은 의미의 양도담보'라고 구분하여 설명하고 있다.[189] 그러나 판례는 매도담보의 경우에도 피담보채무의 존재를 인정하고 있고 그 용어도 양도담보와 엄격하게 구분하여 사용하고 있지 않으므로[190] 특별히 매도담보를 구분하여 설명할 필요는 없을 것이다.

양도담보의 법적 성질에 관하여 판례는 신탁적 양도로 보는 입장(**신탁적 양도설**)에서 "양도담보계약은 일종의 신탁행위로서 채권담보의 목적으로 담보목적물의 소유권을 채권자에게 이전하여 그 채권담보의 목적 범위 안에서만 소유권을 행사케 하는 담보계약이므로 채무자는 채권자로 하여금 제3자에 대한 관계에서 소유자로서 권리를 실행시키기 위하여 그 목적물에 대한 이전등기 및 그 부수의무를 이행해야 하고, 채권자는 채무자가 채무를 이행하지 아니할 때는 목적물을 시가에 의해 처분하여 피담보채무의 변제에 충당하되 잉여가 있으면 이를 반환하고 부족하면 다시 채무자에게 청구하는 관계이다."라고 정의하고 있다.[191] 이러한 양도담보는 보통 채권자와 양도담보권 설정자 사이에(즉, 대내적으로)는 담보목적물의 소유권이 이전되

---

187) 대법원 1993. 11. 23. 93다4083.

188) 김준호(물권), 478면.

189) 고상룡(물권), 766면; 곽윤직 · 김재형(물권), 565면.

190) 대법원 1973. 6. 5. 73다38; 1971. 5. 24. 71다669; 1966. 9. 20. 66다1114; 지원림(민법), 878면.

191) 대법원 1969. 10. 23. 69다1338; 1955. 3. 31. 4287민상124.

지 않으나 제3자에 대하여(즉, 외부적으로)는 채권자에게 소유권이 이전되는 것이지만, 그 소유권이 대내외적으로 이전되어 정산의무를 남기지 않는 유형도 있다.[192] 통설 · 판례는 전자의 유형을 '약한 의미의 양도담보'로, 후자의 유형을 '강한 의미의 양도담보' 또는 '유담보형' 양도담보로 지칭하고 있다.[193] 그런데 판례는 채무불이행의 경우에 담보목적물을 확정적으로 채권자의 소유로 귀속시키고 정산할 필요가 없도록 약정한 유담보형(流擔保型) 양도담보는 민법 제607조, 제608조의 적용으로 인하여 무효로 보되, 그 경우에도 정산형(精算型) 양도담보로서의 효력은 인정하면서 '약한 의미의 양도담보'에 해당한다고 판시하고 있다.[194] 따라서 판례는 '약한 의미의 양도담보'만 인정하고 그 내용은 정산형 양도담보로 파악하고 있는 셈이다.[195] 이에 대하여 신탁적 양도설 중에는 민법 소유권 법리상 소유권의 귀속을 대내외 관계에서 달리 할 수 없다는 입장에서, 양도담보의 경우 소유권이 대내외 관계 모두 채권자에게 귀속되지만 채권자는 그 권리를 채권담보의 목적을 넘어서 행사할 수 없는 것으로 보는 견해((소수설)[196]도 있다.

그리고 판례는 점유개정에 의한 동산 양도담보의 경우에도 신탁적 양도설의 입장에서 "금전채무를 담보하기 위하여 채무자가 그 소유의 동산을 채권자에게 양도하되 점유개정에 의하여 채무자가 이를 계속 점유하기로 한 경우, 특별한 사정이 없는 한 동산의 소유권은 신탁적으로 이전되고, 채권자와 채무자 사이에는 채무자가 그

192) 대법원 1962. 12. 27. 62다724.

193) 대법원 1966. 4. 6. 66다218; 고상룡(물권), 768,769면; 지원림(민법), 878,879면.

194) 대법원 1967. 3. 28. 67다61; 1966. 9. 20. 66다1114; 1966. 4. 6. 66다218("원심은 위 담보물의 대물변제예약당시의 가격이 위 채권원금과 그 이자액을 합산한 액보다 초과되므로 그 초과부분은 민법 제607조, 제608조의 규정에 의하여 무효라 할 것이나, 다만 위 채권액을 담보로 하는 범위 내에서만 효력이 있고, 위 담보라 함은 원고명의로 이전된 소유권은 대내 · 대외적으로 이전된 소위 강한 의미의 양도담보가 아니고, 다만 대외적으로만 소유권이 이전될 뿐 대내적으로는 채권담보의 효력만이 있다는 소위 약한 의미의 양도담보계약에 해당된다는 취지로 인정한 것이라 해석되고, 그 판단에 위법이 없다.").

195) 대법원 1994. 5. 24. 93다44975["가등기담보법(1983. 12. 30. 법률 제3681호)이 시행되기 전에 성립한 **약한 의미의 양도담보**에 있어서는 채권자는 채무의 변제기가 도과되면 담보부동산의 가액에서 채권의 원리금등을 공제한 나머지를 채무자에게 반환하고 담보부동산의 소유권을 취득할 수 있고(귀속정산), 담보부동산을 처분하여 그 매각대금에서 채권원리금의 변제에 충당하고 나머지를 채무자에게 반환할 수도 있을 것이나(처분정산), 이는 담보권의 실행을 위하여 채권자에게 부여된 권리이지 채무자가 채권자에게 적극적으로 위와 같은 정산을 요구할 청구권을 가지는 것은 아니라고 할 것이다."]; 지원림(민법), 879면.

196) 송덕수(물권), 700면.

소유권을 보유하나 제3자에 대하여는 채무자는 동산의 소유권을 이미 채권자에게 양도한 무권리자가 된다. 따라서 동산에 관하여 양도담보계약이 이루어지고 채권자가 점유개정의 방법으로 인도를 받았다면, 그 정산절차를 마치기 전이라도 양도담보권자인 채권자는 제3자에 대한 관계에 있어서는 담보목적물의 소유자로서 그 권리를 행사할 수 있다."라고 판시하고 있다.[197)]

그런데 1984. 1. 1.부터 가등기담보법(즉, 「가등기담보 등에 관한 법률」)의 시행으로 그 적용범위 내의 양도담보는 환매 등 명목 여하를 불문하고 하나의 담보권으로 파악하게 되었다(가등기담보법 제2조 제1호). 가등기담보법은 환매 · 양도담보 등 명목 여하를 불문하고 차주가 차용물의 반환에 갈음하여 부동산 소유권을 이전할 것을 예약할 때, 그 예약 당시의 재산가액이 차용액 및 이자를 합산한 액수를 초과하는 경우에 적용된다(가등기담보법 제1조, 제2조 제1호, 민법 제608조). 그러므로 부동산 기타 등기 · 등록할 수 있는 권리의 소유권에 관한 양도담보 중에도 소비대차로 인한 채권을 담보하기 위한 경우가 아닌 경우이거나, 예약당시의 부동산 가액이 차용액 및 이자를 합산한 액수를 초과하지 아니하는 경우, 그리고 그 밖의 동산, 유가증권 기타 등기 · 등록할 수 없는 재산의 양도담보인 경우에는 가등기담보법이 적용되지 않는다.[198)]

다만, 가등기담보법은 부동산소유권 외의 등기 · 등록할 수 있는 권리(질권 · 저당권 · 전세권은 제외)에도 준용된다(가등기담보법 제18조 본문). 「선박등기법」에 따라 등기된 선박, 「건설기계관리법」에 따라 등록된 건설기계, 「자동차관리법」에 따라 등록된 자동차, 「항공법」에 따라 등록된 항공기 등의 소유권이 이에 해당할 것이다.

또한 2012. 6. 11.부터 동산채권담보법(즉, 「동산 · 채권 등의 담보에 관한 법률」)이 시행되어 법인 또는 상호등기를 한 상인이 동산 · 채권 · 지식재산권을 담보등기부 등에 등기함으로써 담보권을 설정하는 제도를 시행하고 있고 그 담보약정에는 양도담보 등 명목을 묻지 않고 있다(동산채권담보법 제1조, 제2조). 그러나 동산채권담보법은 가등기담보법의 적용을 배제하고(가등기담보법 제18조 단서) 특히 동산 및 지식재산권

---

197) 대법원 2008. 11. 27. 2006도4263; 2004. 6. 25. 2004도1751; 1994. 8. 26. 93다44739.

198) 대법원 2001. 1. 5. 2000다47682; 1995. 4. 21. 94다26080; 1992. 10. 27. 92다22879; 송덕수(민법), 700면; 지원림(민법), 851면.

의 경우에 담보목적물 직접 변제충당절차를 포함하여 별도의 담보권 실행절차를 규정하고 있으므로 이러한 담보등기를 한 동산 및 지식재산권에 대하여는 양도담보일지라도 동산채권담보법의 담보권 실행절차에 따라야 한다. 따라서 양도담보의 법적 성질도 가등기담보법 또는 동산채권담보법이 적용되는 경우와 적용되지 않는 경우로 구분하여 그 법리를 검토할 필요가 있다.

가등기담보법이 적용되는 양도담보의 법적 성질에 관하여 통설은 특수한 담보물권으로 보고 있다(**담보물권설**).[199] 그 논거로 가등기담보법 제4조 제2항에 "채권자는 담보목적부동산에 관하여 이미 소유권이전등기를 마친 경우에는 청산기간이 지난 후 청산금을 채무자등에게 지급한 때에 담보목적부동산의 소유권을 취득하며"라고 규정되어 있고, 가등기담보법은 양도담보도 포함하여 '담보권'으로 파악하고(가등기담보법 제3조 등) 그 담보권 실행절차를 규정하고 있음을 들고 있다. 이 견해에 따르면 채권자는 양도담보권이라는 담보물권을 가질 뿐 담보목적물의 소유권은 양도담보권 설정자에게 남아있게 된다. 이에 대하여 양도담보 설정 당사자의 의사에 비추어 볼 때 설정자는 목적물을 사용 · 수익할 뿐 양도담보권자가 담보의 목적범위 내에서 소유자로 취급되는 것으로 보고, 가등기담보법이 적용되는 양도담보의 법적 성질도 신탁적 소유권이전으로 보는 견해(신탁적 양도설)[200]가 있다. 판례는 담보물권설[201]과 신탁적 양도설[202] 입장의 판결이 모두 있어서 일관되어 있지 않다. 어느 견해에 따르더라도 담보목적물의 소유권이 대내적으로는 양도담보권 설정자에게 남아 있게 되는 점은 마찬가지인데, 담보물권설이 이러한 제도내용에 부합하는 견해이다. 동산채권담보법이 적용되는 동산 및 지식재산권의 양도담보의 경우에도 그 담보권 실행을 위해서는 경매나 매각절차에 따르는 것 이외에 담보권자가 담보목적물로써 직접 변제에 충당할 수 있으나, 이 경우에도 청산절차를 거쳐 청산금을 채무자 등에게 지급한 때에 담보목적물의 소유권을 취득한다(동산채권담보법 제23조 제4항, 제61조). 따라서 동산채권담보법이 적용되는 동산 및 지식재산권의 양도담보의 법적 성질도 가등기담보법이 적용되는 양도담보와 마찬가지로 특수한 담보

---

199) 송덕수(민법), 699면; 곽윤직 · 김재형(물권), 546면; 지원림(민법), 854면.

200) 김준호(물권), 478면.

201) 대법원 1991. 11. 8. 91다21770; 1991. 8. 13. 91다13830.

202) 대법원 1995. 7. 25. 94다46428.

물권으로 보아야 할 것이다.

가등기담보법이 적용되지 않는 양도담보의 법적 성질에 관하여는, 가등기담보법이 적용되지 않는 이상 종전처럼 신탁적 양도설에 따라야 한다는 견해(통설 · 판례)[203]와, 같은 양도담보의 법적 성질을 달리 파악할 수 없다는 논거로 가등기담보법이 적용되는 양도담보와 동일하게 특수한 담보물권으로 보아야 한다는 견해(담보물권설)[204]가 대립한다. 담보권 실행절차가 다름에도 불구하고 법적 성질을 동일하게 파악하는 것은 무리이므로 종래의 신탁적 양도설이 타당하다고 보고, 동산채권담보법이 적용되지 않는 양도담보의 법적 성질에 관하여도 마찬가지로 보아야 할 것이다.

2) 양도담보와 형사책임

양도담보가 신탁적 양도이든 담보물권이든 **양도담보권자인 채권자**는 그 변제기일이 경과하면 담보목적물에 대한 담보권을 실행할 권능이 있고 그 환가대금 또는 평가액을 채권원리금과 담보권 실행비용 등의 변제에 충당하고 환가대금 또는 평가액의 나머지가 있어 이를 담보제공자에게 반환해야 할 **정산의무는 담보계약에 따라 부담하는 채권자 자신의 사무처리에 불과하다**. 그러므로 양도담보의 채권자가 변제기일 후 정산의무를 이행하지 않고 양도담보 목적물을 제3자에게 처분하더라도 배임죄 기타 범죄가 성립하는 것은 아니다(전원합의체 판례).[205]

그러나 **그 변제기일 전에는 채무자가 채무를 변제하면 채무자에게 그 소유 명의를 환원해 주기 위하여 그 소유권이전등기를 이행해야 할 의무가 있으므로** 양도담

203) 대법원 2005. 2. 18. 2004다37430; 1999. 9. 7. 98다47283; 1994. 8. 26. 93다44739; 1986. 8. 19. 86다카315; 송덕수(민법), 700면; 곽윤직 · 김재형(물권), 574면.

204) 고상룡(물권), 774면.

205) 대법원 1986. 7. 8. 85도554; 1985. 11. 26. 85도1493 전원합의체[→ 종전 배임죄 긍정한 대법원 1983. 6. 28. 82도1151, 1975. 5. 13. 74도3125, 1971. 3. 9 71도189 등 폐기, 이에 대한 반대의견은 "정산형 양도담보의 담보목적물 소유권이전의 법률적 본질이 신탁적 양도임에 틀림이 없는 이상 양도담보권자는 수탁자로서 양도담보 채무자의 위탁(위임)에 의하여 위임된 사무를 성실하게 처리하여야 할 의무와 그 재산보전에 적극적 · 소극적으로 협력하여야 할 의무가 있으며, 그 사무의 처리는 법률행위는 물론 법률행위가 아닌 사실상 사무의 처리도 포함된다. 민법의 위임에 관한 규정들은 타인의 사무처리에 관한 법률관계의 통칙이므로, 그와 같은 규정들이 양도담보 관계에도 의당 적용되어야 하고 이에 기초를 둔 법리해석이 되어야 함은 당연한 논리의 귀결이다. 양도담보권자가 변제기 경과 후에 그 담보권을 실행(법률행위 경유)하여 채권원리금과 담보권 실행비용 등에 충당하고 나머지가 있어 양도담보 채무자에게 반환할 의무는 사실상의 사무처리에 속하고, 타인인 양도담보 채무자의 사무로 볼 수 있으므로" 그 임무를 해태한 경우 배임죄가 성립한다는 견해였음].

보의 채권자가 그 **변제기일 이전**에 그 임무에 위배하여 이를 제3자에게 처분하였다면 변제기일까지 채무자의 변제가 없었다 하더라도 배임죄가 성립한다는 것이 판례의 입장이다(배임죄설).[206] 그러므로 채권담보의 목적으로 부동산의 소유권이전등기를 넘겨받은 양도담보 채권자가 변제기 전에 제3자에게 그 부동산에 소유권이전청구권 보전을 위한 가등기를 해 주었다면, 설사 그 때문에 채무자의 부동산 등기회복청구권(또는 환매권)을 종국적으로 상실케 하는 것은 아니라고 하더라도 그 담보가치 상당의 실해가 발생할 위험을 초래한 것이 되므로 비록 채무자가 변제기일까지 채무를 변제하지 않았더라도 배임죄의 성립에는 아무런 영향이 없다(판례).[207] 이에 대하여 '약한 의미의 양도담보'의 채권자가 변제기일 전에 담보목적물을 임의처분한 경우에는 대내적으로 채무자 소유의 담보목적물을 처분한 것이므로 횡령죄가 성립한다는 견해(횡령죄설)[208]가 있다. 생각건대 횡령죄와 배임죄의 구별기준은 단순히 행위의 객체가 재물인지 여부나 재물 소유권의 귀속만으로 판단할 것이 아니라 행위주체가 타인의 사무를 처리하는 자에 해당하는지, 그 행위가 사무수행상 임무에 관한 타인의 신뢰를 배반하는 **사무수행에 관한 행위**인지 여부를 기준으로 판단해야 할 것임(사무수행기준설 입장)은 앞에서 말하였다. 양도담보권자인 채권자가 담보목적물에 관하여 그 목적범위를 초과하여 보유하고 있는 소유 명의를 피담보채무 변제시 채무자에게 환원시켜 주어야 할 임무는 채무자인 타인의 사무라 할 수 있고 담보목적물의 임의처분 행위는 그 사무수행 임무에 관한 채무자의 신뢰를 배반하는 사무수행 관련 행위임이 분명하므로 배임죄설이 타당하다고 본다.

한편 양도담보권자인 **채권자가 청산절차를 거쳐 담보목적물을 처분하여 청산금을 수령하였음에도 불구하고 청산을 하지 아니한 경우**에는 아직 담보목적물의 소유권이 채무자에게 환원된 것이 아닌 이상 그 청산금은 채무자에게 귀속되어야 하므

---

206) 대법원 1995. 5. 12. 95도283; 1992. 7. 14. 92도753; 1987. 4. 28. 87도265; 1976. 9. 14. 76도2069; 횡령죄로 판시한 판례(대법원 1989. 4.11. 88도906)도 있었으나, 이 판례의 사안은 양도담보의 채권자가 다른 사유에 의하여 담보목적물인 동산을 보관하게 된 경우이므로 횡령죄설 입장의 판례로 볼 것은 아니다.

207) 대법원 1989. 11. 28. 89도1309.

208) 손동권 · 김재윤(형각), 436,437면; 김성돈(형각), 461면; 박상기(형각), 372,373면; 오영근(형각), 352면.

로 청산금을 횡령한 횡령죄가 성립한다고 보는 견해[209]가 있다. 이에 반하여 위와 같이 청산금의 지급에 관하여는 채권자의 독자적 처분권이 인정되어 배임죄도 성립하지 않는다고 보는 것이 판례의 입장임을 논거로 청산금에 대한 횡령죄도 성립하지 않는다고 보는 견해[210]도 있다. 변제기일 경과 후 양도담보권자인 채권자의 청산사무는 채권자 자신의 담보권 실행을 위한 것으로서 채권자 자신의 사무일 뿐 채무자로부터 위탁받은 사무로 볼 근거가 없으므로 그 담보목적물 처분대금도 채무자에게 지급하기 전에는 채권자의 소유로 보아야 할 것이다. 후설이 타당하다고 본다. 또한 판례는 "양도담보권자가 변제기 경과 후에 담보권을 실행하기 위하여 담보목적물을 처분하는 행위는 담보계약에 따라 담보권자에게 주어진 권능이어서 자기의 사무처리에 속하는 것이지 타인인 채무자의 사무처리에 속하는 것이라고 할 수 없으므로, 담보권자가 담보권을 실행하기 위하여 **담보목적물을 처분함에 있어 시가에 따른 적절한 처분을 해야 할 의무**는 담보계약상의 민사채무일 뿐 그와 같은 형법상의 의무가 있는 것은 아니므로 그에 위반한 경우 배임죄가 성립한다고 할 수 없다."고 판시하고 있다.[211]

그리고 판례가 허용하는 '약한 의미의 양도담보'의 경우에 **양도담보권 설정자인 채무자**는 가등기담보법 또는 동산채권담보법이 적용되어 담보물권의 채무자로 보게 되든 이들 법의 적용범위 밖이어서 신탁적 양도의 양도인에 해당하든 불문하고 채권자와 채무자 사이에는 담보목적물의 소유권이 채무자에게 귀속된다. 이 경우 채무자가 그 담보목적물을 임의로 처분하는 등으로 담보가치를 감소시키면 범죄가 성립하는지 문제가 된다. 위와 같이 채권자와 채무자 사이에는 담보목적물의 소유권이 채무자에게 귀속되므로 채무자의 자기 소유물에 대한 처분이 횡령죄를 구성할 수 없음은 분명하고,[212] 그밖에 채무자가 채권자의 사무를 처리하는 자로서 그 임무를 위배한 행위가 되어 배임죄가 성립하는 것인지를 검토해야 할 것이다. 이에 관하여 일부 학설은 채무자는 채권자가 담보 목적을 달성할 수 있도록 담보목적물을 보관할 의무가 있으므로 채권자에 대하여 채권담보의 약정에 따른 그의 사무를 처리

---

209) 박상기(형각), 372면; 김일수 · 서보학(형각), 297면; 주석 형법(각칙6), 365면.

210) 손동권 · 김재윤(형각), 437면.

211) 대법원 1997. 12. 23. 97도2430.

212) 김성돈(형각), 461면.

하는 자의 지위에 있게 되고, 채무자가 임의로 담보목적물을 처분하는 등 부당하게 그 담보가치를 감소시키는 행위를 한 경우에는 배임죄가 성립한다고 주장한다.[213)]

그러나 판례는 "채무자가 금전채무를 담보하기 위하여 그 소유의 동산을 채권자에게 양도담보로 제공함으로써 채권자인 양도담보권자에 대하여 담보물의 담보가치를 유지·보전할 의무 내지 담보물을 타에 처분하거나 멸실·훼손하는 등으로 담보권 실행에 지장을 초래하는 행위를 하지 않을 의무를 부담하게 되었더라도, 이를 들어 채무자가 통상의 계약에서의 이익대립관계를 넘어서 채권자와의 신임관계에 기초하여 채권자의 사무를 맡아 처리하는 것으로 볼 수 없다. 따라서 채무자를 배임죄의 주체인 '타인의 사무를 처리하는 자'에 해당한다고 할 수 없고, 그가 담보물을 제3자에게 처분하는 등으로 담보가치를 감소 또는 상실시켜 채권자의 담보권 실행이나 이를 통한 채권실현에 위험을 초래하더라도 배임죄가 성립한다고 할 수 없다."고 판시하고 있다(무죄설).[214)] 또한 이러한 법리는 채무자가 동산에 관하여 양도담보 설정계약을 체결하여 이를 채권자에게 양도할 의무가 있음에도 제3자에게 처분한 경우, 주식에 관하여 양도담보 설정계약을 체결한 채무자가 제3자에게 해당 주식을 처분한 경우에도 마찬가지로 적용된다고 판시하였다.[215)] 판례는 그 논거로 배임죄의 행위주체인 '타인의 사무를 처리하는 자'의 판단기준에 관하여 "타인의 재산관리에 관한 사무의 전부 또는 일부를 타인을 위하여 대행하는 경우와 같이 당사자 관계의 전형적·본질적 내용이 통상 계약에서의 이익대립관계를 넘어서 그들 사이의 신임관계에 기초하여 타인의 재산을 보호 또는 관리하는 데에 있어야 하고, 이익대립관계에 있는 통상의 계약관계에서 채무자의 성실한 급부이행에 의해 상대방이 계약상 권리의 만족 내지 채권의 실현이라는 이익을 얻게 되는 관계에 있다거나, 계약을 이행함에 있어 상대방을 보호하거나 배려할 부수적인 의무가 있다는 것만으로는 채무자를 타인의 사무를 처리하는 자라고 할 수 없으며, 위임 등과 같이 계약의 전

213) 김일수·서보학(형각), 297면; 박상기(형각), 373면; 주석 형법(각칙6), 365면.

214) 대법원 2020. 2. 20. 2019도9756 전원합의체(A주식회사를 운영하는 피고인이 B은행으로부터 1억 5,000만 원을 대출받으면서 위 대출금을 완납할 때까지 골재생산기기인 '크라샤4230'을 점유개정 방식으로 양도담보로 제공한 후, 계속 위 크러셔를 사용하던 중 C에게 매각함으로써 B은행에 대출금 상당의 손해를 입힌 사안). 이 판결에서 종전까지의 배임죄설 입장의 판례(대법원 1997. 6. 24. 96도1218; 1989. 7. 25. 89도350; 1983. 3. 8. 82도1829)는 폐기.

215) 대법원 2020. 2. 20. 2019도9756 전원합의체.

형적 · 본질적인 급부의 내용이 상대방의 재산상 사무를 일정한 권한을 가지고 맡아 처리하는 경우에 해당하여야 한다."고 판시하고 있다.[216)]

이러한 판례의 입장은 권리 이전에 등기 · 등록을 요하는 동산은 물론,[217)] 다음과 같이 채권의 양도담보에도 관철되고 있다. 채무자가 채권자에 대한 금전채무를 담보하기 위해 채무자의 제3채무자에 대한 금전채권을 채권자에게 채권양도 한 후 그 채권양도 통지를 하지 않은 채, 제3자에게 이중으로 양도하거나 담보권을 설정하더라도 배임죄가 성립하지 않고, 제3채무자로부터 변제금을 수령하여 임의로 소비하더라도 횡령죄가 성립하지 않는다는 것이다. 그 논거에 관하여는 공통적으로 "채무자가 기존 금전채무를 담보하기 위하여 다른 금전채권을 채권자에게 양도하는 경우, 채무자가 채권자에 대하여 부담하는 '담보 목적 채권의 담보가치를 유지 · 보전할 의무'는 채권 양도담보계약에 따라 부담하게 된 채무의 한 내용에 불과하다. 또한 통상의 채권양도계약은 그 자체가 채권자 지위의 이전을 내용으로 하는 주된 계약이고, 그 당사자 사이의 본질적 관계는 양수인이 채권자 지위를 온전히 확보하여 채무자로부터 유효하게 채권의 변제를 받는 것이다. 그런데 채권 양도담보계약은 피담보채권의 발생을 위한 계약(예컨대 금전소비대차계약 등)의 종된 계약으로, 채권 양도담보계약에 따라 채무자가 부담하는 위와 같은 의무는 담보 목적을 달성하기 위한 것에 불과하고, 그 당사자 사이의 본질적이고 주된 관계는 피담보채권의 실현이다. 이처럼 채권 양도담보계약의 목적이나 본질적 내용을 통상의 채권양도계약과 같이 볼 수는 없다.[218)] 따라서 채무자가 채권 양도담보계약에 따라 담보 목적 채권의 담보가치를 유지 · 보전할 의무는 계약에 따른 자신의 채무에 불과하고, 채권자와 채무자 사이에 채무자가 채권자를 위하여 담보가치의 유지 · 보전사무를 처리함으로써 채무자의 사무처리를 통해 채권자가 담보 목적을 달성한다는 신임관계가 존재한다고 볼 수 없다."고 판시하고 있다.[219)] 따라서 배임죄에 관하여는 "채무자가 채권양도

216) 대법원 2020. 2. 20. 2019도9756 전원합의체.

217) 대법원 2022. 12. 22. 2020도8682 전원합의체.

218) 통상의 채권양도계약의 경우에도 이후 대법원 2022. 6. 23. 2017도3829 전원합의체 판결에서 종전 횡령죄설 입장이었던 판례를 폐기하고 무죄설 입장을 취하게 되었음은 앞의 Ⅰ.2.가.7) '채권양도의 경우' 부분에서 설명하였다.

219) 대법원 2021. 7. 15. 2015도5184; 2021. 7. 15. 2020도3514; 2021. 2. 25. 2020도12927.

담보계약에 따라 부담하는 '담보 목적 채권의 담보가치를 유지 · 보전할 의무'를 이행하는 것은 채무자 자신의 사무에 해당할 뿐이고, 채무자가 통상의 계약에서의 이익대립관계를 넘어서 채권자와의 신임관계에 기초하여 채권자의 사무를 맡아 처리한다고 볼 수 없으므로, 이 경우 채무자는 채권자에 대한 관계에서 배임죄의 행위주체인 '타인의 사무를 처리하는 자'에 해당하지 않는다."고 판시하였다.[220] 또한 횡령죄에 관하여는 "채무자가 제3채무자에게 채권양도 통지를 하지 않은 채 자신이 사용할 의도로 제3채무자로부터 변제를 받아 변제금을 수령한 경우, 이는 단순한 민사상 채무불이행에 해당할 뿐, 채무자가 채권자와의 위탁신임관계에 의하여 채권자를 위해 위 변제금을 보관하는 지위에 있다고 볼 수 없고, 채무자가 이를 임의로 소비하더라도 횡령죄는 성립하지 않는다."고 판시하였다.[221]

한편 '강한 의미의 양도담보'(또는 매도담보)의 경우에는 양도담보의 채권자와 채무자 사이 내부관계에서도 담보목적물의 소유권이 채권자에게 귀속되므로, 채무자가 담보목적물을 보관 중 이를 임의처분하는 경우에는 횡령죄가 성립한다는 견해[222]가 있다. 그러나 앞에서 말한 것처럼 판례는 매도담보의 경우에도 피담보채무의 존재를 인정하고 양도담보와 마찬가지로 취급하고 있고, '약한 의미의 양도담보'만 인정하고 그 내용은 정산형 양도담보로 파악하고 있는 입장이므로 논의의 실익은 별로 없을 것이다.

---

220) 대법원 2021. 7. 15. 2015도5184(피고인이 채권자로부터 돈을 차용하면서 피고인이 국민건강보험공단에 대하여 가지는 요양급여채권을 채권자에게 포괄근담보로 제공하는 채권양도담보계약을 체결한 후, 그 채권양도의 대항요건을 갖추어 주기 전에 같은 채권을 피고인 친형의 채권자에게 이중으로 양도하여 국민건강보험공단으로부터 약 7억 원을 지급받게 한 사안); 2021. 7. 15. 2020도3514(피고인이 채권자로부터 3억 5천만 원을 차용하면서 자신의 전세보증금반환채권 5억 원 중 기존 전세권근저당권의 실제 피담보채무액 2억 8천만 원을 제외한 나머지 2억 2천만 원을 채권양도 한 후, 그 채권양도의 대항요건을 갖추어 주기 전에 제3자에게 채권최고액 2억 3,500만 원의 전세권근저당권을 설정해 준 사안).

221) 대법원 2021. 2. 25. 2020도12927[횡령죄로 기소된 사건이므로 법원은 횡령죄에 관한 판단을 한 것임. 이 판례의 하급심 판결(부산고법 2020. 9. 7. 2020노52)은 양도담보의 법적 성질에 따라 "담보권이 실행되기 전까지는 채무자가 제3채무자로부터 수령한 변제금의 소유권은 채무자에게 귀속된다."는 이유로 채무자가 그 변제금을 임의로 처분한 행위는 횡령죄를 구성하지 않는다고 판시].

222) 손동권 · 김재윤(형각), 436면.

3) 구체적 사례 검토

■ 양도담보권자의 배임행위 사례

양도담보의 채권자(피고인)가 양도담보권자의 지위에서 담보목적물인 부동산에 설정한 근저당권의 권리자인 은행의 신청에 의하여 임의경매절차가 진행되고 있던 중 양도담보 채무자(피해자)가 차용원리금을 변제공탁 하였다. 이에 채권자가 공탁원인사실 가운데 적시된 원금액, 변제충당 및 이자계산방법 등에 대하여 이의를 유보하지 아니한 채 위 변제공탁금 전액을 수령하고서도 위 경매절차에 대하여 아무런 조치를 하지 아니하여 제3자에게 경락허가 결정이 되고 그 부동산의 경락대금이 완납됨으로써 환가절차가 종료된 사안이다.

판례는 위 사안에서 "양도담보의 채무자는 채권자가 담보권의 실행을 위하여 양도담보의 목적물처분을 종료할 때까지 피담보채무를 변제하여 목적물을 도로 찾아올 수 있고, 양도담보의 피담보채권이 채무자의 변제 등에 의하여 소멸하면 양도담보권자는 담보목적물의 소유자이었던 담보설정자에게 그 권리를 회복시켜줄 의무를 부담하게 되고 그 이행은 **타인의 재산을 보전하는 타인의 사무**라 할 것이다. 한편 채권자가 아무런 이의를 보류함이 없이 채무자가 변제공탁한 금원을 수령하였다면 그 공탁의 취지에 따른 법률효과가 발생한다고 할 것이다. 채권자는 담보목적물에 관한 환가절차가 종료되기 이전에 아무런 이의 없이 변제공탁금을 수령함으로써 채무자에 대하여 가지고 있던 피담보채권이 전부 소멸되었으므로, 채무자에게 단지 담보목적물의 가액에서 대여원리금 및 비용 등을 공제한 나머지 금액을 정산하여 줄 의무를 부담할 뿐인 것이 아니라 **피담보채무가 소멸함에 따라 채무자에게 담보목적물에 관한 소유 명의를 회복시켜 주어야 할 의무를 부담하게 되었다.** 이는 채권자로 하여금 타인의 사무를 처리하는 지위에 있게 하는 것이므로 채권자의 배임죄가 성립한다."고 판시하였다.[223)]

양도담보의 채권자가 제3자에게 담보목적물을 매각하여 이를 매수한 제3자가 그 담보목적물을 취거한 경우에 절도죄의 성립 여부가 문제된 사안에서, 판례는 "금전채무를 담보하기 위하여 채무자가 그 소유의 동산[224)]을 채권자에게 양도하되 점유개정에 의하여 채무자가 이를 계속 점유하기로 한 경우, **특별한 사정이 없는 한 동산의 소**

223) 대법원 1988. 12. 13. 88도184.

224) 동산채권담보법이 적용되는 동산이 아님.

유권은 신탁적으로 이전되고, 채권자와 채무자 사이의 대내적 관계에서 채무자는 의연히 소유권을 보유하나 대외적인 관계에 있어서 채무자는 동산의 소유권을 이미 채권자에게 양도한 무권리자가 된다.[225] 따라서 동산에 관하여 양도담보계약이 이루어지고 채권자가 점유개정의 방법으로 인도를 받았다면, 그 정산절차를 마치기 전이라도 양도담보권자인 채권자는 제3자에 대한 관계에 있어서는 담보목적물의 소유자로서 그 권리를 행사할 수 있다.[226] 채권자로부터 담보목적물을 매수한 제3자는 채권자와 채무자 사이의 정산절차 종결 여부와 관계없이 양도담보 목적물을 인도받음으로써 소유권을 취득하게 되는 것이고, 양도담보 설정자가 담보목적물을 점유하고 있는 경우에도 그 목적물의 인도는 채권자로부터 목적물반환청구권을 양도받는 방법으로도 가능하다. 따라서 제3자로서는 자기의 소유물을 취거한 것에 불과하여, 사안에 따라 권리행사방해죄를 구성할 여지가 있음은 별론으로 하고 절도죄를 구성할 여지는 없다."고 판시하였다.[227]

Ⅱ. 횡령행위

1. 개념

횡령죄의 행위내용은 행위주체[(업무상) 타인의 재물을 보관하는 자]가 그 재물을 '횡령'하거나 '반환을 거부한' 행위이다(형법 제355조 제1항, 제356조). 그런데 반환거부 행위는 횡령행위의 예시로 보는 것이 일반적이므로 횡령죄의 행위내용은 횡령행위라 할 수 있다.

앞에서 말한 횡령죄의 본질론은 바로 횡령행위의 구체적 내용에 관한 문제인데, 통설 · 판례인 영득행위설에 따르면 이러한 횡령행위는 재물에 대한 불법영득의사를 실현하는 일체의 행위를 말하는 것으로서, 외부에서 행위주체의 불법영득의사를 인식할 수 있는 객관적 행위가 있을 때 성립하는 것이라고 한다.[228] 이 경우 불법영득

225) 대법원 2004. 6. 25. 2004도1751.

226) 대법원 1994. 8. 26. 93다44739.

227) 대법원 2008. 11. 27. 2006도4263.

228) 대법원 2010. 2. 25. 2010도93("횡령죄의 구성요건으로서의 횡령행위란 불법영득의사를 실현하는 일체의 행위를 말하는 것이어서 타인의 재물을 점유하는 자가 그 점유를 자기를 위한 점유로 바꾸려고

의사란 후술하는 것처럼 타인의 재물을 보관하는 자가 그 위탁 취지에 반하여 자기 또는 제3자의 이익을 위하여 권한 없이 그 재물을 자기의 소유인 것 같이 처분(반환거부 포함)하는 의사를 말한다. 횡령행위는 절도와는 달리 이미 타인의 재물을 점유하는 자가 그 점유를 자기를 위한 점유로 바꾸는 행위이므로, 그 범죄의사를 외부에 표현하는 행위만으로도 범죄가 성립할 수 있으나, 그 대신 외부에서 범죄의사를 인식할 수 있는 객관적 언동이 요구되는 것이다.

2. 유형

횡령행위는 작위뿐만 아니라 작위의무 있는 자의 부작위인 경우에도 성립할 수 있고, 소비 · 반출 · 은닉 · 반환거부 등 사실행위나 매각 · 교환 · 증여 · 대여 · 담보설정 등의 법률행위도 모두 포함한다.

횡령행위가 법률행위인 경우에는 법률행위의 무효 · 취소 등 그 효력 여부는 불문한다.[229] 횡령죄를 위험범으로 보는 입장에서는 무효 · 취소사유가 있는 법률행위일지라도 보관을 위탁한 타인의 소유권 침해의 위험은 발생한 것이기 때문이다.

영득행위설을 따르면 앞에서 말한 것처럼 불법영득의사가 없는 손괴 · 일시사용행위는 횡령행위에서 제외된다. 영득행위설을 따르면 은닉행위도 불법영득의사가 있는 경우에는 횡령행위에 포함하는 것이 일반적이지만, 은닉은 효용을 해치는 행위인 손괴죄를 구성할 뿐 횡령행위가 될 수 없다고 보는 소수설[230]도 있다. 그러나

하는 의사를 가지고 그러한 영득의 의사가 외부에 인식될 수 있는 객관적 행위를 하였을 때에는 그 재물 전체에 대한 횡령죄가 성립되고, 일단 횡령을 한 이후에 다시 그 재물을 처분하는 것은 불가벌적 사후행위에 해당하여 처벌할 수 없다"고 판시); 박상기(형법), 665면(횡령행위란 "불법영득 의사를 실현하기 위하여 외부로 표출하는 일체의 행위"); 김성돈(형각), 446,447면(횡령행위란 "객관적으로 인식할 수 있는 방법으로 재물에 대한 불법영득의사를 표현하는 행위"); 손동권 · 김재윤(형각), 443면(횡령행위란 "객관적으로 인식할 수 있는 방법으로 영득의사를 표현하는 행위").

229) 대법원 2002. 11. 13. 2002도2219; 참고로, 대법원 1978. 11. 28. 75도2713 판결에 관하여, 이 판례를 당연무효인 처분행위를 횡령행위로 인정하지 아니한 사례로 보고, 이러한 판례의 입장이 부당하다고 비판하는 견해[김일수 · 서보학(형각), 306면; 김성돈(형각), 446,447면]가 있으나, 이 판례는 당연무효인 처분행위를 횡령행위가 아니라고 판시한 것이 아니라 재물의 타인 소유 여부에 관한 판례일 뿐이다. 즉, 공장재단을 구성하는 기계를 피해자에게 양도(담보제공)한 후 다시 근저당권을 설정한 행위가 피해자에 대한 횡령죄가 되는지 여부가 문제된 사안에서, 위 피해자에 대한 양도행위가 공장저당법의 강행규정에 저촉되어 무효이므로 피해자에게 소유권이 넘어간 것이 아니므로 다시 근저당권을 설정한 행위는 피해자에 대한 횡령죄가 되지 않는다고 판시한 것일 뿐이다.

230) 오영근(형각), 355,356면.

판례는 은닉행위도 횡령행위에 포함됨을 전제로 판시하고 있고,[231] 횡령죄의 본질에 관한 월권행위설에서는 물론이고 영득행위설의 입장에서도 은닉이 불법영득의사의 외부적 실현행위로 볼 수 있는 경우에는 횡령행위가 될 수 있다고 봄이 타당하다.

'반환거부'도 횡령행위의 한 유형으로서, 단순한 반환거부를 넘어 불법영득의 의사로 보관물에 대한 그 소유자의 권리를 배제하는 의사표시를 하는 행위를 말한다. 따라서 행위자의 주관적 의사 및 반환거부 이유 등을 종합하여 반환거부행위가 횡령행위와 같다고 볼 수 있을 정도라야만 하고, 그 반환거부에 정당한 사유가 없어야 할 것이다(통설 · 판례).[232]

---

231) 대법원 2000. 9. 8. 2000도1447 판결은 불법영득의사로 차명계좌에 은닉하는 경우에 횡령행위가 됨을 전제로, 횡령죄와 강제집행면탈죄의 관계에 관하여 "횡령죄의 구성요건으로서의 횡령행위란 불법영득의 의사, 즉 타인의 재물을 보관하는 자가 자기 또는 제3자의 이익을 꾀할 목적으로 위탁의 취지에 반하여 권한 없이 그 재물을 자기의 소유인 것처럼 사실상 또는 법률상 처분하려는 의사를 실현하는 행위를 말하고, 한편 강제집행면탈죄에 있어서 은닉이라 함은 강제집행을 면탈할 목적으로 강제집행을 실시하는 자로 하여금 채무자의 재산을 발견하는 것을 불능 또는 곤란하게 만드는 것을 말하는 것으로서 진의에 의하여 재산을 양도하였다면 설령 그것이 강제집행을 면탈할 목적으로 이루어진 것으로서 채권자의 불이익을 초래하는 결과가 되었다고 하더라도 강제집행면탈죄의 허위양도 또는 은닉에는 해당하지 아니한다 할 것이다. 이와 같은 양 죄의 구성요건 및 강제집행면탈죄에 있어 은닉의 개념에 비추어 보면, 타인의 재물을 보관하는 자가 위 보관하고 있는 재물을 영득할 의사로 이를 은닉하였다면 이는 횡령죄를 구성하는 것이고 채권자들의 강제집행을 면탈하는 결과를 가져온다 하여 이와 별도로 강제집행면탈죄를 구성하는 것은 아니라고 할 것이다."라고 판시하였다.

232) 대법원 2022. 12. 29. 2021도2088(주류업체 A 주식회사의 사내이사인 피고인이 피해자를 상대로 주류대금 청구소송을 제기한 민사 분쟁 중 피해자가 착오로 피고인이 관리하는 A 회사 명의의 계좌로 돈을 송금하여 피고인이 이를 보관하게 되었는데, 피고인은 피해자로부터 위 돈이 착오송금된 것이라는 사정을 문자메시지를 통해 고지받아 위 돈을 반환해야 할 의무가 있었음에도, 피해자와 상계 정산에 관한 합의 없이 피고인이 주장하는 주류대금 채권액으로 임의로 상계 정산한 후 반환을 거부하여 횡령죄로 기소된 사안에서, "어떤 예금계좌에 돈이 착오로 잘못 송금되어 입금된 경우 수취인과 송금인 사이에 신의칙상 보관관계가 성립하기는 하나, 특별한 사정이 없는 한 이러한 이유만으로 송금인이 착오로 송금한 돈이 위탁자가 목적과 용도를 정하여 명시적으로 위탁한 금전과 동일하다거나, 송금인이 수취인에게 금원의 수수를 수반하는 사무처리를 위임하였다고 보아 수취인의 송금인에 대한 상계권 행사가 당초 위임한 취지에 반한다고 평가할 수는 없는 점, 관련 민사사건의 진행경과에 비추어 A 회사가 반환거부 일시경 피해자에 대하여 반환거부 금액에 상응하는 물품대금채권을 보유하고 있었던 것으로 보이는 점, 피고인은 착오송금된 돈 중 A 회사의 물품대금채권액에 상응한 금액을 제외한 나머지는 송금 다음 날 반환하였고, 나머지에 대해서도 반환을 요청하는 피해자에게 A 회사의 물품대금채권을 자동채권으로 하여 상계권을 행사한다는 의사를 충분히 밝힌 것으로 보여, 피고인이 불법영득의사를 가지고 반환을 거부한 것이라고 단정하기 어려운 점을 종합하면, 피고인이 피해자의 착오로 A 회사 명의의 계좌로 송금된 돈 중 A 회사의 피해자에 대한 채권액에 상응하는 부분에 관하여 반환을 거부한 행위는 정당한 상계권의 행사로 볼 여지가 있으므로, 피고인의 반환거부행위가 횡령행위와 같다고 보아 불법영득의사를 인정한 원심판결에 법리오해의 잘못이 있다."고 판시); 2005. 7. 29. 2005도685; 2003. 5. 16. 2002도619; 1986. 10. 28. 86도1516; 2004. 4. 9. 선고 2004도671("피고인은 피해자회사와의 사이에 승차권 판매대금 5,348,000원의 지급 여부에 관하여 다툼이 생기자, 2001. 4. 11. 같은 해 3. 14.까지의 승차권 판매대금 10,014,425원에서 다툼이 있는 위 금원을 공제한 나머

목적이나 용도를 한정하여 위탁된 금전이나, 금전의 수수를 수반하는 사무처리를 위임받은 자가 그 행위에 기하여 위임자를 위하여 제3자로부터 수령한 금전은 다른 특별한 사정이 없는 한 그 수령과 동시에 위임자의 소유에 속하고, 위임을 받은 자는 이를 위임자를 위하여 보관하는 관계에 있는 것으로 보아야 함은 앞에서 말하였다. 그런데 그 보관자가 위 금전을 그 위임의 취지대로 사용하지 않고 임의로 자신의 위임자에 대한 채권에 상계 충당하는 행위는, 그 상계정산에 관한 특별한 약정이 없었던 이상 당초 위임한 취지에 반하는 것이므로 횡령행위가 된다.[233]

회사에 대하여 개인적 채권이 있는 대표이사가 회사를 위하여 보관하고 있는 회사 소유의 금전으로 자신의 채권 변제에 충당하는 행위는 회사와 이사의 이해가 충돌하는 자기거래행위(상법 제398조)에 해당하지 아니하므로, 대표이사가 이사회의 승인 등의 절차 없이 그 회사의 금전을 자신의 채권 변제에 사용하였더라도, 이는 대표이사의 권한 내에서 한 회사 채무의 이행행위로서 유효하고, 불법영득의사에 기한 횡령행위라 할 수 없다.[234] 이러한 거래관계 없이 회사의 대표이사가 회사 재산을 개인적 용도로 매도하거나 담보설정 하는 등 처분행위를 한다면, 비록 그 효력 발생을 위한 이사회결의 등 회사의 내부절차를 거친다 하더라도 횡령행위가 될 수 있다.

지 금4,666,425원만을 송금하고는, 그 이후의 승차권 판매대금에 대하여는 반환을 거부할 상당한 사유가 없음에도 불구하고 피해자회사가 위 5,348,000원의 수령 사실을 인정하지 아니한다는 이유로 2001. 3. 15. 이후의 승차권 판매대금의 지급을 거절한 사실, 이에 피해자회사가 2001. 5. 16. 경기지방경찰청에 민원을 제기하여 수사가 시작되자 피고인은 2001. 7. 20. 같은 해 3. 15. 이후의 판매대금을 피해자회사에게 지급한 사실, 피고인은 그 후에도 피해자회사가 위 5,438,000원의 수령 사실을 인정하지 아니한다는 이유로 2001. 7. 5. 이후의 승차권 판매대금을 지급하지 않았고, 나아가 종전에 지급한 승차권 판매대금에서 위 5,348,000원을 공제하지 않았으므로 2001. 7. 5. 이후의 승차권 판매대금에서 위 5,348,000원을 공제하여야 한다고 주장한 사실 등을 알 수 있는바, 이와 같이 피고인이 2001. 7. 5. 이후의 승차권 판매대금의 반환을 거부한 데에는 정당한 이유가 있다고 볼 수 없는 점, 피고인이 승차권 판매대금의 반환을 거부한 기간 및 그 수액, 이에 비추어 추단할 수 있는 피고인의 주관적 의사 등 제반 사정을 종합해 보면, 피고인이 2001. 7. 5. 이후 피해자회사의 승차권 판매대금의 반환요구를 거부한 행위는 횡령행위에 해당한다고 봄이 상당하고, 피고인에게 불법영득의 의사가 없었다고 볼 수는 없다."고 판시); 김일수 · 서보학(형각), 303,304면; 김성돈(형각), 447,448면; 박상기(형법), 665면; 이재상 · 장영민 · 강동범(형각), 408,409면.

233) 대법원 2005. 8. 19. 2005도3681; 2004. 3. 12. 2004도134; 2003. 9. 26. 2003도3394; 2002. 9. 10. 2001도3100; 1997. 9. 26. 97도1520; 1970. 12. 29. 70도2387.

234) 대법원 2019. 1. 10. 2018도16469; 2002. 7. 26. 2001도5459; 1999. 2. 23. 98도2296.

3. 횡령의 이득액

횡령행위가 인정되는 경우에 횡령으로 영득한 재물의 가액(즉, 이득액)을 어떻게 평가할 것인지는 특정경제범죄법 제3조의 적용 여부를 가리게 되므로 중요하다. 횡령죄는 재물을 영득하는 재물죄 및 영득죄이므로 재물의 가액을 이득액으로 함이 원칙이다.

그런데 횡령행위가 근저당권 설정과 같은 재물의 일부 처분행위인 경우에는 문제이다. 종전 판례는 이러한 일부 처분의 횡령행위(근저당권설정) 후 같은 재물에 대한 전부 처분행위(매각)가 있더라도 후행 처분행위는 불가벌적 사후행위로서 별개의 횡령죄를 구성하지 않는다고 판시하였다.[235] 이는 일부 처분인 횡령행위일지라도 재물 전부에 대한 위험 평가가 이루어져야 하고, 재물 전부의 가액을 이득액으로 해야 함을 뜻한다. 그러나 후술하는 'Ⅲ. 죄수' 부분에서 설명하는 2013년 전원합의체 판결[236]은 이러한 종전 판결을 폐기하고, 후행 처분행위가 선행 처분행위로 예상할 수 없는 새로운 위험을 추가함으로써 법익침해에 대한 위험을 증가시키거나 선행 처분행위와는 무관한 방법으로 법익침해의 결과를 발생시키는 경우라면, 이는 선행 처분행위에 의하여 이미 성립된 횡령죄에 의해 평가된 위험의 범위를 벗어나는 것이므로 불가벌적 사후행위로 볼 수 없고 별도로 횡령죄를 구성한다고 판시하였다.[237] 이러한 판례의 변경에 따라 근저당권설정과 같은 일부 처분 횡령행위에서의 이득액 평가는 그 일부의 이익인 '담보가치', 즉 '피담보채무액'으로 산정해야 한다는 견해[238]가 있다.

생각건대 위 전원합의체 판결 결과 근저당권설정 등 일부 처분 횡령행위의 경우에는 '담보가치' 등 일부 처분의 처분이익을 이득액 평가기준으로 삼아야 하는 것은 당연하지만, 횡령죄를 위험범으로 보는 판례의 입장에서는 그 일부 처분이익에는 처분으로 인한 위험까지도 평가대상에 포함되어야 할 것이다. 그렇게 본다면 일부 처분이 근저당권설정인 경우에는 근저당권 채권최고액을 이득액으로 봄이 원칙이

235) 대법원 1999. 11. 26. 99도2651.

236) 대법원 2013. 2. 21. 2010도10500 전원합의체.

237) 대법원 2015. 1. 29. 2014도12022 판결도 위 전원합의체 판결과 같은 취지.

238) 이주원(특형), 388면.

고, 피담보채무액이 특정될 수 있는 특별한 사정이 있다면 피담보채무액이 이득액이 될 수 있을 것이다.[239)]

횡령행위로 취득한 재물에 이미 근저당권설정등기, 압류 또는 가압류 등 물적 부담이 설정되어 있는 경우에 횡령의 이득액을 어떻게 평가할 것인가도 문제가 될 수 있다. 사기죄의 경우 편취행위로 인한 특정경제범죄법 제3조의 '이득액'을 평가함에 있어서는 "특별한 사정이 없는 한 아무런 부담이 없는 상태에서의 부동산(재물)의 시가 상당액에서 근저당권의 채권최고액 범위 내에서의 피담보채권액, 압류에 걸린 집행채권액, 가압류에 걸린 청구금액 범위 내에서의 피보전채권액 등을 뺀 실제의 교환가치를 그 부동산(재물)의 가액(이득액)으로 보아야 한다."고 판시하고 있으므로,[240)] 재물의 횡령행위에 대하여도 이와 마찬가지로 보아야 한다는 견해[241)]가 있다. 특정경제범죄법 제3조의 '이득액' 평가는 죄형균형 원칙이나 책임주의 원칙에 따라 가액산정을 엄격하고 신중하게 산정할 필요가 있다는 것이 판례의 입장[242)]인 점, 횡령행위로 재물을 취득함으로 인한 실질적 이득은 재물의 가액에서 재물에 설정되어 있는 실제의 물적 부담을 공제한 가액으로 보아야 한다는 점에서 위 사기죄의 경우와 달리 볼 이유가 없을 것이다.

Ⅲ. 주관적 구성요건

1. 고의

횡령죄는 고의범이므로(형법 제13조 본문) 위 객관적 범죄구성요건에 대한 인식과

---

239) 대법원 2013. 5. 9. 2013도2857(피고인이 피해자 A로부터 명의신탁을 받아 보관 중인 토지 9필지와 건물 1채에 A의 승낙 없이 임의로 채권최고액 266,000,000원의 근저당권을 설정하였는데, 당시 위 각 부동산 중 토지 7필지의 시가는 합계 724,379,000원, 나머지 토지 2필지와 건물 1채의 시가는 미상인 반면 위 각 부동산에는 그 이전에 채권최고액 434,000,000원의 근저당권설정등기가 마쳐져 있고, 이에 대하여 A는 220,000,000원의 피담보채무를 부담하고 있는 사안에서, 피고인이 근저당권설정등기를 마치는 방법으로 위 각 부동산을 횡령하여 취득한 구체적인 이득액은 위 각 부동산의 시가 상당액에서 위 범행 전에 설정된 피담보채무액을 공제한 잔액이 아니라 위 각 부동산을 담보로 제공한 피담보채무액 내지 그 채권최고액이라고 판시).

240) 대법원 2007. 4. 19. 2005도7288 전원합의체.

241) 이주원(특형), 390,391면.

242) 대법원 2013. 5. 9. 2013도2857; 2007. 4. 19. 2005도7288 전원합의체.

함께 적어도 그 결과나 위험에 대한 용인이 필요하다(용인설). 즉, 자신이 타인의 재물을 보관하는 자(업무상횡령죄의 경우에는 업무상 타인의 재물을 보관하는 자)라는 사실과, 그 재물을 횡령하거나 반환을 거부하는 사실을 인식하고 적어도 이를 용인한 경우라야만 한다.

2. 불법영득의사

가. 개념

횡령행위는 불법영득의사의 외부적 실현행위이므로 우선 불법영득의사가 필요하고(영득행위설), 횡령행위가 점유이전을 반드시 수반하는 것은 아니므로 그 외부적 실현행위가 필요하다. 불법영득의사란 타인의 재물을 보관하는 자가 그 위탁취지에 위배하여(업무상횡령죄의 경우에는 업무상 임무에 위배하여) 자기 또는 제3자의 이익을 위하여 권한 없이 그 재물을 자기의 소유인 것처럼 사실상 또는 법률상 처분(반환거부 포함)하는 의사를 말하고(통설 · 판례),[243] 반드시 자신이 이를 영득해야만 하는 것은 아니다.[244]

형법 등 단순횡령죄나 업무상횡령죄에 관한 법규에 불법영득의사가 명문으로 규정되어 있는 것은 아니지만, 횡령죄의 보호법익을 타인의 소유권으로 보는 이상 타인의 재물에 대한 단순손괴 또는 일시사용 의사만 있는 경우나, 위탁자 본인을 위한 의사[245]로 처분한 경우에는 횡령죄의 성립을 인정할 수 없기 때문에 불법영득의사가 요구되는 것이다. 다만, 사후에 반환하거나 변상 · 보전하는 의사가 있다 하더라도

---

243) 손동권 · 김재윤(형각), 447면; 김일수 · 서보학(형각), 309면; 박상기(형각), 385면; 이재상 · 장영민 · 강동범(형각), 410면; 대법원 2011. 5. 26. 2011도1904; 2009. 2. 26. 2007도4784; 2009. 2. 12. 2006도6994; 2008. 8. 21. 2007도9318; 2006. 8. 24. 2006도3039; 2004. 3. 12. 2004도134; 1989. 9. 12. 89도382; 1987. 4. 28. 86도824.

244) 대법원 2009. 2. 26. 2007도4784; 2008. 8. 21. 2007도9318; 2000. 12. 27. 2000도4005.

245) 다만, 판례는 재물을 보관하는 자가 소유자의 이익을 위하여 처분함으로써 불법영득의사가 없음을 인정하는 데에는 신중을 기하고 있다. 학교법인의 이사장이 학교법인이 부담하는 부외부채를 자신의 자금으로 변제한 후 그 자금회수를 위하여 자신이 보관하던 학교법인 소유의 양도성 예금증서를 어음할인에 대한 담보로 제공한 사안에서, "그 부외부채가 학교법인이 승인한 채무가 아니고 그 변제도 학교법인의 의사에 반하여 임의로 한 것인 이상, 업무상 보관하고 있던 학교법인 소유의 무기명양도성예금증서를 정상적인 절차를 거치지 않고 무단 인출하여 자신이 경영하는 회사의 약속어음을 할인받는데 담보로 제공한 행위는 그 무기명양도성예금증서 소유자인 학교법인의 이익을 위한 행위로 볼 수 없고, 그에 대한 이사장의 불법영득의 의사를 실현하는 횡령행위로밖에 볼 수 없다."고 판시하였다(대법원 2000. 2. 8. 99도3982).

불법영득의사를 인정함에 아무런 지장이 없다(판례).[246] 이러한 경우에 '일시사용 의사'인지 '사후반환 의사'가 있을 뿐인 불법영득의사인지 여부는 구체적인 사용기간, 행위태양 등에 비추어 소유자의 위탁취지에 반하지 않는 것인지 여부에 따라 판단해야 한다는 견해[247]가 있다.

나. 인정 기준

불법영득의사 유무 판단과 관련하여 기업적 생활관계에서 발생할 수 있는 구체적 사례를 중심으로 검토하여 보면 다음과 같다.

1) 예산전용의 경우

예산전용의 경우에는 그 예산의 항목유용 자체가 위법한 목적을 가지고 있다거나 예산의 용도가 엄격하게 제한되어 있는 경우에는 불법영득의사가 인정될 수 있다. 판례도 "타인으로부터 용도가 엄격히 제한된 자금을 위탁받아 집행하면서 그 제한된 용도 이외의 목적으로 자금을 사용하는 것은 그 사용이 개인적인 목적에서 비롯된 경우는 물론 결과적으로 자금을 위탁한 본인을 위하는 면이 있더라도 그 사용행위 자체로서 불법영득의 의사를 실현한 것이 되어 횡령죄가 성립하므로, 결국 사립학교의 교비회계에 속하는 수입을 적법한 교비회계의 세출에 포함되는 용도,[248] 즉 당해 학교의 교육에 직접 필요한 용도가 아닌 다른 용도에 사용하였다면 그 사용행위 자체로서 불법영득의사를 실현하는 것이 되어 그로 인한 죄책을 면할 수 없다."고 판시하고 있다.[249]

그러나 예산을 집행할 직책에 있는 자가 자기 자신의 이익을 위한 것이 아니고 경비부족을 메꾸기 위하여 예산을 전용한 경우에, 그것이 본래 예산에 책정되어 있어

---

246) 대법원 2006. 6. 2. 2005도3431; 2000. 12. 8. 99도214.

247) 주석 형법(각칙6), 381면.

248) 사립학교법 제29조 제2항의 위임에 의하여 교비회계의 세출에 관한 사항을 정하고 있는 사립학교법 시행령 제13조 제2항은 교비회계의 세출은, 학교운영에 필요한 인건비 및 물건비(제1호), 학교교육에 직접 필요한 시설 · 설비를 위한 경비(제2호), 교원의 연구비, 학생의 장학금, 교육지도비 및 보건체육비(제3호), 교비회계의 세출에 충당하기 위한 차입금의 상환원리금(제4호), 기타 학교교육에 직접 필요한 경비(제5호)로 제한하고 있다.

249) 대법원 2012. 5. 10. 2011도12408; 2008. 2. 29. 2007도9755; 2004. 12. 24. 2003도4570; 2003. 5. 30. 2002도235; 2002. 5. 10. 2001도1779.

야 할 필요경비이기 때문에 일정한 절차를 거치면 그 지출이 허용될 수 있었던 때에는 불법영득의사를 인정할 수 없게 된다(판례).[250]

2) 단체의 업무수행 관련 소송비용

회사의 대표이사 등 단체의 대표자가 단체의 업무수행과 관련하여 개인적으로 소송을 제기당한 경우에 횡령죄가 성립하는지 문제된다. 그 소송의 변호사비용 기타 소송비용을 단체의 자금으로 지출한 경우에, 원칙적으로 단체의 비용으로 지출할 수 있는 변호사선임료 기타 소송비용은 단체 자체가 소송당사자가 된 경우에 한한다. 그러므로 단체의 대표자 개인이 당사자가 된 민·형사사건의 변호사 비용 기타 소송비용은 단체의 비용으로 지출할 수 없음이 원칙이다. 다만, 분쟁에 대한 실질적 이해관계는 단체에게 있으나 법적인 이유로 그 대표자의 지위에 있는 개인이 소송 기타 법적 절차의 당사자로 되었다거나, 대표자로서 단체를 위하여 적법하게 행한 직무행위 또는 대표자의 지위에 있음으로 말미암아 의무적으로 행한 행위 등과 관련하여 분쟁이 발생한 경우와 같이 그 법적 분쟁이 단체와 업무적인 관련이 깊고, 당시의 제반 사정에 비추어 단체의 이익을 위하여 소송을 수행하거나 고소에 대응해야 할 특별한 필요성이 있는 경우에 한하여 단체의 자금으로 변호사 선임료, 기타 소송비용을 지출할 수 있다(판례).[251] 그러므로 단체의 구성원이 업무수행에 있어 관계 법령을 위반함으로써 형사재판을 받게 되었다면 그의 개인적인 변호사비용을 단체의 비용으로 지급하는 것은 횡령죄(또는 배임죄)에 해당하고, 그 변호사비용을 단체가 부담하는 것이 관례라고 하여도 그러한 행위가 사회상규에 어긋나지 않는다고 할 만큼 사회적으로 용인되어 보편화된 관례라고 할 수는 없다(판례).[252]

그리고 회사의 대표이사가 대표이사나 이사의 자격을 다투는 소송의 변호사비용 기타 소송비용을 회사자금으로 지출한 경우에 횡령죄에서는 불법영득의사 유무의 문제가 되는데, 그 대표이사 등 자격의 부존재가 객관적으로 명백하여 항쟁의 여

250) 대법원 2007. 12. 28. 2006도9100; 2002. 2. 5. 2001도5439(법인의 대표자가 법인의 예비비를 전용하여 기관운영판공비, 회의비 등으로 사용한 사안에서, 이사회에서 사전에 예비비의 전용결의가 이루어지지 아니하였다는 사정만으로 불법영득의 의사를 단정할 수 없다고 판시); 1995. 2. 10. 94도2911.

251) 대법원 2009. 9. 10. 2009도4987; 2006. 10. 26. 2004도6280.

252) 대법원 2003. 5. 30. 2002도235; 1990. 2. 23. 89도2466.

지가 없는 경우가 아닌 이상 그 소송으로 인하여 사실상 회사의 업무수행이 지장을 받게 되는 경우에는 불법영득의사를 부정할 수 있다. 판례도 "법인의 이사를 상대로 한 이사직무집행정지 가처분결정이 된 경우, 당해 법인의 업무를 수행하는 이사의 직무집행이 정지당함으로써 사실상 법인의 업무수행에 지장을 받게 될 것은 명백하므로, 법인으로서는 그 이사 자격의 부존재가 객관적으로 명백하여 항쟁의 여지가 없는 경우가 아닌 한 위 가처분에 대항하여 항쟁할 필요가 있다고 할 것이고, 이와 같이 필요한 한도 내에서 법인의 대표자가 법인 경비에서 당해 가처분 사건의 피신청인인 이사의 소송비용을 지급하더라도 이는 법인의 업무수행을 위하여 필요한 비용을 지급한 것에 해당하고, 법인의 경비를 횡령한 것이라고는 볼 수 없다." 고 판시하였다.[253)] [254)]

다. 불법영득의사의 체계상 지위

불법영득의사가 객관적 범죄구성요건에 관한 고의의 내용에 포함되는 것인지(**고의내용 포함설**),[255)] 아니면 고의와는 별개의 주관적 구성요건요소, 즉 초과주관적 구성요건요소에 해당하는지(**초과주관적 구성요건요소설**)[256)] 여부에 대하여는 학설이 대립하고 있다.

고의내용 포함설은 횡령행위가 불법영득을 표현하는 행위로서 그 개념상 불법영득의사를 내포하고 있다고 하거나, 절도죄와 달리 타인의 물건에 대한 점유배제가

---

253) 대법원 2007. 12. 28. 2006도9100; 2003. 5. 30. 2003도1174.

254) 이 문제는 원래 대표이사의 업무수행상 비용지출행위의 임무위배 여부에 관한 문제이므로 배임죄로 논할 문제이지만, 이 사건에서는 업무상횡령죄로 공소제기 되었으므로 횡령죄의 불법영득의사 문제로 판단하였다(앞의 횡령죄와 배임죄의 구별기준 참조). 판례는 이와 같은 사안에서 "주식회사의 구성원들은 적법한 방법으로 회사를 위한 업무를 수행해야 하므로, 회사의 임직원이 업무수행을 하면서 관계 법령을 위반함으로써 형사재판을 받게 된 것에 관하여 회사의 대표이사가 해당 임직원의 변호사비용, 벌금, 위로금 등을 회사의 자금으로 지급하는 경우, 원칙적으로 그 대표이사는 (업무상 임무위배행위로 인하여) 해당 임직원에게는 그 지급액 상당의 이익을 취득하게 하고 회사에게는 동액 상당의 손해를 가한 것으로서 업무상배임죄에 해당한다고 하겠고, 이러한 **변호사선임비용 등의 지급이 회사의 이익을 도모할 목적으로 합리적인 범위 내에서 이루어졌다는 등의 특별한 사정이 없는 이상** 이에 관하여 이사회의 의결 등이 있었다는 사정만으로 형사책임을 면한다고 할 수 없다."고 판시하여 **업무상배임죄**로 의율하고 있다(대법원 2006. 6. 27. 2006도1187; 2003. 5. 30. 2003도1174; 2003. 5. 30. 2002도235; 1999. 6. 25. 99도1141; 1990. 2. 23. 89도2466).

255) 정성근 · 박광민(형각), 403면; 김성돈(형각), 450면; 박상기(형각), 386면.

256) 손동권 · 김재윤(형각), 446면; 김일수 · 서보학(형각), 309면; 이재상 · 장영민 · 강동범(형각), 410면.

불필요한 횡령죄의 경우에는 불법영득의사는 당연히 고의의 한 내용으로 보아야 함을 논거로 한다.[257] 초과주관적 구성요건요소설은 횡령죄의 본질에 관한 영득행위설 입장에서는 손괴나 일시사용 의사만 있는 경우와 구분하기 위해서는 고의 외에 불법영득의사가 필요한 것으로 보는 듯하다.

이 문제는 고의의 대상인 횡령행위의 개념과 관계있다. 절도죄의 경우에도 주관적 구성요건으로 불법영득의사가 필요하다는 것이 통설 · 판례이다.[258] 그런데 절도죄에서 고의의 대상인 '절취'행위는 "타인이 점유하고 있는 자기 이외의 자의 소유물을 점유자의 의사에 반하여 점유를 배제하고 자기 또는 제3자의 점유로 옮기는 것"을 의미할 뿐, "타인의 물건을 그 권리자를 배제하고 자기의 소유물과 같이 그 경제적 용법에 따라 이용 · 처분하고자 하는 의사"인 '불법영득의사' 개념까지 포함하는 것은 아니므로[259] 불법영득의사는 고의와 별개의 초과주관적 구성요건요소가 된다.[260] 그러나 횡령죄에서 고의의 대상인 '횡령' 행위란 불법영득의사의 외부적 표현행위이므로, 횡령행위에 대한 고의는 당연히 불법영득의사를 포함할 수밖에 없다. 따라서 고의내용 포함설이 타당하다.

라. 증명책임

불법영득의사도 범죄구성요건이므로 그 증명책임은 검사에게 있지만, 실제로 이러한 주관적요건은 내심의 의사에 속하므로 그 증명이 용이한 일이 아니다. 그러므로 판례는 "피고인이 불법영득의사를 부인하는 경우, 이러한 주관적 요소로 되는 사실은 사물의 성질상 그와 상당한 관련성이 있는 간접사실 또는 정황사실을 증명하는 방법에 의하여 이를 입증할 수밖에 없다."고 판시하고 있다.[261] 나아가 사실상 불법영득의사를 추정하는 경우도 있다. 즉, "피고인이 자신이 인출하여 보관하고 있다가 사용한 돈의 행방이나 사용처를 제대로 설명하지 못하거나 또는 피고인이 주장

---

257) 김성돈(형각), 450면; 임웅(형각), 512면; 박상기 · 전지연(형법), 671면.

258) 대법원 2014. 2. 21. 2013도14139; 2012. 4. 26. 2010도11771; 김성돈(형각), 315면.

259) 대법원 2014. 2. 21. 2013도14139.

260) 김성돈(형각), 316면. 이에 대하여 절도죄의 경우에도 불법영득의사는 고의의 내용에 포함된다는 반대견해[배종대(형각), 283면]도 있다.

261) 대법원 2014. 6. 26. 2014도753; 2011. 9. 8. 2011도6457.

하는 사용처에 사용된 자금이 그 돈과는 다른 자금으로 충당된 것으로 드러나는 등 피고인이 주장하는 사용처에 그 돈이 사용되었다는 점을 인정할 수 있는 자료가 부족하고, 오히려 피고인이 그 돈을 개인적인 용도에 사용하였다는 점에 대한 신빙성 있는 자료가 많은 경우에는 피고인이 그 돈을 불법영득의 의사로써 횡령한 것이라고 추단할 수 있다."고 판시하고 있다.[262] 또한 "주식회사의 대표이사가 회사의 금원을 인출하여 사용하였는데, 그 사용처에 관한 증빙자료를 제시하지 못하고 있고 그 인출사유와 금원의 사용처에 관하여 납득할 만한 합리적인 설명을 하지 못하고 있다면, 이러한 금원은 그가 불법영득의 의사로 회사의 금원을 인출하여 개인적 용도로 사용한 것으로 추단할 수 있다."고 판시하고 있다.[263]

그러나 **판공비**나 **업무추진비**와 같이 어떤 금전의 용도가 추상적으로 정하여져 있다고 하더라도 그 구체적인 사용목적, 사용처, 사용시기 등에 관하여 보관자에게 광범위한 재량으로 사용할 권한이 부여되어 있고, 지출한 후에 그에 관한 사후보고나 증빙자료의 제출도 요구되지 않는 성질인 경우에는, 그 보관자가 그 금전을 사용한 다음 그 행방이나 사용처를 제대로 설명하지 못하거나 증빙자료를 제출하지 못하고 있다고 하여 함부로 불법영득의사를 추단하여서는 아니 된다. 이러한 경우에는 그 금전이 본래의 사용목적과는 관계없이 개인적 이익을 위하여 지출되었다거나 합리적인 범위를 넘어 과다하게 이를 지출하였다는 등 불법영득의사를 인정할 수 있는 사정을 검사가 증명해야 한다(판례).[264]

---

262) 대법원 2002. 7. 26. 2001도5459; 1994. 9. 9. 94도998.

263) 대법원 2011. 9. 29. 2011도8110; 2008. 3. 27. 2007도9250.

264) 대법원 2010. 6. 24. 2007도5899("법인이나 단체에서 임직원에게 업무를 수행하는 데에 드는 비용 명목으로 정관 기타의 규정에 의해 지급되는 이른바 **판공비** 또는 **업무추진비**가 직무수행에 드는 경비를 보전해 주는 실비변상적 급여의 성질을 가지고 있고, 정관이나 그 지급기준 등에서 업무와 관련하여 지출하도록 포괄적으로 정하고 있을 뿐 **그 용도나 목적에 구체적인 제한을 두고 있지 않을 뿐만 아니라, 이를 사용한 후에도 그 지출에 관한 영수증 등 증빙자료를 요구하고 있지 않은 경우**에는, 임직원에게 그 사용처나 규모, 업무와 관련된 것인지 여부 등에 대한 판단이 맡겨져 있고, 그러한 판단은 우선적으로 존중되어야 할 것이므로, 임직원이 판공비 등을 불법영득의사로 횡령한 것으로 인정하려면 **판공비 등이 업무와 관련 없이 개인적인 이익을 위하여 지출되었다거나 또는 업무와 관련되더라도 합리적인 범위를 넘어 지나치게 과다하게 지출되었다는 점이 증명되어야 할 것**이고, 단지 판공비 등을 사용한 임직원이 그 행방이나 사용처를 제대로 설명하지 못하거나 사후적으로 그 사용에 관한 증빙자료를 제출하지 못하고 있다고 하여 함부로 불법영득의 의사로 이를 횡령하였다고 추단하여서는 아니 될 것이다."라고 판시).

제4절 미수범, 공범, 죄수 및 친족간 범행

Ⅰ. 미수범

횡령죄는 미수범 처벌규정(형법 제359조)이 있으므로 범죄의 실행에 착수한 후 기수에 이르지 못하면 미수범이 성립하고 기수범보다 그 형을 감경할 수 있을 뿐이다(형법 제25조).

횡령죄의 실행의 착수시기는 횡령행위를 개시한 때이다. 그런데 횡령죄의 기수시기에 관하여는 횡령행위, 즉 불법영득의사의 외부적 표현행위만 있으면 기수라고 보는 견해(**표현설**)[265]와, 나아가 불법영득의사의 실현까지 있어야만 기수가 된다고 보는 견해(**실현설**)[266]가 대립하고 있다. 예컨대 보관중인 부동산을 타인에게 매도처분하여 횡령하는 경우에 표현설에 따르면 불법영득의 의사로 제3자와 매매계약을 체결하거나 소유권이전등기신청을 하면 횡령죄의 실행에 착수하는 행위이자 횡령죄는 기수가 되고, 실현설에 따르면 매매계약의 체결만으로는 실행의 착수에 불과하고 그 이전등기를 경료하였을 때 기수가 된다. 그러므로 표현설 입장에서는 불능미수의 경우 외에는 횡령죄의 미수를 인정하는 경우가 거의 없게 된다.[267]

표현설의 논거는 횡령죄는 행위자가 이미 재물을 점유하고 있으므로 불법영득의사가 표현되면 충분하고, 그것이 실현되어 소유자의 권리가 영구적으로 배제될 필요는 없다는 점을 든다. 이에 대하여 실현설의 논거는, 표현설에 따르면 미수범은 중지미수나 불능미수 외에 장애미수는 인정할 여지가 없게 되는데 횡령죄는 미수범 처벌규정이 있다는 점, 횡령죄의 보호법익을 재물에 대한 타인의 소유권으로 보고 그 보호의 정도에 관한 침해범설의 입장에서는 영득죄의 성질상 영득이 실현되었을

---

265) 손동권 · 김재윤(형각), 445면; 이재상 · 장영민 · 강동범(형각), 409면; 박상기(형각), 384,385면.

266) 오영근(형각), 363면; 정성근 · 박광민(형각), 401면; 김성돈(형각), 448면; 배종대(형각), 427면.

267) 표현설 입장에서도 미수가 성립할 수 있다고 주장하는 견해[박상기(형각), 387면]와, 중지미수와 불능미수만 성립할 수 있다고 주장하는 견해[이재상 · 장영민 · 강동범(형각), 409,410면]가 있다.

때 기수가 된다고 보아야 한다는 점을 들고 있다.

생각건대 미수범이란 범죄의 실행에 착수하여 그 행위를 종료하지 못하였거나 결과가 발생하지 아니한 때 성립하므로(형법 제25조), 기수시기는 범죄행위를 종료하고 보호법익의 보호정도에 따른 결과가 발생하여 범죄구성요건을 충족한 때이다.[268] 횡령죄의 보호법익을 타인의 재물에 관한 소유권 등 본권으로 보면서 그 보호의 정도에 관한 구체적 위험범설 입장에 선다면, 횡령행위로 인하여 타인의 소유권(또는 본권, 이하 같음)을 침해할 구체적 위험성만 있으면 범죄행위로 인한 결과가 발생한 것이므로 나아가 실제로 소유권을 침해하였는지 여부를 불문하고 기수를 인정할 수 있다. 횡령행위, 즉 불법영득의사의 외부적 표현행위로 인하여 타인의 소유권을 침해할 구체적 위험을 야기하려면 그 표현행위가 종료된 때로 보아야 할 것이다(**표현행위 종료시설**). 판례도 "횡령죄의 구성요건으로서의 횡령행위란 불법영득의사를 실현하는 일체의 행위를 말하는 것으로서 불법영득의사가 외부에 인식될 수 있는 객관적 행위가 있을 때 횡령죄가 성립하는 것"이라고 판시하고 있는데,[269] '불법영득의사가 외부에 인식될 수 있는 객관적 행위가 있을 때'란 불법영득의사의 외부적 표현행위의 종료시를 의미하는 것이므로 같은 입장으로 보인다.

불법영득의사의 외부적 표현행위의 종료시기는 구체적 사례별로 타인의 소유권 침해의 구체적 위험이 발생하였다고 볼 수 있는 때로 보아야 할 것이다. 그러므로 횡령행위가 반환거부인 경우에는 **반환거부 의사를 외부에 표명한 때**이고, 동산의 반출인 경우에는 그 **반출행위를 한 때**가 될 것이며, 물권변동을 위하여 부동산등기를 필요로 하는 부동산소유권의 이전이나 저당권 등 담보권의 설정인 경우에는 그 불법영득의사를 실현하려는 행위인 **부동산등기까지 마친 때** 비로소 기수가 된다(판례).[270] 이 경우에 그 부동산등기가 원인무효로서 민사상 소유권 변동이나 담보권 설정의 효력이 발생하지 않는다고 하더라도 그 소유권 등 본권 침해의 위험은 발생한 것이므로 무방하다(위험범설 입장).

---

268) 손동권 · 김재윤(형총), 428면; 박상기(형총), 211면; 정성근 · 박광민(형총), 300면; 김성돈(형총), 443,444면; 신동운(형총), 488면("객관적 구성요건을 완전히 충족시킨 것을 기수라 한다."고 설명하지만 주관적 구성요건은 기수시기에 영향을 주는 것이 아니므로 결국 같은 시기를 의미한다).

269) 대법원 2004. 12. 9. 선고 2004도5904; 1998. 2. 24. 97도3282.

270) 대법원 1985. 9. 10. 85도86; 대법원 1978. 11. 28. 78도2175.

Ⅱ. 공범

단순횡령죄의 행위주체는 '타인의 재물을 보관하는 자'라는 신분이 필요하므로 단순횡령죄는 신분관계로 인하여 성립될 범죄(형법 제33조 본문)인 이른바 진정신분범이다. 업무상횡령죄의 행위주체는 '업무상' 임무에 따라 타인의 재물을 보관하는 자일 것을 필요로 하므로 업무상횡령죄는 신분관계로 인하여 형의 경중이 있는 범죄(형법 제33조 단서)인 이른바 부진정신분범이다. 그러므로 이러한 신분이 없는 자는 단독범으로서 횡령죄를 범할 수는 없고, 위 신분이 있는 자와 관련하여 형법 총칙에 규정한 공동정범, 교사범, 종범이 될 수 있을 뿐이다.[271]

그런데 물건의 매수인이 그 매도인이 보관 중인 타인의 물건을 처분하는 것임을 알았다거나, 채권자가 채무자로부터 채권확보를 위하여 담보물을 제공받으면서 그 담보물이 채무자가 보관중인 타인의 물건임을 알았다고 하더라도, 그것만으로는 매수인이나 채권자가 매도인 또는 채무자의 불법영득행위에 공모가담한 것으로 단정할 수는 없다(판례).[272] 이 경우에 매수인이나 채권자가 처음부터 매도인 또는 채무자와 짜고 이를 불법영득하기로 공모하지 아니한 이상 횡령죄의 공동정범이 되지 않는다(판례).[273] 다만, 형법상 방조행위는 정범이 범행을 한다는 점을 알면서 그 실행행위를 용이하게 하는 직접 · 간접 또는 유 · 무형의 모든 행위를 포함한다. 그러므로 "부동산소개업자가 부동산의 명의수탁자가 그 명의신탁자의 승낙 없이 그 부동산을 제3자에게 매각하여 불법영득하려고 하는 점을 알면서도 그 범행을 도와주기 위하여 수탁자에게 매수할 자를 소개하여 주는 등의 방법으로 그 횡령행위를 용이하게 하였다면 이러한 부동산소개업자의 행위는 횡령죄의 방조범에 해당한다."(판례)[274]

종범을 포함하는 공범을 부작위에 의해서도 범할 수 있다. 형법상 방조는 작위에

---

271) 김성돈(형각), 451,452면; 이재상 · 장영민 · 강동범(형각), 413면.

272) 대법원 1992. 9. 8. 92도1396.

273) 대법원 1985. 6. 25. 85도1077; 1983. 10. 25. 83도2027("부동산의 등기명의 수탁자가 명의신탁자의 승낙 없이 이를 제3자에게 양도함으로써 횡령죄가 성립하는 경우에 그것을 양수한 사람이나 이를 중간에서 소개한 사람은 비록 그 점을 알고 있었다하더라도 처음부터 수탁자와 짜고 불법영득 할 것을 공모한 것이 아닌 한 그 횡령죄의 공동정범이 될 수 없다."고 판시).

274) 대법원 1988. 3. 22. 87도2585.

의하여 정범의 실행을 용이하게 하는 경우는 물론, 직무상 의무 있는 자가 정범의 범죄행위를 인식하면서도 그것을 방지해야 할 제반 조치를 취하지 아니하는 부작위로 인하여 정범의 실행행위를 용이하게 하는 경우에도 성립된다.[275] 또한 형법상 부작위범이 인정되기 위해서는 "형법이 금지하고 있는 법익침해의 결과 발생을 방지할 **법적인 작위의무**를 지고 있는 자가 그 의무이행으로 결과 발생을 쉽게 방지할 수 있었음에도 불구하고 그 결과의 발생을 용인하고 이를 방관한 채 그 의무를 이행하지 아니한 경우에, **그 부작위가 작위에 의한 법익침해와 동등한 형법적 가치가 있는 것이어서 그 범죄의 실행행위로 평가될 만한 것**이라면, 작위에 의한 실행행위와 동일하게 부작위범으로 처벌할 수 있다."(판례)[276] 여기서 작위의무는 "법적 의무이어야 하되, 그 법은 성문법이든 불문법이든 공법이든 사법이든 불문하고, 법령 · 법률행위 · 선행행위로 인한 경우는 물론이고 신의성실원칙이나 사회상규 또는 조리상 작위의무가 기대되는 경우도 포함한다."(판례)[277]

횡령죄의 행위주체로서의 신분이 없는 자나 단순횡령죄의 행위주체 신분만 있는 자가 업무상횡령죄의 행위주체 신분자와 공범(공동정범, 교사범, 종범)관계에 있는 경우에는 형법 제33조 본문 규정의 '신분관계로 성립될 범죄에 가공한 행위'에 해당하므로 업무상횡령죄의 공범이 성립하고, 형법 제33조 단서 규정의 '신분관계로 인하여 형의 경중이 있는 경우'에 해당하여 형이 경한 단순횡령죄의 형으로 처벌한다는 것이 판례 및 소수설의 입장이다.[278] 이에 대하여 다수설에 의하면 형법 제33조 본문은 진정신분범에만 적용되고 부진정신분범에는 형법 제33조 단서만 적용되는 것으로 해석하므로 위와 같은 경우 단순횡령죄의 공범이 성립한다.[279] 이러한 논의는

---

275) 대법원 1996. 9. 6. 95도2551; 1984. 11. 27. 84도1906.

276) 대법원 1996. 9. 6. 95도2551(법원의 입찰사건에 관한 제반 업무를 주된 업무로 하는 공무원이 자신이 맡고 있는 입찰사건의 입찰보증금이 계속적으로 횡령되고 있는 사실을 알았다면, 담당 공무원으로서는 이를 제지하고 즉시 상관에게 보고하는 등의 방법으로 그러한 사무원의 횡령행위를 방지해야 할 법적인 작위의무를 지는 것이 당연하고, 비록 그의 묵인 행위가 배당불능이라는 최악의 사태를 막기 위한 동기에서 비롯된 것이라고 하더라도 자신의 작위의무를 이행함으로써 결과 발생을 쉽게 방지할 수 있는 공무원이 그 사무원의 새로운 후속 횡령범행을 방조한 것은 작위에 의한 법익 침해와 동등한 형법적 가치가 있는 것으로 보고, 그 담당 공무원을 업무상횡령의 종범으로 처벌한 사례).

277) 대법원 1996. 9. 6. 95도2551.

278) 대법원 1986. 10. 28. 86도1517; 김성돈(형각), 452면.

279) 손동권 · 김재윤(형각), 457면; 배종대(형각), 433면; 박상기(형각), 388면.

적용 죄명에만 차이를 가져올 뿐, 적용되는 법정형에는 차이가 없다.

Ⅲ. 죄수

횡령죄의 죄수는 위탁관계의 수를 기준으로 판단해야 한다는 견해가 통설[280]의 입장이다. 이는 횡령죄의 본질이 위탁에 따른 법률상 또는 사실상 보관의무에 위반하여 불법한 처분행위를 하는 데 있기 때문이다.[281] 판례도 같은 견지에서 "횡령죄는 피해자별로 별개의 죄를 이루는 것"이라고 판시하고 있다.[282] 횡령죄의 본질에 관한 영득행위설을 따르면 횡령행위란 보관하고 있는 타인 소유 재물을 그 보관 · 위탁에 관한 신임관계를 배반하여 위법하게 취득함으로써 그 소유권 등 본권을 침해하는 행위로 보기 때문에 보관관계를 발생시키는 위탁관계의 수를 기준으로 판단해야 할 것이다.

그러므로 1인으로부터 위탁받은 여러 사람 소유의 재물을 횡령한 경우에는 1죄가 되고, 여러 사람으로부터 위탁받은 재물을 1개의 행위로 횡령하면 수죄의 상상적 경합(형법 제40조)이 된다.

수 개의 횡령행위라 하더라도 피해법익(즉 피해자)이 단일하고, 범죄의 태양이 동일하며, 단일 범의의 발현에 기인하는 일련의 행위라고 인정될 때에는, 포괄하여 1개의 범죄, 즉 포괄일죄가 된다(판례).[283]

부동산을 명의신탁 받아 보관 중인 명의수탁자가 자신의 개인 차용금을 담보하기 위하여 위 부동산에 근저당권을 설정하여(이하 '선행 처분행위'라 함) 횡령한 후, 다시 타인에게 같은 부동산을 담보설정 하거나 매도처분 하는 행위(이하 '후행 처분행위'라 함)가 불가벌적 사후행위인지 아니면 별개의 횡령죄가 성립하는 것인지 문제가 된다. 판례는 종전에는 위 선행 처분행위로 위 부동산 전체에 대한 횡령죄가 성립하여 후행 처분행위는 불가벌적 사후행위에 해당하는 횡령물의 처분행위로서 별개의 횡

280) 정성근 · 박광민(형각), 411면; 김성돈(형각), 452면; 박상기(형각), 389면; 배종대(형각), 434면; 이재상 · 장영민 · 강동범(형각), 413면; 오영근(형각), 364면; 주석 형법(각칙6), 393면에서는 위탁관계의 수와 횡령행위의 수를 함께 기준으로 해야 한다고 주장하고 있으나, 결국 마찬가지 취지로 보인다.

281) 김일수 · 서보학(형각), 312면.

282) 대법원 1997. 12. 26. 97도2609.

283) 대법원 2004. 10. 27. 선고 2003도6738; 1993. 10. 12. 93도1512; 1985. 8. 13. 85도1275.

령죄를 구성하지 않는 것으로 판시하여 왔으나,[284] 2013년 전원합의체 판결에서 종전 판례를 폐기하고 후행 처분행위로 새로운 법익침해나 그 위험을 발생시킨 것으로 보고 별개의 횡령죄 성립을 인정하였다. 즉, "일단 선행 처분행위로 인하여 법익침해의 위험이 발생함으로써 횡령죄가 기수에 이른 후 종국적인 법익침해의 결과가 발생하기 전에 새로운 후행 처분행위가 이루어졌을 때, 그 후행 처분행위가 **선행 처분행위에 의하여 발생한 위험을 현실적인 법익침해로 완성하는 수단에 불과하거나 그 과정에서 당연히 예상될 수 있는 것으로서 새로운 위험을 추가하는 것이 아니라면 후행 처분행위에 의해 발생한 위험은 선행 처분행위에 의하여 이미 성립된 횡령죄에 의해 평가된 위험에 포함되는 것이라 할 것이므로 그 후행 처분행위는 이른바 불가벌적 사후행위에 해당한다. 그러나 후행 처분행위가 이를 넘어서서, 선행 처분행위로 예상할 수 없는 새로운 위험을 추가함으로써 법익침해에 대한 위험을 증가시키거나 선행 처분행위와는 무관한 방법으로 법익침해의 결과를 발생시키는 경우라면, 이는 선행 처분행위에 의하여 이미 성립된 횡령죄에 의해 평가된 위험의 범위를 벗어나는 것이므로 특별한 사정이 없는 한 별도로 횡령죄를 구성한다고 보아야 한다.** 따라서 타인의 부동산을 보관 중인 자가 불법영득의사를 가지고 그 부동산에 근저당권설정등기를 경료함으로써 일단 횡령행위가 기수에 이르렀다 하더라도, 그 후 같은 부동산에 별개의 근저당권을 설정하여 새로운 법익침해의 위험을 추가함으로써 법익침해의 위험을 증가시키거나 해당 부동산을 매각함으로써 기존의 근저당권과 관계없이 법익침해의 결과를 발생시켰다면 이는 당초의 근저당권 실행을 위한 임의경매에 의한 매각 등 그 근저당권으로 인해 당연히 예상될 수 있는 범위를 넘어 새로운 법익침해의 위험을 추가시키거나 법익침해의 결과를 발생시킨 것이므로 특별한 사정이 없는 한 불가벌적 사후행위로 볼 수 없고, 별도로 횡령죄를 구성한다."고 판시하였다.[285] 이때 후행 매각행위에 의한 횡령죄의 특정경제범죄법상 이득액은

---

284) 대법원 2000. 3. 24. 2000도310; 1999. 11. 26. 99도2651; 1998. 2. 24. 97도3282.

285) 대법원 2013. 2. 21. 2010도10500 전원합의체(이에 대하여 반대견해는 "횡령죄의 경우 재물에 대한 불법영득의사는 피해자의 소유권 등 본권에 대한 전면적 침해를 본질적 내용으로 하므로, 그러한 불법영득의사에 기한 횡령행위가 있을 경우 이미 그에 의한 법익침해의 결과나 위험은 그 소유권 등의 객체인 재물의 전체에 미친다고 볼 수밖에 없고, 일단 위와 같은 횡령죄가 성립한 후에는 재물의 보관자에 의한 새로운 처분행위가 있다고 하여 별도의 법익침해의 결과나 위험이 발생할 수 없다."고 설시하여 원칙적으로 불가벌적 사후행위로 보았다).

아무런 부담이 없는 상태에서의 위 부동산 시가 상당액에서 선행 처분행위로 인한 근저당권의 채권최고액 범위 내에서의 피담보채권액을 뺀 실제의 교환가치(매각대금) 상당액으로 보아야 할 것이다.[286]

Ⅳ. 다른 죄와의 관계

1. 장물죄와의 관계

절도 범인으로부터 장물의 보관 의뢰를 받은 자가 그 정을 알면서 장물을 인도받아 보관중 제3자에게 임의로 처분한 경우에, 장물보관죄 또는 업무상과실장물보관죄가 성립하는 때에는 이미 그 소유자의 소유물 추구권이 침해된 상태이고, 횡령죄의 보호법익은 재물에 대한 타인의 소유권이므로 그 후의 횡령행위는 불가벌적 사후행위에 불과하여 별도로 횡령죄가 성립하지 않는다(판례).[287] 이러한 경우에는 나아가 불법원인급여물에 대한 횡령 여부는 논할 여지가 없을 것이다.

상대방이 타인의 재물을 보관하던 중 임의로 처분하여 횡령하는 사정을 알면서 이를 취득하는 자에 대하여 장물취득죄가 성립할 것인지 여부에 관하여는 학설이 대립하고 있다. 긍정설은 횡령죄의 기수시기에 관한 표현설의 입장에서 재물을 처분하는 자의 횡령죄는 불법영득의사의 외부적 표현시 이미 기수가 되었고 그 재물은 재산범죄로 영득한 장물이 되었으므로 그 취득시 장물취득죄가 성립할 수 있다는 점을 논거로 한다.[288] 이에 대하여 부정설은 횡령죄의 기수시기에 관한 실현설의 입장에서 그 취득 당시 아직 횡령행위의 기수라 할 수 없어 그 재물은 재산범죄로 영득한 장물이 아니라는 것을 논거로 장물취득죄는 성립할 수 없고 횡령죄의 공범이 될 수 있을 뿐이라고 한다.[289] 부정설은 A가 B에게 재물을 양도함으로써 A의 횡령에 의한 재물의 영득과 B의 재물 취득이 시간적으로 중복하는 경우에는 B의 재물 취득 당시 그 재물은 횡령으로 인하여 영득한 장물로 볼 수 없음을 전제로 하고 있

286) 이주원(특형), 391면.

287) 대법원 2004. 4. 9. 2003도8219; 1976. 11. 23. 76도3067.

288) 배종대(형각), 434면; 김일수 · 서보학(형각), 313면.

289) 김성돈(형각), 454면.

다.[290] 그러나 판례는 횡령죄의 기수와 동시에 그 횡령 대상 재물이 장물이 됨을 인정하고 있다. 즉, 판례는 A가 회사의 자금을 B에게 주식매매 대금으로 지급하여 이를 횡령한 사안에서, "업무상 횡령행위, 즉 불법영득의사가 외부에 인식될 수 있는 객관적 행위가 이미 있었고 그와 같은 횡령행위에 의하여 영득된 금원을 피고인이 교부받아 장물을 취득한 것이라면, 그 금원은 단순히 횡령행위에 제공된 물건이 아니라 횡령행위에 의하여 영득된 장물에 해당한다."고 하고, 나아가 "설령 A가 B에게 회사의 자금을 교부한 행위 자체가 횡령행위라고 하더라도 이러한 경우 A의 업무상 횡령죄가 기수에 달하는 것과 동시에 그 금원은 장물이 되는 것이다."라고 판시하여 긍정설 입장을 따르고 있다.[291] 판례의 논거가 타당하다고 본다.

2. 사기죄와의 관계

재물을 보관하는 자가 그 위탁자를 기망하여[292] 이를 영득한 경우에 횡령죄 이외에 사기죄도 성립하는 것인지 문제가 된다.

원래 사기죄는 타인을 기망하여 착오에 빠뜨리게 하고 그 착오, 즉 하자있는 의사에 기하여 그가 점유하는 재물을 그의 처분행위에 의하여 취득함으로써 성립하는 죄이다. 그러므로 자기가 점유하는 타인의 재물에 대하여는 그것을 영득함에 기망행위를 하였다 하더라도, 타인이 점유하는 재물이 아닌 점, 피기망자의 처분행위가 없다는 점을 논거로 사기죄는 성립하지 아니하고 횡령죄만 성립한다는 것이 통설 · 판례의 입장이다.[293]

법인의 대표자는 법인과는 별개의 권리 · 의무주체로서 법인을 대표하는 자이므로, 회사의 대표이사가 회사의 대표기관으로서 피해자를 기망하여 교부받은 금원은 그 회사에 귀속된다. 따라서 그 후 대표이사 등이 그 금원을 보관 중 임의로 처분하여 횡령한 경우에는 회사 대표이사로서의 위 사기범행과는 피해 법익을 달리하므

290) 이재상 · 장영민 · 강동범(형각), 415면.

291) 대법원 2011. 4. 28. 2010도15350; 2004. 12. 9. 2004도5904.

292) 예컨대, 보관물을 분실했다거나 도난당했다고 거짓말하여 피해자의 포기를 유도하여 영득하는 경우.

293) 대법원 1987. 12. 22. 선고 87도2168; 1980. 12. 9. 80도1177; 손동권 · 김재윤(형각), 451면; 김일수 · 서보학(형각), 312면; 정성근 · 박광민(형각), 412면; 김성돈(형각), 453면; 오영근(형각), 365면; 이재상 · 장영민 · 강동범(형각), 414면.

로 별도의 횡령죄가 성립하고 이를 위 사기죄의 불가벌적 사후행위로 볼 것은 아니다.[294] 이때 위 사기죄와 횡령죄는 각기 별개의 행위로 별도의 범죄를 범한 것이므로 실체적 경합범 관계가 된다.

Ⅴ. 친족간 범행

1. 처벌특례 규정 및 법적 성격

형법상 단순횡령죄 및 업무상횡령죄의 경우에도 앞의 배임죄의 경우와 마찬가지로 행위주체와 피해자의 친족관계에 따른 특례 규정을 두고 있다. 그 관계가 직계혈족, 배우자, 동거친족, 동거가족 또는 그 배우자 관계인 경우에는 그 형을 면제하고(형법 제361조, 제328조 제1항), 그 밖의 친족관계인 경우에는 고소가 있어야 공소를 제기할 수 있다(형법 제361조, 제328조 제2항). 친고죄의 고소는 불가항력의 사유가 없는 한 범인을 알게 된 날부터 6개월 이내에 제기해야 한다(형사소송법 제230조 제1항). 위 형 면제 규정은 인적 처벌조각사유, 위 친고죄 규정은 소추조건으로서의 법적 성격을 갖는다는 점과 그 적용효과는 앞의 제3장(배임 범죄) 제5절 Ⅱ.항 부분에서 설명한 내용과 같다.

2. 요건 및 적용범위

위 친족관계에 해당하는지 여부는 민법 규정에 따라야 하고, 범행 당시를 기준으로 그 친족관계를 판단함이 원칙이라는 점 등 친족관계의 해석, 이 처벌특례 규정은 해당 친족관계가 없는 공범에 대하여는 적용되지 않는다는 점(형법 제361조, 제328조 제3항)도 위 배임 범죄 부분에서 설명하였다.

소유자를 위해 재물을 보관하고 있는 자(위탁자)로부터 그 재물을 위탁받아 보관 중인 자(범인)가 이를 횡령한 경우에, 이 처벌특례 규정은 범인과 피해 재물의 소유자 및 위탁자 쌍방 사이에 그 친족관계가 있는 경우에만 적용되는 것이고, 단지 범인과 피해 재물의 소유자 간에만 친족관계가 있거나 범인과 피해 재물의 위탁자 간

---

294) 대법원 1989. 10. 24. 89도1605.

에만 친족관계가 있는 경우에는 적용되지 않는다(판례).[295] 횡령죄는 재물의 소유권 등 본권을 보호법익으로 하고, 재물의 보관을 위탁한 자의 신뢰를 배반하여 그 보관·위탁 취지에 반하여 위법하게 취득함으로써 그 소유권을 침해하는 행위(횡령행위)에 의하여 범하는 범죄이다. 그런데 이 처벌특례 규정은 가정 내 재산범죄의 경우에 가정의 평온을 위하여 형을 면제하거나, 친족 간 재산범죄의 경우에 친족관계에 국가 형벌권의 개입을 자제하려는 데 그 입법취지가 있다. 그러므로 횡령 재물의 소유자 등 본권자와 위탁자가 다른 경우에는 범행 대상자인 그 모두와 범인이 위 친족관계에 있을 때에만 처벌특례 규정을 적용할 수 있는 것이다.

특정경제범죄법 제3조 제1항은 형법상 단순횡령죄나 업무상횡령죄의 가중처벌 규정일 뿐 그 범죄의 성질은 그대로 유지되는 것이고 특정경제범죄법에 이 처벌특례에 관한 형법 제361조, 제328조의 적용을 배제한다는 명시적인 규정이 없으므로 위 처벌특례 규정은 특정경제범죄법위반(횡령)죄의 경우에도 적용된다(판례).[296]

---

295) 대법원 2008. 7. 24. 2008도3438.

296) 대법원 2013.9.13. 선고 2013도7754.

제5절 관련문제

Ⅰ. 비자금의 조성·사용행위

1. 비자금의 개념 및 문제점

속칭 '비자금'이란 실질적으로는 법인 등 위탁자(위탁자는 개인일 수도 있지만 주로 법인의 경우에 문제가 되므로 편의상 '법인'이라 함)의 소유이지만 법인의 장부 등 회계상에 법인의 소유로 기재하지 아니하고 법인의 운영자나 관리자(이하 '관리자'라 함)가 회계로부터 분리하여 별도로 비밀리에 관리하는 자금이다(판례).[297] 판례에서는 '비자금(秘資金)' 또는 '부외자금(簿外資金)'이란 용어를 사용하고 대부분 분식회계를 수반하게 된다.

비자금은 이를 **조성**한 후 **보관**하다가 **사용**하는 3단계 과정을 거치게 된다. 법인의 자금 관리자가 보관중인 법인의 자금으로 비자금을 임의로 조성하여 개인적 용도로 사용한 경우에 횡령죄(또는 배임죄)가 성립하는 것은 의문이 없다. 그런데 위 3단계 과정 중 비자금의 조성행위만으로 횡령행위가 되는 것인지, 아니면 그 조성 후 비자금을 사용한 때에 비로소 횡령행위가 되는 것인지, 즉 횡령죄의 성립시기를 검토하는 것은 중요한 문제이다.

만약 비자금의 조성행위 시점에서 횡령죄가 성립한다면 그 후의 비자금 사용행위는 불가벌적 사후행위가 되어 처벌할 수 없기(판례)[298] 때문이다. 비자금의 사용행위를 처벌할 수 없다면, 비자금의 조성 및 보관이 은밀히 이루어지는 특성상 그 조성

---

297) 대법원 2010. 5. 13. 2009도1373.

298) 대법원 2010. 2. 25. 2010도93("횡령죄는 타인의 재물을 보관하는 자가 그 재물을 횡령하는 경우에 성립하는 범죄이고, 횡령죄의 구성요건으로서의 횡령행위란 불법영득의사를 실현하는 일체의 행위를 말하는 것이어서 타인의 재물을 점유하는 자가 그 점유를 자기를 위한 점유로 바꾸려고 하는 의사를 가지고 그러한 영득의 의사가 외부에 인식될 수 있는 객관적 행위를 하였을 때에는 그 재물 전체에 대한 횡령죄가 성립되고, 일단 횡령을 한 이후에 다시 그 재물을 처분하는 것은 불가벌적 사후행위에 해당하여 처벌할 수 없다."고 판시); 1998. 2. 24. 97도3282.

및 보관 단계에서는 적발이 어렵기 때문에 공소시효의 완성으로 처벌할 수 없게 되는 사례가 많아질 수 있다.

그런가 하면 비자금은 그 속성상 비자금이 조성된 때부터 법인의 이사회나 내부결재 등의 절차적 사전통제나 감사 등 사후통제에서 벗어나 관리자가 임의로 사용할 수 있게 되어, 관리자의 개인적 목적이나 뇌물수수 등 부정한 목적으로 사용하기 쉬워지는 매우 취약한 자금관리 상태에 놓이게 되므로, 그 조성행위를 한 때부터 규제할 필요가 있다. 또한 비자금의 사용행위를 불법영득의사의 표현행위로 본다면 그 조성행위를 한 때에는 횡령죄 실행의 착수도 인정하기 어렵게 되어 횡령죄의 기수범은 물론 미수범으로도 처벌할 수 없게 된다. 그렇게 되면 비자금의 조성 후 사용행위 전에 비자금의 출처 · 귀속 · 처분 사실의 가장 · 은폐나 은닉 행위를 하더라도 자금세탁범죄로 처벌하지 못하게 되는 문제점이 발생한다.[299]

2. 비자금과 횡령죄

가. 횡령죄의 성립과 성립시기

비자금의 조성 및 사용행위를 배임죄로 의율하는 견해[300]가 없지 않지만, 비자금의 조성 및 사용은 법인의 자금, 즉 재물에 관한 범죄이고, 사적(私的) 용도로 비자금을 사용하는 것이 문제가 되는 이상 이를 법인의 사무수행 관련 행위로 볼 수는 없으므로(배임죄와 횡령죄의 구별기준에 관한 사무수행기준설) **횡령죄**로 의율하는 것이 타당하다.

만약 비자금 조성행위가 법인 경영자의 사무수행상 임무위배행위로 인한 것인 때에는 업무상배임죄가 성립할 수도 있으나, 이는 사적 사용을 위한 비자금 조성 · 사용행위와는 별개의 문제이다.[301] 또한 비자금이 조성되는 과정에서 대표이사 등 경

---

299) 대법원 2006. 8. 24. 2006도3039 판결은 회사의 대표이사와 경리이사가 변칙회계처리로 법인자금을 인출하여 차명계좌에 입금 · 관리한 사안에서, 위 자금의 관리상태 등에 비추어 위 행위만으로 불법영득의사가 명백히 표현되었다고 볼 수 없으므로 위 인출한 법인자금이나 차명계좌에 입금한 자금은 범죄수익은닉규제법에 정한 '범죄수익'에 해당하지 않는다고 본 사례이다.

300) 주석 형법(각칙6), 386면 각주387.

301) 대법원 2009. 2. 26. 2007도4784 판결에서는 검사가 원래 피고인들의 비자금의 사용으로 인한 업무상횡령의 점에 대하여 공소를 제기하였다가, 제1심에서 무죄판결이 선고된 후, 항소심에서 종전의 공소사실을 그대로 유지한 채 선택적 공소사실로서 비자금의 조성으로 인한 업무상배임의 점을 추가하

영자가 회사자산을 은밀하게 처분하여 현금 등을 마련하기 위해 회사자산을 공정한 가격에 못 미치는 가격으로 처분한다거나, 비용을 허위 · 과다 계상하는 방법으로 비자금을 조성하면서 거래대상 업체에 수수료 등을 지급함으로써, 비자금을 조성하지 않았다면 회사가 입지 않았을 경제적 손해를 회사에 입힌 경우에도 배임죄가 성립할 수 있으나,[302] 이 또한 비자금 조성 · 사용행위와는 별개의 문제임은 물론이다.

횡령죄의 성립시기는 우선 횡령행위의 개시시기(즉, 실행의 착수시기)를 언제로 볼 것인지의 문제가 되는데, 횡령죄의 본질에 관한 통설 · 판례의 입장인 영득행위설에서는 횡령행위란 불법영득의사의 외부적 표현행위이므로, **관리자의 비자금에 대한 불법영득의사를 외부적으로 표현한 것으로 인정할 수 있는 행위**가 있었을 때 횡령행위의 개시를 인정하여 횡령죄의 성립을 인정할 수 있는 시점이 된다.[303][304] 그런데 기업의 운영실태를 보면 법인, 특히 회사의 비자금이 모든 경우에 회사의 이익에 반하여 대표이사 등 관리자의 사적인 용도로만 사용되는 것은 아니므로 비자금의 조성행위만으로 횡령행위가 개시된 것으로 볼 수는 없다. 다만, 법인의 관리자가 **법인을 위한 별도의 자금관리 목적이 아니라 법인과는 아무런 관련이 없거나 개인적인 용도로 착복할 목적으로 법인의 자금을 빼내어 비자금을 조성하였다면** 그 조성행위 자체로써 불법영득의사가 외부적으로 표현(또는 실현)된 것으로서 횡령행위가 된다(판례).[305] 그 행위자에게 법인의 자금을 빼내어 착복할 목적이 있었는지 여부는 "그 법인의 성격과 비자금 조성의 동기 · 방법 · 규모, 조성기간, 비자금의 보관방법 및 실제 사용용도 등 제반 사정을 종합적으로 고려하여 판단해야 한다."(판례)[306] 이 때 비자금 조성의 동기가 개인적 동기인지, 조성방법에 있어서 결재자 등 상급자에게

는 내용의 공소장변경신청을 하였으나, 이는 기본적 사실관계의 동일성을 인정하기 어려우므로 공소장변경을 허가할 수 없다는 취지로 판시하였음; 대법원 1988. 5. 24. 88도542 판결은 검사가 회사 임직원의 부외자금(즉, 비자금) 조성 및 소비를 특정경제범죄법(배임)죄로 기소하였으나 배임죄의 고의를 인정하지 아니한 사례임.

302) 서울중앙지방법원 2006. 12. 29. 2006고합386(분리).

303) 대법원 2006. 8. 24. 2006도3039.

304) 횡령죄의 본질에 관한 월권행위설에 따르면 보관물에 대하여 위탁받은 권한을 넘는 배신적 처분행위의 인정시기가 문제될 것이다.

305) 대법원 2010. 12. 9. 2010도11015; 2010. 5. 13. 2009도1373; 2009. 2. 12. 2006도6994; 2006. 8. 24. 2006도3039; 2006. 6. 27. 2005도2626.

306) 대법원 2009. 2. 12. 2006도6994; 2007. 7. 26. 2007도4164; 2006. 6. 27. 2005도2626.

도 비밀로 한 것인지 공개적으로 조성한 것인지, 비자금 조성의 규모나 기간이 조성의 동기에 비하여 지나치게 과다하거나 장기간인지, 비자금의 보관방법이 법인 관계자가 아닌 제3자 명의로 보관하는 등 자금추적이 어려운 상황인지, 실제 사용용도가 사적인 용도인지 여부 등을 검토하게 될 것이다.

만약 비자금의 조성 단계에서는 아직 이를 불법영득의사의 외부적 표현행위로 인정할 수 없다면, 나중에 비자금을 개인적 용도로 사용하는 등 법인과는 관련 없이 **구체적 사용행위를 한 때**에 불법영득의사가 외부적으로 표현되었다고 보아 비로소 횡령행위의 개시, 즉 횡령죄의 실행의 착수를 인정할 수 있고 횡령죄의 성립을 인정할 수 있다.[307] 이 경우에도 횡령행위가 있었다는 사실의 증명책임을 검사가 부담함은 물론이다.

나. 구체적 검토

1) 비자금의 조성·보관 단계

비자금의 조성행위시에는 비자금 조성의 주재자가 법인의 대표자 또는 그 관리권한 있는 자인 경우에는 그 비자금은 여전히 법인의 관리 아래 있는 것으로 볼 여지가 충분하므로, 비자금의 조성행위 단계에서 횡령행위를 인정하기는 어려울 것이다.

그리고 횡령행위의 한 태양으로서의 은닉이란 타인의 재물을 보관하는 자가 위탁의 취지에 반하여 그 재물을 발견하기 곤란한 상태에 두는 것을 말한다. 그러므로 관리자가 비자금을 조성하여 회사의 장부상 일반자금 속에 은닉하였다고 하더라도, 그것이 비자금의 소유자인 회사 이외의 제3자가 이를 발견하기 곤란하게 하기 위한 장부상의 분식(粉飾)에 불과한 경우에는 그것만으로 불법영득의사의 외부적 표현으로 볼 수는 없을 것이다(판례).[308]

비자금의 조성행위 중 차명계좌를 사용하는 등 강행법규 위반에 의한 비자금 조성의 경우나, 회생절차와 같이 파산에 직면해 있는 등 법인의 위기상황에서 법인의 비자금을 조성하는 경우에는, 조성행위를 하는 관리자의 불법영득의사를 인정할

---

307) 대법원 2006. 8. 24. 2006도3039; 芝原邦爾, 「經濟刑法」(岩波新書, 2007), 19면도 같은 취지.
308) 대법원 1999. 9. 17. 99도2889.

수 있으므로 비자금 조성 단계에서 횡령죄를 인정할 수 있다고 보는 견해가 있다. 이 견해는 불법원인급여물에 대한 횡령죄의 성립을 부정하는 통설 · 판례의 입장을 전제로 다음과 같은 논거를 들고 있다. 즉, 불법원인급여 중 불법원인의 개념에 관한 강행법규설 입장이나, 반사회질서설 중 강행법규의 존재를 알면서 그 위반행위를 하는 것도 반사회질서 행위로 보는 견해의 입장에서, 강행법규 위반은 불법원인급여에 해당하여 법인이 비자금의 반환청구권을 상실하고 그 소유권이 급여를 받은 자에게 귀속되고 그 후에는 더 이상 횡령죄도 성립할 수 없다. 그러므로 법인이 소유권을 상실하게 되는 비자금 조성행위에 대하여는 법인의 위탁의사를 추정할 수 없으므로 그 비자금 조성행위시 횡령행위로 보아야 한다는 것이다.[309] 이러한 견해에 따르면 분식회계를 통하여 비자금을 조성하더라도 차명계좌를 이용함으로써 강행법규에 위반한 경우에는 조성행위만으로 횡령죄가 되고, 단순히 제3자에게 비자금을 은닉한 행위는 횡령죄가 될 수 없는 결과가 된다.

그러나 불법원인의 개념에 관한 반사회질서설 입장에서는 강행법규 위반 비자금 조성이 선량한 풍속 기타 사회질서를 위반하는 경우가 아닌 한 불법원인급여에 해당한다고 볼 수는 없다. 또한 법인의 불법행위능력도 인정하는 현행법(민법 제35조)의 입장에서는 법인의 이익을 위한 관리자의 불법행위도 인정할 수 있는 일이므로, 불법원인급여에 해당한다거나 강행법규에 반하는 비자금 조성행위라고 하여 그것만으로 법인의 비자금 위탁의사를 추정할 수 없다고 볼 수는 없을 것이다. 그리고 현실적인 문제로서 섣불리 비자금 조성행위를 횡령죄로 의율할 경우에는 심각한 처벌의 공백상태를 야기할 수도 있다. 앞에서 말한 것처럼 비자금의 조성 및 보관은 그 성격상 은밀하게 이루어지는 일이므로 그 조성단계에서는 발견이 어렵고, 비자금 조성행위시 횡령죄가 성립한다면 그 사용행위는 불가벌적 사후행위로 처벌할 수 없게 된다. 따라서 비자금을 사용한 때 이를 발견하게 되더라도 그 사용행위는 불가벌적 사후행위로서, 그 조성행위는 공소시효의 완성으로 횡령죄로 처벌할 수 없는 경우가 생길 수 있으므로 형사정책적 견지에서도 바람직하지 않다. 그리고 회생절차와 같이 파산에 직면해 있는 등 법인의 위기상황에서 법인의 비자금을 조성하는 경우에는 법인의 위탁의사를 추정할 수 없다고 보는 것도 법인 대표이사의 행위가 곧

---

309) 류석준, 앞의 "기업의 비자금조성행위에 대한 형사처벌 가능성 검토", 670-673면.

법인의 행위가 된다는 법인의 행위능력 이론에 반하는 독단적 주장이므로 수긍하기 어렵다.

판례도 화의절차[310]가 진행 중인 주식회사의 대표이사 등이 금융실명법(즉, 「금융실명거래 및 비밀보장에 관한 법률」) 제3조를 위반하여 차명계좌를 이용하여 비자금을 조성한 행위가 범죄수익은닉규제법 제3조 위반(범죄수익등의 은닉 및 가장)죄에 해당하는지 여부가 문제된 사안에서, "변칙회계처리를 통하여 법인의 자금을 인출하여 차명계좌에 보관하는 등의 방법으로 비자금을 조성한 행위가 애초부터 법인을 위한 목적이 아니라 대표이사 등 자금 관리자인 피고인들이 법인의 자금을 빼내어 개인적으로 착복할 목적으로 행하여졌음이 명백히 밝혀진 경우라면 그 조성행위 자체로써 불법영득의사를 실현한 것으로 인정할 수 있을 것이지만, 이 사건에서는 비자금 조성의 주재자가 그 법인의 대표이사이고 그가 비자금의 집행을 최종적으로 관리 및 결재하였으므로 그 자금은 여전히 법인의 관리 아래 있는 것으로 볼 여지가 충분하다고 보이는 점, 동일한 수법으로 조성된 비자금 중 상당 부분은 그 사용처를 알 수 없거나 피고인들이 개인적으로 사용하였다는 증거가 부족하여 결국 그 부분은 공소제기된 횡령액에 포함되지 아니한 점 등 제반 사정에 비추어 보면, 피고인들이 법인의 자금을 인출하여 차명계좌에 보관한 행위가 그 인출금을 법인의 자금으로 별도 관리하기 위한 것이 아니라 불법영득의사의 실행으로 한 것이라고 인정할 수 있을 만큼 합리적인 의심을 할 여지가 없을 정도로 입증되었다고 보기는 부족하고, 그 일부를 개인적으로 사용함으로써 비로소 불법영득의사가 명백히 표현되었다고 볼 것이어서 그 구체적인 사용시에 비로소 횡령행위가 기수에 이르렀다고 봄이 상당하다. 그렇다면 피고인들이 변칙회계처리를 거쳐 인출한 법인의 자금이나 이를 차명계좌에 입금하여 관리중인 자금은 아직 횡령의 범죄행위가 성립되기 이전 단계의 것으로서 범죄수익은닉규제법에 정한 '범죄수익'에 해당한다고 볼 수 없으므로, 그 비자금 조성과정에서 피고인들이 현금을 수표로 교체 발행하거나 차명계좌 사이에서 계좌이체를 한 행위를 범죄수익등의 은닉 · 가장죄로 의율한 공소사실은 무죄이

310) 화의절차는 종전 화의법에 따른 절차이지만, 2006. 4. 1. 채무자회생법(즉, 「채무자 회생 및 파산에 관한 법률」)의 시행으로 화의법이 폐지되어 회생절차에 통합되었다.

다."라고 판시하였다.[311)]

2) 비자금의 사용 단계

비자금의 사용행위시에는 비자금을 사용하는 용도가 드러나 있으므로 그 용도가 법인을 위한 용도인지 아니면 개인적 용도인지 여부에 따라 불법영득의사의 외부적 표현행위인지 여부를 가리게 될 것이다. 만약 비자금의 사용이 법인을 위한 용도이기도 하고 개인적 용도이기도 한 경우라면 그 주된 용도가 어디에 있는지 여부에 따라 가리면 된다.[312)] 판례도 회사의 대표이사가 비자금을 회사운영 과정에서 통상적으로 발생하는 비용에 대한 지출(해당 비용을 선지출한 임직원에 대한 비용 보전 포함), 회사의 임직원들, 현장 관계자들 및 거래처 등에 대한 경조사 비용, 복리후생증진 비용(휴가 비용 포함) 및 명절 선물비용 등에 대한 지출 용도로 소비한 사안에서, "비자금 사용의 **주된 목적**은 피고인의 개인적인 이익(즉, 피고인의 위상과 평판을 높이는 효과)을 도모하기 위한 것이라기보다는 회사의 운영자금 지출 내지 회사경영상의 필요에 의한 지출, 즉 회사의 원활한 운영과 회사임직원의 관리, 거래처와의 유대관계 유지 등을 도모하기 위한 것으로서, 피고인의 불법영득의사의 존재를 인정하기 어려운 사유에 해당한다."고 판시하였다.[313)]

3) 비자금 관련 횡령행위의 증명

비자금 관련 횡령행위나 불법영득의사의 증명에 관한 판례의 입장은 다음과 같다. 우선, 불법영득의사의 외부적 표현행위로서의 횡령행위가 있었다는 점은 검사가 법관으로 하여금 합리적 의심을 할 여지가 없을 정도의 확신을 생기게 하는 증명력을 가진 엄격한 증거에 의하여 증명해야만 한다(판례).[314)]

피고인이 회사의 비자금을 보관 · 관리하고 있다가 사용한 사실은 인정하면서도 회사를 위하여 인출 · 사용하였다고 주장하는 경우에 불법영득의사를 인정할 수 있는지 여부는, 비자금 조성의 동기 · 방법 · 규모 · 기간, 비자금의 보관 및 관리방식

---

311) 대법원 2006. 8. 24. 2006도3039.

312) 서명수, "법인의 비자금과 횡령죄", 「형사재판의 제문제」 제3권(형사실무연구회, 2000. 11.), 146,147면.

313) 대법원 2009. 2. 26. 2007도4784.

314) 대법원 2008. 8. 21. 2007도9318; 1998. 2. 13. 선고 97도1962; 1994. 9. 9. 94도998.

등에 비추어 비자금이 조성된 후에도 법인이 보유하는 자금으로서의 성격이 유지되었는지 여부, 그 비자금의 사용이 사회통념이나 거래관념상 회사의 운영 및 경영상의 필요에 따른 것으로 회사가 비용부담을 하는 것이 상당하다고 볼 수 있는 용도에 지출되었는지 여부, 비자금 사용의 구체적인 시기 · 대상 · 범위 · 금액 등이 상당한 정도의 객관성과 합리성이 있는 기준에 의하여 정해졌는지 여부를 비롯하여, 비자금을 사용한 시기 · 경위 · 결과 등을 종합적으로 고려하여 그 비자금 사용의 주된 목적이 개인적인 용도를 위한 것이라고 볼 수 있는지에 따라 신중하게 판단해야 한다(판례).[315] 다만, 일반적인 비자금의 조성과정이나 비자금의 성격 등에 비추어 볼 때, 비자금의 사용에 관하여 회사의 내부규정이 존재하지 않다거나 이사회 결의 등 내부적 절차를 거치지 않았다고 하더라도, 그러한 사정만으로 바로 피고인의 불법영득의사를 인정할 것은 아니다(판례).[316]

판례는 "만약 피고인이 보관 · 관리하고 있던 회사의 비자금이 인출 · 사용되었음에도 피고인이 그 행방이나 사용처를 제대로 설명하지 못하거나, 피고인이 주장하는 사용처에 사용된 자금이 그 비자금과는 다른 자금으로 충당된 것으로 드러나는 등 피고인이 주장하는 사용처에 비자금이 사용되었다는 점을 인정할 수 있는 자료가 부족하고, 오히려 피고인이 비자금을 개인적인 용도에 사용하였다는 점에 대한 신빙성 있는 자료가 많은 경우에는 피고인이 그 돈을 불법영득의 의사로써 횡령한 것이라고 추단할 수 있을 것이다. 그러나 이와 달리 피고인이 불법영득의사의 존재를 인정하기 어려운 사유를 들어 비자금의 행방이나 사용처에 대한 설명을 하고 있고 이에 부합하는 자료도 있다면, 피고인이 그 보관 · 관리하고 있던 비자금을 일단 타 용도로 소비한 다음 그만한 돈을 별도로 입금 또는 반환한 것이라는 등의 사정이 인정되지 아니하는 한, 함부로 보관 · 관리하고 있던 비자금을 불법영득의사로 인출하여 횡령하였다고 인정할 수는 없다."고 판시하고 있다.[317]

---

315) 대법원 2017. 5. 30. 2016도9027; 2010. 4. 15. 2009도6634; 2009. 2. 26. 2007도4784.

316) 대법원 2009. 2. 26. 2007도4784.

317) 대법원 2009. 2. 26. 2007도4784; 2002. 7. 26. 2001도5459; 1994. 9. 9. 94도998.

3. 주요 판례

실무상 비자금의 조성행위만으로 그 불법영득의사를 증명하여 횡령죄를 인정하기는 어려우므로 횡령죄의 성립을 긍정하는 판례는 거의 모두 비자금을 조성하고 그 사용행위도 한 사안이다. 또한 이러한 경우에는 대부분 비자금 조성행위를 한 때부터 불법영득의사가 있었던 것으로 보게 되지만, 사안과 판시내용에 비추어 실질적으로 비자금 조성시 횡령죄를 인정한 사례[318]와 그 밖의 비자금 조성 및 사용 행위의 횡령죄에 관한 대표적 사례를 들면 아래와 같다.

■ 비자금 조성시 횡령죄 인정 사례(대법원 2010. 5. 13. 2009도1373)

【 사실관계 】

피고인들은 감정평가법인 P회사 경기지사의 지사장 또는 감정평가사들이다. 피고인들은 각자 같은 금액의 돈을 출자하여 같은 지분을 갖고 피고인들의 부담과 책임으로 경기지사를 운영하였으며, P회사의 상호를 사용하는 대가로 매월 일정액을 본사에 지급하는 등 본사와는 독립채산제로 운영하였다. 다만, 각 지사는 회계 관련 서류를 본사에 제출해야 하고, 협회 배정분의 수수료는 그 중 업무처리 지사가 배정받는 60%를 제외한 나머지 금액을 회사가 공동으로 배분해야 하며, 본 · 지사는 결산신고를 통합하여 처리해야 하고, 잘못된 감정평가 관련 책임은 대외적으로는 법인이 부담하도록 되어 있었다.

피고인들은 실제로 근무하지 않는 피고인들의 친 · 인척을 P회사 경기지사의 직원으로 등재시켜 그들에 대한 임금 · 상여금을 지급한 것처럼 회계처리한 후 그 임금 상당액을 빼돌리거나 감정평가사에 대한 임금 · 출장비 등을 과대 계상하여 그 차액을 빼돌려 이를 일부 피고인들의 개인 명의 예금계좌에 입금하는 방식으로, 2003. 5. 15.부터 2006. 7. 6.까지 사이에 합계 4억 7,132만 원의 비자금을 조성하였다.

---

318) 비자금 조성시 횡령죄 인정 사례: 대법원 2011. 2. 10. 2010도12920[00그룹 회장과 산하 피해회사 대표이사가 공모하여, 피해회사 거래처로부터 발급받은 허위 세금계산서를 이용하여 그 거래대금 지급을 가장하여 피해회사 자금을 인출한 다음, 이를 그룹회장이 차명으로 구입한 골프장 회원권 구입대금으로 지급하거나 차명계좌나 그룹회장의 예금계좌에 입금하고, 그 돈 대부분을 그룹 계열회사에 자금지원을 하는 등 피해회사와 무관한 용도로 사용한 사안에서, "피해회사와는 무관한 용도로 사용할 목적으로 피해회사의 자금을 위와 같은 방법으로 인출하여 부외자금을 조성하였다고 봄이 상당하므로, 부외자금 조성행위 당시 위 피고인들의 불법영득의사가 실현된 것"으로 보고 특정경제범죄법위반(횡령)죄를 인정하였다].

피고인들은 위 비자금으로 2004. 5. 31.부터 타인 명의로 명의신탁하여 부동산을 공동매수하거나, 그 매수에 필요한 대출이자금의 지급, 일부 감정평가사들에 대한 인센티브, 감정평가 용역의 수주와 관련하여 정상적인 회계로 처리하기 어려운 접대비 등을 지급하였다. 당시 비자금 관리를 위한 별도의 장부나 사후에 그 사용처를 확인하기 위한 증빙서류도 제대로 갖추지 않았다.

【판결요지】

횡령죄의 범죄구성요건 중 타인의 재물인지 여부는 민법, 상법, 기타의 실체법에 의하여 결정해야 하는데, 상법에 의하면 주식회사의 지점이나 합명회사의 분사무소는 회사와 독립된 별개의 법인격이나 권리주체가 아니므로, 비록 별도의 독립채산제 방식으로 운영되고 있더라도 지점이나 분사무소가 보유하는 재산은 회사의 소유일 뿐, 지점이나 분사무소 구성원들 개인의 소유가 되는 것은 아니다.

업무상횡령죄의 성립에 있어서는 자기 또는 제3자의 이익을 꾀할 목적으로 업무상의 임무에 위배하여 자신이 보관하는 타인의 재물을 자기의 소유인 것 같이 사실상 또는 법률상 처분하는 의사를 의미하는 불법영득의사가 있어야 한다. 그런데 법인의 회계장부에 올라 있는 자금이 아니라 법인의 운영자나 관리자가 회계로부터 분리하여 별도로 관리하는 법인의 비자금은, 그 비자금의 조성동기, 조성방법, 조성기간, 보관방법, 실제 사용용도 등에 비추어 그 조성행위가 법인을 위한 목적이 아니고 행위자가 법인의 자금을 빼내어 착복할 목적으로 행하여졌음이 명백히 밝혀진 경우에는 비자금 조성행위 자체로써 불법영득의 의사가 실현된 것으로 볼 수 있다.

피고인들이 P회사를 독립채산제로 운영하기로 한 것은 위 경기지사가 처리한 감정평가업무로 인한 경제적 이익의 분배에 관하여 그와 같이 약정한 것에 불과한 것이므로, 피고인들이 사용한 경기지사의 자금이 경영 또는 경제적 관점에서는 별론으로 하더라도 법률상으로는 P회사의 자금이 아니라고 할 수는 없다. 또한 **당초의 비자금 조성목적, 조성경위, 그 후 실제 사용된 비자금의 용도 및 비자금에 대한 관리실태 등에 비추어 보면 비자금을 조성할 당시 피고인들의 불법영득의사가 객관적으로 표시되었다**고 할 것이다. 따라서 피고인들에 대하여 업무상횡령죄의 성립을 인정할 수 있다.[319)]

319) 비자금 실제 사용용도 중에는 일부 감정평가사들에 대한 인센티브, 감정평가 용역의 수주와 관련하여 정상적인 회계로 처리하기 어려운 접대비 명목 등 일부 회사를 위한 목적의 지출도 보이지만, 일단 비자금 조성행위시 비자금 전액에 대한 불법영득의사가 인정되는 이상 비자금 전액에 관한 업무상횡령

■ 비자금 조성 및 사용의 횡령죄 인정 사례(대법원 2006. 11. 9. 2004도4234)

【 사실관계 】

K그룹의 회장 피고인 A, 그룹 주력기업 K社의 대표이사 피고인 B, K社의 관리담당 이사 피고인 C는 공모하여, 자재관리부 이사인 D, 통합구매실장인 E에게 각 비자금(판례는 '부외자금'으로 표현하고 있으나 이하 비자금으로 칭함)을 조성할 것을 지시하여 D, E로 하여금 1993. 7. 6.자로 Q회사로부터 철근을 구입하여 K社이 시공 중인 용인 수지 공사현장에 납품하는 것처럼 구매품의서, 세금계산서, 자재검수확인서 등을 각 허위로 작성한 다음 그 철근대금 지급 명목으로 4,228만 원(만원 미만 생략, 이하 같음)의 회사자금을 인출하여 피고인 C에게 전달하도록 한 것을 비롯하여, 그 때부터 1996. 6. 11.경까지 사이에 총 373회에 걸쳐 자재가공구매의 방법으로 비자금을 조성하거나, 이중계약서를 작성하는 방법으로 하도급 금액 중 일부를 비자금으로 조성하거나, 노무비나 공사비 과대계상의 방법으로 비자금을 조성하는 등의 방법으로 회사자금 총 102억 1,580만 원을 인출하여 피고인 C 등이 보관하여 통합 관리하면서, 그 때쯤 피고인 A, B의 통제 아래 피고인 A의 개인 증자대금, 현장 격려금 및 회사 임원들의 접대비, 판공비 등으로 사용하는 등 사적용도에 임의로 소비하여 이를 횡령한 사안이다.[320]

【 판결요지 】

피고인들의 각 비자금 조성 및 사용행위를 포괄일죄로 보고 특정경제범죄법위반(횡령)죄를 인정하였다.[321]

피고인들은 비자금을 조성한 부서 및 조성의 목적, 태양 등을 달리하는 범죄사실 부분은 각각 별도의 범죄로 파악해야 할 것이므로 상당 부분은 이 사건 공소제기 전인 2003. 5. 21.경 그 공소시효가 완성되었다고 주장하였다. 그러나 대법원은 "위 각 비자금이 모두 정상적인 회계절차가 아닌 비정상적 회계절차를 통하여 비정상적인 용도로 사용하기 위하여 조성된 것인 점, 위 각 비자금의 조성 · 사용으로 인한 업무상횡령행위로 인한 피해자가 K社으로 동일한 점, 위 각 비자금이 모두 통합하여 관리되면서

죄를 인정한 것으로 보인다.

320) 이 사건 공소사실 중에는 그 밖에도 계열사 부당지원에 따른 배임 등도 포함되어 있으나 여기에서는 논외로 한다.

321) 비자금 사용내역 중 '현장 격려금' 및 '회사 임원들의 접대비, 판공비'는 회사를 위한 목적의 지출로 볼 여지가 있겠지만, 이 점은 특별히 쟁점이 되지 않았다.

피고인 A 등의 통제 아래 사용된 점, 전체적으로 위 각 비자금의 조성 · 사용의 시기가 연속되어 있는 점 등에 비추어 보면, 위 각 업무상횡령행위는 피해법익이 단일하고, 범죄의 태양이 동일 또는 유사하며, 단일 범의의 발현에 기인하는 일련의 행위로서, 포괄하여 1개의 범죄가 된다. 따라서 위 죄에 대한 공소시효 기간인 10년도 위 각 업무상횡령행위를 저지른 때부터가 아니라 그 최종범행일인 1996. 6. 11.부터 일괄하여 진행한다고 할 것이므로, 검사가 2003. 6. 16. 공소를 제기한 이상 공소시효가 완성되지 않았다."고 판시하였다[1심인 서울중앙지방법원 2004. 2. 11. 2003고합604 판결에서 피고인들 모두 유죄로 판시하였고, 항소심인 서울고등법원 2004. 6. 15. 2004노556 및 대법원 판결은 원심 판단이 정당하다고 판시].

■ **비자금 조성 및 사용의 횡령죄 부정 사례(대법원 2009. 2. 26. 2007도4784)**

【 사실관계 】

피고인 H는 건설업 주식회사인 R회사의 대표이사, 피고인 K는 R회사의 관리이사 겸 감사로서 R회사의 자금집행, 공사현장 관리 등의 업무에 종사하고 있다. 이 사건 공소사실은 피고인들이 공모하여 2004. 6.경부터 2006. 4.경까지 R회사 각 공사현장의 노무비를 허위계상하거나 과대계상하여 지급한 다음 공사현장으로부터 허위 · 과대계상된 노무비를 비자금 관리계좌인 차명계좌로 입금받는 등의 방법으로 되돌려 받아 합계 111억 원 상당의 비자금을 조성하여 보관하던 중, 2004. 6.경부터 2006. 6.경까지 사이에 아래 ①기재 내역으로 합계 11억 8,164만 원을, ②기재 내역으로 합계 33억 1,630만 원을 임의로 소비하였다는 것이다.[322)]

① 임직원 퇴직위로금(4억 2,350만원), 직원 경조사비(4,300만원), 직원차량 구입지원비(6,500만원), 직원 자녀학자금 지원비(5,000만원), 명절 · 년말의 상품권 등 직원선물 구입비(5억 4,114만원), 임원의 아파트 구입비용(4,000만원), 임원에 대한 입사 전 기술자문료(1,500만원), 직원 결혼지원금(400만원)

② 임원 판공비(2억 6,800만원), 직원 성과금(3억 7,000만원), 직원 특별상여금(8억 1,300만원), 근로자의 날 및 송년 회식비(1억 6,420만원), 직원 이사비용지원금(2,700만

---

322) 그 밖에 피고인 H가 위와 같이 조성한 비자금 중 2005. 1.경부터 2006. 5.경까지 사이에 사적으로 관리하는 차명계좌인 증권계좌에 입금하고 재건축아파트 분양권을 구입하는 등 개인적으로 소비하여 횡령한 합계 6억 9,101만 원 부분에 관하여는 1심에서 유죄판결을 받아 확정되었으나 여기에서는 논외로 한다.

원), 본사 기타 경비(1,700만원), 현장소장 판공비(6억 4,700만원), 현장 야유회 및 체육대회 경비(8,800만원), 현장 휴가비(4억 8,736만원), 현장 시공참여자 성과금(1억 2,100만원), 현장 회식비(2억 6,889만원), 현장 기타 경비(4,485만원)

【판결요지】

원심은 위 ①기재 사용행위 부분은 피고인들의 불법영득의사를 인정할 수 있으므로 유죄, ②기재 사용행위 부분은 피고인들의 불법영득의사를 인정할 수 없다는 이유로 무죄로 판결하였다. 그러나 대법원은 위 ①기재 사용행위 부분도 아래와 같은 이유로 무죄로 판시하였다.

이 사건 각 비자금 사용 당시 피고인 H는 R회사의 주식 45%를 소유하고 있는 대주주였고, 나머지 주주들로부터 사실상 의결권 행사를 포괄적으로 위임받은 상태였으며, 당시 R회사의 이사들도 피고인 H에게 회사업무 집행에 관한 대부분의 사항을 위임하여, 피고인 H가 대체로 스스로의 판단과 책임 아래 회사를 경영하였으므로, 이러한 상황에서 피고인 H의 회사경영권이 불안정한 상태에 있었다거나, 피고인 H가 특별히 회사 임직원들에게 현금 기타 재산상 이익을 제공하면서까지 자신의 위상을 높이거나 자신에 대한 충성심을 강화해야 할 만한 특별한 사정은 보이지 않는다. 그리고 피고인들이 위와 같은 비자금의 사용을 통하여 부수적인 목적으로서 피고인들의 위상과 평판을 높이는 효과를 가져오고자 하였거나 결과적으로 그러한 효과를 얻게 되었다고 하더라도, 그러한 사정들만으로 위 비자금 사용에 대하여 피고인들의 불법영득의사의 존재를 선뜻 인정할 수는 없다(반면, 원심은 피고인 H가 다음과 같이 자의적으로 비자금을 사용한 것은 자신의 위상과 평판을 높이거나 자신에 대한 충성심을 강화시키려는 목적으로 은혜적으로 지급한 것으로서 회사의 자금을 개인 자금처럼 사용한 것이므로 불법영득의사가 인정된다고 판단하였음).

비록 피고인들이 이 사건 각 비자금을 사용 · 지출함에 있어서, R회사의 내부규정상 그러한 지출의 근거가 존재하지 않거나, 그 지출이 회사의 내부규정에서 정하고 있는 기준과 절차를 준수하지 않았다고 하더라도, 비자금의 일반적인 성격상 그러한 사정만으로 비자금의 사용행위에 대하여 바로 피고인들의 불법영득의사의 존재를 인정하기는 곤란하다(반면, 원심은 R회사의 내부규정 등의 기준이나 특별한 절차 없이 피고인 H가 자의적으로 직원들의 경조사비용, 상품권 등 직원선물 구입비를 지급하였고, 내부규정상 거쳐야 하는 이사회 결의 없이 임직원 퇴직위로금을 지급하였으며, 회사 내부규정이 없이 직원 자녀학자금 지원비, 직원차량 구입지원비, 임원의 아파트 구입비용, 임원에 대한 입사 전 기술자문료, 직원 결혼지원금을 지급하였다는 이유로 불법영득의사를 인정하였음).

또한 이 사건의 경우 피고인 H가 R회사의 대표이사로서의 경영판단에 근거하여 나름대로의 필요성과 기준에 의하여 이 사건 비자금 사용 여부 및 그 대상, 금액 등을 결정한 것으로 볼 여지가 있고, 그러한 결정이 통상적으로 대표이사의 경영판단으로서 용인할 수 있는 범위를 넘어서서 피고인 H의 개인적 이익을 위하여 주관적 · 자의적으로 이루어졌다고 인정하기에는 증명이 부족하다.

그리고 피고인들이 주장하고 있는 이 사건 비자금을 사용한 각 사용처 중에서 검사가 공소를 제기하지 아니한 사용내역들(직원 교통비, 현장 작업독려수당, 직원 차량유지비, 직원 통신지원비 등)과 이 사건 각 사용내역들에 있어 그 주된 사용목적 내지 피고인들의 불법영득의사의 존재 여부가 서로 다르다고(즉, 전자는 회사를 위한 것이고, 후자는 피고인들 개인의 이익을 위한 것이라고) 볼 만한 뚜렷한 차이를 인정하기 어렵다.

위와 같은 사정들에 비추어 살펴보면, 피고인들의 이 사건 각 비자금 사용행위 전부에 대하여 그 비자금 사용행위의 주된 목적이 피고인들의 개인적 이익을 위한 것이라는 점 내지 피고인들의 불법영득의사의 존재에 대하여 합리적인 의심을 할 여지가 없을 정도로 충분한 증명이 되었다고 인정하기 어렵다. 이 사건 각 비자금 사용내역은 모두 그 외형상 일응 R회사의 운영과정에서 통상적으로 발생하는 비용에 대한 지출이거나(또한 해당 비용을 선지출한 임직원에 대한 비용 보전도 포함되어 있음), R회사 임직원들, 현장 관계자들 및 거래처 등에 대한 경조사 비용, 복리후생증진 비용(휴가 비용 포함), 명절 선물비용에 대한 지출 등인데, 이러한 각 비자금 사용의 주된 목적은 피고인들의 개인적인 이익을 도모하기 위한 것이라기보다는 R회사의 운영자금 지출 내지 회사경영상의 필요에 의한 지출, 즉 R회사의 원활한 운영과 회사 임직원의 관리, 거래처와의 유대관계 유지 등을 도모하기 위한 것으로서, 피고인들의 불법영득의사의 존재를 인정하기 어려운 사유에 해당한다고 볼 여지가 있으므로 ①기재 사용행위 부분도 불법영득의사를 인정할 수 없다.

Ⅱ. 정치자금 기부행위

1. 문제점

회사의 대표이사가 제3자에게 회사의 자산으로 거액의 기부를 한 경우에 그로써 회사를 채무상환이 곤란한 상태에 처하게 하거나 그밖에 그 기부액수가 회사의 재정상태 등에 비추어 기업의 사회적 역할을 감당하는 정도를 넘는 과도한 규모로서 상당성을 결여한 것이라면, 그 기부는 대표이사의 업무상 임무에 위배되는 행위이거나(업무상배임죄),[323] 불법영득의사에 의한 횡령행위(업무상횡령죄)[324]가 될 수 있다. 이러한 기부행위 중 특히 회사 등 법인을 운영하는 자가 법인의 자금을 정치인이나 정당 등의 정치활동을 지원하기 위하여 기부하는 경우가 있는데, 이러한 행위는 법인의 정치자금 기부행위로서 그 허용 여부 및 허용한계를 검토할 필요가 있다. 회사나 법인의 운영자로서 그 허용한계를 벗어나는 정치자금 기부행위는 불법영득의사를 실현하는 행위로서 횡령죄가 성립할 수 있기 때문이다.

우선 **금지되는 정치자금 기부행위의 개념**을 살펴보면, 정치자금법 제3조는 제1호에서 '정치자금'의 종류를 규정하고 제2호에서 그 '기부'의 개념을 정의하고 있는데, 이 규정에 의하면 '정치자금 기부행위'란 정당(중앙당창당준비위원회 포함), 「공직선거법」에 따른 후보자가 되려는 사람, 후보자 또는 당선된 사람, 후원회 · 정당의 간부 또는 유급사무직원, 그 밖에 정치활동을 하는 사람에게 그 정치활동을 위하여, 금전 · 유가증권 또는 그 밖의 물건을 제공하거나, 그 정치활동에 소요되는 비용을 부담 또는 지출하거나, 금품이나 시설의 무상대여, 채무의 면제 · 경감 그 밖의 이익을 제공하는 행위 등을 말한다.[325] 즉, **위 정치활동을 하는 자에게 정치활동을 위하여 금전 등 재물이나 재산상 이익을 제공하는 행위**를 의미한다.[326]

이러한 정치자금 기부행위는 그 동안 경제가 정치에 큰 영향을 받고 있는 현실에

---

323) 대법원 2012. 6. 14. 2010도9871.

324) 대법원 2005. 5. 26. 2003도5519.

325) 법인의 운영자가 허용한계를 벗어난 정치자금 기부를 하는 경우에도 횡령죄는 재물죄이므로 금전 · 유가증권 또는 그 밖의 물건의 제공, 그 정치활동에 소요되는 비용의 지출 등 법인의 재물을 처분하는 경우에만 횡령죄로 의율할 수 있고, 그 밖의 재산상 이익이 제공되는 경우에는 배임죄로 의율할 수 있을 것이다.

326) 대법원 2014. 6. 26. 2013도9866; 2011. 6. 9. 2010도17886; 2009. 2. 26. 2008도10422.

서 음으로 양으로 흔하게 이루어져 왔지만, 정치자금 기부가 건전한 민주정치의 발전을 통하여 공익에 기여한다는 순수성을 잃고 정치인과 기부행위자의 사익을 위하여 남용된 사례도 적지 않았다. 또한 과다한 정치자금 기부행위는 법인에 투자한 주주들이나 채권자 또는 근로자 등 이해관계자들의 이익을 침해할 수 있고, 법인의 제품원가에 반영되어 소비자의 부담이 증가할 수도 있다. 따라서 법인의 자금을 정치자금으로 기부하는 행위의 허용 여부와 허용한계를 살펴본다.

2. 정치자금 기부와 횡령죄

가. 정치자금법과의 관계

정치자금법 제31조 제1항은 "외국인, 국내·외의 법인 또는 단체는 정치자금을 기부할 수 없다.", 같은 조 제2항은 "누구든지 국내·외의 법인 또는 단체와 관련된 자금으로 정치자금을 기부할 수 없다."고 규정하고 있다. 법인 또는 단체가 이 규정을 위반하여 정치자금을 기부한 때에는 업무에 관하여 그 행위를 한 임원이나 구성원은 5년 이하의 징역 또는 1천만 원 이하의 벌금에 처하고 그 법인 또는 단체는 1천만 원 이하의 벌금형을 과한다(정치자금법 제45조 제2항 제5호, 제31조 제1항, 제50조). 정치자금법은 정치자금의 적정한 제공, 그 수입·지출의 투명성을 확보하고, 정치자금과 관련한 부정을 방지함으로써 민주정치의 건전한 발전에 기여함을 목적으로 하는 것으로서(정치자금법 제1조), 이와 같이 법인 또는 단체의 정치자금 기부를 금지하고 있는 입법취지는 "법인 또는 단체의 이권 등을 노린 음성적인 정치적 영향력의 행사 및 선거의 공정을 해하는 행위를 차단하고 법인 또는 단체 구성원의 의사를 왜곡하는 것을 방지하는 데에 있다."(판례)[327] 특별히 법인 또는 단체의 정치자금 기부를 금지하는 이유는 "법인이나 단체가 통상 개인에 비하여 사회·경제적으로 우월한 지위에 있고 복잡한 이해관계를 지니고 있어 이러한 법인·단체의 정치자금 기부는 정치활동을 부패시킬 염려가 있고 정치활동의 투명성·공정성에 대한 국민들의 신뢰 또한 훼손할 염려가 있기 때문이다."(판례)[328]

학설 중에는 위 법률을 근거로 법인 운영자 등의 정치자금 기부행위는 법률상 허

---

327) 대법원 2013. 10. 31. 2011도8649.

328) 서울고등법원 2011. 6. 16. 2011노791.

용되지 아니하므로 임무위배행위가 되어 배임죄(또는 특별배임죄)가 성립한다는 견해[329]가 있다. 이 견해는 회사의 이사 등 경영자의 정치자금 지원행위가 특별배임죄의 대상이 된다고 주장하고 있으나, 만약 경영자가 회사자금을 회사업무수행과 무관하게 정치자금으로 기부한 것이라면 횡령죄의 성립을 긍정하는 입장인 것으로 볼 수 있을 것이다. 만약 법인의 정치자금 기부가 법인의 업무수행과 관련하여 법인의 이익을 도모할 목적으로 합리적인 범위 내에서 이루어졌다면 배임죄도 성립하지 않는 것이므로[330] 법인의 업무수행과 무관하게 이루어지는 정치자금 기부는 대부분 횡령죄 여부의 문제라 할 수 있다.

그러나 위와 같이 정치자금법이 법인 또는 단체의 정치자금 기부행위를 금지하고 있는 입법취지는 위와 같이 법인 또는 단체의 부당한 정치적 영향력 행사를 차단함으로써 건전한 민주정치 발전에 기여하려는 것이다. 그러므로 개인이나 법인의 재물에 대한 소유권 등 본권을 보호법익으로 하여 재물의 보관을 위탁한 자의 신뢰를 배반하는 행위를 규제하는 횡령죄는 정치자금법위반과는 상호 보호법익이나 입법취지가 다르고 규제의 요건도 다르다. 따라서 정치자금법을 위반한 기부행위가 곧 횡령행위를 구성한다고 단정할 수는 없다.

그리고 법인의 권리능력은 법률 규정에 따른 제한을 받는 것이므로(민법 제34조), 법인이 정치자금법이 금지하는 정치자금 기부행위를 하는 것은 강행법규를 위반함으로써 법인의 권리능력 범위를 벗어나는 행위가 된다는 견해가 있다.[331] 이러한 견해에 따르면 법인 운영자의 정치자금 기부행위는 법인의 행위로 귀속되지 아니하므로 법인자금의 임의처분 행위가 되어 횡령행위로 볼 여지가 있게 된다.

그러나 법률에 의하여 법인의 행위가 금지된다고 하여 모두 법인의 권리능력까지 제한되는 경우라고 볼 수는 없다. 법률에 의한 권리능력 제한의 예로 들고 있는 민법 제81조(청산법인의 권리능력)나 상법 제173조(회사의 권리능력 제한)는 모두 권리능력 제한 취지를 명시하고 있다.[332] 그런데 위 정치자금법 규정에는 권리능력 제한규정

329) 주강원, 앞의 "상법상 특별배임죄에 대한 연구", 377면.

330) 대법원 2005. 5. 26. 2003도5519 판결이유 참조.

331) 박찬우, "회사의 정치자금기부", 「법학연구」 14권 1호(연세대학교 법학연구소, 2004. 3.), 97면.

332) 민법 제81조는 "해산한 법인은 청산의 목적범위 내에서만 권리가 있고 의무를 부담한다."라고 규정하고 있고, 상법 제173조는 표제 부분에 "권리능력의 제한"이라고 규정하고 있다.

으로 볼 만한 아무런 문언이 없으므로 이를 권리능력 제한규정으로 볼 수는 없을 것이다. 또한 법인의 정치자금 기부행위가 공서양속 기타 사회질서에 반하는 것으로 보아 그 행위의 사법상 효력을 부정해야 한다고 보아야 할 근거도 없으므로, 위 정치자금법의 금지규정은 그 위반에 대한 형사상 · 행정상 제재는 받더라도 그 사법상 효력은 유효한 단속규정에 불과하다고 보아야 할 것이다.

따라서 정치자금법상 금지규정에 불구하고, 법인 또는 단체의 운영자가 그 법인 또는 단체의 자금을 정치자금으로 기부하는 행위는 그것이 불법영득의사를 실현하는 행위인지 여부에 따라 횡령행위 여부를 판단할 일이지 단순히 정치자금법에 위배되는 행위임을 이유로 횡령죄로 의율할 수는 없다.[333)]

나. 회사의 설립목적과의 관계

법인은 반드시 설립목적이 있고, 회사는 영리를 설립목적으로 하는 법인이다(상법 제169조). 따라서 회사가 정치자금을 기부하는 비영리행위를 하는 것은 회사의 설립목적 범위 밖의 행위이거나 영리성에 반하여 회사의 권리능력 범위를 벗어나는 행위로서 횡령죄가 성립하는 것인지 문제가 될 수 있다.

회사의 설립목적에 의한 권리능력 제한 여부에 관하여는 판례 · 학설이 대립하고 있다. **제한설**은 회사도 법인이므로 법인의 권리능력에 관한 민법 제34조가 적용(또는 유추적용)되어야 한다는 점, 목적단체인 법인의 본질, 회사의 사업목적을 믿고 투자한 투자자의 기대이익 보호 등을 이유로 회사의 권리능력은 정관에 기재된 목적범위 내로 제한된다고 주장한다.[334)] 이에 대하여 **무제한설**은 회사의 목적이 등기된다 하더라도 이를 확인하지 않고 회사와 거래하는 거래실정상 거래의 동적 안전을 위하여 회사의 권리능력을 목적범위 내로 제한하지 말아야 한다고 주장한다(통설).[335)]

---

333) 같은 정치자금 기부행위를 횡령죄 외에 정치자금법위반죄로 형사처벌하는 것은 별개의 문제이다. 판례도 부외(簿外)자금을 인출하여 정치자금으로 기부한 행위에 관하여 구 정치자금에 관한법률위반죄와 특정경제범죄법위반(횡령)죄는 법조경합 관계가 아닌 실체적 경합범으로 보고 있다(대법원 2005. 5. 26. 2003도5519).

334) 최준선(회사), 100, 101면.

335) 이철송(회사), 82면; 정찬형(상법-상-), 487면; 김정호(회사), 75면; 정경영(상법), 325면; 권기범(회사), 131면; 이기수 · 최병규(회사), 104면; 최기원(회사), 87면; 정동윤(상법-상-), 357면; 장덕조(상법), 31면; 김홍기(상법), 316면; 김건식 · 노혁준 · 천경훈(회사), 60면; 이범찬 · 임충희 · 이영

우리나라나 일본의 판례(후술하는 야하다제철 사건 판례 등)는 제한설 입장이지만, 회사의 목적범위는 정관에 명시된 목적 자체에 국한되는 것이 아니라 그 목적을 수행하는 데에 직접 또는 간접으로 필요한 행위는 모두 포함되고, 목적수행에 필요한지 여부도 행위의 객관적 성질에 따라 추상적으로 판단할 것이지 행위자의 주관적, 구체적 의사에 따라 판단할 것은 아니라고 판시하고 있어서 실제로는 무제한설과 같은 결과에 이르고 있다.[336]

제한설의 입장에서 정치자금 기부행위는 회사의 설립목적에 반하므로 권리능력 범위 밖으로 보아야 한다는 견해가 있다.[337] 이러한 입장에서는 경영자가 회사의 자금으로 정치자금 기부행위를 하는 것은 권리능력 범위 밖의 행위를 하는 것이므로 횡령죄의 성립도 인정할 수 있게 된다. 그러나 무제한설이나 제한설 중 판례의 입장에서는 다시 경영진의 어떠한 정치자금 기부행위가 횡령행위가 될 것인지를 검토해야 할 것이다.

이에 관하여 미국의 경우에는 개정 모범회사법(Revised Model Business Corporation Act, 이하 'RMBCA'라 함)에서 회사영업을 위하여 정치적 목적이나 선거에 영향을 미치는 기부행위를 허용하는 규정을 마련하고 있다.[338]

회사법제도가 우리나라와 유사한 일본의 경우에는 회사법상 명문 규정은 없으나 판례가 다음과 같이 합리성 기준을 취하고 있다고 말할 수 있다. 즉, 일본 야하다제철주식회사의 이사가 자민당에 정치자금 350만 엔을 기부한 행위로 인하여 이사의 회사에 대한 손해배상책임 여부가 문제된 사안(**야하다제철 사건**)에서[339] 다음과 같이 판시하였다. 즉, "회사의 권리능력은 정관에 기재된 설립목적 범위 내로 한정되는 것이지만, 행위의 객관적 성질상 추상적으로 판단해 볼 때 회사의 설립목적 수행에 직접 또는 간접으로 필요한 행위도 모두 그 목적 범위에 포함된다. 회사는 영리사업을 목적으로 하는 법인이지만 사회의 구성원으로서 사회통념상 회사에게 요구되는 활동을 하는 것은 회사의 원활한 발전을 위한 가치와 효과를 가져오는 일이기도 하

종 · 김지환(회사), 97면.

336) 대법원 1987. 9. 8. 86다카1349.

337) 최준선(회사), 102면.

338) RMBCA §3.02 (13).

339) 日 最判 1970. 6. 24. 最高裁判所 民事判例集 24巻 6号, 625면.

므로 회사의 설립목적 수행에 필요한 행위라고 할 수 있다. 따라서 회사의 정치자금 기부행위도 민주정치에 불가결한 정당의 발전에 협력하는 것이므로, 회사의 권리능력 범위에 포함된다. 다만 이사는 회사의 규모 · 경영실적 · 상대방 등 여러 사정을 감안하여 **합리적인 범위 내**에서 정치자금 기부를 하여야 하는데, 이를 위반할 경우에는 충실의무 위반이 되어 회사에 대한 손해배상 책임을 부담한다."는 것이다.

이러한 일본 판례의 입장은 정치자금 기부행위는 행위의 객관적 성질에 비추어 추상적으로 판단해 볼 때 회사의 이익과 직접적 관련성이 없다고 하더라도 회사의 권리능력 범위 내에 속하여 허용되는 것이지만, 회사의 규모 등에 비추어 합리적 범위를 넘는 금액의 정치자금 기부행위는 경영자의 임무에 위배하는 임의처분 행위로 보는 입장이라고 정리할 수 있다.[340]

이러한 일본 판례의 기준은 비록 이사의 민사상 손해배상책임에 관한 판례이기는 하지만, 횡령죄와 같은 형사책임을 물음에 있어서 충분조건은 안 되더라도 필요조건으로 볼 수는 있을 것이다. 즉, 이러한 입장을 따른다면 회사 등 법인의 정치자금 기부는 법인의 이익과 직접적 관련성이 없다고 하더라도 법인의 권리능력 범위를 넘는 일은 아니지만, 법인의 규모 · 재무상태 · 경영상황 및 상대방과의 관계 등 모든 사정을 감안하여 합리적 범위를 벗어날 경우에는 재물의 보관위탁의 취지에 반하는 횡령행위가 될 수 있을 것이다(**합리성 기준설**). 우리나라의 대법원 판례는 후술하는 것처럼 "회사의 대표이사가 보관 중인 회사 재산을 처분하여 그 대금을 정치자금으로 기부한 경우 그것이 **회사의 이익을 도모할 목적으로 합리적인 범위 내에서 이루어졌다면** 그 이사에게 횡령죄에 있어서 요구되는 불법영득의 의사가 있다고 할 수 없을 것이나, 그것이 회사의 이익을 도모할 목적보다는 후보자 개인의 이익을 도모할 목적이나 기타 다른 목적으로 행하여졌다면 그 이사는 회사에 대하여 횡령죄의 죄책을 면하지 못한다."고 판시하고 있다.[341] 법원은 위 '합리적인 범위'인지 여부는 회사의 재정, 경영실적 및 상대방과의 관계 등에 비추어 판단하고 있다.[342]

이에 대하여 회사의 이익과 직접적 관련성이 없는 경우에는 회사의 정치자금 기

340) 정동윤(상법-상-), 358면; 芝原邦爾, 앞의「經濟刑法」, 21면.
341) 대법원 2009. 12. 10. 2007다58285; 2005. 5. 26. 2003도5519; 1999. 6. 25. 99도1141.
342) 대법원 2005. 5. 26. 2003도5519.

부행위가 일체 허용되지 않는다는 견해가 있는데(법인직접이익 기준설),[343] 이 견해를 따르면 경영진이 회사의 이익과 직접적 관련성이 없는 정치자금 기부행위를 하는 것은 합리적 범위 내의 행위인지 여부를 불문하고 횡령죄가 성립할 수 있게 된다.

3. 주요 판례

■ 기아자동차 정치자금 기부 사건(대법원 1999. 6. 25. 99도1141)

【 사실관계 】

기아자동차㈜의 대표이사 겸 기아그룹 회장인 피고인 K, 기아자동차의 이사 겸 기아그룹 종합조정실장인 피고인 L은 제15대 국회의원 선거 전인 1996년 초경 국가안전기획부 차장으로부터 "지금 각 기업마다 의원들이 할당되어 있는데 국회의원 후보 E(기아자동차 대표이사 출신으로서 위 국회의원선거에 입후보하였음)는 기아 사람이니 기아에서 지원하라."는 요청을 받았다. 이에 따라 피고인들은 공모하여, 당시 기아자동차가 적자 경영상태이고 차입금 누적 등으로 재무구조가 악화된 상태임에도 불구하고, 1996년 2~3월경 그 동안 타인 명의로 은밀히 관리해 오던 기아자동차 소유의 ㈜기산 발행 주식 일부를 매각한 후, 그 매각대금 중 약 15억 원은 국회의원 선거자금으로 E에게 교부하고, 나머지 매각대금 약 1억 2,669만 원은 기아그룹 직원들의 그 선거지원 활동비로 사용하여 기아자동차의 자금을 횡령한 사안이다.[344]

【 판결요지 】

회사의 이사가 보관 중인 회사 재산을 처분하여 그 대금을 공직선거에 입후보한 타인의 선거자금으로 지원한 경우, 그것이 **회사의 이익을 도모할 목적으로 합리적인 범위 내에서 이루어졌다면** 그 이사에게 횡령죄에 있어서 요구되는 불법영득의 의사가 있다고 할 수 없을 것이나, 그것이 회사의 이익을 도모할 목적보다는 그 후보자 개인의 이익을 도모할 목적이나 기타 다른 목적으로 행하여졌다면 그 이사는 회사에 대하여 횡령죄의 죄책을 면하지 못한다고 할 것이다.

이 사건 선거자금의 지원은 그 주된 목적이 국회의원 입후보자인 E 개인의 이익이

---

343) 최기원(회사), 94면.

344) 이 사건 공소사실 중에는 그 밖에도 계열사 부당지원에 따른 배임, 분식결산에 의한 사기 등도 포함되어 있으나 여기에서는 논외로 한다.

나, 국가안전기획부 차장에 의하여 대변되는 정권의 이익을 도모함에 있었던 것으로 보여질 뿐, 전적으로 회사 자체의 이익을 도모함에 있었던 것으로는 보여지지 않으므로 피고인에게는 횡령죄에 있어서 요구되는 불법영득의사가 있었다 할 것이고, 따라서 피고인은 횡령죄의 죄책을 면하지 못한다(1심 및 항소심 판결도 모두 유죄로 판시).

■ **건설회사 정치자금 기부 사건(대법원 2005. 5. 26. 2003도5519)**

【 사실관계 】

건설업 주식회사인 S회사는 1988년부터 계속된 적자상태와 2000년부터의 유동성 위기 등으로 인하여 재무구조가 극히 취약하였고, 1998. 9. 21.부터 채권은행단과 기업개선작업을 진행 중이었다. 그럼에도 불구하고 S회사의 회장인 피고인 M, 대표이사인 피고인 N 등은 공모하여, 2000. 3. 10.부터 같은 해 4. 12.까지 사이에 S회사 소유의 부외자금 6억 9,900만 원을 수회에 걸쳐 당시 16대 국회의원 선거에 입후보한 자나 입후보하려는 자의 후원회 등에 정치자금 명목으로 기부하여 S회사의 자금을 횡령한 사안이다.[345]

【 판결요지 】

회사의 대표이사가 보관 중인 회사 재산을 처분하여 그 대금을 정치자금으로 기부한 경우에 그것이 **회사의 이익을 도모할 목적으로 합리적인 범위 내에서 이루어졌다**면 횡령죄에 있어서 요구되는 불법영득의 의사가 있다고 할 수 없을 것이나, 그것이 회사의 이익을 도모할 목적보다는 후보자 개인의 이익을 도모할 목적이나 기타 다른 목적으로 행하여졌다면 그 이사는 회사에 대하여 횡령죄의 죄책을 면하지 못한다고 할 것이다. 피고인들의 이 사건 정치자금 기부행위는 다분히 **개인적인 이해관계나 감정에 기초한 것으로서 합리적인 절차 및 범위 내에서의 지출이라고 평가할 수 없으며**, S회사의 재정 궁핍상태, 경영실적 등을 고려할 때 사회통념상 의례적인 지출이라고도 할 수 없으므로, 결국 이 사건 부외자금의 정치자금 교부행위는 회사의 목적보다는 개인 목적을 위한 것이라고 봄이 상당하다. 따라서 피고인들의 불법영득의사를 인정한 원심 판단은 정당하다.

---

345) 이 사건 공소사실 중에는 그 밖에도 구 「정치자금에 관한 법률」상 법인의 기부제한규정 위반의 점(이 부분은 1심 및 2심에서는 유죄로 판시하였으나 대법원에서 무죄 취지로 파기환송)도 포함되어 있으나 여기에서는 논외로 한다.

4. 결어

우리나라의 판례는 위와 같이 회사의 경영자 등 법인 운영자가 보관 중인 법인의 자금을 정치자금으로 기부한 경우에, 그것이 법인의 이익을 도모할 목적으로 합리적인 범위 내에서 이루어졌다면 법인 운영자에게 횡령죄에 있어서 요구되는 불법영득의사가 있다고 할 수 없을 것이지만, 그것이 법인의 이익을 도모할 목적보다는 상대방 또는 운영자 개인의 이익을 도모할 목적이나 기타 다른 목적으로 행하여졌다면 불법영득의사가 인정되고 법인에 대한 횡령죄가 성립한다는 취지로 일관된 판결을 하고 있다.[346] 즉, 기부의 목적이 법인의 이익을 위한 것이고 기부의 정도가 합리적 범위 내인 경우에 한하여 불법영득의사 및 횡령행위를 부정하고 있으므로 **법인 이익 및 합리성 기준설**이라 할 수 있다.

그러나 '법인의 이익 도모 목적'은 주관적 요건으로서 그 증명이 용이한 것도 아니지만, 그 이익의 범위를 넓게 인정할 것인지 아니면 법인이익 기준설 입장처럼 직접적 관련성이 있는 이익으로 좁게 볼 것인지부터 문제가 된다. 정치활동이 자연인은 물론 경제활동을 하는 회사 등 법인에게 미치는 광범위한 영향력을 감안하면 '법인의 이익'을 직접적 이익으로 제한하는 것은 부당하다고 본다. 그렇다면 판례의 입장을 따르더라도 '법인의 이익 도모 목적'을 넓게 해석하지 않을 수 없으므로, 개인적 목적이나 다른 목적이 뚜렷하게 인정되지 아니한 이상 실제로는 합리성 기준이 주된 판단기준이 되어야 할 것으로 보인다.

또한 이러한 판단기준은 정치자금 기부행위뿐만 아니라 법인의 모든 기부행위의 경우에도 적용되어야 할 것이다. 다만, 이 경우에는 기부의 목적이나 기부금의 용도에 비추어 기부가 법인의 이익을 위한 것인지도 기부의 합리성 기준과 함께 중요한 판단기준이 될 것이다.

---

346) 대법원 2005. 5. 26. 2003도5519; 1999. 6. 25. 99도1141.

제5장

회사 범죄

제1절 서설

Ⅰ. 의의

주식회사와 증권시장은 자본주의 경제의 꽃으로 불릴 정도이므로 오늘날 시장경제 체제 아래에서 주식회사를 중심으로 하는 회사제도가 경제 · 사회 · 문화에 미치는 영향은 막중하다. 상법 제3편(회사)과 자본시장법 등 상사특별법은 우리나라 회사제도의 내용을 규정함과 아울러 그 회사제도의 보호를 위한 벌칙 규정을 두고 있다. 그 중 상법 제3편 제7장은 벌칙이라는 제목 아래 회사 관련 범죄의 구성요건 및 형벌과 행정벌인 과태료의 부과요건 및 그 부과 · 징수절차를 규정하고 있다. 상법의 다른 편 위반행위의 경우에는 대부분 과태료 부과에 그치고 있지만[1] 상법이나 상사특별법상 회사 관련 위반행위의 경우에 형사처벌 규정까지 두고 있는 이유는 국가경제에서 회사가 차지하는 역할이 매우 중요하고 회사에는 수많은 이해관계자가 관련되어 있어서 회사의 재산과 건전한 운영을 보호할 필요가 절실하기 때문이다. 이처럼 회사의 재산이나 건전한 운영을 보호하기 위하여 그 침해행위를 형사처벌하는 범죄를 회사범죄[2]라 할 수 있다.

특히 주식회사나 유한회사 등 물적회사의 유한책임, 소유와 경영의 분리 등 회사제도를 오용하거나 남용하는 경우에는 그로 인한 주주나 출자자, 회사채권자, 회사의 종업원 및 거래처 등 이해관계자의 피해가 광범위하고 경제 · 사회에 미치는 파급효과도 적지 아니하다. 그럼에도 불구하고 회사범죄는 회사 내부에서 벌어지는 부정행위이므로 그 감시나 적발이 용이하지 않고, 복잡한 회사법상 규율내용을 위반하는 행위를 일반 형법상 처벌규정만으로 대처하기에는 미흡하므로, 비록 사법 영역에 속하

---

1) 예컨대 상호를 부정사용하는 경우에도 과태료를 부과하고 있을 뿐이다(상법 제28조).

2) 노명선(회범), 28면에서는 회사범죄를 "회사를 형성하고 운영하는 과정에서 야기되는 범죄"로 정의하고 있다.

지만 회사제도를 규율하는 상법 및 상사특별법[3]에 회사범죄의 처벌규정을 두고 있는 것이다.

Ⅱ. 연혁

상법 제3편 제7장의 벌칙 규정은 1962. 1. 20. 상법(법률 제1000호) 제정 당시 종전 의용상법인 일본 상법의 회사편 벌칙 규정을 약간 수정하여 거의 그대로 계수한 것이다.[4]

그 후 1962. 12. 12. 상법 개정(법률 제1212호)으로 제631조의 범죄구성요건, 제635조의 과태료 부과요건을 수정하였고, 1984. 4. 10. 상법 개정(법률 제3724호)으로 각 벌금액 및 과태료액을 증액하고 제625조의2(모회사주식 취득제한위반죄), 제634조의2(이익공여죄 · 이익수수죄 · 제3자이익공여죄)를 신설하였으며, 제635조의 과태료 부과요건을 수정 · 추가하였다. 1995. 12. 29. 상법 개정(법률 제5053호)으로 각 벌금액 및 과태료액을 증액하고 제634조의2 이익공여죄의 법정형을 상향조정하였으며, 제635조의 과태료 부과요건을 수정하거나 추가하였다. 1998. 12. 28. 상법 개정(법률 제5591호)으로 제625조(회사재산을 위태롭게 하는 죄), 제630조(독직죄), 제631조(권리행사방해 증수뢰죄)의 범죄구성요건을 수정하고 제635조의 과태료 부과요건을 수정하거나 추가하였다. 1999. 12. 31. 상법 개정(법률 제6086호)으로 당시 감사위원회제도 신설 등의 상법 개정내용을 반영하여 제622조(회사임원등 특별배임죄), 제626조(부실보고죄), 제631조(권리행사방해 증수뢰죄), 제634조의2(이익공여죄 · 이익수수죄 · 제3자이익공여죄)의 범죄구성요건을 수정하고 제635조의 과태료 부과요건을 수정하였다. 2009. 1. 30. 상법 개정(법률 제9362호)으로 제624조의2(신용공여죄), 제634조의3(신용공여죄의 양벌규정), 제637조의2(과태료의 부과 · 징수)를 신설하고 제635조의 과태료 부과요건을 수정 · 추가하였다. 2011. 4. 14. 상법 개정(법률 제10600호)으로 당시 집행임원제도 · 준법통제기준 및 준법지원인제도의 신설과 건설이자제도 폐지 등 상법 개정내용을 반영하여 제622조(회사임원등 특별배임죄), 제625조(회사재산을 위태롭게 하는 죄),

---

3) 자본시장법 제10편 벌칙, 은행법 제12장 벌칙, 상호저축은행법 제6장 벌칙 등.

4) 박길준, "상법상의 벌칙규정에 대한 입법론적 고찰 –일본법과의 비교를 중심으로–", 「연세행정논총」 15집(연세대학교 행정대학원, 1990), 144면.

제625조의2(모회사주식 취득제한위반죄), 제626조(조직변경 부실보고죄), 제629조(주식초과발행죄), 제631조(권리행사방해 증수뢰죄), 제634조의2(이익공여죄 · 이익수수죄 · 제3자이익공여죄) 각 범죄구성요건, 제634조의3(신용공여죄의 양벌규정) 단서 내용 및 제637조(법인에 대한 벌칙 적용) 내용을 수정하고 제635조의 과태료 부과요건을 수정하거나 추가하였다. 2015. 12. 1. 상법 개정(법률 제13523호)으로 삼각주식교환, 역삼각합병, 삼각분할합병 제도를 신설하면서 그로 인하여 취득한 모회사주식 처분의무 위반행위를 처벌하기 위하여 제625조의2에서 종전 모회사주식 취득제한위반죄를 제1호로 옮기고 제2호부터 제4호까지를 추가하였다.

이러한 일련의 상법 개정을 통하여 상법 회사편 벌칙 규정에 새로운 회사범죄가 신설되거나 일부 범죄구성요건이 합리적인 내용으로 수정되기도 하였지만, 벌칙 규정의 전반적인 내용은 상법 제정 당시 모델로 삼은 의용상법의 기본 틀 안에서 그간 이루어진 상법 회사편의 제도개편에 상응하거나 화폐가치의 하락에 따른 벌금액 등 법정형 또는 과태료액의 상향조정에 불과한 형편이다.[5)]

따라서 벌칙 규정을 해석함에 있어서는 의용상법, 즉 일본 상법(현행 일본 회사법)의 유사 규정에 관한 판례, 해석론 및 운용실태도 참고할 필요가 있다.

Ⅲ. 구조 및 특징

회사범죄는 상법 및 상사특별법에 산재된 채 규율되고 있지만, 여기에서는 일반법인 상법 회사편에 규정된 회사범죄에 국한하여 검토하기로 한다. 상법 회사편 벌칙 부분은 상법 제622조부터 제634조의3까지 및 제637조에서 회사에 관한 일정한 법익침해행위를 범죄로 규정하고 그 법률효과로서 형벌을 가하는 회사범죄를 규율하고 있고, 나머지 상법 제635조, 제636조, 637조의2에서는 과태료 부과에 관하여 규율하고 있다. 이러한 과태료는 상법 회사편에서 회사제도의 원활한 운영을 위해 규정하고 있는 각종 의무를 위반하거나 질서를 침해하는 행위에 대하여 부과하

---

5) 상법 회사편 벌칙 규정의 문제점에 관하여, 그 원인을 의용상법(즉, 일본 상법)의 무비판적 계수에서 찾고, 이러한 연유로 초래된 우리나라 형법 등 형벌법규와의 불균형, 인적회사나 유한회사에 대한 배려 부족, 과도한 범위의 범죄주체 규정 등의 문제점을 지적하는 견해(박길준, 앞의 "상법상의 벌칙규정에 대한 입법론적 고찰 -일본법과의 비교를 중심으로-", 144,145면)도 있다.

는 질서벌이다. 형벌은 형사소송절차에 따라 법원이 선고하지만, 위 과태료는 법무부장관이 상법시행령 제44조의 절차에 따라 부과 · 징수하고, 과태료 부과처분에 불복하는 경우의 과태료 재판은 비송사건절차법 제4편 보칙 규정에 따라 법원이 재판한다.

형벌이 부과되는 회사범죄에는 특별한 규정이 없는 한 형법 제1편 총칙 규정이 적용된다(형법 제8조). 형법 총칙 규정에 의하면 과실범은 법률에 특별한 규정이 있는 경우에 한하여 처벌할 수 있는데(형법 제14조), 상법 회사편 벌칙 규정의 회사범죄 중에는 과실행위를 처벌하는 규정이 없으므로 모두 객관적 범죄구성요건 전부에 대한 고의가 필요하다.[6] 따라서 각 개별 범죄의 주관적 범죄구성요건 중 고의에 관하여는 특별히 설명이 필요한 경우에만 언급하기로 한다. 미수범의 처벌도 그 처벌 규정이 있어야 처벌할 수 있는데(형법 제29조), 상법의 회사범죄 중에는 특별배임죄(상법 제622조, 제623조)의 미수범을 처벌하는 규정(제624조) 외에는 미수범 처벌규정이 없다. 따라서 특별배임죄를 제외한 상법상 회사범죄는 범죄행위가 기수에 이르지 않으면 처벌할 수 없다.

상법의 회사편 벌칙 부분에 규정된 회사범죄 중 위 특별배임죄는 앞의 제3장 '배임 범죄' 부분에서, 상법 제630조의 독직죄는 후술하는 제6장 '배임수증재 및 독직죄' 제3절 부분에서 설명하므로 이 장에서는 나머지 회사범죄의 내용을 검토하기로 한다. 또한 회사범죄에 속하지는 않지만 관련 제도로서 상법의 회사편 벌칙 부분에 규정된 과태료의 부과 · 징수에 대하여도 설명하기로 한다.

회사범죄에 관한 법률 규정은 일반 형벌법규인 형법 각칙의 범죄유형을 기초로 그것을 구체화하거나 수정하여 규정하고 있는 경우가 대부분이고 형법전의 법률용어를 차용하고 있는 경우도 많으므로, 회사범죄의 해석에 있어서는 형법 각칙의 해석론도 많이 참고할 필요가 있다.[7]

---

6) 이철송(회사), 1244면.

7) 新経済刑法入門, 15면.

제2절 신용공여죄

Ⅰ. 의의

상장회사가 주요주주, 그의 특수관계인, 이사 · 집행임원 · 감사를 상대방으로 하거나 그를 위하여 신용공여를 하는 것은 금지되며(상법 제542조의9 제1항),[8] 이를 위반하여 신용공여를 한 자에 대하여는 5년 이하의 징역 또는 2억 원 이하의 벌금에 처하거나 이를 병과할 수 있다(상법 제624조의2, 제632조, 이하 '신용공여죄'[9]라 함). 신용공여죄의 금지 및 처벌 규정은 원래 구 증권거래법에 규정되어 있었으나(구 증권거래법 제191조의19 제1항, 제207조의3 제7호, 제214조 제1항) 자본시장법이 2009. 2. 4. 시행됨에 따라 구 증권거래법이 폐지되고 그 중 상장법인의 지배구조에 관한 특례규정을 상법 회사편에 포함시키면서 함께 상법 회사편으로 옮기게 된 것이며, 이때 구성요건을 다소 수정하고 벌금형도 상향 조정하여 규정하였다. 또한 회사의 대표자나 대리인, 사용인 및 그 밖의 종업원이 그 회사의 업무에 관하여 이 죄를 범한 경우에는 그 행위자를 벌하는 외에 그 회사에 대하여도 위 벌금형을 부과한다(양벌규정). 다만, 회사가 상법 제542조의13(준법통제기준 및 준법지원인)에 따른 의무를 성실히 이행하는 등 그 위반행위를 방지하기 위하여 해당 업무에 관하여 상당한 주의와 감독을 게을리하지 아니한 경우에는 양벌규정으로 회사를 처벌할 수 없다(상법 제634조의3).

Ⅱ. 보호법익

원래 회사의 주요주주, 이사 등이 회사와 하는 자기거래는 이익충돌로 인하여 회

8) 이 금지규정은 강행규정으로서 그 위반행위는 이사회 승인 유무를 불문하고 무효이다. 다만 그러한 신용공여에 해당하는 사실을 중대한 과실 없이 알지 못한 제3자에 대하여는 무효를 주장할 수 없다는 것이 판례의 입장이다(대법원 2021. 4. 29. 2017다261943).

9) 이 죄의 명칭을 '부당신용공여죄'로 지칭하는 견해[이철송(회사), 1245면]도 있으나, 여기서는 간략히 '신용공여죄'로 지칭하기로 한다.

사의 자본금충실을 해칠 수 있으므로 이사회의 승인결의를 거치게 하는 등의 제한을 하고 있다(상법 제398조). 회사가 주요주주, 이사 등에게 하는 신용공여도 이익충돌이 가능한 자기거래의 일종이지만, 일반투자자의 신뢰보호가 필요한 상장회사의 경우에는 아예 그 신용공여행위를 금지하고 이를 위반한 행위를 형사처벌까지 하고 있는 것이다. 즉, 상장회사의 경영건전성(구체적으로는 재무건전성)을 침해함으로써 회사의 자본금충실을 해치고 일반투자자의 기대이익을 해칠 우려가 크기 때문에 이를 금지하고 그 위반행위를 처벌하는 것이다.[10] 그렇기 때문에 상법 제542조의9 제2항 제3호에서는 예외적으로 신용공여를 허용하는 경우로서 '그밖에 상장회사의 경영건전성을 해칠 우려가 없는 금전대여 등'이라고 표현하고 있는 것이다. 판례도 종전 금지 및 처벌 규정인 증권거래법 제191조의19 제1항 및 제207조의3 제7호의 입법취지에 관하여 "상장법인의 건전한 경영을 도모하고 이를 통하여 일반투자자들을 보호하려는 것"이라고 판시하고 있다.[11] 따라서 이 죄의 보호법익은 상장회사의 경영건전성(또는 재무건전성)으로 보아야 할 것이다.[12]

그리고 범죄구성요건으로 경영건전성의 현실적 침해나 그 침해위험의 발생을 요구하지는 않으므로, 그 보호의 정도는 일반적 · 추상적 위험으로 구성요건이 충족되는 추상적 위험범으로 보아야 할 것이다.

그런데 이 죄의 보호법익을 상장회사의 경영건전성 또는 재무건전성으로 보면 상장회사는 이 죄의 피해자가 되는데, 대표이사 · 사용인 · 종업원 등의 신용공여행위로 경영건전성 또는 재무건전성이 침해되는 피해를 입게 된 상장회사를 재산형의 양벌규정으로 처벌하는 것은 모순이다. 이는 구 증권거래법상의 양벌규정을 보호법익에 대한 고려가 없이 만연히 상법 회사편의 벌칙으로 옮겨놓은 결과이다. 따라서 이 죄의 양벌규정인 상법 제634조의3 규정은 폐지하고 그 대신 법인 행위의 경우에 실제 행위자를 처벌하는 규정인 상법 제637조(법인에 대한 벌칙의 적용)의 적용대상에 이 죄를 포함시키는 것이 입법의 균형상 필요하다.

---

10) 이철송(회사), 788면.

11) 대법원 2013. 5. 9. 2011도15854.

12) 또한 경영건전성을 통하여 회사재산도 보호하는 결과가 되겠지만, 회사의 재산상 손해발생을 범죄구성요건으로 하지 않는 이상 회사의 재산권을 직접적 보호법익으로 보기는 어려울 것이다.

Ⅲ. 범죄구성요건

1. 행위주체

신용공여죄의 처벌규정인 상법 제624조의2 규정에는 그 범죄행위주체를 '제542조의9 제1항을 위반하여 신용공여를 한 자'라고 규정하고 있고, 상법 제542조의9 제1항은 그 신용공여의 주체를 상장회사로 규정하고 있다. 그러므로 위 각 규정의 문언해석상 이 죄의 행위주체는 신용공여를 한 상장회사가 된다. 그러나 법인의 범죄능력 인정 여부에 관한 부정설이나 부분적 긍정설 입장[13]에서는 신용공여죄의 행위주체를 법인인 상장회사로 할 수는 없으므로, 양벌규정을 두게 된 것이다. 즉, 상장회사의 대표자(즉, 대표이사)나 그 대리인, 사용인, 그 밖의 종업원이 그 회사의 업무에 관하여 상법 제542조의9 제1항을 위반하여 신용공여행위를 한 경우에는 그 행위자를 처벌하는 것 외에 그 회사에도 신용공여죄의 벌금형을 부과하는 양벌규정을 두게 되었다(상법 제634조의3 본문).[14]

따라서 상장회사의 신용공여행위를 한 대표이사, 집행임원, 대리인, 사용인 또는 종업원이 이 범죄행위의 주체가 되고, 그 상장회사는 위반행위의 방지를 위해 상당한 주의와 감독을 게을리한 경우에만 양벌규정에 따라 처벌할 수 있을 뿐이다(상법 제634조의3 단서). 위 양벌규정에서는 상장회사가 준법지원제도로서 준법통제에 관한 기준 및 절차를 마련하고 준법지원인을 두는 등 상법 제542조의13에 따른 의무[15]를 성실히 이행한 경우를 그 주의 · 감독의무 이행 여부의 판단요소로 명시하고 있다. 준법지원제도를 마련해야 할 의무가 없는 상장회사가 준법지원제도를 마련하여 성실하게 운용하고 있는 경우에도 상장회사의 주의 · 감독의무 이행 여부의 중요한 판단요소가 될 수 있을 것이다.

---

13) 앞의 제2장 '법인의 형사책임'에서 살펴본 것처럼 판례는 법인의 범죄능력 부정설 또는 부분적 긍정설 입장으로 볼 수 있다.

14) 그러나 신용공여죄의 보호법익에 비추어 보면 상장회사를 양벌규정으로 처벌하는 것은 모순이므로 양벌규정은 삭제하고, 그 대신 법인의 실제 행위자 처벌규정인 상법 제637조의 적용대상에 신용공여죄도 포함시키는 것이 타당함은 앞의 보호법익 부분에서 설명하였다.

15) 최근 사업연도 말 현재의 자산총액이 5천억 원 이상인 상장회사 중 다른 법률에 따라 내부통제기준 및 준법감시인을 두어야 하는 회사가 아닌 경우에는 이러한 준법지원제도를 마련해야 할 의무가 있다(상법 시행령 제39조).

2. 위반행위

상장회사가 주요주주,[16] 주요주주의 특수관계인,[17] 이사(상법 제401조의2 1항 각 호의 어느 하나에 해당하는 실질상 이사 포함), 집행임원, 감사(이하 '주요주주등'이라 함)를 상대방으로 하거나 그를 위하여 신용공여[18]를 하는 행위가 범죄를 구성하는 행위이다(상법 제624조의2, 제542조의9 제1항). 주요주주등을 상대방으로 신용공여를 한다는 것은 주요주주등이 직접 신용공여의 거래 상대방이 되는 경우이다.

주요주주등을 위하여 신용공여를 하는 행위가 무엇인지는 문제이다. 이를 주요주주등의 계산으로 거래하는 자에게 회사가 신용공여를 하는 행위라고 보는 견해[19]가 있다. 주요주주등의 계산으로 거래한다고 함은 그 거래의 경제적 손익이 주요주주

---

16) '주요주주'란 누구의 명의로 하든지 자기의 계산으로 의결권 없는 주식을 제외한 발행주식총수의 100분의 10 **이상**의 주식을 소유하거나, 이사 · 집행임원 · 감사의 선임과 해임 등 상장회사의 주요 경영사항에 대하여 사실상의 영향력을 행사하는 주주를 말한다(상법 제542조의8 제2항 제6호).

17) '특수관계인'이란 본인이 **개인**인 경우에는 ① 배우자(사실상 혼인관계 포함), 6촌 이내의 혈족 또는 4촌 이내의 인척, ② 본인이 단독으로 또는 본인과 위 ①과 같은 관계에 있는 사람과 합하여 100분의 30 이상을 출자하거나 그밖에 이사 · 집행임원 · 감사의 임면 등 법인 또는 단체의 주요 경영사항에 대하여 사실상 영향력을 행사하고 있는 경우에는 해당 법인 또는 단체와 그 이사 · 집행임원 · 감사, ③ 본인이 단독으로 또는 본인과 위 ①, ②와 같은 관계에 있는 자와 합하여 100분의 30 이상을 출자하거나 그밖에 이사 · 집행임원 · 감사의 임면 등 법인 또는 단체의 주요 경영사항에 대하여 사실상 영향력을 행사하고 있는 경우에는 해당 법인 또는 단체와 그 이사 · 집행임원 · 감사를 말하고, 본인이 **법인 또는 단체**인 경우에는 ⓐ 이사 · 집행임원 · 감사, 계열회사(공정거래법 제2조 제3호의 '계열회사', 즉 동일인이 사실상 계열회사의 사업내용을 지배하는 동일 기업집단에 속하는 계열회사를 말함) 및 그 이사 · 집행임원 · 감사, ⓑ 단독으로 또는 위 ①, ②, ③의 관계에 있는 자와 합하여 본인에게 100분의 30 이상을 출자하거나 그밖에 이사 · 집행임원 · 감사의 임면 등 본인의 주요 경영사항에 대하여 사실상 영향력을 행사하고 있는 개인 및 그와 위 ①, ②, ③의 관계에 있는 자 또는 단체(계열회사는 제외)와 그 이사 · 집행임원 · 감사, ⓒ 본인이 단독으로 또는 본인과 위 ⓐ, ⓑ의 관계에 있는 자와 합하여 100분의 30 이상을 출자하거나 그밖에 이사 · 집행임원 · 감사의 임면 등 단체의 주요 경영사항에 대하여 사실상 영향력을 행사하고 있는 경우 해당 단체(계열회사는 제외)와 그 이사 · 집행임원 · 감사를 말한다(상법 시행령 제34조 제4항).

18) '신용공여'란 금전 등 ① 경제적 가치가 있는 재산의 대여, 채무이행의 보증, 자금 지원적 성격의 증권 매입, ② 그밖에 거래상의 신용위험이 따르는 직접적 · 간접적 거래로서, ⓐ 담보의 제공, ⓑ 담보적 효력이 있는 어음배서, ⓒ 출자이행약정, ⓓ 위 이해관계자(즉, 상법 제542조의9 제1항 각 호의 이해관계자)에 대한 신용공여의 제한(금전 · 증권 등 경제적 가치가 있는 재산의 대여, 채무이행의 보증, 자금 지원적 성격의 증권 매입, 담보의 제공, 담보적 효력이 있는 어음배서, 출자이행약정의 어느 하나에 해당하는 거래의 제한을 말함)을 회피할 목적으로 하는 거래로서, 제3자와의 계약 또는 담합 등에 의하여 서로 교차하는 방법으로 하는 거래, 장외파생상품거래, 신탁계약, 연계거래 등을 이용하는 거래, ⓔ 그밖에 채무인수 등 신용위험을 수반하는 거래로서 금융위원회가 정하여 고시하는 거래를 말한다(상법 제542조의9 제1항, 상법 시행령 제35조 제1항, 자본시장법 시행령 제38조 제1항 제4호 각 목, 제5호).

19) 이철송(회사), 788면 각주1.

등에게 귀속된다는 의미이다. 이는 주요주주등과 상장회사가 신용공여를 하는 상대방 사이에 그 신용공여의 경제적 손익이 주요주주등에게 귀속되는 위탁관계 등 법률관계가 있거나 주요주주등이 그 상대방 명의를 차용하는 경우 등 거래의 경제적 손익이 주요주주등에게 귀속되는 법률관계가 있는 경우만을 의미한다. 그러나 이러한 관계가 없을지라도 회사가 실질적으로 주요주주등의 경제적 이익을 위하여 주요주주등과 일정한 신분관계나 거래관계가 있는 자에게 신용공여를 할 수도 있고, 이러한 경우까지 포함시키는 것이 상장회사의 경영건전성을 확보하고자 하는 보호법익에 비추어 타당하다. 따라서 주요주주등을 위한 신용공여란 주요주주등의 계산으로 하는 거래, 주요주주등이 대출금의 실질적 귀속주체인 거래, 신용공여로 인한 경제적 이익이 실질적으로 주요주주등에게 귀속되는 경우를 모두 포함하는 개념으로 넓게 해석해야 할 것이다(판례).[20]

주요주주등에게 대출을 하되, 현실적으로 자금을 수수함이 없이 형식적으로만 신규대출을 하여 기존 채무를 변제하는 이른바 '대환'은 특별한 사정이 없는 한 형식적으로는 별도의 대출에 해당하나 실질적으로는 기존채무의 변제기 연장에 불과하므로 이 죄의 신용공여에 해당하지 않는다. 다만, 대환일지라도 실제로 대출로 인한 자금의 이동이 있었던 경우에는 신용공여에 해당한다고 보는 것이 판례[21]의 입장이다.

3. 고의

신분범이자 고의범이므로 형법 제13조 본문 규정에 따라 행위자에게 행위 당시

---

20) 대법원 2013. 5. 9. 2011도15854 판결도 신용공여죄의 종전 금지 규정인 구 증권거래법 제191조의19 제1항 기재 주요주주등을 '위하여'의 해석에 관하여 "그 금전 등의 대여행위로 인한 경제적 이익이 실질적으로 상장법인의 이사 등에게 귀속하는 경우"도 포함한다고 판시하면서, 피고인이 상장회사로 하여금 동일 기업집단 내에 있는 비상장법인이나 개인 명의로 상장회사의 자금을 대여하게 한 다음 상장회사의 이사가 그 비상장법인이나 개인으로부터 다시 그 자금을 대여받게 한 사례, 상장회사의 대표이사가 일단 동일 기업집단 내의 비상장법인 명의로 대출받은 다음 상장회사의 이사인 피고인이 상장회사로 하여금 타인에게 상장회사의 자금을 대여하게 하여 그 자금으로 위 대출금 채무를 대신 변제하게 한 사례에서 모두 이 죄의 성립을 인정하고 있다. 또한 후술하는 상호저축은행의 대주주등에 대한 신용공여죄와 관련하여 "대주주 등에 대한 신용공여에 해당하는지는 대출명의인이 아니라 대출금이 실질적으로 귀속되는 자를 기준으로 판단해야 한다."고 판시하면서 대주주등이 타인 명의를 차용하여 신용공여를 받은 경우도 그 처벌대상인 위반행위에 포함하고 있다(대법원 2014. 6. 26. 2014도753).

21) 상호저축은행의 대주주등에 대한 신용공여죄의 '신용공여' 개념에 관하여 같은 취지로 판시하고 있다(대법원 2014. 6. 26. 2014도753).

자신이 이 죄의 신분자로서 상장회사가 상법상 신용공여가 금지된 주요주주등을 상대로 하거나 주요주주등을 위하여 신용공여를 하는 사실에 대한 인식[22]이 있어야 한다.

Ⅳ. 위법성

신용공여라 할지라도 회사의 경영건전성을 해칠 우려가 없거나 다른 정당한 이유가 있어서 상법 또는 다른 법령에서 허용하는 행위인 경우에는 법령 또는 업무로 인한 행위, 기타 사회상규에 위배되지 아니하는 정당행위로서 위법성이 없게 되어 처벌할 수 없다(형법 제20조). 즉, 이사, 집행임원 또는 감사에게 학자금, 주택자금 또는 의료비 등 복리후생을 위하여 3억 원의 범위에서 회사가 정하는 바에 따라 금전을 대여하는 경우(상법 제542조의9 제2항 제1호, 상법시행령 제35조 제2항), 다른 법령에서 허용하는 신용공여의 경우이거나(상법 제542조의9 제2항 제2호) 또는 회사의 경영상 목적을 달성하기 위해 필요한 경우로서 상법 시행령 제35조 제3항 각 호의 법인[23]을 상대로 하거나 그 법인을 위하여 적법한 절차에 따라 신용공여를 하는 경우가 이에 해당한다(상법 제542조의9 제2항 제3호, 상법 시행령 제35조 제3항).

최근 사업연도 말 현재의 자산총액이 2조 원 이상인 대규모상장회사의 경우에는 최대주주, 그의 특수관계인 및 그 상장회사의 특수관계인을 상대방으로 하거나 그를 위하여 일정 규모 이상의 거래[24]를 하려는 경우에는 이사회의 승인을 받고 할 수

22) 앞의 제3장 제3절 Ⅴ. 1항에서 설명한 것처럼 고의의 본질에 관한 통설 · 판례의 입장인 용인설에 따르면 그 인식과 함께 그 결과나 위험을 의욕하거나 적어도 이를 용인하는 상태에 이르면 고의가 인정되고, 이때 미필적 고의도 인정된다.

23) 즉, ① 법인인 주요주주, ② 법인인 주요주주의 특수관계인 중 회사(즉, 신용공여를 하는 상장회사, 이하 같음) 및 자회사의 출자지분과 해당 법인인 주요주주의 출자지분을 합한 것이 개인인 주요주주의 출자지분과 그의 특수관계인(해당 회사 및 자회사는 제외)의 출자지분을 합한 것보다 큰 법인, ③ 개인인 주요주주의 특수관계인 중 회사 및 자회사의 출자지분과 위 ① 및 ②에 따른 법인의 출자지분을 합한 것이 개인인 주요주주의 출자지분과 그의 특수관계인(해당 회사 및 자회사는 제외)의 출자 지분을 합한 것보다 큰 법인을 말한다(상법 시행령 제35조 제3항). 이처럼 법인인 주요주주 및 법인인 특수관계인에 대한 신용공여를 허용하는 것은 계열회사 간 신용공여의 필요를 반영하되, 그것이 개인인 주요주주의 탈법수단으로 이용되는 것을 방지하기 위한 것이다.

24) 즉, 단일 거래규모가 금융감독원의 검사 대상 기관인 경우 해당 회사의 최근 사업연도 말 현재 자산총액의 100분의 1 이상, 금융감독원의 검사 대상 기관이 아닌 경우 해당 회사의 최근 사업연도 말 현재의 자산총액 또는 매출총액의 100분의 1 이상인 거래이거나, 해당 사업연도 중에 특정인과의 해당 거래를 포함한 거래총액이 금융감독원의 검사 대상 기관인 경우 해당 회사의 최근 사업연도 말 현재 자산총액

있으나, 위와 같이 금지되는 이해관계자에 대한 신용공여까지 할 수 있는 것은 아니다(상법 제542조의9 제3항). 그러나 상장회사의 주요주주등을 상대방으로 하거나 그를 위한 담보제공 등 신용공여를 전면 금지하고 그 위반행위를 형사처벌 하는 것은 상장회사가 피인수인이 되는 차입매수(LBO) 방식의 기업인수를 불가능하게 하므로 이를 허용하는 입법조치가 필요하다는 주장[25]도 제기되고 있다.

Ⅴ. 죄수관계

1. 배임죄와의 관계

대표이사 등의 주요주주 등에 대한 신용공여행위는 회사에 손해를 야기하는 배임행위가 될 수 있으므로, 동일한 신용공여행위가 신용공여죄에도 해당하고 특별배임죄, 업무상배임죄 등 배임죄의 구성요건도 충족하는 경우에는 양 죄의 관계가 상상적 경합인지 법조경합인지 견해가 대립할 수 있다. 1개의 행위가 형식상 수죄인 것처럼 보이지만 실질적으로 1죄인지 수죄인지 여부는 구성요건적 평가와 보호법익 측면에서[26] 불법성이 중복 평가되는 결과가 되는지 여부[27]로 판단해야 할 것이다.

생각건대 신용공여죄의 보호법익인 상장회사의 경영건전성은 상장회사의 자본금 충실을 기함은 물론 일반투자자의 보호도 목적으로 하고 있으므로 단순히 배임죄의 보호법익인 회사 재산을 보호하기 위한 수단으로서의 성격만 띠고 있다고 할 수는 없다. 또한 배임죄의 구성요건은 신용공여에 의한 배임행위 외에도 재산상 이익의 취득 및 회사의 손해발생 등 추가적인 범죄구성요건을 요구하고 있다.[28] 그러므

의 100분의 5 이상, 금융감독원의 검사 대상 기관이 아닌 경우 해당 회사의 최근 사업연도 말 현재 자산총액 또는 매출총액의 100분의 5 이상의 거래를 말한다(상법 제542조의9 제3항 각 호, 상법 시행령 제35조 제6항, 제7항).

25) 원창연, “차입매수(LBO)와 배임죄의 성부”, 「YGBL」 5권 1호(연세대학교 법학연구원 글로벌비즈니스와 법센터, 2013), 118면.

26) 판례도 “법조경합은 1개의 행위가 외관상 수개의 죄의 구성요건에 해당하는 것처럼 보이나 실질적으로 1죄만을 구성하는 경우를 말하며, 실질적으로 1죄인가 또는 수죄인가는 구성요건적 평가와 보호법익의 측면에서 고찰하여 판단하여야 한다.”고 판시하고 있다(대법원 2011. 11. 24. 2010도8568; 2004. 1. 15. 2001도1429 등).

27) 법조경합을 인정하여 1죄로 보는 근거는 행위자 불법에 대한 이중평가금지 원칙에 있다고 보는 견해[김성돈(형총), 741,742면].

28) 원창연, 위 논문, 117면 각주68에서는 이 죄의 범죄구성요건으로 자기 또는 제3자의 이익 취득, 회사

로 신용공여죄와 배임죄는 1개의 행위로 수개의 죄를 범한 경우인 상상적 경합관계로 보아야 할 것이다.[29]

2. 특별법상 신용공여죄와의 관계

그밖에 은행법, 상호저축은행법 등 특별법에는 동일인에 대한 신용공여를 제한하는 것[30] 외에 은행 등 회사와의 이익충돌 염려가 있는 자, 즉 대주주나 임직원에 대한 신용공여를 금지하거나 제한하는 규정을 마련하고 있다.

은행법에서는 은행의 대주주[31](국외현지법인을 제외한 특수관계인[31] 포함)에 대한 신용

의 손해발생, 불법영득의사를 요구하지 않는 점 등이 배임죄의 경우와 다르다는 이유로 배임죄와 상상적 경합관계에 있다고 보고 있다.

29) 판례도 상호저축은행의 대주주등에 대한 신용공여죄(현재의 상호저축은행법 제39조 제1항 제3호, 제4호, 제37조)와 업무상배임죄의 죄수관계를 상상적 경합으로 판시하였다(서울고등법원 2013. 6. 13. 2012노4016 → 대법원 2013. 10. 24. 2012도7473 판결로 확정). 상호저축은행법의 신용공여죄는 상호저축은행의 경영건전성 보호 이외에도 이를 통한 금융거래자의 보호 및 신용질서의 유지를 목적으로 한다는 점(상호저축은행법 제1조)에서 공공성이 보다 강한 입법취지를 갖고 있지만 그 보호법익이 경영건전성이라는 점에서 죄수관계는 이 죄와 동일하게 파악하여도 무방할 것이다.

30) 은행의 경우에는 은행이 동일한 개인 · 법인 및 그 개인 · 법인과 신용위험을 공유하는 자(즉, 공정거래법 제2조 제2호에 따른 기업집단에 속하는 회사)[이하 동일차주(同一借主)라 함]에 대하여 그 은행 자기자본의 100분의 25를 초과하는 신용공여를 할 수 없고, 동일한 개인이나 법인 각각에 대하여 그 은행 자기자본의 100분의 20을 초과하는 신용공여를 할 수 없으며, 동일한 개인이나 법인 또는 동일차주 각각에 대한 은행의 신용공여가 그 은행 자기자본의 100분의 10을 초과하는 거액 신용공여인 경우 그 총합계액은 그 은행 자기자본의 5배를 초과할 수 없다(은행법 제35조 제1항, 제3항, 제4항). 이를 위반하여 신용공여를 한 자에 대하여는 3년 이하의 징역 또는 1억 원 이하의 벌금에 처한다(은행법 제67조 제2호). 상호저축은행의 경우에는 상호저축은행이 개별차주에게 해당 상호저축은행의 자기자본의 100분의 20 이내에서 대통령령으로 정하는 한도(즉, 법인에 대한 신용공여는 100억 원, 법인 아닌 사업자에 대한 신용공여는 50억 원, 지역개발사업이나 그 밖의 공공적 사업을 하는 자에 대한 신용공여는 해당 사업에 직접 드는 금액, 그 밖의 자에 대한 신용공여는 8억 원)를 초과하는 신용공여를 할 수 없으며, 금융위원회가 정하는 바에 따라 연결 재무제표를 작성해야 하는 계열관계에 있는 상호저축은행(이하 '동일계열 상호저축은행'이라 함)의 개별차주에 대한 신용공여 합계액은 연결 재무제표에 따른 자기자본의 100분의 20을 초과할 수 없다(상호저축은행법 제12조 제1항). 또한 개별차주에 대한 거액신용공여(상호저축은행 자기자본의 100분의 10을 초과하는 신용공여)의 합계액은 상호저축은행 자기자본의 5배를 초과해서는 아니 된다(상호저축은행법 제12조 제2항). 그리고 상호저축은행은 동일차주에게 해당 상호저축은행의 자기자본의 100분의 25를 초과하는 신용공여를 할 수 없고, 동일계열상호저축은행의 동일차주에 대한 신용공여의 합계액은 연결 재무제표에 따른 자기자본의 100분의 25를 초과할 수 없다(상호저축은행법 제12조 제3항). 위 각 금지규정을 위반한 자에 대하여는 1년 이하의 징역 또는 1천만 원 이하의 벌금에 처한다(상호저축은행법 제39조 제5항 제6호).

31) '대주주'란 주주 1인을 포함한 동일인(즉, 본인과 후술하는 '특수관계인' 포함)이 은행의 의결권 있는 발행주식 총수의 100분의 10[전국을 영업구역으로 하지 아니하는 은행(이하 '지방은행'이라 함)의 경우에는 100분의 15]을 초과하여 주식을 보유하는 경우의 그 주주 1인, 또는 은행(지방은행은 제외)의 의결권 있는 발행주식 총수(제16조의2제2항에 따라 의결권을 행사할 수 없는 주식은 제외)의 100분의 4를 초

공여[33]는 그 은행 자기자본의 100분의 25와 그 대주주의 그 은행에 대한 출자비율[34]에 해당하는 금액 중 적은 금액을 초과할 수 없고, 전체 대주주에게 할 수 있는 신용공여도 그 은행 자기자본의 100분의 25를 초과할 수 없으며, 이러한 제한을 회피하기 위하여 다른 은행과 교차하여 신용공여를 해서도 아니 된다(은행법 제35조의2 제1항, 제2항, 제3항). 또한 은행은 그 은행 대주주의 다른 회사에 대한 출자를 지원하기 위한 신용공여를 하거나, 그 은행 대주주에게 자산을 무상으로 양도하거나 통상의 거래조건에 비추어 그 은행에게 현저하게 불리한 조건으로 매매 또는 교환을 하거나 신용공여를 해서는 아니 된다(은행법 제35조의2 제7항, 제8항). 은행의 대주주도 그 은행의 이익에 반하여 대주주 개인의 이익을 취할 목적으로 위와 같은 위반행위를 하게 하여 신용공여를 받거나 자산의 무상양도 · 매매 · 교환 및 신용공여를 하게 해서는 아니 된다(은행법 제35조의4 3의2호부터 3의5호까지). 이러한 규정을 위반하여 대주주에게 신용공여 · 무상양도를 한 자와 그로부터 신용공여 · 무상양도를 받거나 신용공여를 하게 한 대주주 또는 자산의 매매 · 교환을 한 대주주 등 당사자에 대하여는 10년 이하의 징역 또는 5억 원 이하의 벌금에 처한다(은행법 제66조 제1항 2호, 4호).

그리고 은행의 임직원에 대한 대출은 금융위원회가 정하는 소액대출을 제외하고는 금지되는데(은행법 제38조 6호), 은행의 임원, 지배인, 대리점주(대리점주가 법인인 경우에는 그 업무를 집행하는 사원, 임원, 지배인, 그 밖의 법인의 대표자) 또는 청산인이나 그 직원이 이를 위반한 경우에는 1년 이하의 징역 또는 3천만 원 이하의 벌금에 처한다(은행법 제68조 제1항 4호).

법인의 대표자나 법인 또는 개인의 대리인 · 사용인, 그 밖의 종업원이 그 법인 또는 개인의 업무에 관하여 위 위반행위를 하면 행위자를 벌하는 외에 그 법인 또는

과하여 주식을 보유하는 경우로서 그 동일인이 최대주주이거나 대통령령으로 정하는 바에 따라 임원을 임면(任免)하는 등의 방법으로 그 은행의 주요 경영사항에 대하여 사실상 영향력을 행사하고 있는 자인 경우의 그 주주 1인을 말한다(은행법 제2조 제1항 제8호, 제10호).

32) '특수관계인'이란 배우자, 6촌 이내의 혈족, 4촌 이내의 인척 등 은행법 시행령 제1조의4에 규정된 자를 말한다.

33) '신용공여'란 대출, 지급보증 및 유가증권의 매입(자금지원적 성격의 것만 포함), 그밖에 금융거래상의 신용위험이 따르는 은행의 직접적 · 간접적 거래를 말한다(은행법 제2조 제1항 제7호).

34) '출자비율'이란 대주주가 보유하는 해당 은행의 의결권 있는 주식 수를 해당 은행의 의결권 있는 발행주식 총수로 나눈 비율에 해당 은행의 자기자본을 곱한 금액을 말한다(은행법 시행령 제20조의7 제2항).

개인에게도 해당 조문의 벌금형을 부과하며, 다만 법인 또는 개인이 그 위반행위를 방지하기 위하여 해당 업무에 관하여 상당한 주의와 감독을 게을리하지 아니한 경우에는 처벌하지 않는다(양벌규정 – 은행법 제68조의2).

상호저축은행의 경우에는 대주주,[35] 임직원, 대주주 · 임직원 · 상호저축은행과 친족 또는 특수한 관계에 있는 자,[36] 대주주의 특수관계인[37] 중 어느 하나에 해당하는 자(이하 '대주주등'이라 함)에게 신용공여[38] 및 예금등[39]을 하거나 가지급금을 지급하지 못하고, 대주주등도 상호저축은행으로부터 신용공여 및 예금등을 받거나 가지급금을 받는 것[40]이 금지된다(상호저축은행법 제37조 제1항). 상호저축은행은 그 신용공여

35) '대주주'란 최대주주[즉, 의결권 있는 발행주식 총수를 기준으로 본인 및 그와 특수관계인(사실혼 관계를 포함한 배우자, 6촌 이내 부계혈족, 3촌 이내 모계혈족, 배우자의 2촌 이내 부계혈족 등 상호저축은행법 시행령 제4조의2 제1항에 규정된 자)이 누구의 명의로 하든지 자기의 계산으로 소유하는 주식을 합하여 그 수가 가장 많은 경우의 그 본인] 및 주요주주(즉, 누구의 명의로 하든지 자기의 계산으로 상호저축은행의 의결권 있는 발행주식 총수의 100분의 10 이상 주식을 소유하는 자 또는 임원의 임면 등의 방법으로 상호저축은행의 주요 경영사항에 대하여 사실상의 영향력을 행사하는 주주로서, 단독으로 또는 다른 주주와의 합의 · 계약 등에 따라 대표이사 또는 이사의 과반수를 선임한 주주이거나 경영전략, 조직변경 등 주요 의사결정이나 업무집행에 지배적인 영향력을 행사한다고 인정되는 자로서 금융위원회가 정하는 주주)를 말하고(상호저축은행법 제2조 제11호), 이 신용공여 금지대상인 대주주에는 상호저축은행의 의결권 있는 발행주식 총수의 100분의 2 이상을 보유한 주주도 포함한다(상호저축은행법 제37조 제1항 제1호, 같은 법 시행령 제30조 제1항).

36) '친족 또는 특수한 관계에 있는 자'란 대주주가 개인인 경우에는 대주주의 직계 존속 · 비속 및 배우자, 대주주 배우자의 부모, 대주주의 형제자매와 그 배우자, 대주주 직계비속의 배우자, 대주주가 법인인 경우에는 해당 법인 등의 임원, 임원의 직계 존속 · 비속 및 배우자, 임원 배우자의 부모, 임원 직계비속의 배우자, 해당 법인 등의 발행주식 총수 또는 출자총액의 100분의 30 이상을 소유하거나 출자한 자, 상호저축은행 임원의 경우에는 임원의 직계 존속 · 비속 및 배우자, 임원 배우자의 부모, 임원 직계비속의 배우자, 상호저축은행 직원의 경우에는 그 배우자 등을 말한다(상호저축은행법 시행령 제30조 제2항).

37) '특수관계인'이란 배우자(사실혼 관계에 있는 자 포함), 6촌 이내의 부계혈족, 3촌 이내의 모계혈족 등 상호저축은행법 시행령 제4조의2 제1항 기재 관계에 있는 자를 말한다(상호저축은행법 제2조 제11호 가.).

38) '신용공여'란 급부, 대출, 지급보증, 자금지원적 성격의 유가증권의 매입, 그 밖에 금융거래상의 신용위험이 따르는 상호저축은행의 직접적 · 간접적 거래로서 상호저축은행법 시행령 제3조의2 제2항에서 정하는 것을 말하고, **이 경우 누구의 명의로 하든지 본인의 계산으로 하는 신용공여는 그 본인의 신용공여로 본다**(상호저축은행법 제2조 제6호). 따라서 대주주등에 대한 신용공여에 해당하는지는 대출명의인이 아니라 대출금이 실질적으로 귀속되는 자를 기준으로 판단해야 한다(대법원 2014. 6. 26. 2014도753; 2013. 3. 14. 2012도12582).

39) '예금등'이란 계금, 부금, 예금, 적금, 그밖에 상호저축은행법 시행령 제3조의2 제1항에서 정하는 것을 말한다(상호저축은행법 제2조 제5호).

40) 다만, 대주주등에 대한 자금지원의 목적이 없는 것으로서 상호저축은행법 시행령 제29조 제1항 각 호로 정하는 예금등과, 채권의 회수에 위험이 없거나 직원의 복리후생을 위한 것으로서 상호저축은행법 시행령 제29조 제2항 각 호로 정하는 신용공여의 경우는 제외한다(상호저축은행법 제37조 제1항 각

및 예금등의 금지 또는 가지급금의 지급 금지를 피할 목적으로 다른 상호저축은행과 서로 교차하여 다른 상호저축은행의 대주주등에게 신용공여 및 예금등을 하거나 가지급금을 지급해서는 아니 되고, 그 대주주등도 상호저축은행으로 하여금 그러한 금지규정을 위반하게 하여 다른 상호저축은행으로부터 신용공여 및 예금등을 받거나 가지급금을 받아서는 아니 된다(상호저축은행법 제37조 제2항, 제3항). 이를 위반하여 신용공여 및 예금등을 하거나 가지급금을 지급한 자, 신용공여 및 예금등을 받거나 가지급금을 받은 자에 대하여는 10년 이하의 징역 또는 5억 원 이하의 벌금에 처한다(상호저축은행법 제39조 제1항 제3호, 제4호). 이 경우에도 위 은행법과 마찬가지의 양벌규정을 두고 있다(상호저축은행법 제39조의2).

금융지주회사법에서는 비은행지주회사(같은 법 제2조 제1항 제6의2호) 및 그 자회사, 손자회사 및 증손회사(같은 법 제19조의2, 제32조에 따라 금융지주회사에 편입된 다른 회사 포함, 이하 '비은행지주회사등'이라 함)는 담보권의 실행 등 권리행사를 위하여 필요한 경우, 그 밖에 비은행지주회사등의 건전성을 해하지 아니하는 범위에서 금융업의 효율적 수행을 위하여 대통령령으로 정하는 경우를 제외하고, 직접 또는 간접으로 해당 비은행지주회사의 대주주 또는 그의 특수관계인의 다른 회사에 대한 출자를 지원하기 위한 신용공여를 하여서는 아니 된다(같은 법 제34조 제1항). 비은행지주회사등(다른 비은행지주회사에 의하여 지배받는 금융지주회사는 제외, 이하 같음)이 그 비은행지주회사의 대주주 또는 그의 특수관계인에게 할 수 있는 신용공여의 합계액은 비은행지주회사등의 업종 등을 고려하여 대통령령으로 정하는 기준을 초과할 수 없다(다만, 비은행지주회사등이 같은 법 제45조 제1항 단서의 사유에 해당하는 경우에는 제외, 같은 법 제34조 제2항). 비은행지주회사등은 대주주 또는 다른 자회사, 손자회사 및 증손회사(같은 법 제19조의2, 제32조에 따라 금융지주회사에 편입된 다른 회사 포함)와 거래를 함에 있어 자산을 무상으로 양도하거나, 그 외의 자를 상대방으로 하여 거래하는 경우 등 통상적인 거래조건과 비교하여 해당 비은행지주회사에 현저하게 불리한 조건으로 자산을 매매 또는 교환하거나 신용공여를 하여서는 아니 된다(같은 법 제36조 제3항). 은행지주회사등(다른 은행지주회사에 의하여 지배받는 금융지주회사는 제외, 이하 같음)이 그 은행지주회사의 주요출자자나 그 특수관계인에게 할 수 있는 신용공여의 합계액은 당해

호 외의 부분 단서).

은행지주회사등의 자기자본의 순합계액의 100분의 25의 범위 안에서 대통령령이 정하는 비율에 해당하는 금액과 그 주요출자자의 당해 은행지주회사에 대한 출자비율에 해당하는 금액 중 적은 금액을 초과할 수 없다(같은 법 제45조의2 제1항). 은행지주회사등이 그 은행지주회사의 주요출자자 모두에게 할 수 있는 신용공여의 합계액은 당해 은행지주회사등의 자기자본의 순합계액의 100분의 25의 범위 안에서 대통령령이 정하는 비율에 해당하는 금액을 초과할 수 없다(같은 법 제45조의2 제2항). 은행지주회사등은 그 신용공여한도를 회피하기 위한 목적으로 다른 은행지주회사등 또는 은행과 교차하여 신용공여를 하여서는 아니된다(같은 법 제45조의2 제3항). 은행지주회사등은 해당 은행지주회사의 주요출자자의 다른 회사에 대한 출자를 지원하기 위한 신용공여를 하여서는 아니 되고, 해당 은행지주회사의 주요출자자에게 자산을 무상으로 양도하거나 통상의 거래조건에 비추어 해당 은행지주회사등에게 현저하게 불리한 조건으로 매매 또는 교환을 하거나 신용공여를 하여서는 아니 된다(같은 법 제45조의2 제9항). 각 이를 위반하여 신용공여 · 무상양도를 한 자와 그로부터 신용공여 · 무상양도를 받은 자 또는 자산을 매매 · 교환한 당사자에 대하여는 10년 이하의 징역 또는 5억 원 이하의 벌금에 처한다(같은 법 제70조 제1항 제1호, 제4호, 제5호).

그리고 동일차주(은행법 제35조제1항의 규정에 의한 동일차주를 말함)에 대한 금융지주회사(다른 금융지주회사에 의하여 지배받는 금융지주회사는 제외, 이하 같음) 및 자회사, 손자회사 및 증손회사(금융지주회사법 제19조의2, 제32조에 따라 금융지주회사에 편입된 다른 회사 포함, 이하 '금융지주회사등'이라 함)의 신용공여의 합계액은 금융지주회사등의 자기자본의 순합계액의 100분의 25를 초과할 수 없고, 동일한 개인이나 법인 각각에 대한 금융지주회사등의 신용공여의 합계액은 금융지주회사등의 자기자본의 순합계액의 100분의 20을 초과할 수 없으며, 금융지주회사의 의결권 있는 발행주식총수의 100분의 10을 초과하는 주식을 보유하는 동일인에 대한 금융지주회사등의 신용공여의 합계액은 금융지주회사등의 자기자본의 순합계액의 100분의 25의 범위 안에서 대통령령이 정하는 방법에 의하여 산정한 금액을 초과할 수 없다(다만, 각 같은 법 제45조 제1항 단서의 사유에 해당하는 경우에는 제외, 같은 법 제45조). 위 각 사항에 불구하고 비은행지주회사등(다른 비은행지주회사에 의하여 지배받는 금융지주회사는 제외, 이하 같음)의 동일차주(보험업법 제2조 제15호에 따른 동일차주) 및 동일한 개인이나 법인 각각에 대한 신용공여의 합계액은 비은행지주회사등의 업종 등을 고려하여 대통령령으로 정하는 기준을 초과할 수 없다(같은 법 제36조 제1항). 이를 위반하여 신용공여한도를 초과하여 신용공여를 한 자에 대하여는 3년 이하의 징역 또는 1억 원 이하의 벌금에 처한다(같은 법 제70조 제3항 제3호, 제6호). 위 각 금융지주회사법위반의 경우에도 위 은행법과 마찬가지의 양벌규정을 두고 있다(금융지주회사법 제71조).

이러한 특별법상 신용공여 등 금지 · 제한규정은 상장회사의 이해관계자에 대한 신용공여가 전면 금지되는 상법과는 달리 대주주등에 대한 일정범위 내의 신용공여가 허용되고 있고 규제대상도 일치하지 않는 등 그 금지 · 제한의 요건이 상이하므로 상법과의 관계가 문제될 수 있다. 생각건대 위 특별법상 신용공여 등 금지 · 제한 및 그 처벌규정은 은행 등 금융기관의 건전한 운영을 보호할 뿐만 아니라 금융기관과 거래하는 자를 보호하고 신용질서를 유지하기 위하여[41] 일반적으로는 상법의 경우보다 특별히 그 규제 및 처벌을 강화하되(다만, 일부의 경우에는 처벌이 완화되어 있음), 금융기관의 특성을 반영하여 규제의 범위나 요건을 정한 것으로 보아야 할 것이다. 특히 은행법은 상법이나 그 밖의 법령에 우선하여 적용됨을 명시하고 있다(은행법 제3조 제2항). 따라서 위 신용공여 등 규제에 관하여는 특별법 우선원칙에 따라서 위 각 특별법이 우선 적용되어야 할 것이다.

41) 은행법 제1조, 상호저축은행법 제1조 참조.

제3절 회사재산을 위태롭게 하는 죄

Ⅰ. 의의

주식이나 출자의 인수 · 납입, 현물출자, 변태설립사항에 관한 부실보고 또는 사실은폐 행위(상법 제625조 제1호, 이하 '출자관련 부실보고죄'라 함), 자기주식 · 지분 취득제한 위반행위(상법 제625조 제2호, 이하 '자기주식 · 지분 취득죄'라 함), 위법배당행위(상법 제625조 제3호, 이하 '위법배당죄'라 함), 영업범위 외 투기행위(상법 제625조 제4호, 이하 '투기행위죄'라 함)를 한 때에는 5년 이하의 징역 또는 1,500만 원 이하의 벌금에 처하거나, 위 징역형과 벌금형을 병과할 수 있다(상법 제625조 각 호 외 부분, 제632조). 이들 죄는 1962년 상법제정 당시 종전 의용상법 규정[42]에 따라 규정된 후, 그간 수차에 걸친 개정을 통하여 행위주체 및 범죄구성요건의 추가와 벌금액 법정형의 상향조정이 있었다.

상법 제625조는 각 호의 개별 범죄를 모두 포괄하여 '회사재산을 위태롭게 하는 죄'로 지칭하고 있으나, 회사재산을 위태롭게 하는 죄가 이들 죄에만 국한된 것이 아니고[43] 각 개별 범죄의 범죄행위는 물론 보호법익이나 구체적인 행위주체가 모두 동일한 것도 아니므로 이하의 설명은 각 개별 범죄별로 살펴볼 필요가 있다. 특히 이들 죄는 일정한 신분을 가진 자만이 이 죄의 행위주체가 될 수 있으면서 신분에 따라 형의 경중이 있는 경우가 아닌 진정신분범인데, 상법 제625조 각 호 외 부분에서는 각 개별 범죄의 행위주체를 모두 포괄하여 "상법 제622조 제1항에 규정된 자, 검

---

42) 일본 商法 제489조 및 일본 구 有限会社法 제78조와 같다. 이 규정은 그 후 2005년 일본 会社法이 商法에서 분리 · 제정되고 有限会社法은 폐지되면서 일본 会社法 제963조로 옮겨 규정하고 있다.

43) 상법 회사편 벌칙에 규정된 범죄 중 대부분이 회사의 재산이나 자본금충실을 보호법익으로 하고 위험범으로 분류되고 있어 회사재산을 위태롭게 하는 죄라 할 수 있으므로, 이를 상법 제625조의 표제에서 죄의 분류명칭으로 삼는 것은 부적절하다. 또한 상법 제625조의 각 호에 규정된 죄들은 그 행위주체나 구체적인 보호법익이 반드시 일치하는 것도 아니므로 각각 별개의 조문으로 규정하는 입법적 개선이 필요하다.

사인, 회사설립경과를 조사 · 보고하는 상법 제298조 제3항, 제313조 제2항의 공증인(인가공증인의 공증담당변호사 포함, 이하 벌칙 규정에서는 같음), 변태설립사항을 조사 · 보고하는 상법 제299조의2, 제310조 제3항의 공증인 · 감정인, 신주발행의 경우 현물출자에 관한 사항을 조사하는 상법 제422조 제1항의 감정인"으로 규정하고 있다. 그 중 '상법 제622조 제1항에 규정된 자'란 앞의 회사임원등 특별배임죄의 행위주체에서 설명한 것처럼 회사의 발기인, 업무집행사원, 이사, 감사, 지배인, 부분적 포괄대리권을 가진 사용인, 주식회사의 일시이사 · 집행임원 · 감사위원회 위원, 주식회사의 감사 직무대행자, 주식회사나 유한회사의 이사 직무대행자를 말하고, 해석상 주식회사의 일시감사, 유한회사의 일시이사, 유한책임회사의 업무집행자도 포함된다. 그러나 구체적인 범죄행위주체가 될 수 있는 자는 각 개별 범죄마다 상이하므로, 개별 범죄별로 행위주체를 분석할 필요가 있다.[44]

Ⅱ. 출자관련 부실보고죄

1. 보호법익 및 적용범위

주식회사 등 물적회사는 주주나 사원의 유한책임 제도로 인하여 회사의 자본금이나 순자산만이 회사활동의 물적기초이자 회사채권자의 담보가 된다. 그런데 회사설립에 관한 준칙주의와 이사회 결의만으로 신주를 발행할 수 있는 주식회사의 수권자본제도로 인하여 회사의 설립이나 신주발행 과정에서 회사의 자본금확정 원칙[45]이나 자본금충실원칙[46]을 해침으로써 회사의 채권자 등 이해관계자의 이익을 해칠

---

44) 범죄행위주체는 진정신분범인 위 각 개별 범죄의 중요한 범죄구성요건을 이루는 것인데, 이러한 포괄적인 행위주체 규정방식은 범죄구성요건의 명확성을 해치게 되어 바람직하지 않다. 현행 일본 会社法 제963조(회사재산을 위태롭게 하는 죄)는 각 개별 범죄 별로 행위주체를 특정하여 범죄구성요건의 명확성을 기하고 있는데, 상법 제625조 각 호도 개별 범죄 별로 행위주체를 특정하여 명확성을 기하는 개정입법이 필요하다.

45) **자본금확정 원칙**이란 회사설립시 자본금이 확정되고 그 자본금의 주식인수도 확정되어야 한다는 원칙으로서[최준선(회사), 141면] 주식회사의 경우에는 회사설립시 발행하는 주식총수에 관하여는 이를 정관에 기재하고 전부 인수 · 납입해야 하며(상법 제289조 제1항 5호, 제305조 제1항), 유한회사의 경우에는 회사설립시 자본금 총액 및 각 사원의 출자좌수를 정관에 기재하고 그 출자전액을 납입해야 한다(상법 제543조 제2항 제2호, 제4호, 제548조 제1항).

46) **자본금충실 원칙**이란 회사가 자본금에 해당하는 재산을 현실적으로 보유해야 한다는 원칙이다[최준선(회사), 139,140면; 이철송(회사), 221면; 정찬형(상법-상-), 652면].

우려가 높다. 이에 상법은 특히 물적회사의 성격이 강한 주식회사의 경우에는 회사설립시 주식의 인수나 납입, 변태설립사항, 신주발행시 현물출자에 관한 사항 등 자본금이나 순자산의 규모에 영향을 미치는 사항에 관하여 조사 · 보고하는 절차를 마련하고 있다. 그러므로 회사의 설립이나 증자시 자본금이나 순자산에 영향을 미치는 사항에 관하여 고의로 부실보고나 사실은폐를 함으로써 인수자가 없는 주식(이른바 유령주)이 발생하는 등의 행위를 형사처벌함으로써 회사의 자본금을 확정하고 자본금충실을 확보하려는 것이 이 죄의 입법취지이다.[47] 따라서 이 죄의 보호법익은 회사의 자본금확정 및 자본금충실이다.[48] 자본금확정 원칙이나 자본금충실 원칙은 수권자본제도 아래에서 회사운영의 효율성 확보를 위하여 완화되어 가는 경향이 국내외 입법의 추세이기는 하지만 유한책임을 본질로 하는 물적회사에서 자본금확정 및 자본금충실은 여전히 회사채권자 보호 등을 위한 회사신용의 기초로서 그 의의가 있다.[49]

그리고 그 위반행위에 관한 제625조 제1호의 규정은 보호법익에 대한 현실적 침해나 그 침해위험의 발생을 요건으로 규정하고 있지 아니하므로, 그 보호의 정도는 일반적 · 추상적 위험으로 구성요건이 충족되는 추상적 위험범으로 보아야 할 것이다.[50]

출자관련 부실보고죄는 위와 같이 주로 주식회사의 경우에 적용될 것이다. 그러나 유한회사나 유한책임회사는 출자자나 사원이 유한책임을 부담하는 물적회사에 속하지만, 출자의 인수나 납입, 현물출자의 이행 또는 변태설립사항에 관하여 법원이나 사원총회 등에 대한 조사 · 보고의무를 부과하고 있지 않고, 이에 따라 그 조사 · 보고의무를 전제로 하는 사실은폐 행위는 성립할 수 없다. 다만, 사원총회의 요구 등에 기한 보고는 있을 수 있는데 그러한 경우의 부실보고나 사실은폐까지 형사

---

47) 新版 注釋会社法(13), 575면; 会社法コンメンタル(21), 101면.

48) 이에 대하여, 송호신, "상법상의 회사관련범죄에 대한 연구 −벌칙조항의 활성화 방안을 중심으로−," 박사학위논문(한양대학교, 2002)[이하 '송호신(박사학위논문)'이라 함], 107면에서는 출자관련 부실보고에 관한 상법 제625조 제1호 및 조직변경 관련 부실보고에 관한 상법 제626조의 보호법익을 '회사자본확정의 공신력확보'로 보고 있다.

49) 한석훈, "가장납입의 효력과 형사책임 − 회사 자본금 제도의 특성과 범죄의 보호법익을 기초로−", 「기업법연구」 제29권 제1호(한국기업법학회, 2015.3.), 176면.

50) 송호신(박사학위논문), 107면; 新版 注釋会社法(13), 575면; 会社法コンメンタル(21), 101면.

처벌할 필요가 있는지는 의문이다.[51] 그럼에도 불구하고 이 죄의 범죄구성요건에 관한 상법 제625조 제1호에는 '출자'라거나 '제544조'와 같은 유한회사에 관한 용어나 규정을 포함하고 있으므로 유한회사의 경우는 이 죄의 적용범위에 포함된다고 해석하지 않을 수 없다. 그런데 유한책임회사를 이 죄의 적용범위에 포함시킬 것인지는 문제가 된다. 특별배임죄의 행위주체에서 살펴본 것처럼 이 죄의 행위주체로 원용한 '제622조 제1항에 규정된 자,' 즉 특별배임죄의 행위주체에 유한책임회사의 업무집행자나 직무수행자를 포함한다고 해석할 수 있는 점, 유한책임회사도 회사의 자본금이나 순자산이 회사채권자의 유일한 담보가 되고 무한책임을 부담하는 사원이 없는 점은 주식회사나 유한회사와 다를 바 없음을 근거로 이 죄의 적용범위에 유한책임회사의 경우를 포함하는 견해가 있을 수 있다. 그러나 유한책임회사는 인적회사의 경우처럼 비업무집행사원의 감시권 등으로 통제할 수 있을 뿐(제287조의14, 제287조의18) 출자의 인수 · 납입 또는 변태설립사항에 관하여 법원 · 총회 등에 보고하는 절차가 없고, 상법 제625조 제1호에는 유한회사의 '제544조'처럼 범죄구성요건에 유한책임회사의 경우를 포함시킬 명문 규정도 없으므로 유한책임회사는 이 죄의 적용범위에서 제외함이 타당하다.

합명회사나 합자회사와 같은 인적회사의 경우에는 출자의 인수 · 납입 등에 관하여 법원 등에 보고하는 절차가 없을 뿐만 아니라 무한책임사원이 있는 이상 출자에 관한 엄격한 규제를 할 필요도 없으므로 이 죄의 적용범위에서 제외된다.

2. 행위주체

주식회사의 **발기인**은 모집설립을 하는 경우에 주식의 인수 · 납입, 변태설립사항의 실태를 명확히 기재하여 회사 창립에 관한 사항을 서면으로 창립총회에 보고해야 한다(상법 제311조).

---

51) 유한회사의 경우에는 이사 등이 사원총회에 출자 관련 보고의무는 물론 그 보고절차도 없음에도 불구하고 사원총회의 요구 등에 기한 진술을 '보고'에 해당한다고 보는 셈이 되어 죄형법정주의의 명확성 원칙을 침해할 여지가 있고, 사원의 재산실가 전보책임(상법 제550조), 출자미필액 전보책임(상법 제551조) 등과 같은 사원의 자본금 관련 책임에 의하여 담보되고 있고 폐쇄적 성격의 회사인 유한회사의 경우에는 주식회사의 경우처럼 출자 관련 부실보고에 대한 엄격한 형사책임을 부과할 필요가 없으므로 유한회사의 경우를 출자 관련 부실보고죄의 적용범위에서 제외하는 입법조치가 필요하다고 본다. 일본도 주식회사의 경우에만 출자 관련 부실보고죄를 인정하고 있다(일본 会社法 제963조 제1항부터 제4항까지 참조).

주식회사의 **이사 · 감사**는 취임 후 지체 없이 회사설립에 관한 모든 사항이 법령 · 정관에 위반되지 않는지 여부를 조사하여 발기인(발기설립의 경우) 또는 창립총회(모집설립의 경우)에 보고해야 한다(상법 제298조 제1항, 제313조 제1항). 그 보고사항에는 주식의 인수 · 납입 또는 현물출자의 이행도 포함된다.[52] 만약 이사 · 감사 전원이 발기인, 현물출자자 또는 재산인수의 계약당사자인 경우에는 **공증인**이 그 조사 · 보고를 해야 한다(상법 제298조 제3항, 제313조 제2항). 감사위원회가 설치된 주식회사의 경우에는 감사위원회가 감사를 대신하게 되는데, 감사위원회 위원은 회사설립에 관한 조사 · 보고 의무는 없지만(상법 제415조의2 제7항) 이사로서(상법 제415조의2 제2항) 위와 같은 설립에 관한 조사 · 보고 의무가 있으므로 이사로서 이 죄의 행위주체가 된다.

검사인 또는 **공증인 · 감정인**은 설립시에는 변태설립사항이나 현물출자의 이행을 조사하거나 감정하여 법원(발기설립의 경우) 또는 창립총회(모집설립의 경우)에 보고해야 한다(상법 제298조 제4항, 제299조 제1항, 제299조의2, 제310조 제2항, 제3항). 신주발행시에는 상법 제422조 제2항의 조사면제사유가 없는 이상 **검사인** 또는 **감정인**이 현물출자에 관한 사항을 조사하거나 감정하여 법원에 보고해야 한다(상법 제422조 제1항).

또한 주식회사의 집행임원, 지배인 및 부분적 포괄대리권을 가진 사용인도 위와 같은 보고사무에 관여할 경우에는 행위주체가 될 수 있다는 견해[53]가 있다. 앞에서 말한 것처럼 변태설립사항에 관한 조사 · 보고의무가 없는 유한회사의 경우에도 이 죄의 성립을 인정하고 있음에 비추어 보면 이 죄의 행위주체를 상법상 조사 · 보고 의무 있는 자로 제한할 필요는 없다. 그러므로 이들도 그 업무집행의 일환이거나[54] 위임받은 업무의 수행으로 출자 관련 조사 · 보고를 하는 경우에는 이 죄의 행위주체가 될 수 있다.[55]

---

52) 일본의 경우에 창립총회에서 선임된 이사 · 감사가 발행주식총수의 납입이 없었음에도 불구하고 창립총회에 전액 납입되었다는 취지로 허위보고를 하는 사례가 많았다고 한다[会社法コンメンタル(21), 102면; 日 大判 1935. 8. 1. 刑集 14卷 855면].

53) 송호신(박사학위논문), 111,112면.

54) 집행임원은 집행임원 설치회사의 업무집행을 포괄적으로 위임받은 자이다(상법 제408조의4 제1호).

55) 현행 일본 会社法 제963조 제1항부터 제4항까지 규정한 출자 관련 부실보고죄에는 '회사의 지배인, 회사영업에 관한 어느 종류 또는 특정한 사항의 위임을 받은 사용인'은 그 범죄행위주체로 규정하고 있지 않다.

위 행위주체에 영향력을 행사하는 상법 제401조의2 각 호의 실질상 이사(업무집행지시자 등)도 행위주체에 포함시켜야 한다고 주장하는 견해[56]가 있다. 그러나 실질상 이사는 상법 제625조에서 이 죄의 행위주체로 명시하고 있지 않고 주식의 인수, 납입 · 이행이나 변태설립사항에 관한 조사 · 보고의무 있는 자가 아니므로 죄형법정주의 원칙에 비추어 행위주체에 포함시킬 수 없고, 위 행위주체와의 공범으로 처벌할 수 있을 뿐이다.

이상 살펴본 것처럼 주식회사의 경우 이 죄의 행위주체로 발기인, 이사, 감사, 검사인, 공증인 및 감정인이 예상되고, 그 이사 · 감사의 직무를 대신 행하는 일시이사 · 일시감사(상법 제386조 제2항, 제415조), 이사 · 감사의 각 직무대행자(상법 제407조 제1항, 제415조), 그 밖에 집행임원, 지배인 및 부분적 포괄대리권을 가진 사용인도 행위주체가 될 수 있을 것이다.

유한회사의 경우에는 앞에서 말한 것처럼 변태설립사항이 정관의 상대적 기재사항이지만 회사설립이나 유상증자를 하면서 현물출자를 포함하여 출자의 인수 및 이행에 관하여 법원 · 총회 등에 조사 · 보고하는 절차는 없다. 그 대신 출자한 사원 및 이사 · 감사에 대하여 재산실가 전보책임(상법 제550조, 제593조), 출자미필액 전보책임(상법 제551조)으로 자본금충실을 담보하고 있을 뿐이다.[57] 그런데 출자관련 부실보고죄는 '출자'의 인수나 납입, '상법 제544조에 규정된 사항(즉, 유한회사의 변태설립사항)'에 관한 부실보고행위를 범죄구성요건에 포함하고 있다. 그러므로 유한회사의 이사, 감사, 그 이사 직무를 대신 행하는 일시이사(상법 제567조, 제386조 제2항)나 이사 직무대행자(상법 제567조, 제407조 제1항)도 출자의 인수나 납입, 현물출자의 이행, 변태설립사항에 관하여 사원총회의 요구 등에 기하여 보고하는 경우에 부실보고나 사실은폐를 하면 행위주체가 될 수 있다. 그 밖에 지배인 및 부분적 포괄대리권을 가진 사용인도 위임받은 업무의 수행으로 출자 관련 조사 · 보고를 하는 경우에는 행위주체가 될 수 있다.

만약 위 행위주체가 법인인 경우에는 실제로 그 행위를 한 이사 · 집행임원 · 지배인 등이 행위주체가 된다(상법 제637조).

---

56) 송호신(박사학위논문), 112면.

57) 최준선(회사), 898면.

3. 위반행위

출자관련 부실보고죄의 범죄를 구성하는 행위는 주식 또는 출자의 인수나 납입, 현물출자의 이행, 주식회사나 유한회사 설립시의 변태설립사항(상법 제290조, 제544조), 신주발행의 경우 현물출자에 관한 사항(상법 제416조 제4호)에 관하여 법원 · 총회 또는 발기인에게 부실한 보고를 하거나 사실을 은폐하는 행위이다(상법 제625조 제1호).

'부실한 보고'란 보고의 목적에 비추어 중요한 사항에 있어서 적극적으로 진실과 달리 보고하는 것이고,[58] '사실을 은폐하는 행위'란 보고의 목적에 비추어 밝혀야 할 중요사항에 관하여 소극적으로 그 전부나 일부를 밝히지 않는 경우를 의미한다.[59] 입법취지 및 보호법익에 비추어 볼 때 회사의 자본금확정 또는 자본금충실을 위태롭게 하는 정도의 사항을 중요한 사항으로 보아야 할 것이다.[60] 형법 제228조의 공정증서원본부실기재죄 등에 기재된 '부실'의 의미도 중요한 점에 있어서 진실에 반하는 사실을 의미하는 것으로 보는 것이 통설 · 판례인 점,[61] 죄형법정주의 원칙상 불명확한 범죄구성요건 행위는 엄격하게 해석할 필요가 있는 점에 비추어 부실보고의 의미를 위와 같이 제한적으로 해석하는 것이 타당할 것이다. 또한 '사실을 은폐하는 행위'도 이러한 부실보고 개념과의 균형을 감안하여 중요한 사항에 관한 행위로 한정할 필요가 있고, 적극적인 허위보고로 인한 사실은폐는 부실보고 행위에 포함되는 이상 소극적인 행위로 한정하여 해석하는 것이 타당하기 때문이다.

발기설립의 경우에는 검사인의 변태설립사항이나 현물출자의 이행에 관한 조사보고서에 사실과 다른 사항이 있는 경우에 **발기인**은 이에 대한 설명서를 법원에 제출할 수 있다(상법 제299조 제4항). 그러나 이러한 설명서 제출도 보고절차의 일부를 구성하는 것이므로 설명서에 부실기재를 한 경우에는 이 죄가 성립할 수 있다.

출자관련 부실보고죄의 범죄구성요건 행위가 회사설립무효에 영향을 주기도 하

---

58) 新版 注釋会社法(13), 576면.

59) 会社法コンメンタル(21), 103,104면.

60) 新版 注釋会社法(13), 576면; 이에 대하여 '부실한 보고'란 '내용이 충실하지 못한 보고'이고, '사실을 은폐하는 행위'란 '한걸음 더 나아가 사실의 일부 또는 전부를 덮어서 숨기는 행위'로 해석하는 견해[송호신(박사학위논문), 112면]가 있다.

61) 대법원 2013. 1. 24. 2012도12363; 손동권 · 김재윤(형각), 662면; 정성근 · 박광민(형각), 608면; 김성돈(형각), 689면; 김일수 · 서보학(형각), 609면; 이재상 · 장영민 · 강동범(형각), 605면.

지만, 회사의 설립이 무효인 경우에도 이 죄는 성립한다.[62] 상법상 회사설립무효의 판결은 그 효력이 소급하지 아니하고 해산의 경우에 준하여 준청산절차가 개시되는 것이므로(제190조 단서, 제193조) 자본금확정과 자본금충실은 여전히 필요하다. 따라서 회사의 부존재로 볼 수 있는 경우가 아닌 한 이 죄는 성립할 수 있을 것이다.

이 죄는 신분범이자 고의범이므로 형법 제13조 본문 규정에 따라 행위자에게 행위 당시 자신이 이 죄의 신분자로서 출자와 관련하여 법원 · 총회 또는 발기인에게 부실한 보고를 하거나 사실을 은폐하는 점에 대한 인식[63]이 있어야 한다.

Ⅲ. 자기주식·지분 취득죄

1. 보호법익 및 적용범위

회사가 그 회사 발행 주식 또는 출자지분(이하 '주식 · 지분'이라 함)을 취득한다면 자본금은 그대로인데 실질적으로는 출자에 대한 환급이 되어 회사의 영업재산이나 회사채권자에 대한 책임재산이 감소하고 회사의 자본금충실을 해칠 수 있다. 그밖에도 일부 투자자로부터 자기주식 · 지분을 취득하는 경우에는 일부 투자자에게만 실질적인 투자금 환급을 해 주는 결과가 되어 회사법상 기본원칙인 주주평등원칙에 반하고, 경영진이 회사자금으로 투기거래를 하거나 자기주식 · 지분의 취득을 경영진의 회사지배수단으로 악용할 수 있다.[64] 또한 회사가 자기주식 · 지분을 질권의 목적으로 받는 것은 자기주식 · 지분 취득금지의 탈법수단으로 악용될 수 있고, 회사의 재산상태가 악화될 경우 그 담보가치의 하락으로 회사의 재무구조가 더욱 악화될 수 있다.[65] 그러므로 회사가 자기주식 · 지분을 취득하거나 질권의 목적으로 받는 것을 금지하거나 제한하고 있는데, 이러한 제한을 위반하여 부정하게 자기주식 · 지분을 취득하거나 질권의 목적으로 받은 때에는 형사처벌 하고 있다(상법 제625조 제2

---

62) 같은 취지 : 日 大判 1936. 10. 28. 刑集 15卷 1391면.

63) 앞의 제3장 배임 범죄 부분에서 설명한 것처럼 고의의 본질에 관한 판례의 입장인 용인설에 따르면 그 인식과 함께 그 결과나 위험을 의욕하거나 적어도 이를 용인하는 상태에 이르면 고의가 인정되고, 이때 미필적 고의도 인정된다.

64) 최준선(회사), 308,309면.

65) 최준선(회사), 332,333면.

호). 그런데 상법 제625조의 표제는 이 죄를 '회사재산을 위태롭게 하는 죄'로 표현하고 있고, 범죄구성요건에 '회사의 계산으로'라는 요건을 명시하고 있으며, 회사가 가진 자기주식은 의결권이 없음(상법 제369조 제2항)에 비추어 이 죄의 보호법익은 무엇보다 회사의 자본금충실로 보는 것이 합당하다.[66] 그리고 그 위반행위에 관한 제625조 제2호의 규정은 자본금충실에 대한 현실적 침해나 그 침해위험의 발생을 요건으로 규정하고 있지 아니하므로, 그 보호정도에 관하여는 일반적 · 추상적 위험으로 구성요건이 충족되는 추상적 위험범으로 보아야 할 것이다.[67]

합명회사나 합자회사의 경우에는 무한책임사원이 있으므로 회사 채권자 등 이해관계자의 보호를 위하여 회사가 회사 출자지분을 취득하는 것을 제한할 필요가 없다. 그러므로 이 죄는 회사 사원이 유한책임만 부담함으로써 회사의 자본금충실을 위하여 자기주식 · 지분의 취득을 제한하거나 금지하고 있는 주식회사, 유한회사 및 유한책임회사의 경우에만 성립한다.

2. 행위주체

원래 자기주식 · 지분 취득행위의 주체는 그 주식의 발행회사 또는 지분의 대상회사(이하 '회사'라 함)이다. 다만, 현행 법제는 법인의 범죄능력을 인정하지 않는 것을 원칙으로 하고 있고 회사는 자기주식 · 지분 취득죄의 피해자라 할 수 있으므로 이 죄의 행위주체는 회사를 대표하거나 대리하여 실제 행위를 한 자연인이다. 그러므로 이 죄의 행위주체는 이러한 행위를 할 수 있는 주식회사의 이사 · 집행임원, 유한회사의 이사, 주식회사나 유한회사의 일시이사(상법 제386조 제2항, 제567조) 및 이사 직무대행자(상법 제407조 제1항, 제567조), 유한책임회사의 업무집행자,[68] 주식회사 · 유한회사 · 유한책임회사의 지배인 및 부분적 포괄대리권을 가진 사용인이다(상법 제

---

66) 판례도 "자기주식취득행위를 처벌하는 가장 중요한 이유는 자사주를 유상취득하는 것은 실질적으로는 주주에 대한 출자의 환급이라는 결과를 가져와 자본충실의 원칙에 반하고 회사재산을 위태롭게 한다는 데 있다."고 판시하여(대법원 1993. 2. 23. 92도616) 같은 입장이다.

67) 대법원 1993. 2. 23. 92도616(자기주식 취득죄가 추상적 위험범임을 전제로 판시); 송호신(박사학위 논문), 107면; 新版 注釋会社法(13), 575면; 会社法コンメンタル(21), 101면.

68) 회사임원등 특별배임죄의 행위주체 부분에서 설명한 것처럼 상법 제625조가 원용하는 제622조 제1항의 '업무집행사원'을 유한책임회사의 경우에는 유한책임회사를 대표하는 **업무집행자**(상법 제287조의19 제1항)로 해석해야 하고, 그 업무집행자가 법인인 경우에는 그 법인의 **직무수행자**(상법 제287조의15 제1항)가 행위주체로 된다.

625조 각 호 외 부분, 제622조 제1항).[69)]

이에 대하여 지배인은 자기주식의 취득을 결정하는 자가 아니므로 이 죄의 행위주체로 볼 수 없다는 견해[70)]가 있다. 그러나 지배인은 물론 부분적 포괄대리권을 가진 사용인도 회사의 영업에 관한 모든 행위 또는 일정 범위의 행위를 포괄적으로 대리할 수 있는 권한이 있기 때문에(상법 제11조 제1항, 제15조 제1항), 자신의 판단에 따라 그 회사의 주식이나 지분을 취득하는 행위를 대리할 수 있으므로 이 죄의 행위주체가 될 수 있을 것이다.[71)]

만약 위 행위주체가 법인인 경우에는 그 실제 행위자인 이사 · 집행임원 · 지배인 등이 그 행위주체가 된다(상법 제637조).

감사가 회사를 대표하는 경우란 이사와 회사 사이의 소송이 제기되거나 소수주주가 대표소송을 위하여 회사에 제소청구를 하는 때에 불과할 뿐(상법 제394조 제1항) 감사로서 회사를 대표하거나 대리하여 회사의 주식이나 지분을 취득하는 경우가 없기 때문에 이 죄의 행위주체로 예상하기 어렵다.

주식회사의 발기인이 행위주체가 될 수 있는지는 문제가 된다. 발기인이 설립중 회사의 계산으로 설립중 회사의 주식을 인수하는 경우에 이 죄가 성립하는지 여부의 문제이다. 이러한 경우에도 설립중 회사의 자본금충실을 침해할 수 있는데, 설립중 회사의 경우에는 아직 배당가능이익이 발생하기 전이므로 후술하는 자기주식 취득의 허용 요건을 충족하기 어렵고, 자기주식을 불가피하게 취득하게 되는 상황(즉, 상법 제341조의2 각 호의 상황)을 예상하기도 어렵다. 또한 이 죄의 범죄구성요건은 '회사'의 계산으로 그 '주식'을 취득하거나 질권의 목적으로 받은 경우로 한정하고 있는데(상법 제625조 제2호), '회사'나 '주식'은 모두 회사설립등기 이후에 성립하는 개념이

---

69) 상법 제625조 각 호 외 부분에는 그 밖에도 검사인, 공증인, 감정인이 규정되어 있으나 이들은 회사의 대표자나 대리인이 아니므로 자기주식 · 지분 취득죄의 행위주체가 될 수 없다. 상법 제625조 각 호 외 부분에서는 회사재산을 위태롭게 하는 죄의 행위주체를 포괄하여 규정하고 있으나, 각 호의 구체적 범죄별로 행위주체를 구분하여 규정하는 것이 범죄구성요건의 명확성을 위하여 필요할 것이다[송호신, "상법상 벌칙조항의 개선방안", 「한양법학」 14집(한양법학회, 2003), 89면에서는 상법 벌칙 규정의 효과적 적용을 위하여 각 범죄의 성격에 맞게 행위주체의 범위를 축소시킬 것을 주장하고 있다].

70) 송호신(박사학위논문), 199면.

71) 일본 会社法 제963조 제5항 제1호에 규정된 자기주식 취득죄(일본은 주식회사의 경우에만 자기주식 취득죄를 인정하고 있음)도 그 행위주체에 주식회사의 지배인과 부분적 포괄대리권을 가진 사용인을 포함하고 있다.

고 발기인은 회사설립등기 전에만 인정할 수 있는 개념이다. 주금이나 출자금의 전액납입주의를 취하는 물적회사에서는 회사성립 전에는 주금이나 출자금을 인출할 수 없으므로 납입을 가장하게 될 텐데, 이 경우에는 납입가장죄로 처벌하면 되므로 굳이 자기주식 · 지분 취득죄로 처벌해야 할 필요도 없다. 그러므로 죄형법정주의 원칙에 충실하자면, 발기인이 회사성립 전에 설립중 회사의 계산으로 설립중 회사의 주식을 인수하는 경우에는 이 죄가 성립할 수 없고 발기인은 이 죄의 행위주체가 될 수 없을 것이다.[72]

3. 위반행위

가. 개념

범죄를 구성하는 행위는 위 행위주체가 '누구의 명의로 하거나를 불문하고 회사의 계산으로 부정하게 그 주식 · 지분을 취득하거나 이를 질권의 목적으로 받은 행위'이다(상법 제625조 제2호). 또한 이 죄는 신분범이자 고의범이므로 형법 제13조 본문 규정에 따라 행위자에게 행위 당시 자신이 이 죄의 신분자로서 회사의 계산으로 부정하게 그 회사의 주식 · 지분을 취득하거나 질권의 목적으로 받는 사실에 대한 인식[73]이 있어야 한다.

상법이나 자본시장법은 자기주식취득을 허용하는 요건으로서 자기주식을 **회사 명의로** 취득할 것을 요구하고 있다(상법 제341조 제1항 각 호 외 본문, 자본시장법 제165조의3 제1항 제1호). 그러나 이 죄의 범죄구성요건은 그 취득자를 누구 명의로 하는지는 불문하기 때문에 자기주식 · 지분을 회사 명의가 아닌 타인 명의로 취득한 것만으로는 아직 범죄구성요건을 충족하는 것이 아니다. **'회사의 계산으로'**란 주식 · 지분을 취득하거나 질권설정 받는 자금이 회사의 출연에 의한 것이고 그 경제적 손익이 회사

72) 천경훈, 주석 상법(회사-Ⅶ), 129면에서는 상법 제625조 각 호 외 부분에 규정된 행위주체에 발기인이 있음을 이유로 발기인을 자기주식 · 지분 취득죄의 행위주체에 포함하고 있으나, 상법 제625조의 행위주체 규정은 각 호에 규정된 구체적 범죄의 행위주체를 포괄적으로 규정하고 있으므로 구체적 범죄의 각 행위주체는 선별하는 해석이 필요하다. 참고로 자기주식취득죄를 규정한 일본 会社法 제963조 제5항 제1호에서는 그 행위주체에 발기인은 제외하고 있다.

73) 앞의 제3장 배임 범죄 부분에서 설명한 것처럼 고의의 본질에 관한 판례의 입장인 용인설에 따르면 그 인식과 함께 그 결과나 위험을 의욕하거나 적어도 이를 용인하는 상태에 이르면 고의가 인정되고, 이때 미필적 고의도 인정된다.

에 귀속되는 법률관계인 경우이다(판례).[74]

'부정하게'란 상법 등 사법의 법리상 자기주식 · 지분을 취득하거나 질권설정 받는 것이 허용되지 않는 위법한 경우라는 의미로 보아야 한다.[75] 상법과 자본시장법에서는 주식회사의 자기주식 취득을 금지함이 원칙이지만 자본금충실 원칙 및 주주평등 원칙을 관철하고 경영진의 악용을 견제할 수 있는 일정한 요건과 절차에 따른 자기주식의 취득은 허용하고 있다. 즉, 상법 제462조 제1항의 배당가능이익 범위 내에서 주주총회 결의(정관에 이익배당을 이사회 결의로 할 수 있다고 규정한 경우나 주권상장법인의 경우에는 이사회 결의로 갈음할 수 있음)에 따라 거래소에서 취득하거나 상법 시행령 제9조 제1항 각 호의 방법(즉, 모든 주주들에게 통지 또는 공고를 하여 취득하거나 자본시장법 제133조부터 146조까지 규정에 따른 공개매수 방법)으로 자기주식을 취득하는 것은 허용된다(상법 제341조, 자본시장법 제165조의3). 그밖에 회사합병이나 다른 회사 영업전부의 양수로 인한 경우, 권리 실행의 목적달성이나 단주처리를 위하여 필요한 경우 또는 주주가 주식매수청구권을 행사한 경우와 같이 특정목적에 의한 자기주식 취득의 경우에는 위와 같은 제한도 없이 자기주식을 취득할 수 있다(상법 제341조의2). 또한 주식회사는 회사합병이나 다른 회사 영업전부의 양수로 인한 경우 또는 권리 실행의 목적달성을 위하여 필요한 경우 외에는 발행주식총수의 20분의 1을 초과하여 자기주식을 질권의 목적으로 받지 못한다(상법 제341조의3). 따라서 주식회사의 경우에는 이러한 제한을 위반하여 자기주식을 취득하거나 질권설정 받는 경우가 부정하게 주식을 취득하거나 질권의 목적으로 받는 경우에 해당한다.

나아가 형식상 자기주식 취득에 해당하는 경우일지라도 자기주식 취득의 위법상태가 즉시 해소될 것을 예정하고 있는 경우이거나 실질적으로 회사재산에 손해를 끼칠 염려가 없는 경우에는 '부정하게' 취득한 경우가 아니라고 보아 이 죄의 성립을 부정할 것인지는 문제가 된다. 적대적 주식매수의 대상이 된 회사의 경영진이 이를 방어하기 위하여 일단 자기주식을 취득한 후 바로 호의적인 주주에게 양도하는 경

---

74) 대법원 2011. 4. 28. 2009다23610("회사가 직접 자기 주식을 취득하지 아니하고 제3자 명의로 회사 주식을 취득하였을 때 그것이 상법 규정에서 금지하는 자기주식의 취득에 해당한다고 보기 위해서는, 주식취득을 위한 자금이 회사의 출연에 의한 것이고 주식취득에 따른 손익이 회사에 귀속되는 경우이어야 한다."고 판시); 会社法コンメンタル(21), 105면에서도 일본 자기주식취득죄의 '주식회사의 계산으로'의 의미에 관하여 같은 취지로 설명하고 있음.

75) 新版 注釋会社法(13), 578면; 会社法コンメンタル(21), 106면.

우가 이러한 사례에 해당한다. 판례는 이러한 경우의 범죄성립을 부정하는 입장에서 "상법 제625조 제2호가 자기주식 취득행위를 처벌하는 가장 중요한 이유는 자사주를 유상취득하는 것은 실질적으로는 주주에 대한 출자의 환급이라는 결과를 가져와 자본금충실 원칙에 반하고 회사재산을 위태롭게 한다는 데 있고, 사법상의 위법과 형법상의 위법이 반드시 일치하는 것은 아니므로 외형적으로는 사법상 금지되는 자기주식 취득의 경우일지라도 자기주식 취득의 위법상태가 바로 해소되는 것을 예정하고 취득한 때와 같이 회사재산에 대한 추상적 위험이 없다고 생각되는 경우에는 형법상으로는 실질적 위법성이 없으므로 '부정하게' 주식을 취득한 경우에 해당하지 않아 자기주식 취득죄로 처벌할 수 없으나, 그러한 경우에 해당하지 않는 사법상 금지되는 자기주식 취득은 본죄로 처벌할 수 있다."고 판시하고 있다.[76] 일본에서도 이를 긍정하는 견해[77]가 있다.

그러나 '부정하게'란 요건은 위법성을 판단하기에 앞서 범죄구성요건을 한정하는 의미를 갖는 것이고, 추상적 위험범의 경우에는 범죄구성요건을 충족하는 이상 추상적 위험은 이미 발생한 것이며 구체적 위험의 발생까지 요구하지는 않는다. 그러므로 자기주식 취득의 위법상태가 바로 해소되는 것을 예정하고 취득한 때에도 위와 같은 자기주식 취득 제한의 요건과 절차를 갖추지 않았다면 '부정하게' 주식을 취득한 것으로 보아야 할 것이다.[78] 나아가 그것이 회사재산을 위태롭게 하지 아니한 경우로서 실질적 위법성이 없다고 볼 것인지는 위법성 평가의 문제이므로 정당행위(형법 제20조), 긴급피난(형법 제22조) 등 위법성 조각사유에 해당하는지 여부의 문제

---

76) 대법원 1993. 2. 23. 92도616(주식회사의 대표이사가 회사의 자금으로 주주 8명으로부터 주식을 액면가에다 그 동안의 은행금리 상당의 돈을 덧붙여 주식대금을 지급하고 자사주를 취득한 사안에서, "그 취득 경위가 주주 아닌 자에게 주식을 양도하지 않기로 하는 주주총회의 결의로 인하여 다른 자에게 양도할 수 없게 된 주주의 요구에 따라 부득이 취득하게 된 것이라 하더라도, 취득 후 1년이 지난 뒤에 대표이사 자신이 회사가 지급한 주식대금보다 많은 돈을 회사에 지급하고 자사주를 양수하였다면, 자기주식 취득의 위법상태가 바로 해소되는 것을 예정하고 있는 때에 해당한다고 볼 수 없으므로 회사재산 침해의 추상적 위험인 실질적 위법성이 인정되어 자기주식 · 지분 취득죄에 해당한다."고 판시).

77) 会社法コンメンタル(21), 106면; 伊藤榮樹 外 2人 編, 「注釋特別刑法(5の I)」(立花書房, 1986), 162면.

78) 일본에서도 이 죄가 추상적 위험범임을 논거로, 자기주식 취득의 위법상태가 즉시 해소될 것을 예정하고 자기주식을 취득한 경우일지라도 일단 자기주식을 위법하게 취득한 상태에서 회사재산을 위태롭게 하는 추상적 위험은 발생한 것이므로 '부정하게' 자기주식을 취득한 것으로 보아야 한다는 견해가 있다 [新版 注釋会社法(13), 579면; 会社法コンメンタル(21), 107면].

로 판단함이 타당하다. 이와 다른 위 판례 입장은 2011. 4. 14.자 개정 상법에서 주식회사의 자기주식 취득 규제를 대폭 완화하기 전의 판례로서 그 당시에는 주식회사의 자기주식 취득이 전면 금지됨을 원칙으로 하고 있었으므로 회사의 자본금충실 여부와 무관하게 경영권방어 목적의 일시적인 자기주식 취득을 허용할 필요에 부응하기 위한 판례로 보아야 할 것이다. 그러므로 경영권방어 목적을 포함하여 주식회사의 자기주식 취득이 폭넓게 허용된 현행 상법 아래에서는 법원칙에 충실한 해석을 할 필요가 있을 것이다.

원래 자기주식 · 지분의 무상취득은 금지되지 않는 점(판례)과[79] 이 죄의 보호법익에 비추어 볼 때 주식 · 지분의 '취득'이란 소유권을 유상으로 취득하는 경우를 말하고 무상취득은 제외된다. 또한 자기주식 · 지분을 유상으로 취득하거나 질권설정 받았으면 이미 회사재산의 추상적 위험은 발생한 것이므로 그 취득 또는 질취의 효력 발생 여부나 주식에 대한 주권 발행 여부와는 관계없이 '취득' 또는 '질권의 목적으로 받은 때'에 해당한다.[80]

유한회사는 그 회사 출자지분의 취득 및 질취에 관하여 주식회사에 관한 상법 제341조의2, 제341조의3 규정만 준용하고 있다(상법 제560조 제1항). 유한회사의 자기지분 취득금지에 관한 규정이 존재하지는 않지만, 특정목적의 자기주식 취득을 허용하는 상법 제341조의2 규정을 준용하고 있으므로, 그 반대해석상 유한회사는 자기 계산으로 자기지분을 취득하지 못하는 것으로 해석할 수 있을 것이다.[81] 따라서 유한회사는 회사합병이나 다른 회사 영업전부의 양수로 인한 경우 또는 회사권리 실행의 목적 달성이나 단수지분의 처리를 위하여 필요한 경우 외에는 자기 계산으로 자기지분을 취득할 수 없다.

또한 유한회사는 회사합병이나 다른 회사 영업전부의 양수로 인한 경우 또는 권

---

79) 대법원 2003. 5. 16. 2001다44109; 1996. 6. 25. 96다12726;이철송(회사), 409면; 송옥렬(상법), 872면.

80) 新版 注釋会社法(13), 577면; 会社法コンメンタル(21), 105면.; 日 最決 1958. 4. 25. 刑集 12卷 6号 1221면.

81) 이는 2011. 4. 14.자 상법개정 당시 상법 제560조 제1항을 개정하면서 종전까지 준용하고 있던 상법 제341조가 자기주식의 취득금지 규정에서 취득허용 규정으로 변경되어 준용대상에서 삭제하였으나, 그 대신 별도의 자기지분 취득금지 규정을 두는 것을 누락한 입법적 오류의 결과이다. 특히 범죄구성요건이 되는 규정이므로 죄형법정주의의 명확성 원칙상 별도로 유한회사의 자기지분 취득금지 규정을 명시할 필요가 있다.

리 실행의 목적달성을 위하여 필요한 경우 외에는 총 출자좌수 중 20분의 1을 초과하는 그 회사 출자지분을 질권의 목적으로 받지 못한다. 따라서 유한회사의 경우에는 이러한 제한을 위반하여 그 회사 출자지분을 취득하거나 질권설정 받으면 부정하게 취득하거나 질권의 목적으로 받은 경우에 해당한다.

유한책임회사는 그 회사 출자지분의 전부나 일부를 양수할 수 없도록 금지하고 있으나(상법 제287조의9), 그 회사 출자지분을 질권설정 받는 것은 제한하고 있지 않다. 그러므로 유한책임회사의 경우에는 이러한 취득금지 규정을 위반하여 그 회사 출자지분을 취득하면 부정하게 취득한 경우가 된다.

나. 신주발행의 경우

자기주식 취득제한 제도의 입법취지에 비추어 회사성립 후 신주발행의 경우에도 회사의 자기주식 취득제한 규정이 적용되는 것으로 해석함이 타당할 것이다. 판례도 이러한 입장을 전제로 판시하고 있다.[82] 따라서 위반행위인 '취득'에는 신주인수와 같은 원시취득도 포함된다.

이에 대하여 신주발행시의 자기주식 취득행위는 가장납입이 되므로 위 '취득'에 포함되지 않는다고 하는 견해[83]가 있다. 그러나 이사가 유상증사 시 회사의 계산으로 신주를 인수하면서 자기나 타인 명의로 인수하여 그 주금을 납입하되 그 납입 주금 상당액을 회사에 대여한 경우에는 자기주식취득 행위이지만 가장납입에 해당하지 않는다. 그러므로 자기 신주 인수행위가 가장납입 행위로 되는 경우가 있을 수는 있으나,[84] 납입가장죄의 성립 여부와 이 죄의 성립 여부는 별개의 문제로 보아야 할 것이다.

회사가 자기의 신주를 인수한 경우에는 그 신주발행의 효력이 발생하는 때인 신주의 납입기일 다음날(상법 제423조 제1항 제1문) 자기주식 취득죄가 성립한다.

---

82) 대법원 2003. 5. 16. 2001다44109.

83) 송호신(박사학위논문), 199면; 신주인수의 경우에는 자기주식취득 제한 규정과 무관하게 가장납입으로서 금지된다는 견해[이철송(회사), 409면]도 같은 입장으로 보인다.

84) 이러한 경우에는 납입가장죄와 자기주식취득죄가 경합한다(대법원 2003. 5. 16. 2001다44109 판결도 이러한 입장에서 납입가장 행위와 자기주식취득 행위 모두에 관하여 판단하고 있다).

다. 전환사채 및 신주인수권부사채의 경우

회사가 자기 사채를 취득하는 것은 채무의 변제와 경제적 실질이 동일하므로 이를 금지할 필요가 없다. 따라서 비록 전환사채나 신주인수권부사채라 할지라도 회사가 자기 사채를 취득하는 것은 제한이 없다.[85] 그러나 이 경우에도 각 사채에 부여된 전환청구권 또는 신주인수권을 행사하여 자기주식을 취득하는 것은 금지된다.[86] 따라서 이때는 전환청구권 또는 신주인수권을 행사하여 그 신주발행의 효력이 발생한 때[87] 자기주식 취득죄가 성립한다.

라. 양도담보의 경우

회사가 자기의 주식이나 출자지분을 양도담보 설정을 위하여 받은 경우에 이를 자기주식 · 지분의 '취득'으로 볼 것인지, 자기주식 · 지분을 '질권의 목적으로 받은 때'에 해당하는 것으로 볼 것인지는 문제가 된다. 위와 같이 상법이 양쪽의 규제를 달리하고 있기 때문에 논의할 실익이 있다. 동산 양도담보의 법적 성질에 관한 판례 입장인 신탁적양도설에 따르면 대외적으로는 주주권이나 사원권이 이전되어 양도담보권자가 주주나 사원으로 취급되는 것이므로(판례)[88] 회사가 주식 · 지분을 취득한 경우로 보게 된다. 이에 대하여 일본에서는 양도담보권은 담보권이므로 자기주식의 질취에 해당한다고 보는 견해[89]가 있다.

이 문제에 관하여 양도담보의 유형에 따라 달리 해석하는 견해가 있다. 양도담보 중 매도담보[90]나 강한 의미의 양도담보(즉, 대내외적 이전형)[91]의 경우에는 대내외적

---

85) 정수용, 대계 I, 1035면; 이철송(회사), 409면; 정찬형(상법-상-), 782면.

86) 정수용, 대계 I, 1035면; 이철송(회사), 409면; 정찬형(상법-상-), 782면.

87) 전환사채의 전환청구를 한 경우에는 그 전환청구시(상법 제516조 제2항, 제350조 제1항 전단), 신주인수권부사채의 신주인수권을 행사한 경우에는 신주의 발행가액 전액을 납입한 때(상법 제516조의10 제1문) 신주발행의 효력이 생긴다.

88) 대법원 1993. 12. 28. 93다8719.

89) 新版 注釋会社法(13), 577면; 会社法コンメンタル(21), 105면.

90) '매도담보'란 매매(환매나 재매매예약이 수반됨)의 형식으로 자금이 수수되는 양도담보로서 소비대차 형식으로 자금이 수수되는 '좁은 의미의 양도담보'에 대비되는 개념이다[지원림(민법), 878면].

91) '강한 의미의 양도담보'란 '좁은 의미의 양도담보' 중 담보물의 소유권이 대내적으로나 대외적으로 모두 담보권자에게 이전되는 양도담보로서 그 소유권이 대외적으로만 담보권자에게 이전되어 정산의무를 남기는 '약한 의미의 양도담보'에 대비되는 개념이지만, 판례는 민법 제607조, 제608조의 해석상 '강한 의미의 양도담보도'도 '약한 의미의 양도담보'로서의 효력만 인정하고 있다[지원림(민법), 878,879면;

으로 자기주식 · 지분의 취득과 같이 보아야 하므로 자기주식 · 지분의 '취득'에 해당하지만,[92] 약한 의미의 양도담보(즉, 외부적 이전형)의 경우에는 자기주식 · 지분을 '질권의 목적으로 받은 때'에 해당하는 것으로 보는 견해[93]가 있다. 이에 대하여 자기주식 · 지분의 질취를 그 소유권 취득보다 완화하여 규제하는 이유는 자기주식 · 지분의 소유권이 질권설정자에게 유보되기 때문인데,[94] 자기주식 · 지분에 대한 약한 의미의 양도담보인 경우에도 대외적으로는 주식 · 지분의 소유권이 채권자에게 이전되는 것이므로 자기주식 · 지분의 취득으로 제한받거나 금지된다고 보는 견해[95]가 있다.

생각건대 2011. 4. 14.자 개정 상법에서 재무관리의 유연성 제고와 경영권 방어를 위하여 종전의 자기주식 취득금지는 완화하면서도[96] 자기주식의 질취금지에 관한 종전 규정을 존치한 이유는 소유권 취득 형식이 아니라는 차이에 기인하는 것이다. 이는 상법이 권리이전 형식의 차이에 따라 자기주식 · 지분을 달리 취급하고 있는 것으로 볼 수밖에 없다. 또한 자기주식 · 지분 양도담보는 소유권 취득형식을 취하는 것으로서, 가등기담보법이 적용되지 않는 주식 등 양도담보의 법적 성질에 관한 통설 · 판례의 입장인 신탁적양도설에 따르면 자기주식 · 지분의 소유권은 적어도 채권 · 채무 당사자가 아닌 대외관계에서는 채권자인 회사에 이전된다.[97] 그러므로 위 자기주식 취득규제 제도의 입법취지에 비추어 볼 때 자기주식 · 지분의 양도담보는 약한 의미의 양도담보일지라도 자기주식 · 지분의 '취득'으로 취급함이 타당할 것이다.

4. 기수시기

미수범 처벌규정이 없으므로 기수시기는 곧 범죄의 성립시기가 된다. '주식 또는 지분을 취득하거나 질권의 목적으로 이를 받은 때'에 기수가 되므로, 단순히 주식 ·

김준호(물권), 476면; 대법원 1982. 7. 13. 81다254].

92) 최준선(회사), 336면; 정찬형(상법-상-), 828면.

93) 최준선(회사), 336면; 정찬형(상법-상-), 826면.

94) 정수용, 대계 I, 1021면.

95) 정수용, 대계 I, 1021면; 이철송(회사), 408면.

96) 이철송(회사), 406면.

97) 이철송(회사), 452면; 정찬형(상법-상-), 832면.

지분의 소유권 양도 합의나 질권설정의 채권계약을 한 것만으로는 아직 범죄가 성립하지 않는다. 주식의 양도나 질권설정의 경우에는 원칙적으로 그 효력발생요건인 주권의 교부(상법 제356조의2 규정의 전자등록된 주식의 경우에는 전자등록부에의 전자등록)가 되었을 때 기수에 이르고 범죄가 성립한다. 주권발행 전에도 그 주식양도가 허용되는 경우가 있는데(상법 제335조 제3항 단서) 이때는 지명채권 양도방식에 따라 주식양도나 질권설정을 합의한 때(민법 제450조, 제346조)[98] 그 효력이 발생하고 기수에 이른다.

이에 반하여 주식 · 지분의 소유권 취득을 목적으로 채권계약을 한 때에도 범죄가 성립한 것으로 보는 견해[99]가 있다. 그러나 주식양도는 주식에 관한 권리변동 효과가 발생하는 준물권계약[100]임에도 불구하고 주식취득의 의미를 이와 같이 확대해석하는 것은 죄형법정주의 원칙에 반하는 해석이다. 출자지분의 취득이나 주식 · 지분에 대한 질권설정도 마찬가지로 보아야 할 것이다.

회사가 자기주식에 관한 신주인수권증서(상법 제420조의2)나 신주인수권부사채의 신주인수권증권(상법 제516조의5)을 취득한 경우에도 아직 신주인수권을 행사하여 주식을 취득한 것은 아니므로 범죄가 성립한 것이 아니다.

신주발행시 회사의 계산으로 자기주식을 인수하는 경우에는 앞에서 말한 것처럼 신주의 납입기일 다음날부터(상법 제423조 제1항) 신주발행의 효력이 발생하므로, 이때 기수에 이르고 범죄가 성립한다.

회사가 자기의 전환사채나 신주인수권부사채를 취득하는 경우에는 그 사채에 부여된 전환청구권이나 신주인수권을 행사하여 신주발행의 효력이 발생한 때 비로소 자기주식을 취득한 경우가 되어 범죄가 성립한다. 그 신주발행의 효력발생시기는 앞에서 말한 것처럼 전환청구권을 행사한 경우에는 전환청구를 한 때, 신주인수권을 행사한 경우에는 신주의 발행가액 전액을 납입한 때 기수에 이르고 범죄가 성립한다.

---

98) 이때 회사에 대한 양도인이나 질권설정자의 통지나 회사의 승낙은 회사에 대한 대항요건에 불과하므로, 양도나 질권설정의 효력만 발생하면 주식 · 지분을 '취득' 또는 '질권의 목적으로 받은 때'에 해당한다.

99) 송호신(박사학위논문), 200면.

100) 최준선(회사), 289면; 장덕조(회사), 162면.

유한책임회사나 유한회사가 자기 출자지분을 취득하는 경우에는 출자지분을 표창하는 유가증권이 없으므로 지명채권의 양도방식에 준하여 그 양도합의를 한 때 지분양도의 효력이 발생하고[101] 이때 범죄가 성립한다. 출자지분에 질권을 설정하는 경우에도 마찬가지이다. 그리고 유한회사는 정관 규정으로 지분양도를 제한할 수 있는데(제556조 단서) 이를 위반하여 자기 출자지분을 취득한 경우이거나, 유한책임회사는 다른 사원 전원의 동의를 받지 아니하면 그 출자지분을 타인에게 양도하지 못함이 원칙인데(287조의8 제1항) 이를 위반하여 자기 출자지분을 취득한 경우에는 그 지분양도의 합의만으로는 아직 회사재산에 위험이 발생한 것이 아니라는 이유로 범죄의 성립에 의문을 제기하는 견해[102]가 있다. 그러나 자기주식 · 지분 취득죄는 추상적 위험범이므로 자기 출자지분의 취득이나 질권설정의 사법상 효력 여부와는 무관하게 범죄는 성립하는 것으로 보아야 할 것이다.

그밖에 주식 · 지분의 양도나 질권설정의 회사나 제3자에 대한 대항요건 구비 여부 또는 주주명부 · 사원명부에의 기재 여부는 범죄의 성립에 영향이 없다. 기명주식의 등록질을 설정하는 경우에는 질권자의 성명과 주소를 주주명부에 기재하는 것(상법 제340조 제1항)이 질권설정의 효력발생요건이기는 하지만,[103] 질권설정의 합의와 주권교부만 있고 위 주주명부 기재가 없는 경우에도 약식질로서의 효력은 발생하는 것이기 때문에(상법 제338조 제1항) 이때 범죄가 성립함에는 차이가 없다

Ⅳ. 위법배당죄

1. 보호법익 및 적용범위

이익배당이란 회사의 영업활동으로 인하여 발생한 이익을 주주 등 사원에게 분배하는 것이다. 회사는 상행위나 그 밖의 영리를 목적으로 설립한 법인이므로(상법 제169조) 회사의 영업활동에 따른 이익을 투자자인 사원에게 분배하는 것은 회사의 존재이유이자 활동 목표가 되는 중요한 일이다. 그러나 이익배당은 회사자금의 사외

---

101) 정찬형(상법-상-), 1352면.

102) 천경훈, 주석 상법(회사-Ⅶ), 132면.

103) 최준선(회사), 331면.

유출 행위가 되는 일이므로 유한책임사원으로만 구성된 물적회사의 경우에는 자본금충실을 위하여 실질적 · 절차적 요건을 갖출 것이 요구된다. 주식회사 및 유한회사와 같은 물적회사의 경우에는 회사재산이 영업활동의 기초이자 회사채권자를 위한 유일한 책임재산이 되기 때문이다.

주식회사나 유한회사는 이익배당의 실질적 요건으로서 배당가능이익이 있을 것을 요구한다. 즉, 대차대조표의 순자산액에서 자본금액, 그 결산기까지 적립된 자본준비금과 이익준비금의 합계액, 그 결산기에 적립해야 할 이익준비금액 및 회계원칙(상법 제446조의2)에 따른 자산 · 부채에 대한 평가로 인하여 증가한 대차대조표상 순자산액으로서 미실현손실과 상계하지 아니한 금액(즉, 미실현이익)을 공제한 금액(이하 '배당가능이익'이라 함)을 한도로 배당할 수 있다(상법 제462조, 제583조 제1항, 상법 시행령 제19조). 그리고 이익배당의 절차적 요건으로서 주주총회(유한회사는 사원총회)의 승인결의(상법 제462조 제2항 본문, 제583조 제1항)나 이에 갈음하는 이사회의 승인결의(상법 제449조의2, 제462조 제2항 단서)가 필요하다.

이러한 이익배당의 실질적 요건이나 절차적 요건에 관한 법령 · 정관 규정을 위반하여 이익배당을 하면 위법배당이 된다. 위법배당으로 회사자금을 유출시키는 행위는 자본금충실 원칙에 반하여 회사재산을 위태롭게 하는 것이므로 형사처벌하는 것이다. 그러므로 위법배당죄의 보호법익은 회사의 자본금충실로 보아야 할 것이다.[104] 그리고 그 위반행위에 관한 제625조 제3호의 규정은 자본금충실에 대한 현실적 침해나 그 침해위험의 발생을 요건으로 규정하고 있지 아니하므로, 그 보호의 정도는 일반적 · 추상적 위험으로 구성요건이 충족되는 추상적 위험범으로 보아야 할 것이다.[105]

합명회사 · 합자회사와 같은 인적회사의 경우에는 무한책임사원이 있어서 회사재산 뿐만 아니라 무한책임사원 등 사원 개개인이 회사신용의 기초가 되는 것이므로 사원들의 이익분배를 규제할 필요가 없으므로 위법배당죄의 적용범위에서 제외된다.

---

104) 会社法コンメンタル(21), 107면에서도 일본 会社法 제963조 제5항 제2호에 규정된 위법배당죄는 위법한 배당으로 회사재산을 유출함으로써 자본금충실 원칙에 반하고 회사재산을 위태롭게 하는 행위인 점에서 처벌하는 것이라고 해설하고 있다.

105) 송호신(박사학위논문), 107면; 新版 注釋会社法(13), 575면; 会社法コンメンタル(21), 101면.

유한책임회사는 사원의 대외적 책임 면에서는 유한책임사원으로만 구성된 물적회사라 할 수 있다. 그러나 사원총회 등 회사의 조직구성이나 사원의 출자지분 양도는 정관 규정에 따르고(상법 제287조의8 제3항), 유한책임사원도 정관 규정에 따라 업무집행자가 될 수 있는(상법 제287조의12 제1항) 등 사원의 폭넓은 사적자치가 인정되고, 잉여금 분배에 절차적 제한이 없으며, 그 밖의 내부관계에 관하여 정관 및 상법에 다른 규정이 없으면 기본적으로 합명회사에 관한 규정을 준용하고 있으므로(상법 제287조의18) 내부적으로는 사원의 개성이 중시되는 인적회사로서의 성격도 지니고 있다.[106)]

또한 유한책임회사는 주식회사나 유한회사와는 달리 '이익배당'이란 용어 대신 '잉여금의 분배'라는 용어를 사용하고 있다(상법 제287조의37). 그러므로 유한책임회사의 잉여금 분배가 법령 또는 정관을 위반한 경우에도 위법배당죄에 해당하는지 여부는 문제가 된다. 유한책임회사의 잉여금 분배도 대차대조표상 순자산액에서 자본금액을 뺀 잉여금을 한도로 사원에게 분배할 수 있다는 실질적 요건을 정하고 있고, 이를 위반하여 분배한 경우에는 회사 채권자가 직접 그 잉여금을 분배받은 자에 대하여 회사에 그 위반 분배금을 반환할 것을 청구할 수 있다(상법 제287조의37 제1항, 제2항). 그러나 유한책임회사의 경우에는 주식회사나 유한회사의 이익배당에서 요구하는 자본금의 결손 보전을 위한 법정준비금의 적립(상법 제458조, 제459조, 제460조, 제583조 제1항), 주주총회나 사원총회의 이익배당 승인절차와 같은 엄격한 규제를 하고 있지 않다. 이는 유한책임회사가 위와 같이 내부적으로는 인적회사로서의 특성을 지니고 있어서 사원의 개성이 회사의 경영이나 대외적 신용에 중요하므로 주식회사나 유한회사와 같은 엄격한 배당규제를 할 필요가 없기 때문이다. 상법이 유한책임회사의 경우에는 '이익배당'이란 용어 대신 '잉여금의 분배'라는 용어를 사용하고 있는 것도 이러한 특성을 반영한 것으로 보인다. 그런데 상법 제625조 제3호에 규정된 위법배당죄의 범죄구성요건은 '이익배당'으로 제한하고 있다. 따라서 유한책임회사에는 위법배당죄가 적용되지 않는 것으로 보는 것이 위법배당죄의 입법취지나 죄형법정주의에 충실한 해석이다.

---

106) 최준선(회사), 882면; 정찬형(상법-상-), 616면; 이철송(회사), 200,201면.

2. 행위주체

주식회사나 유한회사의 이익배당은 주주총회나 사원총회의 결의로 정하지만(상법 제462조 제2항 본문, 제583조 제1항), 이를 위하여 이사나 집행임원(유한회사의 경우에는 이사, 이하 같음)이 매 결산기에 이익잉여금 처분계산서가 포함된 재무제표를 작성하여 이사회의 승인(주식회사의 경우)과 감사(또는 감사위원회)의 감사를 받은 후 그 재무제표, 감사보고서 및 이익배당안과 함께 주주총회나 사원총회에 제출하여 그 승인결의를 구하게 된다(상법 제447조, 제447조의3, 제449조 제1항, 상법 시행령 제16조 제1항, 579조, 제583조 제1항).[107] 다만, 주식회사는 정관 규정에 따라 재무제표의 승인을 이사회 결의사항으로 정한 경우에는 이익배당안도 이사회 결의로 정하게 된다(상법 제449조의2 제1항, 제462조 제2항 단서).

이사나 집행임원은 회사의 업무집행으로서 위 승인 결의된 이익배당안에 의하여 각 주식 수 또는 출자좌수에 따른 이익배당을 해야 한다(상법 제464조, 제464조의2 제1항, 제580조). 따라서 상법 제625조가 원용하는 '제622조 제1항에 규정된 자' 중 위법배당행위를 할 수 있는 행위주체가 될 수 있는 자는 주식회사의 이사 · 집행임원, 유한회사의 이사, 주식회사나 유한회사의 일시이사(상법 제386조 제2항, 제567조) 또는 이사 직무대행자(상법 제407조 제1항, 제567조)이다.

감사도 이익배당에 대한 조사절차를 수행한다는 이유로 위법배당죄의 행위주체가 될 수 있다고 보는 견해[108]가 있다. 그러나 감사나 감사위원회 위원은 이사나 집행임원이 작성한 이익잉여금 처분계산이 법령 · 정관 및 회계원칙에 맞는지 여부를 감사하는 자일 뿐이므로 그 감사보고서를 사실과 달리 작성한다고 하더라도 이사나 집행임원과의 공범이 될 수 있을 뿐 단독으로는 위법배당죄의 행위주체가 될 수 없을 것이다. 또한 이익배당에 관한 이사회 결의시 위법한 이익배당임을 알면서 그 배당결의에 찬성한 이사라든가, 그 이익배당 사무에 관여한 지배인, 부분적 포괄대리권을 가진 사용인 등은 그 관여정도에 따라 이사나 집행임원과의 공범이 될 수 있을 뿐이다.

---

107) 최준선(회사), 742면; 정찬형(상법-상-), 1225면.

108) 송호신(박사학위논문), 118면.

3. 위반행위

가. 개념

범죄를 구성하는 행위는 위 행위주체가 법령 또는 정관에 위반하여 이익배당을 하는 행위이다(상법 제625조 제3호). 앞에서 설명한 이익배당의 실질적 요건이나 절차적 요건에 관한 법령 · 정관 규정을 위반하여 이익배당을 하면 이러한 위법배당 행위가 된다.

그러나 법률이나 정관에 위반한 이익배당이라 하더라도 그것이 이 죄의 보호법익인 자본금충실을 해치고 회사재산을 위태롭게 한 경우에만 범죄를 구성하는 위법배당으로 보아야 할 것이다. 따라서 주식회사나 유한회사가 배당가능이익을 초과하여 이익배당을 한 경우, 주주총회(또는 이에 갈음하는 이사회)나 사원총회의 승인결의 없이 이익배당을 한 경우 등 법령 또는 정관을 위반한 이익배당으로 자본금충실을 침해하였거나 침해할 추상적 위험이 있는 경우에만 위법배당죄가 성립한다.

이 죄는 신분범이자 고의범이므로 형법 제13조 본문 규정에 따라 행위자에게 행위 당시 자신이 이 죄의 신분자로서 법령 또는 정관에 위반하여 이익배당을 하는 사실에 대한 인식[109]이 있어야 한다.

나. 중간배당

이익배당은 매 결산기 종료 후 재무제표의 승인과 함께 이루어지는 것이지만, 연(年) 1회의 결산기를 정한 주식회사나 유한회사는 영업연도 중 1회에 한하여[110] 정관 규정에 따라 중간배당을 할 수 있는데(상법 제462조의3 제1항, 제583조 제1항), 이러한 중간배당도 이익배당의 일종이므로 위법배당죄가 성립한다.[111]

---

109) 앞의 제3장 배임 범죄 부분에서 설명한 것처럼 고의의 본질에 관한 판례의 입장인 용인설에 따르면 그 인식과 함께 그 결과나 위험을 의욕하거나 적어도 이를 용인하는 상태에 이르면 고의가 인정되고, 이 때 미필적 고의도 인정된다.

110) 주권상장법인의 경우에는 정관으로 정하는 바에 따라 분기배당도 할 수 있다(자본시장법 제165조의 12).

111) 같은 취지: 최준선(회사), 757면; 노명선(회범), 225면; 송호신(박사학위논문), 122,123면.

다. 개별 이익배당청구권의 침해

이익배당을 함에 있어서, 주식회사의 경우에는 내용이 다른 종류주식이 아닌 한 각 주주가 가진 주식수에 따라, 유한회사의 경우에는 정관에 다른 정함이 없는 한 각 사원의 출자좌수에 따라 배당해야 한다(상법 제464조, 제580조). 이를 위반하여 이익배당을 한 경우에는 주주나 사원의 개별적 이익배당청구권을 침해하게 된다.

법령 또는 정관 규정을 위반하여 이익배당을 하는 모든 경우에 위법배당죄가 성립한다고 보는 견해[112]에 따르면 이러한 경우에도 위법배당죄가 성립한다고 볼 여지가 있다. 그러나 위법배당죄는 주주나 사원의 개별 이익배당청구권을 보호하려는 것이 아니라 회사의 자본금충실을 보호하려는 것이다. 그러므로 주주의 주식수(이익배당에 관하여 내용이 다른 종류주식이 있는 경우에는 그 내용 및 주식수)나 사원의 출자좌수에 따른 배당을 하지 아니한 경우라 할지라도, 그것이 회사재산을 위태롭게 하는 경우가 아닌 이상 위법배당죄는 성립하지 않는 것으로 보아야 할 것이다.[113]

라. 과소배당

배당가능이익이 있음에도 불구하고 배당을 하지 않거나 적게 배당하는 경우에는 회사는 배당가능이익이 있더라도 그 범위 내에서 자유롭게 배당할 수 있음을 이유로 이 죄의 '법령 또는 정관에 위반하여 이익배당을 한 때'에 해당하지 않는 것으로 보는 견해[114]가 있다. 이는 상황을 구분하여 생각해 볼 필요가 있다.

주주총회(또는 이사회)나 사원총회의 배당 승인결의에서는 배당가능이익이 있음을 알더라도 배당 여부 및 배당비율을 자유롭게 정할 수 있으므로, 이러한 무배당 또는 과소배당 결의를 위법배당 행위라고 할 수는 없을 것이다.

이와 달리 이사가 이익배당의 기초가 되는 재무제표 등 회계 관련 장부를 분식(이른바 '역분식')한 결과 역분식으로 은닉된 재산에 상응하여 과소배당을 하거나 배당할 수 없게 하는 경우가 있다. 역분식에 의한 배당은 회계원칙을 위반하는 행위이므로 법령이나 정관에 위반한 배당이라 할 수 있다. 이러한 경우에는 은닉된 재산이 주가

---

112) 임중호, "회사범죄와 그 대책방안", 「법학논문집」 제15집(중앙대학교 법학연구소, 1990), 80,81면.

113) 개별 이익배당청구권을 침해당한 주주나 출자자가 회사나 위법행위를 한 이사 등을 상대로 민사상 구제 청구를 하는 것은 별개의 문제이다.

114) 천경훈, 주석 상법(회사-Ⅶ), 134,135면.

에 영향을 미칠 수도 없는 이상 주주의 재산권을 침해할 수 있는 행위가 되므로 위법배당죄가 성립한다고 보는 견해[115]가 있다. 또한 이렇게 주주총회 등의 결의를 거치지 않거나 회사의 회계 규정에 반하는 이익의 처분은 그때까지 이루어진 분식결산을 메우기 위한 목적으로 행하거나 역분식으로 장부 외에 은닉한 회사재산을 장래에 임의처분할 여지가 있으므로, 전체적으로 볼 때 회사재산의 위험이 발생한 것이므로 위법배당죄에 해당한다고 보는 견해[116]도 있다.

그러나 위법배당죄의 보호법익을 회사의 자본금충실로 보고, 회사와 주주를 구분하는 법인이익독립론 입장에서는 역분식에 의하여 회사자금의 유출이 억제되는 과소배당의 경우에는 위법배당죄가 성립하지 않는 것으로 보아야 할 것이다. 또한 역분식으로 인한 위법배당 행위로 회사자금의 유출이 억제된 이상, 역분식의 목적이 분식결산을 메우기 위한 것이라거나 역분식을 한 결과 회사재산이 장래 임의처분될 가능성이 높아졌다는 것만으로는 회사재산을 위태롭게 한 행위로 볼 수도 없을 것이다. 즉, 역분식에 의한 배당행위 자체로는 회사재산을 위태롭게 하는 행위로 볼 수 없으므로 위법배당죄가 성립하지 않는 것으로 보아야 할 것이다.[117]

마. 주주총회 · 사원총회의 승인결의 있는 경우

이익배당의 실질적 요건을 갖추지 못하였음에도 불구하고 주주나 출자자 전원이 그 사정을 알고 동의하였거나 주주총회나 사원총회에서 배당 승인결의를 하더라도 위법배당죄는 성립한다.[118] 회사의 본질에 관한 이해관계자주의(또는 법인이익독립론) 입장에서는 회사의 재산은 주주 외에도 회사의 채권자 등 이해관계자들 모두를 위한 책임재산이 되는 것으로 보아야 하기 때문이다. 그러므로 이익배당의 실질적 요건인 배당가능이익 범위를 초과하여 배당을 함으로써 회사재산을 위태롭게 한 이상 주주나 출자자의 승인 여부와 무관하게 위법배당죄는 성립한다.

---

115) 송호신(박사학위논문), 121면.

116) 新経済刑法入門, 163면.

117) 이 견해가 일본의 통설이다[新版 注釋会社法(13), 580면; 会社法コンメンタル(21), 107,108면; 伊藤榮樹 外 2人 編, 앞의「注釋特別刑法(5の I)」, 166면].

118) 新経済刑法入門, 163면.

바. 이사회결의 또는 감사절차의 결여

이익배당의 절차 중 감사(또는 감사위원회)의 조사 · 보고절차(상법 제447조의4, 제415조의2 제7항, 제579조)를 거치지 않거나, 주식회사의 경우 주주총회 전 이사회 결의(상법 제447조)를 거치지 아니한 경우에도 위법배당죄가 성립하는지는 문제가 될 수 있다. 이러한 경우에도 중대한 절차를 위배한 것이므로 위법배당죄가 성립한다는 견해[119]가 있다.

그러나 이익배당을 결정하는 절차는 주주총회나 사원총회의 결의이며, 그 전 단계에 거치게 되는 위와 같은 절차는 주주총회나 사원총회의 이익배당 결정을 보조하거나 준비하는 절차에 불과하다. 이러한 보조 · 준비절차가 결여되었더라도 주주총회나 사원총회의 결의가 유효하게 성립하고 이익배당의 실질적 요건을 갖추었다면 회사재산을 위태롭게 하는 배당행위로 볼 수 없을 것이다.[120] 따라서 위법배당죄의 '법령 또는 정관에 위반하여'란 절차상 위반의 경우에는 주주총회나 사원총회의 결의와 같은 중요한 절차를 위반한 경우만으로 제한해야 할 것이다.

사. 주식배당

이익배당은 금전으로 배당함이 원칙이지만, 주식회사의 경우에는 정관 규정에 의하여 금전이 아닌 현물로 배당하거나(상법 제462조의4)[121] 주주총회의 주식배당 결의에 의하여 회사가 발행하는 신주로 이익배당을 할 수도 있다(주식배당, 상법 제462조의2 제1항). 그 중 주식배당은 이익배당의 일종으로서[122] 배당가능이익이 존재해야 함은 물론이지만, 그 밖에 주주 보호를 위하여[123] 이익배당총액의 2분의 1을 초과하여 주식배당을 하지 못하고[124] 주식배당시 발행하는 신주의 발행가액은 주식의 권면

---

119) 송호신(박사학위논문), 122면.

120) 같은 취지: 会社法コンメンタル(21), 108면.

121) 현물배당은 회사가 보유하고 있는 자기주식, 사채 또는 타 회사의 주식 등 금전이 아닌 경제적 가치 있는 재산으로 하는 배당을 말한다[이철송(회사), 1005면; 최준선(회사), 743면].

122) 주식배당의 법적 성질을 이익배당의 일종으로 보는 견해가 통설이다[정찬형(상법-상-), 1233,1234면; 최준선(회사), 747면; 이철송(회사), 1018면; 이기수 · 최병규(회사), 738면; 정경영(쟁점), 149면; 권기범(회사), 1259면].

123) 이철송(회사), 1019면; 정찬형(상법-상-), 1237면.

124) 주권상장법인의 주식은 환금이 용이하므로 주식의 시가가 권면액에 미치지 못하는 경우가 아닌 이상 이익배당총액에 상당하는 금액까지 주식배당을 할 수 있다(자본시장법 제165조의13).

액으로 해야 하는 제한이 있다(상법 제462조의2 제1항 단서, 제2항 전단).[125] 또한 주식배당의 경우에는 신주를 발행하게 되므로 정관으로 정한 '발행할 주식 총수'(즉, 발행예정주식총수) 범위 내에서 발행하는 등 일반적인 신주발행요건도 갖추어야 한다. 주식배당에 관한 이러한 제한을 위반한 경우에 위법배당죄가 성립하는지 여부는 문제가 된다.

이에 대하여 이익배당을 주식배당으로 함으로써 그 만큼 회사재산이 사내에 유보되고 무상 신주의 발행에 의한 자본금 증가로 배당가능이익 범위가 줄어들어 향후 회사재산의 유출 방지 및 회사 채권자 보호 효과가 있고 회사재산을 위태롭게 하는 것이 아니므로 위법배당죄가 성립하지 않는 것으로 보는 견해[126]가 있다.

그러나 이 문제는 위법한 주식배당을 일반적인 이익배당 요건을 위반한 경우, 주식배당의 제한 규정을 위반한 경우 및 일반적인 신주발행 요건을 위반한 경우로 나누어 보호법익인 회사의 자본금충실을 침해할 위험이 있는지 여부를 기준으로 검토해 볼 필요가 있다.

배당가능이익이 없음에도 주식배당을 하거나 배당가능이익을 초과하는 주식배당을 하여 일반적인 이익배당 요건을 위반한 경우에는 발행된 신주만큼 자본금이 증가하지만 주금액에 상응하는 회사재산의 증가는 이루어지지 않으므로 자본금충실 원칙에 반하게 된다.[127] 물론 주식배당인 이상 회사재산의 유출은 발생하지 않고 자본금의 증가로 향후 배당가능이익 산정시 공제금액이 증가하는 효과는 있다. 그러나 위와 같은 주식배당 자체가 자본금의 외형을 실제 회사 보유 재산보다 부풀려 자본금충실 원칙에 반하고 자본금 규모를 신뢰한 회사 채권자 등 이해관계자들의 이익을 해칠 위험이 있으므로 위법배당죄가 성립하는 것으로 보아야 할 것이다.

주식배당 시 발행하는 신주의 발행가액을 주식의 권면액보다 저가로 정한 경우[128]

---

125) 다만, 회사가 종류주식을 발행한 때에는 같은 종류의 주식으로 주식배당을 할 수 있도록 허용하고 있다(상법 제462조의2 제2항 후단).

126) 천경훈, 주석 상법(회사-Ⅶ), 133면.

127) 이 경우 신주발행의 효력은 자본금충실 원칙에 반한다는 이유로 무효로 보는 견해가 통설이다[최준선(회사), 751면; 정동윤(상법-상-), 790면; 임홍근(회사), 731면; 정찬형(상법-상-), 1240면; 정경영(상법), 631면; 권기범(회사), 1264면; 이철송(회사), 1022면].

128) 신주의 액면미달 발행(즉, 할인발행)은 자본금충실 원칙에 반하는 것이므로 회사 성립일로부터 2년 경과 후 주주총회의 특별결의와 비상장회사의 경우에는 법원의 인가까지 받아야 하므로(상법 제417조 제1항, 자본시장법 제165조의8) 주식배당을 하면서 할인발행까지 하는 경우는 드물겠지만, 이러한 절

에는 주금액에 상응하는 회사재산의 증가가 이루어지지 아니한 상태라면(예컨대 배당가능이익 전부를 이익배당하면서 위와 같이 주식배당을 한 경우) 위와 마찬가지로 자본금충실 원칙을 침해하여[129] 위법배당죄가 성립할 수 있을 것이다.

그러나 그 밖의 주식배당 요건을 위반한 경우, 즉 이익배당 총액의 2분의 1을 초과하여 주식배당을 한다거나, 주식배당시 발행하는 신주의 발행가액을 주식의 권면액보다 고가로 정한 경우, 주식배당 경의가 없었던 경우에는 그로 인하여 주주의 이익을 침해할 수 있을 뿐 회사의 자본금충실을 해치는 것은 아니므로 위법배당죄가 성립하는 것은 아니다.

회사의 발행예정주식총수를 초과하여 주식배당을 하는 등 일반적 신주발행요건을 위반한 주식배당의 경우에는 그 자체로는 자본금충실 원칙을 침해하는 것이 아니므로 후술하는 주식초과발행죄가 성립함은 별론으로 하고 위법배당죄는 성립하지 않는다.

아. 자기주식에 대한 이익배당

주식회사가 자기 발행 주식을 취득하는 경우에, 원래 주주권은 회사 외의 자가 회사에 대하여 행사하는 권리라는 점, 자기주식에 대한 배당은 가공의 자본금에 대한 배당이 된다거나 배당 없이 회사 내에 유보하는 것과 마찬가지로 무의미하다는 점 등의 이유로 회사의 자기주식에 대한 이익배당청구권을 인정할 수 없다는 견해가 통설이다.[130] 그런데 회사가 위법하게 자기주식에 대하여 이익배당을 하더라도 자기주식에 대한 이익배당의 경우에는 회사재산이 외부로 유출되는 것이 아니고 회사의 자본금충실을 침해할 염려도 없으므로 위법배당죄가 성립하는 것이 아니다.[131]

차를 위반하여 이루어지는 경우도 있을 수 있다.

129) 최준선(회사), 748면에서도 주식배당 시 발행하는 신주의 발행가액을 주식의 권면액보다 저가로 정한 경우에는 회사의 자본금충실을 해치는 것으로 설명하고 있다.

130) 최준선(회사), 314면; 이철송(회사), 425면; 정찬형(상법-상-), 784,785면; 임홍근(회사), 260면; 최기원(회사), 358면.

131) 같은 견해 : 송호신(박사학위논문), 124면; 이 경우에도 위법배당에 해당한다는 반대견해[노명선(회범), 226면].

4. 기수시기

위법배당 행위는 이익배당안 작성에서부터 실제로 이익배당금을 지급하기까지 일련의 절차를 거쳐 이루어지기 때문에 그 기수시기를 언제로 볼 것인지는 문제가 된다.

이에 대하여 이익배당에 관한 주주총회 등의 승인결의 후 현실적으로 배당금을 지급한 때에 기수가 된다고 하는 견해[132)]가 있다.

그러나 주주총회(정관 규정에 따라 재무제표의 승인을 이사회에서 하는 주식회사의 경우에는 이사회)나 사원총회에서 이익배당 승인결의를 하면 주주나 사원은 그 총회가 종결한 때 회사에 대한 구체적인 배당금 지급청구권을 취득하고,[133)] 회사의 주주나 사원에 대한 구체적인 배당금 지급의무가 발생한다. 중간배당의 경우에는 이사회(유한회사는 이사 과반수)의 배당결의가 있을 때 주주나 사원은 구체적인 중간배당금 지급청구권을 취득하고, 회사는 주주나 사원에 대한 구체적인 배당금 지급의무가 발생한다.[134)] 이러한 구체적 배당금 지급청구권은 채권적 권리로서 타인에게 양도하거나 압류의 대상이 될 수도 있다. 그러므로 이때 자본금충실을 침해할 추상적 위험이 발생하여 기수에 이른 것으로 보아야 한다.[135)]

주식배당의 위법배당죄가 성립하는 경우에는 주식배당을 받은 주주는 주식배당 결의를 하는 주주총회가 종결한 때부터 신주의 주주가 되므로(상법 제462조의2 제4항 제1문) 이때 기수에 이르게 됨은 물론이다.

만약 주주총회(또는 이사회)나 사원총회의 이익배당 또는 주식배당의 승인결의(중간배당의 경우에는 이사회 등의 중간배당 결의) 없이 배당이 이루어진 경우에는, 실제로 배당금을 지급한 때 기수에 이른다고 볼 수밖에 없다.[136)] 그러나 회사가 실제로 배당금을 지급하기 전에 주주나 사원에게 그 지급 의사표시를 하는 경우에는 이때 주주나 사

---

132) 송호신(박사학위논문), 127면.

133) 그 승인결의가 있을 때 주주나 사원의 구체적인 배당금지급청구권이 발생한다는 견해가 통설이다[최준선(회사), 742면; 이철송(회사), 1012면; 최기원(회사), 931면; 정찬형(상법-상-), 1225면].

134) 최준선(회사), 755,756면; 정찬형(상법-상-), 1246면.

135) 임중호, 앞의 "회사범죄와 그 대책방안", 81면도 같은 견해이고, 일본의 통설이다[会社法コンメンタル(21), 108면].

136) 임중호, 앞의 "회사범죄와 그 대책방안", 81면; 송호신(박사학위논문), 127면.

원의 구체적 배당금 지급청구권은 발생하는 것이므로 기수가 된다.[137]

Ⅴ. 투기행위죄

1. 보호법익 및 적용범위

회사는 상행위나 그 밖의 영리를 목적으로 설립된 법인으로서 정관으로 정한 설립목적 범위 내에서 권리 · 의무의 주체가 된다(상법 제169조, 민법 제34조). 따라서 회사업무를 집행하는 자는 회사의 설립목적 범위 안에서 회사의 영리를 추구해야 할 임무가 있다. 회사업무를 집행하는 자들이 이러한 임무를 위반하여 회사재산으로 설립목적 범위를 넘어서 투기행위를 한다면 회사의 재산권이 침해될 위험이 있으므로, 이러한 경영상 위험으로부터 회사재산을 보호하려는 것이 상법 제625조 제4호에 규정된 투기행위죄의 입법취지이다. 그러므로 투기행위죄의 보호법익은 **회사의 경영건전성** 및 **회사의 재산**이라 할 수 있고, 범죄구성요건으로 회사의 손해발생이나 그 위험 발생을 요구하는 것이 아니므로 그 보호의 정도는 추상적 위험범으로 보아야 할 것이다.[138]

위 입법취지나 보호법익에 비추어 보면 투기행위죄는 회사의 종류를 불문하고 적용할 수 있을 것이다. 다만, 회사재산을 위험한 투기행위로부터 보호해야 할 필요성은 회사재산만이 회사 채권자의 유일한 책임재산이 되는 물적회사의 경우에 비교적 크다고 할 수 있다.[139] 그러나 회사의 적극적 · 모험적 경영이 요구되는 오늘날 어디까지를 영업범위 외 투기행위로 볼 것인지 그 범죄의 성립범위가 불분명하기 때문에 투기행위죄로 의율되는 경우는 드물다.

2. 행위주체

투기행위죄의 행위주체는 상법 제625조가 원용하는 '제622조 제1항에 규정된 자' 중 회사재산을 처분할 수 있는 지위에 있는 자라야 할 것이다. 그러므로 주식회사의

---

137) 같은 취지: 会社法コンメンタル(21), 108면.

138) 송호신(박사학위논문), 107면; 新版 注釋会社法(13), 575면; 会社法コンメンタル(21), 101면.

139) 일본 会社法 제963조 제5항 제3호의 투기거래죄는 적용범위를 주식회사로 한정하고 있다.

이사 · 집행임원, 유한회사의 이사, 주식회사나 유한회사의 일시이사(상법 제386조 제2항, 제567조) 및 이사 직무대행자(상법 제407조 제1항, 제567조), 합명회사 · 합자회사의 업무집행사원, 유한책임회사의 업무집행자,[140] 각 회사의 지배인 및 부분적 포괄대리권을 가진 사용인이 해당될 것이다.

3. 위반행위

범죄를 구성하는 행위는 위 행위주체가 회사의 영업범위 외에서 투기행위를 하기 위하여 회사재산을 처분한 행위이다(상법 제625조 제4호).

회사의 '영업범위'란 투기행위죄의 입법취지나 보호법익에 비추어 볼 때 회사의 '설립목적 범위'와 같은 뜻으로 해석해야 할 것이다.[141]

이 경우 회사의 '설립목적 범위'를 회사의 '목적에 의한 권리능력 제한 범위'와 같은 것으로 보는 견해(구분불요설)[142]가 있다. 그런데 회사의 '목적에 의한 권리능력의 제한 범위'는 그 제한 자체를 인정할 것인지 여부에 관하여 무제한설이 통설이고,[143] 판례는 제한설이지만 "그 목적범위 내의 행위라 함은 정관에 명시된 목적 자체에 국한되는 것이 아니라 그 목적을 수행하는 데 있어 직접 · 간접으로 필요한 행위는 모두 포함되고, 목적수행에 필요한지의 여부는 행위의 객관적 성질에 따라 판단할 것이고 행위자의 주관적 · 구체적 의사에 따라 판단할 것은 아니다."라고 판시하여[144] 거의 무제한설에 가까운 해석을 하고 있다. 그러므로 이러한 입장에서 구분불요설을 취하면 '회사의 영업범위 외'로 볼 수 있는 경우가 거의 없게 되어 투기행위죄는 유명무실해지는 부당한 결과가 된다.

따라서 형사처벌의 대상이 되는 회사의 '영업범위', 즉 회사의 '설립목적 범위'는

---

140) 유한책임회사의 경우에는 **업무집행자**(상법 제287조의19 제1항)가 상법 제622조 제1항의 '업무집행사원'에 해당하고, 유한책임회사의 업무집행자가 법인인 경우에는 그 법인의 **직무수행자**(상법 제287조의15 제1항)가 상법 제637조의 적용으로 행위주체가 될 수 있을 뿐임은 앞의 제3장(배임 범죄) 중 회사임원등 특별배임죄의 행위주체 부분에서 설명하였다.

141) 일본의 경우에도 2005년 개정 전 商法에서는 우리나라의 상법과 같이 '영업범위 외'라고 표현하고 있었으나, 현행 会社法 제963조 제5항 제3호는 '주식회사의 목적범위 외'라고 명확하게 표현하고 있다.

142) 송호신(박사학위논문), 128면.

143) 이철송(회사), 79면; 정찬형(상법-상-), 486,487면.

144) 대법원 2009. 12. 10. 2009다63236.

거래의 안전이 중시되는 사법상의 권리능력 제한 범위와는 구별해야 한다(구분필요설). 즉, 사법상으로는 거래의 안전을 위하여 회사의 목적범위 외로 볼 수 없더라도 투기행위죄가 되는 '회사의 영업범위 외' 행위는 될 수 있다.[145] 그러나 회사의 '설립목적 범위'를 회사의 '목적에 의한 권리능력 제한 범위'와는 구별하더라도 그 범위를 정관에 명시된 목적 범위만으로 좁게 해석하는 것은 회사의 활동력을 지나치게 과소평가하고 주주 · 채권자 등의 회사에 대한 기대에도 미흡한 해석이 된다. 이에 관하여 판례는 " (투기행위죄에서) '회사의 영업범위 외'라고 함은 회사의 **정관에 명시된 목적 및 그 목적을 수행하는 데 직접 또는 간접적으로 필요한 통상적인 부대업무의 범위**를 벗어난 것을 말하는 것으로서, 목적 수행에 필요한지 여부는 행위의 객관적 성질에 따라 추상적으로 판단할 것이지 행위자의 주관적 · 구체적 의사에 따라 판단할 것은 아니다."라고 판시하고 있다.[146] 즉, 판례도 구분필요설 입장에서 투기행위죄에 규정된 회사의 '영업범위'의 의미를 회사의 목적 수행에 직접 · 간접으로 필요한 '모든 행위'를 말하는 것은 아니라고 보되, 그 목적 및 목적수행에 직접 · 간접으로 필요한 '통상적인 부대업무의 범위'로 제한하고 있다.[147]

'투기행위'란 구성요건도 불명확한 추상적 용어이므로 해석이 필요하다. 판례는 "투기행위란 거래시세의 변동에서 생기는 차액의 이득을 목적으로 하는 거래행위 중에서 사회통념상 회사의 자금운용방법 또는 자산보유수단으로 용인될 수 없는 행위를 말하는 것으로, 구체적으로 회사 임원 등의 회사재산 처분이 투기행위를 하기 위한 것인지를 판단함에 있어서는 당해 회사의 목적과 주된 영업내용, 회사의 자산규모, 당해 거래에 이르게 된 경위, 거래 목적물의 특성, 예상되는 시세변동의 폭, 거래의 방법 · 기간 · 규모와 횟수, 거래자금의 조성경위, 일반적인 거래관행 및 거

---

145) 일본 판례도 같은 입장이다(東京高判 2008. 5. 21. 判タ 1281号 274면; 東京地判 2004. 12. 16. 判時 1888号 3면).

146) 대법원 2007. 3. 15. 2004도5742.

147) 임중호, 앞의 "회사범죄와 그 대책방안", 82면에서는 '영업범위란 회사의 정관 소정의 사업목적과 그 목적수행에 필요한 부수적 업무로서 회사의 통상의 경제활동의 범위'라고 해석하고 있는바, 판례와 유사한 입장으로 보인다; 일본 판례도 "투기거래를 위하여 회사재산을 처분한 행위가 사회통념에 비추어 정관 소정 목적상의 업무 또는 그 수행상 필요한 부대업무의 통상 범위에 있다고 볼 수 없다."는 이유로 투기거래죄를 인정하고 있음에 비추어 유사한 입장이라 할 수 있다(最決 1971. 12. 10. 判時 650号 99면).

래 당시의 경제상황 등 제반 사정을 종합적으로 고려해야 한다."고 판시하였다.[148]

위와 같이 회사의 영업범위 외에서 투기행위를 하기 위하여 회사재산을 처분하였다면, 그 재산처분의 목적이 회사의 이익을 위한 것이었다고 할지라도 투기행위죄는 성립한다. 다만, 회사재산의 처분은 누구 명의로 하든지 회사의 계산으로 한 경우에만 투기행위죄가 성립한다.[149] 만약 회사재산을 이용하여 자기의 계산으로 투기행위를 한 경우에는 회사재산의 횡령이 문제될 뿐이다.

그리고 이 죄는 신분범이자 고의범이므로 형법 제13조 본문 규정에 따라 행위자에게 행위 당시 자신이 이 죄의 신분자로서 회사의 영업범위 외에서 투기행위를 하기 위하여 회사재산을 처분하는 사실에 대한 인식[150]이 있어야 한다.

Ⅵ. 죄수관계

1. 배임죄와의 관계

상법 제625조 각 호의 개별 범죄는 회사재산을 위태롭게 하는 죄이므로 회사의 전체재산을 보호법익으로 하는 회사임원등 특별배임죄 또는 형법상 배임죄(즉, 단순배임죄나 업무상배임죄)와의 관계를 검토할 필요가 있다.

이에 대하여 상법 제625조 각 호의 개별 범죄를 독자적인 범죄구성요건으로 규정하고 있는 이유는 주식회사나 유한회사의 자본단체적 성격상 그 위반행위를 특별히 엄격히 규제할 필요가 있기 때문이므로, 상법 제625조 각 호의 회사재산을 위태롭게 하는 행위가 동시에 상법 제622조의 회사임원등 특별배임죄에 해당하는 경우에는 상상적 경합관계로 보아야 한다는 견해[151]가 있다.

그런데 상법 제625조 각 호 개별 범죄의 입법취지는 그 보호법익인 회사의 자본금충실, 자본금확정 또는 회사의 경영건전성 확보를 통하여 회사재산을 보호하려

---

148) 대법원 2007. 3. 15. 2004도5742.

149) 같은 취지: 会社法コンメンタル(21), 112면.

150) 앞의 제3장 배임 범죄 부분에서 설명한 것처럼 고의의 본질에 관한 판례의 입장인 용인설에 따르면 그 인식과 함께 그 결과나 위험을 의욕하거나 적어도 이를 용인하는 상태에 이르면 고의가 인정되고, 이 때 미필적 고의도 인정된다.

151) 박길준, 앞의 "상법상의 벌칙규정에 대한 입법론적 고찰 –일본법과의 비교를 중심으로–", 153면.

는 것이고, 회사임원등 특별배임죄나 형법상 배임죄는 회사재산을 직접적 보호법익으로 하고 있다. 그러므로 회사임원등 특별배임죄나 형법상 배임죄의 보호법익은 상법 제625조 각 호 개별 범죄의 보호법익을 포괄하고 있다. 또한 상법 제625조 각 호 개별 범죄의 범죄구성요건이 되는 행위는 회사사무를 처리하는 자가 그 회사의 직무상 신뢰를 배반하는 행위라는 점에서 회사임원등 특별배임죄나 형법상 배임죄의 배임행위에 포함된다. 회사임원등 특별배임죄나 형법상 배임죄의 범죄구성요건은 나아가 행위주체 자신이나 제3자에게 재산상 이익을 취득하게 하고 타인(즉, 회사)에게 손해를 가할 것 등의 구성요건을 추가로 요구하고 있을 뿐이다.

따라서 상법 제625조 각 호의 개별 범죄는 회사임원등 특별배임죄 또는 형법상 배임죄가 성립하지 않는 경우에 보충적으로 적용되는 보충관계에 있으므로 상호 **법조경합관계**에 있다고 보아야 할 것이다. 그러므로 회사임원등 특별배임죄 또는 형법상 배임죄가 성립하는 경우에는 상법 제625조 각 호의 개별 범죄는 성립하지 않는다.[152] 판례도 "상법 제625조는 회사임원등 특별배임죄를 규정한 상법 제622조 및 일반적인 업무상배임죄를 규정한 형법 제356조의 보충규정으로서, 위 특별배임죄 또는 업무상배임죄가 성립하는 경우에는 별도로 상법 제625조 위반죄가 성립하지 않는다."고 판시하고 있다.[153]

다만, 회사임원등 특별배임죄 또는 형법상 배임죄에 해당하는 사안일지라도 입증의 어려움 등을 감안하여 상법 제625조 각 호의 개별 범죄로 공소제기를 하는 것은 무방하다.[154]

2. 배임미수죄와의 관계

상법 제625조 각 호의 개별 범죄와 회사임원등 특별배임미수죄 또는 형법상 배임미수죄와의 죄수관계도 마찬가지이다. 그러므로 상법 제625조 각 호의 개별 범죄에 해당하는 행위를 한 자가 처음부터 자신이나 제3자에게 재산상 이익을 취득하게 하고 회사에 손해를 가하려는 고의를 가지고 행위를 하였으나 그 결과에 이르지 못한

---

152) 노명선(회범), 228면; 新経済刑法入門, 162면; 新版 注釋 会社法(13), 575면; 会社法コンメンタル(21), 101면; 伊藤榮樹 外 2人 編,, 앞의「注釋特別刑法(5の I)」, 170면.

153) 대법원 2007. 3. 15. 2004도5742(상법 제625조 제4호의 투기행위죄 사안).

154) 같은 취지 : 日 最大判 2003. 4. 23. 刑集 57巻 4号 467면.

경우에는 회사임원등 특별배임미수죄 또는 형법상 배임미수죄가 성립할 뿐 상법 제625조 각 호의 개별 범죄가 성립하는 것은 아니다. 다만, 입증의 어려움 등을 감안하여 상법 제625조 각 호의 개별 범죄로 공소제기를 하더라도 무방하다.

제4절 모회사주식 취득제한위반죄

Ⅰ. 의의

주식의 상호보유, 즉 자회사에 의한 모회사[155]주식의 취득은 자기주식 취득의 경우처럼 회사의 자본금충실을 침해할 수 있으므로 1984. 4. 10. 개정 상법(법률 제3724호)에서 이를 금지하는 주식의 상호보유 금지규정(상법 제342조의2)을 신설하게 되었다. 또한 그 이행을 강제하기 위하여 이를 위반하여 모회사주식을 취득하거나 일정기간 내에 처분하지 아니한 행위에 대하여 2천만 원 이하의 벌금에 처하는 내용의 처벌규정(상법 제625조의2)도 신설하였다. 당시에는 그 행위주체를 과태료 부과에 관한 상법 제635조 제1항에 게기한 자로 제한하는 신분범 형태를 취하였으나 2011. 4. 14. 개정 상법(법률 제10600호)에서 행위주체를 제한하는 부분은 삭제하여 비신분범으로 전환하였다. 그 개정이유는 굳이 행위주체를 제한하지 않더라도 금지규정인 상법 제342조의2 제1항, 제2항에 의하여 행위주체를 특정할 수 있기 때문인 것으로 보인다.

그 후 2015. 12. 1. 개정 상법(법률 제13523호)에서는 후술하는 삼각주식교환, 역삼각합병 및 삼각분할합병 제도를 새로 도입하면서 이러한 회사조직 개편(순삼각합병의 경우도 포함)을 위하여 예외적으로 그 취득을 허용한 모회사 주식은 일정기간 내에 처분해야 할 의무를 부과하게 되었다. 또한 그 처분의무 위반에 대한 처벌규정으로 상법 제625조의2 규정에 제2, 3, 4호의 위반행위에 대한 처벌규정을 추가하였다(종전 모회사주식 취득제한 위반에 대한 처벌규정은 같은 조 제1호로 옮김).

---

155) 모(母)회사란 다른 회사 발행주식 총수의 100분의 50을 초과하는 주식을 가진 회사이고, 그 다른 회사를 자(子)회사라 한다. 다른 회사(孫회사) 발행주식 총수의 100분의 50을 초과하는 주식을 모회사 및 자회사 또는 자회사가 가지고 있는 경우 그 다른 회사(孫회사)는 이 법의 적용에 있어 그 모회사의 자회사로 보므로(상법 제342조의2 제3항), 마찬가지로 모회사(孫회사로서는 祖母회사) 주식의 취득이 금지된다. 나아가 그 아래 증손(曾孫)회사의 증조모(曾祖母)회사 주식취득도 금지되는 것인지 여부에 관하여 논란이 있으나, 적어도 모회사주식 취득제한위반죄의 적용에 있어서는 죄형법정주의 원칙상 범죄구성요건에 해당하지 않는 것으로 해석해야 할 것이다.

그런데 이 죄는 금지 대상자 또는 의무 부담자가 회사이므로 회사가 행위주체로 되는 범죄이다. 그럼에도 불구하고 법인이 행위주체인 경우에 실제행위자를 처벌하는 규정인 상법 제637조(법인에 대한 벌칙의 적용)의 적용대상에서 제외한 것은 입법의 불비로 보인다.

Ⅱ. 보호 법익

모회사와 자회사가 주식을 상호 보유하게 되면 그 상호보유 주식수에 상응하여 증가된 모회사와 자회사의 자본금 규모에 비하여 상호보유 부분만큼 사실상 출자의 환급이 되고 회사재산을 확보하지 못하게 된다. 그러므로 주식의 상호보유는 자기주식 취득의 경우와 마찬가지로 회사의 자본금충실을 침해할 수 있다.[156] 또한 의결권 행사를 목적으로 주식을 상호 보유하게 되면 양 회사의 경영진들은 그 만큼 출자 없이 상대방 회사의 의결권을 행사할 수 있는 결과가 되어, 다른 출자 주주들의 의결권행사 이익을 해치는 의결권 왜곡현상도 생길 수 있다.[157] 그러나 회사, 모회사 및 자회사 또는 자회사가 다른 회사의 발행주식의 총수의 10분의 1을 초과하는 주식을 가지고 있는 경우에는 그 다른 회사가 가지고 있는 회사 또는 모회사의 주식은 의결권이 없으므로(상법 제369조 제3항), 주식의 상호보유로 인한 의결권 왜곡현상을 이 죄의 입법취지로 보기는 어려울 것이다. 따라서 이 죄의 보호법익은 회사(즉, 모회사 또는 자회사)의 자본금충실로 보아야 한다.

그리고 범죄구성요건의 해석상 보호법익인 회사의 자본금충실에 대한 현실적 침해나 그 침해위험의 발생을 요구하는 것으로 볼 수 없으므로 그 보호의 정도는 추상적 위험범으로 보아야 할 것이다.

---

156) 이철송(회사), 428면; 최준선(회사), 305면; 정찬형(상법-상-), 792면.
157) 이철송(회사), 428면; 최준선(회사), 305면; 정찬형(상법-상-), 792면.

Ⅲ. 범죄구성요건

1. 행위주체

모회사주식 취득제한위반죄(상법 제625조의2)는 행위주체 및 위반행위에 관하여 제1호에서 "제342조의2 제1항 또는 제2항을 위반한 자", 제2호에서 "제360조의3 제7항을 위반한 자", 제3호에서 "제523조의2 제2항을 위반한 자", 제4호에서 "제530조의6 제5항을 위반한 자"라고 규정하고 있다. 제1호는 자회사의 모회사주식 취득금지 및 처분의무 규정이고, 제2호는 삼각주식교환(또는 역삼각합병)을 위하여 취득한 모회사주식의 처분의무 규정이며, 제3호는 순삼각합병을 위하여 취득한 모회사주식의 처분의무 규정이고, 제4호는 삼각분할합병을 위하여 취득한 모회사주식의 처분의무 규정이다. 그러므로 위 각 호 위반행위의 주체는 후술하는 것처럼 형식적으로는 자회사, 주식의 포괄적 교환으로 완전모회사가 되는 회사, 흡수합병의 존속회사, 분할합병의 분할승계회사이다. 그러나 현행 법제는 법인의 범죄능력을 인정하지 않는 것을 원칙으로 하고 있으므로 실제로 처벌대상이 되는 행위주체는 회사를 대표하거나 대리하여 위반행위를 한 이사 · 집행임원 · 지배인[158] 등이다.[159]

이에 대하여 모회사주식 취득제한위반죄는 그 행위주체를 회사로 규정하고 있고 법정형으로 법인에 대한 형벌 집행이 가능한 벌금형만 규정하고 있으며, 행위주체가 법인인 경우 그 실제 행위자를 처벌하는 상법 제637조 규정의 적용범위에서 제외되어 있으므로 법인의 범죄능력을 인정한 것으로 해석하는 견해[160]가 있다. 그러나 다른 회사범죄의 경우에는 상법 제637조의 경우처럼 범죄의 행위주체가 법인인 경우에는 실제 행위자를 처벌하는 입장을 취하면서 이 죄의 경우에만 법인을 처벌해야 할 합리적인 이유가 없다. 또한 이 죄의 보호법익은 회사의 자본금충실로서 회사가 피해자인데, 피해자인 회사를 범죄의 행위주체로 보고 벌금형에 처한다면 보호의 대상인 회사의 자본금충실을 해치는 결과가 되므로 납득하기 어려운 해석이다.

---

158) 자회사의 지배인도 자회사의 영업에 관한 재판상 또는 재판 외 모든 행위를 할 수 있는 자이므로, 자신의 판단 아래 자회사의 영업에 관하여 모회사의 주식을 취득한 경우에는 이 죄의 행위주체가 될 수 있다.

159) 안동섭, "기업임원의 상법위반책임," 「경원논총」 9집(단국대학교 경영대학원, 1989), 109면.

160) 천경훈, 주석 상법(회사-Ⅶ), 141,142면.

또한 자회사가 모회사의 주식을 취득하는 것은 대개 모회사의 지시 내지 영향력 아래 이루어지므로 이 죄의 행위주체를 자회사가 아닌 모회사로 보아야 한다는 견해[161]가 있다. 그러나 이러한 해석은 상법 제625조의2의 명문규정에 반하는 해석이므로 죄형법정주의 원칙에 비추어 따르기 어렵다. 다만, 모회사의 이사 · 집행임원 등의 지시가 있었다면, 이들은 그 지시에 따른 자회사의 이사 · 집행임원 · 지배인 등이 범한 이 죄의 공동정범이나 교사범 등 공범이 될 수 있을 뿐이다.

2. 위반행위

범죄를 구성하는 행위는 상법 제342조의2 제1항을 위반하여 자회사가 모회사(또는 祖母회사) 주식을 취득하는 행위(상법 제625조의2 제1호)와, 예외적으로 그 취득이 허용되어 취득한 모회사 주식을 일정기간 내에 처분해야 할 의무를 위반한 행위이다.

여기에서 '취득'이란 이 죄의 입법취지에 비추어 소유권을 유상으로 승계취득하는 경우를 말하고, 명문 규정은 없지만 취득자 명의가 누구이든 자회사의 계산으로 취득하는 것은 모두 포함된다.[162]

모회사 주식에 질권을 취득하는 것은 주식을 '취득'하는 것이 아니고, 달리 이를 제한하는 명문 규정도 없으므로 범죄가 성립하지 않는다. 이에 대하여 자회사가 모회사 주식을 질취하는 것은 자기주식의 질취와 동질적이라는 이유로 자기주식의 질취 제한에 관한 제341조의3 규정이 적용되는 것으로 보는 견해[163]가 있다. 이 견해를 따르면 자회사가 상법 제341조의3 단서에 규정된 예외적 질취 사유가 없는 한 모회사 발행주식총수의 20분의 1을 초과하여 질취한 경우에는 앞에서 설명한 상법 제625조 제2호 위반죄로 의율될 여지가 있게 된다. 그러나 '모회사 주식의 질취'는 '자기주식의 질취'보다 그로인한 폐해가 적고, 이를 제한하는 명문 규정도 없으므로 상법상 제한되는 것으로 볼 수 없을 뿐만 아니라,[164] 이를 상법 제625조 제2호의 '부

161) 송호신(박사학위논문), 212면.

162) 이철송(회사), 432면.

163) 이철송(회사), 432면; 김정호(회사), 253면.

164) 김건식 · 노혁준 · 천경훈(회사), 692면 ; 유사한 입장으로 "자회사가 모회사 주식을 질취하는 것은 자본금의 공동화를 초래할 위험이 많지 않고, 모회사의 자기주식 질취도 일정 수량 범위 내에서 허용됨

정하게 자기주식을 질취한 죄'로 의율하는 것은 유추해석을 금지하는 죄형법정주의 원칙에 반하는 해석이 되어 부당하다. 다만, 자회사가 모회사 주식에 양도담보권을 취득하는 경우에는 자기주식 취득죄 부분에서 설명한 것처럼, 동산 양도담보의 법적 성질에 관한 통설 · 판례 입장인 신탁적양도설에 따라 주주권이 담보권자인 자회사에게 이전되어 명의개서를 마친 자회사가 주주로 취급되는 것이므로 모회사 주식을 취득하는 행위에 해당하여 이 죄의 '취득' 행위로 된다.

예외적으로 모회사 주식취득이 허용되는 경우와 그 처분기간은 다음과 같다.

첫째, 주식의 포괄적 교환 · 이전, 회사합병, 다른 회사 영업전부의 양수로 인한 때(상법 제342조의2 제1항 제1호), 회사의 권리를 실행함에 있어 그 목적을 달성하기 위하여 필요한 때(상법 제342조의2 제1항 제2호) 자회사는 모회사 주식을 취득할 수 있다. 이때 자회사는 그 취득한 날부터 6개월 이내에 모회사 주식을 처분해야 할 의무가 있는데, 이를 위반하면 이 죄가 성립한다(제625조의2 제1호, 제342조의2 제2항).

둘째, 이른바 순삼각합병[165]의 경우에 흡수합병으로 소멸하는 소멸회사의 주주에게 합병의 대가로 존속회사(즉, 자회사)의 모회사 주식을 지급하기 위한 때 존속회사는 모회사의 주식을 취득할 수 있다(상법 제523조의2 제1항). 이때 존속회사는 그 취득한 모회사 주식을 합병 후에도 계속 보유하고 있는 경우 합병의 효력이 발생하는 날부터 6개월 이내에 그 주식을 처분해야 할 의무가 있고(상법 제523조의2 제2항), 이를 위반하면 이 죄가 성립한다(제625조의2 제3호, 제523조의2 제2항).

셋째, 주식의 포괄적 교환[166]으로 완전자회사가 되는 회사의 주주에게 주식교환의 대가로 제공하는 재산이 완전모회사가 되는 회사의 모회사 주식을 포함하는 경우(이

에 비추어, 원칙적으로는 금지되는 것으로 볼 수 없으나, 다만, 완전자회사가 완전모회사의 주식을 질취하는 경우에는 상법 제341조의3 규정이 유추적용되어 자기주식 질취제한과 마찬가지로 제한을 받는다."는 견해[권기범(회사), 646면]도 있다.

165) '순 (또는 정)삼각합병'이란 모회사가 자회사를 통하여 다른 회사를 흡수합병하는 합병형태인데, 다른 회사가 자회사와 합병하여 소멸하는 대가로 소멸회사의 주주에게 모회사 주식을 지급하는 방식의 합병이다[최준선(회사), 822면; 이철송(회사), 1106,1107면].

166) '주식의 포괄적 교환'(약칭 '주식교환')이란 기존 회사들이 주식교환계약에 의하여 완전모회사(즉, 다른 회사 발행주식의 총수를 소유하는 회사)와 완전자회사 관계가 되는 행위이다(상법 제360조의2 제1항). 이때 완전자회사로 되는 회사의 주주는 그 주식을 완전모회사로 되는 회사에 이전하는 대신 완전모회사의 자기주식을 이전받거나 신주를 배정받아 그 주주가 된다(상법 제360조의2 제2항).

른바 '삼각주식교환'이라 함)[167] 완전모회사가 되는 회사는 그 지급을 위하여 그 모회사 주식을 취득할 수 있다(상법 제360조의3 제6항). 완전모회사가 되는 회사는 이때 취득한 그 모회사 주식을 주식교환 후에도 계속 보유하고 있는 경우 주식교환의 효력이 발생하는 날부터 6개월 이내에 그 주식을 처분해야 할 의무가 있고, 이를 위반하면 이 죄가 성립한다(상법 제625조의2 제2호, 제360조의3 제7항).

넷째, 주식회사가 분할합병[168]을 하는 경우에 분할승계회사(즉, 분할합병의 상대방 회사로서 분할합병 후 존속하는 회사)가 분할회사(즉, 분할되는 회사)의 주주에게 그 대가로 분할승계회사의 모회사 주식을 제공하는 경우에 분할승계회사는 그 지급을 위하여 그 모회사 주식을 취득할 수 있다(상법 제530조의6 제4항). 분할승계회사는 이때 취득한 모회사 주식을 분할합병 후에도 계속 보유하고 있는 경우 분할합병의 효력이 발생하는 날부터 6개월 이내에 그 주식을 처분해야 할 의무가 있고, 이를 위반하면 이 죄가 성립한다(상법 제625조의2 제4호, 제530조의6 제5항).

3. 기수시기

모회사주식 취득금지 규정(즉, 상법 제342조의2 제1항 각 호 외 부분) 위반의 경우에는 금지된 주식취득행위를 하는 작위범이므로 그 기수시기는 자기주식 취득죄의 경우와 같이 볼 수 있다. 그러므로 모회사 주식취득을 목적으로 하는 채권계약을 한 것만으로는 부족하고 모회사 주식양도의 효력이 발생한 때 기수로 되어 범죄가 성립하게 된다. 모회사 주식에 관한 신주인수권증서나 신주인수권증권을 취득한 것만으로 범죄가 성립하지 아니함은 물론이다. 주권 발행 회사의 주식인 경우에는 주권의 교부(전자등록이 된 주식의 경우에는 전자등록)가 있은 때, 주권발행 전에도 그 주식양도가 허용되는 주권 미발행 회사의 경우(상법 제335조 제3항 단서)에는 지명채권 양도방법에 따르므로 주식양도의 합의를 한 때 주식양도의 효력이 발생하고 범죄가 성립

---

167) 삼각주식교환 후 완전자회사가 완전모회사를 흡수합병하고, 그 합병의 대가로 완전모회사의 모회사에게 완전자회사가 그 합병으로 취득하게 되는 자기주식(즉, 주식교환으로 완전모회사가 취득하였던 완전자회사 발행 주식)의 전부나 일부를 제공하거나 그 자기주식을 소각하면서 합병신주를 발행하는 경우에는 인수주체인 완전모회사의 모회사 입장에서는 완전모회사를 완전자회사에게 역으로 흡수합병되게 하는 이른바 '역삼각합병'이 된다[김병태 · 노혁준, 대계Ⅲ, 451,452면; 최준선(회사), 825면].

168) 주식회사의 '분할합병'이란 1개의 회사가 2개 이상으로 분할되어 1개 또는 수 개의 존립 중 회사와 합병하는 행위이다(상법 제530조의2 제2항).

한다.

모회사의 설립 또는 유상증자 절차에서 그 신주를 취득하는 경우에는 회사설립에서는 회사설립등기를 한 때(상법 제172조), 유상증자에서는 신주의 인수가액 납입기일 다음날(상법 제423조 제1항 제1문)부터 각 신주발행의 효력이 발생하여 주식을 취득하게 되고 이때 범죄가 성립한다.

모회사의 전환사채나 신주인수권부사채를 취득하는 경우에는 전환권이나 신주인수권을 행사하여 그 신주발행의 효력이 발생한 때 범죄가 성립한다. 그러므로 전환사채의 경우에는 전환청구를 한 때(상법 제516조 제2항, 제350조 제1항 전단), 신주인수권부사채의 경우에는 신주인수권을 행사하고 발행가액 전액을 납입한 때(상법 제516조의10 제1문) 신주발행의 효력이 발생하여 기수에 이르고 범죄가 성립한다.

예외적으로 모회사 주식취득이 허용되는 경우에는 앞에서 말한 일정기간 내 모회사 주식을 처분해야 의무를 위반한 부작위범이 된다. 그러므로 그 모회사 주식을 처분하여야 할 의무기간인 6개월이 경과한 때 기수에 이르고 범죄가 성립한다.

제5절 조직변경 부실보고죄

Ⅰ. 의의

회사의 조직변경이란 회사가 법인격의 동일성을 유지하면서 조직을 변경하여 다른 종류의 회사로 되는 것이다.[169] 조직변경을 하는 경우에는 회사의 청산절차를 거치지 않게 되므로 상법은 기업의 유지강화 이념에 따라 모든 회사에 이를 허용하되, 회사 채권자 등 이해관계자의 보호를 위하여 물적회사 사이 또는 인적회사 사이의 조직변경만 허용하고 있다.

그 중 물적회사의 자본금이나 순자산은 회사성립의 기초이자 회사 채권자의 유일한 담보가 되므로 조직변경으로 자본금충실 원칙이 침해되지 않도록 엄격히 규제하고 있다. 즉, 유한회사와 주식회사 사이의 조직변경 결과 유한회사의 자본금 총액 또는 발행하는 주식의 발행가액 총액은 회사의 순재산액[170]을 초과하지 않아야 한다(상법 제604조 제2항, 제607조 제2항). 만약 회사에 현존하는 순재산액이 유한회사의 자본금 총액에 부족하거나 조직변경으로 발행하는 주식의 발행가액 총액에 부족할 경우에는 그 조직변경 결의 당시의 이사와 주주(유한회사로 조직변경하는 경우) 또는 이사 · 감사 및 사원(주식회사로의 조직변경하는 경우)은 연대하여 그 부족액을 회사에 지급할 책임이 있다(상법 제605조 제1항, 제607조 제4항 제1문). 이러한 민사책임뿐만 아니라 위와 같이 순재산액에 관하여 법원 또는 총회에 부실보고를 하거나 사실을 은폐한 이사 등에 대하여는 조직변경 부실보고죄가 성립하여 5년 이하의 징역 또는 1,500만 원 이하의 벌금에 처하거나, 이를 병과할 수 있다(상법 제626조, 제632조).[171]

---

169) 대법원 2012. 2. 9. 2010두6731; 1985. 11. 12. 85누69; 최준선(회사), 116면.

170) 유한회사의 계산에서 사용하는 '순자산액'(상법 제583조 제1항, 제462조 제1항)을 의미하는 것으로 보이는 바, 상법 제604조 제2항, 제607조 제2항, 제4항 및 제626조의 '순재산액'은 '순자산액'으로 용어를 통일할 필요가 있으나, 여기에서는 벌칙 규정의 표현에 따라 순재산액으로 표기함.

171) 이 벌칙 규정은 1962년 상법 제정 당시 규정된 이래 회사제도의 개정내용에 따라 행위주체를 추가하거나 벌금액의 법정형을 상향조정하는 개정이 있었을 뿐이다.

Ⅱ. 보호법익 및 적용범위

조직변경 부실보고죄는 회사재산을 위태롭게 하는 죄 중 출자관련 부실보고 죄와 마찬가지로 회사의 자본금충실을 위한 상법상 규제를 침해하는 행위를 처벌하는 것이다. 다만, 조직변경 결과 변경된 회사의 자본금 총액이나 주식 발행가액 총액에 관한 보고나 사실은폐 행위가 처벌대상이다. 따라서 조직변경 부실보고죄의 보호법익은 조직변경된 회사의 자본금충실이다.

범죄구성요건상 보호법익인 조직변경된 회사 자본금충실의 현실적 침해나 그 구체적 위험발생을 요구하지 않으므로, 그 보호정도에 관하여는 추상적 위험범에 해당한다.

이 죄는 그 보호법익인 자본금충실 원칙이 지배하는 주식회사와 유한회사에 적용된다. 자본금충실 원칙은 2011. 4. 14.자 개정 상법에서 신설된 유한책임회사에도 엄격하게 반영되고 있다.[172] 이에 따라 유한책임회사와 주식회사 사이의 조직변경만 허용하되, 그 조직변경의 경우에 유한회사와 주식회사 상호간의 조직변경에 관한 규정(상법 제604조부터 제607조까지)을 그대로 준용하고 있다(상법 제287조의43, 제287조의44). 그러므로 유한책임회사와 주식회사 사이의 조직변경 결과 유한책임회사의 자본금 총액 또는 발행하는 주식의 발행가액 총액은 회사의 순재산액을 초과하지 않아야 한다(상법 제287조의44, 제604조 제2항, 제607조 제2항). 따라서 유한책임회사와 주식회사 사이의 조직변경 절차에서 회사의 순재산액에 관하여 법원 또는 총회[173]에 부실보고나 사실은폐 행위를 한 경우에도 이 죄의 적용범위에 포함하는 것이 균형 있는 입법임에도 상법 제626조에 그 처벌규정을 누락한 것은 입법의 불비로 보인다.

Ⅲ. 범죄구성요건

1. 행위주체

조직변경 부실보고죄는 신분범으로서 그 행위주체를 회사의 이사, 일시이사(상법

---

172) 이철송(회사), 201면.

173) 다만, 유한책임회사의 사원총회는 임의기관이다[최준선(회사), 885면; 장덕조(회사), 638면].

제386조 제2항), 집행임원, 감사위원회 위원, 감사, 주식회사 또는 유한회사의 이사 직무대행자(상법 제407조 제1항, 제567조), 주식회사의 감사 직무대행자(상법 제415조, 제407조 제1항)로 규정하고 있다(상법 제626조). 유한회사와 주식회사 사이의 조직변경에만 성립하는 죄이므로, 구체적으로 살펴보면 주식회사의 경우에는 이사, 일시이사, 이사 직무대행자, 집행임원, 감사위원회 위원, 감사 및 감사 직무대행자이고, 유한회사의 경우에는 이사, 일시이사, 이사 직무대행자 및 감사가 행위주체로 되는 셈이다.

위 행위주체에는 주식회사의 집행임원 직무대행자(상법 제408조의9, 제407조 제1항)와 유한회사의 감사 직무대행자(상법 제570조, 제407조 제1항)가 누락되어 있는데, 주식회사의 집행임원 및 유한회사의 감사를 행위주체에 포함시키면서 그 직무대행자를 제외할 이유가 없으므로 입법의 불비로 보아야 할 것이다.[174]

2. 위반행위

범죄를 구성하는 행위는 주식회사와 유한회사 사이의 조직변경을 하면서 위 행위주체가 회사에 현존하는 순재산액에 관하여 법원 또는 총회(즉, 주주총회나 사원총회)에 부실한 보고를 하거나 사실을 은폐한 행위이다. '부실한 보고'란 조직변경의 목적에 비추어 중요한 사항을 적극적으로 진실과 달리 보고하는 행위이고, '사실을 은폐한' 행위란 보고의 목적에 비추어 밝혀야 할 중요한 사항에 관하여 소극적으로 그 전부나 일부를 밝히지 아니한 행위를 말한다.[175]

주식회사를 유한회사로 조직변경하려면 주주총회에서 총주주의 일치에 의한 결의로 유한회사의 정관 등 조직변경에 필요한 사항을 정해야 하는데, 이 경우 유한회사의 자본금 총액을 회사에 현존하는 순재산액보다 많은 금액으로 하지 못한다(상법 제604조 제1항, 제2항, 제3항). 그러므로 조직변경을 위한 주주총회에서는 유한회사의 자본금 총액을 정하기 위하여 주식회사의 순재산액에 관한 보고를 해야 한다. 이때 그 보고를 하는 이사, 일시이사, 이사 직무대행자 또는 집행임원과, 주주총회에

---

174) 천경훈, 주석 상법(회사-Ⅶ), 143면도 유한회사의 감사 직무대행자에 관하여 같은 취지의 견해임.

175) '부실한 보고'나 '사실을 은폐한' 행위란 유사 범죄유형인 출자관련 부실보고죄의 위반행위와 표현이 같은데, 그 개념도 마찬가지로 해석해야 할 것이다.

제출할 의안 및 서류를 조사하여 주주총회에 그 의견을 진술해야 하는 감사위원회 위원, 감사 또는 감사 직무대행자(상법 제415조의2 제7항, 제413조, 제415조, 제407조 제1항)가 주주총회에 회사의 순재산액에 관하여 부실보고를 하거나 사실을 은폐한 때 범죄가 성립한다.[176)]

유한회사를 주식회사로 조직변경하려면 사원총회에서 총사원의 일치에 의한 결의나 정관 규정에 따른 특별결의로 주식회사의 정관 등 조직변경에 필요한 사항을 정해야 하고(상법 제607조 제1항, 제5항, 제604조 제3항), 법원의 인가를 받아야 그 효력이 발생한다(상법 제607조 제3항). 이 경우 조직변경으로 발행하는 주식의 발행가액 총액은 회사에 현존하는 순재산액을 초과하지 못한다(상법 제607조 제2항). 그러므로 조직변경을 위한 사원총회에서는 조직변경으로 발행하는 주식의 발행가액 총액을 정하기 위하여 유한회사의 순재산액에 관한 보고를 해야 한다. 이때 그 보고를 하는 이사, 일시이사, 이사 직무대행자와, 사원총회에 제출할 의안 및 서류를 조사하여 사원총회에 그 의견을 진술해야 하는 감사(상법 제570조, 제413조)가 사원총회에 회사의 순재산액에 관하여 부실보고를 하거나 사실을 은폐한 때 범죄가 성립한다.

그리고 유한회사의 이사, 일시이사, 이사 직무대행자가 법원에 주식회사로의 조직변경 인가를 신청하면서 순재산액에 관하여 부실보고를 하거나 사실을 은폐한 때에도 마찬가지로 범죄가 성립한다.

3. 고의

신분범이자 고의범이므로 형법 제13조 본문 규정에 따라 행위자에게 행위 당시 자신이 이 죄의 신분자로서 조직변경 절차에서 회사 순재산액에 관하여 법원 또는 총회에 부실보고나 사실은폐 행위를 하는 사실에 대한 인식[177)]이 있어야 한다.

특히, 조직변경의 목적에 비추어 중요한 사항을 진실과 달리 보고하는 점 또는 보고의 목적에 비추어 밝혀야 할 중요한 사항을 밝히지 아니하는 점에 대한 인식이 문

---

176) 집행임원, 감사위원회 위원, 감사, 감사 직무대행자에 대하여 이사와 달리 상법 제605조 제1항의 순재산액전보 민사책임은 부과하지 아니하면서 그 보다 무거운 형사책임을 부과하는 것은 균형이 맞지 않는 입법으로 보인다.

177) 앞의 제3장 제3절 Ⅴ. 1항에서 설명한 것처럼 고의의 본질에 관한 판례의 입장인 용인설에 따르면 그 인식과 함께 그 결과나 위험을 의욕하거나 적어도 이를 용인하는 상태에 이르면 고의가 인정되고, 이 때 미필적 고의도 인정된다.

제가 될 수 있다.

4. 기수시기

조직변경 부실보고죄도 미수범 처벌규정이 없기 때문에 위반행위가 종료되지 않는 한 처벌할 수 없는데, 그 기수시기는 회사의 순재산액에 관하여 총회나 법원에 부실 보고를 한 때 또는 사실을 은폐하여 보고한 때이다. 이때 위반행위가 종료되고 보호법익에 대한 추상적 위험이 발생하여 범죄구성요건을 충족하기 때문이다. 물론 이 시기는 조직변경의 효력 발생시기[178]와는 무관하다.

---

178) 조직변경의 효력발생시기에 관하여는 명문 규정은 없으나 회사 본점 소재지에서 조직변경 등기(즉, 상법 제606조, 제607조 제5항에 따른 변경 전 회사의 해산등기와 변경 후 회사의 설립등기)를 한 때 그 효력이 발생한다고 보는 견해가 통설이다[최준선(회사), 116면; 이철송(회사), 137면; 정찬형(상법-상-), 1327면].

제6절 부실문서행사죄

Ⅰ. 의의

회사가 다수의 일반투자자를 대상으로 주식(株式)[179]이나 사채(社債)[180]를 모집 · 매출하는 경우에 모집 · 매출에 관한 정보를 부실하게 알린다면 이를 신뢰한 일반투자자가 큰 피해를 입게 될 위험이 있다. 이에 대비하여 상법은 주식이나 사채의 모집 또는 매출에 관여하는 자가 모집 · 매출에 관한 정보 중 중요한 사항에 관하여 부실한 기재가 있는 주식청약서, 사채청약서, 사업계획서, 모집 · 매출에 광고 등의 문서를 행사한 때에는 5년 이하의 징역 또는 1,500만 원 이하의 벌금에 처하거나 이를 병과할 수 있도록 규정하였다(상법 제627조, 제632조). 이 죄를 부실문서행사죄라 할 수 있다.

부실문서행사죄는 1962년 상법 제정 당시 종전 의용상법 규정[181]에 따라 규정된 것인데, 위 의용상법(즉, 일본 상법) 규정은 원래 위와 같은 행위로 일반공중이 피해를 입게 되더라도 사기죄의 증명이 곤란하여 엄하게 처벌할 수 없는 경우에 대비하여 신설되었던 것이라고 한다.[182] 우리 부실문서행사죄는 상법에 규정된 후 그 동안 벌금액의 법정형을 상향조정하는 개정만 있었다.

부실문서행사죄는 문서의 작성명의는 진정하지만 문서의 내용이 진실과 다른 문서를 행사하는 범죄이므로 이른바 무형위조의 일종이다. 원래 무형위조를 형사처벌하는 문서는 공문서나 공정증서원본 등으로 제한하고 있고, 사문서 중에는 유가증

---

179) '주식'이란 주식회사의 출자단위로서 주주의 지위(즉, 주주권)를 말하고, 액면주식의 경우에는 자본금의 구성분자가 된다[최준선(회사), 214,216면].

180) '사채'란 회사가 유가증권인 채권(債券)을 발행하는 방식으로 집단적 · 정형적으로 부담하는 채무이다[최준선(회사), 671면; 정찬형(상법-상-), 1259면; 이철송(회사), 1040,1041면].

181) 당시 일본 商法 제490조와 같다. 이 규정은 그 후 2005년 일본 会社法이 商法에서 분리 · 제정되면서 현행 일본 会社法 제964조에 규정되어 있다.

182) 会社法コンメンタル(21), 113면.

권(형법 제216조, 제217조), 의사의 진단서 등(형법 제233조, 제234조)의 경우처럼 불특정다수인에게 유통되거나 공공성을 지닌 사문서로 제한하고 있을 뿐이다. 부실문서행사죄도 무형위조의 경우이지만 불특정다수의 투자자를 대상으로 모집 · 매출하고 전전유통 되는 주식 또는 사채의 특성을 감안하여 형사처벌하는 것으로 보아야 한다.[183]

Ⅱ. 보호법익 및 적용범위

부실문서행사죄는 주식 또는 사채를 모집 · 매출함에 있어서 일반투자자에게 투자판단의 자료로 제공되는 정보 중 중요사항에 관한 허위나 오류를 방지하여 정확을 기함으로써 회사 주식 및 사채의 모집 · 매출의 공정성과 투명성을 보장하기 위한 것이다.[184] 그 중 모집 · 매출에 관한 문서의 진정에 대한 일반투자자의 신용을 보호하려는 것이므로, 이 죄의 보호법익은 **주식 또는 사채의 모집 · 매출에 관한 문서의 진정에 대한 일반투자자의 신용**이다.

범죄구성요건상 모집 · 매출 문서에 대한 일반투자자의 신용이 실제로 침해되었거나 그 침해의 위험이 발생할 것을 요구하고 있지는 아니하므로, 보호법익에 대한 보호의 정도에 관하여는 추상적 위험범으로 보아야 한다.

이 죄는 주식 또는 사채를 모집 · 매출하는 회사에만 적용되므로 주식 또는 사채를 주요 자금조달수단으로 하고 있는 주식회사에 주로 적용될 것이다. 다른 회사의 경우에는 사채 발행에 관한 명문 규정이 없으므로 사채를 발행할 수 있는지부터 문제가 된다. 사채는 회사의 자금조달수단이므로 상법의 이념인 기업의 유지강화를 위하여 가급적 이를 허용할 필요가 있다. 그러므로 사채 발행에 관하여 아무런 제한 규정이 없는 합명회사나 합자회사의 경우에는 사채를 발행할 수 있다고 보는 견해가 통설[185]이다. 다만, 이들 인적회사에서 실제로 사채를 발행한 사례는 거의 없지만,[186] 이는 회사의 특성상 일반대중의 사채인수 가능성이 낮기 때문이므로 앞으로

183) 같은 취지: 新経済刑法入門, 164면.
184) 대법원 2003. 3. 25. 2000도5712.
185) 최준선(회사), 671면; 이철송(회사), 1040면.
186) 이철송(회사), 1040면; 정찬형(상법-상-), 1259면.

인적회사의 사채인수 가능성을 높일 수 있는 제도개선이 필요할 것이다.[187] 유한회사의 경우에는 주식회사가 합병이나 조직변경으로 유한회사가 되려면 사채의 상환을 완료해야 한다는 규정(상법 제600조 제2항, 제604조 제1항)이 유한회사에 사채제도가 허용되지 아니함을 전제한 것으로 해석하는 견해가 통설[188]이다. 다만, 유한회사 중 「자산유동화에 관한 법률」에 따라 설립되는 유동화전문회사만이 예외적으로 사채를 발행하는 경우가 있을 뿐이다(자산유동화에 관한 법률 제2조 제4호, 제17조 제1항, 제31조). 유한책임회사의 경우에도 주식회사가 사채의 상환을 완료하지 않으면 유한책임회사로 조직변경을 할 수 없다는 제한규정(상법 제287조의44, 제604조 제1항)이 유한책임회사에도 사채제도가 허용되지 아니함을 전제한 것으로 해석하는 견해가 통설이다.[189] 따라서 주식회사의 주식 또는 사채의 발행, 유한회사 중 유동화전문회사의 사채발행, 합명회사 · 합자회사의 사채발행의 경우에만 부실문서행사죄가 적용된다.

Ⅲ. 범죄구성요건

1. 행위주체

부실문서행사죄는 **모집**과 **매출**의 경우를 구분하여 일정한 신분을 가진 자만을 행위주체로 규정하고 있으므로 신분범이다.

주식 또는 사채를 **모집**하는 경우의 행위주체는 상법 제627조 제1항이 원용하는 '제622조 제1항에 게기한 자'(즉, 회사임원등 특별배임죄의 행위주체), 외국회사의 대표자, 주식 또는 사채의 모집위탁을 받은 자이다(상법 제627조 제1항).

'상법 제622조 제1항에 게기한 자'란 앞의 회사임원등 특별배임죄의 행위주체 부분에서 설명한 것처럼 '회사의 발기인, 업무집행사원, 이사, 감사, 지배인, 부분적 포괄대리권을 가진 사용인, 주식회사의 일시이사 · 집행임원 · 감사위원회 위원, 주

---

187) 일본의 경우에는 합명회사 · 합자회사 · 합동회사와 같은 지분회사(持分會社)에도 주식회사와 마찬가지의 사채발행 제도(일본 会社法 제676조 이하)를 규정하고 있다.

188) 최준선(회사), 671면; 이철송(회사), 1040면; 정찬형(상법-상-), 1259면.

189) 정찬형(상법-상-), 1259면; 김두환, 대계Ⅲ, 43면; 기업의 유지강화라는 상법 이념에 비추어 유한회사나 유한책임회사의 경우에도 회사 자금조달의 편의를 위하여 사채제도를 일반적으로 허용함이 바람직할 것이다.

식회사의 감사 직무대행자, 주식회사 또는 유한회사의 이사 직무대행자'를 말하고, 해석상 '주식회사의 일시감사, 유한회사의 일시이사, 유한책임회사의 업무집행자'도 포함된다. 이들 중 감사위원회 위원, 감사 및 감사 직무대행자는 주식 또는 사채의 모집에 관한 문서를 행사하는 자가 아니므로 행위주체로 볼 수 없다.[190] 따라서 부실문서행사죄의 적용 회사를 감안할 때 구체적인 행위주체는 주식회사의 발기인 · 이사 · 일시이사 · 이사직무대행자 및 집행임원, 유동화전문회사의 이사 · 일시이사 및 이사 직무대행자, 합명회사 · 합자회사의 업무집행사원, 주식회사 · 유동화전문회사 · 합명회사 · 합자회사의 지배인 및 부분적 포괄대리권을 가진 사용인이다. 이에 대하여 '지배인, 기타 회사영업에 관한 어느 종류 또는 특정한 사항의 위임을 받은 사용인(즉, 부분적 포괄대리권을 가진 사용인)'은 이사 등 회사 기관(機關)의 도구에 불과하다는 이유로 이 죄의 행위주체에서 제외해야 한다는 견해[191]가 있다. 그러나 회사 영업 일체의 포괄적 대리권이 있는 지배인은 물론, 부분적 포괄대리권을 가진 사용인도 그 위임받은 특정 종류나 특정 사항에 관하여는 포괄적 대리권을 행사하는 자로서 자신의 판단 아래 주식 또는 사채의 모집에 관한 행위를 하는 자이므로 이들을 제외할 이유가 없다.

외국회사도 국내에서 주식 또는 사채를 발행할 수 있기 때문에(상법 제618조 제1항)[192] 외국회사의 대표자(상법 제614조)도 행위주체로 규정하고 있다.

'주식 또는 사채의 모집의 위탁을 받은 자'란 주식이나 사채의 발행회사로부터 **사실상** 그 모집 위탁을 받아 모집행위를 한 자를 말한다.[193] 그러므로 주식 또는 사채의 모집 위탁을 받을 수 있는 자가 법령에 의하여 제한되는 경우[194]에도 그 법령위반 여부를 불문하고 **사실상** 그 모집 위탁을 받은 자는 이 죄의 행위주체가 된다.[195] 이

---

190) 죄형법정주의의 명확성 원칙상 감사위원회 위원, 감사 및 감사 직무대행자는 부실문서행사죄의 행위주체에서 제외하는 개정 입법이 필요하다[같은 취지: 송호신(박사학위논문), 170면].

191) 송호신(박사학위논문), 171면.

192) 김연미, 대계Ⅲ, 996면.

193) 같은 취지 : 会社法コンメンタル(21), 114면.

194) 1962. 12. 12 개정 상법(법률 제1212호) 부칙 제6조는 은행 · 신탁회사 또는 증권회사가 아니면 사채모집의 위임을 받을 수 없도록 제한하고 있고, 자본시장법은 타인의 계산으로 증권의 모집 · 매출을 하는 투자중개업 등은 금융위원회의 인가를 받은 금융투자업자만이 할 수 있도록 규제하고 있다(자본시장법 제6조, 제8조, 제11조).

195) 伊藤榮樹 外 2人 編, 앞의「注釋特別刑法(5の I)」, 174면.

행위주체에 해당하는 자는 법인인 경우가 많을 텐데 이 경우에는 후술하는 것처럼 실제 행위를 한 이사 · 집행임원 · 업무집행사원 또는 지배인이 행위주체가 된다(상법 제637조, 제627조).

주식 또는 사채를 **매출**하는 경우에는 그 매출행위를 하는 자가 행위주체이다(상법 제627조 제2항).

그리고 위 각 행위주체가 법인인 경우에는 실제 행위를 한 이사 · 집행임원 · 업무집행사원 또는 지배인이 행위주체가 된다(상법 제637조, 제627조). 이 경우에도 상법 제637조에 규정된 실제 행위주체 중 '감사'는 그 업무범위에 비추어 볼 때 앞에서 설명한 것처럼 실제 행위주체가 될 수 없을 것이다.

2. 위반행위

주식 또는 사채를 모집함에 있어서 중요한 사항에 관하여 부실한 기재가 있는 주식청약서, 사채청약서, 사업계획서, 주식 또는 사채의 모집에 관한 광고 기타의 문서를 행사한 행위(상법 제627조 제1항), 또는 주식 또는 사채의 매출에 관한 문서로서 중요한 사항에 관하여 부실한 기재가 있는 것을 행사한 행위(상법 제627조 제2항)가 범죄를 구성하는 행위이다.

'모집'이나 '매출'이란 사모(연고모집)도 포함하는 개념으로 보아야 하므로,[196] 50인 이상 투자자에 대한 공모만을 의미하는 자본시장법상 모집 · 매출 개념(자본시장법 제9조 제7항, 제9항)과 일치하는 것은 아니다.[197] 따라서 '모집'이란 주식 또는 사채를 새로 발행하는 회사가 투자자에게 그 주식 또는 사채 취득의 청약을 권유하는 것이고, '매출'이란 이미 발행된 주식 또는 사채를 투자자에게 매도 청약을 하거나 매수 청약을 권유하는 것을 말한다.[198]

'중요한 사항'이란 이 죄의 보호법익에 비추어 볼 때, 주식 또는 사채의 모집이나 매출을 함에 있어서 일반투자자의 투자판단에 중요한 자료로 제공되는 사항을 말한

---

196) 상법 제301조, 제307조 제2항, 제474조, 제475조, 제476조 등 상법 규정에서의 '모집'이란 사모도 포함하는 개념으로 사용되고 있다.

197) 한석훈(기범), 335면; 천경훈, 주석 상법(회사-Ⅶ), 147면.

198) 이러한 개념 정의는 상법에 그 개념 정의 규정이 없으므로 자본시장법 제9조 제7항, 제8항, 제9항의 모집 · 매출 개념을 참조하되, 상법과 자본시장법의 입법취지가 다르므로 50인 이상의 투자자에 대한 공모나 그렇지 아니한 사모도 포함하는 개념으로 이해할 수 있다[会社法コンメンタル(21), 115면].

다.[199] 판례도 같은 입장에서 '주식회사의 대표이사가 한국증권업협회(현, 한국금융투자협회) 등록 및 신주모집 과정에서 신주의 인수조건, 시장조성 여부, 발행회사의 자금사정에 대하여 부실한 기재가 있는 유가증권신고서 및 그 첨부서류 등을 행사한 행위'가 부실문서행사죄에 해당하는 것으로 보았다.[200]

'부실한 기재'란 적극적으로 진실과 달리 기재하거나 당연히 기재해야 할 중요한 사실을 소극적으로 기재하지 아니한 경우도 포함한다.[201] 이 죄의 입법취지에 비추어 볼 때 단순한 과대표시나 예측을 한 것만으로는 여기에 해당하지 않는다.[202]

주식청약서, 사채청약서, 사업계획서 외 '기타의 문서'에는 예컨대 회사설립취지서, 모집요령서, 모집권유서, 수지계산서, 추천문 등이 포함될 수 있다.[203] 그 밖에 자본시장법 규정에 따라 주식 또는 사채의 모집 · 매출시 발행회사가 금융위원회에 제출해야 할 의무가 있는 증권신고서, 일괄신고추가서류, 정정신고서, 투자설명서(자본시장법 제119조, 제122조, 제123조) 등의 문서가 포함되는지 여부에 관하여는 불포함설과 포함설이 대립할 수 있다. 일본의 학설이지만 이러한 문서는 일반투자자에게 직접 행사하는 문서가 아닌 점, 일본 금융상품거래법상 유가증권신고서 허위기재죄를 무겁게 처벌하고 있으므로 이 죄(일본 회사법 제964조)로 의율할 필요가 없다는 점[204]을 근거로 불포함설을 취하여 유가증권신고서 허위기재죄(즉, 우리나라의 자본시장법위반죄)만 성립한다는 견해가 있다.[205] 그러나 '기타의 문서'란 문언에 비추어 위

---

199) 일본에서는 '중요한 사항'의 개념에 관하여, 일반투자자는 물론 주식이나 사채의 모집 또는 매출에 응하는 상대방 투자자가 만약 그 진실을 알았다면 투자하지 않았을 사항이라는 주관적인 요소도 필요한지 여부에 관한 견해대립이 있다[会社法コンメンタル(21), 116면]. 이를 긍정하는 견해로는 新経済刑法入門, 165면.

200) 대법원 2003. 3. 25. 2000도5712.

201) 현행 일본 会社法 제964조는 종전 '부실기재'라는 표현 대신 '허위기재'라고 표현하고 있으나 이와 같은 의미로 해석함이 통설이다[会社法コンメンタル(21), 116,117면].

202) 천경훈, 주석 상법(회사-Ⅶ), 147면; 新版 注釋 会社法(13), 586면; 会社法コンメンタル(21), 117면.

203) 会社法コンメンタル(21), 116면.

204) 자본시장법에서도 이러한 문서 중 중요사항에 관하여 거짓된 기재 또는 표시를 하거나 중요사항을 기재 또는 표시하지 아니한 자 등에 대하여 5년 이하의 징역 또는 2억 원 이하의 벌금에 처하거나 이를 병과할 수 있도록 규정하여(자본시장법 제444조 제13호, 제447조 제2항) 부실문서행사죄보다 무겁게 처벌하고 있다.

205) 会社法コンメンタル(21), 116면; 新経済刑法入門, 165면.

주식청약서 등은 예시적 규정으로 보아야 하고,[206] 부실문서행사죄와 위 자본시장법 위반죄는 보호법익이나 구성요건이 상호 다른 별개의 범죄이다. 그러므로 '기타의 문서'에 위 자본시장법상의 문서도 포함되고(포함설), 이 경우 자본시장법위반죄뿐만 아니라 부실문서행사죄도 성립하는 것으로 보아야 할 것이다. 판례도 포함설 입장에서 판시하고 있다.[207]

'주식 또는 사채의 모집에 관한 광고'란 이 죄의 표제나 범죄구성요건에 비추어 볼 때 문서로 하는 광고만을 말한다.[208] 형법 제20장 '문서에 관한 죄'에서의 '문서'란 "문자 또는 이에 대신할 수 있는 가독적 부호로 계속적으로 물체상에 기재된 의사 또는 관념의 표시인 원본 또는 이와 사회적 기능, 신용성 등을 동일시할 수 있는 기계적 방법에 의한 복사본[209]으로서 그 내용이 법률상 · 사회생활상 주요사항에 관한 증거로 될 수 있는 것"을 말한다(판례).[210] 이 죄의 문서 개념도 이와 마찬가지로 **문자 또는 이에 대신할 수 있는 가독적 부호로 계속적으로 물체상에 기재된 의사 또는 관념의 표시인 원본 또는 이를 전자복사기, 모사전송기 기타 이와 유사한 기기를 사용하여 복사한 사본**이라 할 수 있을 것이다. 다만, 부실문서행사죄는 그 문서의 작성행위 자체를 처벌하지 않고 있고, 위조사문서행사죄(형법 제234조, 제231조) 등 형법의 '문서에 관한 죄'의 경우처럼 '권리 · 의무 또는 사실증명에 관한 문서'일 것을 요구하지 않으므로, 문서의 내용이 반드시 '법률상 · 사회생활상 주요사항에 관한 증거로 될 수 있는 것'이라야 하는 것은 아니라고 본다.

이러한 문서의 개념에 비추어 볼 때 입간판 · 게시판에 의한 광고는 문서에 포함되지만 컴퓨터 모니터 화면에 나타나는 이미지 광고나 전자파일은 계속성이 없으므로 문서에 의한 광고로 볼 수 없다.[211] 그런데 증권신고서 등의 경우처럼 자본시장

---

206) 천경훈, 주석 상법(회사-Ⅶ), 147면.

207) 판례는 포함설 입장에서 유가증권신고서(현재의 증권신고서) 및 그 첨부서류를 증권감독원에 제출한 행위에 대하여 이 죄를 적용하였다(대법원 2003. 3. 25. 2000도5712).

208) 같은 취지: 송호신(박사학위논문), 176면.

209) 즉, '전자복사기, 모사전송기 기타 이와 유사한 기기를 사용하여 복사한 문서의 사본'(1995. 12. 29. 개정 형법 제237조의2)을 말한다.

210) 대법원 2008. 4. 10. 2008도1013(공문서위조죄 사안); 2006. 1. 26. 2004도788(사문서변조죄 사안).

211) 대법원 2010. 7. 15. 2010도6068 "컴퓨터 모니터 화면에 나타나는 이미지는 이미지 파일을 보기 위한 프로그램을 실행할 경우에 그때마다 전자적 반응을 일으켜 화면에 나타나는 것에 지나지 않아서 **계**

법에 따라 금융위원회, 증권선물위원회, 금융감독원장, 거래소, 한국금융투자협회 또는 한국예탁결제원에 신고서 · 보고서, 그 밖의 서류 또는 자료 등을 제출하는 경우에는 전자문서의 방법으로 할 수 있다(자본시장법 제436조). 이 경우에는 「정보통신망 이용촉진 및 정보보호 등에 관한 법률」에 따른 정보통신망을 이용한 전자문서(컴퓨터 등 정보처리능력을 가진 장치에 의하여 전자적인 형태로 작성되어 송 · 수신 또는 저장된 문서형식의 자료로서 표준화된 것을 말함)의 방법에 의할 수 있다(자본시장법 시행령 제385조 제1항). 이러한 전자기록은 일반투자자도 전자공시시스템인 금융감독원의 DART(Data Analysis, Retrieval and Transfer System), 거래소의 KIND(Korea Investor's Network for Disclosure System) 등을 통해 언제든지 무상으로 받아볼 수 있다.[212] 그럼에도 이러한 전자기록은 위 문서의 개념에서 제외되어 처벌의 불균형을 야기하고 있다.[213] 이는 컴퓨터에 많이 의존하게 되는 현대의 생활환경에 맞지 아니하므로 입법적 개선이 필요하다.[214]

이 죄의 보호법익과 그 보호정도에 비추어 볼 때, 문서를 '행사한 때'란 부실한 기재가 있는 문서를 진정한 것으로 사용함으로써 주식 또는 사채의 모집 · 매출에 관한 문서의 진정에 대한 일반투자자의 신용을 해칠 우려가 있는 행위를 한 때로 보아야 할 것이다.[215] 그러므로 문서의 교부 · 비치 · 배포 · 우송 등 어떠한 방식이든 상대방이 문서를 인식할 수 있는 상태에 두었으면 충분하고 나아가 상대방이 실제로

속적으로 화면에 고정된 것으로는 볼 수 없으므로 형법상 '문서에 관한 죄'에 있어서의 문서에 포함되지 않는다."고 전제하면서 국립대학교 교무처장 명의의 '졸업증명서 파일'을 위조하였다는 공문서위조 사안에서 "위 졸업증명서 파일은 그 파일을 보기 위하여 일정한 프로그램을 실행하여 모니터 등에 이미지 영상을 나타나게 해야 하므로, 파일 그 자체는 형법상 문서에 관한 죄에 있어서의 문서에 해당되지 않는다."고 판시; 2008. 4. 10. 2008도1013; 2007. 11. 29. 2007도7480(공문서위조죄 사안.

212) 임재연(자본), 467면.

213) 부실문서행사죄에 해당하는 규정인 일본 会社法 제963조(허위문서행사등죄)에서는 "문서 작성에 갈음하여 전자적 기록을 작성하면서 중요한 사항에 관하여 허위로 기록한 것을 모집 또는 매출 사무용으로 제공한 때"도 범죄구성요건으로 추가되어 있다.

214) 형법의 경우에는 컴퓨터에 의존하는 생활환경을 반영하여 '문서에 관한 죄'에서는 '전자기록 등 특수매체기록을 위작 · 변작 · 부실기록하거나 그러한 기록을 행사하는 행위'를 처벌하고 있고(형법 제227조의2, 제228조 제1항, 제229조, 제232조의2, 제234조), 사기죄에서도 '컴퓨터 등 정보처리장치에 허위의 정보 또는 부정한 명령을 입력하거나 권한 없이 정보를 입력 · 변경하여 정보처리를 하게 하는 행위'를 사기행위로 처벌하고 있다.

215) 이는 형법의 '문서에 관한 죄' 중 문서행사죄의 '행사'의 개념(대법원 2012. 2. 23. 2011도14441 등)과 유사하다.

문서의 내용을 인식해야 할 필요는 없으며, 이때 상대방은 특정인이든 불특정다수인이든 불문한다.[216)]

3. 고의

신분범이자 고의범이므로 형법 제13조 본문 규정에 따라 행위자에게 행위 당시 자신이 이 죄의 신분자로서 주식 또는 사채의 모집이나 매출에 있어서 중요한 사항에 관하여 부실한 기재가 있는 문서를 행사하는 사실에 대한 인식[217)]이 있어야 한다. 판례[218)]를 살펴보면 특히 '부실한 기재'에 대한 인식이 문제가 된다.

4. 기수시기

미수범 처벌 규정이 없으므로 이 죄의 기수에 이르지 아니하면 범죄가 성립하지 않는데, 위 문서를 행사한 때 보호법익에 대한 추상적 위험이 발생하여 범죄구성요건이 충족되는 것이므로 기수에 이르고 범죄가 성립한다.

만약 자본시장법에 따라 증권신고서 등을 금융위원회 등에 제출하는 경우에는 이를 수령한 금융위원회 등이 그 문서를 인식할 수 있는 상태에 이른 때 기수가 된다.

Ⅳ. 죄수관계

1. 포괄일죄

동일한 문서를 시간 · 장소를 달리하여 다수인에게 교부하여 행사한 경우일지라도 단일한 모집 또는 매출 기회에 단일한 범의 아래 행한 경우에는 부실문서행사죄의 보호법익이 주식 또는 사채의 모집 · 매출에 관한 문서에 대한 일반투자자의 신용임에 비추어 수 개의 행위이지만 구성요건은 1회 충족된 것으로 보아야 하므로 포괄일죄가 된다.

---

216) 会社法コンメンタル(21), 117면; 新版 注釋会社法(13), 586면.

217) 앞의 제3장 제3절 Ⅴ. 1항에서 설명한 것처럼 고의의 본질에 관한 판례의 입장인 용인설에 따르면 그 인식과 함께 그 결과나 위험을 의욕하거나 적어도 이를 용인하는 상태에 이르면 고의가 인정되고, 이때 미필적 고의도 인정된다.

218) 대법원 2003. 3. 25. 2000도5712 판결의 원심(서울지방법원 2000. 11. 22. 99노11582).

2. 사기죄와의 관계

부실문서행사죄의 부실문서 행사가 기망의 범행방법으로 이용되는 경우 사기죄와의 관계 및 죄수를 검토할 필요가 있다. 예컨대 사기 범의 아래 주식 또는 사채의 모집 · 매출을 하면서 중요한 사항에 관하여 부실기재한 주식청약서 등을 비치하여, 이에 속은 투자자로부터 주식 또는 사채의 납입금을 편취한 경우를 들 수 있다.

사기죄의 보호법익은 피해자의 개별 재산[219]이므로 양 죄의 보호법익이 다른데, 위와 같은 경우에는 양 죄의 범죄구성요건을 모두 충족하고 있으므로 각 죄가 성립하여 수 죄로 되지만, 부실문서행사죄의 위반행위가 곧 사기행위를 구성하는 경우로서 한 개의 행위가 수 개의 죄에 해당하므로 상상적 경합(형법 제40조) 관계로 보아야 할 것이다.

3. 자본시장법위반죄와의 관계

금융위원회 등에 제출하는 증권신고서, 투자설명서, 사업보고서 등의 서류 중 중요사항에 관하여 거짓의 기재 또는 표시를 하거나 중요사항을 기재 또는 표시하지 아니한 행위는 5년 이하의 징역 또는 2억 원 이하의 벌금에 처하거나 이를 병과할 수 있다(자본시장법 제444조 제13호, 제447조 제2항). 위 증권신고서 등도 부실문서행사죄의 '기타의 문서'에 포함된다고 보는 입장에서는 자본시장법위반죄와 부실문서행사죄의 각 범죄구성요건을 모두 충족할 수 있는데, 그 죄수관계도 문제가 된다.

위 자본시장법위반죄는 금융투자상품거래의 공정성 및 유통의 원활성 확보'라는

---

219) 사기죄의 보호법익에 관하여 다수설은 이득죄를 포괄하는 재산죄라는 점과 범죄의 성립범위를 제한해야 한다는 점 등을 논거로 피해자의 '전체 재산'으로 보고 있으나[박상기(형법), 635면; 정성근 · 박광민(형각), 365면; 김성돈(형각), 349면], 판례 및 소수설은 피해자의 '개별 재산'으로 보고[오영근(형각), 293,294면(같은 입장에서 사기죄의 보호법익을 '개개의 재산과 재산처분의 자유'로 보는 견해)] "재물편취를 내용으로 하는 사기죄에 있어서는 기망으로 인한 재물의 교부가 있으면 그 자체로 피해자의 재산침해가 되어 이로써 곧 사기죄가 성립하는 것이고, 상당한 대가가 지급되었다거나 피해자에게 전체 재산상의 손해가 없다 하여도 사기죄의 성립에 영향이 없다."고 판시하거나(대법원 2009. 10. 15. 2009도7459; 2005. 10. 28. 2005도5774; 1995. 3. 24. 95도203), "사기죄는 타인을 기망하여 그로 인한 하자 있는 의사에 기하여 재물의 교부를 받거나 재산상의 이득을 취득함으로써 성립되는 범죄로서 그 본질은 기망행위에 의한 재산이나 재산상 이익의 취득에 있는 것이고 상대방에게 현실적으로 재산상 손해가 발생함을 요건으로 하지 아니한다."고 판시하고 있다(대법원 2004. 4. 9. 2003도7828; 1998. 11. 10. 98도2526).

사회적 법익을 보호법익으로 하고 있고[220] 범죄구성요건에 비추어 볼 때 증권신고서 등에 부실한 기재 · 표시행위를 한 때 범죄가 기수에 이른다.[221] 이에 대하여 부실문서행사죄는 주식 또는 사채의 모집 · 매출에 관한 문서에 대한 일반투자자의 신용을 보호법익으로 하고 있고, 부실한 문서를 제출하는 등 행사한 때 범죄가 기수에 이른다. 따라서 양 죄는 보호법익이 다르면서 각 범죄구성요건을 충족하므로 수죄(數罪)가 성립하고, 각 위반행위는 별개의 행위이므로 실체적 경합(형법 제37조 전단) 관계로 보아야 할 것이다.[222] 양 죄가 실체적 경합범임을 전제로 판시한 하급심 판례[223]도 있다.

---

220) 대법원 2011. 10. 27. 2011도8109.

221) 이에 대하여 증권신고서 등을 금융위원회 등에 제출한 때 보호법익의 추상적 위험이 발생한 것으로 보고 이때 기수에 이른 것으로 보는 견해도 있을 수 있다.

222) 이에 대하여 위 자본시장법 위반행위가 부실문서행사죄 위반행위의 일부를 구성하게 된다고 보는 입장에서는 한 개의 행위가 수 죄에 해당하는 경우가 되어 상상적경합 관계로 보게 될 것이다[같은 취지: 会社法コンメンタル(21), 118면].

223) 서울형사지방법원 1992. 6. 10. 92고단3525.

제7절 납입가장 범죄

Ⅰ. 의의

회사 구성원인 사원들의 출자는 영업활동을 위한 자금의 조달방법이자 회사 채권자 등 이해관계자에 대한 대외적 신용의 기초가 된다. 특히 물적회사의 경우에는 유한책임사원만으로 구성되어 있어서 그러한 출자는 회사 채권자를 위한 유일한 책임재산이 되므로 출자로 구성되는 자금을 '자본금'이라고 하고 이를 유지하기 위하여 자본금충실 원칙 등 엄격한 법정자본금 제도를 두고 있다. 이에 따라 자본금을 구성하기 위한 출자는 금전이나 현물로 제한하고 신용이나 노무의 출자를 불허하며 전액납입주의(상법 제287조의4, 제295조, 제548조)를 취하고 있다. 이러한 납입 또는 현물출자의 이행을 가장하는 행위(이하 '가장납입행위'라 함)를 한 회사 발기인 · 이사 등에 대하여 5년 이하의 징역 또는 1,500만 원 이하의 벌금에 처하고, 이를 병과할 수도 있다(상법 제628조 제1항, 제632조, 이하 '납입가장죄'라 함). 또한 가장납입행위에 응하거나(상법 제628조 제2항 전단, 이하 '응납입가장죄'라 함) 이를 중개한 자(상법 제628조 제2항 후단, 이하 '납입가장중개죄'라 함)에 대하여도 같은 법정형으로 처벌하고 있다. 납입가장죄, 응납입가장죄 및 납입가장중개죄를 포괄하여 광의의 납입가장 범죄(이하 '납입가장 범죄'라 함)라 할 수 있다.

납입가장 범죄는 1962년 상법 제정 당시 규정된 이래 그 동안 법정형 중 벌금액을 상향 조정하는 개정이 있었을 뿐이다.

Ⅱ. 보호법익 및 적용범위

상법은 법정자본금제도 아래 자본금충실 원칙을 유지하고 있다. 넓은 의미의 납입가장죄는 회사설립이나 유상증자를 할 때 출자의 납입을 가장함으로써 회사의 자본금에 상응하는 현실적인 출자를 확보할 수 없게 하는 범죄이므로 그 보호법익은 회사의 **자본금충실**이다(판례).[224] 자본금충실도 결국 회사재산을 확보하기 위한 것이므로 개인적 법익이다.

이에 대하여 이 죄의 보호법익을 '회사의 자본금충실 및 회사채권자나 주주의 이익'이라고 보고, 자본금충실은 사회적 법익이고, 회사채권자나 주주의 이익은 개인적 법익이라고 설명하는 견해[225]가 있다. 그러나 자본금충실은 사회적 법익의 개념인 '인간 공동생활의 기초가 되는 사회생활에서의 일반적 법익'[226]이라거나 "사회생활에서의 인간의 공존 · 공영을 위한 기본적 법익"[227]이라고 할 수는 없으므로 자본금충실을 사회적 법익으로 분류할 수는 없다. 또한 회사채권자나 주주의 이익은 회사의 자본금충실에 부수하거나 포함되는 이익에 불과하므로 이를 별도의 보호법익으로 볼 필요는 없다.

범죄구성요건상 자본금충실의 현실적인 침해나 그 침해의 구체적 위험 발생을 요구하는 것이 아니므로 그 보호의 정도는 추상적 위험범으로 보아야 할 것이다. 이에 대하여 위험범으로 보는 경우에는 처벌대상이 지나치게 확대될 우려가 있으므로 자본금충실에 대한 현실적인 침해가 있어야 구성요건을 충족하는 침해범으로 보는 견해[228]가 있다. 이 견해의 입장에서는 후술하는 것처럼 위장납입의 기수시기를 주금(株金) 납입금 인출행위를 한 때로 보게 된다. 그러나 이러한 해석은 '납입을 가장하는 행위'라는 범죄구성요건 규정과 맞지 않으므로 그 기수시기는 가장납입의 의사로 주식 인수가액의 납입행위가 있는 때로 보아야 할 것이다. 또한 예컨대 무액면 주식의 주금을 가장납입하는 경우에 납입을 가장한 금액이 주식 발행가액 중 자본금으로 계상하지 않는 금액(상법 제451조 제2항 제2문)을 넘지 아니하여 자본금충실을 직접 침해하지는 않더라도 자본금으로 계상하지 않아 일단 자본준비금으로 계상된 금액도 나중에 자본금으로 전입될 수는 있다(상 제461조). 그러므로 이 경우에는 자본금

---

224) 대법원 2006. 6. 9. 2005도8498; 2004. 6. 17. 2003도7645 전원합의체; 1997. 2. 14. 96도2904 등; 한석훈, "가장납입의 효력과 형사책임 –회사 자본금 제도의 특성과 범죄의 보호법익을 기초로–", 「기업법연구」 제29권 제1호(한국기업법학회, 2015. 3.), 179면.

225) 김성탁, "주식인수금의 가장납입에 대한 상법상의 형사처벌조항", 「기업법연구」 제8집(한국기업법학회, 2001. 10.), 568면.

226) 이재상 · 장영민 · 강동범(형각), 490면.

227) 임웅(형각), 611면.

228) 김성탁, "전환사채의 납입을 가장하는 경우 납입가장죄의 성부", 「법학연구」 12집 3호(인하대학교 법학연구소, 2009. 12.), 223면.

충실을 현실적으로 침해하지는 않았지만 자본금충실을 침해할 추상적 위험은 있는 경우이다. 따라서 이 죄는 추상적 위험범으로 보아야 한다.

상법 제628조 제1항은 납입가장죄의 행위주체를 모든 회사의 행위주체가 열거되어 있는 '제622조 제1항에 게기한 자'라고 규정하여 마치 납입가장죄가 모든 회사에 적용되는 것처럼 규정하고 있다. 그러나 납입가장 범죄의 보호법익에 비추어 볼 때 가장납입행위를 규제할 필요성은 회사 사원이 유한책임사원만으로 구성되어 회사의 자본금이나 순자산이 영업활동의 물적기초이자 회사채권의 유일한 담보가 되는 물적회사에서 요구되는 것이고, 무한책임사원이 있는 인적회사의 경우까지 이를 규제할 필요는 없다. 또한 상법 제628조 제1항은 '납입'을 가장하는 행위가 구성요건인데, 상법에서 출자의 '납입'이란 표현은 주식회사, 유한회사 및 유한책임회사의 경우에만 사용하고 있다(상법 제287조의4 제3항, 제287조의23 제2항, 제295조, 제305조, 제421조 제1항, 제548조 제1항, 제590조). 따라서 납입가장죄나 이와 관련된 응납입가장죄 및 납입가장중개죄의 적용범위는 물적회사인 주식회사, 유한회사 및 유한책임회사에 한정되는 것으로 해석해야 한다.[229]

Ⅲ. 납입가장죄

1. 행위주체

납입가장죄의 행위주체는 특별배임죄의 행위주체인 '상법 제622조 제1항에 게기한 자'로 규정하고 있으므로 신분범(진정신분범)이다.[230] 그러므로 그 행위주체에 해당하지 않으면 범죄가 성립하지 않지만, 주식인수인 등과 같이 신분이 없는 자도 신분 있는 행위주체의 범행에 가담한 경우에 공범으로는 처벌할 수 있다. 공범 중 교사범 · 종범 뿐만 아니라, 공동가공의 의사와 그 의사에 기한 기능적 행위지배를 통한

229) 같은 취지 : 김성탁, 앞의 "전환사채의 납입을 가장하는 경우 납입가장죄의 성부", 222면; 다만, 죄형법정주의의 명확성 원칙상 이를 명시하는 개정 입법이 필요하다. 일본의 경우에는 우리나라의 상법이 제정될 당시인 1962년 당시에는 일본 상법 제491조에서 주식회사의 예합죄(預合罪) 및 응예합죄(應預合罪)를 규정하고, 일본 유한회사법 제79조에서 유한회사의 예합죄 및 응예합죄를 규정하고 있었다. 그러나 그 후 유한회사법은 폐지되었고, 현재 일본 회사법 제965조에서는 주식회사의 예합죄 및 응예합죄만 규정하고 있다.

230) 대법원 2011. 7. 14. 2011도3180; 2010. 7. 15. 2010도3544.

범죄의 실행이라는 주관적 · 객관적 요건이 충족되면 공동정범이 될 수도 있다(판례). 예컨대, 납입가장죄의 행위주체인 회사 임원에게 가장납입을 하도록 범의를 유발한 것이 아니고, 그가 가장납입에 사용하기 위하여 돈을 차용하는 것임을 알면서 그 돈을 빌려준 행위만으로는 위와 같은 공동가공의 의사나 기능적 행위지배를 인정할 수 없으므로 납입가장죄의 공동정범으로 처벌할 수 없다(판례).[231]

납입가장죄의 행위주체로 언급된 자는 상법 제622조 제1항에 게기한 자이므로 앞의 회사임원등 특별배임죄의 행위주체에서 설명한 것처럼 '회사의 발기인, 업무집행사원, 이사, 감사, 지배인, 부분적 포괄대리권을 가진 사용인, 주식회사의 일시이사 · 집행임원 · 감사위원회 위원, 주식회사의 감사 직무대행자, 주식회사 또는 유한회사의 이사 직무대행자'를 말하고, 해석상 '주식회사의 일시감사, 유한회사의 일시이사, 유한책임회사의 업무집행자'도 포함될 수 있다. 그러나 이 죄의 적용범위나 위반행위에 비추어 그 중 구체적인 행위주체를 검토해 보면 아래와 같다. 다만, 앞의 특별배임죄의 행위주체에서 이미 설명한 내용은 다시 언급하지 아니한다.

가. 발기인 및 유사발기인

통설에 따르면 '발기인'이란 주식회사의 설립시 정관을 작성하고 정관에 기명날인 또는 서명을 한 자이다(상법 제289조 1항). 이에 대하여 실제로 회사설립에 능동적으로 관여한 자는 정관을 작성하지 아니한 경우에도 이 죄의 행위주체가 될 수 있다는 견해[232]가 있다. 그러나 이러한 해석은 납입가장죄의 발기인 개념을 상법상 발기인 개념과 달리 인정하자는 것이므로 근거 없이 죄형법정주의의 명확성 원칙에 반하게 되어 부당하다.[233]

주식청약서 기타 주식모집에 관한 서면에 성명과 회사설립에 찬조하는 뜻을 기재할 것을 승낙한 유사발기인은 발기인과 동일한 책임이 있는데(상법 제327조), 이러한 유사발기인도 납입가장죄의 행위주체가 될 수 있는지 문제가 된다. 납입가장죄의

---

231) 대법원 2011. 7. 14. 2011도3180.

232) 김성탁, 앞의 "주식인수금의 가장납입에 대한 상법상의 형사처벌조항", 570면.

233) 천경훈, 주석 상법(회사-Ⅶ), 150면에서도 실제로 회사설립에 관여하되 정관의 작성명의만 회피한 자는 이 죄의 행위주체는 아니지만, 행위주체인 발기인에 대한 교사범이나 공동정범으로 처벌하면 된다고 설명한다.

행위주체는 회사임원등 특별배임죄의 행위주체를 원용하는 형식으로 규정하고 있는데 특별배임죄에서도 유사발기인을 그 행위주체로 볼 수 없는 점, 외관주의 또는 금반언 법리에 따라 상법상 특별한 책임을 인정하고 있는 유사발기인에게 엄격한 책임주의에 바탕을 두어야 하는 형사상 책임까지 인정할 수는 없는 점에 비추어 유사발기인은 납입가장죄의 행위주체로 볼 수 없을 것이다.[234]

나. 인적회사의 업무집행사원 포함 여부

이 죄의 적용범위는 유한책임사원으로만 구성되는 물적회사에 한정되므로, 합명회사 · 합자회사와 같은 인적회사의 업무집행사원은 납입가장죄의 행위주체가 될 수 없다.

다. 이사, 감사, 집행임원 및 감사위원회 위원

출자 관련 사무는 회사의 업무에 속하므로 그 업무집행기관인 이사나 집행임원은 물론 그 업무를 감독하는 등 업무에 관여하는 감사[235]나 감사위원회 위원도 납입가장죄의 행위주체가 될 수 있다. 이들은 상법상 회사의 주주총회나 이사회에서 상법 및 정관에 따라 적법하게 선임되어 그 지위에 있는 자를 뜻하므로,[236] 그밖에 임원변경 등기까지 마쳤는지 여부는 불문한다. 이들을 선출한 주주총회나 이사회의 결의가 무효 또는 부존재인 경우에는 납입가장죄의 행위주체가 될 수 없으나(판례),[237] 그 결의에 취소 사유가 있음에 불과한 경우에는 그 결의취소판결 확정 전까지는 이 죄의 행위주체가 될 수 있음은 특별배임죄의 경우와 마찬가지이다.

상법 제401조의2 제1항의 실질상 이사의 경우에는 회사임원등 특별배임죄의 행위주체에서 설명한 것처럼 명문 규정이 없는 이상 죄형법정주의에 비추어 '상법 제

---

234) 김성탁, 앞의 "주식인수금의 가장납입에 대한 상법상의 형사처벌조항", 570,571면(상법상 유사발기인의 책임은 유사발기인의 외관창출과 그로 인해 유발된 이해관계인의 피해구제를 위해 민사책임을 묻는 데 그 본질이 있는 점, 죄형법정주의의 유추해석금지 원칙 등을 근거로 같은 견해를 취함); 천경훈, 주석 상법(회사-Ⅶ), 151면.

235) 특히, 감사는 이사와 함께 주식회사의 설립시 회사 설립에 관한 모든 사항이 법령 또는 정관 규정에 위반하는지 여부를 조사하여 발기인이나 창립총회에 보고해야 한다(상법 제298조 제1항, 제313조 제1항).

236) 대법원 2006. 6. 2. 2005도3431.

237) 대법원 2006. 6. 2. 2005도3431; 2006. 4. 27. 2006도1646.

622조 제1항에 게기한 자'로 볼 수 없다. 학설은 물론 판례도 이를 전제로 납입가장죄의 행위주체를 판단하고 있다.[238)]

감사나 감사위원회 위원도 그 직무와 관련하여 납입가장 행위를 하는 경우에는 그 행위주체가 될 수 있지만, 감사로서의 지위와 무관한 행위인 경우에는 납입가장죄가 성립하지 않는다.

주식회사 · 유한회사의 일시이사(상법 제386조 제2항, 제567조) 및 주식회사의 일시감사(상법 제415조, 제386조 제2항)는 물론, 이사 · 감사의 선임결의 무효 · 취소 또는 해임의 소가 제기된 경우에 법원에 의하여 선임된 주식회사의 이사 · 감사 직무대행자 및 유한회사의 이사 직무대행자도 납입가장죄의 행위주체에 포함할 수 있음은 특별배임죄의 경우와 마찬가지이다.

라. 지배인

물적회사의 지배인은 회사 영업에 관한 재판상 · 재판외 모든 행위를 대리할 수 있는 포괄적 대리권을 가진 자라면 명칭 또는 등기 여부를 불문한다.

표현지배인도 납입가장죄의 행위주체가 될 수 있다는 견해(긍정설[239)])가 있으나, 표현지배인을 행위주체로 볼 수 없음(부정설)은 특별배임죄의 행위주체 부분에서 설명하였다.

마. 부분적 포괄대리권을 가진 사용인

상법 제622조 제1항의 '기타 회사 영업에 관한 어느 종류 또는 특정한 사항의 위임을 받은 사용인'이란 상법 제15조의 부분적 포괄대리권을 가진 사용인을 말하는 것으로 보아야 함은 특별배임죄의 경우와 마찬가지이다. 다만, 그 사용인이 위임받은 업무가 회사설립이나 증자 업무와 관련되고[240)] 그 업무에 관한 행위인 경우에만

238) 대법원 2006. 6. 2. 2005도3431(피고인은 3개 회사의 대주주로서 3개 회사의 경영에 상당한 영향력을 행사해오다가 그 증자과정을 지시 · 관여한 자인데, 이 경우 피고인은 상법 제401조의2에서 규정하는 업무집행지시자로 볼 수 있을지언정 3개 회사의 지배인 등 사용인으로서 증자에 관한 사항을 위임받은 자로 볼 수는 없고, 따라서 납입가장죄의 행위주체가 될 수 없다고 판시).

239) 김성탁, 앞의 "주식인수금의 가장납입에 대한 상법상의 형사처벌조항", 572면; 곽동효, "회사법상의 납입가장죄", 「회사법상의 제문제(하)」 재판자료 제38집(법원행정처, 1987), 546면.

240) 김성탁, 위 "주식인수금의 가장납입에 대한 상법상의 형사처벌조항", 573면.

납입가장죄의 행위주체가 될 수 있을 것이다.

바. 유한책임회사의 업무집행자 및 직무수행자

유한책임회사의 업무집행자도 회사의 출자 관련 업무를 담당하는 자이므로 해석상 상법 제622조 제1항의 '업무집행사원'에 포함하여 납입가장죄의 행위주체가 될 수 있다.

유한책임회사의 업무집행자가 법인인 경우에는 그 업무집행법인의 직무수행자(상법 제287조의15)가 상법 제637조 규정의 '업무를 집행한 사원'에 해당하여 납입가장죄의 행위주체가 될 것이다.

2. 위반행위

가. 개념 및 유형

상법 제628조 제1항의 '납입 또는 현물출자의 이행을 가장하는 행위', 즉 가장납입행위란 판례에 의하면 '처음부터 진실하게 주금을 납입하거나 현물출자를 이행하여 회사자금을 확보할 의사가 없이 형식상 또는 일시적으로 납입하거나 현물출자를 이행한 것과 같은 외형을 갖추는 행위'라고 한다.[241] '가장'이란 거짓으로 꾸미는 행위이고 납입가장죄의 보호법익은 회사의 자본금충실이므로, 외형상 주금 납입이나 출자 이행의 형식은 갖추었지만 실질적인 출자 의사가 없어서 실제로는 자본금충실을 침해할 수 있는 행위이다.

'현물출자의 이행을 가장하는 행위'란 실제로는 현물출자의 이행이 없음에도 불구하고 외형상으로는 마치 그 이행이 있었던 것처럼 위장하는 행위이다. 현물출자의 이행은 납입기일에 출자의 목적인 재산을 인도하고, 등기 · 등록 기타 권리의 설정 · 이전을 요할 경우에는 이에 관한 서류를 완비하여 교부해야 하는데(제287조의4 제3항, 제295조 제2항, 제305조 제3항, 제425조 제1항, 제548조 제2항), 이러한 재산의 인도나 권리의 설정 · 이전 서류의 교부를 하지 아니한 채 현물출자를 완료한 것처럼 위장하는 행위를 말한다. 이 경우 재산를 인도하거나 권리의 설정 · 이전에 필요한 서류를 교부하지 아니한 채 마치 현물출자를 완료한 것처럼 위장한 때 기수가 된다.

---

241) 대법원 1997. 2. 14. 96도2904; 1993. 8. 24. 93도1200.

그러나 실제로 현물출자의 이행은 있었으나 그 재산평가를 부당하게 저가로 평가한 경우에는 출자의 이행행위는 있었으므로 가장납입행위로 볼 수는 없고,[242] 회사재산을 위태롭게 하는 죄 중 출자관련 부실보고죄(상법 제625조 제1호)로 처벌할 수 있을 뿐이다.

회사설립의 경우 설립등기만 있을 뿐 설립절차를 거치지 아니하여 회사설립 부존재사유가 있다거나, 유상증자를 위한 신주발행의 경우 신주발행등기만 있을 뿐 신주발행의 절차적 · 실체적 하자가 극히 중대하여 신주발행 부존재사유가 있다면 납입가장죄가 성립하지 않는다(판례).[243] 납입가장죄는 회사의 자본금충실을 침해하는 행위를 규제하는 것인데, 처음부터 회사설립이나 신주발행 등 증자의 효력이 발생하지 않았다면 출자인수인의 납입의무가 없었으므로 그 가장납입으로 인한 자본금충실 문제도 생길 여지가 없기 때문이다.

그러나 회사설립 무효 · 취소사유가 있다거나 신주발행 무효사유 또는 유한회사의 증자무효사유가 있는 경우라면 반드시 회사설립 무효 · 취소의 소(상법 제287조의6, 제184조 제1항, 제328조 제1항, 제552조 제1항), 신주발행무효의 소(상법 제429조) 또는 증자무효의 소(상법 제595조 제1항) 등 소송으로만 다툴 수 있다. 또한 그 승소판결이 있더라도 판결의 효력이 소급하지 않거나 이미 발행된 주식이나 증자의 출자는 장래에 대하여 그 효력을 잃는다(상법 제287조의6, 제190조 단서, 제328조 제2항, 제552조 제2항, 제431조 제1항, 제595조 제2항). 그러므로 그 무효 · 취소 판결 전에는 출자인수인의 납입의무가 있었으므로 그 가장납입으로 인한 자본금충실 문제가 발생하고, 납입가장죄가 성립할 수 있을 것이다.

주식 인수가액(이하 '주금'이라 함)의 납입을 가장하는 행위의 유형으로는 통모가장납입, 위장납입(보통의 가장납입, 통상의 가장납입, 일시차입금에 의한 가장납입으로 지칭하기도 함),[244] 회사자금에 의한 가장납입 및 그 절충형태가 있다. 이는 대부분 주식회사의

242) 곽동효, 앞의 "회사법상의 납입가장죄", 547면.

243) 대법원 2006. 6. 2. 2006도48(주주가 아니면서도 위조된 주권을 소유한 자들이 대다수 참석하여 개최된 주주총회에서 이사들이 새로 선임되고, 그 이사들로 구성된 이사회의 결의에 의하여 신주발행이 이루어진 사안에서, 신주발행의 절차적 · 실체적 하자가 극히 중대하여 신주발행의 실체가 존재하지 않아 신주인수인의 주금납입의무도 발생하지 않았다고 볼 여지가 있다는 이유로 납입가장죄도 성립하지 않는다고 판시).

244) 정대, 대계 I, 349면.

주금 납입에 관하여 발생하고 있으므로 아래에서는 주식회사의 주금 납입의 경우를 중심으로 설명한다.

1) 통모가장납입

통모가장납입이란 주식 발행 회사(이하 '발행회사'라 함)의 주금 납입사무를 담당하는 발기인 · 이사 등 위 행위주체가 주금납입 담당 금융기관(즉, 상법 제318조 제1항의 '납입금 보관 금융기관', 이하 '납입은행'이라 함)의 임직원과 통모하여 납입을 가장하는 유형이다.[245] 예컨대 발기인 · 이사 등이 주식인수인 등 출자자(이하 출자자라 함)로 하여금 납입은행으로부터 납입자금을 대출받아 주금납입에 충당하게 하되, 주식인수인이 그 대출금을 변제할 때까지는 그 납입금을 인출하지 아니할 것을 납입은행과 약정하는 경우이다. 이때 납입은행의 출자자에 대한 대출금은 출자자에게 지급함이 없이 바로 발행회사의 주금납입계좌로 이체되어 주금납입이 이루어진다. 그러므로 납입은행은 회사의 설립등기 또는 신주발행에 따른 변경등기(이하 '출자등기'라 함)에 필요한 납입금보관증명서를 발급하게 된다.[246] 이는 전형적인 납입가장죄 유형이지만, 상법은 통모가장납입을 규제하기 위하여 위와 같이 납입금 보관 증명서로 증명한 보관금액에 대하여는 납입의 부실 또는 보관금 반환에 제한이 있다는 이유로 회사에 대항하지 못한다고 규정하고 있다(상법 제318조). 따라서 납입은행으로서는 위 통모에 응하기 어려우므로 통모가장납입 유형은 현재 거의 이용되지 않고 있다.[247]

위와 같이 통모가장납입은 가장납입의 행위주체가 납입은행과 통모납입에 관한 약정을 하고, 이에 기한 납입은행 대출금의 주금납입계좌 이체 처리가 있은 후 납입금보관증명서를 교부받아 설립이나 증자 등기를 하게 된다. 그 중 상법 제628조 제1항의 '납입…을 가장하는 행위'란 가장납입의 의사로 주식 인수가액의 납입행위가 있는 때를 말하므로, 납입은행의 주금납입계좌 이체 처리가 있은 때 납입가장죄는

245) '통모가장납입'은 일본에서 예합(預合)이라고 부르는 유형이다. 일본 会社法 제965조는 '預合罪'란 표제 아래 '주식발행에 관한 불입을 가장하기 위하여 예합(預合)을 한 때'에만 납입가장죄가 성립한다. 일본 판례에 따르면 '예합'이란 발기인 또는 취체역(즉, 이사) 등이 불입취급기관(즉, 납입은행)의 임직원과 통모하여 불입을 가장하는 일체의 행위라고 해석한다(日 最決 1961. 3. 28. 刑集 15卷 3号 590면).

246) 다만, 자본금 총액 10억 원 미만인 소규모회사의 발기설립의 경우에는 납입금보관증명서를 금융기관의 잔고증명서로 대체할 수 있다(제318조 제3항).

247) 이철송(회사), 262면.

기수에 이른다.[248]

2) 위장납입

위장납입이란 발기인 · 이사 등 위 행위주체가 납입은행과 통모함이 없이 가장납입의 의사로 출자자로 하여금 타인으로부터 납입자금을 차용하여 실제로 주금을 납입은행에 납입하게 하고, 납입은행으로부터 납입금보관증명서를 발급받아 출자등기를 마친 후 즉시 그 납입금을 인출하여 출자자로 하여금 차용채무를 변제하게 하는 유형으로서, 현재 우리나라에서 가장 많이 이용되고 있는 납입가장죄 유형이다.[249] 만약 인출한 납입금 중 일부를 발행회사를 위하여 사용하였다면 그 금액만큼은 회사의 자본금충실을 해친 것이 아니어서 주금납입 의사가 없는 납입으로 볼 수 없으므로 발행회사를 위하여 사용한 그 금액을 공제한 나머지 금액 부분만 납입가장죄로 의율할 수 있을 뿐이다(판례).[250] 위장납입 유형의 경우에는 가장납입한 주식인수인도 주주로서의 지위를 갖게 되고, 회사는 그 주주에게 가장납입한 주금 상당액을 무상으로 대여하였거나 일시차입금으로 주주의 주금을 체당 납입한 것과 같이 볼 수 있으므로, 회사의 주식인수인에 대한 대여금 또는 체당금 채권이 인정된다(판례).[251] 이때 주주에게 반환한 주금 인출금을 장부상 회사의 대여금으로 정리하고 그 인수 주식을 회사에 보관시켰다가 이를 타인에게 매도한 대금으로 회사의 대여금을 변제하게 한 경우에도, 이는 범행의 수단 내지 범행 후 정황에 불과한 것이므로 납입가장죄가 성립함에는 변함이 없다(판례).[252]

위장납입은 통상 제3자로부터의 납입자금 차용행위, 주금납입행위, 납입은행의 납입금보관증명서를 교부받아 회사설립 또는 증자의 등기를 하는 행위, 납입금 인

---

248) 일본에서도 예합(預合) 행위로 인한 납입가장죄의 기수시기를 '가장납입이 된 때'라고 함에 이설이 없다[会社法コンメンタル(21), 121면].

249) '위장납입'은 일본에서는 견금(見金)이라고 부르는 유형으로서 이를 납입가장죄에 포함할 것인지 여부에 관하여 학설 대립이 있었으나, 현재 일본의 통설 · 판례는 납입가장죄에 관한 会社法 제965조의 해석과 관련하여 납입은행 임직원과의 통모가 없는 견금은 납입가장죄에 포함되지 않는다는 입장이다[日 最決 1960. 6. 21. 刑集 14巻 8号 981면; 会社法コンメンタル(21), 120면].

250) 대법원 2004. 6. 17. 2003도7645 전원합의체(후술하는 '레이디 가장납입사건 판례).

251) 대법원 2007. 8. 23. 2005두5574; 2001. 3.27 99두8039; 1997. 5. 23. 95다5790; 1994. 3. 28. 93마1916; 1985. 1. 29. 84다카1823; 1983. 5. 24. 82누522.

252) 대법원 1993. 8. 24. 93도1200.

출행위 및 제3자에 대한 차용금 변제행위로 이어진다. 그 중 납입금 인출행위시를 기수시기로 보는 견해[253)]가 있다. 그러나 '납입…을 가장하는 행위'란 가장납입의 의사로 납입행위를 하는 것이므로, 주금납입행위가 있은 때 기수에 이르게 된다.[254)] 그 후의 납입금 인출행위, 제3자에 대한 차용금 변제행위 또는 그 인출 주금을 회사를 위하여 사용하였는지 여부 등은 가장납입 의사를 판단하는 기준이 될 수 있을 뿐이다.

3) 회사자금에 의한 가장납입

회사자금에 의한 가장납입이란 회사가 신주를 발행하면서 제3자에게 주금 상당액을 대여하고 제3자는 그 대여금으로 주금을 납입하는 유형이다. 이때 회사가 처음부터 제3자에 대하여 그 대여금 채권을 행사하지 않기로 약정하였거나 실질적으로 대여금을 회수할 의사가 없었고, 제3자도 그러한 회사의 의사를 전제로 주식인수 청약을 하였다면 납입가장죄가 성립한다(판례).[255)]

기수시기는 위장납입의 경우처럼 위와 같은 가장납입의 의사로 주금납입행위가 있은 때이다.

4) 절충형태

절충형태란 통모가장납입과 위장납입의 절충유형으로서 발기인 · 이사 등이 납입은행과 통모하여 주식인수인으로 하여금 납입은행으로부터 주금 납입자금을 대출받아 그 주금납입에 충당하게 하되, 출자등기 후 즉시 그 납입금을 인출하고 주식인수인에게 대여하여 납입은행에 위 대출금을 변제하게 하는 유형이다.[256)] 이와 유사한 사례이지만 납입가장죄가 성립하지 않는 경우가 있다. 즉, 회사가 회사채무를 변제하기 위하여 회사 채권자에게 신주를 발행하면서 그 주금 상당액을 납입은행으로부터

---

253) 김성탁, 앞의 "주식인수금의 가장납입에 대한 상법상의 형사처벌조항", 578,579면.

254) 같은 취지 : 곽동효, 앞의 "회사법상의 가장납입죄", 550면; 서태경, "납입가장행위에 대한 형사책임," 「한양법학」(한양법학회, 2007), 373면; 안경옥, "주금납입가장행위에 대한 형사처벌," 「형사법연구」 제24호(한국형사법학회, 2005. 12.), 153면은 납입가장 행위는 현실적 손해발생을 요하지 아니함을 논거로 들고 있다.

255) 대법원 2003. 5. 16. 2001다44109.

256) 최준선(회사), 192면; 정찬형(상법-상-), 689면; 일본에서는 예합죄만 있을 뿐 견금은 처벌규정이 없으므로 이러한 절충형태는 예합죄로 의율하고 있으나, 우리나라는 절충형태도 납입가장죄로 의율함에 어려움이 없다(한석훈, 앞의 "가장납입의 효력과 형사책임", 181면).

터 미리 대출받아 그 채권자에 대한 회사채무를 변제하고 회사채권자는 그 돈을 주금 납입금으로 충당하되, 회사는 납입은행과 위 대출 당시 추후 증자절차를 마치면 즉시 그 대출금을 변제하기로 한 약정에 따라 주금 납입금으로 대출금을 변제하는 경우이다. 이 경우에는 증자로 인하여 회사채무가 감소되어 자본금충실 원칙에 반하지 아니하므로 납입은 유효하고 납입가장죄도 성립하지 않는다.[257]

기수시기는 납입은행의 대출금을 주금납입에 충당한 때이다.

나. 출자인수 및 납입의 효력

가장납입행위의 각 유형에서 그 출자의 인수 및 납입의 효력 여부는 민사 법률관계에서도 중요한 논점이지만, 납입가장죄 외 배임죄 · 횡령죄 등 다른 범죄의 성립 여부나 그 죄수관계를 검토하기 위한 전제가 된다. 학설 중에는 주금납입을 유효로 볼 경우에는 논리상 납입가장죄가 성립할 수 없다고 보는 견해[258]도 있다. 그러므로 여기서 각 유형의 가장납입행위가 출자의 인수 및 납입의 효력에 어떠한 영향을 미치는지 검토하기로 한다.

1) 출자인수의 효력

후술하는 것처럼 학설 · 판례가 납입의 효력을 논함에 있어 주요 논거로 언급하는 자본금충실 원칙이나 집단적 법률관계의 법적 안정성 문제는 주식인수 등 출자인수의 효력과도 밀접한 관련이 있다. 따라서 먼저 출자금 납입이나 현물출자 이행(이하 출자금 납입과 현물출자 이행을 '납입'이라고만 함)의 무효가 주식인수 등 출자의 인수에 미치는 효과를 검토해 볼 필요가 있다.[259]

가장납입의 경우에는, 주식인수인에 대한 실권절차(상법 제307조 제1항, 제2항)가 있는 주식회사의 모집설립에서도 그 실권절차를 거치지 않게 되고, 주식회사의 발기설립, 유한회사 및 유한책임회사의 경우에는 아예 실권절차가 없으므로, 납입이 무

---

257) 같은 취지: 日 最判 1967. 12. 14. 刑集 21巻 10号 1369면.

258) 양기진, "가장납입의 효력에 관한 법적 검토", 「법학논집」 21권 2호(이화여자대학교 법학연구소, 2016), 104면.

259) 김태진, "가장납입에 관한 새로운 해석론-자본시장법 제178조의 부정거래로서 포섭-", 「상사법연구」 32권 1호(한국상사법학회, 2013. 5.), 312면에서도 그 동안 가장납입이 주식의 인수나 납입에 미치는 영향을 세밀하게 분석하지 못해 왔다는 점을 지적하고 있다; 한석훈, 앞의 "가장납입의 효력과 형사책임", 182-184면에서 주식인수를 포함하여 물적회사의 출자인수의 효력을 상술하고 있다.

효라고 하여 당연히 출자인수의 효력도 무효가 되는 것은 아니다.[260] 이 경우에는 출자인수 계약이 해제 등으로 실효되지 않는 이상 발행회사는 주식인수인 등 출자인수인에 대한 납입청구 채권과 함께 주식회사 발기인의 납입담보책임 · 손해배상책임(상법 제321조 제2항, 제3항) 또는 유한회사 사원 · 이사 · 감사의 출자미필액 전보책임(상법 제551조 제1항)에 기한 채권을 가지게 될 뿐이다.[261] 다만, 주식회사 유상증자의 경우에는 납입기일에 납입되지 않으면 주식인수인이 그 권리를 잃고(상법 제423조 제2항) 이사들이 공동으로 그 주식을 인수한 것으로 의제되므로(상법 제428조 제1항)[262] 발행회사는 이사들에 대한 납입청구 채권을 가지게 될 뿐이다.[263] 그밖에 발행회사는 가장납입행위를 한 이사에 대하여 그로 인한 손해배상책임도 물을 수 있으나(상법 제428조 제2항), 이는 이사가 발행회사에 대한 임무를 게을리함으로 인한 손해배상책임으로서(상법 제399조) 납입무효설이든 납입유효설이든 모두 인정할 수 있으므로 별도로 언급하지 아니한다.

2) 통모가장납입의 납입 효력

통모가장납입의 경우에는 이를 금지하는 강행규정(상법 제318조 제2항, 제425조 제1항)을 위반하는 것이고, 주금 등 납입이 실질적으로나 현실적으로 이루어졌다고 할 수 없어서 자본금충실 원칙을 위반하는 결과가 된다는 이유로 주금 등 납입의 효력

---

260) 유한책임회사의 경우에는 사원의 인적사항, 출자의 목적 및 가액이 정관 기재사항이고(상법 제287조의3), 그 유상증자는 출자가액의 증가나 새로운 사원을 가입시키게 되므로 정관변경을 수반하게 된다. 이때 사원의 가입은 정관을 변경한 때 효력이 발생함이 원칙이지만, 출자를 전부 납입하지 아니한 때에는 그 납입을 전부 마친 때 사원이 된다는 규정(상법 제287조의23)이 있을 뿐 주식회사 유상증자의 경우와 같은 납입 불이행시의 실권 규정(상법 제423조 제2항)이 없고, 유한책임회사의 내부관계에 관하여는 정관이나 상법에 규정이 없으면 합명회사에 관한 규정을 준용하고 있음(상법 제287조의18)에 비추어, 유상증자시 납입을 불이행하더라도 당연히 출자인수권이 실권되는 것은 아니고 그 인수계약이 해제 등으로 실효되지 않는 이상 회사는 출자인수인에 대한 납입청구 채권을 갖게 될 것이다.

261) 회사설립시 가장납입이 발기인의 납입담보책임(상법 제321조 제2항) 등에 의하여 치유될 수 없는 경우에는 회사설립 무효사유가 된다는 견해[최준선(회사), 194면]가 있으나, 회사설립 무효판결이 있더라도 그 판결의 효력이 소급하지는 않으므로(상법 제190조 단서), 출자인수인이나 발기인 등 회사설립 관련자의 책임은 마찬가지이다.

262) 최기원(회사), 809면; 한석훈, 앞의 "가장납입의 효력과 형사책임", 183,184면; 김태진, 앞의 논문, 312면.

263) 가장납입의 신주발행일지라도 거래의 안전과 집단적 법률관계의 법적 안정성을 위하여 신주발행 무효사유를 엄격히 해석하는 판례의 입장(대법원 2009. 1. 30. 2008다50776)에서는 가장납입 자체가 신주발행 무효사유로 되기는 어려울 것이다(김태진, 앞의 논문, 314면).

도 무효로 보는 납입무효설이 통설이다.[264)]

그러나 주식회사의 경우에는 납입은행과의 주금인출 제한 약정에 불구하고 납입금보관증명서 제도로 인하여 상법 제318조 제2항에 따라 발행회사의 주금인출이 제한되지 않는다. 그러므로 납입이 유효하다면 회사채권자는 발행회사의 납입은행에 대한 주금인출 채권에 대하여 강제집행 등 권리를 행사할 수 있다. 그런데 만약 납입을 무효로 본다면 회사채권자로서는 회사설립시에는 발행회사의 주식인수인에 대한 납입청구 채권, 유상증자시에는 인수담보책임을 부담하는 이사에 대한 발행회사의 납입청구 또는 손해배상 채권에 대하여 강제집행 등 권리를 행사할 수 있을 뿐이다. 결국 납입무효설을 따르면 납입유효설을 따를 경우에 인정되는 납입은행에 대한 주금인출 채권에 비하여 회사채권자의 채권추심이 불확실해지는 만큼 자본금충실 원칙이 추구하는 회사채권자 보호 취지에 역행하는 결과가 되므로 납입유효설이 타당하다.[265)]

다만, 납입금보관증명서 제도가 없는 소규모 주식회사의 발기설립,[266)] 유한회사 및 유한책임회사의 경우에는 통모가장납입에 따른 납입은행과의 출자금 인출 제한 약정으로 인하여 실질적인 주금납입이 이루어졌다고 보기 어려울 뿐만 아니라 회사채권자의 발행회사 출자금인출 채권에 대한 강제집행 등 권리행사를 통한 채권추심도 어렵게 된다. 이 경우 납입을 무효로 본다면 회사채권자는 발행회사의 출자자에 대한 납입청구 채권이나, 주식회사 발기인의 납입담보책임 · 손해배상책임 또는 유한회사 사원 · 이사 · 감사의 출자미필액 전보책임에 기한 발행회사 채권에 강제집행을 할 수 있게 된다. 따라서 이 경우에는 회사채권자 보호를 위해서도 납입무효설이 타당할 것이다.

---

264) 최준선(회사), 193면; 서태경, 앞의 논문, 367면; 안경옥, 앞의 논문, 151,152면; 정대, 대계 I, 350면; 일본의 경우에도 会社法 제64조에서 우리나라 상법 제318조 제1항, 제2항과 같은 내용으로 납입은행의 보관금증명제도를 두고 있고, 預合의 경우에 주금납입의 효력은 무효로 보는 견해가 종래의 통설이었다[会社法コンメンタル(21), 121면].

265) 한석훈, 앞의 "가장납입의 효력과 형사책임", 185면; 일본에서도 2005년 会社法 제정 이후 회사 채권자의 회사 주금인출 채권에 대한 대위청구권 행사 등 회사 채권자 보호를 위하여 예합의 경우 주금납입의 효력을 유효로 보아야 한다는 견해[川崎友巳, "資本制度の変容と出資行爲の規律としての罰則規定", 「法律時報」 84巻 11号(2012. 10.), 28면; 行澤一人, "仮裝拂込と資本充實原則", 「法學教室」 3月号(有斐閣, 2013). 103면]가 대두하고 있다.

266) 주식회사 중 자본금 총액이 10억 원 미만인 소규모회사가 발기설립을 하는 경우에는 납입금보관증명서를 금융기관의 잔고증명서로 대체할 수 있다(상법 제318조 제3항).

3) 위장납입의 납입 효력

위장납입의 경우에는 납입은행과의 통모가 없었고 주금 등의 현실적인 납입이 있었다는 점이 통모가장납입의 경우와 다르며, 그 주금납입 효력에 관하여 납입무효설과 납입유효설이 대립한다. 납입무효설은 실질적인 주금납입이 없었으므로 그 납입의 효력을 유효로 본다면 자본금충실 원칙에 반하고, 가장납입한 주식인수인이 주주 지위를 향유하게 되어 부당하다는 논거를 든다(다수설).[267] 납입유효설은 주금의 현실적 납입이 있었고, 발행회사가 위장납입 주주에게 체당금 또는 대여금의 반환청구를 하거나 발기인 · 이사 등에 대하여 연대 손해배상책임을 물을 수 있으므로 어느 정도 자본금충실을 기할 수 있으며, 주식 발행은 법적 안정성이 중요한 집단적 법률관계임을 논거로 든다(소수설).[268] 판례는 금원의 이동에 따른 현실적인 주금납입이 있었다는 점, 납입을 가장하는 발기인 · 이사 등의 주관적 의도보다는 회사설립이나 증자와 같은 집단적 절차의 단체법적 성격을 중시해야 한다는 점을 논거로 납입유효설 입장이다.[269]

생각건대 이 문제는 어느 견해가 회사의 자본금충실 원칙과 출자라는 집단적 법률관계의 법적 안정성에 기여하는지를 비교해 보고 판단할 문제이다. 납입무효설을 따르면 발행회사는 주식회사 유상증자의 경우만은 인수담보책임을 부담하는 이사에 대한 납입청구 채권을 행사할 수 있지만, 나머지 경우에는 주주 등 출자자에 대한 납입청구 채권을 행사할 수 있다. 납입유효설을 따르면 발행회사는 어느 경우에도 주주 등 출자자에 대하여 납입가액 상당의 체당금 또는 대여금 청구 채권을 행사할 수 있다. 어느 견해를 따르더라도 발행회사가 청구할 수 있는 채권금액에는 차이가 없으나, 그 채무자는 주식회사 유상증자의 경우 납입무효설을 따르면 발행회사의 이사들이고 납입유효설을 따르면 출자자이며, 나머지 경우에는 그 채무자가 출자자이다. 그런데 발행회사가 가장납입에 관여한 이사에 대하여 임무해태 책임을

---

267) 허일태, "가장납입과 형사책임", 「형사법연구」 제23호(한국형사법학회, 2005), 284면; 최준선(회사), 194면; 이철송(회사), 267면; 이기수 · 최병규(회사), 195면; 권기범(회사), 465면; 일본 판례도 견금의 주금납입 효력에 관하여 납입무효설 입장이다(日 最判 1963. 12. 6. 民集 17卷 12号 1633면).

268) 정찬형(상법-상-), 689면; 김태진, 앞의 "가장납입에 관한 새로운 해석론", 314,339면; 양기진, 앞의 "가장납입의 효력에 관한 법적 검토", 122면.

269) 대법원 2001. 3. 27. 99두8039; 1997. 5. 23. 95다5790; 1983. 5. 24. 82누522; 1966. 10. 21. 66다1482.

물어 가장납입으로 인한 손해의 배상청구를 할 수 있음은 어느 견해를 따르더라도 마찬가지이다. 그러므로 주식회사 유상증자의 가장납입에서는 납입유효설을 따르는 것이 발행회사가 이사에 대한 손해배상 청구뿐만 아니라 주주 등 출자자에 대하여도 체당금 또는 대여금 채권을 행사할 수 있게 되어 자본금충실에 더 유리한 셈이다. 주식회사의 설립시, 유한회사 또는 유한책임회사의 가장납입에서는 어느 견해를 따르더라도 발행회사가 청구명목만 달리할 뿐 출자자에 대하여 같은 금액의 청구 채권를 행사할 수 있음은 마찬가지이므로 자본금충실에 차이가 없다.

그리고 납입유효설은 물론 납입무효설을 따르더라도 위와 같이 주식인수 등 출자 인수의 효력은 유효하므로[270] 주식회사 유상증자의 경우 외에는 그 발행 주권도 유효하고, 따라서 그 주권의 유통으로 집단적 법률관계가 불안정하게 될 우려는 없다. 다만, 주식회사 유상증자의 경우에 납입무효설을 따른다면 실권된 주식인수인에게 발행 · 교부된 주권은 무효이므로[271] 무효인 주권의 유통으로 인하여 거래의 안전을 해치거나 주식과 관련된 집단적 법률관계의 법적 안정성을 침해할 수 있다. 따라서 위장납입의 경우에는 납입유효설이 납입가장죄의 입법취지인 자본금충실이나 출자와 관련된 집단적 법률관계의 법적 안정성 및 거래의 안전을 위하여 타당하다고 본다.[272]

4) 회사자금에 의한 가장납입의 납입 효력

회사자금에 의한 가장납입의 경우에는 납입은행과의 통모가 없었고 주금 등의 현실적인 납입이 있었다는 점이 통모가장납입의 경우와 다르고 위장납입의 경우와 유사하다. 판례는 "자본(금)충실 원칙상 … 회사가 처음부터 제3자에 대하여 대여금 채권을 행사하지 않기로 약정되어 있는 등으로 (주주에 대한) **대여금을 실질적으로 회수할 의사가 없었고**, 제3자도 그러한 회사의 의사를 전제로 주식인수 청약을 한 때에는 제3자가 인수한 주식의 액면금액에 상당하는 회사의 자본(금)이 증가되었다고 할

---

270) 이에 대하여 가장납입의 경우에 출자 없이 주주권을 유지하는 것은 부당하므로 주금납입뿐만 아니라 주식인수도 무효로 보아야 한다는 견해[이철송(회사), 267면]가 있으나, 이는 주식인수 제도에 관한 현행 상법에 반하는 해석이므로 부당하다.

271) 주권은 회사가 진정한 주주에게 주권을 교부한 때에 효력이 발생한다는 교부시설이 다수설 · 판례의 입장이다[최준선(회사), 256면; 대법원 2000. 3. 23. 99다67529].

272) 한석훈, 앞의 "가장납입의 효력과 형사책임", 187,188면.

수 없으므로, 위와 같은 주식인수대금의 납입은 단순히 납입을 가장한 것에 지나지 아니하여 무효"라고 판시하고 있다(납입무효설).[273] 학설 중에도 판례와 마찬가지 이유로 회사 대여금의 반환가능성이 없는 경우에는 자본금충실 원칙상 납입이 무효라고 하는 견해가 있다.[274]

이에 대하여 이 경우에도 주금의 형식적 납입이 있었던 점, 이사 등의 주관적 의도에 따라 증자와 같은 집단적 절차의 일환인 주금납입의 효력을 좌우함이 부당함은 위장납입의 경우와 다를 바 없다는 이유로 주금납입을 유효로 보는 납입유효설[275]이 있다.

생각건대 **회사자금에 의한 가장납입** 유형도 자본금충실 원칙에 미치는 영향을 감안하여 2개의 경우로 구분하여 검토할 필요가 있을 것이다. 발행회사가 주식인수인에 대하여 주금납입을 위한 대여금을 회수하지 않기로 약정한 경우[276]에는 회사채권자가 회사의 주식인수인에 대한 대여금 채권을 강제집행하는 등 권리를 행사하여 채권추심을 할 수 없다. 그러므로 주금납입을 무효로 보고 발행회사는 인수담보책임을 부담하는 이사에 대하여 납입청구 채권을 보유하는 것으로 보는 납입무효설이 자본금충실 원칙에 부합할 것이다. 다만, 신주의 납입이 무효가 됨으로 인하여 발행회사의 이사들이 인수담보책임에 따라 공동으로 신주의 주주가 되는데, 원래의 주식인수인이 이사가 아니면서 신주의 주권을 교부받아 유통시킨 경우에 무효인 주권의 유통으로 인하여 거래의 안전과 집단적 법률관계의 법적 안정성이 침해되는 것은 불가피할 것이다. 그러나 발행회사가 주식인수인에 대한 대여금 채권을 청구할

273) 대법원 2003. 5. 16. 2001다44109.

274) 권기범(회사), 465면.

275) 송옥렬(상법), 773면; 김태진, 앞의 "가장납입에 관한 새로운 해석론", 324면.

276) 대법원 2003. 5. 16. 2001다44109 사건[종합금융 주식회사(이하 '대한종금'이라 함)의 제안에 따라 원고는 원고 또는 그가 지정하는 자의 이름으로 대한종금의 유상증자에 참여하기로 하되, 100억 원을 대한종금으로부터 대출받아 이를 신주인수의 청약대금으로 대한종금에 납입하고, 인수한 주식 전부를 대한종금에 담보로 제공하며, 대한종금이 영업정지를 받는 등의 사유가 발생하는 경우에는 그 전 일자로 대한종금에 대하여 원고가 위 주식의 매수(환매)를 청구할 수 있는 권리가 발생한 것으로 간주하고 그 매수가격을 발행가액으로 정하여 원고의 위 대출금채무와 상계된 것으로 보고 이자 등 일체의 채권에 대하여 대한종금의 권리가 상실되는 것으로 계약을 체결한 사안]의 경우처럼 '회사자금에 의한 가장납입' 유형이면서 조건부 환매특약을 하여 주식인수인에게 그 대여금 상환 위험을 지우지 아니하고 주식인수에 따른 손해를 발행회사에 귀속시키기로 약정한 경우에도 자본금충실 원칙에 반한다는 점에서는 마찬가지이다.

수는 있으나 사실상 대여금 회수의사가 없을 뿐이라면, 회사채권자가 발행회사의 대여금 채권에 대한 강제집행 등 권리행사는 가능하므로 위장납입의 경우와 다를 바 없다. 그러므로 이 경우에는 위장납입의 경우와 같은 이유로 납입유효설이 타당하다고 본다.[277)]

5) 절충형태의 납입 효력

절충형태의 경우에는 통모가장납입의 납입효력을 무효로 보는 입장에서 절충형태의 가장납입은 실질적으로 통모가장납입의 변형으로서 통모가장납입을 방지하기 위한 상법 규정의 탈법행위라는 이유로 주금납입을 무효로 보는 납입무효설이 통설이다.[278)] 그러나 절충형태는 납입은행과 납입금 인출에 관한 제한약정을 한 것이 아니므로 통모가장납입에 적용되는 상법 제318조 제2항을 적용할 여지가 없다. 또한 주식인수인은 납입은행으로부터 대출받은 자금으로 납입을 한 다음 출자등기 직후 그 주금 인출금을 발행회사로부터 대여받아 납입은행에 대한 대출금을 변제하는 것이므로 대출자가 제3자가 아닌 납입은행이라는 것일 뿐 가장납입의 구조는 위장납입의 경우와 마찬가지이다. 그러므로 절충형태의 가장납입은 위장납입과 같은 이유로 납입유효설이 타당하다고 본다.[279)]

6) 납입의 효력과 납입가장죄와의 관계

가장납입의 주금납입 효력에 관하여 납입유효설을 따른다면 발행회사의 증가하는 자본금에 상응하여 체당금 채권 등 회사재산도 증가하는 것이므로 납입가장죄로 처벌하는 것은 모순이라는 주장[280)]이 있다. 그러나 가장납입 된 주금납입의 효력은 가장납입행위로 인한 주식인수인, 회사, 회사채권자 및 주식양수인 등 사인간의 이해관계를 합리적으로 조정하는 문제이다. 이에 대하여 납입가장죄의 성립 여부는 그 보호법익인 회사의 자본금충실을 해치는 행위의 가벌성과 형벌의 일반예방 효과를 기준으로 판단할 문제이므로 그 판단기준이 서로 다르다. 따라서 주금납입의 효

---

277) 한석훈, 앞의 "가장납입의 효력과 형사책임", 189면.

278) 최준선(회사), 192면; 정찬형(상법-상-), 689면.

279) 한석훈, 앞의 "가장납입의 효력과 형사책임", 190면.

280) 김태진, 앞의 "가장납입에 관한 새로운 해석론", 341면; 이정민, "회사설립시 최저자본금제도 폐지와 납입가장죄의 재검토", 「고려법학」 제73호(고려대학교 법학연구원, 2014. 6.), 157면.

력은 자본금충실 원칙이 추구하는 회사채권자 보호 요청 또는 집단적 법률관계의 법적 안정성을 이유로 유효로 보더라도, 실질적으로 자본금충실을 해칠 위험이 있는 가장납입행위에 대하여 납입가장죄로 처벌하는 것은 모순이 아니다.[281] 이러한 견지에서 판례도 위장납입의 경우 납입유효설을 취하면서도 납입의 실질에 착안하여 납입가장죄의 성립을 인정하고 있다.[282] 구체적으로 살펴보면 다음과 같다.

통모가장납입의 경우에 납입은행은 발행회사와의 주금인출 제한 약정을 하였더라도 납입금보관증명서를 발급하였다면 상법 제318조 제2항에 따라 그 약정으로 발행회사에 대항할 수 없으므로 오히려 납입유효설이 타당함은 앞에서 설명하였다. 그러나 그러한 약정으로 인하여 발행회사의 주금 인출 및 사용에 사실상 제한을 받을 수 있게 되어 발행회사의 자본금충실을 침해할 추상적 위험은 있으므로 납입가장죄로 처벌할 필요가 있다.

위장납입, 회사자금에 의한 가장납입 및 절충형태의 가장납입의 경우에는 납입유효설 입장에 서더라도 증가된 자본금에 상응하여 출자된 주금이 실제 사용가능한 자산으로 발행회사에 남아있지 않거나 사실상 회수가 어려운 채권 형태로 존재할 뿐이다. 그러므로 실질적으로 회사의 자본금충실을 침해하였거나 적어도 그 침해의 추상적 위험은 발생한 것이다. 따라서 가장납입의 경우 주금납입의 효력에 관한 어느 견해의 입장에서도 납입가장죄가 성립함에는 의문이 없다.[283]

다. 전환사채 · 신주인수권부사채의 가장납입

주식회사의 전환사채나 신주인수권부사채의 사채대금을 위장납입 하는 등 가장납입 하는 경우에 납입가장죄가 성립하는지 문제가 된다. 신주인수권부사채의 경우 신주인수권을 행사하여 주금을 현실납입 하는 통상의 경우라면 사채대금 납입과 별도로 납입은행에 신주 발행가액 전액을 납입해야 하므로(상법 제516조의9) 그 주금납입행위의 가장납입 여부를 가리면 되고, 이는 신주발행의 가장납입 법리와 다를 것

---

281) 한석훈, 앞의 "가장납입의 효력과 형사책임", 190,191면.

282) 이에 대하여 판례가 주금납입의 효력에 관하여 납입유효설을 취하면서 납입가장죄를 인정하는 것은 민사 법률관계에서는 납입유효설이면서 형사 법률관계에서는 납입무효설을 전제로 하는 모순된 입장이라고 비판하는 견해(김태진, 앞의 "가장납입에 관한 새로운 해석론", 327면; 양기진, 앞의 "가장납입의 효력에 관한 법적 검토", 121면)가 있으나, 이는 판례의 입장을 오해한 것이다.

283) 한석훈, 앞의 "가장납입의 효력과 형사책임", 191면.

이 없다. 그러나 신주인수권부사채의 경우에도 위 대용납입[284]의 경우라면 별도의 주금납입행위가 없으므로 전환사채의 가장납입과 유사한 구조가 된다.[285] 따라서 전환사채 또는 대용납입 신주인수권부사채의 사채대금을 가장납입 하는 경우가 검토의 대상이다.

우선 사채대금 가장납입의 효력을 살펴보면, 사채의 경우에는 위와 같은 주식연계형 사채일지라도 자본금충실 원칙이 적용되지 않으므로 사채대금의 납입은 유효하다는 견해[286]가 있다. 전환사채의 경우 사채권자의 전환청구권 행사가 있거나, 신주인수권부사채의 경우 신주인수권의 행사와 대용납입 청구가 있으면 사채대금의 가장납입이 주금의 가장납입으로 이어지므로 회사의 자본금충실 원칙을 침해하게 된다. 상법에서도 주식연계형 사채는 신주발행과 유사한 규제를 하고 있다. 즉, 전환사채의 총액 · 전환조건 · 납입금액 등이나 신주인수권부사채의 총액 · 납입금액 및 신주인수권 행사로 발행할 주식의 발행가액 총액 등은 등기사항이고(상법 제514조의2 제2항, 제516조의8 제1항), 사채대금이 완납된 후에 그 등기를 할 수 있으며(상법 제514조의2 제1항, 제516조의8 제2항), 그 사채인수권은 신주발행의 경우와 유사하게 주주배정을 원칙으로 하고 제3자배정은 예외적으로 허용하고 있을 뿐이다(상법 제513조 제3항, 제516조의2 제4항). 또한 이사와 통모하여 불공정 발행가액으로 인수한 사채권자의 회사에 대한 공정가액과의 차액 지급의무(상법 제516조 제1항, 제424조의2, 제516조의11), 위법 · 불공정 발행에 대한 유지청구권(상법 제516조 제1항, 제424조, 제516조의11) 및 발행무효의 소 등 사전 · 사후 구제수단도 신주발행의 경우와 다를 바 없다. 따라서 주식연계형 사채의 발행은 신주발행의 경우와 본질적으로 다르지 않으므로[287] 자본금충실 원칙의 적용범위 밖이라고 단정할 수는 없다. 다만, 주식 가장납입의 경우에 발행회사의 출자인수인에 대한 납입금, 체당금 또는 대여금 채권이 존재하는 이상 오히려 자본금충실 원칙이 추구하는 채권자보호를 위하여 납입유효설을 취하는 입장에서는 마찬가지 이유로 사채대금 가장납입의 경우에도 납입을 유

---

284) '대용납입'이란 신주인수권을 행사하는 자의 청구에 따라 사채의 상환에 갈음하여 그 사채의 발행가액으로 신주 발행가액의 납입이 있는 것으로 간주하는 것을 말한다(상법 제516조의2 제2항 제5호).

285) 김성탁, 앞의 "전환사채의 납입을 가장하는 경우 납입가장죄의 성부", 235면.

286) 양기진, 앞의 "가장납입의 효력에 관한 법적 검토", 115면.

287) 김성탁, 앞의 "전환사채의 납입을 가장하는 경우 납입가장죄의 성부", 231면.

효로 보는 데 아무런 문제가 없을 것이다.

사채대금 가장납입을 유효한 납입으로 볼 경우에는 납입가장죄가 성립하지 않고 납입된 회사자산에 관한 배임죄나 횡령죄만 성립할 수 있다고 보는 견해[288]가 있으나, 주금 가장납입의 경우와 마찬가지로 사채대금 납입의 효력과 납입가장죄의 성립 여부는 그 판단기준이 상이하므로 그 납입가장죄의 성립 여부는 별도로 검토해야 한다.

이러한 주식연계형 사채는 사채의 일종이기는 하나, 전환사채의 경우 전환청구권을 행사하거나 신주인수권부사채의 경우 신주인수권의 행사 및 대용납입 청구를 하면 그로 인한 사채의 소멸이 신주발행의 대가가 되므로[289] 원래 사채대금의 납입을 가장한 행위가 회사의 자본금충실을 침해하는 결과에 이르게 된다. 그러나 전환청구권의 행사나 신주인수권의 행사 및 대용납입 청구를 하기 전에는 아직 회사의 자본금을 구성하는 것이 아니고, 전환청구권이나 신주인수권은 사채권자의 권리이지 의무는 아니어서 그 권리를 행사하지 않을 수도 있다. 납입가장죄는 회사의 자본금 충실을 위하여 회사의 자본금을 구성하는 주금납입을 가장하는 행위를 처벌하려는 것이므로, 전환사채나 신주인수권부사채의 인수 과정에서 그 사채금액의 납입을 가장하는 행위는 납입가장죄를 구성하지 않는다는 것이 판례의 입장이고,[290] 학설도 이 점에서는 이견이 없다.[291] 다만, 사채발행 업무를 담당하는 자는 발행회사에 대하여 사채 인수대금이 모두 납입되어 실질적으로 회사에 귀속되도록 조치할 업무상의 임무가 있다. 그럼에도 불구하고 이를 위반하여 전환사채 인수인으로 하여금 인수대금을 납입하지 않고서도 전환사채를 취득하게 하여 인수대금 상당의 이익을 얻게 하고, 발행회사로 하여금 사채상환의무를 부담하면서도 그에 상응하여 취득해야 할 인수대금 상당의 금전을 취득하지 못하게 함으로써 같은 금액 상당의 손해를 입게 하였다면 업무상배임죄가 성립한다(판례).[292] 이러한 법리는 신주인수권부사채나 다

---

288) 양기진, 앞의 "가장납입의 효력에 관한 법적 검토", 104,128면.

289) 김성탁, 앞의 "전환사채의 납입을 가장하는 경우 납입가장죄의 성부", 232면.

290) 대법원 2008. 5. 29. 2007도5206(전환사채에 관한 판례).

291) 김성탁, 앞의 "전환사채의 납입을 가장하는 경우 납입가장죄의 성부", 234면; 양기진, 앞의 "가장납입의 효력에 관한 법적 검토", 105면.

292) 대법원 2015. 12. 10. 선고 2012도235[전환사채의 인수대금 가장납입행위에 대하여 업무상배임죄로 의율하여 특정경제범죄법위반(배임)죄를 인정한 사안].

른 일반사채의 경우에도 마찬가지로 보아야 할 것이고, 그 기수시기는 사채대금을 인출하여 사채권자에게 반환한 때로 보아야 할 것이다.[293]

만약 전환사채(또는 대용납입 신주인수권부사채)의 발행이 신주발행의 목적을 달성하기 위한 수단으로 이루어졌고 실제로 그 목적대로 곧 전환청구권이 행사되어(또는 신주인수권의 행사 및 대용납입 청구가 있어) 신주가 발행됨에 따라 실질적으로 신주인수대금의 납입을 가장하는 편법에 불과하다고 평가될 수 있는 사정이 있다면, 그 사채대금의 가장납입 및 전환청구권의 행사(또는 신주인수권의 행사 및 대용납입 청구) 등 일련의 행위가 납입가장죄를 구성하는 것으로 보아야 할 것이다.[294] 이 경우 전환청구권의 행사가 있은 때 또는 신주인수권의 행사 및 대용납입 청구가 있은 때를 납입가장죄의 주금 '납입' 행위를 한 때로 보아야 할 것이므로 이때 기수에 이르게 된다.[295]

3. 고의

납입가장죄는 신분범이자 고의범이므로 형법 제13조 본문 규정에 따라 행위자에게 행위 당시 자신이 납입가장죄의 신분자로서 가장납입하는 사실에 대한 인식이 있어야 한다. 특히 위장납입의 경우에 외형상으로는 정상적인 납입과 다를 바 없으므로 '납입을 가장하는' 행위인지 여부는 행위자의 주관적 의사를 파악하여 판단하는 수밖에 없다. 이때 행위자의 가장납입 의사를 파악하기 위해서는 회사설립 또는 증자 절차와 납입금 인출시까지의 간격, 그 인출금을 회사를 위하여 사용하였는지 여부 등이 판단기준으로 될 수 있다(판례).[296]

---

293) 양기진, 앞의 "가장납입의 효력에 관한 법적 검토", 111면에서는 인출된 사채대금을 자금대여자인 제3자에게 지급하여 상환한 때에 배임죄의 기수가 된다고 하지만, 발행회사로서는 사채대금 인출금을 그 납입자인 사채권자에게 반환하게 되는 것이므로 이때 기수에 이르게 된다.

294) 대법원 2015. 12. 10. 2012도235 판결이유 참조.

295) 김성탁, 앞의 "전환사채의 납입을 가장하는 경우 납입가장죄의 성부", 234면은 납입가장죄를 침해범으로 보는 입장에서 납입가장죄의 기수시기는 사채의 가장납입 발행이 자본금충실을 침해하게 되는 시점, 즉 "자본과 그에 상응하는 순자산의 불일치를 가져오는 행위가 있는 시점"이라고 설명하여 같은 결론에 이르고 있다.

296) 대법원 1993. 8. 24. 93도1200; 1986. 9. 9. 85도2297; 1982. 4. 13. 80도537.

Ⅳ. 응납입가장죄 및 납입가장중개죄

1. 행위주체

응납입가장죄나 납입가장중개죄는 납입가장죄와 달리 그 행위주체를 제한하고 있지 않으므로 비신분범이다.

2. 응납입가장죄

상법 제628조는 '가장납입 행위에 응한 자'도 처벌하는데, 납입행위의 대상은 납입은행이므로 응납입가장죄의 행위주체로 예상되는 자는 가장납입행위에 응한 납입은행의 담당 임직원이다(판례).[297] 그러므로 납입은행의 담당 임직원이 가장납입행위임을 인식하고 이에 응하는 행위가 응납입가장죄의 범죄구성요건이 된다. 이에 대하여 응납입가장죄를 범하게 되는 자는 주식인수인 또는 주식인수 의무가 있는 발기인이라는 견해[298]가 있으나, 이들이 발행회사 발기인 · 이사 등의 가장납입행위에 응하는 행위는 납입가장죄의 공범이 되는 것일 뿐 응납입가장죄를 범하는 것은 아니다. 따라서 가장납입행위 유형 중 **통모가장납입**이나 **절충형태**의 경우에는 통모한 납입은행 임직원의 응납입가장죄도 성립할 수 있지만, 위장납입이나 회사자금에 의한 가장납입의 경우에는 어떠한 행위가 응납입가장 죄에 해당할 것인지를 검토할 필요가 있다.

위장납입의 경우에도 납입은행의 담당 임직원이 주식인수인이 제3자로부터 차용한 돈으로 주금을 납입하여 그 납입금보관증명서를 발급받은 다음 즉시 주금을 인출하여 차용금 변제에 사용하는 방식으로 납입을 가장한다는 사정을 알면서 그 주금의 입출금 및 납입금보관증명서 발급 업무를 해주기로 발행회사 측 행위자와 통모한 경우에는 응납입가장죄가 성립한다(판례).[299] 이 경우 이미 가장납입하기로 마

---

297) 대법원 2004. 12. 10. 2003도3963("제628조 제2항에서 규정하는 '제1항의 행위에 응한다'라는 것은 주금납입취급기관으로 지정된 금융기관의 임직원이 발기인이나 이사 등 회사 측 행위자의 부탁을 받고 주금의 입출금 및 주금납입증명서 발급업무를 해주는 것을 의미하는 것"이라고 판시); 일본 会社法 제965조 제2문 응납입가장죄에 관한 일본의 통설이다[会社法コンメンタル(21), 122면].

298) 송호신, "가장납입의 유효성에 대한 비판과 상법 제628조의 해석," 「한양법학」 21권(한양법학회, 2007), 454면.

299) 대법원 2004. 12. 10. 2003도3963; 안동섭, 앞의 논문, 106면도 같은 취지임.

음먹고 있는 발행회사 측 행위자에게 그 납입자금을 대여해 준 것에 불과한 제3자에 대하여는 그가 가장납입을 위한 돈임을 알고 돈을 빌려주었다고 하더라도 응납입가장죄로 의율할 수 없고, 공동정범으로서의 기능적 행위지배가 있었다고 볼 수 없는 이상 납입가장죄의 공동정범으로 의율할 수도 없다.[300]

회사자금에 의한 가장납입의 경우에도 위장납입의 경우와 마찬가지로 납입은행의 담당 임직원이 발행회사가 회수의사 없이 제3자에게 주식인수자금을 대여하고 제3자는 그러한 회사의 의사를 전제로 주식인수 및 주금납입을 하는 사정을 알면서 그 주금의 입출금 및 납입금보관증명서 발급 업무를 해주기로 발행회사 측 행위자와 통모한 경우에는 응납입가장죄가 성립할 수 있을 것이다.

응납입가장죄는 범죄구성요건상 납입가장죄와 대향범 관계에서 범죄구성요건을 실현할 것으로 규정되어 있어서 납입가장죄와 필요적 공범관계에 있으므로, 납입가장행위가 성립하지 않는 경우에는 응납입가장죄도 성립하지 않는다.[301]

3. 납입가장중개죄

상법 제628조 제2항에서 "제1항의 행위(즉, 납입가장행위)에 응하거나 이를 중개한 자"를 처벌하고 있으므로, 그 규정의 문맥상 납입가장중개죄는 가장납입행위와 응납입가장행위를 중개하는 행위를 처벌하는 것이다. 즉, 납입가장중개죄의 범죄구성요건은 가장납입행위와 응납입가장행위를 중개하는 행위이다.[302] 예컨대, 가장납입행위를 하려는 자에게 납입은행 담당자를 소개 · 알선하는 행위가 이에 해당할 것이다.

그런데 하급심 판례에서는 이를 폭넓게 해석하여 위장납입 등 가장납입행위를 하려는 자에게 가장납입에 사용할 자금 대여자를 소개 · 알선한 행위도 납입가장중개죄로 의율한 사례가 있다.[303] 그러나 이 경우에는 납입가장중개죄로 의율해서는 아

---

300) 대법원 2011. 7. 14. 2011도3180.

301) 会社法コンメンタル(21), 122면.

302) 일본 会社法에서는 납입가장죄(즉, 예합죄)와 응납입가장죄만 처벌하고 있을 뿐, 가장납입 중개행위를 별도로 처벌하는 규정은 없다(일본 会社法 제965조).

303) 서울지방법원 2003. 2. 18. 2002고합1197, 2003고합12(병합), 2003고합13(병합), 2003고합59(병합); 곽동효, 앞의 "회사법상의 가장납입죄", 546면.

니 되고 가장납입행위를 방조한 것이므로 납입가장죄의 종범으로 처벌함이 타당할 것이다.[304)]

Ⅴ. 죄수관계

1. 공정증서원본불실기재죄, 횡령죄 및 배임죄와의 관계

가장납입행위로 인하여 발행회사의 자본금이 증가하고 이에 따른 회사설립등기 또는 증자등기가 이루어지지만 그에 상응하는 회사자산의 유입이 없었거나 유입된 회사자산의 유출을 수반한다. 그러므로 가장납입행위에 따른 회사설립등기나 증자등기가 발행주식총수, 자본금액 등에 관한 공정증서원본불실기재죄 및 불실기재공정증서원본행사죄(형법 제228조 제1항, 제229조, 이하 '공정증서원본불실기재죄 및 행사죄'라 함)에 해당하는지, 발기인 · 이사 등의 회사자산 유출행위가 발행회사에 대한 배임죄나 횡령죄를 구성하는 것인지 문제가 된다. 이는 앞에서 설명한 가장납입의 주식인수 효력 또는 주금납입 효력과도 관련이 있다.

가. 위장납입의 경우

판례는 위장납입의 납입 효력에 관하여는 유효설 입장을 견지하면서도, 아래와 같이 레이디 가장납입사건에서 위장납입은 등기를 위하여 납입을 가장하는 편법에 불과하고 주금의 납입 및 인출의 전과정에서 '**실질적으로** (발행)회사의 자본(금)이 늘어난 것이 아니므로' 납입가장죄와 더불어 공정증서원본불실기재죄 및 행사죄가 성립하고, '(발행)회사의 돈을 임의로 유용한다는 불법영득의사가 있다고 보기 어려우므로' 업무상횡령죄는 성립하지 아니하며(위장납입의 경우 업무상횡령죄의 성립을 인정한 종전 판례는 폐기), '재산상 이익을 취한다는 의사가 있었다고 볼 수 없으므로' 업무상배임죄도 성립하지 않는다고 판시하였다.[305)] 또한 이 판례에서는 "(위장납입의 경우)

304) 종범의 형은 정범의 형보다 감경해야 하므로(형법 제32조 제2항, 필요적 감경), 납입가장죄의 종범은 납입가장증개죄보다 감경 처벌하게 된다.

305) 레이디 가장납입사건 이래 그 후의 판례도 같은 취지로 일관된 판결을 하고 있다(대법원 2011. 9. 8. 2011도7262; 2009. 6. 25. 2008도10096; 2007. 9. 6. 2005도1847; 2006. 9. 22. 2004도3314; 대법원 2004. 12. 10. 2003도3963 등); 일본 会社法에서는 우리나라의 위장납입에 해당하는 견금(見金)을 납입가장죄로 처벌하는 규정이 없으며, 일본 판례는 견금의 경우에 그 주금납입의 효

납입을 가장한 경우에도 상법상 주금납입으로서의 효력을 인정하는 것은 단체법 질서의 안정을 위하여 주금의 가장납입을 회사의 설립 내지 증자의 효력을 다투는 사유로 삼을 수 없게 하고, 그로 인하여 발행된 주식의 효력이나 그 주권을 소지한 주주의 지위에 영향이 미치지 않게 하려는 배려에서 나온 것이므로 가장납입의 경우에 상법상 주금납입으로서의 효력이 인정된다고 하여 이를 들어 업무상횡령죄와 같은 개인의 형사책임을 인정하는 근거로 삼을 수는 없다."고 설명하고 있다.[306)]

■ 레이디 가장납입사건(대법원 2004. 6. 17. 2003도7645 전원합의체 판례)

【 사실관계 】

피고인 A는 자신이 지배하는 지엔지구조조정전문社(이하, '지엔지'라 함)의 ㈜레이디(이하 '레이디'라 함)에 대한 약 90억 원의 채권을 회수하기 위한 방편으로, 이미 부도처분을 받은 레이디의 대표이사인 피고인 B와 투자계약서를 작성하였다. 위 투자계약서에서 지엔지는 레이디의 부도어음 · 수표를 회수하거나 운영자금을 체당 · 지출하고, 레이디는 유상증자를 하여 지엔지를 포함한 A측 회사에 그 신주를 모두 배정하고 그 주금의 인출금으로 지엔지에 대한 위 채무들을 상환해 주기로 약정하였다. 위 투자계약서에 따라 지엔지는 레이디 발행의 부도 어음 · 수표 액면금 합계 258억 원 가량을 그 액면금에 훨씬 못 미치는 금액으로 회수하고 레이디의 노동조합원들에 대한 20억 원의 퇴직금 채무를 지급보증 하였고, 레이디는 신주 310만 주를 1주당 9,700원에 제3자배정 방식으로 지엔지를 포함한 A측 회사에 배정하는 유상증자를 하였다. 그 주식인수인인 A측 회사는 사채업자 C로부터 차용한 250억 원과 다른 자금을 합하여 위 주금 납입금 300억 7,000만 원을 전액 납입한 후 같은 날 증자등기를 하였고, B는 그 다음날 위 납입금 전액을 인출하여 A측 회사에 지급하여 C로부터의 위 차용금을 변제하게 하였다.

력에 관한 무효설 입장에서 발행주식총수 등에 관한 부실등기를 한 것으로 보고 공정증서원본불실기재죄 및 불실기재공정증서원본행사죄로 처벌하고 있을 뿐이다[日 最判 1991. 2. 28. 刑集 45卷 2号 77면; 日 最判 1972. 1. 18. 刑集 26卷 1号 1면; 会社法コンメンタル(21), 121면].

306) 가장납입에 관한 형사판례는 민사판례와 달리 납입무효설 입장에 입각한 것이라고 보는 견해(양기진, 앞의 "가장납입의 효력에 관한 법적 검토", 112면)가 있으나, 레이디 가장납입사건에서는 납입유효설 입장에서 형사책임을 판단하는 것임을 분명히 하고 있다.

【판결요지】

원심 판결은 피고인 A가 피고인 B와 공모하여, 위 증자대금 300억 7,000만 원의 납입을 가장한 납입가장죄, 레이디의 자본금총액 및 발행주식총수에 관한 허위사실의 증자등기를 한 공정증서원본불실기재죄 및 불실기재공정증서원본행사죄와, 레이디의 위 주금 300억 7,000만 원을 인출하여 임의로 처분한 업무상횡령죄가 성립한다고 판단하였다.

이에 대하여 대법원은 위 300억 7,000만 원 중 지엔지가 소지한 레이디 발행의 부도 어음 · 수표 액면 합계액 258억 원(다만, 그 중 가장채권은 제외) 가량 및 위 퇴직금 지급보증금 20억 원 중 실제로 보증채무를 이행한 금액은 레이디로서는 유상증자를 통하여 동액 상당의 회사채무를 소멸시킴으로써 인출 주금을 회사를 위해 사용한 것으로 볼 수 있으므로 A나 B에게 가장납입 의사가 없었다고 볼 여지가 있다고 판시하였다. 그리고 나머지 금액은 주식회사의 증자업무(또는 회사설립업무)를 담당한 자와 주식인수인이 사전 공모하여 주금납입취급은행 이외의 제3자로부터 납입금에 해당하는 금액을 차입하여 주금을 납입하고 납입취급은행으로부터 납입금보관증명서를 교부받아 증자등기절차(또는 회사의 설립등기절차)를 마친 직후 이를 인출하여 위 차용금채무의 변제에 사용하는 경우에 해당하는데, 이러한 행위는 "실질적으로 회사의 자본('자산'의 의미로 보임)을 증가시키는 것이 아니고 등기를 위하여 납입을 가장하는 편법에 불과하여 주금의 납입 및 인출 전 과정에서 회사의 자본금에는 실제 아무런 변동이 없다고 보아야 할 것이므로, 회사의 돈을 임의로 유용한다는 불법영득의 의사가 있다고 보기 어렵다 할 것이고, 이러한 관점에서 상법상 납입가장죄의 성립을 인정하는 이상 회사 자본이 실질적으로 증가됨을 전제로 한 업무상횡령죄가 성립한다고 할 수는 없다. 지금까지의 대법원판례가 가장납입을 한 후 그에 따른 등기를 한 경우에 공정증서원본불실기재죄와 불실기재공정증서원본행사죄가 따로 성립한다고 한 것도 위에서 본 바와 같이 실제 자본금이 증가되지 않았는데 이를 숨기고 마치 실질적인 납입이 완료된 것처럼 등기공무원에 대하여 허위의 신고를 한 것으로 본 때문이다. 위 불법영득의 의사를 인정할 수 없다고 본 것과 같은 이유로 피고인에게 재산상의 이익을 취한다는 의사가 있었다고 볼 수는 없으므로, 이 부분 레이디에 대한 배임죄 역시 성립한다고 할 수 없다."고 판시하였다.

이처럼 납입가장죄와 공정증서원본불실기재죄 및 행사죄가 성립하는 경우에는, 주금납입행위가 있은 때 납입가장죄는 기수에 이르고 회사설립 또는 증자 등기는 그 후 이루어지므로, 납입가장죄와 공정증서원본불실기재죄 및 행사죄는 수 개의 행위에 의한 수 개의 죄를 구성하게 되어 실체적 경합범 관계에 있게 된다.[307)]

이에 대하여 주금납입의 효력에 관하여 무효설을 취한다면 위와 같은 판례의 결론이 타당하겠지만, 공정증서원본불실기재죄의 '부실(不實)'을 민사실체법상 권리관계에 부합되는지 여부를 기준으로 판단해야 하는 한(판례)[308)] 주금납입의 효력에 관하여 납입유효설을 따른다면 가장납입으로 인한 등기도 '부실의 사실'을 등기한 것으로 볼 수 없으므로 공정증서원본불실기재죄 및 행사죄가 성립하지 아니하고, 일단 발행회사에 납입된 주금은 발행회사의 재물이므로 이를 임의로 유출하는 행위는 불법영득의사가 인정되고 업무상횡령죄가 성립하는 것으로 보아야 한다는 견해가 있다(다수설).[309)]

나. 통모가장납입, 회사자금에 의한 가장납입 또는 절충형태의 경우

통모가장납입, 회사자금에 의한 가장납입 또는 절충형태의 경우에는 통설은 주금납입의 효력을 무효로 보고 있다. 이러한 납입무효설 입장에서는 납입가장죄와 함께 공정증서원본불실기재죄 및 행사죄도 성립하고 각 죄는 실체적 경합범 관계이

---

307) 서울고등법원 2005. 8. 23. 2004노1613(레이디 가장납입사건 판례의 환송 후 판결); 서태경, 앞의 논문, 375면; 일본에서는 預合의 경우에만 납입가장죄가 성립하므로, 위장납입에 해당하는 見金의 경우에는 납입가장죄가 성립하지 않는다. 다만, 일본 판례는 見金에 의한 주금납입은 무효이므로 공정증서원본불실기재죄에 해당하는 것으로 판시하고 있다(日 最判 1972. 1. 18. 刑集 26卷 1号 1면; 日 最判 1966. 10. 11. 刑集 20卷 8号 817면).

308) 대법원 1980. 12. 9. 80도1323("당사자들의 합의 없이 경료된 소유권이전등기라고 하더라도, 그것이 **민사실체법상의 권리관계**에 부합하는 유효한 것이라면 이를 불실의 등기라고 할 수 없다."고 판시).

309) 조국, "위장납입의 형법상 죄책," 법률신문(2005. 11. 7.); 안경옥, 앞의 "주금납입가장행위에 대한 형사처벌", 154,155면; 서태경, 앞의 "납입가장행위에 대한 형사책임", 374,376면; 김태진, 앞의 "가장납입에 관한 새로운 해석론", 339,340면; 양기진, 앞의 "가장납입의 효력에 관한 법적 검토", 127면; 레이디 가장납입사건 판례의 반대의견도 "주금납입을 유효하다고 보는 한 납입이 완료된 것은 진실이고, 이에 따라 발행주식총수, 자본금액이 증가한 것이므로, '허위신고'를 하여 '불실의 사실의 기재'를 하게 한 경우에 해당한다고 할 수 없어 공정증서원본불실기재죄 및 행사죄가 성립할 여지가 없으며, 주금납입과 동시에 그 납입금은 회사의 자본금이 되는 것이기 때문에 회사의 기관이 이를 인출하여 자신의 개인채무 변제에 사용하는 것은 회사에 손해를 가하는 것이 될 뿐만 아니라 불법영득의사의 발현으로서 업무상횡령죄가 성립한다"고 설시하였다.

며, 그 밖의 배임죄나 횡령죄는 성립하지 않는다고 보아 왔다(통설).[310]

다. 사견

1) 공정증서원본불실기재죄 및 행사죄의 성립 여부

공정증서원본불실기재죄란 공무원에 대하여 허위신고를 하여 법인등기부 등 공정증서원본에 '부실의 사실'을 기재하게 한 범죄로서(형법 제228조 제1항) 그 보호법익은 '권리 · 의무에 관한 공문서에 대한 공공의 신용'이며,[311] 그 보호의 정도에 관하여는 추상적 위험범으로 분류된다.[312] 그 범죄구성요건이 되는 '부실의 사실'이란 **권리 · 의무관계에 중요한 의미를 갖는 사항이 객관적인 진실에 반하는 것**을 말하고,[313] 그 등기사항이 민사실체법상 권리관계에 부합하다면 객관적 진실에 반하는 것이 아니다(판례).[314]

주식회사 가장납입의 경우에는 공정증서원본인 법인등기부의 등기사항인 **자본금액, 발행주식 총수, 각 주식의 종류와 각종 주식의 내용과 수**(상법 제317조 제2항 제2호, 제3호, 제4항, 제183조)의 부실 여부를 검토해야 한다. 그 중 자본금액은 액면주식 발행회사의 경우 발행주식수의 액면총액임이 원칙이고(상법 제451조 제1항), 무액면주식 발행회사의 경우에는 주식 발행가액 2분의 1 이상 금액 중 발행회사의 이사회(또는 주주총회)에서 자본금으로 계상하기로 한 금액이다(상법 제451조 제2항). 따라서 가장납입으로 인한 등기사항의 부실 여부는 민사실체법인 상법에 의하면 발행회사의 **발행주식총수**[315]나 무액면주식의 경우 발행주식총수와 함께 발행회사가 **정한 자본금액**이 정상적인 납입의 경우와 차이가 있는지를 비교해 보아야 할 것이므로 주

---

310) 일본의 통설 · 판례도 같은 입장이다[会社法コンメンタル(21), 121면; 日 仙台高判 1970. 5. 12. 高刑集 23卷 3号 411면].

311) 대법원 2013. 1. 24. 2012도12363; 2007. 5. 31. 2006도8488; 2006. 3. 10. 2005도9402; 2003. 7. 25. 2002도638 등.

312) 정성근 · 박광민(형각), 605면.

313) 대법원 2020. 2. 27. 2019도9293; 2013. 1. 24. 2012도12363.

314) 대법원 1990. 9. 28. 90도427; 1984. 12. 11. 84도2285; 1980. 12. 9. 80도1323; 1967. 11. 28. 66도1682.

315) 종류주식의 경우에는 등기사항 중 '주식의 종류, 그 내용과 수'에 관한 사항도 부실 여부를 검토해야 하지만, 가장납입의 경우에는 그러한 사항이 발행주식총수와 독립하여 문제가 되는 경우는 없을 것이므로 발행주식총수의 부실 여부 문제에 포함된 사항으로 보고 별도로 언급하지는 않는다.

금납입의 효력보다는 궁극적으로 주식인수의 효력과 관련이 있다.[316] 그런데 가장납입의 경우에는 앞의 Ⅲ. 2.의 나.항 중 '출자인수의 효력' 부분에서 설명한 것처럼 주금납입이 무효이더라도 주식인수는 그 실권절차가 없었던 이상 여전히 유효하거나 인수담보책임을 부담하는 이사가 대신 인수한 것으로 의제될 뿐이다. 그러므로 발행주식총수 또는 그에 기해 산정되거나 무액면주식 발행회사(이사회 또는 주주총회)가 정한 자본금액에는 변동이 있을 리 없다.

유한회사 가장납입의 경우에는 등기사항인 **'자본금의 총액'**(상법 제549조 제2항 제2호, 제543조 제2항 제2호, 제591조), 유한책임회사 가장납입의 경우에도 **'자본금의 액'**(상법 287조의5 제1항 제3호, 제4항)에 관한 등기가 민사실체법상 객관적 진실에 반하는지를 검토해야 한다. 그런데 유한회사나 유한책임회사의 경우에는 위 등기사항이 정관 기재사항이기도 하고(상법 제543조 제2항 제2호, 287조의3 제3호) 출자인수인이 출자의 납입을 이행하지 않더라도 실권절차가 없다. 그러므로 가장납입에 의한 출자의 납입이 무효라 하더라도 출자인수가 무효가 되는 것은 아니고 그것만으로 정관변경 무효사유가 되는 것도 아닌 이상 이미 정관변경절차를 거쳐 정해진 자본금액에는 변동이 있을 리 없다.

따라서 어느 회사 어느 유형의 가장납입이든지 출자 관련 위 각 등기사항에 관하여 법인등기부에 민사실체법상 권리관계에 반하는 부실의 사실을 기재하였다고 할 수는 없으므로 공정증서원본불실기재죄 및 행사죄는 성립하지 않는 것으로 봄이 타당하다.[317]

근래에 이르러 판례가 회사관련 법인등기의 '부실' 여부를 판단함에 있어서 회사법규상의 법률관계를 반영하는 판결을 내놓고 있음을 참고할 필요가 있다.[318]

---

316) 한석훈, 앞의 "가장납입의 효력과 형사책임", 194면.

317) 한석훈, 앞의 "가장납입의 효력과 형사책임", 194,195면.

318) 대법원 2020. 3. 26. 2019도7729(유한회사의 설립등기에 관하여 공전자기록등불실기재죄 및 불실기재공전자기록등행사죄로 기소된 사안이라는 점만 다를 뿐, 사안이나 판결내용은 다음 2019도9293 판결과 유사함); 2020. 2. 27. 2019도9293(피고인은 주식회사를 설립한 후 회사 명의로 통장을 개설하여 이른바 대포통장을 유통시킬 목적이었을 뿐 자본금을 납입하거나 회사를 설립한 사실이 없음에도 상호, 본점, 1주의 금액, 발행주식의 총수, 자본금액, 목적, 임원 등이 기재된 허위의 회사설립등기신청서를 법원 등기관에게 제출하여 등기관으로 하여금 상업등기 전산정보처리시스템의 법인등기부에 위 신청서의 기재내용을 입력하게 하고 이를 비치하게 하여 행사한 행위로 공전자기록등불실기재죄 및 불실기재공전자기록등행사죄로 기소된 사안에서, "피고인은 실제 회사를 설립하려는 의사를 가지고 상법이 정하는 회사설립에 필요한 정관 작성, 주식의 발행 · 인수, 임원선임 등의 절차를 이행함

2) 횡령죄의 성립 여부

횡령죄는 재물에 대한 타인(즉, 발행회사)의 소유권을 보호법익으로 하고, 그 보호 정도에 관하여는 구체적 위험범으로 분류됨은 앞의 제4장 제1절 Ⅱ. '보호법익' 부분에서 설명하였다. 또한 그 범죄구성요건인 횡령행위란 앞의 제4장 제3절 Ⅱ. 1. '횡령행위의 개념'에서 설명한 것처럼 타인(회사)의 재물을 보관하는 자가 그 위탁취지에 반하여 자기나 제3자의 이익을 위하여 권한 없이 그 재물을 자기 소유인 것처럼 처분하는 불법영득의사의 실현행위이다(통설 · 판례). 가장납입의 경우 횡령 여부가 문제되는 재물은 납입된 주금(또는 출자 이행된 현물, 이하 주금을 중심으로 설명함)인데, 이때 재물의 타인 소유 여부는 민사실체법상 권리관계에 따라야 한다.[319] 따라서 가장납입의 경우 그 납입을 무효로 본다면 주금이 현실적으로 납입되었더라도 그 주금의 소유권은 발행회사의 소유라 할 수 없으므로 그 주금의 인출 및 처분을 발행회사에 대한 횡령행위로 볼 수는 없을 것이다.

그러나 주금의 납입을 유효로 본다면 현실적으로 납입된 주금은 발행회사의 소유임이 분명하므로 판례가 주금납입의 효력에 관하여 납입유효설을 따르고 있음에도 불구하고 '실질적으로 회사의 자본[320]이 늘어난 것이 아니'라는 이유로, 즉 납입된 주금이 발행회사의 소유가 아니라는 이유로 발행회사 소유 재물에 대한 불법영득의사를 인정할 수 없다는 취지의 판례(레이디 가장납입사건 판례 등)의 논거는 적절치 않다고 본다. 다만, 위장납입 또는 절충형태의 경우에는 앞의 Ⅲ. 2.의 나. '납입 효력' 부분에서 설명한 것처럼 주금납입의 납입유효설 입장에 서더라도 발행회사를 대표하는 발기인 · 이사 등이 주금납입을 받을 때부터 나중에 회사설립 또는 증자 등기 직후 납입된 주금을 인출하여 주식인수인에게 반환해 주기로 하는 가장납입 합의를 전제로 수령하는 것이다. 즉, 발기인 · 이사 등은 발행회사로부터 납입된 주금의 보관을 위탁받으면서 처음부터 위와 같이 반환할 것을 전제로 위탁받았다고 보아야 할 것

으로써 상법상 주식회사가 성립하였으며, 비록 회사의 설립행위에 일부 하자가 있었고, 회사설립 당시 정관에 기재된 목적 수행에 필요한 영업의 실질을 갖추지 못했으며, 영업에 필요한 인적 · 물적 조직을 갖추지 않았다는 등의 사정만으로는 회사의 성립 자체를 부정하고 회사가 부존재한다고 볼 수는 없으므로, 회사설립등기는 공전자기록등불실기재죄에서 말하는 '부실의 사실'에 해당하지 않는다."고 판시).

319) 손동권 · 김재윤(형각), 430면.

320) 이때 '자본'은 자산의 의미로 쓰인 것으로 보임.

이다.[321] 그러므로 발기인 · 이사 등이 그 주금 인출금을 위 합의내용에 따라 주식인수인에게 반환한 것은 그 주금의 소유자인 발행회사의 위탁취지에 반하는 처분으로 볼 수는 없을 것이다. 따라서 발기인 · 이사 등 행위주체가 발행회사의 위탁취지에 반하는 횡령행위를 하였음을 인정할 수 없으므로 횡령죄가 성립하지 않는 것으로 보아야 할 것이다.[322]

또한 통모가장납입이나 회사자금에 의한 가장납입의 경우에는 주금납입의 효력에 관한 납입유효설 입장에 서더라도 주금의 인출행위가 없는 이상 횡령죄의 처분행위를 인정할 수 없으므로 횡령죄가 성립하지 않는다.[323] 다만, 회사자금에 의한 가장납입의 경우에 주식인수대금의 제3자에 대한 대여행위 자체가 횡령죄나 배임죄를 구성할 수는 있지만, 이는 별도의 문제이다.

3) 배임죄의 성립 여부

배임죄의 보호법익은 피해자의 전체 재산이고 그 보호의 정도에 관하여는 구체적 위험범으로 보는 입장이 판례임은 제3장 제2절 Ⅲ. '보호법익' 부분에서 설명하였다. 또한 배임행위란 앞의 제3장 제2절 Ⅱ. '임무위배행위' 부분에서 설명한 것처럼 재산의 보호나 관리를 위임한 타인의 신뢰를 배반하는 행위이다(배신설). 타인의 사무를 처리하는 자가 이러한 배임행위로 재산상 이익을 취득하거나 제3자로 하여금 취득하게 하여 그 타인에게 손해를 가하는 행위가 배임죄의 범죄구성요건이 된다. 따라서 가장납입의 경우 그 납입을 무효로 본다면 주금이 현실적으로 납입되었더라도 그 주금은 발행회사의 재산이라 할 수 없으므로, 발기인 · 이사 등 행위주체가 그 납입된 주금의 보호나 관리에 관하여 발행회사의 사무를 처리하는 자의 위치에 있다거나, 그 주금의 인출 및 처분으로 발행회사에 재산상 손해를 가한 것으로 볼 수는 없을 것이다.

그러나 가장납입의 주금납입 효력에 관한 납입유효설을 따르면 일단 현실적으로 발행회사에 납입된 주금은 회사재산을 구성하는 것이다. 그러므로 판례가 주금납입의 효력에 관하여 납입유효설을 따르고 있음에도 불구하고 '실질적으로 회사의 자본

321) 한석훈, 앞의 "가장납입의 효력과 형사책임", 196면.
322) 한석훈, 앞의 "가장납입의 효력과 형사책임", 196면.
323) 한석훈, 앞의 "가장납입의 효력과 형사책임", 196면.

(즉, 자산)이 늘어난 것이 아니'라는 이유로, 즉 납입된 주금이 발행회사의 재산이 아니라는 이유로 행위주체에게 발행회사에 재산상 손해를 가하고 '재산상 이익을 취한다는 의사가 있었다고 볼 수 없다'고 한 판례(레이디 가장납입사건 판례 등)의 논거는 모순이 아닐 수 없다.

따라서 **위장납입** 및 **절충형태**의 경우에 주금납입의 효력에 관한 납입유효설을 따른다면 주금납입으로 발행회사의 재산이 증가하게 되므로, 그 **주금을 인출하여 주식인수인에게 반환한 것**은 제3자인 주식인수인에게 재산상 이익을 취득하게 하고 발행회사에 손해를 가한 것이다. 또한 발기인 · 이사 등 행위주체는 발행회사의 사무처리시 가장납입과 같이 회사의 자본금충실을 침해하는 행위를 함이 없이 증가한 자본금에 상응하는 회사재산을 실질적으로 확보해야 할 임무가 있다. 그러므로 일단 납입된 주금을 인출하여 주식인수인에게 반환함으로써 가장납입하는 행위는 이사로서의 임무위배행위가 되어 배임죄가 성립할 수 있을 것이다.[324] 이러한 가장납입으로 인하여 해당 주식인수인은 사실상 주금납입이 없이 주주로서의 이익배당청구권, 의결권 등 모든 권리를 행사하게 됨을 감안해 보면, 위와 같은 가장납입은 자본금충실 원칙을 침해할 뿐만 아니라 유효하게 납입된 주금의 유출(즉, 인출 및 반환)로 인하여 발행회사의 재산을 침해하는 배임죄로 의율함이 타당하다고 본다. 이렇게 배임죄로 의율할 경우에는 그로 인한 이득액(즉, 유출된 금액)이 5억 원 이상일 경우에 특정경제범죄법 제3조를 적용하여 가중처벌할 수 있게 될 것이다. 만약 위 배임죄가 인정된다면 납입가장죄는 가장납입의 의사로 주식 인수가액의 납입행위가 있는 때 기수에 이르고, 배임죄는 그 후 주금을 인출한 때 실행의 착수가 있고 주식인수인에게 그 인출금을 반환한 때 기수에 이르는 것이므로 납입가장죄와 배임죄는 실체적 경합범 관계에 있게 된다.

통모가장납입이나 회사자금에 의한 가장납입의 경우에는 주금납입을 유효로 보더라도 납입된 주금의 인출행위가 없었던 이상 배임죄의 범죄구성요건 중 발행회사에 재산상 손해를 가한 것으로 볼 수 없으므로 배임죄가 성립하지 않는다.[325]

---

324) 한석훈, 앞의 "가장납입의 효력과 형사책임", 198면; 김태진, 앞의 "가장납입에 관한 새로운 해석론 "가장납입의 효력에 관한 법적 검토"", 340면과 양기진, 앞의 논문, 127면은 위장납입의 경우 납입유효설 입장에서 주금 인출행위를 배임죄나 횡령죄로 의율함이 타당하다는 입장이다.

325) 한석훈, 위 "가장납입의 효력과 형사책임", 198면.

2. 발행회사의 주주에 대한 배임죄 성립 여부

제3자배정 방식으로 신주를 발행하면서 가장납입행위를 하는 경우에는 발행주식 총수와 자본금은 증가하는데 증가된 자본금에 상응하는 회사자산의 증가가 없는 만큼 기존 주주들의 신주인수권이 침해되고 그 주식가치가 희석화 되는 손해가 발생한다. 그런 반면에 가장납입으로 신주를 배정받은 제3자(납입가장죄의 행위주체가 포함될 수도 있음)는 실제로는 주식 인수가액의 납입을 함이 없이 신주를 취득하는 것이므로 그 만큼 재산상 이익을 취득하는 것으로 볼 수 있다. 이 경우 신주발행 사무를 담당하는 이사 등은 상법 제418조 1항에 따라 주주배정 방식으로 기존 주주들에게 신주를 배정하거나, 같은 조 제2항 및 정관 규정에 따라 제3자배정 방식으로 제3자에게 신주를 배정하더라도 가장납입으로 인하여 기존 주주들의 주식가치가 희석화 되지 않도록 업무를 처리해야 할 임무가 있는 것인지 문제가 된다. 만약 그러한 임무가 인정된다면, 그 임무를 위반한 행위는 기존 주주들에 대한 배임죄가 성립할 수 있다.

판례는 "신주발행은 주식회사의 자본조달을 목적으로 하는 것으로서 신주발행과 관련된 대표이사의 업무는 회사의 사무일 뿐이므로, 일반 주주들에 대하여 그들의 신주인수권과 기존 주식의 가치를 보존하는 임무를 대행한다거나 주주의 재산보전 행위에 협력하는 자로서 타인의 사무를 처리하는 자의 지위에 있다고는 볼 수 없다. 그 뿐만 아니라 납입을 가장하는 방법에 의하여 주금이 납입된 경우 회사재산에 대한 지분가치로서의 기존 주식의 가치가 감소하게 될 수는 있으나, 이는 가장납입에 의하여 회사의 실질적 자본의 감소가 초래됨에 따른 것으로서 업무상배임죄에서의 재산상 손해에 해당된다고 보기도 어렵다"는 이유로, 납입가장죄는 성립할 수 있으나 기존 주주에 대한 업무상배임죄는 성립하지 않는다고 판시하고 있다(부정설).[326] 통설도 신주발행사무를 처리하는 자는 회사의 사무를 처리하는 자일 뿐 기존 주주들의 재산보전 사무를 처리하는 지위에 있는 것은 아니라는 이유로 판례와 같은 결론에 이르고 있다.[327]

---

326) 대법원 2004. 5. 13. 2002도7340.

327) 허일태, 앞의 "가장납입과 형사책임", 294면; 서태경, 앞의 "납입가장행위에 대한 형사책임", 381면.

3. 회사재산을 위태롭게 하는 죄와의 관계

회사재산을 위태롭게 하는 죄 중 출자관련 부실보고죄와 납입가장죄가 경합하는 경우, 즉 납입가장 행위가 출자관련 부실보고 또는 사실은폐 행위를 수반하는 경우에 양 죄의 죄수관계가 문제 될 수 있다.

보호법익이 양 죄 모두 회사의 자본금충실이란 점, 가장납입행위는 출자 관련 부실보고 또는 사실은폐 행위를 포함하며, 법정형도 동일하다는 점에서 출자관련 부실보고죄가 성립하는 경우에는 납입가장죄는 성립하지 않는다는 견해[328]가 있다(법조경합설). 그러나 양 죄는 그 행위내용이나 기수시기가 다르다. 또한 가장납입행위가 반드시 출자 관련 부실보고 또는 사실은폐 행위를 수반하는 것은 아니고 출자 관련 부실보고 또는 사실은폐 행위가 반드시 가장납입행위를 수반하는 것도 아니며, 양 죄의 보호법익이 일치하는 것도 아니므로 양 죄는 별개의 행위로 수죄를 범하는 실체적 경합범 관계로 보아야 할 것이다.

---

328) 김성탁, 앞의 "주식인수금의 가장납입에 대한 상법상의 형사처벌조항", 583면.

제8절 납입책임면탈죄

I. 의의

납입의 책임을 면하기 위하여 타인 또는 가설인의 명의로 주식 또는 출자를 인수한 자는 1년 이하의 징역 또는 300만 원 이하의 벌금에 처한다(상법 제634조). 회사 설립 또는 증자의 경우에 회사활동의 물적 기초가 되는 출자의 이행을 확보하기 위한 규정이다. 납입의 이행을 가장하는 행위는 납입가장죄가 되지만, 납입책임 자체를 면하기 위하여 출자의 인수를 타인 또는 가설인 명의로 가장하는 행위는 납입책임면탈죄가 된다. 납입책임면탈죄도 1962년 상법 제정 당시 납입가장죄와 함께 규정되었으나, 그 동안 벌금액의 법정형을 상향조정하는 개정이 있었을 뿐이다.

현재까지 납입책임면탈죄로 의율된 경우는 거의 없는데, 그 이유는 다음과 같은 상황 아래에서 납입책임을 면할 목적을 증명하기가 용이하지 않기 때문일 것이다. 주식회사의 경우에 주식을 가설인 명의로 인수하거나 타인의 승낙 없이 그 명의로 인수한 자는 실질주주로서 주식인수인으로서의 책임을 부담한다(상법 제332조 제1항). 또한 타인의 승낙을 얻어 그 명의로 주식을 인수한 자는 타인과 연대하여 주금 납입책임을 부담한다(상법 제332조 제2항). 이때 주식인수인(즉, 실질주주)은 그 주식인수계약의 내용에 따라 정해지지만, 원칙적으로는 명의자를 주식인수인으로 보아야 하고, 명의자와 실제 출자자 사이에 실제 출자자를 주식 인수인으로 하기로 약정하더라도 그 사실을 주식인수계약의 상대방인 회사가 알고 이를 승낙하는 등의 특별한 사정이 없는 한 명의자가 주식인수인이 된다(판례).[329] 그러므로 회사가 주식인수인이나 그 납입책임을 부담하는 자가 누구인지를 알지 못하는 경우는 거의 발생하지 않는다. 만약 실질주주나 납입책임 부담자의 신원이 파악되지 않거나 주금 납입이 이행되자 않는다 하더라도 모집설립이나 유상증자의 경우에는 납입불이행으로 인한

329) 대법원 2017. 12. 5. 2016다265351.

실권규정(상법 제307조 제1항, 제2항, 제423조 제2항)에 따라 다른 주식인수인을 모집할 수도 있다.[330] 따라서 이러한 민사 법률관계만으로도 출자자의 납입책임 및 그 이행을 충분히 확보할 수 있는데, 나아가 납입책임면탈죄로 형사처벌까지 할 필요가 있는지는 형벌의 보충성 원칙에 비추어 재고할 필요가 있을 것이다.[331] 일본의 경우에는 원래 일본 상법 제496조에서 주식회사의 경우 납입책임면탈죄에 관한 규정을 두고 있었지만, 2005년 회사법을 제정하면서 납입책임면탈죄에 관한 규정을 삭제하였다.

Ⅱ. 보호법익 및 적용범위

납입책임면탈죄의 입법취지는 회사설립이나 증자를 하는 경우에 출자의 인수책임자를 분명히 함으로써 출자의 이행과 더불어 그에 상응하는 회사자산을 확보하고 사원을 확보하고자 하는 것이다. 그러므로 그 보호법익은 회사의 자본금충실 및 사원확정이다(중첩적 보호). 범죄구성요건에 비추어 보면 회사 자본금충실의 현실적인 침해나 그 구체적 침해위험의 발생을 요구하는 것이 아니므로 그 보호의 정도는 추상적 위험범이다.

출자의 인수책임을 분명히 하여 출자의 이행을 확보할 필요성은 납입가장죄의 적용범위 부분에서 설명한 것처럼 유한책임사원만으로 구성되어 회사의 자본금이나 순자산이 회사활동의 물적 기초이자 회사채권자의 유일한 담보가 되는 물적회사의 경우에 요청되는 것이다. 또한 납입책임면탈죄의 범죄구성요건은 '납입'의 책임을 면하기 위한 목적을 필요로 하는데, 출자의 '납입'이란 표현은 주식회사, 유한회사 및 유한책임회사의 경우에만 사용하고 있다(상법 제287조의4 제3항, 제287조의23 제2항, 제295조, 제305조, 제421조 제1항, 제548조 제1항, 제590조). 따라서 납입가장죄와 마찬가지로 이 죄의 적용범위도 물적회사인 주식회사, 유한회사 및 유한책임회사에 한

330) 발기설립의 경우에 실질주주의 신원이 파악되지 않는 경우란 거의 없을 것이다.

331) 송호신(박사학위논문), 143,144면에서는 같은 취지의 주장을 하면서, 그 밖에도 발기인의 경우에는 주식납입사무를 수행해야 할 임무가 있는 자이므로 발기인이 납입책임면탈죄를 범한 경우에는 상법 제622조 제1항의 특별배임죄가 성립하고 양 죄는 법조경합관계에 있어 특별배임죄가 적용될 것이라고 주장하면서, 납입책임면탈죄 무용론의 논거로 들고 있다. 그러나 후술하는 것처럼 이 경우 양 죄는 상상적 경합관계로 보아야 할 것이다.

정하는 것으로 해석함이 타당하다.[332] 출자를 타인 또는 가설인 명의로 인수하는 행위는 불특정 다수의 투자자를 대상으로 출자자를 모집하는 주식회사의 경우에 주로 문제가 될 수 있을 것이다. 그러나 주식회사가 모집설립이나 유상증자를 하는 경우에 모집 주식인수인으로부터 청약을 받을 때에는 청약증거금을 받게 되는데, 이때 주권상장법인 등 대부분 발행회사는 주식인수가액 전액을 청약증거금으로 받은 후 납입기일에 이를 납입금에 충당하는 것이 상례이므로 납입책임 면탈이 문제되는 경우는 거의 없다.[333]

Ⅲ. 범죄구성요건

1. 위반행위

행위주체에 관한 제한은 없으므로 출자를 인수한 자라면 누구든지 행위주체가 될 수 있다. 행위주체가 '납입의 책임을 면하기 위하여' 타인 또는 가설인의 명의로 주식 또는 출자를 인수한 경우에 범죄가 성립하므로 이 죄는 목적범이다. 따라서 주관적 범죄구성요건으로는 '타인 또는 가설인의 명의로 주식 또는 출자를 인수한 행위'에 대한 인식 및 용인은 물론, 나아가 납입책임 면탈의 목적이 있어야만 범죄가 성립한다.[334]

'납입'이라는 용어는 상법상 금전납입의 경우에만 사용되고 있고 그 밖의 재산 등 현물출자의 경우에는 출자의 '이행'이라는 용어를 사용하고 있다(상법 제287조의4 제3항, 제287조의23 제2항, 제295조, 제305조, 제421조 제1항, 제548조 제1항, 제590조, 제628조 제1항). 그런데 '납입' 책임을 면할 목적이 있어야 납입책임면탈죄가 성립하므로 금전출자의 경우에만 범죄가 성립하고 현물출자의 경우에는 범죄가 성립하지 않는 것인지 문제가 된다.[335] 생각건대 이 죄는 타인의 동의 없이 그 타인 명의로 주식 등 출자

332) 유한책임회사 제도가 없었던 개정 전 상법 아래에서 이 죄의 적용범위를 주식회사 및 유한회사로 보는 견해(안동섭, 앞의 "기업임원의 상법위반책임," 108면)가 있었다.

333) 이기수 · 최병규(회사), 133면; 정동윤(상법-상-), 1025면.

334) 그러므로 목적범의 목적은 초과주관적 구성요건요소라고 한다[임웅(형총), 130면; 김성돈(형총), 259면].

335) 김성탁, 앞의 "주식인수금의 가장납입에 대한 상법상의 형사처벌조항", 584면 중 각주46.

를 인수하거나 가설인 명의로 이를 인수함으로써 그 행위를 한 실질주주가 누구인지조차 파악할 수 없게 하는 결과를 방지하기 위한 것이다. 그런데 현물출자는 금전출자와는 달리 실질주주를 파악할 수 없는 경우가 드물기 때문에 이 죄의 적용범위에 포함할 필요가 없으므로이 죄의 범죄구성요건도 금전출자의 '납입'의 경우로 제한하여 규정한 것으로 보아야 할 것이다.[336)]

범죄구성요건 중 '타인 …명의로 주식 또는 출자를 인수한' 경우란 그 타인의 동의 · 승낙 여부나 상법상 주금납입책임 부담 여부를 불문한다.[337)]

2. 고의

이 죄는 고의범임은 물론 목적범이다.[338)] 그러므로 주관적 구성요건으로는 위 객관적 범죄구성요건 사실에 대한 인식 및 용인(용인설) 외에도 초과 주관적 구성요건 요소인 목적이 필요하다. 그러므로 타인 또는 가설인 명의로 주식 등 출자를 인수하였더라도 납입책임을 면할 목적이 없었다면 범죄가 성립하지 않는다.

3. 기수시기

주식 등 출자를 인수한 때 보호법익에 대한 추상적 위험이 발생하게 되어 범죄구성요건이 충족되므로 기수가 된다. 그러므로 주식인수의 경우에는 주식청약서나 신주인수권증서를 회사에 제출하여 주식배정을 받은 때 기수에 이른다.

납입책임을 면하기 위한 목적은 주식 등 출자의 인수 후 납입기일에 주식인수가액 등 출자금을 납입하지 아니한 때 드러나겠지만 이는 범죄 후 정황에 불과하다.

---

336) 우리나라와 같은 내용의 납입책임면탈죄 규정을 두고 있던 일본 구 商法 제496조에 관하여도 학설은 '납입'책임을 면탈할 목적이 있는 경우에 범죄가 성립하는 것으로 제한하고 있음을 이유로 현물출자의 경우에는 범죄가 성립하지 않는 것으로 해석하고 있었다[新版 注釋会社法(13), 610면].

337) 김성탁, 앞의 "주식인수금의 가장납입에 대한 상법상의 형사처벌조항", 584면.

338) 일본 구 商法 제496조에 관하여도 마찬가지로 해석한다[新版 注釋会社法(13), 610면].

Ⅳ. 죄수

1. 납입가장죄와의 관계

납입의 책임을 면하기 위하여 타인 또는 가설인 명의로 주식 등 출자를 인수한 자가 그 후 납입기일에 가장납입행위를 한 경우에는 납입책임면탈죄와 납입가장죄의 범죄구성요건을 모두 충족한다. 이는 수 개의 행위로 수 개의 죄를 범한 경우에 해당하므로 납입책임면탈죄와 납입가장죄는 실체적 경합관계가 된다.[339)]

2. 사문서위조죄와의 관계

납입책임을 면하기 위하여 그 타인 명의로 주식청약서 등 관계 문서를 위조·행사하여 주식 등 출자를 인수하는 경우에는 납입책임면탈죄와 함께 사문서위조죄 및 위조사문서행사죄도 성립한다. 이때 각 죄의 죄수관계, 특히 위조사문서행사죄와 납입책임면탈죄의 죄수관계는 문제가 된다. 주식청약서의 위조·행사 후 주식배정을 받아 주식인수인이 되었을 때 납입책임면탈죄는 기수에 이르는 것이지만, 위조된 주식청약서의 행사는 곧 납입책임면탈죄의 위반행위를 구성하고 그 후 회사의 주식배정은 그 결과발생에 불과하므로 1개의 행위로 수개의 죄를 범한 상상적 경합관계로 볼 여지가 없는 것은 아니다. 그러나 위조된 사문서를 행사하여 금품을 사취한 경우에 사문서위조죄, 위조사문서행사죄 및 사기죄의 실체적 경합관계를 인정하는 판례[340)]의 입장에서는 사문서위조죄, 위조사문서행사죄 및 납입책임면탈죄도 각 실체적 경합관계로 보아야 할 것이다.[341)]

3. 배임죄와의 관계

회사설립의 경우에 그 설립사무를 담당하는 발기인, 유상증자의 경우에 신주발행사무를 담당하는 이사는 주식인수인으로 하여금 인수가액 전액을 납입하게 해야 할 임무가 있다(상법 제295조 제1항, 제305조 제1항, 제421조 제1항). 그런데 발기인이나 이

---

339) 김성탁, 앞의 "주식인수금의 가장납입에 대한 상법상의 형사처벌조항", 585면.

340) 대법원 1991. 9. 10. 91도1722; 1981. 7. 28. 81도529.

341) 같은 견해: 김성탁, 앞의 "주식인수금의 가장납입에 대한 상법상의 형사처벌조항", 584면.

사가 그 임무에 위배하여 납입책임면탈죄에 가담함으로써 회사에 손해를 가한 때에는 배임죄(상법 제622조 제1항 등)가 성립할 수 있다. 이때 양 죄의 죄수관계를 특별관계의 법조경합관계로 보고 납입책임면탈죄의 성립을 부정하는 견해[342]가 있다.

판례는 법조경합과 상상적 경합의 구분기준에 관하여 "상상적 경합은 1개의 행위가 실질적으로 여러 개의 구성요건을 충족하는 경우를 말하고, 법조경합은 1개의 행위가 외관상 여러 개의 죄의 구성요건에 해당하는 것처럼 보이나 실질적으로 1죄만을 구성하는 경우를 말하며, 실질적으로 1죄인가 또는 수죄인가는 구성요건적 평가와 보호법익의 측면에서 고찰하여 판단해야 한다."는 입장이다.[343] 특히 법조경합의 형태 중 특별관계의 법조경합이란 "어느 죄의 구성요건이 다른 죄 구성요건의 모든 요소를 포함하는 외에 다른 요소를 구비해야 성립하는 경우로서, 특별관계에 있어서는 특별법의 구성요건을 충족하는 행위는 일반법의 구성요건을 충족하지만 반대로 일반법의 구성요건을 충족하는 행위는 특별법의 구성요건을 충족하지 못한다."고 한다(판례).[344] 배임죄는 납입책임면탈죄의 구성요건을 모두 충족하는 것이 아님은 물론 납입책임면탈죄에는 없는 구성요건도 존재하며, 양 죄의 보호법익도 상이하다. 다만, 위와 같은 납입책임면탈행위와 배임행위는 **사회관념**상 1개의 행위로 평가함이 상당하므로 양 죄는 상상적 경합관계로 보아야 할 것이다.[345]

---

342) 임홍근(회사), 967면; 송호신(박사학위논문), 144면; 新版 注釋会社法(13), 611면.

343) 대법원 2014. 1. 23. 2013도12064; 2000. 7. 7. 2000도1899; 1984. 6. 26. 84도782.

344) 대법원 2012. 8. 30. 2012도6503; 2010. 12. 9. 2010도10451; 2003. 4. 8. 2002도6033; 1993. 6. 22. 93도498.

345) 한석훈, 대계Ⅲ, 1147면; 천경훈, 주석 상법(회사-Ⅶ), 183면.

제9절 주식초과발행죄

Ⅰ. 의의

상법은 주식회사의 신주발행 권한을 이사회에 부여함을 원칙으로 하되(상법 제416조 본문), 그 신주발행은 정관에 기재한 '회사가 발행할 주식의 총수'(이하 '발행예정주식총수'라 함) 범위 안에서만 발행할 수 있도록 제한하고 있다(상법 제289조 제1항 제3호).[346] 이는 강행규정이므로 회사의 설립시나 신주발행시 언제나 준수해야 하고, 발행예정주식총수를 초과하여 주식을 발행하기 위해서는 주주총회의 특별결의에 의한 정관변경절차를 거쳐야만 한다(상법 제433조 제1항, 제434조). 이사회 등이 이러한 정관상의 권한범위를 일탈하고 발행예정주식총수를 초과하여 주식을 발행하는 위반행위를 방지하기 위하여 주식초과발행죄를 규정하고 있다. 즉 회사의 발기인 · 이사 · 집행임원 등이 회사가 발행할 주식의 총수를 초과하여 주식을 발행한 경우에는 5년 이하의 징역 또는 1,500만 원 이하의 벌금에 처하고, 징역형과 벌금형을 병과할 수도 있다(상법 제629조, 제632조).[347]

그러나 이 죄가 신설되어 시행된 1963. 1. 1. 이래 현재까지 실제 적용 사례는 보이지 않는다. 현재는 발행주식총수가 발행예정주식총수의 2분의 1 또는 4분의 1 이상이어야 한다는 제한[348]도 폐지되어 미리 회사 정관에 발행예정주식총수를 넉넉하게 규정해 둘 수 있게 되었으므로 이 죄의 적용 가능성은 더욱 적어졌다. 이 죄가 입

346) 1962년 상법 제정 당시 주식회사의 설립시에는 발행예정주식총수 중 일부(처음에는 발행예정주식총수의 2분의 1 이상으로 제한하였으나, 나중에는 그 제한도 폐지)만 발행할 수 있고 발행예정주식총수 범위 내 나머지 신주의 발행권한은 원칙적으로 이사회에 부여하는 이른바 수권자본제도를 도입하였다.

347) 2011. 4. 14.자 개정 상법에서 집행임원제가 도입됨에 따라 이 죄의 행위주체에도 집행임원을 추가하게 되었다.

348) 발행주식총수는 1962년 상법 제정 당시에는 발행예정주식총수의 2분의 1 이상으로 제한하였고, 1984. 4. 10.자 상법개정 당시에는 회사자금조달의 편의를 위하여 발행예정주식총수의 4분의 1 이상 발행하면 되는 것으로 완화하였다가, 2011. 4. 14.자 상법개정 시에는 그러한 제한도 폐지하였다.

법모델로 삼은 일본 상법 제492조의2(현행 일본 会社法 제966조)도 1950년 당시 일본 상법에 수권자본제도를 도입하면서 이사회가 수권범위를 넘어 신주를 발행할 위험을 방지하기 위하여 이 죄를 신설하게 된 것인데, 일본에서도 그 처벌사례가 없기 때문에 형벌을 과할 필요성에 대한 입법적 재검토가 필요하다는 논의[349]가 있다.

Ⅱ. 보호법익

주식회사의 자본금은 발행주식수의 규모에 비례하거나 영향을 받는다.[350] 그러므로 수권자본제도를 채택하여 이사회가 실제로 발행하는 주식수를 결정하더라도, 그 발행주식수를 발행예정주식총수 범위 이내로 제한하고 발행예정주식총수는 주주총회의 특별결의를 요하는 정관변경사항으로 한 것은 자본금 등 회사의 규모를 정함에 있어서 주주가 이사회를 통제하는 의미를 갖는 것이다.[351]

주식초과발행죄는 그러한 주주의 결정권인 공익권을 침해하는 행위를 처벌하려는 것이다. 따라서 이 죄의 보호법익은 자본금 등 회사규모 결정에 관한 주주의 공익권이다.

주주총회의 결의를 거치지 아니한 채 발행예정주식총수를 초과하여 주식을 발행하였다면 그 자체가 주주의 공익권을 침해하는 행위가 된다. 그러므로 이 죄는 보호법익에 대한 보호의 정도에 관하여 침해범으로 보아야 할 것이다.

Ⅲ. 범죄구성요건

1. 행위주체

주식초과발행죄의 행위주체는 주식회사의 발기인, 이사, 집행임원, 일시이사(상법 제386조 제2항) 또는 이사 직무대행자(상법 제407조 제1항)로 규정되어 있으므로 이 죄

349) 会社法コンメンタル(21), 123면.

350) 자본금은 액면주식 발행회사의 경우에는 원칙적으로 발행주식의 액면총액이고, 무액면주식 발행회사의 경우에는 주식 발행가액 2분의 1 이상의 금액 중 이사회나 주주총회에서 자본금으로 계상하기로 정한 금액이다(상법 제451조 제1항, 제2항).

351) 이철송(회사), 243면.

는 일정한 신분을 가진 자만이 행위주체가 될 수 있는 진정신분범이다. 이들은 모두 주식발행사무를 담당할 수 있는 자이다.

법인이 주식회사의 발기인, 이사 또는 집행임원이 될 수 있는지 여부에 관하여는 학설이 대립하고 있다. 통설에 따르면 법인이 이사나 집행임원은 될 수 없지만 발기인은 될 수 있다고 한다.[352] 만약 발기인인 법인이 이 죄를 범한 경우에는 법인의 범죄능력이 인정되지 않는 이상 실제 행위를 한 그 법인의 이사 · 집행임원 등을 처벌할 수밖에 없지만 그 근거규정이 없어서 문제가 된다. 상법의 벌칙 규정은 행위주체가 법인인 경우에 실제 행위자에 대하여 벌칙을 적용하는 규정(상법 제637조)이나, 법인 및 실제 행위자에 대한 양벌규정(상법 제634조의3)을 두고 있으면서 모두 이 죄를 제외하여 규정하고 있는 것은 입법의 불비이다.[353]

2. 위반행위

위 행위주체가 '회사가 발행할 주식의 총수'를 초과하여 주식을 발행하면 객관적 범죄구성요건을 충족한다. '회사가 발행할 주식의 총수'란 이 죄의 입법취지나 회사 정관 기재사항인 상법 제289조 제1항 제3호의 문언과 동일한 점에 비추어 볼 때 정관에 규정한 발행예정주식총수를 의미한다.[354) 353]

---

352) 발기인의 업무는 단기적인 회사설립사무로 제한되고, 신뢰가 필요한 업무이며, 기술적 · 절차적인 비일신전속적 업무로서 대리 · 대표에 의하여 보충될 수 있으므로 법인도 발기인이 될 수 있다는 통설[최준선(회사), 148면; 이철송(회사), 230면; 이기수 · 최병규(회사), 156면; 김홍기(상법), 347면]과, 발기인도 일반적으로 직무를 집행하는 자로서 인적 개성에 의하여 임면되므로 법인은 발기인이 될 수 없다는 소수설[정찬형(상법-상-), 659면]이 있다. 이사에 대하여는, 이사의 업무는 자연인으로서의 의사와 능력을 필요로 하는 일신전속적 · 장기적 업무로서 대리 · 대표에 의하여 보충될 수 없고, 이사는 자연인인어야 함에 이론(異論)이 없는 대표이사로서의 피선자격을 갖추어야 하며, 이사로서의 책임은 무한책임이어야 하며, 이사의 성명 및 주민등록번호가 등기사항임(상법 제317조 제2항 제8호)을 이유로 법인은 이사가 될 수 없는 것으로 보는 통설[최준선(회사), 463면; 이철송(회사), 661면; 정찬형(상법-상-), 965면; 김홍기(상법), 569,570면]과, 법인도 발기인이나 회생절차상 관리인이 될 수 있음(채무자회생법 제74조 제6항)에 비추어 법인도 이사가 될 수 있다고 하는 소수설[정경영(상법), 501면]이 대립하고 있다. 이러한 자격 문제에 관하여 집행임원은 그 업무의 성질상 이사나 대표이사에 준하여 취급되고 있다.

353) 일본의 경우에도 과거 일본 商法 벌칙 규정에서는 우리나라와 마찬가지로 주식초과발행죄의 행위주체가 법인인 경우의 처리규정이 미비되어 있었으나, 현행 일본 会社法 제972조에서는 주식초과발행죄의 행위주체가 법인인 경우에는 실제행위를 한 취체역(이사), 집행역(집행임원), 그 밖에 업무를 집행하는 임원 또는 지배인에게 적용한다는 명문 규정을 두어 입법적으로 해결하였다[会社法コンメンタル(21), 125면].

354) 임홍근(회사), 965면.

회사의 주식 발행이 발행예정주식총수를 초과하는지 여부의 판단에서는 회사가 이미 발행한 주식수는 물론, 전환주식 · 전환사채 · 신주인수권부사채 등 일정 행사기간 내의 발행이 유보되어 있는 주식수(상법 제346조 제4항, 제516조 제1항, 제516조의 11)를 모두 발행주식수에 합산해서 그 총수가 발행예정주식총수를 초과하게 되는지 여부를 기준으로 판단해야 할 것이다.[356] 다만, 이 죄의 입법취지나 이 죄의 규정 문언에 비추어 볼 때 정관으로 정한 종류주식수(상법 제344조 제2항)를 초과하여 종류주식을 발행하더라도 발행주식총수가 발행예정주식총수를 초과하지 않는다면 이 죄는 성립하지 않는다.[357]

주식을 '발행'한다는 것은 상법 등의 주식발행절차에 따라 주식을 발행함으로써 주주의 지위를 취득하게 하는 것을 의미한다.[358] 발기인 · 이사 · 집행임원 등이 그런 절차를 거침이 없이 주권만 발행한 경우에는 주식초과발행죄로 의율할 수는 없고, 그 작성권한 유무에 따라 허위유가증권작성죄나 유가증권위조죄에 해당할 수 있고, 기망행위가 있는 경우에는 사기죄로도 의율할 수 있을 뿐이다.[359] 주식발행에는 유상의 신주발행은 물론, 준비금의 자본금전입에 의한 무상의 신주발행(상법 제461조)도 발행주식총수를 증가시키고 자본금의 규모에 영향을 미치므로 포함된다.

3. 고의

이 죄는 고의범이므로 형법 제13조 본문에 따라 행위주체에게 위 객관적 범죄구성요건 사실에 대한 인식과 적어도 그 용인이 필요하다(용인설). 특히 회사의 발행예정주식총수를 초과하여 주식을 발행하는 사실에 대한 인식이 필요할 것이다.

4. 기수시기

발행예정주식총수를 초과하여 '주식을 발행한 때' 기수에 이른다. 그런데 주식 '발

---

355) 일본의 주식초과발행죄에 관한 会社法 제966조에서도 '주식회사가 발행할 수 있는 주식의 총수'라고 규정하고 있는데, 그 의미도 우리나라와 마찬가지로 해석하고 있다[会社法コンメンタル(21), 123면].

356) 新経済刑法入門, 167면; 会社法コンメンタル(21), 123면.

357) 会社法コンメンタル(21), 123,124면; 奥島孝康 外 2人 編, 「新基本法コンメンタール 会社法(3)」(日本評論社, 2009), 549면..

358) 新経済刑法入門, 167면.

359) 임홍근(회사), 965면; 송호신(박사학위논문), 188면; 新経済刑法入門, 167면.

행'의 시기에 관하여는 일본에서 학설이 대립하고 있다. 주권을 작성하여 주주에게 교부한 때 주권이 효력을 발생하고 발행이 확정적으로 된다는 이유로 주주에게 주권을 교부한 때로 보는 견해(주권교부시설)[360]가 있다. 이에 대하여 주권의 효력발생과 주식의 효력발생은 별개이므로 발행주식에 관한 주주의 지위를 취득하게 한 때가 주식발행의 시기라는 견해(주주지위취득설)[361]가 대립하고 있다. 생각건대 주권교부시설을 따르면 주주 별로 주권의 교부시기가 다를 수 있으므로 이 죄의 기수시기를 일의적으로 정하기 어렵게 된다. 또한 상법에는 주식발행의 효력이 발생하더라도 주권 미발행 주식회사가 존재할 수 있음을 전제로 주권 미발행 주식의 양도에 관한 규정도 두고 있으므로(상법 제335조 제3항) 주식의 발행과 주권의 발행은 구별되는 개념이다. 그런데 이 죄의 범죄구성요건은 '주식'의 발행이라고 명시하고 있으므로 주식의 발행시기는 **주식의 효력발생시기**, 즉 발행주식에 관한 **주주의 지위를 취득하게 되는 때**로 보아야 할 것이다.

주식의 효력발생시기, 즉 주식인수인이 주주의 지위를 취득하게 되는 시기는 회사설립시에는 회사설립등기를 마친 때이고,[362] 유상증자의 경우에는 납입기일 다음 날이며(상법 제423조 제1항), 전환주식 발행의 경우에는 주주가 전환권을 행사한 때이거나 회사가 정한 전환기간이 끝난 때이고(상법 제350조 제1항), 전환사채 발행의 경우에는 사채권자가 전환권을 행사한 때이고(상법 제516조 제2항, 제350조 제1항), 신주인수권부사채 발행의 경우에는 신주인수권자가 신주의 발행가액 전액을 납입한 때이다(상법 제516조의10). 그밖에 주권의 발행, 주주명부의 기재 여부나, 불소급효를 가진 회사설립무효판결(상법 제328조 제2항, 제190조 단서), 신주발행무효판결(상법 제431조 제1항), 전환사채발행무효판결[363] 또는 신주인수권부사채 발행무효판결[364] 여부 등은 범죄의 성립 여부에 영향이 없다.[365]

---

360) 일본의 유력설이다[戸田修三 外 2人 編, 「注解会社法(下)」(青林書院, 1987), 1024면].

361) 会社法コンメンタル(21)」, 124면.

362) 최준선(회사), 201면; 정찬형(상법-상-), 696면.

363) 전환사채발행무효의 소에 신주발행무효의 소에 관한 상법 제429조 규정이 유추적용된다(대법원 2004. 6. 25. 2000다37326).

364) 신주인수권부사채 발행무효의 소에 신주발행무효의 소에 관한 상법 제429조 규정이 유추적용된다(대법원 2015. 12. 10. 2015다202919).

365) 임홍근(회사), 965면; 新版 注釋会社法(13)」, 595면; 会社法コンメンタル(21), 124면; 平野龍一 외

Ⅳ. 죄수

발기인 · 이사 · 집행임원 등이 회사의 발행예정주식총수를 초과하여 주식을 발행하고 그 주금납입을 가장한 경우에는 주식초과발행죄와 납입가장죄가 성립하는데, 양 죄의 죄수관계는 문제가 된다.

생각건대 주식의 발행은 발기인 · 이사회 등의 주식발행사항 및 주식배정 결의에 따라 주금의 납입절차를 거쳐 설립 또는 증자 등기라는 일련의 과정을 통하여 이루어진다. 납입가장죄의 위반행위는 그 중 주금의 납입을 가장하는 행위이고, 그 기수시기는 납입가장죄의 기수시기 부분에서 살펴본 것처럼 납입담당금융기관의 납입처리가 있은 때(통모가장납입의 경우)이거나 주식인수가액의 납입행위가 있은 때(위장납입, 회사자금에 의한 가장납입 또는 절충형태의 경우)이다. 따라서 가장납입행위는 주식의 발행행위에 포함되어 1개의 행위로 볼 수 있지만, 주식초과발행죄와 납입가장죄는 보호법익을 달리하고 있으므로 양 죄는 1개의 행위가 수개의 죄에 해당하는 상상적 경합관계로 보아야 할 것이다.

2人 編, 「注解特別刑法(4) 商法(罰則)」 第2版(青林書院, 1991), 82면; 伊藤榮樹 外 2人 編, 앞의 「注釋特別刑法(5の I)」, 199면.

제10절 권리행사방해 증수뢰죄

Ⅰ. 의의

주식회사의 중요사항에 관한 최고의결기관은 주주총회이다. 주주총회는 이해관계를 달리하는 수많은 주주들의 회의체이므로 다른 주주의 발언이나 의결권 행사를 협박 등 부당한 방법으로 방해하는 일을 전문으로 하는 이른바 '총회꾼'이 등장하게 되자, 총회꾼에게 이러한 청탁을 하고 그 대가로 금전을 수수하는 행위를 처벌하기 위하여 권리행사방해등에 관한 증수뢰죄(이하 '권리행사방해 증수뢰죄'라 함)를 신설하게 되었다.[366] 즉 회사의 주주 · 사채권자 등 회사 관련자에게 인정된 공익권(共益權) 등 권리의 적정행사를 입법취지로 하는 범죄이다. 그러므로 이 죄가 처음 신설된 일본 상법(商法) 제494조나 이를 이어받은 현행 일본 회사법(会社法) 제968조는 주식회사의 주주 · 채권자[367] · 신주예약권자 · 신주예약권부사채권자 및 회사 사채권자의 권리행사에 한정하여 범죄의 성립을 인정하고 있다.

권리행사방해 증수뢰죄 중 권리행사방해 수뢰죄는 위와 같은 입법례를 모델로 하여, 주주총회 · 사원총회 · 사채권자집회 등에서의 발언 · 의결권행사를 비롯하여 상법 제3편(회사)에 규정된 주주 · 사원 · 사채권자의 권리행사에 관하여 부정한 청탁을 받고 재산상 이익을 수수(收受), 요구 또는 약속한 자를 1년 이하의 징역 또는 300만원 이하의 벌금에 처하거나 그 징역형과 벌금형을 병과할 수 있도록 규정하고 있다(상법 제631조 제1항, 제632조). 또한 권리행사방해 증뢰죄는 그 이익을 약속 · 공여하거나 공여의 의사를 표시한 자도 같은 법정형으로 처벌하고 있다(상법 제631조 제2항,

---

366) 권리행사방해 증수뢰죄는 1962년 상법제정 당시 시행중인 일본 商法 제494조를 모델로 삼아 신설되었는데, 위 일본 商法 규정은 1938년 개정 당시 총회꾼에 대한 대비책으로 신설된 것이다[会社法コンメンタル(21), 133면].

367) 이 경우 회사 채권자의 권리란 청산절차 관련 채권자의 권리, 자본금감소 · 조직변경 · 합병 · 분할 · 주식교환 불승인 채권자의 권리 등 회사운영 또는 채권자들 보호를 위하여 인정되는 채권자의 권리로 한정하고 있다.

제632조). 권리행사방해 수뢰죄의 경우에는 범인이 수수한 이익은 몰수하고, 그 전부 또는 일부를 몰수하기 불가능한 때에는 그 가액을 추징해야 한다(상법 제633조, 필요적 몰수 · 추징). 그 밖에도 권리행사방해 증수뢰죄는 부패재산몰수법의 '부패범죄'에 해당하므로 (같은 법 제2조 제1호 별표 12.) 같은 법에 따른 몰수 · 추징 및 그 보전과 국제공조 등을 할 수 있다(임의적 몰수 · 추징). 그 특례규정의 내용은 앞의 배임죄 부분(제3장 제2절 Ⅳ. 1의 가.)에서 설명한 바와 같다. 다만, 권리행사방해 쉬뢰죄의 경우 위 필요적 몰수 · 추징 요건에 해당하면 그에 따라 필요적으로 몰수 · 추징해야 한다(부패재산몰수법 제3조 제1항 단서).

권리행사방해 증수뢰죄는 권리행사방해죄라기 보다는 증수뢰형 범죄에 속한다. 그러므로 현실적으로 권리행사가 방해될 것을 요구하지는 않지만, **수뢰 행위주체가 자신의 권리행사에 관하여** 부정한 청탁을 받고 그 대가로 재산상 이익의 수수 · 요구 · 약속을 하거나 상대방의 공여 의사표시가 있을 것이 요구된다.[368] 예컨대 총회꾼인 주주가 주주총회 중 발언으로써 다른 주주를 협박하는 등 그 권리행사를 제압하여 소기의 의안대로 의사진행이 되도록 협력하여 줄 것을 청탁받고 재산상 이익을 수수하였다면, 이는 총회꾼인 주주의 권리행사에 관한 증수뢰이므로 이 죄에 해당한다.[369] 그러나 위 사례에서 만약 총회꾼인 주주가 주주총회에서의 발언이 아닌 방법으로 다른 주주를 폭행 · 협박하여 소기의 의안대로 의사진행이 되도록 하는 내용의 청탁을 받았다면, 총회꾼인 주주 자신의 권리행사에 관한 청탁이라고 할 수 없으므로 이 죄는 성립하지 않는다.[370] 이에 대하여는 다른 주주 등의 권리행사를 폭행 · 협박 등의 위법 · 부당한 수단을 사용하여 방해하거나 봉쇄할 것을 청탁한 경우에도 이 죄에 해당한다는 반대 견해[371]가 있다. 그러나 이러한 견해는 이 죄를 수뢰 행위주체의 권리행사에 관한 증수뢰형 범죄로 규정한 입법취지에 반하는 해석이다. 따라서 이러한 경우에 권리행사방해 증수뢰죄로 의율할 수 없는 이상 이 죄의 입법목적인 총회꾼의 방지에는 미흡할 수밖에 없다.

그 밖에도 권리행사방해 증수뢰죄의 범죄구성요건 중 '부정한 청탁'은 불명확한

---

368) 会社法コンメンタル(21), 133,134면.
369) 日 最決 1969. 10. 16. 刑集 23巻 10号 1359면(이른바 **동양전기 칼라텔레비전사건**).
370) 会社法コンメンタル(21), 134면.
371) 송호신(박사학위논문), 158면; 新版 注釈会社法(13)」, 605면.

요건으로서 법관의 해석에 의한 보충이 필요한 개방적 구성요건이므로 그 증명이 용이하지 않고,[372] 법정형도 독직죄(상법 제630조) 등 다른 증수뢰형 범죄에 비하여 지나치게 가벼워서 총회꾼 등에 대하여 권리행사방해 증수뢰죄를 적용하여 처벌한 실례가 거의 없었다. 이러한 경위로 1984년 개정 상법에서는 총회꾼에 대한 실효적 대책으로서 재산상 이익 수수 행위주체의 권리행사와는 무관할지라도 주주 권리행사와의 관련성만 요구하고, 범죄구성요건으로 '부정한 청탁'을 요구하지도 않는 이익공여죄 · 이익수수죄 · 제3자이익공여죄(상법 제634조의 2) 규정을 신설하게 된 것이다.

그럼에도 불구하고 권리행사방해 증수뢰죄는 총회꾼 방지를 위한 기능 외에도 건전한 회사운영을 위한 주주 · 회사채권자 · 사채권자 등의 상법 회사편상 권리행사에 폭넓게 적용할 수 있도록 설계되어 있으므로 회사운영의 투명성 확보에 기여하게 되는 제도적 의의를 지니고 있다. 특히 회사운영의 투명성이 중요해지면서 주주의 대표소송 등 소수주주권 행사사례가 점증하고 있으므로, 주주 · 사채권자 등의 공익권 행사가 오용되지 않도록 권리행사방해 증수뢰죄의 활용도를 높이는 제도적 개선이 필요하다.[373] 후술하는 이익공여죄 · 이익수수죄 · 제3자이익공여죄도 주주권 행사와 관련하여 그 권리행사의 오용을 방지하는 제도적 기능을 수행하게 되지만, 권리행사방해 증수뢰죄는 '부정한 청탁'이라는 요건을 더 요구하고 있어서 죄질이 보다 무거우므로 그 법정형을 상향조정함이 죄형균형의 원칙에 부합할 것이다.[374][375]

---

372) 이렇게 '부정한 청탁'을 범죄구성요건으로 규정한 이유에 관하여, 주주권의 행사는 주주의 자유로운 선택에 맡겨진 것이므로 주주가 재산상 이익을 받고 주주로서의 공익권 행사를 방기하더라도 위법한 것으로 볼 수는 없으나, 부정한 청탁까지 있었다면 가벌성이 있다고 볼 수 있기 때문이다. 그러므로 이 죄의 본질은 '부정한 청탁에 기한 공익권의 매수'라는 점에 있다(같은 취지: 新経済刑法入門, 171면).

373) 같은 취지: 송호신(박사학위논문), 159면.

374) 송호신(박사학위논문), 160면; 이에 대하여 권리행사방해 증수뢰죄나 이익공여죄 · 이익수수죄 · 제3자이익공여죄가 주주권의 적극적 행사를 저해할 수 있다는 우려를 제기하는 견해도 있다[천경훈, 주석상법(회사-Ⅶ), 174면.

375) 권리행사방해 증수뢰죄가 입법모델로 삼은 일본 商法 제494조는 원래 그 법정형을 '1년 이하의 징역 또는 5만 엔 이하의 벌금'으로 규정하고 있었으나, 1997년 일본 商法 개정 당시 그 법정형을 '5년 이하의 징역 또는 200만 엔 이하의 벌금'으로 대폭 상향조정 하였으며, 현행 일본 会社法 제968조는 그 법정형을 '5년 이하의 징역 또는 500만 엔 이하의 벌금'으로 규정하고 있다.

Ⅱ. 보호법익 및 적용범위

권리행사방해 증수뢰죄는 주주 · 사채권자 · 사원의 창립총회 · 주주총회 · 사원총회 · 사채권자집회에서의 발언권이나 의결권, 상법 회사편에 규정된 각종 소의 제기권, 소수 주주 · 사채권자 · 사원의 권리, 이사의 법령 · 정관위반행위에 대한 유지청구권 또는 신주발행유지청구권과 같이 회사운영이나 사채권자 전체의 공동이익을 위한 공익권의 부정한 행사를 규제하기 위한 것이다. 따라서 이 죄의 보호법익은 **회사의 건전한 운영을 위한 권리행사의 적정**(適正)이라 할 수 있다.[376] 그 권리행사가 실제로 부정하게 행사되었거나 그 부정행사의 구체적 위험발생을 범죄구성요건으로 요구하지는 아니하므로 그 보호의 정도는 추상적 위험범이다.[377]

권리행사방해 증수뢰죄가 적용되는 회사의 범위를 살펴보자. 이 죄에 관한 상법 제631조 제1항 제1호는 주식회사의 창립총회, 주주총회 또는 사채권자집회[378]와 유한회사 사원총회에서의 발언 또는 의결권 행사에 관한 위반행위이고, 같은 항 제3호는 주식회사의 유지청구권 행사에 관한 위반행위이다. 이러한 물적회사에서는 회사의 건전한 운영을 위한 공익권의 적정행사가 중요하기 때문이다. 그런데 같은 항 제2호는 상법 '제3편(회사편)에 정하는 소의 제기' 관련 위반행위를 포괄하고 있으므로 그 경우에는 합명 · 합자 · 유한책임회사를 포함한 모든 회사에 적용되는 셈이다. 이에 비하여 일본에서는 사채권자의 권리 관련 위반행위의 경우만은 사채권자 공동의 이익을 위하여 모든 회사에 적용하지만, 회사법상 제소권을 포함하여 그 밖의 경

---

376) 일본에서도 권리행사방해 증수뢰죄는 주식회사에서 주주권의 적정행사를 보호하여 주주총회에서 주주들의 공정한 토의와 결의를 보장하는 등 주식회사의 이익을 보호하려는 것이 이 법의 입법취지임을 그 논거로 그 보호법익을 '주주권 등의 적정행사'로 보는 견해가 통설 · 판례이다[会社法コンメンタル(21), 133면, 日 最決 1969. 10. 16. 刑集 23卷 10号 1359면].

377) 같은 증수뢰형 범죄인 뇌물죄에 관하여도 추상적 위험범으로 보는 것이 통설임[정성근 · 박광민(형각), 732면; 박상기(형법), 837면; 오영근(형각), 697면]을 참고할 필요가 있다.

378) 주식회사가 유한회사와 합병하거나 유한회사나 유한책임회사로 조직변경을 하기 위해서는 사채(社債)의 상환을 완료하지 않으면 허용되지 않으므로(상법 제600조 제2항, 604조 제1항, 제287조의44), 유한회사나 유한책임회사는 사채를 발행할 수 없는 것으로해석된다[이철송(회사), 1040면; 최준선(회사), 671면; 송옥렬(상법), 1165면]. 그러한 제한규정이 없는 합명회사나 합자회사는 사채를 발행할 수는 있지만 실제 발행사례는 없다[이철송(회사), 1040면]. 그런데 사채권자집회는 우리나라의 경우 주식회사에서만 규정하고 있으므로 상법 제631조 제1호의 '사채권자집회'란 주식회사의 사채권자집회를 의미한다.

우에는 주식회사의 주주나 채권자의 권리행사에 관한 위반행위로 제한하고 있다.[379] 사원들의 사적자치를 존중할 필요가 있는 합명 · 합자 · 유한책임회사의 경우에는 공익권의 적정행사 요청이 강한 것이 아니므로 형벌의 보충성원칙에 비추어 위 제2호의 적용범위도 주식회사와 유한회사로 제한하는 입법조치가 필요하다고 본다.

Ⅲ. 범죄구성요건

1. 행위주체

권리행사방해 수뢰죄의 행위주체가 특별히 명시되어 있는 것은 아니지만 범죄구성요건에 비추어 보면 상법 제631조 제1항 제1 · 2 · 3호의 권리를 행사할 수 있는 자가 행위주체로 될 수 있다.

위 제1호의 사항에 관한 수뢰죄의 행위주체는 주식회사의 창립총회 · 주주총회 · 사채권자집회 또는 유한회사의 사원총회에서 발언권 및 의결권을 행사할 수 있는 주식회사의 주주 · 사채권자, 유한회사의 출자자인 사원 또는 각 그 대리인[380]이다. 비록 주주총회나 사원총회에서의 의결권이 없더라도 그 총회에서 발언할 수 있는 권한이 인정되는 자는 그 행위주체가 될 수 있다. 유한책임회사의 경우 상법에 사원총회에 관한 규정은 없으나 임의로 사원총회를 설치할 수는 있다.[381] 그러나 이는 상법이 예정하고 있는 기관이 아니므로 위 제1호 규정의 '사원총회'에는 포함되지 않는 것으로 해석함이 죄형법정주의 원칙에 부합할 것이다.

위 제2호의 사항에 관한 수뢰죄의 행위주체는 상법 회사편에 규정된 회사(즉 합명 · 합자 · 유한책임 · 주식 · 유한회사) 관련 소의 제기와, 발행주식총수 100분의 1 또는 100분의 3 이상에 해당하는 주식을 가진 주주, 사채총액 100분의 10 이상에 해당하는 사채를 가진 사채권자 또는 자본금 100분의 3 이상에 해당하는 출자좌수를 가

---

379) 일본 会社法 제968조(특히 제1항 제4호에서는 회사법상 소의 제기 관련 위반행위는 주식회사의 주주 · 채권자 또는 신주예약권 · 신주예약권부사채의 소유자 관련 위반행위로 제한하는 명문규정을 두고 있다). 일본의 유한회사제도는 2005년 会社法 제정시 폐지되었다.

380) 상법 제631조 제1항 제1호와 유사한 규정인 일본 会社法 968조 제1항 제1호의 해석에 관하여, 일본에서도 당연히 그 권리자의 대리인을 포함하는 것으로 해석함이 일반적이다[新版 注釋会社法(13), 603면; 会社法コンメンタル(21), 133면].

381) 최준선(회사), 885면.

진 사원의 권리를 행사할 수 있는 자이다. 그 중 소의 제기권자란 회사의 출자자인 사원, 주주, 합병 · 자본감소 불승인 회사채권자, 사채관리회사, 사채권자집회의 대표자 · 집행자, 파산관재인(상법 제184조 제1항, 제236조 제1항, 제241조, 제269조, 제287조의6, 제287조의22, 제287조의41, 제287조의42, 제328조 제1항, 제360조의14 제1항, 제360조의23 제1항, 제376조 제1항, 제429조, 제445조, 제511조 제1항, 제512조, 제529조 제1항, 제530조의11 제1항, 제552조 제1항, 제595조 제1항, 제597조) 등이다.[382] 그밖에 위 소의 제기권자로 규정된 이사, 감사, 감사위원회 위원, 청산인, 유한책임회사의 업무집행자도 행위주체에 포함되는 것으로 해석할 것인지는 견해가 다를 수 있으므로 이에 관하여는 후술하기로 한다. 그리고 위 일정 수의 주식 · 사채 또는 출자좌수 이상을 가진 주주 · 사채권자 또는 사원이란 그 문언형식에 비추어 볼 때 상법에 일정 수 이상의 주식 · 사채 · 출자좌수 소유자에게 인정하고 있는 소수주주권, 소수사원권 등의 권리를 행사할 수 있는 자를 말하는 것으로 보아야 할 것이다.

위 제3호의 사항에 관한 수뢰죄의 행위주체는 상법 제402조(이사에 대한 유지청구권) 또는 제424조(신주발행유지청구권)에 정하는 권리를 행사할 수 있는 자이다. 즉 이사의 법령 또는 정관 위반행위에 관한 유지청구권에 관하여는 그 권리를 행사할 수 있는 감사, 감사위원회 위원[383] 또는 발행주식총수 100분의 1 이상에 해당하는 주식을 가진 주주이고, 신주발행유지청구권에 관하여는 회사가 법령 또는 정관을 위반하거나 현저히 불공정한 방법에 의하여 주식을 발행함으로써 불이익을 받을 염려가 있는 주주이다. 다만, 감사나 감사위원회 위원이 그 행위주체에 포함되는 것으로 해석할 것인지는 후술하는 것처럼 견해가 다를 수 있다.

한편 2011. 4. 14.자 개정 상법에서는 주식회사에 집행임원 제도를 신설하면서

---

382) 상법 제185조, 제269조에 의하면 합명 · 합자회사의 채권자는 사원의 사해행위로 인한 회사설립 취소의 소를 제기할 수 있으므로, 그 회사채권자도 권리행사방해 수뢰죄의 행위주체에 포함하는 것으로 볼 여지가 있다. 그러나 회사채권자의 이러한 권리는 회사의 건전한 운영이나 채권자 공동의 이익을 위한 권리가 아니라 자신의 사익을 위한 권리에 불과하므로 권리행사방해 수뢰죄의 입법취지나 보호법익에 비추어 회사채권자는 이 죄의 행위주체에서 제외되는 것으로 해석함이 타당하지만, 형벌법규의 명확성을 위하여 입법적 개선이 필요하다. 일본 会社法 제968조 제1항 제4호에서도 지분회사 설립취소의 소(제832조)의 제소권자는 그 수뢰죄의 행위주체에서 제외되어 있다.

383) 상법 제415조의2 제7항 제1문에서는 상법 제402조의 규정을 '감사위원회'에 준용하는 것으로 규정하고 있으나, 감사위원회는 범죄능력이 없으므로 그 유지청구권 행사 관련 범죄의 행위주체가 될 수 있는 자는 '감사위원회 위원'으로 보아야 할 것이다.

집행임원의 법령 또는 정관 위반행위에 대한 유지청구에 관하여도 상법 제402조를 준용하고 있다(상법 제408조의9). 그러나 상법 제631조 제1항 제3호에 위 상법 제408조의9 규정은 포함하고 있지 않으므로, 죄형법정주의 원칙에 비추어 집행임원의 행위에 대한 유지청구권 행사는 위 제3호의 권리행사에 해당하지 않는 것으로 해석할 수밖에 없다.[384] 다만, 발행주식총수의 100분의 1 이상에 해당하는 주식을 가진 주주가 집행임원에 대한 유지청구권을 행사하는 경우에는 제631조 제1항 제2호의 권리행사에 해당하는 것으로 볼 수 있을 것이다.

그런데 위와 같이 상법 제631조 제1항 제2호, 제3호의 해석상 주주, 출자자인 사원 · 회사채권자 및 사채권자의 **권리행사**뿐만 아니라, 이사, 감사, 감사위원회 위원, 청산인, 유한책임회사의 업무집행자(이하 '회사임원'이라 함)의 상법 회사편상 각종 제소권과, 감사 또는 감사위원회 위원의 유지청구권과 같은 회사임원의 **권한행사**에 관한 부정한 청탁도 권리행사방해 수뢰죄의 적용범위에 포함되고 이들도 그 행위주체가 될 수 있는 것인지 여부는 견해가 다를 수 있다. 회사임원이 그 권한행사에 있어서 직무상 부정한 청탁을 받고 재산상 이익을 수수 · 요구 · 약속하는 행위는 상법 제630조의 독직죄로 의율할 수 있으므로, 이를 다시 권리행사방해 수뢰죄로 의율할 필요가 없다는 점, 권리와 권한은 구분되는 개념인데[385] 상법 제631조 제1항 제2호, 제3호에서는 '권리의 행사'로 명시하고 있는 점에 비추어 위 회사임원의 권한행사에는 권리행사방해 증수뢰죄가 적용되지 않는 것으로 해석할 수 있을 것이다(불포함설).[386]

위 사채관리회사나 그 밖에 행위주체가 법인인 경우에는 법인의 실제행위자인 이사 · 업무집행사원 · 집행임원 · 감사 · 지배인 등에게 이 죄를 적용할 수 있는지 여부에 관하여는 상법 제637조(법인에 대한 벌칙의 적용)와 같은 명문 규정이 없다.[387] 앞의

---

384) 집행임원에 대하여 유지청구권을 행사하는 경우를 제외할 이유가 없으므로 이러한 경우도 이 죄의 적용범위에 포함하는 개정입법이 필요할 것이다.

385) '권리'란 자기의 생활상 이익에 대한 법적 힘이고, '권한'이란 타인을 위하여 일정한 법적 효과를 발생케 할 수 있는 법률상 자격에 불과하다[고상룡(민총), 40면; 곽윤직 · 김재형(민총), 58면; 김준호(민총), 27,28면].

386) 이에 대하여 회사임원의 권한행사에도 권리행사방해 증수뢰죄가 적용된다고 하는 입장(포함설)을 취하는 견해[천경훈, 주석 상법(회사-Ⅶ), 174면]도 있다.

387) 일본에서도 우리나라 상법 제637조와 유사한 규정인 일본 会社法 제972조의 적용범위에 같은 법 제968조의 경우를 누락하고 있다.

제2장 제2절 '법인의 범죄능력' 부분에서 설명한 것처럼 원칙적으로 법인의 범죄능력을 인정하지 않는 현행법 입장에서는 이 죄의 행위주체가 법인인 경우 그 법인의 실제행위자를 권리행사방해 수뢰죄의 행위주체로 볼 수밖에 없다.[388)]

권리행사방해 증뢰죄의 행위주체에는 그 행위의 성질에 비추어 볼 때 특별한 제한이 없다.

2. 위반행위

권리행사방해 수뢰죄의 위반행위는 상법 제631조 제1항 각 호의 권리행사에 관하여 부정한 청탁을 받고 재산상 이익을 수수, 요구 또는 약속하는 행위이다. '재산상 이익'이란 금전적 가치로 환산할 수 있는 이익을 말하므로, 금전, 유체동산, 부동산 등 재물에 해당하는 것뿐만 아니라, 채무면제, 지급유예, 금전대여, 보증 또는 담보 제공, 유상 서비스의 무상제공, 향응제공 등도 포함된다. 그러나 지위의 제공이나 정욕의 만족 그 자체는 재산상 이익이 아니므로 형법상 뇌물죄의 뇌물 개념보다는 좁은 개념이다. '수수'란 재산상 이익을 자기 소유의 의사로 현실적으로 취득하는 것을 말하므로, 금품을 반환할 의사를 가지고 일시적으로 보관하는 것은 '수수'에 해당하지 않지만, 일단 소유의 의사로 수수한 금품을 나중에 반환하였다고 하더라도 수수 행위는 성립한다. '요구'란 재산상 이익의 공여를 구하는 의사표시로서, 상대방이 그 요구를 현실적으로 인식할 필요는 없으나, 상대방이 인식할 수 있는 상태이면 충분하다. '약속'이란 장래에 재산상 이익을 수수하기로 쌍방이 합의하는 것을 의미하고, 그 이행기의 확정 여부는 불문한다. 이 죄는 증수뢰형 범죄이므로 위 제631조 제1항 각 호의 권리행사에 '관하여'란 그 권리의 행사 또는 불행사와 재산상 이익이 대가관계에 있어야 함은 의미한다.[389)]

'부정한 청탁'이란 위 행위주체 자신의 권리 행사 또는 불행사에 관한 **위법하거나 현저히 부당한 부탁**을 말한다는 견해가 있다.[390)] 생각건대 '부정한 청탁'이란 같은 증

---

388) 이러한 경우에는 그 법인을 대표하여 사무를 처리한 자연인인 대표기관이 범죄의 주체가 된다고 주장하는 견해[천경훈, 주석 상법(회사-Ⅶ), 175면]가 있으나, 권리행사방해 수뢰죄의 실제행위자를 대표기관으로 한정할 이유는 없을 것이다.

389) 新版 注釋会社法(13), 604면; 会社法コンメンタル(21), 136면.

390) 송호신(박사학위논문), 158면; 新経済刑法入門, 171면; 新版 注釋会社法(13), 604면; 会社法コンメンタル(21), 137면.

수뢰형 범죄인 배임수재죄의 '부정한 청탁'에 관한 판단기준[391]과 마찬가지로 사회상규 또는 신의성실원칙에 반하는 것을 내용으로 하면 위법하지 않더라도 충분하되, 청탁의 내용 및 이에 관련된 대가의 액수 · 형식과 보호법익 등을 종합하여 판단해야 할 것이다. 주주가 주주총회에서의 발언을 통하여, 다른 주주를 협박하거나 위압하여 정당한 발언을 중지하게 하거나 주주총회의 의사진행을 혼란스럽게 할 것을 부탁받더라도, 주주의 발언에 관하여 다른 주주의 정당한 권리행사를 방해하도록 하는 부탁이기 때문에 부정한 청탁에 해당한다.[392] 주주가 주주총회에서 협박이나 위압 수단이 아닌 의사진행상의 술책 등으로 다른 주주의 정당한 발언을 봉쇄할 것을 부탁받는다거나, 회사에 유리한 발언이나 의결권을 행사하도록 부탁받는 것은 그것이 회사임원의 범죄 기타 위법행위를 실현하기 위한 방법이라거나, 경영진의 경영상 중대한 실책에 대한 책임추궁을 회피하기 위한 경우라는 등 특별한 사정이 있는 경우에 한하여 부정한 청탁에 해당할 것이다.[393] 단순히 주주총회에서 의안에 대한 찬성 · 반대의 발언이나 의결권 행사를 부탁받는다거나, 주주총회의 원활한 의사진행에 협력하도록 부탁받음에 그친 경우에는 부정한 청탁이라 할 수 없다.[394] 주주로서의 정당한 권리행사를 할 의도가 없이 주주총회의 의사진행을 방해하려는 자에 대하여 주주총회에 출석하지 않거나 출석하더라도 방해하는 발언을 하지 않도록 하는 부탁이 부정한 청탁에 해당하는지는 이견이 있을 수 있다. 이러한 부탁은 비록 주주권의 행사를 막는 내용이지만 권리남용을 하지 않을 것을 부탁하는 것이므로 부정한 청탁으로 보기 어려울 것이다.[395]

권리행사방해 증뢰죄의 위반행위는 위 권리행사방해 수뢰죄의 위반행위에 대응하여 그 재산상 이익의 공여, 약속, 또는 공여의사를 표시하는 행위이다. '공여'란 상대방이 재산상 이익을 현실적으로 취득하게 하는 것이고, '공여의 의사표시'란 상대

391) 대법원 2021. 9. 30. 2019도17102; 2015. 7. 23. 2015도3080.

392) 新版 注釋会社法(13), 606면; 会社法コンメンタル(21), 137면.

393) 같은 취지: 송호신(박사학위논문), 158면; 新版 注釋会社法(13), 606면; 会社法コンメンタル(21), 137면; 앞의 일본 **동양전기 칼라텔레비전사건**에서도 주식회사의 임원이 회사의 신제품인 칼라텔레비전 개발에 관한 경영상 실책에 관하여 주주총회에서의 책임추궁이 예상되는 상황에서, "총회꾼인 주주 또는 그 대리인에게 보수를 주어 주주총회에서 다른 주주들의 발언을 압박하여 의안을 회사의 원안대로 가결되도록 의사진행을 하여 줄 것을 부탁하는 것은 '부정한 청탁'에 해당한다."고 판시.

394) 会社法コンメンタル(21), 138면.

395) 송호신(박사학위논문), 158면; 新版 注釋会社法(13), 606면; 会社法コンメンタル(21), 138면.

방에게 재산상 이익을 제공하겠다고 하는 일방적 의사표시이다. '공여의 의사표시'를 하는 경우에 상대방의 거절 여부는 문제가 되지 않고, 상대방이 공여의 의사표시를 요지(了知)하거나 재산상 이익을 상대방이 수령할 수 있는 상태에 있는 것도 필요하지 않다. 다만, 의사표시의 일반원칙상 그 의사표시가 상대방에게 도달하여 상대방이 그 의사표시를 수령할 수 있는 객관적 상태에 있을 것은 필요하다.

수수행위와 공여행위 상호간, 약속하는 행위 상호간은 필요적 공범(대향범) 관계에 있다. 이 경우 공여자에게 부정한 청탁의 고의가 있었지만 수수자에게는 그러한 인식이 없었던 경우나 그 반대의 경우에 일방만이 공여로 인한 권리행사방해 증뢰죄나 수수로 인한 권리행사방해 수뢰죄가 성립하는지 여부는 긍정설과 부정설의 대립이 있을 수 있다. 필요적 공범이란 법률상 범죄의 실행에 다수인의 협력을 필요로 하는 범죄로서 그 범죄성립에 행위의 공동(즉 고의 · 과실 등 주관적 요건을 제외한 객관적 행위의 공동)을 필요로 하는 것에 불과할 뿐 반드시 공동행위자 모두에게 그 형사책임이 인정되어야 하는 것은 아니므로(판례)[396] 긍정설이 타당하다.

3. 고의

권리행사방해 증수뢰죄는 고의범이므로 형법 제13조 본문에 따라 이상의 객관적 범죄구성요건 사실에 대한 인식과 적어도 그 용인이 필요하다(용인설). 특히 상법 제631조 제1항 각 호의 권리행사에 관한 부정한 청탁이라는 사실, 수수 · 요구 · 약속 · 공여하는 재산상 이익이 그 권리행사의 대가라는 사실에 대한 인식이 중요할 것이다.

Ⅳ. 죄수관계

1. 독직죄와의 관계

제6장에서 후술하는 독직죄(상법 제630조)도 부정한 청탁을 받고 재산상 이익을 수수 · 요구 · 약속하거나 그 공여 또는 공여의 의사표시를 범죄구성요건으로 하는 점은 권리행사방해 증수뢰죄와 마찬가지이다. 그러나 독직죄는 후술하는 것처럼

396) 대법원 1987. 12. 22. 87도1699.

회사의 재산 및 회사 직무집행의 공정성을 보호법익으로 하고 수뢰자의 직무에 관한 부정한 청탁을 요건으로 하는 반면, 권리행사방해 증수뢰죄는 회사의 건전한 운영을 위한 권리행사의 적정을 보호법익으로 하고 그 권리행사에 관한 부정한 청탁을 요건으로 하고 있다.

양 죄의 죄수관계가 문제되는 경우란 두 가지 경우가 있다. 첫 번째 경우는 회사임원이 상법 회사편에 규정된 소의 제기, 유지청구권 행사 등 그 직무상 권한행사에 관하여 부정한 청탁을 받고 재산상 이익을 수수하는 경우로서, 이사 등 회사임원의 권한행사에 관한 부정한 청탁도 권리행사방해 수뢰죄의 적용범위에 포함된다고 보는 입장(포함설)에서는 독직죄와 권리행사방해 수뢰죄가 모두 성립하는 것으로 보게 된다. 두 번째 경우는 회사임원이 주주 등 자격을 겸함으로써 하나의 행위가 양 죄에 모두 해당하게 되는 경우이다.

어느 경우이든 하나의 행위가 독직죄와 권리행사방해 수뢰죄에 해당하지만 보호법익이 일치하는 것은 아니므로 상상적 경합관계인지 흡수관계의 법조경합인지를 검토해야 할 것이다. 흡수관계의 법조경합이란 어느 행위가 특정 범죄행위에 일반적 · 전형적으로 수반되는 경미한 위법행위로서 그 불법과 책임의 내용이 특정 범죄행위에 포함되고 범죄구성요건상 특별관계나 보충관계에 해당하지 않는 경우이다.[397]

위 첫 번째 경우에는 독직죄와 권리행사방해 수뢰죄에 모두 해당하는 것으로 보더라도, 회사임원의 직무상 권한행사에 관한 부정한 청탁을 곧 권리행사방해 수뢰죄의 권리(권한) 행사에 관한 부정한 청탁으로 볼 수 있다. 이러한 입장에서는 양 죄의 보호법익과 범죄구성요건을 비교해 볼 때, 후자의 권리행사는 곧 전자의 직무수행 일환이고 후자의 권리행사의 적정은 곧 전자의 회사 직무집행의 공정성을 구성한다는 점에서 권리행사방해 증수뢰죄의 불법과 책임내용은 독직죄의 그것에 포함된다고 볼 수 있으므로 독직죄가 권리행사방해 증수뢰죄를 흡수하는 법조경합관계로 보아야 할 것이다. 따라서 독직죄가 성립하는 경우에는 권리행사방해 증수뢰죄는 성립하지 않게 된다.[398] 그런데 앞에서 설명한 것처럼 필자는 이러한 회사임원의

397) 배종대(형총), 565면.
398) 新版 注釋会社法(13), 606면.

권한행사에는 권리행사방해 증수뢰죄가 적용되지 않고(불포함설) 독직죄만 적용된다고 보고 있으므로, 이러한 입장에서는 처음부터 독직죄만 성립하는 것으로 보게 된다.

위 두 번째 경우는 회사임원이 주주 등 회사법상 권리자를 겸함으로써 하나의 재산상 이익의 수수 행위가 회사임원으로서의 직무상 권한행사에 관한 독직죄와 주주 등 회사법상 권리자로서의 권리행사에 관한 권리행사방해 수뢰죄에도 해당하는 경우이다. 이때 회사임원으로서의 직무수행과 주주로서의 권리행사는 별개이므로 독직죄의 직무에 관한 부정한 청탁과 권리행사방해 증수뢰죄의 권리행사에 관한 부정한 청탁의 각 불법과 책임내용도 상호 별개로 보아야 할 것이다. 따라서 하나의 행위가 독직죄와 권리행사방해 증수뢰죄에 해당하는 경우이므로 상상적 경합관계(형법 제40조)가 된다.

2. 이익공여죄 등과의 관계

이익공여죄 · 이익수수죄 · 제3자이익공여죄(상법 제634조의 2)와 권리행사방해 증수뢰죄와의 관계는 전자의 보호법익을 어떻게 파악하는가에 따라 달라진다. 이 문제는 후술하는 이익공여죄 · 이익수수죄 · 제3자이익공여죄의 죄수관계에서 설명하기로 한다.

3. 공갈죄와의 관계

예컨대 주주가 자신의 주주총회에서의 발언권 행사에 관하여 회사의 이사를 협박하여 부정한 청탁과 함께 재산상 이익을 제공하게 하여 이를 취득한 경우에는 공갈죄와 권리행사방해 수뢰죄 및 권리행사방해 증뢰죄의 성립여부 및 상호관계를 검토해야 한다.

이 경우 주주의 공갈죄만 성립하고 주주의 권리행사방해 수뢰죄나 이사의 권리행사방해 증뢰죄는 성립하지 않는다고 보는 견해가 일본의 통설이다.[399] 이에 대하여 공갈죄와 권리행사방해 증수뢰죄의 보호법익이 상호 다르고 공갈의 피해자에게 증뢰하지 않을 것을 기대하는 것이 불가능하지 않다는 이유로 주주의 공갈죄 및 권리

---

399) 新版 注釋会社法(13), 607면; 伊藤榮樹 外 2人 編,, 앞의 「注釋特別刑法(5の I)」, 218면.

행사방해 수뢰죄와 이사의 권리행사방해 증뢰죄가 성립할 수 있다고 보는 견해[400]가 있다. 이 견해를 따르면 주주의 공갈행위는 권리행사방해 수뢰죄의 요구 · 수수행위에 해당하므로 하나의 행위가 공갈죄와 권리행사방해 수뢰죄에 해당하는 상상적 경합범을 구성하게 된다.

공갈죄의 '공갈'이란 폭행이나 협박으로 피해자에게 공포심을 일으키게 하는 행위로서,[401] 그 협박의 정도는 사람의 의사결정의 자유를 제한하거나 의사실행의 자유를 방해할 정도로 겁을 먹게 할 만한 해악을 고지하는 것이다(판례).[402] 비록 그 폭행 · 협박의 정도가 상대방의 반항을 억압하거나 현저히 곤란하게 할 정도가 아니라 할지라도 그러한 공갈의 피해자에게 처벌가치가 있는 재산상 이익 공여결정이 있었다고 할 수는 없다. 그러므로 공갈에 따른 회사임원의 재산상 이익 공여행위는 공갈의 피해자로서의 행위일 뿐, 별도로 권리행사방해 증뢰죄의 공여행위로 볼 수 없거나 강요된 행위(형법 제12조)로서 위법성이 조각되는 것으로 보아야 할 것이다.[403] 따라서 위 사례의 경우에 공갈의 피해자인 이사 등 회사임원의 공여행위는 처벌할 수 없다. 다만, 공갈행위를 한 주주의 경우에는 주주로서의 권리행사 의사가 없었다거나 재산상 이익의 수수가 청탁의 내용인 그 권리행사와 대가관계가 없었다면 공갈죄만 성립하겠지만, 그렇지 않다면 공갈죄와 권리행사방해 수뢰죄가 성립하게 된다. 이 경우 양 죄는 보호법익이나 범죄구성요건이 다르므로 별개의 범죄이지만 공갈행위로 인한 재산상 이익의 취득(형법 제350조)이나 권리행사방해 수뢰죄에서의 재산상 이익의 수수는 하나의 행위로 보아야 할 것이므로 상상적 경합관계로 보아야 한다.

---

400) 会社法コンメンタル(21), 138,139면.

401) 정성근 · 박광민(형각), 375면.

402) 대법원 2013. 9. 13. 2013도6809; 2013. 4. 11. 2010도13774.

403) 판례도 "재물의 교부자가 공무원의 해악 고지로 인하여 외포된 결과 공무원에게 금품을 제공한 것이라면 그는 공갈죄의 피해자가 될 뿐 뇌물공여죄는 성립할 수 없다"고 판시하였다(대법원 1994. 12. 22. 94도2528).

제11절 이익공여죄 · 이익수수죄 · 제3자이익공여죄

Ⅰ. 의의

앞의 권리행사방해 증수뢰죄에서 설명한 것처럼 원래 총회꾼의 방지를 위하여 권리행사방해 증수뢰죄를 마련하였지만, 그 죄는 수뢰 행위주체의 권리행사에 관한 증수뢰형 범죄로 규정되고 그 범죄구성요건인 '부정한 청탁'을 증명하기도 용이하지 아니하여 총회꾼 방지의 효과를 거두지 못하게 되었다. 그리하여 1984년 상법개정 당시 총회꾼에 대한 실효적인 대안으로서 재산상 이익 수수 행위주체의 권리행사와는 무관할지라도 주주 권리행사와의 관련성만 요구하고, '부정한 청탁'을 범죄구성요건으로 하지 아니하는 상법 제634조의2 규정을 신설하게 되었다. 우선 주식회사의 이사 · 집행임원 · 지배인 · 사용인 등이 주주의 권리행사와 관련하여 회사의 계산으로 재산상 이익을 공여한 경우에는 1년 이하의 징역 또는 300만 원 이하의 벌금에 처한다(상법 제634조의2 제1항, 이하 '이익공여죄'라 한다). 또한 그 이익을 수수(收受)하거나(이하 '이익수수죄'라 한다), 제3자에게 **공여하게 한**(이하 '제3자이익공여죄'라 한다) 자도 같은 형으로 처벌한다(상법 제634조의2 제2항). 이 죄는 재산상 이익 수수 행위주체의 권리행사와는 관계없이 재산상 이익을 수단으로 한 주주 권리행사 방해행위를 규제하는 범죄라는 점에서 권리행사방해형 범죄라 할 수 있다.

이 죄는 권리행사방해수뢰죄(상법 제631조 제1항)나 독직죄(상법 제630조 제1항)와는 달리 병과형 규정이나 필요적 몰수 · 추징 규정이 없다. 다만, 부패재산몰수법의 '부패범죄'에 해당하므로(같은 법 제2조 제1호 별표 12.), 같은 법에 따른 몰수 · 추징 및 그 보전과 국제공조 등을 할 수 있다(임의적 몰수 · 추징). 그 특례규정의 내용은 앞의 배임죄 부분(제3장 제2절 Ⅳ. 1의 가.)에서 설명한 바와 같다.

이익공여죄 · 이익수수죄 · 제3자이익공여죄(이하 **'이익공여죄등'**이라 함)는 1981년 개정된 일본 상법 제497조를 모델로 규정하였다.[402] 그런데 일본 상법 제497조를 이어받은 현행 일본 회사법 제970조[405]는 입법목적인 총회꾼 방지의 실효를 거두기 위하여 우리나라의 이익공여죄등과는 다음과 같은 점을 달리 규정하고 있다. 즉 이익공여죄등의 범죄구성요건에 **자회사의 계산으로** 재산상 이익을 공여 · 수수 · 공여하게 한 경우도 포함하고, 그 법정형을 3**년 이하의 징역 또는** 300**만 엔 이하의 벌금**으로 규정하고 있고(일본 会社法 제970조 제1항, 제2항), 이익공여죄를 범한 자가 **자수**한 경우에는 그 형을 감경 또는 면제할 수 있다(일본 会社法 제970조 제6항). 재산상 이익을 주식회사 또는 그 자회사의 계산으로 자기 또는 제3자에게 공여할 것을 **요구**한 자도 이익공여죄와 같은 법정형으로 처벌한다(일본 会社法 제970조 제3항). 이익수수죄(일본에서는 '受供與罪'로 지칭), 제3자이익공여죄 또는 그 요구죄를 범한 자가 나아가 회사 임원 등 이익공여죄의 행위주체에게 **협박**(원어는 '威迫')행위를 한 때에는 5**년 이하의 징역 또는** 500**만 엔 이하의 벌금**에 처한다(일본 会社法 제970조 제4항). 이익수수죄 · 제3자이익공여죄 또는 그 요구죄를 범한 자 또는 위 협박행위자에 대하여는 정상에 따라 그 징역형과 벌금형을 **병과**할 수 있다(일본 会社法 제970조 제5항).

그런데 우리나라의 경우에는 일본에 비하여 법정형 자체가 지나치게 경미하고 병과형 처벌규정이나 요구죄의 처벌규정도 없어서 상대적으로 그 범죄의 일반예방 효과가 떨어진다. 그 동안 기업경영의 투명성을 제고하는 입법적 노력과 주주행동주의(Shareholder Activism)의 등장, 기업공시제도의 활성화 등으로 총회꾼의 발호가 드물어지기는 하였지만, 2015년 섀도 보팅(Shadow Voting)제도의 폐지[406]로 인하여 아

---

404) 일본 외의 입법례로는 프랑스 상법(CODE DE COMMERCE) 제242-9조 제3항에서 "주주총회의 의결권을 어느 방향으로 행사하도록 하거나 의결에의 불참을 위하여 이익을 공여받거나 이익공여를 보증 또는 약속하게 한 자 및 그 공여 · 보증 · 약속한 자에 대하여 금고 2년 및 9,000 유로의 벌금형에 처한다"는 규정을 두고 있고, 독일 주식법(Aktiengesetz) 제405조 제3항 제7호, 제4항에서 '주주총회 또는 별도총회(즉, 종류주주총회)의 표결에서 투표를 하지 않거나 일정한 방향으로의 투표를 대가로 특별한 이익을 공여 또는 약속한 행위'는 질서위반행위로서 25만 유로 이하의 과태료를 부과하고 있을 뿐이다. 그 밖의 다른 나라에서는 이익공여죄등에 관한 처벌례는 찾아보기 어렵고, 위 프랑스나 독일의 경우에도 주주권 행사 일반이 아니라 주주의 의결권 행사에 한정하여 규제하고 있을 뿐이다[황남석, "주주에 대한 이익공여금지 규정의 적용범위-대법원 2017. 1. 12. 선고 2015다68355 · 68362 판결-", 「법조」 66권 2호(법조협회, 2017. 4.), 769면].

405) 일본 商法 제497조는 1997년과 2000년의 상법개정을 거쳐 2005년 会社法 제정 당시 제970조로 규정되는 과정에서 그 내용이 점차 개선되어 왔다.

406) Shadow Voting**제도**란 개정 전 자본시장법 제314조 제4항, 제5항의 규정에 따라 한국예탁결제원이 그 명의로 명의개서된 주권의 의결권에 관하여 주주총회 5일 전까지 그 실질주주의 의결권행사 관련 의사표시가 없는 경우에 주주총회 다른 참석주주들의 찬반 비율에 따라 의결권을 행사할 수 있도록 함으로써 의결정족수 충족에 이용하게 하는 제도인데, 2013. 5. 28. 자본시장법 개정 당시 위 규정을 삭

직도 총회꾼에 대한 회사의 우려가 적지 아니하다.[407] 또한 최근 판례[408]를 보면 오늘날에는 회사임원이 주주총회에서의 재임(再任) 등 경영권 다툼에서 사익을 추구하며 주주에게 이익공여를 하는 경향도 있으므로[409] 이 죄의 실효성을 높이기 위한 입법적 검토가 필요할 것이다.[410]

Ⅱ. 보호법익

이익공여죄등은 1984년 상법개정 당시, 회사가 주주의 권리행사와 관련하여 재산상 이익을 공여하는 것을 금지하고 이를 위반한 이익공여를 받은 자의 회사에 대한 이익반환의무 및 그 이행확보를 위한 대표소송 허용 등을 규정한 이익공여금지 규정(상법 제467조의2)을 신설하면서 그 실효성 확보를 위하여 함께 신설된 것이다. 그러므로 이 죄는 주식회사의 경우에 한하여 성립하는 범죄이고, 그 보호법익에 관하여는 위 이익공여금지 규정의 입법취지를 반영하여 그 연장선상에서 파악해야 할 것이다.[411] 보호법익에 관하여 다음과 같은 학설대립이 있다.

제하여 2015. 1. 1.부터 위 제도를 폐지하도록 하였으나, 2014. 12. 30. 위 개정상법에 부칙 제18조를 신설함으로써 전자투표제도를 채택하고 모든 주주들을 대상으로 의결권 대리행사 권유를 한 회사에 한하여 위 제도의 폐지를 2018. 1. 1.까지 유예하여 주었다.

407) 최준선, “주주권 행사와 관련한 이익공여금지 소고”, 「성균관법학」 27권 1호(성균관대학교 법학연구소, 2015. 3.), 194,195면.

408) 대법원 2014. 7. 11. 2013마2397.

409) 일본의 경우에도 근래에는 총회꾼의 활동이 드물어져서 주주의 권리행사에 관한 이익공여금지 규정인 会社法 제120조의 기능이 원래의 입법취지인 총회꾼 방지보다는 경영권 다툼을 벌이는 경영자에 대한 규제수단으로 활용되는 등 회사운영의 건전성 또는 공정성 확보 기능으로 변화하고 있다고 한다[이효경, “이익공여금지규정을 둘러싼 제 문제 최근 일본에서의 논의를 중심으로-”, 「경영법률」(한국경영법률학회, 2013), 17면].

410) 이에 대한 반대 입장의 입법론으로서, 이익공여죄등의 입법취지가 원래 회사자산 낭비 방지에 의한 총회꾼 억제에 있었던 이상 이 죄를 회사운영의 건전성 확보를 위하여 확대 운용하는 입장에 반대하면서, 민사상 이익공여금지 규정을 회사운영의 건전성 확보를 위하여 확대 운용하면 공여된 이익의 반환뿐만 아니라 이익공여를 이유로 한 주주총회결의취소의 소도 인정할 수 있으므로 이러한 민사효과만으로도 회사운영의 건전성 확보에 충분하다는 점, 회사운영의 건전성 확보를 위하여는 권리행사방해 증수뢰죄만으로도 충분하다는 점, 민사사건의 형사화를 억제할 필요가 있다는 점 등의 논거로 이익공여죄등의 폐지를 주장하는 견해(최준선, 앞의 “주주권 행사와 관련한 이익공여금지 소고”, 209면)가 있다. 또한 회사로서는 주주들이 권리행사에 적극적으로 나서도록 유인책을 제시할 필요가 있는데, 이익공여죄등이나 권리행사방해 증수뢰죄의 형사처벌 규정은 그러한 가능성을 차단할 우려가 있음을 이유로 입법적 재검토가 필요하다는 견해[천경훈, 주석 상법(회사-Ⅶ), 174,185면]도 있다.

411) 최준선, 앞의 “주주권 행사와 관련한 이익공여금지 소고”, 196면.

제1설은 이 죄의 보호법익을 **회사자산 낭비 방지에 의한 회사의 경영건전성 확보**로 보는 견해이다. 그 논거로 '주주의 권리행사'와 관련하여 '회사의 계산으로' 재산상 이익을 공여하는 것을 범죄구성요건으로 하고, 상법 제467조의2에서 이익공여금지 규정을 위반하여 공여된 재산상 이익의 반환의무를 규정하고 있는 점, 독직죄(상법 제630조)나 권리행사방해 증수뢰죄(상법 제631조)는 재산상 이익의 수수행위를 기본적 범죄유형으로 규정하고 있지만, 이익공여죄등은 회사임원 등의 재산상 이익 공여행위를 기본적 범죄유형으로 상법 제634조의2 제1항에 규정함으로써 같은 조 제2항 이익수수죄의 성립 여부와 무관하게 성립하는 범죄로 규정되어 있는 점, 증수뢰형 범죄인 권리행사방해 증수뢰죄와는 달리 몰수 · 추징 규정(상법 제633조)이 없는 점 등을 들고 있다.[412)][413)]

제2설은 **회사자산 낭비 방지**만이 그 보호법익이라는 견해이다. 그 논거로는 '회사의 계산으로' 재산상 이익을 공여하는 것을 범죄구성요건으로 하고, 이익공여금지 규정을 위반하여 공여된 재산상 이익의 반환의무를 규정하고 있으며, 이익공여죄를 기본적 범죄유형으로 규정하고, 몰수 · 추징 규정이 없다는 위 제1설의 논거뿐만 아니라, 회사의 이사나 사용인이 자기의 계산으로 주주의 권리행사와 관련하여 이익을 공여하는 것은 이익공여금지 대상이 아니라는 점, 주주의 실제적인 권리행사를 이 죄의 범죄구성요건으로 규정하고 있지 아니한 점 등을 들고 있다.[414)]

제3설은 일본의 학설이지만 **주주 권리행사의 적정**을 보호법익으로 보는 견해이다. 그 논거로 이 죄는 권리행사방해 증수뢰죄가 주주의 적정한 권리행사를 총회꾼

---

412) 박길준, 앞의 "상법상의 벌칙규정에 대한 입법론적 고찰 -일본법과의 비교를 중심으로-", 162면; 송호신(박사학위논문), 161면; 新版 注釋会社法(13), 614면; 新経済刑法入門, 173면; 飯尾滋明, "利益供与罪 -その序論的考察-", 「神山敏雄先生 古稀祝賀論文集 第二卷 經濟刑法」(成文堂, 2006), 226면.

413) 이익공여금지 규정은 "주주의 권리행사를 매개로 한 회사의 불공정한 거래를 방지하여 **회사재산의 일실을 차단**하고 **주주총회결의의 공정성을 확보**하기 위한 것"이라고 주장하는 견해[정준우, "상법상 이익공여금지규정의 주요쟁점 검토", 「상사판례연구」 30권 2호(한국상사판례학회, 2017), 19면]도 있으나, 그 '주주의 권리'에는 주주총회에서의 권리에 한정하지 아니하고 신주인수권, 이익배당청구권 등의 자익권과 소수주주의 대표소송제기권 등 공익권을 모두 포함하고 있음에 비추어 보면(정준우, 위 "상법상 이익공여금지규정의 주요쟁점 검토", 20면) 주주총회결의의 공정성 확보를 포함한 회사의 경영건전성 확보를 회사재산 낭비 방지와 함께 이 죄의 보호법익으로 보는 제1설과 유사하다고 보아 별도의 견해로 분류하지 아니하였다.

414) 권재열, "상법상 이익공여죄에 관한 소고", 「법학연구」(연세대학교 법학연구소, 2008), 133면; 최준선, 앞의 "주주권 행사와 관련한 이익공여금지 소고", 198면.

에 대한 대책으로 실효를 거두지 못하고 있는 점을 개선하기 위하여 신설된 것이라는 입법경위, '주주의 권리행사'와 관련하여 재산상 이익을 공여하는 것을 범죄구성요건으로 하고 있음을 들고 있다.[415)]

제4설은 **회사자산 낭비 방지에 의한 회사의 경영건전성 확보와 주주 권리행사의 적정** 모두를 보호법익으로 보는 견해이다. 양 보호법익의 관계가 선택적(또는 병렬적)인지 중첩적인지도 문제가 될 수 있는데, 그 중 중첩적 관계로 보는 입장이다(중첩적 보호설).[416)] 위 각 학설에서 언급한 이익공여죄등의 입법경위나 범죄구성요건 규정내용 모두를 그 논거로 한다.

위 각 견해는 다음과 같은 경우에 해석상 차이를 나타낸다. 첫째, 회사가 주주의 권리행사와 관련하여 타인에게 회사자산을 공여하더라도 회사에 필요하거나 대가가 상당한 거래에 따른 공여인 경우 등 회사자산의 손해가 발생하지 아니한 경우이다. 이 경우 제1설, 제2설 또는 제4설을 따르면 회사자산의 낭비가 없으므로 이익공여죄등이 성립하지 않지만,[417)] 제3설을 따르면 회사자산의 낭비가 없을지라도 주주 권리행사의 적정이 침해되었으므로 이익공여죄등이 성립하게 된다.[418)] 둘째, 이익공여를 받는 자가 회사의 주주가 아닐 뿐만 아니라 회사의 주주에게 영향을 미칠 수 있는 자도 아니어서 이익공여가 주주의 권리 행사 · 불행사에 영향을 미칠 객관적 개연성이 존재하지 않는 경우에도 공여자의 의도에 비추어 주주의 권리행사와 관련한 이익공여로 볼 것인지 여부의 문제이다. 위 제1설 또는 제2설을 따르면 이러한 경우에도 회사자산의 낭비가 있었고, 이익공여가 '주주의 권리행사와 관련하여' 이루어진 것인지는 공여자의 의도로 파악하면 충분하므로 이익공여죄의 성립을 긍정할 수 있다고 한다.[419)] 그러나 위 제3설 또는 제4설을 따르면 주주 권리행사의 적정을 침

415) 芝原邦爾, 「経済刑法研究 (上)」(有斐閣, 2005), 156면.

416) 한석훈, 대계Ⅲ, 1171면; 천경훈, 주석 상법(회사-Ⅶ), 185면; 양동석 · 김현식, 「기업범죄」(법영사, 2014), 82면; 강대섭, "주주권 행사에 관한 이익공여와 주주총회결의의 효력-대법원 2014. 7. 11.자 2013마2397 결정-", 「상사법연구」 34권 1호(한국상사법학회, 2015), 243,244면; 会社法コンメンタル(21), 143,144면.

417) 권재열, 앞의 "상법상 이익공여죄에 관한 소고", 134면.

418) 권재열, 위 "상법상 이익공여죄에 관한 소고", 132면; 강대섭, 위 "주주권 행사에 관한 이익공여와 주주총회결의의 효력", 243면; 정준우, 앞의 "상법상 이익공여금지규정의 주요쟁점 검토", 15면.

419) 新版 注釋会社法(13), 618면; 伊藤榮樹 外 2人 編, 앞의 「注釋特別刑法(5の I)」, 229면; 野村稔, 「經濟刑法の論点」(立花書房, 2002), 112,113면.

해할 위험이 없으므로 이익공여죄등의 성립을 부정하게 된다.[420]

생각건대 이익공여죄등은 이익공여금지 규정의 실효성 확보를 위한 것인데, 이익공여금지 규정은 이익수수자에 대하여 민법의 비채변제(민법 제742조), 불법원인급여(민법 제746조 본문) 법리와 상충될 수 있는 이익반환의무를 부과하고 대표소송 등으로 그 의무이행을 관철함에 중점이 있는 점, 이익공여죄의 범죄구성요건에서도 '회사의 계산으로' 이익공여를 할 것을 요구하고, 그 처벌에 있어서도 독직죄나 권리행사방해 증수뢰죄와 달리 몰수 · 추징 규정이 없는 점에 비추어 보면, 그 보호법익에 회사자산 낭비 방지를 포함해야 할 것이다. 또한 이익공여금지 규정상 금지행위의 주체가 주식회사이고 이익공여죄의 행위주체를 주식회사의 이사 등 임직원으로 한정하고 있음은 주주권이 사적 권리인 점을 감안하여 회사 임직원의 회사자산 낭비를 수반하는 이익공여의 경우에만 가벌성을 인정하는 취지로 보아야 한다.[421] 그런데 그러한 회사자산의 낭비가 '주주의 권리행사'와 관련하여 이루어지는 경우에만 범죄가 성립하는 것이므로 주주 권리행사의 적정도 보호법익에 중첩적으로 포함되어야 할 것이다. 따라서 위 제4설이 타당하지만 그 표현에 있어서 다소의 수정이 필요하다. 즉 이익공여죄등은 회사자산 낭비 방지와 주주 권리행사의 적정을 통하여 궁극적으로는 회사의 경영건전성을 확보하려는 것이므로 그 보호법익은 **회사자산 낭비 방지 및 주주 권리행사의 적정을 통한 회사의 경영건전성 확보**로 보아야 할 것이다.

그리고 이익공여죄등은 범죄구성요건상 회사자산의 낭비나 주주 권리행사의 적정 또는 회사의 경영건전성이 현실적으로 침해되거나 그 침해의 구체적 위험이 발생할 것을 요구하고 있지 않으므로, 보호법익의 보호정도는 추상적 위험범에 해당한다.

---

420) 会社法コンメンタル(21), 147면; 中森喜彦, "利益供与罪の新設", 「判タ」 471号(1982), 2면.
421) 일본 이익공여죄등의 입법경위 참조[会社法コンメンタル(21), 142면].

Ⅲ. 범죄구성요건

1. 행위주체

이익공여죄의 행위주체는 주식회사의 이사, 집행임원, 감사위원회 위원, 감사, 일시이사(상법 제386조 제2항), 이사 · 감사 직무대행자(상법 제407조 제1항, 제415조),[422] 지배인 또는 그 밖의 사용인이다. 사용인은 부분적 포괄대리권을 가진 사용인에 한정하지 않고 그 범위에 제한이 없는 점은 특별배임죄의 행위주체와 다른 점이다. 이처럼 이익공여죄는 일정한 신분을 가진 자만이 행위주체가 될 수 있는 진정신분범에 속한다.

사용인을 제외한 위 행위주체에 대한 구체적 설명은 특별배임죄에서 설명한 내용과 같다. 사용인의 범위에 관하여 독자적인 의사결정에 따라 이익공여를 한 사용인으로 제한하는 견해[423]가 있다. 그러나 사용인이 이사 등 임원의 지시에 따라 이익공여를 하였다고 하여 그 행위주체성을 부인할 근거는 없을 것이다. 그러한 경우에는 사용인도 이익공여죄의 행위주체로서 임원과 공동정범이 될 수 있다. 다만, 임원 등 상사의 강요에 의한 행위일 경우에는 형법 제12조의 강요된 행위에 해당할 경우에 책임조각사유가 될 수 있을 뿐이다.

통상 위 이익공여죄의 행위주체는 자연인이다. 그런데 그 중 이사나 감사는 자연인 외에 법인도 선임될 자격이 있는지 여부에 관하여 견해가 대립하고 있다.[424] 감사나 감사위원회 위원의 경우에는 회사의 업무 및 회계를 감사하는 직무이고 고도의 전문성을 필요로 하므로 회계법인 등 법인이 이를 담당하는 것을 배제할 필요가 없을 것이다.[425] 또한 자본시장법상 투자회사는 주식회사인데 반드시 법인이사를 두도

422) 이사 또는 감사에 대한 선임결의의 무효나 취소 또는 해임의 소가 제기되었거나 제기되기 전에 법원에 의하여 선임된 그 직무대행자를 말한다.

423) 김선정, "주주의 권리행사에 관한 이익공여금지 –소위 총회꾼의 횡포에 대한 법적 대응–", 「개발논총」 제2집(동국대학교, 1992), 26면; 권재열, 앞의 "상법상 이익공여죄에 관한 소고," 135면.

424) 이사 · 감사의 자격을 자연인으로 제한하는 입장[최준선(회사), 463,602면; 정찬형(상법–상–), 965,1114면; 권기범(회사), 825,1037면; 김건식 · 노혁준 · 천경훈(회사), 365,524면; 송옥렬(상법), 993,1124면], 이사 · 감사의 자격에 법인도 허용하는 입장[정경영(쟁점), 87면; 손진화(상법), 558,641면], 이사의 자격은 자연인으로 제한하지만, 감사의 자격에는 법인도 허용하는 입장[홍복기 · 박세화(회사), 410,411,586면; 김홍기(상법), 569,570,662면]으로 구분할 수 있다.

425) 김홍기(상법), 662면.

록 규정하고 있는(자본시장법 제194조 제10항 제3호, 제197조) 등 특별법에서는 법인이사를 허용하고 있는 경우가 많다.[426)]

따라서 이익공여의 행위주체가 법인인 경우에는 누구에게 이익공여죄 규정이 적용되는지를 검토할 필요가 있다. 그런데 행위주체가 법인인 경우에 실제 행위자에게 상법 벌칙 규정을 적용하도록 하는 규정인 상법 제637조에 이익공여죄의 경우가 포함되지 아니한 것은 입법의 불비이다. 참고로 일본에서는 위 상법 제637조와 유사한 규정인 일본 회사법 제972조에 명문규정을 두어 이익공여죄(일본 회사법 제970조 제1항)의 행위주체가 법인인 경우에는 그 법인의 이사(즉 取締役), 집행임원(즉 執行役), 기타 업무를 집행하는 임원(즉 役員) 또는 지배인에게 이익공여죄 규정을 적용하고 있다. 우리나라의 경우 앞의 제2장 제2절 '법인의 범죄능력' 부분에서 설명한 것처럼 원칙적으로 법인의 범죄능력을 부정하는 현행법 입장에서는 권리행사방해 증수뢰죄와 마찬가지로 그 법인의 실제행위자를 이익공여죄의 행위주체로 볼 수밖에 없다. 그 실제행위자는 상법 제637조 규정에 비추어 볼 때 실제 행위를 한 이사 · 업무집행사원 · 집행임원 · 감사 또는 지배인이 될 것이다.

이익수수죄나 제3자이익공여죄는 신분범이 아니며, 그 행위주체에 아무런 제한이 없다. 통상적으로는 총회꾼이나 주주인 경우가 많겠지만 누구든지 그 행위주체가 될 수 있을 것이다.

2. 위반행위

가. 이익공여죄

이익공여죄의 범죄구성요건인 위반행위는 위 행위주체가 같은 회사 '주주의 권리행사와 관련하여' '회사의 계산으로' '재산상 이익을 공여한' 행위이다. 이 죄는 이익공여금지 규정의 실효성 확보를 위한 것이므로 그 범죄구성요건의 해석도 이익공여금지 규정인 상법 제467조의2 요건의 해석과 달리할 것은 아니다.

1) 주주의 권리행사와 관련하여

위 행위주체의 재산상 이익 공여는 '주주의 권리행사와 관련하여' 이루어져야 한

---

426) 정경영(쟁점), 87면.

다. '주주의 권리'란 **'법률과 정관에 따라 주주로서 행사할 수 있는 모든 권리'**를 의미하고, 주주총회에서의 의결권, 대표소송 제기권, 주주총회결의에 관한 각종 소권 등과 같은 공익권, 이익배당청구권, 잔여재산분배청구권, 신주인수권 등과 같은 **자익권** 등 주주 지위에 따른 권리는 포함하지만, 회사에 대한 계약상의 특수한 권리 등 주주 지위와 무관한 제3자로서의 권리는 포함되지 않는다(통설 · 판례).[427] 이익공여죄 등은 그 입법취지나 보호법익에 비추어 볼 때 총회꾼이나 회사 임직원이 주주의 의결권 등 주주로서의 지위에 따른 권리행사에 영향을 미치는 것을 차단하여 회사의 경영건전성을 확보하려는 것이기 때문이다.[428]

또한 주주의 권리행사와 '관련하여'란 **"주주의 권리행사에 영향을 미치기 위한 것"**으로서(통설 · 판례),[429] 이는 공여자의 주관적 의도를 파악하여 판단할 문제일 뿐 이익수수자 등 상대방의 인식 여부와는 무관하다(통설 · 판례).[430] 의결정족수 확보를 목

---

427) 최준선(회사), 415면; 최기원(회사), 958면; 이철송(회사), 1036; 황남석, 앞의 "주주에 대한 이익공여금지 규정의 적용범위", 770면; 정준우, 앞의 "상법상 이익공여금지규정의 주요쟁점 검토", 20면; 대법원 2017. 1. 12. 2015다68355,68362(원고회사는 운영자금을 조달하기 위해 피고와의 사이에 '피고가 원고회사 주식 2억 원 상당을 우리사주 조합원들로부터 매수하고 그 대금은 원고회사에 지급하며 별도로 원고회사에 돈 4억 원을 대여하되, 피고가 원고회사의 임원 1명을 추천할 권리를 가지고 원고회사는 그 추천된 임원에게 상근임원에 해당하는 보수를 지급하기로 한다.'는 내용의 약정을 체결하였는데, 그 직후 위 약정 중 피고의 임원추천권은 이를 행사하지 아니하는 대신 원고회사가 피고에게 매월 200만 원을 지급하기로 하는 내용의 추가약정을 하였고, 그 후 추가약정에 따라 합계 2억 원을 지급한 사안이다. 이에 대하여 원심은 위 임원추천권을 피고가 상법 제363조의2 제1항의 주주제안권을 행사하여 임원 후보를 추천하는 것으로 보고 이러한 피고의 주주 권리를 행사하지 아니하는 대가로 돈을 지급하기로 한 추가약정은 상법 제467조의2 제1항에 위배된다고 판단하였다. 그러나 대법원은 위 임원추천권은 피고가 추천하는 1명을 원고회사의 경영진과 우리사주조합이 이사회와 주주총회 결의 등을 통해 임원으로 선임하고 상근임원에 준하는 보수를 지급하기로 하는 내용으로서 **계약상의 특수한 권리**일 뿐 주주의 자격에서 가지는 공익권이나 자익권으로 볼 수는 없으므로 상법 제467조의2 제1항에서 정한 '주주의 권리'에 해당하지 않고, 따라서 위 추가약정은 피고가 원고회사에 운영자금 6억 원을 조달하여 준 것에 대한 대가를 지급하기로 한 것일 뿐 주주의 권리행사에 영향을 미치기 위하여 돈을 공여하기로 한 것이라고 할 수 없으므로 상법 제467조의2 제1항에 위배되지 않는다고 판시).

428) 황남석, 앞의 "주주에 대한 이익공여금지 규정의 적용범위", 770면에서는 그 이유를 "이익공여죄등 규정상 '주주의 권리행사와 관련하여'란 문언은 주식회사의 지배자인 주주의 권리행사에 영향을 준다는 의미를 내포하기 때문이다."라고 유사한 설명을 하고 있다.

429) 최기원(회사), 958,959면; 강대섭, 앞의 "주주권 행사에 관한 이익공여와 주주총회결의의 효력", 250면; 정쾌영, 대계Ⅱ, 243면; 대법원 2017. 1. 12. 2015다68355,68362.

430) 최기원(회사), 959면; 우홍구, "주주의 권리행사와 관련한 이익공여의 금지", 「법대논총」 제3집(건국대학교, 1994), 40면; 정쾌영, 대계Ⅱ, 239면; 강대섭, 앞의 "주주권 행사에 관한 이익공여와 주주총회결의의 효력", 245면; 대법원 2014. 7. 11. 2013마2397[창원컨트리클럽(이하 '회사'라 함)의 회사정관에는 사전투표함 비치기간을 '주주총회일 2주 전부터 주주총회 개최 1일 전 17시까지'로 규정되어 있는데, 이사회에서는 정기주주총회에서 실시할 임원선임결의에 관하여 사전투표의 시기(始期)를 '주

적으로 주주총회 참석 주주에게 금품 등 재산상 이익을 공여하는 경우에는 회사의 정당한 이익을 보호하기 위한 것이므로 주주의 권리행사에 영향을 미치려는 의도가 없다고 보는 견해[431]가 있다. 이에 대하여 이러한 경우이더라도 주주의 권리행사와 관련한 이익공여에 해당하지만, 소액의 기념품 증정과 같이 일반적 관례 등 사회통념에 어긋나지 아니한 경우에는 위법성이 없다고 보는 견해(통설)[432]가 있다. 의결정족수만 확보되면 유리한 의결을 기대할 수 있는 경우도 있으므로 후설이 타당하다고 본다.

한편 이익공여금지 규정 중에는 회사가 특정 주주에게 무상으로 재산상 이익을 공여하였거나, 유상으로 공여하였더라도 회사가 얻은 이익이 공여한 이익에 비하여 현저하게 적은 경우에는 주주의 권리행사에 관하여 이익을 공여한 것으로 추정하는 규정이 있다(상법 제467조의2 제2항). 이러한 추정규정을 이익공여죄의 '주주의 권리행사와 관련하여'를 판단하는 경우에도 적용된다고 보는 견해[433]가 있다. 그러나 위 이익공여 추정규정은 회사의 이익공여를 금지하고 이익수수자에 대하여 공여된 이익의 반환의무 및 대표소송 규정의 준용 등을 규정하면서 그 이익반환 청구를 하는 회

주총회일 24일 전'으로 연장하고, 사전투표에 참여하는 주주들에게 1회에 한하여 양도가능한 골프장 예약권을 부여하고, 사전투표에 참여하거나 주주총회에서 직접 의결권을 행사한 주주들에게 20만 원 상당의 상품교환권을 지급하기로 결의한 다음, 대표이사는 주주총회에 사전투표와 직접투표를 한 주주들에게 위 이사회 결의대로 회사의 계산으로 위 골프장예약권 또는 상품교환권을 제공하였다. 그 주주총회 결과 종전 대표이사 및 이사들이 대표이사 또는 이사로 재선임되자, 대표이사 또는 이사 후보자로 등록하였다가 선임되지 못한 주주 등이 주주총회결의 부존재 또는 취소 사유가 존재한다는 이유로 재선임된 대표이사 및 이사들에 대한 직무집행정지가처분을 구한 사안이다(이하 '**창원컨트리클럽 이익공여사건**'이라 함). 이에 대하여 대법원은 위 주주총회결의는 정관을 위반하여 사전투표기간을 연장하였을 뿐만 아니라, 기존 임원들과 반대파 주주들 사이에 주주총회결의를 통한 경영권 다툼이 벌어지는 상황에서 기존 대표이사의 주도로 주주총회의 사전투표기간이 연장되고 사전투표기간의 의결권 행사를 전제로 위 골프장예약권 및 상품교환권이 제공되었으며, 그 사전투표가 대표이사 등의 당락을 좌우하는 요인이 된 점에 비추어 보면, 위 이익공여는 "단순히 투표율 제고나 정족수 확보를 위한 목적으로 제공되었다기보다는 의결권이라는 **주주의 권리행사에 영향을 미치기 위한 의도**로 공여된 것으로 보인다."고 판시].

431) 정쾌영, 대계Ⅱ, 243면. 다만, 이러한 입장에서도 출석 주주에 대한 고가의 기념품 제공 등의 경우에는 주주의 권리행사와 관련한 이익공여로 본다[정쾌영, "이익공여 금지 위반과 주주총회 결의 취소- 대법원 2014. 7. 11. 2013마2397 결정을 중심으로-", 「기업법연구」 29권 1호(한국기업법학회, 2015), 123면].

432) 최기원(회사), 959면; 김선정, 앞의 "주주의 권리행사에 관한 이익공여금지 -소위 총회꾼의 횡포에 대한 법적 대응-", 28면; 한석훈(기범), 391면; 강대섭, 앞의 "주주권 행사에 관한 이익공여와 주주총회 결의의 효력", 251면; 천경훈, 주석 상법(회사-Ⅶ), 189면.

433) 송호신(박사학위논문), 163면.

사나 소수주주의 증명책임을 전환하기 위한 규정일 뿐이다.[434] 그러므로 무죄추정 원칙(헌법 제27조 제4항)에 따라 범죄구성요건의 증명책임이 검사에게 있는 형사상 책임에까지 위 이익공여추정 규정을 적용할 것은 아니다.[435][436]

주주의 권리행사와 관련한 이익공여인지가 문제 되는 다음의 경우에는 이 죄의 규정 문언이나 보호법익 등에 비추어 판단할 수 있을 것이다.

우선, 주주권의 행사는 주주총회 내외를 불문하며,[437] 주주총회에 불출석 한다거나 출석하더라도 질문이나 발언 등 주주의 권리를 행사하지 않기로 하는 주주권의 불행사 또는 이러한 주주권의 행사 · 불행사와 밀접한 관계가 있는 행위에 영향을 미치는 이익공여도 포함된다.[438] 주주총회의 원활한 진행에 협력하는 것에 대한 대가를 공여하는 경우처럼 주주 권리행사의 내용이 위법하지 않더라도 무방하고,[439] 주주총회에 참석한 주주들에게 선물을 공여하는 경우처럼 구체적인 청탁이 없다거나 주주 전원에게 이익공여를 하더라도 무방하다.[440]

이에 대하여 주주 전원에게 이익을 공여하는 것은 주주평등 원칙에 위배되지 아니하므로 이익공여에 해당하지 않는 것으로 해석하는 견해[441]가 있다. 그러나 이익공여금지 규정이나 이익공여죄등은 주주평등 원칙을 위반하는 경우에만 적용되는

---

434) 최기원(회사), 959면; 이철송(회사), 1039면.

435) 新経済刑法入門, 173면; 新版 注釋会社法(13), 619면.

436) 위 창원컨트리클럽 이익공여사건에서 회사 대표이사는 이익공여죄로 유죄 선고를 받고 그 판결이 확정되었는데, 그 사건 판결(대법원 2018. 2. 8. 2015도7397)에서도 "피고인이 재산상 이익을 공여한 사실은 인정하면서도 주주의 권리행사와 관련 없는 것으로서 그에 대한 범의도 없었다고 주장하는 경우에는, 상법 제467조의2 제2항, 제3항 등에 따라 회사가 특정 주주에 대해 무상으로 또는 과다한 재산상 이익을 공여한 때에는 관련자들에게 상당한 법적 불이익이 부과되고 있음을 감안해야 하고, 증명을 통해 밝혀진 공여행위와 그 전후의 여러 간접사실들을 통해 경험칙에 바탕을 두고 치밀한 관찰력이나 분석력에 의하여 사실의 연결상태를 합리적으로 판단해야 한다."고 판시하고 있다. 즉, 형사사건에서는 상법 제467조의2 제2항의 추정규정은 '주주의 권리행사와 관련된 이익공여'임을 인정할 수 있는 판단자료 중 하나에 불과할 뿐, 그것만으로 그것이 증명되었다고 보거나 증명책임이 전환되는 것은 아니다.

437) 최준선(회사), 415면.

438) 이철송(회사), 1036면; 최준선(회사), 415면; 우홍구, 앞의 "주주의 권리행사와 관련한 이익공여의 금지", 39면; 정쾌영, 앞의 "이익공여 금지 위반과 주주총회 결의 취소", 123면.

439) 이철송(회사), 1036면; 강대섭, 앞의 "주주권 행사에 관한 이익공여와 주주총회결의의 효력", 249면; 정쾌영, 앞의 "이익공여 금지 위반과 주주총회 결의 취소", 123면.

440) 会社法コンメンタル(21), 146면.

441) 정쾌영, 앞의 "이익공여 금지 위반과 주주총회 결의 취소", 123면.

것은 아니므로 회사자산의 낭비를 초래하고 주주 권리행사의 적정을 침해하는 경우라면 주주평등 원칙에 위배되는지 여부를 불문하고 이익공여죄등이 성립하는 것으로 봄이 타당하다.[442)]

우리사주제도 실시회사가 근로자복지기본법에 따라 우리사주조합의 우리사주 취득을 위하여 그 조합에 취득자금 · 물품을 출연하거나 그 취득자금의 융자 또는 융자보증 등 지원행위를 하는 경우에(근로자복지기본법 제36조 제1항 제1호, 제42조 제1항, 제2항, 제3항), 그것이 근로자에 대한 복리후생 지원행위로서 합리적인 범위라면 주주의 권리행사에 관한 이익공여에 해당하지 않는 것으로 보는 견해[443)]가 있다. 원칙적으로는 타당한 견해이다. 그러나 그러한 합리적 범위를 초과하여 지원행위를 한 경우에는 물론, 지원금액이 합리적 범위 내이고 우리사주제도의 일환으로 행하였을지라도 회사가 근로자의 주주권 행사 · 불행사를 명시적 또는 묵시적으로 요구하고 지원행위를 하는 등 공여자의 주관적 의도가 인정되는 경우에는 주주의 권리행사에 관한 이익공여로서 이익공여죄의 범죄구성요건에 해당하게 된다.[444)] 그리고 우리사주제도에 따른 주식취득을 위한 재정지원행위가 주주의 권리행사 관련 이익공여로 인정되더라도, 근로자의 경제적 · 사회적 지위향상과 노사협력 증진이라는 우리사주제도의 목적(근로복지기본법 제32조), 주식 중 경영진의 우호지분을 확보하는 것도 우리사주제도의 중요한 기대효과에 해당하는 점에 비추어 법령에 의한 정당행위(형법 제20조)로서 위법성을 조각하는 것으로 보는 견해[445)]가 있다. 그러나 우리사주제도는 "근로자로 하여금 우리사주조합을 통하여 소속 회사의 주식을 취득 · 보유하게 함으로써 근로자의 경제적 · 사회적 지위향상과 함께 근로자의 생산성 향상과 노사협력 증진을 통하여 국민경제에 기여하는 사회정책적 효과를 도모하기 위하여 채택된 제도"일 뿐이므로(판례),[446)] 이 제도를 경영자의 우호지분 확보를 위하여 이용하는 것

---

442) 강대섭, 앞의 "주주권 행사에 관한 이익공여와 주주총회결의의 효력", 248면.

443) 권재열, 앞의 "상법상 이익공여죄에 관한 소고," 140면; 최기원(회사), 959면(우리사주조합의 조합원에게 지급하는 이익이 "그 금액과 목적에 비추어 종업원의 후생을 위한 것으로 인정되는 때에는 주주의 권리행사에 관한 이익공여가 아니다."라고 설명); 강대섭, 앞의 "주주권 행사에 관한 이익공여와 주주총회결의의 효력", 251면.

444) 김선정, 앞의 "주주의 권리행사에 관한 이익공여금지", 38,39면; 한석훈, 대계Ⅲ, 1175면.

445) 천경훈, 주석 상법(회사-Ⅶ), 190,191면.

446) 대법원 2014. 8. 28. 2013다18684.

은 허용할 수 없다. 또한 우리사주조합은 우리사주를 일정기간 수탁기관에 예탁해야 하고 그 의결권은 조합의 대표자가 행사함이 원칙인데, 조합의 대표자가 우리사주의 의결권을 행사함에 있어서도 조합원의 의사에 따르거나 다른 주주들의 의결내용에 영향을 미치지 않는 방법으로 행사해야 하는 제한이 있다.[447] 그러므로 경영자 등 이익공여죄의 행위주체가 우리사주제도 실시회사의 계산으로 우리사주 취득자금을 지원한 행위가 우리사주의 권리행사와 관련된 사실이 인정된다면, 그것을 법령에 의한 정당행위로서 위법성을 조각하는 것으로 보는 것은 신중을 기할 필요가 있을 것이다.

이익공여가 주주의 권리행사와 관련하여 이루어진 것이라면 반드시 그 이익공여를 받는 자의 주주권 행사와 관련되어야만 하는 것은 아니므로 다른 주주의 권리행사와 관련한 이익공여라도 무방하고, 이익공여의 상대방이 주주가 아니더라도 무방하다.[448] 예컨대 주주가 아닌 자에게 다른 주주로 하여금 주주총회에서 발언하지 않도록 설득해 줄 것을 부탁하는 등 다른 주주의 권리행사에 영향력을 행사하도록 부탁하고 재산상 이익을 공여하는 경우에도 주주의 권리행사와 관련한 이익공여에 해당한다.[449] 현재는 주주가 아니지만 장래 주주가 될 자에게 장래 주주로서 행사할 수 있는 권리에 관하여 이익공여를 하는 경우도 포함한다.[450]

주식을 양도 · 양수한다거나 양도하지 않는 것 자체는 주주의 권리행사와 관련한 것으로 볼 수 없다. 그러나 주식을 양도함으로써 주주의 권리를 행사하지 않기로 하고 그 대가인 이익공여를 한다거나 타인에게 그 주식을 양수하기 위한 대가를 공여

---

447) 우리사주조합의 대표자는 우리사주의 의결권을 행사함에 있어서, 조합원 계정에 배정된 주식의 의결권은 그 조합원의 의사표시에 따라야 하고(근로복지기본법 제43조 제1항, 제2항, 제46조 제1항), 조합원의 의사표시가 없거나 의결권 위임 요청이 없으면 해당 주주총회의 참석 주식 수에서 의사표시가 없거나 위임 요청이 없는 주식 수를 뺀 주식 수의 의결내용에 영향을 미치지 않도록 행사해야 한다(근로복지기본법 시행령 제28조 제1항). 또한 우리사주조합 계정에 배정된 주식의 의결권 행사도 조합의 대표자는 ① 조합원 계정에 배정된 주식에 대한 의사표시가 있는 조합원의 의사표시 비율과 같은 비율대로 행사하는 방식, ② 해당 주주총회의 참석 주식 수에서 우리사주조합의 계정에 보유하는 주식 수를 뺀 주식 수의 의결 내용에 영향을 미치지 아니하도록 행사하는 방식, ③ 우리사주 조합원총회에서 정한 의사표시의 내용에 따라 행사하는 방식 중, 우리사주조합과 우리사주제도 실시회사가 협의하여 규약으로 정한 방식에 따라 행사해야 한다(근로복지기본법 시행령 제28조 제2항).

448) 강대섭, 앞의 "주주권 행사에 관한 이익공여와 주주총회결의의 효력", 244,245면.

449) 日 東京地判 1988. 6. 29. 資料版商事法務 70号 44면; 新版 注釋会社法(13), 618면; 会社法コンメンタル(21), 146,149면.

450) 会社法コンメンタル(21), 146면.

하는 것은 주주의 권리행사와 관련한 이익공여로 보아야 한다.[451]

주주가 아닌 자이지만 회사의 주식을 취득하여 주주권을 행사하려는 자에게 앞으로 회사의 주식을 취득하지 않을 것을 조건으로 재산상 이익을 공여하는 경우에도 주주의 권리 불행사를 조건으로 하는 것이므로 주주의 권리행사와 관련한 이익공여로 볼 수 있다.[452] 이에 대하여 기명주식의 경우에는 주주의 회사에 대한 권리가 명의개서 후에야 발생하는 것임을 이유로 이 죄의 성립을 부정하는 견해[453]도 있다. 그러나 '주주의 권리'를 현재 보유하는 권리로 제한할 이유가 없고, 이러한 경우에도 회사재산의 낭비와 주주 권리행사의 적정을 침해할 위험이 있으므로 전자의 견해가 타당하다고 본다.

이익공여죄등에 관한 상법 제634조의2 규정은 앞의 보호법익 부분에서 설명한 것처럼 이익공여죄를 기본적 범죄유형으로 제1항에 먼저 규정함으로써 제2항의 이익수수죄나 제3자이익공여죄의 성립 여부와 무관하게 성립하는 범죄로 규정되어 있다. 그러므로 이익공여죄는 필요적 공범이 아니며 그 상대방에게 이익수수죄나 제3자이익공여죄가 성립하지 않더라도 성립할 수 있다. 예컨대 이익공여를 받는 자에게 그 이익공여가 주주의 권리행사와 관련한 것이라는 점에 대한 인식이 없어서 이익수수죄가 성립하지 않더라도 이익공여죄가 성립할 수 있음은 물론이다(통설).[454]

2) 회사의 계산으로

범죄구성요건 중 '회사의 계산으로'란 누구의 명의이든 불문하고 재산상 이익의 공여에 따른 경제적 손익이 회사에 귀속되어 실질적으로 회사의 부담이 되는 것을 말한다. 회사 임원이 자기 돈으로 이익공여를 하였더라도 회사가 미리 임원 수당의 인상 등으로 그 돈을 보전(補塡)해 준 경우에는 회사의 계산으로 이익공여를 한 경우가 된

451) 한석훈(기범), 386면; 강대섭, 앞의 "주주권 행사에 관한 이익공여와 주주총회결의의 효력", 249,250면; 新版 注釋会社法(13), 618면; 会社法コンメンタル(21), 147면.

452) 권재열, 앞의 "상법상 이익공여죄에 관한 소고," 138면; 우홍구, 앞의 "주주의 권리행사와 관련한 이익공여의 금지", 40면; 강대섭, 앞의 "주주권 행사에 관한 이익공여와 주주총회결의의 효력", 249면; 新経済刑法入門, 173면; 会社法コンメンタル(21), 146면.

453) 김선정, 앞의 "주주의 권리행사에 관한 이익공여금지", 27면.

454) 김선정, 앞의 "주주의 권리행사에 관한 이익공여금지", 36면; 최기원(회사), 958면; 강대섭, 앞의 "주주권 행사에 관한 이익공여와 주주총회결의의 효력", 245면; 정쾌영, 앞의 "이익공여 금지 위반과 주주총회 결의 취소", 123면; 会社法コンメンタル(21), 147,150면; 伊藤榮樹 外 2人 編, 앞의 「注釋特別刑法(5の I)」, 229면.

다.[455]

주주의 권리행사와 관련하여 회사의 자산을 공여하더라도 그 대가 등의 경제적 효과가 회사에 귀속됨으로써 회사의 자산에 손해가 발생하지 않고 그 손해발생의 위험조차 없는 경우에도 이익공여죄가 성립할 것인지는 문제가 된다. 이는 '회사의 계산으로'란 의미가 나아가 회사의 재산상 손해발생 또는 적어도 그 손해발생의 위험이 있을 것도 요구하는 것인지 여부의 문제로서 이익공여죄등의 보호법익에 관한 견해에 따라 결론을 달리할 수 있다. 앞의 보호법익 부분에서 설명한 것처럼 **주주 권리행사의 적정**을 보호법익으로 보는 입장에서는 주주 권리행사의 적정이 침해되었다면 회사의 재산상 손해발생은 물론 그 위험발생조차 요구하지 아니하므로 이익공여죄의 성립을 긍정하게 된다.[456] 그러나 보호법익에 관한 나머지 입장에서는 **회사자산 낭비 방지**도 보호법익에 포함하고 있으므로 회사의 재산상 손해발생이나 그 위험(즉 추상적 위험) 발생이 없었다면 회사자산의 낭비는 없었으므로 이익공여죄는 성립하지 않게 된다.[457]

모회사가 자회사의 계산으로 이익공여를 한 때, 예컨대 모회사의 이사 등이 자회사로부터 염출한 자금을 그 모회사 주주의 권리행사와 관련하여 모회사 주주에게 공여한 경우에도 모회사의 계산으로 이익공여를 한 것으로 볼 것인지 문제가 될 수 있다. 이 경우 이익공여가 간접적으로 모회사의 부담이 된다거나 염출한 자금이 일단 모회사에 귀속되었던 것으로 보고 이를 긍정하는 견해가 있을 수 있다.[458] 그러나 자회사는 모회사와 별개의 법인격을 가진 회사이고 모회사는 자회사의 주주에 불과하므로, 모회사가 보유하는 자회사 주식의 가치에 영향을 미칠 수 있음에 불과한 경우까지 모회사의 계산으로 이익공여를 한 경우로 본다거나 분명한 근거가 없이 자회사의 자금이 모회사에 귀속되었던 것으로 의제하는 것은 죄형법정주의 원칙에 위

---

455) 김선정, 앞의 "주주의 권리행사에 관한 이익공여금지", 25면; 新版 注釋会社法(13), 619면.

456) 会社法コンメンタル(21), 144면.

457) 권재열, 앞의 "상법상 이익공여죄에 관한 소고", 135면 각주 29에서도 이익공여죄의 보호법익을 **회사자산 낭비 방지**로 보는 입장에서 "회사가 공정한 거래를 한 경우에는 이익공여죄의 구성요건을 결한 것으로 해석된다."고 설명하고 있다.

458) 日 東京地判 1988. 6. 23. 資料版 商事法務 59号 29면(자회사로부터 염출한 자금을 뒷돈으로 사용하여 총회꾼에게 공여한 사안에서 이익공여죄의 성립을 인정하였음).

배된다.[459] 다만, 그 공여 자금을 모회사가 자회사에게 사실상 지급하여 보전(補塡) 해 준 때에는 모회사의 계산으로 이익공여를 한 것으로 볼 수 있을 뿐이다.[460) 461)]

3) 재산상 이익의 공여

'재산상 이익'의 개념은 금전적 가치로 환산할 수 있는 이익, 즉 경제적 이익을 뜻한다(통설).[462] 채무면제, 지급유예, 금전대여, 보증, 담보제공, 유상 서비스의 무상제공, 향응 제공 등을 포함하지만, 단순한 지위의 제공이나 정욕의 만족은 포함되지 않는다. 그러므로 형법상 뇌물죄의 뇌물 개념보다는 좁은 개념이지만, 앞에서 설명한 권리행사방해 증수뢰죄나 후술하는 독직죄에서의 '재산상 이익'과 같은 개념이다. **창원컨트리클럽 이익공여사건**은 양도가능한 골프장 예약권 및 상품교환권이 재산상 이익으로 공여된 사례이다.

거래상 유리한 기회의 제공이 재산상 이익의 공여인지 여부는 다툼이 있을 수 있다. 예컨대 종전까지 다른 청소업체에 맡겨 온 회사 건물의 청소작업을 총회꾼이나 주주가 운영하는 청소업체에 맡기는 용역계약을 체결한 경우에 재산상 이익을 공여한 것인지 문제가 된다. 그 대가가 통상의 거래상 합리적인 범위내로서 정당한 거래의 대가로 볼 수 있는 한 회사자산을 낭비할 우려가 없기 때문에 거래상 유리한 기회를 부여한 것만으로는 재산상 이익에 해당하지 않는 것으로 보는 견해[463]가 있다. 이에 대하여 거래 자체가 경제적 이권(利權)이 되는 경우에는 정당한 거래의 대가가 있었더라도 거래 기회의 제공 자체가 재산상 이익의 공여에 해당한다고 보는 견해[464]가 있다. 생각건대 '재산상 이익'을 금전적 가치로 환산할 수 있는 이익을 의미한

459) 우홍구, 앞의 "주주의 권리행사와 관련한 이익공여의 금지", 38면; 김선정, 앞의 "주주의 권리행사에 관한 이익공여금지", 40면.

460) 김선정, 앞의 "주주의 권리행사에 관한 이익공여금지", 40면.

461) 일본은 앞에서 설명한 것처럼 2000년 상법개정 당시 '자회사의 계산으로 재산상 이익을 공여한 때'에도 이익공여죄가 성립하는 것으로 범죄구성요건을 수정하여 입법적으로 해결하였다(현행 일본 회사법 제970조 제1항).

462) '경제적 가액을 갖는 이익' 또는 '재산적 가치가 있는 유 · 무형의 모든 경제적 이익'으로 표현하기도 하지만(권재열, 앞의 "상법상 이익공여죄에 관한 소고", 135면; 정쾌영, 앞의 "이익공여 금지 위반과 주주총회 결의 취소", 122면; 강대섭, 앞의 "주주권 행사에 관한 이익공여와 주주총회결의의 효력", 245면) 같은 의미이다.

463) 우홍구, 앞의 "주주의 권리행사와 관련한 이익공여의 금지", 43면; 会社法コンメンタル(21), 148,149면.

464) 강대섭, 앞의 "주주권 행사에 관한 이익공여와 주주총회결의의 효력", 246면.

다고 본다면 경제거래상 계약체결의 기회도 그 거래의 기회 자체가 경제적 이권에 해당하는 경우에는 당연히 재산상 이익으로 보아야 할 것이다. 다만, 위 사례의 경우에는 그 거래계약의 체결로 인하여 회사의 재산상 손해발생 또는 적어도 그 손해발생의 위험이 있어서 '회사의 계산으로' 이루어진 행위로 볼 수 있는지 여부의 문제로 보아야 할 것이다. 따라서 다른 청소업체와 용역계약을 체결하는 경우보다 회사에 경제적으로 불리한 결과를 초래하거나 그 위험이 있는 경우라면 '회사의 계산으로' 재산상 이익을 공여한 행위로서 이익공여죄등이 성립할 것이고, 그러한 위험도 없는 경우라면 전항에서 설명한 것처럼 보호법익에 관한 견해에 따라 결론을 달리 할 수 있을 것이다.[465]

'공여'란 상대방의 소득으로 귀속하게 할 의사로 재산상 이익을 수여하는 것을 말하고, 공여된 이익이 현실적으로 상대방의 소득으로 귀속되었는지 여부는 문제되지 않는 것으로 해석함이 일반적이다.[466] 이 점은 상대방으로 하여금 재산상 이익을 현실적으로 수수하게 하여야만 '공여'로 보는 앞의 권리행사방해 증뢰죄나 후술하는 독직죄의 '공여' 개념과 다르다. 그 이유는 권리행사방해 증수뢰죄나 독직죄는 수뢰죄를 기본적 범죄유형으로 함으로써 재산상 이익의 수수행위를 전제로 하고 있는 필요적 공범(대향범)이다. 이에 반하여 이익공여죄등은 이러한 증수뢰형 범죄와는 달리 필요적 공범이 아닌 공여죄를 기본적 범죄유형으로 함으로써 재산상 이익의 수수행위를 전제로 하고 있지 않기 때문이다. 따라서 이익을 수수하는 자에게 주주의 권리행사와 관련하여 회사의 계산으로 이익을 공여하는 것이라는 사실에 대한 인식이 없어서 이익수수죄가 성립하지 않더라도 이익공여죄는 성립할 수 있다.[467]

---

465) 즉, **주주 권리행사의 적정**을 보호법익으로 보는 입장에서는 주주 권리행사의 적정이 침해되었다면 회사의 재산상 손해발생은 물론 그 위험발생조차 요구하지 아니하므로 이익공여죄의 성립을 긍정할 수 있게 되지만, 보호법익에 관한 나머지 입장에서는 **회사자산 낭비 방지**도 보호법익에 포함하고 '회사의 계산으로'란 단순히 재산상 이익의 공여에 따른 경제적 손익이 회사에 귀속될 뿐만 아니라 회사에 재산상 손해가 발생하거나 적어도 그 손해발생의 위험이 있을 것을 요구하므로 이익공여죄의 성립을 부정하게 된다.

466) 송호신(박사학위논문), 164면; 新版 注釋会社法(13), 620면(나아가 공여자가 그 공여하는 이익이 상대방에게 종국적으로 귀속되지 않을 가능성을 알고 있었던 경우라도 이익공여가 된다고 한다); 新経済刑法入門, 173면; 会社法コンメンタル(21), 149면.

467) 김선정, 앞의 "주주의 권리행사에 관한 이익공여금지", 36면; 会社法コンメンタル(21), 150면.

나. 이익수수죄 · 제3자이익공여죄

이익수수죄의 위반행위는 이익공여죄 규정(상법 제634조의2 제1항)의 재산상 이익을 수수(收受)한 행위이고, 제3자이익공여죄의 위반행위는 그 재산상 이익을 제3자에게 공여하게 한 행위이다. 이때 '수수'란 재산상 이익을 자기 소유의 의사로 현실적으로 취득하는 것을 의미한다. 따라서 금품을 반환할 의사를 갖고 일시적으로 보관하는 것은 '수수'에 해당하지 않지만, 일단 소유의 의사로 수수한 금품을 나중에 반환하였다고 하더라도 수수 행위는 성립한다. 이 점은 앞의 권리행사방해 수뢰죄나 후술하는 독직죄의 '수수' 개념과 마찬가지이다.

이익수수죄 및 제3자이익공여죄의 입법취지는 회사 임직원의 이익공여 행위가 있는 경우에 그 재산상 이익을 받은 자도 회사자산의 낭비 및 주주 권리행사의 적정을 침해하는 데 가담한 자로서 가벌성이 있으므로 이를 처벌하려는 것이다. 그러므로 공여되는 재산상 이익이 주주의 권리행사와 관련하여 회사의 계산으로 공여되는 것이라는 사실을 인식하고 이를 수수하거나 제3자에게 공여하게 한 경우에만 범죄가 성립하는 것이다.[468] 이익을 수수하는 자에게 이익공여자의 요구나 기대에 따른 행위를 할 의사가 있는지 여부는 불문한다.[469]

재산상 이익을 수수하는 자가 주주의 권리행사와 관련하여 회사의 계산으로 그 이익을 공여하는 것으로 오인하였지만 정작 이익공여자에게는 그러한 의도가 없었다면 이익공여죄는 물론 이익수수죄도 성립하지 않는다. 이러한 경우에는 객관적 구성요건 상황이 존재하지 아니함에도 불구하고 그것이 존재하는 것으로 오인한 것이므로, 이른바 상황에 관한 구성요건 착오의 반대형태로서 형법 제27조의 불능미수가 성립할 수 있지만[470] 이익수수죄는 미수범 처벌규정이 없기 때문이다. 이처럼 이익수수죄나 제3자이익공여죄는 이익공여 행위를 전제로 성립하는 범죄이므로,[471] 이익공여죄와는 달리 필요적 공범(대향범)에 속한다.[472]

---

468) 이익수수죄 및 제3자이익공여죄에 관한 일본 会社法 제970조 제2항은 '情을 알고 전항의 이익을 공여받거나 제3자에게 공여하게 한 자'라고 규정하여 이를 분명히 하고 있다.

469) 会社法コンメンタル(21), 150면.

470) 박상기(형법), 89면.

471) 한석훈(기범), 390면; 천경훈, 주석 상법(회사-Ⅶ), 192면; 新版 注釋会社法(13), 621면.

472) 新経済刑法入門, 174면.

3. 고의

이익공여죄등은 고의범이므로 위와 같은 객관적 범죄구성요건 사실에 대한 인식과 적어도 그 용인이 필요하다(용인설). 따라서 이익공여죄의 경우에는 행위주체에게 자신이 상법 제634조의2 제1항의 행위주체로서 같은 회사 주주의 권리행사와 관련하여 회사의 계산으로 재산상 이익을 공여하는 사실의 인식이 필요하고, 이익수수죄나 제3자이익공여죄의 경우에는 그 공여되는 이익이 주주의 권리행사와 관련하여 회사의 계산으로 공여되는 것이라는 사실의 인식이 필요하다. 그 중 이익공여가 '주주의 권리행사와 관련하여' 이루어지는 사실에 대한 인식 여부가 중요할 것이다.

Ⅳ. 위법성

주주총회에 참석한 주주들에게 다과나 간소한 기념품, 장시간 회의에 필요한 식사 또는 총회개최장소의 주차비를 제공한다거나, 주주들에게 명절선물이나 경조금품을 제공하는 것이 허용되는지 문제가 된다.

주주총회 참석 주주들에 대한 재산상 이익의 제공이 의결정족수 확보를 위한 것이라 하더라도 주주의 권리행사와 관련된 이익공여로 볼 수 있지만, 그 금액 등이 일반적 관례 등 사회통념에 위배되지 아니한 범위 내라면 위법성이 없는 것으로 보는 견해가 통설의 입장임은 앞에서 설명하였다. 따라서 이 경우에는 사회상규에 위배되지 아니한 정당행위(형법 제20조)로서 이익공여죄등의 위법성조각사유가 된다. 판례도 같은 입장에서 "주주의 권리행사와 관련된 재산상 이익의 공여라 하더라도 그것이 의례적인 것이라거나 불가피한 것이라는 등의 특별한 사정이 있는 경우에는, 법질서 전체의 정신이나 그 배후에 놓여 있는 사회윤리 내지 사회통념에 비추어 용인될 수 있는 행위로서 형법 제20조에 정하여진 '사회상규에 위배되지 아니하는 행위'에 해당한다. 그러한 특별한 사정이 있는지 여부는 이익공여의 동기 · 방법 · 내용과 태양, 회사의 규모, 공여된 이익의 정도 및 이를 통해 회사가 얻는 이익의 정도 등을 종합적으로 고려하여 사회통념에 따라 판단하여야 한다."고 판시하고 있다.[473]

---

473) 대법원 2018. 2. 8. 2015도7397(창원컨트리클럽 이익공여사건에서 대표이사가 자신의 이사 재선임에 관한 주주총회에 사전투표나 직접투표를 한 주주들에게 회사의 계산으로 무상으로 20만 원 상당의 상품교환권 등을 각 제공한 것은 "주주총회 의결권 행사와 관련된 이익의 공여로서 사회통념상 허용되

다만, 주주총회 참석 주주들에 대한 다과 제공이나 명절에 제공하는 선물 등의 경우에는 그 제공 금품의 가액이 근소하여 단순히 의례적인 정도라면 공여자의 의도에 비추어 볼 때 주주의 권리행사와 관련한 이익공여에도 해당하지 않는 것으로 볼 여지가 있을 것이다.

그러나 주주총회 참석 주주들에게 일당 · 여비 등 참석비용을 지급하는 것은 원칙적으로 허용되지 않는다.474) 원래 주주총회의 참석은 주주가 자신의 권리를 행사하기 위한 것으로서 그 참석비용은 주주 자신이 부담해야 하는 것이므로 총회개최장소의 다과나 주차권 제공과 같은 총회개최비용과는 구분할 필요가 있다. 또한 이러한 참석비용의 지급은 의결정족수 확보를 목적으로 하는 것으로서 통상 근소한 액수가 아닐 뿐만 아니라, 의결정족수만 확보되면 유리한 의결을 기대할 수 있는 경우에 회사 임원 등이 그 권한을 남용할 우려가 있으므로 이를 사회상규에 위배되지 아니하는 정당행위로 인정하는 것도 신중을 기할 필요가 있기 때문이다.

주주인 회사직원이 주주총회에 참석하기 위하여 근무장소를 이탈하는 근무시간을 유급휴가로 처리하는 것도 주주의 참석비용을 회사가 보전해 주는 것이므로 위와 같은 이유로 원칙적으로는 허용할 수 없다. 다만, 업무에 지장이 없는 범위 내에서 총회참석을 위한 일시 근무장소의 이탈을 허용하는 것은 이를 불허하는 것이 회사의 주주총회 개최 업무를 방해하는 결과가 되어서 부당할 뿐만 아니라, 일반관례 등 사회상규에 위배되지 아니하므로 위법성을 조각하는 것으로 보아야 할 것이다. 이에 대하여 취업규칙에 따른 유급휴가는 허용되는 것으로 보는 견해475)도 있으나, 강행규정인 이익공여금지 규정(상법 제467조의2)에 반하는 취업규칙은 무효이므로 취업규칙에 허용 규정을 두었는지 여부에 따라 달리 취급할 이유는 없을 것이다.

는 범위를 넘어서는 것이어서, 상법상 주주의 권리행사에 관한 이익공여의 죄에 해당한다."고 판시).

474) 정쾌영, 앞의 "이익공여 금지 위반과 주주총회 결의 취소", 123면.

475) 김선정, 앞의 "주주의 권리행사에 관한 이익공여금지", 28면.

Ⅴ. 죄수관계

1. 배임죄와의 관계

회사의 임직원이 주주의 권리행사와 관련하여 회사의 재산상 이익을 타인에게 공여하는 것은 회사의 사무처리자로서 그 업무상 임무에 위배하여 회사에 손해를 가하는 배임행위에 해당하여 배임죄가 성립할 수 있다.[476] 이 경우 이익공여죄와 배임죄[즉 상법상 특별배임죄, 업무상배임죄 또는 특정경제범죄법위반(배임)죄]의 죄수관계는 이익공여죄등의 보호법익에 관한 견해에 따라 달리 해석할 수 있다.

이익공여죄등의 보호법익을 **회사자산 낭비 방지에 의한 회사의 경영건전성 확보**로 보는 견해 또는 **회사자산 낭비 방지**로 보는 견해의 입장에서는 이익공여죄의 보호법익은 회사의 **전체 재산**이란 배임죄의 보호법익에 포함되고 이익공여 행위는 배임행위의 수단이 되는 것이므로 이익공여죄 규정을 그보다 형벌이나 죄질이 중한 배임죄의 보충규정으로 보게 된다. 따라서 양 죄를 법조경합관계로 보아 배임죄만 성립하게 된다.[477] 이에 대하여 이익공여죄등의 보호법익을 **주주 권리행사의 적정**으로 보는 견해는 양 죄를 별개의 보호법익을 침해하는 독립된 범죄로 보게 되므로 양 죄는 1개의 행위로 수 개의 죄를 범하게 되는 상상적 경합관계가 될 것이다.[478] 이익공여죄등의 보호법익을 **회사자산 낭비 방지 및 주주 권리행사의 적정을 통한 회사의 경영건전성 확보**로 보는 입장에서도 양 죄의 보호법익이 일치하는 것이 아니므로 양 죄는 상상적 경합관계가 될 것이다.

2. 권리행사방해 증수뢰죄와의 관계

주식회사의 임직원 등 이익공여죄의 행위주체가 주주의 권리행사와 관련하여 부정한 청탁을 하면서 회사의 계산으로 재산상 이익을 공여하고 상대방이 이를 수수한 경우에는 이익공여죄등 외에 권리행사방해 증수뢰죄가 성립할 수 있다. 이 경우

---

476) 배임죄와 횡령죄의 구별기준에 관하여 사무수행 관련 행위인지 여부를 기준으로 하는 **사무수행기준설** 입장(앞의 횡령 범죄 부분 중 '배임죄와 횡령죄의 구별기준' 참조)에서는 회사 임직원의 주주 권리행사 관련 이익공여 행위는 사무수행 관련 임무에 관한 회사의 신뢰를 배반하는 행위에 속하므로 배임죄가 문제될 뿐 횡령죄는 문제되지 아니할 것이다.

477) 会社法コンメンタル(21), 144,150면.

478) 新版 注釈会社法(13), 622면.

이익공여죄와 권리행사방해 증뢰죄의 죄수관계, 또는 이익수수죄와 권리행사방해 수뢰죄의 죄수관계도 이익공여죄등의 보호법익에 관한 입장에 따라 해석을 달리할 수 있다.

이익공여죄등의 보호법익을 **주주 권리행사의 적정**으로 보는 입장에서는 **회사의 건전한 운영을 위한 권리행사의 적정**을 보호법익으로 하는 권리행사방해 증수뢰죄와는 보호법익이 같다. 그러므로 이익공여죄등에 관한 규정을 형벌이나 죄질이 보다 중한[479] 권리행사방해 증수뢰죄의 보충규정으로 보고 양 죄를 법조경합관계로 파악하게 된다.[480]

이에 대하여 이익공여죄등의 보호법익에 관한 나머지 입장[481]에서는 그와 보호법익이 동일하지 아니한 권리행사방해 증수뢰죄와는 각자 별개의 법익을 침해하는 독립된 범죄가 된다. 그러므로 1개의 행위가 수 개의 죄에 해당하는 경우이므로 양 죄를 상상적 경합관계로 파악하게 된다.[482]

3. 공갈죄와의 관계

이익수수죄나 제3자이익공여죄의 위반행위가 공갈죄에도 해당하는 경우, 예컨대 총회꾼이 주주의 권리행사와 관련하여 회사의 이사 등 이익공여죄의 행위주체를 공갈하여 재산상 이익을 수수하거나 제3자에게 공여하게 한 경우에 이익수수죄 또는 제3자이익공여죄와 공갈죄의 죄수관계를 검토할 필요가 있다.

통설은 공갈죄의 보호법익을 **재산과 의사결정의 자유**로 보고 있으므로,[483] 이익공여죄등의 보호법익을 **회사자산 낭비 방지에 의한 회사의 경영건전성 확보**로 보는

---

479) 권리행사방해 증수뢰죄는 이익공여죄등과 마찬가지로 1년 이하의 징역 또는 300만 원 이하의 벌금을 법정형으로 규정하고 있으나 징역과 벌금을 병과할 수 있으므로(상법 제632조) 그 병과형 규정이 없는 이익공여죄등보다 형이 다소 중한 셈이다. 또한 권리행사방해 증수뢰죄는 '부정한 청탁'을 요건으로 요구하는 점 등 그 죄질도 이익공여죄등보다 중하다.

480) 会社法コンメンタル(21), 138면.

481) 즉, **회사자산 낭비 방지에 의한 회사의 경영건전성 확보**로 보는 견해, **회사자산 낭비 방지로 보는 견해, 회사자산 낭비 방지 및 주주 권리행사의 적정을 통한 회사의 경영건전성 확보**로 보는 견해.

482) 김선정, 앞의 "주주의 권리행사에 관한 이익공여금지", 37면; 임중호, 앞의 "회사범죄와 그 대책방안", 85면; 권재열, 앞의 "상법상 이익공여죄에 관한 소고," 143면; 新版 注釋会社法(13), 606,607면; 会社法コンメンタル(21), 144,145,150면.

483) 오영근(형각), 334면; 김성돈(형각), 421면; 이재상 · 장영민 · 강동범(형각), 378면.

견해나 **회사자산 낭비 방지**로 보는 견해의 입장에서는 이익수수죄나 제3자이익공여죄의 보호법익은 공갈죄의 보호법익에 포함된다. 또한 이익수수행위나 제3자이익공여행위는 공갈행위에 수반되는 것으로서 그 위법성이나 책임을 별도로 문제삼을 수 없게 된다. 그러므로 이익수수죄나 제3자이익공여죄가 형벌이 중한 공갈죄에 흡수되는 법조경합관계로 볼 수 있을 것이다.

그러나 이익공여죄등의 보호법익을 주주 **권리행사의 적정**으로 보는 견해나 **회사자산 낭비 방지 및 주주 권리행사의 적정을 통한 회사의 경영건전성 확보**로 보는 견해의 입장에서는 이익수수죄나 제3자이익공여죄는 공갈죄와 그 보호법익이 동일하지 아니하므로 각자 별개의 법익을 침해하는 독립된 범죄가 된다. 그러므로 이익수수죄나 제3자이익공여죄와 공갈죄는 상상적 경합관계가 된다.[484]

위 사례의 경우에 공갈의 피해자인 회사의 이사 등에게 이익공여죄가 성립할 것인지 여부도 문제가 될 수 있다. 일본의 학설이지만 이사 등 공갈의 피해자에게도 이익공여를 결정할 자유가 남아있는 한 이익공여죄가 성립할 수 있는 것으로 보는 견해[485]가 있다. 그러나 권리행사방해 증수뢰죄와 공갈죄의 관계에서 살펴본 것처럼 공갈에 의한 외포상태에 있는 피해자에게 가벌성 있는 이익공여 결정이 있었다고 할 수는 없을 것이다. 따라서 공갈의 피해자에 대하여는 이익공여 행위를 인정할 수 없거나 강요된 행위(형법 제12조)로서 책임이 조각될 것이므로 이익공여죄를 인정할 수 없다.[486]

---

484) 新版 注釋会社法(13), 622면; 会社法コンメンタル(21), 150면.

485) 新版 注釋会社法(13), 622면.

486) 판례도 "재물의 교부자가 공무원의 해악 고지로 인하여 외포된 결과 공무원에게 금품을 제공한 것이라면 그는 공갈죄의 피해자가 될 뿐 뇌물공여죄는 성립할 수 없다"고 판시(대법원 1994. 12. 22. 94도2528).

제12절 과태료

Ⅰ. 의의

상법은 회사편에서 회사의 조직과 운영에 관한 질서를 규율하는 강행규정과 각종 의무규정을 두고 있으면서, 그 질서나 의무를 위반한 행위 중 사안이 중한 경우에는 앞의 회사범죄 부분에서 설명한 것처럼 형벌을 부과하고, 그보다 가벼운 사안이지만 제재로서 강제할 필요가 있는 경우에는 과태료를 부과하고 있다. 상법 제635조, 제636조에서는 그 과태료 부과의 요건 및 제재내용을 정하고, 상법 제637조의2에서는 그 과태료의 부과·징수절차를 규정하고 있다.

회사편상 과태료의 제재내용인 과태료 금액은 3개 유형으로 구분된다. 첫째 유형은 상장회사에 대한 특례규정 위반의 경우(다만, 일부 특례규정 위반의 경우는 제외)로서 과태료 금액은 5천만 원 이하(상법 제635조 제3항) 또는 1천만 원 이하(상법 제635조 제4항)이다. 둘째 유형은 회사 설립등기 전 회사 명의로 영업행위를 하거나, 외국회사의 국내 영업소 설치등기 전 계속 거래행위를 하는 경우로서 과태료 금액은 회사설립 또는 영업소설치 등록세의 배액이다(제636조). 셋째 유형은 그 밖의 일반적 과태료 부과사안으로서 과태료 금액은 500만 원 이하이다(상법 제635조 제1항, 제2항). 특히 셋째 유형의 경우에는 같은 행위에 대하여 형벌을 부과할 때에는 과태료는 부과하지 아니한다(상법 제635조 제1항 각 호 외 부분 단서, 제2항).[487)]

상법에는 그 밖에도 상법 제20조(회사상호의 부당사용 금지) 및 제23조 제1항(타인의 영업으로 오인할 수 있는 상호의 부정사용 금지)에 위반한 자에 대하여 200만 원 이하의 과

---

487) 일본 会社法 제976조, 제977조, 제978조에서는 우리나라와 유사한 과태료 규정을 두고 있으면서 그 과태료 금액을 일화 100만 엔 이하로 정하고 있는데, 위 과태료 금액은 1981년에 당시 회사 과태료 규정이 수록된 일본 商法의 개정으로 상향조정된 금액으로서 그 후 현재까지 변함이 없었다[会社法コンメンタル(21), 167면]. 우리나라 상법 제635조 제1항, 제2항의 과태료 상한액 '500만원'은 1995년 상법 개정 당시 상향조정된 금액으로서 그 동안 화폐가치도 많이 하락하였고, 일본 会社法의 위 과태료 금액과 비교해 보더라도 그 절반 이하의 금액으로서 지나치게 적은 금액이다. 따라서 과태료 제재의 실효성을 발휘하려면 과태료의 상한액을 보다 상향조정할 필요가 있다.

태료를 부과하고(상법 제28조), 합자조합의 업무집행조합원 등이 합자조합에 관한 상업등기를 게을리한 경우에 500만 원 이하의 과태료를 부과하고 있다(상법 제86조의 9).

Ⅱ. 법적 성질

과태료란 법령에 의하여 형성된 질서를 유지하기 위하여 그 질서를 침해하거나 법령상 의무를 위반한 자에 대하여 금전지급 의무를 강제로 부과하는 **질서벌**이다. 그 중 상법 회사편의 과태료는 회사의 조직과 운영에 관한 질서를 유지하기 위하여 그 질서유지에 관한 강행규정이나 의무규정을 위반한 자에 대하여 금전지급 의무를 강제로 부과하는 질서벌로서 국가가 회사제도에 대한 후견적 기능을 수행하는 것이다.

상법상 의무를 위반하여 과태료를 부과하는 경우에는 질서위반행위규제법의 적용대상은 아니다[질서위반행위규제법 제2조 제1호 (가)목, 같은 법 시행령 제2조 제1항]. 다만, 제재의 목적 및 수단의 유사성으로 인하여 질서위반행위규제법령의 내용 및 해석은 상법상 과태료 부과의 입법 및 해석에도 참고할 필요는 있을 것이다.

과태료 부과의 대상은 범죄가 아니고 과태료는 벌금이나 과료(科料)와 같은 형벌이 아니므로 형법의 총칙규정은 적용되지 아니하며(형법 제8조 본문), 그 부과 · 징수 절차에 형사소송법이 적용되지 않는다. 그러므로 과태료 부과에는 형법 총칙의 경합범 규정이 적용되지 않기 때문에, 부과대상자의 위반행위가 여러 개인 경우에도 그 수만큼 각각의 과태료가 부과된다.[488] 또한 과태료 부과처분의 확정은 형사소송법 제326조 제1호의 '확정판결' 범주에 포함되지 아니하므로 일사부재리 원칙[489]은 적용되지 않는다. 그러므로 과태료 처분을 받고 이를 납부함으로써 그 처분이 이미 확정된 사실이 있다고 하더라도, 그 후 같은 사유에 관하여 형사처벌을 한다고 해서 일사부재리 원칙에 어긋난다고 할 수는 없다(판례).[490]

그러나 과태료도 제재의 일종이므로 앞의 회사범죄(즉, 상법위반죄)의 경우에 부과

---

488) 법원행정처, 「법원실무제요(소년 · 비송)」 제2판(2000년), 477,478면.

489) 즉, 헌법 제13조 제1항 후단의 이중처벌금지 원칙.

490) 대법원 1996. 4. 12. 96도158; 1992. 2. 11. 91도2536; 대법원 1989. 6. 13. 88도1983.

되는 행정형벌과는 목적과 기능이 중복되는 면이 있다. 그러므로 "동일한 행위를 대상으로 하여 형벌을 부과하면서 아울러 행정질서벌로서의 과태료까지 부과한다면 그것은 이중처벌금지의 기본정신에 배치되어 국가 입법권의 남용으로 인정될 여지가 있음을 부정할 수 없다."(헌법재판소 결정례)[491]는 점을 감안할 필요가 있다. 이에 따라 앞에서 설명한 것처럼 상법 제635조 제1항, 제2항의 일반적 과태료 부과사안의 경우에 같은 행위에 대하여 형벌을 부과할 때에는 과태료를 부과하지 않는 것으로 규정하고 있지만, 그 밖의 과태료 사안의 경우에도 마찬가지로 운용해야 할 것이다. 다만, '형을 과할 때'에만 과태료를 부과하지 아니하는 것이므로 범죄가 성립하더라도 검사가 공소를 제기하지 않는 경우에 과태료를 부과할 수 있음은 물론이다.[492] 따라서 과태료 재판에서는 범죄가 성립하지 아니한 사실을 증명할 필요는 없으나 같은 행위에 관하여 공소가 제기되었는지 여부는 확인할 필요가 있다.

과태료와 유사한 제재수단으로서 과징금이 있다. 과징금도 법령에 의해 형성된 질서를 유지하기 위하여 법령상 의무를 위반한 자에 대하여 금전지급 의무를 강제로 부과하는 제재라는 점에서는 과태료와 유사하다. 그러나 과징금은 질서벌이 아닌 침해적 행정행위[493]에 속하고, 그 부과목적이 위반행위로 인하여 취득한 경제적 이익의 환수에 있다는 점 등 그 법적 성질과 제재의 목적이 다르다. 그러므로 과징금 부과처분은 과태료의 부과와는 달리 행정절차법이 적용되어 항고쟁송의 대상으로 된다.[494]

Ⅲ. 과태료 부과요건

1. 부과사유와 부과대상자

과태료의 부과사유와 그 부과대상자는 상법 제28조, 제86조의9, 제635조 및 제636조 등에서 규정하고 있다. 위 각 조항에서는 과태료 부과사유에 해당하는 질서위반 또는 의무위반 행위를 한 실제 행위주체를 과태료의 부과대상자로 정함을 원

491) 헌법재판소 1994. 6. 30. 92헌바38 전원재판부(건축법위반 사안).

492) 会社法コンメンタル(21), 169면.

493) 박균성, 「행정법론(上)」(박영사, 2016), 582면.

494) 박균성, 위 「행정법론(上)」, 582면.

칙으로 하고 있다.

상법 제635조의 위반행위 행위주체 중 '주권의 인수로 인한 권리를 양도한 경우'(상법 제635조 제2항)[495]의 행위주체만 발기인, 이사 또는 집행임원이고, 나머지 위반행위의 경우에는 회사의 발기인, 설립위원,[496] 업무집행사원, 업무집행자,[497] 이사, 집행임원, 감사, 감사위원회 위원, 외국회사의 대표자, 검사인, 공증인,[498] 감정인,[499] 지배인, 청산인, 명의개서대리인, 사채모집을 위탁받은 회사와 그 사무승계자 또는 직무대행자[500]가 행위주체이다(상법 제635조 제1항, 제3항, 제4항).[501] 그 중 과태료 부과의 구체적인 대상자는 각 과태료 부과사유 별로 해당 위반행위의 의무나 책임을 부담하는 자로서 실제 행위주체로 평가할 수 있는 자가 될 것이다. 만약 상법 제635조 각 항의 과태료 부과사유에 해당하는 위반행위를 같은 규정에서 정한 행위주체가 아닌 자에 의하여 실제로 이루어진 경우에는 그 실제 행위자를 감독하는 자 중 같은 규정의 행위주체에 해당하는 자에 대하여 과태료를 부과한다. 이 경우 책임주의 원칙상 그 행위주체에게 적어도 실제 행위자에 대한 선임 · 감독상 과실이 인정되어야 할 것이다.[502]

상법 제635조, 제636조에 규정된 과태료의 부과사유에 해당하는 위반행위의 해석이 문제되는 경우에는 상법 회사편 중 해당 제도의 입법취지 및 내용과의 정합성이 유지되도록 해석해야만 할 것이다. 그 동안 판례 등 실무에서 특별히 문제가 되었던 점은 상법 제635조 제1항 제1호, 제8호, 제19호 등의 과태료 부과 사안이었다.

---

495) 이는 주식의 인수로 인한 권리, 즉 권리주 양도의 경우(상법 제319조, 제425조 제1항)를 의미하므로, '주권의 인수로 인한 권리'는 '주식의 인수로 인한 권리'로 수정하는 개정입법이 필요하다.

496) 회사의 합병으로 인하여 신 회사를 설립하는 경우의 설립위원을 의미함(상법 제175조 제1항).

497) 유한책임회사의 업무집행자를 의미함(상법 제287조의3 제4호).

498) 상법 제298조 제3항, 제299조의2, 제310조 제3항 또는 제313조 제2항의 공증인에 한함.

499) 상법 제299조의2, 제310조 제3항 또는 제422조 제1항의 감정인에 한함.

500) 상법 제386조 제2항의 일시이사, 상법 제407조제1항의 이사직무대행자, 상법 제415조의 일시감사 · 감사직무대행자, 상법 제542조제2항의 일시청산인 · 청산인직무대행자 또는 상법 제567조의 유한회사 일시이사 · 이사직무대행자에 한함.

501) 상법 제635조는 과태료 부과사유를 같은 조문에 일괄적으로 규정하면서 그 부과대상자도 개개 부과사유 별로 구분함이 없이 일괄하여 규정하고 있어서 입법의 명확성을 감소시키고 해석에 혼란을 야기할 수 있다[천경훈, 주석 상법(회사-Ⅷ), 200면]. 이는 입법의 모델이 된 일본 会社法 제976조의 과태료 규정도 마찬가지이다. 과태료도 제재수단인 만큼 입법의 명확성을 위하여 행위주체가 상이한 개별 부과사유 별로 행위주체를 특정할 필요가 있을 것이다.

502) 会社法コンメンタル(21), 173면.

상법 제635조 제1항 제1호에서는 '회사편에서 정한 등기를 게을리한 경우'에는 과태료를 부과한다. 회사의 등기는 법률에 다른 규정이 없는 경우에는 회사의 대표자(외국회사의 등기는 대한민국에서의 대표자)가 그 신청의무를 부담하므로(상업등기법 제23조 제1항, 제3항), 등기를 게을리한 당시 회사의 대표자가 과태료의 부과대상자가 된다. 회사의 등기사항에 변경이 있는 때에는 본점 소재지에서는 2주간 내, 지점 소재지에서는 3주간 내에 변경등기를 해야 한다(상법 제183조, 제269조, 제287조의5 제4항, 제317조 제4항, 제549조 제4항, 제614조 제2항). 본점과 지점 각 소재지의 관할 등기소가 상이한 때에는 그 등기도 각각 신청해야 하므로 그 등기를 게을리함에 따른 과태료도 본점소재지와 지점소재지에서 각기 그 등기를 게을리한 사실 여부 및 그 정도에 따라 각각 부과된다(판례).[503] 만약 회사의 대표자가 등기를 게을리한 기간이 지속되던 중에 대표자의 지위를 상실한 경우에는 대표자의 지위에 있으면서 등기를 게을리한 기간에 대해서만 과태료 책임을 부담한다(판례).[504]

주식회사나 유한회사의 이사가 임기만료 또는 사임으로 인하여 퇴임함에 따라 법률 또는 정관에 정한 이사의 원수(즉, 최저인원수 또는 특정한 인원수)를 채우지 못하게 되는 결과가 된 경우에, 그 퇴임 이사(즉, 일시이사)는 새로 선임된 이사가 취임할 때까지 이사의 권리의무가 있다(상법 제386조 제1항, 제567조). 대표이사의 경우에도 마찬가지이다(상법 제389조 제3항). 이 경우 이사나 대표이사의 퇴임등기 기간의 기산일은 퇴임한 이사나 대표이사의 퇴임일이 아니라 후임 이사나 대표이사의 취임일을 기준으로 정해지는 것이고, 후임 이사나 대표이사가 취임하기 전에 퇴임한 이사나 대표이사의 퇴임등기만을 따로 신청할 수도 없다(판례).[505] 그 이유는 임기의 만료나 사임으로 퇴임한 이사나 대표이사가 계속 이사나 대표이사의 권리의무를 가지게 됨에도 불구하고 그 이사나 대표이사의 퇴임등기를 허용한다면, 이사나 대표이사의

---

503) 대법원 2009. 4. 23. 2009마120("회사의 등기사항에 변경이 있는 때에는 본점소재지에서는 2주간 내, 지점소재지에서는 3주간 내에 변경등기를 하여야 하는바(상법 제183조), 본점소재지와 지점소재지의 관할 등기소가 동일하지 아니한 때에는 그 등기도 각각 신청하여야 하는 것이므로, 그 등기 해태에 따른 과태료도 본점소재지와 지점소재지의 등기 해태에 따라 각각 부과되는 것이다."라고 판시).

504) 대법원 2009. 4. 23. 2009마120("회사의 등기를 해태한 때에는 등기 해태 당시 회사의 대표자가 과태료 부과대상자가 되는 것이고, 등기 해태기간이 지속되는 중에 대표자의 지위를 상실한 경우에는 대표자의 지위에 있으면서 등기를 해태한 기간에 대하여만 과태료 책임을 부담한다."라고 판시).

505) 대법원 2007. 6. 19. 2007마311; 2005. 3. 8. 2004마800 전원합의체.

권리의무에 관하여 실제와 다른 내용을 등기부에 공시하는 결과가 되어 상업등기제도의 입법취지에 배치될 우려가 있기 때문이다. 따라서 위와 같은 경우에는 후임 이사가 취임할 때까지 그 퇴임 이사가 여전히 이사의 권리의무를 가짐을 공시하기 위하여 이사로서의 등기를 일시 유지하게 함이 옳다.[506] 대표이사의 경우에도 마찬가지이다. 이 경우에는 법률 또는 정관에서 정한 이사의 정원에 결원이 생겼음에도 후임 이사를 선출하지 아니하고 있는 것이므로, 상법 제635조 제1항 제8호(즉, '법률 또는 정관에서 정한 이사 또는 감사의 인원수를 궐한 경우에 그 선임절차를 게을리한 경우')에 해당하여 과태료를 부과할 수 있다. 상법 제635조 제1항 제8호 규정에 의하면 법률 또는 정관에 정한 이사 또는 감사의 정원에 결원이 생긴 경우에 그 선임을 위한 총회소집절차를 진행해야 할 지위에 있는 자에 대하여 과태료를 부과할 수 있는데, 여기서 선임절차의 대상이 되는 '이사'에 대표이사는 포함되지 않는다(판례).[507] 그러므로 대표이사의 퇴임으로 법률 또는 정관에 정한 대표이사의 수를 채우지 못하여 퇴임한 대표이사에게 후임 대표이사가 취임할 때까지 대표이사로서의 권리의무가 있는 기간 동안에 후임 대표이사의 선임절차를 게을리하였다고 하더라도 퇴임한 대표이사를 과태료에 처할 수는 없다.

상법 제635조 제1항 제19호에서는 '제355조 제1항, 제2항 또는 제618조를 위반하여 **주권을 발행한** 경우'를 과태료 부과사유로 규정하고 있다. 그런데 회사의 성립 후 또는 신주의 납입기일 후 지체 없이 주권을 발행하지 않고 있는 경우(상법 제355조 제1항, 제618조 제1항)에도 위 과태료 부과사유에 해당할 것인지는 문제가 된다. 이러한 경우에는 주권을 발행한 경우가 아니므로 위 과태료 규정의 문언해석상 과태료 부과사유에 포함할 수 없다는 견해[508]가 있다. 그러나 이 견해를 따르면 위 과태료 부과사유에 상법 제355조 제1항(상법 제618조에서 준용되는 경우 포함)을 포함시킨 입법취지에 반하게 된다. 과태료는 죄형법정주의에 따른 엄격한 해석기준이 적용되

506) 대법원 2005. 3. 8. 2004마800 전원합의체.

507) 대법원 2007. 6. 19. 2007마311.

508) 천경훈, 주석 상법(회사-Ⅶ), 216면(이 견해는 나아가 해석의 균형상 '회사의 성립 후 또는 신주의 납입기일 후 지체 없이 주권을 발행하지 않고 있다가 뒤늦게 주권을 발행한 경우'도 과태료 부과사유에 포함시킬 수 없고, 그러한 해석으로 인한 부당한 결과는 상법 제635조 제1항 제19호의 과태료 부과사유를 '제355조 제1항, 제2항 또는 제618조를 위반한 경우'로 개정하는 입법으로 해결해야 한다고 주장하고 있다).

는 형벌과는 달리 그 부과사유의 해석에 있어서도 그 입법취지를 살리는 다소 유연한 해석이 허용된다. 회사의 성립 후 또는 신주의 납입기일 후 지체 없이 주권을 발행해야 할 의무를 부과하고 있는 상법 제355조 제1항은 주식양도에 필요한 주권의 신속한 발행을 통하여 주식의 양도성(상법 제335조 제1항 본문)을 보장해 주기 위한 규정이다.[509] 그러므로 회사의 성립 후 또는 신주의 납입기일 후 지체 없이 주권을 발행하지 아니함으로써 상법 제355조 제1항의 의무 불이행은 이미 발생한 것이고, 그 후 뒤늦게 주권을 발행하였는지 여부는 문제가 되지 않는다. 또한 상법 제355조 제1항은 주권발행이라는 작위 의무를 부과하는 내용이므로 그 위반행위는 당연히 주권 미발행이라는 부작위를 의미하는 것일 수밖에 없다. 그러므로 상법 제635조 제1항 제19호의 '주권을 발행한 경우'란 회사의 성립 전 또는 신주의 납입기일 이전 주권의 발행을 금지한 상법 제355조 제2항(상법 제618조에서 준용되는 경우 포함) 위반의 경우만을 말하는 것이거나 '주권을 발행하는 경우'의 의미로 해석함이 타당하다. 따라서 회사의 성립 후 또는 신주의 납입기일 후 지체 없이 주권을 발행하지 아니한 경우에도 상법 제635조 제1항 제19호의 과태료 부과사유에 해당한다.[510]

2. 귀책사유 필요 여부

상법상 과태료 부과도 제재수단인 이상 과태료 부과사유의 요건으로 행위주체의 고의나 과실과 같은 주관적 귀책사유가 필요한 것인지를 검토할 필요가 있다. 과태료 부과의 대상은 범죄가 아니고 과태료는 형벌이 아니므로 형법 제13조(범의) 규정은 적용되지 않는다. 따라서 과태료 부과사유의 행위에 대한 행위주체의 고의를 필요로 하지 아니함은 분명하지만, 과실이 필요한 것인지는 문제가 된다.

가. 귀책사유 불요설

질서위반행위규제법 제7조[511]와 같은 명문 규정이 없는 경우에 행정질서벌의 부

---

509) 이철송(회사), 332면.

510) 다만, 상법 제635조 제1항 제19호 규정의 문언은 과태료 부과사유에 관한 불필요한 해석문제를 야기하고 있으므로 명확성을 가진 문언으로 수정하는 입법이 필요할 것이다.

511) 질서위반행위규제법은 2007. 12. 21. 제정되어 2008. 6. 22.부터 시행되고 있다. 이 법은 민법, 상법 등 사인(私人) 간의 법률관계를 규율하는 법 또는 민사소송법, 가사소송법, 민사집행법, 형사소송법, 민사조정법 등 분쟁해결에 관한 절차를 규율하는 법률상의 의무를 위반하여 과태료를 부과하는 행

과요건으로 고의 · 과실이 필요한 것인지 여부에 관하여 판례는 불필요설 입장임을 전제로 판시하고 있다. 즉, 질서위반행위규제법의 시행 전 판례로서 "과태료와 같은 행정질서벌은 행정질서유지를 위하여 행정법규위반이라는 객관적 사실에 대하여 과하는 제재이므로 반드시 현실적인 행위자가 아니라도 법령상 책임자로 규정된 자에게 부과되고 또한 특별한 규정이 없는 한 원칙적으로 위반자의 고의 · 과실을 요하지 아니한다."고 판시하였다.[512] 다만, 그 후 판례는 "과태료와 같은 행정질서벌은 행정질서유지를 위한 의무의 위반이라는 객관적 사실에 대하여 과하는 제재이므로 반드시 현실적인 행위자가 아니라도 법령상 책임자로 규정된 자에게 부과되고 원칙적으로 위반자의 고의 · 과실을 요하지 아니하나, 위반자가 그 의무를 알지 못하는 것이 무리가 아니었다고 할 수 있어 그것을 정당시할 수 있는 사정이 있을 때 또는 그 의무의 이행을 그 당사자에게 기대하는 것이 무리라고 하는 사정이 있을 때 등 그 의무 해태를 탓할 수 없는 정당한 사유가 있는 때에는 이를 부과할 수 없다."고 판시하고 있어[513] 책임주의 원칙을 감안하여 수정하는 입장을 취하고 있다(이하 '수정설'이라 함). 이러한 판례의 입장은 비록 공법관계의 질서위반행위에 관한 것이기는 하지만 고의 · 과실의 필요 여부에 관한 명문 규정이 없는 상법 회사편의 과태료 부과에 관하여도 마찬가지 입장이라고 볼 수 있다. 따라서 수정설에 의하면 상법 회사편의 과태료는 회사제도의 질서유지를 위하여 의무위반 등 질서의 침해라는 객관적 사실에 대하여 과하는 제재이므로 **원칙적으로 위반자의 고의 · 과실을 요하지 않는다.** 다만, 위반자가 그 의무를 알지 못하는 것이 무리가 아니었다거나 그 의무의 이행을 그 당사자에게 기대하는 것이 무리라고 하는 등 그 **의무를 게을리하였음을 탓**

위나, 공증인법 · 법무사법 · 변리사법 · 변호사법 등 기관 · 단체 등이 질서유지를 목적으로 구성원의 의무위반에 대하여 제재를 할 수 있도록 규정하는 법률에 따른 징계사유에 해당하여 과태료를 부과하는 행위를 제외한 행위를 **질서위반행위**로 정의하고 있으므로(질서위반행위규제법 제2조 제1호, 같은 법 시행령 제2조 제1항, 제2항), 주로 공법(公法)관계를 규율하는 법률상의 의무위반 등 질서위반행위의 성립요건과 과태료의 부과 · 징수 및 재판 등에 관한 사항을 규정하고 있다(질서위반행위규제법 제1조). 이 법 제7조에서는 "고의 또는 과실이 없는 질서위반행위는 과태료를 부과하지 아니한다."고 명시하고 있다.

512) 대법원 1994. 8. 26. 94누6949; 1979. 2. 13. 78누92; 1970. 10. 31. 70마703; 1969. 11. 24. 69마20; 1969. 7. 29. 69마400.

513) 대법원 2000. 5. 26. 98두5972. 이러한 판례의 입장은 그 후의 과태료에 관한 대법원 2006. 4. 28. 2003마715 판결이나, 과징금에 관한 대법원 2002. 5. 24. 2001두3952, 2014. 10. 15. 2013두5005 판결에서도 일관하고 있다.

할 수 없는 정당한 사유가 있는 때에는 이를 부과할 수 없게 될 것이다.

나. 귀책사유 필요설

상법상의 과태료 부과도 제재인 이상 고의 · 과실과 같은 귀책사유가 없어 비난가능성이 없는 행위에 대하여는 과태료를 부과할 수 없다고 하거나, 책임주의 원칙을 따르는 공법관계의 질서위반행위와[514] 사법관계의 질서위반행위를 책임주의 적용에 관하여 구별하여 취급할 이유가 없음을 논거로 그 위반자의 고의 · 과실이 필요하다고 보는 견해[515]이다. 일본에서는 과태료 부과사유 별로 그 위반행위의 내용에 따라 고의 · 과실이 필요한 경우와 그렇지 아니한 경우로 구분하는 견해가 다수설이다.[516] 예컨대 상법 제635조 제1항 제1호에는 '이 편(상법 회사편)에서 정한 등기를 **게을리한** 경우'라고 과태료 부과사유를 규정하고 있으므로 적어도 미등기에 대한 과실이 필요하다고 해석하는 입장이다.[517]

다. 결어

상법상의 과태료는 회사의 조직과 운영에 관한 질서 또는 이와 관련된 상호제도나 합자조합 제도를 규율하는 강행규정의 준수를 강제하기 위한 제재라는 점에서 회사범죄에 대한 형벌과 본질적인 차이가 있는 것은 아니다. 다만, 그 질서의 침해나 의무위반의 정도가 중한 경우에는 회사범죄로서 형벌을 부과하고 있을 뿐이다.[518] 또한 근대민법의 3대 원리에 속하는 과실책임 원칙은 채무불이행이나 불법행위로 인한 손해배상 책임을 묻는 경우에도 적용된다.[519] 그런데 상법 등 사법(私法)관계의 의무위반 등 질서침해행위에 대하여 재산상 제재수단인 과태료를 부과하는 경우에 이 원칙을 적용하지 아니함은 균형이 맞지 않다. 이러한 책임주의 원칙은 인간

---

514) 판례는 고의 · 과실이 없는 경우에는 과태료를 부과할 수 없도록 명시한 질서위반행위규제법 제7조를 책임주의 원칙을 채택한 규정으로 평가하고 있다(대법원 2011. 7. 14. 2011마364).

515) 한석훈(기범), 397면; 천경훈, 주석 상법(회사-Ⅶ), 203면; 会社法コンメンタル(21), 167,168면.

516) 新版 注釋会社法(13), 629면; 会社法コンメンタル(21), 168면.

517) 日大決 1913. 4. 25. 民錄 19輯 277면.

518) 상법 회사편의 회사범죄는 앞에서 설명한 것처럼 위반자의 위반행위에 대한 고의가 있는 경우에만 처벌하는 고의범이다.

519) 고상룡(민총), 28면; 송덕수(민법), 17면.

의 존엄과 가치 및 자유로운 행동을 보장하는 헌법 제10조로부터 도출되는 것이므로[520] 형벌뿐만 아니라 과태료처럼 재산상 불이익을 가하는 제재에도 적용되어야 할 것이다. 따라서 상법 회사편의 과태료 부과요건으로서 명문 규정이 없더라도 위반자의 고의 또는 과실이 필요하다고 보아야 할 것이다(귀책사유 필요설).[521]

그리고 상법 제635조 각 항의 위반행위를 같은 조에서 규정하고 있는 행위주체 외의 자가 실제행위를 함으로써 그 실제행위자를 감독하는 자 중 위 행위주체에 해당하는 자에 대하여 과태료를 부과하는 경우에도 귀책사유 필요설 입장에서는 그에게 실제행위자에 대한 선임 · 감독상의 과실이 인정되어야 함은 물론이다.[522]

귀책사유 필요설 입장에서도 과태료 부과사유에 해당하는 객관적인 위반행위가 인정되는 경우에 행위주체의 고의 · 과실 등 귀책사유가 **사실상 추정**되는 것으로 보는 견해[523]와, 이에 대하여 증명책임이 위반자에게 전환되는 것으로 보는 견해[524]가 있다. 과태료도 질서벌로서 제재수단에 속하는 이상 그 부과요건은 부과하는 측에서 그 발생요건사실을 증명해야 할 책임을 부담함이 증명책임에 관한 일반원칙에 부합하고, 그 증명책임 전환에 관한 법률상 추정규정 등 특별한 사정이 없는 이상 증명책임에 변동은 없는 것으로 보아야 할 것이다. 다만, 과태료 부과의 실효를 기하기 위하여 과태료 부과사유에 해당하는 객관적인 위반행위가 인정되는 경우에는 행위주체의 고의 · 과실 등 귀책사유가 **사실상 추정**되는 것으로 봄이 타당하다.

Ⅳ. 위법성 착오의 경우

행정청의 잘못된 행정지도 · 질의회신이나 행위 당시의 판례 입장에 따름으로써 행위자로서는 자신의 행위가 상법 회사편의 의무를 위반하여 과태료 부과사유에 해

---

520) 형벌에 관한 책임주의는 헌법 제10조에 근거를 두는 것이라는 견해가 판례(헌법재판소 2007. 11. 29. 2005헌가10 전원재판부) 및 다수설[신동운(형총), 374면; 도중진 · 정대관(형총), 512면]이다.

521) 제재 법규의 명확성을 위하여 상법에도 질서위반행위규제법 제7조와 같은 명문 규정을 두는 개정 입법이 필요할 것이다[한석훈(기범) 397면 각주327; 천경훈, 주석 상법(회사-Ⅶ), 203면 각주 10].

522) 会社法コンメンタル(21), 173면; 平野龍一 外 2人 編, 앞의「注解特別刑法(4) 商法(罰則)」第2版, 127,128면.

523) 会社法コンメンタル(21), 168면.

524) 천경훈, 주석 상법(회사-Ⅶ), 203면.

당하는 것임을 몰랐고 그 오인에 정당한 이유가 있다면 과태료를 부과할 수 없는 것인지 문제가 된다. 이는 과태료 부과사유가 되는 행위의 위법성 착오의 문제이다.

과태료는 형벌이 아니므로 앞에서 설명한 것처럼 형법 제16조(법률의 착오) 규정을 포함하여 형법 총칙규정이 적용되지 않는다. 또한 질서위반행위규제법 제8조는 "자신의 행위가 위법하지 아니한 것으로 오인하고 행한 질서위반행위는 그 오인에 정당한 이유가 있는 때에 한하여 과태료를 부과하지 아니한다."고 규정하고 있지만, 이 규정도 상법 회사편의 과태료 부과에는 적용되지 않는다.

이에 관하여 질서위반행위규제법이 시행되기 전 공법관계의 행정질서위반행위에 관한 판례이지만, 판례는 "위반자가 그 의무를 알지 못하는 것이 무리가 아니었다고 할 수 있어 그것을 정당시할 수 있는 사정이 있을 때 또는 그 의무의 이행을 그 당사자에게 기대하는 것이 무리라고 하는 사정이 있을 때 등 그 의무 해태를 탓할 수 없는 정당한 사유가 있는 때에는 과태료를 부과할 수 없다."고 판시하고 있다.[525] 이 판례는 앞의 '귀책사유 필요 여부' 부분에서 설명한 것처럼 과태료 부과요건으로 고의 · 과실이 필요한 것인지 여부에 관한 수정설 입장의 판례이지만, 그 판시내용에 비추어 볼 때 행위자에게 의무위반 여부에 관한 위법성의 착오가 있고 그 오인에 정당한 이유가 있는 경우에는 과태료를 부과할 수 없다고 보는 입장으로도 해석된다.[526]

생각건대 상법상 과태료 과태료 부과의 경우에도 과태료 부과대상자가 해당 행위는 과태료 부과사유에 해당하는 의무위반행위임을 몰랐고 그 오인에 정당한 이유가 있다면 비난가능성이 없으므로, 그로 인한 과태료 부담 책임을 묻는 것은 헌법 제10조에 근거를 두고 법체계 전반에 걸쳐 채택된 책임주의 원칙에 반한다.[527] 형벌에 관

525) 대법원 2000. 5. 26. 98두5972(부정급수장치를 사용하여 서울특별시로부터 급수를 받아 급수요금을 면해 온 것이 과태료 부과사유에 해당하는 사안인데, 위반자로서는 부정급수장치가 설치된 건물을 매수하여 그대로 사용해 온 것이므로 서울특별시로부터 수도료 납부고지를 받거나 하여 수도사용량이 건물의 규모에 비하여 상당히 적게 계량된 점을 알 수 있게 되기 전에는 전소유자에 의하여 야기된 부정급수장치의 설치위반상태를 몰랐고, 따라서 그 상태가 지속중인 급수장치를 이용하여 급수를 받은 것이 무리가 아니어서 그 의무위반을 탓할 수 없는 정당한 사유가 있다고 볼 여지가 있다고 판시한 것임).

526) 일본에서는 법의 부지를 이유로 과태료를 면하는 것은 부당하다는 견해와, 이에 대하여 위법성 착오의 경우에는 행위자를 비난할 수 없기 때문에 과태료를 부과할 수 없는 것으로 해석하는 견해가 대립하고 있다[会社法コンメンタル(21), 168면].

527) 한석훈(기범), 398면; 천경훈, 주석 상법(회사-Ⅶ), 203,204면.

한 형법 제16조 규정, 행정질서벌에 대한 질서위반행위규제법 제8조나 위 판례 입장도 모두 책임주의를 관철하기 위한 입법이고 해석으로 보아야 할 것이다. 따라서 이 경우에는 책임주의 원칙에 비추어 과태료를 부과할 수 없는 것으로 해석함이 타당하다.[528)]

V. 과태료 부과절차

상법 회사편 과태료의 부과절차에 관하여는 상법 제637조의2에 명문규정을 두고 있으므로 이 규정에 따라야 하고, 이러한 특별 규정이 없는 경우에는 과태료 사건의 일반법인 비송사건절차법 제247조부터 제251조까지의 규정에 따라야 한다.[529)] 그런데 상법 제637조의2 제1항에 의하면 제635조 제1항 제1호의 과태료 부과와 나머지 상법 제635조 및 제636조의 과태료 부과는 부과 · 징수의 주체 및 부과절차를 달리하고 있다. 상법 제635조 제1항 제1호의 과태료 부과사유는 상업등기를 게을리한 경우이므로 등기사무를 관할하는 법원의 결정에 맡기는 것이 적절하지만, 나머지 과태료 부과사유에 관하여는 회사제도의 후견적 기능을 국가에게 맡기고 법무부장관이 국가를 대표하여 과태료의 부과 · 징수를 담당하게 한 것으로 볼 수 있다.

과태료 부과사유 중 상법 제635조 제1항 제1호 규정의 '이 편(회사편)에서 정한 등기를 게을리한 경우'에는 과태료를 부과받을 자의 주소지 관할 지방법원이 과태료 부과 재판을 한다(상법 제637조의2 제1항 괄호 안, 비송사건절차법 제247조). 등기관은 그 직무상 과태료 부과대상이 있음을 안 때에는 지체 없이 관할 지방법원 또는 지원에 그 과태사항 통지를 해야 하는데(상업등기규칙 제176조), 이에 따라 과태료 부과절차가 개시되는 경우가 많다. 이때 법원은 당사자의 진술을 듣고 검사의 의견을 구한 다음 이유를 붙인 결정으로 과태료 부과 재판(정식재판)을 해야 하지만(비송사건절차법 제248조 제1항, 제2항), 타당하다고 인정할 경우에는 당사자의 진술을 듣지 아니하고 약식재판을 할 수도 있다(비송사건절차법 제250조 제1항). 다만, 약식재판의 경우에는 당

---

528) 제재 법규의 명확성을 위하여 상법에도 질서위반행위규제법 제8조와 같은 명문 규정을 두는 개정 입법이 필요할 것이다.

529) 일본의 경우에는 会社法에 과태료 부과절차에 관한 규정이 없으므로 会社法의 과태료 부과절차는 모두 非訟事件手續法 규정에 따르고 있다[会社法コンメンタル(21), 169면].

사자와 검사가 그 재판을 고지받은 날부터 1주일 내에 이의신청을 하면 약식재판은 효력을 상실하고, 법원은 당사자의 진술을 듣고 정식재판을 해야 한다(비송사건절차법 제250조 제2항, 제3항, 제4항). 정식재판을 거친 법원의 과태료 결정에 대하여 당사자와 검사는 재판이 고지된 날부터 1주일 이내에 즉시항고를 할 수 있고, 즉시항고는 집행정지의 효력이 있다(비송사건절차법 제248조 제3항, 제23조, 민사소송법 제444조). 과태료 재판의 집행은 검사의 명령을 집행력 있는 집행권원으로 하여 민사집행법 규정에 의한 집행절차에 따른다(비송사건절차법 제249조).

상법 회사편의 나머지 과태료 부과사유, 즉 상법 제635조 제1항 제2호 이하, 제2항, 제3항, 제4항 및 제636조에 기재된 과태료 부과사유의 경우에는 법무부장관이 상법 시행령 제44조의 절차에 따라 부과 · 징수한다(상법 제637조의2 제1항). 법원은 법무부장관의 과태료 부과처분 전에 그 부과사유를 알게 되었다고 할지라도 직권으로 과태료 재판을 할 수는 없다(판례).[530] 법무부장관은 과태료를 부과할 때에는 해당 위반행위를 조사 · 확인하고 10일 이상의 기간을 정하여 과태료 부과대상자에게 말 또는 서면(전자문서 포함)으로 의견진술기회를 주어야 한다(상법 시행령 제44조 제1항, 제2항). 법무부장관의 과태료 부과처분에 불복하는 자는 그 과태료 처분을 고지받은 날부터 60일 이내에 법무부장관에게 이의를 제기할 수 있다(상법 제637조의2 제2항). 그 이의제기기간 내 이의를 제기하지 아니하고 과태료도 납부하지 아니한 때에는[531] 국세 체납처분의 예에 따라 과태료를 징수한다(상법 제637조의2 제4항). 만약 그 이의제기가 있으면 법무부장관은 지체 없이 관할 법원에 그 사실을 통보해야 하고, 그 통보를 받은 법원은 위 비송사건절차법 규정(제4편 보칙)에 따라 과태료 재판을 한다(상법 제637조의2 제3항). 다만, 이 경우에는 당사자의 이의제기에 따른 법원의 재판이므로 위 정식재판절차에 따라야 할 것이다. 이러한 정식재판 절차에 따른 법원의 과태료 결정에 대한 즉시항고 및 확정된 과태료 재판의 집행절차는 법원의 과태료 부

530) 대법원 2013. 6. 14. 2013마499("상법 제635조 제1항 제8호가 정한 사유가 있는 경우에 과태료를 부과할 권한은 본래 법무부장관에게 있으므로, 법원은 법무부장관의 과태료 처분 이전에 상법 제635조 제1항 제8호가 정한 사유가 있음을 알게 된다고 하더라도 직권으로 과태료 재판을 할 수는 없고, 법무부장관의 과태료 처분 이후에 그 처분에 대한 이의가 제기되어야 과태료 재판을 할 수 있게 된다."고 판시).

531) 국고금 관리법령의 수입금 징수에 관한 절차에 따라 과태료를 징수해야 하므로 먼저 수입징수관이 과태료 부과대상자에게 납입고지를 한다(상법시행령 제44조 제4항, 국고금관리법 제10조 본문).

과 재판에 관하여 앞에서 설명한 내용대로 비송사건절차법 규정(그 규정에서 원용하는 민사집행법 규정도 포함)에 따르게 된다.

Ⅵ. 관련 문제

과태료의 부과사유가 발생하더라도 과태료를 부과 · 징수함이 없이 장기간이 경과되면 과태료 부과 · 징수의 필요성이 소멸될 수 있기 때문에 과태료 부과기한이나 징수 · 집행기한의 제한이 있는 것인지, 아니면 언제까지든 기한의 제한이 없이 과태료를 부과 · 징수할 수 있는 것인지 문제가 될 수 있다.

공법관계의 질서위반행위인 경우에는 행정청은 질서위반행위가 종료된 날(다수인이 질서위반행위에 가담한 경우에는 최종행위가 종료된 날)부터 5년이 경과한 경우에는 해당 질서위반행위에 대하여 과태료를 부과할 수 없다(질서위반행위규제법 제19조 제1항). 나아가 행정청의 과태료 부과처분이나 법원의 과태료 재판이 있더라도 그 확정 후 5년간 징수나 집행을 하지 않으면 그 징수 · 집행권한이 시효로 인하여 소멸한다(질서위반행위규제법 제15조 제1항). 이에 반하여 상법 회사편의 과태료 부과에 관하여는 위 공법관계의 과태료 부과 및 징수 · 집행과 같은 기한제한에 관한 명문 규정이 없다.

생각건대 상법상의 과태료는 회사의 조직과 운영에 관한 질서 또는 이와 관련된 상호나 합자조합 제도를 유지하기 위하여 가하는 금전적 제재로서, 그 질서의 침해나 의무위반 행위가 있더라도 장기간이 경과되면 제재의 효과가 미약해 지는 등 과태료 부과 · 징수의 필요성이 소멸될 수 있다. 이러한 점에서 질서벌인 과태료의 부과기한 또는 징수 · 집행기한은 공법관계나 사법(私法)관계나 그 취급을 달리할 이유가 없다. 또한 형벌의 제재를 가하는 범죄의 경우에도 공소시효나 형의 시효에 관한 규정을 두고 있는데(형사소송법 제249조, 형법 제78조) 그보다 사안이 가벼운 과태료 부과의 경우에 부과 및 징수 · 집행의 기한제한이 없다는 것은 균형이 맞지 않는다. 그러므로 상법상의 과태료를 부과하는 경우에도 부과기한 및 징수 · 집행기한을 정하는 입법이 필요할 것이다.[532)]

---

532) 일본에서도 시간의 경과로 会社法 규정에 따른 과태료를 부과해야 할 필요성이 소멸된 것으로 판단할 경우가 있음을 이유로 과태료의 부과기한에 관한 입법적 검토가 필요하다는 견해가 있다[会社法コンメンタル(21), 169면].

제6장

배임수증재죄 및 독직죄

제1절 서설

Ⅰ. 의의

형법 제357조는 타인의 사무를 처리하는 자가 그 임무에 관하여 부정한 청탁을 받고 재물 또는 재산상 이익을 취득하거나 제3자로 하여금 이를 취득하게 한 행위는 **배임수재죄**로 처벌되고, 그 재물 또는 이익을 공여한 행위는 **배임증재죄**로 처벌한다(이하 배임수재죄와 배임증재죄를 합하여 '배임수증재죄'라 함). 그리고 상법 제630조는 회사의 발기인, 이사, 집행임원 등 회사의 사무를 처리하는 자가 그 직무에 관하여 부정한 청탁을 받고 재산상 이익을 수수 · 요구 · 약속한 행위(이하 '독직수재'라 함)는 **독직수재죄**로 처벌하고, 그 이익을 약속 · 공여 또는 공여의 의사를 표시한 행위(이하 '독직증재'라 함)는 **독직증재죄**로 처벌한다(이하 독직수재죄와 독직증재죄를 합하여 '독직죄'라 함).

우리나라와 법제가 유사한 일본의 경우에는 형법에 배임수증재죄는 규정되어 있지 않지만, 일본 회사법(会社法) 제967조에 우리 상법 제631조와 유사한 독직죄 규정을 두고 있다. 독일은 주식법에 독직죄에 관한 형사처벌 규정은 없지만, 배임수증재죄나 독직죄와 유사한 규정으로 형법(Strafgesetzbuch) 제299조에 '거래에서의 수증재죄(Bestechlichkeit und Bestechung im geschäftlichen Verkehr)'[1]를 규정하고 있다. 후술하는 것처럼 금융계, 의약계, 건설계 등의 특별규제입법의 증가가 시사하듯이 기업 등 민간부문의 부정부패로 인하여 대리인 비용의 증가나 거래의 불공정 사례가 적지 아니한 기업적 생활관계의 현실에 비추어 보면, 민간 부정부패의 방지를 위하여 배임수증재죄나 독직죄에 관한 현행 법제는 나름대로의 존재의의가 있다고 본다. 다만, 민간부문은 자유시장 경제원리나 사적자치가 지배하는 영역이므로 공

---

1) 이 범죄와 우리나라 배임수증재죄의 비교에 관하여는 김성룡, 앞의 "배임수증재죄에서 부정한 청탁 -대법원 2015. 7. 23. 선고 2015도3080 판결-", 724-727면 참조.

공부문의 부정부패와는 달리 배임수증재죄나 독직죄의 해석 · 적용에 있어서 거래의 자유와 자율성이 훼손되지 않도록 주의할 필요가 있을 것이다.

Ⅱ. 민간부문 부정부패범죄

부정부패 범죄란 직무와 관련하여 불법 또는 부당한 방법으로 물질적 · 사회적 이득을 얻음으로써 직무의 공정성과 이에 대한 사회의 신뢰를 해치는 범죄라 할 수 있다(「부패방지 및 국민권익위원회의 설치와 운영에 관한 법률」 제2조 제4호, 부패재산몰수법 제2조 제1호 참조). 형법 제129조부터 제134조까지 및 특정범죄가중법 제2조, 제4조 등의 뇌물 범죄 규정은 공직자 등 공공부문의 부정부패범죄에 속한다. 이에 대하여 위 배임수증재죄 및 독직죄를 포함하여, 외부감사법 제40조(외부감사를 하는 감사인 등의 독직죄), 특정경제범죄법 제5조, 제6조(금융회사등 임직원의 수재 · 증재죄), 제7조(금융회사등 직무 관련 알선수재죄), 제8조(사금융알선 등의 죄), 제9조(저축 관련 부당행위의 죄), 금융지주회사법 제70조 제2항 제2호, 제48조의3 제1항(금융지주회사 임직원의 수재죄), 의료법 제88조 제2호, 제23조의3(의료인, 의료기관 개설자 및 의료기관 종사자의 부당한 경제적 이익 취득금지 위반죄), 약사법 제94조 제1항 제5의2호, 제47조 제2항, 제3항(의약품공급자의 부당한 경제적 이익 제공금지 위반죄, 약사 · 한약사의 부당한 경제적 이익 취득금지 위반죄), 의료기기법 제53조, 제13조 제3항, 제15조 제6항, 제18조 제2항(의료기기 제조업자 · 수입업자 · 판매업자 · 임대업자의 부당한 경제적 이익 제공금지 위반죄) 및 건설산업기본법 제95조의2 제5호, 제38조의2(건설공사 발주자 · 수급인 · 하수급인 · 이해관계인의 수재 · 증재죄) 등은 민간부문의 부정부패범죄로 분류할 수 있다.[2)] 후술하는 제7장 청탁금지법(즉, 「부정청탁 및 금품등 수수의 금지에 관한 법률」)은 그 주요 적용대상자가 공직자이므로 기본적으로는 공공부문의 부정부패방지 법제에 속하지만, 언론사의 대표자 · 임직원, 사립학교의 학교장 · 교직원, 학교법인 임직원 및 공무수행사인도 공직자와 마찬가지로 부정청탁의 대상자나 금품등 수수금지 위반죄(같은 법 제22조 제1항

2) 그 밖에도 민간부문의 부정부패방지 법제는 변호사법 제109조 제2호, 제33조(변호사의 독직죄), 외국법자문사법 제46조 제2호, 제35조(외국법자문사의 독직죄), 국민체육진흥법 제47조 제1호, 제48조 제1호, 제2호, 제14조의3(전문체육에 해당하는 운동경기의 선수 · 감독 · 코치 · 심판 및 경기단체의 임직원의 독직죄) 및「증권관련 집단소송법」 제60조, 제61조, 제62조(증권관련집단소송의 소를 제기하는 자, 대표당사자, 원고측 소송대리인 또는 분배관리인의 배임수재죄, 그 배임증재죄) 등 특별법에 많이 산재하고 있다.

제1호, 제8조 제1항) 등의 적용대상자에 포함되어 있는 점에서 민간부문의 부정부패방지 법제에도 해당한다.

이러한 민간부문의 부정부패방지 법제의 부정부패범죄는 기업적 생활관계에 큰 영향을 미칠 수 있음에도 불구하고, '부정한 청탁' 등 추상적 · 개방적 구성요건을 중심으로 한 해석론이나 여러 특별법에 산재한 유사 규정의 상호체계 등을 둘러싸고 최근까지 학설 · 판례상 논란이 이어지고 있다. 그 중에서도 배임수증재죄는 그 해석론에 관한 판례가 적지 아니하고 의료계의 '리베이트' 문제 등을 계기로 새로운 관심의 대상이 되고 있다.[3] 또한 청탁금지법은 2015. 3. 27. 제정되어 2016. 9. 28.부터 시행되었으므로 아직 판례의 집적은 미미하지만 학설상으로는 많은 문제점이 제기되고 있다. 그런데 청탁금지법의 증재죄(같은 법 제22조 제1항 제3호, 제8조 제5항)는 그 행위주체에 제한이 없으므로 기업을 포함한 일반 국민 모두가 청탁금지법의 적용대상에 포함되어 있고, 청탁금지법의 규제내용은 기존 사회 · 경제 · 인간관계 전반에 걸쳐 큰 영향을 미치는 내용이므로[4] 그 제도내용 전반을 상세히 학습할 필요가 있다. 따라서 이 제6장에서는 우선 민간부문 부정부패범죄의 기본유형에 속하는 배임수증재죄를 설명하고, 독직죄는 원래 상법 회사편의 벌칙에 규정된 회사범죄에 속하지만 배임수증재죄의 특별 범죄유형에 속하므로 제6장에서 함께 검토한 다음, 제7장에서 청탁금지법의 규제내용을 상세히 검토하기로 한다. 그 밖의 민간부문 부정부패범죄는 그 중 주요 범죄만 아래에서 살펴본다.

1. 외부감사법 제40조의 죄

외부감사법 제40조에서는 외부감사 대상 주식회사나 유한회사의 경우에 감사인, 감사인에 소속된 공인회계사, 감사, 감사위원회의 위원 또는 감사인선임위원회의 위원이 그 직무에 관하여 부정한 청탁을 받고 금품이나 이익을 수수(收受) · 요구 또는 약속한 경우에는 5년 이하의 징역 또는 5천만 원 이하의 벌금에 처한다. 다만,

3) 강수진, "배임수재죄에서의 '부정한 청탁'의 의미–대법원 2011. 8. 18. 선고 2010도10290 판결 및 이른바 제약산업의 '리베이트 쌍벌제'에 대한 검토를 중심으로–", 「형사법의 신동향」 통권 33호(대검찰청, 2011. 12.), 199면; 김성룡, "배임수증재죄에서 부정한 청탁–대법원 2015. 7. 23. 선고 2015도3080 판결 –", 「법조」 통권 721호(법조협회, 2017. 2.), 703면.

4) 한석훈, "청탁금지법의 쟁점 재검토", 「성균관법학」 28권 4호(성균관대학교 법학연구소, 2016. 12.), 265면.

벌금형에 처하는 경우 그 직무와 관련하여 얻는 경제적 이익의 5배에 해당하는 금액이 5천만 원을 초과하면 그 직무와 관련하여 얻는 경제적 이익의 5배에 해당하는 금액 이하의 벌금에 처한다(외부감사법 제40조 제1항). 이에 대응하여 금품이나 이익을 약속 · 공여하거나 공여의 의사를 표시한 자도 마찬가지로 처벌한다(외부감사법 제40조 제2항). 위 각 금품이나 이익은 몰수하고, 그 전부 또는 일부를 몰수할 수 없으면 그 가액(價額)을 추징한다(외부감사법 제45조, 필요적 몰수 · 추징). 외부감사법 제40조의 죄는 부패재산몰수법 제2조 제1호 별표 13 기재 범죄이므로, 같은 법 제2조 제1호의 '부패범죄'에 해당하여 같은 법의 몰수 · 추징 특례규정이 적용될 수 있다(임의적 몰수 · 추징). 그 특례규정의 내용은 앞의 배임죄 부분(제3장 제2절 Ⅳ. 1의 가.)에서 설명한 내용과 같다. 다만, 외부감사법 제40조의 금품이나 이익이 위 형법상 필요적 몰수 · 추징 요건에 해당하면 그에 따라 반드시 몰수 · 추징 해야만 한다(부패재산몰수법 제3조 제1항 단서).

또한 이 죄는 범죄수익은닉규제법 제2조 제1호 별표 36 기재 범죄이므로, 같은 법 제2조 제1호의 중대범죄에 해당하여 같은 법 제8조 이하의 임의적 몰수 · 추징 특례규정도 적용할 수 있다.

법인의 대표자나 법인 또는 개인의 대리인, 사용인, 그 밖의 종업원이 그 법인 또는 개인의 업무에 관하여 위 각 위반행위를 하면 그 행위자를 벌하는 외에 그 법인 또는 개인에게도 해당 조문의 벌금형을 과(科)한다(외부감사법 제46조 본문). 다만, 법인 또는 개인이 그 위반행위를 방지하기 위하여 해당 업무에 관하여 상당한 주의와 감독을 게을리하지 아니한 경우에는 그러하지 아니하다(외부감사법 제46조 단서).

독직죄와 비교하여 볼 때 범죄구성요건으로 직무에 관한 부정한 청탁을 요구하는 점은 같으나 제공되는 이익이 재산상 이익에 한정하지 않는 점, 행위주체가 감사나 감사위원회 위원 외에는 상이하며,[5] 벌금형이 다소 높고 양벌규정이 있는 점도 상이하다.

외부감사법의 입법취지는 외부감사를 받는 주식회사나 유한회사의 회계처리의 적정을 통한 이해관계인 보호와 건전한 기업경영의 확보이다(외부감사법 제1조). 그러

---

5) 범죄구성요건 중 '그 **직무**에 관하여'란 외부감사법상 직무를 의미하는 것이므로, 감사나 감사위원회 위원의 경우에도 외부감사법상의 직무에 관한 경우에만 해당되는 것으로 보아야 할 것이다.

므로 외부감사법 제40조위반죄의 보호법익은 **외부감사 대상 회사의 회계처리의 공정과 이에 대한 사회의 신뢰**로 보아야 할 것이다. 따라서 후술하는 것처럼 타인의 재산 및 사무처리의 공정성이라는 개인적 법익을 보호법익으로 하는 배임수증재죄, 또는 회사의 재산 및 회사 직무집행의 공정성이라는 개인적 법익을 보호법익으로 하는 독직죄와는 각 보호법익 및 행위주체 등이 상이하므로 별개의 범죄가 성립한다.

2. 특정경제범죄법위반죄

특정경제범죄법 제5조는 금융회사등[6]의 임직원이 그 직무에 관하여 금품이나 그 밖의 이익을 수수(收受)·요구 또는 약속한 행위(같은 조 제1항), 그 직무에 관하여 부정한 청탁을 받고 제3자에게 금품 또는 그 밖의 이익을 공여하게 하거나 공여할 것을 요구 또는 약속한 행위(같은 조 제2항), 그 지위를 이용하여 소속 금융회사등 또는 다른 금융회사등 임직원의 직무에 속하는 사항의 알선에 관하여 금품이나 그 밖의 이익을 수수·요구 또는 약속한 행위(같은 조 제3항)를 형사처벌 하고 있다[이하 '특정경제범죄법위반(수재등)죄'라 함].[7] 그 법정형은 5년 이하의 징역 또는 10년 이하의 자격정지이고, 수수·요구·약속한 금품이나 그 밖의 이익의 가액(이하 '수수액'이라 함)의 2배 이상 5배 이하의 벌금을 병과한다(같은 조 제5항, 필요적 병과). 또한 그 수수액이 3천만 원 이상 5천만 원 미만인 때에는 5년 이상의 유기징역, 수수액이 5천만 원 이상 1억 원 미만인 때에는 7년 이상의 유기징역, 수수액이 1억 원 이상인 때에는 무기징역 또는 10년 이상의 징역으로 가중처벌하고, 각 수수액의 2배 이상 5배 이하의 벌금을 병과한다(같은 조 제4항, 제5항). 이에 대응하여, 위 금품이나 그 밖의 이익을 약속, 공여 또는 공여의 의사를 표시하거나, 그 행위에 제공할 목적으로 제3자에게 금품을 교부하거나 그 정황을 알면서 이를 교부받은 사람은 5년 이하의 징역 또는 3천만 원 이하의 벌금에 처한다[같은 법 제6조, 이하 '특정경제범죄법위반(증재등)죄'라 함].[8]

---

6) '금융회사등'의 범위는 특정경제범죄법 제2조 제1호에 규정되어 있다.

7) 죄명에 관한 대검예규상의 공식 죄명은 '특정경제범죄가중처벌등에관한법률위반(수재등)'임.

8) 위 대검예규상의 공식 죄명은 '특정경제범죄가중처벌등에관한법률위반(증재등)'임.

이러한 특정경제범죄법위반죄의 범죄구성요건은 제3자 이익공여의 경우에만 '부정한 청탁'을 요건으로 하고, 그 밖의 경우에는 그 직무에 관한 금품 등 이익의 수수 · 요구 · 약속 · 공여 또는 공여 의사표시만으로 범죄가 성립한다. 또한 수수되는 '이익'은 재물이나 재산상 이익뿐만 아니라 '사람의 수요나 욕망을 충족시키기에 족한 일체의 유형 · 무형의 이익'을 포함하고 있는 것으로 해석된다(판례).[9] 그러므로 특정경제범죄법위반(수재등)죄의 행위주체를 '금융회사등의 임직원'으로 한정하고 그 직무에 관한 행위를 규제대상으로 하고 있는 점 외에는, 공무원 등의 뇌물 범죄[즉, 뇌물수수 · 요구 · 약속죄(형법 제129조 제1항), 제3자뇌물수수 · 요구 · 약속죄(제130조), 알선뇌물수수 · 요구 · 약속죄(형법 제132조), 뇌물공여 · 공여약속 · 공여의사표시죄(형법 제133조 제1항) 또는 제3자뇌물교부 · 취득죄(형법 제133조 제2항)]의 범죄구성요건과 유사하고, 배임수증재죄나 독직죄의 범죄구성요건과는 다르다.[10]

특정경제범죄법위반(수재등)죄 및 특정경제범죄법위반(증재등)죄의 법정형도 배임수증재죄나 독직죄보다는 무겁고, 공무원 등의 뇌물 범죄 및 그 가중처벌규정인 특정범죄가중법 제2조 규정의 법정형과 대부분 같으며, 알선뇌물수수 · 요구 · 약속죄 등 일부 뇌물 범죄 유형의 법정형보다는 오히려 다소 무거운 편이다.

특정경제범죄법위반(수재등)죄의 입법취지에 관하여 판례는 "금융기관은 특별법령에 의하여 설립되고 그 사업 내지 업무가 공공적 성격을 지니고 있어 국가의 경제정책과 국민경제에 중대한 영향을 미치기 때문에 그 임직원에 대하여 일반 공무원과 마찬가지로 엄격한 청렴의무를 부과하여 그 직무의 불가매수성을 확보하고자 하는 데 있다."고 판시하고 있다.[11] 또한 헌법재판소도 그 입법취지에 관하여 "금융기

---

9) 대법원 2005. 7. 15. 2003도4293.

10) 그 밖에 특정경제범죄법위반(수재등)죄나 특정경제범죄법위반(증재등)죄의 위반행위에는 재산상 이익의 요구 · 약속 또는 공여의사표시의 경우도 포함하고 있는 점은 독직죄와 같고, 제3자 이익공여의 경우도 포함하고 있는 점은 배임수증재죄와 같다.

11) 대법원 2011. 2. 24. 2010도15989; 2000. 2. 22. 99도4942("금융기관 임직원이 직무와 관련하여 금품을 수수한 행위 등을 처벌하는 위 법률 제5조의 입법취지는 금융기관은 특별법령에 의하여 설립되고 그 사업 내지 업무가 공공적 성격을 지니고 있어 국가의 경제정책과 국민경제에 중대한 영향을 미치기 때문에 그 임직원에 대하여 일반 공무원과 마찬가지로 엄격한 청렴의무를 부과하여 그 직무의 불가매수성을 확보하고자 하는 데 있고, 이러한 입법취지에 비추어 보면 위 법률 제5조 제1항 소정의 '금융기관 임직원이 직무에 관하여'라 함은 금융기관의 임직원이 그 지위에 수반하여 취급하는 일체의 사무를 말하는 것으로서, 그 권한에 속하는 직무행위뿐만 아니라 그와 밀접한 관계가 있는 사무 및 그와 관련하여 사실상 처리하고 있는 사무도 포함되지만, 그렇다고 금융기관 임직원이 개인적인 지위에서 취

관은 사기업이지만 국민경제와 국민생활에 중대한 영향을 미치는 금융업무를 담당하고 있으므로 시장경제질서의 원활한 운용을 위해서는 투명하고 공정하게 그 기능을 수행하여야 한다. 이처럼 금융기관 임직원의 직무에 대하여 그 집행의 투명성 · 공정성을 확보하는 것은 매우 중요한 공익이라 할 수 있어 직무관련 수재 등 행위를 공무원의 수뢰죄와 같은 수준으로 가중처벌하도록 한 것"이라고 판시하고 있다.[12] 참고로 판례는 공무원 등의 뇌물 범죄의 보호법익을 '직무집행의 공정과 이에 대한 사회의 신뢰'로 보거나,[13] '직무집행의 공정과 이에 대한 사회의 신뢰 및 직무행위의 불가매수성'으로 보고 있다.[14] 그러므로 특정경제범죄법위반(수재등)죄 및 특정경제범죄법위반(증재등)죄의 보호법익은 뇌물 범죄의 보호법익을 참고하여 **금융기관 임직원 직무집행의 공정성과 이에 대한 사회의 신뢰 및 그 직무행위의 불가매수성**이라는 사회적 법익으로 보아야 할 것이다. 헌법재판소도 이 죄의 보호법익을 '금융회사 등 임직원의 청렴성과 그 직무의 불가매수성'으로 판시하였는데,[15] 유사한 입장

급하는 사무까지 이에 포함된다고 할 수는 없다."고 판시).

12) 헌법재판소 2015. 5. 28. 2013헌바35,319,438(병합); 2013. 7. 25. 2011헌바397.

13) 대법원 2006. 12. 22. 2004도7356; 2002. 3. 15. 2001도970; 2001. 9. 18. 2000도5438; 2000. 6. 15. 98도3697 전원합의체; 1998. 3. 10. 97도3113).

14) 대법원 2014. 3. 27. 2013도11357; 2010. 12. 23. 2010도13584("뇌물죄는 직무집행의 공정과 이에 대한 사회의 신뢰에 기하여 직무수행의 불가매수성을 직접적인 보호법익으로 하고 있으므로, 공무원의 직무와 금원의 수수가 전체적으로 대가관계에 있으면 뇌물수수죄가 성립하고, 특별히 청탁의 유무, 개개의 직무행위의 대가적 관계를 고려할 필요는 없으며, 또한 그 직무행위가 특정된 것일 필요도 없다."고 판시); 2009. 9. 10. 2009도5657; 2009. 5. 14. 2008도8852; 2001. 10. 12. 2001도3579("뇌물죄는 공무원의 직무집행의 공정과 이에 대한 사회의 신뢰 및 직무행위의 불가매수성을 그 보호법익으로 하고 있고, 직무에 관한 청탁이나 부정한 행위를 필요로 하는 것은 아니기 때문에 수수된 금품의 뇌물성을 인정하는 데 특별한 청탁이 있어야만 하는 것은 아니며, 또한 금품이 직무에 관하여 수수된 것으로 족하고 개개의 직무행위와 대가적 관계에 있을 필요는 없다."고 판시).

15) 헌번재판소 2020. 10. 29. 2019헌가15(금융회사 임직원이 그 직무에 관하여 약속한 금품 기타 이익의 가액이 5천만 원 이상 1억 원 미만인 경우 가중처벌 하도록 정하고 있는 특정경제범죄법 제5조 제4항 제2호가 책임과 형벌 간의 비례원칙에 위배되는지 여부 및 형벌체계상의 균형을 상실하여 평등원칙에 위배되는지 여부에 관하여, "금품 약속의 경우는 수수와 달리 아직 현실적인 이득이 없다는 점에서 이 경우에도 금액을 기준으로 가중처벌 하는 것에 대해 의문을 제기할 수 있으나, 이 사건 법률조항의 보호법익은 금융회사 등 임직원의 청렴성과 그 직무의 불가매수성이므로 금융회사 등 임직원이 금품 등을 약속한 경우가 현실적으로 금품 등을 수수한 경우에 비해 언제나 불법의 크기나 책임이 작다고 볼 수도 없고, 구체적인 사정에 따라서는 금품 등을 요구하거나 약속에 그쳤더라도 현실적으로 금품 등을 수수한 경우보다 그 불법과 책임이 더 큰 경우도 얼마든지 있다. 이 사건 법률조항이 요구 · 약속 · 수수를 동일한 기준에 따라 처벌하는 것은 금융회사 등 임직원이 5천만 원 이상의 상당한 금품 등을 요구 · 약속 · 수수하였다면 금융회사 등 임직원의 청렴성과 그 직무수행의 불가매수성에 대한 침해가 이미 현저히 이루어졌다는 판단에 근거한 것으로 이러한 판단이 부당하다고 볼 수는 없다."고 판시하며 합헌결정을 하였음).

으로 볼 수 있다.

따라서 개인적 법익을 보호법익으로 하는 배임수재죄 또는 독직죄와는 보호법익과 범죄구성요건이 상이하므로 그와 별개의 범죄가 성립하게 되고, 1개의 행위로 각 죄를 범한 경우에는 상상적 경합관계가 된다. 이에 대하여 특정경제범죄법위반(수재등)죄나 특정경제범죄법위반(증재등)죄는 배임수증재죄에 대하여 특별관계인 법조경합관계이므로 배임수증재죄는 별도로 성립하지 않는 것으로 보는 견해[16]도 있으나, 위와 같은 이유로 찬성하기 어렵다.

위와 마찬가지의 보호법익을 위하여, 그 알선 기타 부당행위도 처벌하고 있다. 즉, 금융회사등의 임직원의 직무에 속하는 사항의 알선에 관하여 금품이나 그 밖의 이익을 수수 · 요구 또는 약속한 사람, 제3자에게 이를 공여하게 하거나 공여하게 할 것을 요구 또는 약속한 사람은 5년 이하의 징역 또는 5천만 원 이하의 벌금에 처한다(특정경제범죄법 제7조). 그뿐만 아니라, 금융회사등의 임직원이 그 지위를 이용하여 자기의 이익 또는 소속 금융회사등 외의 제3자의 이익을 위하여 자기 또는 제3자의 계산으로 금전의 대부, 채무의 보증 또는 인수를 하거나 이를 알선하였을 때에는 7년 이하의 징역 또는 7천만 원 이하의 벌금에 처한다(같은 법 제8조).

또한 저축을 하거나 중개하는 사람이 금융회사등의 임직원으로부터 그 저축에 관하여 법령이나 약관 또는 이에 준하는 금융회사등의 규정에 따라 정해진 이자 · 복금(福金) · 보험금 · 배당금 · 보수 외에 어떤 명목으로든 금품이나 그 밖의 이익을 수수하거나 제3자에게 공여하게 하였을 때(같은 법 제9조 제1항), 저축을 하는 사람 또는 저축을 중개하는 사람이 그 저축과 관련하여 그 저축을 중개하는 자 또는 그 저축과 관계없는 제3자에게 금융회사등으로부터 대출등[17]을 받거나 받게 하였을 때(같은 법 제9조 제2항), 금융회사등의 임직원이 그러한 금품이나 이익을 공여하거나 대출등을 하였을 때(같은 법 제9조 제3항)에는 5년 이하의 징역 또는 5천만 원 이하의 벌금에 처하거나 이를 병과할 수 있고, 금융회사등의 임직원이 소속 금융회사의 업무에 관

16) 노태악, 주석 형법(각칙6), 504면.

17) '대출등'이란 금융회사등이 취급하는 대출, 채무의 보증 또는 인수, 급부, 채권 또는 어음의 할인, 외자(外資)의 전대, 어음매입이나, 명목 여하를 불문하고 금융회사등이 그 업무와 관련하여 자금수요자에게 자금을 융통하여 주거나 채무를 보증하여 주는 것을 말한다(특정경제범죄법 제2조 제3호, 같은 법 시행령 제2조).

하여 그 위반행위를 하면 그 행위자를 벌하는 외에 그 소속 금융회사등에도 위 벌금형을 과하되, 소속 금융회사등이 그 위반행위를 방지하기 위하여 해당 업무에 관하여 상당한 주의와 감독을 게을리하지 아니한 경우에는 그러하지 아니한다(같은 법 제9조).

그리고 위 특정경제범죄법 제5조, 제6조, 제7조, 제9조 제1항, 제3항의 경우 범인 또는 정황을 아는 제3자가 받은 금품이나 이익은 몰수하고, 몰수할 수 없을 때에는 그 가액을 추징한다(같은 법 제10조 제2항, 제3항, 필요적 몰수 · 추징).

특정경제범죄법 제5조부터 제9조까지의 죄는 부패재산몰수법 제2조 제1호 별표 4의 다. 기재 범죄이므로, 같은 법 제2조 제1호의 '부패범죄'에 해당하여 같은 법의 몰수 · 추징 특례규정이 적용될 수 있다(임의적 몰수 · 추징). 그 특례규정의 내용은 앞의 배임죄 부분(제3장 제2절 Ⅳ. 1의 가.)에서 설명한 내용과 같다. 다만, 위 특정경제범죄법상 필요적 몰수 · 추징 요건에 해당하면 그에 따라 반드시 몰수 · 추징 해야만 한다(부패재산몰수법 제3조 제1항 단서).

또한 특정경제범죄법 제5조 및 제7조의 죄는 범죄수익은닉규제법 제2조 제1호 별표 18 기재 범죄이므로, 같은 법 제2조 제1호의 중대범죄에 해당하여 같은 법 제8조 이하의 임의적 몰수 · 추징 특례규정도 적용할 수 있다.

그리고 특정경제범죄법위반(수재등)죄의 가중처벌 사유에 해당하는 경우(특정경제범죄법 제5조 제4항)와 특정경제범죄법 제8조(사금융알선 등의 죄)에 해당하여 유죄판결을 받은 사람은 같은법 제14조에 따라 강제적 취업제한 및 인 · 허가 금지 등의 제한도 받는다. 그 제한내용은 앞의 배임죄 부분 (제3장 제2절 Ⅳ. 1의 가.)에 기재한 내용과 같다.

3. 금융지주회사법위반죄

금융지주회사법 제70조 제2항 제2호, 제48조의3 제1항에서는 금융지주회사의 임직원이 직무와 관련하여 직접 · 간접을 불문하고 증여를 받거나 뇌물을 수수 · 요구 또는 약속한 때에는 5년 이하의 징역 또는 2억 원 이하의 벌금에 처하고 있다.[18]

---

18) 그 밖에, 금융지주회사법 제71조(양벌규정)에 의하면, 법인의 대표자나 법인 또는 개인의 대리인, 사용인, 그 밖의 종업원이 그 법인 또는 개인의 업무에 관하여 제70조의 위반행위를 하면 그 행위자를 벌하는 외에 그 법인 또는 개인에게도 해당 조문의 벌금형을 과(科)한다. 다만, 법인 또는 개인이 그 위반행

이 죄의 입법취지도 특정경제범죄법위반(수재등)죄 및 특정경제범죄법위반(증재등)죄의 경우와 유사하고, 그 범죄구성요건에 '부정한 청탁'을 요구하지 않는 점, 수수되는 '이익'은 재물이나 재산상 이익뿐만 아니라 '뇌물'이라는 점 등에 비추어, 그 보호법익은 **금융지주회사 임직원 직무집행의 공정성과 이에 대한 사회의 신뢰 및 그 직무행위의 불가매수성**이라는 사회적 법익으로 보아야 할 것이다. 따라서 개인적 법익을 보호법익으로 하는 배임수재죄 또는 독직죄와는 보호법익과 범죄구성요건이 상이하므로 그와 별개의 범죄가 성립하게 되고, 1개의 행위로 각 죄를 범한 경우에는 상상적 경합관계가 된다.

법인의 대표자나 대리인, 사용인, 그 밖의 종업원이 그 법인의 업무에 관하여 위 위반행위를 하면 그 행위자를 벌하는 외에 그 법인에게도 위 벌금형을 과하고, 다만 법인이 위반행위를 방지하기 위하여 업무에 관해 상당한 주의와 감독을 게을리하지 아니한 경우에는 그러하지 아니하다(같은 법 제71조). 이 죄는 부패재산몰수법 제2조 제1호 별표 23 기재 범죄이므로, 같은 법 제2조 제1호의 '부패범죄'에 해당하여 같은 법의 몰수 · 추징 특례규정이 적용될 수 있다(임의적 몰수 · 추징). 그 특례규정의 내용은 앞의 배임죄 부분(제3장 제2절 Ⅳ. 1의 가.)에서 설명한 내용과 같다.

4. 의약 리베이트범죄

의료법 제88조 제2호, 제23조의3, 약사법 제94조 제1항 제5의2호, 제47조 제2항, 제3항, 의료기기법 제53조, 제13조 제3항, 제15조 제6항, 제18조 제2항 규정은 2010. 5. 27. 신설된(2010. 11. 28. 시행) 이른바 의약계의 '리베이트 쌍벌제'(이하, '**의약 리베이트범죄**'라 함)를 규정하고 있다.[19] 이들 규정에 의하면, 의료인, 의료기관 개설자(법인의 대표자, 이사, 그 밖에 이에 종사하는 자 포함) 또는 의료기관 종사자는 「약사법」 제47조 제2항에 따른 의약품공급자(법인의 대표자나 이사, 그 밖에 이에 종사하는 자

위를 방지하기 위하여 해당 업무에 관하여 상당한 주의와 감독을 게을리하지 아니한 경우에는 그러하지 아니하다.

19) '의약 리베이트'란 정당한 가격 · 품질 경쟁이 아닌 경제적 이익등 제공과 같은 비정상적인 방법을 통하여 독과점 이윤을 추구하려는 제약사나 의료기기 제조업자 등으로부터 그 의약품이나 의료기기의 처방 · 판매 등에 대한 대가로 받는 불법적 · 음성적 이익을 말하고(헌법재판소 2015. 2. 26. 2013헌바374 참조), '쌍벌'이란 종전에 경제적 이익등의 제공자만 규제하던 입장에서 그 경제적 이익등을 받은 자도 규제한다는 의미를 포함하고 있다.

를 포함하고, 법인이 아닌 경우 그 종사자를 포함)로부터 의약품 채택 · 처방유도 · 거래유지 등 **판매촉진을 목적으로** 제공되거나, 「의료기기법」 제6조에 따른 제조업자, 같은 법 제15조에 따른 의료기기 수입업자, 같은 법 제17조에 따른 의료기기 판매업자 또는 임대업자로부터 의료기기 채택 · 사용유도 · 거래유지 등 **판매**[20]**촉진을 목적**으로 제공되는 금전, 물품, 편익, 노무, 향응, 그 밖의 경제적 이익(이하 '경제적 이익등'이라 함)을 받거나 의료기관으로 하여금 받게 하여서는 아니 된다(의료법 제88조 제2호, 제23조의5). 약사 또는 한약사도 의약품공급자로부터 위 판매촉진 목적으로 제공되는 경제적 이익등을 제공받거나 약국이 경제적 이익등을 취득하게 하여서는 아니 된다(약사법 제94조 제1항 제5의2호, 제47조 제3항). 다만, 견본품 제공, 학술대회 지원, 임상시험 지원, 제품설명회, 대금결제조건에 따른 비용할인, 시판 후 조사 등의 행위(이하 '견본품 제공등의 행위'라 한다)로서 보건복지부령으로 정하는 범위 안의 경제적 이익등인 경우에는 그러하지 아니하다.

위 의약품공급자 또는 의료기기 제조업자 · 수입업자 · 판매업자 · 임대업자도 위 판매(또는 임대) 촉진을 목적으로 약사 · 한약사 · 의료인 · 의료기관 개설자 또는 의료기관 종사자에게 위와 같이 금지되는 경제적 이익등을 제공하거나, 그들로 하여금 약국 또는 의료기관에게 경제적 이익등을 취득하게 하여서는 아니 된다(약사법 제94조 제1항 제5의2호, 제47조 제2항, 의료기기법 제53조, 제13조 제3항, 제15조 제6항, 제18조 제2항).

이를 위반한 자는 모두 3년 이하의 징역이나 3천만 원 이하의 벌금에 처하고, 취득한 경제적 이익등은 몰수하고, 몰수할 수 없을 때에는 그 가액을 추징한다(필요적 몰수 · 추징).[21] 또한, 위 의료법 제88조 제2호(즉, 같은 법 제23조의3 위반)의 죄는 범죄수익은닉규제법 제2조 제1호 별표 33 기재 범죄이므로, 같은 법 제2조 제1호의 중

---

20) 의료기기 판매업자 · 임대업자는 임대 촉진을 목적으로 의료인, 의료기관 개설자 또는 의료기관 종사자에게 경제적 이익등을 제공하는 것도 금지되므로(의료기기법 제18조 제2항), 의료법 제23조의3 제2항의 '판매촉진을 목적으로'란 '판매 또는 임대 촉진을 목적으로'란 의미로 해석할 수 있을 것이지만, 형사처벌 법규의 명확성을 위하여 개정입법을 할 필요가 있다.

21) 그 밖에 의료법 제91조, 약사법 제97조 및 의료기기법 제55조의 양벌규정을 두고 있는데, 이 규정에 의하면 법인의 대표자나 법인 또는 개인의 대리인, 사용인, 그 밖의 종업원이 그 법인 또는 개인의 업무에 관하여 위 의료법 제88조의 위반행위를 하면 그 행위자를 벌하는 외에 그 법인 또는 개인에게도 해당 조문의 벌금형을 과(科)한다. 다만, 법인 또는 개인이 그 위반행위를 방지하기 위하여 해당 업무에 관하여 상당한 주의와 감독을 게을리하지 아니한 경우에는 그러하지 아니하다.

대범죄에 해당하여 같은 법 제8조 이하의 임의적 몰수 · 추징 특례 규정도 적용할 수 있다.

그리고 법인의 대표자나 법인 또는 개인의 대리인, 사용인, 그 밖의 종업원이 그 법인 또는 개인의 업무에 관하여 위 위반행위를 하면 그 행위자를 벌하는 외에 그 법인 또는 개인에게도 해당 조문의 벌금형을 가하고, 다만 법인 또는 개인이 위반행위를 방지하기 위하여 해당 업무에 관하여 상당한 주의와 감독을 게을리하지 아니한 경우에는 그러하지 아니한다(의료법 제91조, 약사법 제97조, 의료기기법 제55조).

이러한 의약 리베이트범죄의 입법취지는 그 경제적 이익등의 제공으로 인하여 약제비나 의료기기 이용료가 인상되는 것을 방지함으로써 국민건강보험의 재정건전화를 기하고, 의사로 하여금 환자를 위하여 최선의 의약품이나 의료수단을 선택하도록 유도하여 국민의 건강증진을 도모하는 한편, 보건의료시장에서의 공정하고 자유로운 경쟁을 확보하기 위한 것이다.[22] 그 범죄구성요건으로는 배임수증재죄나 독직죄의 '부정한 청탁'을 요구하지 않고, 그 대신 **'판매(또는 임대) 촉진 목적으로'** 경제적 이익등이 제공될 것을 요구하고 있다. 이 **'판매(또는 임대) 촉진 목적으로'**를 위 '부정한 청탁'의 구체화 유형으로 보는 견해[23]도 있으나, 판매(또는 임대) 촉진이 경제적 이익등 제공과 대가관계에 있음을 의미하는 것으로서 경제적 이익등의 부당성 또는 뇌물성을 나타내는 것으로 보면 충분할 것이다.[24] 또한 의료기관 개설자의 경우처럼 타인 사무에 관한 임무나 직무의 수행의무를 부담하지 않는 자도 범죄의 행위주체에 포함하고 있는 점에서 배임수증재죄, 독직죄 또는 뇌물 범죄의 범죄구성요건과

---

22) 헌법재판소 2016. 2. 25. 자 2014헌바393; 2015. 2. 26. 2013헌바374.

23) 강수진, 앞의 "배임수재죄에서의 '부정한 청탁'의 의미", 237면.

24) 헌법재판소 2016. 2. 25. 2014헌바393["의료법 조항(현재의 의료법 제23조의3)은 '의약품 채택 · 처방유도 등 판매촉진을 목적으로 제공되는' 경제적 이익의 수수를 금지하고 있고, 문언상 여기서 말하는 '판매촉진 목적'이란 주관적 구성요건으로서 '제공자의 목적이나 의사'를 뜻하는 것이라기보다는 제공되는 경제적 이익의 객관적 성격이 '의약품 채택에 대한 대가성'을 가진다는 것을 의미하는 것으로 해석되어야 한다. 그 해당 여부는 단순히 경제적 이익을 제공하는 사람의 주관적인 의사 이외에도 제공자와 수령자의 관계, 수수한 경제적 가치의 크기와 종류, 수수하게 된 경위와 시기 등 제반 사정을 종합하여 법원이나 사회 일반인들이 경험칙과 논리칙 등에 따라 객관적으로 능히 판단할 수 있는 성질의 것이다."라고 판시]; 2015. 2. 26. 2013헌바374["심판대상조항(현재의 의료법 제23조의3)이 '판매촉진 목적'을 규정한 것은 경제적 이익의 수수행위 이외에 특별히 의미 있는 가중적 구성요건을 규정했다기보다는 당연히 제공이 금지되는 부당한 이익의 의미를 구체화한 것에 불과하다고 할 수 있다. 그런 점에서 '의약품 채택 · 처방유도 등 판매촉진 목적'이라는 표현은 수수가 금지되는 '부당한' 경제적 이익의 의미를 분명하게 잘 전달하고 있다."].

다르다. 그러므로 의약 리베이트범죄는 국민건강에 큰 영향을 미치는 의약계의 공공성을 반영하여 종전의 배임수재죄나 독직죄와 별개의 범죄를 규정한 것이고, 그 보호법익은 **보건의료시장의 공정성**이라는 사회적 법익으로 보아야 할 것이다.[25] 따라서 개인적 법익을 보호법익으로 하는 배임수재죄 또는 독직죄와는 보호법익과 범죄구성요건이 상이하므로 그와 별개의 범죄가 성립하게 되고, 1개의 행위로 각 죄를 범한 경우에는 상상적 경합관계가 된다.[26]

5. 건설 리베이트범죄

건설산업기본법 제95조의2 제5호, 제38조의2(건설공사 발주자 · 수급인 · 하수급인 · 이해관계인의 수재 · 증재죄)에서는 건설업계의 리베이트를 형사처벌하고 있다(이하 '건설 리베이트범죄'라 함). 즉, 건설공사의 발주자 · 수급인 · 하수급인(발주자, 수급인 또는 하수급인이 법인인 경우 해당 법인의 임직원 포함) 또는 이해관계인이 도급계약의 체결 또는 건설공사의 시공에 관하여 **부정한 청탁**을 받고 재물 또는 재산상의 이익을 취득하거나 **부정한 청탁**을 하면서 재물 또는 재산상의 이익을 제공한 때에는 5년 이하의 징역 또는 5천만 원 이하의 벌금에 처한다. 또한 국가, 지방자치단체 또는 대통령령으로 정하는 공공기관[27]이 발주한 건설공사의 업체선정에 심사위원으로 참여한 자가 그 직무에 관하여 **부정한 청탁**을 받고 재물 또는 재산상의 이익을 취득하거나, 그 업체선정에 참여한 업체인 법인, 해당 법인의 대표자, 상업사용인 또는 임직원이 그 직무에 관하여 **부정한 청탁**을 받고 재물 또는 재산상의 이득을 취득하거나 **부정한 청탁**을 하면서 재물 또는 재산상의 이익을 제공한 때에도 위와 마찬가지로 처벌한다.[28] 이 죄는 부패재산몰수법 제2조 제1호 별표 18 기재 범죄이므로, 같은 법 제

---

25) 강수진, 앞의 "배임수재죄에서의 '부정한 청탁'의 의미", 238면에서는 "의약품이나 의료기기 등의 채택 · 처방 등과 관련하여 고질적으로 행해지고 있는 음성적인 리베이트 관행을 근절하고자 하는 사회적 법익을 보호법익으로 하고 있다."고 주장하고 있다.

26) 대법원 2022. 2. 10. 2020두32364.

27) 즉, 「공공기관의 운영에 관한 법률」 제5조에 따른 공기업 및 준정부기관과, 지방공기업법에 따른 지방공사 및 지방공단을 말한다(건설산업기본법 시행령 제34조의5).

28) 그 밖에 건설산업기본법 제98조 제2항(양벌규정)에 의하면, 법인의 대표자나 법인 또는 개인의 대리인, 사용인 및 종업원이 그 법인 또는 개인의 업무에 관하여 제95조의2 위반행위를 하면 그 행위자를 벌하는 외에 그 법인 또는 개인에게도 해당 조문의 벌금형을 과(科)한다. 다만, 법인 또는 개인이 그 위반행위를 방지하기 위하여 해당 업무에 관하여 상당한 주의와 감독을 게을리하지 아니한 경우에는 그

2조 제1호의 '부패범죄'에 해당하여 같은 법의 몰수·추징 특례규정이 적용될 수 있다(임의적 몰수·추징). 그 특례규정의 내용은 앞의 배임죄 부분(제3장 제2절 Ⅳ. 1의 가.)에서 설명한 내용과 같다.

그리고 법인의 대표자나 법인 또는 개인의 대리인, 사용인, 그 밖의 종업원이 그 법인 또는 개인의 업무에 관하여 위 위반행위를 하면 그 행위자를 벌하는 외에 그 법인 또는 개인에게도 해당 조문의 벌금형을 과(科)하고, 다만, 법인 또는 개인이 그 위반행위를 방지하기 위하여 해당 업무에 관하여 상당한 주의와 감독을 게을리하지 아니한 경우에는 그러하지 아니한다(건설산업기본법 제98조 제2항).

이러한 규정의 입법취지는 건설업계의 공사 수주(受注) 및 시공을 둘러싼 부조리를 방지하여 건설공사의 적정한 시공과 건설산업의 건전한 발전을 기하려는 것이다(건설산업기본법 제1조 참조). 따라서 그 보호법익은 **건설 도급계약의 공정성 및 시공의 적정성**이라는 사회적 법익으로 보아야 할 것이다. 판례도 건설 리베이트범죄에 관하여 "개인적 법익에 대한 범죄가 아니라 건설업의 부조리를 방지하여 건설산업의 건전한 발전을 도모하고자 하는 사회적 법익을 그 보호법익으로 하는 것이므로, 형법상 배임수재죄의 특별규정이 아니라 그와 구성요건을 달리하는 별개의 죄로 보아야 할 것"이라고 판시하고 있다.[29] 건설 리베이트범죄의 범죄구성요건도 '그 직무에 관하여 부정한 청탁을 받고 재물 또는 재산상 이익을 취득하거나 이를 제공하는 것'을 요건으로 한다는 점에서 배임수증재죄나 독직죄와 유사하지만, 위와 같이 그 보호법익이 상이하므로 상호 별개의 범죄로 보아야 한다. 따라서 개인적 법익을 보호법익으로 하는 배임수재죄 또는 독직죄와는 보호법익이 상이하므로 그와 별개의 범죄가 성립하게 되고, 1개의 행위로 각 죄를 범한 경우에는 상상적 경합관계가 된다.

러하지 아니하다.

29) 대법원 2008. 9. 11. 2008도3932.

제2절 배임수재죄 및 배임증재죄

Ⅰ. 법정형

배임수재죄, 즉 타인의 사무를 처리하는 자가 그 임무에 관하여 부정한 청탁을 받고 재물 또는 재산상 이익을 취득하거나 제3자로 하여금 이를 취득하게 한 때에는 5년 이하의 징역 또는 1천만 원 이하의 벌금에 처하고(형법 제357조 제1항), 배임증재죄, 즉 그 재물 또는 이익을 공여한 자는 2년 이하의 징역 또는 500만 원 이하의 벌금에 처한다(형법 제357조 제2항). 양 죄 모두 10년 이하의 자격정지를 병과할 수 있다(형법 제358조). 배임수재죄의 범인 또는 정(情)을 아는 제3자가 취득한 재물은 몰수하고, 그 재물을 몰수하기 불가능하거나 재산상 이익을 취득한 때에는 그 가액을 추징한다(형법 제357조 제3항, 필요적 몰수 · 추징). 배임수증재죄의 미수범도 처벌하고(형법 제359조), 친족간 범행에 관한 처벌특례 규정(형법 제328조)을 준용하고 있다(형법 제361조).

배임수재죄를 범한 범인 또는 그 정(情)을 아는 제3자가 취득한 재물은 몰수한다(형법 제357조 제3항 제1문). 그 재물을 몰수하기 불가능하거나 재산상 이익을 취득한 때에는 그 가액을 추징한다(형법 제357조 제3항 제2문). 이는 필요적 몰수 · 추징이므로 반드시 몰수나 추징을 해야 한다.

배임수재죄의 몰수를 포함하여 **형법상 임의적 또는 필요적 몰수**의 법적 성질에 관하여, 판례 및 일부 학설은 부가형으로 규정되어 있으나 범인이 범죄로 인한 부당한 이득을 취득하지 못하게 하고, 범죄반복의 예방을 목적으로 하는 대물적 보안처분으로 파악한다(보안처분설).[30] 이에 대하여 형법이 몰수를 형벌의 일종으로 규정하

30) 대법원 2002. 6. 14. 2002도1283("뇌물죄의 몰수 · 추징에 관한 형법 제134조는 범인이 취득한 당해 재산을 범인으로부터 박탈하여 범인으로 하여금 부정한 이익을 보유하지 못하게 함에 그 목적이 있는 것이므로 금품 중 일부를 받은 취지에 따라 청탁과 관련하여 관계 공무원에게 뇌물로 공여하는 등 실질적으로 범인에게 귀속된 것이 아닌 금품은 몰수 · 추징할 수 없다"고 판시). 형법 외의 **특별법상 몰**

고 있으므로 실질적으로도 재산형으로서 부가형의 성질을 가진다고 보는 견해(재산형설)[31]가 있다. 또한 행위자나 공범 소유 물건에 대한 몰수는 징벌적 성격이 있고, 제3자 소유의 물건에 대한 몰수는 재범의 위험을 예방하기 위한 보안처분으로서의 성격이 있다는 견해(절충설)[32]도 있다. 이러한 법적 성질에 관한 입장에 따라서 공범이 있는 경우에 몰수 · 추징의 대상자, 부과금액 등이 달라지게 된다. 징벌설에 의하면 그 범행으로 인하여 이득을 취득하였는지 여부를 불문하고 공범자 전원에게 몰수 및 그 가액 전액의 추징을 명할 수 있다. 그러나 보안처분설에 의하면 공범자 각자가 범행으로 인하여 실제로 분배받은 금품만을 개별적으로 몰수하거나 그 가액을 추징해야 하고(판례),[33] 그 분배받은 금원을 확정할 수 없을 때에는 이를 평등하게 분할한 금원을 몰수 · 추징하여야 한다(판례).[34] 생각건대 배임수재죄의 몰수는 몰수의 대상이 범죄로 취득한 재물로 제한되고, 추징도 그 몰수가 불가능하거나 범죄행위로 재산상 이익을 취득한 경우에만 할 수 있음에 비추어(제357조 제3항) 범인이 범죄로 인한 부당한 이득을 취득하지 못하게 하려는 보안처분적 성격으로 봄이 타당하다(보안처분설).

범인이 취득한 재산상 이익은 필요적으로 몰수해야 하므로(형법 제357조 제3항 제2문), 그 이익에 상당하는 금액을 증재자에게 반환하였더라도 범인으로부터 그 가액을 추징해야 한다(판례).[35] 범인이 취득한 재물 또는 재산상의 이익을 그 받은 취지에 따라 타인에게 교부한 경우에는 그 부분 이익은 실질적으로 범인에게 귀속된 것이

수 · 추징의 법적성질에 관하여는 판례는 특별법의 입법목적과 해당 몰수 · 추징 규정의 입법취지에 비추어 판단하고 있는데, 마약류관리에 관한 법률, 밀항단속법, 관세법, 특정경제범죄법 제10조 제1항(재산국외도피죄의 몰수 · 추징), 외국환관리법의 필요적 몰수 · 추징의 경우에는 징벌을 강화하는 **징벌적 제재**로서의 성격을 갖는 것으로 보고 있고(대법원 2010. 8. 26. 2010도7251; 2008. 10. 9. 2008도7034; 2008. 1. 17. 2006도455; 2007. 3. 15. 2006도9314; 2005. 4. 29. 2002도7262; 1982. 11. 23. 81도1737), 범죄수익은닉규제법의 임의적 몰수 · 추징, 특정경제범죄법 제10조 제2항(금융기관 임직원 수재 등의 몰수 · 추징), 변호사법의 필요적 몰수 · 추징의 경우의 경우에는 부정한 이익을 보유하지 못하게 하려는 대물적 **보안처분**으로 보고 있다(대법원 2007. 11. 30. 2007도635; 2005. 4. 28. 2005도1157; 1999. 4. 9. 98도4374); 정성근 · 박광민(형총), 542,543면.

31) 오영근(형총), 515면.

32) 이재상 · 장영민 · 강동범(형총), 600면; 신동운(형총), 828면.

33) 대법원 2005. 4. 28. 2005도1157[특정경제범죄법위반(수재등)죄 사안]; 1999. 4. 9. 98도4374(변호 사법위반죄 사안).

34) 대법원 2007. 11. 30. 2007도635(범죄수익은닉규제법위반죄 사안).

35) 대법원 1983. 8. 23. 83도406.

아니어서 이를 범인으로부터 몰수하거나 그 가액을 추징할 수 없다(판례).[36] 또한 범인이 취득한 재물 또는 재산상의 이익을 증재자의 이익을 위하여 사용한 경우라도 이를 처음부터 예정되어 있던 취지에 따라 타인에게 그대로 전달한 것이 아니라 그 세부적인 사용이 범인의 독자적 권한에 속해 있던 것이라면 범인이 받은 금액 전부를 범인으로부터 추징해야 한다(판례).[37]

그리고 수인이 공모하여 배임수재죄를 범하고 금품을 취득한 경우에는 각자가 실제로 수수한 금품을 몰수하거나 몰수할 수 없을 때에는 그 가액을 추징할 것이고, 개별적으로 몰수 · 추징할 수 없는 경우에만 평등하게 몰수 · 추징해야 한다. 그러므로 그 수수 금품을 몰수 대상 피고인이 전부 소비한 것인지 혹은 수인이 분배하여 소비한 것인지 등을 밝혀 피고인으로부터 추징할 금품을 확정해야 한다(판례).[38]

배임수증재죄(형법 제357조)는 부패재산몰수법 제2조 제1호 별표 1.의 라. 기재 범죄이므로, 같은 법 제2조 제1호의 '부패범죄'에 해당하여 같은 법의 몰수 · 추징 특례규정이 적용될 수 있다(임의적 몰수 · 추징). 그 특례규정의 내용은 앞의 배임죄 부분(제3장 제2절 Ⅳ. 1의 가.)에서 설명한 내용과 같다. 다만, 배임수재죄의 경우 위 형법상 필요적 몰수 · 추징 요건에 해당하면 그에 따라 반드시 몰수 · 추징 해야만 한다(부패재산몰수법 제3조 제1항 단서).

또한 이 죄는 범죄수익은닉규제법 제2조 제1호 별표 1의 너. 기재 범죄이므로, 같은 법 제2조 제1호의 중대범죄에 해당하여 같은 법 제8조 이하의 임의적 몰수 · 추징 특례규정이 적용될 수 있다.

---

36) 대법원 2008. 3. 13. 2006도3615; 2002. 6. 14. 2002도1283.

37) 대법원 2008. 3. 13. 2006도3615(대학교수인 피고인이 학위취득자들로부터 돈을 송금받을 당시 그 중 일정액이 실험대행비 등 명목으로 실험을 대행하는 방조범에게 교부하기로 예정되어 있었고, 피고인은 그 취지에 따라 실험대행비 등 명목으로 방조범에게 일정액을 교부하였으며, 방조범이 지출하였다는 실험비용 등은 그 세부적인 사용이 방조범의 독자적인 판단에 따라 사용한 것임을 인정할 수 있으므로, 방조범에게 실험대행비 등 명목으로 교부된 금원이 실질적으로 방조범에게 귀속되었고 실험비용 등으로의 지출은 방조범이 받은 금원을 소비하는 방법의 하나에 지나지 않는다고 보고, 방조범이 수령한 돈의 가액 전부를 피고인으로부터 추징하지 않고 방조범으로부터 추징한 것은 정당하다고 판시); 2000. 5. 26. 2000도440; 1999. 6. 25. 99도1900.

38) 대법원 1978. 2. 14. 77도3949.

Ⅱ. 보호법익

배임수증재죄는 형법 제40장 '횡령과 배임의 죄'에 배임죄와 함께 규정되어 있고, 행위주체가 '타인의 사무를 처리하는 자'로서 배임죄의 행위주체와 문언이 같으며, 그러한 행위주체의 '임무'에 관하여 '재산상 이익'을 취득하는 범죄라는 점에서 배임죄와 유사하다고 볼 수 있다. 따라서 배임수증재죄의 보호법익에 대하여는 배임죄의 경우처럼 타인의 재산(또는 전체 재산)을 보호법익으로 포함할 것인지 여부가 문제된다.

통설 · 판례는 이 죄의 행위주체가 처리하는 사무는 재산관리사무에 한정되지 아니하고 피해자의 재산상 손해발생을 범죄성립요건으로 하지 않으므로 이 죄의 입법취지는 타인의 사무를 처리하는 자의 공정 · 성실한 사무처리를 확보하려는 데 있다고 본다. 따라서 그 보호법익은 타인의 사무를 처리하는 자의 '**거래의 청렴성**(또는 공정성)'[39] 또는 '사무처리자의 청렴성'[40]이라고 한다.[41]

이에 대하여 이 죄는 배임죄와 같은 장(章)에 규정되어 있고, 부정한 청탁을 받을 경우에는 타인의 재산을 보호해야 할 임무를 위배할 위험이 있고, 그로 인하여 타인에게 재산상 피해를 주게 되는 것이므로, 이 죄의 입법취지는 타인의 사무를 공정 · 성실하게 처리하여 타인의 재산을 보호하려는 데 있다고 파악하여, 그 보호법익을 '**타인의 재산 및 사무처리의 공정성**(또는 청렴성)'으로 보는 견해(소수설)[42]가 있다. 이 죄의 보호법익을 어떻게 파악할 것인가 하는 문제는 후술하는 범죄구성요건의 해석에도 영향을 미치는 중요한 문제이다.

생각건대 이 죄가 배임죄와 같은 장(章)에 배임죄에 이어서 규정되어 있는 것은 그

---

39) 대법원 2016. 10. 13. 2014도17211; 2010. 9. 9. 2010도7380; 2008. 12. 11. 2008도6987.

40) 대법원 2006. 11. 23. 2006도906; 2006. 5. 12. 2004도491; 2005. 1. 14 2004도6646; 1996. 10. 11. 95도2090; 1996. 3. 8. 95도2930; 1991. 6. 11. 91도413.

41) 대법원 2010. 4. 15. 2009도6634; 손동권 · 김재윤(형각), 487면; 김성돈(형각), 498,499면; 이재상 · 장영민 · 강동범(형각), 441면; 배종대(형각), 469면; 박상기(형각), 415면; 김일수 · 서보학(형각), 398면; 주석 형법(각칙6), 493면.

42) 오영근(형각), 395면 각주1; 정성근 · 박광민(형각), 440면; 강수진, 앞의 "배임수재죄에서의 '부정한 청탁'의 의미", 223면에서는 이 죄의 보호법익을 '타인의 재물 내지 재산상 이익'으로 하되, 이와 관련되어 나타나는 '거래의 청렴성'을 보충적 보호법익으로 보는 것이 합리적이라고 주장하고 있는데, 이 견해도 소수설과 마찬가지 입장으로 보인다.

위반행위가 사무를 위임한 타인과의 신임관계를 침해하는 배임적 성격의 행위로서 배임죄의 보충적 처벌규정이기 때문이다. 그런데 배임죄의 보호법익을 타인(피해자)의 전체 재산으로 파악하면서 이 죄의 보호법익을 타인의 재산권과 무관하게 파악하여 그 처벌범위를 넓히는 해석은 부당하다. 또한 민간부문의 부정부패행위를 처벌하더라도 재산이나 명예처럼 형벌로 보호하는 법익을 침해할 위험이 없는 부정부패행위까지 형사처벌 하는 것은 죄형균형의 원칙이나 형벌의 보충성 원칙에 위배된다.[43] 비교법적으로도 배임수증재 행위를 일반적으로 처벌하는 입법례가 드문 만큼 이 죄의 적용범위를 제한할 필요도 있다. 이 죄의 범죄구성요건에 배임죄의 경우처럼 사무를 위임한 타인의 재산상 손해발생을 요건으로 하지 않는다고 하여 이 죄의 보호법익에서 타인의 재산을 배제해야 할 충분한 논거가 될 수는 없을 것이다. 따라서 이 죄의 입법취지는 '사무처리의 공정성(또는 거래의 청렴성)을 통하여 타인의 재산을 보호하려는 것'으로 보고, 이 죄의 보호법익은 소수설의 견해처럼 **'타인의 재산 및 사무처리의 공정성'**으로 파악함이 타당하다고 본다.[44] 그러나 통설 · 판례는 이 죄의 보호법익을 위와 같이 '**거래**(또는 사무처리자)**의 청렴성**(또는 공정성)'으로 보고 있으므로 이하 범죄구성요건 등의 설명은 통설 · 판례의 입장에 입각하여 설명하되 소수설 견지에서의 설명을 보충하기로 한다.

보호법익을 사무처리자나 그 거래의 청렴성(또는 공정성)으로 보는 통설 · 판례의 입장에서도 그 보호의 정도를 어떻게 볼 것인지는 견해가 나뉜다. 타인의 사무를 처리하는 자가 부정한 청탁을 받고 재물이나 재산상 이익을 취득하면 실제로 사무처리자의 청렴성이나 거래의 공정성이 침해되지 않더라도 범죄가 성립하는 것이므로 추상적 위험범으로 보는 견해[45]가 있다. 반면, 타인의 사무를 처리하는 자가 부정한 청탁을 받고 재물이나 재산상 이익을 취득하면 사무처리자의 청렴성이나 거래의 공

---

43) 예컨대 종중 회장이 종중 임원의 선임 사무와 관련하여 제3자로부터 종중 임원으로 임명해 달라는 청탁을 받고 그 대가로 돈 100만 원을 수수하였다고 하더라도, 이러한 경우까지 국가 형벌권을 동원하여 종중 회장과 제3자를 배임수재죄 또는 배임증재죄로 처벌하는 것은 죄형균형의 원칙이나 형벌의 보충성 원칙에 맞지 않다.

44) 이 죄를 타인의 재산이라는 개인적 법익을 보호하는 범죄로 본다면 '청렴성'이라는 용어보다는 '공정성'이라는 용어가 적절한 표현이다.

45) 김성돈(형각), 499면.

정성이 침해된 것으로 보고 침해범이라는 견해[46]도 있다. 이에 대하여 보호법익을 타인의 재산 및 사무처리의 공정성(또는 청렴성)으로 보는 소수설 입장에서도 타인의 사무를 처리하는 자가 부정한 청탁을 받고 재물이나 재산상 이익을 취득하면 범죄는 성립하고 타인에게 현실적 손해를 가하거나 손해발생 위험이 발생할 것을 필요로 하지 않기 때문에 추상적 위험범이라고 보는 견해[47]가 있다. 반면, 재물이나 재산상 이익을 취득해야만 범죄가 성립하는 것이므로 침해범이라고 하는 견해[48]도 있다.

생각건대 타인의 사무를 처리하는 자가 부정한 청탁을 받고 재물이나 재산상 이익을 취득하면 실제로 처리한 사무의 내용이나 거래의 결과가 타인에게 불공정하거나 불이익을 주었는지 여부를 묻지 않고 이 죄는 성립한다. 이 경우 반드시 타인 재산의 침해나 침해위험이 있는 것이 아님은 물론 그것만으로 사무처리의 공정성이 침해된 것으로도 볼 수 없지만, 그 침해의 추상적 위험은 있다고 평가할 수 있으므로 추상적 위험범으로 보아야 할 것이다.

Ⅲ. 배임수재죄의 범죄구성요건

1. 행위주체

배임수재죄는 '타인의 사무를 처리하는 자'가 '그 임무에 관하여' 범하였을 것을 필요로 한다. 따라서 타인의 사무를 처리하는 지위에 있는 자만이 범죄를 범할 수 있으므로 진정신분범에 속한다.

이 죄의 보호법익을 '거래의 청렴성'으로 보는 입장(통설 · 판례)에서는, '타인의 사무를 처리하는 자'란 배임죄의 행위주체와 같이 널리 신의성실 원칙에 기초한 신임관계에 있다고 볼 수 있는 자이되, 배임죄의 경우와는 달리 타인의 재산과 관련된 사무에 한정하지 않는다고 설명한다.[49] 판례도 이 죄의 행위주체에 관하여 "배임수재죄의 '타인의 사무를 처리하는 자'란 타인과의 대내관계에 있어서 신의성실의 원칙에 비추어 그 사무를 처리할 신임관계가 존재한다고 인정되는 자를 의미하고, 반

46) 김일수 · 서보학(형각), 399면; 배종대(형각), 469면.
47) 오영근(형각), 395면.
48) 정성근 · 박광민(형각), 440면.
49) 김성돈(형각), 499면; 배종대(형각), 470면.

드시 제3자에 대한 대외관계에서 그 사무에 관한 권한이 존재할 것을 요하지 않으며, 또 그 사무가 포괄적 위탁사무일 것을 요하는 것도 아니고, 사무처리의 근거, 즉 신임관계의 발생근거는 법령의 규정, 법률행위, 관습 또는 사무관리에 의하여도 발생할 수 있다."고 판시하고 있다.[50] 이 죄의 보호법익을 '사무처리의 공정성'을 통한 '타인의 재산' 보호로 파악하는 입장(소수설)에서는 '타인의 사무를 처리하는 자'도 타인(피해자)의 재산상 사무를 처리하는 자나 타인(피해자)의 재산에 직·간접적 영향을 미치는 사무를 처리하는 자로 제한하여 해석함이 논리적이다.[51] 보호법익과 행위주체에 관한 판례의 입장이 타당하다고 본다.

'타인'의 사무를 처리하는 자이어야 하므로 자기 사무를 처리하는 자는 해당되지 않는다. 예컨대, 시·도 화물자동차운송사업협회(이하 '지역협회'라 함)의 대표자가 전국화물자동차운송사업연합회(이하 '연합회'라 함)의 회장 선거에서 자신을 지지해 달라는 자로부터 돈을 받은 경우에는 배임수재죄의 행위주체가 된다고 판시하고 있다. 그 이유는 각 지역협회 대표자가 연합회 총회에서 총회의 구성원이 되어 회장 선출에 관한 선거권 내지 의결권을 행사하는 것은 연합회 회원인 각 지역협회의 업무집행기관으로서 권한을 행사하는 것인 이상, 이러한 대표자의 권한행사는 자기 사무를 처리하는 것이 아니라 타인인 '지역협회'의 사무를 처리하는 것이기 때문이다.[52]

'임무에 관하여'란 보호의 대상이므로 넓게 해석할 필요가 있다. 판례도 "배임수재죄의 '임무에 관하여'라 함은 타인의 사무를 처리하는 자가 위탁받은 사무를 말하는 것이나 이는 그 위탁관계로 인한 본래의 사무뿐만 아니라 그와 밀접한 관계가 있는 범위 내의 사무도 포함되고, 나아가 고유의 권한으로서 그 처리를 하는 자에 한하지 않고 그 자의 보조기관으로서 직접 또는 간접으로 그 처리에 관한 사무를 담당

50) 대법원 2011. 8. 25. 2009도5618; 2010. 4. 15. 2009도6634; 2008. 7. 10. 2007도7760; 2006. 5. 12. 2004도491; 2006. 3. 24. 2005도6433; 2003. 2. 26. 2002도6834; 1999. 6. 22. 99도1095.

51) 그러나 보호법익을 '사무처리의 공정성을 통한 타인 재산의 보호'로 파악하는 견해도 이 죄의 행위주체를 재산상 사무처리자에 국한하지 않고 있다[오영근(형각), 395면; 정성근·박광민(형각), 440,441면]. 특히 정성근·박광민(형각), 440,441면에서는 "재산만을 보호법익으로 하지 않기 때문에 재산상 사무에 국한시킬 필요는 없다."고 주장한다. 이러한 주장은 보호법익으로 보는 '사무처리의 공정성'과 '타인의 재산'을 선택적으로 보는 입장을 전제로 하는 것인데, 정작 보호법익에 관하여는 "이 죄는 타인 사무를 공정하고 성실하게 처리하여 타인의 재산을 보호하기 위한 것"이라고 주장하여 마치 '사무처리의 공정성'과 '타인의 재산'을 중첩적으로 보는 입장인 것처럼 설명하는 것은 모순이다.

52) 대법원 2011. 8. 25. 2009도5618.

하는 자도 포함된다."고 판시하고 있다.[53] 판례에 따르면, 특정 출판사의 책을 교재로 채택해 달라는 부탁을 받고 판매대금의 30~40%를 받은 대학교수의 경우에, 학생들에게 가르칠 교재의 선택 및 출판업자를 선정하는 일은 대학교수의 자유재량에 속하나, 이는 대학교의 수업권을 위임받은 것이라 할 것이므로 자신의 학문적인 성과를 저술한 책자를 출판하는 것이 아니라 대학교재로 쓸 것을 전제로 하는 한 이를 대학교수 자신의 업무로 볼 수는 없고 타인인 대학교의 사무로 보았다.[54] 그 밖에도 의약품수입업자로부터 특정 약품을 환자에게 원외처방 해 달라는 부탁을 받은 종합병원 또는 대학병원 소속 의사,[55] 제약회사로부터 의약품인 조영제나 의료재료를 납품할 수 있도록 해달라는 부탁을 받은 대학병원 의사,[56] 관세사무소를 경영하는 관세사의 위임에 따라 수출업자로부터 의뢰받은 수출면장 발급신청업무를 관세사의 이름으로 처리하는 관세사무소 영업부장,[57] 담당하는 방송프로그램에 특정 가수의 노래만을 자주 방송하여 달라는 부탁을 받은, 방송국 프로그램의 제작·연출 등 사무를 처리하는 프로듀서[58]도 모두 이 죄의 행위주체로 포함하고 있다.

'타인의 사무를 처리하는 자'의 지위를 취득하기 전에 부정한 청탁을 받은 행위를 처벌하는 별도의 범죄구성요건이 존재하지 않는 이상, 죄형법정주의 원칙상 '타인의 사무를 처리하는 자'의 지위를 취득하기 전에 부정한 청탁을 받은 경우에는 배임수재죄가 성립하지 않는다(판례).[59] 그러나 타인의 사무를 처리하는 자가 "그 신임관계에 기한 사무의 범위에 속한 것으로서 장래에 담당할 것이 합리적으로 기대되는 임무에 관하여 부정한 청탁을 받고 재물 또는 재산상 이익을 취득한 후 그 청탁에 관

53) 대법원 2013. 11. 14. 2011도11174; 2010. 9. 9. 2009도10681; 2010. 4. 15. 2009도6634; 2008. 7. 10. 2007도7760; 2006. 3. 24. 2005도6433; 2004. 12. 10. 2003도1435; 2000. 3. 14. 99도5195; 1982. 2. 9. 80도2130.

54) 대법원 1996. 10. 11. 95도2090. 다만, 보호법익에 관한 소수설 입장에서 배임수재죄의 행위주체를 '타인의 재산 관련 사무를 처리하는 자'로 보는 견지에서는 수업에 관한 사무를 처리하는 대학교수 등 교원은 이에 해당하지 않으므로 배임수재죄의 성립을 부정함이 논리적일 것이다. 이러한 소수설 입장에서는 이 사안의 경우에 후술하는 청탁금지법 제6조(부정청탁에 따른 직무수행 금지) 위반으로 처벌할 수는 있을 것이다.

55) 대법원 1991. 6. 11. 91도413.

56) 대법원 2011. 8. 18. 2010도10290.

57) 대법원 1982. 9. 28. 82도1656.

58) 대법원 1991. 1. 15. 90도2257.

59) 대법원 2010. 7. 22. 2009도12878.

한 임무를 현실적으로 담당하게 되었다면 이로써 타인의 사무를 처리하는 자의 청렴성은 훼손되는 것이어서 배임수재죄의 성립을 인정할 수 있다."(판례)[60)]

타인의 사무를 처리하는 자가 그 임무에 관하여 부정한 청탁을 받았다면, 그 후 사직 등의 사유로 인하여 더 이상 타인의 사무를 처리하는 자가 아니고 그 관련된 임무를 현실적으로 담당하지 아니하게 된 상태에서 재물이나 재산상 이익을 수수하게 되었다 하더라도, 그 재물 등의 수수가 부정한 청탁과 관련하여 이루어진 것이라면 배임수재죄가 성립한다(판례).[61)]

이 죄는 법령, 계약 기타 법률행위, 관행 또는 신의성실원칙 등에 비추어 신임관계에 있는 타인에 대한 배신적 성격의 범죄이므로 일반적으로는 포괄적 권한을 갖는 자인 경우가 많겠지만, 해당 사무에 관하여 포괄적 권한이나 독립된 권한을 가진 자가 아니라도 무방하다(판례).[62)] 그러나 단순히 타인의 지시에 따라 기계적 사무에만 종사하는 자는 그 임무에 관하여 타인의 신뢰를 배반하는 행위가 있을 수 없으므로 이 죄의 행위주체가 될 수 없다고 보아야 할 것이다.[63)]

판례도 "배임수재죄의 주체인 '타인의 사무를 처리하는 자'가 되기 위해서는 어느 정도 판단 내지 활동의 자유와 독립성 및 책임이 있어야 하므로, 단순히 본인의 지시에 따라 기계적 사무에 종사하는 자는 이에 해당하지 않는 것으로 보아야 할 것이지만, 그렇다고 하여 반드시 고유의 권한으로써 그 사무를 처리하는 자에 한하는 것은 아니고 보조기관으로서 직접 또는 간접으로 그 사무를 담당하는 자도 이에 포함될 수 있다."고 판시하고 있다.[64)]

---

60) 대법원 2010. 4. 15. 2009도4791(SBS 예능국 프로듀서인 피고인은 연예기획사로부터 피고인이 제작하는 예능프로그램 등에 그 연예기획사 소속 연예인을 출연시키거나 뮤직비디오를 방영해 달라는 청탁을 자주 받아오다가, 연예기획사 운영자로부터 우회상장으로 상당한 시세차익이 예상되는 주식의 매수기회를 제공받고 그 주식을 매수하여 재산상 이익을 취득한 후, 그러한 예능프로그램의 제작에 프로듀서(PD) 또는 책임프로듀서(CP)로서 관여하고 실제 위 연예기획사의 위와 같은 청탁에 따라 자신이 관장하는 예능프로그램에서 뮤직비디오를 방영하는 등으로 도움을 준 사안).

61) 박상기(형각), 416면; 대법원 1997. 10. 24. 97도2042.

62) 대법원 1984. 8. 21. 83도2447(임대차계약을 체결함에 있어 임차인을 선정하거나 임대보증금 및 차임을 결정하는 권한이 없이 상사에게 임차인을 추천할 수 있는 권한밖에 없지만 점포 등의 임대 및 관리를 담당하고 있는 업무과장도 배임수재죄의 '타인의 사무를 처리하는 자'에 해당하므로, 다른 사람이 같은 점포를 임차하려는 상태에서 자기에게 임대해 줄 것을 부탁하는 자로부터 사례비를 받은 경우에는 배임수재죄에 해당한다고 판시).

63) 노태악, 주석 형법(각칙6), 495면.

64) 대법원 2002. 9. 27. 2002도3074(A아파트의 위탁관리업자인 B주택관리주식회사로부터 파견된 A아

2. 부정한 청탁을 받을 것

가. '부정한 청탁'의 개념

판례에 의하면 '부정한 청탁'의 '청탁'이란 타인(피해자)의 특정 사무에 관하여 장래 일정한 행위를 하거나 하지 아니할 것을 명시적 또는 묵시적으로 의뢰하는 것을 말하므로 어느 정도 특정되고 구체성이 있어야만 한다.[65] '부정'이란 청탁이 **사회상규나 신의성실 원칙에 반하는 것**이라면 배임이 되는 정도가 아니라도 무방하다(통설 · 판례).[66] '부정한 청탁' 여부를 판단함에 있어서는 "청탁의 내용, 이와 관련하여 교부하거나 공여한 재물의 액수, 형식, 보호법익인 거래(또는 사무처리자)의 청렴성 등을 종합적으로 고려해야 한다."(판례).[67] 그 청탁은 반드시 명시적으로 이루어져야 하는 것은 아니며 **묵시적**으로 이루어지더라도 무방하다(판례).[68] 또한 타인의 사무를 처리하는 사람에게 공여한 금품에 부정한 청탁의 대가로서의 성질과 그 외의 행위에 대한 사례로서의 성질이 불가분적으로 결합되어 있는 경우에는 그 전부가 불가분적으로 부정한 청탁의 대가로서의 성질을 갖는 것으로 보아야 한다(판례).[69]

파트 관리소장이 A아파트 관리 업무를 수행하여 오면서, 이 사건에서 문제가 된 용역계약 및 화재보험계약 체결과 관련하여 아파트 입주자대표회의를 보조하여 관련 업자로부터의 견적서의 접수, 계약조건의 사전 절충, 계약체결 업무의 실행 및 계약서에의 기명날인 등 계약관련 사무를 처리한 경우에, 그 관리소장은 아파트 입주자들에 대한 관계에서 '타인의 사무를 처리하는 자'에 해당하므로 배임수재죄의 행위주체가 된다고 판시); 대법원 2020. 2. 13. 2019도15353 판결도 같은 취지임.

65) 대법원 1983. 12. 27. 83도2472.

66) 대법원 2021. 9. 30. 2019도17102; 2013. 11. 14. 2011도11174; 1991. 1. 15. 90도2257; 1987. 11. 24. 87도1560; 1984. 7. 10. 84도179; 1968. 10. 22. 67도1666; 손동권 · 김재윤(형각), 489면; 정성근 · 박광민(형각), 441면; 오영근(형각), 393면; 김성돈(형각), 500면; 박상기(형각), 416면; 이재상 · 장영민 · 강동범(형각), 442면; 배종대(형각), 471면; 김일수 · 서보학(형각), 399면.

67) 대법원 2021. 9. 30. 2019도17102; 2010. 4. 15. 2009도6634(앞의 배임죄 부분에서 설명한 한일합섬 LBO사건의 범죄사실 중 피인수회사의 이사로 취임한 자가 미리 인수회사 그룹에 피인수회사의 매각업무에 관한 정보를 제공하고 인수회사의 대표이사로부터 거액의 재산상 이익을 취득한 배임수재의 점에 관한 판시); 2008. 7. 10. 2007도7760; 2006. 5. 12. 2004도491; 2004. 12. 10. 2003도6866; 2002. 4. 9. 99도2165; 1996. 10. 11. 95도2090; 1988. 12. 20. 88도167; 1980. 10. 14. 79도190; 이러한 판례의 입장을 '사회상규나 신의성실 원칙에 반하는지 여부'라는 규범적 기준을 보완하는 비규범적 기준을 정한 것으로 보는 견해[이승호, "배임수증재죄(背任收贈財罪)의 본질(本質)과 '부정(不正)한 청탁(請託)'의 판단기준(判斷基準)", 「법조」 56권 11호(법조협회, 2007. 11.), 115면]도 있으나, 이는 별도의 기준을 정한 것이라기보다는 그 판시내용 그대로 위 '사회상규나 신의성실 원칙' 기준의 판단방법을 예시한 것으로 보아야 할 것이다.

68) 대법원 2021. 9. 30. 2019도17102.

69) 대법원 2021. 9. 30. 2019도17102.

이에 대하여 배임수증재죄의 '부정한 청탁'은 배임행위의 내용, 즉 적어도 재산상 손해발생의 위험을 일으키는 내용의 배임행위를 청탁하는 경우로 국한해야 한다고 주장하는 견해[70]가 있다. 배임수증재죄의 보호법익을 '타인의 재산 및 사무처리의 공정성'으로 보는 소수설의 입장에서는 '부정한 청탁'이란 그 청탁이 타인(피해자) 사무처리의 공정성을 침해하거나 그 침해의 위험을 야기하면서 타인의 재산에 손해나 손해발생의 위험을 초래하는 내용으로 제한하게 될 것이다.[71]

특히, 판례의 위 '사회상규 또는 신의성실 원칙' 기준은 '부정한 청탁' 여부를 판단하는 구체적 기준으로 기능하지 못하는 추상적 · 포괄적 기준에 불과하다는 점에서 많은 비판을 받고 있다.[72] 따라서 '부정한 청탁' 요건의 해석에 관한 구체적인 판단 사례가 중요할 것이다. 판례에 의하면, 단순히 규정이 허용하는 범위 안에서 최대한 선처를 바란다는 내용의 부탁이거나, 위탁받은 사무의 적법한 범위나 업무지침 · 업무관행 등의 정상적인 처리범위에 속하는 경우에는 사회상규나 신의성실 원칙에 어긋난 부정한 청탁으로 볼 수 없다.[73] 또한 단순한 사교적 의례의 범위 내인 경우라거나,[74] 계약관계상 기존 권리를 확보하기 위하여 종전 계약을 유지시켜 달라는 부탁도 부정한 청탁이라 할 수 없다.[75] 그리고 배임수재죄 및 배임증재죄에서 수수하거나 공여하는 재물 또는 재산상 이익은 부정한 청탁에 대한 대가나 사례여야 한다. 만약 타인의 사무를 처리하는 자에게 공여한 금품에 부정한 청탁의 대가로서의 성질과 그 외의 행위에 대한 사례로서의 성질이 불가분적으로 결합되어 있는 경우에는 그 전부가 불가분적으로 부정한 청탁의 대가로서의 성질을 갖는 것으로 보아야 한다(판례).[76] 거래상대방의 대향적 행위의 존재를 필요로 하는 유형의 배임죄에서

---

70) 배종대(형각), 473면.

71) 강수진, 앞의 "배임수재죄에서의 '부정한 청탁'의 의미", 223면에서는 '부정한 청탁'의 개념을 '타인의 재물 또는 재산상 이익에 손해를 가하거나 손해를 가할 위험이 있는 행위로서 거래의 청렴성을 해하는 것을 내용으로 하는 청탁'으로 보고 있는데, 마찬가지 입장으로 보인다.

72) 강수진, 앞의 "배임수재죄에서의 '부정한 청탁'의 의미", 222,223면; 김성룡, 앞의 "배임수증재죄에서 부정한 청탁", 721면; 조기영, "사회복지법인 운영권 양도와 배임수재죄의 '부정한 청탁' ", 「형사법연구」 26권 2호(한국형사법학회, 2014), 114면.

73) 대법원 1982. 9. 28. 82도1656.

74) 대법원 2011. 8. 18. 2010도10290; 노태악, 주석 형법(각칙6), 500면.

75) 대법원 1991. 8. 27. 91도61; 1985. 10. 22. 85도465.

76) 대법원 2015. 7. 23. 2015도3080; 2012. 5. 24. 2012도535.

그 거래상대방은 별개의 이해관계를 갖고 독자적으로 거래에 임하는 것이 원칙이므로 거래상대방이 양수대금 등 그 거래에 따른 계약상 의무를 이행하고 배임행위의 실행행위자가 이를 이행받은 것만으로는 이를 부정한 청탁에 대한 대가로 수수하였다고 단정할 수는 없다(판례).[77]

'부정한 청탁' 여부 판단에 관한 대표적인 판례는 다음과 같다.

1) '부정한 청탁'에 해당한다고 판시한 사례

재건축조합의 총무로서 실질적으로 조합의 전반적인 업무집행을 주도하던 피고인이 자신의 추천으로 그 재건축공사의 시공사로 선정된 건설회사로부터 시공사로 선정된 직후부터 건설회사가 부도나기 전 공사를 진행하고 있던 때까지 2년간에 걸쳐 합계 6,400만 원을 교부받은 사안에서, "피고인은 재건축조합의 업무를 실질적으로 주도하는 자로서 조합을 대표하여 시공사와 접촉하면서 시공사의 이익에 적지 않은 영향을 미칠 수 있는 지위에 있고 실제로 피고인의 추천에 의하여 위 건설회사가 시공사로 선정된 점, 재건축사업의 안전진단 평가과정에서 문제가 생기자 조합장이 시공사를 다른 건설회사로 교체하려고 하였으나 피고인이 이를 거부하였던 점, 피고인은 조합운영비 명목으로 월 150만 원을 지급받아 오고 있었음에도 별도로 피고인의 개인 계좌 및 피고인이 관리하는 처남 명의 계좌로 위 돈을 송금받은 점, 수수한 금액이 의례적인 인사나 직무권한 범위 안에서 최대한 편의를 보아달라는 등의 목적으로 수수되었다고 보기 어렵다고 할 정도인 점 등을 종합하여 보면, 피고인과 위 건설회사 사이에 부정한 청탁이 명시적으로 있었음을 인정할 명백한 증거가 없다고 하더라도, 그 시공사로서의 지위를 계속 유지하고 재건축공사를 진행함에 있어 시공사에게 유리한 쪽으로 편의를 보아 달라는 취지의 **묵시적인 청탁**은 있었다고 추인함이 상당하고, 이는 사회상규 및 신의성실 원칙에 반하는 부정한 청탁에 해당하며, 위 돈은 그러한 부정한 청탁과 관련되어 제공된 것이다."라고 판시하였다.[78]

앞의 한일합섬 LBO사건의 경우에는 기업의 인수·합병 추진 당시 피인수회사의 이사로서 그 회사 매각절차에 관여할 수 있는 지위에 있고, 실제로 이사 취임을 전

77) 대법원 2016. 10. 13. 2014도17211.

78) 대법원 2008. 12. 24. 2008도9602.

후하여 회사매각 정보를 인수회사 측에 제공하고 피인수회사에 인수회사를 인수업체로 추천하였으며, 인수회사와 경영자문계약까지 체결한 자가 인수회사 측으로부터 19억 원 가량을 비밀리에 수령한 사안에서, 피인수회사의 인수 관련 정보를 제공하는 등 인수회사의 인수를 도와달라는 취지의 '묵시적 청탁'이 있었음을 인정하였고, 피인수회사의 이사와 인수회사 대표이사 사이의 이러한 청탁은 사회상규 또는 신의성실 원칙에 반하는 '부정한 청탁'이라고 판시하였다.[79)]

신문사 소속 기자가 특정 회사로부터 그 회사가 송부하는 홍보자료를 토대로 해당 사안에 대한 보도기사를 작성해 달라는 부탁을 받고 광고성 '유료 기사'를 작성하여 그 대가인 기사료를 신문사로 하여금 취득하게 한 사안에서, "언론의 보도는 공정하고 객관적이어야 하고, 언론은 공적인 관심사에 대하여 공익을 대변하며, 취재 · 보도 · 논평 또는 그 밖의 방법으로 민주적 여론형성에 이바지함으로써 그 공적 임무를 수행한다(「언론중재 및 피해구제 등에 관한 법률」 제4조 제1항, 제3항). 또한 지역신문은 정확하고 공정하게 보도하고 지역사회의 공론의 장으로서 다양한 의견을 수렴할 책무가 있다(「지역신문발전지원 특별법」 제5조). 그런데 '광고'와 '언론 보도'는 그 내용의 공정성, 객관성 등에 대한 공공의 신뢰에 있어 확연한 차이가 있고, '광고'는 '언론 보도'의 범주에 포함되지 않는다. 신문 · 인터넷신문의 편집인 및 인터넷뉴스서비스의 기사배열책임자는 독자가 기사와 광고를 혼동하지 않도록 명확하게 구분하여 편집해야 하며(「신문 등의 진흥에 관한 법률」 제6조 제3항), 신문사 등이 광고주로부터 홍보자료 등을 전달받아 실질은 광고이지만 기사의 형식을 빌린 이른바 '기사형 광고'를 게재하는 경우에는, 독자가 광고임을 전제로 정보의 가치를 합리적으로 판단할 수 있도록 그것이 광고임을 표시해야 하고 언론 보도로 오인할 수 있는 형태로 게재하여서는 안 된다. 그러므로 보도의 대상이 되는 자가 언론사 소속 기자에게 소위 '유료 기사' 게재를 청탁하는 행위는 사실상 '광고'를 '언론 보도'인 것처럼 가장하여 달라는 것으로서 언론보도의 공정성 및 객관성에 대한 공공의 신뢰를 저버리는 것이므로, 배임수재죄의 부정한 청탁에 해당한다. 설령 '유료 기사'의 내용이 객관적 사실과 부합하더라도, 언론보도를 금전적 거래의 대상으로 삼은 이상 그 자체로 부

79) 대법원 2010. 4. 15. 2009도6634.

정한 청탁에 해당한다."고 판시하였다.[80] 다만, 이 경우 부정한 청탁은 인정되었으나, 피고인인 기자는 기사료를 자신이 취득한 것이 아니며, 기사료를 수령한 신문사는 기자에게 기사작성 사무처리를 위임한 자로서 후술하는 것처럼 배임수재죄의 '제3자'에 해당하지 않으므로 배임수재죄가 성립하지 않는다는 취지로 판시하였다.[81]

종합병원 또는 대학병원 소속 의사들이 자신들이 처방하는 약을 환자들이 예외없이 구입 복용하는 것을 기화로, 의약품수입업자로부터 "수입하여 시중 약국에는 보급하지 않고 직접 전화주문만 받아 독점판매하고 있는 메가비트 500이라는 약은 본래의 적응증인 순환기질환뿐 아니라 내분비 등 거의 모든 병에 잘 듣는 약이므로, 병당 5만 원 내지 7만 원씩의 사례비를 줄 테니, 그러한 병의 환자들에게 원외처방하여 그들로 하여금 위 약을 많이 사먹도록 해달라"는 부탁을 받고 그 사례비를 교부받은 경우, 위 의사들은 그 임무에 관하여 부정한 청탁을 받고 금품을 수수하였다고 판시하였다.[82]

그 밖에도, ① 골프장 부킹대행업자가 회원제 골프장의 예약업무 담당자에게 골프장 회원에게 제공해야 하는 주말부킹권을 자기에게 판매해 달라고 부탁한 경우,[83] ② 법인격 없는 사단인 한국프로00선수협회의 업무집행기관인 사무총장에게 그 선수협회 소속 선수들에 대한 초상권 사용계약의 체결과 그 계약의 원만한 유지 및 계약 종료 후의 재계약 등 초상권에 대한 지속적인 사용권한 및 초상권에 대한 독점사용권을 부여해 달라고 부탁한 경우,[84] ③ 정상적으로 한국올림픽위원회(Korea Olympic Committee, 이하 KOC라 함)의 위원 위촉절차를 밟지 않고 당시 KOC 위원장이면서 체육계에 막강한 힘을 가지고 있던 자의 힘을 빌어 KOC 위원이 되고자 그에게 KOC 위원으로 선임해 달라는 등의 부탁을 한 경우,[85] ④ 방송은 공적 책임을 수행하고 그 내용의 공정성과 공공성을 유지해야 하는 것임에도 불구하고, 방송광고대행업무를 수행하는 주식회사의 대표이사에게, 방송사 관계자에게 사례비를 지

80) 대법원 2021. 9. 30. 2019도17102.

81) 대법원 2021. 9. 30. 2019도17102[검사의 상고를 각하함으로써 피고인을 무죄로 판시한 원심판결(전주지방법원 2019. 10. 31. 2018노1568) 확정].

82) 대법원 1991. 6. 11. 91도413.

83) 대법원 2008. 12. 11. 2008도6987.

84) 대법원 2015. 7. 23. 2015도3080.

85) 대법원 2005. 1. 14. 2004도6646.

급하여서라도 특정학원 소속 강사만을 채용하고 특정회사에서 출판되는 교재를 채택하여 특정회사의 이익을 위해 수능과외방송을 하는 내용의 방송협약을 체결해 달라고 부탁한 경우,[86] ⑤ 정당의 중앙당 당기위원회 수석부위원장에게 돈을 교부하며 더 이상 지구당의 공천비리를 조사하지 말아달라고 부탁한 경우,[87] ⑥ 출판사의 경영자가 그 출판사가 출판한 교재 판매대금의 약 30~40%에 해당하는 돈을 지급하기로 하고 대학교수에게 그 책자를 교재로 채택하여 달라고 부탁한 경우[88] 등은 부정한 청탁에 해당하는 것으로 보고 있다. 그러나 보호법익에 관한 소수설 입장에서 배임수재죄의 행위주체를 '타인의 재산 관련 사무를 처리하는 자'로 보는 견지에서는 위 사안 중 ③번의 KOC 위원장, ⑤번의 정당 중앙당 당기위원회 수석부위원장, ⑥번 대학교수의 경우에는 '타인(피해자)의 재산상 사무를 처리하는 자'이거나 '타인(피해자)의 재산에 직 · 간접적 영향을 미치는 사무를 처리하는 자'가 아니므로 배임수재죄의 행위주체로 보기 어려울 것이다.

2) '부정한 청탁'에 해당하지 않는 것으로 판시한 사례

병원 의사가 조영제를 병원에 납품하는 업자로부터 '시판 후 조사'(PMS, Post Marketing Surveillance) '연구용역계약'(이하 'PMS계약'이라 함) 명목으로 연구용역비를 교부받은 사안에서, "조영제는 다량의 약물이 짧은 시간 동안 인체에 주입되는 특성상 다른 의약품에 비하여 이상반응 발현율이 높고, 그에 관한 시판허가를 받았다고 하더라도 다양한 체질과 위험인자를 가진 수많은 사람들에게 투여되게 되므로 시판 후 조사를 실시할 필요성이 있으며, 의사로서도 조영제의 유효성과 부작용, 다른 약물과 병용하였을 때의 특이성 등을 임상에서 확인할 기회를 갖게 되므로 그 의학적 필요성이 있는 사실, 실제로 각 PMS계약을 통한 증례보고서가 모두 적정하게 작성되어 전부 수거되었고 일부 부작용이 확인된 의약품에 관하여는 보건당국과 학계에 보고되기도 하였던 사실, 연구비 지급과 관련하여서는 소득세 등 원천징수가 이루어졌고 지급된 금액도 한국제약협회가 채택한 '보험용 의약품의 거래에 관한 공정경쟁규약' 및 그 세부운용기준에 정한 금액의 범위 내였던 점에 비추어, 위 PMS 계

---

86) 대법원 2002. 4. 9. 99도2165.

87) 대법원 1998. 6. 9. 96도837.

88) 대법원 1996. 10. 11. 95도2090.

약은 의학적 관점에서 그 필요성에 따라 근거와 이유를 가지고 정당하게 체결되어 수행된 것으로 봄이 상당하고, 그것이 조영제 납품에 관한 부정한 청탁의 대가 지급 의도로 체결된 것으로 볼 수 없다."고 판시하였다.[89)]

아파트개발사업 시행업체(이하 '시행사'라 함) 측으로부터 철거공사를 담당할 업체를 선정할 권한과 함께 명도 · 이주 업무를 책임지고 수행할 임무를 위임받은 피고인이, 시행사의 양해 아래 철거업체와의 사이에 그 회사가 철거업체로 선정되면 철거공사 하도급대금 중 일부를 피고인에게 지급하기로 하는 내용의 약정을 체결한 사안에서, "시행사는 피고인에게 사업부지 내 철거업체의 선정 권한을 부여함과 아울러 피고인이 그 명도 · 이주 업무를 책임지고 수행함으로써 철거업무를 원활히 진행되도록 하는 노력에 대한 대가를 고려하여, 철거공사 하도급계약의 체결시 그 하도급대금 중 일부를 피고인이 철거업체로부터 되돌려 받는 방법으로 명도 · 이주 업무 등의 보수를 지급받는 것을 허용하였으므로, 이를 타인의 위탁을 받아 계약과 관련된 사무를 처리하는 사람이 특정인으로부터 계약체결의 상대방이 될 수 있게 해 달라는 부정한 청탁을 받고 그 대가를 받은 경우라고 보기는 어렵다."고 판시하였다.[90)]

종중 사무를 총괄하는 피고인이 공동주택사업을 추진하던 건설회사 담당직원에게 종중 토지의 소유권이전에 협조하지 않는 토지 공유명의자들을 설득하여 그 소유권이전에 필요한 서류를 하자 없이 받아줄 테니 수고비를 달라는 부탁을 하였고, 당시 종중 임원으로부터 종중에서 위 등기에 필요한 서류를 교부받기 위하여 공유명의자들에게 그 매매대금의 일부를 나누어 주기로 하는 결의를 하고 있다는 이야기를 들은 바 있는 건설회사의 담당직원으로부터, 그러한 절차를 거쳐 공유자들에게 매매대금의 일부를 빨리 주더라도 건설회사에 소유권이전등기절차를 조속히 이행하여 달라는 취지의 부탁을 받고 위 토지의 매매대금 외에 별도로 보상금을 교부받은 경우에, 부정한 청탁을 받은 것으로 볼 수 없다고 판시하였다.[91)]

학교법인의 이사장 또는 사립학교 경영자가 학교법인의 임원을 변경하는 방식을 통하여 학교법인의 운영권을 양수인에게 이전하고 그 대가로 양수인으로부터 운영

---

89) 대법원 2011. 8. 18. 2010도10290.

90) 대법원 2011. 4. 14. 2010도8743.

91) 대법원 2010. 9. 9. 2010도7380.

권 양도에 상응하는 금전을 지급받기로 약정하는 내용의 계약(이하 '운영권 양도계약'이라 한다)을 체결한 사안에서, "학교법인의 이사장 또는 사립학교경영자가 학교법인 운영권을 양도하고 양수인으로부터 양수인 측을 학교법인의 임원으로 선임해 주는 대가로 양도대금을 받기로 하는 내용의 '청탁'을 받았다 하더라도, 그 청탁의 내용이 당해 학교법인의 설립 목적과 다른 목적으로 기본재산을 매수하여 사용하려는 것으로서 학교법인의 존립에 중대한 위협을 초래할 것임이 명백하다는 등의 특별한 사정이 없는 한, 그 청탁이 사회상규 또는 신의성실의 원칙에 반하는 것을 내용으로 하는 것이라고 할 수 없으므로 이를 배임수재죄의 구성요건인 '부정한 청탁'에 해당한다고 할 수 없다."고 판시하였다.[92] 이와 유사한 사례로, 사회복지법인의 설립자 내지 운영자가 사회복지법인의 운영권을 양도하고 양수인으로부터 양수인 측을 사회복지법인의 임원으로 선임해 주는 대가로 양도대금을 받은 사안에서, "그 청탁의 내용이 당해 사회복지법인의 설립 목적과 다른 목적으로 기본재산을 매수하여 사용하려는 것으로서 실질적으로 법인의 기본재산을 이전하는 것과 다름이 없어 사회복지법인의 존립에 중대한 위협을 초래할 것임이 명백하다는 등의 특별한 사정[93]이 없는 한 사회상규 또는 신의성실 원칙에 반하는 것을 내용으로 하는 청탁이라고 할 수 없으므로 이를 배임수재죄의 성립 요건인 '부정한 청탁'에 해당한다고 할 수 없다."고 판시하였다.[94]

나. 부정한 청탁을 '받고'의 의미

부정한 청탁을 받고 재물이나 재산상 이익을 취득하는 경우이므로, 이 때 청탁을 '받고'란 청탁을 '승낙하고'의 의미로 해석해야 하고 묵시적 승낙도 포함한다.[95] 그

---

92) 대법원 2014. 1. 23. 2013도11735.

93) 예컨대, 비영리 재단법인의 이사장 A가 재단법인 기본재산의 직접적인 매도는 주무관청의 허가문제 등으로 불가능하게 되자, 재단법인의 설립목적과는 다른 목적으로 기본재산을 매수하여 사용할 의도를 가진 B에게 이사진 등을 교체하는 방법으로 위 재단법인의 운영을 넘긴 후 B가 의도하는 사업을 위하여 재단법인의 명칭과 목적을 변경함으로써 사실상 기본재산을 매각하는 효과를 얻도록 해 주되 그 대가로 A가 금원을 받는 경우를 들 수 있다. 이러한 경우에는 주무관청의 허가 문제로 법률상 유효한 약정인가 여부와 관계없이 재단법인과 사이의 신임관계를 저버린 배임행위에 해당하여 배임죄도 성립할 것이다(대법원 2001. 9. 28. 99도2639).

94) 대법원 2013. 12. 26. 2010도16681.

95) 정성근 · 박광민(형각), 442면; 김성돈(형각), 500면.

러나 그 청탁에 따른 부정행위나 배임행위를 실제로 하였는지 여부는 불문한다(판례).[96)]

배임수재죄와 배임증재죄는 대향적 관계에 있는 필요적 공범이기는 하지만, 반드시 수재자와 증재자가 같이 처벌받아야 하는 것을 의미하는 것은 아니다.[97)] 즉, 수재자에게는 부정한 청탁에 해당하더라도 증재자에게는 정당한 업무가 될 수도 있다(판례).[98)] 또한 이처럼 2인 이상의 서로 대향된 행위의 존재를 필요로 하는 관계에 있어서는 공범에 관한 형법총칙 규정의 적용이 있을 수 없다.[99)]

3. 재물 또는 재산상 이익의 취득

'재물'이란 횡령 범죄에서의 재물 개념과 같다(형법 제361조, 제346조).[100)]

'재산상 이익'이란 재물 외에 재산적 가치가 있는 이익을 말한다. 채무면제, 지급유예, 금전대여, 보증, 담보제공, 유상 서비스의 무상제공, 향응 제공 등을 포함하지만, 단순한 지위의 제공이나 정욕의 만족은 포함되지 않는다. 그러므로 형법상 뇌물죄의 뇌물 개념보다는 좁고 배임죄의 재산상 이익과 같은 개념으로 보아야 한다.

재물이나 재산상의 이익의 '취득'은 부정한 청탁을 승낙하고 그 대가를 청탁과 관련하여 취득하는 경우를 말하는 것이고, 또한 재물이나 재산상의 이익의 '취득'은 자기 소유의 의사로 현실적으로 취득하는 경우만을 의미하므로 단순한 요구나 약속만을 한 경우에는 '취득'한 경우로 볼 수 없다(판례).[101)] 부정한 청탁과 관련하여 재물이

---

96) 대법원 2010. 9. 9. 2009도10681; 1991. 8. 27. 91도61; 1987. 11. 24. 87도1560.

97) 이재상 · 장영민 · 강동범(형각), 445면; 신동운(형각), 1307면; 김성돈(형각), 504면.

98) 대법원 1991. 1. 15. 90도2257; 2011. 10. 27. 2010도7624(A주식회사를 사실상 관리하는 甲이 A 주식회사가 사업용 부지로 매수한 토지에 관하여 처분금지가처분 등기를 마쳐 두었는데, 그 토지를 매수하려는 乙에게서 가처분을 취하해 달라는 청탁을 받고 4억 4,000만 원을 수수하였다는 내용으로 기소된 사안에서, 甲에게는 배임수재죄가 성립하나, 乙이 위 돈을 교부한 행위는 사회상규에 위배되지 아니하여 배임증재죄를 구성할 정도의 위법성이 없다고 판시).

99) 대법원 2014. 1. 16. 2013도6969(변호사법위반죄 사안); 2002. 7. 22. 2002도1696(구 종합금융회사에 관한 법률위반죄 및 구 상호신용금고법위반죄 사안); 1988. 4. 25. 87도2451(관세법위반죄 사안); 오영근(형각), 399면.

100) 오영근(형각), 396면.

101) 대법원 1999. 1. 29. 98도4182("골프장 회원권의 공여 의사표시를 하고 피고인이 이를 승낙하였더라도, 그 골프장 회원권에 관하여 피고인 명의로 명의변경이 이루어지지 아니한 이상 피고인이 현실적으로 재산상 이득을 '취득'하였다고 할 수 없다."고 판시).

나 재산상 이익을 취득하는 것이라면 그 취득 시점은 부정한 청탁과 동시가 아니더라도 무방하고 그 전 · 후를 불문한다.[102] 타인의 사무를 처리하는 자가 그 임무에 관하여 부정한 청탁을 받았다면 재물 등 취득 당시에도 그 임무를 현실적으로 담당하고 있을 것은 요건이 아니므로, 사임 또는 사무분담 변경 등으로 그 사무처리자의 지위가 종료된 후 재물 등을 취득하더라도, 그 취득이 부정한 청탁과 관련하여 이루어진 것이라면 배임수재죄가 성립한다(판례).[103] 그러나 먼저 재물이나 재산상 이익을 취득한 후 부정한 청탁이 있는 경우에는 부정한 청탁과 관련하여 취득한 것으로 보기 어려운 경우가 많을 것이다.

타인의 사무를 처리하는 자가 그 임무에 관하여 부정한 청탁을 받는 경우에 재물 또는 재산상의 이익을 자신이 취득한 경우가 아니라 제3자로 하여금 취득하게 한 때에도 이 죄가 성립한다(형법 제357조 제1항 후단).[104] '타인의 사무를 처리하는 자'에게 그 사무처리를 위임한 타인은 다른 특별한 사정이 없는 한 이 '제3자'에 해당하지 않는다(판례).[105] 따라서 제3자가 재물(또는 재산상 이익)을 받았으나 그가 '타인의 사무를 처리하는 자'에게 사무처리를 위임한 제3자로서 사무귀속주체이고, '타인의 사무를 처리하는 자'가 직접 재물을 받은 것이 아니라면 배임수재죄가 성립하지 않는다. 이 경우에는 그 제3자가 보호법익의 주체로서 보호의 대상이므로 그가 재물이나 재산상 이익을 받은 것에 대하여 '타인의 사무를 처리하는 자'를 처벌할 근거를 찾기 어

---

102) 김성돈(형각), 501,502면; 정성근 · 박광민(형각), 442,443면; 박상기(형각), 418면.

103) 대법원 1997. 10. 24. 97도2042; 1987. 4. 28. 87도414 ; 1984. 11. 27. 84도1906.

104) 2016. 5. 29. 개정 형법(법률 제14178호)은 제357조 제1항의 배임수재죄에서 재물이나 재산상 이익을 제3자에게 제공하게 한 때에도 처벌하게 하고, 같은 조 제3항에서 그 제3자가 배임수재의 정(情)을 알고 취득한 경우에는 그 제3자가 취득한 재물이나 재산상의 이익을 몰수 또는 추징하도록(필요적 몰수 · 추징) 개정하였다. 종전에는 이러한 규정이 없었으므로 재물이나 재산상 이익을 제3자에게 제공하게 한 때에는 처벌할 수 없었다. 다만, 판례에 의하여 그 제3자가 부정한 청탁을 받은 자의 사자(使者) 또는 대리인으로서 재물 또는 재산상 이익을 취득한 경우나, 그 밖에 평소 부정한 청탁을 받은 자가 그 제3자의 생활비 등을 부담하고 있었다거나 혹은 그 제3자에 대하여 채무를 부담하고 있었다는 등의 사정이 있어 그 제3자가 재물 또는 재산상 이익을 받음으로써 부정한 청탁을 받은 자가 그만큼 지출을 면하게 되는 경우 등 사회통념상 그 제3자가 재물 또는 재산상 이익을 받은 것을 부정한 청탁을 받은 자가 직접 받은 것과 동일하게 평가할 수 있는 관계가 있는 경우에만 배임수재죄가 성립할 수 있는 것으로 해석해 왔을 뿐이었다(대법원 2017. 12. 7. 2017도12129; 2009. 6. 11. 2009도1518; 2009. 3. 12. 2008도1321; 2008. 4. 24. 2006도1202; 2006. 12. 22. 2004도2581).

105) 대법원 2021. 9. 30. 2019도17102("개정 형법 제357조의 보호법익 및 체계적 위치, 개정 경위, 법문의 문언 등을 종합하여 볼 때, 개정 형법이 적용되는 경우에도 '제3자'에는 다른 특별한 사정이 없는 한 사무처리를 위임한 타인은 포함되지 않는다고 봄이 타당하다."고 판시).

렵다.

배임수재죄의 행위주체가 재물 또는 재산상 이익을 취득하였는지는 증거에 의하여 인정된 사실에 대한 규범적 평가의 문제이다(판례).[106] 타인의 사무를 처리하는 자가 그 임무에 관하여 부정한 청탁을 받고 다른 사람으로 하여금 재물 또는 재산상 이익을 취득하게 한 경우일지라도, 그 다른 사람이 부정한 청탁을 받은 자의 사자(使者) 또는 대리인으로서 재물 또는 재산상 이익을 취득한 경우나, 그밖에 평소 부정한 청탁을 받은 자가 그 다른 사람의 생활비 등을 부담하고 있었다거나 혹은 그 다른 사람에 대하여 채무를 부담하고 있었다는 등의 사정이 있어 그 다른 사람이 재물 또는 재산상 이익을 받음으로써 부정한 청탁을 받은 자가 그만큼 지출을 면하게 되는 경우 등 사회통념상 그 다른 사람이 재물 또는 재산상 이익을 받은 것을 부정한 청탁을 받은 자가 직접 받은 것과 같이 평가할 수 있는 관계가 있다면 부정한 청탁을 받은 자가 받은 것으로 평가할 수 있다(판례).[107]

재물이나 재산상 이익의 취득으로 인하여, 사무처리를 위임한 타인(피해자)에게 손해가 발생하는 것은 범죄구성요건이 아니다.[108]

4. 주관적 구성요건

배임수재죄는 고의범이므로(형법 제13조 본문) 객관적 범죄구성요건에 대한 인식과 적어도 그 결과나 위험에 대한 용인이 필요하다(용인설). 즉, 자신이 타인의 사무를 처리하는 자라는 사실, 그 임무에 관한 부정한 청탁이라는 사실, 그 청탁과 관련하여 재물이나 재산상 이익을 취득하는 사실에 관한 인식이 필요하다. 특히, 그 임무에 관한 부정한 청탁인 점에 대한 인식이 문제가 될 것이다.

고의 이외에 불법영득의사 또는 불법이득의사가 필요한 것인지 여부에 대하여는 논란이 있다. **긍정설**은 이 죄의 성립을 위하여는 재물이나 재산상 이익을 취득해야 하므로 고의 외에 불법영득의사나 불법이득의사가 필요하다고 한다.[109] 긍정설에 의

---

106) 대법원 2021. 9. 30. 2019도17102; 2017. 12. 7. 2017도12129.

107) 대법원 2017. 12. 7. 2017도12129 등. 이러한 종전 판례의 입장은 위 2016. 5. 29. 개정 형법 이전의 사안에 관한 판례이지만, 그 개정 이후에도 마찬가지이다(대법원 2021. 9. 30. 2019도17102).

108) 대법원 2011. 2. 24. 2010도11784; 1984. 8. 21. 83도2447.

109) 손동권 · 김재윤(형각), 491면; 김일수 · 서보학(형각), 401면; 박상기(형각), 418면.

하면 일시 보관하는 경우나 반환할 의도로 재물 등을 취득한 경우에는 불법영득의사나 불법이득의사가 없어서 죄가 성립하지 않는다고 한다. 이에 대하여 **부정설**은 재물이나 재산상 이익의 취득에 대한 고의에는 영득의 의미도 포함되어 있어 영득은 고의의 내용이 되는 것이므로 별도로 불법영득의사나 불법이득의사를 인정할 필요가 없다고 주장한다.[110)]

판례는 배임수재죄의 성립에 '영득의 의사'가 필요함을 전제로 판시하고 있을 뿐, 그것이 초과주관적 구성요건인지 여부에 관한 언급은 없다.[111)] 어느 견해를 따르더라도 이 죄의 성립 여부에 차이가 있는 것은 아니고 불법영득의사나 불법이득의사의 체계적 지위에 차이가 있을 뿐이다.

생각건대 재물이나 재산상의 이익의 '취득'은 자기 소유의 의사로 현실적으로 취득하는 경우만을 의미하므로, 취득에 대한 고의의 내용에 이미 불법영득의사나 불법이득의사가 포함되어 있으므로, 이를 고의를 초과하는 초과주관적 구성요건으로 볼 필요는 없을 것이다.

5. 주요 판례

■ 배임수재죄 부정 사례(대법원 2006. 3. 24. 2005도6433)

【 사실관계 】

한국야구위원회(야구경기를 주최하고, 야구선수 · 감독 · 코치 및 심판을 양성하며, 야구관계자에 대한 상벌과 복지사업을 주관하고, 회원 간의 연락 및 친선을 도모하는 단체, 이하 'KBO'로 약칭)의 총재특별보좌관을 역임하고 KBO 사무총장으로 재임 중인 피고인은 광고대행 주식회사인 P회사의 대표이사 A로부터 "P회사가 잠실야구장의 광고권자로

---

110) 김성돈(형각), 502면; 오영근(형각), 399면.

111) 대법원 1991. 6. 11. 91도413(임무에 관하여 부정한 청탁을 받고 4회에 걸쳐 합계 금 7,000,000원을 수수하였다면 그 후에 그 중 일부 금원을 다시 되돌려준 것만으로 이를 수수할 당시에 영득의 의사가 없었다고 단정할 수 없으므로 배임수재죄의 성립에 영향이 없다고 판시); 1984. 3. 13. 83도1986(피고인이 증뢰자로부터 받은 100만 원짜리 수표 150장을 은행에 맡기면서 누가 자기에게 일시 보관을 위해 맡긴 것인데 곧 찾아갈 돈이니 맡아달라고 말한 사실이 인정되고, 또 피고인이 그 돈을 반환한 경위에 있어서도 영득의 의사로 받았다가 되돌려 줄 수밖에 없는 특단의 사정변경사실을 찾아볼 수 없고, 자발적으로 반환한 경우라면, 위 수표들이 수표 100장 1억 원과 50장 5천만 원으로 나누어 다른 날짜에 가명으로 예금된 바 있다 하더라도 피고인에게 배임수재죄에 있어서의 영득의 의사가 있었다고 단정할 수 없다고 판시); 1983. 3. 8. 82도2873.

선정될 수 있도록 잠실야구장운영본부(KBO의 회원인 2개 야구단이 공동출자하여 운영)에 영향력을 행사해 달라"는 청탁을 받은 상태에서, 다시 P회사와 KBO 사이에 체결되는 R회사의 야구장 펜스광고를 위한 계약(당시 R회사는 프로야구 공식 후원사였고, KBO는 R회사와의 프로야구 타이틀스폰서십 계약에 따라 R회사를 위하여 각 프로야구장 펜스 등에 광고를 해주어야 하는 의무를 부담하고 있었음)과 관련하여 피고인은 KBO 사무총장으로서 P회사의 대표이사 A로부터 위 광고권자 선정 및 광고계약 체결과 관련하여 P회사에 유리하게 해달라는 청탁을 받고 합계 8,980만 원을 받아 배임수재죄로 공소제기된 사안이다.[112](이 사건 배임수재죄에 관하여 1심은 무죄, 2심은 유죄로 판시하였으나, 대법원에서 무죄로 판시)

【 판결요지 】

• P회사의 광고권자 선정 관련 무죄 이유: 이 사건 당시 피고인은 KBO 사무총장으로 근무하였고, 잠실야구장의 광고권자 선정 권한은 잠실야구장운영본부에게 있을 뿐 피고인이 잠실야구장의 광고권자 선정 관련 업무를 담당하지는 아니한 사실, 실제로 위 운영본부가 P회사를 잠실운동장의 광고권자로 선정한 사실, 피고인이 직접 또는 간접으로 잠실야구장의 광고권자 선정 업무를 담당하거나 이에 참여하거나 보조하였다는 점을 인정할 만한 자료가 없는 점 등에 비추어, 피고인은 잠실야구장의 광고권자 선정 업무를 처리하는 자에 해당한다고 볼 수 없다. 또한 피고인의 지위와 KBO 총재 및 위 운영본부 대표와의 관계 등을 살펴볼 때 피고인이 잠실야구장 광고권 계약체결의 주체인 위 운영본부 대표에게 P회사를 위하여 유리한 이야기를 전해줄 수 있었던 사정만으로는 KBO의 사무총장 또는 총재특별보좌관으로서 KBO 총재를 보좌하고 KBO의 행정적 운영과 예산집행을 담당하는 업무가 잠실야구장의 광고권자 선정 업무와 밀접한 관계가 있는 범위 내의 사무라고 보기도 어렵다. 따라서 피고인이 잠실야구장의 광고권자 선정과 관련하여 부정한 청탁을 받고 금품을 수수하였다고 하더라도 스스로 **'타인의 사무를 처리하는 자'**로서 그러한 행위를 하였다고는 볼 수 없으므로 그 행위를 배임수재죄로 처벌할 수는 없다고 판시하였다.

• KBO의 광고계약 체결 관련 무죄 이유 : ① P회사가 실제로 잠실야구장의 광고권자로 선정되었으므로, KBO로서는 R회사의 펜스광고를 위한 계약을 P회사와 체결할

112) 이 사건 공소사실 중에는 그 밖에 정치자금법위반도 포함되어 있으나 여기에서는 논외로 한다.

수 있을 뿐 다른 광고업자와 그 펜스광고계약을 체결할 수는 없는 처지이고, 잠실야구장의 경우 R회사의 광고료는 다른 광고주들의 광고료와 거의 같거나 오히려 저렴한 경우가 많으며, 광주야구장의 경우 R회사의 광고료가 다소 높게 책정되기도 하였으나 경미한 차이가 있을 뿐이어서, P회사에게 유리한 조건으로 R회사를 위한 펜스광고계약이 체결되었다고는 보기 어려운 점에 비추어, 위와 같은 청탁 내용은 **단순히 규정이 허용하는 범위 내에서 최대한의 선처를 바란다거나 계약관계를 유지시켜 기존권리를 확보하기 위한 부탁행위에 불과한 것**으로 보이는 점, ② 광고료, 광고문구, 광고위치, 광고판의 크기 등 R회사를 위한 펜스광고계약의 조건들은 사실상 R회사와 P회사의 실무자들 사이에서 먼저 협의가 이루어진 다음 그 협의결과에 따라 KBO와 P회사 사이에 계약서가 작성되었고, 피고인이 위 광고계약조건들의 결정에 관여하였다는 정황을 찾아볼 수 없는 점, ③ P회사의 대표이사는 수사 단계에서부터 법정에 이르기까지 일관되게 R회사를 위한 펜스광고계약과 관련하여서는 부정한 청탁을 한 바 없다고 부인하고 있는 점, ④ P회사의 대표이사가 피고인에게 교부한 돈은 오래전부터 친숙한 인간관계를 맺어온 피고인에게 평소와 같이 용돈으로 사용하라고 하면서 교부하였다고 진술하고 있는 점 등에 비추어 보면, 피고인이 P회사의 대표이사로부터 R회사를 위한 펜스광고계약 체결과 관련하여 부정한 청탁을 받았다고 단정하기 어렵다고 판시하였다.

■ 배임수재죄 인정 사례(대법원 2010. 9. 9. 2009도10681)

【사실관계】

피고인은 기아자동차 노동조합 중 민주노동자회(이하 '기노회'라 함)의 화성공장 간부이고, 기노회는 '노동자 민중의 정치 · 경제 · 사회 · 문화적 지위 향상' 등을 목적으로 하여 기아자동차 노동조합의 한 계파로서 출범한 후, 회사 측과의 임금 · 단체협상 등 각종 노사협상이 진행됨에 있어 집행부 또는 기노회 소속 교섭위원들을 통해 기노회의 의견이 관철되도록 하는 한편 협상타결안에 대한 조합원 전체 찬반투표에서도 계파의 영향력을 통해 조합원 전체의 여론을 형성하는 등의 방법으로 노사관계에 대한 사실상의 영향력을 행사하여 온 기아자동차 노동조합 내 최대계파이다. 이와 같은 기노회의 간부인 피고인으로서는 사용자인 기아자동차의 경영진과의 임금 · 단체협약 등 각종 노사교섭 등이 진행될 때에 기노회의 의견을 사용자 측에게 전달하거나 또는 교섭위원으로 선발된 기노회 소속 대의원들을 통해 사용자 측에게 전달하는 등의 방법으로 그

의견의 관철을 위해 노력하는 한편 노사협상 잠정합의안에 대한 전체 노조원들의 찬반투표에 있어 잠정합의안에 대한 기노회 소속 회원들의 찬반의견을 내부적으로 형성하고 그 의견을 전체 노조원들에게 적극 홍보하여 이를 관철시키는 임무에 종사하고 있으므로, 기노회 소속 회원들 및 기아자동차 노동조합 조합원 전체의 경제 · 사회적 지위 향상 등 노동조건 개선을 위해 성실히 노력해야 할 업무상 임무가 있다.

그런데 피고인은 2002년도 기아자동차의 임금 · 단체협약의 교섭 진행 중 '주 40시간 근로', '퇴직금 누진제 실시', '징계위원회 노사 동수구성' 등의 현안에 대한 노사간 의견충돌로 인해 부분 파업 등이 발생하자, 기아자동차 화성공장 공장장으로부터 기노회 소속 대의원들에게 영향력을 행사하여 위 안건들에 관한 협상이 원만하게 조속히 타결될 수 있도록 협조해 달라는 취지의 부정한 청탁을 받고 현금 3,000만 원을 교부받았다. 또한 피고인은 2003년도 기아자동차의 임금협상 교섭 진행 중 근로자 4명당 1명의 조장을 배치하는 팀제 도입 안건 등으로 협상 진행에 어려움이 발생하자, 다시 위 공장장으로부터 위와 같은 부정한 청탁을 받고 현금 2,000만 원을 교부받은 사안이다(1심은 유죄, 2심은 무죄[113], 대법원은 다시 유죄로 판시).

【판결요지】

배임수재죄의 '임무에 관하여'라 함은 타인의 사무를 처리하는 자가 위탁받은 사무를 말하는 것이나 이는 **그 위탁관계로 인한 본래의 사무뿐만 아니라 그와 밀접한 관계가 있는 범위 내의 사무도 포함되는 것**이며, **'부정한 청탁'이라 함은 청탁이 사회상규와 신의성실의 원칙에 반하는 것을 말하고, 이를 판단함에 있어서는 청탁의 내용 및 이와 관련되어 교부받거나 공여한 재물의 액수 · 형식, 보호법익인 사무처리자의 청렴성 등**

---

113) 2심인 수원지방법원 2009. 9. 16. 2008노5155 판결은 무죄 이유로 "첫째, 여러 사정을 종합하여 보면, **피고인이 명시적으로 또는 묵시적으로나마 기노회 소속 대의원들에게 영향력을 행사하여 임금협상 안건이 원만하게 조속히 타결될 수 있도록 협조해 달라는 취지의 청탁을 받았다고 인정하기는 어렵다.** 둘째, ① 피고인은 당시 기노회의 화성공장 부의장 또는 기노회의 중앙집행위원장의 사무를 담당하였고, 그 규약상 임무를 보면 기노회 내의 업무 일체를 관장하고 부서를 통괄하고 각종 회의 일체를 주관하거나 이를 보좌하도록 되어 있을 뿐 기아자동차 노동조합과 관련된 업무를 담당하지 아니한 점, ② 기노회는 그 소속 조합원 수가 많은 관계로 기아자동차 노동조합 내 유력한 계파를 형성하고 있기는 하지만 노동조합과는 전혀 별개의 단체이며 노동조합의 임원 구성에도 공식적으로는 관여할 수 없는 점, ③ 임금 및 단체협상과 관련된 임무는 교섭위원으로 선정된 대의원들이나 노동조합 집행부의 임무일 뿐 기노회 간부의 임무로 볼 수 없는 점, ④ 피고인이 평소 알고 지내던 노조원들에게 사실상 영향력을 행사하는 것은 피고인의 개인적 인간관계를 이용하는 것일 뿐 기노회 간부의 임무와는 관련이 없다고 보여지는 점 등에 비추어 보면, 피고인이 **기노회로부터 위탁받은 본래의 사무 또는 그와 밀접한 관계가 있는 범위 내의 사무에 관하여** 청탁을 받은 것으로 볼 수도 없다."고 판시하였다.

을 종합적으로 고찰하여야 하며, 그 청탁이 반드시 명시적으로 이루어져야 하는 것은 아니고, 묵시적으로 이루어지더라도 무방하다.

평소 기노회는 기아자동차 내에 존재하는 여러 현장조직들 중 가장 유력하고 대표적인 현장조직으로서, 자체 규약 및 독자적인 기관을 갖추고 있으며, 노동조합 임원선거의 참여, 조합원 교육 및 선전 · 홍보사업, 교섭위원 및 대의원과의 정책 협의 등의 활동을 조직적 · 체계적으로 수행하고 있다. 특히 이 사건에서 문제된 단체교섭절차에서 기노회는 소속 대의원 내지 교섭위원을 통하여 그리고 조합원을 상대로 한 홍보활동을 통하여 그 의견을 관철하는 등 간접적으로 사실상의 영향력을 행사하고 있었다. 그리고 피고인은 기노회 간부로서 위와 같은 기노회의 여러 사업 및 활동을 총괄하고 이를 추진하는 사무를 처리해 왔으므로, 피고인이 노동조합 활동이나 기노회 소속 대의원 내지 교섭위원들에 대하여 사실상의 영향력을 행사하는 것을 단순히 친분관계를 이용하여 평소 알고 지내던 노조원들에게 부탁을 한 것이라거나 조합원 내지 기노회 회원으로서 지지를 표방하거나 사업에 참여하는 등의 개인적 차원의 활동을 한 것으로 볼 수는 없다. 그렇다면 피고인은 기노회의 간부로서, 임금 · 단체협약 등 각종 노사교섭에서 기노회의 의견을 직접 또는 교섭위원으로 선발된 기노회 소속 대의원들을 통해 사용자 측에 전달하고, 노사협상 잠정합의안에 대한 기노회의 입장을 찬반투표 과정에서 전체 노조원들에게 적극 홍보하는 등의 임무에 종사하고 있으므로 기노회 소속 회원들 및 기아자동차 노동조합 조합원 전체의 경제적 · 사회적 지위 향상 등 노동조건 개선을 위해 성실히 노력해야 할 업무상 임무가 있다.

그리고 기아자동차 화성공장 공장장이 피고인에게 금품을 교부한 시기 및 그 액수, 당시 피고인의 지위 등을 종합하여 볼 때 적어도 묵시적으로나마 공소사실 기재와 같은 취지의 부정한 청탁이 있었다고 인정하기에 충분하다.

따라서 피고인은 기노회의 사무를 처리하는 자로서 그 임무에 관하여 부정한 청탁을 받고 위 현금을 취득한 것으로 볼 수 있다고 판시하였다.

Ⅳ. 배임증재죄의 범죄구성요건

1. 객관적 구성요건

배임증재죄는 배임수재죄와 대향적인 필요적 공범관계에 있다. 즉, 배임증재죄의 범죄구성요건은 타인의 사무를 처리하는 자에게 그 임무에 관하여 부정한 청탁을 하고 재물이나 재산상 이익을 공여하는 행위이다.

누구든지 행위주체가 될 수 있으므로 비신분범이다. '공여'란 상대방에게 현실적으로 교부하는 것을 말하고 상대방의 취득 여부는 불문한다. '취득'은 자기 소유의 의사로 현실적으로 취득하는 경우만을 의미하는 것이므로 상대방이 소유의 의사가 없이 현실적으로 재물 등을 교부받은 경우에도 공여행위는 인정할 수 있기 때문이다. 이러한 경우에는 배임수재죄는 성립하지 않더라도 배임증재죄는 성립할 수 있다.

또한 앞의 배임수재죄의 범죄구성요건 중 '부정한 청탁을 받을 것'의 내용에서 설명한 것처럼 청탁의 내용이 증재자에게는 정당한 업무에 속하여 부정한 청탁이 아니지만 수재자에게는 부정한 청탁이 되는 경우가 있을 수 있고, 이 경우에는 배임증재죄는 성립하지 않더라도 배임수재죄가 성립할 수 있다(판례).[114]

2. 주관적 구성요건

배임증재죄도 고의범이므로 객관적 범죄구성요건 사실에 대한 인식과 함께 적어도 그 결과나 위험에 대한 용인이 필요하다(용인설). 즉, 타인의 사무를 처리하는 자에게 그 임무에 관한 부정한 청탁을 한다는 사실, 그 청탁과 관련하여 재물이나 재산상 이익을 공여하는 사실에 관한 인식이 필요하다.

Ⅴ. 미수범, 친족간의 범행, 공소시효 및 죄수

1. 미수범

이 죄는 재물 또는 재산상 이익의 취득 또는 공여라는 결과의 발생이 필요한 결과범이므로 그 기수시기는 부정청탁의 대가로 재물이나 재산상 이익을 취득하거나 공여한 때이다(통설).[115] 그런데 이 죄는 미수범 처벌규정(형법 제359조)이 있으므로 언제

---

114) 대법원 2011. 10. 27. 2010도7624; 1991. 1. 15. 90도2257; 1979. 6. 12. 79도708.

115) 손동권 · 김재윤(형각), 491면; 정성근 · 박광민(형각), 444면; 박상기(형각), 418면; 배종대(형각), 474면; 이재상 · 장영민 · 강동범(형각), 443면; 오영근(형각), 399면.

실행의 착수가 있다고 볼 것인지는 문제가 된다. 임무에 관하여 부정한 청탁을 받아들인 때를 실행의 착수시기로 보는 견해[116]가 있다. 이에 대하여 통설은 부정한 청탁의 대가로 재물이나 재산상 이익을 요구하거나 약속한 때 또는 공여의 의사표시가 있는 때 실행의 착수가 있는 것으로 본다.[117] 배임수증재죄의 보호법익을 '재산 및 사무처리의 공정성'으로 파악하는 입장에서는 부정한 청탁을 하거나 받은 것만으로 그 보호법익 침해에 밀접한 행위가 개시되었다고 보기는 어려우므로[118] 통설이 타당하다고 생각한다.

2. 친족간의 범행

배임수증재죄를 범한 자와 피해자 사이에 직계혈족, 배우자, 동거친족, 동거가족 또는 그 배우자간이라면 그 형을 면제한다(형법 제361조, 제328조 제1항). 그 밖의 친족관계라면 피해자의 고소가 있어야 공소를 제기할 수 있는 친고죄가 된다(형법 제361조, 제328조 제2항). 이러한 신분관계가 없는 공범에 대하여는 위 친족간 처벌특례 규정은 적용되지 않는다(형법 제361조 제3항).

위 친족간 처벌특례 규정의 법적 성격 및 적용범위에 관하여는 앞의 제3장(배임 범죄) 제5절 Ⅱ. 부분에서 설명한 내용과 같다.

3. 공소시효

공범 중 1인에 대한 공소시효 정지의 효력이 다른 공범자에게도 미친다고 규정한 형사소송법 제253조 제2항의 규정은 형법 총칙에서 규정하고 있는 공범인 공동정범, 교사범, 방조범, 간접정범이 아닌 필요적 공범의 경우에는 적용되지 아니하므로,[119] 배임수증재죄의 경우에도 마찬가지로 해석하여야 할 것이다.

그러므로 배임수재죄를 범한 자에 대한 공소시효의 진행이 정지되는 사유가 있더

---

116) 배종대(형각), 474면.

117) 손동권 · 김재윤(형각), 491면; 정성근 · 박광민(형각), 444면; 박상기(형각), 419면; 이재상 · 장영민 · 강동범(형각), 443,444면; 오영근(형각), 399면.

118) 판례는 보호법익 침해에 밀접한 행위를 개시한 때(밀접행위설)를 실행의 착수시기로 보고 있다[대법원 2003. 6. 24. 2003도1985,2003감도26; 김성돈(형총), 450면].

119) 서울고등법원 2012. 4. 13. 2011노2616.

라도 배임증재죄를 범한 상대방에게는 공소시효 정지의 효력이 없고, 그 반대의 경우도 마찬가지이다.

4. 죄수

가. 포괄일죄의 경우

타인의 사무를 처리하는 자가 동일인으로부터 그 사무에 관하여 부정한 청탁을 받고 여러 차례에 걸쳐 금품을 수수한 경우, 그것이 단일하고도 계속된 범의 아래 일정기간 반복하여 이루어진 것이고 그 피해법익도 동일한 때에는 이를 포괄일죄로 보아야 한다.

다만, 여러 사람으로부터 각각 부정한 청탁을 받고 그들로부터 각각 금품을 수수한 경우에는 비록 그 청탁이 동종의 것이라고 하더라도 단일하고 계속된 범의 아래 이루어진 범행으로 보기 어려워 그 전체를 포괄일죄로 볼 수 없고, 배임증재자별로 각 포괄일죄로 본 다음 양 죄를 실체적 경합범으로 처벌하여야 한다(판례).[120)]

나. 배임죄와의 관계

배임수재죄는 타인의 사무를 처리하는 자가 그 사무에 관하여 부정한 청탁을 받고 재물 등을 취득함으로써 성립하는 것이고 어떠한 임무위배행위나 본인에게 손해를 가하는 것을 요건으로 하는 것이 아니다. 이에 반하여 배임죄(즉, 형법상 단순배임죄나 업무상배임죄 또는 상법 등 특별법상 특별배임죄 등)는 타인의 사무를 처리하는 자 등이 그 임무에 위배하는 행위 및 그 행위로써 본인에게 손해를 가하는 것을 요건으로 하고, 부정한 청탁을 받는 것은 그 요건으로 하지 않고 있다. 따라서 배임수재죄와 배임죄는 행위의 태양을 전연 달리하고 있어 일반법과 특별법 관계가 아닌 별개의 독립된 범죄로 보아야 한다(판례).[121)]

또한 형법상 업무상배임죄의 법정형은 10년 이하의 징역 또는 3,000만 원 이하

---

120) 대법원 2008. 12. 11. 2008도6987(피고인 1이 피고인 3, 4로부터 주말부킹권을 제공해 달라는 부정한 청탁을 받고 피고인 3으로부터 2005. 11. 11.경부터 2007. 10. 15.경까지 110회에 걸쳐 합계 5억 29,710,000원, 피고인 4로부터 2006. 10. 16.경부터 2007. 10. 15.경까지 46회에 걸쳐 합계 2억 89,025,000원의 각 금품을 수수한 행위를 배임증재자별로 각 포괄일죄로 본 다음 양 죄를 실체적 경합범으로 처벌한 것은 정당하다고 판시).

121) 대법원 1984. 11. 27. 84도1906.

의 벌금이고, 형법상 단순배임죄의 법정형도 5년 이하의 징역 또는 1,500만 원 이하의 벌금임에 비하여(각 특별법상 특별배임죄의 법정형은 적어도 형법상 단순배임죄보다는 무겁다) 배임수재죄의 법정형은 형법상 단순배임죄의 법정형보다도 가벼운 5년 이하의 징역 또는 1,000만 원 이하의 벌금이므로, 배임죄가 배임수재죄에 흡수되는 관계에 있다거나 결과적 가중범의 관계에 있다고는 할 수 없고 상호 실체적 경합범 관계에 있다고 보는 견해가 통설 · 판례의 입장이다.[122)]

이에 대하여, 행위자가 부정한 청탁을 받고 배임행위를 한 후 재물이나 재산상 이익을 취득한 경우에는 사무처리자의 배임행위가 배임수재죄의 구성요건과 배임죄의 구성요건을 모두 충족시키므로 배임행위가 나중에 있는 경우와는 달리 상호 상상적 경합관계라고 주장하는 견해[123)]가 있다. 그러나 이러한 경우에도 배임행위와 배임수재행위는 별개의 행위로 성립하는 것으로 보아야 할 것이고 이를 1개의 행위로 보기는 어려우므로 실체적 경합관계로 보아야 할 것이다.[124)]

다. 독직죄와의 관계

배임수증재죄의 보호법익에 관하여 통설 · 판례는 타인의 사무를 처리하는 자의 거래 또는 사무처리의 청렴성(또는 공정성)으로 보고 있고 소수설은 타인의 재산 및 사무처리의 공정성으로 보고 있음은 앞에서 설명하였다. 어느 견해를 따르더라도 타인의 사무처리에 관한 개인적 법익으로 파악하고 있다. 이에 대하여 상법 제630조의 독직죄(이하 '독직죄'라 함)는 후술하는 것처럼 '회사의 재산 및 회사 직무집행의 공정성'이라는 개인적 법익을 보호법익으로 하고 있다. 독직죄는 배임수증재죄보다 다소 높은 법정형으로 처벌하고 있고 배임수증재죄와는 달리 징역형과 벌금형을 병과할 수도 있다. 독직죄와 배임수증재죄의 범죄구성요건을 비교하면, 독직수재죄의 행위주체는 배임수재죄의 행위주체인 '타인의 사무를 처리하는 자' 중 회사의 발기인, 이사, 집행임원, 업무집행사원, 검사인, 공증인, 감정인 등 회사의 사무를 처

---

122) 대법원 1984. 11. 27. 84도1906; 김일수 · 서보학(형각), 402면.

123) 김성돈(형각), 503면; 임웅(형각), 555,556면(배임행위와 재물 등 취득행위의 선후관계를 불문하고 상상적 경합관계로 보는 견해임).

124) 위 대법원 1984. 11. 27. 84도1906 판결의 사안도 이러한 경우이지만 실체적 경합범으로 판시하였다.

리하는 자로 한정되어 있다. 또한 독직죄의 위반행위는 배임수증재죄의 위반행위인 재산상 이익의 수수나 공여뿐만 아니라 요구 · 약속 또는 공여의 의사표시까지로 확대되어 있고,[125] 배임수증재죄는 재산상 이익의 요구 · 약속 또는 공여의 의사표시는 미수범으로 처벌하게 된다. 독직죄는 배임수증재죄와 비교하여 위와 같이 그 행위주체를 회사 임직원 등 회사업무 관련자로 한정하고 그 사무의 내용을 회사 사무로 한정하면서 보다 엄격한 처벌을 하고 있는 셈이다.

위 각 보호법익과 범죄구성요건 및 법정형에 비추어 볼 때, 독직죄는 배임수증재죄의 구성요건 요소를 모두 포함하고 있으면서 다른 요소를 더 요구하고 있고 그 보호법익도 배임수증재죄의 보호법익에 포괄된다. 특별관계의 법조경합이란 어느 구성요건이 다른 구성요건의 모든 요소를 포함하는 이외에 다른 요소를 더 구비하는 관계로서, 특별법의 구성요건을 충족하는 행위는 일반법의 구성요건을 충족하지만 일반법의 구성요건을 충족하는 행위는 특별법의 구성요건을 충족하지 못하는 관계이다.[126] 따라서 독직죄의 규정은 배임수증재죄의 구성요건 중 한정된 행위주체인 회사의 사무를 처리하는 자의 직무에 한하여 보다 엄격한 책임을 규정한 특별규정이고 배임수증재죄의 규정은 그 일반규정으로 보아야 할 것이고, 양 죄는 특별관계인 법조경합관계라 할 수 있다.[127]

125) 다만, 배임수재죄는 독직수재죄와는 달리 제3자로 하여금 재물 또는 재산상 이익을 취득하게 한 행위도 범죄구성요건으로 포함되어 있으나(형법 제357조 제1항), 이는 '부패행위를 방지하고 「UN 부패방지협약」 등 국제적 기준에 부합하도록'(법제처의 형법 개정이유) 하기 위하여 2016. 5. 29. 형법의 배임수재죄 부분을 개정한 결과이다.

126) 대법원 2005. 2. 17. 2004도6940; 2003. 4. 8. 2002도6033; 1997. 6. 27. 97도1085.

127) 같은 취지: 노태악, 주석 형법(각칙6), 503,504면.

제3절 독직죄

Ⅰ. 법정형

상법상 특별배임죄의 행위주체, 검사인, 공증인 및 감정인과 같이 회사 관련 사무를 처리하는 자가 그 직무에 관하여 부정한 청탁을 받고 재산상 이익을 수수, 요구 또는 약속한 때에는 5년 이하의 징역 또는 1,500만 원 이하의 벌금에 처하거나 이를 병과할 수 있다(상법 제630조 제1항, 제632조, 이하 '독직수재죄'라 함). 그 대향범으로서 그 이익을 약속, 공여 또는 공여의 의사를 표시한 자도 같은 법정형[128]으로 처벌하고 있다(상법 제630조 제2항, 제632조, 이하 '독직증재죄'라 함). 또한 독직수재죄의 범인이 수수한 이익은 몰수하고, 그 전부 또는 일부를 몰수할 수 없는 때에는 그 가액을 추징한다(상법 제633조, 필요적 몰수).

상법 제630조의 독직죄(편의상 독직수재죄와 독직증재죄를 합하여 '독직죄'라 함)는 부패재산몰수법 제2조 제1호 별표 12 기재 범죄이므로, 같은 법 제2조 제1호의 '부패범죄'에 해당하여 같은 법의 몰수 · 추징 특례규정이 적용될 수 있다(임의적 몰수 · 추징). 그 특례규정의 내용은 앞의 배임죄 부분(제3장 제2절 Ⅳ. 1의 가.)에서 설명한 내용과 같다. 다만, 위 상법상 필요적 몰수 · 추징 요건에 해당하면 그에 따라 반드시 몰수 · 추징 해야만 한다(부패재산몰수법 제3조 제1항 단서).

독직죄는 형법상 배임수증재죄(형법 제357조)보다 가중처벌하고 있고, 특히 독직증

---

128) 이 벌칙 규정이 모델로 삼은 일본 법제의 경우에 처음에 일본 商法 제493조에서는 우리의 경우처럼 독직수재죄와 독직증재죄의 법정형을 동일하게 규정하고 있었으나, 위 규정을 이어받은 현행 일본 会社法 제967조에서는 독직수재죄는 5년 이하의 징역 또는 500만 엔 이하의 벌금에 처하고 있으나, 독직증재죄는 3년 이하의 징역 또는 300만 엔 이하의 벌금에 처하고 있다. 독직수재죄와 독직증재죄의 범죄내용에 비추어 보거나 이러한 일본의 유사 입법례와 비교해 볼 때 우리나라 독직죄의 경우에도 독직증재죄는 독직수재죄보다 경하게 처벌함으로써 차등을 두어야 한다는 입법론[박길준, "상법상의 벌칙규정에 대한 입법론적 고찰 –일본법과의 비교를 중심으로–", 「연세행정논총」 15집(연세대학교 행정대학원, 1990), 161면; 송호신, "상법상의 회사관련범죄에 대한 연구 –벌칙조항의 활성화 방안을 중심으로–," 박사학위논문(한양대학교, 2002){이하 '송호신(박사학위논문)'이라 함}, 157면]이 있다.

재죄를 독직수재죄와 동일한 법정형으로 처벌하고 있는 점은 형법상 배임수증재죄와 다른 점이다.

독직죄의 입법취지는 배임수증재죄의 구성요건 및 불법을 포함하고 있으면서 회사의 건전한 운영을 특별히 보호하기 위하여 회사의 사무를 처리하는 자의 직무에 한하여 그 처벌을 강화하려는 것이다. 따라서 독직죄의 해석에 있어서 행위주체에 관한 부분을 제외하고는 배임수증재죄의 해석 및 판례를 참조할 필요가 있다.

Ⅱ. 보호법익

독직죄의 입법취지 및 보호법익에 관하여는 이 죄를 회사재산을 보호하기 위한 죄로 볼 것인지, 회사임원 등의 직무집행의 공정성 그 자체를 보호하기 위한 죄로 볼 것인지 문제가 된다.[129] 이에 대하여 독직죄는 회사에 재산상 손해를 가할 것을 범죄구성요건으로 하지 않는 점에 비추어 회사의 사회적 중요성을 감안하여 공공의 이익 보호를 위하여 공무원에 준하여 회사임원 등의 직무집행의 충실성 또는 공정성을 보호하기 위한 죄로 보고, 그 보호법익을 '회사임원 등 회사사무를 처리하는 자의 직무집행의 충실성 또는 공정성'으로 파악하는 견해[130]가 있다. 판례는 처음에는 독직죄의 성격을 "회사의 직무에 당하는 자들의 수뢰적 행위를 단속하려는 죄"라고 판시하였다.[131] 그러나 그 후의 판례는 독직죄의 입법취지에 관하여 "임원 등 직무의 엄격성 확보를 위한다고 하기 보다는, 회사의 건전한 운영을 위하여 그들의 회사에 대한 충실성을 확보하고 사리사욕을 위해서 회사에 재산상 손해를 끼칠 염려가 있는 직무위반행위를 금압하려는 데 그 취지가 있다."고 판시하였다.[132] 이는 독직죄를 회사 직무집행의 충실성 확보를 통하여 회사재산을 보호하기 위한 죄로 보는 입장

129) 일본에서도 이 죄와 유사하게 규정되어 있는 일본 会社法 제967조의 성격에 관하여 마찬가지의 학설·판례의 대립이 있다[会社法コンメンタル(21), 125면; 新版 注釋会社法(13)』, 597,598면].

130) 송호신(박사학위논문), 145면; 천경훈, 주석 상법(회사-Ⅶ), 165면; 일본에서도 이 죄는 회사에 대한 회사임원 등의 지위가 국가에 대한 공무원의 지위와 같이 그 사회적 지위와 책임이 중하다는 점에서 입법하게 된 것이라는 입법경위, 범죄구성요건으로 회사의 재산상 손해를 요구하지 않는 점에 비추어 이 죄의 보호법익을 직무집행의 공정성으로 보는 견해[新経済刑法入門, 169면; 新版 注釋会社法(13), 597면; 会社法コンメンタル(21), 125면]가 있다.

131) 대법원 1971. 4. 13. 71도326.

132) 대법원 1980. 2. 12. 78도3111.

이라고 평가할 수 있다.

생각건대 독직죄의 입법취지는 위와 같이 회사의 건전한 운영을 특별히 보호하기 위하여 회사의 사무를 처리하는 자의 직무에 한하여 배임수증재죄보다 그 처벌을 강화함으로써 그 직무집행의 공정성을 확보하려는 것이다. 또한 독직죄를 영리법인인 회사에만 적용되는 회사범죄로 규정한 것은 회사재산의 손해를 야기할 위험이 있는 직무수행행위를 금지하려는 것으로 보아야 할 것이다.[133] 영리를 목적으로 하는 회사의 임직원 등의 부정부패행위를 회사의 재산상 이익 보호와 무관하게 공무원에 준하여 엄격하게 처벌하는 것은 죄형균형의 원칙이나 형벌의 보충성 원칙에 반하는 일이기도 하다. 따라서 독직죄는 회사임원 등 회사사무를 처리하는 자의 직무집행의 공정성을 확보하여 회사재산을 보호하려는 범죄로 보고, 독직죄의 보호법익은 **'회사의 재산 및 회사 직무집행의 공정성'**이라는 개인적 법익으로 봄이 타당할 것이다.[134] 위 판례도 마찬가지 입장인 것으로 볼 수 있다.

보호법익을 '회사사무를 처리하는 자의 직무의 충실성 또는 공정성'으로 보는 입장에서는 그 보호의 정도를 침해범으로 보는 견해가 있을 수 있다.[135] 그러나 회사임직원이 그 직무에 관하여 부정한 청탁을 받고 재산상 이익을 수수 · 요구 또는 약속하기만 하면, 아직 회사재산의 침해 또는 침해의 구체적 위험이 발생하거나 회사직무집행의 공정성이 침해되지 않더라도 그 법익침해의 추상적 위험이 발생하여 범죄구성요건을 충족하는 것이므로 보호법익의 보호정도에 관하여는 추상적 위험범으로 보아야 할 것이다.

---

133) 일본 판례 중에도 독직죄를 회사에 재산상 손해를 줄 우려가 있는 직무위반행위를 금지하기 위한 죄로 보아서 보호법익에 '회사의 재산권'을 포함하고, 독직죄를 특별배임죄의 보충규정으로 이해하는 입장이 있다(東京高判 1962. 5. 17. 高刑集 15卷 5号 335면).

134) 이에 대하여 특정경제범죄법 제5조, 제6조를 위반한 특정경제범죄위반(수재등)죄 및 특정경제범죄위반(증재등)죄의 보호법익은 앞의 제1절 서설에서 설명한 것처럼 **'금융기관 임직원 직무집행의 공정성과 이에 대한 사회의 신뢰 및 그 직무행위의 불가매수성'**이라는 사회적 법익으로 보아야 할 것이다.

135) 참고로, 형법상 배임수재죄의 경우에도 그 보호법익을 '사무처리의 청렴성 또는 공정성'으로 보는 견해 중에는 그 보호의 정도를 침해범으로 보는 입장[김일수 · 서보학(형각), 399면; 배종대(형각), 469면]도 있다.

Ⅲ. 범죄구성요건

1. 행위주체

가. 독직수재죄

상법 제630조 제1항은 독직수재죄의 행위주체를 발기인, 업무집행사원, 이사, 집행임원 등 상법 제622조 및 제623조에 규정된 특별배임죄의 행위주체, 일정한 사항의 조사 · 보고를 위해 법원이 선임하는 검사인, 주식회사의 설립에 관한 일정한 사항을 조사 · 보고하기 위해 선임하는 공증인(상법 제298조 제3항, 제299조의2, 제310조 제3항, 제313조 제2항), 주식회사의 설립에 관한 일정한 사항 또는 신주발행시 현물출자에 관한 사항을 조사 · 보고하기 위하여 선임하는 감정인(상법 제299조의2, 제310조 제3항, 제422조 제1항)으로 규정하고 있다. 따라서 독직수재죄는 이러한 신분을 가진 자만이 행위주체가 될 수 있는 신분범이다.

상법 제401조의2 제1항에 규정한 실질상 이사도 이 죄의 행위주체에 포함해야 한다는 견해(긍정설)[136]가 있다. 그러나 입법론으로는 독직죄의 입법취지를 관철하기 위하여 이들도 독직죄의 행위주체에 포함시킬 필요가 있을 것이지만, 명문 규정이 없이 민사상 손해배상책임에 관한 위 규정만으로 업무집행지시자 등을 형사처벌 대상에 포함하는 것은 죄형법정주의에 위배되는 해석이다(부정설).

독직수재죄의 행위주체가 법인인 경우에는 그 행위를 한 이사, 집행임원, 감사, 그 밖에 업무를 집행한 사원 또는 지배인이 그 행위주체가 된다(상법 제637조).

나. 독직증재죄

독직증재죄의 행위주체에는 아무런 제한이 없다(상법 제630조 제2항). 따라서 독직증재죄는 신분범이 아니다.

---

136) 송호신(박사학위논문), 148면.

2. 위반행위

가. 독직수재죄

독직수재죄의 범죄를 구성하는 객관적 행위는 위 행위주체가 '그 직무에 관하여' '부정한 청탁을 받고' '재산상 이익'을 '수수, 요구 또는 약속'하는 행위이다.

1) 그 '직무에 관하여'

독직죄의 보호법익에 비추어 보면 '직무'는 보호의 대상이므로 그 '직무'의 범위는 가급적 넓게 해석할 필요가 있다. 독직죄의 행위주체가 영리법인인 회사의 임직원 등인 이상 그 '직무'란 위 행위주체의 회사 내 지위에 수반하여 그 권한사항으로 담당하는 일체의 사무를 포함한다.[137] 또한 일반적 권한범위 내에 있는 사무라면 현재 구체적으로 담당하고 있는 사무가 아니라도 무방하다.[138] 그 권한범위는 법령 및 정관뿐만 아니라 사내규칙 · 관행 등에 의하여도 결정될 수 있고,[139] 위임 · 고용 등 계약에 의하여 정해질 수도 있다. 원래 담당하는 직무의 준비행위나, 자기의 직무상 영향력을 이용하여 다른 임직원의 직무에 영향을 미치는 행위 등 직무와 밀접한 연관이 있는 행위도 포함한다.[140] 그러나 다른 임직원의 권한사항에 관하여 알선하는 것은 포함되지 않는다.[141] 부정한 청탁을 받을 당시 담당하고 있던 직무를 그 수재 당시에는 현실적으로 담당하고 있지 않더라도 그 재산상 이익의 수수가 부정한 청탁과 관련하여 이루어진 것이라면 무방하다.[142]

---

137) 같은 취지: 日 最判 1953. 10. 27. 刑集 7巻 10号 1971면.

138) 日 最判 1962. 5. 29. 刑集 16巻 5号 528면.

139) 新版 注釋会社法(13), 598면; 会社法コンメンタル(21), 127면.

140) 日 最決 1957. 12. 19. 刑集 11巻 13号 3300면; 新版 注釋会社法(13), 599면; 会社法コンメンタル(21), 128면; 伊藤榮樹 外 2인 編, 「注釋特別刑法(5の I)」(立花書房, 1986), 203면; 배임수재죄의 '임무에 관하여'의 의미에 관하여, 판례는 "타인의 사무를 처리하는 자가 위탁받은 사무를 말하는 것이나, 이는 그 위탁관계로 인한 본래의 사무뿐만 아니라 그와 밀접한 관계가 있는 범위 내의 사무도 포함되는 것"으로 해석하고 있다(대법원 2010. 9. 9. 2009도10681; 2006. 11. 23. 2006도906).

141) 대법원 1999. 1. 15. 98도663(같은 내용의 배임수재죄에 관한 판례); 新経済刑法入門, 169면.

142) 대법원 1997. 10. 24. 97도2042(같은 내용의 배임수재죄에 관한 판례임. 즉, "배임수재죄는 그 임무에 관하여 부정한 청탁을 받고 재물을 수수함으로써 성립하고 반드시 수재 당시에도 그와 관련된 임무를 현실적으로 담당하고 있음을 그 요건으로 하는 것은 아니므로, 타인의 사무를 처리하는 자가 그 임무에 관하여 부정한 청탁을 받은 이상 그 후 사직으로 인하여 그 직무를 담당하지 아니하게 된 상태에서 재물을 수수하게 되었다 하더라도, 그 재물 등의 수수가 부정한 청탁과 관련하여 이루어진 것이라면 배임수재죄가 성립한다."고 판시)

'그 직무에 관하여'란 재산상 이익이 그 직무행위의 대가로서 제공되는 것을 말한다.[143] 즉, 행위주체의 직무 권한범위 내이거나 그것과 밀접한 관련이 있는 사항에 관한 행위의 대가여야 한다. 그러나 실제로 청탁받은 직무행위를 하였는지 여부는 이 죄의 성립 여부에 아무런 영향이 없다.[144]

2) '부정한 청탁을 받고'

'청탁'이란 그 직무에 관하여 장래 일정한 행위를 하거나 하지 않는 것을 의뢰하는 것을 말한다.[145] 청탁은 특정 직무에 관한 부탁인 이상 어느 정도 구체성이 있어야 할 것이므로 단순히 "앞으로 잘 부탁한다."고 말하는 것만으로는 청탁이라고 할 수 없지만, 청탁은 명시적이든 묵시적이든 불문한다.[146]

'부정'이란 법령을 위반한 경우뿐만 아니라 회사의 사무처리규칙 중 중요한 사항에 위반한 경우도 포함되고,[147] 판례에 의하면 업무상 배임의 내용이 되는 정도에 이르지 않고 **사회상규나 신의성실 원칙에 반하는 경우**도 포함될 수 있다고 한다.[148] 이때 사회상규나 신의성실 원칙에 반하는 것인지 여부를 판단함에 있어서는 청탁의 내용 및 이와 관련되어 교부받거나 공여한 재물의 액수 · 형식, 보호법익 등을 종합적으로 고찰해야 한다.[149] 다만, 판례는 이 죄의 입법취지는 회사직무집행의 공정성을 확보함으로써 사리사욕을 위해 회사에 재산상 손해를 끼칠 염려 있는 행위를 금압하려는 데에 있으므로, "단지 감독청의 행정지시에 위반한다거나 사회상규에 반

---

143) 新版 注釋会社法(13), 598면.

144) 대법원 1991. 8. 27. 91도61(배임수재죄에 관한 같은 취지의 판례임).

145) 日 最判 1952. 7. 22. 刑集 6巻 7号 927면.

146) 東京高判 1953. 7. 20. 高刑 6巻 9号 1210면; 新版 注釋会社法(13), 599면.

147) 대법원 1971. 4. 13. 71도326(은행원이 부동산 매입자금 대출을 할 수 없도록 규정한 금융통화위원회규칙, 상업은행내규를 위반한 부동산 매입자금 대출 청탁을 받은 사안에서 부정한 청탁에 해당한다고 판시).

148) 대법원 2006. 11. 23. 2006도5586(주식회사의 대표이사가 유상증자시 실권주를 인수하여 경영권을 확보하기 위하여 실권주의 처리를 결정할 이사회의 일원인 이사에게 실권주를 자신이 인수할 수 있게 도와달라는 취지의 부탁을 하면서 1억 원을 공여한 독직죄 사안에서, 이러한 부탁은 사회상규 또는 신의성실 원칙에 반하는 부정한 청탁에 해당한다는 원심의 판단을 옳다고 판시); 2013. 11. 14. 2011도11174(같은 내용의 배임수재죄에 관한 판례) ; 2011. 8. 18. 2010도10290(같은 내용의 배임수재죄에 관한 판례).

149) 같은 내용의 배임수재죄에 관한 판례(대법원 2013. 11. 14. 2011도11174; 2011. 9. 29. 2011도4397; 2010. 9. 9. 2009도10681; 1996. 10. 11. 95도2090).

하는 것이라고 해서 곧 부정한 청탁이라고 할 수는 없다."고 판시하고 있다.[150] 이와 관련하여 배임수재죄의 '부정한 청탁' 개념에 관한 주장이기는 하지만 " '부정한 청탁'은 배임행위의 내용, 즉 적어도 재산상 손해발생의 위험을 일으키는 내용의 배임행위를 청탁하는 경우로 국한해야 한다."고 주장하는 견해[151]가 있음은 앞의 배임수증죄의 범죄구성요건 부분에서 말하였다. 생각건대 이 죄의 보호법익을 '회사의 재산 및 회사직무집행의 공정성'으로 본다면 '부정한 청탁'이란 그 청탁이 회사(피해자) 직무집행의 공정성을 침해하거나 그 침해의 위험을 야기하면서 회사의 재산에 손해나 손해발생의 위험이 있는 내용으로 제한함이 타당할 것이다.

따라서 이사나 집행임원처럼 법령상 회사에 대하여 선량한 관리자의 주의의무나 충실의무를 부담하는 자가 그 의무에 위배하는 부탁을 받는 경우는 당연히 포함된다.[152] 그리고 청탁의 내용이 단순히 규정이 허용하는 범위 안에서 최대한의 선처를 바란다는 내용에 지나지 않는 경우에는 사회상규에 어긋난 부정한 청탁이라고 볼 수 없다.[153] 또한 재량권한 범위 내의 행위라면 일반적으로는 '부정'하다고 말할 수 없겠지만, 그러한 재량권한 범위 내의 행위라도 현저히 부당한 때에는 부정한 청탁에 포함될 수도 있다.[154] 예컨대 회사의 대표이사가 회사 직원을 채용함에 있어서 업무에 현저히 부적합한 자를 청탁을 받고 직원으로 채용한 경우가 이에 해당할 것이다.

'청탁을 받고'란 부탁을 받아 이를 승낙한 때를 의미한다.[155]

---

150) 대법원 1980. 2. 12. 78도3111(피고인은 지입회사인 주식회사의 대표이사로서 차량을 지입하고자 하는 차주들로부터 차량을 지입하게 하여 달라는 청탁을 받고 그 대가로 돈을 받은 독직수재죄 사안이다. 판결내용은 "이 죄의 입법취지가 직무의 충실성을 확보하고 사리사욕을 위해 회사에 재산상 손해를 끼칠 염려 있는 직무위반 행위를 금압하려는 데에 있으므로, 단지 감독청의 행정지시에 위반된다거나 사회상규에 반하는 것이라고 해서 곧 부정한 청탁이라고 할 수는 없다. 이 사안에서 지입차주의 선택은 피고인의 정당한 직무재량권한에 속하는 사항이므로 위와 같은 청탁을 부정한 청탁이라 할 수 없다."고 판시).

151) 배종대(형각), 473면.

152) 송호신(박사학위논문), 150면.

153) 대법원 1982. 9. 28. 82도1656(같은 내용의 배임수재죄에 관한 판례).

154) 新版 注釈会社法(13), 599면; 会社法コンメンタル(21), 128면; 伊藤榮樹 外 2인 編, 앞의 책, 204면.

155) 日 最判 1954. 8. 20. 刑集 8巻 8号 1256면; 新版 注釈会社法(13), 599면; 会社法コンメンタル(21), 128면; 배임수재죄에 관한 같은 취지의 견해[정성근 · 박광민(형각), 442면].

3) '재산상 이익의 수수, 요구 또는 약속'

'재산상 이익'이란 금전적 가치로 환산할 수 있는 이익을 의미한다.[156] 재산상 이익에는 금전, 유체동산, 부동산 등 재물에 해당하는 것뿐만 아니라, 채무면제, 지급유예, 금전대여, 보증 또는 담보 제공, 유상 서비스의 무상제공, 향응제공 등도 포함된다. 그러나 지위의 제공이나 정욕의 만족 그 자체는 재산상 이익이 아니다.[157] 따라서 형법상 뇌물죄의 뇌물 개념보다는 좁은 개념이다.[158]

재산상 이익은 부정한 청탁과 대가관계가 있어야 한다.[159] 수재자와 증재자와의 관계, 재산상 이익의 수수 동기 · 경위 · 규모, 기타 사정 등에 비추어 단순한 사교적 의례의 범위에 속하는 경우에는 그 대가관계가 부정되거나 가벌적 위법성이 인정되지 아니할 것이다.[160]

'수수(收受)'란 재산상 이익을 자기 소유의 의사로 현실적으로 취득하는 것을 의미한다.[161] 따라서 금품을 반환할 의사를 갖고 일시적으로 보관하는 것은 '수수'에 해당하지 않지만, 일단 소유의 의사로 수수한 금품을 나중에 반환하였다고 하더라도 수수 행위는 성립한다.

'수수'란 재산상 이익을 독직수재죄의 행위주체 자신이 받는 경우를 말하므로, 제3자에게 재산상 이익을 공여하게 하는 경우에는 수수에 해당하지 않는다. 다만, 제3자에게 공여하게 하는 경우일지라도 독직수재죄의 행위주체, 그 수령자 및 공여자와의 관계에 비추어 실질적으로는 행위주체 자신이 수령한 것으로 볼 수 있는 경우에는 '수수'로 인정할 수 있을 뿐이다.[162] 이 점에 관하여 배임수재죄의 경우에는 앞

156) 新版 注釋会社法(13), 599면; 会社法コンメンタル(21), 129면; 伊藤榮樹 外 2인 編, 위 책, 204면.

157) 新版 注釋会社法(13), 600면; 会社法コンメンタル(21), 129면.

158) 같은 취지: 飯尾滋明, 앞의 "利益供与罪 −その序論的考察−", 226면.

159) 대법원 1982. 7. 13. 82도874(같은 내용의 배임수재죄에 관한 판례).

160) 대법원 1996. 12. 6. 96도144[금융기관 임직원의 특정경제범죄법위반(수재등)죄 사안에서 "은행 지점장인 피고인이 제공받은 향응이 도합 금 83,500원 상당에 지나지 않는다고 하더라도, 피고인과 증뢰자와의 관계, 피고인이 그로부터 향응을 제공받은 동기 및 경위, 피고인이 향응 이외에도 수차례 금품을 수수하였다는 사정 등에 비추어 보면, 이를 단순한 사교적 의례의 범위에 속하는 것에 불과하다고 단정할 수는 없다."고 판시].

161) 会社法コンメンタル(21), 129면.

162) 会社法コンメンタル(21), 129면. 대법원 1996. 12. 6. 96도144[금융기관 임직원의 특정경제범죄법위반(수재등)죄 사안에서 "피고인과 피고인의 처에게 현금 2,000만 원을 공여한 자가 평소 수시로 접촉을 계속하여 왔고 사생활에까지 도움을 줄 정도의 관계라면, 그 공여자가 피고인에게 전혀 알리지

에서 말한 것처럼 2016. 5. 29. 개정 형법(법률 제14178호) 제357조 제1항에서 재물이나 재산상 이익을 제3자로 하여금 취득하게 한 때에도 범죄가 성립하는 것으로 개정하였으므로, 배임수재죄와의 균형상 독직수재죄의 경우에도 같은 취지의 개정입법이 필요하다. 다만, 현재로서는 독직수재죄의 행위주체가 그 직무에 관하여 부정한 청탁을 받고 제3자에게 재산상 이익을 공여하게 한 경우에는 특별규정인 독직수재죄의 처벌규정이 없는 셈이므로 일반규정인 배임수재죄로 처벌할 수밖에 없을 것이다.

'요구'란 재산상 이익의 공여를 구하는 의사표시를 의미한다. 상대방이 그 요구를 현실적으로 인식할 필요는 없으나, 상대방이 인식할 수 있는 상태이면 충분하다.[163)]

'약속'이란 장래에 재산상 이익을 수수하기로 쌍방이 합의하는 것을 의미하고, 이때 그 이행기가 확정되어 있을 필요는 없다.[164)]

'그 직무에 관하여 부정한 청탁을 받고 재산상 이익을 수수 · 요구 · 약속한 때' 범죄가 성립하는 것이므로, 수수 · 요구 · 약속은 부정한 청탁의 결과로써 행해지는 것이 필요하다. 따라서 먼저 직무에 관한 부정행위를 한 후 그 대가로 재산상 이익의 수수 · 요구 · 약속 행위가 있더라도 이 죄는 성립하지 않는다.[165)] 다만, 부정한 청탁을 받아 부정행위를 한 후 재산상 이익을 수수한 경우에는 당연히 독직죄가 성립한다.[166)]

나. 독직증재죄

독직증재죄를 구성하는 객관적 행위는 위와 같은 부정한 청탁을 하고 재산상 이익을 약속, 공여 또는 공여의사표시를 하는 행위이다.

'공여'란 상대방에게 재산상 이익을 현실적으로 교부 · 제공하는 것을 말한다. 공

않은 채 피고인의 처에게 금품을 보냈다고 보기 어려울 뿐만 아니라 피고인의 처로서도 그가 금품을 보냈다는 사실을 피고인에게 숨기기는 어렵다고 보여지므로, 달리 합리적인 근거가 없는 한 그 금품은 피고인에게 전달되었다고 봄이 상당하다."고 판시].

163) 日 大判 1936. 10. 9. 刑集 15卷 1281면.

164) 日 大判 1932. 7. 1. 刑集 11卷 999면.

165) 新版 注釋会社法(13), 600면; 会社法コンメンタル(21), 130면.

166) 新版 注釋会社法(13), 600면; 会社法コンメンタル(21), 130면; 伊藤榮樹 外 2인 編,, 앞의 책, 205면.

여행위에 의한 독직증재죄와 수수행위에 의한 독직수재죄는 필요적 공범(대향범) 관계에 있다.[167] 독직죄도 고의범이므로 직무에 관한 부정한 청탁이 있다는 점, 재산상 이익이 그 부정한 청탁의 대가라는 점에 관한 인식 및 인용이 필요하다. 재산상 이익을 수수한 자(이하 '수재자'라 함)가 그러한 인식의 결여로 인하여 독직수재죄가 성립하지 않는 경우에는 그 공여자의 독직증재죄도 성립하지 않는 것인지 문제가 된다. 이 경우 일본의 학설 · 판례 입장이지만 그 공여행위도 성립하지 아니하므로 독직공여에 의한 독직증재죄는 성립하지 않고[168] 공여의 의사를 표시한 자로서 독직증재죄가 성립할 뿐이라는 견해[169]가 있다. 이러한 입장에서는 그 반대로 공여자에게 위와 같은 인식의 결여로 인하여 독직증재죄가 성립하지 않는 경우에는 수재자의 수재행위도 성립하지 않지만, 요구행위를 한 자로서 독직수재죄가 성립할 수 있을 뿐이라고 한다.[170] 그러나 필요적 공범이란 법률상 범죄의 실행에 다수인의 협력을 필요로 하는 범죄를 말하는 것이므로 그 범죄성립에 행위의 공동(즉 고의 · 과실 등 주관적 요건을 제외한 객관적 행위의 공동)을 필요로 하는 것에 불과할 뿐 반드시 공동행위자 모두에게 그 형사책임이 인정되어야 하는 것은 아니다(판례).[171] 그러므로 위와 같이 공동행위자 일방에게 독직수재죄가 성립하지 않더라도 상대방에게는 공여로 인한 독직증

167) 会社法コンメンタル(21), 130면.

168) 新経済刑法入門, 169,170면.

169) 日 最判 1962. 4. 13. 判時 315号 4면.

170) 会社法コンメンタル(21), 130면. 다만, 공여자에게 부정한 청탁이라는 인식의 결여로 인하여 독직증재죄가 성립하지 않는 경우에는, 수재자 입장에서도 부정한 청탁을 받았다고 할 수 없으므로 재산상 이익의 수수나 약속 행위는 물론 요구 행위도 성립하지 않는다는 견해[新版 注釋会社法(13), 601면]도 있으나, 부정한 청탁 여부는 객관적으로 판단할 수 있는 것이므로 수재자 입장에서 그 인식 아래 재산상 이익을 요구한 경우라면 독직수재죄가 성립할 수 있다는 비판[会社法コンメンタル(21), 130면]이 있다.

171) 같은 취지 : 대법원 2008. 3. 13. 2007도10804(뇌물죄의 경우에 "뇌물공여죄와 뇌물수수죄는 필요적 공범관계에 있으나, 필요적 공범이라는 것은 법률상 범죄의 실행에 다수인의 협력을 필요로 하는 것을 가리키는 것으로서 이러한 범죄의 성립에는 행위의 공동을 필요로 하는 것에 불과하고 반드시 협력자 전부가 책임이 있음을 필요로 하는 것은 아니므로, 오로지 공무원을 함정에 빠뜨릴 의사로 직무와 관련되었다는 형식을 빌려 그 공무원에게 금품을 공여한 경우에도 공무원이 그 금품을 직무와 관련하여 수수한다는 의사를 가지고 받아들이면 뇌물수수죄가 성립한다"고 판시); 1987. 12. 22. 87도1699[뇌물죄의 경우에 "뇌물공여죄가 성립되기 위하여서는 뇌물을 공여하는 행위와 상대방 측에서 금전적으로 가치가 있는 그 물품 등을 받아들이는 행위(부작위 포함)가 필요할 뿐이지 반드시 상대방 측에서 뇌물수수죄가 성립되어야만 하는 것은 아니다."라고 판시].

재죄가 성립할 수 있고(판례),[172] 그 반대의 경우도 마찬가지로 보아야 할 것이다.

공여의 의사표시란 상대방에게 재산상 이익을 제공하겠다고 하는 일방적 의사표시이다.[173] 따라서 상대방의 거절 여부는 문제가 되지 않고, 상대방이 공여의 의사표시를 요지(了知)하거나 재산상 이익을 상대방이 수령할 수 있는 상태에 있는 것도 필요하지 않다.[174] 다만, 의사표시의 일반원칙상 객관적으로 그 의사표시가 상대방에게 도달하여 상대방이 그 의사표시를 수령할 수 있는 상태에 있을 것은 필요하다.[175]

재산상 이익을 수수하기로 '약속'하는 경우에도 쌍방이 필요적 공범(대향범) 관계에 있게 된다.

3. 주관적 구성요건

객관적 범죄구성요건, 즉 위 행위주체 및 위반행위에 대한 인식과 함께 적어도 그 결과나 위험에 대한 용인이 필요하다(용인설). 독직수재죄는 물론 독직증재죄의 경우에도 특히 독직수재죄 행위주체의 직무에 관한 부정한 청탁이라는 점, 수수 대상인 재산상 이익이 그 청탁의 대가라는 점의 인식이 증명되어야 한다.

독직수재죄 중 수수행위의 주관적 구성요건요소로서 고의 외에 영득의사가 필요하다는 견해[176]가 있다. 그러나 이 죄의 보호법익을 어떻게 파악하더라도 고의의 대상인 '수수' 행위가 재산상 이익을 자기 소유로 하는 의사를 가지고 현실적으로 취득

---

172) 대법원 2006. 11. 23. 2006도5586[주식회사의 대표이사인 피고인이 유상증자를 하면서 실권주를 발생시킨 다음 이사회 결의로 그 실권주를 자신에게 처분하도록 결의를 하게 하여 이를 인수하여 회사의 대주주가 되고 경영권을 확보하기 위하여 이사 A에게 실권주를 피고인이 인수할 수 있도록 도와 달라고 부탁하고, 그 대가로 감사를 통하여 A에게 현금 1억 원을 공여하여 독직공여죄로 기소되었고, A는 피고인의 이러한 범행을 폭로하는 데 증거로 활용할 의사로 그 돈을 수령한 사안이다. 피고인에 대하여 형법 제48조 제1항에 의하여 위 1억 원을 몰수함에 있어서 필요적 공범도 형법 제48조 제1항의 '범인'에 포함되고, 이때 필요적 공범은 반드시 유죄의 죄책을 지는 자에 국한되는 것이 아니므로, "피고인이 A에게 부정한 청탁을 하면서 금원을 교부한 행위와 A가 이를 수수한 행위는 A에게 부정한 청탁의 대가로서 수수한다는 의사가 있었는지 여부를 불문하고(기록에 의하면, A는 피고인의 이러한 범행을 폭로하는 데 증거로 활용하겠다는 의사로 피고인으로부터 위 금원을 수수한 것으로 보인다) **필요적 공범**에 해당하는 행위라고 보아, 이 사건 압수된 1억 원이 A의 소유인 이상 피고인으로부터 이를 몰수할 수 있다."고 판시].

173) 송호신(박사학위논문), 156면.

174) 日 大判 1933. 11. 9. 刑集 12卷 1950면.

175) 같은 취지: 新経済刑法入門, 170면.

176) 송호신(박사학위논문), 152면.

하는 행위로 보는 이상, 수수행위에 대한 고의 외에 영득의사를 별도로 요구할 필요는 없을 것이다.

4. 기수시기

독직죄는 미수범 처벌규정이 없으므로 위반행위 실행의 착수시기는 문제가 되지 않는다. 독직수재죄의 경우에는 재산상 이익을 수수 · 요구 또는 약속한 때 기수가 되어 범죄가 성립한다. 부정한 청탁을 받아 재산상 이익을 수수 · 요구 또는 약속한 후 부정행위를 한 경우에도, 부정행위 여부는 범죄구성요건이 아니므로 그 수수 · 요구 또는 약속한 때 범죄는 성립한다. 독직증재죄의 경우에는 재산상 이익의 약속 · 공여 또는 공여의사표시를 한 때 기수가 되어 범죄가 성립한다.

독직죄는 배임수증재죄와는 달리 재산상 이익의 수수 · 공여 외에 재산상 이익의 요구, 공여 의사표시 또는 약속도 범죄구성요건으로 하고 있어서 배임수증재죄의 경우 미수에 해당하는 행위도 독직죄의 경우에는 대부분 요구, 공여 의사표시 또는 약속 행위로 처벌할 수 있으므로 배임수증재죄와 같은 미수범 처벌규정을 둘 필요가 없을 것이다.

Ⅳ. 죄수

1. 포괄일죄

재산상 이익의 요구 · 약속 · 수수 행위가 일련의 행위로 이어진 경우에는 각 행위가 개별적으로는 독립된 범죄구성요건에 해당하는 행위이지만 수수 행위를 목표로 결합하여 1개의 독직수재죄를 구성하게 되어 포괄하여 일죄가 될 뿐이다.[177)]

독직수재죄의 행위주체가 동일인으로부터 그 직무에 관하여 부정한 청탁을 받고 여러 차례에 걸쳐 금품을 수수한 경우, 그것이 단일하고도 계속된 범의 아래 일정기간 반복하여 이루어진 것이고 그 피해법익도 동일한 때에는 이를 포괄일죄로 보아야 한다. 다만, 이 경우에도 부정청탁자가 여러 사람이라면 비록 그 청탁이 동종의 것이라고 하더라도 단일하고 계속된 범의 아래 이루어진 범행으로 보기 어려워 그

---

177) 会社法コンメンタル(21), 130면.

전체를 포괄일죄로 볼 수는 없고, 독직증재자별로 각 독직수재죄의 포괄일죄로 본 다음 각 포괄일죄를 실체적 경합범으로 처벌해야 함은 배임수증재죄의 경우와 같다.

2. 배임죄와의 관계

독직수재죄는 발기인 · 이사 · 집행임원 등 회사 관련 사무를 처리하는 자가 그 직무에 관하여 부정한 청탁을 받고 재산상 이익을 수수 · 요구 또는 약속함으로써 성립하는 것이고, 배임죄의 경우처럼 임무위배행위나 회사에 손해를 가한 것을 요건으로 하지는 않는다. 이처럼 배임죄와는 행위의 태양이 다르고 보호법익도 일치하지 않는 별개의 독립된 범죄이므로, 부정한 청탁을 받고 재산상 이익을 수수 · 요구 또는 약속한 후 임무위배행위까지 한 경우에는 독직수재죄와 배임죄는 별개의 행위로 수개의 죄를 범한 실체적 경합범 관계에 있게 된다.[178)]

3. 공갈죄와의 관계

회사의 이사 · 집행임원 등 독직수재죄의 행위주체인 자가 타인을 공갈하여 자신의 직무에 관한 부정한 청탁을 하게 하고 재산상 이익을 취득한 경우에 독직수재죄와 공갈죄의 죄수관계는 경우를 나누어 살펴볼 필요가 있다.

만약 행위주체인 자에게 그 직무집행의 의사가 없었거나 직무집행과의 대가관계 없이 타인을 공갈한 경우라면 공갈죄가 성립할 뿐 독직수재죄는 성립하지 않는다. 이때 그 재산상 이익을 공여한 자는 공갈에 외포되어 공여한 것이라면 공갈죄의 피해자가 될 뿐 독직증재죄도 성립하지 않는다.[179)]

그러나 행위주체인 자에게 그 청탁의 대가로 직무를 행할 의사가 있었다면 독직수재죄와 공갈죄가 성립하고, 양 죄는 1개의 행위가 수 개의 죄에 해당하는 경우이

---

178) 같은 취지 : 대법원 1984. 11. 27. 84도1906(배임수재죄와 업무상배임죄의 죄수에 관한 같은 취지의 판례임).

179) 뇌물공여죄에 관한 유사 판례: 대법원 1994. 12. 22. 94도2528("공무원이 직무집행의 의사 없이 또는 직무처리와 대가적 관계 없이 타인을 공갈하여 재물을 교부하게 한 경우에는 공갈죄만이 성립하고, 이러한 경우 재물의 교부자가 공무원의 해악의 고지로 인하여 외포의 결과 금품을 제공한 것이라면 그는 공갈죄의 피해자가 될 것이고 뇌물공여죄는 성립될 수 없다."고 판시).

므로 상상적 경합관계가 될 것이다.[180]

4. 사기죄와의 관계

회사의 이사 · 집행임원 등 독직수재죄의 행위주체인 자가 타인을 기망하여 자신의 직무에 관한 부정한 청탁을 하게 하고 재산상 이익을 취득한 경우 독직죄와 사기죄의 죄수관계도 위 공갈죄의 경우와 마찬가지로 해석할 수 있다.[181]

5. 배임수증재죄 및 특정경제범죄법위반죄와의 관계

독직죄 규정은 배임수증재죄보다 엄격한 책임을 규정한 특별규정이고 배임수증재죄 규정은 그 일반규정(특별관계의 법조경합관계)[182]임은 제2절 배임수재죄 및 배임증재죄의 죄수 부분에서 설명하였다. 그러나 독직죄에 해당함과 동시에 배임수증재죄에도 해당하는 경우에 검사가 독직죄가 아닌 배임수증재죄로 의율하여 기소하더라도 무방한 것으로 취급함이 실무 입장이다.[183]

그리고 독직죄는 특정경제범죄법위반(수재등)죄 또는 특정경제범죄법위반(증재등)죄와 그 보호법익과 범죄구성요건이 상이하므로 별개의 범죄가 성립하게 되고, 1개의 행위로 각 죄를 범한 경우에는 상상적 경합관계가 됨은 제1절 서설 부분에서 설명하였다.

6. 외부감사법위반죄와의 관계

앞의 제1절 서설 부분에서 설명한 것처럼, 외부감사법 제40조에서는 감사인, 감사인에 소속된 공인회계사, 감사, 감사위원회 위원 또는 감사인선임위원회 위원이 그 직무에 관하여 부정한 청탁을 받고 금품이나 이익을 수수 · 요구 또는 약속한 경우와, 그 금품이나 이익을 약속 · 공여 또는 공여 의사표시를 한 자에 대하여 각 5년 이하의 징역 또는 5천만 원 이하의 벌금에 처한다. 다만, 벌금형에 처하는 경우 그

---

180) 日 福岡高判 1969. 12. 18. 刑月 1卷 12号 1110면; 新版 注釋会社法(13), 601면; 会社法コンメンタル(21), 131면.

181) 日 大判 1940. 4. 22. 刑集 19卷 227면.

182) 노태악, 주석 형법(각칙6), 503,504면; 송호신(박사학위논문), 146면도 같은 취지임.

183) 대법원 1975. 6. 24. 70도2660.

직무와 관련하여 얻는 경제적 이익의 5배에 해당하는 금액이 5천만 원을 초과하면 그 직무와 관련하여 얻는 경제적 이익의 5배에 해당하는 금액 이하의 벌금에 처한다.

만약 감사 또는 감사위원회 위원 등이 외부감사법상 직무에 관하여 부정한 청탁을 받고 금품이나 이익을 수수한 경우에는 1개의 행위이지만 위 외부감사법위반죄와 독직죄의 각 구성요건을 모두 충족하게 된다. 그런데 위 외부감사법위반죄의 보호법익은 앞의 제1절 서설 부분에서 설명한 것처럼 외부감사 대상 회사 '회계처리의 공정'이라는 개인적 법익과 '회계처리의 공정에 대한 사회의 신뢰'라는 사회적 법익이다. 그러므로 '회사의 재산 및 회사 직무집행의 공정성'이라는 개인적 법익을 보호법익으로 하는 독직죄와는 각 보호법익 및 행위주체 등이 상이하여 별개의 범죄가 성립하게 된다.

따라서 위와 같이 외부감사법위반죄와 독직죄가 경합하는 경우에는 1개의 행위로 수죄를 범하는 경우에 해당하므로 상상적 경합관계로 보아야 할 것이다.

제7장

청탁금지법의 규제

제1절 서설
제2절 보호법익 및 적용범위
제3절 금지행위 및 신고제도
제4절 수재죄·증재죄 및 미신고죄
제5절 부정청탁 수행죄 및 과태료 제재

제1절 서설

2015. 3. 27. 제정되어 2016. 9. 28.부터 시행된 「부정청탁 및 금품등 수수의 금지에 관한 법률」(속칭 '김영란법', 이하 '청탁금지법' 또는 '법'이라 함)은 주로 공공부문의 부정부패를 방지하여 공직자의 공정한 직무수행을 보장하기 위한 것이다. 그런데 청탁금지법은 공직자 외에도 공직유관단체 · 공공기관 등 공적 업무를 담당하는 기업, 사립학교의 장과 교직원, 학교법인의 임직원, 언론사의 대표자 및 임직원에 대하여도 공직자와 마찬가지로 청탁금지법을 적용하고 있고, 광범위한 공무수행사인을 인정하고 있을 뿐만 아니라, 이들이나 공직자에게 금품 등을 제공하거나 부정청탁을 한 자는 누구든지 형사처벌이나 과태료 부과 등의 주된 처벌대상이 되고 있다. 그러므로 현행 청탁금지법은 공공부문뿐만 아니라 민간부문의 부정부패방지 법제에도 속하거나 그와 관련된 것으로 볼 수 있고, 실제로 청탁금지법은 민간부문의 기업적 생활관계나 기존 사회 · 경제 · 인간관계 전반에 걸쳐 매우 커다란 영향을 미치고 있다.

그럼에도 불구하고 법령에 '정상적인 거래관행', '사교 · 의례', '사회상규', '직무와 관련', '사실상의 영향력' 등 불분명한 추상적 용어를 다수 사용하고 있고 입법형식이 복잡하여 법해석이 필요한 부분이 많은데, 주무기관인 국민권익위원회의 엄격한 법해석은 일반인의 사회통념과 맞지 않는 경우가 적지않고[1] 일선 법원의 재판과 불일치하는 결과를 보이는 사례[2]도 발생하고 있다. 또한 청탁금지법의 적용범위를 사

1) 예컨대, 국민권익위원회는 학생이 스승의 날에 종이를 접어 만든 카네이션을 선생님께 선물하는 것도 청탁금지법 위반으로 해석하였다가, 나중에는 학생대표가 담당 교원에게 공개적으로 제공하는 경우에만 허용되는 것으로 재해석 하고 있다["교사 · 학부모 홀가분하지만...씁쓸한 '카네이션 논쟁' ", 한국경제(2017. 9. 29.), 사회면(http://news.hankyung.com/article/201709279693g) ; 국민권익위원회 질의답변(http://1398.acrc.go.kr/case/ISGAcase)]. 그러나 학생이 스승의 날에 스승에 대한 감사의 표시로 개인적으로 카네이션을 선물하였다고 하여 청탁금지법 위반으로 해석하는 것이 사회통념에 맞는 해석인지는 의문이다.

2) 청탁금지법 시행 후 1년 2개월 동안 청탁금지법위반죄로 기소되어 1심 형사판결이 선고된 총 4건 중 2

립학교 관계자 및 언론인에게 확대한 점과 관련하여 후술하는 것처럼 학문의 자유, 언론의 자유 등 기본권 보장이 후퇴하는 결과를 초래할 수 있다는 학계의 비판도 적지 않다. 반면에 청탁금지법의 시행으로 인하여 그 동안의 촌지(寸志) 관행이 사라지고 학연 · 지연 등 각종 연고 모임이 대폭 감소하거나 간소화되고 있는 점은 부정부패 방지에 긍정적 영향을 미치고 있는 것으로 평가할 수도 있을 것이다.

청탁금지법의 시행을 앞두고 위헌 여부에 관한 논쟁도 많이 있었지만, 일단 헌법재판소는 2016. 7. 28. 합헌 결정(이하, '2016년 합헌결정'이라 함)을 하였다.[3] 그러나 이 합헌결정에 대하여는 일부 반대의견도 있었고[4] 청탁금지법의 일부 내용에 대한 비판적 시각도 적지 아니하므로 추후 개정 입법이나 다른 쟁점에 관한 위헌 논의도 있을 수 있다. 공직자의 공정한 직무수행을 보장하기 위한 제도로, 사후적으로는 뇌물죄의 엄격한 형사처벌 제도가 있으므로 공직자의 직무수행상 이해충돌을 방지하는 사전예방제도를 갖추는 것이 효율적이다. 2021년 초부터 사회문제가 되었던 공직자의 내부정보 이용 부동산 투기 의혹사건이 계기가 되어 2021. 5. 18. 제정되고 2022. 5. 19.부터 시행되는 「공직자의 이해충돌 방지법」(이하 '이해충돌방지법'이라 함)은 바로 이러한 제도이다. 이 법은 공직자가 직무수행 중 알게 된 비밀이나 미공개정보를 이용하여 재산상 이익을 취득한 경우에는 형사처벌을 하는 것 이외에도, 공직자로 하여금 직무관련자가 사적 이해관계자임을 안 경우 소속 기관장에게 신고 및 회피신청을 하게 하고, 공직자 자신이나 그 배우자 · 직계존비속이 직무관련자와 금전차용, 증권거래 등 일정한 거래를 하는 경우에도 신고해야 하는 등 여러 사전예방

건이 무죄 선고를 하였는데, 이 2건(서울중앙지검장이 특별수사 후 관련 법무부 검찰국 검사 2인에게 각 격려금 명목의 현금 100만원과 95,000원의 식사를 제공한 사건, 교도관이 재소자의 부탁을 받고 재소자의 처에게 대신 전화연락을 해 준 사건) 모두 법해석을 쟁점으로 하고 있고, 재판부는 국민권익위원회의 해석과 달리 해석하였다["김영란법 1년 2개월, 판례 4건 분석", 중앙선데이(2017. 12. 19.), 12면 (http://news.joins.com/article/22210427)].

3) 헌법재판소 2016. 7. 28. 2015헌마236,412 · 662 · 673(병합) 결정(이 사건은 민간부문에 속하는 사립학교 관계자 및 언론인을 공직자와 함께 청탁금지법의 적용대상으로 한 점이 과도한 국가형벌권의 행사인지, 사립학교 관계자나 언론인의 경우에도 일정가액을 초과하는 금품 등의 수수 · 요구 · 약속만으로 형사처벌 할 수 있도록 한 규정이 책임과 형벌 간의 비례원칙에 어긋나는 것인지, 배우자의 금품 등 수수 · 요구 · 약속 사실을 알게 된 공직자등이 소속기관장 등에게 신고하지 아니한 경우에 형사처벌이나 과태료 부과처분을 할 수 있도록 한 규정이 자기책임 원리에 위배되거나 과잉입법인지 여부 등 청탁금지법상 대부분의 쟁점이 다루어졌다).

4) 9인의 재판관 중 5인이 일부위헌 의견을 설시하였으나 같은 쟁점에 관하여 위 5인이 합치된 위헌 의견을 설시한 것은 아니었다.

시스템을 마련하고 있다. 원래 청탁금지법도 공직자의 부패방지를 위해서는 이러한 사전예방 시스템을 갖추는 데 초점을 맞추어야 했었는데, 그러한 내용은 없이 사후 규제만 강화하려다 보니 직무관련성이 없더라도 금품의 수수만으로 형사처벌 하는 무리한 입법(후술하는 수 · 증재죄 등)까지 하게 된 것으로 보인다. 이제는 이해충돌방지법을 시행하게 된 만큼 그 내용을 정비해 가면서, 죄형법정주의의 적정성 원칙에 반하고 세계 입법에 유례가 없으며 정치적으로 악용 소지가 많은 수 · 증재죄 등 논란이 많은 규정은 폐지하거나 합리적으로 수정함이 타당할 것이다.

여기서는 현행 청탁금지법의 규제 일반을 정리하고 해석상의 쟁점사항을 중심으로 법리적 설명을 함에 치중하기로 한다. 청탁금지법의 주요내용은 제2장의 부정청탁 금지 및 제3장의 금품 등 수수 금지에 관한 금지행위 규정 및 그 위반행위에 대한 신고의무 부분과, 그 금지나 의무의 위반행위에 대한 형사처벌, 과태료 부과 및 징계에 관한 제5장이다. 그 밖에는 입법취지 및 적용범위 등에 관한 제1장 총칙 부분과, 청탁금지법 위반행위의 신고, 신고자 등에 대한 포상 · 보상 · 보호, 부정청탁이나 금품등 수수 관련 부당이득의 환수 등에 관한 제4장으로 구성되어 있다. 따라서 우선 청탁금지법의 입법취지로서 금지행위나 처벌규정의 보호법익을 검토한 다음, 금지행위와 신고제도의 내용을 정리하고, 그 위반행위의 처벌에 관하여 처벌이 무거운 순서대로 각 위반 범죄의 구성요건 및 형벌, 과태료 부과 및 징계의 절차를 설명하되, 과태료 부과사유나 징계사유는 편의상 금지행위를 설명하면서 함께 언급하기로 한다.

제2절 보호법익 및 적용범위

Ⅰ. 보호법익

청탁금지법은 그 입법목적을 "공직자 등에 대한 부정청탁 및 공직자 등의 금품 등의 수수(收受)를 금지함으로써 공직자 등의 공정한 직무수행을 보장하고 공공기관에 대한 국민의 신뢰를 확보하는 것"임을 분명히 하고 있다(법 제1조). 이 법의 입법취지나 청탁금지법위반 범죄의 보호법익은 이러한 입법목적이나 후술하는 청탁금지법위반 범죄의 구성요건을 감안하고, 유사한 범죄유형인 특정경제범죄위반(수재등)죄, 특정경제범죄위반(증재등)죄 및 뇌물 범죄의 보호법익(앞의 제6장 '배임수증재죄 및 독직죄'의 서설 부분에서 설명)을 참고할 필요가 있다. 따라서 이 법의 입법취지나 청탁금지법위반 범죄 등의 공통된 보호법익은 그 적용대상인 **공직자 등 직무수행의 공정성 및 공공기관에 대한 국민의 신뢰**이다. 또한 후술하는 금품등의 수수등을 구성요건으로 하는 수재죄 · 증재죄, 배우자의 금품수수 등 미신고죄 및 그 신고방해죄(법 제22조 제1항 제1호, 제2호, 제3호, 제3항 제1호)와, 외부강의등 신고 · 반환조치 미이행을 포함하여 금품등의 수수를 구성요건으로 하는 과태료 부과사유의 보호법익에는 **그 직무수행의 불가매수성**도 추가해야 할 것이다.[5]

이에 대하여 직무수행의 불가매수성을 보호법익에 추가함에 의문을 제기하는 견해[6]도 있다. 그러나 공직자 등의 금품등 수수의 불법성이 그 직무나 지위 관련 금품

5) 청탁금지법의 입법취지나 보호법익으로 공직자등 직무수행의 공정성 및 공공기관에 대한 국민의 신뢰와 함께 '공직자등의 **청렴성 확보**'를 추가하는 견해[박균성, "「부정청탁 및 금품등 수수의 금지에 관한 법률」에 대한 행정법적 연구 – 부정청탁 금지를 중심으로 –", 「저스티스」 156호(한국법학원, 2016. 10.), 243면; 김현경, "개인정보보호제도와 「부정청탁 및 금품등 수수의 금지에 관한 법률」의 갈등과 조화방안에 대한 고찰 – '외부강의등 사전신고 · 허락' 규정을 중심으로 –", 「토지공법연구」 76집(한국토지공법학회, 2016. 11.), 317,318면]도 있는데, 공직자등의 청렴성은 그 직무수행의 불가매수성 확보를 통하여 이루어지는 것이므로 마찬가지 견해로 볼 수 있을 것이다.

6) 박성민, "공무원의 유착비리 해결을 위한 뇌물개념의 패러다임 변화 – 청탁금지법 제8조와 뇌물죄의 비교를 중심으로 –", 「법학연구」 23권 4호(경상대학교 법학연구소, 2015. 10.), 129면.

등 수수에 있다고 볼 수밖에 없고, 금품등의 수수나 제공 등의 경우에는 부정청탁 여부를 불문하고 범죄 등 위반행위의 성립을 인정하고 있으므로 뇌물 범죄[7]와 마찬가지로 직무수행의 불가매수성도 보호법익으로 추가함이 타당할 것이다.

Ⅱ. 적용범위

청탁금지법은 제2조 제2호에서 정의하는 '공직자등'(이하 '공직자등'이라 함)에 대한 부정청탁이나 공직자등의 금품 등 수수를 금지하고 그 위반행위를 처벌함으로써 공직자 등의 공정한 직무수행을 보장하고 공공기관에 대한 국민의 신뢰를 확보하기 위한 특별법이다. 또한 '공무수행사인'의 공무수행에 관해서는 청탁금지법 제10조(외부강의등의 사례금 수수 제한)를 제외하고는 공직자등과 마찬가지로 이 법의 규제조항(법 제5조부터 제9조까지)이 적용된다. 그러므로 '공직자등' 및 '공무수행사인'의 범위에 따라 이 법의 적용범위가 정해진다.

1. 공직자등

'공직자등'이란 공공기관에 종사하는 자로서 청탁금지법의 적용대상인 자이다. '공공기관'에는 ① 국회, 법원, 헌법재판소, 선거관리위원회, 감사원, 국가인권위원회, 고위공직자범죄수사처, 중앙행정기관(대통령 소속 기관 및 국무총리 소속 기관 포함)과 그 소속 기관 및 지방자치단체, ②「공직자윤리법」 제3조의2에 따른 공직유관단체, ③「공공기관의 운영에 관한 법률」 제4조에 따른 기관, ④「초 · 중등교육법」,「고등교육법」,「유아교육법」 및 그 밖의 다른 법령에 따라 설치된 각급 학교 및「사립학교법」에 따른 학교법인, ⑤「언론중재 및 피해구제 등에 관한 법률」 제2조 제12호에 따른 언론사가 포함된다(법 제2조 제1호). 이들 각 공공기관 종사자 중 청탁금지법의 적용대상인 '공직자등'의 범위는 다음과 같다.

첫째, 국가공무원법 또는 지방공무원법에 따른 공무원과 그 밖에 다른 법률에 따라 그 자격 · 임용 · 교육훈련 · 복무 · 보수 · 신분보장 등에 있어서 공무원으로 인정

7) 뇌물 범죄의 보호법익에 직무행위의 불가매수성을 주된 보호법익으로 보는 이유에 관하여는 정성근 · 박광민(형각), 799면 참조.

된 사람이다[법 제2조 제2호 (가)목]. '그 밖에 다른 법률에 따라 … 공무원으로 인정된 사람'이란 공익법무관, 공중보건의사, 청원경찰,[8] 국가공무원법 제26조의4의 수습근무자, 국가공무원법 제26조의5의 임기제 공무원 등의 경우처럼 「공익법무관에 관한 법률」, 「농어촌 등 보건의료를 위한 특별조치법」, 청원경찰법, 국가공무원법 등 해당 법령에서 그 자격 · 임용 · 교육훈련 · 복무 · 보수 · 신분보장 등에 있어서 공무원으로 인정된 사람을 말한다. 다만, 공공기관에 근무하는 기간제 근로자, 무기계약직 근로자는 근로계약을 체결한 자일 뿐 공무원 또는 공무원으로 인정된 자가 아니다.[9]

둘째, 공직자윤리법 제3조의2에 따른 **공직유관단체**[10] **및 「공공기관의 운영에 관한 법률」 제4조에 따른 기관**[11]의 장과 그 임직원이다[법 제2조 제2호 (나)목, 제1호 (나)목, (다)목]. 임원은 이사 · 감사를 말하고 비상임일지라도 무방하며,[12] 직원이란 임원

8) 청원경찰을 공무원으로 인정하는 명문 규정은 없으나, 청원경찰법에는 그 자격 · 임용 · 교육훈련 · 복무 · 보수 · 신분보장 등에 있어서 공무원과 마찬가지로 취급하고 있고, 국민권익위원회, 「부정청탁 및 금품등 수수의 금지에 관한 법률 해설집」, 2024(이하 '**해설집**'이라 함), 16면에서도 '공무원으로 인정된 사람'으로 보고 있다.

9) 국민권익위원회, 해설집, 28면.

10) 아래 기관 · 단체 중 정부 공직자윤리위원회가 지정한 기관 · 단체가 해당된다(공직자윤리법 제3조의2, 공직자윤리법 시행령 제3조의2 제1항).
① 한국은행, ② 공기업, ③ 지방공기업법에 따른 지방공사 · 지방공단, ④ 정부나 지방자치단체로부터 연간 10억 원 이상 출자 · 출연 · 보조를 받는 기관 · 단체, ⑤ 정부나 지방자치단체의 업무를 위탁받아 수행하거나 대행하는 기관 · 단체 중 예산 규모가 100억 원 이상인 기관 · 단체, ⑥ 정부나 지방자치단체로부터 출자 · 출연을 받은 기관 · 단체가 단독 또는 공동으로 재출자 · 재출연한 금액이 자본금의 전액이 되는 기관 · 단체, ⑦ 임원 선임 시 중앙행정기관의 장 또는 지방자치단체의 장의 승인 · 동의 · 추천 · 제청 등이 필요한 기관 · 단체나 중앙행정기관의 장 또는 지방자치단체의 장이 임원을 선임 · 임명 · 위촉하는 기관 · 단체.

11) 아래 기관 중 기획재정부장관이 공공기관으로 지정한 기관이 해당된다(「공공기관의 운영에 관한 법률」 제4조 제1항).
① 다른 법률에 따라 직접 설립되고 정부가 출연한 기관, ② 정부지원액(법령에 따라 직접 정부의 업무를 위탁받거나 독점적 사업권을 부여받은 기관의 경우에는 그 위탁업무나 독점적 사업으로 인한 수입액을 포함한다. 이하 같음)이 총수입액의 2분의 1을 초과하는 기관, ③ 정부가 100분의 50 이상의 지분을 가지고 있거나 100분의 30 이상의 지분을 가지고 임원 임명권한 행사 등을 통하여 당해 기관의 정책 결정에 사실상 지배력을 확보하고 있는 기관, ④ 정부와 위 ①, ②, ③의 어느 하나에 해당하는 기관이 합하여 100분의 50 이상의 지분을 가지고 있거나 100분의 30 이상의 지분을 가지고 임원 임명권한 행사 등을 통하여 당해 기관의 정책 결정에 사실상 지배력을 확보하고 있는 기관, ⑤ 위 ①, ②, ③, ④의 어느 하나에 해당하는 기관이 단독으로 또는 두 개 이상의 기관이 합하여 100분의 50 이상의 지분을 가지고 있거나 100분의 30 이상의 지분을 가지고 임원 임명권한 행사 등을 통하여 당해 기관의 정책 결정에 사실상 지배력을 확보하고 있는 기관, ⑥ 위 ①, ②, ③, ④의 어느 하나에 해당하는 기관이 설립하고, 정부 또는 설립 기관이 출연한 기관.

12) 이에 대하여 공직유관단체와 후술하는 학교법인이나 언론사의 **비상임** 임직원의 경우에는 보수나 근로형태가 다양하고 직무와 무관한 사생활 영역이 있음에도 불구하고 모든 금품 수수 등을 규제함은 과잉

이 아닌 자로서 근로계약을 체결하여 근로를 제공하는 근로자를 말한다.[13] 계약직, 임시직, 일용직 등 비정규직 직원도 포함되지만, 위 단체나 기관과 용역(도급)계약을 체결한 업체의 직원은 제외된다.[14]

셋째, 초 · 중등교육법, 고등교육법, 유아교육법 및 그 밖의 다른 법령에 따라 설치된 각급 학교의 장과 교직원 및 사립학교법에 따른 **학교법인**의 임직원이다[법 제2조 제2호 (다)목, 제1호 (라)목]. '법령'이란 일반적으로 법률 · 대통령령 · 국무총리령 · 부령을 말하지만,[15] 행정조직의 내부규범인 행정규칙일지라도 법령의 위임에 따른 고시 · 훈령 · 지침 등 행정규칙은 그 위임의 한계를 벗어나지 않는 한 법령과 결합하여 대외적 구속력이 있는 법규명령으로서의 효력을 가지는 것이므로[16] 위 '법령'에 포함된다. 유치원, 초 · 중 · 고등학교, 특수학교, 대학 등의 '학교'라야 하는데 영유아교육법에 따른 어린이집은 학교가 아니므로 어린이집의 원장, 보육교사 및 직원은 제외된다.[17] 학교법인의 임원은 학교법인의 이사 · 감사(사립학교법 제14조 제1항)를 말하고 상임 · 비상임을 불문하며,[18] 임시이사(사립학교법 제25조)도 포함된다. 공공단체가 아닌 사립학교경영자는 비록 법인일지라도 학교법인은 아니므로(사립학교법 제2조 제3호) 그 임직원은 제외된다. 학교의 기간제교원(사립학교법 제54조의4), 대학의 강사(시간강사)[19]는 교원에 포함되지만, 대학의 겸임교원 · 명예교수(고등교육법 제

금지 원칙에 위배될 수 있다는 이유로 이들의 경우에는 '공무수행에 관련해서만' 금품 수수 등의 적용대상자로 해석해야 할 것이라는 견해[정형근, "「부정청탁 및 금품등 수수의 금지에 관한 법률」에 관한 연구 –그 적용대상자와 부정청탁금지를 중심으로–", 「경희법학」 51권 4호(경희대학교 경희법학연구소, 2016. 12.), 143면; 정형근, "「부정청탁 및 금품등 수수의 금지에 관한 법률」에 관한 연구 –금품등의 수수금지를 중심으로–", 「경희법학」 52권 1호(경희대학교 경희법학연구소, 2017. 3.), 46면]가 있다. 그러나 해석론으로는 무리이고, 입법론으로서는 후술하는 것처럼 수재죄(법 제8조 제1항 위반)의 범죄구성요건에 직무나 지위 관련성 요건을 추가하면 해결되는 문제이다.

13) 국민권익위원회, 해설집, 16면.

14) 국민권익위원회, 해설집, 16면.

15) 헌법재판소 2009. 7. 30. 2007헌바75.

16) 대법원 2012. 7. 5. 2010다72076; 1987. 9. 29. 86누484.

17) 홍성칠, 「청탁금지법 해설」(박영사, 2016), 11면.

18) 학교법인의 이사장도 이사이므로 '임원'에 포함된다(사립학교법 제14조 제2항).

19) 2012. 1. 26. 개정되어 2019. 8. 1.부터 시행된 고등교육법 제14조 제2항은 시간강사의 명칭을 '강사'로 변경하여 교원에 포함시키고, 그 임용, 교권 존중, 신분보장 등에 관하여는 「교육공무원법」 및 「사립학교법」을 준용하도록 하고 있으므로(고등교육법 제14조의2), 2019. 8. 1.부터는 강사도 학교의 교직원에 해당한다.

17조), 초 · 중 · 고등학교의 산학겸임교사 · 명예교사 · 강사(초 · 중등교육법 제22조 제1항 본문)는 '교직원'이 아니므로 제외된다.[20] 대학의 조교는 대학 등 학교의 교육 · 연구 및 학사에 관한 사무를 보조하는 자로서 교원이나 직원과는 구분되므로(고등교육법 제14조, 제15조) 교직원에 포함되지 않는다.[21] 다만, 이들은 법령에 따라 공공기관의 권한을 위임 · 위탁받은 개인으로서 후술하는 공무수행사인(법 제11조 제1항 제2호)에 포함될 수 있을 것이다.

넷째, 「언론중재 및 피해구제 등에 관한 법률」(이하 '언론중재법'이라 함) 제2조 제12호에 따른 언론사의 대표자와 그 임직원이다[법 제2조 제2호 (라)목, 제1호 (마)목]. 위 '언론사'란 방송사업자,[22] 신문사업자,[23] 잡지 등 정기간행물사업자,[24] 뉴스통신사업자[25] 및 인터넷신문사업자[26]를 말하고(언론중재법 제2조 제12호), '인터넷뉴스서비스사

---

20) 국민권익위원회, 해설집, 23면.

21) 고등교육법 제14조 제4항에서는 "교원, 직원 및 조교(이하 '교직원'이라 한다)"라고 기재하고는 있으나, 이는 그 후의 제15조 제1항("총장 또는 학장은 … 소속 교직원을 감독하며")에서 교원, 직원 및 조교를 통칭하기 위하여 조교를 포함하여 '교직원'이란 약칭을 사용한 것에 불과할 뿐 조교를 교직원의 신분을 가진 자로 보는 것은 아니다.

22) '방송사업자'란 방송법 제2조 제3호에 따른 지상파방송사업자, 종합유선방송사업자, 위성방송사업자 및 방송채널사용사업자를 말한다(언론중재법 제2조 제3호).

23) '신문사업자'란 「신문 등의 진흥에 관한 법률」(이하 '신문법'이라 함) 제2조 제3호에 따른 신문사업자이므로(언론중재법 제2조 제5호), 정치 · 경제 · 사회 · 문화 · 산업 · 과학 · 종교 · 교육 · 체육 등 전체 분야 또는 특정 분야에 관한 보도 · 논평 · 여론 및 정보 등을 전파하기 위하여 같은 명칭으로 **월 2회 이상 발행하는 간행물**인 일반일간신문, 특수일간신문, 일반주간신문, 특수주간신문을 발행하는 자를 말한다(신문법 제2조 제1호, 제3호).

24) '잡지 등 정기간행물사업자'란 「잡지 등 정기간행물의 진흥에 관한 법률」(이하 '정기간행물법'이라 함) 제2조 제2호에 따른 정기간행물사업자 중 잡지(정치 · 경제 · 사회 · 문화 · 시사 · 산업 · 과학 · 종교 · 교육 · 체육 등 전체분야 또는 특정분야에 관한 보도 · 논평 · 여론 및 정보 등을 전파하기 위하여 동일한 제호로 월 1회 이하 정기적으로 발행하는 책자 형태의 간행물) 또는 기타간행물(월 1회 이하 발행되는 간행물 중 책자 형태가 아닌 간행물)을 동일한 제호로 **연 2회 이상** 계속적으로 발행하는 간행물 중 신문법 제2조에 따른 신문을 제외한 간행물을 발행하는 자이다[언론중재법 제2조 제7호, 정기간행물법 제2조 제1호 (가)목, (라)목].

25) '뉴스통신사업자'란 뉴스통신사업을 하기 위하여 「뉴스통신 진흥에 관한 법률」(이하 '뉴스통신법'이라 함) 제8조에 따라 문화체육관광부장관에게 등록한 자로서 뉴스통신을 경영하는 법인을 말한다(언론중재법 제2조 제9호, 뉴스통신법 제2조 제3호).

26) '인터넷신문사업자'란 인터넷신문(컴퓨터 등 정보처리능력을 가진 장치와 통신망을 이용하여 정치 · 경제 · 사회 · 문화 등에 관한 보도 · 논평 및 여론 · 정보 등을 전파하기 위하여 간행하는 전자간행물로서 독자적 기사 생산과 지속적인 발행 등 대통령령으로 정하는 기준을 충족하는 것)을 전자적으로 발행하는 자를 말한다(신문법 제2조 제2호, 제4호).

업자'[27]나 '인터넷 멀티미디어 방송사업자'[28]는 제외된다.[29] 언론사의 대표자란 언론사의 경영에 관하여 법률상 대표권이 있는 자나 그와 같은 지위에 있는 자이고, 외국 신문 또는 외국 잡지 등 정기간행물로서 국내에 지사 또는 지국이 있는 경우에는 「신문 등의 진흥에 관한 법률」 제28조에 따라 등록을 한 자 또는 「잡지 등 정기간행물의 진흥에 관한 법률」 제29조에 따라 등록을 한 자를 말한다(언론중재법 제2조 제13호). 언론사의 임원이란 이사 · 감사를 말하고 상임 · 비상임을 불문한다. 언론사의 직원이란 임원이 아닌 자로서 언론사와 직접 근로계약을 체결하여 근로를 제공하는 근로자를 말하므로 정규직 · 비정규직을 불문하나 용역(도급)계약을 체결한 업체의 직원은 제외된다.[30] 따라서 언론사와 근로계약이 체결되지 아니한 해외통신원, 프리랜서 기자 · 작가, 기고자 등은 제외되지만, 사실상 같은 용역을 제공하면서 계약내용에 따라 청탁금지법의 적용 여부를 달리함은 형평에 반하는 문제가 있다는 견해[31]도 있다.

위 셋째와 넷째의 경우처럼 '공무원등'의 범위에 사립학교, 학교법인 및 언론사의 교직원 · 임직원 등을 포함시킨 점에 대하여는 입법론적 비판이 거세다. 우선 이들 교육 및 언론 부문은 자유와 창의성을 바탕으로 하는 민간부문이므로 직무의 청

---

27) '인터넷뉴스서비스사업자'란 언론의 기사를 인터넷을 통하여 계속적으로 제공하거나 매개하는 전자간행물을 경영하는 자를 말하고(언론중재법 제2조 제18호, 제19호), 주로 다른 언론매체의 뉴스 등 기사를 전달하는 '네이버', '다음' 등의 인터넷포털이 해당된다[홍완식, "청탁금지법 적용대상의 문제점 – 언론사를 중심으로 –", 「유럽헌법연구」 23호(유럽헌법학회, 2017. 4.), 339면].

28) '인터넷 멀티미디어 방송사업자'란 광대역통합정보통신망등(자가 소유 또는 임차 여부를 불문하고, 전파법 제10조 제1항 제1호에 따라 기간통신사업을 영위하기 위하여 할당받은 주파수를 이용하는 서비스에 사용되는 전기통신회선설비는 제외한다)을 이용하여 양방향성을 가진 인터넷 프로토콜 방식으로 일정한 서비스 품질이 보장되는 가운데 텔레비전 수상기 등을 통하여 이용자에게 실시간 방송프로그램을 포함하여 데이터 · 영상 · 음성 · 음향 및 전자상거래 등의 콘텐츠를 복합적으로 제공하는 인터넷 멀티미디어 방송의 제공사업 허가를 받은 인터넷 멀티미디어 방송 제공사업자(IPTV), 또는 그 인터넷 멀티미디어 방송의 콘텐츠사업을 하기 위하여 신고 · 등록을 하거나 승인을 받은 인터넷 멀티미디어 방송 콘텐츠사업자를 말한다(언론중재법 제2조 제20호, 제21호, 「인터넷 멀티미디어 방송사업법」 제2조 제5호).

29) 이에 대하여 인터넷포털이나 IPTV의 언론기능이나 사회적 영향력이 언론사를 능가하고 있음에도 이를 청탁금지법의 적용범위에서 제외하는 것은 평등원칙에 위배된 잘못된 입법으로 평가하는 견해(홍완식, 앞의 논문, 346,349면)가 있다.

30) 국민권익위원회, 해설집, 17면.

31) 홍완식, 앞의 논문, 353면.

렴성 · 불가매수성이 강조되는 공공부문과 다를 뿐만 아니라,[32] 일부 공공성이 있다 하더라도 유사한 공공성을 지니는 금융 · 보험, 의료, 변호사 등 다른 민간부문과 달리 취급함은 평등원칙이나 과잉금지원칙에 반한다는 주장[33]이 있다. 이에 대하여 교육과 언론의 공공성에 비추어 재량범위 내 입법으로 볼 수 있다는 견해[34]가 있고, 2016년 합헌결정도 교육과 언론의 강한 공공성, 막대한 영향력 및 국가 · 사회의 지원 등을 이유로 '민간부문의 부패방지를 위한 제도 마련의 첫 단계로' 민간부문 중 사립학교 관계자과 언론인을 공직자등에 포함한 것이 평등원칙이나 과잉금지원칙에 반하지 않는다고 판시하였다.

2. 공무수행사인

청탁금지법은 '공무수행사인(公務遂行私人)'이라는 새로운 개념을 만들어 청탁금지법의 적용을 확대하고 있다. 법령에 의하여 행정권한의 위임 · 위탁을 받아 자신의 명의와 책임으로 그 권한을 행사하는 사인인 **공무수탁사인**(행정소송법 제2조 제2항)이 '공무수행사인'에 포함됨은 물론이다. 그 밖에도 청탁금지법은 공공기관의 범위를 확대하여 학교 · 학교법인 및 언론사까지 포함하여 그 공무의 범위를 확장하고 있으므로 그 공무를 수행하는 다른 민간인까지 '공무수행사인'에 포함되는 셈이다.[35]

공무수행사인은 공직자가 아닌 민간인이지만 **공무수행에 관해서만** 청탁금지법 제5조부터 제9조까지의 규정이 준용되고 이를 구성요건으로 하는 제22조 이하의 형벌(청탁금지법위반죄) 또는 과태료 부과의 대상자에 포함되는 자이다. 민간인이므로 징계처분(법 제21조)의 대상자는 아니고, '공직자등'에 포함되지 아니하므로 외부강의등의 신고의무 또는 외부강의등 사례금 수수제한(법 제10조)은 받지 않지만, 그 밖에는 수행하는 공무에 관하여 공직자와 마찬가지로 취급된다. 청탁금지법 제11조는

---

32) 성중탁, "부정청탁 및 금품 등 수수의 금지에 관한 법률의 문제점과 개선방안 –헌법재판소 2016. 7. 28.자 2015헌마236 등 결정에 대한 평석을 겸하여–", 「저스티스」 통권 160호(한국법학원, 2017. 6.), 112,113면.

33) 2016년 합헌결정 중 재판관 김창종, 조용호의 반대의견 주요 논거임.

34) 정호경, "「부정청탁 및 금품등 수수의 금지에 관한 법률」의 구조와 쟁점", 「행정법연구」 47호(행정법이론실무학회, 2016. 12.), 81면.

35) 정형근, 앞의 "「부정청탁 및 금품등 수수의 금지에 관한 법률」에 관한 연구 –그 적용대상자와 부정청탁 금지를 중심으로–", 147면.

공무수행사인을 아래와 같이 4개 유형으로 구분하고 있다.

가. 각종 위원회의 위원 중 공직자가 아닌 위원

「행정기관 소속 위원회의 설치 · 운영에 관한 법률」 또는 다른 법령에 따라 설치된 각종 위원회의 위원 중 공직자가 아닌 위원이다(법 제11조 제1항 제1호). 위 '법령'이란 후술하는 부정청탁행위 개념에서의 '법령' 개념과 동일하게[36] 법률 · 대통령령 · 국무총리령 · 부령 · 조례 · 규칙이 이에 해당하고, 행정규칙 중 법령의 위임에 따른 고시 · 훈령 · 지침 등도 그 위임의 한계를 벗어나지 않는 한 포함된다.[37] 이러한 법령의 근거가 없이 편의상 설치된 위원회는 제외된다.[38] 국민권익위원회는 이 유형의 공무수행사인으로서 「초 · 중등교육법」에 따른 학교운영위원회, 「학교폭력 예방 및 대책에 관한 법률」에 따른 학교폭력대책심의위원회 · 전담기구, 「고등교육법」에 따른 등록금심의위원회, 「교육공무원법」에 따른 인사위원회, 「방송법」에 따른 시청자위원회, 「신문법」에 따른 편집위원회 및 독자권익위원회 등을 예시하고 있다.[39]

이러한 유형의 공무수행사인의 경우에 청탁금지법상 '소속기관장'이란 **그 위원회가 설치된 공공기관의 장**을 말한다(법 제11조 제2항 제1호).

나. 공공기관의 권한을 위임 · 위탁받은 법인 · 단체 또는 그 기관이나 개인

법령에 따라 공공기관의 권한을 위임 · 위탁받은 법인 · 단체 또는 그 기관이나 개인이다(법 제11조 제1항 제2호). 위 '공공기관'이란 국회, 법원, 헌법재판소, 선거관리위원회, 감사원, 국가인권위원회, 고위공직자범죄수사처, 중앙행정기관(대통령 또는 국무총리 소속 기관 포함) 및 그 각 소속기관, 지방자치단체는 물론, 위 제1항에서 설명한 **공직유관단체, 「공공기관의 운영에 관한 법률」 제4조에 따른 기관, 학교 · 학교법인** 및 **언론사**를 모두 포함하는 개념이다(법 제2조 제1호). 공공기관의 권한을 위임 ·

---

36) 청탁금지법 제5조 제1항 부정청탁행위의 개념에서 '법령'에 조례 · 규칙을 포함하면서 "이하 같다."고 명시하고 있으므로, 그 후 청탁금지법 제11조 제1항 공무수행사인 개념에서의 '법령'의 범위도 마찬가지이다.

37) 국민권익위원회, 해설집, 18면.

38) 정형근, 앞의 "「부정청탁 및 금품등 수수의 금지에 관한 법률」에 관한 연구 -그 적용대상자와 부정청탁금지를 중심으로-", 148면.

39) 국민권익위원회, 해설집, 18면.

위탁받은 경우뿐만 아니라 공공기관의 사무를 위임 · 위탁받은 경우에도 그 사무처리 권한을 위임 · 위탁받은 것을 전제로 하는 것이므로 이 유형에 포함된다.[40)]

'법인 · 단체의 기관'이란 법인 · 단체의 대외적 의사표시나 행위를 하는 기관을 말하므로 법인 · 단체의 대표자를 말한다.[41)] 그 권한을 위임 · 위탁받은 법인 · 단체의 소속 구성원인 개인은 대표자가 아닌 이상 위임 · 위탁받은 사무를 실질적으로 수행하더라도 공무수행사인에 포함되지 않는다.[42)] 이에 대하여 '법인 · 단체'는 그 임직원을 통하여 직무수행을 하고 그 임직원이 부정청탁의 대상이 될 수 있기 때문에 법인 · 단체가 위임 · 위탁받은 업무를 실질적으로 수행하는 임직원도 공무수행사인에 해당된다고 해석하는 견해[43)]가 있다. 그러나 이러한 해석은 명문 규정에 반하여 청탁금지법의 적용대상자를 확대하는 해석이므로 해석론으로는 찬성하기 어렵다. 그런데 청탁금지법의 형사처벌 규정(법 제22조 제1항 제1호, 제2호, 제3호, 제2항 제1호)이나 과태료 제재 규정(법 제23조 제1항 제1호, 제2항, 제3항, 제5항)에는 공무수행사인을 그 행위주체로 규정하고 있는 경우가 있는데, 법인 또는 단체인 공무수행사인의 경우에는 그 행위주체를 누구로 볼 것인지 문제가 된다. 형사처벌의 경우에는 법인이나 법인격 없는 단체의 범죄능력을 인정하지 않는 판례의 입장[44)]에서는 법인 또는 단체의 대표기관인 자연인을 행위주체로 보고 처벌하게 된다.[45)] 다만, 법인 또는 단체는 양벌규정이 있는 경우(법 제24조, 제22조 제1항 제3호)에 한하여 벌금형에 처할 수 있을 뿐이다. 과태료 제재의 경우에는 질서위반행위규제법 제11조 제1항에 의하여 법인의 행위주체성을 인정할 수 있지만, 단체는 이러한 명문 규정이 없는 이상 법인격 없는 단체의 범죄능력을 부인하는 판례 입장에서는 과태료 제재의 경우에도 마찬가지로 단체의 행위주체성을 인정할 수 없으므로 실제 행위자를 행위주체로 볼 수밖에 없다. 다만, 이 경우에도 단체는 양벌규정이 있는 경우(법 제24조, 제23조 제2

---

40) 박균성, 앞의 "「부정청탁 및 금품등 수수의 금지에 관한 법률」에 대한 행정법적 연구", 246면.

41) 국민권익위원회, 해설집, 18면.

42) 국민권익위원회, 해설집, 18면.

43) 정형근, 앞의 "「부정청탁 및 금품등 수수의 금지에 관한 법률」에 관한 연구 -그 적용대상자와 부정청탁 금지를 중심으로-", 148면; 박균성, 앞의 "「부정청탁 및 금품등 수수의 금지에 관한 법률」에 대한 행정법적 연구", 246,247면.

44) 대법원 1997. 1. 24. 96도524; 1994. 2. 8. 93도1483; 1984. 10. 10. 82도2595 전원합의체.

45) 홍성칠, 앞의 「청탁금지법 해설」, 26면.

항, 제3항, 제5항 제3호)에 한하여 벌금형에 처할 수 있을 뿐이다.

'개인'이란 공공기관의 권한을 위임 · 위탁받은 개인 본인을 말하는 것이고, 그 개인의 대리인 등 사용인이나 종업원은 포함될 수 없다. 이와 관련하여 청탁금지법의 입법취지를 관철하기 위해서는 개인의 사용인 · 종업원도 포함함이 타당하다고 보는 견해[46]가 있다. 이러한 해석도 명문 규정에 반하여 청탁금지법의 적용대상자를 부당하게 확대하게 되므로 부당하다.

국민권익위원회는 이 유형의 공무수행사인으로서 공인회계사 등록 · 등록취소 등의 업무를 위탁받은 한국공인회계사회, 법률사무종사 현황조사를 위탁받은 대한변호사협회, 감정평가사 등록 및 등록갱신 업무를 위탁받은 한국감정평가사협회 등을 예시하고 있다.[47]

이 유형의 공무수행사인의 경우에 청탁금지법상 '소속기관장'이란 **그 감독기관 또는 권한을 위임 · 위탁한 공공기관의 장**을 말한다(법 제11조 제2항 제2호).

다. 공공기관의 공무수행을 위하여 파견된 사람

공무를 수행하기 위하여 민간부문에서 공공기관에 파견 나온 사람이다(법 제11조 제1항 제3호). 민간인으로서 위 공공기관의 공무수행을 위하여 파견된 사람을 말한다. 「파견근로자보호 등에 관한 법률」에 의한 근로자파견계약에 따라 파견되는 경우나 그 밖의 법령, 계약에 따른 파견이 있을 수 있다.[48] '공공기관'이란 위와 같이 국회, 법원, 헌법재판소, 선거관리위원회, 감사원, 국가인권위원회, 고위공직자범죄수사처, 중앙행정기관 및 그 각 소속기관, 지방자치단체는 물론, 공직유관단체, 「공공기관의 운영에 관한 법률」 제4조에 따른 기관, 학교 · 학교법인 및 언론사를 포함하므로, 청탁금지법의 '공무'란 이들의 직무를 모두 포함하는 광범위한 개념이다.[49]

이러한 유형의 공무수행사인의 경우에 청탁금지법상 '소속기관장'이란 **파견을 받은 공공기관의 장**을 말한다(법 제11조 제2항 제3호).

---

46) 박균성, 앞의 "「부정청탁 및 금품등 수수의 금지에 관한 법률」에 대한 행정법적 연구", 246,247면.

47) 국민권익위원회, 해설집, 18면.

48) 홍성칠, 앞의 「청탁금지법 해설」, 19면.

49) 정형근, 앞의 "「부정청탁 및 금품등 수수의 금지에 관한 법률」에 관한 연구 –그 적용대상자와 부정청탁 금지를 중심으로 –", 147면에서도 "'공무수행사인'은 민간영역인 언론사나 사립학교나 학교법인의 업무를 일부 수행하는 것 역시 공무로 파악하여 그 직무를 수행한 자를 포함시키고 있다."고 보고 있다.

라. 공무상 심의 · 평가 등을 하는 개인 또는 법인 · 단체

법령에 따라 공무상 심의 · 평가 등을 하는 개인 또는 법인 · 단체이다(법 제11조 제1항 제4호). 청탁금지법 제11조 제1항 각 호에서 공무수행의 유형을 세분하여 적시하고 있음에 비추어 볼 때 '공무상 심의 · 평가 등'은 공무수행으로 하는 모든 업무를 포괄하는 것으로 해석할 수는 없으므로 이는 제한적 예시규정으로 보아야 할 것이다. 따라서 심의 · 평가뿐만 아니라 민간인이 공무상의 검사 · 감리 · 조사 · 의견제시 등 심의 · 평가와 유사한 업무를 하는 경우를 포함할 수 있을 것이다.

이러한 유형의 공무수행사인으로는 자동차관리법 제45조에 따라 자동차 정기검사를 하는 지정정비사업자, 같은 법 제45조의2에 따라 자동차 종합검사를 하는 종합검사지정정비사업자,[50] 「국민의 형사재판 참여에 관한 법률」 제12조에 따라 국민참여재판 사건에서 사실인정, 법령적용 및 양형에 관한 의견을 제시하게 되는 배심원 · 예비배심원[51] 등이 있다. 그 밖에 국민권익위원회는 「건축법」 제25조에 따라 공사감리를 하는 공사감리자도 포함하고 있다.[52] 그러나 공사감리란 '건축물, 건축설비 또는 공작물이 설계도서의 내용대로 시공되는지를 확인하고, 품질관리 · 공사관리 · 안전관리 등에 대하여 지도 · 감독하는 일'을 말하고(「건축법」 제2조 제15호), 건축물의 사용승인 신청시 공사감리자의 감리완료보고서가 첨부되어야 하는 것일 뿐인데(「건축법」 제22조 제1항), 공사감리 자체를 공무수행으로 볼 것인지는 의문이다. 이처럼 민간인이 수행하는 일이 '공무상'인지 여부는 그 인정 여부에 따라 형사처벌 유무도 좌우되는 문제라는 점에서 신중하게 판단함이 죄형법정주의에 부합하는 해석이다.

이러한 유형의 공무수행사인의 경우에 청탁금지법상 '소속기관장'이란 **해당 공무를 제공받는 공공기관의 장**을 말한다(법 제11조 제2항 제4호).

---

50) 국민권익위원회, 해설집, 18면.

51) 정형근, 앞의 "「부정청탁 및 금품등 수수의 금지에 관한 법률」에 관한 연구 -그 적용대상자와 부정청탁 금지를 중심으로 -", 149면.

52) 국민권익위원회, 해설집, 18면.

제3절 금지행위 및 신고제도

Ⅰ. 구성체계

청탁금지법에서 금지하는 행위는 **부정청탁행위**와 **금품등**[53] **수수행위**로 대별할 수 있다. 부정청탁의 금지와 관련하여 부정청탁에 따른 직무수행도 금지하고, 금품등 수수의 금지와 관련하여 외부강의등의 사례금은 수수를 허용하되 금액을 제한하는 별도의 규제를 하고 있다.

그리고 위 금지규범의 이행을 확보하기 위하여 부정청탁, 금품등 수수 또는 외부강의등의 신고제도를 마련하고, 그 위반행위에 대하여 형사처벌, 과태료 부과 또는 징계처분을 하며, 포상 · 보상 · 보호 및 부당이득 환수 제도를 마련하고 있다.

위 각 규제나 제도는 상호 유기적 관련성을 지니고 있다. 부정청탁을 금지하고 있기 때문에 부정청탁이 따를 수 있는 금품등 수수행위를 금지하는 것이고, 각 금지행위의 내용이 신고의 사유가 됨은 물론 형사처벌의 범죄구성요건이나 과태료 부과 및 징계의 사유가 되며, 부당이득 환수의 원인이 된다. 그러므로 위 각 규제나 제도의 내용을 해석함에 있어서도 청탁금지법의 입법취지나 보호법익을 참작함은 물론 관련 규제내용과 비교하면서 이해하여야 할 것이다. 이하 위 순서대로 각 규제와 제도의 내용을 설명함에 있어서도 중복되는 부분은 생략하기로 하고, 주요 형사처벌 및 과태료의 제재에 관해서는 별도의 절(節)에서 설명하기로 한다.

Ⅱ. 부정청탁의 금지

1. 의의

누구든지 직접 또는 제3자를 통하여, 직무를 수행하는 공직자등 또는 공무수행사

53) '금품등'의 개념은 부정청탁금지법 제2조 제3호 참조.

인에게 일정한 유형의 부정청탁행위를 해서는 아니 된다(법 제5조 제1항, 제11조). 다만, 이러한 금지되는 **부정청탁행위 유형**에 해당할지라도 7개 **제외사유**에 해당하면 금지되지 않는다(법 제5조 제2항, 제11조).

금지되는 부정청탁행위를 한 경우에, 위반행위자가 **공직자등**이면 징계사유에 해당하고(법 제21조),[54] 제3자를 위하여 부정청탁을 하거나 제3자를 통하여 부정청탁을 한 자에 대하여는 과태료를 부과한다(법 제23조 제1항 제1호 본문, 제2항 본문, 제3항 본문). 자신을 위하여 제3자를 통하지 않고 공직자등 또는 공무수행사인에게 직접 부정청탁을 한 자에 대하여는 공직자등인 경우에 한하여 징계처분은 할 수 있으나 과태료 부과는 할 수 없다. 그 이유는 민원인의 의견제출을 제약하지 아니하여 공공기관과 국민 사이의 의사소통을 보장하기 위해서라고 하거나,[55] 불이익을 피하고 이익을 얻으려는 인간의 본능이나, 공무수행의 공정성을 침해할 위험이 비교적 크지 아니한 점을 반영하기 위해서이다.[56]

2. 부정청탁행위

청탁금지법은 제5조 제1항에서 금지하는 청탁행위의 유형을 14개 업무에 관한 행위 유형으로 한정하고,[57] 이러한 부정청탁행위를 직무를 수행하는 공직자등 또는

---

54) 청탁금지법 또는 청탁금지법에 따른 명령을 위반한 경우에는 공공기관의 장 등은 징계처분을 해야 하는데(법 제21조), 그 의미와 징계의 절차 등에 대하여는 후술하는 제Ⅲ.1항에서 설명한다.

55) 박균성, 앞의 "「부정청탁 및 금품등 수수의 금지에 관한 법률」에 대한 행정법적 연구", 259면; 이광훈, 「청탁금지법 해설」(진원사, 2016), 42면; 김기호, "「청탁금지법」의 법적 개선방안에 관한 연구", 「토지공법연구」 77집(한국토지공법학회, 2017. 2.), 319면.

56) 한석훈, "청탁금지법의 쟁점 재검토", 「성균관법학」 28권 4호(성균관대학교 법학연구소, 2016. 12.), 240면; 정형근, "청탁금지법상 '부정청탁의 금지'에 관한 고찰", 「한양법학」 28권 3집(한양법학회, 2017. 8.), 56면.

57) 청탁금지법 제5조 제2항 제7호에서 청탁금지행위의 제외사유로 '사회상규에 위배되지 아니하는 행위'를 규정한 것을 부정청탁행위가 부당하게 확대되는 것을 방지하기 위한 취지로 보고 같은 조 제1항 각 호의 부정청탁행위 유형을 예시규정으로 해석하는 견해[박규환, " '부정청탁 및 금품등 수수의 금지에 관한 법률' 개정을 위한 연구", 「강원법학」 47권(강원대학교 비교법학연구소, 2016. 2.), 54,55면; 김준성, "부정청탁금지법의 문제점과 개선방안", 「영남법학」 44호(영남대학교 법학연구소, 2017. 6.), 219,222면]가 있으나, 이는 금지되는 부정청탁행위를 "다음 각 호의 어느 하나에 해당하는 부정청탁"이라고 한정적으로 규정한 같은 조 제1항 각 호 외 부분의 명문 규정에 반하는 해석이고, 부정청탁에 따른 경우에는 부정청탁 수행죄로 형벌의 제재까지 받는다는 점에서 죄형법정주의의 명확성 원칙이 적용되는데 이러한 원칙에도 반하는 해석이다(정형근, 위 "청탁금지법상 '부정청탁의 금지'에 관한 고찰", 61면; 박균성, 앞의 "「부정청탁 및 금품등 수수의 금지에 관한 법률」에 대한 행정법적 연구", 249면).

공무수행사인에게 청탁하는 행위를 금지하고 있다.[58] 위 14개 업무에 관하여 법령을 위반하여(또는 정상적 거래관행에서 벗어나 거래하게 하는) 청탁을 하거나, 법령에 따라 부여받은 지위 · 권한을 벗어나 행사하거나 권한에 속하지 아니한 사항을 행사하도록 청탁하는 행위를 부정청탁행위로 규정하고 있다. 그러므로 청탁금지법 제5조 제1항에서 말하는 '법령'의 개념을 검토할 필요가 있다. 또한 공무수행사인은 일정한 공적 직무의 수행에 관해서만 청탁금지법이 적용되는 민간인이므로 '공무수행사인'의 범위가 정해지면 청탁대상인 그 공무수행의 의미도 분명해지지만, '직무를 수행하는 공직자등'의 경우에는 공직자등이 그 직무수행에 관여하는 여러 형태가 있으므로 '**직무를 수행하는**'의 의미를 분석하여 청탁대상자인 '직무를 수행하는 공직자등'의 범위를 규명할 필요가 있다.

가. 금지되는 부정청탁행위 유형

1) 인·허가 등 신청 처리 청탁

인가 · 허가 · 면허 · 특허 · 승인 · 검사 · 검정 · 시험 · 인증 · 확인 등 법령(조례 · 규칙을 포함한다. 이하 같음)에서 일정한 요건을 정하여 놓고 직무관련자로부터 신청을 받아 처리하는 직무에 대하여 법령을 위반하여 처리하도록 하는 행위이다(법 제5조 제1항 제1호). 인가 · 허가 · 면허 · 특허 · 승인 · 검사 · 검정 · 시험 · 인증 · 확인은 예시적 규정이므로, 그 밖에도 지정 · 등록 · 신고 · 공증 · 면제 등 '법령에서 일정한 요건을 정해 놓고 신청을 받아 처리하는 직무'라면 모두 포함된다.[59] 인가 · 허가 등의 신청이 있음을 알게 된 제3자가 그 거부 처분을 청탁하는 경우도 포함된다.[60]

'인가'란 제3자의 법률행위에 보충하여 법적 효과를 완성시키는 행정행위이다.[61]

---

58) 언론사의 취재 · 보도 · 논평에 관한 청탁은 부정청탁의 행위유형으로 규정되어 있지 않은데, 금품등 수수 금지 대상에는 언론인을 포함하면서 위 부정청탁 유형이 제외된 것은 불합리하다고 보는 견해(정형근, 앞의 "「부정청탁 및 금품등 수수의 금지에 관한 법률」에 관한 연구 –그 적용대상자와 부정청탁금지를 중심으로–", 158면; 김준성, 앞의 논문, 221,222면)가 있다.

59) 국민권익위원회, 해설집, 67면; 정형근, 앞의 "청탁금지법상 '부정청탁의 금지'에 관한 고찰", 66면; 홍성칠, 앞의 「청탁금지법 해설」, 56면.

60) 정형근, 위 논문, 67,68면.

61) 김동희, 「행정법 I」(박영사, 2017), 297면.

'허가'란 법령에 의한 일반적 금지를 특정한 경우에 허용하는 행정행위이고,[62] '특허'란 특정인에게 새로운 권리 · 능력 또는 법적 지위를 설정하는 행위이다.[63] '면허'란 행정기관이 특정인에게 특정 행위를 허가하거나 특정한 일을 할 수 있는 자격을 허가하는 것이고,[64] '승인'이란 신청인에게 특정 행위를 허용하는 것이다.[65] '검사'란 국민의 생명 · 신체의 보호, 시설물의 안전 확보를 위하여 법률에서 최소한의 기준을 정하고 해당 시설물 · 기기 등이 그 기준에 적합한지를 조사하는 제도이고,[66] '검정'이란 '검사'와 유사한 개념이지만 시설물이나 기기의 성능이 아니라 주로 사람의 능력이나 인문학적 사항을 확인하는 경우에 사용하는 용어이다.[67] '시험'이란 특정 지식 · 능력을 평가하거나 특정 물품이 정해진 용도나 규격에 맞게 제작되었는지 여부를 확인하는 행위이다.[68] '인증'이란 어떠한 문서나 행위가 정당한 절차를 거쳐 이루어진 사실을 공적 기관이 증명하는 행위이고,[69] '확인'이란 특정 사실이나 법률관계의 존재 여부를 공권적으로 판단하는 행위이다.[70]

'법령을 위반하여'란 신청이 법령에서 정한 요건을 충족하지 못함에도 이에 따른 경우뿐만 아니라, 신청자격이 필요한 경우에 그 자격 없는 자의 신청에 따른 경우[71]도 포함된다.

2) 행정처분·형벌부과 감면 청탁

인가 또는 허가의 취소, 조세, 부담금, 과태료, 과징금, 이행강제금, 범칙금, 징계 등 각종 행정처분 또는 형벌부과에 관하여 법령을 위반하여 감경 · 면제하도록 하는 행위이다(법 제5조 제1항 제2호). 각종 행정처분 또는 형벌부과에 관하여 법령을 위반하여 감경 · 면제하도록 하는 행위를 부정청탁행위로서 금지하고 있고, '인가 또는

62) 김동희, 앞의「행정법 I」, 288,289면.
63) 김동희, 앞의「행정법 I」, 294면.
64) 국민권익위원회, 해설집, 67면.
65) 정형근, 앞의 "청탁금지법상 '부정청탁의 금지'에 관한 고찰", 63면.
66) 국민권익위원회, 해설집, 67면.
67) 국민권익위원회, 해설집, 68면.
68) 정형근, 앞의 "청탁금지법상 '부정청탁의 금지'에 관한 고찰", 65면.
69) 국민권익위원회, 해설집, 68면.
70) 국민권익위원회, 해설집, 68면.
71) 정형근, 앞의 "청탁금지법상 '부정청탁의 금지'에 관한 고찰", 67면.

허가의 취소, 조세, 부담금, 과태료, 과징금, 이행강제금, 범칙금, 징계' 등은 그 중 행정처분의 예시규정이다.

'조세'란 국가나 지방자치단체가 국민 또는 주민에 대하여 반대급부 없이 강제로 납부의무를 부과하는 금전을 말하고,[72] '부담금'이란 특정 공익사업과 이해관계 있는 자에 대하여 그 사업비용에 충당하기 위하여 부과하는 금전을 말한다.[73] '과태료'란 법령상 질서를 유지하기 위하여 법령상 의무 위반자에 대하여 강제로 금전지급의무를 부과하는 질서벌이고, '과징금'이란 법령상 의무 위반자에 대하여 그 위반행위로 인한 경제적 이익을 환수하기 위하여 강제로 금전지급의무를 부과하는 침해적 행정행위이다(이 책 제5장 제12절 Ⅰ, Ⅱ. 부분 참조). '이행강제금'이란 부작위의무나 비대체적 작위의무의 이행을 강제하기 위하여 일정 기한까지 불이행시 금전지급 의무가 부과됨을 미리 계고하여 의무이행을 강제하는 수단이다.[74] '범칙금'이란 위법행위를 한 자에게 납부를 통고하는 일정한 금액으로서 미납시 처벌절차가 진행되고 그 납부시에는 처벌절차를 진행하지 아니하는 제도로서 도로교통법, 출입국관리법, 「경범죄 처벌법」 등에 규정되어 있다.[75] '징계'란 공공기관의 내부질서를 유지하기 위하여 질서문란자에 대하여 부과하는 제재이다.

각종 행정처분 또는 형벌부과에 관하여 법령을 위반하여 감경 · 면제를 청탁하는 것이므로 행정처분이나 형벌부과를 연기해 달라는 청탁이나 타인에 대한 행정처분이나 형벌부과를 가중하여 달라는 청탁은 금지대상이 아니다.[76]

3) 인사 청탁

모집 · 선발 · 채용 · 승진 · 전보 등 공직자등의 인사에 관하여 법령을 위반하여 개입하거나 영향을 미치도록 하는 행위이다(법 제5조 제1항 제3호). 모집 · 선발 · 채용 · 승진 · 전보는 공직자등 인사의 예시적 규정이므로 그 밖에 징계 · 보직 · 임명 · 시험 · 전출 · 전입 · 평가 등도 포함된다.[77] 공직자등의 인사와 관련된 모든

---

72) 정재황, 「신헌법입문」(박영사, 2017), 671면.

73) 정재황, 위 책, 671면.

74) 김남진 · 김연태, 「행정법 I」(법문사, 2017), 532,533면.

75) 국민권익위원회, 해설집, 69면.

76) 박균성, 앞의 "「부정청탁 및 금품등 수수의 금지에 관한 법률」에 대한 행정법적 연구", 250면.

77) 국민권익위원회, 해설집, 69면.

사항에 관하여 법령을 위반하여 개입하거나 영향을 미치도록 하는 행위가 부정청탁 행위이다. 각급 학교의 교직원 또는 언론사의 임직원 채용·승진·전보 등 인사에 관한 청탁도 포함될 것이다. 공무수행사인의 경우에는 그 공무수행사인 임면에 관하여 법령을 위반하여 개입하거나 영향을 미치도록 하는 행위가 될 것이다.

'개입하거나 영향을 미치도록 하는 행위'는 청탁받는 대상자가 직무를 수행하는 공직자등이 아님을 전제로 하는 표현이므로 부적절하다는 견해[78]가 있다. 그러나 '직무를 수행하는 공직자등에게'(법 제5조 제1항 각 호 외 부분) 인사에 관하여 위 행위를 하는 것이므로 인사 담당 공직자등에게 직접 인사에 개입을 하는 행위나 다른 영향력 있는 공직자등에 대하여 인사 담당 공무원에게 영향을 미치도록 청탁하는 행위까지 포함하려는 취지로 보아야 할 것이다. 후자의 경우에는 제3자를 통한 부정청탁으로서 청탁금지법 제23조 제3항 위반행위에 해당할 수 있다.

4) 위원 등 공공기관 의사결정 관여 직위 청탁

법령을 위반하여 각종 심의·의결·조정 위원회의 위원, 공공기관이 주관하는 시험·선발 위원 등 공공기관의 의사결정에 관여하는 직위에 선정 또는 탈락되도록 하는 행위이다(법 제5조 제1항 제4호). 심의·의결·조정 위원회의 위원, 공공기관이 주관하는 시험위원 또는 선발위원은 공공기관의 의사결정에 관여하는 직위의 예시 규정이다.

'의사결정에 관여하는 직위'의 범위를 어떻게 볼 것인지도 문제가 될 수 있으나, 부정청탁에 해당되면 처벌대상이 되는 것이므로 문언의 해석가능 범위를 넘어 확대해석을 하는 것은 부당하다. 따라서 단순히 자문을 하는 자문위원은 제외해야 할 것이다.[79] 방송사업자의 경우에 「방송법」 제87조에 따라 설치하는 시청자위원회는 방송편성, 방송프로그램 내용에 관한 의견제시나 시정요구, 시청자의 권익보호와 침해구제에 관한 업무 등을 직무로 하므로(「방송법」 제88조) 시청자위원회의 위원도 포함된다.[80] 학교의 학교운영위원회(「초·중등교육법」 제31조), 유치원운영위원회(「유아교

---

78) 홍성칠, 앞의 「청탁금지법 해설」, 70,71면.

79) 홍성칠, 위 책, 71면.

80) 국민권익위원회, 해설집, 70면.

육법」 제19조의3), 대학평의원회(「고등교육법」 제19조의2)의 각 위원 등도 포함된다.[81)]

5) 포상·선발 등 청탁

공공기관이 주관하는 각종 수상, 포상, 우수기관 선정 또는 우수자 · 장학생 선발에 관하여 법령을 위반하여 특정 개인 · 단체 · 법인이 선정 또는 탈락되도록 하는 행위이다(법 제5조 제1항 제5호). '수상'이란 성적에 대한 표창이고, '포상(褒賞)'이란 공적에 대한 표창이므로(「정부 표창 규정」 제3조), 그 내용에 해당하면 표창, 유공자 선정 등 명칭은 불문한다. '우수자 · 장학생 선발'도 일정 기준에 따른 우수자 · 장학생 선발이면, 임업후계자 선발(「임업 및 산촌 진흥촉진에 관한 법률」 제17조 제1항) 등 명칭을 불문하고 모두 포함된다.[82)]

6) 직무상 비밀 누설 청탁

입찰 · 경매 · 개발 · 시험 · 특허 · 군사 · 과세 등에 관한 직무상 비밀을 법령을 위반하여 누설하도록 하는 행위이다(법 제5조 제1항 제6호). 입찰 · 경매 · 개발 · 시험 · 특허 · 군사 · 과세는 비밀유지 직무의 예시적 규정이므로 그 밖의 직무상 비밀도 포함된다.

'직무상 비밀'이란 객관적 · 일반적인 입장에서 외부에 알려지지 않는 것에 상당한 이익이 있는 사항으로서, 실질적으로 비밀로 보호할 가치가 있다고 인정할 수 있는 것을 말한다.[83)] 법령에 의하여 비밀로 분류 명시된 사항에 한하지 아니함은 물론이다. 비밀에 해당하는지 여부는 해당 공공기관의 기능 보호를 위하여 판단해야 하겠지만, 그 비밀의 범위는 국민의 표현의 자유 또는 알 권리의 영역을 최대한 넓혀줄 수 있도록 필요한 최소한도에 한정되어야 한다.[84)] 예컨대 국가정보원 내부의 감찰과 관련한 감찰조사 개시시점, 감찰대상자의 소속 및 인적 사항은 국가정보원의

---

81) 그 밖의 학교 관련 위원회로서 시 · 도학생징계조정위원회(「초 · 중등교육법」 제18조의3), 학교폭력대책위원회, 학교폭력대책심의위원회(「학교폭력예방 및 대책에 관한 법률」 제7조, 제12조), 교원능력개발평가 관리위원회(「교원 등의 연수에 관한 규정」 제22조), 교원소청심사위원회(「교원의 지위 향상 및 교육활동 보호를 위한 특별법」 제7조), 등록금심의위원회(「고등교육법」 제11조 제2항) 등을 들 수 있다(국민권익위원회, 해설집, 71면).

82) 국민권익위원회, 해설집, 71면.

83) 국민권익위원회, 해설집, 72면; 대법원 2007. 6. 14. 2004도5561(형법 제127조 공무상비밀누설죄의 '직무상 비밀' 개념) 참조.

84) 대법원 2006. 6. 16. 2006도1368 참조.

비밀로서의 가치가 없고,[85] 자동차등록원부상 자동차 소유자의 성명 등 그 소유관계에 관한 정보는 구청 공무원의 직무상 비밀에 해당하지 않는다.[86] 이에 대하여 수사 중인 사건의 체포영장 발부자 명단은 법원 공무원의 직무상 비밀에 해당하고,[87] 검찰 등 수사기관이 수사를 진행하고 있는 상태에서, 수사기관이 그 사건에 관하여 현재 어떤 자료를 확보하였고 수사책임자가 그 사안이나 피의자의 죄책 및 신병처리에 대하여 어떤 의견을 가지고 있는지 등의 정보는 수사기관 내부의 비밀에 해당한다.[88]

7) 계약당사자 선정·탈락 청탁

계약 관련 법령을 위반하여 특정 개인 · 단체 · 법인이 계약의 당사자로 선정 또는 탈락되도록 하는 행위이다(법 제5조 제1항 제7호). 청탁이 계약의 당사자로 선정되거나 탈락하는 내용이어야 하므로, 입찰 · 경매 등 일반경쟁 방식이 아닌 수의계약 방식으로 해 달라는 청탁이나 입찰참가자격제한을 자신에게 유리하게 해 달라는 청탁은 이에 해당하나, 계약의 내용에 관한 청탁은 해당하지 않는다.[89]

8) 보조금·출자금 등 지원·출자 청탁

보조금 · 장려금 · 출연금 · 출자금 · 교부금 · 기금 등의 업무에 관하여 법령을 위반하여 특정 개인 · 단체 · 법인에 배정 · 지원하거나 투자 · 예치 · 대여 · 출연 · 출자하도록 개입하거나 영향을 미치도록 하는 행위이다(법 제5조 제1항 제8호). 대상자가 아님에도 법령을 위반하여 지원 · 출자 등을 받을 수 있도록 청탁하는 경우는 물론, 그 대상자가 지원 · 출자 등의 금액을 법령을 위반하여 과다하게 받을 수 있도록 청탁하는 경우도 포함된다.[90]

---

85) 대법원 2003. 11. 28. 2003도5547 참조.

86) 대법원 2012. 3. 15. 2010도14734(구청에서 체납차량 영치 및 공매 등의 업무를 담당하던 공무원인 피고인이 甲의 부탁을 받고 차적조회 시스템을 이용하여 乙의 유사휘발유 제조 현장 부근에서 경찰의 잠복근무에 이용되고 있던 경찰청 소속 차량의 소유관계에 관한 정보를 알아내어 甲에게 알려줌으로써 형법상 공무상비밀누설죄로 기소된 사안).

87) 대법원 2011. 4. 28. 2009도3642 참조.

88) 대법원 2007. 6. 14. 2004도5561 참조.

89) 홍성칠, 앞의「청탁금지법 해설」, 83면.

90) 홍성칠, 위 책, 85면.

9) 공공기관 재화·용역의 부정거래 청탁

공공기관이 생산 · 공급 · 관리하는 재화 및 용역을 특정 개인 · 단체 · 법인에게 법령에서 정하는 가격 또는 정상적인 거래관행에서 벗어나 매각 · 교환 · 사용 · 수익 · 점유하도록 하는 행위이다(법 제5조 제1항 제9호). 재화나 용역의 거래내용을 일일이 법령에서 규제할 수 없기 때문에 법령위반이란 기준 대신 '정상적인 거래관행을 벗어난 거래'란 기준을 설정한 것이다.[91]

'정상적인 거래관행'이란 해당 거래의 가격 · 조건 등에 관한 상관습 기타 거래관행을 말하는 것이다. 특별한 사정이 없음에도 공공기관의 내부 규칙 · 기준 · 지침 등을 위반하여 특혜를 요구하는 거래 청탁은 정상적인 거래 관행에서 벗어난 행위가 된다.[92] 이에 대하여 '정상적인 거래관행을 벗어난 거래'인지는 법령위반과 같은 정도의 엄격한 해석이 필요하다는 입장에서 공공기관의 내부 규칙 · 기준 · 지침 등을 위반한 것만으로 정상적인 거래관행을 벗어난 거래로 보는 것은 무리라고 보는 견해[93]도 있다.

10) 학교 업무의 부정처리 청탁

각급 학교의 입학 · 성적 · 수행평가 · 논문심사 · 학위수여 등의 업무에 관하여 법령을 위반하여 처리 · 조작하도록 하는 행위이다(법 제5조 제1항 제10호). 입학 · 성적 · 수행평가 · 논문심사 · 학위수여는 학교 업무의 예시적 규정이므로 수업 · 휴학 · 퇴학 · 전학 · 진급 · 수료 · 졸업 등 그 밖의 학교 업무도 포함된다.

입학 업무에는 편입학, 전입학, 재입학 및 소외 · 취약계층 입학 우대 등의 업무도 포함되고, 법령에서 정한 입학자격, 입학정원, 일반전형 및 특별전형 등 학생선발방법 등에 관하여 법령을 위반하여 처리 · 조작하도록 청탁하는 경우가 해당된다.[94] 성

---

91) 이천현, "부정청탁 금지행위와 제재에 관한 소고", 「한양법학」 26권 3집(한양법학회, 2015. 8.), 324면.

92) 국민권익위원회, 해설집, 75면.

93) 이천현, 위 논문, 324,325면(이 견해는 " '정상적인 거래관행'을 벗어난 것인지 여부는 재화나 용역의 특성, 부정청탁을 한 자의 지위 및 그와 청탁을 받은 자와의 관계, 타인이 입는 피해 등을 종합적으로 고려해야 하고, 그 밖에도 부정청탁 금지행위의 보호법익 침해와의 관련적 해석, 예외사유인 법 제5조 제2항 제7호 '사회상규'와의 관계, 법령위반에 상응하는 정도라야 한다는 점 등을 감안하여 제한적으로 해석할 필요가 있다."고 주장)

94) 국민권익위원회, 해설집, 76면.

적 · 수행평가 업무에 관한 청탁에는 성적이나 출석상황 또는 응시사실에 관한 조작을 청탁하는 경우가 해당된다.

학교의 학칙이 위 '법령'에 포함되는지 문제가 된다. 학칙은 후술하는 공공기관의 정관과 마찬가지로 법령에 근거를 두고 학교의 조직과 운영에 관하여 정한 자치법규이므로 법령에 포함되는 '규칙'에 속하는 것으로 보아야 할 것이다.[95]

학교의 업무는 교원의 업무와는 구분해야 할 것이고, 고등교육법에서도 학교의 업무로서 교육과정의 운영, 수업, 학점인정, 편입학, 휴학, 학위수여 등을 들고 있을 뿐이므로, 교수 등 교원의 '연구' 업무는 학교의 업무에는 포함되지 않는다. 그러므로 대학 교수에 대하여 특정 연구를 청탁하는 것은 법령위반 여부를 떠나 부정청탁 행위의 유형에 해당하지 아니할 것이다.

11) 병역 업무 청탁

병역판정검사, 부대 배속, 보직 부여 등 병역 관련 업무에 관하여 법령을 위반하여 처리하도록 하는 행위이다(법 제5조 제1항 제11호). 병역판정검사, 부대 배속, 보직 부여는 병역 관련 업무의 예시적 규정이므로 입영기일 연기, 보직 해임, 병력동원 소집의 후순위 조정 및 병역처분 변경 등도 포함된다.

병역판정검사 관련 부정청탁에는 법령상 기준을 위반한 신체등급의 판정이나 병역처분, 재병역판정검사 관련 청탁 등이 해당한다.

12) 평가·판정·인정 업무 청탁

공공기관이 실시하는 각종 평가 · 판정 · 인정 업무에 관하여 법령을 위반하여 평가 · 판정 또는 인정하게 하거나 결과를 조작하도록 하는 행위이다(법 제5조 제1항 제12호).

'평가'에는 시장질서의 형성, 민간영역에 대한 국가의 지원 또는 배상 · 보상 · 등급부여 · 지정 등을 위한 민간부문 평가, 국가지원 사업의 효과성 검증 또는 지원수

---

95) 박균성, 앞의 "「부정청탁 및 금품등 수수의 금지에 관한 법률」에 대한 행정법적 연구", 253면에서는 "판례(대법원 1991. 11. 22, 91누2144)가 학칙의 법적 구속력을 인정하고 있는 점, 학칙은 자치법규로서의 성격을 가지는 점, 학칙을 법규로 보지 않더라도 최소한 법령에 근거한 법령보충적 행정규칙으로 볼 수 있는 점 등에 비추어 학칙을 청탁금지법상의 '법령'에 포함되는 것으로 보는 것이 타당하다."고 설명하고 있다.

준 결정 등을 위한 공공부문 평가, 그 밖에 자산가치의 평가 등이 있다.[96] 예컨대 근로복지공단의 산재보험 의료기관의 평가(「산업재해보상보험법」 제50조), 과학기술정보통신부장관의 국가연구개발사업에 대한 평가(「과학기술기본법」 제12조), 국가의 개발사업시행자 등에 대한 개발이익 환수를 위한 지가산정 평가(「개발이익 환수에 관한 법률」 제10조) 등이 있다.[97]

'판정'에는 등급기준의 충족여부에 대한 판정, 각종 시험 · 검사의 합격여부 판정 및 행정적 업무수행을 위한 판정 등이 있다.[98] 예컨대 국민건강보험공단의 장기요양등급판정(「노인장기요양보험법」 제15조), 자동차검사 적합 여부 판정(「자동차관리법」 제43조), 감사원의 회계관계직원 등에 대한 변상책임 유무 판정(「감사원법」 제31조) 등이 있다.[99]

'인정'이란 성능 인정, 공로 인정, 실무경력 인정 등 국가 등이 특정 사실관계 등을 공적으로 확인하는 행위를 말하고, 「고용보험법」 제 43조에 따른 수급자격의 인정, 「군인 재해 보상법」 제25조에 따른 공무상요양비 지급의 특례 인정 등이 있다.[100]

13) 행정지도·단속·감사·조사의 조작 청탁

법령을 위반하여 행정지도 · 단속 · 감사 · 조사 대상에서 특정 개인 · 단체 · 법인이 선정 · 배제되도록 하거나 행정지도 · 단속 · 감사 · 조사의 결과를 조작하거나 또는 그 위법사항을 묵인하게 하는 행위이다(법 제5조 제1항 제13호).

'행정지도'란 행정기관이 그 소관 사무의 범위에서 일정한 행정목적을 실현하기 위하여 특정인에게 일정한 행위를 하거나 하지 않도록 지도 · 권고 · 조언 등을 하는 행정작용을 말한다(행정절차법 제2조 제3호). '단속'은 법령 위반행위를 조사 · 처리하는 활동이다. '감사'란 소속 기관이나 구성원의 모든 업무와 활동 등을 조사 · 점검 · 확인 · 분석 · 검증하고 그 결과를 처리하는 것을 말한다(「공공감사에 관한 법률」 제2조 제

---

96) 국민권익위원회, 해설집, 77면.
97) 국민권익위원회, 해설집, 77면.
98) 국민권익위원회, 해설집, 77면.
99) 국민권익위원회, 해설집, 77면.
100) 국민권익위원회, 해설집, 77면.

1호 참조). '조사'란 정책을 결정하거나 직무를 수행하는 데 필요한 정보나 자료를 수집하기 위하여 현장조사 · 문서열람 · 시료채취 등을 하거나 조사대상자에게 보고요구, 자료제출요구 및 출석 · 진술요구를 행하는 활동이다(행정조사기본법 제2조 제1호 참조).

청탁의 대상 직무를 행정지도 · 단속 · 감사 또는 조사로 한정하고 있으나, 행정지도 · 단속 · 감사 또는 조사에 해당하는지 여부는 청탁 대상 직무의 실질적 내용을 검토하여 판단할 문제이다.

14) 수사·재판·조정·중재, 형의 집행 등 업무 청탁

사건의 수사 · 재판 · 심판 · 결정 · 조정 · 중재 · 화해, 형의 집행, 수용자의 지도 · 처우 · 계호 또는 이에 준하는 업무를 법령을 위반하여 처리하도록 하는 행위이다(법 제5조 제1항 제14호). 이처럼 청탁업무의 유형을 열거하면서 명백히 예시적 열거 형식으로 표현하지 아니한 경우에는 제한적 열거 규정으로 보아야 한다. 후술하는 것처럼 제3자를 위하거나 제3자를 통한 부정청탁행위는 과태료 부과사유에 해당할 뿐만 아니라, 부정청탁을 받고 그에 따라 직무를 수행한 공직자등 또는 공무수행사인은 형사처벌까지 받게 되므로, 죄형법정주의 원칙에 따라 그 구성요건을 이루는 부정청탁행위의 범위를 부당하게 확장해석 해서는 안 되기 때문이다. 그러므로 "이에 준하는 업무"란 수사 · 재판 · 심판 · 결정 · 조정 · 중재 · 화해와 동일시할 수 있거나 이에 직접 영향을 줄 수 있는 업무로 제한하여 해석해야 한다.[101)]

'수사'란 범죄의 단서(고소 · 고발 · 인지 등)가 있을 때 개시되어 범죄사실을 조사하고 증거를 수집하는 절차이다(형사소송법 제195조). 수사 개시 전에 범죄에 관한 신문 등 출판물의 기사, 익명의 신고 또는 풍설, 첩보의 입수 등으로 인하여 범죄의 존재 여부를 확인하는 절차를 '내사'라 하는데(검찰사건사무규칙 제141조), 이를 수사에 준하는

---

101) 대전지방법원 2017. 9. 27. 2017고합125(교도관이 재소자의 부탁을 받고 재소자의 처에게 대신 연락을 해 준 사안에서, 교도관을 청탁금지법 제5조 제1항 제14호의 '수사 · 재판에 준하는 업무'에 관한 부정청탁을 받고 그에 따라 직무를 수행한 혐의로 기소하였으나, 죄형법정주의 원칙상 위 규정상 '업무'는 제한적으로 열거한 것으로 보아야 하고, 교도관의 수용자 지도 · 처우 · 계호 업무는 위 업무에 해당하지 않는다고 판시).

업무로 볼 수는 없을 것이다.[102] 따라서 인지 등 수사개시나 수사 종결시의 기소 · 불기소 · 기소중지 처분을 포함하여 체포 · 구속 · 압수 · 수색 · 검증 등 수사 중 업무는 모두 포함되지만, 수사 개시 이전의 내사사건이나 진정사건 조사업무는 제외된다. 각급 선거관리위원회 위원 · 직원의 선거범죄 · 정치자금범죄에 관한 조사(공직선거법 제272조의2,3, 정치자금법 제52조), 금융감독원장의 미공개중요정보이용 · 시세조종 · 부정거래행위 등 불공정거래행위에 관한 조사(자본시장법 제426조, 427조), 공정거래위원회의 공정거래법위반행위에 대한 조사(공정거래법 제49조, 50조) 및 특별감찰관의 감찰대상자 비위행위에 대한 조사(특별감찰관법 제16조, 제17조, 제18조)를 수사에 준하는 업무로 보는 견해[103]가 있다. 그러나 위 각 조사도 고발 · 수사의뢰(또는 수사기관에의 통보) 전 단계 조사절차로서 내사에 해당하는 절차이므로 이를 수사나 수사에 준하는 업무로 보는 것은 문언의 해석가능 범위를 벗어난 해석이 되어 부당하다. 위와 같이 부정청탁행위에 따른 직무수행행위가 형사처벌 대상임을 감안하면 죄형법정주의 원칙에 비추어 그 범죄구성요건이 되는 행위의 내용을 이처럼 엄격히 해석할 수밖에 없지만, 위 각 조사행위도 강제조사가 제한될 뿐 실질에 있어서는 수사와 큰 차이가 없으므로 입법론으로는 그 직무수행의 공정성 확보를 위하여 내사행위도 포함함이 타당하다고 본다.

'재판'에는 각급 법원의 재판은 물론 배심원의 경우에는 국민참여재판(「국민의 형사재판 참여에 관한 법률」 제2조 제2호)도 포함된다.

'심판'에는 행정심판과 조세심판(국세기본법 제67조) · 특허심판(특허법 제132조의16) 등의 특별행정심판이 있다.

'결정' 또는 '이에 준하는 업무'란 수사 · 재판 · 심판 · 집행 등과 관련된 결정이나 이와 유사한 준사법적인 각종 결정을 말한다.[104]

'조정'이란 조정담당기관이 분쟁 당사자 사이에 개입하여 상호 양해를 통하여 조리를 바탕으로 실정에 맞게 해결하는 절차로서(민사조정법 제1조)[105] 민사조정, 가사조

---

102) 국민권익위원회, 해설집, 79면에서도 법 제5조 제1항 제14호의 '수사'에는 "수사기관의 수사 개시부터 수사 종료에 해당하는 종결처분까지의 모든 과정에서의 처분들을 포함한다."고 설명하고 있을 뿐이다.

103) 홍성칠, 앞의 「청탁금지법 해설」, 92,93면.

104) 국민권익위원회, 해설집, 79면.

105) 김홍엽, 「민사소송법」(박영사, 2016), 14면.

정, 형사조정 등이 있다. '중재'란 중재인이 하는 사적 재판으로서[106] 중재판정 · 중재결정은 법원의 확정판결과 동일한 효력이 있다(중재법 제35조, 「언론중재 및 피해구제 등에 관한 법률」 제25조 제1항).

'화해'란 당사자가 서로 양보하여 상호간의 분쟁을 끝낼 것을 약정하는 것을 말하고,[107] 재판상 화해 외에도 제소전 화해(민사소송법 제385조), 「공익신고자 보호법」 제24조의 화해 등 재판 외 화해가 있다.

'수용자'란 수형자 · 미결수용자 · 사형확정자 등 법률과 적법한 절차에 따라 교도소 · 구치소 및 그 지소에 수용된 사람을 말하고, 그 중 '수형자'란 징역형 · 금고형 또는 구류형의 선고를 받아 그 형이 확정되어 교정시설에 수용된 사람과 벌금 또는 과료를 완납하지 아니하여 노역장유치명령을 받아 교정시설에 수용된 사람을 말한다(「형의 집행 및 수용자의 처우에 관한 법률」 제2조). 형의 집행과 수용자의 지도 · 처우 · 계호에 관하여는 「형의 집행 및 수용자의 처우에 관한 법률」 등에서 필요한 사항을 규정하고 있다.

15) 권한일탈·무권한 사항 청탁

위 14개 업무(법 제5조 제1항 제1호부터 제14호까지의 부정청탁 대상 업무)에 관하여 공직자등이 법령에 따라 부여받은 지위 · 권한을 벗어나 행사하거나 권한에 속하지 아니한 사항을 행사하도록 하는 행위이다(법 제5조 제1항 제15호).

앞에서 설명한 14개 청탁은 주로 법령위반을 내용으로 하고 있는데, 위 14개 업무에 관한 청탁내용이 법령위반에 해당하지는 않지만 공직자등 또는 공무수행사인의 법령상 지위 · 권한을 일탈하거나 권한이 없는 사항인 경우에는 법령위반과 다를 바 없으므로 보충적으로 금지하는 것이다. 이에 대하여 '지위 · 권한을 벗어나 행사'한다는 규정의 의미를 권한남용을 의미하는 것으로 보는 견해,[108] 또는 권한의 일

---

106) 김홍엽, 위 책, 19면.

107) 김홍엽, 위 책, 14면.

108) 박균성, 앞의 "부정청탁 및 금품등 수수의 금지에 관한 법률」에 대한 행정법적 연구", 254,255면(이 견해에서는 법 제5조 제1항 제15호 후단의 '권한에 속하지 아니한 사항을 행사하도록 하는 행위'란 권한일탈의 경우를 의미하는 것으로 해석하고 있다).

탈 · 남용을 모두 포함하는 취지로 해석하는 견해[109]가 있다. 그러나 권한남용이란 권한범위 내의 행위이지만 주관적으로는 자기나 제3자를 위하여 권한을 행사하는 것을 말하는데,[110] 권한범위를 넘어서는 권한일탈과는 구분되는 개념이다. 원래 청탁이란 청탁자나 청탁자가 원하는 제3자를 위한 행위를 내용으로 하므로, 법령위반 청탁을 금지하는 것 외에 법령상 권한범위 내 청탁, 즉 권한남용의 청탁도 금지하려면 명문 규정을 두어야 할 것이다. 그런데 '법령에 따라 부여받은 지위 · 권한을 벗어나 행사'한다는 문언은 권한일탈의 경우를 말하는 것일 뿐이므로 이를 권한남용까지 의미하는 것으로 해석하는 것은 무리가 아닐 수 없다.

그리고 '지위 · 권한을 벗어나 행사'하도록 하는 청탁이란 청탁을 받는 자의 직무와 관계가 있으나 그 권한범위를 일탈하는 내용의 청탁을 말하는 것이고, '권한에 속하지 아니한 사항을 행사'하는 청탁이란 위 14개 업무에 관한 것이기는 하지만 청탁을 받는 자의 직무와는 관계가 없는 사항을 청탁하는 것을 말하는 것으로 해석할 수밖에 없다.[111] 따라서 후자의 경우에는 사실상 모든 공직자등이나 공무수행사인이 위 14개 업무에 관한 청탁 대상자가 될 수 있게 된다.[112] 예컨대 위 14개 업무의 담당 공직자에게 그 담당 직무에 관하여 상급 공직자의 결제가 필요함에도 결제를 받지 아니하고 처리할 것을 청탁한 경우라면 전자의 사례에 해당하지만,[113] 그 업무와 무관한 공직자에게 담당 공직자에 대한 사실상의 영향력을 보고 그 청탁을 한 경우라면 후자의 사례에 해당할 것이다.

---

109) 홍성칠, 앞의 「청탁금지법 해설」, 94면; 정형근, 앞의 "「부정청탁 및 금품등 수수의 금지에 관한 법률」에 관한 연구 – 그 적용대상자와 부정청탁금지를 중심으로–", 155면.

110) 최준선(회사), 505면.

111) 홍성칠, 앞의 「청탁금지법 해설」, 95면.

112) 홍성칠, 앞의 「청탁금지법 해설」, 95면.

113) 정형근, 앞의 "「부정청탁 및 금품등 수수의 금지에 관한 법률」에 관한 연구 –그 적용대상자와 부정청탁금지를 중심으로–", 156면에서는 법 제5조 제1항 제15호 후단의 '권한에 속하지 아니한 사항을 행사하도록 하는 행위'란 공직자에게 주어진 조직법상 권한을 초과하여 행사할 것을 청탁하는 것일 뿐, 청탁 대상 공직자의 직무와 무관한 사항을 청탁하는 것을 말하는 것은 아니라는 전제 아래, 이러한 사례는 '권한에 속하지 아니한 사항을 행사하도록 하는 행위'에 해당한다고 보고 있으나, 이 견해를 따르면 같은 호 전단의 '법령에 따라 부여받은 지위 · 권한을 벗어나 행사'하게 하는 청탁과의 구분이 불분명해진다.

나. 청탁금지법상 법령의 개념

위와 같이 부정청탁행위 유형을 열거한 청탁금지법 제5조 제1항 각 호(후술하는 같은 법 제5조 제2항 제1호, 제3호, 제8조 제3항 제8호 등에서도 '법령'이란 용어 사용)에서는 주로 **'법령**(조례 · 규칙 포함)'을 위반하는 청탁을 부정청탁의 판단기준으로 삼고 있으므로 그 '법령'의 개념이 문제가 된다. 청탁금지법 제5조 제1항 각 호에서의 '법령'이란 국민에 대한 구속력을 가진 법규명령에 해당하는 법률 · 대통령령 · 국무총리령 · 부령 · 조례 · 규칙을 모두 포함하는 개념이다.[114] 그 밖에 법령의 위임에 따른 고시 · 훈령 · 지침 등의 행정규칙도 그 위임의 한계를 벗어나지 않는 한 법령과 결합하여 법규명령으로서의 효력을 가지는 것이므로 포함된다는 견해가 통설 · 판례이다.[115] 이에 대하여 법령의 위임에 따른 고시 · 훈령 · 지침 등의 행정규칙을 위 '법령'에 포함하는 것은 청탁금지법 제5조 제1항에서 법령에 "조례 · 규칙을 포함한다." 고 명시한 규정의 해석범위를 넘어서는 해석이 되므로 부당하다고 보는 견해[116]가 있다. 그러나 위 조례 · 규칙을 포함하는 규정의 취지는 위 '법령'이 국민에게 금지의무를 부과하는 부정청탁행위의 범위를 정하는 기준이 되는 이상 국민에 대한 구속력을 가진 법규명령의 효력을 가진 규범을 모두 포함하려는 취지일 뿐이므로 통설이 타당하다. 다만, 위 '법령'에 지방의회가 의결하는 조례와 지방자치단체의 장이 제정하는 규칙도 포함됨을 명시하고 있지만, 상위 법령인 법률 · 대통령령 · 국무총리령 · 부령에 위반되지 아니하는 조례 · 규칙을 말하고(지방자치법 제22조, 제23조), 법률 · 대통령령 · 국무총리령 · 부령도 상위법에 위반되어 무효인 것은 위 '법령'에 포함되지 않는다.

공직유관단체 등 공공기관이 법령의 위임에 따라 제정한 정관도 자치법의 성격

---

114) 명칭은 규칙이지만 법률의 하위 규범으로서 명령과 같은 효력을 가진 국회규칙, 대법원규칙, 헌법재판소규칙, 중앙선거관리위원회규칙 등도 포함된다(홍성칠, 앞의 「청탁금지법 해설」, 46면).

115) 헌법재판소 2016. 7. 28. 2015헌마236, 412 · 662 · 673(병합) 결정("통상적 의미의 법령뿐만 아니라 조례와 고시, 훈령, 지침 형식의 행정규칙도 부정청탁금지조항의 '법령'에 포함됨이 분명하다."고 판시); 박균성, 앞의 논문, 253,254면; 정형근, 앞의 "「부정청탁 및 금품등 수수의 금지에 관한 법률」에 관한 연구 -그 적용대상자와 부정청탁금지를 중심으로-", 157면; 김래영, " '부정청탁 및 금품등 수수의 금지에 관한 법률'의 입법현황과 과제", 「한양법학」 26권 3집(한양법학회, 2015. 8.), 261면; 홍성칠, 앞의 책, 46면; 이광훈, 앞의 책, 40면.

116) 이천현, 앞의 "부정청탁 금지행위와 제재에 관한 소고", 323,324면.

을 가지고 법적 구속력을 가지므로 위 '법령'에 포함해야 한다는 견해[117]가 있다. 청탁금지법 제5조 제2항에서는 "법령 · 기준[제2조 제1호 (나)목부터 (마)목까지의 공공기관의 규정 · 사규 · 기준을 포함한다. 이하 같다]"이라고 규정하여 마치 '기준'에 정관을 포함하는 듯한 규정을 두고 있으므로 정관은 '법령'에 포함되지 않는다는 반대견해가 있을 수 있다. 그러나 공기업 등 공공기관이 법령에 근거를 두고 그 조직과 운영에 관하여 정한 규범은 정관 · 학칙 · 규칙 등 명칭 여하를 불문하고 자치법규로서의 성격을 가지고 해당 공공기관의 기관이나 구성원을 구속하는 것이다.[118] 그러므로 이를 위반하는 행위를 요구하는 청탁은 지방자치단체의 경우 조례나 규칙을 위반하는 청탁을 하는 것과 다를 바 없다. 따라서 정관 · 학칙과 같은 자치법규도 위와 같이 법령에 포함되는 '규칙'에 속하는 것으로 볼 수 있을 것이다.[119] 그러므로 청탁금지법에서의 '기준'이란 이러한 자치법규를 제외한 규정 · 사규 · 기준을 말하는 것이다.

'법령'에는 해당 행위에 관한 구체적 의무 · 기준 등을 규정한 개별 법령뿐만 아니라, 일반적 의무 등을 규정한 국가공무원법, 지방공무원법, 형법 또는 행정 관련 일반 법령도 포함되고,[120] 행정심판법, 행정소송법, 행정절차법, 민사소송법, 비송사건절차법 등의 절차법도 포함된다.[121] 이에 대하여 위 '법령'의 개념은 범죄구성요건으로도 작용하는 것이므로 일반 법령까지 포함함은 일반 법령상 부과되는 의무내용의 포괄성과[122] 죄형법정주의 원칙에 비추어 부당하다고 보는 견해[123]도 있다. 그러나 부정청탁행위 유형 중 인사청탁(법 제5조 제1항 제3호)의 경우처럼 개별 법령에 구체적 의무내용이 규정되지 아니한 때에는 일반 법령상 포괄적 의무를 위반한 행위

---

117) 박균성, 앞의 "「부정청탁 및 금품등 수수의 금지에 관한 법률」에 대한 행정법적 연구", 253면.

118) 대법원 2000. 11. 24. 99다12437("사단법인의 정관은 이를 작성한 사원뿐만 아니라 그 후에 가입한 사원이나 사단법인의 기관 등도 구속하는 점에 비추어 보면 그 법적 성질은 계약이 아니라 자치법규로 보는 것이 타당하다.") 참조.

119) 즉, 「고등교육법」 제6조 및 같은 법 시행령 제4조에 근거하여 제정되는 학칙 및 학칙의 위임을 받은 하부규정도 청탁금지법 제8조 제3항 제8호의 '법령'에 해당한다.

120) 국민권익위원회, 해설집, 55면; 정형근, 앞의 "「부정청탁 및 금품등 수수의 금지에 관한 법률」에 관한 연구 -그 적용대상자와 부정청탁금지를 중심으로-", 157면; 이광훈, 앞의 책, 39면.

121) 국민권익위원회, 해설집, 55면.

122) 예컨대 국가공무원법 제56조, 제59조, 제61조, 제63조의 성실의무, 친절 · 공정의무, 청렴의무, 품위유지의무 등을 들 수 있다.

123) 홍성칠, 앞의 「청탁금지법 해설」, 49,50면; 이천현, 앞의 "부정청탁 금지행위와 제재에 관한 소고", 324면.

도 법령을 위반한 청탁행위로서 금지된다고 해석하지 않으면 아니 된다. 따라서 일반적으로는 일반 법령도 포함하는 것으로 해석함이 공직자 등 직무수행의 공정성 확보라는 청탁금지법의 입법취지에 부합하는 해석이다.

비례원칙, 신의성실 원칙, 신뢰보호 원칙, 평등 원칙 등과 같은 일반 법원칙은 개별 법령을 해석 · 적용하는 기준이 될 수는 있으나, 개별 법령을 매개로 함이 없이 일반 법원칙의 위반을 법령위반으로 볼 수는 없을 것이다.[124] 이에 대하여 일반 법원칙의 위반도 국가배상법 제2조 제1항의 '법령' 위반에 포함된다고 보는 판례[125] 등을 이유로, 이러한 일반 법원칙을 위반한 경우에도 청탁금지법 제5조 제1항의 '법령' 위반으로 볼 수 있다고 주장하는 견해[126]가 있다. 그러나 부정청탁행위로 되는 경우 공직자등의 그 직무수행행위가 형사처벌 대상도 되는 것임(법 제6조)을 감안하면 죄형법정주의 원칙에 비추어 문언의 가능한 범위 내 해석이 필요한데, '법령(조례 · 규칙을 포함한다.)'이라는 문언에 일반 법원칙까지 포함함은 무리한 해석이다. 다만, 이러한 일반 법원칙의 위반은 법령 위반은 아니지만 권한의 일탈에 해당하여 청탁금지법 제5조 제1항 제15호 위반이 될 수는 있을 것이다.[127]

다. 직무를 수행하는 공직자등

부정청탁의 대상자인 '직무를 수행하는 공직자등'이란 직무를 실제로 수행하는 공직자등이라면 그 수행 형태를 묻지 않고 모두 포함되어야 하므로 청탁하는 업무를 직접 처리하는 공직자등은 물론, 그 결재자인 상급자(과장 · 국장 등)나 보조하는 공직

---

124) 국민권익위원회, 해설집, 55면; 김래영, 앞의 "「부정청탁 및 금품등 수수의 금지에 관한 법률」의 입법 현황과 과제", 262면; 이천현, 위 논문, 324면; 이광훈, 앞의 「청탁금지법 해설」, 40면; 홍성칠, 앞의 「청탁금지법 해설」, 47면.

125) 대법원 2008. 6. 12. 2007다64365("국가배상책임에 있어 공무원의 가해행위는 법령을 위반한 것이어야 하고, 법령을 위반하였다 함은 엄격한 의미의 법령 위반뿐 아니라 인권존중, 권력남용금지, 신의성실과 같이 공무원으로서 마땅히 지켜야 할 준칙이나 규범을 지키지 아니하고 위반한 경우를 포함하여 널리 그 행위가 객관적인 정당성을 결여하고 있음을 뜻하는 것이다."고 판시) ; 2005. 6. 9. 2005다8774; 2002. 5. 17. 2000다22607.

126) 정형근, 앞의 "청탁금지법상 '부정청탁의 금지'에 관한 고찰", 62면; 박균성, 앞의 "「부정청탁 및 금품등 수수의 금지에 관한 법률」에 대한 행정법적 연구", 251,252면.

127) 대법원 2014. 11. 27. 2013두18964("행정청 내부의 재량준칙이 정한 바에 따라 되풀이 시행되어 행정관행이 이루어지게 되면, 평등의 원칙이나 신뢰보호의 원칙에 따라 행정청은 상대방에 대한 관계에서 그 규칙에 따라야 할 자기구속을 받게 되므로, 이러한 경우에는 특별한 사정이 없는 한 그에 반하는 처분은 평등의 원칙이나 신뢰보호의 원칙에 어긋나 재량권을 일탈 · 남용한 위법한 처분이 된다."고 판시).

자등도 포함된다.[128]

또한 상급자(기관장 등)가 위임전결 규정에 따라 전결권을 하급자에게 위임한 결과 결재자는 아니지만 하급자에 대한 지휘감독권을 행사하는 경우에는 사실상 결재권을 행사하는 경우와 다를 바 없고, 이 경우에도 상급자에 대한 청탁거절 의사표시 의무 및 신고 의무를 부과함이 공평하므로 이러한 상급자도 '직무를 수행하는 공직자등'에 포함된다.[129] 그러므로 이때 전결권을 위임한 상급자가 부정청탁을 받고 하급자에게 청탁내용에 따라 수행하도록 지시하였다면, 그 지시 자체가 부정청탁에 따른 직무수행이 되므로 부정청탁수행죄(법 제22조 제2항 제1호, 제6조)로 형사처벌 되고, 하급자에 대한 지시는 청탁자인 제3자를 위한 새로운 부정청탁이 된다.[130] 따라서 하급자는 전결권을 위임한 상급자에 대하여 청탁거절 의사표시 의무 및 신고 의무를 부담하고, 청탁을 거절함이 없이 수행한 경우에는 부정청탁수행죄로 처벌된다. 그 밖에 직무를 수행하는 공직자등에게 사실상 영향력을 갖고 있음에 불과한 공직자등인 경우에는 '직무를 수행하는 공직자등'에 해당하지 않지만, 부정청탁을 받고 직무를 수행하는 공직자등에게 전달한 경우에는 제3자를 위한 부정청탁에 해당하여 과태료 부과 대상이 될 수는 있다(법 제23조 제1항 제1호).[131]

위와 같은 '직무를 수행하는 공직자등'이나 공무수행사인에게 부정청탁행위를 하는 경우에만 금지되는 것이므로, 그 밖의 공직자 등에 대한 부정청탁은 청탁금지법상 금지대상이 아니다.[132]

3. 청탁금지 제외사유

청탁금지법 제5조 제2항에서는 위 부정청탁행위 유형에 해당하더라도 금지되지

---

128) 국민권익위원회, 해설집, 44면; 박균성, 앞의 "「부정청탁 및 금품등 수수의 금지에 관한 법률」에 대한 행정법적 연구", 257면.

129) 국민권익위원회, 해설집, 45면; 정형근, 앞의 "청탁금지법상 '부정청탁의 금지'에 관한 고찰", 60면; 박균성, 위 논문, 257면.

130) 국민권익위원회, 해설집, 45면; 김래영, 앞의 "「부정청탁 및 금품등 수수의 금지에 관한 법률」의 입법 현황과 과제", 263면.

131) 국민권익위원회, 해설집, 45면; 정형근, 앞의 "「부정청탁 및 금품등 수수의 금지에 관한 법률」에 관한 연구 -그 적용대상자와 부정청탁금지를 중심으로-", 154면.

132) 이천현, 앞의 "부정청탁 금지행위와 제재에 관한 소고", 316면.

아니하는 경우를 아래의 7개 유형으로 규정하고 있다. 이러한 7개 유형에 해당할 경우에는 금지되는 부정청탁행위에서 제외되므로[133] 청탁금지 제외사유라 할 수 있다. 아래의 청탁금지 제외사유는 그 내용에 비추어 볼 때 국민의 정당한 권리행사가 위축되는 것을 방지하기 위한 규정으로 이해되고 있다.[134]

그런데 청탁금지법 제5조 제1항의 부정청탁행위 유형은 위와 같이 법령위반이나 권한일탈 · 무권한 행위로 구성되어 있는데, 청탁금지 제외사유에 관한 같은 조 제2항은 '제1항에도 불구하고'라고 규정하여 마치 예외조항처럼 표현하고 있다. 그러므로 아래 청탁금지 제외사유는 법령위반이나 권한일탈 · 무권한 청탁일지라도 청탁금지에서 제외된다는 취지인지, 아니면 부정청탁에 해당하지 아니하므로 금지대상에 속하지 아니함을 확인하는 취지인지[135] 여부가 문제될 수 있다. 전자의 취지로 본다면 청탁금지법 제5조제2항 기재 청탁금지 제외사유의 형식만 갖추면 같은 조 제1항에서 금지하는 부정청탁도 청탁금지법위반이 되지는 않는 셈이고, 후자의 취지로 본다면 그러한 청탁은 허용되지 않는 결과가 된다. 특히 아래 가, 나.항 기재의 경우(법 제5조 제2항 제1호, 제2호)에는 그 내용에 비추어 전자의 취지로 볼 수밖에 없을 것이다.[136] 이 경우에 그 청탁은 법령위반이나 권한일탈 · 무권한 청탁일지라도 부정청탁에서 제외되는 것이므로 청탁을 받은 공무원이 그에 따라 직무를 수행하더라도 부정청탁 수행죄(법 제22조 제2항 제1호, 제6조)로 처벌되지는 않더라도[137] 형법 등 다른 법률상 법령위반이나 권한일탈 · 무권한 행위에 따른 책임은 부담하게 될 것이다.[138]

---

133) 국민권익위원회, 해설집, 86면.

134) 헌법재판소 2016. 7. 28. 2015헌마236, 412 · 662 · 673(병합) 결정("청탁금지법 제5조 제2항 제7호는 법질서 전체의 정신이나 사회통념상 허용되는 행위는 형식적으로 제5조 제1항의 부정청탁 유형에 해당하더라도 부정청탁에서 제외함으로써 국민의 정당한 권리 행사가 위축되는 것을 막고 있다."고 판시); 이천현, 위 논문, 311면.

135) 이천현, 앞의 "부정청탁 금지행위와 제재에 관한 소고", 326면은 이와 같은 해석을 하고 있다.

136) 국민권익위원회, 해설집, 87면(국민의 공공기관에 대한 의사소통 방법의 위축을 방지할 필요가 있고, 기존 법령이 권익보호에 불충분한 경우도 감안할 필요가 있음을 이유로 들고 있음); 정형근, 앞의 "청탁금지법상 '부정청탁의 금지'에 관한 고찰", 68,69면; 홍성칠, 앞의「청탁금지법 해설」, 97면.

137) '부정청탁' 개념에서 제외되면 부정청탁을 범죄구성요건으로 하는 부정청탁 수행죄의 범죄구성요건 해당성을 인정할 수 없게 된다[이지은, "청탁금지법의 적용과 사회상규",「경희법학」51권 4호(경희대학교 경희법학연구소, 2016. 12.), 195면].

138) 이에 대하여 정형근, 앞의 "「부정청탁 및 금품등 수수의 금지에 관한 법률」에 관한 연구 -그 적용대상

가. 법령 · 기준에서 정한 절차 · 방법에 따른 요구행위

청원법, 「민원 처리에 관한 법률」, 행정절차법, 국회법 및 그 밖의 다른 법령 · 기준[법 제2조 제1호 (나)목부터 (마)목까지의 공공기관의 규정 · 사규 · 기준을 포함한다. 이하 같다]에서 정하는 절차 · 방법에 따라 권리침해의 구제 · 해결을 요구하거나 그와 관련된 법령 · 기준의 제정 · 개정 · 폐지를 제안 · 건의하는 등 특정한 행위를 요구하는 행위이다(법 제5조 제2항 제1호). 국민의 공공기관에 대한 대표적 의사소통 방법인, 제도화되어 있는 법령 · 기준상 절차에 따른 요구라면 부정청탁으로 보지 아니함을 명시한 규정이다.[139] 이 규정은 앞에서 설명한 것처럼 부정청탁의 예외규정일 뿐만 아니라 '권리침해의 구제 · 해결을 요구하거나 그와 관련된 법령 · 기준의 제정 · 개정 · 폐지를 제안 · 건의하는 등'이라고 요구내용을 예시적으로 규정하고 있으므로, 이러한 청원 · 민원 등의 내용이 위 부정청탁행위 유형에 해당하더라도 무방하다.[140] 공개된 법정제도를 이용하는 것이므로 **공직자 등 직무수행의 공정성**이나, **공공기관에 대한 국민의 신뢰**가 침해될 우려가 없기 때문이다. 다만, 그러한 내용의 부정청탁을 함에 있어 위 청원 · 민원 등 제도를 이용하였더라도, 이와 별도로 법령 · 기준에서 정한 절차 · 방법을 따르지 않고 그 요구내용대로 직무를 수행할 것을 다시 요구하는 행위는 부정청탁행위에 해당한다.[141]

나. 공개적 요구행위

공개적으로 공직자등(또는 공무수행사인 – 법 제11조)에게 특정한 행위를 요구하는 행위이다(법 제5조 제2항 제2호). 요구 행위를 공개적으로 하는 것은 은밀하게 요구하는 경우와는 달리 요구내용이 공개되므로 요구를 한 자나 요구를 받은 자 쌍방에게 자율적인 통제장치로 작용하기 때문에 부정청탁행위 제외사유로 규정하였다.[142] '공

자와 부정청탁금지를 중심으로–", 159면에서는 이 경우 법령위반 직무수행 공직자등에 대하여는 청탁금지법 제6조가 적용된다고 주장하고 있으나 의문이다.

139) 국민권익위원회, 해설집, 87면.

140) 국민권익위원회, 해설집, 87면; 정형근, 앞의 "「부정청탁 및 금품등 수수의 금지에 관한 법률」에 관한 연구 –그 적용대상자와 부정청탁금지를 중심으로–", 160면.

141) 국민권익위원회, 해설집, 87면.

142) 국민권익위원회, 해설집, 88면.

개적으로'란 요구내용을 불특정다수인이 인식할 수 있는 상태에 두는 것을 말하므로,[143] 신문 · 잡지 · 영화 · 텔레비전 · 인터넷 등 매스 미디어를 이용하는 경우는 물론 불특정다수인이 참가할 수 있는 좌담회 · 세미나 · 포럼에서의 요구나 공공장소에서의 1인 피켓시위도 해당한다. 요구형식의 공개성만 요구할 뿐이므로 요구내용이 위 부정청탁행위 유형에 해당한다거나 절차 · 방법이 법령 · 기준을 위반한 것이더라도 이 제외사유에 포함된다.[144]

다. 공익적 목적 고충민원 전달, 법령 · 제도 · 사업 개선의 건의 행위

선출직 공직자, 정당, 시민단체 등이 공익적인 목적으로 제3자의 고충민원을 전달하거나 법령 · 기준의 제정 · 개정 · 폐지 또는 정책 · 사업 · 제도 및 그 운영 등의 개선에 관하여 제안 · 건의하는 행위이다(법 제5조 제2항 제3호). 선출직 공직자, 정당, 시민단체 등의 민의를 수렴하고 전달하는 기능이 위축되지 않도록 하기 위한 제외사유이다.[145] 이 제외사유는 청탁의 **목적**을 공익적 목적으로, 청탁의 **행위유형**을 고충민원의 전달 또는 법령 · 제도 · 사업 등 개선 건의로 제한하고 있다.[146]

'선출직 공직자, 정당, 시민단체 등'은 청탁의 주체로서 '등'이라는 문언에 비추어 볼 때 '선출직 공직자, 정당, 시민단체'는 공익적 목적으로 고충민원을 전달하거나 법령 · 제도 · 사업 등 개선 건의를 하는 행위주체의 예시규정으로 보아야 할 것이다. 이에 대하여 이를 제한적 규정으로 보고 그 밖의 청탁의 주체인 '등'은 "예시한 '선출직 공직자, 정당, 시민단체'에 준하는 공익성을 추구하고 국민의 의견을

---

143) 국민권익위원회, 해설집, 88면; 정형근, 앞의 "「부정청탁 및 금품등 수수의 금지에 관한 법률」에 관한 연구 －그 적용대상자와 부정청탁금지를 중심으로－", 160,161면.

144) 국민권익위원회, 해설집, 88면; 정형근, 위 논문, 160,161면; 홍성칠, 앞의 「청탁금지법 해설」, 101면.

145) 이천현, 앞의 "부정청탁 금지행위와 제재에 관한 소고", 325면에서는 "건전한 의정활동이나 국민과의 건전한 의사소통 활성화를 위해 선출직 공직자등에 대한 예외사유를 인정하고 있는 것"으로 보고 있다.

146) 선출직 공직자, 시민단체 등의 경우에는 정치적 · 사회적 위력을 배경으로 공익적 민원을 빙자하여 선거구민이나 이해관계자의 각종 이권에 개입하거나 부정청탁을 할 우려가 있으므로 그 남용 방지를 위한 입법적 검토가 필요하다[최준선, "「부정청탁 및 금품등 수수의 금지에 관한 법률」(김영란法), 무엇이 문제인가?", 「기업소송연구」 통권 14호(기업소송연구회, 2016. 3.), 49면; 한석훈, 앞의 "청탁금지법의 쟁점 재검토", 241,242면; 송기춘, "「부정청탁 및 금품등 수수의 금지에 관한 법률」의 법적 문제점과 개선방향", 「세계헌법연구」 21권 3호(2015), 51면].

수렴할 수 있는 단체에 한정해야 한다.”는 견해[147]가 있다. 그러나 청탁의 목적(즉, 공익성)과 행위유형에 의한 제한이 있는 이상 공익성을 행위주체의 성격으로 제한해야 할 필요나 근거가 없고,[148] 국민의 의견을 수렴할 수 있는 단체를 어느 범위까지로 볼 것인지도 불분명하며, 제외사유에 해당하지 아니할 경우 부정청탁 수행죄의 범죄구성요건을 구성할 수도 있게 되는 것이므로 죄형법정주의 원칙상 행위주체를 제한하는 규정으로 보는 견해에는 찬성하기 어렵다.

‘선출직 공직자’란 선거에 의하여 선출된 국회의원, 지방자치단체의 장, 지방의회 의원, 시 · 도 교육감 등 공직자를 말한다. ‘정당’이란 국민의 이익을 위하여 책임 있는 정치적 주장이나 정책을 추진하고 공직선거의 후보자를 추천 또는 지지함으로써 국민의 정치적 의사형성에 참여함을 목적으로 하는 국민의 자발적 조직이다(정당법 제2조). ‘시민단체’란 「부패방지 및 국민권익위원회의 설치와 운영에 관한 법률」(이하 ‘부패방지권익위법’이라 함) 제2조 제7호의 ‘시민사회단체’와 같은 개념으로 볼 근거가 없으므로 주무장관 또는 시 · 도지사에게 등록을 한 단체에 국한할 필요는 없을 것이다.[149] 다만, 위 시민사회단체의 개념(부패방지권익위법 제2조 제7호, 비영리단체법 제2조)을 참고하여, 구성원에게 이익분배를 하지 아니하고 사업의 직접 수혜자가 불특정 다수인인 비영리 공익활동의 수행을 주된 목적으로 하는 다수인의 결합체로서 대표자나 관리인이 있는 법인이나 단체를 말하는 것으로 볼 수 있을 것이다.[150]

‘공익적인 목적’ 중 ‘공익’의 개념은 사익의 반대 개념으로서 원래 명확한 개념구분이 가능한 것은 아니다.[151] 판례에 의하면 ‘공익’(또는 공공의 이익)이란 널리 국가 ·

---

147) 국민권익위원회, 해설집, 81면(이러한 단체로서 각종 협회 등의 직능단체나 이익단체, 공인된 학회 등을 거시하고 있다); 정형근, 앞의 “「부정청탁 및 금품등 수수의 금지에 관한 법률」에 관한 연구 -그 적용대상자와 부정청탁금지를 중심으로-”, 162면.

148) 이천현, 앞의 “부정청탁 금지행위와 제재에 관한 소고”, 325면(이러한 이유로, 이 제외사유의 행위주체를 ‘선출직 공직자, 정당, 시민단체’에 준하는 공익성을 추구하는 단체로 제한하는 견해에 의문을 제기하고 있다).

149) 홍성칠, 앞의 「청탁금지법 해설」, 102면.

150) 홍성칠, 위 책, 102면에서는 ‘사회단체’의 개념 중에 “사실상 특정 정당 또는 선출직 후보를 지지 · 지원할 것을 주된 목적으로 하거나, 특정 종교의 교리전파를 주된 목적으로 설립 · 운영되지 아니할 것”을 요구하고 있으나, 이는 「비영리민간단체 지원법」(이하, ‘비영리단체법’이라 함) 제2조 제3호에 규정된 같은 법에 의한 지원을 받기 위한 민간단체의 기준일 뿐, 그러한 목적이 있다고 하여 공익적 목적이 없다고 볼 수는 없으므로, 이를 청탁금지법 제5조 제2항 제3호 ‘시민단체’의 개념으로 원용할 아무런 근거가 없다.

151) 김동희, 앞의 「행정법 I」, 75면.

사회 기타 일반 다수인의 이익에 관한 것뿐만 아니라 특정한 사회집단이나 그 구성원 전체의 관심과 이익에 관한 것도 포함하는 것이다(판례).[152] 또한 형법 제310조의 경우처럼 '**오로지** 공공의 이익에 관한 때'라고 규정한 것이 아니므로, 공익적 목적이 유일한 목적이거나 주된 목적이어야 할 필요도 없고, 반드시 공공의 이익이 사적 이익보다 우월한 동기가 된 것이 아니더라도 양자가 동시에 존재하고 거기에 상당성이 인정된다면 이에 포함된다(판례)고 보아야 할 것이다.[153] 그리고 특정 제3자의 고충민원일지라도 다수의 이익과 관련되거나 관련될 수 있는 경우에는 공익적 목적에 해당될 수 있음은 물론이다.[154]

'고충민원'이란 원래 행정기관 등의 위법·부당하거나 소극적인 처분(사실행위 및 부작위 포함) 및 불합리한 행정제도로 인하여 국민의 권리를 침해하거나 국민에게 불편 또는 부담을 주는 사항에 관한 민원(현역장병 및 군 관련 의무복무자의 고충민원 포함)을 말한다(부패방지권익위법 제2조 제5호). 그러나 여기서는 위 '행정기관 등'을 청탁금지법 제2조 제1호의 '공공기관'을 포함하여 넓게 해석할 필요가 있다. 따라서 '고충민원'이란 공공기관 등의 위법·부당하거나 소극적인 처분(사실행위 및 부작위 포함) 및 불합리한 제도로 인하여 개인의 권리를 침해하거나 개인에게 불편 또는 부담을 주는 사항에 관한 민원으로 해석할 수 있을 것이다.[155] **제3자의 고충민원을 전달**하는 행위여야 하므로 자신의 고충민원을 제기하는 행위는 제외된다.[156] 제3자의 고충민원의 내용은 그대로 전달되어야 함이 원칙이지만, 전체적인 의미나 본질적 내용의 변경이 없어서 새로운 청탁으로 볼 수 없는 경우라면 다소 내용을 보충하여 전달하는 것

---

152) 대법원 2008. 3. 14. 2006도6049(형법 제310조의 '공공의 이익'에 관한 판시부분); 헌법재판소 2013. 6. 27. 2011헌바75(공직선거법 제251조 단서 '공공의 이익'에 관한 결정).

153) 대법원 2004. 10. 27. 2004도3919(공직선거법 제251조 단서 '공공의 이익'에 관한 판시); 1996. 6. 28. 96도977(공직선거법 제251조 단서 '공공의 이익'에 관한 판시); 헌법재판소 2013. 6. 27. 2011헌바75. 이 점에 관하여 국민권익위원회, 해설집, 81면에서는 "공익적 목적이 주된 목적이면 족하고 오로지 공익적 목적일 필요는 없음."이라고만 설명하고 있으나, 이는 형법 제310조의 규정과 혼동한 데서 초래된 미흡한 설명으로 보인다.

154) 국민권익위원회, 해설집, 89면; 홍성칠, 앞의 「청탁금지법 해설」, 102,103면; 이광훈, 앞의 「청탁금지법 해설」, 64,65면; 정형근, 앞의 "「부정청탁 및 금품등 수수의 금지에 관한 법률」에 관한 연구 –그 적용대상자와 부정청탁금지를 중심으로–", 162,163면.

155) 국민권익위원회, 해설집, 89면에서도 "**고충민원**은 국민의 권리를 침해하거나 국민에게 불편 또는 부담을 주는 사항에 관한 민원 등을 의미한다."고 해석하고 있다.

156) 홍성칠, 앞의 「청탁금지법 해설」, 103면.

은 무방하다.[157]

'법령 · 기준의 제정 · 개정 · 폐지 또는 정책 · 사업 · 제도 및 그 운영 등의 개선에 관하여 제안 · 건의하는 행위'는 헌법상 보장되는 청원권의 행사에 해당된다(헌법 제26조, 청원법 제4조 제3호, 제4호). 따라서 이 제외사유는 부정청탁행위에 해당하는 법령위반이나 권한일탈 · 무권한 청탁의 예외를 규정한 것이라고 하기 보다는 그러한 금지되는 부정청탁에 해당하지 아니함을 확인하는 규정으로 보아야 할 것이다.[158]

라. 기한 내 처리요구 및 그 확인 · 문의 행위

공공기관에 직무를 법정기한[159] 안에 처리하여 줄 것을 신청 · 요구하거나 그 진행상황 · 조치결과 등에 대하여 확인 · 문의 등을 하는 행위이다(법 제5조 제2항 제4호). 여기서 각기 '등'을 추가한 것은 그 앞에서 예시하고 있는 내용과 유사하거나 그보다 가벼운 내용을 모두 포함하려는 취지로 보아야 할 것이다. 따라서 '확인', '문의' 외에 설명 요구도 포함된다.

원래 이러한 행위가 금지되는 것은 아니므로 이 제외사유도 부정청탁행위의 예외규정이라기 보다는 금지되는 부정청탁행위에 해당하지 아니함을 확인하는 규정으로 보아야 할 것이다.[160]

마. 직무나 법률관계의 확인 · 증명 요구 행위

직무 또는 법률관계에 관한 확인 · 증명 등을 신청 · 요구하는 행위이다(법 제5조 제2항 제5호). 여기서 '등'을 추가한 것은 그 앞에서 예시하고 있는 내용과 유사한 내용을 모두 포함하려는 취지로 보아야 할 것이다. 따라서 법률관계뿐만 아니라 특정 사실의 확인 · 증명을 신청 · 요구하는 행위도 포함된다.

원래 행정기관에 대한 특정 사실이나 법률관계의 확인 또는 증명을 신청하는 것은 '법정민원'으로서 법령 · 훈령 · 예규 · 고시 · 자치법규 등(이하 '관계법령등'이라 함)

---

157) 국민권익위원회, 해설집, 89면.

158) 정형근, 앞의 "「부정청탁 및 금품등 수수의 금지에 관한 법률」에 관한 연구 -그 적용대상자와 부정청탁금지를 중심으로-", 162,163면.

159) 법정기한은 「민원 처리에 관한 법률」 제17조, 제18조 등 참조.

160) 정형근, 위 논문, 163,164면.

에서 정한 일정 요건에 따라 할 수 있는 것이다[「민원 처리에 관한 법률」(이하 '민원처리법'이라 함) 제2조 제1호 (가)목 1) 후단]. 이 경우 그 확인 · 증명의 신청 · 요구는 법령에 따른 것이므로 허용되는 것은 당연하다. 그러나 관계법령등에 근거규정이 없는 경우의 확인 · 증명 요구는 법령위반은 아닐지라도 권한일탈이나 무권한 청탁이 될 수는 있다. 따라서 이 제외사유는 금지되는 부정청탁행위에 해당하지 아니함을 확인하는 규정이 될 수도 있고, 부정청탁행위의 예외규정이 될 수도 있다.

바. 질의 · 상담을 통한 법령 · 제도 · 절차 등 설명 · 해석 요구 행위

질의 또는 상담 형식을 통하여 직무에 관한 법령 · 제도 · 절차 등에 대하여 설명이나 해석을 요구하는 행위이다(법 제5조 제2항 제6호). 여기서 '등'을 추가한 것은 그 앞에서 예시하고 있는 내용과 유사하거나 그보다 가벼운 내용을 모두 포함하려는 취지이다. 그러므로 '법령' 외 행정규칙 · 정관 · 규정 · 지침 등의 설명 · 해석 요구도 포함된다.

민원처리법 제2조 제1호 (가)목 2)에서는 '법령 · 제도 · 절차 등 행정업무에 관하여 행정기관의 설명이나 해석을 요구하는 민원'을 '질의민원'으로 허용하고 있고, 행정절차법 제5조에서는 "행정작용의 근거가 되는 법령 등의 내용이 명확하지 아니한 경우 상대방은 해당 행정청에 그 해석을 요청할 수 있다. 이 경우 해당 행정청은 특별한 사유가 없으면 그 요청에 따라야 한다."고 규정하고 있다. 그러한 규정이 없더라도 공공기관의 직무에 관한 법령 · 제도 · 절차 등에 대하여 해당 공직자등이나 공무수행사인에게 설명이나 해석을 요구하는 행위를 금지되는 행위로 볼 수는 없다. 따라서 이 제외사유도 부정청탁행위의 예외규정이라기 보다는 금지되는 부정청탁행위에 해당하지 아니함을 확인하는 규정으로 보아야 할 것이다.[161)]

사. 사회상규에 위배되지 아니하는 행위

그 밖에 사회상규(社會常規)에 위배되지 아니하는 것으로 인정되는 행위이다(법 제5조 제2항 제7호). 형법 제20조에는 위법성조각(阻却)사유인 정당행위로서 '사회상규

---

161) 정형근, 앞의 "「부정청탁 및 금품등 수수의 금지에 관한 법률」에 관한 연구 -그 적용대상자와 부정청탁금지를 중심으로-", 164면.

에 위배되지 아니하는 행위'를 들고 있는데, 판례는 이를 **"법질서 전체의 정신이나 그 배후에 놓여 있는 사회윤리 내지 사회통념**에 비추어 용인될 수 있는 행위를 말하고, 어떠한 행위가 사회상규에 위배되지 아니하는 정당한 행위로서 위법성이 조각되는 것인지는 구체적인 사정 아래서 합목적적, 합리적으로 고찰하여 개별적으로 판단하여야 할 것이다."라고 판시하고 있다.[162] 2016년 합헌결정[이유 중 5.의 다.(3)항]에서도 이 제외사유의 '사회상규' **개념**(체계상 지위를 위법성조각사유로 파악하는 것은 아님)을 이와 마찬가지로 파악하고 있다. 다만, 이 제외사유에 해당하면 부정청탁행위에서 제외되어 부정청탁행위를 구성요건으로 하는 부정청탁 수행죄나 과태료 부과의 경우에도 구성요건 해당성을 조각하게 되므로(소극적 구성요건)[163] 나아가 위법성조각 여부를 문제삼을 필요가 없다는 점이 형법 제20조와는 다를 뿐이다. '그 밖에'란 표현은 앞에서 설명한 각 제외사유도 사회상규에 위배되지 아니하는 행위유형에 속함을 나타내는 것이다. 따라서 부정청탁행위란 청탁금지법 제5조 제1항 제1호부터 제15호까지의 행위 중 사회상규에 위배되지 아니하는 행위라고 말할 수 있을 것이다.[164]

문제는 구체적인 사안에서 법질서 전체의 정신이나 그 배후에 놓여 있는 사회윤리 내지 사회통념에 비추어 용인될 수 있는 행위인지 여부를 판단하는 구체적인 기준을 어떻게 파악할 것인가 하는 점이 될 것이다. 이 점에 관하여 국민권익위원회는 "청탁 동기 · 목적, 청탁 내용, 공직자등의 직무수행의 공정성, 청탁 수단이나 방법 등 내용과 형식을 종합적으로 고려하여 결정해야 한다."고 설명하고 있다.[165] 판례는

---

162) 대법원 2009. 12. 24. 2007도6243; 2004. 6. 10. 2001도5380; 2000. 4. 25. 98도2389.

163) 이지은, 앞의 "청탁금지법의 적용과 사회상규", 202,203면에서도 만약 이 제외사유의 '사회상규에 위배되지 아니하는 것'을 위법성조각사유로 본다면 형법 제20조의 위법성조각사유인 '사회상규에 위배되지 아니하는 행위' 외에 별도로 규정을 둘 필요가 없었을 것이라는 이유로 구성요건 해당성 조각사유로 보고 있다.

164) 이에 대하여 청탁금지법 제5조 제2항 제7호의 '사회상규에 위배되지 아니하는 것으로 인정되는 행위'를 위법성조각사유로 보고, 이 규정은 "부정청탁의 구성요건이 불가피하게 확대될 가능성이 높다는 문제를 미연에 방지하고자 규정한 것으로 보인다."는 이유로 같은 조 제1항 각 호의 규정을 예시규정으로 파악하는 견해(박규환, 앞의 "'부정청탁 및 금품등 수수의 금지에 관한 법률' 개정을 위한 연구", 55면; 김준성, 앞의 "'부정청탁금지법의 문제점과 개선방안", 219,222면)가 있으나, 같은 조 제1항에서 금지하는 청탁행위의 유형을 14개 행위 유형으로 한정한 **제한적 규정**의 문언에 비추어 납득하기 어렵다.

165) 국민권익위원회, 해설집, 90면.

형법 제20조 '사회상규에 위배되지 아니하는 행위'의 판단기준에 관하여 "그 행위의 동기나 목적의 정당성, 행위의 수단이나 방법의 상당성, 보호법익과 침해법익과의 법익균형성, 긴급성, 그 행위 외에 다른 수단이나 방법이 없다는 보충성 등의 요건을 모두 갖추어야 한다."고 판시하고 있다.[166) 위 청탁금지 제외사유인 '사회상규에 위배되지 아니하는 것으로 인정되는 행위'의 판단기준도 이와 마찬가지로 해석하여 긴급성 및 보충성까지 요구하고 있는 견해[167)가 있다. 그러나 이 제외사유의 '사회상규에 위배되지 아니하는 행위'는 부정청탁행위의 제외사유가 되어 애당초 불법성을 지니지 않게 되는 것이므로, 일단 불법성을 지닌 행위가 법질서 전체에 비추어 위법하지 아니한 것으로 평가되는 위법성조각사유로서의 '사회상규에 위배되지 아니하는 행위'보다는 그 판단기준이 완화될 필요가 있을 것이다. 그러므로 위 판례의 판단기준 중 긴급성 및 보충성까지 요구할 필요는 없을 것이고, 법익균형성의 비교 대상은 **선량한 풍속**[168)**과 부정청탁금지의 보호법익인 공직자 등 직무수행의 공정성 및 공공기관에 대한 국민의 신뢰를** 생각할 수 있을 것이다. 따라서 이 제외사유는 그 행위의 동기나 목적의 정당성, 행위의 수단이나 방법의 상당성, 선량한 풍속의 유지 등과 보호법익(즉, 공직자 등 직무수행의 공정성, 공공기관에 대한 국민의 신뢰)과의 법익균형성을 모두 갖추었는지를 기준으로 **법질서 전체의 정신이나 그 배후에 놓여 있는 사회윤리 내지 사회통념에 비추어 용인될 수 있는 행위**인지 여부를 판단해야 할 것이다.

Ⅲ. 금품등 수수의 금지

1. 의의

공직자등 또는 공무수행사인은 직무 관련 여부 및 기부 · 후원 · 증여 등 그 명목에 관계없이 동일인으로부터 1회에 100만 원 또는 매 회계연도에 300만 원(이하 이 제7장에서 '**일정 가액**'이라 함)을 초과하는 금품등을 받거나 요구 또는 약속해서는 아니 된다(법 제8조 제1항, 제11조). 또한 공직자등 또는 공무수행사인은 **직무와 관련해서는**

---

166) 대법원 2007. 7. 27. 2007도4378; 2004. 8. 20. 2003도4732; 2003. 9. 26. 2003도3000.

167) 이광훈, 앞의「청탁금지법 해설」, 66면.

168) 마정근, "현행 부정청탁금지법(소위'김영란법')의 핵심 문제점과 개정 방안",「한양법학」27권 4호(한양법학회, 2016. 11.), 185면.

대가성 여부를 불문하고 위 일정 가액 이하의 금품등도 받거나 요구 또는 약속해서는 아니 된다(법 제8조 제2항, 제11조). 학교나 언론사 등의 '공공기관' 자체는 '공직자등'이 아니므로 금품등 수수 금지의무를 부담하지 않는다. 그러므로 금품등 수수의 행위주체가 공공기관인 경우에는 그 수수 과정에서 현실적으로 금품등을 수수 · 요구 · 약속한 자가 그 공공기관의 대표자 등 일지라도 그 대표자 등이 청탁금지법을 위반한 것이라고 할 수도 없다.[169]

공직자등 또는 공무수행사인의 배우자도 **공직자등의 직무와 관련하여** 위와 같이 공직자등 또는 공무수행사인이 받는 것이 금지되는 금품등(이하 '**수수 금지 금품등**'이라 함)을 받거나 요구하거나 제공받기로 약속해서는 아니 된다(법 제8조 제4항, 제11조). 이때 공무수행사인은 민간인(개인 · 법인 · 단체)이지만 공무의 수행에 관해서만 공직자등에 대한 청탁금지법 제5조부터 제9조까지의 규정이 그대로 준용되는 것이므로, 위 일정 가액을 초과하는 금품등의 수수등도 수행하는 공무와 관련하여 그 수수등이 이루어진 경우로 제한해야 한다.[170] 특히 공무수행사인은 민간인으로서의 주된 업무와 관련하여 금품등의 수수 등 각종 거래나 사회생활을 하고 있는 자이므로 공무수행사인으로서 수행하는 '공무'란 위임 · 위탁 등을 받은 공무와 직접 관련된 업무로 엄격히 해석할 필요가 있다.[171] 그리고 누구든지 공직자등, 공무수행사인 또는 그들의 배우자에게 수수 금지 금품등을 제공하거나 그 제공의 약속 또는 의사표시를 해서는 아니 된다(법 제8조 제5항, 제11조).

다만, 위와 같은 금품등의 수수 · 요구 · 제공약속(이하 이 제7장에서 '**수수등**'이라 함)이나 제공 · 제공약속 · 제공의사표시(이하 이 제7장에서 '**제공등**'이라 함)가 있을지라도, 그것이 후술하는 외부강의등에 관한 사례금에 해당하거나 8개 **제외사유**에 해당하면 수수 금지 금품등에 해당하지 않는다(법 제8조 제3항).

위와 같이 공직자등 · 공무수행사인 또는 그 배우자의 금품등의 수수등을 금지하는 입법취지는 그 직무의 공정성을 침해할 우려가 있는 금품등의 수수 자체를 차단

---

169) 전주지방법원 2018. 4. 27. 2018고단139(신문사의 대표이사가 지인에게 신문사의 재정지원을 요구하여 550만 원을 신문사의 예금계좌로 입금받아 수수한 사안).

170) 정형근, 앞의 "「부정청탁 및 금품등 수수의 금지에 관한 법률」에 관한 연구 -그 적용대상자와 부정청탁금지를 중심으로-", 149면.

171) 정형근, 위 논문, 149면.

함으로써 **공직자등 · 공무수행사인 직무수행의 공정성, 공공기관에 대한 국민의 신뢰 및 그 직무수행의 불가매수성**을 확보하려는 것이다.

이러한 수수 금지 금품등의 수수등이나 제공등을 한 경우에, 그 위반행위자가 **공직자등**이면 청탁금지법(또는 청탁금지법에 따른 명령)을 위반한 경우에 해당하여 징계사유가 되므로 공공기관의 장 등은 징계처분을 하여야 한다(법 제21조). 그 의미는 징계절차를 반드시 개시해야 한다는 것일 뿐 징계처분을 반드시 해야 하는 것은 아니므로, 경미한 사안이면 징계처분을 하지 않더라도 무방하다.[172] 이때 징계의 절차나 징계처분의 종류 및 그 이의절차는 징계 대상 공직자등이 속한 공공기관에 적용되는 법령 등에 따른다.

그리고 수수 금지 금품등의 수수등을 한다거나 배우자의 그 위반사실을 알고도 신고하지 아니한 공직자등 또는 공무수행사인에 대하여 형벌이나 과태료를 부과한다(법 제22조 제1항 제1호, 제2호, 제23조 제5항 제1호, 제2호). 이러한 미신고행위 규제의 입법취지는 공직자등의 배우자가 공직자등에 대한 금품등 제공의 우회적 통로로 이용되는 것을 방지하기 위한 것이다.[173] 또한 수수 금지 금품등의 제공등을 한 자에 대하여도 형벌이나 과태료 부과한다(법 제22조 제1항 제3호, 제23조 제5항 제3호). 이처럼 공직자등 또는 공무수행사인의 배우자가 수수 금지 금품등의 수수등을 한 경우에는 그 사실을 알고도 신고하지 아니한 공직자등 또는 공무수행사인을 처벌할 뿐 배우자에 대하여 청탁금지법위반으로 형벌이나 과태료를 부과하지는 않는다. 다만, 위 배우자가 알선 등 명목으로 그러한 행위를 한 경우에는 변호사법위반죄(변호사법 제111조), 특정범죄가중처벌등에관한법률위반(알선수재)죄(특정범죄가중법 제3조) 등으로 처벌받을 수는 있다.[174]

2. 금품등 수수금지 요건

종전에는 공직자등의 금품등 수수를 그 직무관련성이 없음에도 금지하는 경우가

172) 박균성, 앞의 "「부정청탁 및 금품등 수수의 금지에 관한 법률」에 대한 행정법적 연구", 265면; 정형근, 앞의 "「부정청탁 및 금품등 수수의 금지에 관한 법률」에 관한 연구 -그 적용대상자와 부정청탁금지를 중심으로-", 170면.

173) 정형근, 위 논문, 146면.

174) 국민권익위원회, 해설집, 145면; 정형근, 위 논문, 146면.

없었지만,[175] 청탁금지법에서는 직무관련성이 없더라도 동일인으로부터 일정 가액을 초과하는 금품등을 수수등 또는 제공등을 하는 행위를 금지하고 그 위반행위에 대하여는 형벌을 가하며, 그 가액을 초과하지 아니하는 경우에는 직무관련성이 있는 행위만 금지하고 그 위반행위에 대하여는 과태료를 부과하고 있다. 다만, 공직자등 배우자의 금품등의 수수등은 가액을 불문하고 그 공직자등과 직무관련성이 있는 경우에만 금지하며, 공무수행사인이나 그 배우자의 금품등의 수수등은 공무수행사인의 공무수행과 관련성이 있는 경우에만 금지한다(법 제11조 제1항 각 호 외 부분). 따라서 금품등 수수금지의 요건으로는 동일인으로부터 수수하는 일정 가액을 초과하는 금품등, 직무관련성 및 배우자의 개념이 문제가 된다.

가. 일정 가액 초과수수 금품등

청탁금지법에서 '금품등'이란 ① 금전, 유가증권, 부동산, 물품, 숙박권, 회원권, 입장권, 할인권, 초대권, 관람권, 부동산 등의 사용권 등 일체의 재산적 이익, ② 음식물 · 주류 · 골프 등의 접대 · 향응 또는 교통 · 숙박 등의 편의 제공, ③ 채무 면제, 취업 제공, 이권(利權) 부여 등 그 밖의 유형 · 무형의 경제적 이익을 말한다(법 제2조 제3호). 이 중 ①, ③은 경제적 이익으로 제한하고 있음이 분명하지만, ②의 경우에는 '접대 · 향응' 또는 '편의 제공'의 범위가 어디까지인지 문제가 된다. 이에 관하여 '접대 · 향응' 또는 '편의 제공'이란 별도로 금품이나 이익을 제공하는 것이 아닌 성접대 등 욕망충족 행위나 생활 편의제공을 모두 포함하는 것이라거나,[176] 사람의 수요 · 욕망을 충족시키기에 족한 일체의 유형 · 무형의 이익을 포함하는 것으로서 뇌물에서의 이익 개념과 마찬가지라고 해석하는 견해[177]가 있다. 이에 대하여 비재산상 이익은 포함되지 않는 것으로서 뇌물에서의 이익 개념보다 좁은 개념으로 보는

---

175) 공직자윤리법상 공무원 또는 공직유관단체 임직원이 외국으로부터 선물을 받은 경우에도 지체 없이 소속 기관 · 단체의 장에게 신고하고 그 선물을 인도해야 할 의무를 부과할 뿐, 그 수수 자체를 금지하는 것은 아니며, 외국인이나 외국단체로부터 선물을 받는 경우에는 자신의 직무와 관련하여 받은 경우에만 위와 같은 신고 및 인도 의무를 부담할 뿐이다(공직자윤리법 제15조 제1항).

176) 홍성칠, 앞의 「청탁금지법 해설」, 29면.

177) 국민권익위원회, 해설집, 135면; 정형근, 앞의 "「부정청탁 및 금품등 수수의 금지에 관한 법률」에 관한 연구 –금품등의 수수금지를 중심으로–", 53면.

견해[178]도 있다. 청탁금지법 제2조 제3호의 다.항에서 예시하고 있는 '음식물 · 주류 · 골프 등' 또는 '교통 · 숙박 등'이 모두 경제적 이익만 열거하고 있는 점, '금품등'의 개념은 형사처벌의 범죄구성요건이 되는 것이므로 죄형법정주의 원칙에 따라 피의자 · 피고인에게 불리한 유추해석은 허용할 수 없는 점에 비추어 보면 후자의 견해도 일리가 있다. 그러나 청탁금지법의 보호법익이 뇌물 범죄의 보호법익과 다르지 아니하므로 그 보호법익인 '직무수행의 공정성 및 직무수행의 불가매수성'을 관철하기 위해서는 '금품등'의 개념을 뇌물에서의 이익 개념과 마찬가지로 파악할 필요가 있다. 형법상 뇌물 범죄에서 '뇌물'의 이익 개념은 금품 기타 재산적 이익뿐만 아니라 성행위 제공에 따른 성적 욕구의 충족을 포함하여[179] 사람의 수요 · 욕망을 충족시키기에 족한 일체의 유형 · 무형의 이익을 포함하고 있다(판례 · 통설).[180] 따라서 전자의 견해에 따라야 하겠지만 죄형법정주의의 명확성 원칙에 저촉될 여지가 있으므로 입법적 해결이 필요하다고 본다.[181] 위 금품등의 수수등은 공직자등 · 공무수행사인 또는 그 배우자를 기준으로 그 수수등 여부를 판단해야 하므로, 그 밖의 가족에게 취업 제공, 이권 부여 등을 하더라도 그것이 공직자등 · 공무수행사인 또는 그 배우자에 대한 금품등 제공으로 인정되지 않는 한 청탁금지법 위반행위는 아니다.

동일인으로부터 1회에 100만 원 또는 매 회계연도에 300만 원을 초과하는 금품등의 수수등을 하였는지 여부는 위와 같이 금지의 요건과 위반행위의 처벌유형이 달라지는 중요한 문제이다. 그 가액은 금지되는 금품등의 수수등을 하는 **행위 당시를** 기준으로 파악해야 한다.[182] 금전 외 물품이나 경제적 이익의 경우에는 그 행위 당시의 **시가**(즉, 통상의 거래가격)를 기준으로 산정해야 하고, 시가와 실제 지급한 거래가격이 상이한 경우에는 위반행위자에게 시가확인 의무까지 부과할 수는 없으므로

---

178) 이광훈, 앞의 「청탁금지법 해설」, 83면.

179) 대법원 2014. 1. 29. 2013도13937.

180) 대법원 2011. 7. 28. 2009도9122; 2010. 5. 13. 2009도7040; 2005. 7. 15. 2003도4293; 2002. 5. 10. 2000도2251; 2001. 1. 5. 2000도4714; 1995. 9. 5. 95도1269; 박상기(형법), 837면.

181) 참고로, 의료인 등이 의약품공급자로부터 부당한 경제적 이익을 취득하는 행위를 금지하고 있는 의료법 제23조의3에서는 '경제적 이익'을 '금전, 물품, **편익**, 노무, **향응**, 그 밖의 경제적 이익'이라고 정의하여 경제적 이익인 편익과 향응만 포함하고 있음을 명시하고 있다.

182) 국민권익위원회, 해설집, 136면.

위반행위자에게 유리한 **실제 거래가격**을 기준으로 산정해야 한다.[183] 이때 시가나 실제 거래가격은 거래시 실제로 지급해야 하는 가액을 말하므로 부가가치세도 포함해야 할 것이다. 뇌물 범죄에 관하여 판례는 "상이한 가격자료가 있는 경우 그 중 어느 하나를 채택하여 피고인에게 유죄를 인정하기 위하여는 그것이 다른 자료보다 더 신빙성이 담보되는 객관적, 합리적인 것이라야 하고, 이를 알기 어려운 경우에는 합리성이 없는 것으로 보여지지 않는 한 피고인에게 유리한 자료를 채택해야 할 것이다."라고 판시하고 있는데,[184] 위 시가 산정의 경우에도 마찬가지로 보아야 할 것이다. 가액 산정이 불가능한 경우에는 위반행위자에게 유리하게 1회에 100만 원 또는 매 회계연도에 300만 원을 초과하지 아니한 것으로 보고 처리할 수밖에 없다.

또한 판례는 뇌물 범죄에 관하여 "피고인이 증뢰자와 함께 향응을 하고 증뢰자가 이에 소요되는 금원을 지출한 경우 이에 관한 피고인의 수뢰액을 인정함에 있어서는 먼저 피고인의 접대에 요한 비용과 증뢰자가 소비한 비용을 가려내어 전자의 수액을 가지고 피고인의 수뢰액으로 하여야 하고, 만일 각자에 요한 비용액이 불명일 때에는 이를 평등하게 분할한 액을 가지고 피고인의 수뢰액으로 인정하여야 할 것이고, 피고인이 향응을 제공받는 자리에 피고인 스스로 제3자를 초대하여 함께 접대를 받은 경우에는, 그 제3자가 피고인과는 별도의 지위에서 접대를 받는 공무원이라는 등의 특별한 사정이 없는 한 그 제3자의 접대에 요한 비용도 피고인의 접대에 요한 비용에 포함시켜 피고인의 수뢰액으로 보아야 할 것이다."라고 판시하고 있다.[185] 그런가 하면 "공무원이 뇌물을 받는 데에 필요한 경비를 지출한 경우 그 경비는 뇌물수수의 부수적 비용에 불과하여 뇌물의 가액과 추징액에서 공제할 항목에 해당하지 않는다."고 판시하고 있다.[186] 청탁금지법상 수수 금지 금품등의 가액 산정 시에도 마찬가지로 보아야 할 것이다.

---

183) 이에 대하여 국민권익위원회, 해설집, 136면에서는 "시가와 현저한 차이가 없는 한 실제 지불된 비용으로 하고, 이를 알 수 없으면 시가(통상의 거래가격)를 기준으로 산정한다. 시가와 구매가가 다른 경우 영수증 등에 의해 구매가를 알 수 없으면 시가를 기준으로 산정한다."라고 해설하고 있는데, 유사한 취지로 보인다.

184) 대법원 2002. 4. 9. 2001도7056.

185) 대법원 2005. 11. 10. 2004도42; 2001. 10. 12. 99도5294; 1995. 1. 12. 94도2687; 1977. 3. 8. 76도1982.

186) 대법원 2017. 3. 22. 2016도21536; 1999. 10. 8. 99도1638.

금품을 무상으로 빌린 경우의 수수가액 산정의 경우에는 그 금융이익 상당액으로 보아야 하고,[187] 금융이익의 산정방법은 뇌물 범죄의 뇌물가액 산정방법[188]과 달리 볼 이유가 없다. 따라서 금융기관으로부터 대출받는 등 통상적인 방법으로 금품을 차용하였을 경우 부담하게 될 대출이율을 기준으로 하되, 그 대출이율을 알 수 없는 경우에는 위반행위자의 지위에 따라 민법이나 상법에서 규정하고 있는 법정이율을 기준으로 하여 금품수수일로부터 약정된 변제기(약정 변제기가 가장되어 무효라고 볼 만한 사정이 없는 한)까지 산정한 수액으로 본다.

수수 금지 금품등이 '취업 제공'이거나 투기적 사업에의 참여기회라는 '이권 부여'일 경우에는 그 취업 제공이나 이권 부여 자체가 수수 금지 '금품등'에 해당한다.[189] 투기적 사업에의 참여기회를 제공받은 경우에는 그로써 제공행위는 종료된 것이므로 그 후 투기이익을 취득하였는지 여부는 수수 가액 산정시 고려할 것이 아니다.[190] 그런데 취업 제공의 경우에 취업 제공으로 인한 이익의 가액산정방법은 문제가 된다. 고용기간이 정해져 있지 아니한 월급제 고용인 경우에는 적어도 취업 제공으로 지급받기로 한 월 급여액을 '약속' 가액으로 볼 수는 있을 것이다. 이는 구체적인 고용의 형태(정규직 · 계약직 · 일용직 등), 고용기간 유무, 고용된 직종 · 직급 · 직위 등을 감안하여 판단할 문제이다. 이러한 수수 금지 금품등의 가액 산정은 후술하는 몰수 · 추징 가액의 산정 문제도 되므로 위 일정 가액을 초과하는 경우에도 정확한 가액 산정이 필요하다.

'**1회**'란 동일 기회를 의미하지만, 금전 수수등 행위가 수 개일지라도 행위 당사자 의사의 단일성 · 계속성, 공정성이 침해될 수 있는 직무수행의 단일성, 수 개 행위의 시간적 근접성, 행위태양의 유사성 등에 비추어 동일 기회로 볼 수 있다면 1회로 평가해야 할 것이다.[191] '**회계연도**'란 금품등의 수수등 가액 기준이므로 그 행위를 한

187) 국민권익위원회, 해설집, 137면.

188) 대법원 2014. 5. 16. 2014도1547; 2008. 9. 25. 2008도2590.

189) 국민권익위원회, 해설집, 138면.

190) 이광훈, 앞의 「청탁금지법 해설」, 96면; 뇌물 범죄에 관한 대법원 2011. 7. 28. 2009도9122("공무원이 뇌물로 투기적 사업에 참여할 기회를 제공받은 경우, 뇌물수수죄의 기수시기는 투기적 사업에 참여하는 행위가 종료한 때로 보아야 한다."), 2005. 7. 15. 2003도4293, 2002. 11. 26. 2002도3539, 1994. 11. 4. 94도129 참조.

191) 이광훈, 앞의 「청탁금지법 해설」, 107면에서도 "동일한 목적 또는 사안에서 수차례 금품수수행위가 있는 경우에도 그것이 단일하고 계속된 범의 하에서 행해지고 시간적 근접성이 있다면 이를 전체적으로

공직자등이 소속된 공공기관의 회계연도를 의미한다.[192] 공무수행사인의 경우에는 청탁금지법의 입법취지에 비추어 소속 기관이 아니라 공무를 수행하는 공공기관의 회계연도를 기준으로 삼아야 할 것이다. 청탁금지법 제8조 제5항의 문언에 비추어 이들에게 금품등의 제공등을 한 자에 대하여도 같은 회계연도가 적용되어야 한다. 공공기관의 구체적인 회계연도는 해당 법령이나 정관 · 학칙 등에 의하여 미리 정해져 있다.[193]

'동일인'으로부터 수수등을 한 금품등의 가액을 판단함에 있어서 '동일인'은 금품등의 제공자를 의미한다. 청탁금지법의 보호법익인 직무수행의 공정성에 비추어 볼 때 그 제공자는 실질적인 제공자를 의미하는 것이고, 형식적인 제공자나 소유자와는 다를 수 있다. 실질적인 제공자라면 법인[194]이나 단체도 '동일인'에 포함할 수 있을 것이다.[195]

나. 직무관련성

앞에서 설명한 것처럼 일정 가액 이하 금품등의 수수등은 공직자등의 직무(또는 공무수행사인의 공무, 이하 같음)와 관련하여 이루어진 경우에만 금지된다. 뇌물 범죄(형법 제129조 등)의 직무관련성 중 '직무'의 개념에 관하여 판례는 "뇌물죄에 있어서 직무라 함은 공무원이 법령상 관장하는 직무 그 자체뿐만 아니라 그 직무와 밀접한 관계가 있는 행위 또는 관례상이나 사실상 소관하는 직무행위 및 결정권자를 보좌하거

파악하여 1회로 보아야 할 경우가 있을 것이다."라고 설명하고 있다. 이에 대하여 '1회'의 판단기준에 관하여 포괄일죄에 관한 판단기준을 그대로 원용하는 견해(홍성칠, 앞의 「청탁금지법 해설」, 131면)가 있다. 그러나 포괄일죄의 판단기준은 범죄구성요건의 충족 횟수에 관한 기준이므로, 청탁금지법상 수재죄 · 증재죄의 경우에도 범죄구성요건 중 한 요소에 불과한 '1회'의 개념을 그와 동일하게 판단해야 할 이유는 없고 그보다는 좁은 개념으로 보아야 할 것이다. 다만, 포괄일죄의 인정기준에 관한 판례(대법원 2016. 10. 27. 2016도11318 등) 입장을 '1회'의 판단에서 참고할 수는 있을 것이다.

192) 국민권익위원회, 해설집, 124면; 정형근, 앞의 "「부정청탁 및 금품등 수수의 금지에 관한 법률」에 관한 연구 –금품등의 수수금지를 중심으로–", 52면.

193) 이광훈, 앞의 「청탁금지법 해설」, 111면. 국가의 공공기관, 지방자치단체 등의 회계연도는 매년 1. 1.부터 12. 31.까지이지만(국가재정법 제2조, 지방재정법 제6조 등), 학교의 회계연도는 통상 '매년 3. 1.부터 다음 해 2월 말일까지이다(초 · 중등교육법 제30조의3 제1항, 사립학교법 제30조, 고등교육법 제20조 제1항 등).

194) 국민권익위원회, 해설집, 118면에서도 " '동일인'은 실제 금품등 제공행위를 할 수 있는 능력, 즉 범죄행위능력의 문제가 아니므로 원칙적으로 법인도 포함될 수 있다."고 설명하고 있다.

195) 정형근, 앞의 "「부정청탁 및 금품등 수수의 금지에 관한 법률」에 관한 연구 –금품등의 수수금지를 중심으로–", 50,51면.

나 영향을 줄 수 있는 직무행위도 포함된다."고 판시하고 있다.[196] 또한 "뇌물죄에서 말하는 '직무'에는 법령에 정하여진 직무뿐만 아니라 그와 관련 있는 직무, 과거에 담당하였거나 장래에 담당할 직무 외에 사무분장에 따라 현실적으로 담당하지 않는 직무라도 법령상 일반적인 직무권한에 속하는 직무 등 공무원이 그 직위에 따라 공무로 담당할 일체의 직무를 포함한다."고 판시하고 있다.[197] 이는 뇌물 범죄가 '직무집행의 공정과 이에 대한 사회의 신뢰 및 직무수행의 불가매수성을 직접적인 보호법익으로 하고 있음'[198]을 반영하여 '직무'의 범위를 폭넓게 해석한 결과이다. 청탁금지법의 보호법익도 이와 유사하므로 그 '직무'의 범위를 뇌물 범죄와 마찬가지로 폭넓게 볼 필요가 있다.[199] 공직유관단체, 「공공기관 운영에 관한 법률」 제4조에 따른 기관, 학교, 학교법인 및 언론사 등의 경우에는 '법령에 정하여진 직무'란 법령·학칙·사규 등에 따라 관장하는 직무로 해석해야 할 것이다.[200] 다만, 학교 교직원의 경우에는 'Ⅳ. 외부강의등의 규제 중 1. 의의' 부분에서 후술하는 것처럼 교직원의 교육이나 교육행정에 관한 직무를 말하는 것일 뿐 교원의 학문연구 영역은 그 '직무'에 포함되지 않는 것으로 봄이 타당할 것이다(이에 대하여 학문연구 영역도 '직무'에 포함되어야 한다고 보는 이견이 있을 수 있음). 청탁금지법 제8조 제2항 위반에 관한 과태료 결정에 관한 하급심 판례에서도 "금품등 제공자를 상대로 한 직접적인 업무를 담당하는 경우만이 아니라 담당하는 업무의 성격상 금품등 제공자에 대한 정보(이 사건에 있어서는 해당 업체의 제품, 기술력 등이 될 것이다)나 의견을 제시하는 등으로 직접적인 업무(즉, 외부 발주나 계약체결 업무)를 담당하는 자에게 영향을 줄 수 있는 업무를 담당하거나 그러한 위치에 있는 공직자등의 경우 역시 금품등 제공자와 직무관련성이 있

---

196) 대법원 2011. 3. 24. 2010도17797; 2010. 12. 23. 2010도13584; 2004. 5. 28. 2004도1442; 2001. 1. 19. 99도5753; 1999. 12. 10. 99도2950; 1999. 6. 11. 99도275; 1996. 11. 15. 95도1114.

197) 대법원 2003. 6. 13. 2003도1060; 2000. 1. 28. 99도4022; 1992. 2. 28. 91도3364.

198) 대법원 2010. 12. 23. 2010도13584; 2004. 5. 28. 2004도1412; 정성근·박광민(형각), 732면.

199) 뇌물 범죄와 청탁금지법에서 '직무관련성'을 요구하는 입법취지가 같으므로 직무의 내용은 다를지라도 그 관련성의 범위는 동일하게 파악해야 한다는 견해(정형근, 앞의 "「부정청탁 및 금품등 수수의 금지에 관한 법률」에 관한 연구 -금품등의 수수금지를 중심으로-", 42,43면); 청탁금지법의 직무관련성은 최소한 형법상 뇌물 범죄와 동일하게 해석되거나 그보다 더 넓게 이해되어야 한다는 견해[지유미, "현행 뇌물관련 법제에 대한 보완책으로서 부정청탁금지법안", 「형사법연구」 26권 1호(한국형사법학회, 2014), 170면; 정호경, 앞의 "「부정청탁 및 금품등 수수의 금지에 관한 법률」의 구조와 쟁점", 84면]가 있다.

200) 정형근, 위 논문, 57면.

는 자에 해당한다."고 판시하고,[201] 변호사가 관내 법원 판사의 식사대금을 해당 판사 몰래 대신 지불한 사안에서 그 직무관련성을 인정하는[202] 등 직무관련성을 폭넓게 해석하고 있다.

공직자등이 그 직무의 대상자로부터 금품등을 받은 때에는 후술하는 금품등 수수금지 제외사유(법 제8조 제3항)가 없는 이상 직무관련성이 있다고 보아야 할 것이다.[203] 이때 금품(등)의 수수등이 공직자등의 직무와 관련하여 이루어진 것인지 여부는 공직자등의 직무내용, 직무와 금품등 제공자의 관계, 금품등의 수수 경위와 시기 등의 사정과 아울러 제공된 금품등의 종류와 가액도 함께 참작하여 이를 판단하여야 한다.[204] 청탁금지법 제8조 제2항 위반에 관한 과태료 결정의 하급심 판례에서도 같은 취지로 판시하고 있다.[205]

청탁금지법 제8조 제2항의 경우에는 위와 같이 직무와 관련하여 일정 가액 이하 금품등의 수수등이 금지될 뿐, 그 금품등의 수수등이 동일인으로부터 이루어지는 경우로 제한하고 있지는 않지만, 같은 직무와 관련되어 수수등이 이루어진 금품등이라야 함은 물론이다.

---

201) 대전지법 2017. 3. 27. 2016과527 결정(국민권익위원회, 해설집, 128면에서 재인용).

202) 전주지법 군산지원 2016. 12. 5. 2016과76 결정.

203) 이는 뇌물 범죄의 직무관련성 인정 여부에 관한 판례의 입장[대법원 2017. 1. 12. 2016도15470("공무원이 그 직무의 대상이 되는 사람으로부터 금품 기타 이익을 받은 때에는 그것이 그 사람이 종전에 공무원으로부터 접대 또는 수수받은 것을 갚는 것으로서 사회상규에 비추어 볼 때에 의례상의 대가에 불과한 것이라고 여겨지거나, 개인적인 친분관계가 있어서 교분상의 필요에 의한 것이라고 명백하게 인정할 수 있는 경우 등 특별한 사정이 없는 한 직무와 관련성이 있다고 볼 수 있다."); 2010. 4. 29. 2010도1082; 2009. 9. 10. 2009도5657; 2008. 2. 1. 2007도5190; 2007. 6. 14. 2007도2178; 2002. 7. 26. 2001도6721]이지만, 보호법익이 유사한 청탁금지법의 직무관련성 판단에서도 마찬가지로 원용할 수 있을 것이다.

204) 이는 뇌물 범죄에서 직무관련성 및 대가관계를 갖춘 뇌물인지 여부 판단에 관한 판례의 입장(대법원 2007. 4. 27. 2005도4204; 2017. 1. 12. 2016도15470)이지만, 판단방법에 관한 문제이므로 청탁금지법에서도 이를 원용할 수 있을 것이다; 국민권익위원회, 해설집, 122면 및 김래영, 앞의 "「부정청탁 및 금품등 수수의 금지에 관한 법률」의 입법현황과 과제", 265면도 같은 취지임.

205) 대구지방법원 안동지원 2017. 3. 3. 2017과2 결정(시 산하 예술의전당 초청 공연작으로 결정된 뮤직드라마의 공연제작사 대표이사가 위 예술의전당 소속 공연 관련 업무 담당공무원 등과 저녁식사를 하고 246,000원 상당(1인당 49,200원)의 음식 값을 지불한 데 대하여, 소속 기관장인 시장이 음식물의 수수 · 제공행위가 청탁금지법에 위반된다며 법원에 과태료 부과 의뢰를 통보한 사안에서 "청탁금지법의 제정취지가 금품등 수수 금지를 통한 직무수행의 공정성 확보라는 점을 고려할 때, 공직자 등의 금품 등 수수로 인하여 사회일반으로부터 직무집행의 공정성을 의심받게 되는지 여부가 직무관련성 판단의 기준이 되는데, 위반자들의 **지위, 인적 관계, 업무 내용, 제공 시점** 등에 비추어 이는 직무관련성이 있다고 보기에 충분하다."고 판시).

다. 배우자

청탁금지법 제8조 제4항의 '배우자'란 법률(즉, 민법)상 배우자를 말한다.[206] 자신의 배우자가 자신의 직무와 관련하여 동일인으로부터 1회에 100만 원 또는 매 회계연도에 300만 원을 초과하는 금품등의 수수등을 한 사실을 알고도 신고하지 아니한 공직자등(또는 공무수행사인, 이하 같음) 또는 그 제공등을 한 상대방에 대하여는 형벌을 부과하게 된다(법 제22조 제1항 제2호 본문, 제3호). 따라서 배우자 개념은 범죄구성요건을 이룰 수 있으므로 죄형법정주의 원칙에 따라 유추해석이 금지되므로 사실혼 관계의 배우자까지 포함할 수는 없다.[207] 법률상 부부는 실질적으로 경제공동체를 이루는 것이 상례이므로 배우자의 금품등의 수수등 행위도 금지대상에 포함하되, 공직자등의 직무와 관련된 수수등 행위만 금지하는 것으로 제한하여 지나친 규제를 피하고 있다.

3. 금품등 수수금지 제외사유

청탁금지법 제8조 제3항에서는 위 금품등 수수금지 요건에 해당하더라도 외부강의등에 관한 사례금이나 같은 조항 각 호에 규정된 8개 유형 중 어느 하나의 금품등에 해당하면 "수수를 금지하는 금품등에 해당하지 아니한다."고 명시하고 있다. 이 조항의 존재의의는 같은 조 제1항, 제2항에서 공직자등의 금품등 수수를 전면 금지함으로 인하여 초래되는 일상생활의 과도한 제한 소지를 방지하고 그 금지의 예측가능성을 보장하려는 데 있다.[208] 이에 관하여 청탁금지법 제8조 제3항은 직무관련성이 없는 경우에만 적용된다고 주장하는 견해[209]가 있다. 그러나 위 규정 문언에 비추어 볼 때 외부강의등 사례금의 수수와 위 8개 유형의 금품등의 수수등은 금품등 수수금지의 제외사유로서[210] 그에 해당하면 공직자등 또는 공무수행사인의 **직무와**

---

206) 국민권익위원회, 해설집, 144면; 홍성칠, 앞의 「청탁금지법 해설」, 114면.

207) 정형근, 앞의 "「부정청탁 및 금품등 수수의 금지에 관한 법률」에 관한 연구 –금품등의 수수금지를 중심으로–", 63면. 이에 대하여 청탁금지법의 입법취지가 관철되기 위해서는 사실혼 관계의 배우자도 포함할 필요가 있다는 입법론도 있다(홍성칠, 위 책, 114면).

208) 국민권익위원회, 해설집, 148면.

209) 이지은, 앞의 "청탁금지법의 적용과 사회상규", 198,199면.

210) 헌법재판소 2016. 7. 28. 2015헌마236, 412 · 662 · 673(병합) 결정에서도 "부정한 금품등 수수로 보기 어려운 행위들은 구성요건을 배제하여…"라고 설시하여 청탁금지법 제8조 제3항에 해당하는 경

관련하여 수수등을 하였더라도 금품등 수수금지 의무를 위반하지 아니한 행위가 되는 것으로 보거나 그 직무관련성이 인정되지 않는 것으로 보아야 한다.[211]

그러나 청탁금지법 제8조 제3항의 제외사유에 해당하더라도 제공되는 금품등이 직무관련성 및 대가성이 있어 뇌물로 인정되는 경우에 뇌물 범죄가 성립할 수 있음은 물론이다.

외부강의등 사례금 수수의 경우에는 청탁금지법 제10조에서 사례금액의 상한, 별도의 신고 · 처리절차 등 특별한 규제를 하고 있으므로 후술하는 제Ⅳ.항에서 설명하고, 위 8개 유형의 제외사유는 아래에서 설명한다.

가. 공공기관 또는 상급 공직자등이 제공하는 금품등

공공기관이 소속 공직자등이나 파견 공직자등에게 지급하거나 상급 공직자등이 위로 · 격려 · 포상 등의 목적으로 하급 공직자등에게 제공하는 금품등은 수수 금지 금품등에 해당하지 않는다(법 제8조 제3항 제1호). 이 규정은 공무수행사인에게도 준용되므로, 공무를 수행하기 위하여 민간부문에서 공공기관에 파견 나온 공무수행사인도 '파견 공직자등'에 포함된다(법 제11조 제1항 제3호).[212]

'상급 공직자등이 위로 · 격려 · 포상 등의 목적으로 하급 공직자등에게 제공하는 금품등'의 해석에 관하여 국민권익위원회는 "상급 공직자등과 하급 공직자등은 원칙적으로 직무상 명령에 복종하는 관계이므로 같은 공공기관 소속 및 직무상 상하 관계에 있는 공공기관 소속 공직자등 사이에서만 성립 가능하다."고 해석하고 있다.[213] '상급 공직자'와 '하급 공직자'란 직급 · 직위상의 상 · 하 관계를 말하고, 상 · 하급 공직자등 사이의 금품등 제공에는 '위로 · 격려 · 포상 등의 목적'이란 목적 요

우는 금품등 수수금지의 제외사유가 됨을 분명히 하고 있다.

211) 정형근, "청탁금지법상 '금품등 수수 금지의 예외사유'에 관한 고찰", 「경희법학」 52권 2호(경희대학교 경희법학연구소, 2017. 6.), 12면; 정호경, 앞의 「부정청탁 및 금품등 수수의 금지에 관한 법률」의 구조와 쟁점", 85면(청탁금지법 제8조 제3항 제1호부터 제7호까지는 제8호의 '사회상규에 따라 허용되는 금품등'을 구체적으로 유형화한 규정이라고 해석할 수 있는 점, 같은 조 제3항 각 호 외 문언도 위 각 호의 경우를 같은 조 제1항, 제2항의 예외로 규정하고 있음을 근거로 공직자등의 직무와 직무관련성이 있더라도 제외사유에 해당한다고 주장하고 있다.); 본문 나.항에서 후술하는 춘천지방법원 2018. 8. 21. 2017구합50612 청탁금지법위반 신고통보 취소 사건에서는 청탁금지법 제8조 제3항의 제외사유에 해당하면 직무관련성이 인정되지 아니함을 전제로 판시하고 있다.

212) 정형근, 위 "청탁금지법상 '금품등 수수 금지의 예외사유'에 관한 고찰", 14면.

213) 국민권익위원회, 해설집, 149면.

건이 필요하다. '위로 · 격려 · 포상 등'이라고 기재한 부분은 목적의 내용을 특정하려는 것이므로 위로 · 격려 · 포상 및 그와 유사한 경우를 포함하려는 제한적 예시규정으로 보아야 할 것이다. 따라서 상급 공직자와 하급 공직자는 위로 · 격려 · 포상 등을 할 수 있는 관계여야 하므로 같은 공공기관 소속인 경우가 대부분이겠지만, 이러한 관계에 있는 경우라면 소속 기관이 다르더라도 무방할 것이다. 판례도 '상급 공직자등'이란 "금품등 제공의 상대방보다 높은 직급이나 계급의 사람으로서 금품등 제공 상대방과 직무상 상하관계에 있고 그 상하관계에 기초하여 사회통념상 위로 · 격려 · 포상 등을 할 수 있는 지위에 있는 사람을 말하며, 금품등 제공자와 그 상대방이 직무상 명령 · 복종이나 지휘 · 감독관계에 있어야만 하는 것은 아니다."라고 판시하고 있다.[214)]

나. 직무수행 · 사교 · 의례 목적 음식물 · 경조사비 · 선물 등

원활한 직무수행 또는 사교 · 의례 또는 부조의 목적으로 제공되는 음식물 · 경조사비 · 선물 등으로서 대통령령으로 정하는 가액 범위 안의 금품등은 수수 금지 금품등에 해당하지 않는다(법 제8조 제3항 제2호 본문).

'원활한 직무수행 또는 사교 · 의례 또는 부조의 목적으로 제공되는' 것인지 여부는 앞에서 설명한 직무관련성 판단방법과 마찬가지로 공직자등(또는 공무수행사인, 이하 같음) 직무의 내용, 직무와 금품등 제공자의 관계, 사적 친분관계 여부, 금품등 수

---

214) 서울중앙지검장이 이른바 '최순실 게이트'사건 특별수사를 마치고 그 수사를 지원한 법무부 검찰국 검사 2인에게 각 격려금 명목의 현금 100만 원과 95,000원 상당의 식사를 제공하여 청탁금지법 제8조 제1항 위반의 수재죄로 기소된 사건에서, 1 · 2 · 3심 법원 모두 무죄판결을 선고하였다. 이 사건에서 서울중앙지검장이 법무부 소속 검사의 '상급 공직자'에 해당하는지 여부가 쟁점이 되었는데, 대법원은 "청탁금지법은 제2조 제2호에서 '공직자등'에 관한 정의 규정을 두고 있을 뿐 '상급공직자등'의 정의에 관하여는 명문 규정을 두고 있지 않고, '상급'은 사전적으로 '보다 높은 등급이나 계급'을 의미할 뿐 직무상 명령 · 복종관계에서의 등급이나 계급으로 한정되지 아니한다. 처벌규정의 소극적 구성요건을 문언의 가능한 의미를 벗어나 지나치게 좁게 해석하게 되면 피고인에 대한 가벌성의 범위를 넓히게 되어 죄형법정주의의 파생원칙인 유추해석금지 원칙에 어긋날 우려가 있으므로 법률문언의 통상적인 의미를 벗어나지 않는 범위 내에서 합리적으로 해석할 필요가 있다. 청탁금지법의 입법목적, 금품등 수수 금지 및 그 처벌규정의 내용과 체계, 처벌규정의 소극적 구성요건에 관한 제8조 제3항 제1호의 규정 내용 등을 종합하여 보면, 제8조 제3항 제1호에서 정한 '상급 공직자등'이란 금품등 제공의 상대방보다 높은 직급이나 계급의 사람으로서 금품등 제공 상대방과 직무상 상하관계에 있고 그 상하관계에 기초하여 사회통념상 위로 · 격려 · 포상 등을 할 수 있는 지위에 있는 사람을 말하고, 금품등 제공자와 그 상대방이 직무상 명령 · 복종이나 지휘 · 감독관계에 있어야만 이에 해당하는 것은 아니다."라고 판시하였다(대법원 2018. 10. 25. 2018도7041). 즉, 서울중앙지검장은 법무부 검찰국 검사의 상급 공직자에 해당하고 그 식사 및 격려금 제공도 위로 · 격려 목적으로 이루어진 것임을 인정하는 취지이다.

수의 경위 · 시기, 금품등의 종류 및 가액, 보호법익인 직무수행의 공정성 및 공공기관에 대한 국민의 신뢰 등의 침해 여부 등을 감안하여 개별적으로 판단해야 할 것이다.[215)]

'음식물 · 경조사비 · 선물 등'이라고 기재한 부분은 '원활한 직무수행, 사교 · 의례 또는 부조의 목적으로 제공되는' 것이라면 음식물 · 경조사비 · 선물과 유사한 경우도 포함하려는 취지로서 제한적 예시규정으로 보아야 할 것이다.

「부정청탁 및 금품등 수수의 금지에 관한 법률 시행령」(이하 '청탁금지법 시행령' 또는 '시행령'이라 함)[216)] 제17조 제1항 및 별표1에 의하면 '대통령령으로 정하는 가액 범위 안의 금품등'이란 **3만 원** 이하의 음식물(제공자와 함께하는 식사 · 다과 · 주류 · 음료 그 밖에 이에 준하는 것),[217)] **5만 원** 이하의 축의금 · 조의금, 축의금 · 조의금을 대신하는 **10만 원** 이하의 화환 · 조화, **5만 원** 이하의 선물인 물품 및 물품 · 용역상품권(금전, 유가증권, 위 음식물 및 경조사비를 제외한 일체의 물품과 이에 준하는 것)을 말한다. 이때 축의금을 화환과 함께 또는 조의금을 조화와 함께 받은 경우에는 각각 그 가액을 합산하

---

215) 국민권익위원회, 해설집, 150면; 태백시청 민원봉사과 일반직 공무원 20명이 2016. 12. 19. 당시 정년퇴직을 앞두고 2017. 1. 1.자로 공로연수를 떠나는 민원봉사과장을 위한 전별회식 자리에서, 1인당 5만 원씩 갹출하여 마련한 100만 원으로 금 열쇠 1개와 꽃다발을 구매하여 민원봉사과장에게 제공한 사안에서, 그 신고를 받은 국민권익위원회는 이는 직무와 관련한 금품등 제공이므로 청탁금지법 제8조 제5항을 위반한 수수금지 금품등 제공으로 보아 사건을 강원도지사에게 이첩하였고, 강원도지사는 태백시장에게 "징계 · 과태료부과 등 필요한 사항을 이행한 후 결과를 제출하라."는 통보를 하였으며, 위 금 열쇠 등의 제공자인 공무원은 그 통보처분을 취소하라는 행정소송을 제기하였다. 이에 대하여 1심 법원은 위 민원봉사과장이 위 민원봉사과 일반직 공무원들에 대한 근무성적평정자로서 당시 그 개인별 업무추진실적 입력기간 중이기는 하였으나, 태백시 민원봉사과에는 퇴직자에 대하여 위와 같은 금 열쇠 선물 관행이 있었고, 금 열쇠 등의 구매비용 갹출이나 금 열쇠 등의 전달이 공개적으로 이루어졌으며, 그 전달시 민원봉사과 일반직 공무원 21명 중 비용갹출에 참여한 자가 누구인지 여부나 각 갹출금액을 민원봉사과장에게 알린 것이 아닌 점에 비추어 위 금 열쇠 등의 제공이 유리한 근무평정을 기대하고 이루어진 것으로 보기 어려운 점, 금 열쇠 등의 비용 100만 원을 위와 같이 20명이 갹출한 것이므로 1인당 5만 원 상당의 선물을 제공한 것으로 볼 여지가 있는 점 등을 감안하면, 청탁금지법 제8조 제3항 제2호의 사교 등 목적으로 제공되는 5만 원 이하의 선물에 해당하거나, 같은 항 제8호의 사회상규에 따라 허용되는 금품등에 해당하여 **직무관련성이 인정되지 않는다**고 판시하여 행정처분을 취소하였다. 그 항소심 판결은 위 1심 판결에 대한 강원도지사의 항소를 기각하였으며, 상고심인 대법원에서도 강원도지사의 상고를 기각하여 판결이 확정되었다[대법원 2019. 4. 25. 2019두32290(1심: 춘천지방법원 2018. 8. 21. 2017구합50612, 2심: 서울고등법원 2018. 12. 19. 2018누1119)].

216) 2018. 1. 17. 개정 · 시행된 청탁금지법 시행령은 수수 금지 금품 등에 해당하지 아니하는 금품등의 범위에 관하여 농수산물 및 농수산가공품 선물의 경우 상한 가액을 종전 5만 원에서 10만 원으로 상향하고, 경조사비 중 축의금 · 조의금의 경우 상한 가액을 10만원에서 5만원으로 낮추었으며, 외부강의등 사례금의 상한액을 조정하는 등의 개정을 하였다.

217) 제공자가 공직자등와 함께 취식하지 아니하고 식대만 제공하는 경우에는 음식물 제공이라 할 수 없다.

고 그 상한가액 범위는 10만 원으로 하되, 각 해당 상한가액 범위를 초과해서는 안 된다(시행령 별표1 비고 나.). 다만 농수산물,[218] 농수산가공품[219] 및 농수산물 · 농수산가공품의 상품권[220](백화점상품권, 온누리상품권, 지역사랑상품권, 문화상품권 등 일정한 금액이 기재되어 소지자가 해당 금액에 상응하는 물품 또는 용역을 제공받을 수 있는 증표인 금액상품권은 제외 – 시행령 별표1 비고 다. 후단)인 선물은 **15만 원**까지 허용하되, 설날 · 추석 전 24일부터 설날 · 추석 후 5일까지(그 기간 중에 우편 등을 통해 발송하여 그 기간 후에 수수한 경우에는 그 수수한 날까지)는 **30만 원**까지 허용한다(법 제8조 제3항 제2호 단서, 시행령 제17조 제2항, 별표1 제3호 단서). 또한 농수산물 · 농수산가공품 또는 농수산물 · 농수산가공품의 상품권과 다른 선물을 함께 받은 경우에는 그 가액을 합산하고 그 상한가액 범위는 15만 원(위 설날 · 추석을 포함한 기간 중에는 30만 원)으로 하되, 각 해당 상한가액 범위를 초과해서는 안 된다(시행령 별표1 비고 라.). 이처럼 음식물 · 경조사비 · 선물 등의 수수 상한가액을 대통령령으로 정하도록 한 이유는 물가상승 등 화폐가치의 변동이나 경제상황의 변동에 신속하게 대비하기 위한 것이므로 수시로 변동될 수 있어서 주의할 필요가 있다.

위 음식물, 경조사비 및 선물 중 2가지 이상을 함께 받은 경우에도 그 가액을 합산하고, 그 가액 상한액은 받은 것 중 가장 높은 가액으로 하되, 각 해당 상한가액 범위를 초과해서는 아니 된다(시행령 별표1 중 비고 마.). 이때의 가액 산정도 앞에서 설명한 금품등의 가액 산정방법과 마찬가지로 시가(즉, 통상의 거래가격)를 기준으로 산

---

218) 「농수산물 품질관리법」 제2조 제1항 제1호에 따른 농수산물이므로, **농작물 재배업, 축산업, 임업**의 농업활동으로 생산되는 산물[「농업 · 농촌 및 식품산업 기본법」 제3조 제6호 (가)목, 같은 법 시행령 제5조 제1항], **수산동식물**을 포획(捕獲) · 채취(採取)하거나 양식하는 산업의 어업활동으로부터 생산되는 산물(소금은 제외)[「수산업 · 어촌 발전 기본법」 제3조 제1호 (가)목]을 말한다.

219) 「농수산물 품질관리법」 제2조 제1항 제13호에 따른 농수산가공품[즉 농산물을 원료 또는 재료로 하여 가공한 농산가공품과, 수산물을 원료 또는 재료의 50퍼센트를 넘게 사용하여 가공한 1차 수산가공품, 1차 수산가공품을 원료 또는 재료의 50퍼센트를 넘게 사용하여 2차 이상 가공한 2차 수산가공품, 수산물과 그 가공품, 농산물(임산물 및 축산물을 포함한다. 이하 같음)과 그 가공품을 함께 원료 · 재료로 사용한 가공품인 경우에는 수산물 또는 그 가공품의 함량이 농산물 또는 그 가공품의 함량보다 많은 수산가공품(「농수산물 품질관리법 시행령」 제2조)] 중 **농수산물을 원료 또는 재료의 50퍼센트를 넘게 사용하여 가공한 제품**을 말한다(법 제8조 제3항 제2호 단서).

220) '상품권'이란 그 명칭 또는 형태에 관계없이 발행자가 특정한 물품 또는 용역의 수량을 기재(전자적 또는 자기적 방법에 의한 기록도 포함)하여 발행 · 판매하고, 그 소지자가 발행자 또는 발행자가 지정하는 자(이하 "발행자등"이라 함)에게 이를 제시 또는 교부하거나 그 밖의 방법으로 사용함으로써 그 증표에 기재된 내용에 따라 발행자등으로부터 해당 물품 또는 용역을 제공받을 수 있는 증표인 물품상품권 또는 용역상품권을 말한다(시행령 별표1 비고 다. 전단).

정함이 원칙이지만, 할인 매입한 선물을 제공한 경우처럼 시가와 실제 매입한 거래가격이 상이한 경우에는 위반행위자에게 시가확인 의무까지 부과할 수는 없으므로 위반행위자에게 유리한 **실제 거래가격**을 기준으로 산정해야 할 것이다.[221] 이때 시가나 실제 거래가격은 거래시 실제로 지급해야 하는 가액을 말하므로 부가가치세도 포함해야 할 것이다.[222] 이러한 제외사유의 가액 범위를 넘었더라도 1회에 100만 원 또는 매 회계연도에 300만 원 이하 금품등의 수수등은 청탁금지법 제8조 제2항에 따라 공직자등의 직무와 관련된 수수등만 금지되는 것이고 그 직무관련성이 없다면 수수 금지 금품등에 해당하지 않는다.[223]

'경조사비'의 종류로서 청탁금지법 시행령 제17조 및 별표1은 축의금 · 조의금 및 이를 대신하는 화환 · 조화를 들고 있다. 그 제공 기회의 범위는 통상 결혼식 및 장례식이겠지만 사적 친분관계 등 구체적 상황에 따라서는 회갑연, 고희연, 생일, 돌, 집들이, 퇴직, 출판기념회 등도 경조사비 제공 기회에 포함되거나 '선물'의 제공 기회에 포함될 수 있을 것이다.[224] '선물'은 통상 명절, 연말, 스승의 날, 개소식, 기념일, 생일 등의 경우에 제공되는 금전, 유가증권, 위 음식물 및 경조사비를 제외한 일체의 물품과 이에 준하는 것이다. 다만, 음식물은 물론 경조사비나 선물도 그 제공 목적이 원활한 직무수행, 사교 · 의례 또는 부조의 목적이라야 하는 제한이 있고, 화환 · 조화, 농수산물 · 농수산가공품 및 농수산물 · 농수산가공품의 상품권 외에는 상한 가액도 5만 원으로 동일하므로 그 제공대상 기회가 경조사비와 선물 중 어느 것인지를 정확히 구분해야 할 필요는 없다.

그러나 원활한 직무수행, 사교 · 의례 또는 부조의 목적으로 제공되는 음식물, 경조사비 또는 선물에 해당한다면 직무관련성을 인정할 수 없거나 직무관련성이 있더라도 수수 금지 금품등에 해당하지 않는다[225]는 점에서 경조사비나 선물에 해당하는

---

221) 정호경, 앞의 "「부정청탁 및 금품등 수수의 금지에 관한 법률」의 구조와 쟁점", 86면 각주83.

222) 정호경, 앞의 "「부정청탁 및 금품등 수수의 금지에 관한 법률」의 구조와 쟁점", 86면 각주83에서는 제외사유를 넓게 해석하면 청탁금지법의 입법취지가 몰각될 수 있다는 이유로 부가가치세를 실제 거래가격에 포함해야 한다고 주장하고 있다.

223) 정형근, 앞의 "청탁금지법상 '금품등 수수 금지의 예외사유'에 관한 고찰", 17면.

224) 정형근, 위 "청탁금지법상 '금품등 수수 금지의 예외사유'에 관한 고찰", 21면; 홍성칠, 앞의 「청탁금지법 해설」, 121면.

225) 홍성칠, 위 책, 116면.

지 자체는 중요한 문제이다. 이와 관련하여 공직자등이 직무수행의 상대방 또는 행정제재의 대상이 되는 자 등 직무관련자로부터 금품등을 받는 경우에는 허용한도 내일지라도 직무의 공정을 해할 우려가 있으므로 사교 · 의례 등 목적을 인정함에 주의를 요한다고 설명하는 견해[226]가 있다. 그러나 이러한 경우에는 직무관련성 및 대가성을 구비하여 뇌물이 될 것인지 여부를 문제 삼으면 될 것이고, 직무관련성이 있다고 하여 바로 사교 · 의례 등 목적을 부정한다면 공직자등의 금품등 수수의 금지로 인하여 초래되는 일상생활의 과도한 제한 소지를 방지하고 그 규제의 예측가능성을 보장하려는 청탁금지법 제8조 제3항의 존재의의가 반감될 것이므로 부당하다. 수수 금지 금품등에 해당하지 않더라도 공직자등의 직무와 관련되고 대가성까지 구비하면 뇌물 범죄로 처벌할 수 있음은 물론이다.

그리고 학설 중에는 "사교 · 의례 차원에서 식사를 대접받거나 선물을 받을 수는 있어도 이를 요구할 수는 없을 것이고, 부조금도 받을 수는 있지만 요구하는 것까지 허용된다고는 볼 수 없다."는 이유로 금품등의 요구나 약속 행위는 제외사유의 요건에 해당하더라도 구체적 사안별로 허용 여부를 판단해야 한다고 주장하는 견해[227]가 있다. 입법론으로는 일리가 있으나 해석론으로는 청탁금지법 제8조의 명문 규정에 반하는 무리한 해석이다.

다. 정당한 권원에 의해 제공되는 금품등

사적 거래(증여는 제외한다)로 인한 채무의 이행 등 정당한 권원(權原)에 의하여 제공되는 금품등은 수수 금지 금품등에 해당하지 않는다(법 제8조 제3항 제3호). '정당한 권원'이란 이치에 맞아 올바르고 마땅한 법률적 원인이라는 의미이므로 법률적 원인이나 근거가 없이 간접적 또는 사실적 이해관계를 가짐에 불과한 경우는 제외된다.[228] 또한 법률적 원인이 있더라도 정당한 경우라야만 하는데, 정당한 권원 유무를 판단함에는 공직자등(또는 공무수행사인, 이하 같음)의 직무내용, 직무와 금품등 제공자의 관계, 금품등 제공의 동기 · 목적 · 경위, 법률적 원인 · 근거 등을 감안하여 개별적으

---

226) 이광훈, 앞의 「청탁금지법 해설」, 99면.

227) 정형근, 앞의 "청탁금지법상 '금품등 수수 금지의 예외사유'에 관한 고찰", 12면.

228) 헌법재판소 2013. 10. 24. 2011헌바138 전원재판부(「인터넷주소자원에 관한 법률」 제12조 제1항, 제2항의 '정당한 권원'에 관한 판례).

로 판단해야 할 것이다.[229] 사적 거래의 권원 중 증여를 제외하고 있으므로 실제로는 재산권을 증여하는 가장매매, 이자의 증여로 볼 수 있는 경우의 무이자 소비대차, 차임의 증여로 볼 수 있는 경우의 사용대차 등은 정당한 권원으로 볼 수 없을 것이다.[230]

라. 친족이 제공하는 금품등

공직자등(또는 공무수행사인, 이하 같음)의 친족(민법 제777조에 따른 친족)이 제공하는 금품등은 수수 금지 금품등에 해당하지 않는다(법 제8조 제3항 제4호). 친족은 8촌 이내의 혈족, 4촌 이내의 인척 및 배우자를 말하는데, 혈족은 직계존속 · 직계비속, 형제자매와 형제자매의 직계비속, 직계존속의 형제자매와 그 형제자매의 직계비속을 말하고 자연혈족은 물론 양자 · 친양자의 입양에 의한 법정혈족도 포함하며, 인척은 혈족의 배우자, 배우자의 혈족, 배우자의 혈족의 배우자를 말한다(민법 제777조, 제768조, 제769조, 제772조). 청탁금지법상 배우자는 앞에서 설명한 것처럼 법률(즉, 민법)상 배우자를 말하므로 사실혼 관계의 배우자는 제외된다.[231]

이러한 친족이 제공하는 금품등은 그 제공하는 이유나 가액을 불문하고, 직무관련성이 있더라도 수수 금지 금품등에 포함되지 않는다.[232] 다만, 공직자등의 직무와 관련되고 대가성까지 구비하여 뇌물 범죄로 처벌되는 것은 별개의 문제이다.

마. 관련 친목회 등 또는 장기 · 지속적 친분관계 있는 자가 제공하는 금품등

공직자등(또는 공무수행사인, 이하 같음)과 관련된 직원상조회 · 동호인회 · 동창회 · 향우회 · 친목회 · 종교단체 · 사회단체 등이 정하는 기준에 따라 구성원에게 제공하는 금품등 및 그 소속 구성원 등 공직자등과 특별히 장기적 · 지속적인 친분관계를 맺고 있는 자가 질병 · 재난 등으로 어려운 처지에 있는 공직자등에게 제공하는 금품등은 수수 금지 금품등에 해당하지 않는다(법 제8조 제3항 제5호). 이러한 금품등 제

---

229) 국민권익위원회, 해설집, 157면.

230) 국민권익위원회, 해설집, 157-159면; 정형근, 앞의 "청탁금지법상 '금품등 수수 금지의 예외사유'에 관한 고찰", 22면. 이러한 무이자 소비대차의 경우에 수수 가액은 그로 인한 금융이익 상당액이고, 그 금융이익 산정방법은 앞에서 설명한 '금품을 무상으로 빌린 경우의 수수가액 산정방법'과 동일하다.

231) 국민권익위원회, 해설집, 160면.

232) 정형근, 앞의 "청탁금지법상 '금품등 수수 금지의 예외사유'에 관한 고찰", 23면.

공은 공직자등의 직무수행의 공정성이나 공공기관에 대한 국민의 신뢰를 침해할 우려가 없기 때문이다. 그러므로 아래의 구체적인 요건을 판단함에 있어서는 이러한 보호법익의 침해 우려 여부를 참작할 필요가 있다.

'직원상조회 · 동호인회 · 동창회 · 향우회 · 친목회 · 종교단체 · 사회단체 등'이란 정관 · 회칙 · 규약 등 소정의 기준에 따라 구성원에게 금품등을 제공하는 직원상조회 · 동호인회 · 동창회 · 향우회 · 친목회 · 종교단체 · 사회단체 및 그와 유사한 지속적 친목 · 종교 · 사회단체를 포함하려는 취지로서 제한적 예시규정으로 보아야 할 것이다.[233] 다만, 해당 공직자등이 그 기준에 따라 금품등을 제공받게 되는 관계가 있는 단체라야 할 것이다. 위 단체가 그 기준을 초과하여 금품등을 제공한 경우에는 금품등의 가액은 가분적 판단이 가능하므로 허용되는 기준을 초과한 가액만 수수금지 금품등에 해당한다.[234] 단체가 제공하는 금품등이란 단체의 구성원이 개인 자격으로 제공하는 금품등과 구분해야 함은 물론이다. 위 모임 · 단체 등이 정하는 기준에 따라 제공하는 금품등인 이상 음식물이나 선물일지라도 청탁금지법 제8조 제3항 제2호 소정의 금액제한은 받지 않는다.

'공직자등과 특별히 장기적 · 지속적인 친분관계를 맺고 있는 자'란 예시하고 있는 위 친목 · 종교 · 사회단체 소속 구성원이나 그에 준하는 정도의 장기적 · 지속적인 친분관계를 맺고 있는 자를 말한다. 친분관계의 원인 · 계기, 교유 · 접촉의 기간 · 횟수 · 내용 등을 감안하여 특별히 장기적 · 지속적인 친분관계가 존재하는지 여부를 판단해야 할 것이다.[235] '질병 · 재난 등으로 어려운 처지에 있는 공직자등' 중 '질병 · 재난 등'이란 질병 · 재난 또는 그와 유사한 정도의 예상 밖의 신체적 · 정신적 · 경제적 곤란에 처한 경우도 포함하려는 취지로서 제한적 예시규정으로 보아야 할

---

233) 국민권익위원회는 청탁금지법 제8조 제3항 제5호의 단체는 "구성원의 교체(가입, 탈퇴)와 관계없이 존속하고, 일시적인 목적이 아닌 장기적 목적을 가지며, 해당 단체를 위하여 행동하는 특별한 기관을 가진 인적 결합체이어야 한다."고 정의하면서, "① 장기적인 고유한 목적을 가지고 구성원의 변경과 관계없이 존속할 것, ② 내부적 의사결정기관과 대외적 집행기관인 대표자가 존재할 것, ③ 정관, 규약, 회칙 등과 같은 내부규정이나 기준이 존재할 것, ④ 단체가 정하는 기준에 따라 제공되는 경우라 하더라도 해당 제공 금품등이 구성원들 전체가 참여하는 회비 등으로 구성되어야 하고, 단체 구성원 일부의 후원으로만 이루어진 경우가 아닐 것이라는 요건을 구비하여 구성원과 별개로 독자적 존재로서의 조직을 갖추고 있어야 한다."고 설명하고 있다(국민권익위원회, 해설집, 160면).

234) 국민권익위원회, 해설집, 161면; 정형근, 앞의 "청탁금지법상 '금품등 수수 금지의 예외사유'에 관한 고찰", 23,24면, 홍성칠, 앞의 「청탁금지법 해설」, 101면.

235) 국민권익위원회, 해설집, 161면.

것이다. 그러므로 공직자등의 질병 · 교통사고 · 상해피해 · 가옥화재, 공직자등과 생계를 같이 하는 가족 · 동거친족의 질병 · 재난은 포함될 수 있으나, 주식 · 가상화폐 등의 투자, 자녀의 해외유학 등으로 인한 경제적 곤란은 포함되지 않는다.[236)]

바. 직무 관련 공식적 행사에서 통상적 · 일률적으로 제공하는 금품등

공직자등(또는 공무수행사인, 이하 같음)의 직무와 관련된 공식적인 행사에서 주최자가 참석자에게 통상적인 범위에서 일률적으로 제공하는 교통, 숙박, 음식물 등의 금품등은 수수 금지 금품등에 해당하지 않는다(법 제8조 제3항 제6호). 직무관련성이 있음에도 불구하고 공식적 행사에서 금품등이 통상적 · 일률적으로 제공된다는 점에서 공직자등의 직무수행의 공정성이나 공공기관에 대한 국민의 신뢰를 침해할 우려가 없는 경우이다.

'직무와 관련된 공식적인 행사'란 공직자등의 소속 공공기관이나 공직자등의 직무와 관련된 기관 · 회사 · 단체 · 개인이 공식적으로 개최하는 행사를 말한다. 행사의 목적 · 내용, 사전 준비 · 초청 여부, 참석대상, 공개 여부, 필요한 내부절차 이행 여부 등을 종합하여 직무와 관련된 공식적인 행사인지 여부를 개별적으로 판단해야 할 것이다.[237)] 그러나 비공개 행사라는 이유만으로 공식적인 행사가 아니라고 볼 것은 아니다.[238)]

'통상적인 범위'란 제공하는 금품등이 그 행사의 목적, 주최자인 기관 · 단체의 기준, 동일 · 유사 행사의 상례, 행사 장소 · 규모, 참석자의 범위 및 지위, 주최자의 비용부담 능력 등에 비추어 적정한 행사비용으로 볼 수 있는 범위를 의미한다.[239)] '통상적인 범위' 내에서는 제공하는 음식물의 가액이 3만 원을 초과하더라도 무방하다.

'일률적으로 제공'한다는 것은 금품등을 참가자에게 합리적 차별 없이 제공한다는

---

236) 국민권익위원회, 해설집, 161면; 정형근, 앞의 "청탁금지법상 '금품등 수수 금지의 예외사유'에 관한 고찰", 24면.

237) 국민권익위원회, 해설집, 162면.

238) 정형근, 앞의 "청탁금지법상 '금품등 수수 금지의 예외사유'에 관한 고찰", 25면. 이에 대하여 국민권익위원회, 해설집, 162면에서는 "비공개로 이루어지는 경우에도 행사의 결과에 대한 사후 공개가 있는 경우 비공개로 주최할만한 상당한 사유가 있는 경우에는 비공개 공식 행사가 가능하다."고 설명하고 있으나, 행사의 사전 또는 사후 공개를 해야만 공식적 행사가 된다고 해석할 것은 아니다.

239) 국민권익위원회, 해설집, 163면.

의미이다. 참가자 전원에게 제공함이 원칙이지만, 참석자가 수행하는 역할 등에 따른 합리적 차등 제공은 가능하다.[240)]

'교통, 숙박, 음식물 등'이라고 제공 금품등의 종류를 예시규정으로 기재하고 있으므로, 그 밖에 공식적 행사에서 통상적 · 일률적으로 제공되는 기념품 · 선물 등도 포함된다.[241)]

사. 불특정 다수인에게 배포하는 기념품 · 홍보용품 등 또는 경연 · 추첨의 상품

불특정 다수인에게 배포하기 위한 기념품 또는 홍보용품 등이나 경연 · 추첨을 통하여 받는 보상 또는 상품 등은 수수 금지 금품등에 해당하지 않는다(법 제8조 제3항 제7호). 제공되는 금품등이 불특정 다수인에게 배포된다거나 경쟁에 의하여 승자가 결정되는 경연이나 우연에 의하여 당첨자가 결정되는 추첨으로 제공된다는 무작위성으로 인하여 공직자등의 직무수행의 공정성이나 공공기관에 대한 국민의 신뢰를 침해할 우려가 없는 경우이다. 그러므로 '불특정 다수인'이란 불특정인 또는 대상자 선정의 무작위성이 보장되는 다수인을 의미한다.[242)] 또한 경연 · 추첨의 경우에도 신청 · 응모를 통해 참가할 수 있는 대상자가 이러한 의미의 불특정 다수인인 경우라야만 할 것이다.[243)] 따라서 특정 공공기관의 공직자등에게만 기념품이나 홍보용품을 제공하거나 경연 · 추첨의 보상 · 상품을 제공하는 경우에는 비록 그 공직자등이 다수인일지라도 이 제외사유의 금품등 제공으로 볼 수 없을 것이다.[244)]

'기념품 또는 홍보용품 등'이란 불특정 다수인에게 배포하기 위한 것이라면 기념품 · 홍보용품은 물론 그와 유사한 금품등도 포함하려는 취지로서 제한적 예시규정으로 보아야 할 것이다. '보상 또는 상품 등'도 경연 · 추첨을 통하여 받는 것이라면 보

---

240) 국민권익위원회, 해설집, 163면.

241) 정형근, 앞의 "청탁금지법상 '금품등 수수 금지의 예외사유'에 관한 고찰", 26면; 대전지법 2017. 3. 27. 2016과527[소프트웨어 개발 · 판매업체가 IT신기술 홍보 및 문화행사를 개최하여 위 업체가 개발 · 판매하는 상품에 상응하는 공공기관 전산시스템을 직접 관리 · 운영하는 직원들도 참석하게 하고 영화관람(1인당 관람료 2만 원 상당), 식사(1인당 3만 원 상당), 기념품 수건(2,500원 상당)을 제공한 사안에서, 10년간 계속해온 민간기업의 공식적 행사로서 통상적 범위 내에서 일률적으로 제공한 금품등에 해당한다고 판시 – 국민권익위원회, 해설집, 163면에서 재인용].

242) 국민권익위원회, 해설집, 165면.

243) 국민권익위원회, 해설집, 165면.

244) 정형근, 앞의 "청탁금지법상 '금품등 수수 금지의 예외사유'에 관한 고찰", 27면.

상 · 상품은 물론 그와 유사한 금품등도 포함하려는 제한적 예시규정이다. 불특정 다수인에게 배포하기 위한 기념품 · 홍보용품 등에 해당하는지 여부는 배포 주체의 명칭 · 로고 표시 유무, 그 제작목적, 물품의 가액 · 수량 등을 종합하여 판단해야 할 것이다.[245)]

아. 다른 법령 · 기준 또는 사회상규에 따라 허용되는 금품등

그 밖에 다른 법령 · 기준 또는 사회상규에 따라 허용되는 금품등은 수수 금지 금품등에 해당하지 않는다(법 제8조 제3항 제8호). 청탁금지법 제8조 제1항에서는 '직무 관련 여부 및 기부 · 후원 · 증여 등 그 명목에 관계없이' 일정 가액을 초과하는 금품등의 수수등을 일체 금지하는 대신, 그로 인한 부당한 결과를 방지하기 위하여 같은 조 제3항에서는 위와 같이 금품등의 수수 금지 제외사유를 열거하고 있다. 그런데 이러한 열거 방식의 규정으로는 모든 부당한 결과를 일일이 나열할 수 없으므로 부득이 '다른 법령 · 기준'과 '사회상규'라는 포괄적 · 불확정적 용어를 사용하여 나머지 제외사유를 포괄하고 있다.

'법령' 및 '기준'의 개념은 청탁금지법 제5조의 부정청탁 금지 부분에서의 개념과 같으므로(법 제5조 제1항 제1호, 제2항 제1호) 앞에서 이미 설명하였다. 그러므로 '법령'에는 법규명령에 해당하는 법률 · 대통령령 · 국무총리령 · 부령 · 조례 · 규칙은 물론, 법령의 위임에 따른 고시 · 훈령 · 지침 등의 행정규칙, 공공기관이 법령의 위임에 따라 제정한 정관 · 학칙 · 규칙도 포함되고(앞의 Ⅱ. 2. 나. 기재 부분 참조), '기준'이란 청탁금지법 제2조 제1호 (나)목부터 (마)목까지의 공공기관의 규정 · 사규 · 기준을 말한다(법 제5조 제2항 제1호). 이때 '기준'이란 금품등 수수등을 하는 공직자등의 소속 공공기관이 금품등의 수수 근거를 사전에 정한 기준을 말하는 것이지 그 제공자 측의 기준을 말하는 것이 아니다.[246)] 공무수행사인의 경우에는 수행하는 공무와 관련된 청탁금지법 제11조 제2항 소정의 공공기관에서의 기준을 말하는 것이다. 다른 법령 · 기준에 따라 금품등 수수가 허용되는 경우의 사례로는 「기부금품의 모집 및 사용에 관한 법률」 제5조 제2항 제2호에 따라 국가나 지방자치단체 및 그 소속

---

245) 국민권익위원회, 해설집, 165면.

246) 국민권익위원회, 해설집, 167면.

기관 · 공무원, 국가나 지방자치단체에서 출자 · 출연하여 설립된 법인 · 단체가 모집자의 의뢰에 의하여 단순히 기부금품을 접수하여 모집자에게 전달하는 경우, 문화예술진흥법 제17조 제1항 제2호, 제2항, 제3항에 따라 한국문화예술위원회가 특정단체 또는 개인에 대한 지원 등 그 용도를 정하여 기부된 기부금품을 받아 지원하는 경우, 도서관법 제47조에 따라 도서관의 설립 · 시설 · 도서관자료 및 운영을 지원하기 위하여 금전 그 밖의 재산을 도서관에 기부하는 경우, 방송법 제74조, 「협찬고지 등에 관한 규칙」에 따라 방송사업자가 방송제작에 관여하지 않는 자로부터 방송프로그램의 제작에 직 · 간접적으로 필요한 경비 · 물품 · 용역 · 인력 또는 장소 등을 제공받고 그 협찬주의 명칭 또는 상호 등을 고지하는 경우 등이 있다.[247]

'사회상규'의 개념은 청탁금지의 제외사유인 청탁금지법 제5조 제2항 제7호의 '사회상규'와 달리 보아야 할 이유가 없으므로, '사회상규에 따라 허용되는 금품등'이란 **법질서 전체의 정신이나 그 배후에 놓여 있는 사회윤리 내지 사회통념**에 비추어 제공이 허용되는 금품등이다(앞의 Ⅱ. 3.의 사.항 참조).[248] 또한 여기서 '사회상규'란 금품등 수수금지의 제외사유를 구성하는 소극적 구성요건으로서[249] 이 제외사유에 해당하면 제공된 금품등이 수수 금지 금품등에서 제외되므로, 금품등의 수수등 또는 제공등을 구성요건으로 하는 수재죄 · 증재죄 또는 과태료 부과의 경우에도 각 구성요건 해당성을 조각하게 되고 나아가 위법성조각 여부를 문제 삼을 필요가 없게 된다. 따라서 청탁금지법 제5조 제2항 제7호의 '사회상규에 위배되지 아니하는 것으로 인정되는 행위'의 경우와 마찬가지로 '사회상규에 따라 허용되는 금품등'의 수수등 또는 제공등은 애당초 불법성을 지니지 아니하는 것이므로, 일단 불법성을 지닌 행위가 법질서 전체에 비추어 위법하지 아니한 것으로 평가되는 위법성조각사유로서의 '사회상규'보다는 그 판단기준이 완화될 필요가 있다. 또한 그 구체적 판단기준은 금품등의 수수등 또는 제공등 행위의 동기나 목적의 정당성, 그 행위의 수단이나 방법의 상당성, 선량한 풍속의 유지 등과 보호법익(즉, 공직자 등 직무수행의 공정성, 공공기관에 대한 국민의 신뢰 및 그 직무수행의 불가매수성)과의 법익균형성을 모두 갖추었는지를

---

247) 국민권익위원회, 해설집, 166면.

248) 국민권익위원회, 해설집, 167면.

249) 앞의 대법원 2018. 10. 25. 2018도7041 판결에서도 청탁금지법 제8조 제3항은 '소극적 구성요건'에 관한 규정임을 명시하고 있다.

기준으로 **법질서 전체의 정신이나 그 배후에 놓여 있는 사회윤리 내지 사회통념에 비추어 제공이 허용되는 금품등**인지 여부를 판단해야 할 것이다(앞의 Ⅱ. 3.의 사.항 참조).[250] 국민권익위원회는 '사회상규에 따라 허용되는 금품등'에 해당하는 구체적 사례로, ① 자동차 회사의 마케팅 전략에 따라 공무원 · 교직원 할인 등과 같이 특정 직업군에 한정하여 할인받는 경우, ② 항공사가 이코노미석의 좌석 수를 초과한 예약(overbooking)을 받았는데, 이코노미석 만석으로 우연히 공직자등의 좌석이 비즈니스석으로 업그레이드가 된 경우, ③ 관혼상제, 돌, 칠순잔치 등 기념일에 찾아온 손님들에게 음식물을 제공하는 경우, ④ 은행 · 증권사 등 금융기관, 백화점, 마트 등에서 거래실적에 따라 고객에게 일률적으로 제공하는 선물, ⑤ 공직자등의 배우자가 재직 중인 회사로부터 내부규정에 따라 소속 직원들에게 일률적으로 제공되는 선물을 받는 경우, ⑥ 공연 등 주최자의 홍보정책에 따라 취재 목적으로 출입하는 문화 · 예술 · 체육 등 관련 분야 기자 본인에게 발급되는 프레스티켓, ⑦ 현장학습, 체험학습 등을 위한 시설에 학생의 지도 · 인솔 직무를 수행하는 학생 단체를 인솔하는 교사의 무료입장 등을 들고 있다.[251] 그 반면에, 법원은 군부대 노래방 기계 관리 업무를 담당하는 민간인이 군부대 민간인 출입 관리 등 보안업무를 담당하는 중사에게 10만원권 상품권을 제공한 사안에서, 가사 위 중사가 자가면역질환을 앓고 있다는 이야기를 듣고 안타까운 마음에 선물로 상품권을 건네주었을 뿐 대가를 바라고 상품권을 준 것이 아니라 할지라도, 청탁금지법의 금품등 수수 금지규정은 대가성이 있는 것을 요구하지 아니하고, 중사와의 관계, 위 상품권 제공의 전후 상황, 상품권 가액 등에 비추어 위 행위가 청탁금지법 제8조 제3항 제8호가 정한 사회상규에 따라 허용되는 범위 내에 있는 것이라고 보기 어렵다고 판시하였다.[252]

---

250) 춘천지방법원 2016. 12. 6. 2016과20 결정(경찰서에 고소장을 제출한 고소인이 경찰서에 출석하여 조사받기 하루 전에 조사일정을 조율하여 준 담당 경찰관에게 자신의 업체 직원을 통하여 45,000원 상당의 떡 1상자를 제공하였는데, 경찰관이 이를 반환한 다음 소속기관장에게 신고한 사안에서 청탁금지법 제8조 제3항 제8호의 '사회상규에 따라 허용되는 금품등'으로 볼 수 없다고 판단하여 고소인에 대하여 같은 조 제5항 위반을 이유로 과태료 9만 원을 부과)에서는 청탁금지법 제8조 제3항 제8호의 '사회상규에 따라 허용되는 금품등'인지 여부의 **구체적 판단자료**로서 "청탁금지법의 입법 취지와 금품수수 금지조항의 의의와 함께 금품 제공자와 공직자등과의 직무관련성의 내용, 금품 제공자와 공직자등과의 관계, 금품의 내용 및 가액, 수수 시기와 장소, 수수 경위 등을 종합적으로 검토할 필요가 있다."고 판시하고 있고, 국민권익위원회, 해설집, 167면에서도 마찬가지로 설명하고 있다.

251) 국민권익위원회, 해설집, 167면.

252) 대전지방법원 2017. 3. 21. 2016과547 결정(국민권익위원회, 해설집, 168면에서 재인용).

이에 대하여 '사회상규'가 형법에서 위법성조각사유의 일반적 기준이 된다거나[253] 그 추상성 · 불명확성에 비추어 범죄구성요건이 되면 명확성 원칙에 위배된다는 이유로[254] 이 '사회상규'의 체계상 지위를 형법 제20조의 '사회상규'와 마찬가지로 위법성조각사유로 보는 견해가 있다. 그러나 이러한 해석은 '사회상규에 따라 허용되는 금품등'은 "수수를 금지하는 금품등에 해당하지 아니한다."고 규정한 청탁금지법 제8조 제3항 각 호 외 부분의 명문 규정에 반할 뿐만 아니라, 위 수재죄 · 증재죄의 경우에는 형법 제20조의 위법성조각사유로서 '사회상규'가 있음에도 청탁금지법 제8조 제3항 제8호에서 '사회상규'를 다시 규정하고 있는 이유를 설명할 수 없게 하므로 부당하다. 2016년 합헌결정[이유 중 5.의 마.(2)항]에서도 청탁금지법 제8조 제3항 제2호의 제외사유와 관련하여 "부정한 금품등 수수로 보기 어려운 행위들은 **구성요건 해당성을 배제하여**"라고 설시하는 등 판례는 청탁금지법 제8조 제3항을 소극적 구성요건에 관한 규정으로 파악하고 있다.

Ⅳ. 외부강의등의 규제

1. 의의

공직자등이 수수하는 금품 중 다수인을 대상으로 강의 · 강연 · 기고를 하거나 각종 회의에 참석하여 발언하는 등으로 자신의 경험 · 지식 · 의견을 전달하고 그 대가로 받는 사례금은 사적 거래로 인한 정당한 권원에 의하여 제공되는 금품(법 제8조 제3항 제3호)에 해당할 수도 있지만, 위와 같이 공직자등의 수수가 금지되는 금품의 우회적인 제공수단이 될 수도 있다. 그러므로 청탁금지법 제10조 제1항에서는 공직자등이 자신의 직무와 관련되거나 그 지위 · 직책 등에서 유래되는 사실상의 영향력을 통하여 요청받은 교육 · 홍보 · 토론회 · 세미나 · 공청회 또는 그 밖의 회의 등에서 한 강의 · 강연 · 기고 등(이하 '외부강의등'이라 함)의 사례금 수수는 허용하되 그 상한액만 제한하고, 같은 조 제2항에서는 국가나 지방자치단체가 아닌 자로부터 사례금을

253) 정형근, 앞의 "청탁금지법상 '금품등 수수 금지의 예외사유'에 관한 고찰", 29면.

254) 정혜욱, "청탁금지법 연구 – 금품 등의 수수금지를 중심으로 –", 「중앙법학」 19집 3호(중앙법학회, 2017. 9.), 154면.

받는 외부강의등을 요청받은 공직자등에게 그 외부강의등을 마친 날부터 10일 이내에 소속기관장에게 외부강의등의 요청 명세 등을 서면으로 신고해야 할 의무를 부과하고 있다. 또한 청탁금지법 제10조 제5항에 의하면 공직자등은 상한액을 초과하는 사례금을 받은 경우에는 소속기관장에게 신고하고 제공자에게 초과금액을 지체 없이 반환 조치를 해야 할 의무가 있다. 이러한 규제를 통하여 **공직자등 직무수행의 공정성, 공공기관에 대한 국민의 신뢰 및 그 직무수행의 불가매수성**을 확보하려는 것이다.

공직자등이 상한액을 초과하는 사례금을 받거나 위 각 신고의무 또는 신고 · 반환의무를 위반하면 징계사유에 해당하고(법 제21조),[255] 초과 사례금의 수수는 초과 부분에 한하여 금품등 수수 금지(법 제8조) 위반으로 형벌이나 과태료 부과의 제재를 받게 된다.[256] 또한 청탁금지법 제10조 제5항의 신고 및 반환 조치를 하지 아니한 공직자등에 대하여는 500만 원 이하의 과태료를 부과한다(법 제23조 제4항).

청탁금지법 제10조의 반대해석에 의하면 공직자등은 자신의 직무와 관련되거나 그 지위 · 직책 등에서 유래되는 사실상의 영향력을 통하여 **요청받은** 외부강의등을 하고 상한액 이하의 사례금을 받더라도 그 신고의무만 이행하면 허용되는 셈이다.[257] 이 점에 대하여는 공무원 등 공직자가 국민과의 소통이나 정부정책의 홍보를 위하여 외부강의등을 할 수 있다고 하더라도, 그 대가로 비록 상한액 이하일지라도 공직자가 사례금을 받는 것은 그 정당성을 납득하기 어렵고 오히려 공직사회의 부패에 악용될 우려도 있다는 입법론적 비판이 있다.[258]

이러한 외부강의등 규제의 대상자는 공직자등이므로 공무수행사인은 포함되지 않는다. 그런데 공직자등에는 학문의 연구도 그 직무로 하는 대학교수 등 교원[법 제2조 제2호 (다)목, 고등교육법 제15조 제2항] 및 언론사의 임직원(법 제2조 제2호 (라)목)도 포함되어 있다. 대학교수는 **학문 연구활동**의 일부로서 통상 학술세미나 · 토론회 등

---

255) 청탁금지법 또는 청탁금지법에 따른 명령을 위반한 경우의 징계절차 등에 대하여는 앞의 제Ⅲ.1.항에서 설명하였다.

256) 국민권익위원회, 해설집, 196면.

257) 정형근, 앞의 "청탁금지법상 '금품등 수수 금지의 예외사유'에 관한 고찰", 29,30면.

258) 임상규, "청탁금지법상의 '직무관련성' 개념과 그 문제점", 「형사정책」 29권 1호(한국형사정책학회, 2017. 4.), 112,113면.

에서 외부강의등을 하게 되고 언론인도 기고 · 강연 등을 통한 자유로운 표현활동을 함이 상례이다. 그런데 이들에 대하여도 부정청탁 여부와 관계없이 외부강의등에 대한 신고 의무를 부과하고(법 제10조 제2항) 신고를 하지 아니한 경우에는 징계조치를 하며(법 제21조), 그 신고를 받은 소속기관장(즉, 학교 및 언론사의 장)은 공정한 직무수행을 저해할 수 있다고 판단하는 경우에 외부강의등을 제한할 수 있도록 규정한 것(법 제10조 제4항)은 합리적인 이유 없이 학문의 자유, 언론의 자유, 사생활의 비밀과 자유 등을 침해하는 것이 되어 부당하다는 입법론적 비판이 제기되고 있다.[259)] 2016년 합헌결정에서 외부강의등 신고 관련 조항은 심판대상에서 제외되어 있으므로 이 문제에 관하여는 아직 위헌 여부 판단이 이루어지지 않았다. 생각건대 앞에서 설명한 부정청탁행위의 유형에서도 교원의 경우에는 그 부정청탁의 대상이 입학 · 성적 · 수행평가 등 교육 · 학생지도 및 교육행정 관련 행위로 한정되어 있고 학문 연구활동은 포함되어 있지 아니한 점(법 제5조 제1항 제5호, 제10호 등)에 비추어 보면, 청탁금지법에 학교의 교직원을 포함시킨 것은 **교육 및 교육행정**의 공정성을 위한 것이지 학문연구의 공정성을 위한 것이 아니다. 2016년 합헌결정에서도 사립학교 관계자와 언론인을 공직자등에 포함시켜 부정청탁 금지(법 제5조 제1항, 제2항 제7호), 금품등 수수 금지(법 제8조 제1항, 제2항, 제3항 제2호, 제9조 제1항 제2호) 및 외부강의등의 사례금 수수 제한(법 제10조 제1항)을 하는 규정의 위헌 여부를 판단함에 있어서, 사립학교 관계자는 **교육 및 교육행정**의 공정성, 언론인은 언론 보도내용의 공정성을 확보하기 위하여 청탁금지법의 규제대상에 포함된 것이라는 취지로 설시하고 있다.[260)] 그런데 교수의 직무에는 학생의 교육 · 지도와 함께 학문연구도 포함되어

---

259) 한석훈, 앞의 "청탁금지법의 쟁점 재검토", 250면; 김기호, 앞의 "「청탁금지법」의 법적 개선방안에 관한 연구", 314,315,317면; 김현경, 앞의 "개인정보보호제도와 「부정청탁 및 금품등 수수의 금지에 관한 법률」의 갈등과 조화방안에 대한 고찰", 318,321,325면; 김대환, "청탁금지법과 학문의 자유", 「세계헌법연구」 22권 3호(세계헌법학회 한국학회, 2016. 12.), 79면; 임상규, 앞의 논문, 113-115면; 홍완식, 앞의 "청탁금지법 적용대상의 문제점", 354면; 홍성칠, 앞의 「청탁금지법 해설」, 14면.

260) 2016**년 합헌결정**은 청구인들의 언론의 자유, 사학의 자유, 교원지위 법정주의, 교육의 자주성 · 전문성 침해 주장에 대하여 "심판대상조항은 언론인과 취재원의 통상적 접촉 등 정보의 획득은 물론 보도와 논평 등 의견의 전파에 이르기까지 자유로운 여론 형성과정에서 언론인의 법적 권리에 어떤 제한도 하고 있지 않다. 또 사립학교 관계자의 교육의 자유나 사립학교 운영의 법적 주체인 학교법인만이 향유할 수 있는 사학의 자유를 제한하고 있지도 아니하다."고 판시하고[이유 중 5.의 나.(6)항], 사립학교 관계자와 언론인을 공직자등에 포함시켜 부정청탁 및 금품등 수수를 금지한 규정의 과잉금지원칙 위배 주장에 대하여 "교원의 업무는 아직 인격이 완성되지 아니한 학생들을 직접 대면하여 건전한 사회 구성원으로 길러내는 역할을 담당하는 것이라는 점에서 사회 전체에 미치는 영향이 크다. 뿐만 아

있으므로(고등교육법 제15조 제2항), 대학교수에 대한 학술발표 요청도 교수의 직무와 관련되거나 적어도 그 지위 · 직책 등에서 유래되는 사실상의 영향력을 통하여 요청받은 경우에 해당할 수 있다. 그러나 이러한 해석은 학교의 교직원을 청탁금지법의 적용대상에 포함시킨 입법취지와는 맞지 않는다. 교수의 교육이나 학생지도의 공정성은 확보할 필요가 있겠지만 교수 학문연구의 공정성을 확보한다는 것은 자유롭고 창의적인 학문연구 및 발표를 보장하려는 학문의 자유(헌법 제22조 제1항)와도 모순된다. 따라서 적어도 교원의 학문연구 활동에 따른 외부강의등은 청탁금지법 제10조의 적용대상에서 제외하는 해석이나 입법이 학문의 자유라는 기본권 보장을 위하여 필요할 것이다.[261)]

2. 외부강의등의 사례금 수수 제한

공직자등은 자신의 **직무와 관련되거나 그 지위 · 직책 등에서 유래되는 사실상의 영향력**을 통하여 **요청받은 교육 · 홍보 · 토론회 · 세미나 · 공청회 또는 그 밖의 회의 등에서 한 강의 · 강연 · 기고 등**(즉, 외부강의등)의 대가로서 대통령령으로 정하는 **상**

니라 이와 같은 업무의 수행에는 학부모 및 학생들의 교원에 대한 신뢰가 필수요건이 되는데, 이러한 신뢰의 형성을 위해서는 교원에게 고도의 청렴성이 요구된다. 각급 사립학교의 장은 학교의 **교육행정**을 통괄하고 **교육내용**을 지도 · 감독하며 소속 교직원을 지도 · 감독하는 등 많은 권한을 가지고 있다. 또 각급 사립학교의 직원은 그 지위와 사회보장 등에서 국 · 공립학교의 직원과 유사하고 학교의 사무처리와 관련한 각종 권한을 가지고 있다. 그리고 각급 사립학교법인의 임원은 학교법인을 운영하는 실질적 주체로서 **학교법인의 예산 · 결산 · 차입금 및 재산의 취득 · 처분과 관리에 관한 사항, 사립학교의 장 및 교원의 임면에 관한 사항, 사립학교의 경영에 관한 중요사항, 수익사업에 관한 사항** 등을 심의 · 의결할 수 있다(사립학교법 제16조). 따라서 각급 사립학교의 장과 직원 및 사립학교법인 임원은 모두 부정청탁이나 금품등을 받을 수 있는 환경에 쉽게 노출될 수 있다. 이들의 부패는 궁극적으로 사립학교의 교육환경을 열악하게 만들어 교육의 부실을 초래할 우려가 크므로 사립학교 교원과 마찬가지로 이들에게도 높은 청렴성이 요구된다. … 언론사는 다양한 의견을 균형 있게 수렴하여 공정한 보도를 함으로써 이를 접한 국민의 의사가 왜곡되지 않도록 공공성을 지향하고 민주적 여론형성에 기여하여야 한다. … 언론인은 보도를 통해 국민의 의사소통과 여론 형성을 위한 통로 역할을 담당하고 있다는 점에서 사회 전체에 미치는 영향이 크다. 언론의 공정성을 유지하고 신뢰도를 높이기 위해서는 언론인에게도 공직자에 버금가는 높은 청렴성이 요구된다."는 이유로 과잉금지원칙을 위반하여 청구인들의 일반적 행동자유권을 침해한다고 보기 어렵다고 판시하였다[이유 중 5.의 라.(1)(나),(다)항].

261) 한석훈, 앞의 "청탁금지법의 쟁점 재검토", 250면. 이에 대하여 "대학 교원이 학술대회 등에서 발표를 하거나 기고를 하는 행위는 학문의 자유와 더불어 직업의 자유를 행사하는 것으로 그 직종 본연의 고유한 업무에 해당된다.…그러므로 입법론으로는 '청탁금지법 적용대상인 공공기관'의 요청으로 외부강의등을 하는 경우에는 신고의무를 면제함이 타당할 것이다. 공공기관에서 하는 외부강의는 청탁금지법 시행령에서 정하는 강의료를 지급하고 있기 때문에 초과 사례금 지급의 우려가 없고, 그곳에서 하는 강의로 인하여 직무의 공정성을 해할 염려도 없기 때문이다."라고 하여 입법론을 제시하는 견해(정형근, 앞의 "청탁금지법상 '금품등 수수 금지의 예외사유'에 관한 고찰", 36면)가 있다.

한액을 초과하는 사례금을 받아서는 아니 된다(법 제10조 제1항). 청탁금지법 시행령 제25조 및 별표2에서 그 상한액을 정하고 있다. 이 규정은 청탁금지법 제8조의 특별규정이므로 수수된 금품이 이러한 요건에 해당하지 않거나 상한액을 초과하는 경우의 초과금액은 같은 법 제8조의 수수 금지 금품등에 해당하는지 여부를 검토해야 한다.[262)]

가. 직무관련성 및 지위관련성

외부강의등은 공직자등의 직무와 관련되거나 그 지위 · 직책 등에서 유래되는 사실상의 영향력을 통하여 요청받은 경우라야 한다. 요청받지 아니한 경우, 예컨대 공직자 · 대학교수 · 언론인이 스스로 학술지 · 시사지 등에 논문 · 칼럼을 기고하는 경우는 제외된다.[263)]

'직무와 관련되거나'의 개념은 청탁금지법 제8조 제2항의 직무관련성 개념(앞의 제Ⅲ.2.의 나.항 기재 부분)과 다르게 볼 이유가 없다. 그러므로 '직무'란 법령 · 학칙 · 사규 등에 따른 일반적인 직무권한에 속하는 직무 그 자체뿐만 아니라 그 직무와 밀접한 관계가 있는 행위 또는 관례상이나 사실상 소관하는 직무행위 및 결정권자를 보좌하거나 영향을 줄 수 있는 직무행위도 포함된다. 또한 외부강의등을 직무와 '관련'되어 요청받은 것인지는 공직자등의 직무내용, 직무와 강의등 요청자 또는 사례금 제공자와의 관계, 강의내용, 외부강의등 요청 경위와 시기 등의 사정을 참작하여 이를 판단해야 한다.[264)]

공직자등의 '지위 · 직책 등에서 유래되는 사실상의 영향력'이란 공직자등의 직무와 관련성이 없을지라도 그 지위 · 직책 등에 따르게 되는 사회 · 경제적 영향력을 말하므로 공직자등의 직무나 지위를 보고 요청받은 외부강의등은 모두 포함된다는 견해[265)]가 있다. 그러나 외부강의등의 요청이 단순히 공직자등의 지위 · 직책과 관련되기만 하면 모두 포함할 것이 아니라, 그 **지위 · 직책 등에서 유래되는 사실상의 영**

262) 국민권익위원회, 해설집, 196면; 정형근, 앞의 "청탁금지법상 '금품등 수수 금지의 예외사유'에 관한 고찰", 35면.

263) 정형근, 위 논문, 33면.

264) 정형근, 위 논문, 32면도 유사한 취지임.

265) 김동복, "청탁금지법상 몇 가지 문제점과 대안", 「국가법연구」 13집 1호(한국국가법학회, 2017. 2.), 59면.

향력을 통하여 요청받을 것이 요구되는 것이므로 좀더 강화된 지위관련성[266]으로 보아야 할 것이다. 이에 대하여 형법 알선수뢰죄(형법 제132조)의 '공무원이 그 지위를 이용하여'에 가까운 개념으로 보는 견해[267]도 있다. 그러나 위 알선수뢰죄의 '공무원이 그 지위를 이용하여'란 "단순히 공무원으로서의 신분이 있다는 것만을 이용하는 경우에는 이에 해당한다고 할 수 없고, 적어도 다른 공무원이 취급하는 사무의 처리에 법률상이거나 사실상으로 영향을 줄 수 있는 관계에 있는 공무원이 그 지위를 이용하는 경우이어야 한다."고 함이 판례[268]이므로, 그 보다는 넓은 개념이라고 할 수 있다.

나. 외부강의등

외부강의등은 '교육 · 홍보 · 토론회 · 세미나 · 공청회 또는 그 밖의 회의 등에서 한 강의 · 강연 · 기고 등'이라고 규정하여 교육 · 홍보 · 토론회 · 세미나 · 공청회 또는 그 밖의 회의나 그와 유사한 모임 · 기회에서의 강의 · 강연 · 기고 또는 그와 유사한 행위를 포함하려는 취지이므로 이는 제한적 예시규정으로 보아야 할 것이다. 그러므로 '교육 · 홍보 · 토론회 · 세미나 · 공청회'와 같이 **다수인**을 대상으로 하거나 **회의** 형태로 경험 · 의견 · 지식을 전달하는 경우라야만 하고, 그러한 경우에 해당한다면 경험 · 의견 · 지식의 전달방법은 강의 · 강연 · 기고뿐만 아니라 발언 · 토론 등 다른 방법도 무방하다.[269] 따라서 이러한 형태가 아닌 용역, 자문 또는 특정인에 대한 교육은 포함되지 않으므로 그 용역료, 자문료 또는 강의료는 금액을 불문하고 청탁금지법 제8조 제3항 제3호의 '정당한 권원'에 해당하는지를 검토해야 할 것이다.[270] 또한 연주회 · 무대 등에서의 공연, 전시회에서의 예술작품 전시, 각종 대회

266) 지유미, 앞의 "현행 뇌물관련법제에 대한 보완책으로서 부정청탁금지법안", 171면에서는 종전 청탁금지법안 제8조 제1항에 규정하고 있었던 의 '그 지위 · 직책 등에서 유래하는 사실상의 영향력을 통하여'의 의미에 관한 해석이지만, 이는 미국 연방대법원의 Sun-Diamond 판결에서 불법사례수수죄[illegal gratuity, 18 U.S. Code §201(c)(1)(B)]의 요건에 관하여 판시한 것처럼 '공직자등의 지위나 직책과의 관련되어 있을 뿐만 아니라 그 지위나 직책에서 유래하는 사실상의 영향력 행사를 통하여'라는 의미의 **강화된 지위관련성**을 의미한다고 설명하고 있다.

267) 임상규, 앞의 "청탁금지법상의 '직무관련성' 개념과 그 문제점", 110면.

268) 대법원 2010. 11. 25. 2010도11460; 1994. 10. 21. 94도852.

269) 국민권익위원회, 해설집, 197면.

270) 국민권익위원회, 해설집, 197면; 임상규, 앞의 "청탁금지법상의 '직무관련성' 개념과 그 문제점", 109,110면.

에서의 심사 등은 경험 · 의견 · 지식을 전달하는 것이 아니므로 제외된다.[271)]

'외부'강의등이어야 하므로 공공기관 내부에서의 강연 · 강의 · 기고 등은 청탁금지법 제10조의 적용에서 제외된다.[272)] 공직자등의 외부강의등은 일시적 · 부정기적으로 행하여지는 것이므로 계속적 · 정기적으로 진행되는 강의는 제외된다는 견해[273)]가 있다. 그러나 계속적 · 정기적인 외부강의도 종종 맡게 되는 대학교수의 경우에는 물론 다른 공직자의 경우에도 계속적 · 정기적으로 하는 강연 · 강의 · 기고 등을 청탁금지법 제10조의 규제에서 제외해야 할 이유가 없다. 다만, 사례금을 산정함에 있어서는 상한액 제한이 있으므로 후술하는 상한액 기준을 각 회 별로 적용하면 될 것이다.

다. 사례금의 상한액

청탁금지법 시행령 제25조의 별표2에 따르면 사례금의 상한액은 청탁금지법 제2조 제2호 각 목의 공직자등에 따라 차이가 있다. 같은 호 (가),(나)목의 공직자등[즉 공무원, 공무원유관단체 및 「공공기관의 운영에 관한 법률」 제4조에 따른 기관의 장과 임직원, 다만 (다)목의 각급 학교 장과 교직원 및 (라)목의 공직자등은 제외]에 대한 사례금은 강의등은 1시간당, 기고는 1건당 각 **40만 원**이다. 그 중 공무원[법 제2조 제2호 (가)목]의 경우에는 1시간을 초과하여 강의 등을 하더라도 사례금 총액은 강의시간에 관계없이 1시간 상한액의 100분의 150에 해당하는 금액, 즉 **60만 원**을 초과하지 못한다. 같은 호 (다)목, (라)목의 공직자등[즉, 각급 학교의 장과 교직원, 학교법인의 임직원, 언론사의 대표자와 그 임직원]에 대한 사례금은 강의등은 1시간당, 기고는 1건당 각 **100만 원**이다.[274)] 이러한 상한액에는 강의료, 원고료, 출연료 등 명목에 관계없이 외부강의등 사례금 제공자가 외부강의등과 관련하여 공직자등에게 제공하는 일체의 사례금을 포함한다.

---

271) 정형근, 앞의 "청탁금지법상 '금품등 수수 금지의 예외사유'에 관한 고찰", 34면.

272) 정형근, 위 논문, 30면.

273) 정형근, 위 논문, 34면.

274) 청탁금지법 시행령이 2018. 1. 17. 개정 · 시행되기 전에는 공무원과 공직유관단체 임직원의 경우 직급별로 외부강의 등 사례금 상한액을 달리 정하였으나, 위 개정 후에는 필요한 경우 기관별로 상한액의 범위에서 자율적으로 정하여 운영할 수 있도록 사례금 상한액을 40만 원으로 일원화 하였고, 국 · 공립학교 교직원이나 공직유관단체에 해당하는 언론사 임직원의 경우 종전에는 공무원 및 공직유관단체 임직원의 사례금 상한액을 적용하도록 하였으나, 위 개정 후에는 사립학교 교직원 및 민간 언론사 임직원의 외부강의 등 사례금 상한액과 동일하게 적용하도록 개정하였다.

다만, 공직자등이 소속기관에서 교통비 · 숙박비 · 식비 등 여비를 지급받지 못한 경우에는 「공무원 여비 규정」 등 공공기관별로 적용되는 여비 규정의 기준 내에서 실비 수준으로 제공되는 교통비 · 숙박비 · 식비는 사례금에 포함되지 않는다.

그러나 공직자등이 국제기구 · 외국정부 · 외국대학 · 외국연구기관 · 외국학술단체, 그 밖에 이에 준하는 외국기관에서 지급하는 외부강의등의 사례금 상한액은 그 지급자의 지급기준에 따른다.

3. 외부강의등의 신고의무 및 제한

공직자등은 사례금을 받는 외부강의등을 할 때에는 그 외부강의등을 마친 날부터 10일 이내에 요청 명세 등[즉, 신고자의 성명 · 소속 · 직급 · 연락처, 외부강의등의 일시 · 장소 · 강의시간, 강의주제, 사례금 총액 · 상세명세, 외부강의등의 요청자(요청기관), 담당자 및 연락처]을 소속기관장에게 서면으로 신고해야 한다(법 제10조 제2항 본문, 시행령 제26조 제1항).[275] 이 신고는 소속기관장에게 도달하기만 하면 되고 소속기관장의 수리나 승인은 필요 없다.[276] 다만, 외부강의등을 요청한 자가 국가나 지방자치단체인 경우에는 신고할 필요가 없다(법 제10조 제2항 단서). 기획재정부 등에서 시달한 공통 예산지침을 적용하고 있으므로 예산집행의 투명성이 확보되기 때문이다.[277] 그 신고를 할 때 상세 명세 또는 사례금 총액 등을 미리 알 수 없는 경우에는 해당 사항을 제외한 사항을 신고한 후 해당 사항을 안 날부터 5일 이내에 보완해야 한다(시행령 제26조 제2항). 소속기관장은 공직자등이 신고한 외부강의등이 공정한 직무수행을 저해할 수 있다고 판단하는 경우에는 외부강의등을 제한할 수 있다(법 제10조 제4항).

공직자등은 위 상한액을 초과하는 사례금(이하 '초과사례금'이라 함)을 받은 경우에는 초과사례금을 받은 사실을 안 날부터 2일 이내에 위 신고사항과 함께 초과사례금의 액수 및 초과사례금의 반환 여부를 소속기관장에게 서면으로 신고하고, 제공자에게 그 초과금액을 지체 없이 반환해야 한다(법 제10조 제5항, 시행령 제27조 제1항). 그 신고

---

275) 종전에는 사례금 수수 여부를 불문하고 외부강의등을 사전에 신고하게 하였으나, 2019. 11. 26.자 개정청탁금지법(2020. 5. 27. 시행)에서는 사례금 수수의 경우에만 신고의무를 부과하였고, 그 경우에도 사후에 신고하게 하였으나 사전 신고도 무방함은 물론이다(국민권익위원회, 해설집, 198면).

276) 국민권익위원회, 해설집, 198면; 정형근, 앞의 "청탁금지법상 '금품등 수수 금지의 예외사유'에 관한 고찰", 34,35면.

277) 국민권익위원회, 해설집, 198면.

를 받은 소속기관장은 초과사례금을 반환하지 아니한 공직자등에 대하여 신고사항을 확인한 후 7일 이내에 반환해야 할 초과사례금의 액수를 산정하여 해당 공직자등에게 통지해야 한다(시행령 제27조 제2항). 그 통지를 받은 공직자등은 지체 없이 초과사례금(신고자가 초과사례금의 일부를 반환한 경우에는 그 차액)을 제공자에게 반환하고 그 사실을 소속기관장에게 알려야 한다(시행령 제27조 제3항). 공직자등은 자신이나 자신의 배우자가 초과사례금을 반환한 경우에는 소속기관장에게 증명자료를 첨부하여 반환하는 데 든 비용을 청구할 수 있다(시행령 제28조).

이러한 신고 및 반환 조치를 모두 하지 아니한 공직자등에게는 500만 원 이하의 과태료를 부과하는데(법 제23조 제4항, 제10조 제5항),[278] 국민권익위원회는 "신고 및 반환 조치를 모두 이행해야 하므로 그 중 어느 하나의 조치라도 하지 않은 경우에는 징계대상이고, 모두 이행하지 않을 경우 과태료 부과 대상에 해당한다."고 설명하고 있다.[279]

Ⅴ. 의무신고와 임의신고

1. 의의

부정청탁이나 이를 위한 금품등의 수수는 은밀하게 이루어지는 밀행성이 있으므로 그 예방을 위해서는 그 사실을 아는 자의 신고를 장려함이 효과적이다. 이에 청탁금지법은 청탁금지법 위반사실의 신고제도를 마련하고 있는데, 청탁금지법상 부과되는 신고의무에 따른 신고(이하 '의무신고'라 함)와, 신고의무 없는 자 중 누구든지 할 수 있는 신고(이하 '임의신고'라 함)로 구분할 수 있다. 임의신고는 포상 · 보상제도로 그 신고를 장려하고 있다.

의무신고에는 부정청탁의 신고, 금품등의 수수등 신고 및 외부강의등의 신고가 있다. 그 중 외부강의등의 신고에 관하여는 앞에서 설명하였으므로, 나머지 부정청탁의 신고 및 금품등의 수수등 신고에 관해서만 설명한다.

---

278) 임상규, 앞의 "청탁금지법상의 '직무관련성' 개념과 그 문제점", 111면.

279) 국민권익위원회, 해설집, 200면.

2. 부정청탁의 의무신고

가. 신고의무의 발생과 신고절차

공직자등(또는 공무수행사인, 이하 같음)이 금지된 부정청탁을 받은 경우(앞의 Ⅱ. 기재 부분)에 1차적으로는 부정청탁을 한 자에게 부정청탁임을 알리고 이를 거절하는 의사를 **명확히** 표시해야 하는 **거절의무**가 있다(법 제7조 제1항, 제11조). 그러한 조치를 하였음에도 불구하고 **동일한** 부정청탁을 다시 받은 경우에는 이를 소속기관장에게 서면(전자문서 포함, 이하 같음)으로 신고해야 하는 **신고의무**가 발생한다(법 제7조 제2항, 제11조). 그 신고는 소속기관의 감독기관, 감사원, 수사기관 또는 국민권익위원회에 할 수도 있다(법 제7조 제6항). 이처럼 2차적 부정청탁의 경우에 비로소 신고의무가 발생하도록 규정한 입법취지는 신고로 인한 피청탁자의 인간관계 단절이나 직·간접적 불이익을 감안한 것이다. 이때 1차 청탁에 대한 거절의 의사표시가 없이 부작위 상태였을지라도 다시 동일한 청탁을 받은 경우에는 신고의무가 발생한다는 견해[280]가 있다. 그러나 1차 청탁에 대한 거절의사를 명확히 표시하도록 한 이유는 금지되는 부정청탁에 해당하는지를 판단하기 어려운 경우도 있는 점을 감안하여 청탁자에게 부정청탁임을 주지시키기 위한 것이므로,[281] 신고로 인하여 상대방이 받는 불이익을 감안할 때 거절의 의사표시는 명확히 표시한 후에만 신고의무가 발생한다고 보아야 할 것이다.

이때 **동일한 청탁**인지 여부는 공직자 등 직무수행의 공정성이라는 보호법익이나 위 신고제도의 입법취지에 비추어 볼 때 **신고의무가 부과되는 공직자**등을 기준으로 한 **청탁 내용의 본질적 동일성** 여부로 판단해야 한다.[282] 따라서 수인의 청탁자가 순차적으로 같은 내용의 부정청탁을 한 경우에는 청탁자가 다를지라도 청탁 내용이 같으므로 동일한 청탁을 2회 이상 한 경우에 해당하여 신고의무가 발생한다. 같은 법인의 임직원이 법인의 업무와 관련하여 거듭 청탁한 경우도 마찬가지이다. 신고의무가 부과되는 동일한 청탁인지 여부를 판단함에 있어서는 청탁금지법 제5조 제2

---

280) 정형근, 앞의 "청탁금지법상 '부정청탁의 금지'에 관한 고찰", 71면.

281) 정형근, 앞의 "「부정청탁 및 금품등 수수의 금지에 관한 법률」에 관한 연구 –그 적용대상자와 부정청탁금지를 중심으로–", 165,166면.

282) 국민권익위원회, 해설집, 99면.

항의 제외사유에 해당하는 청탁일지라도 그 판단대상에 포함해야 한다는 견해[283]가 있으나, 제외사유에 해당하는 청탁은 부정청탁이 아님에 비추어 볼 때 제외사유 있는 청탁은 1차 부정청탁에도 포함되지 않는 것으로 보아야 할 것이다.

공직자등이 이러한 신고의무를 위반한 경우에는 징계처분 절차에 회부해야만 한다(법 제21조). 공무수행사인의 경우에는 민간인이므로 징계처분의 대상은 아니다.

나. 신고의 확인 및 직무수행 제한 조치

위 부정청탁의 신고를 받은 **소속기관장 · 감독기관 · 감사원 · 수사기관 또는 국민권익위원회**는 신고자 · 부정청탁자의 인적사항, 신고의 경위 · 이유, 부정청탁의 일시 · 장소 · 내용 등 신고내용의 특정, 신고내용의 입증자료(참고인, 증거자료 등) 확보 여부 및 다른 기관에 동일 내용으로 신고를 하였는지 여부를 확인하고, 위 신고내용의 특정에 필요한 사항은 적정 기간을 정하여 신고를 보완하게 할 수 있다(시행령 제3조, 제4조, 제8조 제2항, 제11조 제2항).

소속기관장은 위 신고 · 확인 과정이나 다른 경로로 부정청탁이 있었던 사실을 알게 된 경우에 해당 직무의 수행에 지장이 있다고 인정되면 부정청탁을 받은 공직자등(또는 공무수행사인, 이하 같음)에 대하여 소정의 **직무수행 제한 조치**를 할 수 있다. 일반적으로는 직무참여의 일시중지, 직무대리자 지정, 직무 공동수행자 지정 또는 사무분장의 변경 조치를 할 수 있고, 그러한 조치로도 목적을 달성할 수 없는 경우에 한하여 전보 조치를 할 수 있다(법 제7조 제4항, 시행령 제7조). 그러나 법원과 그 소속기관의 경우에는 직무참여의 일시중지, 직무대리자 지정, 직무 공동수행자 지정, 사무분담 변경 또는 전보(轉補)를 하거나, 소송이 계속중인 사건과 관련한 부정청탁이 있는 경우에는 미리 해당 재판부의 의견을 듣고 해당 사건의 재배당을 할 수도 있다(법 제7조 제4항, 청탁금지법의 시행에 관한 대법원 규칙 제2조).[284] 이러한 직무수행 제한 조치는 직무수행의 공정성에 대한 의심을 사전에 차단하려는 것이지만,[285] 해당 공직

283) 정형근, 앞의 "「부정청탁 및 금품등 수수의 금지에 관한 법률」에 관한 연구 -그 적용대상자와 부정청탁금지를 중심으로-", 166,167면.

284) 그 밖에 국회, 헌법재판소, 중앙선거관리위원회도 규칙을 제정하여 직무참여의 일시중지, 직무대리자 지정 또는 전보 조치 외 별도의 조치를 정할 수 있다(법 제7조 제4항 제4호).

285) 국민권익위원회, 해설집, 103면.

자등의 직무수행을 기피하려는 자에 의한 신고의 악용 우려도 있으므로 소속기관장이 "해당 직무의 수행에 지장이 있다."고 인정할 것인지는 신중하게 판단할 필요가 있을 것이다.[286] 다만, 소속기관장은 부정청탁으로 인하여 공직자등의 직무수행에 지장이 있을지라도, 직무를 수행하는 공직자등을 대체하기 지극히 어려운 경우, 공직자등의 직무수행에 미치는 영향이 크지 아니한 경우, 국가의 안전보장 · 경제발전 등 공익증진을 이유로 직무수행의 필요성이 더 큰 경우 중 어느 하나에 해당하면 그 공직자등에게 직무를 수행하게 할 수 있다(법 제7조 제5항 제1문). 이러한 경우에는 청탁금지법 제20조에 따른 소속기관의 담당관(이하 '부정청탁 금지 담당관'이라 함) 또는 다른 공직자등으로 하여금 그 공직자등의 공정한 직무수행 여부를 주기적으로 확인 · 점검하도록 해야 한다(같은 항 제2문).

신고를 받은 국민권익위원회는 위와 같이 신고를 확인한 후 신고내용을 조사함이 없이, 범죄의 혐의가 있거나 수사의 필요성이 있다고 인정되는 경우에는 수사기관에, 감사원법에 따른 감사가 필요하다고 인정되는 경우에는 감사원에, 그 밖의 경우에는 공직자등의 소속기관 또는 감독기관에 **이첩**한다(시행령 제12조 제1항). 이때 신고내용이 여러 기관과 관련되는 경우에는 소속기관, 감독기관, 감사원 또는 수사기관 중에서 주관 기관을 지정하여 이첩할 수 있다(같은 조 제2항 제1문). 위와 같은 이첩 대상인지가 명백하지 않고 그렇다고 후술하는 종결처리 대상인지도 명백하지 아니한 경우에는 소속기관장, 감독기관, 감사원 또는 수사기관에 **송부**할 수 있다(같은 조 제3항).

다. 신고내용의 조사 및 조치

신고를 받거나 국민권익위원회로부터 신고를 이첩 · 송부받은 **소속기관장 · 감독기관 · 감사원 · 수사기관**(이하 '조사기관'이라 함)은 신고의 경위 · 취지 · 내용 · 증거자료 등 필요한 조사(감사원은 '감사'도 가능)를 하여 부정청탁에 해당하는지를 신속하게 확인해야 한다(법 제7조 제3항, 시행령 제9조 각 호 외 부분, 제13조 제1항). 그 조사를 함에 있어서 행정기관(행정조사기본법 제2조 제2호)의 경우에는 행정조사의 조사방법(행정조

---

286) 한석훈, 앞의 "청탁금지법의 쟁점 재검토", 254면.

사기본법 제3장)을,[287] 감사원 감사의 경우에는 감사방법(감사원법 제2장 제4절)을 활용할 수도 있다.[288]

신고내용에 대하여 필요한 조사를 마치면, 조사절차를 진행한 각 기관별로 조사결과에 대한 조치내용이 상이하다.

소속기관장은 신고내용의 조사 결과 범죄혐의가 있거나 수사의 필요성이 있다고 인정되는 경우에는 수사기관에 통보하고, 과태료 부과 대상인 경우에는 과태료 관할 법원에 통보하며, 징계 대상인 경우에는 징계절차를 진행하여야 한다(시행령 제5조, 제13조 제2항). 감독기관 또는 감사원은 신고내용의 조사(또는 감사)결과 범죄혐의가 있거나 수사의 필요성이 있다고 인정되는 경우에는 수사기관에 통보하고, 과태료 부과 대상이거나 징계의 필요성이 있는 경우에는 소속기관에 통보해야 한다(시행령 제9조 제1호, 제13조 제2항). 수사기관은 신고내용의 조사 결과 범죄혐의가 있거나 수사의 필요성이 있다고 인정되는 경우에는 수사절차를 진행하고, 과태료 부과 대상이거나 징계의 필요성이 있는 경우에는 소속기관에 통보해야 한다(시행령 제9조 제2호, 제13조 제2항).

또한 공공기관의 장은 공직자등이 직무수행 중에 또는 직무수행 후에 부정청탁 금지규정(법 제5조) 위반사실이나 부정청탁 수행(법 제6조) 사실을 발견한 경우에는 해당 직무를 중지하거나 취소하는 등 필요한 조치를 해야 한다(법 제16조).

소속기관장 · 감독기관 · 감사원 · 수사기관 또는 국민권익위원회는 ① 신고내용이 명백히 거짓이거나, ② 신고자가 신고내용의 특정에 필요한 사항은 보완기간 내 보완하지 않았거나, ③ 신고에 대한 처리결과를 통보받은 사항에 대하여 정당한 사유 없이 다시 신고한 경우로서 새로운 증거가 없거나, ④ 신고내용이 언론매체 등을

287) 조사기관은 소속 공직자등은 물론, 이해관계인이나 참고인 등의 제3자도 조사할 수 있으나, 조사대상자에 대한 조사만으로는 당해 행정조사의 목적을 달성할 수 없거나 조사대상이 되는 행위에 대한 사실여부 등을 입증하는 데 과도한 비용 등이 소요되는 경우로서 제3자의 동의가 있거나 다른 법률에서 제3자에 대한 조사를 허용하고 있는 경우에만 **제3자**에 대한 보충조사를 할 수 있을 뿐이다(행정조사기본법 제19조 제1항).

288) 청탁금지법 시행령 제9조, 제13조 제1항, 제2항에 의하면 수사기관의 경우에는 부정청탁의 신고를 받거나 국민권익위원회로부터 이첩 · 송부된 신고에 관하여 신고내용을 수사한 후 범죄의 혐의가 있거나 수사의 필요성이 있다고 인정되는 경우에는 **수사절차의 진행** 조치를 하는 것으로 규정하고 있다. 그러나 수사란 수사기관이 범죄혐의가 있다고 판단할 때 개시되는 것이므로(형사소송법 제195조, 제196조 제2항) 수사기관이 범죄혐의가 있거나 수사의 필요성이 있다고 인정하기 전에는 조사나 내사를 하는 것이지 수사를 한다고 볼 수는 없다.

통하여 공개된 내용에 해당하고 조사 · 감사 · 수사 중에 있거나 이미 끝난 경우로서 새로운 증거가 없는 경우, ⑤ 동일한 내용의 신고가 접수되어 먼저 접수된 신고에 관하여 조사 · 감사 · 수사 중에 있거나 이미 끝난 경우로서 새로운 증거가 없는 경우, ⑥ 그 밖에 청탁금지법 위반행위를 확인할 수 없는 등 조사 · 감사 · 수사가 필요하지 않다고 인정되어 종결하는 것이 합리적이라고 인정되는 경우에는 접수받은 신고 또는 이첩 · 송부받은 신고를 종결할 수 있다(시행령 제14조 제1항).

라. 청탁내용 및 조치사항의 공개

소속기관장은 부정청탁행위(법 제5조 제1항)로 과태료가 부과되거나 부정청탁 수행죄(법 제6조)로 유죄판결 또는 기소유예처분이 확정된 경우 또는 그 밖에 부정청탁 예방을 위하여 공개할 필요가 있다고 인정하는 경우에는 다른 법령에 위반되지 아니하는 범위에서 해당 공공기관의 인터넷 홈페이지 등에 **부정청탁의 내용 및 조치사항을 공개**할 수도 있다(법 제7조 제7항, 시행령 제15조 제1항). 이때 부정청탁의 일시 · 목적 · 유형, 세부내용, 직무수행 제한조치, 직무의 중지 · 취소 조치, 징계처분 및 형벌 또는 과태료 부과 등 제재내용은 공개할 수 있지만(시행령 제15조 제2항), 청탁자의 인적사항은 공개할 수 없다.[289]

3. 금품등의 수수등 의무신고

가. 신고 · 반환의무의 발생과 신고 · 반환절차

공직자등(또는 공무수행사인, 이하 같음)이 수수 금지 금품등을 받거나 그 제공의 약속 또는 의사표시를 받은 경우 또는 자신의 배우자가 수수 금지 금품등을 받거나 그 제공의 약속 또는 의사표시를 받은 사실을 안 경우(앞의 Ⅲ. 기재 부분)에는 **소속기관장**에게 지체 없이 서면으로 이를 신고해야 할 의무가 있다(법 제9조 제1항, 제11조). 또한 공직자등은 자신이나 배우자의 금품등 수수의 경우에는 그 제공자에게 지체없이 금품등을 반환하거나 배우자로 하여금 반환하도록 해야 하고, 금품등 제공의 약속 또는 의사표시를 받은 경우에는 그 제공자에게 지체없이 거부의사를 밝히거나 배우자

---

289) 국민권익위원회, 해설집, 104면.

로 하여금 밝히도록 해야 할 의무가 있다(법 제9조 제2항 본문, 제11조). 다만, 받은 금품등이 멸실 · 부패 · 변질 등의 우려가 있는 경우, 해당 금품등의 제공자를 알 수 없는 경우 또는 그 밖에 제공자에게 반환하기 어려운 사정이 있는 경우에는 소속기관장에게 인도하거나 인도하도록 해야 한다(법 제9조 제2항 단서). 이러한 신고나 인도는 소속기관의 **감독기관 · 감사원 · 수사기관 또는 국민권익위원회**에 할 수도 있다(법 제9조 제6항).

소속기관장은 위와 같이 신고를 받거나 금품등을 인도받은 경우에 수수 금지 금품등에 해당한다고 인정하는 때에는 공직자등에게 반환 또는 인도를 하게 하거나 거부의사를 표시하도록 해야 한다(법 제9조 제3항 전단). 또한 소속기관장은 공직자등으로부터 배우자의 금품등 수수 신고를 받은 경우에 그 공직자등의 배우자가 반환을 거부하는 금품등이 수수 금지 금품등에 해당한다고 인정하는 때에는 그 공직자등의 배우자로 하여금 그 금품등을 제공자에게 반환하도록 요구해야 한다(법 제9조 제7항). 공직자등은 자신이나 자신의 배우자가 위와 같이 금품등을 반환 또는 인도를 한 경우에는 소속기관장에게 증명자료를 첨부하여 반환하는 데 든 비용을 청구할 수 있다(시행령 제28조).

소속기관장은 위 신고나 금품등의 인도 또는 다른 경로로 공직자등 또는 그 배우자가 수수 금지 금품등을 받았거나 그 제공의 약속 또는 의사표시를 받은 사실을 알게 된 경우[290]에 수사의 필요성이 있다고 인정하는 때에는 그 내용을 지체 없이 수사기관에 통보해야 한다(법 제9조 제3항, 제4항).

공직자등이 위 신고의무나 반환 · 인도의무를 위반한 경우에는 징계처분의 대상이 되지만(법 제21조), 공무수행사인의 경우에는 민간인이므로 징계처분의 대상은 아니다.

공직자등이 배우자가 수수 금지 금품등을 받거나 요구[291]하거나 제공받기로 약속

---

290) 공직자등이나 그 배우자의 금품등 요구도 금지되는데(법 제8조 제1항, 제2항, 제4항), 소속기관장이 그 **요구**사실을 알게 된 경우를 수사기관 통보 대상에서 제외한 것은 부당하므로 입법적 조치가 필요하다(한석훈, 앞의 "청탁금지법의 쟁점 재검토", 255면).

291) 공직자등은 배우자가 수수 금지 금품등의 제공을 요구한 사실을 알게 되더라도 그 요구사실에 대한 신고의무는 없다(법 제9조 제1항 제2호). 그럼에도 불구하고 그 요구사실에 대한 신고의무를 위반한 행위의 처벌규정(법 제22조 제1항 제2호 본문, 제23조 제5항 제2호 본문)을 두고 있는데, 이 처벌규정은 요구사실의 미신고 부분에 한하여 '법 제9조 제1항 제2호 또는 같은 조 제6항에 따라 신고하지 아니한'이라는 구성요건이 충족될 수 없으므로 적용될 수 없을 것이다. 입법적 조치가 필요하다(한석훈,

한 사실을 알고도 그 신고의무를 위반한 경우에는 그 금품등의 가액이 청탁금지법 제8조 제1항의 일정 가액을 초과하면 형벌(법 제22조 제1항 제2호 본문), 그 가액 이하이면 과태료 부과의 제재를 받는다(법 제23조 제5항 제2호 본문). 다만, 공직자등 또는 배우자가 수수 금지 금품등을 위와 같이 반환 · 인도를 하거나 거부의사를 표시한 경우에는 그 제재대상에서 제외된다(법 제22조 제1항 제2호 단서, 법 제23조 제5항 제2호 단서). 후술하는 것처럼 공직자등의 금품등의 수수등 자체에 대하여 형벌이나 과태료 제재를 가하고 있기 때문에, 공직자등이 자신의 금품등의 수수등 사실에 대한 신고의무 및 반환 · 인도의무를 이행하지 아니한 행위 자체는 형벌이나 과태료 제재의 대상이 아니다. 그 대신 공직자등이 자신의 금품등의 수수등 사실에 대한 신고의무를 이행하거나 그 수수 금지 금품등의 반환 · 인도를 하거나 거부의사를 표시한 경우에는 형벌이나 과태료의 제재대상에서 제외된다(법 제22조 제1항 제1호 단서, 법 제23조 제5항 제1호 단서).

나. 신고의 확인 및 직무수행 제한 조치

수수 금지 금품등의 신고를 받은 **소속기관장 · 감독기관 · 감사원 · 수사기관 또는 국민권익위원회**는 신고자의 인적사항, 수수 금지 금품등을 제공하거나 그 제공의 약속 또는 의사표시를 한 자의 인적사항, 신고의 경위 및 이유, 금품등의 종류 및 가액, 금품등의 반환 여부 등 신고내용의 특정, 신고내용의 입증자료(참고인, 증거자료 등) 확보 여부 및 다른 기관에 동일 내용으로 신고를 하였는지 여부를 확인하고, 위 신고내용의 특정에 필요한 사항은 적정 기간을 정하여 신고를 보완하게 할 수 있다(시행령 제18조, 제19조 제1항, 제4조, 제20조 제2항, 제21조 제2항).

소속기관장은 소속 공직자등 또는 그 배우자가 수수 금지 금품등을 받거나 그 제공의 약속 또는 의사표시를 받은 사실을 알게 된 경우[292] 또는 위 공직자등의 금품등의 신고, 금품등의 반환 · 인도 또는 수사기관에 대한 통보의 과정에서 공직자등의 직무수행에 지장이 있다고 인정하는 경우에는 해당 공직자등에게 부정청탁에 관한

앞의 "청탁금지법의 쟁점 재검토", 251면).

292) 공직자등이나 그 배우자의 금품등 요구도 금지되는데(법 제8조 제1항, 제2항, 제4항), 소속기관장이 그 **요구**사실을 알게 된 경우를 직무수행 제한조치 대상에서 제외한 것은 부당하므로 입법적 조치가 필요하다(한석훈, 앞의 "청탁금지법의 쟁점 재검토", 255면).

위 제2의 나.항 기재 직무수행 제한조치(법 제7조 제4항 각 호, 같은 조 제5항)를 할 수 있다(법 제9조 제5항).

신고를 받은 국민권익위원회는 위와 같이 신고를 확인한 후 신고내용을 조사함이 없이 **소속기관장 · 감독기관 · 감사원 · 수사기관**에 이첩하거나 송부할 수 있는데, 그 요건 및 절차에 관해서도 위 부정청탁 신고의 경우를 준용하고 있다(시행령 제21조 제3항, 제12조).

다. 신고내용의 조사 및 조치

신고를 받거나 국민권익위원회로부터 신고를 이첩 · 송부받은 **소속기관장 · 감독기관 · 감사원 · 수사기관**은 수수 금지 금품등 신고의 내용에 관하여 필요한 조사(감사원은 '감사'도 가능)[293)]를 해야 한다(시행령 제19조 제2항 제1문, 제20조 제3항 제1문, 제22조, 제13조). 이 경우 **소속기관장 · 감독기관 · 감사원 · 수사기관**의 조사방법이나 조사결과에 대한 조치, **소속기관장 · 감독기관 · 감사원 · 수사기관 또는 국민권익위원회**의 종결처리에 관하여는 부정청탁의 신고에 관한 규정이 준용되므로, 위 제2의 다.항 기재내용과 같다(시행령 제19조 제2항 제2문, 제5조, 제20조 제3항 제2문, 제9조, 제23조, 제14조).

또한 공공기관의 장은 공직자등이 직무수행 중에 또는 직무수행 후에 금품등의 수수등 금지규정(법 제8조) 위반사실을 발견한 경우에는 해당 직무를 중지하거나 취소하는 등 필요한 조치를 해야 한다(법 제16조).

라. 인도받은 금품등의 처리

소속기관장 · 감독기관 · 감사원 · 수사기관 또는 국민권익위원회는 공직자등으로부터 수수 금지 금품등을 멸실 · 부패 · 변질 등의 우려가 있거나, 그 제공자를 알 수 없거나, 그 밖에 제공자에게 반환하기 어려운 사정이 있어서 인도받게 된 경우에는 즉시 이를 사진으로 촬영하거나 영상으로 녹화해야 한다(시행령 제24조 제1항). 국민권익위원회는 접수된 수수 금지 금품등의 신고를 위와 같이 **소속기관장 · 감독기관 ·**

---

293) 수사란 수사기관이 범죄혐의가 있다고 판단할 때 개시되는 것이므로, 수사기관이 범죄혐의가 있거나 수사의 필요성이 있다고 인정하기 전에는 조사나 내사를 하는 것이지 수사를 한다고 볼 수는 없음은 부정청탁의 조사(앞의 2.의 다.항 기재) 부분에서 설명한 것과 같다.

감사원 · 수사기관에 이첩하거나 송부하는 경우에는 인도받은 금품등과 위와 같이 촬영하거나 영상으로 녹화한 기록물을 첨부하여 이첩 또는 송부해야 한다(시행령 제24조 제2항 제1문).

금품등을 인도, 이첩 또는 송부받은 **소속기관장 · 감독기관 · 감사원 · 수사기관**은 조사 · 감사 결과, 인도 · 이첩 또는 송부받은 금품등이 수수 금지 금품등이 아닌 경우에는 다른 법령에 특별한 규정이 있는 경우를 제외하고 금품등을 인도한 자에게 반환한다(시행령 제24조 제3항). **소속기관장 · 감독기관 · 감사원 · 수사기관 또는 국민권익위원회**는 인도받은 금품등이 멸실 · 부패 · 변질 등으로 인하여 타 기관에 이첩 · 송부하거나 인도한 자에게 반환하기 어렵다고 판단되는 경우에는 금품등을 인도한 자의 동의를 받아 폐기처분한다(시행령 제24조 제4항).

4. 임의신고 및 신고지원제도

가. 청탁금지법 위반행위의 신고

누구든지 청탁금지법상 각 금지규정의 위반행위가 발생하였거나 발생하고 있다는 사실을 알게 된 경우에는 위반행위가 발생한 공공기관이나 그 감독기관 · 감사원 · 수사기관 · 국민권익위원회 중 어느 한 곳에 신고할 수 있다(법 제13조 제1항).

그 신고를 하려는 자는 신고자 · 위반행위자의 각 인적사항, 신고의 취지 · 경위 · 이유, 위반행위의 발생 일시 · 장소 · 내용 및 위반내용을 입증할 수 있는 증거자료(증거자료를 확보한 경우)를 적고 서명한 문서와 함께 증거 등을 제출해야 한다(법 제13조 제3항, 시행령 제29조). 다만, 신고를 하려는 자는 자신의 인적사항을 밝히지 아니하고 변호사를 선임하여 신고를 대리하게 할 수도 있다(**비실명 대리신고**, 법 제13조의2 제1항 제1문). 이는 신고자에 관한 비밀유지 및 신고자 보호를 강화함으로써 자유로운 신고를 장려하려는 취지이다. 이 경우에는 반드시 국민권익위원회에 신고해야 하고, 신고자의 인적사항 및 신고자의 서명은 변호사의 인적사항 및 변호사의 서명으로 갈음하며, 신고자 또는 신고를 대리하는 변호사는 그 취지를 밝히고 신고자의 인적사항, 신고자임을 입증할 수 있는 자료 및 위임장을 국민권익위원회에 함께 제출해야 한다(법 제13조의2 제1항 제2문, 제2항). 국민권익위원회는 이와 같이 비실명 대리신고로 제출된 자료를 봉인하여 보관해야 하고, 신고자 본인의 동의 없이 이를 열람해서는 안 된다(법 제13조의2 제3항).

나. 신고의 확인, 신고내용의 조사 및 조치

위 신고를 받은 **공공기관장 · 감독기관 · 감사원 · 수사기관 또는 국민권익위원회**는 그 신고내용의 특정에 필요한 사항, 신고내용의 입증자료(참고인, 증거자료 등) 확보 여부, 다른 기관에 동일 내용으로 신고를 하였는지 여부, 신고자가 신고처리과정에서 그 신분을 밝히거나 암시하는 것(이하 '신분공개'라 함)에 동의하는지 여부를 확인하고, 위 신고내용의 특정에 필요한 사항은 적정 기간을 정하여 신고를 보완하게 할 수 있다(시행령 제30조, 제32조).

신고를 받은 국민권익위원회는 위와 같이 신고를 확인한 후 신고내용을 조사함이 없이, 범죄의 혐의가 있거나 수사의 필요성이 있다고 인정되는 경우에는 수사기관에, 감사원법에 따른 감사가 필요하다고 인정되는 경우에는 감사원에, 그 밖의 경우에는 공직자등의 소속기관 또는 감독기관에 **이첩**해야 한다(법 제14조 제2항, 시행령 제33조 제1항). 이때 신고내용이 여러 기관과 관련되는 경우에는 소속기관 · 감독기관 · 감사원 또는 수사기관 중에서 주관 기관을 지정하여 이첩할 수 있다(시행령 제33조 제2항 제1문). 위와 같은 이첩대상인지가 명백하지 않고 그렇다고 후술하는 종결처리 대상인지도 명백하지 아니한 경우에는 소속기관장 · 감독기관 · 감사원 또는 수사기관에 **송부**할 수 있다(시행령 제33조 제3항).

신고를 받거나 국민권익위원회로부터 신고를 이첩 · 송부받은 **소속기관장 · 감독기관 · 감사원 · 수사기관**은 신고의 내용에 관하여 필요한 조사(감사원은 '감사'도 가능)[294]를 해야 한다(법 제14조 제1항, 시행령 제34조 제1항 전단). 또한 그 조사방법, 조사결과에 대한 **소속기관장 · 감독기관 · 감사원 · 수사기관**의 조치, **소속기관장 · 감독기관 · 감사원 · 수사기관 또는 국민권익위원회**의 종결처리에 관하여는 부정청탁의 신고에 관한 규정이 준용되거나 동일 내용의 규정을 두고 있으므로(시행령 제31조, 제5조, 제6조, 제9조, 제34조 제1항, 제35조, 제14조) 위 제2의 다.항 기재내용과 같다.

소속기관장 · 감독기관 · 감사원 · 수사기관은 조사 · 감사 또는 수사(범죄의 혐의가 있거나 수사의 필요성이 있다고 인정되어 수사절차를 진행하는 경우)를 마친 날부터 10일 이

294) 수사란 수사기관이 범죄혐의가 있다고 판단할 때 개시되는 것이므로, 수사기관이 범죄혐의가 있거나 수사의 필요성이 있다고 인정하기 전에는 조사나 내사를 하는 것이지 수사를 한다고 볼 수는 없음은 부정청탁의 조사(앞의 제2.의 다. 기재) 부분에서 설명한 것과 같다.

내에 그 결과를 신고자와 국민권익위원회(국민권익위원회로부터 이첩받은 경우만 해당)에 통보하고, 조사 · 감사 또는 수사의 결과에 따라 공소 제기, 과태료 부과대상 위반행위의 통보, 징계 처분 등 필요한 조치를 해야 한다(법 제14조 제3항). 국민권익위원회는 그 조사 · 감사 또는 수사의 결과를 통보받은 경우에는 지체 없이 신고자에게 조사 · 감사 또는 수사 결과를 알려야 한다(법 제14조 제4항). 국민권익위원회는 그 조사 · 감사 또는 수사의 결과가 충분하지 아니하다고 인정되는 경우에는 조사 · 감사 또는 수사의 결과를 통보받은 날부터 30일 이내에 새로운 증거자료의 제출 등 합리적인 이유를 들어 그 조사를 한 **소속기관장 · 감독기관 · 감사원 · 수사기관**에 재조사를 요구할 수 있다(법 제14조 제6항). 그 재조사를 요구받은 기관은 재조사를 종료한 날부터 7일 이내에 그 결과를 국민권익위원회에 통보해야 하고, 국민권익위원회는 통보를 받은 즉시 신고자에게 재조사 결과의 요지를 알려야 한다(법 제14조 제7항).

위 조사 · 감사 또는 수사의 결과를 통보받은 신고자는 통보받은 날부터 7일 이내에 그 조사를 한 **소속기관장 · 감독기관 · 감사원 · 수사기관**에 이의신청의 경위 · 이유를 적은 신청서에 필요한 자료를 첨부하여 서면으로 이의신청을 할 수 있다(법 제14조 제5항 전단, 시행령 제36조 제1항). 또한 국민권익위원회로부터 위와 같이 조사 · 감사 또는 수사의 결과를 통지받은 신고자는 국민권익위원회에도 이의신청을 할 수 있다(법 제14조 제5항 후단).

다. 포상 · 보상 · 보호 및 부당이득 환수

국민권익위원회는 청탁금지법 위반행위의 신고로 인하여 공공기관에 재산상 이익을 가져오거나 손실을 방지한 경우 또는 공익의 증진을 가져온 경우에는 그 신고자에게 포상금을 지급할 수 있다(법 제15조 제5항). 또한 국민권익위원회는 그 신고로 인하여 공공기관에 직접적인 수입의 회복 · 증대 또는 비용절감을 가져온 경우에는 신고자의 신청에 의하여 보상금을 지급해야 한다(법 제15조 제6항). 그리고 청탁금지법 위반행위를 신고한 자, 그 친족이나 동거인 또는 그 신고와 관련하여 진술 · 증언 및 자료제공 등의 방법으로 신고에 관한 감사 · 수사 또는 조사 등에 조력한 자가 신고 등과 관련하여 피해[육체적 · 정신적 치료, 전직 · 파견근무 등으로 인한 이사, 청탁금지법 위반행위의 신고 등을 이유로 한 쟁송절차에 따른 비용 소요, 불이익조치 기간의 임금손실, 그 밖의 중대한 경제적 손해(인가 · 허가 등의 취소 등 행정적 불이익을 주는 행위 또는 물품 · 용역 계약의 해지 등 경제적 불이익을 주는 조치에 따른 손해는 제외)]를 입었거나 비용을 지출한 경우에는 신청에 따라 구조금을 지급할 수 있다(법 제15조 제7항). 그 포상금 · 보상금 · 구조금의 신청 및 지급 등에 관하여는 「부패방지 및 국민권익위원회의 설치와 운영에 관한 법률」(이하 '부패방지권익위법'이라 함) 제68조부터 제70조까지, 제70조의2, 제71조 규정을 준용한다(법 제15조 제8항 제1문). 그런데 국민권익위원회는 보상금의 지급에 관하여 "**부패방지권익위법을 준용하는 의미는 국고의 회복 · 증대를 의미**하고 사적 재산의 회복 · 증대를 의미하는 것으로 볼 수 없으므로, 국고의 회복 · 증대 없이 **민간부문인 기관의 수입 회복 · 증대만을 가져온 경우**에는 보상금 지급이 불가능하다."고 해석하고 있다.[295] 그러나 위 '공공기관'이란 청탁금지법 제2조 제1호의 '공공기관'을 의미하고 그 포상금 · 보상금의 신청 및 지급 등에 관해서만 부패방지권익위법 규정을 준용하고 있을 뿐이다. 그러므로 청탁금지법 위반행위의 신고로 인하여 사립학교 및 언론사 등을 포함하여 위 '공공기관'에 직접적인 수입의 회복 · 증대 또는 비용절감을 가져온 경우에는 보상금을 지급해야 할 의무가 발생하는 것이지, 국고의 회복 · 증대를 보상금 지급의무의 발생요건으로 추가할 근거는 없다. 신고로 인해 수입의 회복 · 증대 또는 비용절감을 한 해당 공공기관이 그 이익에서 보상금의 재원을 마련하게 하는 입법조치가 필요하다.

청탁금지법 위반행위를 한 자가 그 위반사실을 자진하여 신고하거나 신고자 · 조력자가 아래의 '신고등'을 함으로 인하여 자신이 한 청탁금지법 위반행위가 발견된 경우에는 그 위반행위에 대한 형사처벌, 과태료 부과, 징계처분, 그 밖의 행정처분 등을 감경하거나 면제할 수 있다(**처분의 감면**, 법 제15조 제3항).

소속기관장 · 감독기관 · 감사원 · 수사기관은 신고자가 신분공개에 동의하지 않고 신고한 경우 조사 · 감사 · 수사 과정에서 신고자의 신분이 공개되지 않도록 필요한 조치를 해야 한다(**신분비공개조치**, 시행령 제38조). 그리고 누구든지 위 부정청탁의 신고, 수수 금지 금품등의 신고 및 인도 또는 청탁금지법 위반행위의 신고를 한 자나, 이러한 신고를 한 자 외에 협조를 한 자가 신고에 관한 조사 · 감사 · 수사 · 소송 또는 보호조치에 관한 조사 · 소송 등에서 진술 · 증언 및 자료제공 등의 방법으로 조력하는 행위(이하 '신고등'이라 함)를 하지 못하도록 방해하거나, 그 신고등을 취소하도

295) 국민권익위원회, 해설집, 231면.

록 강요하는 것은 금지된다(**신고등 방해금지**, 법 제15조 제1항). 또한 누구든지 위 신고자 · 조력자에게 신고등을 이유로 불이익조치(「공익신고자 보호법」 제2조 제6호에 따른 불이익조치)를 하는 것도 금지된다(**불이익조치 금지**, 법 제15조 제2항). 그 밖에도 위 신고자 · 조력자에 대하여는 「공익신고자 보호법」 제11조부터 제13조까지(조사 및 형사절차에서 인적기재사항의 기재 생략, 비밀보장 의무, 신변보호조치 등), 제14조 제4항부터 제6항까지(신고자등의 면책 등), 제16조부터 제20조까지, 제20조의2, 제21조 및 제22조부터 제25조까지(인사조치 우선고려, 보호조치, 특별보호조치, 불이익조치금지, 화해권고 등)의 규정을 준용하여 보호하고 있다(**공익신고 보호조치**, 법 제15조 제4항). 이 중 「공익신고자 보호법」 제20조 제1항을 준용한 **보호조치** 결정을 받은 후 그 정해진 기한까지 보호조치를 취하지 아니한 자(단, 국가 또는 지방자치단체는 제외)에게는 3천만 원 이하의 이행강제금을 부과한다(법 제15조의2).

이러한 보호규정을 위반한 자에 대하여는 형벌이나 과태료가 부과된다. 즉, 신고자 · 조력자의 인적사항이나 신고자 · 조력자임을 미루어 알 수 있는 사실을 다른 사람에게 알려주거나 공개 또는 보도한 자는 3년 이하의 징역 또는 3천만 원 이하의 벌금에 처한다(법 제22조 제1항 제4호). 신고자 · 조력자에게 신고등을 이유로 파면 · 해임 · 해고 또는 그 밖의 신분상실에 해당하는 신분상의 불이익조치를 한 자는 2년 이하의 징역 또는 2천만 원 이하의 벌금에 처한다(법 제22조 제2항 제2호). 신고자 · 조력자에게 그 신고등을 방해하거나 신고등을 취소하도록 강요한 자, 신고등을 이유로 「공익신고자 보호법」 제2조 제6호 (나)목부터 (사)목까지에 해당하는 불이익조치를 한 자는 1년 이하의 징역 또는 1천만 원 이하의 벌금에 처한다(법 제22조 제3항). 부정청탁의 신고 및 조치에 관한 업무 또는 수수 금지 금품등의 신고 및 처리에 관한 업무를 수행하거나 수행하였던 공직자등이 그 업무처리 과정에서 알게 된 비밀(법 제7조 제7항에 따라 공개한 사항은 제외)을 누설하는 경우에는 3년 이하의 징역 또는 3천만 원 이하의 벌금에 처한다(법 제22조 제1항 제5호, 제18조).

국민권익위원회는 위 신고자 · 조력자의 보호조치 신청이나 불이익조치금지 신청을 받고 그 조사를 위하여 신청인, 불이익조치를 한 자, 참고인 및 관계 기관 · 단체 · 기업에 관련자료의 제출 요구, 출석요구, 진술서 제출요구를 할 수 있는데, 이를 거부한 자에 대하여는 3천만 원 이하의 과태료를 부과한다(법 제23조 제1항 제2호, 제15조 제4항, 「공익신고자 보호법」 제19조 제2항, 제3항, 제22조 제3항). 앞의 '공익신고 보호조치' 중 「공익신고자 보호법」 제20조의2를 준용한 국민권익위원회의 특별보호조치 결정을 이행하지 않은 자에게는 2천만 원 이하의 과태료를 부과한다(법 제23조 제2항 제2호). 다만, 국가공무원법, 지방공무원법 등 다른 법률에 따라 징계부가금 부과 의결이 있은 후에는 과태료를 부과하지 아니하며, 과태료가 부과된 후에는 징계부가금 부과의 의결을 하지 아니한다(법 제23조 제6항).

공공기관의 장은 부정청탁의 금지(법 제5조), 부정청탁 수행 금지(법 제6조) 또는 금품등의 수수등 금지(법 제8조)를 위반하여 수행한 공직자등의 직무가 위법한 것으로 확정된 경우에는 그 직무의 상대방에게 이미 지출 · 교부된 금액 또는 물건이나 그 밖의 재산상 이익을 환수해야 한다(법 제17조).

제4절 수재죄 · 증재죄 및 미신고죄

Ⅰ. 의의

청탁금지법은 공직자 등 직무수행의 공정성과 공공기관에 대한 국민의 신뢰를 확보하기 위하여 앞의 제3절에서 설명한 것처럼 부정청탁 및 금품수수 등을 금지하고 일정한 신고의무를 부과하며, 이러한 금지규정 또는 의무규정 위반행위에 대한 처벌 규정을 마련하고 있다. 그 중 가장 중한 처벌이 이 절에서 설명하는 금품등의 수수와 관련된 형사처벌이다.

공직자등이 직무 관련 여부 및 기부 · 후원 · 증여 등 그 명목에 관계없이 동일인으로부터 1회에 100만 원 또는 매 회계연도에 300만 원을 초과하는 수수 금지 금품등을 받거나 요구하거나 제공받기로 약속한 행위는 3년 이하의 징역 또는 3천만 원 이하의 벌금에 처한다(법 제22조 제1항 제1호 본문, 제8조 제1항). 공무수행사인이 공무수행에 관하여 같은 행위를 한 경우에도 마찬가지로 처벌한다(법 제22조 제1항 제1호 본문, 제8조 제1항, 제11조). 이 죄는 공직자등 또는 공무수행사인의 일정 가액을 초과하는 금품등의 수수등만으로 처벌하는 범죄이므로 '**수재죄**'로 부르기로 한다.

또한 공직자등 또는 공무수행사인이 자신의 배우자가 자신의 직무와 관련하여 동일인으로부터 1회에 100만 원 또는 매 회계연도에 300만 원을 초과하는 수수 금지 금품등을 받거나 요구하거나 제공받기로 약속한 사실을 알고도 지체 없이 소속기관장 · 감독기관 · 감사원 · 수사기관 또는 국민권익위원회에 서면이나 전자문서로 신고하지 아니한 행위도 마찬가지로 처벌한다(법 제22조 제1항 제2호 본문, 제8조 제4항, 제11조). 이 죄는 공직자등 또는 공무수행사인이 배우자의 일정 가액을 초과하는 금품등의 수수등을 신고하지 아니한 행위를 처벌하는 범죄이므로 '**미신고죄**'로 부르기로 한다.

그리고 공직자등에게 또는 그 공직자등의 배우자에게 1회에 100만 원 또는 매 회계연도에 300만 원을 초과하는 수수 금지 금품등을 제공하거나 그 제공의 약속 또는 의사표시를 한 행위도 마찬가지로 처벌한다(법 제22조 제1항 제3호, 제8조 제5항). 또한 공무수행사인에게 또는 공무수행사인의 배우자에게 그 공무 수행에 관하여 같은 행위를 한 경우에도 마찬가지로 처벌한다(법 제22조 제1항 제3호, 제8조 제5항, 제11조). 이러한 죄는 위 수재죄 또는 미신고죄에 대응하여 일정 가액을 초과하는 금품등의 제공등만으로 처벌하는 범죄이므로 '**증재죄**'로 부르기로 한다. 이 증재죄의 경우에는 후술하는 **양벌규정**을 두고 있다.

위 수재죄 · 증재죄 · 미신고죄의 경우에 수수등 또는 제공등을 한 금품등은 몰수하고(필요적 몰수), 그 금품등의 전부 또는 일부를 몰수하는 것이 불가능한 경우에는 그 가액을 추징한다(법 제22조 제4항). 규정상 몰수 및 추징의 대상은 수수한 금품등뿐만 아니라 제공의 요구를 하거나 약속한 금품등도 포함된다.[296] 다만, 몰수는 특정된 물건에 대한 것이고 추징은 본래 몰수할 수 있었음을 전제로 하는 것임에 비추어 제공할 금품이 특정되지 않았던 것은 몰수할 수 없고 그 가액을 추징할 수도 없다(판례).[297] 따라서 **금전**의 요구, 약속, 제공의 의사표시의 경우에는 그 금전의 특정성을 인정하기 어려울 것이다.

위와 같이 수재죄 · 증재죄 · 미신고죄는 앞에서 설명한 금지 규정이나 신고의무 규정의 위반을 범죄구성요건으로 하고 있고, 그 금지나 신고의무의 요건에 관하여는 앞의 제3절에서 상세히 설명하였으므로, 이 절에서는 나머지 구성요건 등에 관하여 검토한다.

Ⅱ. 보호법익 및 처벌근거

수재죄 · 증재죄 · 미신고죄는 공직자등(또는 공무수행사인, 이하 같음)의 직무의 공정성을 침해할 우려가 있는 금품등의 수수 자체를 차단함으로써 그 **직무수행의 공정성, 공공기관에 대한 국민의 신뢰 및 그 직무수행의 불가매수성**을 기하려는 것이므로 이 모두를 보호법익으로 보아야 함은 앞에서 설명하였다.

---

296) 정형근, 앞의 "「부정청탁 및 금품등 수수의 금지에 관한 법률」에 관한 연구 –금품등의 수수금지를 중심으로–", 54면.

297) 뇌물 범죄의 몰수 · 추징에 관한 판례의 입장임(대법원 2015. 10. 29. 2015도12838; 1996. 5. 8. 96도221).

수재죄 · 증재죄 · 미신고죄는 직무와 무관한 금품등의 수수나 제공 또는 금품등 수수의 미신고만으로도 범죄는 기수에 이른다. 그러나 그것만으로 직무수행의 공정성은 물론 공공기관에 대한 국민의 신뢰나 직무수행의 불가매수성이 침해된 것으로 볼 수는 없지만, 그 침해의 추상적 위험은 발생한 것으로 평가할 수 있으므로 추상적 위험범으로 볼 수 있다.

수재죄 · 증재죄 · 미신고죄 중 증재죄는 수재죄와 대응하는 행위를 처벌하는 것이고, 미신고죄는 공직자등이 배우자를 통하여 우회적으로 금품등의 수수등을 하는 행위를 차단하려는 것이다. 수재죄는 공직자등 또는 공무수행사인의 신분을 가진 자가 금품등의 수수등을 하는 경우에 성립하는 **진정신분범**[298]이다. 그럼에도 불구하고 공무원 등이 금품등의 수수등을 한 경우에 처벌하는 뇌물 범죄(형법 제129조, 제132조 등)와는 달리 그 범죄구성요건 중에 직무관련성이나 지위관련성조차 요구하지 않는다. 그러므로 단순히 공직자등이 금품등의 수수등을 한 것만으로 처벌하는 근거가 무엇인지 문제가 된다. 이에 관하여 주무 기관인 국민권익위원회는 "형법상 뇌물죄는 직무관련성 및 대가성을 요건으로 하고 있어서 그에 대한 입증이 어려워 규제의 사각지대가 발생하므로 뇌물죄와는 달리 **증명부담을 완화**하려는 것이고, 직무수행의 공정성에 의심을 받을 수 있는 접대문화의 근절이라는 입법목적의 달성을 위해 직무 관련 여부를 불문하고 금지할 필요가 있으며, 사회통념상 적지 않은 금액인 100만 원을 초과하여 제공하는 것은 당장은 아니더라도 장래 적당한 시점에 활용하기 위한 **잠재적인 직무관련성**을 내포하고 있기 때문이다."라는 취지로 설명하고 있다.[299] 또한 2016년 합헌결정에서도 청탁금지법 제8조 제1항의 합헌결정 이유로서 그 처벌근거에 관하여 "금품을 주는 행위가 순수한 동기에서 비롯될 수 없고 일정한 대가관계를 추정할 수 있다는 데 근거한 것으로 볼 수 있다."고 판시하고 있다.

---

298) 신분관계로 인하여 형의 경중이 있는 부진정신분범(또는 가감적 신분범)이 아니라 신분관계가 범죄의 구성요소가 되는 진정신분범(또는 구성적 신분범)이다.

299) 국민권익위원회, 해설집, 113면; 정형근, 앞의 "「부정청탁 및 금품등 수수의 금지에 관한 법률」에 관한 연구 –금품등의 수수금지를 중심으로–", 45면("이기적인 인간이 아무런 이유 없이 공직자등에게 금품을 제공할 리는 없을 것이다."라고 설명); 서보학, "「부정청탁 및 금품등 수수의 금지에 관한 법률」에 대한 형사법적 검토", 「입법학연구」 12집 1호(한국입법학회, 2015. 6.), 37면["공직자등에게 금품등이 제공되는 이유가 바로 그들의 신분이 공직자등이기 때문임을 고려한다면 (청탁금지법 제8조 제1항의) 처벌근거도 직무관련성이 아닌 '공직자신분관련성'이라고 봄이 옳다."라고 설명].

그러나 입증 부담을 완화하기 위해서라면 입증책임을 전환하는 등의 방법을 택할 일임에도 아예 입증대상을 삭제한다는 것은 이해하기 어렵다. 또한, 금품등의 수수에 직무관련성이 있을 것이라는 추측이나 장래의 잠재적 직무관련성 전망만으로 형사처벌을 한다는 것도 처벌근거로 볼 만한 불법성을 갖춘 것으로 보기 어렵다.[300] 미국에서는 공직자의 공정한 직무수행을 보장하기 위하여 뇌물(bribery) 범죄는 물론 사례금(gratuity)이나 보상(compensation)을 주고 받는 범죄를 규정하고 있지만,[301] 공직자의 직무나 지위와 무관한 금품수수를 처벌하는 규정은 없다.

공직자등이라 할지라도 금품등의 수수는 여러 가지 원인으로 발생할 수 있는데, 금품등의 수수만으로는 처벌근거가 불분명함에도 불구하고 일단 범죄의 성립을 인정하고 일정한 제외사유(법 제8조 제3항)가 있는 경우에만 범죄의 성립에서 제외한다는 처벌구조도 죄형법정주의의 적정성 원칙[302]을 침해하여 실질적 정의에 반하는 결과가 발생할 수 있으므로 부당하다. 또한 공직자등의 직무관련성 없는 101만 원의 금품등 수수는 형사처벌 하고 직무관련성 있는 100만 원의 금품등 수수는 과태료 부과를 하는 것(법 제23조 제5항 제1호, 제8조 제2항)은 비례의 원칙(과잉금지원칙)에도 맞지 않다.[303]

따라서 수재죄의 형사처벌 규정을 수재행위에 대한 과태료 처벌 규정으로 전환하거나 수재죄에 직무관련성 또는 지위관련성 요건을 추가하는 등의 입법적 검토가 필요하다. 다만, 차선책인 해석론으로서는 위 제외사유, 특히 그 중 청탁금지법 제8조 제3항 제8호의 '사회상규에 따라 허용되는 금품등'의 범위를 넓게 해석하여 가급

---

300) 최준선, 앞의 "「부정청탁 및 금품등 수수의 금지에 관한 법률」(김영란法), 무엇이 문제인가?", 50면; 강수진, "부정청탁방지법안 상 금품 등 수수행위의 직무관련성 -미국 불법사례수수죄를 중심으로-", 「안암법학」 42권(안암법학회, 2013. 9.) 47면; 지유미, 앞의 "현행 뇌물관련법제에 대한 보완책으로서 부정청탁금지법안", 168,169면; 박성민, 앞의 "공무원의 유착비리 해결을 위한 뇌물개념의 패러다임 변화", 131,132,133면; 마정근, 앞의 "현행 부정청탁금지법(소위 '김영란법')의 핵심 문제점과 개정 방안", 192면; 김동복, 앞의 "청탁금지법상 몇 가지 문제점과 대안", 66면; 정혜욱, 앞의 "청탁금지법 연구", 150면.

301) 미국 연방법전 18 U.S.C. §201, §203, §666, §1951(Brickey, p.396).

302) 적정성 원칙이란 형벌법규는 기본적 인권을 보장할 수 있도록 그 내용이 적정해야 한다는 원칙으로서 처벌할 만한 불법성을 갖춘 경우에만 처벌규정을 두어야 한다는 것이다[정성근 · 박광민(형총), 44,45면].

303) 박균성, 앞의 "「부정청탁 및 금품등 수수의 금지에 관한 법률」에 대한 행정법적 연구", 262면; 김기호, 앞의 "「청탁금지법」의 법적 개선방안에 관한 연구", 320면.

적 불합리한 결과를 줄일 필요가 있을 것이다.[304)]

Ⅲ. 범죄구성요건

1. 수재죄

행위주체 및 위반행위는 공직자등이(또는 공무수행사인이 공무 수행에 관하여) 동일인으로부터 1회에 100만 원 또는 매 회계연도에 300만 원을 초과하는 수수 금지 금품등을 받거나 요구하거나 제공받기로 약속한 행위이다. 그 중 행위주체인 '공직자등' 및 '공무수행사인'의 개념은 앞의 제2절 Ⅱ.항에서, 위반행위 중 '동일인', '1회', 회계연도' 및 '수수 금지 금품등'의 개념은 앞의 제3절 Ⅲ. 2.항, 3.항에서 설명하였다.

금품등을 '받거나'란 금품등을 자기 소유의 의사로 현실적으로 취득하는 것, 즉 '수수(收受)'를 의미한다. 따라서 금품을 반환할 의사로 일시 보관하는 것은 '수수'에 해당하지 않지만, 일단 소유의 의사로 수수한 금품을 나중에 반환하였다고 하더라도 수수 행위는 성립한다.[305)] '요구'란 금품등의 공여를 구하는 의사표시를 의미한다. 상대방이 그 요구를 현실적으로 인식할 필요는 없으나, 상대방이 인식할 수 있는 상태이면 충분하다. '약속'이란 장래에 금품등을 수수하기로 쌍방이 합의하는 것을 의미하는데, 그 이행기가 확정되어 있을 필요는 없고, '합의'의 방법에는 아무런 제한이 없으며 명시적일 필요도 없지만, 양 당사자의 의사표시는 확정적으로 합치되어야 한다.[306)] 이러한 행위의 개념은 독직수재죄(상법 제630조 제1항)나 뇌물수수죄(형법 제129조 제1항)에서의 '수수', '요구', '약속'의 개념(앞의 제6장 제3절 Ⅲ. 2.의 가.항)

---

304) 2016년 합헌결정의 반대의견에서도 "청탁금지법 제8조 제1항, 제2항만 있는 경우에는 사실상 공직자등은 청탁금지법의 입법취지와는 무관한 일상적인 사적 금전거래마저도 모두 할 수 없는 것이 되고, 이는 보호법익의 침해가 없는 행위마저 금지하는 결과를 초래하는바, 청탁금지법 제8조 제1항, 제2항은 그 자체만으로는 완결적인 금지조항으로 보기 어렵다."고 설시하면서 제8조 제3항의 제외사유 규정을 그 보완규정으로 보았다; 임상규, 앞의 논문, 105면에서도 "청탁금지법 제8조 제3항 제3호가 명시적으로 그 증여를 제외하고 있더라도, 이를 이유로 증여가 제8호에서 말하는 사회상규를 통해 정당화될 여지를 전적으로 부정할 일은 아니다."라고 해석하고 있다.

305) 홍성칠, 앞의 「청탁금지법 해설」, 128면도 같은 취지이다.

306) 뇌물 범죄의 '약속' 개념에 관한 판례의 입장이다(대법원 2012. 11. 15. 2012도9417; 2007. 7. 13. 2004도3995).

과 달리 볼 이유가 없다.[307)]

그런데 범죄구성요건에 해당하는 청탁금지법 제8조 제1항에 '기부 · 후원 · 증여 등 그 명목에 관계없이'라고 표현한 것을 근거로 공직자등(또는 공무수행사인, 이하 같음)이 직접 금품등을 수수(또는 그 요구나 약속)하지 않고 **제3자**에게 협찬 · 후원 등의 명목으로 제공하게 한 행위도 위 수수(또는 그 요구나 약속)에 해당한다고 보는 견해[308)]가 있다. 그러나 제3자에게 제공된 금품등을 공직자등 본인이 수수한 것으로 보려면 공직자등이 금품등을 직접 받아서 제3자에게 전달한 것과 마찬가지로 볼 수 있을 정도로 공직자등의 관여행위가 있는 경우라야만 할 것이다.

형법 제13조 본문 규정에 따라, 이러한 객관적 범죄구성요건, 즉 위 행위주체 및 위반행위에 대한 인식 및 용인이 필요하다(용인설).

2. 증재죄

위반행위는 누구든지 공직자등에게 또는 그 공직자등의 배우자에게 1회에 100만 원 또는 매 회계연도에 300만 원을 초과하는 수수 금지 금품등을 제공하거나 그 제공의 약속 또는 의사표시를 하거나, 공무수행사인에게 또는 공무수행사인의 배우자에게 그 공무 수행에 관하여 같은 행위를 한 경우이다.

공직자등의 배우자에게 금품등의 제공등을 하더라도 그 공직자등의 직무와의 관련성을 요구하지 않는 것으로 해석하는 견해[309)]가 있다. 그러나 금품등의 제공등에 관한 청탁금지법 제8조 제5항은 배우자의 금품등의 수수등에 관한 같은 조 제4항에 대응하는 행위 규정임에 비추어 볼 때 '그 공직자등의 배우자'란 공직자등의 배우자에게 금품등의 제공등을 하는 경우에는 그 공직자등의 **직무와 관련하여** 제공등을 하는 경우를 의미하는 것으로 해석해야 할 것이다.[310)] 공무수행사인의 경우에도 그

---

307) 정형근, 앞의 "「부정청탁 및 금품등 수수의 금지에 관한 법률」에 관한 연구 –금품등의 수수금지를 중심으로–", 44면.

308) 정형근, 앞의 "「부정청탁 및 금품등 수수의 금지에 관한 법률」에 관한 연구 –금품등의 수수금지를 중심으로–", 48–50면.

309) 김영중, "「부정청탁 및 금품등 수수의 금지에 관한 법률」에 대한 형사법적 고찰 – 형벌규정의 해석을 중심으로 –", 「형사정책」 28권 3호(한국형사정책학회, 2016. 12.), 363면.

310) 정형근, 앞의 "「부정청탁 및 금품등 수수의 금지에 관한 법률」에 관한 연구 –금품등의 수수금지를 중심으로–", 65면; 홍성칠, 앞의 「청탁금지법 해설」, 131면도 결론은 마찬가지이다.

공무수행에 관하여 청탁금지법이 적용될 뿐이므로 마찬가지로 해석해야 한다.

위반행위 중 '공직자등', '공무수행사인', '1회', 회계연도', '수수 금지 금품등' 및 '약속'의 개념은 위 수재죄에서의 개념과 같고, '배우자' 및 직무관련성의 개념은 앞의 제3절 Ⅲ. 2.의 나.항, 다.항에서 설명하였다.

금품등의 '제공'이란 상대방이 금품등을 현실적으로 취득하게 하는 것을 의미한다. '제공의 의사표시'란 상대방에게 금품등을 제공하겠다고 하는 일방적 의사표시이므로, 상대방의 거절 여부는 문제가 되지 않고, 상대방이 공여의 의사표시를 요지(了知)하거나 금품등을 상대방이 수령할 수 있는 상태에 있는 것도 불필요하다. 다만, 사회통념상 쉽게 철회하기 어려울 정도로 진정한 의지가 담긴 것으로서, 의사표시의 일반원칙상 그 의사표시가 상대방에게 도달하여 상대방이 그 의사표시를 수령할 수 있는 객관적 상태에 있을 필요는 있다.[311] 이러한 행위의 개념은 독직증재죄(상법 제630조 제2항)의 '공여', '공여의 의사표시'의 개념(앞의 제6장 제3절 Ⅲ. 2.의 나.항)과 달리 볼 이유가 없다.

청탁금지법 제8조 제3항의 제외사유에 해당하는 금품등은 수수 금지 금품등에 해당하지 않으므로(즉, 구성요건 조각사유가 됨은 앞의 제3절 Ⅲ. 3.항에서 설명) '1회에 100만 원 또는 매 회계연도에 300만 원'의 수수 금지 금품 금액 산정에서 제외해야 한다.[312]

증재죄는 수재죄와는 달리 신분범이 아니므로 누구든지 행위주체가 될 수 있으나, 법인의 범죄능력을 인정하지 않는 판례의 입장[313]에 따르면 법인이 금품등의 제공등을 한 경우에도 법인의 대표자 등 실제 행위자가 증재죄를 범한 것으로 보게 된

---

311) 판례는 "공직선거법 제112조 제1항의 기부행위 중 금품이나 이익 **제공의 의사표시**는 사회통념상 쉽게 철회하기 어려울 정도로 진정한 의지가 담긴 것으로 외부적 · 객관적으로 나타나는 정도에 이르러야 한다."고 판시하고 있다(대법원 2007. 3. 15. 2006도8869).

312) 예컨대 청탁금지법 제8조 제3항 제2호의 대통령령으로 정하여 허용하는 가액을 초과하는 경조사비를 제공한 경우에는 그 초과 금액에 한하여 증재죄나 수수 금지 금품등 제공에 따른 과태료 제재를 할 수 있을 뿐이다. 이에 대하여 국민권익위원회는 제공 금액 전액을 기준으로 제재대상이 된다고 해설하고 있으나(http://1398.acrc.go.kr/case/ISGAcase?menuId=050212), 실무 재판례(앞의 제3절 Ⅲ. 3.의 가.항 각주의 서울중앙지검장 격려금 지급사건 1심판결 참조)는 초과 금액을 기준으로 제재 여부를 판단하고 있다.

313) 대법원 1994. 2. 8. 93도1483; 1984. 10. 10. 82도2595 전원합의체..

다.[314] 단체가 금품등의 제공등 행위를 한 경우에는 그 단체의 대표자 등 실제 행위자가 증재죄를 범한 것임은 물론이다. 따라서 위 '누구든지'는 금품등의 제공등 행위를 실제로 하는 자연인을 의미하게 된다.[315] 따라서 같은 법인이 제공하는 금품등의 가액에 관하여, 수재죄의 경우에는 금품등의 출처인 '동일인'을 실제 제공자인 법인을 기준으로 파악하지만 증재죄의 경우에는 자연인을 기준으로 파악하게 된다.

이때 법인 또는 단체는 그 대표자나 대리인, 사용인, 그 밖의 종업원(이들이 공직자등이나 공무수행사인인 경우는 제외)이 그 법인 · 단체의 업무에 관하여 위반행위를 한 경우에 해당하므로 그 행위자를 벌하는 외에 그 법인 · 단체에게도 3천만 원 이하의 벌금을 부과한다(**양벌규정**, 법 제24조 본문). 다만, 법인 · 단체가 그 위반행위를 방지하기 위하여 해당 업무에 관하여 상당한 주의와 감독을 게을리하지 아니한 경우에는 그러하지 아니하다(법 제24조 단서). 이 단서의 면책규정은 법인 · 단체 또는 개인의 실제 행위자에 대한 선임 · 감독상 주의의무가 있음을 전제로 하는 것인데, 법인의 대표자에 대한 관계에서는 그러한 법인의 의무를 인정할 수 없으므로(판례)[316] 실제 행위자가 법인의 대표자인 경우에는 적용 여지가 없다.[317] 이 양벌규정의 입법취지 및 해석에 관하여는 후술하는 과태료의 양벌규정(제5절 Ⅲ. 1.항) 부분에서 함께 설명한다.

형법 제13조 본문 규정에 따라, 위 위반행위에 대한 인식 및 용인이 필요하다(용인설). 특히 공직자등 또는 공무수행사인의 배우자에게 금품등의 제공등을 하는 경우에는 그 공직자등 또는 공무수행사인의 **직무와 관련하여** 제공등을 하는 사실에 대한 인식 · 용인도 필요하다.[318]

3. 미신고죄

위반행위는 공직자등 또는 공무수행사인이 자신의 배우자가 자신의 **직무와 관련**

314) 국민권익위원회, 해설집, 118면.

315) 정형근, 앞의 "「부정청탁 및 금품등 수수의 금지에 관한 법률」에 관한 연구 -금품등의 수수금지를 중심으로-", 51면.

316) 대법원 2010. 9. 30. 2009도3876; 헌법재판소 2010. 7. 29. 2009헌가25 전원재판부.

317) 국민권익위원회, 해설집, 250면.

318) 정형근, 앞의 "「부정청탁 및 금품등 수수의 금지에 관한 법률」에 관한 연구 -금품등의 수수금지를 중심으로-", 65면.

하여 동일인으로부터 1회에 100만 원 또는 매 회계연도에 300만 원을 초과하는 수수 금지 금품등을 받거나 요구하거나 제공받기로 약속한 사실을 알고도 지체 없이 소속기관장 · 감독기관 · 감사원 · 수사기관 또는 국민권익위원회에 서면이나 전자문서로 신고하지 아니한 행위이다. 공직자등의 경우에도 미신고죄의 범죄구성요건으로 자신의 직무와의 관련성을 요구하는 이유는 민간인인 배우자의 사적 활동영역에 대한 제약을 가급적 줄이기 위한 것이다.[319)]

그 중 '공직자등', '공무수행사인', '배우자', '직무관련성', '동일인', '1회', '회계연도', '수수 금지 금품등', 금품등을 '받거나', '요구', '약속'의 개념은 위 수재죄 및 증재죄에서의 개념과 마찬가지이다.

미신고죄는 신고의무라는 작위의무를 전제로 하는 진정부작위범이므로, 명령규범이 작위를 요구할 때에만 성립할 수 있다.[320)] 그런데 공직자등(또는 공무수행사인, 이하 같음)은 자신의 배우자가 자신의 직무와 관련하여 수수 금지 금품등을 요구한 사실을 알았다고 하더라도 그 신고의무가 없다(법 제9조 제1항 제2호). 그러므로 배우자의 금품등 요구사실을 미신고한 행위를 처벌하는 것은 작위의무 없는 행위의 부작위를 처벌하는 것이므로 부당하다.[321)] 이에 대하여 이처럼 신고의무 규정인 청탁금지법 제9조 제1항 제2호에서는 공직자등이 배우자의 금품등 요구사실을 알게 된 경우가 신고대상에서 누락되었지만, 처벌규정인 제22조 제1항 제2호에 기재된 '제9조 제1항 제2호에 따른 신고'를 신고 그 자체를 의미하는 것일 뿐 개개의 신고사유를 의미하는 것이 아니라고 선해할 수 있고, 배우자의 금품등 요구행위 금지규정(법 제8조 제4항)이 있으므로, 공직자등의 배우자 요구사실의 미신고 행위도 처벌할 수 있는 것으로 해석하는 견해[322)]가 있다. 그러나 이러한 견해는 미신고죄가 배우자의 금품등 요구행위를 처벌하는 것이 아니라 그 사실을 알고도 신고하지 아니한 공직자

---

319) 정형근, 앞의 "「부정청탁 및 금품등 수수의 금지에 관한 법률」에 관한 연구 -금품등의 수수금지를 중심으로-", 64면; 김영중, 앞의 "「부정청탁 및 금품등 수수의 금지에 관한 법률」에 대한 형사법적 고찰", 363면.

320) 김성돈(형총), 552면.

321) 한석훈, 앞의 "청탁금지법의 쟁점 재검토", 251면. 따라서 청탁금지법 제9조 제1항 제2호에서 공직자등이 배우자의 금품등 요구사실을 알게 된 경우의 신고의무를 부과하는 입법조치를 하기 전에는 죄형법정주의 원칙상 그 미신고행위는 처벌할 수 없는 것으로 해석해야 할 것이다.

322) 홍성칠, 앞의 「청탁금지법 해설」, 134,136면.

등을 처벌하는 규정임을 간과하고 있어서 납득하기 어렵다. 따라서 청탁금지법 제9조 제1항 제2호에 공직자등이 배우자가 자신의 직무와 관련하여 수수 금지 금품등을 **요구**한 사실을 알게 된 경우의 신고의무 규정을 신설하기 전에는 그 미신고를 처벌할 수 없게 되었다.

공직자등이 배우자가 수수 금지 금품등 제공의 **의사표시**를 받은 사실을 안 경우에는 신고의무는 발생하지만(법 제9조 제1항 제2호) 그 미신고 행위를 처벌하는 규정은 없다.[323)]

형법 제13조 본문 규정에 따라, 행위주체인 공직자등은 위 위반행위에 대한 인식 및 용인을 한 경우라야만 한다(용인설). 배우자는 제공되는 금품등이 공직자등의 직무와 관련된 것임을 알지 못하였다 하더라도, 공직자등이 그러한 인식 및 용인을 하였다면 무방하다.[324)]

Ⅳ. 신고 또는 반환·인도·거부의사표시

1. 요건 및 효과

공직자등(또는 공무수행사인, 이하 같음)이 금품등의 수수 · 요구 · 약속을 하여 **수재죄**를 범하였더라도 앞의 제3절 Ⅴ. 3.의 가.항 기재와 같이 청탁금지법 제9조 제1항, 제2항 또는 제6항에 따라 **지체없이** 금품등의 수수등 **의무신고**를 하거나, **지체없이** 그 수수 금품등을 제공자에게 **반환**하거나[325)] 금품등 제공 약속에 대하여 그 수령 **거부의사표시**를 하거나, 소속기관장 · 감독기관 · 감사원 · 수사기관 또는 국민권익위원회(이하 '소속기관장등'이라 함)에 **인도**한 공직자등은 처벌하지 아니한다(법 제22조 제1항 제1호 단서).

공직자등이 **미신고죄**를 범한 경우에도 공직자등 또는 배우자가 앞의 제3절 Ⅴ.

---

323) 공직자등이 배우자가 수수 금지 금품등 제공의 **의사표시**를 알게 된 경우에 그것이 신고대상인지 여부를 판단하는 것이 용이한 일이 아님을 이유로 그 신고의무를 폐지함이 타당하다는 입법론을 제기하는 견해(정형근, 앞의 "「부정청탁 및 금품등 수수의 금지에 관한 법률」에 관한 연구 –금품등의 수수금지를 중심으로–", 66,67면)도 있다.

324) 정형근, 위 논문, 65면.

325) 금품등을 수수한 경우에 제공자에게 반환하지 않고 거부의사표시만 한 것으로는 부족하다고 보아야 할 것이다(홍성칠, 앞의「청탁금지법 해설」, 140면).

3.의 가.항 기재와 같이 청탁금지법 제9조 제2항에 따라 지체 없이 수수 금품등을 제공자에게 **반환**하거나 금품등 제공 약속의 경우 그 수령 **거부의사표시**를 하거나 소속기관장등에게 **인도**한 경우에는 처벌하지 아니한다(법 제22조 제1항 제2호 단서). 위 반환이나 인도는 공직자등이 배우자 대신 하더라도 반환이나 인도는 이루어진 것이므로 무방하다. 그러나 금품등 제공 약속의 거부의사표시는 그 약속을 한 배우자 본인이 하지 않으면 공직자등이 대신 하더라도 배우자의 대리권 수여가 없는 이상 그 효력이 없으므로 위 면책 효과도 발생하지 않는다.[326]

공직자등이나 그 배우자가 금품등을 **요구**한 경우에 청탁금지법 제9조 제1항에 의하면 그 신고의무는 없지만, 이때에도 소속기관장등에게 신고하면 수재죄로 처벌할 수 없는 것으로 해석함이 형평에 부합할 것이다.[327]

국민권익위원회에서는 '지체없이'란 불필요한 지연이 없어야 한다는 의미이므로, 지체할 수밖에 없는 부득이한 사유가 있는 경우에는 그 사유의 종료 후 즉시 위 신고나 반환 · 인도 · 거부의사표시를 해야 한다고 설명하고 있다.[328] 합당한 해석이지만, 이 신고나 반환 · 인도 · 거부의사표시는 후술하는 것처럼 범죄구성요건 조각사유이므로 구체적으로는 사안별로 개별적으로 판단하되 보호법익인 직무수행의 공정성이 침해되기 전이라야만 할 것이다. 만약 지체하였지만 자진하여 위반사실을 신고하였거나, 신고나 소속기관장등에게 금품등을 인도(법 제9조 제2항 단서)함으로 인하여 신고 · 인도를 한 자의 청탁금지법 위반행위가 발견된 때에는 청탁금지법 제15조 제3항에 따라 형벌의 임의적 감면사유가 된다.[329]

청탁금지법 제8조 제3항의 제외사유에 해당하는 금품등은 수수 금지 금품등에 해당하지 않으므로(즉, 구성요건 조각사유가 됨은 앞의 제3절 Ⅲ. 3.항에서 설명), 예컨대 수수한 경조사비가 같은 항 제2호의 '대통령령으로 정한 가액 범위'를 초과하는 경우에는 그 초과 금액만 반환하면 된다.[330]

---

326) 홍성칠, 앞의 「청탁금지법 해설」, 140면.

327) 이 점과 관련하여서도 청탁금지법 제9조 제1항의 신고의무 대상에 금품등 **요구**의 경우도 포함시키는 입법조치가 필요하다.

328) 국민권익위원회, 해설집, 191면.

329) 국민권익위원회, 해설집, 192면.

330) 국민권익위원회도 같은 결론이다(http://1398.acrc.go.kr/case/ISGAcase?menuId=050212).

금품등이 접대 · 향응 또는 교통 · 숙박 등의 편의제공을 받은 것으로서 원물 그대로 반환할 수 없는 경제적 이익 등인 경우에는 해당 가액 상당의 금전으로라도 반환하면 위 면책 효과가 발생한다고 보아야 할 것이다.[331]

2. 법적 성질

수재죄 또는 미신고죄의 경우에 위 신고 또는 반환 · 인도 · 거부의사표시가 범죄체계 중 어느 단계에 영향을 미치는 사유가 되는 것인지 문제가 된다. 범죄는 구체적인 행위가 개별 형벌법규에 의하여 유형화된 불법유형으로서의 범죄구성요건 해당성, 사회상규를 포함하는 전체 법질서의 위배를 의미하는 위법성, 행위자에 대한 비난가능성을 의미하는 책임이 인정될 때 성립한다.[332] 또한 범죄의 성립이 인정되더라도 형벌권이 행사되기 위해 갖추어야 할 객관적 외부사실을 의미하는 객관적 처벌조건이 구비되어야 하고, 행위자의 특수한 신분관계로 인하여 형벌권이 발생하지 아니하는 인적 처벌조각사유가 없어야 한다.[333] 마지막으로 그 범죄를 기소하기 위하여 필요한 소송절차상 소추조건도 갖추어야 처벌할 수 있게 된다.[334] 그 밖에 수사기관에 자수하는 등의 경우에 형을 감경 또는 면제할 수 있는 것(형법 제52조)은 양형사유에 해당한다. 위 신고 또는 반환 · 인도 · 거부의사표시라는 사유가 이러한 범죄체계의 어느 단계의 조각(阻却)사유가 되는 것인지는 신분범인 수재죄나 미신고죄의 경우에 '지체 없이'란 요건의 해석, 공범의 범죄성립[335] 등에 영향을 미치는 문제이므로 신중하게 검토할 필요가 있다.

이에 관하여 명예훼손죄의 경우에 위법성조각사유로서 공익성을 규정하고 있음(형법 제310조)과 비교하여 보면 위 신고 또는 반환 · 인도 · 거부의사표시는 범죄구성

---

331) 홍성칠, 앞의 「청탁금지법 해설」, 141면.

332) 정성근 · 박광민(형총), 76,77면; 김성돈(형총), 195,196면.

333) 김성돈(형총), 145,146면.

334) 김성돈(형총), 146면.

335) 예컨대 배우자가 공직자와 공모하여 수재죄를 범한 후 공직자가 수수한 금품을 배우자의 의사에 반하여 제공자에게 반환한 경우에, 만약 그 반환을 책임조각사유나 인적 처벌조각사유로 본다면 공범의 종속정도에 관한 다수설인 제한종속형식설[정성근 · 박광민(형총), 411,412면; 박상기 · 전지연(형법), 250면]에 따르면 공직자는 처벌할 수 없더라도 배우자는 수재죄로 처벌할 수 있게 된다. 이 경우 최소종속형식설[김성돈(형총), 613면]에 따르면 그 반환을 범죄구성요건 조각사유로 보지 않는 한 마찬가지 결론에 이르게 된다.

요건 해당성을 조각하는 규정으로 보아야 한다는 견해[336]가 있다. 이에 대하여 일단 범죄가 성립한 후 신고 또는 반환 · 인도 · 거부의사표시를 하였다는 사유로 처벌대상에서 제외하는 것이므로 범죄구성요건 조각사유는 될 수 없고, 이러한 사유만으로 사회상규나 전체 법질서에 위배되지 아니하는 행위로 평가할 수는 없으므로 위법성 조각사유로 될 수도 없으며, 이러한 사유가 있는 공직자등은 처벌대상에서 '제외한다'고 규정하고 있으므로 행위자에 대한 비난가능성을 의미하는 책임의 조각사유로 볼 수도 없다고 비판하는 견해[337]도 있다.

생각건대 앞에서 설명한 수재죄의 처벌근거는 보호법익인 직무와의 관련성에 대한 입증부담의 완화, 장래의 직무관련성 또는 직무와의 대가관계 추정 등일 뿐이다. 직무관련성을 직접적 처벌근거로 하는 뇌물 범죄와는 달리 수재죄의 범죄구성요건에는 공직자등의 금품등의 수수 등 행위 외에 그 행위의 불법성을 나타내는 요건이 드러나 있지 않다. 따라서 공직자등이 직무수행의 공정성이 침해되기 전에 **지체 없이** 그 금품등의 반환 · 인도(또는 거부의사표시)를 한다거나 소속기관장등에게 수수등 사실을 **지체 없이** 신고하게 되면 더 이상 직무관련성에 대한 입증의 필요가 없고 직무수행의 공정성도 침해될 여지가 없게 되어 그 처벌근거나 범죄구성요건의 불법성을 상실하게 된다. 이러한 이유로 청탁금지법 제22조 제1항 제1호 단서 및 제2호 단서는 지체없이 위 신고 또는 반환 · 인도 · 거부의사표시를 한 공직자등은 처벌대상에서 '제외한다'고 표현하고 있는 것이다. 또한 청탁금지법 제15조 제3항에서는 "이 법에 따른 위반행위를 한 자가 위반사실을 자진하여 신고하거나 신고자등이 신고등[338]을 함으로 인하여 자신이 한 이 법 위반행위가 발견된 경우에는 그 위반행위에 대한 형사처벌, 과태료 부과, 징계처분, 그 밖의 행정처분 등을 감경하거나 면

---

336) 김영중, 앞의 "「부정청탁 및 금품등 수수의 금지에 관한 법률」에 대한 형사법적 고찰", 362면.

337) 홍성칠, 앞의 「청탁금지법 해설」, 201−203면. 따라서 현행 범죄체계에서 설명하기 어려운 규정이므로 위 신고 또는 반환 · 인도 · 거부의사표시가 있다고 하여 처벌대상에서 제외할 것이 아니라 그 형의 감경 또는 면제 사유(즉, 양형사유)로 개정함이 바람직하다는 입법론을 제시하고 있다(홍성칠, 위 책, 204면).

338) '신고등'이란 청탁금지법 제9조제1항, 같은 조 제2항 단서, 같은 조 제6항에 따른 신고 및 인도, 제7조 제2항, 제6항에 따른 신고, 제13조 제1항에 따른 신고, 그 외 협조를 한 자가 신고에 관한 조사 · 감사 · 수사 · 소송 또는 보호조치에 관한 조사 · 소송 등에서 진술 · 증언 및 자료제공 등의 방법으로 조력하는 행위를 모두 포함하는 개념이고, '신고자등'이란 그 신고등을 한 자를 말한다(법 제15조 제1항).

제할 수 있다."고 규정하여 신고행위를 별도의 형벌 임의적 감면사유(즉, 양형사유)로 규정하고 있다. 이러한 점에 비추어 청탁금지법 제22조 제1항 제1호 단서 및 제2호 단서는 **지체없이** 그 신고 또는 반환 · 인도 · 거부의사표시가 있으면 수재죄나 이를 전제로 하고 있는 미신고죄의 처벌근거나 범죄구성요건의 불법성이 소멸되어 범죄구성요건 해당성을 조각하는 사유로 보아야 할 것이다.

Ⅴ. 위법성 착오 및 죄수

1. 위법성 착오

청탁금지법은 제정되어 시행된 지 얼마 지나지 않았고, 사회의 기존 관행이나 관습에 저항하여 입법목적의 관철을 위한 여러 가지 인위적인 금지나 의무를 부과하고 있으며, 규제 내용이 복잡하고 불명확한 개념들로 구성되어 법해석을 필요로 하는 부분이 적지 않다. 그러므로 기업이나 개인이 사회 · 경제생활을 하면서 실제로는 청탁금지법에 위반되지만 자기 행위가 위법하지 아니한 것으로 오인하는 위법성의 착오가 발생할 가능성이 매우 높다.

청탁금지법위반 범죄의 경우에도 형법 제8조 본문 규정에 따라 형법의 총칙 규정이 적용되는데, 그 중 형법 제16조에서는 "자기의 행위가 법령에 의하여 죄가 되지 아니하는 것으로 오인한 행위는 그 오인에 정당한 이유가 있는 때에 한하여 벌하지 아니한다."라고 규정하고 있다. 그런데 법규의 부지에 형법 제16조가 적용되는 여부에 관하여 판례는 "형법 제16조의 오인이란 단순한 법률의 부지를 말하는 것이 아니고 일반적으로 범죄가 되는 경우이지만 자기의 특수한 경우에는 법령에 의하여 허용된 행위로서 죄가 되지 아니한다고 그릇 인식하고 그와 같이 그릇 인식함에 정당한 이유가 있는 경우에는 벌하지 않는다는 취지이다."라고 판시하여 부정적 입장이다.[339] 이에 대하여 금지규범 그 자체를 인식하지 못한 법규의 부지나 금지규범은 인식하였으나 자기 사례에서는 허용된다고 오인한 경우나 모두 위법성의 인식이 없었다는 점에 차이가 없다는 이유로 형법 제16조가 적용되어 그 오인에 정당한 이유

339) 대법원 2017. 3. 15. 2014도12773; 2006. 5. 11. 2006도631; 2005. 9. 29. 2005도4592.

가 있었는지 여부만 가리면 된다고 보는 견해(통설)[340]가 있다. 특히 청탁금지법의 위와 같은 규제 내용의 복잡성 및 불명확성과 그 적용대상의 광범위성을 근거로 후자의 견해를 강조하는 입장[341]도 있는데, 타당하다고 본다.

결국 위법성 착오에서는 그 오인에 정당한 이유가 있었는지 여부의 문제가 된다. 이에 관하여 판례는 "정당한 이유는 행위자에게 자기 행위의 위법 가능성에 대해 심사숙고하거나 조회할 수 있는 계기가 있어 자신의 지적 능력을 다하여 **이를 회피하기 위한 진지한 노력**을 다하였더라면 스스로의 행위에 대하여 위법성을 인식할 수 있는 가능성이 있었는데도 이를 다하지 못한 결과 자기 행위의 위법성을 인식하지 못한 것인지 여부에 따라 판단해야 한다. 이러한 위법성의 인식에 **필요한 노력의 정도는 구체적인 행위정황과 행위자 개인의 인식능력 그리고 행위자가 속한 사회집단에 따라 달리 평가**되어야 한다."고 판시하고 있다.[342]

2. 죄수

가. 포괄일죄

수재죄나 미신고죄의 경우에 같은 금품등의 요구 · 약속 · 수수 행위가 이어진 경우에는 단일하고 계속된 범의 아래 이루어진 것이고 피해법익도 동일하다면 포괄일죄로서 포괄하여 수수죄만 성립한다.[343] 증재죄의 경우에 같은 금품등 제공의 의사표시, 약속 및 제공 행위가 이어진 경우에도 마찬가지로 제공죄만 성립한다. 이때 그 범의의 단일성과 계속성은 "개별 범행의 방법과 태양, 범행의 동기, 각 범행 사이

340) 정성근 · 박광민(형총), 272면; 박상기 · 전지연(형법), 168,169면; 손동권 · 김재윤(형총), 320면.

341) 서보학, 앞의 "「부정청탁 및 금품등 수수의 금지에 관한 법률」에 대한 형사법적 검토", 40,41면.

342) 대법원 2017. 3. 15. 2014도12773; 2006. 3. 24. 2005도3717.

343) 서보학, 앞의 "「부정청탁 및 금품등 수수의 금지에 관한 법률」에 대한 형사법적 검토", 42면; 이광훈, 앞의 「청탁금지법 해설」, 188면. 뇌물 범죄의 요구 · 약속 · 수수 행위가 이어진 경우에 관한 통설의 입장이다[신동운(형각), 137면; 김성돈(형각), 793면; 정성근 · 박광민(형각), 746면; 손동권 · 김재윤(형각), 783면]. 이에 대하여 뇌물 범죄에 관한 판례나 일부 학설은 뇌물수수죄의 경우 요구 · 약속이 수수에 **흡수**되거나 뇌물공여죄의 경우 약속이 공여에 **흡수**되어 1죄가 성립한다고 설명하여[대법원 2002. 3. 15. 2001도970; 이재상 · 장영민 · 강동범(형각), 736면] 마치 법조경합 관계로 오인할 여지가 있다. 그러나 흡수관계의 법조경합이란 구성요건 상호간의 논리적 관계상 처음부터 하나의 죄만 인정되는 경우로서 하나의 구성요건이 논리적으로 다른 구성요건을 배제시키는 관계여야만 하는데[신동운(형총), 775면], 요구 · 약속 및 수수의 경우나 제공 의사표시, 약속 및 제공의 경우가 각기 이러한 관계에 있는 것은 아니며, 구성요건에 내재하는 특성을 감안하여 수 개의 행위를 포괄하여 하나의 죄로 보는 것일 뿐이므로 포괄일죄로 보아야 할 것이다.

의 시간적 간격, 그리고 동일한 기회 내지 관계를 이용하는 상황이 지속되는 가운데 후속 범행이 있었는지 여부, 즉 범의의 단절이나 갱신이 있었다고 볼 만한 사정이 있는지 여부 등을 세밀하게 살펴 논리와 경험칙에 근거하여 합리적으로 판단하여야 한다."는 것이 판례의 입장이다.[344]

그런데 수재죄, 미신고죄 또는 증재죄는 금품등의 수수 등 또는 제공 등 행위의 각 회(回)나 회계연도를 기준으로 각 범죄가 성립하는 것이므로, 같은 행위 유형 내에서는 이러한 기준을 벗어나 수 회의 행위나 회계연도를 달리하는 행위가 포괄일죄로 될 수는 없다.[345]

포괄일죄가 성립하는 경우에는 공소시효는 최종 범죄행위가 종료한 때부터 진행한다(판례).[346] 또한 포괄일죄로 되는 개개의 범죄행위가 다른 종류 죄의 확정판결 전후에 걸쳐 행하여진 경우에는 그 죄는 두 죄로 분리되지 않고 확정판결 후인 최종 범죄행위 시점에 완성된다(판례).[347]

나. 뇌물 범죄와의 관계

수재죄나 증재죄는 범죄구성요건으로 직무관련성을 요구하지 아니하고 미신고죄나 공무수행사인의 수재죄 · 증재죄의 경우에도 직무(또는 공무) 관련성은 요구하지만 금품등이 직무와의 대가관계까지 갖출 것을 요구하지 않는다. 이에 대하여 뇌물 범죄(형법 제129조 등)는 직무관련성과 대가관계까지 갖추어야 범죄가 성립한다(통설 · 판례).[348] 그런데 같은 행위가 수재죄(또는 증재죄)의 요건을 갖추었을 뿐만 아니라 위 직무관련성과 대가관계까지 갖추어 뇌물수수죄(또는 뇌물공여죄)의 요건도 충족하는 경우에는 뇌물 범죄로도 처벌되고,[349] 양 죄의 상상적 경합(형법 제40조) 관계가 된다는 견해가 있다.[350] 이에 대하여 청탁금지법이 형법의 특별법임을 이유로 수재죄 · 증재

344) 대법원 2016. 10. 27. 2016도11318(사기 등 재산범죄의 포괄일죄 인정 요건에 관한 판례임).

345) 서보학, 앞의 "「부정청탁 및 금품등 수수의 금지에 관한 법률」에 대한 형사법적 검토", 43면.

346) 대법원 2015. 9. 10. 2015도7081; 2002. 10. 11. 2002도2939(사기죄 등 재산범죄의 포괄일죄 인정 요건에 관한 판례임).

347) 대법원 2015. 9. 10. 2015도7081; 2003. 8. 22. 2002도5341.

348) 대법원 2014. 10. 15. 2014도8113; 2011. 12. 8. 2010도15628.

349) 김래영, 앞의 "「부정청탁 및 금품등 수수의 금지에 관한 법률」의 입법현황과 과제", 273면.

350) 대구지방법원 상주지원 2017. 9. 26. 2017고단349; 정호경, 앞의 "「부정청탁 및 금품등 수수의 금지

죄가 성립하는 경우에는 뇌물 범죄가 성립하지 않는 것으로 해석하는 견해[351]가 있다. 그러나 형법상 뇌물수수죄나 뇌물공여죄만 하더라도 법정형이 5년 이하의 징역 등으로 수재죄나 증재죄보다 높은데, 수재죄 · 증재죄는 직무관련성이나 대가관계의 증명이 어려워 뇌물 범죄로 처벌할 수 없었던 법의 사각지대를 규제범위에 포함할 목적으로 제정된 것이지[352] 종전 뇌물 범죄의 형사처벌을 완화하기 위한 것은 아니다. 한편 과태료 부과 사안인 청탁금지법 제23조 제5항 제1호, 제8조 제2항 위반, 즉 일정 가액(1회 100만 원 또는 매 회계연도 300만 원) 이하 금품등의 수수 등 사안에서는 과태료 부과 요건으로 직무관련성을 요구하고 '대가성 여부를 불문하고'라는 표현도 있으므로 뇌물 범죄의 특별법으로 보고 일반법에 해당하는 뇌물 범죄로 처벌할 수 없는 것으로 해석하는 견해[353]가 있다. 그러나 이 과태료 규정의 입법경위도 위 수재죄 · 증재죄의 경우와 동일하므로 이 규정도 별개의 제재규정으로 보아야 할 것이다.[354]

생각건대, 공직자 등 뇌물 범죄 행위주체의 청탁금지법 위반(수재죄 · 증재죄)의 경우에만 논리적으로 양 죄의 경합이 발생하는데, 양 죄의 보호법익이 유사하고, 수재죄 · 증재죄의 범죄행위는 뇌물 범죄의 범죄행위에 일반적 · 전형적으로 수반되는 경미한 위법행위로서 그 불법과 책임의 내용이 뇌물 범죄의 범죄행위에 포함된다는 점에서 흡수관계의 법조경합으로 볼 여지가 없지 않으나, 위 수재죄 · 증재죄의 입법경위에 비추어 보면 청탁금지법의 수재죄 · 증재죄는 뇌물 범죄와 보충관계에 있는 법조경합으로 보는 것이 타당할 것이다.

공직자등의 배우자가 그 공직자등의 직무와 관련하여 청탁 또는 알선 명목으로 금품등의 수수 등을 하는 행위가 변호사법 제111조(또는 특정범죄가중법 제3조) 위반죄를 구성할 경우에 그 공직자등의 미신고죄가 별도로 성립함은 물론이다.

에 관한 법률」의 구조와 쟁점", 69면.

351) 임상규, 앞의 "청탁금지법상의 '직무관련성' 개념과 그 문제점", 106면.

352) 국민권익위원회, 해설집, 113면.

353) 정형근, 앞의 "청탁금지법상 '금품등 수수 금지의 예외사유'에 관한 고찰", 11면; 최준선, 앞의 "「부정청탁 및 금품등 수수의 금지에 관한 법률」(김영란法), 무엇이 문제인가?", 51면.

354) 서보학, 앞의 "「부정청탁 및 금품등 수수의 금지에 관한 법률」에 대한 형사법적 검토", 38면.

다. 사기죄와의 관계

공직자등의 금품등의 수수가 그 제공자에 대한 기망행위로 이루어진 경우에는 공직자등의 사기죄가 성립하더라도 그와 별도로 수재죄와 증재죄가 성립한다.[355] 이 경우 금품등을 수수한 공직자등에 대하여는 1개의 행위가 수 개의 죄에 해당하는 경우이므로 수재죄와 사기죄의 상상적 경합관계로서 가장 중한 죄인 사기죄에 정한 형으로 처벌하게 된다(형법 제40조).[356]

---

355) 임상규, 앞의 "청탁금지법상의 '직무관련성' 개념과 그 문제점", 105면.

356) 뇌물 범죄와 사기죄에 관계에 관한 판례의 입장임(대법원 2015. 10. 29. 2015도12838; 1985. 2. 8. 84도2625; 1977. 6. 7. 77도1069).

제5절 부정청탁 수행죄 및 과태료 제재

Ⅰ. 개요

청탁금지법은 금품등의 수수등이 없이 금지된 부정청탁 행위를 한 자(다만, 자기를 위하여 부정청탁을 한 행위는 제재대상에서 제외)에 대하여는 과태료 부과의 제재를 원칙으로 하면서, 부정청탁에 따라 직무를 수행한 공직자등(또는 공무수행사인, 이하 같음)에 대해서는 형사처벌을 하고 있다.

수수 금지 금품등의 수수등 · 제공등 또는 그 미신고 행위에 대하여도 일정 가액(1회 100만 원 및 매 회계연도 300만 원) 이하인 사안이나 외부강의등의 초과사례금 신고 · 반환조치 미이행 사안은 과태료 제재 대상이다.

그리고 청탁금지법위반 사실의 신고자 · 조력자의 보호조치 신청이나 불이익조치 금지 신청에 대하여 국민권익위원회가 그 불이익조치에 관한 조사에 필요하다고 인정하여 요구하는 자료제출, 출석, 진술서 제출을 거부한 자(신청인, 불이익조치를 한 자, 참고인, 관계 기관 · 단체 · 기업)에 대하여 과태료 부과를 할 수 있다.

Ⅱ. 부정청탁 수행죄

1. 의의 및 보호법익

공직자등이 금지되는 부정청탁을 받고 그에 따라 직무를 수행한 경우나, 공무수행사인이 공무수행에 관하여 마찬가지 행위를 한 경우에는 2년 이하의 징역 또는 2천만 원 이하의 벌금에 처한다(**법 제22조 제2항 제1호, 제6조, 제11조**).

이 죄의 보호법익은 그 적용대상인 공직자 등 직무수행의 공정성 및 공공기관에 대한 국민의 신뢰임은 앞의 제2절 Ⅰ.항에서 설명하였다. 직무수행을 약속한 것만으로는 범죄가 성립하지 않고 부정청탁에 따라 직무를 수행하였을 때 범죄가 성립하는데, 부정청탁에 따라 직무를 수행하면 직무수행의 공정성이 침해되거나 적어도 공공기관에 대한 국민의 신뢰가 침해될 것임은 분명하다. 그러므로 보호법익에 대한 보호의 정도에 관하여는 이 죄를 침해범으로 보아야 할 것이다.

2. 범죄구성요건

행위주체는 공직자등 또는 공무수행사인으로 제한되므로 진정신분범이다. 위반행위는 이들이 금지되는 부정청탁(앞의 제3절 Ⅱ.항 기재 부정청탁)을 받고 그에 따라 직무를 수행하는 행위이다.

부정청탁의 내용과 수행한 직무행위의 내용이 정확히 일치하지는 않더라도 무방하나 부정청탁과 직무수행 사이에 인과관계가 인정되어야 한다. 이에 대하여 부정청탁의 내용과 직무수행의 내용이 정확히 일치하지 않더라도 본질적 동일성이 인정되면 된다는 견해[357]도 있다. 그러나 '그에 따라'란 명문 규정에 비추어 볼 때 직무수행이 부정청탁에 따라 이루어지는 인과관계를 범죄구성요건으로 요구하는 것이고, 그 인과관계를 판단함에 있어서는 내용상의 유사성, 직무수행에 이르게 된 과정, 직무수행에 이르게 된 다른 원인 유무(예컨대 상사의 지시) 등을 종합하여 객관적으로 판단해야 할 것이다.

이 죄의 보호법익에 비추어 볼 때 행위주체인 공직자등 또는 공무수행사인은 청탁 업무를 자신의 직무로 수행하는 자이면 적법한 결정권한이 있어야만 하는 것은 아니다.[358] 자신의 직무를 수행하는 자가 아니라면 청탁을 받고 직무를 수행하는 자에게 청탁하는 공직자등에 불과할 뿐이다.

규정의 문언에 비추어 보면 공직자등이나 공무수행사인은 부정청탁을 받을 당시 그 청탁 대상 직무를 담당하는 지위에 있어야 하고, 장래 그 직위로의 부임이 예정되어 있다 하더라도 행위주체의 요건이 충족되는 것은 아니다.[359]

부정청탁에 따른 직무수행 행위란 직무수행 자체뿐만 아니라 청탁의 내용에 따라서는 직무를 벗어난 직무 관련 행위도 포함해야 입법취지에 맞는 해석이 된다.[360]

---

357) 정형근, 앞의 "「부정청탁 및 금품등 수수의 금지에 관한 법률」에 관한 연구 –그 적용대상자와 부정청탁금지를 중심으로–", 169면.

358) 홍성칠, 앞의「청탁금지법 해설」, 107면.

359) 홍성칠, 위 책, 107,108면.

360) 홍성칠, 위 책, 109면(그 사례로 법 제5조 제1항 제6호의 부정청탁행위의 경우 직무상 비밀누설을 청

3. 죄수

부정청탁을 받은 공직자등 또는 공무수행사인이 그 청탁에 따라 수행하는 직무는 공무(公務)일지라도 배임 범죄(형법 제355조 제2항 등)의 범죄구성요건 중 '타인의 사무'에 해당한다(판례).[361] 그러므로 재산상 사무에 종사하는 공직자 또는 공무수행사인이 부정청탁에 따라 직무를 수행하여 청탁자에게 재산상 이익을 취득하게 하고 자신의 공공기관에 손해를 가한 경우에는 부정청탁 수행죄 외에 배임죄(업무상배임죄, 특정경제범죄법 제3조 위반죄 등)도 성립한다. 이때 양 죄는 1개의 행위가 수 개의 죄에 해당하는 경우이므로 상상적 경합관계가 된다.[362]

Ⅲ. 과태료

1. 의의 및 법적 성질

청탁금지법상의 과태료는 청탁금지법상 형성된 질서를 유지하기 위하여 청탁금지법상 의무를 위반한 자에 대하여 부과하는 제재이므로 행정질서벌에 속하고 형벌이 아니다. 그 과태료 부과대상은 질서위반행위규제법상 '질서위반행위'[363]에 해당할 뿐 범죄가 아니므로 형법의 총칙규정이 적용되지 않고(형법 제8조 본문), 부과 · 징수에 형사소송법이 적용되지 않는다. 따라서 일사부재리 원칙이 적용되지 아니하므로 과태료 처분의 확정 후일지라도 같은 사유에 대하여 형사처벌을 할 수 있음은 앞의 제5장 제12절 Ⅱ.항에서 설명한 내용과 같다. 다만, 과태료 부과는 규정 위반자에 대하여 처벌 또는 제재를 가하는 것이므로 법이 정하고 있는 과태료 부과사유인 위반행위를 함부로 유추해석하거나 확대해석해서는 안 된다(판례).[364]

탁받고 비밀을 누설하는 행위를 들고 있다).

361) 대법원 2010. 10. 14. 2010도387; 1974. 11. 12. 74도1138.

362) 한석훈, 앞의 "청탁금지법의 쟁점 재검토", 242면.

363) '질서위반행위'란 법률 또는 지방자치단체의 조례 상의 의무를 위반하여 과태료를 부과하는 행위로서, 질서위반행위규제법 시행령 제2조 제1항에서 정하는 사법(私法)상 · 소송법상 의무를 위반하여 과태료를 부과하는 행위나 같은 시행령 제2조 제2항에서 정하는 법률에 따른 징계사유에 해당하여 과태료를 부과하는 행위를 제외한 행위를 말한다(질서위반행위규제법 제2조 제1호).

364) 대법원 2007. 3. 30. 2004두7665; 박균성, 앞의 "「부정청탁 및 금품등 수수의 금지에 관한 법률」에 대한 행정법적 연구", 262,263면.

법인 · 단체의 대표자, 법인 · 단체나 개인의 대리인 · 사용인 또는 그 밖의 종업원이 그 법인 · 단체 또는 개인의 업무에 관하여 제3자를 위하여 또는 제3자를 통하여 부정청탁 행위를 하거나 일정 가액 이하 수수 금지 금품등을 공직자등 또는 그 배우자에게 제공등 행위를 한 경우(다만, 공직자등이 부정청탁이나 금품등의 **제공등**을 한 경우 또는 공무수행사인이 공무수행에 관하여 그러한 행위를 한 경우는 제외)에는 그 행위자에 대하여 과태료 제재를 하는 것 외에 그 법인 · 단체 또는 개인에게도 해당 과태료를 부과한다(**양벌규정**, 법 제24조 본문). 다만, 법인 · 단체 또는 개인이 그 위반행위를 방지하기 위하여 해당 업무에 관하여 **상당한 주의와 감독**을 게을리하지 아니한 경우에는 그러하지 아니하다(법 제24조 단서). 이 단서의 면책규정은 법인 · 단체 또는 개인의 실제 행위자에 대한 선임 · 감독상 주의의무가 있음을 전제로 하는 것인데, 법인의 대표자에 대한 관계에서는 그러한 법인의 의무를 인정할 수 없으므로(판례)[365] 실제 행위자가 법인의 대표자인 경우에는 적용 여지가 없다.[366] 그런데 질서위반행위규제법 제11조 제1항은 "법인의 대표자, 법인 또는 개인의 대리인 · 사용인 및 그 밖의 종업원이 업무에 관하여 법인 또는 그 개인에게 부과된 법률상의 의무를 위반한 때에는 법인 또는 그 개인에게 과태료를 부과한다."고 규정하여 법인만 과태료 제재를 하는 것으로 규정하고 있으므로 위 양벌규정과의 관계를 어떻게 볼 것인지 문제가 된다. 질서위반행위규제법 제5조에 "과태료의 부과 · 징수, 재판 및 집행 등의 절차에 관한 다른 법률의 규정 중 이 법의 규정에 저촉되는 것은 이 법으로 정하는 바에 따른다."는 규정으로 인하여 위 청탁금지법상 양벌규정이 적용되지 않는 것으로 해석하여 입법적 검토가 필요하다고 보는 견해[367]가 있다. 그러나 위 질서위반행위규제법 규정의 '과태료의 부과 · 징수'란 같은 법 제3장의 행정청에 의한 과태료의 부과 · 징수를 말하는 것이고, 법원의 재판으로 과태료를 부과하는 청탁금지법 위반

---

365) 대법원 2010. 9. 30. 2009도3876; 헌법재판소 2010. 7. 29. 2009헌가25 전원재판부("법인 대표자의 행위로 인한 법률효과는 법인에게 귀속되어야 하고, 법인 대표자의 범죄행위에 대하여는 법인 자신이 책임을 져야 하는바, 법인 대표자의 법규위반행위에 대한 법인의 책임은 법인 자신의 법규위반행위로 평가될 수 있는 행위에 대한 법인의 직접책임으로서, 대표자의 고의에 의한 위반행위에 대하여는 법인 자신의 고의에 의한 책임을, 대표자의 과실에 의한 위반행위에 대하여는 법인 자신의 과실에 의한 책임을 지는 것이다."고 판시)

366) 국민권익위원회, 해설집, 250면; 한석훈, 앞의 "청탁금지법의 쟁점 재검토", 264면.

367) 홍성칠, 앞의 「청탁금지법 해설」, 228,229면.

행위의 경우에는 같은 규정 중 '재판 및 집행 등의 절차'에 관한 제4장 부분만 해당되는 내용이다. 질서위반행위규제법 제11조 제1항의 규정은 과태료 위반행위의 행위주체를 법인과 자연인 중 누구로 볼 것인지 여부, 즉 질서위반행위의 성립에 관한 문제이므로 일반적으로는 청탁금지법 위반행위에 관해서도 같은 법이 적용된다. 그런데 금품등 제공에 따른 청탁금지법위반의 경우에는 제공 금품등의 가액을 기준으로 형사처벌의 경우와 과태료 부과의 경우로 구분되는 것일 뿐인데, 법인의 처벌에 관하여 양 경우를 달리 취급하는 것은 불공평하므로 특별히 위 양벌규정을 두게 된 것으로 보인다.[368] 따라서 과태료의 부과에 관한 청탁금지법 제24조의 과태료 양벌규정은 질서위반행위의 과태료 부과에 관한 특별규정이므로 위 양벌규정이 우선 적용된다. 이러한 양벌규정의 적용이 없는 과태료 제재 사안 중 공무수행사인 법인이 행위주체가 되는 경우(법 제23조 제1항 제1호, 제5항 제1호)에는 질서위반행위규제법 제11조 제1항에 따라 법인인 공무수행사인에게 과태료를 부과하게 된다.

이러한 양벌규정의 입법취지는 청탁금지법 위반행위는 통상 회사 등 영업주의 업무와 관련하여 반복적 · 계속적으로 이루어질 가능성이 크다는 점을 감안하여, 법인 등 영업주의 자율적인 주의와 감독 등 반부패 노력을 제고하여 청탁금지법상 금지규정의 규범력을 확보하려는 데 있다. 양벌규정의 면책 요건 중 '상당한 주의와 감독'의 판단기준에 관하여 판례는 "당해 위반행위와 관련된 모든 사정 즉, 당해 법률의 입법취지, 처벌조항 위반으로 예상되는 법익 침해의 정도, 그 위반행위에 관하여 양벌규정을 마련한 취지 등은 물론 위반행위의 구체적인 모습과 그로 인하여 실제 야기된 피해 또는 결과의 정도, 법인의 영업 규모 및 행위자에 대한 감독가능성 또는 구체적인 지휘감독관계, **법인이 위반행위 방지를 위하여 실제 행한 조치** 등을 전체적으로 종합하여 판단해야 한다."고 판시하고 있다.[369] 이때 **법인이 위반행위 방지를 위하여 실제 행한 조치** 중에는 청탁금지법 위반행위의 방지를 위한 효과적인 **부패방지 컴플라이언스**(Anti-corruption compliance) 프로그램의 운영을 들 수 있다.[370]

---

368) 한석훈, 앞의 "청탁금지법의 쟁점 재검토", 248면. 양벌규정에는 부정청탁행위도 있으나, 이를 법인 처벌에 관하여 금품등 제공의 경우와 달리 취급하는 것도 불공평하므로 양벌규정에 함께 포함한 것으로 보인다.

369) 대법원 2010. 2. 25. 2009도5824(도로법상 양벌규정에 관한 판례).

370) 국민권익위원회, 해설집, 251면.

청탁금지법상 과태료 부과의 요건 및 재판 · 집행절차에 관해서는 청탁금지법과 질서위반행위규제법이 적용된다.[371] 과태료 부과사유에 대한 소속기관장등의 조사는 사법작용이 아닌 행정작용이므로 질서위반행위규제법과 저촉되지 않는 범위 내에서(질서위반행위규제법 제5조) 행정조사기본법도 적용할 수 있을 것이다.[372] 과태료 부과에 관하여 청탁금지법은 질서위반행위규제법의 특별법에 해당하므로 상호 저촉되는 범위 내에서는 특별법우선원칙에 따라 청탁금지법이 우선 적용된다.

2. 과태료 부과요건

가. 부정청탁 행위

① 직무를 수행하는 다른 공직자등(또는 공무수행사인, 이하 같음)에게 **제3자를 위하여** 금지된 부정청탁(앞의 제3절 Ⅱ. 기재 부정청탁, 이하 같음)을 한 **공직자등**에게는 3천만 원 이하의 과태료를 부과한다(법 제23조 제1항 제1호 본문, 제5조 제1항). ② 직무를 수행하는 공직자등에게 **제3자를 위하여** 금지된 부정청탁을 한 자에게는 2천만 원 이하의 과태료를 부과한다(법 제23조 제2항 본문, 제5조 제1항). ③ 직무를 수행하는 공직자등에게 **제3자를 통하여** 금지된 부정청탁을 한 자에게는 1천만 원 이하의 과태료를 부과한다(법 제23조 제3항 본문, 제5조 제1항). 위 ①의 경우에 청탁자가 공직자등인 경우에는 그러한 신분이 없는 자보다 엄하게 제재하는 이유는 청탁받는 공직자등에 미치는 영향력이 상대적으로 크기 때문이다.[373]

다만, 위 각 과태료 부과사유가 있더라도 형법 등 다른 법률에 따라 형사처벌을 받은 경우에는 과태료를 부과하지 아니하며, 과태료를 부과한 후 형사처벌을 받은 경우에는 그 과태료 부과를 취소한다(법 제23조 제1항 제1호 단서, 제2항 단서, 제3항 단서). 이는 과태료도 제재의 일종인 이상 동일한 행위를 대상으로 하여 형벌을 부과하면서 아울러 행정질서벌로서의 과태료까지 부과한다면 그것은 **이중처벌금지**의 기본정신에 배치되어 국가 입법권의 남용으로 인정될 여지가 있기 때문이다.[374] 또한 국

---

371) 정형근, 앞의 "「부정청탁 및 금품등 수수의 금지에 관한 법률」에 관한 연구 -금품등의 수수금지를 중심으로-", 39면.

372) 박균성, 앞의 "「부정청탁 및 금품등 수수의 금지에 관한 법률」에 대한 행정법적 연구", 263면.

373) 정형근, 앞의 "청탁금지법상 '부정청탁의 금지'에 관한 고찰", 58면.

374) 헌법재판소 1994. 6. 30. 92헌바38 전원재판부(건축법위반 사안).

가공무원법, 지방공무원법 등 다른 법률에 따라 징계부가금 부과의 의결이 있은 후에는 과태료를 부과하지 아니하며, 과태료가 부과된 후에는 징계부가금 부과의 의결을 하지 아니한다(법 제23조 제6항). 징계부가금은 징계사유에 해당하는 행위로 취득하거나 제공한 금전 또는 재산상 이득의 가액의 수 배 이내에서 그 이득액의 박탈과 제재를 위하여 부과하는 것이다(국가공무원법 제78조의2, 지방공무원법 제69조의2). 징계부가금의 부과는 침해적 행정행위로서 과태료와는 법적 성질이 상이하지만 법령에 의해 형성된 질서를 유지하기 위하여 법령상 의무를 위반한 자에 대하여 금전지급 의무를 강제로 부과하는 제재라는 점에서는 과태료와 유사하므로 이중처벌금지의 정신에 따라서 상호 중복된 부과를 피하려는 것이다.

위와 같이 금지된 부정청탁을 '제3자를 위하여' 하거나 '제3자를 통하여' 하는 경우에만 과태료 부과사유가 되고, 이해당사자가 직접 자신을 위하여 부정청탁을 하는 것은 금지의무는 있지만 과태료 부과사유는 아니다. '제3자를 위하여'란 타인의 이익을 위하여 한다는 의미이고, '제3자를 통하여'란 타인을 이용한다(타인을 도구로 이용하는 경우는 제외)는 의미이다.[375] 그러므로 **'제3자'**로 보는 기준, 그 반면으로 **직접 자신을 위하여** 하는 부정청탁의 기준이 문제가 된다. 국민권익위원회는 "부정청탁을 직접 자신을 위하여 한다는 것은 **청탁행위로 인한 법적 효과**(이익 · 불이익)**가 직접 자신에게 귀속되는 것**을 의미하고, 청탁으로 자신에게 귀속되는 이익이 간접적이거나 사실적 · 반사적 이익 등에 불과한 경우에는 제3자를 위한 청탁이다."라고 설명하고 있다.[376] 이에 대하여 청탁행위로 인한 법적 효과가 직접 자신에게 귀속되는 자는 물론 **사실상 이해관계인이 하는 청탁**도 직접 자신을 위하여 하는 청탁으로 보아야 한다는 견해[377]가 있다. 예컨대 동거하는 배우자나 미성년 자녀를 위한 청탁의 경우에 사실상 이해관계인의 청탁이므로 전자의 입장에서는 청탁의 법적 효과가 귀속되는 제3자를 위한 청탁으로 보아 과태료 제재가 가능하지만 후자의 입장에서는 직

---

375) 이천현, 앞의 "부정청탁 금지행위와 제재에 관한 소고", 320면.

376) 국민권익위원회, 해설집, 106,108면; 정호경, 앞의 "「부정청탁 및 금품등 수수의 금지에 관한 법률」의 구조와 쟁점", 75면도 같은 견해이다.

377) 박균성, 앞의"「부정청탁 및 금품등 수수의 금지에 관한 법률」에 대한 행정법적 연구", 260면; 정형근, 앞의 "「부정청탁 및 금품등 수수의 금지에 관한 법률」에 관한 연구 -그 적용대상자와 부정청탁금지를 중심으로-", 152면; 김래영, 앞의 "'부정청탁 및 금품등 수수의 금지에 관한 법률'의 입법현황과 과제", 263면.

접 자신을 위한 청탁으로 보게 되어 과태료 부과를 할 수 없게 된다. 생각건대 직접 자신을 위하여 청탁한 자를 제재하지 않는 이유는 앞의 제3절 Ⅱ. 1.항에서 설명한 것처럼 민원인의 의견제출을 제약하지 아니하여 공공기관과 국민 사이의 의사소통을 보장하고, 타인을 이용하는 경우보다 공무수행의 공정성을 침해할 위험이 비교적 크지 아니한 점이나 불이익을 피하고 이익을 얻으려는 인간의 본능을 반영하기 위해서임에 비추어 볼 때 후자의 견해가 타당할 것이다.

법인의 임직원이 법인의 업무를 위하여 하는 청탁을 제3자를 위한 청탁으로 볼 것인지도 문제가 된다. 법인은 독립하여 권리의무의 주체가 된다는 점, 청탁금지법 제5조 제1항에서 부정청탁의 행위주체를 '누구든지'라고 표현한 것은 자연인을 전제로 한 것으로 볼 수 있다는 점, 판례는 법인의 범죄능력을 인정하지 않는 점 등을 근거로 임직원이 제3자인 법인을 위하여 하는 청탁으로 보아야 한다는 견해[378]가 있다. 이 견해를 따르면 실제 행위자인 임직원과 법인은 양벌규정(법 제24조)에 따라 모두 과태료 제재를 받게 된다.

이에 대하여 법인의 대표자 등 대표기관이 법인의 업무에 관하여 하는 부정청탁은 그 행위가 바로 법인의 행위로 되는 것이므로 법인이 직접 자신을 위하여 하는 청탁으로 보아야 하고, 대표기관의 대리인이나 다른 임직원의 청탁은 제3자를 위한 청탁으로 보아야 한다는 견해[379]가 있다. 이 견해는 그 근거로 법인 대표기관의 그 직무에 관한 행위는 불법행위를 포함하여 곧 법인의 행위로 보게 되는 점 외에도, 과태료 부과는 범죄에 부과하는 형벌이 아니므로 법인의 범죄능력을 부인하더라도 과태료 제재행위의 행위능력까지 부인할 것은 아닌 점, 그러므로 질서위반행위규제법 제11조 제1항은 법인도 과태료 제재의 행위주체로 인정하고 있는 점, 이렇게 해석하지 않으면 법인의 경우에는 직접 자신을 위하여 청탁하는 경우를 인정할 수 없게 되어 개인 기업과 비교하여 불공평하다는 점 등을 들고 있다.[380] 이 견해를 따르

---

378) 국민권익위원회, 해설집, 53,256면.; 정형근, 앞의 "청탁금지법상 '부정청탁의 금지'에 관한 고찰", 58면; 정호경, 앞의 "「부정청탁 및 금품등 수수의 금지에 관한 법률」의 구조와 쟁점", 73면; 마정근, 앞의 "현행 부정청탁금지법(소위 '김영란법')의 핵심 문제점과 개정 방안", 171면.

379) 홍성칠, 앞의 「청탁금지법 해설」, 42,43면; 서보학, 앞의 "「부정청탁 및 금품등 수수의 금지에 관한 법률」에 대한 형사법적 검토", 32면.

380) 한석훈, 앞의 "청탁금지법의 쟁점 재검토", ,241면; 박균성, 앞의 "「부정청탁 및 금품등 수수의 금지에 관한 법률」에 대한 행정법적 연구", 258,264면.

면 법인의 대표기관이 법인의 업무를 위하여 하는 청탁은 법인이 직접 자신을 위하여 하는 청탁이므로 실제 행위자인 대표기관과 법인 모두 과태료 제재를 받지 않는다. 생각건대 '누구든지'란 표현을 법인은 배제하는 취지로 단정할 근거가 없고, 법인에 대한 과태료 부과는 현행 법제가 허용하고 있으며, 이해관계자가 직접 자신을 위하여 청탁하는 경우에 공공기관에 대한 의사소통의 보장을 위하여 제재를 자제할 필요가 있음은 개인이나 법인이나 마찬가지인데, 법인에 대해서만 이를 제재하는 결과가 되는 전자의 견해는 부당하므로 후자의 견해가 타당하다고 본다.

나. 일정가액 이하 금품등의 수수 · 제공 등 또는 그 미신고

① 공직자등(또는 공무수행사인, 이하 같음)이 직무와 관련하여 동일인으로부터 1회에 100만 원 또는 매 회계연도에 300만 원 이하의 수수 금지 금품등을 받거나 요구 또는 약속한 경우(법 제8조 제2항), ② 공직자등이 자신의 배우자가 자신의 직무와 관련하여 위 일정가액 이하의 수수 금지 금품등을 받거나 요구하거나 제공받기로 약속한 사실을 알고도 신고(법 제9조 제1항 제2호 또는 같은 조 제6항에 따른 신고)하지 아니한 경우(법 제8조 제4항), ③ 누구든지 위 일정가액 이하의 수수 금지 금품등을 공직자등 또는 그 공직자등의 배우자에게 제공하거나 그 제공의 약속 또는 의사표시를 한 경우(법 제8조 제5항)에는 그 위반행위와 관련된 금품등 가액의 2배 이상 5배 이하에 상당하는 금액의 과태료를 부과한다(법 제23조 제5항 본문). 다만, 청탁금지법(제22조 제1항 제1호부터 제3호까지)이나 형법 등 다른 법률에 따라 형사처벌(몰수나 추징을 당한 경우 포함)을 받은 경우에는 과태료를 부과하지 아니하며, 과태료를 부과한 후 형사처벌을 받은 경우에는 그 과태료 부과를 취소한다(법 제23조 제5항 단서). 이는 이중처벌금지의 기본정신에 따른 입법임은 부정청탁행위에 관한 위 가.항 기재 부분의 설명과 같다. 또한 국가공무원법, 지방공무원법 등 다른 법률에 따라 징계부가금 부과의 의결이 있은 후에는 과태료를 부과하지 아니하며, 과태료가 부과된 후에는 징계부가금 부과의 의결을 하지 않는 점(법 제23조 제6항) 및 그 이유도 위 가.항 기재 부분 설명과 같다.

위 ①의 경우에는 지체 없이 금품등의 수수등 **의무신고**(법 제9조 제1항 제2호 또는 같은 조 제6항에 따른 신고)를 하거나, 위 ①, ②의 경우에는 지체 없이 그 수수 금품등을 제공자에게 **반환**하거나, 금품등 제공 약속의 경우 그 수령 **거부의사표시**를 하거나,

소속기관장 · 감독기관 · 감사원 · 수사기관 또는 국민권익위원회에 **인도**한 공직자등에 대하여는 과태료 제재를 하지 아니한다(법 제23조 제5항 제1호 단서, 제2호 단서). 위 '지체 없이'의 의미나 이 규정의 법적 성질이 구성요건 조각사유에 해당함은 앞의 수재죄 · 미신고죄(제4절 Ⅳ.항)에서의 설명과 같다.

다. 외부강의등의 초과사례금 신고 및 반환조치 미이행

공직자등이 자신의 직무와 관련되거나 그 지위 · 직책 등에서 유래되는 사실상의 영향력을 통하여 요청받은 외부강의등의 대가로서 청탁금지법 시행령 제25조의 별표2에서 정한 금액(앞의 제3절 Ⅳ. 2.의 다.항 기재 상한액)을 초과하는 사례금을 받고서도 소속기관장에게 신고하고 제공자에게 그 초과금액을 지체 없이 반환조치 하지 아니한 경우에는 500만 원 이하의 과태료를 부과한다(법 제23조 제4항, 제10조 제5항).

이 경우에도 국가공무원법, 지방공무원법 등 다른 법률에 따라 징계부가금 부과의 의결이 있은 후에는 과태료를 부과하지 아니하며, 과태료가 부과된 후에는 징계부가금 부과의 의결을 하지 않는다(법 제23조 제6항).

라. 보호조치 관련 자료제출, 출석, 진술서 제출의 거부

청탁금지법위반 사실의 신고자 · 조력자의 보호조치 신청이나 불이익조치 금지신청에 대하여 국민권익위원회가 그 불이익조치에 관한 조사에 필요하다고 인정하여 요구하는 자료제출, 출석, 진술서 제출을 거부한 자(신청인, 불이익조치를 한 자, 참고인, 관계 기관 · 단체 · 기업)에 대하여 3천만 원 이하의 과태료를 부과한다(법 제23조 제1항 제2호, 제15조 제4항, 「공익신고자 보호법」 제19조 제2항, 제3항, 제22조 제3항). 다만, 국가공무원법, 지방공무원법 등 다른 법률에 따라 징계부가금 부과의 의결이 있은 후에는 과태료를 부과하지 아니하며, 과태료가 부과된 후에는 징계부가금 부과의 의결을 하지 아니한다(법 제23조 제6항). 이 내용에 대하여는 앞의 제3절 Ⅴ. 4.의 다.항에서 설명하였다.

3. 고의·과실, 위법성 착오 및 책임

고의 또는 과실이 없는 질서위반행위는 과태료를 부과하지 아니하므로(질서위반행위규제법 제7조), 위 과태료 부과사유에 관한 행위자의 인식 · 용인이 있었거나 그 인식이 없었던 경우에는 일반적 보통인의 주의정도를 기준으로 판단할 때 행위자에게 해당 과태료 부과사유 발생에 대한 예견이 가능하고(예견 가능성) 그 결과발생을 회피할 수 있었음에도(회피 가능성) 사회생활상의 주의를 태만히 하여 그 결과를 야기한 경우[381]에만 과태료를 부과할 수 있다.

자신의 행위가 위법하지 아니한 것으로 오인하고 행한 질서위반행위는 그 오인에 정당한 이유가 있는 때에 한하여 과태료를 부과하지 아니한다(질서위반행위규제법 제8조). 판례는 범죄의 위법성 착오에 관한 유사한 내용의 형법 제16조의 적용범위에 법규의 부지는 포함하지 않는 입장이지만, 통설은 이를 위법성 착오의 문제로 보는 입장임은 수재죄에 관한 부분(앞의 제4절 Ⅴ. 1.항)에서 설명하였다. 특히 청탁금지법 위반의 경우에는 수재죄 등 범죄의 경우와 마찬가지로 과태료 부과사유의 경우에도 그 규제 내용의 복잡성 및 불명확성과 그 적용대상의 광범위성에 비추어 규제 법규의 부지로 인한 위반사례가 적지 아니할 것이므로 이를 위법성 착오의 문제로 볼 필요가 있다. 따라서 법규의 부지를 포함하여 위법성 착오가 문제될 경우에는 위반행위자의 오인에 정당한 이유가 있었는지를 검토해야 한다.

과태료 부과대상자가 14세가 되지 아니한 경우에는 과태료를 부과하지 아니한다(질서위반행위규제법 제9조). 심신(心神)장애로 인하여 행위의 옳고 그름을 판단할 능력이 없거나 그 판단에 따른 행위를 할 능력이 없는 자는 과태료 부과를 면제하고, 그 능력이 미약한 자는 과태료를 감경한다(질서위반행위규제법 제10조 제1항, 제2항). 다만, 스스로 심신장애 상태를 일으켜 위반행위를 한 자는 감면하지 아니한다(질서위반행위규제법 제10조 제3항).

4. 다수인의 가담 및 위반행위의 경합

2인 이상이 위반행위에 가담한 때에는 각자가 위반행위를 한 것으로 보되, 신분에 의하여 성립하는 위반행위에 신분이 없는 자가 가담한 때에는 신분이 없는 자에 대하여도 위반행위가 성립한다(질서위반행위규제법 제12조 제1항, 제2항). 이때 신분에 의하여 과태료를 감경 또는 가중하거나 과태료를 부과하지 아니하는 때에는 그 신

---

381) 과실범의 주의의무 내용에 관한 판례 · 통설인 객관설 입장[대법원 2006. 10. 26. 2004도486; 박상기 · 전지연(형법), 187면; 정성근 · 박광민(형총), 343면]에서의 해석이다.

분의 효과는 신분이 없는 자에게는 미치지 아니한다(질서위반행위규제법 제12조 제3항).

하나의 행위가 수 개의 위반행위에 해당하는 경우에는 각 위반행위에 대하여 정한 과태료 중 가장 중한 과태료를 부과한다(질서위반행위규제법 제13조 제1항). 그 밖에 수 개의 위반행위가 경합하는 경우에는 각 위반행위에 대하여 정한 과태료를 각각 부과한다(질서위반행위규제법 제13조 제2항 본문).

5. 과태료 부과절차

앞의 제3절 Ⅴ. 4.의 나.항에서 설명한 것처럼 소속기관장 외의 조사기관은 청탁금지법 위반행위에 관하여 신고를 받거나 국민권익위원회로부터 신고를 이첩 · 송부 받은 경우에 필요한 조사를 마친 후 과태료 부과 대상인 경우에는 소속기관장에게 통보해야 한다. 소속기관장은 이러한 통보를 받은 경우와, 직접 받은 신고 또는 국민권익위원회로부터 이첩 · 송부 받은 신고에 대한 조사를 마친 경우에 과태료 부과 대상자에 대해서는 그 위반사실을 그 대상자의 주소지 관할 지방법원에 통보해야 한다(법 제23조 제7항, 비송사건절차법 제247조). 따라서 청탁금지법 위반행위에 대한 과태료 부과는 관할 **지방법원의 재판**(결정) 형식으로 이루어지고(질서위반행위규제법 제36조 제1항), 그 재판 · 집행절차는 질서위반행위규제법 제4장의 규정에 따르게 된다.[382] 이는 청탁금지법의 적용대상이 민간부문인 사립학교 및 언론사에까지 확대되었기 때문에 처음부터 소속기관장이 아니라 법원에서 과태료를 부과하는 것이 적절하다는 점,[383] 사실관계의 판단이 쉽지 아니함은 물론 법해석을 필요로 하는 경우가 적지 아니할 것으로 예상되는 점을 감안한 것으로 보인다.

과태료 부과를 행정청이 아닌 법원의 재판으로 하는 것이므로 질서위반행위규제법 제19조(과태료 부과의 제척기간)는 적용되지 아니하고, 과태료 제재는 범죄에 대한 형벌이 아니므로 그 성질상 공소시효에 관한 형사소송법 제249조도 적용되지 않는다(판례).[384] 그러므로 한번 청탁금지법 위반행위로 과태료 부과사유에 해당하면 그

382) 춘천지방법원 2020. 2. 5. 2019과33 결정(국민권익위원회, 해설집, 245면에서 재인용).

383) 정형근, 앞의 "「부정청탁 및 금품등 수수의 금지에 관한 법률」에 관한 연구 –그 적용대상자와 부정청탁금지를 중심으로–", 168,169면.

384) 대법원 2000. 8. 24. 2000마1350("과태료의 제재는 범죄에 대한 형벌이 아니므로 그 성질상 처음부터 공소시효나 형의 시효에 상당하는 것은 있을 수 없고, 이에 상당하는 규정도 없으므로 일단 한번 과태료에 처해질 위반행위를 한 자는 그 처벌을 면할 수 없는 것이며, … 위반행위자에 대한 과태료의 처

처벌을 면할 수 없다.[385)]

과태료는 법원의 과태료 재판이 확정된 후 5년간 징수하지 아니하거나 집행하지 아니하면 시효로 인하여 소멸한다(질서위반행위규제법 제15조 제1항).

벌권을 국가의 금전 채권과 동일하게 볼 수는 없으므로 예산회계법 제96조에서 정해진 국가의 금전채권에 관한 소멸시효의 규정이 과태료의 처벌권에 적용되거나 준용되지는 않는다."고 판시).

385) 박균성, 앞의 "「부정청탁 및 금품등 수수의 금지에 관한 법률」에 대한 행정법적 연구", 262, 263면.

제8장

분식회계 및 부실감사

제1절 서설
제2절 허위재무제표작성죄
제3절 허위감사보고서작성죄

제1절 서설

Ⅰ. 기업의 회계처리와 회계부정 규제

기업은 영업활동을 하면서 영업상 재산 및 손익의 상황을 명백히 하기 위하여 회계장부 및 대차대조표를 작성해야 하고(상법 제29조 제1항), 주식회사나 유한회사의 경우에는 이사가 매 사업연도 결산기마다 대차대조표 · 손익계산서 등 재무제표를 작성하여 주주총회나 사원총회의 승인을 받아야 한다(상법 제447조, 제449조, 제579조, 583조 제1항). 그 중 증권시장에 증권을 상장한 상장회사나 일정 규모 이상의 회사는 매 사업연도 결산을 위해 작성한 재무제표에 대하여 공인회계사들로 구성된 회계법인 등 감사인의 외부 회계감사를 받아야 한다. 그 회계처리와 외부감사를 규율하는 법률이 「주식회사 등의 외부감사에 관한 법률」(이하 '외부감사법'또는 '법'이라 함)이다. 외부감사법에 따르면 회사는 재무제표를 회계처리기준에 따라 작성해야 하고(법 제5조 제3항), 감사인은 회계감사기준에 따라 재무제표에 대한 감사를 실시하여 그 감사결과를 감사보고서에 정확하게 기재해야 한다(법 제16조, 제18조). 분식회계(또는 분식결산)란 회계처리기준을 위반하여 거짓으로 재무제표를 작성하는 행위이고, 부실감사란 재무제표에 대한 감사를 하고 그 결과를 감사보고서에 기재하면서 회계감사기준에 따르지 않고 공정하지 못한 감사의견을 표명하는 행위이다. 분식회계는 재무제표가 회사의 재무상태와 경영성과를 제대로 반영하지 못하게 하고, 부실감사는 그 재무제표의 거짓을 방임하거나 조장함으로써 회사의 회계를 신뢰한 일반투자자나 채권자 · 거래처 등 이해관계자들에게 큰 피해를 야기할 수 있다. 그러므로 상법의 특별법인 외부감사법은 강행법규로써 분식회계와 부실감사를 방지하기 위한 여러 제도를 마련하고 있다.

기업의 분식회계가 처음 사회적 관심의 대상이 되기 시작한 것은 1997년 말 외환위기 후 국제통화기금(IMF)의 구조조정관리 아래 있었던 1999년에 드러난 대우그룹의 분식회계 사건이었고, 그 결과 국내 재계 2위였던 대우그룹이 해체되기에 이르렀다. 이어서 2004년 말 「증권관련 집단소송법」(이하 '증권집단소송법'이라 함)[1]의 최초시행을 앞둔 당시에는 그 동안 대부분의 회사에서 분식회계를 해 온 사실이 드러나 사회문제로 크게 부각되었고, 기업에 미치는 증권집단소송법의 영향력과 회계의 연속성에 비추어 기업이 스스로 과거의 분식회계를 정리할 기회를 주어야 한다는 공감대가 형성되었다. 그리하여 이례적으로 증권집단소송법의 부칙을 개정하여 증권집단소송법의 최초시행일인 2005. 1. 1. 전에 결산일이 도래한 사업연도의 재무제표에 분식회계가 있더라도, 그 시행 후 실질에 맞게 변경하여 2006. 12. 31.까지 결산일이 도래하는 사업연도의 재무제표가 작성된 경우에는 증권집단소송법의 적용대상에서 제외함으로써[2] 분식회계를 부담 없이 시정할 수 있는 기회를 주었다. 그럼에도 불구하고 2008년 세계금융위기 당시 분식회계 문제가 또다시 경제 · 사회적 쟁점이 되었고, 2015년 3,900억 원 규모의 ㈜대우건설 분식회계 및 부실감사 사건, 2016년경 드러난 5조 원 규모의 대우조선해양㈜ 분식회계 및 부실감사 사건 등은 우리나라의 기업회계 및 외부감사 제도에 대한 근본적인 회의를 제기함과 동시에 기업회계의 투명성 강화를 위한 강력한 제도적 대응조치를 요구하는 사회적 공감대를 형성하게 되어 2017. 10. 31. 외부감사법을 전부개정(법률 제15022호, 이하 '전부개정'이라 함) 하고 2018. 11. 1.부터 시행하기에 이르렀다.[3]

Ⅱ. 외부감사법의 주요내용

위와 같이 전부개정 외부감사법은 외부 회계감사 대상에 주권상장법인은 물론 일정 규모 이상의 주식회사와 유한회사를 포함하여 그 적용범위를 대폭 확대하고 있다. 또한 외부감사의 독립성 · 신뢰성을 강화하고 감사품질을 개선하며 회계에 관한 회사 내부통제의 실효성을 강화하기 위하여 감사인 선정권을 감사나 감사위원회에 부여하고, 주기적 감사인 지정제, 표준감사시간제, 품질관리기준 제도를 도입하고,

---

1) 증권집단소송법의 주요내용에 관하여는 한석훈, "증권관련집단소송법안의 평가 남소방지대책을 중심으로-", 박사학위 논문, 성균관대학교 대학원(2003), 83~173면.

2) 증권집단소송법 부칙(2005. 3. 10. 개정 법률 제7387호) 제4조; 한석훈, "회계부정의 형사책임 개선과제", 「선진상사법률연구」 제78호(법무부, 2017. 4.), 191면.

3) 국회 정무위원회, 「주식회사의 외부감사에 관한 법률 일부개정법률안 검토보고김종석 의원 대표발의(의안번호 제6825호)-」, 2017. 9., 4,5면.

내부회계관리제도의 운영실태에 대한 외부감사를 의무화 하는 등 외부감사 시스템을 획기적으로 개선하고 있다. 그 감독 및 제재에 관하여도 외부감사법을 위반한 행위에 대하여 증권선물위원회가 위반행위를 공시하고(법 제30조), 위반 회사에 대하여 회사임원의 해임 · 면직 권고, 직무정지, 증권의 발행제한, 회계처리기준 위반사항 시정요구 등, 위반 감사인에 대하여 감사인의 등록취소 건의, 업무정지, 감사업무 제한 등의 필요한 조치를 할 수 있고(법 제29조), 위반행위자에 대하여 과태료를 부과할 수 있다(법 제47조). 또한 금융위원회가 고의나 중과실로 인한 분식회계나 부실감사에 관하여 회사, 회계담당 임직원 및 감사인에 대한 과징금을 부과할 수 있는 제도를 신설하였다(법 제35조, 제36조).

분식회계 등 회계처리상 임무를 게을리한 회사 임원의 회사와 제3자에 대한 민사상 손해배상책임이 상법상 인정되고 있음은 물론이지만(상법 제399조, 제401조 등), 외부감사법은 외부감사 과정에서 부실감사 등 그 임무를 게을리한 감사인의 회사와 제3자에 대한 민사상 손해배상책임도 인정하고 있다(법 제31조). 나아가 분식회계나 부실감사 등 주요 위반행위에 대하여는 형사책임도 부과하고 있는데, 전부개정 외부감사법은 그 범죄구성요건을 확대하고 형벌을 대폭 강화하고 있다(법 제39조 이하). 특히 전부개정 외부감사법은 아래와 같이 분식회계와 부실감사에 대하여 징역 및 벌금의 법정형을 대폭 상향조정하였고(법 제39조), 벌금형의 필요적 병과규정을 신설하였으며(법 제48조), 그 행위로 얻은 이익에 대한 필요적 몰수 · 추징 규정을 신설하였다(법 제45조). 이러한 전부개정 외부감사법의 형벌 및 과태료 제재규정은 그 시행일인 2018. 11. 1. 이후의 위반행위에 적용된다(법 부칙 제13조). 그 중 분식회계 즉 재무제표를 회계처리기준에 위반하여 거짓으로 작성 · 공시한 경우(이하 '허위재무제표작성죄'라 함)와, 부실감사 즉 감사보고서에 기재해야 할 사항을 기재하지 않거나 거짓으로 기재한 경우(이하 '허위감사보고서작성죄'라 함)에 관하여 살펴본다.[4]

---

4) 다만, 죄명에 관한 대검예규에 따른 공식 죄명은 모두 '주식회사등의외부감사에관한법률위반'이다.

제2절 허위재무제표작성죄

Ⅰ. 의의

상법 제401조의2 제1항 및 제635조 제1항에 규정된 자나 그 밖에 회사의 회계업무를 담당하는 자가 외부감사법 제5조에 따른 회계처리기준을 위반하여 거짓으로 재무제표를 작성·공시한 경우에는 10년 이하의 징역 또는 그 위반행위로 얻은 이익 또는 회피한 손실액의 2배 이상 5배 이하의 벌금에 처하거나 이를 병과할 수 있다(법 제39조 제1항, 제48조). 또한 자산총액 1조 원 이상(즉, 자산총액의 100분의 5에 해당하는 금액이 500억 원 이상)인 회사의 경우에는 그 위반행위 결과 회계처리기준을 위반하여 변경된 재무제표상 손익 또는 자기자본 금액이 자산총액의 100분의 10 이상이면 무기 또는 5년 이상의 징역에, 그 변경금액이 자산총액의 100분의 5 이상이면 3년 이상의 유기징역에 처한다(법 제39조 제2항).

종전 외부감사법에서는 허위재무제표작성죄의 경우 7년 이하의 징역 또는 7천만 원 이하의 벌금에 처하였다. 또한 후술하는 허위감사보고서작성죄의 경우에는 5년 이하의 징역 또는 5천만 원 이하의 벌금에 처하고 있었다. 그런데 위와 같이 전부개정 외부감사법에서는 허위재무제표작성죄나 허위감사보고서작성죄 모두 기본적으로 최고 10년 이하의 징역까지로 법정형을 높이고, 그 위반정도에 따라서는 위와 같이 최고 무기징역까지로 법정형을 대폭 상향조정 하였다.[5)]

5) 이처럼 분식회계와 부실감사의 형벌을 대폭 상향조정한 조항에 대하여는 국회심의 과정에서 충분한 논의가 없었다. 다만, 법안심사소위원회에서 수석전문위원 전상수가 법안 검토보고를 하면서 "횡령·배임 등 타 경제범죄에 대한 법정형과의 형평성 문제, (회계부정)위반행위의 태양(態樣)이 다양할 수 있는 점, 자본시장법상 최고 제재가 10년 이하의 징역인 점 등을 고려하여 입법정책적으로 이 제재 부분을 결정할 필요가 있다."고 보고하였고[제20대 국회 제354회 "정무위원회 법안심사소위원회 회의록" 제2호(2017. 9. 20.), 50면], 이에 김해영 의원이 "형법에서 모든 범죄에 사형이나 무기징역 등 법정 최고형을 규정하지 않은 이유는 형사정책적으로 연구를 해 봤더니 법정형을 높이는 것이 범죄발생 예방에 아무 도움이 안 되더라는 것이 그동안 경험적으로 밝혀졌기 때문이다. 그래서 형벌을 높이는 방향보다는 가능한 한 기존 시스템적으로 의무를 포괄적으로 부여하는 것이 맞다고 본다."고 발언하였다[제20대 국회 제354회 "정무위원회 법안심사소위원회 회의록"(2017. 9. 21.), 13면]. 이에 따라 법안심사소위원회에서

분식회계나 부실감사를 이처럼 중형에 처하는 나라는 세계에서 우리나라밖에 없다. 회계부정에 가장 엄한 형벌을 부과하는 것으로 알려진 미국의 경우에도 분식회계나 부실감사 자체를 형사처벌 하는 것이 아니다. 엔론사(Enron社) 등의 회계부정 사태로 인하여 2002년 제정된 사베인스-옥슬리법(Sarbanes-Oxley Act, 이하 'SOX Act'라 함)에서는 분식회계가 있더라도 우편 · 전신사기죄(Mail and Wire Fraud)나 증권사기죄(Securities Fraud)가 성립하는 경우 외에는 자본시장에서의 허위공시에 관여한 경우에만 처벌하고 있을 뿐이다. 즉, 1934년 증권거래법(Securities Exchange Act of 1934)상 증권거래위원회(Securities and Exchange Commission)에 제출하는 재무제표 등 모든 정기보고서에는 최고경영자(CEO)나 최고재무책임자(CFO)가 그 내용이 중요성 관점에서 회사의 재무상태 및 영업성과를 적정하게 표시하고 있음을 인증하는 서면진술서를 첨부하도록 의무를 부과하고, 이를 거짓으로 인증한 CEO나 CFO에 대하여 10년 이하의 징역 또는 100만 달러 이하의 벌금에 처하거나 이를 병과하며, 이를 의도적으로(willfully) 범한 자에 대하여는 20년 이하의 징역 또는 500만 달러 이하의 벌금에 처하거나 이를 병과할 수 있도록 하고 있다.[6] 일본에서도 분식회계나 부실감사는 형벌이 아니라 우리나라의 과태료에 해당하는 과료(過料)에 처하고 있을 뿐이고, 회사가 분식회계에 따라 중요한 사항에 관하여 거짓으로 기재된 유가증권신고서 등을 내각총리대신에게 제출한 경우에 최고 10년 이하의 징역 또는 1천만 엔 이하의 벌금에 처하거나 이를 병과할 수 있을 뿐이다.[7] 독일이나 영국은 분식회계나 부실감사 자체를 처벌하지만 독일은 최고 3년 이하의 징역형에 영국은 벌금형에 처할 뿐이고, 프랑스는 분식회계의 경우에만 최고 5년 이하의 징역형에 처할 뿐 부실감사의 경우에는 형벌에 처하지 않는다.[8] 외국이 이처럼 회계부정 자체에 대

는 감사인의 독립성이나 감사업무의 품질 제고, 과징금 부과 등 외부감사 시스템이나 행정제재에 대한 개정논의만 활발히 전개하였고, 개정법안의 형벌에 관한 벌칙 개정조항에 대해서는 그 후 계속 이어진 법안심사소위원회나 정무위원회, 법제사법위원회 및 본회의에서도 아무런 토론이 없었다. 즉 형벌을 대폭 상향조정 하는 점에 대하여는 김해영 의원의 위와 같은 부정적 견해만 있었을 뿐, 다른 의견제시나 토론이 없었음에도 불구하고 위 김종석 의원안의 벌칙 개정안을 반영한 위원회 대안이 그대로 가결되었다.

6) SOX Sec. 906.

7) 일본 金融商品取引法 제197조 제1항 제1호; 일본의 회계부정 처벌규정에 대한 상세한 소개는 한석훈, 앞의 "회계부정의 형사책임 개선과제", 14~16면 참조.

8) 독일, 영국 및 프랑스의 회계부정 처벌규정에 대한 상세한 소개는 한석훈, 앞의 "회계부정의 형사책임 개선과제", 18~20면 참조.

한 처벌에 소극적인 이유는 회계처리기준이나 회계감사기준은 기업 회계처리의 적정을 기하기 위하여 일반적으로 공정 · 타당한 회계관행(상법 제29조 제2항, 제446조의2)이나 감사관행이 법규범화한 것일 뿐 회계부정의 적발을 목적으로 하는 것이 아니고 도덕규범으로 출발한 것도 아니므로 그 기준이 여러 개 존재할 수 있고 그 해석이 다의적일 수도 있기 때문이다. 또한 분식회계나 부실감사의 성립에 재산상 이득을 요건으로 하지 않고, 그로 인한 피해는 재산상 피해로서 민사상 손해배상이나 기업 관련 공시제도 등을 통하여 피해의 전보나 일반예방 효과를 충분히 기대할 수 있기 때문이다.

미국 · 일본의 위와 같은 처벌규정은 우리나라의 자본시장법상 증권신고서 등의 허위공시 처벌규정인 자본시장법 제444조 제13호 위반죄에 해당하는 것이다.[9] 그런데 자본시장의 공정성을 확보함으로써 일반투자자를 보호하기 위한 자본시장법 제444조 제13호의 허위공시 범죄는 5년 이하의 징역 또는 2억 원 이하의 벌금에 처하거나 이를 병과하는 등 외국보다 가볍게 처벌하면서, 그보다 사안이 무겁다고 볼 수 없는 분식회계나 부실감사 자체는 위와 같이 최고 무기징역까지 엄중하게 처벌함은 형벌이 책임에 비례해야 한다는 책임주의나 비례의 원칙에 맞지 않고 위와 같은 외국 입법례에 비추어 보더라도 균형을 상실한 입법이라는 비판이 제기되고 있다.[10]

---

9) 자본시장법에서는 증권의 모집 · 매출 시 금융위원회에 제출하는 증권신고서, 매 사업연도 경과 후 금융위원회 및 거래소에 제출하는 사업보고서 등의 공시서류에는 재무제표를 기준으로 작성하는 재무에 관한 사항과 그 부속명세, 회계감사인의 감사의견 등을 기재하고, 그 제출 당시의 회사 대표이사 및 신고 · 제출업무 담당 이사는 그 기재내용의 중요사항에 관하여 거짓 기재 · 표시나 그 누락이 없다는 사실을 확인 · 검토하고 각각 서명해야 할 의무가 있다(자본시장법 제119조, 제159조, 제160조, 같은 법 시행령 제124조, 제125조, 제168조, 제169조, 제170조 등). 이때 증권신고서, 사업보고서 등의 공시서류 중 중요사항에 관하여 거짓 기재 · 표시 또는 그 누락을 하거나 거짓 기재 · 표시나 그 누락이 있는 사실을 알고도 위와 같이 서명을 한 자, 그 사실을 알고도 이를 진실 또는 정확하다고 증명하여 그 뜻을 기재한 공인회계사 · 감정인 또는 신용평가를 전문으로 하는 자는 5년 이하의 징역 또는 2억 원 이하의 벌금에 처하거나 이를 병과할 수 있다(자본시장법 제444조 제13호, 제447조 제2항).

10) 한석훈, "개정 외부감사법의 회계부정 처벌규정에 대한 평가", 「기업법연구」 제32권 제3호(한국기업법학회, 2018. 9.), 294면; 황남석, "외부감사제도 개선을 위한 유럽연합(EU)의 법제 동향", 「기업법연구」 제31권 제2호(한국기업법학회, 2017. 6.), 203면.

Ⅱ. 보호법익

이 범죄는 재무제표의 작성권한 있는 자가 재무제표의 내용을 거짓으로 작성하는 경우에 성립하므로 이른바 무형위조 유형의 범죄에 속한다. 형법에서는 무형위조를 처벌하지 않는 것을 원칙으로 하지만 허위공문서 등 작성죄(형법 제227조), 공정증서원본 등 불실기재죄(형법 제228조) 및 허위진단서 등 작성죄(형법 제233조) 등과 같이 문서내용의 진실을 특별히 보호할 필요가 있는 예외적인 경우에만 처벌하고 있다.[11] 그러한 무형위조죄의 보호법익은 문서내용의 진실에 대한 공공의 신용으로 보는 것이 통설 · 판례[12]의 입장이다.

그런데 외부감사법은 외부감사를 받는 회사의 회계처리와 외부감사인의 회계감사에 관하여 필요한 사항을 정함으로써 이해관계인을 보호하고 기업의 건전한 경영과 국민경제의 발전에 이바지함을 목적으로 하고 있다(법 제1조). 그 중 허위재무제표 작성죄는 재무제표의 내용을 거짓으로 작성하는 무형위조 행위를 처벌하는 것이므로 재무제표의 내용이 진실하다고 믿는 이해관계인의 신뢰와 기업의 건전한 경영을 보호하려는 것이다. 그러므로 이 죄의 보호법익은 회사 재무제표에 대한 사회의 신뢰 및 회사의 경영건전성으로 보아야 할 것이다.

또한 허위재무제표작성죄는 그 범죄구성요건상 범죄의 성립에 위와 같은 보호법익에 대한 현실적 침해나 그 침해의 구체적 위험 발생을 필요로 하지 않는다. 재무제표의 작성권한 있는 자가 재무제표의 내용을 거짓으로 작성하였으면 회사 재무제표에 대한 사회의 신뢰 및 회사의 경영건전성에 대한 추상적 위험이 발생하여 범죄가 성립하게 된다. 그러므로 보호법익의 보호정도에 관하여는 추상적 위험범에 해당한다.

---

11) 정성근 · 박광민(형각), 592면.

12) 정성근 · 박광민(형각), 595; 손동권 · 김재윤(형각), 648면; 박상기 · 전지연(형법), 764면 ; 대법원 2017. 2. 15. 2014도2415("형법 제228조 제1항이 규정하는 공정증서원본불실기재죄나 공전자기록등불실기재죄는 특별한 신빙성이 인정되는 공문서에 대한 공공의 신용의 보장을 보호법익으로 하는 범죄이다.").

Ⅲ. 범죄구성요건

1. 행위주체

허위재무제표작성죄의 행위주체는 "상법 제401조의2 제1항 및 제635조 제1항에 규정된 자나 그 밖에 회사의 회계업무를 담당하는 자"이다. 상법 제401조의2 제1항에 규정된 자란 이른바 실질상 이사를 말하고, 상법 제635조 제1항에 규정된 자란 상법 회사편의 과태료 부과대상자를 말한다. 실질상 이사는 상법 등 법령상 재무제표의 작성권한이 인정되는 자는 아니지만 그 권한 있는 이사 등으로부터 명시적 또는 묵시적으로 권한을 위임받은 자로 볼 수 있고, 나머지 행위주체는 상법 등 법령상 또는 내부적 위임을 통하여 그 작성권한이 인정되는 자를 말한다.

가. 실질상 이사

상법 제401조의2 제1항에 규정된 자란 회사에 대한 자신의 영향력을 이용하여 이사에게 업무집행을 지시한 자(같은 항 제1호, 즉 '업무집행지시자'), 이사의 이름으로 직접 업무를 집행한 자(같은 항 제2호, 이하 '무권대행자'라 함), 이사가 아니면서 명예회장 · 회장 · 사장 · 부사장 · 전무 · 상무 · 이사 기타 회사의 업무를 집행할 권한이 있는 것으로 인정될 만한 명칭을 사용하여 회사의 업무를 집행한 자(같은 항 제3호, 이하 '표현이사'라 함)이다. 표현이사는 그 명칭을 사용하여 회사 업무를 집행하는 것 자체가 회사에 대한 영향력 행사의 결과이고, 무권대행자도 회사에 대한 자신의 영향력을 이용하여 이사의 이름으로 직접 업무를 집행한 자를 말한다고 봄이 통설 · 판례의 입장이다.[13] 따라서 이들은 모두 이사로 선임된 자는 아니지만 회사에 대한 영향력을 이용하여 재무제표의 허위작성에 관여할 수 있기 때문에 허위재무제표작성죄의 행위주체로 명시한 것이다.

나. 상법 제635조 제1항에 규정된 자

이들은 상법 회사편에서 정한 회사의 조직과 운영에 관한 질서나 의무를 위반하는 행위로 인하여 과태료를 부과 받을 수 있는 자들인바, 이들도 재무제표의 허위

---

13) 대법원 2009. 11. 26. 2009다39240; 이철송(회사), 827,828면; 정찬형(상법-상-), 1080,1081면; 대계Ⅱ, 789면(구회근 집필부분).

작성 행위에 관여할 수 있기 때문에 허위재무제표작성죄의 행위주체로 명시한 것이다. 즉 "회사의 발기인, 설립위원, 업무집행사원, 업무집행자, 이사, 집행임원, 감사, 감사위원회 위원, 외국회사의 대표자, 검사인, 상법 제298조제3항 · 제299조의2 · 제310조제3항 또는 제313조제2항의 공증인, 제299조의2 · 제310조제3항 또는 제422조제1항의 감정인, 지배인, 청산인, 명의개서대리인, 사채모집을 위탁받은 회사와 그 사무승계자 또는 상법 제386조제2항 · 제407조제1항 · 제415조 · 제542조제2항 또는 제567조의 직무대행자"를 말한다. 합명 · 합자 · 유한책임 · 주식 · 유한회사 등 모든 회사의 임직원 및 업무관련자들을 포함하고 있는 셈이다.

그러나 외부감사법은 외부감사를 받는 회사에만 적용되는 법이고, 외부감사 대상 회사는 주권상장법인, 해당 사업연도 또는 다음 사업연도 중에 주권상장법인이 되려는 회사, 그 밖에 직전 사업연도 말의 자산 · 부채 · 종업원수 또는 매출액 등 대통령령으로 정하는 기준에 해당하는 주식회사나 유한회사(다만, 해당 회사가 유한회사인 경우에는 이러한 요건 외에 사원 수, 유한회사로 조직변경 후 기간 등을 고려하여 대통령령으로 정하는 기준에 해당하는 유한회사에 한정됨)[14]이다(법 제1조, 제2조 제1호, 제4조 제1항).[15] 그러므

14) 대통령령인 외부감사법 시행령에 따르면 주식회사의 경우에는 직전 사업연도 말의 자산총액이 500억 원 이상인 회사이거나, 직전 사업연도의 매출액(직전 사업연도가 12개월 미만인 경우에는 12개월로 환산하며, 1개월 미만은 1개월로 봄, 이하 같음)이 500억 원 이상인 회사이거나, 아니면 직전 사업연도 말의 자산총액 120억 원 미만, 부채총액 70억 원 미만, 종업원수(근로기준법 제2조 제1항 제1호에 따른 근로자를 말하고, 소득세법 시행령 제20조 제1항 각 호의 어느 하나에 해당하는 사람, 「파견근로자보호 등에 관한 법률」 제2조 제5호에 따른 파견근로자는 제외, 이하 같음) 100명 미만 및 직전 사업연도 매출액 100억 원 미만의 사항 중 3개 이상에 해당하지 않는 주식회사를 말한다(외부감사법 시행령 제5조 제1항). 유한회사의 경우에는 직전 사업연도 말의 자산총액이 500억 원 이상인 회사이거나, 직전 사업연도의 매출액이 500억 원 이상인 회사이거나, 아니면 직전 사업연도 말의 자산총액 120억 원 미만, 부채총액 70억 원 미만, 종업원수 100명 미만, 사원(상법 제543조 제1항에 따른 정관에 기재된 사원을 말함) 50명 미만 및 직전 사업연도 매출액 100억 원 미만의 사항 중 3개 이상에 해당하지 않는 유한회사를 말하되, 다만, 2019. 11. 1. 이후 상법 제604조에 따라 주식회사에서 유한회사로 조직을 변경한 유한회사는 같은 법 제606조에 따라 등기한 날부터 5년간은 위 주식회사의 경우와 마찬가지로 본다(외부감사법 시행령 제5조 제1항, 제2항).

15) 이러한 회사에 해당하더라도 「공공기관의 운영에 관한 법률」에 따라 공기업 또는 준정부기관으로 지정받은 회사 중 주권상장법인이 아닌 회사이거나 그 밖에 대통령령으로 정하는 회사[해당 사업연도에 최초로 상법 제172조에 따라 설립등기를 한 회사, 주권상장법인이 아닌 지방공기업, 자본시장법상 투자회사 · 투자유한회사 · 투자목적회사, 기업구조조정투자회사, 유동화전문회사, 금융결제원으로부터 거래정지처분을 받고 그 처분의 효력이 지속되고 있는 회사(회생절차 개시결정 된 회사 제외), 해산 · 청산 · 파산사실이 등기되거나 1년 이상 휴업 중인 회사, 상법 제174조에 따라 합병절차가 진행 중인 회사로서 해당 사업연도 내에 소멸될 회사 등 외부감사법 시행령 제5조 제3항 각 호의 회사]는 외부감사인에 의한 회계감사를 받지 않을 수 있다(외부감사법 제4조 제2항).

로 상법 제635조 제1항에 규정된 자 중 주식회사나 유한회사의 임직원 및 업무관련자가 아닌 자는 행위주체에서 제외되어야 할 것이다. 또한 재무제표의 작성은 회사가 설립된 후 영업활동 중에 이루어지는 것이므로 주식회사의 설립사무를 집행하는 발기인은 행위주체가 될 수 없다. 따라서 실제로 행위주체가 될 수 있는 자는 외부감사 대상 주식회사나 유한회사의 이사 · 감사 · 지배인 · 청산인 · 일시이사(상법 제386조 제2항, 제567조),[16] 이사 직무대행자, 주식회사의 일시감사 · 일시청산인,[17] 주식회사의 감사 · 청산인 직무대행자, 집행임원, 감사위원회 위원 등에 불과하다.[18]

그 밖에 주식회사의 집행임원 직무대행자는 그 근거규정인 상법 제408조의9(제407조 제1항 준용)가 상법 제635조 제1항에 포함되어 있지 않고, 유한회사의 일시감사 · 일시청산인 · 감사 · 청산인 직무대행자도 그 근거규정인 상법 제570조 또는 제613조 제2항(각 제386조 제2항 준용)이 상법 제635조 제1항에 포함되어 있지 않으므로 이들은 죄형법정주의 원칙상 '상법 제635조 제1항에 규정된 자'에서는 제외되지만, 후술하는 '그 밖에 회사의 회계업무를 담당하는 자'에 해당하는 경우에는 허위재무제표작성죄의 행위주체가 될 수 있을 것이다.

다. 그 밖에 회사의 회계업무를 담당하는 자

위 가, 나.항 기재 행위주체에 해당하지는 않지만 실제로 회사의 회계업무를 담당하는 자로서 재무제표의 작성 · 공시 등에 관여하는 자를 말한다. 회사의 회계업무를 집행하는 직원이 이에 해당할 수 있을 것이다.

---

16) '일시이사'란 주식회사나 유한회사에서 이사의 임기만료나 사임으로 결원이 발생한 경우에 법원이 일시이사의 직무를 행할 자로 선임하는 이사(상법 제386조 제2항, 제567조)를 말하고 강학상 '임시이사'라고도 한다.

17) 주식회사의 일시감사나 일시청산인도 그 근거규정인 상법 제415조 또는 제542조 제2항(일시이사에 관한 상법 제386조 제2항 준용)이 상법 제635조 제1항에 포함되어 있고, 같은 항의 "직무대행자"를 직무를 대신 행하는 자의 의미를 포함하는 것으로 해석할 수 있으며, 그보다 권한범위가 적음에도 불구하고 행위주체에 포함된 감사 · 청산인의 직무대행자와의 균형상 허위재무제표작성죄의 행위주체에 포함할 수 있다.

18) 입법론으로는 범죄의 행위주체를 명확하게 특정하여 규정함이 죄형법정주의의 명확성 원칙에 맞는 입법이다. 그러므로 인적회사의 임직원, 주식회사의 발기인 등 명백히 행위주체에 해당하지 않는 자까지 포괄하여 행위주체를 규정하는 현행 법 제39조 제1항은 범죄의 행위주체를 정확히 특정하는 방식으로 개선할 필요가 있다.

라. 공범과 신분

허위재무제표작성죄는 위와 같은 신분을 가진 자만이 범하는 범죄이므로 신분관계로 인하여 범죄가 성립되는 진정신분범에 속한다. 그러므로 그러한 신분이 없는 자는 단독범이나 간접정범(형법 제34조) 형태로 이 범죄를 범할 수는 없고,[19] 공동정범, 교사범 또는 종범이 될 수 있을 뿐이다(형법 제33조 본문). 예컨대 평소 회사의 자문에 응하고 있던 공인회계사가 회사가 거짓으로 재무제표를 작성함에 공모가담한 경우에는 그 행위주체와 함께 공모공동정범으로 처벌받을 수 있다.

2. 위반행위

위반행위는 앞에서 말한 행위주체가 법 제5조에 따른 회계처리기준을 위반하여 거짓으로 재무제표를 작성 · 공시하는 행위이다(법 제39조 제1항 전단).

가. 회계처리기준의 위반

'법 제5조에 따른 회계처리기준'이란 금융위원회가 증권선물위원회의 심의를 거쳐 정하는[20] 한국채택국제회계기준(즉, 같은 조 제1항 제1호의'국제회계기준위원회의 국제회계기준을 채택하여 정한 회계처리기준')과 일반기업회계기준(즉, 같은 조 제1항 제2호의'그 밖에 이 법에 따라 정한 회계처리기준')을 말한다.[21] 한국채택국제회계기준은 주권상장법인(다만, 코넥스시장 주권상장법인은 제외) 및 해당 사업연도 또는 다음 사업연도 중에 주권상장법인이 되려고 하는 회사와 금융지주회사(단, 금융지주회사법 제22조에 따른 전환대상자는 제외), 은행, 투자매매업자 · 투자중개업자 · 집합투자업자 · 신탁업자 · 종합금융회사, 보험회사, 신용카드업자에 적용되고(법 시행령 제6조 제1항), 일반기업회계기준은 그 밖의 외부감사 대상 회사에 적용된다.[22]

회계처리기준에 위반한 분식회계인지 여부를 판단함에 있어서는 사실을 위장하

---

19) 대법원 1976. 8. 24. 76도151("공무원 아닌 자가 공무원을 기망하여 허위내용의 증명서를 작성케 한 후 행사하였다고 하더라도 허위공문서작성죄 및 허위작성공문서행사죄는 성립되지 않는다."고 판시하여 진정신분범의 간접정범을 인정하지 아니한 사례임).

20) 금융위원회는 회계처리기준에 관한 업무를 사단법인 한국회계기준원에 위탁하였으므로(법 제5조 제4항, 법 시행령 제7조의3 제1항), 실제로는 한국회계기준원에서 회계처리기준을 정하고 있다.

21) 한석훈, 앞의 "개정 외부감사법의 회계부정 처벌규정에 대한 평가", 295면.

22) 한국회계기준원, 일반기업회계기준 제1장 1.3(적용).

여 매출액이나 비용 등을 허위 계상한 결과 재무제표상 손익이나 자기자본 금액이 달라지는 경우와, 회계처리기준의 해석을 달리 한 결과 재무제표상 손익이나 자기자본 금액이 달라지는 경우를 구분하여 판단할 필요가 있다. 회계처리기준은 회사의 회계처리와 감사인의 회계감사에 통일성과 객관성이 확보될 수 있도록 정해야 하는 것이지만(법 제5조 제2항), 원래 일반적으로 공정·타당한 회계처리 관행을 규범화하는 과정에서 일의적으로 규정하기 어려워 추상적 표현으로 규정된 부분이 적지 아니하고, 그 규정의 해석도 일반적으로 공정·타당한 회계관행이 무엇인지를 탐구하는 문제로서 불분명한 경우가 많이 발생할 수 있다.[23] 또한 2011년부터 주권상장법인을 중심으로 의무적으로 적용되고 있는 한국채택국제회계기준은 회계처리의 기본원칙과 방법론을 제시하는 원칙중심(principle-based)으로 설계되어 있는데,[24] 이러한 원칙중심 회계처리기준은 규정중심(rule-based) 회계처리기준보다 회계처리자의 합리적 판단에 회계처리기준의 해석을 맡기는 경우가 많아지게 되었다.[25] 그러므로 회계처리기준의 해석이 문제가 되는 경우에는 위와 같은 회계처리기준의 불명확성, 다의적 해석 가능성은 물론, 회계처리기준이 범죄구성요건을 보충하는 법규에 속한다는 점을 감안하여, 그 회계처리 당시 회계처리기준의 해석이 일반 회계처리자에게 명확하였던 경우에만 회계처리기준 위반을 인정할 필요가 있다.[26]

---

23) 예컨대, '합리적 관행에 따라', '통상적으로', '통상적인 영업과정' 등의 표현을 들 수 있다(구체적인 사례는 한석훈, 앞의 "개정 외부감사법의 회계부정 처벌규정에 대한 평가", 300,301면 참조).

24) 한국공인회계사회, 「외부감사인의 책임한계」(2018. 7.), 212면.

25) 하석태·조성표·조중희, "IFRS 도입 후 한국기업의 회계품질의 변화에 대한 미국 기업과 비교", 「회계정보연구」 34권 2호(한국회계정보학회, 2016. 6.), 30면.

26) 회계처리기준의 해석을 둘러싸고 회계처리기준 위반 여부가 문제된 대표적 사건으로 삼성바이오로직스주식회사(이하 '삼성바이오'라 함)의 2015회계연도 재무제표의 분식회계 논란을 들 수 있다. 삼성바이오가 미국 바이오젠社(이하 '바이오젠'이라 함)의 합작투자를 받고 바이오의약품 연구개발회사인 자회사 삼성바이오에피스(이하, '에피스'라 함)를 설립하면서, 삼성바이오는 에피스의 지분 85%를 보유하고, 바이오젠은 나머지 에피스 지분 15%를 보유하지만, 옵션을 행사할 경우에 에피스의 지분을 50%에서 1주를 공제한 지분까지 보유할 수 있는 주식 콜옵션을 바이오젠에 부여하되, 콜옵션을 행사할 경우 주주총회의 결의요건은 과반수가 아니라 52% 찬성으로 결의하고 이사회는 쌍방이 같은 수의 이사 구성권을 가지며, 바이오젠은 콜옵션의 만기 전에도 언제든지 위 콜옵션을 행사할 수 있고, 에피스의 개발·생산·판매·상장 및 자금조달 등 주요 경영활동에 대한 사전 동의권을 보유한다는 내용의 합작투자계약을 2011. 12.경 체결하였다. 그 후 에피스가 개발중인 바이오시밀러 제품 2종이 2015. 10.부터 2016. 1.까지 한국 및 유럽에서 판매승인을 받는 등 개발성과가 가시화되자, 삼성바이오는 2015년 재무제표 및 연결재무제표 작성 당시 지분법으로 회계처리를 변경하여 에피스를 종전 '종속회사(연결)'에서 '관계회사(지분법)'로 변경하였다. 삼성바이오는 2016년에 코스피 상장 예정이었으므로 당시 회계처리는 한국채택국제회계기준에 따른 것이다. 그 결과 삼성바이오의 재무제표상 투자자산인 보유 에피스

지분의 평가방식이 종전 장부가치평가에서 한국채택국제회계기준에 따라 현금흐름할인법(Discounted Cash Flow)에 의한 공정가치평가로 변경되어 에피스의 공정가치평가액 중 당시 삼성바이오의 보유지분에 상당하는 4조 8,086억 원에서 기존 장부금액을 공제한 4조 5,436억 원의 영업외 평가이익이 발생하게 되었다. 그 중 바이오젠이 보유하고 있는 콜옵션의 가치(부채)인 1조 8,204억 원을 공제한 세전이익이 2조 7,232억 원인데, 이 금액에서 법인세를 공제한 나머지 금액 2조 642억 원의 당기 순이익이 발생하게 되었다. 이러한 회계처리에 대하여 2015회계연도의 외부감사인, 2015년말을 기초로 작성되는 2016회계연도의 지정감사인 및 삼성바이오의 모회사인 삼성물산의 연결재무제표에 관한 외부감사인 등 외부감사를 맡은 국내 주요 3개 회계법인은 그 회계처리가 적정하다는 평가를 하였고, 금융감독원의 2016년 자체조사 및 금융감독원으로부터 감리위탁을 받은 한국공인회계사회의 감리결과도 마찬가지 의견이었다. 그런데 금융감독원은 2017년경 삼성바이오의 위 2015회계연도 회계처리에 관하여 특별감리를 하였는데, 그 결과 당시 에피스를 종속회사에서 관계회사로 전환한 것은 잘못이니 장부가치로 평가해야 하는데, 삼성바이오의 위와 같은 회계처리는 고의적 분식회계라는 취지의 특별감리 결과를 발표하였다. 그러나 금융감독원으로부터 삼성바이오에 대한 제재 건의를 받고 심의한 증권선물위원회는 "금융감독원은 삼성바이오가 2015회계연도의 회계처리를 변경한 점을 지적하였을 뿐, 변경 전후 어느 쪽 회계처리가 맞는지 여부에 대한 판단이 없었음"을 이유로 금융감독원이 이 점에 대하여 다시 감리하여 그 결과를 보고해 주도록 요청하는 결의를 하였다. 이에 금융감독원은 재감리 결과 삼성바이오는 위 합작계약에 따라 2012년부터 계속 바이오젠과 함께 에피스를 공동지배하고 있었으므로 2012년부터 2014년까지 삼성바이오가 에피스를 연결하여 회계처리한 내용이 위법한 회계처리하고 결론을 내렸다. 이에 따라 증권선물위원회는 2018. 11. 14. 삼성바이오에 대하여 "신제품 추가, 판권 매각 등과 관련하여 바이오젠이 보유한 동의권 등을 감안할 때, '계약상 약정에 의해' 지배력을 공유하는 경우에 해당하고, 바이오젠이 가진 콜옵션, 즉 잠재적 의결권이 '경제적 실질이 결여되거나 행사에 장애요소가 있다'고 보기 어려우므로 지배력 결정시 고려해야 하는 실질적인 권리에 해당한다."는 이유로 2012년부터 에피스를 '관계회사(지분법)'로 처리했어야 한다고 판단하였다. 이러한 판단을 전제로 2012년부터 2014년까지의 올바른 회계처리를 지분법(공동지배)으로 판단하는 경우에는 삼성바이오가 2016년에 2015회계연도의 회계처리를 하면서 에피스 주식을 지분법으로 회계처리하면서 대규모 평가차익을 인식한 것이 잘못이라고 평가하고, 삼성바이오에 대하여 대표이사 및 담당임원 해임권고, 과징금 80억 원 부과(금융위원회 결정), 감사인 지정 조치를 하고, 회계처리기준 위반(즉, 고의적 분식회계)을 이유로 한 검찰고발 조치를 하였다[출처: 삼성바이오로직스 회사 홈페이지(https://www.samsungbiologics.com)의 'Issue & Fact'; 금융감독원(http://www.fss.or.kr) 보도참고자료, "삼성바이오로직스 감리관련 진행 경과", 회계조사국(2018. 5. 2.); 최준선, "삼성바이오와 신뢰보호원칙", 매일경제신문(2018. 5. 30.), 오피니언사설 · 칼럼메인 면; 연강흠, "석연치 않은 삼성바이오 분식회계 공개", 중앙일보(2018. 5. 14.), 경제 9면; 금융위원회(http://www.fsc.go.kr '알림마당') 보도참고자료, "사업보고서 등에 대한 조사 · 감리결과 조치", 공정시장과(2018. 7. 12.) 및 "사업보고서 등에 대한 조사 · 감리결과 조치"공정시장과(2018. 11. 14.), 다만, 합작투자계약의 내용은 후술하는 공소제기 시의 공소사실 기재내용에 따름].

그 후 검찰은 2020. 9.경 "기업회계기준에서는 재무제표에 인식하지 아니한 계약상의 약정사항, 다른 기업에 대한 지배력 또는 유의적인 영향력 유무를 판단하는 경우 그러한 판단과 가정에 대한 구체적인 내용을 재무제표 주석에 기재하도록 하고 있다. 그럼에도 불구하고, 삼성바이오 등의 투자자들을 위한 중요한 정보인 위 합작투자계약의 내용을 2014년까지 공개하지 않았고, 2015. 4.경 작성된 삼성바이오의 2014회계연도 재무제표에도 주석에 '바이오젠은 지배기업과의 주주 간 약정에 따라 종속기업인 에피스의 지분을 49.9%까지 매입할 수 있는 권리를 보유하고 있습니다'라고만 기재하여 2014회계연도 재무제표를 거짓으로 작성 · 공시하였으며(외부감사법위반죄), 그 후 삼성바이오 투자회사인 제일모직과 삼성물산의 합병 증권신고서 등 관련 공시서류에도 그러한 주요내용이 누락되게 함으로써 자본시장법을 위반하였다. 또한 기업회계기준에 따른 지배력 상실 회계처리 및 그에 따른 투자주식의 공정가치 평가는 투자기업이 피투자기업에 대한 지배력을 보유하던 중 사후적인 사정 변경에 따라 그 지배력을 상실하는 경우에 적용이 가능한 것이다. 그런데 바이오젠이 보유한 콜옵션 및 각종 동의권 등

나. 재무제표

외부감사법상 '재무제표'란 결산기에 작성하여 주식회사의 주주총회(또는 상법 제449조의2 규정이 적용되는 경우에는 이사회)나 유한회사의 사원총회의 승인을 받아야 하는 결산 재무제표만을 의미한다(법 제2조 제2호, 제6조 제2항, 법 시행령 제8조). 따라서 허위재무제표작성죄의 '재무제표'도 결산 재무제표만을 가리키고, 외부감사법상 외부감사인의 감사대상이 아닌 반기 재무제표나 분기 재무제표는 이에 해당하지 않는다(판례).[27] 결산 재무제표에 기초하여 새로 작성된 수정 재무제표도 감사인에 의한 외부감사의 대상이 되므로 허위재무제표작성죄의 행위객체인 '재무제표'에 해당한다.[28]

법 제39조 제1항은 '재무제표'라고만 표현하고 연결재무제표를 명시하고 있지는 않지만,[29] 법 제2조 제8호에서 감사보고서의 정의 규정에서 '재무제표(연결재무제표를 작성하는 회사의 경우에는 연결재무제표를 포함한다. 이하 같다)'라고 규정하고 있고, 그 후에

은 언제든지 행사 가능한 실질적인 권리로서, 이와 같은 바이오젠의 권리들로 인하여 삼성바이오는 에피스 설립 당시부터 에피스에 대한 실질적 지배력을 보유하지 못하였다. 그럼에도 불구하고, 삼성바이오가 에피스에 대한 2015년 이전까지의 실질적 지배력을 전제로, 2015회계연도 재무제표 작성 시 마치 2015년 하반기에 에피스의 사업성과 가시화 등으로 바이오젠의 콜옵션 행사 가능성이 높아져 삼성바이오가 에피스에 대한 지배력을 상실한 것처럼 에피스를 삼성바이오의 연결 대상 '종속회사'에서 지분법 대상 '관계회사'로 변경하는 지배력 상실 회계처리를 하고, 이에 따라 삼성바이오의 에피스 투자주식을 평가하여 자산을 약 4조 5,436억 원 상당 과대 계상함으로써 2015회계연도 재무제표를 거짓으로 작성 · 공시하였다(외부감사법위반죄)."는 취지로 삼성그룹 관련자들에 대해 공소제기 하였다[공소사실 출처: OhmyNews, 2020. 9. 10.자 사회면 기사, https://www.ohmynews.com/NWS_Web/View/at_pg.aspx?CNTN_CD=A0002674862 (2024. 1. 11. 확인)].

그러나 법원은 1심 재판결과 위 외부감사법위반죄를 포함하여 공소사실 전부에 대하여 무죄 선고를 하였다[문화일보, "이재용 삼성전자 회장, '경영권 불법 승계 의혹' 1심서 무죄", 2024. 2. 5.자 사회면, https://www.munhwa.com/news/view.html?no=2024020501039910021003 (2024. 2. 5. 확인)].

이는 삼성바이오가 합작투자회사인 에피스의 설립 · 운영과 관련하여 투자회사인 바이오젠이 보유하고 있는 주식 콜옵션의 지배력을 어떻게 평가하여 회계처리를 할 것인지 여부의 문제로서, 금융감독원의 판단만 하더라도 처음에는 삼성바이오의 회계처리에 문제가 없는 것으로 보았으나, 2017년 감리 당시에는 2015회계연도 재무제표에서 에피스를 종속회사에서 관계회사로 전환한 것이 잘못이라고 판단하였다가, 2018년 재감리 결과는 2015회계연도 재무제표에서 에피스를 관계회사로 본 것이 잘못이 아니라 그 이전에 합작투자계약을 한 2012회계연도 재무제표부터 관계회사로 회계처리하는 것이 타당하다고 판단한 것이다. 어느 판단이 타당한지를 떠나 회계처리기준의 불명확성에 대한 대표적인 사례가 될 것이다(한석훈, 앞의 "개정 외부감사법의 회계부정 처벌규정에 대한 평가", 297면).

27) 대법원 2011. 12. 22. 2011도12041; 2011. 3. 24. 2010도17396; 2008. 7. 10. 2008도4068.

28) 대법원 2013. 1. 10. 2012도9151[금융감독원, 「회계감리제도 조문별 판례분석」(2017. 12.), 211,212면].

29) 종전 외부감사법의 허위재무제표작성죄 규정[구 외부감사법(2017. 10. 31. 법률 제15022호로 전부개정 되기 전의 것) 제20조 제1항]에는 '재무제표 또는 연결재무제표'라고 표현하고 있었다.

규정하고 있는 법 제4조 제1항, 제5조 제3항, 제6조, 제11조 제1항 제5호, 제23조 제3항, 제5항 등의 '재무제표'는 모두 연결재무제표를 포함하는 의미로 사용되고 있다. 따라서 법 제39조 제1항의 '재무제표'는 개별재무제표는 물론 연결재무제표도 포함하는 의미로 보아야 할 것이다.[30]

다. 재무제표의 허위 작성 · 공시

재무제표는 재무상태에 관한 객관적 사실을 회계처리기준에 따라 작성해야 하는 것이므로 '거짓으로' 재무제표를 작성 · 공시한다는 것은 재무제표의 기재내용을 객관적 사실에 부합하지 않게 작성하거나 그 기재방법을 회계처리기준에 맞지 않게 작성하여 공시하는 행위를 말한다. 그 거짓 여부의 판단대상은 회계사실의 실재 여부(진실성)와 회계처리기준의 해석 · 적용(적정성)으로 구분할 수 있다.[31]

재무제표에는 재무상태표,[32] 손익계산서(또는 포괄손익계산서), 자본변동표, 이익잉여금 처분계산서 또는 결손금 처리계산서, 현금흐름표, 주석 등 재무상태와 관련된 여러 가지 내용이 포함되는데, 그 내용에 거짓이 있다면 경중을 가릴 것 없이 허위재무제표작성죄가 성립하는 것인지 문제가 된다. 이에 대하여는 재무제표에 소극적으로 기재를 누락하거나 부실하게 기재하는 경우와 적극적으로 거짓 기재를 하는 경우를 나누어 검토할 필요가 있다고 본다.

이에 관한 회계처리기준의 내용을 검토해 보면 다음과 같다. 한국채택국제회계기준서(이하 'K-IFRS'라 함)는 그 재무보고의 목적을 "현재 및 잠재적 투자자, 대여자 및 기타 채권자가 기업에 자원을 제공하는 것에 대한 의사결정을 할 때 유용한 보고기업 재무정보를 제공하는 것"이라고 하면서, 그 유용한 재무정보의 질적 특성으로 중요성을 들고 있다. 그 중요성의 기준에 관하여는 "정보가 누락되거나 잘못 기재된 경우 특정 보고기업의 재무정보에 근거한 정보이용자의 의사결정에 영향을 줄 수 있다면 그 정보는 중요한 것이다."라고 규정하고 있다.[33] 또한 중요성 판단에 대한

---

30) 한석훈, 앞의 "개정 외부감사법의 회계부정 처벌규정에 대한 평가", 284면.

31) 이상돈, 「부실감사법-이론과 판례-」(법문사, 2007), 123면에서는 감사인의 외부감사 범위와 관련하여 재무제표의 진실성과 적정성을 구분하고 있다.

32) 상법의 '대차대조표'(상법 제447조 제1항 제1호)를 회계처리기준에서는 '재무상태표'라 함.

33) K-IFRS의 '재무보고를 위한 개념체계' 중 제1장 문단 OB2(일반목적 재무보고의 목적), 제3장 문단 QC11(중요성).

지침을 제공하기 위한 실무서에서도 "중요성 판단은 재무제표를 작성할 때 보편적으로 필요하다. 기업은 표시와 공시뿐만 아니라 인식과 측정에 대한 의사결정을 할 때에도 중요성 판단을 한다. IFRS(국제회계기준)의 요구사항은 재무제표 전체에 미치는 영향이 중요한 경우에만 적용할 필요가 있다."고 설명하고 있다.[34] 일반기업회계기준의 경우에도 "중요하지 않은 항목에 대해서는 이 기준을 적용하지 아니할 수 있다.", "회계정보의 질적 특성은 비용과 효익, 그리고 중요성의 제약요인 하에서 고려되어야 한다. 회계기준제정기구가 회계기준을 제정 또는 개정할 때에는 회계정보의 제공 및 이용에 소요될 비용이 그 효익보다 작아야 한다. 회계항목의 성격과 크기의 중요성을 고려할 때 정보이용자의 의사결정에 차이를 초래하지 않을 것으로 판단되는 정보는 질적 특성의 평가가 불필요할 것이다.", "재무제표는 기업실체의 외부 정보이용자에게 기업실체에 관한 재무정보를 전달하는 핵심적 재무보고 수단이다."라고 설명하고 있다.[35] 그런가 하면 K-IFRS는 "기업의 재무상태, 재무성과 또는 현금흐름을 특정한 의도대로 표시하기 위하여 중요하거나 중요하지 않은 오류를 포함하여 작성된 재무제표는 한국채택국제회계기준에 따라 작성되었다고 할 수 없다."고 규정하고 있다.[36] 또한 일반기업회계기준서도 "경영자는 회계기준에 근거하여 진실되고 적정한 재무제표를 작성하여야 한다.",[37] "오류수정은 전기 또는 그 이전의 재무제표에 포함된 회계적 오류를 당기에 발견하여 이를 수정하는 것을 말한다. 중대한 오류는 재무제표의 신뢰성을 심각하게 손상할 수 있는 매우 중요한 오류를 말한다. 당기에 발견한 전기 또는 그 이전 기간의 오류는 당기 손익계산서에 영업외손익 중 전기오류수정손익으로 보고한다. 다만, 전기 이전기간에 발생한 중대한 오류의 수정은 자산, 부채 및 자본의 기초금액에 반영한다."고 규정하고 있다.[38]

이러한 회계처리기준에 따르면, 재무제표에는 중요한 사항도 있고 그에 미치지 못하는 사항도 있지만 실제로 기재하는 사항은 모두 진실하게 작성할 것을 요구하

34) K-IFRS의 국제회계기준 실무서2 중 '중요성에 대한 판단' 문단 IN3(중요성 판단).

35) 일반기업회계기준서의 '재무회계개념체계' 중 제1장 문단 1.3(적용) 제3장 문단 39(회계정보의 질적 특성) 제4장 문단 60(재무제표).

36) K-IFRS 제1008호(회계정책, 회계추정의 변경 및 오류) 문단 41.

37) 일반기업회계기준서 재무회계개념체계 제1장(서론) 문단 11.

38) 일반기업회계기준서 제5장(회계정책, 회계추정의 변경 및 오류) 문단 5.18, 5.19.

고 있다. 다만, 회계처리기준의 재무제표 작성지침에서는 그 작성에 중요성 판단을 요구하고 있고, 이 범죄의 보호법익이 회사 재무제표에 대한 사회의 신뢰 및 회사의 경영건전성임에 비추어 볼 때, 재무제표의 기재누락이나 부실기재 또는 오류수정 누락의 경우[39]에는 원래 회계처리기준상 기재대상인 중요성이 인정되는 항목에 한하여 거짓 작성 · 공시 여부를 판단해야 할 것으로 보인다. 그 중요성 판단의 기준은 위 회계처리기준에 따르면 회계항목의 성격과 크기의 중요성을 고려할 때 투자자, 채권자 등 정보이용자의 경제적 의사결정에 영향을 줄 수 있는 것이라야만 한다. 따라서 재무제표 정보이용자의 경제적 의사결정에 영향을 줄 수 없는 내용이라면 재무제표에 기재를 누락하거나 부실하게 기재하거나 오류수정을 누락하더라도 회계처리기준을 위반하여 재무제표를 작성한 것으로 볼 수 없으므로 범죄구성요건을 충족할 수 없게 된다.

그러나 재무제표의 적극적 거짓 기재, 즉 재무제표에 기업의 재무상태를 특정 의도대로 표시하기 위하여 거짓 기재를 하는 경우에는 그것이 구체적으로 정보이용자의 경제적 의사결정에 영향을 줄 수 있는 중요한 내용인지 여부를 불문하고 회계처리기준을 위반하여 재무제표를 작성한 것이 된다. 이러한 행위는 위 회계처리기준에도 반하는 것이고 보호법익인 회사 재무제표에 대한 사회의 신뢰 및 회사의 경영건전성을 침해할 추상적 위험이 있는 행위로 볼 수 있기 때문이다.

재무제표의 '작성 · 공시'란 재무제표의 작성권한 있는 자가 그 권한범위 내에서 위와 같은 거짓 기재를 하여 상법 규정에 따라 공시하는 것을 말한다. 주식회사나 유한회사의 이사는 재무제표와 그 감사보고서를 정기총회회일 1주 전부터 본점에 5

---

39) 전기오류수정손익을 재무제표에 반영하지 아니한 행위를 분식회계로 본 사례로는 대법원 2011. 1. 27. 선고 2008도9615 판결["구 기업회계기준서(1996. 3. 30. 전문 개정되기 전의 것) 제110조는 사실의 오용 등 전기 이전에 발생한 사유로서 전기 이전 재무제표에 대한 회계상 오류의 수정사항에 속하는 손익항목을 전기손익수정이익과 전기손익수정손실로 구분하여 이익잉여금처분계산서의 전기이월이익잉여금의 증감항목으로 표시하도록 규정하고 있으므로, 전기 이전의 재고자산 평가손실의 누락 또는 회수불능 매출채권에 대한 대손상각 누락 등으로 인한 전기손익수정손실은 당기 회계연도의 순이익에 직접 영향을 미치지는 아니한다. 그러나 이러한 전기손익수정손실을 당기 이익잉여금처분계산서와 대차대조표에 반영하지 아니하면 당기에 잔존하는 재고자산의 평가손실 누락액 상당과 회수불능 매출채권의 대손상각 누락액 상당을 여전히 당기에 자산으로 보유하고 있는 것과 같은 외관을 창출하게 된다. 따라서 전기손익수정손실 사유가 있음을 알고서도 이를 이익잉여금처분계산서에 표시하지 아니하거나 대차대조표에 반영하지 아니하여 당기에 순자산을 과다보유하고 있는 것처럼 재무제표를 작성 · 공시하는 것은 그 자체로 회계정보이용자의 의사결정에 영향을 미치는 재무제표의 분식에 해당한다."] 이 있다.

년간 비치하여 공시해야 하고, 그 중 주식회사의 경우에는 그 등본을 지점에도 3년간 비치해야 한다(상법 제448조 제1항, 제579조의3 제1항, 외부감사법 제23조 제5항, 외부감사법 시행령 제27조 제7항 제1호). 또한 연결재무제표는 그에 대한 감사보고서와 함께 그 감사보고서 제출기한(외부감사법 시행령 제27조 제1항, 제2항)이 지난 날부터 본점에 5년간, 지점에 3년간 비치 · 공시해야 한다(외부감사법 제23조 제5항, 외부감사법 시행령 제27조 제7항 제2호, 제1항).

3. 고의

허위재무제표작성죄의 경우에도 형법 제13조 본문이 적용되므로(형법 제8조 본문) 고의범으로서 그 행위주체에게 행위 당시 적어도 자신의 신분과 위반행위에 대한 인식 및 적어도 그 용인이 필요하다(용인설). 즉, 자신이 위 행위주체에 해당하는 자로서 회계처리기준을 위반하여 재무제표를 객관적 진실에 부합하지 않거나 회계처리기준에 맞지 않게 작성하여 공시한다는 사실을 인식하고 그 결과나 위험을 의욕하거나 적어도 용인하는 주관적 상태가 인정되어야 한다. 따라서 회사의 회계업무 담당자가 재무제표를 작성 · 공시함에 있어 회계처리기준을 위반하여 거짓으로 작성하는 것임을 확실하게 인식한 경우는 물론, 불확실하지만 그 가능성을 인식하면서 이를 용인하는 미필적 고의만 있었던 경우에도 범죄가 성립한다.

이러한 미필적 고의를 인정함에 있어서는 "행위자의 진술에 의존하지 아니하고, 외부에 나타난 행위의 형태와 행위의 상황 등 구체적인 사정을 기초로 하여 일반인이라면 당해 범죄사실이 발생할 가능성을 어떻게 평가할 것인가를 고려하면서 행위자의 입장에서 그 심리상태를 추인하여야 한다."는 것이 판례의 입장이다.[40] 그런데 회계처리기준의 해석은 원래 불명확하고 다의적일 수 있음은 앞에서 살펴본 바와 같은데, 그 해석의 회계처리기준 위반 여부를 엄격히 제한하지 않고 게다가 미필적 고의까지 인정하게 되면 예측할 수 없었던 회계처리기준 위반으로 형사처벌까지 받게 되는 억울한 사례가 발생할 수 있을 것이다. 이러한 점에 비추어 보더라도 회계처리기준의 해석을 달리한 행위를 회계처리기준 위반으로 인정함에는 신중을 기할 필요가 있을 것이다.

---

40) 대법원 2011. 10. 27. 2011도8109; 2009. 2. 26. 2007도1214.

4. 기수시기

허위재무제표작성죄의 기수시기는 행위주체가 거짓으로 회사의 재무제표 또는 연결재무제표를 작성하여 법령에 따라 이를 공시한 때이다. 이 범죄는 미수범 처벌 규정이 없으므로 기수에 이르지 않으면 범죄가 성립하지 않는다(형법 제14조).

앞에서 설명한 것처럼 주식회사 또는 유한회사는 이사가 정기총회 회일 1주 전부터 재무제표를 그에 대한 감사보고서와 함께 회사 본점에 5년간 비치하여 공시하는 것이므로, 회사의 이사가 그 비치 · 공시기한인 정기총회 회일 1주 전에 실제로 재무제표를 회사 본점에 비치한 때 기수에 이른다(판례).[41] 마찬가지로 연결재무제표의 경우에는 감사인의 그 감사보고서 제출기한[42]이 지나 실제로 연결재무제표를 본점에 비치한 때 기수에 이른다. 단지 재무제표를 금융감독원 전자공시시스템에 등록한 것만으로는 아직 법령에 따라 공시한 것이 아니므로 범죄가 성립하지 않는다(판례).[43]

Ⅳ. 위법성 착오

위 행위주체가 위와 같은 위반행위를 하면 범죄구성요건을 충족하게 되고, 범죄구성요건이 충족되면 사회상규에 위배되지 않는 정당행위(형법 제20조) 등 위법성조

---

41) 대법원 2004. 6. 24. 2004도520["구 주식회사의 외부감사에 관한 법률(1998. 1. 8. 법률 제5497호로 개정되기 전의 것) 제14조 제1항, 같은 법 시행령(1998. 4. 24. 대통령령 제1579호로 개정되기 전의 것) 제7조 제4항에 의하면 구 주식회사의 외부감사에 관한 법률상 재무제표의 공시방법은 상법 제448조 제1항에 의하도록 되어 있는데, 상법 제448조 제1항에 의하면, 이사는 정기총회회일의 1주간 전부터 재무제표를 본점에 5년간, 그 등본을 지점에 3년간 비치함으로써 재무제표를 공시하도록 규정하고 있으므로, 구 주식회사의 외부감사에 관한 법률 제20조 제2항 제2호 소정의 허위의 재무제표를 작성 · 공시한 범죄는 정기총회회일의 1주일 전부터 재무제표를 본점에 비치한 때에 성립한다."고 판시].

42) 주식회사의 감사보고서 제출기한은 K-IFRS를 적용하는 회사의 경우에는 정기총회 개최 1주 전(회생절차가 진행 중인 회사의 경우에는 사업연도 종료 후 3개월 이내)까지이고, K-IFRS를 적용하지 아니하는 회사의 경우에는 사업연도 종료 후 120일 이내(사업보고서 제출대상법인 중 직전 사업연도 말 현재 자산총액이 2조 원 이상인 법인의 경우에는 사업연도 종료 후 90일 이내)이다(법 시행령 제27조 제1항). 다만, 회사가 사업보고서 제출기한 이후 정기총회를 개최하는 경우로서 해당 회사의 재무제표(K-IFRS를 적용하지 아니하는 회사의 연결재무제표는 제외)를 감사하는 경우에는 감사보고서를 사업보고서 제출기한 1주 전(회생절차가 진행 중인 회사는 사업연도 종료 후 3개월 이내)까지 회사에 제출하여야 한다(법 시행령 제27조 제2항).

43) 대법원 2017. 12. 22. 2017도12649.

각사유가 없는 한 위법성이 인정된다. 다만, 위법성이 인정되더라도 행위자에게 책임을 묻기 위해서는 행위 당시 행위자에게 그 위법성에 대한 인식이 있어야 함이 원칙이다.[44)]

그런데 행위자가 착오로 그 위법성에 대한 인식을 못한 경우에 처벌할 수 있는지 문제가 된다. 특히 허위재무제표작성죄는 회계처리기준에 위반하여 재무제표를 거짓으로 작성 · 공시하는 행위인데, 회계처리기준의 다의성 · 불명확성으로 인하여 그 해석을 잘못하여 행위자에게 자신의 행위가 회계처리기준을 위반하는 점에 대한 인식이 없는 경우가 있을 수 있다. 이에 관하여 형법 제16조는 "자기의 행위가 법령에 의하여 죄가 되지 아니하는 것으로 오인한 행위는 그 오인에 정당한 이유가 있는 때에 한하여 벌하지 아니한다."고 규정하고 있으므로, 그 오인에 정당한 이유가 있는 때가 무엇을 의미하는지를 규명하는 문제가 된다. 이 형법 규정의 해석에 관하여 최근 판례는 "이는 일반적으로 범죄가 성립하지만 자신의 특수한 사정에 비추어 법령에 따라 허용된 행위로서 죄가 되지 않는다고 그릇 인식하고 그러한 인식에 정당한 이유가 있는 경우에는 벌하지 않는다는 취지이다. 이때 정당한 이유는 행위자에게 자기 행위의 위법 가능성에 대해 심사숙고하거나 조회할 수 있는 계기가 있어 자신의 지적 능력을 다하여 이를 회피하기 위한 진지한 노력을 다하였더라면 스스로의 행위에 대하여 위법성을 인식할 수 있는 가능성이 있었는데도 이를 다하지 못한 결과 자기 행위의 위법성을 인식하지 못한 것인지 여부에 따라 판단하여야 한다. 이러한 위법성의 인식에 필요한 노력의 정도는 구체적인 행위정황과 행위자 개인의 인식능력 그리고 행위자가 속한 사회집단에 따라 달리 평가되어야 한다."는 입장으로 일관하고 있다.[45)] 또한 판례는 "형법 제16조 규정은 단순한 법률의 부지를 말하는 것이 아니고 일반적으로 범죄가 되는 경우이지만 자기의 특수한 경우에는 법령에 의하여 허용된 행위로서 죄가 되지 아니한다고 그릇 인식하고 그와 같이 그릇 인식함에 정당한 이유가 있는 경우에는 벌하지 않는다는 취지이다."라고 판시하기도 하였다.[46)] 이에 대하여, 통설은 법률의 부지도 형법 제16조를 적용하여 그 오인에 정

44) 손동권 · 김재윤(형총), 318면; 신동운(형총), 418면.

45) 대법원 2017. 3. 15. 2014도12773; 2013. 1. 24. 2012도10629; 2006. 3. 24. 2005도3717.

46) 대법원 2013. 1. 24. 2012도10629.

당한 이유가 있는 경우에는 면책되어야 한다는 입장이다.[47] 그런데 판례도 허위재무제표작성죄에서 회계처리기준의 해석을 그르친 경우에는 형법 제16조의 적용을 전제로 그 오인에 '정당한 이유'가 있었는지 여부를 판단하고 있다.[48] 그러므로 판례의 입장도 아직 분명하지는 않지만 허위재무제표작성죄에서 회계처리기준의 해석을 그르친 경우에는 그 오인에 '정당한 이유'가 있었다면 처벌하지 않는 입장이라고 해석할 수 있을 것이다. 이때 '정당한 이유' 유무는 위 판례에 따르면 행위자가 자기 행위의 위법 가능성에 대해 심사숙고하거나 관련 공공기관이나 전문가 등에게 조회할 수 있는 계기가 있어 자신의 지적 능력을 다하여 이를 회피하기 위한 진지한 노력을 다하였더라면 그 위법성을 인식할 수 있는 가능성이 있었는데도 이를 다하지 못한 결과 자기 행위의 위법성을 인식하지 못한 것인지 여부에 따라 판단해야 할 것이다.

참고로 한국회계기준원은 회계처리기준의 해석 및 관련 질의에 대한 회신 업무도 위탁받고 있다(법 시행령 제7조 제1항 제2호). 따라서 회사의 회계업무 담당자가 재무제표를 작성함에 있어 회계처리기준의 해석이 불명확한 경우에는 정확한 회계처리기준의 파악을 위하여 스스로 심사숙고함은 물론, 한국회계기준원의 질의회신[49]에 따라 처리하였다면 회계처리기준의 오인이 있더라도 그 오인에 '정당한 이유'가 있었음이 인정되어 처벌을 면할 수 있을 것이다.

V. 법정형 및 양벌규정

1. 법정형

허위재무제표작성죄의 법정형은 기본적으로 10년 이하의 징역 또는 그 위반행위로 얻은 이익 또는 회피한 손실액의 2배 이상 5배 이하의 벌금이고(법 제39조 제1항),

---

47) 신동운(형총), 441,442면; 박상기 · 전지연(형법), 168,169면; 이재상 · 장영민 · 강동범(형총), 357면.

48) 대법원 2013. 1. 24. 2012도10629(저축은행의 대표이사이거나 감사로 재직하는 피고인들이 은행의 결산 재무제표를 작성하면서 미실현이익을 금융자문수수료 명목의 수익으로 선(先)인식 처리한 것이 허위재무제표작성죄가 되는지 여부에 관한 사례에서, 회계법인 등의 검토결과에 따른 것이므로 법률의 착오에 해당한다는 피고인들의 주장에 대하여 "위 회계법인 등의 검토 결과는 이 사건에서와 같은 성격의 금융자문수수료를 염두에 두고 작성된 것이 아니므로 그에 따랐다고 하여 위법성의 인식이 없다거나 그 인식의 결여에 정당한 이유가 있다고 볼 수 없다."고 판시).

49) 다만, 한국회계기준원의 질의회신은 회계처리기준이나 법규로서의 효력이 있는 것은 아니므로, 그 질의회신이 잘못된 내용이라면 법원을 기속(羈束)하지 않는다.

징역형에 처하는 경우에는 벌금을 병과해야 한다(법 제48조). 자산총액 1조 원 이상(즉, 자산총액의 100분의 5에 해당하는 금액이 500억 원 이상)인 회사에서 그 허위재무제표 작성 결과 회계처리기준을 위반하여 변경된 재무제표상 손익 또는 자기자본 금액이 자산총액의 100분의 10 이상이면 법정형이 무기 또는 5년 이상의 징역, 그 변경금액이 자산총액의 100분의 5 이상이면 법정형이 3년 이상의 유기징역이다(법 제39조 제2항). 또한 그 위반행위로 얻은 이익은 몰수하고, 전부 또는 일부를 몰수할 수 없으면 그 가액을 추징한다(법 제45조, 필요적 몰수 · 추징).

위와 같이 기본적 법정형 중 벌금형을 부과하거나 몰수 · 추징을 하기 위해서는 '위반행위로 얻은 이익'(또는 벌금형 부과의 경우 '위반행위로 회피한 손실액')이 산정되어야 한다. '위반행위로 얻은 이익'이란 원칙적으로 허위재무제표 작성 · 공시로 인하여 행위자가 얻은 이윤, 즉 그로 인한 총수입에서 총비용을 공제한 차액이고, '위반행위로 회피한 손실액'이란 그 반대개념으로서 허위재무제표 작성 · 공시로 인하여 회피한 손실액 총액에서 그 총비용을 공제한 차액을 말한다.[50] 이는 위반행위로 인하여 행위자 자신에게 귀속되는 이익이나 회피한 손실액을 말하므로, 범행에 가담하지 아니한 제3자에게 귀속되는 이익이나 회피 손실액은 제외된다.[51] 여러 사람이 공동으로 허위재무제표작성죄를 저지른 경우에 그 위반행위로 얻은 이익 또는 회피한 손실액은 범행에 가담한 공범 전체가 취득한 이익이나 회피한 손실액을 말하는 것일 뿐, 범행에 가담하지 아니한 제3자에게 귀속되는 이익이나 회피한 손실액은 포함되지 않는다.[52] 후술하는 바와 같이 허위재무제표작성죄에는 양벌규정이 적용되는데, 회사의 대표자나 대리인, 사용인, 그 밖의 종업원이 그 회사의 업무에 관하여 허위재무제표를 작성 · 공시한 경우에 그로 인하여 회사가 얻은 이익이나 회피 손실

---

50) 한석훈, 앞의 "개정 외부감사법의 회계부정 처벌규정에 대한 평가", 282,283면; 자본시장법 제443조 제1항, 제2항에서도 미공개중요정보이용, 시세조종, 부정거래행위 등 자본시장법위반죄의 벌금형 및 징역형 산정기준으로 '위반행위로 얻은 이익 또는 회피한 손실액'이 규정되어 있는데, 판례는 "그 '위반행위로 얻은 이익'이란 거기에 함께 규정되어 있는 '손실액'에 반대되는 개념으로서, 원칙적으로 당해 위반행위로 인하여 행위자가 얻은 이윤, 즉 그 거래로 인한 총수입에서 그 거래를 위한 총비용을 공제한 차액을 말한다."고 판시하고 있다(대법원 2017. 12. 22. 2017도12649; 2011. 12. 22. 2011도12041; 2011. 7. 14. 2011도3180).

51) 벌금액 산정기준으로 유사 규정을 두고 있는 자본시장법 제443조 제1항, 제2항의 해석에 관한 판례의 입장임(대법원 2011. 12. 22. 2011도12041; 2011. 7. 14. 2011도3180).

52) 자본시장법 제443조 제1항, 제2항의 해석에 관한 판례의 입장임(대법원 2011. 10. 27. 2011도8109).

액도 위 '위반행위로 얻은 이익 또는 회피 손실액'에 포함할 것인지는 양벌규정 부분에서 설명한다.

형벌은 책임에 비례해야 한다는 책임주의 원칙과 형법 제17조의 규정[53)]에 비추어, '위반행위로 얻은 이익 또는 회피한 손실액'이란 위반행위로 인하여 발생한 보호법익에 대한 침해결과 또는 그 위험과 인과관계 있는 가액으로 한정되고, 그 인과관계는 형사법에서 일반적으로 요구되는 상당인과관계를 말한다.[54)] 구체적으로는 법 제39조의 입법취지, 책임주의 원칙, 위반행위의 동기 · 경위 · 태양 등 제반 요소들을 전체적 · 종합적으로 고려하여 상당인과관계가 인정되는 이익 취득액이나 손실회피액을 산정하게 될 것이다.[55)] 예컨대 거짓으로 작성 · 공시된 재무제표를 이용하여 은행으로부터 대출받은 경우라면 그 대출로 얻게 되는 이익, 즉 대출금 총액에서 그 거래를 위한 총비용을 공제하여 차액을 산정하는 방법으로 허위재무제표 작성으

---

53) "어떤 행위라도 죄의 요소 되는 위험발생에 연결되지 아니한 때에는 그 결과로 인하여 벌하지 아니한다."는 형법 제17조 규정은 원래 범죄구성요건으로 행위와 결과 사이의 인과관계를 요구하는 규정이지만[손동권 · 김재윤(형총), 131면; 신동운(형총), 184면], 그 '결과'에는 외부감사법 제39조 제1항의 '위반행위로 얻은 이익 또는 회피 손실액'도 포함되고 이 경우에는 형벌론의 문제가 된다.

54) 자본시장법 제443조 제1항, 제2항의 벌금액 산정기준인 '위반행위로 얻은 이익'에 관한 판례의 입장이다[서울고등법원 2011. 8. 26. 선고 2011노183 판결("자본시장법 제443조에서 정한 '위반행위로 얻은 이익'이라 함은 그 위반행위와 관련된 거래로 인한 이익을 말하는 것으로서 위반행위로 인하여 발생한 위험과 인과관계가 인정되는 것을 의미한다고 볼 것이고, 여기에서의 인과관계는, 이를 직접적인 인과관계로 해석할 경우 지나치게 그 처벌범위가 축소되어 사실상 자본시장법 처벌 규정을 사문화시키는 부당한 결과를 가져오게 되는 점, 반대로 그 인과관계 자체를 요하지 아니하거나 인과관계를 지나치게 넓게 해석한다면, 법정형을 최고 무기징역까지 강화하고, 법정형을 가중하되 징역형의 하한의 가중까지 두고 있는 자본시장법 제443조의 적용에 있어 형벌체계의 균형을 상실할 우려가 있고 형사법이 요구하는 자기책임주의에 반하게 된다는 점에다가 자본시장법 제443조와 형법 제17조의 입법취지 등을 고려하면, 형사법에서 일반적으로 요구되는 상당인과관계라고 봄이 상당하다.")].

55) 자본시장법 제443조 제1항 단서 및 제2항에서 벌금액 산정기준으로 규정하고 있는 '위반행위로 얻은 이익 또는 회피한 손실액'의 해석에 관하여 대법원 2011. 10. 27. 선고 2011도8109 판결도 "자본시장법 제443조 제1항 및 제2항에서 정하고 있는 '위반행위로 얻은 이익'이란 위반행위와 관련된 거래로 인한 이익을 말하는 것으로서 위반행위로 인하여 발생한 위험과 인과관계가 인정되는 것을 의미한다. 통상적인 경우에는 위반행위와 관련된 거래로 인한 총수입에서 거래를 위한 총비용을 공제한 차액을 산정하는 방법으로 인과관계가 인정되는 이익을 산출할 수 있지만, 구체적인 사안에서 위반행위로 얻은 이익의 가액을 위와 같은 방법으로 인정하는 것이 부당하다고 볼 만한 사정이 있는 경우에는, 사기적 부정거래행위를 근절하려는 자본시장법 제443조의 입법취지와 형사법의 대원칙인 책임주의를 염두에 두고 위반행위의 동기 · 경위 · 태양 · 기간, 제3자 개입 여부, 증권시장 상황 및 그 밖에 주가에 중대한 영향을 미칠 수 있는 제반 요소들을 전체적 · 종합적으로 고려하여 인과관계가 인정되는 이익을 산정해야 하며, 그에 관한 증명책임은 검사가 부담한다."고 판시(대법원 2010. 4. 15. 2009도13890 판결도 같은 취지임).

로 얻은 이익을 산출할 수 있다.[56)]

'위반행위로 얻은 이익 또는 회피한 손실액'은 벌금 법정형의 상·하한액을 정하는 기준이 되는 것이므로(법 제39조 제1항) 가액 산정이 가능한 경제적 이익(또는 회피 손실액)으로 제한해야 한다. 허위재무제표작성죄의 보호법익이 회사 재무제표에 대한 사회의 신뢰 및 회사의 경영건전성임에 비추어 볼 때, 위 '이익'이란 유형적이고 현실화된 이익에 한정할 것은 아니고 회사의 경영권 획득, 지배권 확보 등의 무형적 이익이나 장래의 이득일지라도 가액평가가 가능하다면 포함해야 할 것이다.

허위재무제표작성죄는 벌금 법정형의 상한을 전부개정 전 법률처럼 정액으로 규정하지 않고 '위반행위로 얻은 이익 또는 회피한 손실액'을 기준으로 벌금 법정형의 상·하한을 정할 수 있게 하였고, 그럼에도 불구하고 그 이익 취득액이나 손실 회피액을 산정할 수 없는 경우의 벌금 상한액도 정하지 않았다. 그런데 그 법정형에서 징역형을 선택할 경우에는 벌금형도 필요적으로 병과해야 하고(법 제48조), 아니면 벌금형만을 선택해야 한다. 그 결과 허위재무제표작성죄의 위반행위로 인한 이익 취득액이나 손실 회피액이 적어도 어느 금액 이상인지를 검사가 증명하지 못하는 경우에는 이러한 벌금형 선고가 불가능하게 되는 모순이 발생한다. 이 점은 입법적 흠결이므로 보완하는 입법이 필요하다.

자산총액 1조 원 이상인 회사의 경우에 적용되는 법 제39조 제2항의 가중처벌 규정은 회계처리기준을 위반하여 변경된 재무제표상 손익 또는 자기자본 금액이 자산총액의 100분의 10 이상이면 무기 또는 5년 이상의 징역, 그 변경금액이 자산총액의 100분의 5 이상이면 3년 이상의 유기징역에 처하고 있다. 재무제표가 매 사업연도의 결산 재무제표를 말하고, 법 제39조 제2항 각 호에서 가중처벌 기준으로 '재무제표상 변경된 금액'이라고 표현하고 있는 점에 비추어, 위 '손익', '자기자본', '자산총액'이란 매 사업연도의 결산 재무제표 별로 그 금액을 산정하고 범죄의 성립을 인정해야 한다. 회사의 자산규모를 나타내고 위반비율의 비교대상이 되는 '자산총액'이란 재무제표를 진실하게 작성했을 경우의 재무제표 상 자산총액을 말한다.

위와 같이 회사의 자산총액이 1조 원 이상이고, 회계처리기준을 위반하여 변경된

---

56) 대법원 2017. 12. 22. 선고 2017도12649 판결(분식회계를 수단으로 한 사기적 부정거래 사안에서 자본시장법 제443조 제1항, 제2항에서 규정하고 있는 '위반행위로 얻은 이익 또는 회피한 손실액'을 같은 방식으로 산정).

재무제표상 손익 또는 자기자본 금액이 자산총액의 일정 비율에 해당하는 사실은 가중처벌을 위한 범죄구성요건이 되는 것이므로 행위자에게 그 사실에 대한 고의, 즉 그 인식과 함께 적어도 그 행위를 용인하는 주관적 요건이 필요하다.

법 제39조 제2항의 가중처벌 규정이 적용되어 무기징역 또는 유기징역으로 처벌하는 경우에는 벌금형을 병과할 수는 없지만, 그 위반행위로 얻은 이익에 대한 몰수 · 추징 규정이나 양벌규정은 그대로 적용된다. 그런데 법 제39조 제2항의 법정형은 징역형만 규정하고 있으므로 이 경우 업무주인 회사에 대한 벌금 법정형을 정할 수 없게 되는 모순이 발생한다.[57] 업무주인 회사에 대한 형벌의 흠결을 막기 위해서는 그 형벌 규정인 법 제46조 본문의 '해당 조문의 벌금형'은 법 제39조 제1항의 벌금형을 의미하는 것으로 해석하는 수밖에 없다.[58]

허위재무제표작성죄의 위반행위로 얻은 이익은 몰수하고, 그 전부나 일부를 몰수할 수 없으면 그 가액을 추징한다(법 제45조). 이는 필요적 몰수 · 추징이므로 요건에 해당하면 반드시 몰수 · 추징을 해야 한다. 몰수 · 추징은 그 법적 성질에 따라 그 요건 및 효과가 다르므로 이를 규명할 필요가 있다. 필요적 몰수 · 추징은 징벌적 성질의 처분인 경우와 '범인이 취득한 당해 재산을 범인으로부터 박탈하여 범인으로 하여금 부정한 이익을 보유하지 못하게 함'에 그 목적이 있는 이른바 대물적 보안처분의 성질을 가진 경우로 분류할 수 있다. 몰수 · 추징의 법적 성질에 따른 요건 · 효과상 차이점에 관하여는 앞의 제6장 제2절 배임수재죄의 범죄구성요건 관련 '몰수 · 추징' 부분에서 설명하였다.[59] 법 제45조의 몰수 · 추징의 경우 '법 제39조 제1항의

---

57) 이에 비하여, 자본시장법 제443조 위반죄의 경우에는 유사한 형태의 가중처벌 규정(같은 조 제2항) 및 양벌규정(같은 법 제448조)을 두고 있지만, 같은 법 제443조 제2항에서 제1항의 가중처벌 규정을 두면서 "제1항의 징역을 … 가중한다."고 규정하여 같은 조 제1항의 징역형과 벌금형 중 징역형만 가중하는 취지임을 분명히 하고 있으므로, 이러한 가중처벌 사유에 해당하더라도 벌금형을 선택할 수 있음은 물론 징역형을 선택하더라도 벌금형을 필요적으로 병과하게 되므로(자본시장법 제447조 제1항) 양벌규정에 따라 법인 등 업무주를 처벌하는 경우에 벌금형을 부과할 수 있다.

58) 이는 입법의 불비이므로, 법 제39조 제2항에 해당하면서 양벌규정을 적용하는 경우의 업무주에 대한 벌금 법정형을 명확히 규정하는 입법이 필요하다.

59) 판례도 마약류관리에관한법률위반죄, 향정신성의약품관리법위반죄 등의 필요적 몰수 · 추징은 징벌적 성질의 처분으로 파악하고 있으나(대법원 2010. 8. 26 2010도7251; 2001. 12. 28 2001도5158; 1984. 3. 13. 83도3228), 뇌물 범죄 또는 변호사법위반죄 등에서의 필요적 몰수 · 추징은 대물적 보안처분의 성질을 가진 것으로 본다(대법원 2002. 6. 14. 2002도1283; 1996. 11. 29. 96도2490). 징벌적 성질의 처분으로 파악할 경우에는 그 범행으로 인하여 이익을 취득한 바가 없더라도 법원은 그 가액의 추징을 명해야 하고, 그 추징 범위는 공범자 각자에 대하여 그가 취급한 범위 내에서 몰수 대상물

위반행위로 얻은 이익'이란 범죄행위로 인하여 취득한 경제적 이익을 말하고, 전부 개정 당시 주형인 징역과 벌금의 법정형을 강화하면서 이러한 몰수 · 추징 규정을 신설한 점에 비추어 볼 때, 이는 범죄로 취득한 부정한 이익을 박탈함으로써 범죄의 동기를 차단하려는 데 입법취지가 있는 것으로 보아야 할 것이다. 그렇다면 위 몰수 · 추징은 대물적 보안처분으로서의 법적 성질을 가진 것으로 파악함이 타당할 것이다. 따라서 법 제39조 제1항의 위반행위로 각 행위주체가 실제로 취득한 이익에 대해서만 개별적으로 몰수하거나 추징해야 한다.

2. 양벌규정

법인의 대표자나 법인 또는 개인의 대리인, 사용인, 그 밖의 종업원이 그 법인 또는 개인의 업무에 관하여 위 범죄행위를 하면 그 행위자를 벌하는 외에 그 법인 또는 개인에게도 해당 조문의 벌금형을 부과한다(법 제46조 본문, 양벌규정). 다만, 법인 또는 개인이 그 위반행위를 방지하기 위하여 해당 업무에 관하여 상당한 주의와 감독을 게을리하지 아니한 경우에는 그러하지 아니하다(법 제46조 단서). 이러한 양벌규정의 입법취지는 실제로 위반행위를 한 자뿐만 아니라 그 위반행위의 이익귀속주체로서 실제 행위자에 대한 선임 및 관리감독상 주의의무를 소홀히 한 업무주도 처벌함으로써 벌칙규정의 실효성을 확보하려는 것이다.[60] 양벌규정의 법적 성질, 처벌요건 등에 관하여는 앞의 제2장 제3절에서 설명하였다.

즉, 회사의 대표자 · 대리인 · 사용인 · 종업원이 회사업무에 관하여 법 제39조 제1항의 위반행위를 한 경우에는 위 양벌규정에 따라 회사도 그 실제 행위자에 대한 법정형 중 벌금형의 처벌을 받게 된다. 이때 회사의 대표자 등이 회사의 기관(機關)으로서 그 회사의 업무에 관하여 허위재무제표작성죄의 위반행위를 하면, 그 위반행위로 회사가 얻은 이익 또는 회피한 손실액도 실제 행위자인 회사의 대표자 등 회사 기관의 위반행위로 얻은 이익 또는 회피한 손실액에 포함되어 벌금 법정형을 정

가액 전액의 추징을 명해야 한다(대법원 2001. 12. 28. 2001도5158). 그런데 대물적 보안처분의 성질을 가진 것으로 파악한다면 공범자 각자가 범행으로 인하여 실제로 분배받은 금품만을 개별적으로 몰수하거나 그 가액을 추징해야 하고, 분배받은 금원을 확정할 수 없을 때에는 평등하게 분할한 금원을 몰수 · 추징해야 한다(대법원 2007. 11. 30. 2007도635; 2005. 4. 28. 2005도1157).

60) 대법원 2018. 7. 12. 2015도464[「산업기술의 유출방지 및 보호에 관한 법률」 제38조(양벌규정)에 관한 판례]; 2010. 4. 29. 2009도7017[상호저축은행법 제39조의2(양벌규정)에 관한 판례].

하게 된다.[61] 판례는 그 이유를 설명하지 않고 있으나, 대표이사나 이사 등 법인 기관의 행위는 곧 법인의 행위가 된다는 법인 행위능력의 법리에 따르면 회사가 얻은 이익 또는 회피한 손실액은 회사의 행위결과이자 기관의 행위결과로 볼 수 있는 점, 양벌규정의 실제 행위자에 대한 법정형 중 벌금액이 업무주에 대한 벌금 법정형과 동일하게 규정되어 있는 점을 감안한 판례로 보인다.

그런데 회사의 기관이 아닌 사용인 · 종업원 · 대리인(이하 '사용인등'이라 함)이 그 회사의 업무에 관하여 허위재무제표작성죄의 위반행위를 한 경우에도 마찬가지로 해석할 것인지는 문제가 된다. 이 경우 회사는 실제 행위자인 사용인등과 구분되는 제3자에 해당하고 공범관계에 있는 것도 아니므로 사용인등에 대한 벌금 법정형 산정시 제3자인 회사에 귀속되는 이익 또는 회피 손실액은 제외해야 한다는 견해도 가능하다. 그러나 이러한 입장에 서면 사용인등에 대한 벌금 법정형에 따르게 되는 업무주인 회사에 대한 벌금형 산정시 분식회계로 인하여 회사가 얻은 이익이나 회피 손실액을 제외하게 되는 부당한 결과가 된다. 또한 사용인등의 분식회계도 회사의 이익 취득이나 손실 회피를 위하여 범하는 경우가 대부분인데, 이러한 해석은 실제 행위자인 사용인등을 처벌함과 동시에 그 이익귀속주체인 회사도 처벌하려는 양벌규정의 입법취지[62]에 반하는 결과가 된다. 그러므로 사용인등의 위반행위가 있는 경우에도 사용인등의 행위로 회사가 얻은 이익 또는 회피한 손실액을 포함해야 할 것이다.[63]

양벌규정이 적용되는 경우에 회사의 대표자 · 사용인 · 종업원 · 대리인 등 실제 행위자와 업무주인 회사에 대하여 각 벌금의 법정형은 동일하지만, 각 선고형을 달리 정할 수 있음은 물론이다.

---

61) 벌금액 산정기준과 양벌규정에 관하여 유사 규정을 두고 있는 자본시장법에 관한 대법원 2011. 12. 22. 2011도12041 판결("법인의 대표자 등이 그 법인의 기관으로서 그 법인의 업무에 관하여 자본시장법 제443조에 정한 위반행위를 한 경우에는 그 위반행위로 인하여 법인이 얻은 이익도 법인의 대표자 등의 위반행위로 얻은 이익에 포함된다."고 판시).

62) 양벌규정의 입법취지에 관하여는 대법원 1999. 7. 15. 선고 95도2870 전원합의체 판결(건축법상 양벌규정 적용 사례) 참조.

63) 한석훈, 앞의 "개정 외부감사법의 회계부정 처벌규정에 대한 평가"(각주 8), 283면.

Ⅵ. 죄수

1. 포괄일죄

허위재무제표작성죄는 개별 회사의 각 사업연도 별로 그 위반행위를 파악해야 함은 앞에서 살펴보았다. 그런데 외부감사법은 전부개정 전 규정과는 달리 벌금 법정형을 '위반행위로 얻은 이익 또는 회피한 손실액'에 연동하게 하고(법 제39조 제1항), 재무제표상 변경된 '손익 또는 자기자본 금액'에 따라 최고 무기징역형까지 가중처벌 할 수 있도록 하였으므로, 허위재무제표 작성 · 공시 행위가 여러 사업연도에 걸친 경우에 이를 수죄로 보고 실체적 경합범으로 처벌해야 하는지 포괄일죄로 처벌해야 하는지는 중요한 문제가 되었다.

포괄일죄란 같은 범죄구성요건에 해당하는 여러 개의 행위가 있더라도 피해법익이 단일하고 범죄의 태양이 동일하며 단일한 범의에 기한 일련의 행위로 볼 수 있는 경우에 그 여러 개의 행위를 포괄하여 1죄로 보는 것이므로(판례),[64] 허위재무제표작성죄의 보호법익과 구체적 사안에서의 범죄 태양이나 행위자의 범의 등을 종합하여 판단해야 할 것이다. 앞에서 설명한 것처럼 허위재무제표작성죄의 보호법익은 회사 재무제표에 대한 신뢰 및 회사의 경영건전성인데 이는 각 사업연도 별로 침해 여부를 검토할 필요가 있고, 사업연도 별로 작성되는 결산 재무제표는 통상 그 위반행위의 태양이 동일할 수 없는 점 등에 비추어, 개별 회사의 각 사업연도 결산 재무제표 별로 허위재무제표작성죄가 성립하여 실체적 경합범으로 보게 되는 경우가 대부분일 것이다.

2. 자본시장법위반죄와의 관계

거짓으로 재무제표를 작성 · 공시하고 그 재무제표를 사용하여 금융투자상품의 매매 기타 거래를 하면 허위재무제표작성죄가 성립함은 물론, 중요사항에 관하여 거짓 기재 · 표시를 하거나 타인에게 오해를 유발시키지 아니하기 위하여 필요한 중요사항의 기재 · 표시가 누락된 문서를 사용하여 재산상의 이익을 얻고자 하는 부정거래행위에 해당하여 자본시장위반죄(자본시장법 제443조 제1항 제8호, 제178조 제1항 제

---

64) 대법원 2011. 8. 18. 2009도7813; 2009. 7. 23. 2007도541; 2004. 7. 9. 2004도810.

2호)가 성립한다. 이 경우에 양 죄는 범죄구성요건인 위반행위의 내용이나 보호법익이 전혀 다르므로[65] 수 개의 행위에 의하여 수 개의 죄를 범한 것으로 보아야 한다. 판례도 "허위 작성 · 공시된 재무제표를 이용한 사기적 부정거래로 인한 자본시장법위반죄는 허위 재무제표 작성 · 공시로 인한 외부감사법위반죄와는 구성요건적 행위의 내용이나 보호법익이 전혀 다르므로, 이들 죄가 상상적 경합관계에 있다거나 전자가 후자의 불가벌적 사후행위에 해당한다고 볼 수 없다."고 판시하여 양 죄의 실체적 경합관계를 인정하고 있다.[66]

회사 대표이사 등이 거짓으로 재무제표를 작성하고 이를 회사 본점에 비치하여 공시한 다음, 자본시장법상 금융위원회 등에 제출 · 공시하는 증권신고서, 사업보고서 등의 공시서류 중 중요사항을 위 재무제표의 내용대로 거짓으로 기재 · 표시 또는 누락하거나 그 사실을 알고도 서명한 경우에는 허위재무제표작성죄와 함께 자본시장법위반죄(자본시장법 제444조 제13호, 제119조, 제159조 등)가 성립한다. 이 경우에도 위와 마찬가지 이유로 양 죄는 실체적 경합관계로 보아야 할 것이다.

3. 사기죄와의 관계

회사 대표이사 등이 거짓으로 재무제표를 작성하고 이를 회사 본점에 비치하여 공시한 다음, 그 재무제표를 이용하여 금융기관으로부터 대출 등 금융거래를 하여 대출금 등 재산상 이익을 취득한 경우에는 허위재무제표작성죄와 사기죄의 죄수관계가 문제된다. 사기죄의 보호법익은 타인의 재산권이므로[67] 허위재무제표작성죄의 보호법익과 상호 다르고 위반행위도 각 별개로 성립하므로 양 죄는 실체적 경합관계가 된다.[68]

---

65) 부정거래행위를 포함하여 자본시장법위반죄의 입법취지는 금융투자상품 거래시장에 대한 일반투자자의 신뢰를 보호하기 위한 것이므로 그 보호법익은 '금융투자상품 거래의 공정성 및 유통의 원활성 확보'라는 사회적 법익이다[대법원 2011. 10. 27. 2011도8109; 한석훈, 앞의 "개정 외부감사법의 회계부정 처벌 규정에 대한 평가"(각주 8), 307면].

66) 대법원 2013. 1. 24. 2012도10629.

67) 대법원 2014. 9. 26. 2014도8076.

68) 대법원 2017. 12. 22. 2017도12649; 2005. 4. 29. 2002도7262.

제3절 허위감사보고서작성죄

Ⅰ. 의의

외부감사 대상 회사는 매 사업연도 개시일부터 45일 이내(상법 제542조의11 또는 「금융회사의 지배구조에 관한 법률」 제16조에 따라 감사위원회를 설치해야 하는 회사의 경우에는 매 사업연도 개시일 이전)에 해당 사업연도의 감사인을 선임해야 한다(법 제10조 제1항 본문). 다만, 직전 사업연도에 회계감사를 받지 아니한 회사는 해당 사업연도 개시일부터 4개월 이내에 감사인을 선임해야 한다(법 제10조 제2항). 그러나 주권상장법인이나 지배주주 있는 일정 규모 이상 회사가 연속하는 6개 사업연도에 대하여 감사인을 임의 선임한 경우(법 제11조 제2항)나 기타 특별한 사유(법 제10조 제7항 각 호의 사유)가 있는 경우에는 증권선물위원회가 지정하는 감사인을 선임해야 하는데, 이 경우에는 그 사유 발생일부터 2개월 이내에 감사인을 선임해야 한다(법 제10조 제8항). 이렇게 선임된 감사인은 해당 사업연도의 결산 재무제표(연결재무제표를 작성하는 회사에 대해서는 연결재무제표도 포함)를 회계감사기준에 따라 감사하고 그에 따른 감사의견을 표명한 감사보고서를 작성하여(법 제2조 제8호, 제16조, 제18조) 일정 기간 내에 회사·증권선물위원회 및 한국공인회계사회에 제출해야 한다(법 제23조 제1항, 법 시행령 제27조).

허위감사보고서작성죄는 회사의 결산 재무제표(또는 연결재무제표)를 감사하는 감사인 또는 그에 소속된 공인회계사가 그 감사보고서에 기재해야 할 사항을 기재하지 않거나 거짓으로 기재한 경우에 성립하는 범죄로서, 허위재무제표의 작성을 전제로 하는 점에서 허위재무제표작성죄의 방조범적 성격을 지닌다.[69] 즉, 감사인의 허위감사보고서 작성을 처벌하는 입법목적도 감사보고서 자체의 신뢰 확보를 위한 것이라고 하기 보다는 재무제표를 감사하는 감사보고서의 진실성을 확보함으로써 재무제표에 대한 신뢰를 확보하려는 것이다. 따라서 그 보호법익도 허위재무제표작성죄

---

69) 이상돈, 앞의 「부실감사법-이론과 판례-」, 234면.

와 동일하게 회사 재무제표에 대한 사회의 신뢰 및 회사의 경영건전성으로 볼 수 있고,[70] 그 보호정도는 추상적 위험범으로 보아야 할 것이다.

허위감사보고서작성죄의 법정형은 허위재무제표작성죄와 동일하다. 즉, 기본적으로 10년 이하의 징역 또는 그 위반행위로 얻은 이익 또는 회피한 손실액의 2배 이상 5배 이하의 벌금이고, 징역형에 처하는 경우에는 벌금형을 병과해야 한다(법 제39조 제1항 후단, 제48조). 위 '위반행위로 얻은 이익 또는 회피한 손실액'의 산정방법이나 관련 문제점 등은 앞의 허위재무제표작성죄의 법정형 및 양벌규정 부분에서 설명한 바와 같다.

또한 가중처벌로서 자산총액 1조 원 이상(즉, 자산총액의 100분의 5에 해당하는 금액이 500억 원 이상)인 회사의 경우에 그 위반행위 결과 회계처리기준을 위반하여 변경된 재무제표상 손익 또는 자기자본 금액이 자산총액의 100분의 10 이상이면 무기 또는 5년 이상의 징역에, 그 변경금액이 자산총액의 100분의 5 이상이면 3년 이상의 유기징역에 처한다(법 제39조 제2항).

그런데 이처럼 법 제39조 제2항의 가중처벌 규정이 허위감사보고서작성죄에도 적용되는 것으로 보는 해석에 대하여는 그 가중처벌 규정이 허위감사보고서작성죄에는 적용되지 않는 것으로 보는 반대설도 있다. 그 논거로 법 제39조 제2항은 가중처벌 요건으로 '제5조에 따른 회계처리기준을 위반하여'라고 기재하고 있는 점, 전부개정 전 외부감사법 벌칙에서는 허위감사보고서작성죄의 법정형이 허위재무제표작성죄의 법정형보다 가볍게 규정되어 있었던 점을 들고 있다.[71] 그러나 허위감사보고서작성죄의 '감사보고서'는 위와 같이 회사의 결산 재무제표가 법 제5조의 회계처리기준에 따라 작성된 것인지 여부를 회계감사기준에 따라 감사하고 감사의견을 표명하는 것이므로,[72] 허위감사보고서작성죄의 경중은 그 부실감사 대상 재무제표가

---

70) 이에 대하여, 허위감사보고서작성죄의 보호법익을 '자본투자자의 재산'으로 보는 견해(이상돈, 앞의 「부실감사법 이론과 판례-」, 35면) 및 '이해관계자인 투자자의 이익과 자본시장의 건전성'으로 보는 견해[윤지영, "「주식회사의 외부감사에 관한 법률」 개정과 형사법적 논의", 「형사법연구」 제30권 제1호(한국형사법학회, 2018. 3.), 17면]가 있다. 그러나 재무제표에 대한 신뢰의 확보를 통하여 주주 · 채권자 등 회사 이해관계자의 재산상 이익이나 자본시장의 건전성도 간접적으로 보호될 수 있겠지만, 허위감사보고서작성죄의 구성요건, 외부감사의 목적 및 성격 등에 비추어 회사 이해관계자의 재산상 이익이나 자본시장의 건전성을 그 직접적 보호법익으로 보기는 어려울 것이다.

71) 윤지영, 위 논문, 20면.

72) 회계감사기준서 200번 문단 3("감사의 목적은 의도된 재무제표 이용자의 신뢰수준을 향상시키는 데 있

회계처리기준을 위반하여 변경된 손익 또는 자기자본 금액의 규모에 좌우될 수 있다. 그러므로 법 제39조 제2항에서 재무제표상 회계처리기준을 위반하여 변경된 손익 또는 자기자본 금액을 가중처벌 요건으로 기재하였다고 하여 그 조항을 허위감사보고서작성죄에 적용되지 않는 것으로 볼 수는 없다. 오히려 같은 조항은 '제1항에도 불구하고'라고 기재하여 법 제39조 제1항 전부의 가중처벌 규정임을 분명히 하고 있다. 또한 전부개정 전 외부감사법은 허위감사보고서작성죄를 허위재무제표작성죄와 별도의 조항에서 상대적으로 가볍게 처벌하였는데,[73] 전부개정 하면서 같은 제39조에서 함께 처벌규정을 두고 있고 기본적 처벌규정인 같은 조 제1항에서는 허위재무제표작성죄와 동일한 법정형으로 처벌하고 있다. 따라서 법 제39조 제2항은 허위재무제표작성죄와 허위감사보고서작성죄를 구분함이 없이 모두 결산 재무제표상 회계처리기준을 위반하여 변경된 손익 또는 자기자본 금액에 따라 가중처벌하는 취지로 해석하는 것이 타당하다.[74] 법 제39조 제2항의 내용 해석 및 양벌규정 적용상 문제점에 관하여는 앞의 허위재무제표작성죄의 법정형 부분에서 설명한 바와 같다.

그 밖에 허위감사보고서작성죄의 경우에도 허위재무제표작성죄와 마찬가지로 필요적 몰수 · 추징 규정 및 양벌규정이 적용된다. 그 위반행위로 얻은 이익은 몰수하

다. 이 목적은 재무제표가 해당 재무보고체계에 따라 중요성의 관점에서 작성되었는지에 관해 감사인이 의견을 표명함으로써 달성된다."), 문단 13(a)['해당 재무보고체계'의 정의 ~ "경영진(적절한 경우 지배기구를 포함)이 재무제표를 작성할 때 채택한 재무보고체계로서, 기업의 성격 및 재무제표 목적의 관점에서 수용가능하거나 법규에 의해 요구되는 재무보고체계(예를 들면, 외부감사법에 따른 감사일 경우 해당 재무보고체계는 '한국채택국제회계기준' 또는 '일반기업회계기준'이 법규에 의해 요구되는 재무보고체계이다)"].

73) 전부개정 전 외부감사법에서는 허위재무제표작성죄는 법 제20조 제1항에서 7년 이하의 징역 또는 7천만 원 이하의 벌금에 처하고, 허위감사보고서작성죄는 법 제20조 제2항 제4호에서 5년 이하의 징역 또는 5천만 원 이하의 벌금에 처하고 있었다.

74) 다만, 입법론으로는, 방조범적 성격을 가진 허위감사보고서작성죄를 그 정범적 성격으로 인하여 사안이 무겁다고 볼 수 있는 허위재무제표작성죄와 동일한 법정형으로 처벌하는 현행 입법이 책임주의 및 비례원칙에 위배된다는 비판이 가능할 것이다(한석훈, 앞의 "개정 외부감사법의 회계부정 처벌규정에 대한 평가", 282면). 또한 법 제39조 제2항의 가중처벌 규정은 불명확한 회계처리기준이나 회계감사기준을 직 · 간접적 범죄구성요건으로 하고 있는 허위재무제표작성죄 및 허위감사보고서작성죄를 가중처벌하는 것으로서 죄형법정주의의 명확성 원칙에 역행하는 것이고, 위반행위자의 이득을 범죄구성요건으로 요구하지 않음에도 불구하고 이익 취득을 범죄구성요건으로 하여 유사한 가중처벌을 하고 있는 특정경제범죄법 제3조나 자본시장법 제443조 제2항 등과 비교하여 지나치게 과중하여 형벌체계상 균형을 현저히 상실함으로써 책임주의 및 비례원칙에 위배되고 있다는 비판을 할 수 있다(한석훈, 위 논문, 306,308면).

고, 그 전부 또는 일부를 몰수할 수 없으면 그 가액을 추징한다(법 제45조). 또한 법인의 대표자나 법인 또는 개인의 대리인, 사용인, 그 밖의 종업원이 그 법인 또는 개인의 업무에 관하여 그 위반행위를 하면 그 행위자를 벌하는 이외에 그 법인 또는 개인에게도 법 제39조 제1항의 벌금형을 부과한다(법 제46조 본문). 다만, 법인 또는 개인이 그 위반행위를 방지하기 위하여 해당 업무에 관하여 상당한 주의와 감독을 게을리하지 아니한 경우에는 그러하지 아니하다(법 제46조 단서). 이러한 필요적 몰수·추징 및 양벌규정에 대한 설명은 허위재무제표작성죄의 해당 부분에서 설명한 바와 같다.

Ⅱ. 범죄구성요건

1. 행위주체

허위감사보고서작성죄는 행위주체가 감사인 또는 그에 소속된 공인회계사이므로 진정신분범이다. 다만, 그 신분 없는 자도 공동정범·교사범·종범 등 공범형태로 이 범죄에 가담할 수는 있으나, 형법 제33조 본문에 따라 그 공범으로 처벌될 뿐이다.

위 '감사인'이란 공인회계사법 제23조에 따라 설립된 회계법인이나 한국공인회계사회에 등록을 한 감사반으로서 외부감사 대상 회사와 감사계약을 체결한 회계법인 및 감사반을 말한다(법 제2조 제7호, 제10조 제4항, 제8항, 제15조). 회계법인은 5억 원 이상의 자본금을 갖추고 공인회계사법 제23조에 따라 설립되어 금융위원회에 등록해야 하고, 대표이사 및 3명 이상의 공인회계사인 이사 겸 사원을 두어야 하며, 공인회계사나 외국공인회계사만이 사원이 될 수 있고 이사와 직원 중 10명 이상은 공인회계사이어야 한다(공인회계사법 제23조, 제24조, 제26조, 제27조). 감사반은 3명 이상의 공인회계사로 구성되고 한국공인회계사회에 등록해야 한다(외부감사법 시행규칙 제2조).

외부감사를 받는 회사의 회계처리와 외부감사를 하는 감사인의 회계감사에 관하여 필요한 사항을 정함으로써 이해관계인을 보호하고 기업의 건전한 경영을 기하려는 외부감사법의 입법목적과 감사기준 및 감사인의 권리·의무·책임 등에 관하여 엄격한 규정을 두고 있는 외부감사법의 제반 규정에 비추어 볼 때, 외부감사법에서 말하는 '감사인'이란 외부감사법 제4조 등 법령에 의하여 외부감사를 받아야 하는 회사에 대하여 감사를 하는 감사인을 말하고, 외부감사법에 따른 외부감사 대상 회사가 아님에도 임의로 외부감사를 실시하는 회사의 외부감사를 맡은 회계법인 또는 감사반은 법 제39조의 '감사인'이 아니다(판례).[75] 그러므로 외부감사 의무가 없는 법 제4조 제2항 각 호의 회사가 임의로 외부감사를 실시하더라도 그 감사인은 법 제39조에서 말하는 '감사인'이 아니다.

자본시장법에는 일정한 경우 작성하는 재무제표에 대하여 외부감사법상 감사인에 의하거나 외부감사법상 회계감사기준에 따른 외부감사를 받도록 의무를 부과하는 경우가 있다. 신탁업자의 신탁재산에 관한 회계처리에 대한 감사(자본시장법 제114조 제3항, 제6항), 집합투자업자 또는 투자회사 등의 집합투자재산에 관한 회계처리에 대한 감사(자본시장법 제240조 제3항, 제6항) 등이다. 이 경우의 감사인도 법 제39조의 '감사인'에 포함되는지 문제가 될 수 있다. 그러나 자본시장법에서도 이러한 감사인의 경우에는 외부감사법 제20조, 제31조 제6항부터 제9항까지 규정을 준용하고 있을 뿐(자본시장법 제114조 제8항, 제115조 제4항, 제240조 제8항, 제241조 제4항) 외부감사법 제39조를 준용하는 규정이 없으므로 죄형법정주의 원칙상 법 제39조의 '감사인'에 포함할 수 없을 것이다.

후술하는 것처럼 외부감사법의 감사 대상은 결산 재무제표(또는 연결재무제표)이므로, 사업보고서 제출대상 법인이 반기·분기보고서를 금융위원회 및 거래소에 제출할 때 포함되는 재무제표에 대한 감사나 확인 및 의견표시(자본시장법 제160조, 같은 법 시행령 제170조)를 하는 감사인도 법 제39조의 '감사인'이 아니다.

그런데 제2장 '법인의 형사책임' 부분에서 살펴본 것처럼 현행법은 법인이나 단체의 범죄능력을 인정하지 않음을 원칙으로 하고 있으므로, 법 제39조의 감사인이 회계법인인 경우에는 회계법인의 대표이사, 이사 또는 소속 공인회계사, 그 감사인이 감사반인 경우에는 소속 공인회계사 등 실제 행위자가 이 죄의 행위주체로 된다. 그 업무주인 회계법인이나 감사반은 법 제46조의 양벌규정에 따라 법 제39조의 벌금형으로 처벌할 수 있을 뿐이다. 이때 감사반의 경우에는 법 제46조에 조합 등 단체

75) 대법원 2010. 5. 27. 선고 2010도369 판결[(구)외부감사법에서의 감사인은 외부감사법 제2조 등의 법령에 의하여 외부의 회계감사를 받아야 하는 회사에 대하여 감사를 실시하는 회계법인과 감사반만을 의미한다.].

의 처벌규정이 없으므로 감사반 소속 공인회계사 모두를 양벌규정상 개인 업무주로 보아 벌금형으로 처벌하게 될 것이다.[76)]

2. 위반행위

위 감사인 또는 그에 소속된 공인회계사가 '감사보고서에 기재해야 할 사항을 기재하지 아니하거나 거짓으로 기재한' 행위가 위반행위이다(법 제39조 제1항 후단).

위 '감사보고서'란 감사인이 회사가 법 제5조 제3항에 따라 작성한 재무제표(연결재무제표를 작성하는 회사의 경우에는 연결재무제표도 포함, 이하 '재무제표'는 연결재무제표도 포함)를 한국공인회계사회가 정한 회계감사기준에 따라 감사하고 그에 따른 감사의견을 표명한 보고서를 말한다(법 제2조 제8호). '회사가 법 제5조 제3항에 따라 작성한 재무제표'란 회사가 매 결산기에 작성하는 결산재무제표를 말하는 것임은 앞의 허위재무제표작성죄에서 살펴보았다. 그러므로 자본시장법상 사업보고서 제출대상 법인이 반기 · 분기보고서를 금융위원회 및 거래소에 제출할 때 첨부하는 재무제표에 대한 감사보고서나 확인 및 의견표시에 관한 검토보고서(자본시장법 제160조, 같은 법 시행령 제170조)는 포함되지 않는다.

감사인 또는 그에 소속된 공인회계사는 감사를 실시하여 그 감사결과, 감사범위, 감사의견 및 이해관계인의 합리적 의사결정에 유용한 정보를 기술(記述)한 감사보고서를 작성해야 한다(법 제18조 제1항, 제2항). 감사를 실시하고 감사보고서를 작성함에 있어서는 일반적으로 공정 · 타당하다고 인정되는 회계감사기준에 따라야 한다(법 제16조 제1항). 그 회계감사기준은 한국공인회계사회가 감사인의 독립성 유지 요건, 감사계획의 수립방법 및 감사절차, 감사의견의 구분 및 결정방법, 감사조서 작성 기타 감사업무 관리, 감사결과 보고기준 등에 관한 사항을 포함하여 정하고, 회계감사기준위원회의 심의 · 의결을 거쳐 금융위원회의 사전승인을 받아 확정한다(법 제16조 제2항, 법 시행령 제22조). 감사보고서에는 직무 · 직급별 외부감사 참여 인원수, 그 주요 감사내용 · 소요시간, 감사 또는 감사위원회와의 대면회의 횟수, 그 회의의 참석자 및 주요논의내용 등 외부감사 실시내용을 적은 서류를 첨부해야 하는데(법 제18조 제3항, 법 시행령 제25조), 이 서류는 감사보고서와 구분해야 함은 물론이다. 또한 한국

76) 앞의 제2장 제2절 Ⅳ.의 2.항 중 민 · 상법상 조합의 경우 업무주 처벌에 관한 설명부분 참조.

공인회계사회의 회계감사기준위원회는 회계감사기준의 이해를 돕거나 그 실무적용 시 요구되는 감사인의 판단지침을 제공하기 위하여 「회계감사 실무지침」을 제정 · 공포할 수 있다.[77] 감사인 및 소속 공인회계사는 위 회계감사기준 및 회계감사 실무지침에 따라 감사보고서를 작성해야 하고, 그에 따라 작성된 감사보고서는 특별한 사정이 없는 한 일반적으로 공정 · 타당한 회계감사기준에 따라 작성된 것으로 인정된다.[78]

따라서 '감사보고서에 기재하여야 할 사항을 기재하지 아니한 경우'란 법 제18조 제1항, 제2항 및 위 회계감사기준에 따르면 감사보고서에 기재해야 할 사항임에도 이를 누락한 경우를 말하고, 감사보고서에 '거짓으로 기재한 경우'[79]란 감사보고서에 기재된 감사에 관한 감사인의 인식 및 판단결과가 객관적 사실과 일치하지 않거나 회계감사기준에 따르지 아니한 감사를 하고 그 결과를 감사보고서에 기재한 경우를 말한다.[80] 감사인은 감사 대상 회사의 동의 여부와 관계없이 법 제18조 제1항, 제2항 및 회계감사기준에 따라 감사보고서를 작성해야 하는 것이므로 감사 대상 회사가 허용하였는지 여부와 무관하게 감사보고서 기재내용의 누락이나 거짓 여부를 판단해야 할 것이다. 다만, 법 제18조 제1항, 제2항 및 회계감사기준에 비추어 볼 때 어느 범위의 기재 누락이나 거짓 기재를 법 제39조 제1항 후단의 위반행위로 볼 것인지는 문제가 된다.[81] 이를 위반행위의 대상인 감사보고서의 기재내용을 어디까지

---

77) 한국공인회계사회, 회계감사기준서(2018년 개정) 전문(前文) 문단 8.

78) 대법원 2011. 1. 13. 2008다36930("한국공인회계사회가 정한 회계감사기준 및 한국공인회계사회가 그 시행을 위하여 마련한 회계감사준칙은 특별한 사정이 없는 한 일반적으로 공정 · 타당하다고 인정되는 것으로서 감사인의 주의의무 위반 여부에 대한 판단의 주요 기준이 된다."고 판시).

79) 법 제39조 제1항은 "감사보고서에 기재하여야 할 사항을 기재하지 아니하거나 거짓으로 기재한 경우"라고 서술하고 있는데, 그 중 '거짓으로 기재한 경우'의 해석과 관련하여, 이를 '감사보고서에 거짓으로 기재한 경우'로 해석할 것인지, 아니면 '감사보고서에 기재하여야 할 사항을 거짓으로 기재한 경우'로 해석할 것인지 다툼이 있었는데, 헌법재판소는 전자의 입장임을 분명히 하였다[헌법재판소 2004. 1. 29. 2002헌가20,21(병합) 전원재판부]. 이에 대하여는 후자의 입장을 취하는 헌법재판관의 반대견해도 있었으나, 일단 전자의 입장에 따라 설명하기로 한다.

80) 대법원 2007. 8. 23. 2005도4471["구 주식회사의 외부감사에 관한 법률(2001. 3. 28. 법률 제6427호로 개정되기 전의 것) 제20조 제1항 제2호(현행 외부감사법 제39조 제1항 후단)의 '감사보고서에 허위의 기재를 한 때'라고 함은 행위자인 외부감사인이 감사보고서의 내용에 자신이 감사한 사실에 관한 인식이나 판단의 결과를 표현함에 있어서 자신의 인식 · 판단이 감사보고서에 기재된 내용과 불일치하는 것임을 알고서도 일부러 내용이 진실 아닌 기재를 한 때를 말한다."] 참조. 다만, 이 판례는 고의의 대상인 객관적 범죄구성요건과 그에 대한 고의를 구분함이 없이 표현한 것으로 보인다.

81) 헌법재판소 2004. 1. 29. 2002헌가20,21(병합) 전원재판부 위헌심판에서도 "아무리 정교한 입법을

로 볼 것인지의 문제와 그 대상에 대한 어느 정도 사항의 기재 누락이나 거짓 기재를 위반행위로 볼 것인지의 문제로 구분하여 검토한다.

감사보고서 기재내용은 재무제표에 대한 감사내용, 내부회계관리제도에 대한 감사나 검토 및 외부감사 실시내용으로 구분할 수 있는데, 감사보고서 중 재무제표(또는 연결재무제표)에 대한 감사내용을 기재한 부분이 허위감사보고서작성죄의 위반행위 대상에 포함되는 것은 당연하지만, 내부회계관리제도에 대한 감사나 검토를 기재한 부분이나 외부감사 실시내용을 기재한 부분도 그 대상에 포함되는지는 문제가 된다.[82]

외부감사 대상 회사[83]는 신뢰할 수 있는 회계정보의 작성과 공시(公示)를 위하여, 회계정보(회계정보의 기초가 되는 거래에 관한 정보 포함)의 식별 · 측정 · 분류 · 기록 및 보고 방법, 회계정보의 오류를 통제하고 이를 수정하는 방법, 회계정보에 대한 정기적인 점검 및 조정 등 내부검증에 관한 사항, 회계정보를 기록 · 보관하는 장부(자기테이프 · 디스켓, 그 밖의 정보보존장치 포함)의 관리방법과 위조 · 변조 · 훼손 및 파기를 방지하기 위한 통제절차, 회계정보의 작성 및 공시와 관련된 임직원의 업무 분장과 책임 등에 관한 사항이 포함된 내부회계관리규정과 이를 관리 · 운영하는 조직(이하 '내부회계관리제도'라 함)을 갖출 의무가 있다(법 제8조 제1항). 회사는 내부회계관리제도에 의하지 아니하고 회계정보를 작성하거나 내부회계관리제도에 따라 작성된 회계정보를 위조 · 변조 · 훼손 및 파기해서는 아니 된다(법 제8조 제2항). 회사의 대표자는 이러한 내부회계관리제도를 관리 · 운영해야 할 책임이 있고 그 관리 · 운영을 담당하는 내부회계관리자를 지정해야 하며, 사업연도마다 주주총회 · 이사회 및 감사(감사위원회 설치회사의 경우는 감사위원회)에게 그 제도운영 실태를 보고해야 한다(법 제8조 제

한다고 하더라도 주식회사의 외부감사에 관련된 모든 사항들을 사소한 부분에까지 빠짐없이 망라하여 '감사보고서에 기재하여야 할 사항'으로 정하고 이에 대한 불기재를 모두 처벌의 대상으로 삼을 수는 없으며, 형사정책상으로 보아도 그렇게 할 필요는 없는 것이다. 그리하여 감사보고서에는 반드시 기재하여야 하며 이를 기재하지 아니할 경우 처벌의 대상까지 되는 중요한 기재사항이 있는 반면, 이러한 정도까지는 아니라고 하더라도 당해 감사와 관련하여 보고자가 임의의 판단에 의하여 기재하여 넣을 수 있는 비교적 경미한 참고적 특기사항이 있을 수 있다."고 판시하였다.

82) 한국공인회계사회, 「외부감사인의 책임한계」(2018), 202면.

83) 다만, 외부감사 대상 회사 중 유한회사, 주권상장법인이 아닌 회사로서 직전 사업연도 말의 자산총액이 1천억 원 미만인 주식회사, 유동화전문회사 등 법인세법 제51조의2 제1항 각 호에 해당하는 회사, 그 밖에 회사 특성상 내부회계관리제도를 운영하기 어려운 회사로 정한 금융위원회 고시기준에 맞는 회사는 내부회계관리제 구비의무가 면제된다(법 제8조 제1항 각 호 외 부분 단서, 법 시행령 제9조 제1항).

3항, 제4항). 회사의 감사는 내부회계관리제도의 운영실태를 평가하여 그 제도의 관리 · 운영 시정의견과 함께 이사회에 사업연도마다 보고하고, 그 평가보고서를 회사 본점에 5년간 비치해야 한다(법 제8조 제5항). 그런데 감사인은 회계감사를 실시할 때 해당 회사가 위 각 사항을 준수했는지 여부 및 대표자의 위 내부회계관리제도 운영실태 보고내용을 검토해야 하고, 나아가 주권상장법인의 감사인은 이를 법 제16조의 회계감사기준에 따라 감사해야 하며, 그 검토결과 또는 감사결과에 대한 종합의견을 감사보고서에 표명해야 한다(법 제8조 제6항, 제7항, 법 시행령 제9조 제8항). 따라서 그 감사보고서의 기재내용, 특히 주권상장법인의 감사인이 회사가 내부회계관리제도의 관리 · 운영에 관한 외부감사법 제8조 각 항을 준수하였는지 여부와 대표자의 내부회계관리제도 운영실태 보고내용을 회계감사기준에 따라 감사하고 그 결과에 대한 종합의견을 표명한 감사보고서 기재 부분이 허위감사보고서작성죄의 위반행위 대상에 포함되는지가 문제된다.

'외부감사 실시내용'이란 감사인 중 외부감사에 참여한 총 인원수와 직무 · 직급에 따라 구분된 외부감사 참여 인원수, 외부감사의 총 감사시간과 참여 인원별 감사시간, 회계감사기준의 감사절차에 따라 수행한 주요 감사내용(감사인이 감사업무와 관련하여 외부 전문가로부터 자문 · 조언 등의 용역을 제공받은 경우에는 그 내용도 포함), 회사의 감사 또는 감사위원회와의 대면회의 횟수, 각 회의 참석자 및 주요 논의내용 등 감사의 실시과정에 관한 내용이다(법 제18조 제3항, 법 시행령 제25조).

그러나 외부감사법은 '감사보고서'를 재무제표 또는 연결재무제표를 회계감사기준에 따라 감사하고 그에 따른 감사의견을 표명한 보고서로 정의하고 있으므로(법 제2조 제8호), 허위감사보고서작성죄의 '감사보고서'를 그보다 확장하여 해석하는 것은 죄형법정주의 원칙에 반하는 해석이 된다. 특히 외부감사법 제18조 제3항에서는 '외부감사 실시내용'은 감사보고서와 별도의 서류로 작성하여 재무제표와 함께 감사보고서에 첨부하도록 규정하고 있어서 감사보고서와 구분하고 있으므로, 그 내용이 감사보고서의 내용에 포함되어 있다고 할지라도 허위감사보고서작성죄의 위반행위 대상에 포함할 수는 없다. 따라서 감사보고서 기재내용 중 내부회계관리제도에 대한 검토결과나 외부감사 실시내용은 물론, 내부회계관리제도의 감사결과를 기재한 부분도 재무제표나 연결재무제표를 감사한 것은 아니므로 허위감사보고서작성죄의 위반행위 대상에 포함되지 않는 것으로 해석해야 할 것이다.

그리고 감사보고서의 재무제표나 연결재무제표에 대한 감사내용 중 어느 정도 사항의 기재 누락이나 거짓 기재를 위반행위로 볼 것인지를 살펴본다. 법 제18조 제1항은 '감사결과'를 감사보고서에 기재하도록 포괄적으로 언급하고, 같은 조 제2항에서는 감사보고서의 구체적 기재사항으로 '감사범위, 감사의견과 이해관계인의 합리적 의사결정에 유용한 정보'를 명시하고 있다. 또한 회계감사기준서에 따르면 재무제표의 감사는 그 목적이 재무제표가 해당 재무보고체계에 따라 중요성 관점에서 작성되었는지 여부에 관한 감사인의 의견을 표명함으로써 재무제표 이용자의 신뢰수준을 향상시키는 데 있고,[84] 회계감사기준은 감사인이 감사의견의 기초로서 재무제표가 전체적으로 부정이나 오류로 인하여 중요하게 왜곡표시되지 아니하였는지에 대하여 합리적인 확신을 얻을 것을 요구한다고 설명하고 있다.[85] 감사인의 책임에 관해서도 "감사인은 감사를 계획하고 수행할 때, 그리고 식별된 왜곡표시가 감사에 미치는 영향과 미수정 왜곡표시가 재무제표에 미치는 영향을 평가할 때 중요성의 개념을 적용한다. 일반적으로 누락 등 왜곡표시가 재무제표를 근거로 하는 이용자의 경제적 의사결정에 개별적으로 또는 집합적으로 영향을 미칠 것이 합리적으로 예상되면 그 왜곡표시는 중요하다고 간주된다. 중요성에 대한 판단은 주변상황에 비추어 내려지는 것이며, 재무제표 이용자의 재무정보 수요에 대한 감사인의 인식, 그리고 왜곡표시의 크기와 성격, 또는 두 가지 모두로부터 영향을 받는다. 감사의견은 재무제표 전체를 대상으로 하는 것이므로, 감사인은 재무제표 전체에 대하여 중요하지 않은 왜곡표시의 발견에 대해서는 책임지지 않는다."고 설명하고 있다[86]

그러므로 재무제표의 기재사항이 이해관계 있는 정보이용자의 합리적 의사결정에 영향을 미치는 것이라면 중요한 사항이고, 그러한 중요한 사항에 관하여 감사보고서에 거짓 기재를 한다거나 이러한 중요성 관점에서 감사보고서에 기재해야 할 사항을 누락한 경우에만 허위감사보고서작성죄의 위반행위에 해당하는 것으로 보아야 할 것이다(이하 '중요성 기준'이라 함).[87] 법 제18조 제2항에서 구체적으로 명시한 '감

---

84) 한국공인회계사회, 회계감사기준서(2008년 개정, 이하 '회계감사기준서'라 함) 200번 문단 3.

85) 회계감사기준서 200번 문단 5.

86) 회계감사기준서 200번 문단 6.

87) 이상돈, 앞의「부실감사법-이론과 판례-」, 262면에서도 " '감사보고서에 기재하여야 할 사항'이란 허위로 기재되거나 기재가 누락된 사항이 '중요한 사항'(materiality)일 것을 요구하며, 중요한 사항이란 법

사범위' 및 '감사의견'도 이러한 중요한 사항에 포함되는 것으로 볼 수 있다. 다만, 감사보고서에 거짓으로 기재된 사항은 기재 누락과는 달리 대부분 이해관계 있는 정보이용자의 합리적 의사결정에 영향을 미칠 수 있는 중요한 사항에 해당하게 될 것이다.

이에 대하여 법 제39조 제1항 중 '감사보고서에 기재하여야 할 사항을 기재하지 아니한 경우'에는 위와 같이 중요한 사항의 기재 누락으로 제한할 수 있지만, '감사보고서에 … 거짓으로 기재한 경우'에는 비록 중요한 사항이 아닐지라도 "감사의 결과를 혼란스럽게 하고 회사의 경영상태에 관한 외부의 객관적 평가를 오류에 빠뜨리게 하는 요인이 될 수 있다."는 점에서 허위감사보고서작성죄의 위반행위에 포함된다고 보는 견해[88]가 있을 수 있다. 그러나 법 제18조 제2항에서 감사보고서 기재사항으로 명시한 '이해관계인의 합리적 의사결정에 유용한 정보'란 위와 같은 중요성 기준을 말하는 것으로서, 이는 기재 누락이나 거짓 기재의 경우에나 차별 없이 적용되는 기준으로 보아야 하고, 법 제31조 제2항에서도 감사인의 제3자에 대한 손해배상책임 요건으로 '중요한 사항에 관하여 감사보고서에 적지 아니하거나 거짓으로 적을 것'을 요구함으로써 기재 누락이나 거짓 기재 모두 중요성 기준을 적용하고 있음에 비추어 보더라도[89] 거짓 기재의 경우도 기재 누락의 경우와 차별 없이 중요

문언은 미국 연방증권법에서 보듯이 명확성 원칙에 위배되는 것이 아니다."라고 설명; 한국공인회계사회, 앞의 「외부감사인의 책임한계」, 203, 213면에서도 같은 입장에서 "감사의견이 '중요성의 관점'을 포함하고 있으므로 '중요성' 개념이 사실상 구성요건의 일부로 포함된다.", "단순히 어떤 사항이 기업회계기준을 위반하고 외부감사인이 그것을 용인하였다고 해서 곧바로 외부감사법위반죄가 성립하지 않는다. 동 범죄의 성립은 회계기준 위반사항이 양적 · 질적으로 어떤 기준을 넘겨야만 한다."고 설명하고 있는데, 필자와 같은 입장으로 보인다.

88) 헌법재판소 2004. 1. 29. 2002헌가20,21(병합) 전원재판부의 다수 견해임["구 외부감사법 제20조 제1항 제2호(법 제39조 제1항 후단)의 '감사보고서에 허위의 기재를 한 때'라고 함은 행위자인 외부감사인이 감사보고서의 내용에 자신이 감사한 사실에 관한 인식이나 판단의 결과를 표현함에 있어서 자기의 인식판단이 감사보고서에 기재된 내용과 불일치하는 것임을 알고서도 일부러 내용이 진실 아닌 기재를 하는 것을 말하는 것", "허위의 기재는 비록 필요적 기재사항이 아니라고 할지라도 감사의 결과를 혼란스럽게 하고 나아가 회사의 경영상태에 대한 외부의 객관적 평가를 오류에 빠뜨리게 하는 요인이 될 수 있음을 부정할 수 없다."고 판시]. 그러나 이 재판은 전부개정 전 외부감사법 제7조의2(현행 법 제18조)가 신설되기 전에 이루어진 것이다.

89) 헌법재판소 2004. 1. 29. 2002헌가20,21(병합) 재판 중 반대의견의 논거["(구)외부감사법 제17조 제2항(현행 법 제31조 제2항 본문)은 '감사인이 중요한 사항에 관하여 감사보고서에 기재하지 아니하거나 허위의 기재를 함으로써 이를 믿고 이용한 제3자에게 손해를 발생하게 한 경우에는 그 감사인은 제3자에 대하여 손해를 배상할 책임이 있다.'고 규정하고 있다. 동 조항은 주식회사의 외부감사인의 제3자에 대한 손해배상책임의 요건을 정한것으로서 이 사건 법률조항이 그 형사적 책임의 요건을 정한 것과

성 기준을 적용함이 타당할 것이다.

3. 고의

허위감사보고서작성죄도 허위재무제표작성죄와 마찬가지로 고의범이므로 위 행위주체 및 위반행위, 즉 범죄의 객관적 구성요건에 대한 고의가 필요하다. 고의의 본질에 관한 통설 · 판례의 입장인 용인설[90]에 따르면 인식과 함께 적어도 이를 용인하는 주관적 요건이 필요하고 이때 미필적 고의도 인정된다.[91] 그러므로 감사인이 감사보고서에 기재해야 할 중요한 사항임을 알면서 일부러 기재하지 않거나, 감사보고서의 중요한 사항에 관하여 자신이 감사한 사실에 대한 인식이나 판단결과를 표현함에 있어서 자신의 인식 · 판단이 감사보고서에 기재된 내용과 불일치하는 것임을 알면서도 일부러 진실 아닌 내용을 기재한다거나, 일부러 회계감사기준에 따르지 아니한 감사를 하고 그 결과를 감사보고서에 기재한 경우에는 고의가 인정된다.

허위감사보고서작성죄는 허위재무제표작성죄에 사후적으로 관여하게 되고 그 방조범적 성격을 지니고 있으므로 특히 미필적 고의가 문제되는 경우가 많다. 이에 관한 판례를 살펴보면, "감사 대상 재무제표에 분식회계의 내용이 있다는 점을 구체적으로 알지 못하였다 하더라도, 그 재무제표에 영향을 미치게 될 중요한 부정이나 오류의 가능성을 보여주는 여러 표지가 있음을 인식하였고 그러한 경우 감사범위

대비될 수 있는 것인데, 위 조항은 문언상으로 감사보고서의 '중요한 사항'이 '불기재'와 '허위기재'의 두 행위태양을 모두 한정하고 있음을 분명히 하고 있다. 즉 감사인의 제3자에 대한 민사적 책임은 감사보고서의 '중요한 사항'에 대한 불기재나 허위 기재를 요건으로 하고 있으며, 일반적으로 감사보고서에서 적시한 모든 사항에 있어서의 허위 기재에 대하여 손해배상책임을 인정하고 있지는 아니한 것이다. 따라서 감사보고서에 나타나는 모든 허위 기재를 처벌한다고 한다면 형사처벌의 대상은 되지만 손해배상의 대상이 되지 아니하는 경우가 발생할 수 있게 되는 바, 이러한 결과는 행위자인 감사인의 민 · 형사책임의 지나친 불균형을 초래하는 것으로서 합리적이지 못하며, 나아가서 동 법률의 입법취지와도 배치되는 것이 된다. 이와 같이 감사인의 손해배상책임의 요건과 형사책임의 요건이 서로 균형 있게 되도록 하기 위하여서도 '감사보고서에 기재하여야 할 사항'에 대한 허위 기재만이 처벌될 수 있다고 보아야 하는 것이다."고 설시] 참조.

90) 학설 · 판례의 소개는 앞의 제3장(배임 범죄) 제3절 Ⅴ. 1. '고의' 부분 참조.

91) 이에 대하여, 부실감사행위로 인한 손해 발생을 범죄구성요건으로 하지 않는 허위감사보고서작성죄의 경우에 헌법상 과잉금지 원칙에 위배되지 않도록 하기 위해서는 허위감사보고서작성죄의 고의 개념에 경제적 이득 의사를 추가해야 한다고 주장하면서, 공정감사 의무를 충족하지 못하였을 뿐 경제적 이득 의사가 없는 '미필적 고의'는 이를 '고의'로 인정해서는 안된다고 주장하는 견해도 있다[이상돈, 앞의 「부실감사법-이론과 판례-」, 285~287면].

를 확대하여야 함을 알고 있었던 이상, 감사절차를 수정하거나 추가하여 감사범위를 확대하지 아니한 채 만연히 감사보고서에 '적정의견'으로 기재하였다면, 이는 거짓 기재에 해당할 뿐만 아니라 그것이 거짓이라는 점에 대하여 적어도 미필적 고의는 있었던 것으로 보아야 한다."고 판시한 사례가 있다.[92]

4. 기수시기

허위감사보고서작성죄도 미수범 처벌규정이 없으므로 범죄의 기수시기는 곧 범죄의 성립시기가 된다. 범죄의 기수시기란 범죄구성요건을 충족한 때를 말하는데, 그 시점은 범죄행위를 종료하고 보호법익의 보호정도에 따른 결과가 발생한 때를 말한다.[93] 이 죄는 추상적 위험범으로서 위반행위가 종료한 때 보호법익에 대한 추상적 위험이 발생하는 것이므로 기수에 이르게 된다. 그런데 위반행위인 감사보고서의 기재 누락이나 거짓 기재가 언제 종료되어 보호법익인 회사 재무제표에 대한 사회의 신뢰 및 회사의 경영건전성에 대한 추상적 위험이 발생한 때로 볼 것인지는 감사보고서 작성의 구체적 절차를 검토해 보아야 한다.

---

92) 대법원 2007. 8. 23. 2005도4471["① 1998. 6. 30.을 기준으로 한 주식회사 고합(이하 '고합'이라 함)의 자산실사 결과 고합이 당시 제시한 대차대조표상 건설 중인 자산의 잔액 1,796억 원(천만 원 이하 버림, 이하 같음) 중 66%에 해당하는 1,197억 원이 과대계상된 것으로 밝혀진 점, ② 특히 고합이 제시한 대차대조표상 건설 중인 자산의 기말잔액 1,023억 원 중 56%에 해당하는 578억 원이 과대계상 되었으며, 과대계상 된 금액 중 54% 정도인 317억 원이 전기오류수정손실로 파악되었고, 건설중인 자산의 전기이월잔액 4,890억 원 중 위와 같이 오류로 밝혀진 부분이 6.5% 정도에 이르는데, 이는 대차대조표 계정에 있어 금액적 중요성이 있다고 평가되어야 하는 점, ③ 건설중인 자산계정의 특성상 당해 계정에 있어서는 기말잔액뿐만 아니라 전기이월 된 기초잔액, 당기증가분 및 당기감소분 모두 기업회계상 중요한 의미가 있는데, 위와 같이 오류로 밝혀진 당기잔액 부분의 금액적 중요성에 비추어 볼 때, 1998회계연도에 건설 중인 자산의 전기이월잔액인 4,890억 원 및 그 중 당기에 기계장치로 대체된 4,513억 원에 있어서도 분명 오류가 있고 그러한 오류금액의 영향력이 상당할 것임을 충분히 예측할 수 있는 점, ④ 더구나 피고인은 고합이 당해연도에 분식회계를 시도한 바 있다는 사실까지 인식하고 있었던 점, ⑤ 고합의 회계감사에 3년째 참여하여 왔고 이 사건 회계감사 당시 공인회계사로서의 상당한 경력을 보유한 자로서 현장에서 감사의 총괄책임을 지고 있던 피고인으로서는 위와 같이 재무제표에 영향을 미치게 될 중요한 부정이나 오류의 존재가능성을 발견한 경우에는 감사절차를 적절히 수정 또는 추가하여 실시하여야 한다는 회계감사준칙을 숙지하고 있었던 것으로 보이는 점, 그런데도 피고인은 1998회계연도 개시일 현재의 대차대조표 계정잔액(전기이월계정잔액)에 대한 추가 감사절차를 실시하는 등으로 위와 같은 전기이월계정잔액의 왜곡을 지적하지 아니한 채, 기계장치 3,098억 원, 감가상각 누계액 380억 원 및 제조경비 101억 원을 과대계상하고 전기수정오류손실 2,820억 원을 과소계상함으로써 대차대조표일 현재의 자산 · 부채 및 자본을 적정하게 표시하고 있지 아니한 고합의 재무제표에 대한 감사보고서에 '적정의견'을 기재"한 사안에서 감사보고서 거짓 기재 범죄사실에 대한 미필적 고의를 인정하였다.].

93) 이는 통설적 견해로서 앞의 제4장(횡령 범죄) 제4절 Ⅰ. '미수범' 부분에서 설명하였다.

감사인은 결산 재무제표에 대한 감사보고서를 작성하여, K-IFRS를 적용하는 회사의 경우에는 정기총회 개최 1주 전에(회생절차 진행 중인 회사는 사업연도 종료 후 3개월 이내), K-IFRS를 적용하지 않는 회사의 경우 재무제표에 대한 감사보고서는 같은 기한 내, 연결재무제표에 대한 감사보고서는 사업연도 종료 후 120일 이내에(사업보고서 제출대상 법인 중 직전 사업연도 말 현재 자산총액이 2조 원 이상인 법인의 경우에는 사업연도 종료 후 90일 이내) 회사(감사 또는 감사위원회 포함)에 제출해야 한다(법 제23조 제1항 본문, 법 시행령 제27조 제1항). 다만, 회사가 사업보고서 제출기한 이후 정기총회를 개최하는 경우로서 해당 회사의 재무제표(K-IFRS를 적용하지 아니하는 회사의 연결재무제표는 제외)를 감사하는 경우에는 감사보고서를 사업보고서 제출기한 1주 전(회생절차가 진행 중인 회사는 사업연도 종료 후 3개월 이내)까지 회사에 제출해야 한다(법 시행령 제27조 제2항). 그리고 감사인은 재무제표에 대한 감사보고서와 K-IFRS를 적용하는 회사의 연결재무제표에 대한 감사보고서는 정기총회 종료 후 2주 이내(회생절차가 진행 중인 회사인 경우에는 해당 회사의 관리인에게 보고한 후 2주 이내), K-IFRS를 적용하지 않는 회사의 연결재무제표에 대한 감사보고서는 사업연도 종료 후 120일 이내(사업보고서 제출대상 법인 중 직전 사업연도 말 현재 자산총액이 2조 원 이상인 법인의 경우에는 사업연도 종료 후 90일 이내)에 증권선물위원회 및 한국공인회계사회에 제출해야 한다(법 제23조 제1항 본문, 법 시행령 제27조 제3항). 다만, 사업보고서 제출대상 법인인 회사(자본시장법 제159조 제1항)가 사업보고서에 감사보고서를 첨부하여 금융위원회와 거래소에 제출하는 경우에는 감사인이 증권선물위원회 및 한국공인회계사회에 감사보고서를 제출한 것으로 본다(법 제23조 제1항 단서). 회사의 이사는 위와 같이 제출된 재무제표에 대한 감사보고서를 정기총회 회일 1주 전부터 본점에 5년간 비치하여 공시하고 주식회사의 경우에는 그 등본을 지점에도 3년간 비치 · 공시해야 하며, 연결재무제표에 대한 감사보고서는 회사에 대한 위 감사보고서 제출기한이 지난 날부터 본점에 5년간, 지점에 3년간 비치 · 공시해야 한다(법 제23조 제5항, 법 시행령 제27조 제7항).

따라서 감사인 또는 소속 공인회계사가 감사보고서를 허위로 작성한 때, 감사인이 이를 감사 대상 회사, 증권선물위원회 또는 한국공인회계사회에 제출한 때, 감사 대상 회사가 제출받은 감사보고서를 본점에 비치 · 공시한 때 중 어느 시기를 위반행위인 감사보고서의 기재 누락이나 거짓 기재 행위가 종료된 기수시기로 볼 것인지가 문제된다. 이에 대하여 허위감사보고서작성죄도 무형위조 범죄에 속하므로 다른 무형위조 범죄[94]의 경우처럼 감사인 등이 감사보고서를 작성하여 내부결재를 종료한 때를 감사인의 작성시기로 볼 수 있으므로 이때 기수시기에 이른 것으로 보는 견해가 있을 수 있다. 그러나 감사인이 허위감사보고서를 작성한 것만으로는 회사 재무제표에 대한 사회의 신뢰나 회사의 경영건전성을 침해할 추상적 위험조차 발생하였다고 보기 어려우므로, 위 절차에 따라 해당 회사에 감사보고서를 제출하였을 때 비로소 그 보호법익을 침해할 추상적 위험이 발생하여 기수에 이른 것으로 보아야 할 것이다.

만약 감사인이 외부감사법 적용대상인 회사로 알고 외부감사계약을 체결하고 그 회사 결산 재무제표에 대한 감사보고서를 거짓으로 작성하고 회사에 제출하였으나, 그 회사가 직전 사업연도 말의 자산 · 부채 · 종업원수 또는 매출액 등이 외부감사법 적용대상 기준에 미달하였던 경우에는 허위감사보고서작성죄에 해당하더라도 대상의 착오로 인하여 결과발생이 불가능한 불능미수(형법 제27조)에 해당할 것이다. 이 경우 허위감사보고서작성죄는 미수범 처벌규정이 없으므로 범죄가 성립하지 않는다.

Ⅲ. 위법성

감사인 또는 소속 공인회계사가 법 제18조 및 회계감사기준에 위배하여 감사보고서에 기재해야 할 사항을 기재하지 않거나 거짓으로 기재하여 범죄구성요건이 충족되면 정당행위(형법 제20조) 등 위법성조각사유가 없는 한 위법성도 인정된다. 이 경우 위반행위자에게 그 위법성에 대한 인식도 있어야 책임을 물을 수 있음이 원칙이다.

허위감사보고서작성죄의 경우에도 감사보고서의 작성규범인 회계감사기준에 회계처리기준의 경우처럼 추상적이고 다의적인 불명확한 표현이 적지 아니한 결과[95] 그 위반행위자가 회계감사기준의 해석을 잘못하여 위법성 인식이 결여되는 경우가

---

94) 무형위조 범죄에 속하는 형법상 허위진단서작성죄의 경우에는 진단서를 작성한 때 기수에 이르고, 그 후 이를 공무소에 제출하였는지 여부는 범죄성립 여부에 영향이 없다[정성근 · 박광민(형각), 594면].

95) 회계감사기준 중 불명확한 표현의 사례에 관하여는 한석훈, 앞의 "개정 외부감사법의 회계부정 처벌규정에 대한 평가", 301,302면 참조.

발생할 수 있다. 또한 외부감사는 재무제표(또는 연결재무제표)의 회계처리가 회계처리기준에 따라 이루어진 것인지 등을 감사하는 것이므로, 허위감사보고서작성죄의 경우에도 회계처리기준의 불명확성에 따른 위법성 착오가 발생할 여지도 있다. 회계처리기준의 해석을 그르친 경우에는 앞에서 허위재무제표작성죄의 '위법성 착오' 부분에서 설명한 것처럼 그 오인에 '정당한 이유'가 있었다면 형법 제16조 규정에 따라 면책되는 것으로 보는 것이 통설의 입장이라고 할 수 있을 것이다. 또한 회계감사기준의 해석을 그르쳐 위법성 착오가 있었던 경우에도 회계처리기준의 해석을 그르친 경우와 마찬가지로 해석해야 할 것이다.

이때 '정당한 이유' 유무를 판단하는 기준도 앞에서 허위재무제표작성죄의 '위법성 착오' 부분에서 설명한 것처럼, 행위자가 자기 행위의 위법 가능성에 대해 심사숙고하거나 관련 공공기관이나 전문가 등에게 조회할 수 있는 계기가 있어 자신의 지적 능력을 다하여 이를 회피하기 위한 진지한 노력을 다하였더라면 그 위법성을 인식할 수 있는 가능성이 있었는데도 이를 다하지 못한 결과 자기 행위의 위법성을 인식하지 못한 것인지 여부에 따라 판단해야 한다는 것이 판례의 입장이다.

Ⅳ. 죄수

1. 포괄일죄

외부감사는 매 사업연도 결산기마다 작성되는 결산 재무제표 및 연결재무제표(연결재무제표 작성 회사의 경우)에 대하여 해당 회사와 감사계약을 체결한 감사인이 실시한 다음 그 감사결과를 기술한 감사보고서를 작성하여 회사 등에 이를 제출함으로써 종료된다. 외부감사 대상 회사는 매 사업연도 개시일부터 일정기간 내에 감사인을 선임해야 하고, 주권상장법인 · 대형비상장주식회사 또는 금융회사는 연속하는 3개 사업연도의 감사인을 동일한 감사인으로 선임해야 하며, 이들 회사가 증권선물위원회에서 지정하는 자를 감사인으로 선임하거나 변경선임하는 등 법 제10조 제7항 각 호의 사유로 감사인을 선임하는 경우에는 해당 사업연도의 다음 사업연도부터 연속하는 3개 사업연도의 감사인을 동일한 감사인으로 선임해야 한다(법 제10조 제3항). 이에 따라 동일한 회사의 여러 사업연도에 걸쳐 동일한 감사인이 감사를 실시하면서 계속하여 허위감사보고서작성죄를 범하는 경우가 발생할 수 있는데, 이 경우 포괄하여 하나의 범죄가 성립하는 것인지 여부가 문제된다.

허위감사보고서작성죄의 보호법익도 회사 재무제표에 대한 신뢰 및 회사의 경영 건전성이므로 재무제표의 작성시기인 각 사업연도의 결산기 별로 보호법익의 침해 여부를 검토할 필요가 있고, 사업연도 별로 작성되는 감사보고서는 통상 그 위반행위의 태양이 동일할 수 없음에 비추어, 모든 사업연도의 감사보고서 작성을 포괄하여 단일한 범의에 기한 것으로 보기는 어려울 것이다. 그러므로 허위재무제표작성죄와 마찬가지로 개별 회사의 각 사업연도 별로 감사보고서 작성시마다 별도의 허위감사보고서작성죄가 성립하는 경우가 대부분이고, 이때 각 허위감사보고서작성죄 사이는 실체적 경합범 관계가 된다.

2. 공인회계사법위반죄와의 관계

공인회계사는 직무를 행할 때 고의로 진실을 감추거나 허위보고를 하여서는 안 될 의무가 있고, 이를 위반하여 고의로 진실을 감추거나 거짓 보고를 한 공인회계사에 대하여는 3년 이하의 징역 또는 3천만 원 이하의 벌금에 처한다(공인회계사법 제53조 제2항 제1호, 제15조 제3항). 이 범죄는 공인회계사제도를 확립함으로써 국민의 권익을 보호하고 기업의 건전한 경영 및 국가경제의 발전을 도모한다는 공인회계사법의 입법목적(같은 법 제1조)을 이루기 위하여, 공인회계사에게 직무를 행함에 있어 독립성을 유지해야 하고(같은 법 제15조 제1항 후단), 부정한 청탁을 받고 금품이나 이익을 수수 · 요구 또는 약속하거나 위촉인의 사기 기타 부정한 방법에 의한 부당한 금전상 이익 취득에 가담 · 상담하여서는 아니 될 의무를 부과한 것(같은 법 제22조 제3항)과 같은 맥락에서 인정된 것이므로, 위촉인이 공인회계사가 진실을 감추거나 거짓 보고를 하고 있음을 알고 있는 경우에도 인정된다(판례).[96]

만약 감사인으로 선임된 회계법인 또는 감사반의 소속 공인회계사가 결산 재무제표에 대한 감사보고서를 회계감사기준에 위배하여 거짓으로 작성하고 이를 해당 회사에 제출한 경우에는 공인회계사의 거짓 보고에도 해당하므로 허위감사보고서작성죄와 위 공인회계사법위반죄의 범죄구성요건을 충족하게 된다. 이때 양 죄의 죄수관계에 관하여 판례는 "각 법률의 입법목적, 규정사항, 적용대상, 보호법익 등을 달

96) 대법원 2012. 5. 24. 2010도2797.

리하는 것으로서, 외부감사법상의 위 처벌법규를 공인회계사법상의 위 처벌법규에 대한 특별법규로 볼 것이 아니라, 위 각 처벌법규는 각기 독립된 별개의 구성요건으로 보아야 한다."고 판시하여 법조경합 관계가 아니라 각 별개의 범죄가 성립하는 것으로 보고 있다.[97] 이때 양 죄를 실체적 경합범으로 볼 것인지 상상적 경합범으로 볼 것인지는 문제가 된다. 생각건대 위와 같이 허위감사보고서작성죄의 기수시기를 회사에 감사보고서를 제출한 때로 보는 입장에서는 그 제출행위가 곧 회사에 대한 보고행위가 되는 것이다. 따라서 이는 1개의 행위가 수 개의 죄에 해당하는 경우이므로 허위감사보고서작성죄와 공인회계사법위반죄의 상상적 경합관계로 보아야 할 것이다. 다만, 구체적 사안에 따라서는 양 죄가 별개의 행위로 성립한 것으로 인정되어 실체적 경합관계로 보아야 하는 경우도 있을 것이다.

97) 대법원 1992. 12. 8. 92도2581.

제9장

자금세탁의 규제

제1절 서설

Ⅰ. 의의

1. 자금세탁과 규제의 시작

자금세탁(Money Laundering)이란 범죄로 획득한 재산의 출처 · 귀속 · 처분사실을 가장 · 은폐하거나 그 재산을 은닉하거나 범죄의 목적으로 재산에 관해 위와 같은 행위를 하는 것을 말한다. '자금세탁'이란 용어는 1929년 경제 대공황 시기를 전후하여 조직범죄가 만연하던 미국에서 밀주거래, 마약, 도박, 성매매 등 조직범죄로 벌어들인 수익을 주로 이탈리아계 이민자들이 운영하던 세탁소의 합법적 현금수입으로 위장한 데에서 비롯되었다. 그러나 자금세탁방지를 위한 최초의 법적 규제는 미국에서 1970년에 금융기관에 일정 금액(현재 미화 1만 달러)을 초과하는 고액 현금거래를 재무부 등에 보고해야 할 의무(후술하는 CTR)를 부과하는 「통화 및 대외거래 보고법」(the Currency and Foreign Transactions Reporting Act, 약칭 CFR)[1)]을 제정한 것이 최초이다.[2)] 그 밖에도 이 법에서는 금융기관의 의심거래에 대한 보고의무(후술하는 STR)를 규정하고 있다. 그 후 1986년 제정된 미국의 자금세탁규제법(Money Laundering Control Act of 1986)[3)]에서는 불법행위로 인한 수익을 포함하는 거래임을 알게 된 경우의 금융거래를 금지하는 등 그 규제범위를 넓히고 자금세탁행위 자체를 범죄(즉, 자금세탁범죄)로 규정함으로써 자금세탁 규제의 모범을 보이게 되었다.[4)]

자금세탁범죄는 마약밀매, 도박, 성매매 등의 조직범죄뿐만 아니라 비즈니스범죄

---

1) 은행비밀법(the Bank Secrecy Act of 1970)으로도 알려져 있음.

2) Brickey, pp.571,572,582.

3) 18 U.S.C. §1956-1957.

4) Brickey, p.606; 탁희성 · 도중진, 「조직범죄관련 자금세탁범죄 대응의 문제점과 개선방안」 연구총서 04-29(한국형사정책연구원, 2004), 53면.

관련 금융거래에 의해서도 종종 발생하는데,[5] 우리나라에서는 배임 · 횡령 · 주가조작 등 비즈니스범죄와 관련된 자금세탁범죄의 비중이 높은 편이다.

자금세탁 관련 몰수제도에 관해서도 미국에서는 유죄선고를 받는 피고인에 대한 형벌의 일종으로서 범죄실행에 사용한 물건이나 그 범죄수익 등을 몰수하는 형사몰수(Criminal Forfeiture)[6]는 물론, 공소제기와 무관하게 재산에 대하여 그 몰수만을 법원에 청구하는 민사몰수(Civil Forfeiture)[7]도 인정하고 있다.[8]

2. 자금세탁의 유형

수취인이나 거래경위의 추적이 가능한 수표 등 유가증권을 그러한 추적이 어려운 현금으로 교환하는 단순한 유형을 비롯하여 현재는 아래와 같이 여러 가지 다양하고 새로운 방법으로 자금세탁이 이루어지고 있다.

- 제3의 개인 또는 회사 명의를 차용하거나 위장기업(Shell Company, Ghost Company)을 이용하여 예금, 부동산, 선박, 자동차, 주식 등 자산의 소유명의를 제3자 명의로 위장하는 방법.
- 불법재산을 합법적 기업이나 위장기업의 수익으로 위장하는 방법, 무역거래시 수 · 출입대금 결제로 위장하는 방법.
- 금융기관이나 사채시장 등 사금융기관을 통하여 현금 · 수표 · 양도성예금증서(CD) · 채권 등 그 보유수단을 변형하는 방법.
- 불법재산을 담보로 대출받는 방법.
- '환치기' 등 대체송금방식을 활용하는 방법.
- 전자화폐나 인터넷뱅킹을 이용하는 방법.
- 금융투자상품, 특히 수익의 등락이 심한 선도(forward) · 선물(futures) · 옵션(option) · 스왑(swap) 등 파생상품을 이용하는 방법.
- 금융비밀 보장제도가 엄격하게 시행되는 역외금융센터(Offshore Financial Center)를 이용하는 방법.

---

5) Brickey, p.607.

6) 대인몰수(in personam forfeiture)라고도 함.

7) 대물몰수(in rem forfeiture)라고도 함.

8) 미국의 몰수제도에 관한 상세한 내용은 탁희성 · 도중진, 위 책, 58-70면 참조.

– 카지노 등 도박장, 경마장, 경륜장 또는 사행성 게임 등의 수익을 가장하는 방법.

– 이러한 방법을 여러 개 혼용하는 방법.[9)]

그 밖에도 IT기술 및 핀테크(FinTech)산업의 발전, 비트코인(bitcoin) 등 가상자산(암호화폐)의 유통, 파생상품 등 새로운 금융기법의 발달과 비대면거래의 확산 등 금융환경의 변화에 따라 계속하여 새로운 자금세탁의 유형이 출현하고 있다.[10)]

3. 자금세탁행위의 특성

가. 국제범죄성

교통 · 통신의 발달, 출 · 입국의 자유화, 외환자유화, 국제금융의 발달은 자금세탁의 국제화 현상도 초래하고 있다. 특히 익명의 금융거래가 가능하고 상대적으로 자금추적이 어려운 국제적 금융거래가 자금세탁에 주로 이용된다. 예컨대 법인세를 면제하거나 저율 세제를 시행하는 조세피난처(Tax Haven), 외국인 사이의 금융거래를 지원하고 보호하는 역외금융센터(Offshore Financing Center)의 이용 등이 대표적이다. 이러한 국제범죄적 성격으로 인하여 자금세탁방지를 위한 국제적 공동 대응이 필요하고,[11)] 각국 자금세탁 규제의 통일화 현상을 나타내고 있다.

나. 밀행성

자금세탁은 불법재산을 발생시킨 범죄를 전제로 하거나 범죄를 범할 목적으로 자금 등 재산의 출처 · 귀속 · 처분 사실을 가장하거나 재산을 은닉하는 것이므로 범죄의 발견을 모면하기 위하여 은밀하게 이루어진다.

다. 반복 · 계속성, 전문성, 기업성

자금세탁은 은행 등 금융기관을 이용하거나 상품거래를 이용할 수 있는데, 제도적으로 가장 효과적인 자금세탁을 선호하게 되므로 한 번 이용한 같은 행위는 반복하여 계속 활용되는 특성을 가진다.

---

9) 상세한 자금세탁수법에 관하여는 장일석, 「자금세탁 방지제도의 이해」(박영사, 2021), 17-26면 참조.

10) 기업의 내부제도나 기업의 설립 또는 합병 등 회사조직개편제도를 이용한 자금세탁유형에 관하여는 최관식, "기업을 이용한 돈세탁에 대한 규제", 「법학논총」 21집(숭실대학교 법학연구소, 2009. 2.), 4-10면 참조.

11) 장일석, 위 책, 10면; 탁희성 · 도중진, 앞의 「조직범죄관련 자금세탁범죄 대응의 문제점과 개선방안」, 47면.

또한 일련의 자금세탁 과정에는 그 발견을 어렵게 하기 위하여 복잡한 조작과정을 거치게 된다. 그러므로 금융, 외환, 수 · 출입 등에 관한 전문지식이 필요하고, 여러 사람이 조직적으로 관여하는 자금세탁 조직을 갖추고 이득을 위하여 반복 · 계속하여 이루어진다는 점에서 기업적 성격을 보이기도 한다.

자금세탁과정에 관한 미국 관세청의 3단계 모델이론에 따르면 통상 자금세탁은 자금이동이 용이한 금융기관 등에의 배치(Placement) 단계, 그 출처를 추적하기 어렵게 하기 위한 반복이동(Layering) 단계, 다른 일반자금과의 혼합(Integration) 단계로 이루어진다고 설명하고 있다. 자금세탁의 규제는 위 각 단계 중 비교적 적발이 용이한 배치단계나 반복이동단계를 중심으로 이루어지고 있다.

4. 자금세탁 규제의 필요성

자금세탁의 대상인 불법재산을 발생시킨 범죄를 전제범죄(Predicate Offence)라 할 수 있는데, 전제범죄의 적발과 예방을 위하여는 범죄의 증거이자 목적인 불법재산의 자금세탁을 규제하는 것이 가장 효과적이다. 전제범죄에는 전통적 전제범죄인 마약 · 성매매 · 상습도박 · 폭력범죄 외에도 배임 · 횡령죄, 배임수증재죄, 미공개정보이용 · 시세조종 · 부정거래의 자본시장법위반죄 등 비즈니스범죄 중 상당부분이 포함되어 있다. 그러므로 자금세탁의 규제내용을 살펴보는 것은 비즈니스범죄의 적발과 예방을 위하여 긴요한 일이다.

또한 전제범죄로 인한 불법수익을 박탈하는 것은 범죄로 인한 피해회복과 사회정의의 실현을 위한 일이고, 불법수익이 또다른 범죄의 자금으로 제공되는 것을 차단한다는 점에서도 필요하다.

그리고 불법재산이 자금세탁을 위하여 금융시장에 유입될 경우 불법재산의 성격상 투자의 불안정성, 다른 금융거래자의 신뢰상실 등 경제질서와 금융시장의 혼란을 야기하게 되므로 자금세탁의 규제는 건전한 경제질서 및 금융거래질서의 확립을 위하여 필요하다. 그 밖에 외환자유화 제도를 악용한 불법재산의 해외 유출 증가를 억제하기 위한 필요도 있을 것이다.

5. 자금세탁 규제의 연혁

위와 같이 미국의 1986년 자금세탁규제법이 제정된 이후 1988. 12. 국제결제은행(BIS) 산하 바젤은행감독위원회(Basel Committee on Banking Supervision)에서 「자금세탁에 관한 제원칙」이 수립되고, 같은 해 국제연합(UN)의 「마약 및 향정신성물질의 불법거래방지에 관한 UN협약」(UN Convention against Illicit Traffic in Narcotic Drugs and Psychotropic Substances, 약칭 '비엔나협약')이 채택되면서 마약범죄를 중심으로 자금세탁행위의 범죄화와 자금세탁방지를 위한 사법공조 등 국제적 협력 노력이 본격적으로 시작되었다.

1989년 G7 정상회의 결의에 따라 금융거래를 통한 자금세탁방지를 위한 국제협력을 지원하기 위한 기구로서 1990년 OECD(경제협력개발기구) 산하에 자금세탁방지 금융대책기구(Financial Action Task Force on Money Laundering, 약칭 FATF)가 설립되었다. FATF는 프랑스 파리 소재 OECD 본부에 사무국이 있고, 우리나라,[12] 미국, 영국, 독일, 프랑스, 일본, 호주 등 OECD 국가 대부분과 중국, 러시아, 인도, 브라질, 싱가포르 등의 34개 국가와 2개 국제기구[즉 유럽연합(EU)집행위원회(European Commission, 약칭 'EC'), 걸프협력위원회(Gulf Cooperation Council, 약칭 'GCC')] 및 홍콩이 현재 정회원으로 가입되어 있다. FATF는 1990년 자금세탁방지를 위한 제도적 조치 및 국제협력에 관한 가이드라인을 내용으로 하는 '40개 권고사항(Forty Recommendations)'을 발표하여 자금세탁 규제의 국제규범을 마련하고 그 이행을 평가하며 미이행 국가에 대하여는 제재조치를 하는 등 활발한 활동을 전개하고 있다.[13]

또한 21세기에 들어서면서 국제적 테러의 빈발과 핵무기 등 대량살상무기의 위협이 증가함에 따라 1999년 테러자금조달 억제를 위한 UN협약(UN Convention for Suppression of Terrorist Financing, 약칭 'TF협약')이 체결되었다. 이 협약은 테러자금의 세탁행위도 범죄로 규정하고 테러와 관련하여 그 범죄수익의 몰수, 사법공조 등 사법제도를 정비하고 금융기관의 고객확인의무, 의심 금융거래 보고의무의 대상으로 하는 등 금융규제를 확대할 것을 요구하고 있다. 그런데다가 2001년 미국 9 · 11사태가 발발하자 FATF도 2001년 긴급총회에서 이러한 TF협약의 즉각적인 비준 등을

---

12) 우리나라는 FATF에 2009년 정회원으로 가입한 후 2015. 7. 1.부터는 임기 1년간의 의장국으로 활동하였다.

13) 40개 권고사항은 처음에는 마약자금세탁의 억제를 위한 것이었으나 1996년부터 그 밖의 자금세탁에도 규제범위를 확대하였다.

내용으로 하는 '테러자금에 관한 특별권고사항' 8개항을 결의하였고, 2004년에는 그 특별권고사항에 현금휴대반출 · 반입 규제 관련 1개항을 추가하여 테러자금의 조달방지에까지 그 활동범위를 확대하였다. 그 후 2012년에는 그 특별권고사항 및 핵무기 등 대량살상무기 확산금지를 위한 권고사항도 포함하는 개정된 40개 권고사항 및 테러자금에 관한 특별권고사항을 제정하여 그 규제대상을 확대하였다.[14)]

근자에는 국제적으로 가상자산을 이용한 자금세탁 및 테러자금 조달의 위험이 높아지면서, FATF는 2019. 6.경 개최한 총회에서 권고사항(Recommendation) 15에 가상자산 관련 국제기준인 주석서(Interpretive Note to R.15)를 추가하여 회원국에게 그 이행을 권고하였다. 주석서에 따르면 가상자산사업자(거래소)는 감독당국의 허가를 받거나 신고 또는 등록을 해야 하고, 고객확인의무, 의심 금융거래 보고의무 등 자금세탁방지 의무를 금융회사와 마찬가지로 부담하며, 가상자산의 송금 시에는 송금 · 수취기관 모두 송금인 및 수취인 관련 정보를 수집 · 보유하고 필요한 경우에는 그 정보를 당국에 제공할 수 있어야 한다.[15)]

오늘날 FATF 회원국 대부분은 위 권고사항에 따라 대체로 비슷한 자금세탁 규제제도를 마련하고 있고, 다만 각국의 실정을 반영하기 위하여 세부적인 차이를 보이고 있을 뿐이다.

Ⅱ. 우리나라의 입법

1. 입법 배경

자금세탁의 효과적 규제를 위해서는 금융거래자의 실명이 파악될 수 있는 금융시스템이 필요하다. 또한 자금세탁 등 지하경제의 규제는 그 반작용으로 야기될 국내경제의 위축 등 그 규제가 미치는 경제상황도 감안하여 추진할 수밖에 없다. 우리나라는 1993. 8.경 「금융실명거래 및 비밀보장에 관한 긴급재정경제명령」의 시행으로 이른바 금융실명제가 실시되어 자금세탁을 규제할 수 있는 여건이 조성되었다. 이

14) 상세한 내용은 http://www.kofiu.go.kr/index.jsp 참조.

15) "가상화폐 거래소도 자금세탁 방지 의무 … 위반시 허가취소", 연합뉴스(2019. 6. 23.), 뉴스홈, https://www.yna.co.kr/view/AKR20190623015300002?input=1195m, 2021. 8. 23. 확인.

어서 1995년경 드러난 전직 대통령들의 비자금 불법조성 및 뇌물수수 사건, 1997년경 한보그룹의 부도를 시작으로 드러난 대형 권력형 금융부정 및 뇌물수수 사건 등을 계기로, 불법 비자금, 불법 정치자금, 뇌물 등 불법재산이 차명계좌 등을 이용하여 자금세탁되는 것을 규제하지 않고는 이러한 범죄를 근절할 수 없다는 여론이 형성되었다.

2. 입법 경과

위와 같이 자금세탁 규제의 필요성은 대두되었지만 처음에는 국내경제의 위축을 우려하여 자금세탁의 규제에 적극적으로 나설 수 없는 상황이었다. 다만 당시 국제적으로 만연하는 범죄인 마약범죄가 국내에서도 광범위하게 퍼지고 있었으므로, 마약범죄의 효과적 차단을 위한 자금세탁행위의 규제가 필요하게 되었다. 또한 마약사범 단속을 위한 국제적 사법공조 등을 위하여는 마약범죄의 국제적 규제에 관한 위 비엔나협약에 가입할 필요가 있었으므로 1995년 「마약류 불법거래 방지에 관한 특례법」(약칭 '마약거래방지법')을 제정하여 마약류범죄행위로 인한 불법수익의 은닉 · 가장 · 수수 행위를 형사처벌 하고, 그 범죄로 인한 몰수대상을 직접취득 재산뿐만 아니라 그로부터 유래한 재산까지 확대함에 그쳤다.[16)]

그 후 2001년 2단계 외환자유화 실시 등 금융시장의 개방화로 인하여 불법재산의 국제적 이동이 용이하게 된 점, 전자금융의 발달로 인한 자금세탁 증가 우려, 미국 등 선진국과 UN, OECD 등 국제기구의 권고 등을 배경으로 2001년 「범죄수익은닉의 규제 및 처벌 등에 관한 법률」(약칭 '범죄수익은닉규제법')을 제정하였다. 이 법률에서는 마약범죄 외의 '특정범죄' [즉, 중대범죄 및 2호(나)목 범죄] 관련 범죄수익도 자금세탁의 규제대상에 포함함으로써 전제범죄의 범위를 확대하게 되었다. 또한 같은 해 「특정 금융거래정보의 보고 및 이용 등에 관한 법률」(약칭 '특정금융정보법')을 제정하여 금융위원회 산하에 금융정보분석원(Korea Financial Intelligence Unit, 약칭 KoFIU)을 설치하고, 자금세탁행위나 불법재산으로 의심되는 경우 금융회사 등의 금융거래 보고의무(의심거래 보고의무, Suspicious Transaction Report, 약칭 STR)에 관한 규

16) 다만, 2011. 5. 19. 마약거래방지법 개정법률에서는 마약류범죄를 범할 목적으로 마약류인 것으로 잘못 알고 약물 등 물품을 양도 · 양수 · 소지한 행위도 마약류범죄에 포함시켜 그 규제범위를 확대하였다(마약거래방지법 제9조 제2항).

정을 두는 등 자금세탁 감시에 관한 금융제도를 처음으로 마련하였다. 그러나 의심거래 보고 대상은 5천만 원 이상(외국환거래등의 경우에는 미화 1만 달러 또는 그에 상당하는 다른 통화로 표시된 금액)의 금융거래로 제한하였다.

2004년에는 테러방지를 위하여 TF협약에 가입하고, 그 협약 이행의 일환으로 2007년「공중 등 협박목적을 위한 자금조달행위의 금지에 관한 법률」을 제정하여 공중협박자금(이하 '테러자금'이라 함)의 모집 · 제공 · 운반 · 보관행위 등도 형사처벌하고 금융회사 종사자의 신고의무 등을 규정하였다. 이 법은 2014년「공중 등 협박목적 및 대량살상무기확산을 위한 자금조달행위의 금지에 관한 법률」(약칭 '테러자금금지법')로 개정되어 핵무기 등 대량살상무기 확산자금도 테러자금과 마찬가지로 그 규제 대상에 포함하였다. 이러한 규제는 자금의 이동을 차단한다는 점에서는 자금세탁의 규제와 유사하지만, 범죄로 인한 불법재산의 세탁행위나 조세범죄의 경우처럼 범죄를 위한 자금세탁행위를 규제하는 것이 아니라 범죄를 범하기 위한 자금조달행위 자체를 규제한다는 점에서 자금세탁의 규제와는 성격이 다르다.

또한 금융거래를 이용한 불법자금 거래를 효과적으로 차단하고 자금세탁방지제도를 국제기준에 부합하도록 하기 위하여 특정금융정보법을 여러 차례 개정하여 왔다. 2005. 1. 17. 개정 법률에서는 일정 금액(당시의 같은 법 시행령에 의하면 2천만 원)[17] 이상 현금 등 거래의 보고의무(고액거래 보고의무, Currency Transaction Report, 약칭 'CTR') 제도를 도입하고, 금융기관의 고객 인적사항 등 확인 의무(고객확인의무, Customer Due Diligence, 약칭 'CDD') 규정을 신설하였다. 2007. 12. 21. 개정 법률에서는 의심거래 보고의무(STR) 대상에 공중협박자금(이하 '테러자금'이라 함) 조달행위도 추가하고, 카지노사업자에게도 자금세탁행위 등과 관련된 위와 같은 거래보고 의무를 부과하였으며, 조세 · 관세 포탈 목적으로 재산의 취득 · 처분 또는 발생원인에 관한 사실을 가장하거나 그 재산을 은닉하는 행위도 자금세탁행위의 범위에 포함하였다[같은 법 제2조 제4호 (다)목].

2012. 3. 21. 개정 법률에서는 국세청장의 조세범칙 혐의 확인 세무조사를 위한 금융정보분석원장의 특정금융거래정보 제공제도(같은 법 제7조 제1항), 금융회사등 자

17) 현행 특정금융정보법 시행령 제8조의2 제1항에 따르면 개정 시행령(대통령령 제29929호)이 시행된 2019. 7. 1. 이후의 현금의 지급 · 영수에 관한 고액거래 보고의무의 기준금액은 종전 2천만 원에서 1천만 원으로 강화되었음; 미국의 경우에 고액거래 보고의무 대상은 10,000 달러 초과 금융거래임(Brickey, p.573).

금세탁방지 업무 감독 · 검사자의 금융회사등의 장에 대한 특정금융거래정보 등 요구제도(같은 법 제11조 제7항)를 마련하였다.

2013. 8. 13. 개정 법률에서는 **조세 · 관세 탈루 목적**으로 재산의 취득 · 처분 또는 발생원인에 관한 사실을 가장하거나 그 재산을 은닉하는 행위도 조세 · 관세 포탈 목적의 경우처럼 자금세탁행위의 범위에 포함시키고[같은 법 제2조 제4호 (다)목], 국세청 · 관세청에 대한 특정금융거래정보 제공요건을 조세 · 관세 탈루혐의 확인을 위한 조사업무 및 그 체납자에 대한 징수업무로까지 확대하고, 수사나 조사를 위하여 검찰총장, 국세청장을 비롯한 수사기관 등에게 제공하는 특정금융거래정보의 범위에 고액거래 보고(CTR) 정보도 포함하며(같은 법 제7조 제1항), 의심거래 보고(STR) 대상의 하한 기준금액을 폐지하였다(같은 법 제4조 제1항).

2014. 5. 28. 개정 법률에서는 의심거래 보고 대상인 자금세탁행위나 테러자금조달행위의 의심 근거로 불법차명거래를 포함시키고(같은 법 제4조 제1항 제2호, 2014. 11. 29. 시행), 금융회사등(즉, 특정금융정보법 제2조 제1호의 '금융회사등', 이하 같음)의 고객 금융거래 자금의 실제 소유자 확인도 고객확인의무(CDD)의 기본적 고객확인사항으로 규정하고, 자금세탁행위나 테러자금조달행위의 우려가 있는 경우의 강화된 고객확인사항으로 금융거래의 목적과 거래자금의 원천(출처) 등을 규정하고, 고객이 그 확인에 불응하는 경우 금융회사등의 금융거래 거절의무 및 의심거래 보고 검토의무를 부과(같은 법 제5조의2 제1항, 제4항, 제5항, 2016. 1. 1. 시행)하는 등 불법차명거래 차단제도를 마련하였다.

2019. 1. 15. 개정 법률(2019. 7. 1. 시행)에서는 자금세탁과 테러자금조달 방지를 위한 국제협력을 강화하고 국내 금융회사등의 내부관리제도의 내실화를 기하고 책임 있는 제도운영을 도모하는 데 중점을 두었다. 이를 위하여 외국 금융감독 · 검사기관과의 업무협조, 금융회사등 임직원의 직무수행절차 및 업무지침의 내실화, 의무위반행위에 대한 과태료 부과사유의 신설과 부과금액의 대폭 상향조정, 금융회사등의 의무이행 관련 자료 · 정보 보존의무의 신설 등 관련 규정을 추가하였다.

2020. 3. 24. 개정 법률에서는 FATF의 권고사항을 받아들여 가상자산사업자의 금융정보분석원장에 대한 신고 의무, 금융회사와 마찬가지의 자금세탁 · 테러자금조달 방지의무(STR, CTR, CDD 등), 금융회사 등이 가상자산사업자와 금융거래를 할 때의 준수사항 등을 규정하였다.

2020. 5. 19. 개정 법률에서는 금융정보분석원장의 특정금융거래정보 제공 대상에 행정안전부장관도 포함함으로써 지방세 포탈혐의의 확인, 지방세 범칙사건의 조사, 지방세 징수 등에 활용할 수 있게 하였다.

범죄수익은닉규제법도 그 제정 후 여러 차례의 개정을 통하여 규제대상 범죄를 확대하여 왔다. 2014. 4.경 발생한 이른바 '세월호 침몰사건'을 계기로 마련된 2014. 11. 19. 개정 법률에서는 다중인명피해사고 발생에 형사적 책임 있는 개인 · 법인 및 경영지배나 경제적 연관 또는 의사결정에의 참여 등을 통해 그 법인을 실질적으로 지배하는 자에 대한 범죄수익은닉규제법에 따른 몰수대상 재산에 관한 추징은 범인 외의 자가 그 정황을 알면서 취득한 몰수대상재산 및 그로부터 유래한 재산에 대하여도 그 범인 외의 자를 상대로 집행할 수 있도록 특례규정(범죄수익은닉규제법 제10조의2)을 두는 등 몰수 · 추징판결 집행의 실효성 제고를 위한 개정을 하였다.

2019. 4. 23. 개정 범죄수익은닉규제법에서는 전제범죄 중 중대범죄의 범위에 의료인 등의 리베이트범죄, 외부감사법 제40조 위반죄 등 다수의 범죄를 추가하였다. 2020. 5. 19. 개정 법률에서는 디지털 성폭력범죄의 경우 범죄수익 추정 규정을 신설함으로써 범죄수익의 증명을 용이하게 하여 범죄수익의 원활한 환수를 도모하였다.

2022. 1. 4. 개정 범죄수익은닉규제법에서는 중대범죄의 유형을 종전 열거형에서 사형, 무기 또는 장기 3년 이상의 징역이나 금고에 해당하는 죄(기준지정형)와 같은 법 별표에 규정된 죄(열거형)로 구분함으로써 전제범죄의 입법유형을 혼합형으로 변경하고 중대범죄의 범위를 넓혔다.

3. 자금세탁행위의 개념

특정금융정보법 제2조 제5호의 정의규정에서는 '자금세탁행위'를 ① 범죄수익은닉규제법 제3조의 범죄행위, 즉 범죄수익은닉규제법 제2조 제1호의 '특정범죄'[후술하는 '중대범죄'와 '2호(나)목 범죄']로 인한 '범죄수익등'[18]의 취득 · 처분 또는 '범죄수익'의 발생원인에 관한 사실을 가장하거나, 특정범죄를 조장하거나 적법하게 취득한

---

18) '범죄수익'이란 특정범죄 중 '중대범죄'에 해당하는 범죄행위에 의하여 생긴 재산이나 그 범죄행위의 보수 또는 범죄수익은닉규제법 제2조 제2호 (나)목 범죄[약칭 '2호(나)목 범죄']에 관계된 자금이나 재산을 말하고, '범죄수익등'이란 이러한 범죄수익, 범죄수익에서 유래한 재산 및 이들 재산과 그 밖의 재산이 합쳐진 재산을 말한다((범죄수익은닉규제법 제2조 제4호).

재산으로 가장할 목적으로 범죄수익등을 은닉한 행위, ② 마약거래방지법 제7조의 범죄행위, 즉 '마약류범죄'의 발견 또는 '불법수익등'[19]의 출처에 관한 수사를 방해하거나 불법수익등의 몰수를 회피할 목적으로 불법수익등의 성질, 소재, 출처 또는 귀속관계를 숨기거나 가장한 행위, ③「조세범 처벌법」 제3조의 죄(즉, 사기나 그 밖의 부정한 행위로써 조세를 포탈하거나 조세의 환급 · 공제를 받은 행위), 관세법 제270조의 죄,[20] 지방세기본법 제102조의 죄[21] 또는 특정범죄가중법 제8조의 죄[22]를 범할 목적으로 또는 세법에 따라 납부해야 하는 조세를 탈루할 목적으로 재산의 취득 · 처분 또는 발생원인에 관한 사실을 가장하거나 그 재산을 은닉하는 행위로 정의하고 있다. 위와 같은 정의에 비추어 볼 때 **자금세탁행위란 범죄로 인하여 획득한 자금의 출처 · 귀속 · 처분에 관한 사실을 가장 · 은폐하거나, 범죄를 범할 목적으로 자금의 출처 · 귀속 · 처분에 관한 사실을 가장하거나 재산을 은닉하는 행위**라 할 수 있다.[23]

---

19) '불법수익'이란 마약거래방지법 제2조 제2항의 '마약류범죄'의 범죄행위로 얻은 재산, 그 범죄행위의 보수로 얻은 재산, 「마약류 관리에 관한 법률」 제60조 제1항 제1호(마약 또는 향정신성의약품을 사용하거나 그것과 관련된 금지행위를 하기 위한 장소 · 시설 · 장비 · 자금 또는 운반 수단을 타인에게 제공한 행위) 또는 같은 법 제61조 제1항 제1호(향정신성의약품 또는 대마를 사용하거나 그것과 관련된 금지행위를 하기 위한 장소 · 시설 · 장비 · 자금 또는 운반 수단을 타인에게 제공한 행위)의 죄에 관계된 자금을 말하고, '불법수익등'이란 이러한 불법수익, 불법수익에서 유래한 재산 및 이들 재산과 그 밖의 재산이 합쳐 진 재산을 말한다(마약거래방지법 제2조 제5항).

20) 즉, 관세법 제241조 제1항, 제2항 또는 제244조 제1항에 따른 수입신고를 한 자 중 세액결정에 영향을 미치기 위하여 과세가격 또는 관세율 등을 거짓으로 신고하거나 신고하지 아니하고 수입하는 행위, 세액결정에 영향을 미치기 위하여 거짓으로 서류를 갖추어 관세법 제86조 제1항에 따른 사전심사를 신청한 행위, 법령에 따라 수입이 제한된 사항을 회피할 목적으로 부분품을 수입하거나 주요 특성을 갖춘 미완성 · 불완전한 물품이나 완제품을 부분품으로 분할하여 수입하는 행위, 관세법 제241조 제1항, 제2항에 따른 수 · 출입신고 또는 제244조 제1항에 따른 수입신고를 한 자 중 법령에 따라 수 · 출입에 필요한 허가 · 승인 · 추천 · 증명 또는 그 밖의 조건을 갖추지 아니하거나 부정한 방법으로 갖추어 수 · 출입한 행위, 부정한 방법으로 관세를 감면받거나 관세를 감면받은 물품에 대한 관세의 징수를 면탈한 행위, 부정한 방법으로 관세를 환급받은 행위.

21) 즉, 사기나 그 밖의 부정한 행위로써 지방세를 포탈하거나 지방세를 환급 · 공제받은 행위.

22) 즉, 「조세범 처벌법」 제3조 제1항(사기나 그 밖의 부정한 행위로써 조세를 포탈하거나 조세의 환급 · 공제를 받은 행위), 제4조(석유판매업자가 조세특례제한법 제106조의2 제1항 제1호에 따른 석유류, 즉 면세유를 같은 호에서 정한 용도 외의 다른 용도로 사용 · 판매하여 조세를 포탈하거나 조세의 환급 · 공제를 받은 행위), 제5조(가짜석유제품을 제조 또는 판매하여 조세를 포탈한 행위), 지방세기본법 제129조 제1항(사기나 그 밖의 부정한 행위로써 지방세를 포탈하거나 지방세를 환급 · 공제받은 행위)에 규정된 죄를 범하고, 그 포탈하거나 환급받은 세액 또는 징수하지 아니하거나 납부하지 아니한 세액이 연간 5억 원 이상인 경우를 말한다.

23) 이러한 자금세탁행위의 개념이 FATF의 자금세탁 개념보다 구체성이 없다고 비판하면서 "범죄수익등의 출처, 이동, 위치 등을 은폐하는 행위"도 추가할 필요가 있다고 주장하는 견해[이진국, "제8회 한,중 형법 국제 학술심포지엄 : 자금세탁과 형법적 대응방안", 「비교형사법연구」(한국비교형사법학회, 2010),

이러한 자금세탁행위 중 위 ①, ②항의 자금세탁행위는 그 자체로 자금세탁범죄를 구성하여 형사처벌된다. 위 ③항의 탈세목적 자금세탁행위는 탈세범죄와 별도로 형사처벌되지는 않지만 금융회사등에게 그 의심되는 거래를 금융정보분석원장에게 보고하여야 할 의무를 부과하고(특정금융정보법 제4조 제1항), 그 보고를 거짓으로 한 금융회사등만 형사처벌하고 있을 뿐이다(같은 법 제17조 제3항 제1호).

Ⅲ. 자금세탁 규제의 구조

1. 직접적 규제

원래 범죄자가 범죄로 취득한 수익을 은닉하거나 처분하는 행위는 그 위법성 및 비난가능성이 그 범죄에 대한 평가에 포함되어 있으므로 그 처분으로 새로운 법익침해를 야기하지 않는 한 처벌할 수 없는 불가벌적 사후행위이다(통설 · 판례).[24] 그러므로 범죄로 취득한 자금을 세탁하기 위하여 처분하더라도 불가벌적 사후행위에 해당하여 처벌할 수 없는 경우가 대부분일 것이다. 따라서 자금세탁의 규제를 위해서는 자금세탁행위 자체를 범죄화하는 특별규정이 필요하다. 또한 범죄로 취득한 수익 등을 몰수하거나 추징함에 있어서도 형법상의 일반 법리, 즉 몰수대상의 제한, 임의적 몰수 · 추징(형법 제48조), 몰수 · 추징의 부가성(형법 제49조 본문, 제48조 제2항)[25]만으로는 자금세탁 규제의 실효를 기하기 어렵다. 그러므로 몰수대상의 확대, 필요적 몰수 · 추징 또는 독립몰수제도[26]의 도입 등의 입법조치가 요구된다.

648면]가 있으나, 이러한 행위도 우리 법률의 자금세탁행위 개념, 즉 "범죄수익등의 취득 · 처분, 범죄수익 발생원인에 관한 사실의 가장, 범죄수익등의 은닉"에 포함되어 있으므로 이를 구체성이 없다고 비판할 것은 아니다. 다만, 범죄수익은닉규제법과 마약거래방지법상의 자금세탁행위 개념을 구분하여 정의할 이유가 없으므로 이를 통일적으로 정의할 필요는 있을 것이다.

24) 배종대(형총), 565,566면.

25) 몰수는 타형에 부과하여 과하는 것이고(형법 제49조 본문), 추징은 몰수하기 불능한 때에 하는 것이므로(형법 제48조 제2항) 물건의 몰수 · 추징만을 위한 공소제기나 불기소처분시의 압수물 몰수처분은 할 수 없다[박상기(형총), 543면]. 다만 유죄의 재판을 하지 않을 때에도 몰수만을 선고할 수는 있으나(형법 제49조 단서), 이는 선고유예의 경우(대법원 1973.12.11. 73도1133 전원합의체; 1978.4.25. 76도2262; 1980.12.9. 80도584)나 구성요건해당성 및 위법성은 인정되지만 책임무능력으로 인한 무죄 선고의 경우를 뜻하는 것으로 보아야 한다[박상기(형총), 543면; 손동권 · 김재윤(형총), 689면].

26) 독립몰수제도란 검사가 불기소처분시 직접 몰수하거나, 공소제기와 무관하게 몰수만을 위한 소송을 법원에 제기하는 민사몰수(Civil Forfeiture)가 허용되는 제도로, 자금세탁범죄에 효과적으로 대처하기 위하여 그 도입을 주장하는 견해가 있다[김혜정, "자금세탁범죄대응의 문제점과 개선방안", 「형사정책」(한

우리나라의 경우 마약류범죄와 관련된 자금세탁행위는 마약거래방지법에서, 그 밖의 범죄 관련 자금세탁행위는 범죄수익은닉규제법에서 범죄로 규정하여 직접적 규제를 하고 있다. 또한 전제범죄로 인한 수익의 몰수 · 추징의 경우에도 위 각 법률에서 몰수대상을 확대하고, 마약거래방지법에서는 필요적 몰수에 관한 입법조치를 하는 등 몰수 · 추징을 강화하고 있다.

그러나 미국의 경우와 같은 독립몰수제도는 아직 도입되지 않았다. 형법 제49조 단서는 "행위자에게 유죄의 재판을 하지 아니할 때에도 몰수의 요건이 있는 때에는 몰수만을 선고할 수 있다."고 규정하고 있으므로, 몰수는 물론 이에 갈음하는 추징도 위 규정에 근거하여 선고할 수 있다. 하지만, 우리 법제상 공소제기 없이 별도로 몰수 · 추징만을 선고할 수 있는 제도는 마련되어 있지 않으므로, 위 규정에 근거하여 몰수 · 추징을 선고하려면 몰수 · 추징의 요건이 공소가 제기된 공소사실과 관련되어 있어야 하고, 공소가 제기되지 아니한 별개의 범죄사실을 법원이 인정하여 그에 관하여 몰수 · 추징을 선고하는 것은 불고불리의 원칙에 위배되어 허용되지 않는다(판례).[27] 이러한 법리는 형법 제48조의 몰수 · 추징 규정에 대한 특별규정인 범죄수익은닉규제법(제8조부터 제10조의4까지)이나 마약거래방지법(제13조부터 제17조까지)의 규정에 따른 몰수 · 추징의 경우에도 마찬가지로 적용된다.[28]

2. 간접적 규제

자금세탁의 사전적 · 일반적 예방을 위해서는 위와 같은 직접적 규제도 효과가 있지만 자금세탁이 주로 금융거래를 이용하게 되므로 금융거래의 효율적 감시제도를 수립하는 것이 중요하다. 이를 위해서는 금융거래정보의 수집 · 분석 및 감독 기관

국형사정책학회, 2006), 223면]. 민사몰수는 불법재산 자체를 피고로 그 몰수를 청구하는 대물적 몰수이고 그 이의절차를 민사소송절차에 따르게 하는 몰수제도로서 미국에서는 1970년 약물규제법에서 처음 도입하였다고 한다(탁희성 · 도중진, 앞의 「조직범죄관련 자금세탁범죄 대응의 문제점과 개선방안」, 58,59면).

27) 대법원 2022. 12. 29. 2022도8592; 2022. 11. 17. 2022도8662.

28) 대법원 2022. 12. 29. 2022도8592(공소사실은 피고인이 영리의 목적으로 도박공간을 개설하였다는 것인데, 그로 인한 범죄수익을 추징함에 있어서 피고인이 직접 도박에 참가하여 얻은 수익 부분도 추징한 사안에서, "도박공간을 개설한 자가 도박에 참가하여 얻은 수익을 도박공간 개설로 얻은 범죄수익으로 몰수하거나 추징할 수 없으므로, 전체 범죄수익 중 피고인이 직접 도박에 참가하여 얻은 수익은 도박공간개설의 범죄로 인한 추징 대상에서 제외하고 그 차액만을 추징함이 타당하다."고 판시).

인 금융정보분석원(Financial Intelligence Unit)의 설립, 자금세탁행위 또는 불법재산으로 의심되는 금융거래정보에 대한 의심거래 보고의무(STR), 고액 현금 등 거래정보에 대한 금융기관의 고액거래 보고의무(CTR), 고객의 인적사항 등에 관한 금융기관의 고객확인의무(CDD) 제도가 필요하다. 우리나라는 특정금융정보법에서 이러한 제도를 모두 도입하고 있다.

제2절 자금세탁의 직접적 규제

Ⅰ. 규제 개관

자금세탁행위를 범죄로 처벌하는 등 그 직접적 규제를 위하여 우리나라는 마약거래방지법과 범죄수익은닉규제법을 두고 있다. 마약류범죄 관련 자금세탁행위를 먼저 규제하게 된 입법 연혁상 마약류범죄와 관련된 자금세탁행위는 마약거래방지법에서, 그 밖의 범죄 관련 자금세탁행위는 범죄수익은닉규제법에서 범죄로 규정하고 있는 셈이다.

마약거래방지법에서는 마약류 범죄행위로 취득하거나 그 행위에 관계된 불법수익등의 성질 · 소재 · 출처 또는 귀속관계를 은닉 · 가장하는 행위를 한 자, 불법수익이라는 정황을 알면서 불법수익등을 수수한 자를 형사처벌하고 있다(제7조, 제8조).[29] 그리고 마약류 범죄행위를 통하여 취득한 '불법재산'[30]을 철저히 추적 · 환수하기 위하여 마약류범죄행위로 직접 취득한 재산뿐만 아니라 그로부터 유래한 재산의 몰수, 불법재산과 그 밖의 재산이 합하여진 '혼합재산'의 일부몰수를 허용하는 등 형법보다 그 몰수 대상범위를 확대하고 필요적 몰수 · 추징제도를 두고 있다(제13조, 제14조, 제16조). 또한 법원의 몰수 · 추징 보전명령 제도 및 기소 전 몰수 · 추징 보전명령 제도를 도입하여 몰수 · 추징의 실효성을 확보하고 있다(제33조 내지 제59조). 그 밖에도 금융회사등의 종사자는 그 업무를 하면서 수수한 재산이 불법수익등임을 알게 되거나 거래 상대방의 불법수익등 은닉 · 가장행위를 알게 되었을 때에는 지체없이 그 사실을 검찰총장에게 신고하도록 그 신고의무를 부과하고 있다(제5조).

범죄수익은닉규제법에서는 특정범죄로부터 얻은 범죄수익등[31]의 취득 또는 처분

---

29) '불법수익' 및 '불법수익등'의 개념에 대하여는 앞의 각주에서 설명하였음.

30) 이 경우 '불법재산'이란 마약거래방지법 제13조 제1항 각 호 및 제3항 각 호에 따른 재산을 말하므로(같은 법 제14조) 마약거래방지법상의 몰수대상재산이다.

31) '범죄수익' 및 '범죄수익등'의 개념에 대하여는 앞의 각주에서 설명하였음.

사실을 가장하거나 범죄수익을 은닉한 자, 그 정황을 알면서 범죄수익등을 수수한 자를 처벌하고 있다(제3조, 제4조). 그리고 마약류범죄의 경우처럼 특정범죄에서 발생한 범죄수익이나 그로부터 유래한 재산의 몰수, 그 '몰수대상재산'과 그 밖의 재산이 합하여진 '혼화재산'의 일부몰수를 허용하는 등 형법보다 그 몰수 대상범위를 확대하고 있다. 또한 몰수 · 추징에 관한 마약거래방지법 규정을 준용함으로써 법원의 몰수 · 추징 보전명령 제도 및 기소 전 몰수 · 추징 보전명령 제도를 도입하고 있다(제12조). 금융회사등의 종사자는 금융거래와 관련하여 수수한 재산이 범죄수익등이라는 사실을 알게 된 때 또는 금융거래의 상대방이 범죄수익등의 은닉 · 가장행위를 하고 있는 사실을 알게 된 때에는 지체없이 그 사실을 관할 수사기관에 신고하도록 신고의무를 부과하고, 그 위반자를 형사처벌 하고 있다(제5조). 범죄수익은닉규제법은 수 차례의 개정을 통하여 자금세탁의 전제범죄인 특정범죄의 범위를 확대하여 왔다.

이러한 자금세탁의 직접적 규제를 위반하는 범죄, 특히 자금세탁행위를 형사처벌하는 자금세탁범죄(즉, 마약거래방지법 제7조, 제8조 및 범죄수익은닉규제법 제3조, 제4조 위반 범죄)의 보호법익은 위와 같은 자금세탁범죄의 구성요건과 마약거래방지법 제1조[32] 및 범죄수익은닉규제법 제1조[33]에 기재된 각 입법목적에 비추어 볼 때 **'건전한 자금거래질서와 국가의 형사사법기능'**으로 보아야 할 것이다.[34] 전자는 사회적 법익에 속하고 후자는 국가적 법익에 속한다.[35] 판례도 "범죄수익은닉규제법은 국제적 기준에 맞는 자금세탁방지 제도를 마련하고 범죄수익의 몰수 · 추징에 관한 특례를

---

32) 마약거래방지법 제1조("이 법은 국제적으로 협력하여 마약류와 관련된 불법행위를 조장하는 행위 등을 방지함으로써 마약류범죄의 진압과 예방을 도모하고, 이에 관한 국제협약을 효율적으로 시행하기 위하여 「마약류관리에 관한 법률」과 그 밖의 관계 법률에 대한 특례 등을 규정함을 목적으로 한다.")

33) 범죄수익은닉규제법 제1조("이 법은 특정범죄와 관련된 범죄수익(犯罪收益)의 취득 등에 관한 사실을 가장(假裝)하거나 특정범죄를 조장할 목적 또는 적법하게 취득한 재산으로 가장할 목적으로 범죄수익을 은닉(隱匿)하는 행위를 규제하고, 특정범죄와 관련된 범죄수익의 몰수 및 추징(追徵)에 관한 특례를 규정함으로써 특정범죄를 조장하는 경제적 요인을 근원적으로 제거하여 건전한 사회질서의 유지에 이바지함을 목적으로 한다.").

34) 형법상 증거인멸죄의 보호법익도 '국가의 형사사법기능'으로 보는 견해가 통설이다[손동권 · 김재윤(형총), 858면; 박상기(형각), 699면].

35) 이에 대하여, 범죄수익등 은닉 · 가장죄의 보호법익을 '금융 · 경제시스템의 건전성과 이에 대한 국민의 신뢰'라는 사회적 법익으로 보는 견해(탁희성 · 도중진, 앞의 「조직범죄관련 자금세탁범죄 대응의 문제점과 개선방안」, 153,154면), '특정범죄 조장과 건전한 금융거래질서 침해'의 억제라는 사회적 법익으로 보는 견해(이진국, 앞의 "자금세탁과 형법적 대응방안", 638면)도 있다.

규정함으로써 특정범죄를 조장하는 경제적 요인을 근원적으로 제거하여 건전한 사회질서의 유지에 이바지함을 목적으로 제정된 법률로서, 특정범죄를 직접 처벌하는 형법 등을 보충함으로써 중대범죄를 억제하기 위한 형사법 질서의 중요한 일부를 이루고 있다."고 판시하고 있다.[36] 그러한 건전한 자금거래질서와 국가의 형사사법 기능의 침해나 침해의 구체적 위험이 발생하지 않더라도 범죄는 성립하고, 해당 범죄구성요건을 충족하면 그 침해의 추상적 위험은 있는 것으로 평가할 수 있으므로 위 보호법익의 보호정도에 관하여는 추상적 위험범으로 보아야 할 것이다.

Ⅱ. 마약거래방지법의 규제내용

1. 불법수익등 은닉·가장죄

가. 범죄구성요건

마약류범죄의 발견 또는 불법수익등의 출처에 관한 수사를 방해하거나 불법수익등의 몰수를 회피할 목적으로 불법수익등의 성질 · 소재 · 출처 또는 귀속관계를 숨기거나 가장한 자(이하 '불법수익등 은닉 · 가장죄'라 함)는 7년 이하의 징역 또는 3천만 원 이하의 벌금에 처하거나 이를 병과할 수 있다(마약거래방지법 제7조 제1항).

'마약류범죄'란 마약 · 향정신성의약품 · 대마(이하 '마약류'라 함)의 제조 · 수출입 · 매매 · 매매알선 · 수수 · 투약 · 흡연 · 섭취 또는 소지 · 소유 등의 처벌규정인 「마약류 관리에 관한 법률」 제58조 내지 제61조의 죄,[37] 그 영업범을 가중처벌하는 규정

36) 대법원 2018. 5. 30. 2018도3619.

37) 즉, 마약이나 임시마약을 수출입 · 제조 · 매매하거나 매매를 알선한 자 또는 그러할 목적으로 소지 · 소유한 자, 마약 또는 향정신성의약품을 제조할 목적으로 그 원료가 되는 물질을 제조 · 수출입하거나 그러할 목적으로 소지 · 소유한 자, 향정신성의약품 또는 그 물질을 함유하는 향정신성의약품을 제조 · 수출입 · 매매 · 매매의 알선 또는 수수하거나 그러할 목적으로 소지 · 소유, 사용, 관리, 조제, 투약, 제공한 자, 향정신성의약품의 원료가 되는 식물에서 그 성분을 추출한 자 또는 그 식물을 수출입하거나 수출입할 목적으로 소지 · 소유한 자, 대마를 수입하거나 수출한 자 또는 그러할 목적으로 대마를 소지 · 소유한 자, 미성년자에게 마약이나 임시마약을 수수 · 조제 · 투약 · 제공한 자 또는 향정신성의약품이나 임시향정신성의약품을 매매 · 수수 · 조제 · 투약 · 제공한 자, 수출입 · 매매 또는 제조할 목적으로 마약의 원료가 되는 식물을 재배하거나 그 성분을 함유하는 원료 · 종자 · 종묘를 소지 · 소유한 자, 마약의 성분을 함유하는 원료 · 종자 · 종묘를 관리 · 수수하거나 그 성분을 추출하는 행위를 한 자, 헤로인이나 그 염류 또는 이를 함유하는 것을 소지 · 소유 · 관리 · 수수 · 운반 · 사용 또는 투약하거나 투약하기 위하여 제공하는 행위를 한 자, 마약 또는 향정신성의약품을 제조할 목적으로 그 원료가 되는 물질을 매매하거나 매매를 알선하거나 수수한 자 또는 그러할 목적으로 소지 · 소유 또는 사용한 자, 마약

인 마약거래방지법 제6조의 죄, 마약류범죄를 범할 목적으로 약물이나 그 밖의 물품을 마약류로 인식하고 양도 · 양수 · 소지한 자 등의 처벌규정인 마약거래방지법 제9조의 죄,[38] 마약류범죄 등의 실행 또는 마약류의 남용을 공연히 선동하거나 권유한 자의 처벌규정인 마약거래방지법 제10조의 죄[39] 및 이러한 죄와 상상적 경합관계인 죄를 말한다(마약거래방지법 제2조 제2항).

'불법수익등'이란 앞에서 설명한 것처럼 '불법수익'[즉, 마약류범죄의 범죄행위로 얻은 재산, 그 범죄행위의 보수로 얻은 재산, 「마약류 관리에 관한 법률」 제60조 제1항 제1호 또는 제61조 제1항 제1호(미수범 포함)의 죄에 관계된 자금], 불법수익에서 유래한 재산(즉 불법수익의 과실로서 얻은 재산, 불법수익의 대가로 얻은 재산, 이들 재산의 대가로 얻은 재산, 그 밖에 불법수익의 보유 또는 처분으로 얻은 재산 – 마약거래방지법 제2조 제4항) 및 이들 재산과 그 재산 외의 재산이 합하여진 재산을 말한다. '불법수익'의 개념 중 '마약류범죄의 범죄행위로 얻은 재산'이란 후술하는 '범죄수익' 개념의 경우처럼 당해 마약류범죄의 범죄행위가 기수에 이르러 '범죄행위로 얻은 재산'이라는 범죄의 객체가 특정 가능한 상태에 이르러야 비로소 위 '불법수익'이라 할 수 있을 것이다. 마약류범죄에서 취급한 마약류 자체는 마약거래방지법에서 정한 불법수익에 해당하지 않는다(판례).[40] '숨기

이나 임시마약을 소지 · 소유 · 관리 또는 수수하거나 한외마약을 제조한 자, 취급제한규정을 위반하여 마약을 취급하거나 그 처방전을 발급한 자, 향정신성의약품 또는 그 물질을 함유하는 향정신성의약품을 소지 · 소유 · 사용 · 관리한 자, 향정신성의약품의 원료가 되는 식물을 매매하거나 매매를 알선하거나 수수한 자 또는 그러할 목적으로 소지 · 소유한 자, 대마를 제조하거나 매매 · 매매알선을 한 자 또는 그러할 목적으로 대마를 소지 · 소유한 자, 대마나 임시대마의 수출 · 매매 또는 제조할 목적으로 대마초나 임시대마초를 재배한 자, 대마를 제외한 마약류를 취급제한 규정을 위반하여 취급한 마약류취급자 등, 향정신성의약품을 기재한 처방전을 발급한 자 등이 이에 해당한다.

38) 즉, 수입 · 수출 관련 마약류범죄를 범할 목적으로 마약류로 인식하고 교부받거나 취득한 약물 또는 그 밖의 물품을 수입 또는 수출한 자, 마약류범죄를 범할 목적으로 약물이나 그 밖의 물품을 마약류로 인식하고 양도 · 양수 · 소지한 자가 이에 해당한다.

39) 즉, 마약류범죄, 마약거래방지법 제7조, 제8조 범죄의 실행 또는 마약류의 남용을 공연히 선동하거나 권유한 자가 이에 해당한다.

40) 대법원 2019. 6. 28. 2018모3287["마약류관리법은 마약류 자체의 취급 · 관리를 적정하게 함으로써 오용 또는 남용을 방지하기 위하여 제정되었다(제1조). 이와 달리 마약거래방지법은 마약류와 관련된 불법행위를 조장하는 행위 등을 방지함으로써 마약류범죄의 진압과 예방을 도모하고 마약류관리법의 특례를 규정하기 위하여 제정되었다(제1조). 마약거래방지법 제2조는 제1항에서 '마약류'에 관하여 정의하면서 제3항에서 '불법수익'에 관하여 따로 정의하고 있다. 마약거래방지법은 불법수익에 초점을 두어 불법수익이 새로운 마약류범죄에 재투자되는 것을 방지하고 불법수익을 철저히 추적 · 환수하기 위한 각종 규정을 마련하고 있고(제5조, 제7조, 제8조, 제13조, 제16조), 이와 별도로 마약류에 관한 규정을 두고 있다(제3조, 제4조, 제6조, 제9조). … 이러한 마약거래방지법의 입법목적, 제정이유, 규정체계 등을 종합하면, 마약류범죄에서 취급한 마약류 자체는 마약거래방지법에서 정한 불법수익에 해

거나'란 후술하는 범죄수익등 은닉 · 가장죄의 '은닉'과 같은 의미로서 불법수익등의 특정이나 추적 또는 발견을 불가능하게 하거나 현저하게 곤란하게 하는 행위로서 통상의 보관방법이라고 보기 어려운 경우를 말한다. '가장'이란 거짓으로 꾸미는 행위로서 여기서는 불법수익등의 성질 · 소재 · 출처 또는 귀속관계에 관하여 존재하지 않는 사실을 존재하는 것처럼 위장하는 것을 뜻한다. '불법수익등의 출처 또는 귀속관계를 숨기거나 가장하는' 행위란 불법수익등을 정당하게 취득한 것처럼 취득원인에 관한 사실을 숨기거나 가장하는 행위 또는 불법수익등이 귀속되지 않은 것처럼 귀속에 관한 사실을 숨기거나 가장하는 행위를 말한다.[41]

이 죄가 성립하기 위하여는 위 목적 및 객관적 범죄구성요건에 대한 고의가 필요하지만 고의의 내용으로 요구되는 불법수익등에 대한 인식은, 후술하는 범죄수익등 은닉 · 가장죄의 경우처럼 마약류범죄를 예방하려는 입법목적과 구성요건의 형식에 비추어 당해 자금이나 재산이 마약류범죄에 따른 불법수익등에 해당한다는 사실을 인식하는 정도로 충분하고 그 범죄의 종류나 구체적 내용까지 알아야 하는 것은 아니다.

나. 미수, 예비 · 음모 및 선동 · 권유

불법수익등 은닉 · 가장죄의 미수범도 같은 법정형으로 처벌하고(마약거래방지법 제7조 제2항), 불법수익등 은닉 · 가장죄를 범할 목적으로 예비 또는 음모한 자는 2년 이하의 징역 또는 1천만 원 이하의 벌금에 처한다(마약거래방지법 제7조 제3항). '예비'란 범죄실행의 착수에 이르지 아니한 행위로서 객관적으로 보아 범죄의 실현에 실질적으로 기여할 수 있는 외부적 준비행위를 말하고, 범행의 의사나 계획만으로는 이를 인정할 수 없으나 반드시 물적 준비행위를 하여야 하는 것은 아니다.[42] '음모'란 범죄실행의 착수 이전에 2인 이상의 자 사이에 성립한 범죄실행의 합의이다. 그런데 합의란 행위로 표출되지 아니한 합의 당사자들 사이의 의사표시에 불과한데

당한다고 보기 어렵다. 따라서 마약류 자체가 마약거래방지법 제13조에서 정한 몰수 대상 재산에 포함되는 것을 전제로 그 가액의 추징을 보전하기 위한 추징보전명령을 할 수는 없다고 보아야 한다."고 판시].

41) 대법원 2022. 6. 30. 2020도7866.

42) 살인예비죄에 관한 판례(대법원 2009. 10. 29. 2009도7150) 참조.

범죄를 실행하기로 막연하게 합의하거나 범죄와 관련하여 단순히 의견을 교환한 경우까지 모두 음모죄가 성립한다고 한다면 음모죄의 성립범위가 과도하게 확대되어 국민의 기본권인 사상과 표현의 자유가 위축되거나 그 본질이 침해되는 등 죄형법정주의 원칙이 형해화될 우려가 있다. 그러므로 음모죄의 성립범위는 이러한 확대해석의 위험성을 고려하여 엄격하게 제한해석함이 타당하다는 것이 판례의 입장이다.[43]

공범에 관한 형법 총칙 규정이 불법수익등 은닉 · 가장죄나 그 미수죄에 적용될 수 있음은 물론이다. 2인 이상의 서로 대향된 행위의 존재를 필요로 하는 **대향범**에 대하여는 공범에 관한 형법 총칙 규정이 적용될 수 없지만,[44] 이러한 법리는 해당 처벌규정의 범죄구성요건 자체에서 2인 이상의 서로 대향적 행위의 존재를 필요로 하는 필요적 공범인 대향범을 전제로 한다(판례).[45] 범죄구성요건상으로는 단독으로 실행할 수 있는 형식으로 규정되어 있는데 단지 범죄구성요건이 대향범의 형태로 실행되는 경우에 불과하다면 이러한 대향범에 관한 법리가 적용되지 않는다(판례).[46] 그러므로 불법수익등 은닉 · 가장죄나 그 미수죄의 경우에는 공범에 관한 형법 총칙 규정이 적용된다.[47]

예비 · 음모죄의 공동정범이 인정됨은 이설이 없으나, 교사 · 방조범이 성립할 수 있는지 여부는 문제된다. 예비 · 음모를 본범과 독립적인 구성요건으로 보는 입장에서는 이를 긍정하지만,[48] 수정적 구성요건으로 보는 입장에서는 부정한다(다수설).[49] 부정설 입장에서는 예비 · 음모의 교사는 예비죄나 음모죄 그 자체가 성립될 수 있을 뿐이고 그 방조는 처벌할 수 없게 된다. 그러므로 주로 예비죄의 방조범 성립 여부가 문제되는데, 판례는 부정설 입장에서 "형법 제32조 제1항의 타인의 범죄를 방조한 자는 종범으로 처벌한다는 규정의 타인의 범죄란 정범이 범죄를 실현하기 위

---

43) 내란음모죄에 관한 대법원 2015. 1. 22. 2014도10978 전원합의체 판결 참조.

44) 대법원 2022. 6. 30. 2020도7866; 2004. 10. 28. 2004도3994.

45) 대법원 2022. 6. 30. 2020도7866.

46) 대법원 2022. 6. 30. 2020도7866.

47) 대법원 2022. 6. 30. 2020도7866.

48) 김일수 · 서보학(형총), 413면.

49) 신동운(형총), 580면; 배종대(형총), 396면; 김성돈(형총), 707면; 정성근 · 박광민(형각), 854면; 이재상 · 장영민 · 강동범(형각), 678면.

하여 착수한 경우를 말하는 것이라고 할 것이므로 종범이 처벌되기 위하여는 정범의 실행의 착수가 있는 경우에만 가능하다. 정범이 실행의 착수에 이르지 아니한 예비의 단계에 그친 경우에는 이에 가공하는 행위가 예비의 공동정범이 되는 경우를 제외하고는 이를 종범으로 처벌할 수 없다. 왜냐하면 범죄의 구성요건 개념상 예비죄의 실행행위는 무정형 무한정한 행위이고 종범의 행위도 무정형 · 무한정한 것이며, 형법 제28조에 의하면 범죄의 음모 또는 예비행위가 실행의 착수에 이르지 아니한 때에는 법률에 특별한 규정이 없는 한 벌하지 아니한다고 규정하여 예비죄의 처벌이 가져올 범죄의 구성요건을 부당하게 유추 내지 확장해석하는 것을 금지하고 있기 때문에 형법각칙의 예비죄를 처단하는 규정을 바로 독립된 구성요건 개념에 포함시킬 수는 없다고 하는 것이 죄형법정주의의 원칙에도 합당한 해석이기 때문이다. 따라서 형법 전체의 정신에 비추어 예비의 단계에 있어서는 그 종범의 성립을 부정하고 있다고 보는 것이 타당한 해석이다."라고 판시하고 있다.[50]

예비 · 음모죄에도 형법 제26조의 중지미수 규정을 유추적용할 것인지 여부에 관해서도 학설 · 판례가 대립하고 있다. 하나의 실행과정에서 실행의 착수 후의 중지미수는 형의 필요적 감면사유가 되는데 실행의 착수 전인 예비 · 음모의 중지의 경우 이를 인정하지 않는 것은 형의 균형이 맞지 않는다는 이유로 유추적용을 긍정하는 견해[51]가 있다. 이에 대하여 실행의 착수 전에는 실행의 착수를 전제로 하는 예비 · 음모의 미수를 인정할 수 없다는 점, 중대한 예비 · 음모죄의 경우에만 필요적 감면사유인 자수특례 규정을 두고 있는 입법취지 등을 이유로 이를 부정하는 견해[52]가 있다. 그 절충적 견해로서 예비의 형벌이 중지미수의 형벌보다 무거운 때에만 형의 균형상 중지미수 규정을 유추적용 해야 한다는 견해[53]도 있다. 판례는 형법 제26조 규정상 중지범은 범죄실행에 착수한 후 자의로 그 실행을 중지한 때에 성립하는 것이므로 실행의 착수 전인 예비 · 음모의 경우에는 중지범의 관념을 인정할 수 없다고 판시하여[54] 부정설 입장이다.

---

50) 대법원 1976. 5. 25. 75도1549(강도예비죄 사안).

51) 배종대(형총), 379,380면; 오영근(형총), 332면.

52) 김성돈(형총), 492면; 신동운(형총), 577면.

53) 이재상 · 장영민 · 강동범(형총), 419면.

54) 대법원 1966. 4. 21. 66도152 전원합의체.

이 죄의 실행을 공연히 선동하거나 권유한 자는 3년 이하의 징역 또는 1천만 원 이하의 벌금에 처한다(마약거래방지법 제10조). 후술하는 범죄수익등 은닉 · 가장죄와는 달리 선동 · 권유행위도 처벌하는 것은 조직적인 마약류범죄의 자금세탁 방지를 위한 특별규정이라 할 수 있다. '공연히'란 불특정 또는 다수인이 인식할 수 있는 상태를 의미하고,[55] '선동'의 개념에 관하여 통설은 일반 공중의 감정을 자극하여 범죄를 결의하게 하거나 결의의 실행을 촉구하는 것이라고 설명하고 있다.[56] 그러나 '선동'이란 상대에게 '고무적인 자극을 주는 일체의 행위'를 말하므로[57] 감정적 자극을 주는 행위에 국한할 것은 아니라고 본다. 따라서 '선동'이란 상대에게 고무적인 자극을 주어 범죄를 결의하게 하거나 결의의 실행을 촉구하는 행위로 보아야 할 것이다. '권유'란 고무적인 자극을 주는 행위는 아니지만 상대에게 범죄를 소개함에 그치지 않고 그 실행을 하도록 적극적으로 권하는 일체의 행위이다. 선동이나 권유의 경우에는 상대방이 이미 범죄실행의 결의를 하였는지 여부는 문제되지 않는 점에서 범죄실행의 결의가 없는 자에게 그 결의를 갖게 하는 '교사' 행위와는 구분하여야 한다. 교사범의 경우에는 범행을 실행한 본범과 동일한 형으로 처벌하는 것이므로(형법 제31조 제1항) 어느 행위가 교사에도 해당하고 선동이나 권유에도 해당한다면 교사범으로 처벌될 것이다. 선동이나 권유의 개념 및 '공연히 선동하거나 권유한 자'란 표현형식에 비추어 '공연히'는 선동을 공연히 하는 경우만을 뜻한다고 해석함이 타당할 것이다.

다. 적용범위

이 처벌규정은 내국인 및 대한민국 영역 · 선박 · 항공기 안에서 죄를 범한 외국인은 물론(형법 제2조, 제3조, 제4조), 대한민국 영역 밖에서 죄를 범한 외국인에게도 적용된다(마약거래방지법 제12조). 이러한 인적 적용범위의 확대 규정도 후술하는 범죄수

---

55) 명예훼손죄(형법 제307조)의 '공연히'에 관한 판례의 입장이지만(대법원 2011. 9. 8. 2010도7497), 달리 해석해야 할 이유가 없다.

56) 내란선동죄의 '선동'의 개념[김일수 · 서보학,(형각), 956면; 손동권 · 김재윤(형각), 734면; 박상기(형각), 608면)] 참조.

57) 판례는 내란선동죄에 관하여 "내란선동이란 국헌문란을 목적으로 하는 폭동에 대하여 고무적인 자극을 주는 일체의 행위를 가리키는 것"이라고 판시하였다(대법원 1977. 3. 22. 74도3510 전원합의체).

익은닉규제법의 경우[58]와 다른데, 이는 마약류범죄나 그 자금세탁행위의 국제범죄적 성격에 기인한 것이다.

라. 양벌규정

법인의 대표자나 법인 또는 개인의 대리인, 사용인, 그 밖의 종업원이 그 법인 또는 개인의 업무에 관하여 위 각 죄에 해당하는 위반행위를 하면 그 행위자를 벌하는 외에 그 법인 또는 개인에게도 해당 조문의 벌금형을 과한다. 다만, 법인 또는 개인이 그 위반행위를 방지하기 위하여 해당 업무에 관하여 상당한 주의와 감독을 게을리하지 아니한 경우에는 그러하지 아니하다(마약거래방지법 제18조 제1항).

2. 불법수익등 수수죄

가. 범죄구성요건

불법수익이라는 정황을 알면서 불법수익등을 수수(收受)한 자(이하 '불법수익등 수수죄'라 함)는 3년 이하의 징역 또는 1천만 원 이하의 벌금에 처하거나 이를 병과할 수 있다(마약거래방지법 제8조 본문). '정황을 알면서'란 그 미필적 인식도 포함된다는 점 및 '수수'의 개념은 후술하는 범죄수익등 수수죄의 경우와 마찬가지로 보아야 할 것이다. 다만, 법령에 따른 의무이행으로서 제공된 것을 수수한 자이거나, 계약(채권자에게 상당한 재산상 이익을 제공하는 것만 해당함) 당시에 그 계약에 관련된 채무의 이행이 불법수익등에 의하여 이루어지는 것이라는 정황을 알지 못하고 그 계약에 관련된 채무의 이행으로서 제공된 것을 수수한 자의 경우에는 그러하지 아니하다(마약거래방지법 제8조 단서). 그러므로 계약 당시 그 계약에 관련된 채무의 이행이 불법수익등에 의하여 이루어지는 것이라는 정황을 알지 못하였다면 그 채무의 이행이 제공될 당시에 그 정황을 알면서 이를 수수하더라도 이 죄의 구성요건에 해당하지 않는다.

이 죄는 자금세탁행위의 방조범적 성격을 갖고 있기 때문에 자금세탁범죄인 불법수익등 은닉 · 가장죄(마약거래방지법 제7조)보다 법정형이 감경되어 있다.

---

58) 범죄수익은닉규제법 제7조의2는 "제3조 및 제4조는 대한민국 영역 밖에서 해당 죄를 범한 내국인에게도 적용한다."라고 규정하고 있을 뿐인데, 이는 형법 제3조의 일반원칙과 같다.

나. 선동 · 권유

이 죄의 미수범 처벌규정은 없지만, 불법수익등 수수죄의 실행을 공연히 선동하거나 권유한 자는 3년 이하의 징역 또는 1천만 원 이하의 벌금에 처한다(마약거래방지법 제10조). '공연히' '선동' 또는 '권유'의 개념은 앞에서 살펴본 것과 같다.

다. 적용범위 및 양벌규정

이 처벌규정의 인적 적용범위 및 양벌규정의 적용은 불법수익등 은닉 · 가장죄의 경우와 같다(마약거래방지법 제12조, 제18조).

3. 금융회사등 종사자의 신고 및 비밀유지 의무

금융실명법 제2조 제1호에 따른 금융회사등(이하 "금융회사등"이라 한다)에 종사하는 사람으로서 같은 조 제3호에 따른 금융거래를 수행하는 사람은 그 업무를 하면서 받은 재산이 불법수익등임을 알게 되거나 그 업무에 관계된 거래 상대방이 불법수익등 은닉 · 가장죄에 해당하는 행위를 하였음을 알게 되었을 때에는 지체 없이 서면으로 검찰총장에게 신고해야 한다(마약거래방지법 제5조 제1항, 신고의무). 이 경우 그 수사나 조사에 지장이 없도록 금융회사등에 종사하는 사람은 위 신고를 하려는 사실 또는 신고사실을 그 신고에 관련된 거래 상대방 및 그 거래 상대방과 관계된 자에게 누설하여서는 아니 된다(마약거래방지법 제5조 제2항, 비밀유지의무).

이러한 신고의무나 비밀유지의무를 위반한 자는 2년 이하의 징역 또는 1천만 원 이하의 벌금에 처한다(마약거래방지법 제11조). 양벌규정이 적용되는 점은 불법수익등 은닉 · 가장죄나 불법수익등 수수죄의 경우와 같다(마약거래방지법 제18조).

4. 불법수익등의 몰수·추징

마약거래방지법의 몰수 · 추징은 몰수 · 추징 요건에 해당하는 한 반드시 몰수 · 추징을 해야만 하는 필요적 몰수 · 추징을 원칙으로 한다.[59)]

---

59) 이러한 필요적 몰수 · 추징의 법적 성질을 형벌의 일종인 부가형으로 볼 것인지, 대물적 보안처분으로 볼 것인지, 양 성질을 병유하고 있는 것인지 여부는 다툼이 있을 수 있지만, 판례는 "마약류관리에 관한 법률 제67조는 이른바 필수적 몰수 또는 추징 조항으로서 그 요건에 해당하는 한 법원은 반드시 몰수를 선고하거나 추징을 명해야 한다. 위와 같은 몰수 또는 추징은 범죄행위로 인한 이득의 박탈을 목적으

마약거래방지법의 몰수대상은 형법 제48조의 일반적 몰수대상보다 넓은 것이 특징이다. 그 몰수대상은 ① 불법수익 및 불법수익에서 유래한 재산,[60] ② 마약거래방지법 제7조 제1항 · 제2항(불법수익등 은닉 · 가장죄 및 그 미수죄), 제8조(불법수익등 수수죄)의 범죄행위에 관계된 '불법수익등'('불법수익등'이란 앞에서 말한 것처럼 불법수익, 불법수익에서 유래한 재산 및 이들 재산과 그 재산 외의 재산이 합하여진 재산), 그 범죄행위로 인하여 발생하거나 그 범죄행위로 얻은 재산, 그 범죄행위의 보수로서 얻은 재산, ③ 위 ②에 따른 재산의 과실 또는 대가로서 얻은 재산, 이들 재산의 대가로서 얻은 재산, 그 밖에 그 재산의 보유 또는 처분으로 얻은 재산이다(마약거래방지법 제13조 제1항 각호). 이러한 재산은 반드시 몰수해야 한다(마약거래방지법 제13조 제1항 본문).

그러나 이러한 몰수대상의 확대가 필요적 몰수제도와 결합하여 부당한 결과를 야기할 경우에 대비하여 예외적 규정을 두고 있다. 즉 불법수익등 은닉 · 가장죄 및 그 미수죄, 불법수익등 수수죄가 불법수익 또는 불법수익에서 유래한 재산과 이들 재산 외의 재산이 합하여진 재산에 관계된 경우에, 그 범죄에 대하여 위 ②, ③의 재산 전부를 몰수하는 것이 타당하지 아니하다고 인정된다면 그 일부만을 몰수할 수 있다(마약거래방지법 제13조 제1항 단서). 또한 몰수해야 할 재산의 성질, 사용상황 또는 그 재산에 관한 범인 외의 자의 권리 유무, 그 밖의 사정을 고려한 결과 그 재산을 몰수하는 것이 타당하지 아니하다고 인정할 때에는 몰수하지 아니할 수도 있다(마약거래방지법 제13조 제2항).

불법수익등 은닉 · 가장의 예비 · 음모죄의 경우에는 그 죄에 관계된 불법수익등, 그 범죄행위로 인하여 발생하였거나 그 범죄행위로 얻은 재산 또는 그 범죄행위의 보수로서 얻은 재산, 이들 재산의 과실 또는 대가로서 얻은 재산, 이러한 재산의 대

로 하는 것이 아니라 징벌적인 성질을 가지는 처분으로 부가형으로서의 성격을 띠고 있다."고 판시하고 있다(대법원 2008. 11. 20. 2008도5596 전원합의체). 몰수나 추징이 징벌적 성질을 가지는 경우에는 그 범행으로 인하여 재산적 이익을 취득하지 않았더라도 그 가액을 추징해야 하고, 범인이 여러 사람일 때 그 추징의 범위는 각자에 대하여 그가 취급한 범위 내에서 가액 전액을 추징해야 한다(대법원 2001. 12. 28. 2001도5158).

60) 불법수익 등의 개념에서 말하는 '재산'이란 민법 제98조의 물건 중 경제적 가치 있는 물건인 재물과 추상적 권리인 '재산상 이익'을 포함하는 개념이며, 이 점에서 유형의 '물건'만 몰수의 대상으로 하는 형법 제48조 제1항의 몰수와 다르다[신동운(형총), 833면]. 이에 대하여 형법 제48조 제1항의 몰수 대상인 '물건'도 유체물 뿐만 아니라 권리 또는 이익을 포함하는 개념이는 견해[정성근 · 박광민(형총), 543면]도 있으나, 죄형법정주의 원칙에 비추어 보거나 문언의 차이를 비교해 보거나 무리한 해석이다.

가로서 얻은 재산, 그 밖에 그 재산의 보유 또는 처분으로 얻은 재산을 임의적으로 몰수할 수 있다(마약거래방지법 제13조 제3항).

위 각 몰수대상 재산(이하 '불법재산'이라 함)이 불법재산 외의 재산과 합하여진 경우[61]에 그 불법재산을 몰수해야 할 때에는 그것이 합하여짐으로써 생긴 재산(이하 '혼합재산'이라 함) 중 그 불법재산(합하여지는 데에 관련된 부분)의 금액 또는 수량에 상당하는 부분을 몰수할 수 있다(마약거래방지법 제14조). 이 규정은 몰수대상을 혼합재산으로 확대하는 한편 그 합리적 조정을 위하여 일부몰수를 허용한 것이다.

마약거래방지법 제6조는 영업으로 마약류 등을 수 · 출입 · 제조 · 매매 · 매매알선 · 소지 · 소유 · 관리 · 수수 · 운반 · 사용 · 투약 · 투약제공 등을 하는 경우인데, 이러한 영업범의 경우에는 불법수익등이 영업기간 내 개개의 범죄행위와 관련된 것임을 특정하기가 어려울 수 있다. 이에 대비하여 마약거래방지법 제6조의 죄에 관계된 불법수익을 산정할 때에 같은 조에 따른 행위를 업으로 한 기간에 범인이 취득한 재산으로서 그 가액이 그 기간 동안 범인의 재산 운용 상황 또는 법령에 따른 지급금의 수령 상황 등에 비추어 현저하게 고액이라고 인정되고, 그 취득 재산이 불법수익 금액 및 재산 취득 시기 등 모든 사정에 비추어 같은 조의 죄를 범하여 얻은 불법수익으로 형성되었다고 볼만한 상당한 개연성이 있는 경우에는 그 죄에 관계된 불법수익등으로 추정하는 규정을 두고 있다(마약거래방지법 제17조).[62]

이러한 몰수는 형법(제48조)상 몰수의 경우처럼, 불법재산 또는 혼합재산이 범인 외의 자에게 귀속되지 아니한 경우에 몰수할 수 있고, 범인 외의 자가 범죄 후 그 정황을 알면서 그 불법재산 또는 혼합재산을 취득한 경우에도 그 재산을 몰수할 수 있다. 다만, 그 불법재산 또는 혼합재산의 취득이 법령상 의무이행의 제공에 따르는 등 마약거래방지법 제8조 단서 규정에 따라 받게 된 경우에는 몰수할 수 없다(마약거래방지법 제15조 제1항). 마찬가지로 지상권 · 저당권 또는 그 밖의 권리가 존재하는 재

---

61) '합하여진 경우'란 후술하는 범죄수익은닉규제법상 '혼화재산' 개념과 마찬가지로 '합쳐져 식별할 수 없는 경우'로 해석해야 할 것이다.

62) 이와 같이 불법수익등이 상당한 고액이고 불법수익으로 형성되었다고 볼만한 상당한 개연성이 있다는 것만으로 불법수익등으로 추정하여 이에 관한 검사의 증명책임을 완화하거나 전환하고 불법수익등에 대한 몰수 · 추징을 허용하는 것은 헌법상 무죄추정 원칙(헌법 제27조 제4항)에 반하거나 개연성만으로 헌법상 보장되는 재산권을 부당하게 침해하는 결과가 되어 위헌 여지가 있다는 주장이 있다[최승필, "자금세탁방지제도에 대한 법적 검토", 「중앙법학」(중앙법학회, 2011), 17면].

산을 몰수하는 경우로서 범인 외의 자가 범죄 전에 그 권리를 취득하였거나 범인 외의 자가 범죄 후 그 정황을 알지 못하고 그 권리를 취득한 것인 경우 그 권리는 존속된다(마약거래방지법 제15조 제2항).

위 필요적 몰수의 경우에 몰수하여야 할 재산을 몰수할 수 없거나 마약거래방지법 제13조 제2항에 따라 몰수하지 아니하는 경우에는 그 가액을 범인으로부터 추징하여야 한다(마약거래방지법 제16조 제1항, 필요적 추징). 위 임의적 몰수의 경우에도 몰수 대상 재산을 몰수할 수 없거나 그 재산의 성질, 사용상황 또는 그 재산에 관한 범인 외의 자의 권리 유무, 그 밖의 사정을 고려한 결과 그 재산을 몰수하는 것이 타당하지 아니하다고 인정할 때에는 그 가액을 범인으로부터 추징할 수 있다(마약거래방지법 제16조 제2항, 임의적 추징).

그 밖의 상세한 설명은 후술하는 범죄수익은닉규제법상의 몰수 · 추징의 경우와 같다.

5. 몰수·추징의 보전명령 및 국제공조

위와 같은 몰수 · 추징의 실효성 확보를 위하여 몰수 · 추징 보전명령제도, 기소전 몰수 · 추징보전명령제도, 몰수 · 추징을 위한 국제공조절차에 관한 규정을 두고 있다.

가. 몰수보전명령

법원은 마약류범죄 등에 관련된 형사사건에 관하여 마약거래방지법 등에 따라 몰수할 수 있는 재산에 해당한다고 판단할 만한 상당한 이유가 있고 그 재산을 몰수하기 위하여 필요하다고 인정하면 검사의 청구를 받거나 직권으로 몰수보전명령을 하여 그 재산의 처분을 금지할 수 있다(**몰수보전명령**, 마약거래방지법 제33조 제1항). 또한 몰수대상 재산에 존재하는 지상권 · 저당권 등 권리의 처분으로 몰수보전의 실효성이 상실될 염려에 대비하여 부대보전명령제도도 두고 있다. 즉 법원은 지상권 · 저당권 또는 그 밖의 권리가 그 위에 존재하는 재산에 대하여 몰수보전명령을 한 경우 또는 하려는 경우, 그 권리가 몰수에 의하여 소멸된다고 볼만한 상당한 이유가 있고 그 재산을 몰수하기 위하여 필요하다고 인정할 때 또는 그 권리가 가장된 것이라고 볼 만한 상당한 이유가 있다고 인정할 때에는 검사의 청구에 의하여 또는 법원의 직권으로 별도의 **부대보전명령**을 하여 그 권리의 처분을 금지할 수 있다(같은 조 제2항). 부대보전명령은 그 명령에 관계된 몰수보전의 효력이 존속하는 동안 그 효력이 있다(마약거래방지법 제51조 제1항).

이러한 법원의 몰수보전명령이나 부대보전명령은 공소제기 전일지라도 검사(고위공직자범죄수사처에 소속된 검사 포함)의 청구에 따라 할 수 있고, 사법경찰관도 검사에게 그 청구를 신청할 수 있다(**기소전 몰수보전명령**, 마약거래방지법 제34조 제1항, 제3항).

몰수보전된 재산에 대하여 그 보전 후에 한 처분은 몰수에 관하여 그 효력이 발생하지 아니한다(마약거래방지법 제36조 본문). 다만 몰수보전되기 전에 있었던 강제경매개시결정 · 강제집행 · 체납처분에 의한 압류 또는 가압류(몰수대상재산에 존재하는 지상권 · 저당권 또는 그 밖의 권리로서 부대보전명령에 따라 처분이 금지된 것에 대하여 그 처분금지 전에 있었던 가압류 포함), 파산선고 · 화의개시결정 또는 회사정리절차개시결정에 기한 처분,[63] 몰수보전명령에 대항할 수 있는 담보권의 실행으로서의 처분은 유효하다(마약거래방지법 제36조 단서).

나. 추징보전명령

법원은 마약류범죄 등에 관련된 형사사건에 관하여 추징사유에 해당한다고 판단할 만한 상당한 이유가 있고 추징재판을 집행할 수 없게 될 염려가 있거나 집행이 현저히 곤란하게 될 염려가 있다고 인정할 때에는 검사의 청구에 의하거나 직권으로 **추징보전명령**을 하여 피고인의 재산처분을 금지할 수 있다(마약거래방지법 제52조 제1항). '피고인의 재산'이란 누구의 명의로 하든지 실질적으로 피고인에게 귀속하는 재산을 의미하는데, 그 재산 명의인과 피고인의 관계, 그 재산을 보유하게 된 경위 및 자금의 출처 등을 종합적으로 고려하여 그 실질적 귀속관계를 판단해야 한다(판례).[64]

이러한 추징보전명령은 공소제기 전일지라도 검사(고위공직자범죄수사처에 소속된 검사 포함)의 청구에 따라 할 수 있고, 사법경찰관도 검사에게 그 청구를 신청할 수 있다

63) 2005. 3.31. 채무자회생법(법률 제7428호)의 제정으로 종전 회사정리법, 화의법, 파산법 및 개인채무자회생법이 폐지되었으므로, 채무자회생법 시행 후에는 '화의개시결정'이나 '회사정리절차개시결정'은 회생절차개시결정으로 보아야 한다.

64) 대법원 2011. 3. 10. 2010다94823; 2009. 6. 25. 2009모471.

(**기소전 추징보전명령**, 마약거래방지법 제53조). 추징보전명령은 추징재판을 집행하기 위하여 보전하는 것이 상당하다고 인정되는 금액(즉 '추징보전액')을 정한 후 특정재산에 대하여 하여야 한다. 다만 유체동산에 관하여는 그 목적물을 특별히 정하지 아니할 수 있다(마약거래방지법 제52조 제2항). 추징보전명령에는 추징보전명령의 집행정지나 집행처분의 취소를 위하여 피고인이 공탁해야 할 금액(즉 '추징보전해방금')을 정해야 한다(같은 조 제3항).

다. 몰수 · 추징보전명령 재판의 효력

몰수보전명령이나 부대보전명령은 몰수선고 없는 재판이 확정된 때에는 그 효력을 잃는다(마약거래방지법 제43조 제1항). 다만 공소제기 절차가 법률규정에 위반하여 무효인 경우로서 공소기각 판결이 선고된 때에는 그 판결이 확정된 날부터 30일 이내에 그 사건에 대하여 공소가 제기되지 아니한 때 몰수보전명령 또는 부대보전명령의 효력이 상실된다(마약거래방지법 제43조 제2항, 제51조 제2항).

추징보전명령의 경우에도 추징선고 없는 재판이 확정된 때에는 그 효력을 잃는 점, 공소제기 절차가 법률규정에 위반하여 무효인 경우로서 공소기각 판결이 선고된 때의 효과는 몰수보전명령의 경우와 마찬가지이다(마약거래방지법 제58조 제1항, 제2항).

라. 몰수 · 추징의 국제공조

자금세탁의 국제범죄적 특성에 비추어 불법수익등 몰수 · 추징의 집행 또는 보전에 관한 국제공조 제도도 마련되어 있다. 즉 마약류범죄 등에 해당하는 행위에 대한 외국 형사사건에 관하여 조약에 따라 그 외국으로부터 몰수 · 추징에 관한 확정재판의 집행이나 몰수 · 추징을 위한 재산보전의 공조요청이 있을 때에는 공조할 수 있다(마약거래방지법 제64조 제1항 각 호 외의 부분).

다만 공조요청 대상범죄(이하 '공조범죄'라 함)가 대한민국의 법령에 따라 형벌을 과(科)할 수 없다고 인정되는 경우, 공조범죄에 관한 사건에 대하여 대한민국 법원에서 재판이 계속 중이거나 확정재판이 있는 경우, 공조대상 재산에 관하여 이미 몰수보전명령 또는 추징보전명령이 내려진 경우, 몰수의 확정재판에 관한 집행공조 또는 몰수를 목적으로 한 보전공조요청에 관계된 재산이 대한민국 법령에 따라 몰수재판 또는 몰수보전을 할 수 있는 재산에 해당되지 아니하는 경우, 추징의 확정재판에 관한 집행공조 또는 추징을 목적으로 한 보전공조요청에 관계된 공조범죄에 대하여 대한민국 법령에 따라 추징재판 또는 추징보전을 할 수 없다고 인정되는 경우, 몰수의 확정재판에 관한 집행공조요청에 관계된 재산을 가지거나 그 재산상에 지상권·저당권 또는 그 밖의 권리를 가지고 있다고 인정할 만한 상당한 이유가 있는 제3자가 자기의 책임으로 돌릴 수 없는 사유로 그 재판절차에서 자기의 권리를 주장할 수 없었다고 인정되는 경우, 몰수·추징을 목적으로 한 보전공조에 대하여 마약거래방지법상 몰수보전명령 또는 추징보전명령의 사유가 없다고 인정되는 경우(다만 보전공조요청이 요청국의 법원이나 법관이 집행한 몰수 또는 추징을 목적으로 한 보전재판에 근거한 요청이거나 몰수재판 또는 추징재판 확정 후의 요청인 경우에는 그러하지 아니함)에는 공조에 응할 수 없다(마약거래방지법 제64조 제1항 각 호).

몰수·추징에 관한 확정재판의 집행 공조요청이 있으면 검사의 심사청구에 따라 법원이 공조허가 여부를 결정하고, 그 공조허가결정의 확정재판은 공조의 실시에 관하여 대한민국 법원의 확정재판과 같은 효력이 있다(마약거래방지법 제67조 제1항, 제2항, 제4항, 제69조). 몰수·추징을 위한 재산보전의 공조요청이 있을 때에는 검사의 심사청구에 따라 법원이 공조허가 여부를 결정한다(마약거래방지법 제71조 제1항, 제72조 제1항).

Ⅲ. 범죄수익은닉규제법의 규제내용

1. 범죄수익등 은닉·가장죄

가. 범죄구성요건

'범죄수익등'의 취득 또는 처분에 관한 사실을 가장하거나, '범죄수익'의 발생원인에 관한 사실을 가장한 자(이하 '범죄수익등 가장죄'라 함)는 5년 이하의 징역 또는 3천만원 이하의 벌금에 처하거나 이를 병과할 수 있다(범죄수익은닉규제법 제 3조 제1항 제1호, 제2호, 제6조). '가장'이라 함은 범죄수익등의 취득 또는 처분의 원인이나 범죄수익등의 귀속에 관하여 존재하지 않는 사실을 존재하는 것처럼 위장하는 것을 말한다.[65]

---

65) 대법원 2017. 3. 15. 2016도19659; 2014. 9. 4. 2014도4408; 2008. 2. 15. 2006도7881.

예컨대 차명계좌 등 타인 명의의 예금계좌에 범죄수익등을 입금하는 행위는 범죄수익등이 제3자에게 귀속하는 것처럼 가장하는 행위가 될 수 있다.[66)]

특정범죄를 조장하거나 적법하게 취득한 재산으로 가장할 목적으로 범죄수익등을 은닉한 자(이하 '범죄수익등 은닉죄'라 함, 범죄수익등 가장죄와 범죄수익등 은닉죄를 '범죄수익등 은닉 · 가장죄'라 함)도 범죄수익등 가장죄와 같은 법정형에 처하고 징역 또는 벌금을 병과할 수도 있다(범죄수익은닉규제법 제 3조 제1항 제3호, 제6조). 범죄수익등 가장죄는 범행의 목적이 없더라도 무방하지만, 범죄수익등 은닉죄는 '특정범죄를 조장하거나 적법하게 취득한 재산으로 가장할 목적'을 요하는 목적범이다.[67)] 목적범에서의 목적도 고의와 마찬가지로 인식과 의욕으로 구성되는데, 목적의 인식정도에 관하여 판례 및 다수설은 목적에 관한 가능성의 인식, 즉 미필적 인식만으로 충분하다는 입장[68)]이다. 이에 대하여 목적범의 경우 초과주관적 구성요건요소에 해당하는 목적은 고의보다 의지적 요소가 강한 개념이므로 미필적 인식이 있을 수 없다고 보는 입장[69)]에서는 목적에 관한 인식은 확정적일 것을 요구한다. 범죄수익등의 '은닉'이란 범죄수익 등의 특정이나 추적 또는 발견을 불가능하게 하거나 현저하게 곤란하게 하는 행위로서 통상의 보관방법이라고 보기 어려운 경우를 말한다(판례).[70)] 그 방법으

---

66) 대법원 2012. 9. 27. 2012도6079[피고인이 경찰관으로서 사행성 게임장 업주로부터 돈을 뇌물로 수수하면서 그 업주로부터 업주 아들 명의 은행 예금계좌의 현금카드를 교부받은 다음 업주가 뇌물인 돈을 그 예금계좌에 입금하면 위 현금카드로 이를 인출한 행위는 '범죄수익등 가장죄'에 해당하고 뇌물수수에 따른 특정범죄가중처벌등에관한법률위반(뇌물)죄와는 실체적 경합범 관계라고 판시]; 2008. 2. 28. 2007도10004("범죄수익은닉규제법은 '범죄수익 등의 취득 또는 처분에 관한 사실을 가장하는 행위'를 처벌하고 있는바, 이러한 행위에는 이른바 차명계좌라 불리우는 다른 사람 이름으로 된 계좌에 범죄수익 등을 입금하는 행위와 같이 범죄수익 등이 제3자에게 귀속하는 것처럼 가장하는 행위가 포함될 수 있으며, 구체적인 사안에서 차명계좌에 대한 범죄수익 등 입금행위가 '범죄수익 등의 취득 또는 처분에 관한 사실을 가장하는 행위'에 해당하는지 여부를 판단할 때에는 해당 계좌의 실제 이용자와 계좌 명의인 사이의 관계, 이용자의 해당 계좌 사용의 동기와 경위, 예금 거래의 구체적 실상 등을 종합적으로 고려하여야 한다"고 판시).

67) 대법원 2008. 2. 28. 2007도10004.

68) 대법원 2015. 1. 22. 2014도10978 전원합의체("내란선동죄의 '국헌을 문란할 목적'은 범죄 성립을 위하여 고의 외에 요구되는 초과주관적 위법요소로서 엄격한 증명사항에 속하나, 확정적 인식임을 요하지 아니하며, 다만 미필적 인식이 있으면 족하다."); 2009. 5. 28. 2009도1446[구 증권거래법(2002. 4. 27. 법률 제6695호로 개정되기 전의 것) 제188조의4 제1항 위반 사안]; 같은 견해[탁희성 · 도중진, 앞의 「조직범죄관련 자금세탁범죄 대응의 문제점과 개선방안」, 155면; 김성돈(형총), 263면; 신동운(형총), 199면].

69) 임웅(형총), 131면.

70) 대법원 2008. 11. 13. 2006도4885(이 판례는 이를 전제로 "이러한 은닉행위에는 범죄수익등인 주식

로는 재산의 소재를 불명하게 하는 경우뿐만 아니라 예금계좌 명의를 변경하거나 주식을 명의개서해 두는 등 재산의 소유관계를 불명하게 하는 경우도 포함한다.[71] 이러한 은닉행위가 가장행위에도 해당할 경우에는 죄질이나 범정(犯情)이 더 무거운 '가장' 행위로 볼 수 있을 것이다.

'범죄수익등'이란 앞에서 설명한 것처럼 범죄수익, 범죄수익에서 유래한 재산(즉, 범죄수익의 과실로 얻은 재산, 범죄수익의 대가로 얻은 재산, 이들 재산의 대가로 얻은 재산, 그 밖에 범죄수익의 보유 또는 처분에 의하여 얻은 재산) 및 이들 재산과 그 밖의 재산이 합하여진 재산[72]을 말한다(범죄수익은닉규제법 제2조 제3호, 제4호). 마약거래방지법의 '불법수익등'과 유사한 범위의 개념이다. 그 중 '범죄수익'이란 중대범죄의 범죄행위에 의하여 생긴 재산이나 그 범죄행위의 보수로 얻은 재산, 범죄수익은닉규제법 제2조 2호 (나)목 범죄[이하 '2호(나)목 범죄'라 함]에 관계된 자금 또는 재산을 말한다(범죄수익은닉규제법 제2조 제2호). 이 경우 '범죄행위에 의하여 생긴 재산'이란 중대범죄의 범죄행위에 의하여 새로 만들어진 재산뿐만 아니라 그러한 범죄행위에 의하여 취득한 재산도 포함한다(판례).[73] 다만 범죄행위(또는 범죄행위와 관련된 거래)로 인하여 발생한 위험과 인과관계(형법 제17조)가 인정되는 재산을 의미하고, 그 인과관계는 직접적 인과관계로 제한할 필요가 없음은 범죄구성요건으로 요구되는 인과관계의 인정기준과 마

을 타인에게 처분한 것처럼 타인 명의로 명의개서하여 두는 행위도 포함된다고 할 것이고, 구체적인 사안에서 범죄수익등에 해당하는 주식을 타인 명의로 명의개서하는 행위가 실질 처분이 아니라 범죄수익등을 은닉하는 행위에 해당하는지 여부를 판단할 때에는 주식거래 당사자 사이의 관계, 명의개서하게 된 동기와 경위, 주식 거래대금의 실제 수수 여부 등을 종합적으로 고려하여야 한다."고 판시) ; 2008. 2. 28. 2007도10004 ; 2004. 12. 10. 2004도5652.

71) 대법원 2008. 11. 13. 2006도4885("범죄수익은닉규제법상 '은닉행위'에는 범죄수익 등을 타인에게 처분한 것처럼 타인 명의로 명의개서하여 두는 행위도 포함되고, 그러한 은닉행위에 해당하는지 판단할 때에는 주식거래 당사자 사이의 관계, 명의개서의 동기 및 경위, 주식거래대금의 실제 수수 여부 등을 종합적으로 고려하여야 한다"고 판시); 2008. 2. 15. 2006도7881[특정경제범죄법 제4조 제1항(재산국외도피)의 재산 '은닉' 개념에 관한 판례].

72) 이러한 재산을 후술하는 몰수대상에서 표현하는 '혼화재산'과 같은 개념으로 보는 견해(이진국, 앞의 "자금세탁과 형법적 대응방안", 640면)도 있으나, 위 혼화재산과는 구분할 필요가 있다. 혼화재산은 몰수대상재산과 그 외 재산이 섞여서 식별할 수 없는 상태의 재산을 말하지만, '범죄수익등'에 포함되는 '범죄수익 또는 범죄수익에서 유래한 재산과 합쳐진 재산'이란 자금세탁범죄의 은닉 · 가장 · 수수행위의 대상이기만 하다면 범죄수익 또는 범죄수익에서 유래한 재산과의 식별 여부는 따지지 않고 그 전부가 몰수대상 재산이 될 수 있는 재산이기 때문이다.

73) 대법원 2008. 11. 13. 2006도4885; 2005. 8. 19. 2005도3045; 2004. 12. 10. 2004도5652.

찬가지이다(판례).[74] 또한 '범죄행위에 의하여 생긴 재산'이라는 범죄의 객체는 **특정 가능한 상태**에 이르러야 할 것이므로, 그 전제범죄행위가 재산범죄인 경우에는 기수에 이르러야 범죄수익등 가장죄 및 범죄수익등 은닉죄의 객체가 될 수 있다.[75] 판례는 주식회사의 대표이사가 아무런 반대급부를 제공받지 아니하고 회사 소유의 양도성예금증서를 "제3자의 금융기관 대출채무의 담보로 제공하여 제3자로 하여금 그

74) 대법원 2010. 4. 15. 2009도13890; 2009. 7. 9. 2009도1374[대표이사 겸 대주주인 피고인이 회사가 추진 중인 우즈베키스탄 내 규사광산 개발사업의 추진 현황과 전망에 관하여 실제와 다른 내용을 계속·반복적으로 언론에 보도되도록 한 행위가 회사의 주가 상승을 통한 부당한 이익을 얻기 위한 허위사실 유포행위, 그리고 경영 상황이 점차 악화되고 있던 회사가 새로운 사업으로 추진 중이라고 홍보한 위 규사광산 개발사업의 계속 진행 의지와 전망 등에 대하여 투자자들의 관심이 집중된 상황에서, 피고인이 차명주식을 누락한 채 공시되어 있던 임원·주요주주 소유 주식 보고서의 내용을 바로 잡지 않고 여전히 차명주식을 누락한 추가 보고서를 제출하는 방법으로 투자자들로 하여금 피고인이 보유 중이던 주식을 순차 처분하고 있다는 사정을 알지 못하게 함으로써, 주가에 영향을 미치지 아니한 채 보유 주식을 처분하여 상당한 이익을 취득한 행위가 각 사기적 부정거래행위에 해당하여 구 증권거래법(자본시장법) 제207조의2, 제188조의4 제4항 위반으로 인정된 사안. 구 증권거래법 제207조의2에서 정한 '위반행위로 얻은 이익'이라 함은 그 위반행위와 관련된 거래로 인한 이익을 말하는 것으로서 위반행위로 인하여 발생한 위험과 인과관계가 인정되는 것을 의미한다. 그 산정을 함에 있어서 통상적인 경우에는 위반행위와 관련된 거래로 인한 총수입에서 그 거래를 위한 총 비용을 공제한 차액을 산정하는 방법으로 인과관계가 인정되는 이익을 산출할 수 있겠지만, 구체적인 사안에서 위반행위로 얻은 이익의 가액을 위와 같은 방법으로 인정하는 것이 부당하다고 볼 만한 사정이 있는 경우에는 사기적 부정거래행위를 근절하려는 구 증권거래법 제207조의2의 입법취지와 형사법의 대원칙인 형벌에 관한 책임주의를 염두에 두고 위반행위의 동기, 경위, 태양, 기간, 제3자의 개입 여부, 증권시장 상황 및 그 밖에 주가에 중대한 영향을 미칠 수 있는 제반 요소들을 전체적·종합적으로 고려하여 인과관계가 인정되는 이익을 산정해야 할 것이며, 그에 관한 입증책임은 검사가 부담한다. 나아가 범죄수익은닉규제법상 몰수 또는 추징 대상으로 정해진 구 증권거래법 제207조의2('중대범죄'에 해당)의 범죄행위에 의하여 생긴 재산인 범죄수익도 위와 마찬가지로 구 증권거래법 제207조의2 위반행위와 관련된 거래로 인한 이익으로서 위반행위로 인하여 발생한 위험과 인과관계가 인정되는 것을 의미한다고 판시].

75) 대법원 2006. 8. 24. 2006도3039 판례도 중대범죄에 관한 범죄수익등 은닉·가장죄에 관하여 이를 전제로 "피고인 2가 피고인 1 등과 공모하여 공소외 1 회사의 계좌에서 변칙회계처리를 통하여 자금을 인출하여 차명계좌에 보관하는 등의 방법으로 비자금을 조성한 행위가 애초부터 공소외 1 회사를 위한 목적이 아니라 위 피고인들이 법인의 자금을 빼내어 개인적으로 착복할 목적으로 행하여졌음이 명백히 밝혀진 경우라면 그 조성행위 자체로써 불법영득의사를 실현한 것으로 인정할 수 있을 것이지만, 이 사건에서는 비자금 조성의 주재자가 공소외 1 회사의 대표이사인 피고인 1이고 위 피고인 1이 비자금의 집행을 최종적으로 관리 및 결재하였으므로 그 자금은 여전히 법인의 관리하에 있는 것으로 볼 여지가 충분하다고 보이는 점, 동일한 수법으로 조성된 비자금 중 상당 부분은 그 사용처를 알 수 없거나 피고인들이 개인적으로 사용하였다는 증거가 부족하여 결국, 위 부분은 공소제기된 횡령액에 포함되지 아니한 점 등 원심이 인정한 제반 사정을 앞서 본 법리에 비추어 보면, 피고인들이 공소외 1 회사의 자금을 인출하여 차명계좌에 보관한 행위가 그 인출금을 법인의 자금으로 별도 관리하기 위한 것이 아니라 불법영득의사의 실행으로 한 것이라고 인정할 수 있을 만큼 합리적인 의심을 할 여지가 없을 정도로 입증되었다고 보기는 부족하고, 공소제기된 바와 같은 용도로 그 일부를 개인적으로 사용함으로써 불법영득의사가 명백히 표현되었다고 볼 것이어서 그 구체적인 사용시에 비로소 횡령행위가 기수에 이르렀다고 봄이 상당하다."고 판시.

대출금을 받게 한 사안에서 제3자에게는 담보가치에 상응하는 대출금 상당의 재산상 이익을 취득하게 하고 주식회사에 그에 상응하는 손해를 가한 것이므로 특정경제범죄법(배임)위반죄가 성립할 수 있고, 이 경우 금융기관으로부터 받은 위 대출금이 그 범죄행위에 의하여 생긴 재산인 범죄수익에 해당한다."고 판시하였다.[76] 또한 이 판례에 따르면 이때 제3자가 대표이사에게 그 대출금을 부정한 청탁과 함께 교부하였다고 하더라도 범죄수익으로서의 성질이 사라지는 것은 아니다. '재산'이란 유형물뿐만 아니라 채권 · 특허권과 같은 무형적 권리나 채무면제와 같은 소극적 재산의 감소도 포함한다.[77]

'범죄수익등'에 해당하는지는 검사가 증명해야 하는데, 성범죄 관련 음란물의 디지털 이용 제작 · 배포 등 디지털 성범죄의 경우에는 범죄의 특성상 가해자나 피해자가 불특정 다수이므로 개별 범죄사실의 특정이나, 개별 범죄와 범죄수익 또는 범죄수익에서 유래한 재산 등 사이의 관련성 증명이 어려워 범죄수익에 대한 몰수 · 추징을 못하게 되는 경우가 많이 발생한다. 이에 대비하여 다음과 같이 이러한 범죄로 인한 '범죄수익등'을 추정하는 규정을 두어 증명책임을 완화하고 있다. 즉 후술하는 중대범죄 중 「아동 · 청소년의 성보호에 관한 법률」 제11조(아동 · 청소년 성착취물 제작 · 배포 · 시청), 제12조(아동 · 청소년 매매) 및 제15조(아동 · 청소년 성매매 알선 등)의 죄, 「성폭력범죄의 처벌 등에 관한 특례법」 제14조(카메라 등 이용 신체 촬영 · 배포) 및 제14조의2(신체 · 음성 허위영상물 · 음성물 편집 · 배포)의 죄에 관계된 '범죄수익등'을 산정할 때에는 범죄행위를 한 기간에 범인이 취득한 재산으로서 그 취득한 재산이 '범죄수익등'의 금액 및 재산 취득시기 등 제반 사정에 비추어 같은 조의 죄를 범하여 얻은 '범죄수익등'으로 형성되었다고 볼만한 **상당한 개연성**이 있으면 그 죄에 관계된 범죄수익등으로 추정한다(범죄수익은닉규제법 제10조의4).

'특정범죄'란 재산상의 부정한 이익을 취득할 목적으로 범한 죄로서 사형, 무기 또는 장기 3년 이상의 징역이나 금고에 해당하는 죄 및 범죄수익은닉규제법 별표에 기재된 죄(이들 범죄는 '중대범죄'라 함)와 범죄수익은닉규제법 제2조 제2호 (나)목에

---

76) 대법원 2008. 11. 13. 2006도4885.

77) 장일석, 앞의 「자금세탁 방지제도의 이해」, 286면; 이진국, 앞의 "자금세탁과 형법적 대응방안", 639,640면.

기재된 죄[즉 '2호(나)목 범죄']를 말하고, 이들 범죄와 상상적 경합관계에 있는 죄[78]를 포함하며, 또한 외국인이 대한민국 영역 밖에서 한 행위가 대한민국 영역 안에서 행하여졌다면 중대범죄 또는 2호(나)목 범죄에 해당하고 행위지(行爲地)의 법령에 따라 범죄에 해당하는 경우에는 그 죄도 포함한다(범죄수익은닉규제법 제2조 제1호). 이 경우 "외국인이 대한민국 영역 밖에서 한 행위가 대한민국 영역 안에서 행하여졌다면 중대범죄 또는 2호(나)목 범죄에 해당하고"란 외국인이 대한민국 영역 밖에서 한 행위가 그대로 대한민국 법률에 따라 그 특정범죄에 해당하는 경우만을 말하는 것이 아니라 **그 행위를 대한민국에서의 행위로 가정적으로 구성하여 평가하면** 대한민국 법률에 따라 그 특정범죄에 해당하는 경우도 포함하는 것이다(판례).[79]

여기서 '재산상의 부정한 이익을 취득할 목적으로 범한 죄'란 규정이 특정범죄의 특성을 설명하는 표현인지, 이러한 목적을 특정범죄의 범죄구성요건으로 추가하는 취지인지 문제가 된다. 전제범죄 중 마약류범죄의 경우에는 이러한 규정이 없음에 비추어 보면 전자로 보는 것이 논리적이겠으나, 특정범죄의 범위는 자금세탁범죄나 몰수 · 징수의 범위와 직결되는 것이므로 해석론으로는 죄형법정주의 원칙상 후자로 해석하지 않을 수 없을 것이다.[80] 다만, 이렇게 해석한다면 특정범죄는 모두 목적범이 되어 자금세탁범죄의 성립범위나 자금세탁행위의 규제범위를 부당하게 제한할 수 있기 때문에 범죄수익이 생길 수 있는 경우라면 특별한 사정이 없는 한 위와 같은 목적을 인정해야 할 것이다.[81]

---

78) 예컨대 공무원이 민원인을 속여 1억 원의 돈을 뇌물로 받은 경우에 뇌물수수죄가 성립함과 동시에 사기죄도 성립하는데, 사기죄는 이득액 3억 원 이상인 경우에만 중대범죄, 즉 특정범죄에 해당하지만 중대범죄에 해당하는 뇌물수수죄와 상상적 경합관계이므로(대법원 2015. 10. 29. 2015도12838) 특정범죄에 포함된다.

79) 대법원 2018. 10. 25. 2016도11429(미국 국적의 미군이 미국에서 뇌물수수죄를 범한 경우에 그 범죄를 통해 얻은 금원이 범죄수익에 해당하는지 여부가 문제된 사안).

80) 판례도 "중대범죄란 재산상의 부정한 이익을 취득할 목적으로 범한 죄로서 범죄수익은닉규제법 제2조 제1호 [별표]에 규정된 죄를 말한다."고 판시(대법원 2017. 7. 18. 2017도5759); 입법론적으로는 범죄수익은닉규제법 제2조 제1호 제1문 중 '재산상의 부정한 이익을 취득할 목적으로 범한 죄'라는 표현은 삭제함이 타당할 것이다.

81) 이와 관련하여 특정범죄를 재산상의 부정한 이익을 취득할 목적으로 범한 목적범으로 해석하고 이러한 입법은 자금세탁의 규제범위를 지나치게 좁히게 되어 부당하며[전욱, "대법원 2006도3039호 판결 비평 －차명계좌를 이용한 자금세탁에 관한 검토－", 「법학연구」(경상대학교 법학연구소, 2007), 235면], 오히려 전제범죄의 고의나 목적 등 주관적 요건을 추정하는 입법을 하고 있는 FATF 회원국 등 국제사회의 추세와도 일치하지 않는다고 보는 비판[김용욱, "자금세탁죄의 개정방향 : 초국가적 조직범죄집단과 관련하여", 「형사정책연구」 통권 제80호(한국형사정책연구원, 2009), 246면]도 있다.

목적범인 마약거래방지법의 불법수익등 은닉 · 가장죄와 비교하면, 범죄수익등 가장죄는 목적범이 아니고, 범죄수익등 은닉죄는 목적범이기는 하나 적법 취득 재산으로 가장할 목적만으로도 범죄가 성립할 수 있다는 점에서 수사방해 또는 몰수 회피 목적을 요구하는 불법수익등 은닉 · 가장죄보다 범죄성립요건이 완화되었다고 할 수 있다.[82)]

판례는 "범죄수익은닉규제법 제3조 제1항 제2호에 말하는 '범죄수익의 발생원인에 관한 사실을 가장'하는 행위란 범죄수익의 발생원인에 관하여 존재하지 않는 사실을 존재하는 것처럼 가장하거나 존재하는 사실을 존재하지 않는 것처럼 가장하는 행위를 의미하는 것으로서, 그러한 행위는 범죄수익을 발생시키는 당해 범죄행위와는 별도의 행위라고 평가될 수 있는 것이어야 하고 당해 범죄행위 자체에 그치는 경우는 이에 해당하지 않는다."고 판시하고 있다.[83)] 범죄수익 중 '범죄행위에 의해 생긴 재산'은 그 전제범죄행위가 재산범죄인 경우에는 전제범죄가 기수에 이르러야 할 것이므로, 전제범죄가 종국적으로 기수에 이르렀다면 그 범죄수익의 발생원인을 가장하는 행위는 시간적으로 범죄수익을 발생시키는 전제범죄의 기수 이전의 행위일지라도 무방하다(판례).[84)]

범죄수익등 은닉 · 가장죄가 성립하기 위해서는 범죄구성요건에 대한 고의의 내용으로서 그 은닉 · 가장행위에 대한 인식은 물론 은닉 · 가장의 대상물인 범죄수익등에 대한 인식도 필요하다. 그러나 특정범죄를 조장하는 경제적 요인을 근원적으로 제거하기 위한 법의 입법목적과 구성요건의 형식에 비추어 그러한 인식은 당해 재산이 특정범죄의 범죄수익등에 해당한다는 사실을 인식하는 정도로 충분하고 그

---

82) 판례도 같은 취지임(대법원 2008. 2. 28. 2007도10004).

83) 대법원 2019. 8. 29. 2018도2738 전원합의체; 2015. 12. 23. 2014도11042(A 주식회사의 대표이사인 피고인이 A회사의 물건을 C회사에 판매함에도 불구하고 이를 페이퍼컴퍼니인 B회사가 구입하여 C회사에 판매한 다음 C회사로부터 B회사의 명의상 대표이사 앞으로 판매대금을 송금받고 B회사는 그보다 적은 금액을 물품대금으로 A회사에 송금함으로써 그 차액을 B회사의 영업이익인 것처럼 가장하여 취득한 업무상배임죄 사안에서, B회사의 명의상 대표이사의 계좌로 대금을 송금받은 행위는 위 범죄수익을 발생시키는 당해 범죄행위인 배임행위 그 자체에 불과하므로, 배임죄와 별도로 범죄수익은닉규제법위반죄가 성립하지 않는다고 판시). 2014. 9. 4. 2014도4408.

84) 대법원 2019. 8. 29. 2018도2738 전원합의체; 2015. 12. 23. 2014도11042(위 사안에서 피고인의 배임행위는 종국적으로 기수에 이르렀는데, 이와 같이 범죄가 종국적으로 기수에 이르렀다면 그 범죄수익의 발생원인을 가장한 행위는 시간적으로 배임죄의 기수 이전의 행위라 하더라도 범죄수익은닉규제법위반죄가 성립할 수 있다고 판시).

범죄의 종류나 구체적 내용까지 알아야 하는 것은 아니다(판례).[85] 이 경우 범죄수익 등에 해당한다는 사실은 미필적 인식으로도 충분하다.[86]

나. 미수 및 예비 · 음모

범죄수익등 은닉 · 가장죄의 미수범은 처벌한다(범죄수익은닉규제법 제3조 제2항). 미수범이 성립하기 위하여는 범죄의 실행에 착수한 경우라야 하는데, 그 실행의 착수는 범죄수익등이 생겼을 때 비로소 가능한 것이므로 아직 범죄수익등이 생기지 않은 상태에서는 미수범은 성립할 수 없고 예비 · 음모죄가 성립할 수 있을 뿐이다(판례).[87]

이 죄를 범할 목적으로 예비하거나 음모한 자는 2년 이하의 징역 또는 1천만 원 이하의 벌금에 처하거나 이를 병과할 수 있다(범죄수익은닉규제법 제3조 제3항, 제6조).

공범에 관한 형법 총칙 규정이 범죄수익등 은닉 · 가장죄나 그 미수죄에 적용될 수 있음은 물론이다. 원래 2인 이상의 서로 대향된 행위의 존재를 필요로 하는 **대향범**에 대하여는 공범에 관한 형법 총칙 규정이 적용될 수 없다.[88] 그러나 이러한 법리는 해당 처벌규정의 범죄구성요건 자체에서 서로 대향적 행위의 존재를 필요로 하는 필요적 공범인 대향범인 경우에 해당하는 것이다.[89] 이와 달리 범죄구성요건상으로는 단독으로 실행할 수 있는 형식으로 규정되어 있는데 단지 범죄구성요건이 대향범의 형태로 실행되는 경우에 불과한 범죄수익등 은닉 · 가장죄나 그 미수죄의 경

85) 대법원 2007. 1. 11. 2006도5288.

86) 고의나 '범죄수익등' 사실의 증명에 관하여, 그 증명이 어려운 일이고 FATF의 40개 권고사항 중에도 몰수대상인 불법수익이나 고의의 추정 제도를 권고하고 있는 점에 비추어, 고의나 범죄수익등을 인정할 상당한 개연성의 증명이 있고 자금세탁범죄의 규제를 위한 필요성도 있는 경우에는 고의나 범죄수익등을 추정하는 규정을 두는 것은 헌법상 무죄추정 원칙의 본질적 내용을 침해하는 것이 아니라는 취지의 주장(이진국, 앞의 "자금세탁과 형법적 대응방안", 650,651면)이 있다.

87) 대법원 2007. 1. 11. 2006도5288(피고인들이 공소외 1의 은행강도 범행으로 강취할 돈을 송금받을 계좌를 개설한 사안에서 "피고인들의 이 사건 범행은 공소외 1이 공기총으로 농협직원들을 위협하여 피고인들이 개설한 예금계좌로 950억 원을 송금하도록 하는 방법으로 금원을 강취하려고 하다가 그 범행을 연기하거나 미수에 그침으로써 아직 그 범죄수익 등이 현실적으로 생기지 않은 상태에서 이루어진 것으로서, 피고인들의 그 판시와 같은 행위가 범죄수익 등의 은닉행위에 대한 실행의 착수에 이르기 전의 준비단계에서 성립할 수 있는 범죄수익은닉규제법 제3조 제3항 소정의 예비죄를 구성함은 별론으로 하더라도, 이를 범죄수익 등의 은닉에 관한 죄의 미수에 해당하는 것으로 볼 수는 없다."고 판시).

88) 대법원 2022. 6. 30. 2020도7866; 2004. 10. 28. 2004도3994.

89) 대법원 2022. 6. 30. 2020도7866.

우에는 공범에 관한 형법 총칙 규정이 적용됨은 앞의 마약거래방지법의 불법수익등 은닉 · 가장죄에 관해 설명한 내용과 마찬가지이다.

다. 양벌규정

법인의 대표자나 법인 또는 개인의 대리인, 사용인 또는 그 밖의 종업원이 그 법인 또는 개인의 업무에 관하여 위 각 죄에 해당하는 위반행위를 하면 그 행위자를 벌하는 외에 그 법인 또는 개인에게도 해당 조문의 벌금형을 과한다. 다만 법인 또는 개인이 그 위반행위를 방지하기 위하여 해당 업무에 관하여 상당한 주의와 감독을 게을리하지 아니한 경우에는 그러하지 아니하다(범죄수익은닉규제법 제7조).

2. 범죄수익등 수수죄

가. 범죄구성요건

그 정황을 알면서 범죄수익등을 수수(收受)한 자는 3년 이하의 징역 또는 2천만원 이하의 벌금에 처하거나 이를 병과할 수 있다(범죄수익은닉규제법 제4조 본문, 제6조). 이 죄의 입법취지는 범죄수익등의 처분이나 운용을 도와주는 행위를 처벌함으로써 특정범죄나 범죄수익등 은닉 · 가장죄를 간접적으로 억제하고자 하는 것이다. 따라서 위 각 범죄의 공동정범 사이에 범죄수익등을 수수하는 경우에는 이 죄가 성립하지 않는다.[90] 범죄수익등의 수수가 범죄수익등 은닉 · 가장죄의 교사 또는 방조가 될 경우에는 범죄수익등 수수죄 이외에 범죄수익등 은닉 · 가장죄의 교사죄 또는 방조죄가 성립할 수 있을 것이다.[91]

'그 정황을 알면서'란 범죄수익등이라는 정황의 인식을 의미하지만, 그 인식은 반드시 확정적 인식일 필요는 없고 "범죄수익등일지 모른다"는 의심을 가지는 정도의 미필적 인식만으로도 충분하다(판례). 피고인이 이러한 범의를 부인하여 그 유무 판단이 문제되는 경우에는 수수 당사자의 신분과 상호관계, 수수의 경위 · 시간 · 장소, 수수되는 재물의 성질 · 형태, 대가성 유무 등 수수 당시의 모든 객관적 상황

---

90) 탁희성 · 도중진, 앞의「조직범죄관련 자금세탁범죄 대응의 문제점과 개선방안」, 156면.

91) 이진국, 앞의 "자금세탁과 형법적 대응방안", 643면.

을 참작하여 판단할 수 밖에 없다(판례).[92] 범죄수익등의 '수수'란 범죄수익등 재산의 처분이나 운용을 규제함으로써 범죄를 억제하고자 하는 입법취지에 비추어 볼 때 유·무상취득을 불문하고 재산의 소유권을 취득하는 행위는 물론 범죄수익등 재산을 채권의 담보로 취득하는 행위(판례),[93] 임차권 등 사용권을 취득하거나 단순히 보관하기 위한 취득행위도 포함된다.[94]

그러나 법령에 따른 의무의 이행으로 제공된 것을 수수한 자, 계약(채권자가 상당한 재산상의 이익을 제공하는 것만 해당) 시 그 계약에 관련된 채무의 이행이 범죄수익등에 의하여 행하여지는 것이라는 정황을 알지 못하고 계약한 자가 그 계약과 관련된 채무의 이행으로서 제공된 것을 수수한 경우는 제외한다(범죄수익은닉규제법 제4조 단서). 이러한 경우에는 위법성이 조각된다고 보는 견해[95]가 있으나, 이러한 수수행위는 자금세탁 규제의 대상인 불법유형으로 볼 수 없으므로 범죄를 구성하는 '수수'행위가 아니라고 보아야 할 것이다.

이 죄는 자금세탁행위의 방조범적 성격을 갖고 있기 때문에 자금세탁범죄인 범죄수익등 은닉·가장죄(범죄수익은닉규제법 제3조)보다 법정형이 감경되어 있다. 그러나 범죄수익등 은닉·가장죄의 방조가 반드시 범죄수익등의 수수 행위를 동반하는 것은 아니므로 하나의 행위가 양 죄를 구성할 경우에는 상상적 경합관계에 있게 된다.[96]

또한 이 죄는 미수 또는 예비·음모의 처벌규정이 없는 점은 불법수익등 수수죄의 경우와 같으나, 선동·권유를 처벌하는 규정도 없는 점은 불법수익등 수수죄의 경우와 다르다.

---

92) 대법원 2007. 2. 9. 2005도2709(국회의원인 피고인이 2002년 제16대 대통령 선거일에 임박하여 소속 정당 사무총장으로부터 불법 정치자금 5천만 원을 선거활동비 명목으로 받은 사안에서 그 돈 5천만 원이 전액 현금이라고 하더라도 그러한 사유만으로는 그 돈이 불법정치자금이라는 사정을 알았다고 보기 어렵다고 판시).

93) 대법원 2005. 8. 19. 2005도3045.

94) 이진국, 앞의 "자금세탁과 형법적 대응방안", 644면.

95) 장일석, 앞의「자금세탁 방지제도의 이해」, 291면; 이진국, 위 논문, 644면.

96) 장일석, 위 책, 292면. 예컨대 범죄수익인 어음·수표를 적법한 취득으로 가장하기 위하여 현금으로 할인하는 사실을 알면서 어음·수표할인을 하여 주고 그 어음·수표를 교부받은 경우에는 범죄수익등 가장죄의 방조와 범죄수익등 수수죄의 상상적 경합관계가 됨.

나. 양벌규정

양벌규정이 적용되는 점은 범죄수익등 은닉 · 가장죄의 경우와 같다(범죄수익은닉규제법 제7조).

3. 금융회사등 종사자의 신고 및 비밀유지 의무

「특정 금융거래정보의 보고 및 이용 등에 관한 법률」(이하 '특정금융정보법'이라 함) 제2조 제1호에 따른 금융회사등[97](이하 '금융회사등'이라 함)에 종사하는 사람은 같은 법 제2조 제2호에 따른 금융거래와 관련하여 수수한 재산이 범죄수익등이라는 사실을 알게 되었을 때 또는 금융거래의 상대방이 위 범죄수익등 은닉 · 가장죄에 해당하는 행위를 하고 있다는 사실을 알게 되었을 때에는 지체 없이 관할 수사기관에 신고해야 하는 신고의무가 있다(범죄수익은닉규제법 제5조 제1항). 또한 수사나 조사에 지장이 없도록 금융회사등에 종사하는 사람은 위 신고를 하려는 경우 또는 신고한 경우에 그 사실을 그 신고와 관련된 금융거래의 상대방 및 그의 관계자에게 누설하지 말아야 할 비밀유지의무가 있다(범죄수익은닉규제법 제5조 제2항). 이러한 신고의무나 비밀유지의무를 위반한 사람은 2년 이하의 징역 또는 1천만 원 이하의 벌금에 처하거나 이를 병과할 수 있다(범죄수익은닉규제법 제5조 제3항, 제6조).

마약거래방지법상 금융회사등의 신고 및 비밀유지 의무와 비교하면, 의무를 부담하는 자가 종사하는 '금융회사등'의 범위가 일부 다르고 신고처가 수사기관 일반이라는 점 및 위반행위에 대하여 징역형과 벌금형을 병과할 수 있다는 점은 상이하지만 부담하는 의무의 내용은 유사하다.

양벌규정이 적용되는 점은 범죄수익등 은닉 · 가장죄나 범죄수익등 수수죄의 경

---

97) 이 경우 '금융회사등'의 범위는 마약거래방지법 제5조의 신고의무자가 종사하는 '금융회사등'의 범위와 비교하여 대부분은 같지만 일부 다른 곳도 있다. 즉 마약거래방지법 제5조의 '금융회사등'의 개념은 금융실명법 제2조 제1호에 따른 개념으로서 금융실명거래를 위한 것이므로 한국은행, 한국거래소, 한국주택금융공사 등도 포함하고 있지만, 특정금융정보법상의 '금융회사등'의 개념은 자금세탁등 방지를 위한 것이므로 이러한 기관은 포함되지 아니하고 카지노사업자, 금융지주회사, 외국환거래법상의 환전영업자, 가상자산사업자 등은 포함된다. 이러한 신고의무자의 범위에 관하여, 미국의 경우에는 여행사, 전신회사, 자동차 · 항공기 · 선박판매업자, 부동산중개업자, 연방정부 및 지방정부의 관련 담당자 등도 포함하고(31 U.S.C. §5312), 일본의 경우에는 변호사, 공인회계사, 세무사 등도 포함하고 있으며(범죄수익이전방지법 제2조), 자금세탁행위가 실물자산거래 등 비금융거래에서도 빈번히 행하여 질 수 있음에 비추어 전문직 등 비금융업자에 대하여도 그 범위를 확대할 필요가 있다는 주장[최승필, "자금세탁방지제도에 대한 법적 검토", 「중앙법학」(중앙법학회, 2011), 8,9면]이 있다.

우와 같다(범죄수익은닉규제법 제7조).

4. 범죄수익등의 몰수·추징

범죄수익은닉규제법도 효과적인 자금세탁방지를 위하여 형법상의 일반적 몰수 · 추징의 경우보다 범죄수익등에 대한 몰수 · 추징을 강화하고 있으나 마약거래방지법의 경우와 같은 필요적 몰수 · 추징은 아니다. 범죄수익은닉규제법상 특정범죄는 재산범죄 등 여러 유형이 있으므로 몰수 · 추징을 함에 있어 피해자의 보호 등 구체적인 사정을 고려할 필요가 있다는 점에서 마약거래방지법의 경우와는 달리 임의적 몰수 · 추징의 대상으로 하고 있는 것이다.[98] 다만 특정범죄의 개별 범죄 중에는 뇌물죄(형법 제129조부터 제133조까지)나 변호사법위반죄(변호사법 제111조)의 경우처럼 필요적 몰수 · 추징 규정(형법 제134조, 「공무원범죄에 관한 몰수 특례법」 제3조, 제6조, 변호사법 제116조)을 두고 있는 경우가 있는데, 이러한 경우에는 개별 범죄에 관한 필요적 몰수 · 추징 규정이 특별법우선 원칙에 따라 먼저 적용된다.[99]

형법상 몰수는 형벌의 일종인 부가형으로 규정되어 있지만 제3자 소유물에 대한 몰수도 가능하다는 점 등에 비추어 그 법적 성질을 형벌로 볼 것인지 대물적 보안처분으로 볼 것인지, 양 성질을 모두 지니는 것인지는 학설 · 판례가 대립하고 있음은 앞의 배임수증재죄의 몰수 · 추징 부분에서 살펴보았다. 그런데 판례는 범죄수익은닉규제법상의 몰수 · 추징은 "부정한 이익을 박탈하여 이를 보유하지 못하게 하려는 데에 그 목적이 있다"고 판시하여[100] 형법상 몰수와 마찬가지로 대물적 보안처분의 성격을 갖고 있는 것으로 보고 있다. 따라서 수인이 공동으로 특정범죄를 범하여 취득한 범죄수익등을 범죄수익은닉규제법에 따라 몰수 · 추징하더라도 그 분배받은 금

98) 탁희성 · 도중진, 앞의 「조직범죄관련 자금세탁범죄 대응의 문제점과 개선방안」, 165면; 이에 대하여 범죄피해재산은 몰수 · 추징 대상에서 제외되고 있고(범죄수익은닉규제법 제8조 제3항, 제10조 제2항) 범죄수익은닉규제법상 특정범죄는 범죄를 통하여 경제적 · 재산적 이익을 창출할 수 있는 대표적 유형의 전제범죄이므로 특정범죄의 방지를 위하여 필요적 몰수로 변경하는 입법조치가 필요하다고 보는 견해(이진국, 앞의 "자금세탁과 형법적 대응방안", 651면)도 있다.

99) 탁희성 · 도중진, 위 책, 165,166면.

100) 대법원 2007. 11. 30. 2007도635("범죄수익은닉규제법의 추징은 부정한 이익을 박탈하여 이를 보유하지 못하게 함에 그 목적이 있는 것이므로, 수인이 공동으로 사행행위 영업을 하여 얻은 이익을 범죄수익은닉규제법에 따라 추징하더라도 그 분배받은 금원, 즉 실질적으로 귀속된 이익금만을 개별적으로 몰수 · 추징하도록 하여야 하고, 그 분배받은 금원을 확정할 수 없을 때에는 이를 평등하게 분할한 금원을 몰수 · 추징하여야 한다."고 판시); 2007. 6. 14. 2007도2451.

원, 즉 실질적으로 귀속된 재산이나 이득금만을 개별적으로 몰수 · 추징해야 하고, 그 분배받은 금원을 확정할 수 없을 때에는 이를 평등하게 분할한 금원을 몰수 · 추징해야 한다.

범죄수익은닉규제법에 의한 몰수는 임의적 몰수이므로 그 몰수 요건에 해당되는 물건일지라도 이를 몰수할 것인지 여부는 법원의 재량에 맡겨져 있지만, 형벌 일반에 적용되는 비례의 원칙에 따라야 하는 제한이 있다. 몰수가 비례의 원칙에 위반되는지 여부를 판단하기 위하여는, 몰수 대상 물건(이하 '물건'이라 함)이 범죄실행에 사용된 정도 · 범위 및 범행에서의 중요성, 물건의 소유자가 범죄 실행에서 차지하는 역할과 책임의 정도, 범죄 실행으로 인한 법익침해의 정도, 범죄실행 동기, 범죄로 얻은 수익, 물건 중 범죄실행과 관련된 부분의 별도 분리 가능성, 물건의 실질적 가치와 범죄와의 상관성 및 균형성, 물건이 행위자에게 필요불가결한 것인지 여부, 물건이 몰수되지 아니할 경우 행위자가 그 물건을 이용하여 다시 동종 범죄를 실행할 위험성 유무 및 그 정도 등 제반 사정이 고려되어야 한다(판례).[101]

범죄수익은닉규제법상 몰수 · 추징 규정은 형법총칙 규정상 몰수 · 추징의 특별규정이고, 몰수의 부가성에 관한 형법 제49조는 범죄수익은닉규제법상 몰수 · 추징에도 적용된다. 그러므로 범죄수익은닉규제법상 몰수나 이에 갈음하는 추징도 타형에 부가하여 과할 수 있을 뿐이다(형법 제49조 본문). 따라서 압수된 물건의 몰수만을 위한 공소제기를 하거나 불기소처분을 하면서 압수된 물건만 몰수할 수는 없다.[102] 다만, 형법 제49조 단서는 행위자에게 유죄의 재판을 아니할 때에도 몰수의 요건이 있는 때에는 몰수만을 선고할 수 있다고 규정하고 있으므로, 형의 선고를 유예하면서 몰수 요건이 있는 때 몰수형만 선고하는 것은 허용된다(판례).[103] 이러한 부가적 성격은 몰수뿐만 아니라 몰수에 갈음하는 추징에도 적용된다.[104] 위와 같이 우리 법제상 공소의 제기 없이 별도로 몰수나 추징만을 선고할 수 있는 이른바 독립몰수제도(즉, 미국 · 영국 · 독일 등이 인정하는 민사몰수)[105]는 허용되지 아니하므로 위 형법 제49조 단서

---

101) 대법원 2013. 5. 23. 2012도11586.

102) 박상기 · 전지연(형법), 348면.

103) 대법원 1973. 12. 11. 73도1133 전원합의체.

104) 대법원 1992. 7. 28. 92도700.

105) 독립몰수 제도는수사기관이 법원의 관여 없이 몰수처분을 할 수 있는 행정몰수와 법원의 선고에 의한

규정에 의하여 몰수나 추징을 선고하기 위하여서는 몰수나 추징의 요건이 공소가 제기된 공소사실과 관련되어 있어야 하고, 공소사실이 인정되지 않는 경우에 이와 별개의 공소제기되지 아니한 범죄사실을 법원이 인정하여 그에 관한 몰수나 추징을 선고하는 것은 불고불리의 원칙에 위반되어 허용되지 않는다.[106] 또한 공소제기된 공소사실에 관하여 실체판단에 들어가 공소사실을 인정하는 경우가 아닌 무죄, 면소(공소시효 완성 등의 경우) 판결이나 공소기각 판결 · 결정의 경우에는 몰수를 할 수 없음이 원칙이다.[107] 따라서 선고유예를 하면서 몰수 · 추징을 한다거나,[108] 범죄구성요건 및 위법성에 해당하지만 책임능력 결여 등 유책성이 없어 무죄선고를 하는 경우에는 형법 제49조 단서를 근거로 몰수 · 추징을 할 수 있을 것이다.[109] 몰수나 추징은 형벌 형식으로 또는 그에 갈음하여 부과하는 것이다. 그러므로 공소가 제기된 공소사실에 관한 몰수 · 추징은 검사의 의견 진술이 없더라도 직권으로 선고할 수 있다.[110]

몰수 · 추징 대상 재산은 마약거래방지법의 경우와 유사한 유형으로 규정하고 있는데, 형법 제48조의 임의적 몰수에 비하여 몰수대상이 광범위한 점이 특징이다. 즉, 몰수대상은 ① 범죄수익[111] 및 범죄수익에서 유래한 재산, ② 범죄수익은닉규제

사법몰수가 있다. 이에 관한 상세한 내용, 문제점 및 도입가능성에 관하여는 탁희성 · 도중진, 앞의 책, 168-175면, 이진국, 앞의 논문, 652,653면 참조. 법원의 사법심사를 전제로 한 사법몰수 방식 독립몰수제도의 도입은 몰수제도의 실효성 증진을 위하여 적극 검토해 볼 필요가 있을 것이다.

106) 대법원 2010. 5. 13. 2009도11732; 2008. 11. 13. 2006도4885; 1992. 7. 28. 92도700.

107) 대법원 2007. 7. 26. 2007도4556(면소의 경우); 1992. 7. 28. 92도700(공소시효 완성의 경우).

108) 대법원 1973. 12. 11. 73도1133 전원합의체. 선고유예도 유죄의 판결에 속하지만 선고유예시 몰수나 추징을 하는 경우는 형법 제49조 본문("몰수는 타형에 부가하여 과한다") 규정의 예외에 속하는 것인데, 형법 제49조 단서 규정에 비추어 이를 인정할 수 있다는 취지의 판시임.

109) 박상기(형총), 543면.

110) 대법원 1989. 2. 14. 88도2211.

111) 몰수 대상인 '범죄수익'이란 2호(나)목 범죄의 경우에는 그 죄에 '관계된 자금 또는 재산'을 말하는데[범죄수익은닉규제법 제2조 제2호(나)목], 이때 '재산'이란 마약거래방지법상 몰수의 경우 '불법수익'에서의 '재산' 개념과 마찬가지로 경제적 가치 있는 물건인 '재물'과 무형의 권리를 포함하는 개념인 '재산상 이익'을 포함한다[신동운(형총), 807면]. 판례도 범죄수익은닉규제법의 입법취지, 같은 법 시행령 제2조 제2항 본문 규정을 근거로 "중대범죄에 해당하는 범죄행위에 의하여 취득한 것으로서 재산적 가치가 인정되는 무형재산도 몰수할 수 있다."고 전제하면서, 가상자산인 비트코인(bitcoin)을 재산적 가치가 있는 무형의 재산으로 보고, 몰수대상인 비트코인이 특정된 이상 몰수할 수 있다고 판시하였다(대법원 2018. 5. 30. 2018도3619). 범죄수익 중 '재물'을 몰수한 사례로서, 성매매에 제공되는 사실을 알면서 영업으로 자금 · 토지 또는 건물을 제공하는 행위가 범죄구성요건인 경우에 "건물 소유자 자신이 성매매알선을 하거나 성매매 장소제공 행위를 하면서 그 건물을 그 범행에 사용한 것도 이 범죄구성요건에 해당하므로 그 건물을

법 제3조(범죄수익등 은닉 · 가장, 그 미수 또는 예비 · 음모 행위), 제4조(범죄수익등 수수)의 범죄행위에 관계된 '범죄수익등'('범죄수익등'이란 앞에서 말한 것처럼 범죄수익, 범죄수익에서 유래한 재산 및 이들 재산과 그 밖의 재산이 합하여진 재산), 그 범죄행위에 의하여 생기거나 그 범죄행위의 보수로 얻은 재산, ③ 위 ②에 따른 재산의 과실 또는 대가로서 얻은 재산, 이들 재산의 대가로서 얻은 재산, 그 밖에 그 재산의 보유 또는 처분으로 얻은 재산이다(범죄수익은닉규제법 제8조 제1항). 위 '범죄수익'이란 중대범죄에 해당하는 범죄행위에 의하여 생긴 재산 또는 그 범죄행위의 보수(報酬)로 얻은 재산과, 2호 (나)목 범죄에 관계된 자금 또는 재산을 말하는데, 그 중 "중대범죄에 해당하는 범죄행위에 의하여 생긴 재산"이란 그 범죄행위에 의하여 새로 만들어진 재산뿐만 아니라 그 범죄행위에 의하여 취득한 재산도 포함된다(판례).[112]

만약 몰수할 수 있는 재산(이하 '몰수대상재산'이라 함)이 몰수대상재산 외의 재산과 합쳐져 **식별할 수 없는 경우**(민법 제258조 '혼화' 개념 참조) 그 몰수대상재산을 몰수하여야 할 때에는 합쳐짐으로써 생긴 재산(이하 '혼화재산'이라 함) 중 몰수대상재산(합쳐지는 데에 관련된 부분)의 금액 또는 수량에 상당하는 부분을 몰수할 수 있다(범죄수익은닉규제법 제8조 제2항). 이 규정은 불법수익등 몰수의 경우처럼 몰수대상을 혼화재산으로 확대하는 한편 그 합리적 조정을 위하여 일부몰수를 허용한 것이다.[113]

한편 몰수대상의 확대로 인하여 범죄피해자의 재산권 회복에 지장을 주게 되는 일을 피하기 위하여 몰수대상재산에서 제외되는 경우를 명시하고 있다. 즉 몰수대

이 죄에 관계된 재산으로 보아서 몰수할 수 있다."고판시하였다(대법원 2013. 5. 23. 2012도11586 - 피고인이 A로부터 명의신탁을 받아 소유권이전등기를 마친 토지 및 그 지상 건물에서 A와 공동하여 영업으로 성매매 알선 및 장소제공 행위를 함으로써 성매매에 제공되는 사실을 알면서 위 부동산을 제공하였다는 내용의 공소사실이 유죄로 인정된 사안에서, A는 처음부터 성매매알선 등 행위를 하기 위해 위 부동산을 취득하여 피고인에게 명의신탁 한 후 약 1년 동안 성매매알선 등 행위에 제공하였고, 일정한 장소에서 은밀하게 이루어지는 성매매알선 등 행위의 속성상 장소의 제공이 불가피하다는 점, 위 부동산은 5층 건물인데 2층 내지 4층 객실 대부분이 성매매알선 등 행위의 장소로 제공되고 1층은 카운터나 휴게실로, 5층은 직원등 숙소로 사용된 점, 피고인은 위 부동산에서 이루어지는 성매매알선 등 행위로 발생하는 수익의 자금관리인으로서 A와 함께 범행을 지배하는 주체가 되어 영업으로 성매매알선 등 행위를 한 점, 타인의 근저당권 등이 설정되어 있어 부동산의 실질적인 가치는 크지 않은 반면 피고인이 성매매알선 등 행위로 벌어들인 수익은 상당히 고액인 점, 피고인은 초범이나 공동정범 A는 이와 동종 범죄로 2회 처벌받은 전력이 있을 뿐만 아니라 단속된 이후에도 성매매알선 등 행위를 계속한 점, 성매매알선 등 행위의 기간 등을 고려하여, 위 부동산을 몰수한 원심의 조치는 정당하다고 판시).

112) 대법원 2004. 12. 10. 2004도5652.

113) 만약 이러한 규정이 없다면 혼화재산에 대하여는 몰수의 대상을 특정할 수 없으므로 몰수하기 불가능하거나 부적절한 경우로 보아 추징의 법리에 따라 해결할 수밖에 없다.

상재산이 '범죄피해재산'[재산에 관한 죄, 「특정범죄 가중처벌 등에 관한 법률」 제5조의2 제1항 제1호의 재물이나 재산상 이익취득 목적 미성년자 약취 · 유인죄, 같은 법 제2항 제1호의 재물이나 재산상 이익을 취득하였거나 요구한 미성년자 약취 · 유인죄, 「채무자 회생 및 파산에 관한 법률」 제650조의 사기파산죄, 같은 법 제652조의 채무자 법정대리인 등 일정한 지위에 있는 자의 사기파산 및 과태파산죄, 같은 법 제654조의 제3자 사기파산죄(이하 '재산범죄등'이라 함)에 해당하는 범죄행위에 의하여 그 피해자로부터 취득한 재산 또는 그 재산의 보유 · 처분에 의하여 얻은 재산을 말함]인 경우에는 몰수할 수 없다(범죄수익은닉규제법 제8조 제3항 제1문). 몰수대상재산 중 일부가 범죄피해재산인 경우에는 그 부분에 대하여도 마찬가지이다(범죄수익은닉규제법 제8조 제3항 제2문). 이러한 경우에는 그 몰수할 수 없는 부분의 가액을 추징할 수도 없다(범죄수익은닉규제법 제10조 제2항). 다만, 이러한 몰수 · 추징 제한규정은 위 범죄피해재산이 재산범죄등 외의 독자적 법익을 함께 침해하여 재산범죄등 피해자로부터 취득한 경우에는 적용되지 않으므로 몰수 · 추징할 수 있다(판례).[114]

그리고 범죄수익은닉규제법의 특정범죄 중 배임 · 횡령 · 배임수증재 · 뇌물 범죄, 알선수재죄, 경매 · 입찰방해죄, 정치자금 부정수수죄 및 「국제상거래에 있어서 외국공무원에 대한 뇌물방지법」 제3조 제1항의 죄(외국공무원등에 대한 뇌물공여 등) 등 부패재산몰수법상 부패범죄에도 해당하는 경우에는 부패재산몰수법 규정에 따라 몰수 · 추징을 하거나 몰수 · 추징의 보전, 국제공조 및 부패재산의 환수도 할 수 있다(그 내용은 앞의 제4장 제2절에서 설명).

다만, 형법상 횡령죄 · 배임죄 및 그 범죄에 해당하는 특정경제범죄법위반죄의 범죄행위에 의하여 그 피해자로부터 취득한 재산 또는 그 재산의 보유 · 처분에 의하여 얻은 재산은 부패재산몰수법상의 '범죄피해재산'으로서(같은 법 제2조 제3호), 범죄피해자가 그 재산에 관하여 범인에 대한 재산반환청구권 또는 손해배상청구권 등을 행사할 수 없는 등 피해회복이 심히 곤란하다고 인정되는 경우에 몰수 · 추징할 수 있고, 그 재산은 피해자에게 환부해야 한다(같은 법 제6조 제1항, 제2항).

몰수를 하기 위해서는 형법(제48조)상 일반적 몰수의 경우처럼 몰수대상재산 또는 혼화재산이 범인 외의 자에게 귀속되지 아니한 경우에만 몰수할 수 있지만, '범인'

114) 대법원 2017. 10. 26. 2017도8600(보이스피싱 사기 범죄단체 가입 · 활동을 하여 그 사기 피해자로부터 취득한 재산의 추징 사안).

외의 자가 범죄 후 그 정황을 알면서 그 몰수대상재산 또는 혼화재산을 취득한 경우에는 몰수할 수 있다(범죄수익은닉규제법 제9조 제1항, 부패재산몰수법 제4조 제1항). 여기서 '범인'이란 '공범자'도 포함하므로 범인 자신의 소유물은 물론 공범자의 소유물도 그 공범자에 대한 소추 여부를 불문하고 몰수할 수 있다(판례).[115] 이 경우 '공범자'라 함은 공동정범 · 교사범 · 방조범에 해당하는 자는 물론 필요적 공범관계에 있는 자도 포함되고, 형법 제49조 단서 규정("행위자에게 유죄의 재판을 아니할 때에도 몰수의 요건이 있는 때에는 몰수만을 선고할 수 있다")에 비추어 '공범자'는 반드시 유죄의 죄책을 지는 자에 국한된다고 볼 수 없고 공범에 해당하는 행위를 한 자이면 고의가 인정되지 않더라도 무방하다.[116] 다만, 범인 외의 자가 그 몰수대상재산 또는 혼화재산을 취득한 것이 법령상 의무이행의 제공에 따라 수수하는 등 범죄수익은닉규제법 제4조 단서에 따라 받게 된 경우에는 몰수할 수 없다(범죄수익은닉규제법 제9조 제1항 단서). 또한 지상권 · 저당권 또는 그 밖의 권리가 존재하는 재산을 몰수하는 경우로서 범인 외의 자가 범죄 전에 그 권리를 취득하였거나 범인 외의 자가 범죄 후 그 정황을 알지 못하고 그 권리를 취득한 경우 그 권리는 존속된다(범죄수익은닉규제법 제9조 제2항, 부패재산몰수법 제4조 제3항).

몰수대상재산을 몰수할 수 없거나 그 재산의 성질, 사용상황 또는 그 재산에 관한 범인 외의 자의 권리 유무, 그 밖의 사정으로 인하여 그 재산을 몰수하는 것이 적절하지 아니하다고 인정될 때에는 그 가액을 범인으로부터 추징할 수 있다(범죄수익은닉규제법 제10조 제1항, 부패재산몰수법 제5조).[117] 몰수가 불가능할 경우 추징해야 하는

---

115) 대법원 2013. 5. 23. 2012도11586.

116) 대법원 2006. 11. 23. 2006도5586[주식회사의 대표이사인 피고인이 회사의 유상증자를 실시하는 과정에서 실권주를 발생시킨 다음 이를 인수하는 방법으로 회사의 대주주가 되어 경영권을 확보하기 위하여 실권주 처리를 결정할 이사회의 일원인 이사 A를 매수하기로 회사의 감사 B와 공모한 후, 피고인은 A에게 자신이 실권주를 인수할 수 있도록 도와달라는 취지의 부탁을 하면서 재산상 이익을 공여할 의사를 표시하고, 감사 B는 A가 장차 그 부탁을 들어줄 것에 대한 대가로 A에게 현금 1억 원을 공여하여 상법 제630조(독직죄) 위반 사안이다. 당시 A는 피고인의 범행을 폭로하는 데 증거로 활용할 의사로 위 돈을 수수한 것이므로 부정한 청탁의 대가로 돈을 수수하려는 고의가 인정되지 않지만, A는 필요적 공범관계에 있고, 형법 제49조 단서 규정에 비추어 필요적 공범관계에 있는 A가 유죄의 죄책을 지지 않더라도 형법 제48조 제1항의 '범인 이외의 자'에서 말하는 '범인'에 해당하고, 따라서 위 돈은 범인 외의 자의 소유에 속하지 아니한 물건이므로 이를 몰수할 수 있다고 판시].

117) 형법상 몰수 · 추징의 경우에는 몰수가 불가능한 경우에만 추징할 수 있었으나(형법 제48조 제2항) 몰수가 불가능하지는 않지만 부적절한 경우에도 추징을 허용하고 있는 점에서 추징의 보충성을 완화하고 있다(탁희성 · 도중진, 앞의 「조직범죄관련 자금세탁범죄 대응의 문제점과 개선방안」, 164면).

재산의 가액이란 몰수가 불가능할 당시의 목적물의 객관적 가액이다.[118]

'다중인명피해사고'란 고의 또는 과실에 의한 화재, 붕괴, 폭발, 선박 · 항공기 · 열차 사고를 포함하는 교통사고, 화생방사고, 환경오염사고 등으로서 국가 또는 지방자치단체 차원의 대처가 필요한 인명피해를 야기한 사고를 말하는데(범죄수익은닉규제법 제2조 제5호), 다중인명피해사고 관련 추징의 집행에 관하여는 추징 대상을 확대하는 특례규정을 두고 있다.[119] 즉 다중인명피해사고 발생에 형사적 책임이 있는 개인, 법인 및 경영지배 · 경제적 연관 또는 의사결정에의 참여 등을 통해 그 법인을 실질적으로 지배하는 자에 대한 범죄수익은닉규제법에 따른 몰수대상재산에 관한 추징은 범인 외의 자가 그 정황을 알면서 취득한 몰수대상재산 및 그로부터 유래한 재산에 대하여 그 범인 외의 자를 상대로 집행할 수 있다(범죄수익은닉규제법 제10조의2). 추징판결을 몰수대상재산을 악의로 취득한 제3자에 대하여도 그 몰수대상재산 및 그로부터 유래한 재산에 한하여 집행할 수 있음을 허용한 점에서 이례적 규정이라 할 수 있다. 제3자가 소유권 등 권리를 가진 재산에 대하여 몰수를 할 때에는 검사가 공소제기시 제3자에 대하여 형사사건절차의 참가를 위한 고지를 서면으로 해야 하고, 제3자가 참가허가를 받지 못한 경우에는 그 제3자의 권리가 있는 재산에 대한 몰수재판을 할 수 없도록 함으로써 제3자에게 권리보호 기회를 주고 있다(범죄수익은닉규제법 제12조, 마약거래방지법 제23조 내지 제28조). 그런데 제3자에 대한 추징의 경우에 제3자에게 이러한 권리보호 기회를 주지 않는 것은 문제가 있으므로 이 점에 대한 보완조치가 필요하다고 본다.

추징의 대상이 되는지 여부는 엄격한 증명을 필요로 하는 것은 아니지만, 그 대상이 되는 범죄수익을 특정할 수 없는 경우에는 추징할 수 없다(판례).[120] 또한 부정한

---

118) 광주지방법원 2006. 11. 15. 2006노1200[이 판례는 피고인들이 동업으로 한 도박개장죄의 범행으로 취득한 수입금을 몰수할 수 없게 되어 그 상당 가액을 범죄수익은닉규제법 제10조에 의하여 추징하게 된 사안으로, 몰수가 불가능할 경우 추징해야 하는 재산 가액은 몰수가 불가능할 당시의 목적물의 객관적 가액이고, 도박개장죄의 범죄수익은 도박개장으로 인하여 얻은 순수익만을 의미하는 것이 아니라 매출수익 전액(전체 매출액에서 도박참가자들에게 환불한 금액 제외)을 의미하며, 도박개장을 위하여 들인 경비 등을 제외할 것은 아니라고 판시].

119) 범죄수익은닉규제법 제2조 제5호, 제10조의2, 제10조의3 규정은 2014. 4. 16. 세월호 침몰로 인한 다중인명피해 참사를 계기로 다중인명피해 관련자들에 대한 몰수 · 추징의 강화를 위하여 2014. 11. 19. 시행된 개정 규정임.

120) 대법원 2007. 6. 14. 2007도2451.

이익의 박탈이라는 범죄수익은닉규제법상 몰수 · 추징제도의 목적에 비추어 수인이 공동으로 범행을 하여 이익을 얻은 경우에는 그 분배받은 금원, 즉 실질적으로 귀속된 이득금만을 개별적으로 추징하여야 하고, 그 분배받은 금원을 확정할 수 없을 때에는 이를 평등하게 분할한 금원을 추징하여야 함은 앞에서 설명한 것과 같다(판례).[121]

검사는 범죄수익은닉규제법에 따른 몰수 · 추징의 집행을 위하여 필요하다고 인정되면 그 목적에 필요한 최소한의 범위에서, 관계인의 출석 요구 및 진술의 청취, 서류나 그 밖의 물건의 소유자 · 소지자 또는 보관자에 대한 제출 요구, 특정금융정보법 제7조제1항에 따른 특정금융거래정보의 제공 요청, 국세기본법 제81조의13에 따른 과세정보의 제공 요청, 금융실명법 제4조제1항에 따른 금융거래의 내용에 대한 정보 또는 자료의 제공 요청, 그 밖의 공공기관 또는 단체에 대한 사실조회나 필요한 사항에 대한 보고 요구를 할 수 있다(범죄수익은닉규제법 제10조의3 제1항 본문). 검사는 이러한 몰수 · 추징의 집행을 위하여 필요한 경우 또는 범인 외의 자에 대한 위 과세정보 제공요청 및 금융거래 정보 · 자료 제공요청을 하는 경우에는 지방법원 판사에게 청구하여 발부받은 압수 · 수색 또는 검증 영장에 의하여 집행할 수 있다(범죄수익은닉규제법 제10조의3 제1항 단서, 제3항). 범죄수익은닉규제법상 몰수 · 추징 재판 집행의 실효성 확보를 위하여 강화된 재산 추적수단을 도입한 것이다.[122]

5. 몰수·추징의 보전명령 및 국제공조

몰수에 관한 절차상 특례 및 몰수 · 추징의 보전제도(기소전 몰수 · 추징보전 제도 포함)에 관하여는 앞에서 설명한 마약거래방지법의 규정(마약거래방지법 제19조부터 제63조까지)을 준용하고 있다(범죄수익은닉규제법 제12조). 따라서 법원은 전제범죄에 관련된 피고인에 대한 형사사건에 관하여 범죄수익[즉, 중대범죄에 해당하는 범죄행위에 의하여 생긴 재산이나 그 범죄행위의 보수로 얻은 재산 또는 2호(나)목 범죄에 관계된 재산] 등 범죄수익은닉규제법 제8조 제1항 기재 몰수대상재산에 해당한다고 판단할 만한 상당한 이유가

121) 대법원 2007. 11. 30. 2007도635 ; 2001. 3. 9. 2000도794.

122) 위 2014. 11. 19. 시행된 개정 법률에 관한 국회 법제사법위원회의 법률안 심사보고서 중 '수정이유' 참조.

있고, 그 재산을 몰수하기 위해 필요하다고 인정하면 검사의 청구를 받거나 법원의 직권으로 몰수보전명령을 함으로써 그 재산에 관한 처분을 금지할 수 있다(범죄수익은닉규제법 제12조, 마약거래방지법 제33조). 또한 법원은 그 범죄수익 등을 추징해야 할 경우에 해당한다고 판단할 만한 상당한 이유가 있는 경우로서 추징재판을 집행할 수 없게 될 염려가 있거나 집행이 현저히 곤란하게 될 염려가 있다고 인정할 때에는 검사의 청구에 의하여 또는 직권으로 추징보전명령을 하여 피고인에 대하여 재산의 처분을 금지할 수 있다(범죄수익은닉규제법 제12조, 마약거래방지법 제52조).

특정범죄와 위 범죄수익등 은닉 · 가장죄 및 범죄수익등 수수죄에 해당하는 행위에 대한 외국의 형사사건에 관하여 그 외국으로부터 몰수 · 추징 확정재판의 집행이나 몰수 · 추징을 위한 재산보전의 공조 요청이 있을 때에는 공조할 수 있다(마약거래방지법 제11조 각 호 외 부분). 다만, 공조요청 대상 범죄와 관련된 행위가 대한민국 안에서 행하여진 경우 그 행위가 대한민국 법령에 따라 특정범죄 또는 위 범죄수익등 은닉 · 가장죄 및 범죄수익등 수수죄에 해당하지 아니한다고 인정되는 경우, 대한민국이 같은 종류의 공조요청을 할 경우 그 요청에 응한다는 취지의 공조요청국의 보증이 없는 경우, 마약거래방지법 제64조 제1항 각 호(공조 제외사유)의 어느 하나에 해당하는 경우에는 공조에 응할 수 없다(범죄수익은닉규제법 제11조 각 호). 그 밖의 국제공조절차에 관하여는 앞에서 언급한 마약거래방지법의 규정(마약거래방지법 제64조 제2항, 제65조부터 제78조까지)을 준용하고 있다(범죄수익은닉규제법 제12조).

6. 포상금 지급

법무부장관은 몰수대상재산이 몰수 · 추징되어 국고에 귀속된 경우에는 수사기관에 신고한 자 또는 몰수 · 추징에 공로가 있는 자에게 포상금을 지급할 수 있다(범죄수익은닉규제법 제13조 제1항 본문). 다만 공무원이 그 직무와 관련하여 신고하거나 금융회사등에 종사하는 사람이 그 신고의무에 따라 신고한 경우에는 포상금을 감액하거나 지급하지 아니할 수 있다(범죄수익은닉규제법 제13조 제1항 단서). 이러한 포상금제도는 밀행성을 특징으로 하는 자금세탁의 적발을 위한 효과적인 대책이 될 수 있을 것이다.

Ⅳ. 전제범죄

1. 개념

자금세탁 규제의 대상인 **불법재산**,[123] 즉 범죄수익등, 불법수익등 또는 공중협박자금(약칭 테러자금)[124]을 발생시킨 범죄로서 불법재산의 전제가 되는 범죄를 전제범죄(Predicate Offence)[125]라 한다. 그러므로 전제범죄는 불법재산에 불법성을 띠게 한 범죄로서 자금세탁 규제의 범위를 정하는 기능을 수행한다.

우리나라의 경우에는 범죄수익은닉규제법에 규정된 특정범죄, 즉 중대범죄 및 2호(나)목 범죄와 마약거래방지법에 규정된 마약류범죄가 이에 해당한다(범죄수익은닉규제법 제2조 제1호 제1문, 제2호 내지 제4호, 마약거래방지법 제2조 제2항 내지 제5항). 또한 테러행위를 하거나 하려고 하는 개인 · 법인 · 단체에게 그 자금(또는 이를 위한 재산)을 제공하거나 이를 모집 · 운반 · 보관하는 등의 행위는 별도의 범죄(테러자금조달범죄)를 구성하고 그 자금이나 재산은 불법재산이 되는 것이므로 테러자금조달범죄나 그 전제가 되는 테러범죄, 즉 공중협박범죄도 전제범죄라 할 수 있다. 그러나 테러자금조달범죄는 위 2호(나)목 범죄에 포함되는 범죄이며[범죄수익은닉규제법 제2조 제2호 (나)목. 6)], 테러범죄는 구체적으로 형법이나 폭력행위처벌법 중 살인 · 상해 · 협박 · 손괴죄 등으로 처벌하게 되고 그 범죄들은 대부분 위 중대범죄에 포함되어 있다. 그러므로 테러자금조달범죄나 테러범죄는 별도의 전제범죄로서 논의할 필요는 없을 것이다.

2. 자금세탁범죄와의 관계

자금세탁행위는 범죄로 인한 자금의 세탁행위[특정금융정보법 제2조 4호 (가),(나)목]와 (조세 · 관세포탈)범죄를 위한 자금의 세탁행위[특정금융정보법 제2조 4호 (다)목]로 구분할 수 있다. 이러한 자금세탁행위는 모두 범죄의 적발을 위하여 STR(의심거래보고의무), CDD(고객확인의무) 등 자금세탁 규제의 대상이 되지만, 그 중 자금세탁행위 자체

---

123) 이때의 '불법재산'이란 마약거래방지법 제14조의 '불법재산'보다 넓은 개념이므로 상호 구분해야 한다.
124) 특정금융정보법 제2조 제3호의 '불법재산' 정의 규정 참조.
125) FATF의 40개 권고사항에서 사용한 용어이다.

가 형사처벌되는 것은 전자의 경우이다. 이렇게 형사처벌되는 자금세탁행위를 자금세탁범죄라 할 수 있는데, 자금세탁범죄는 전제범죄와는 독립하여 성립하는 범죄이다. 자금세탁범죄가 전제범죄와 독립된 범죄라는 것은 자금세탁행위가 전제범죄의 불가벌적 사후행위가 될 수 없다는 것을 의미한다. 이는 자금세탁행위의 범죄화로 인하여 전제범죄와는 별개의 새로운 보호법익을 침해하는 것이기 때문이다. 자금세탁범죄의 보호법익은 앞에서 설명한 것처럼 '건전한 자금거래질서와 국가의 형사사법기능'으로 보아야 하고, 전자는 사회적 법익, 후자는 국가적 법익에 속한다. 다만, 전제범죄의 범위는 불법재산의 성립범위를 통하여 자금세탁범죄의 범위를 정하게 되는 관계에 있다.[126]

자금세탁범죄가 성립하기 위해서는 전제범죄로 인한 불법재산임이 전제되어야 하는데, 불법재산으로서 자금세탁범죄의 대상이 되기 위하여 전제범죄의 성립요건, 즉 구성요건해당성 · 위법성 · 유책성 등 형사처벌을 위한 여러 요건 중 어느 단계까지 충족하여야 할 것인지가 문제될 수 있다. 자금세탁범죄의 보호법익인 건전한 자금거래질서 및 국가 형사사법기능의 보호를 위하여는 적어도 자금 기타 재산이 위법성을 띠는 단계는 되어야 할 것이고 나아가 행위자에 대한 개별적 비난가능성까지 요구할 필요는 없다고 생각한다. 그러므로 전제범죄는 범죄의 성립요건 중 구성요건해당성 및 위법성은 갖추어야 할 것이고, 나아가 유책성(형사미성년자가 아닐 것, 강요된 행위가 아닐 것 등), 처벌조건(친족상도례에 해당하지 않을 것 등), 소추조건(친고죄의 경우 피해자의 고소가 있을 것 등), 공소시효 미완성까지 필요로 하지는 않는다. 그러나 자금세탁범죄는 불법재산의 존재를 전제로 하는 것이므로 전제범죄가 배임 · 횡령 등 재산범죄인 경우에는 구성요건에 해당하는 범죄행위가 기수에 이르러야 할 것이다.

3. 전제범죄의 범위와 입법유형

전제범죄는 위와 같이 자금세탁행위의 대상인 불법재산의 성립범위를 결정하므로 전제범죄의 범위는 그에 따른 자금세탁범죄의 범위에도 영향을 미치게 되는데, 전제범죄의 범위 지정방식은 국가별로 차이가 있다. 전제범죄의 범위를 지

126) 이진국, 앞의 "자금세탁과 형법적 대응방안", 634면.

정하는 방식으로는 영국 · 이탈리아 · 핀란드 · 호주의 사례처럼 모든 범죄를 포괄하는 **포괄형**, 오스트리아 · 스위스 · 뉴질랜드의 사례처럼 일정 법정형 이상은 모두 포함되도록 하는 등 전제범죄의 기준을 지정하는 **기준지정형**(threshold approach), 미국 · 캐나다 · 그리이스 · 일본 · 독일의 사례처럼 일정한 범죄를 열거하는 **열거형**(list approach), 각 방식의 **혼합형**이 있다.[127] FATF의 40개 권고사항(40 Recommendations)에서는 필수전제범죄군(designated categories of offences)을 열거하면서 그 밖의 모든 중요범죄(all serious offences)도 포함하도록 권고하고 있다. 필수전제범죄에는 범죄단체 조직 · 가담, 테러, 인신매매, 인신매매 관련 밀입국, 성매매, 마약, 무기 · 장물 밀매, 부패범죄, 사기, 화폐위조, 저작권침해, 살인, 중상해, 납치 · 감금 · 인질, 강 · 절도, 밀수, 강요, 해적, 증권 관련 내부자거래 및 시장조작, 환경범죄, 조세범죄 등이 포함된다.[128]

우리나라의 경우에 처음에는 전제범죄를 마약류범죄에 국한하였으나, 그 동안 입법을 통하여 점차 그 대상을 비즈니스범죄 등 반사회성이 높은 범죄를 열거하며(열거형) 전제범죄의 범위를 확대하여 왔다. 그러던 중, 2022. 1. 4. 시행된 개정 범죄수익은닉규제법에서는 종전 전제범죄 중 '중대범죄'를 사형, 무기 또는 장기 3년 이상의 징역이나 금고에 해당하는 범죄(**기준지정형 중대범죄**)와 같은 법 별표에 열거한 6개 법률 위반 범죄(**열거형 중대범죄**)[129]로 유형을 나누고 그 범위를 확대함으로써, 우리나라의 전제범죄는 2호(나)목 범죄 및 마약류범죄를 포함하여 **혼합형** 입법유형에 속하게 되었다. 이처럼 전제범죄에 기준지정형 중대범죄 유형을 도입한 이유는 사회환경의 변화로 인한 신종 범죄에 따르는 자금세탁에 신속히 대처하고 범죄수익 환수의 공백을 최소화할 필요가 있기 때문이다.[130]

---

127) 장일석, 앞의 「자금세탁 방지제도의 이해」, 6~8면; 강석구, 「주요 국가의 불법자금추적체계 연구」(한국형사정책연구원 연구총서 05-17, 2005), 95-170면.

128) FATF의 활동과 40개 권고사항의 개정과정에 관하여는 장일석, 앞의 「자금세탁 방지제도의 이해」, 98~108면 참조.

129) 범죄수익은닉규제법 별표에 열거한 범죄들은 기준지정형 중대범죄에 포함되지는 않으나 종전에 중대범죄로 열거되었던 범죄들이다.

130) 그 동안 범죄수익은닉규제법의 수차에 걸친 개정은 주로 전제범죄 중 '중대범죄'를 추가하기 위한 것으로, 전제범죄의 범위 확대에 지속적인 노력이 있었다. 그럼에도 불구하고 우리나라의 전제범죄수는 같은 열거형을 취하는 미국의 약 170개, 일본의 약 241개보다 적으므로 전제범죄의 범위를 더욱 확대할 필요가 있었다(이진국, 앞의 논문, 648,649면). 나아가 전제범죄의 입법유형인 열거형은 전제범죄

전제범죄 중 외국의 경우에는 마약범죄, 조직범죄 및 테러범죄가 주로 문제되고 있으나, 우리나라의 경우에는 이러한 범죄의 사회적 비중이 상대적으로 적기 때문에 배임 · 횡령 · 사기 · 주가조작 등 비즈니스범죄와 조세 · 관세포탈 범죄가 주로 문제되고 있고,[131] 공직자의 뇌물수수, 정치자금법위반 등 부패범죄, 성매매알선, 상습도박 및 재산 국외도피 범죄도 적지 않다.

금융정보분석원에서도 최근 3개년(2015년부터 2017년까지) 동안의 전제범죄 몰수 · 추징 실적, STR, CTR 및 외국환거래 통계자료와 법집행기관 등 관계기관 전문가 의견 등을 종합한 결과 이들 전제범죄를 우리나라의 위협적 전제범죄로 파악하였고, 그 중 배임 · 횡령 범죄는 사건 당 범죄수익규모가 비교적 크고 기업의 존립과 다수인의 경제활동에 미치는 영향력이나 자금세탁 유인이 높은 전제범죄로 분류하였다.[132]

4. 우리나라의 전제범죄

우리나라 자금세탁범죄의 성립 등 자금세탁규제의 전제가 되는 전제범죄는 범죄수익은닉규제법 제2조 제1호에서 정의하는 '특정범죄'와 마약거래방지법 제2조 제2항에서 정의하는 '마약류범죄'(상상적 경합 관계의 다른 죄도 포함)이고, 그 중 특정범죄란 재산상의 부정한 이익을 취득할 목적으로 범한 죄로서 범죄수익은닉규제법 제2조 제1호 (가),(나)목에 기재된 '중대범죄'와 범죄수익은닉규제법 제2조 제2호 (나)목에

로 열거되지 아니한 범죄일지라도 중한 범죄를 청부받은 대가로 받은 보수나 범죄수익은닉규제법 제3조 등 자금세탁범죄로 받은 보수의 자금세탁행위가 제외되는 불합리한 결과를 초래할 수 있으므로 "적어도 초국가적 조직범죄집단과 관련된 한도에서는 장기 4년 이상의 징역 · 금고형을 과할 수 있는 범죄"는 모두 전제범죄에 포함하는 기준지정형이 FATF의 권고사항 등 국제기준에 부합하는 것으로 보는 견해(김용욱, 앞의 "자금세탁죄의 개정방향: 초국가적 조직범죄집단과 관련하여", 243,244면)도 있었다. 우리나라의 전제범죄 유형을 혼합형으로 변경한 개정 입법은 이러한 비판을 반영한 것이다.

131) 장일석, 앞의「자금세탁 방지제도의 이해」, 31면.

132) 금융정보분석원,「국가 자금세탁 · 테러자금조달 위험평가」(2018. 12.), 17면[이 자료에서는 우리나라에서 자금세탁의 주요 위협요인이 되는 전제범죄의 순위를 1. 탈세 · 조세포탈(관세포탈 포함), 2. 불법도박 등 불법사행행위, 3. 보이스피싱 등 금융사기, 4. 부패범죄(수뢰 · 증뢰 · 알선 등), 5. 주가조작 등 불공정거래, 6. 재산국외도피(무역거래 이용), 7. 횡령 · 배임 순으로 파악하고 있다. 그 중 단순 탈세는 전제범죄에 속하지 않지만, 포탈 · 환급 · 공제세액이 일정금액 이상인 조세 · 지방세 포탈 범죄와 관세포탈 범죄는 2022. 1. 4.부터 시행되는 개정 범죄수익은닉규제법에 따라 기준지정형 중대범죄에 포함되었다].

규정된 '2호(나)목 범죄'(이들 범죄와 상상적 경합 관계인 다른 죄도 포함)를 말한다.[133]

또한 외국인이 우리나라 영역 밖에서 한 행위도 우리나라 영역 안에서 행하여졌다면 중대범죄 또는 2호(나)목 범죄에 해당하고 행위지의 법령에 따라 범죄에 해당하면 그 죄도 특정범죄에 포함된다[범죄수익은닉규제법 제2조 제1호 (마)목].

원래 범죄의 죄명은 죄명에 관한 대검예규에 따라야 할 것이나, 중대범죄, 2호(나)목 범죄, 마약류범죄의 내용에 관한 아래 설명에서는 범죄의 내용을 인식하기 편하도록 임의로 죄명을 표시하기로 한다.

가. 중대범죄

중대범죄란 재산상의 부정한 이익을 취득할 목적으로 범한 죄로서, 사형 · 무기 또는 장기 3년 이상[134]의 징역이나 금고에 해당하는 죄[2호(나)목 범죄 제외, 기준지정형 중대범죄]와 범죄수익은닉규제법 별표에 규정된 범죄인데[범죄수익은닉규제법 제2조 제1호 (가),(나)목], 그 범죄행위에 의하여 생기거나 범죄행위의 보수로 얻은 재산이 자금세탁 규제대상인 '범죄수익'이 된다[범죄수익은닉규제법 제2조 제2호 (가)목].[135] 위 별표에 규정된 범죄(열거형 중대범죄)는 다음과 같은데, 이 범죄들은 그 법정형이 장기 3년 미만의 징역 · 금고 또는 벌금에 불과하여 기준지정형 중대범죄에 해당하지 않지만, 범죄수익의 환수 등 자금세탁 규제가 필요한 범죄들이다.

【열거형 중대범죄 –범죄수익은닉규제법 별표–】

① 형법 중 다음 각 범죄

가. 유가증권위조 · 변조 예비 · 음모죄(형법 제224조, 제214조), 자격모용유가증

133) 이렇게 전제범죄를 범죄수익은닉규제법과 마약거래방지법에서 이원적으로 규정하고, 그에 따라 용어도 '범죄수익'과 '불법수익'으로 구분하며, 범죄수익은닉규제법의 몰수 · 추징 및 국제공조에 관하여 그보다 적용범위가 좁은 마약거래방지법 규정을 준용하고, 자금세탁범죄의 행위태양 등에 있어 일부 상이하게 규정하고 있는 점은 부적절하므로 마약거래방지법과 범죄수익은닉규제법을 통합하여 일원적으로 규정하는 것이 적절하다는 견해(김용욱, 앞의 논문, 248면)가 있다.

134) '장기 3년 이상'이란 3년의 징역이나 금고로 처벌할 수 있는 법정형이란 의미이다.

135) 판례의 의하면 범죄수익은닉규제법 제2조 제2호 (가)목의 범죄수익에는 "중대범죄의 범죄행위에 의하여 새로 만들어지거나 그 범죄행위로 직접 취득한 재산 또는 범죄행위에 대한 직접적 대가로서 취득한 재산은 포함되지만, 단순히 그 범죄행위와 관계된 재산이나 범죄수익을 보유하거나 처분하여 2차적으로 얻은 재산은 포함되지 않는다."(대법원 2017. 3. 15. 2016도19659).

권작성 · 기재 예비 · 음모죄(형법 제224조, 제215조)

나. 음화, 음란문서, 음란필름, 음란물건의 반포 · 판매 · 임대 · 전시 · 상영죄(형법 제243조) 및 그 행위에 제공할 목적의 제조 · 소지 · 수입 · 수출죄(형법 제244조)

다. 경매 · 입찰 방해죄(제315조)

라. 배임증재죄(형법 제357조 제2항)

② 세관신고 물품 가격조작죄(「관세법」 제270조의2)

③ 정보통신망 이용 음란 부호 · 문언 · 음향 · 화상 · 영상의 배포 · 판매 · 임대 · 공공연전시죄(「정보통신망 이용촉진 및 정보보호 등에 관한 법률」 제74조 제1항 제2호, 제44조의7 제1항 제1호) 및 정보통신망 이용 불법재화 · 서비스의 광고성 정보 전송죄(같은 법 제74조 제1항 제6호, 제50조의8)

④ 불법비디오물 제작 · 유통 · 시청제공죄 또는 이를 위한 진열 · 보관죄(「영화 및 비디오물의 진흥에 관한 법률」 제95조 제6호, 제53조 제1항)

⑤ 여권 · 여행증명서의 양도 · 대여 · 알선죄(「여권법」 제25조 제2호, 제16조 제3호, 제14조 제3항)

⑥ 한국토지주택공사 전 · 현직 임 · 직원의 직무상 비밀 누설 · 도용죄(「한국토지주택공사법」 제28조 제1항, 제22조)

2022. 1. 4. 개정 전 범죄수익은닉규제법에 열거형으로만 규정했던 중대범죄도 모두 현재의 중대범죄 범위에 포함됨은 물론이다. 이러한 중대범죄를 유형별로 구분하면 아래와 같다.

① 범죄조직의 수익 관련 범죄

- 범죄단체 구성 · 가입 · 활동(형법 제114조, 폭력행위처벌법 제4조)
- 테러단체의 구성 · 가입(「국민보호와 공공안전을 위한 테러방지법」 제17조 제1항)
- 폭력행위 및 각 미수죄(폭력행위처벌법 제2조, 제3조, 제5조 제1항, 제6조)

② 죄질이 중한 범죄

- 살인 · 존속살인(형법 제250조), 그 미수 · 예비 · 음모(형법 제254조, 255조)

- 아동 매매 · 음행교사 · 음행매개 · 성적학대(아동복지법 제71조 제1항 제1호, 제1호의2, 제73조), 성매매 · 음란물제작 대상 아동 · 청소년의 매매 또는 국내외 이송, 아동 · 청소년 이용 음란물 제작 · 수출입 · 판매 · 대여 · 배포 · 제공 · 소지 · 운반 · 전시 · 상영, 음란물제작자에 대한 아동 · 청소년 알선, 아동 · 청소년의 성매매 장소제공업 · 알선업, 그에 사용되는 자금 · 토지 · 건물 제공, 아동 · 청소년 성매매의 유인 · 권유 · 강요 · 장소제공 · 알선 · 알선정보제공(「아동 · 청소년의 성보호에 관한 법률」 제11조, 제12조, 제15조), 성매매 강요, 위계 · 위력 등에 의한 성매매, 영업으로 한 성매매알선, 기타 성매매관여 및 각 미수죄(「성매매알선 등 행위의 처벌에 관한 법률」 제18조, 제19조 제2항, 제23조, 다만 성매매알선등 행위 중 성매매에 제공되는 사실을 알면서 자금 · 토지 또는 건물을 제공하는 행위는 제외), 성매매 강요 · 알선 등 범죄 목적 단체 · 집단 구성 또는 가입(「성매매알선 등 행위의 처벌에 관한 법률」 제22조), 카메라 등 이용 신체촬영, 그 촬영물 · 복제물의 반포 · 판매 · 임대 · 제공 · 전시 · 상영(「성폭력범죄의 처벌 등에 관한 특례법」 제14조), 성적 수치심 유발 형태로 얼굴 · 신체 · 음성 영상물등 편집 · 반포(「성폭력범죄의 처벌 등에 관한 특례법」 제14조의2)
- 인질강요, 인질상해 · 치상, 인질살해 · 치사(형법 제324조의2부터 제324조의5까지)
- 미성년자 약취 · 유인(형법 제287조, 특정범죄가중법 제5조의2), 추행 · 간음 · 결혼, 영리, 노동력착취, 성매매, 성적 착취, 장기적출, 국외이송 목적 약취 · 유인 및 피약취 · 유인자 국외이송(형법 제288조), 인신매매(형법 제289조), 피약취자 · 피유인자 · 피매매자 · 피국외이송자 살해 · 치사 · 상해 · 치상 · 수수 · 은닉(형법 제290조, 제291조), 형법 제287조부터 제289조까지의 범죄 목적으로 한 사람의 모집 · 운송 · 전달(형법 제292조), 위 각 범죄의 미수 · 예비 · 음모(형법 제294조, 제296조)
- 체포 · 감금, 체포 · 감금 치사상(형법 제276조부터 제281조까지)

③ 중한 재산범죄

- 절도 · 야간주거침입절도 · 특수절도 · 상습절도죄 및 각 미수죄(형법 제329조부터 제332조까지, 제342조), 강도 · 특수강도 · 상습강도 · 준강도 · 인질강도 · 강도상해 · 강도치상 · 강도살인 · 강도치사 · 강도강간 · 해상강도 · 해상강도상해 · 해상강도치상 · 해상강도살인 · 해상강도치사 · 해상강도강간죄 및 각 미수죄(형법

제333조부터 342조까지), 강도예비 · 음모(형법 제343조), 가중 상습강 · 절도(특정범죄가중법 제5조의4), 공갈 · 특수공갈 및 각 미수죄(형법 제350조, 제350조의2, 제352조)

- 사기 · 준사기 · 상습사기, 컴퓨터등 사용사기 및 상습 컴퓨터등 사용사기(형법 제347조, 제347조의2, 제348조, 제351조), 횡령 · 업무상횡령 · 배임 · 업무상배임(형법 제355조, 제356조), 특정경제범죄법위반(사기 · 공갈 · 횡령 · 배임, 같은 법 제3조), 현금출납공무원 등「회계관계직원 등의 책임에 관한 법률」제2조 제1호, 제2호에 기재된 자 및 그 회계사무의 일부를 처리하는 보조자가 국고 또는 지방자치단체에 손실을 미칠 것을 알면서 그 직무에 관하여 행한 횡령 · 배임[형법 제355조(국고 또는 지방자치단체의 손실이 1억 원 미만인 때), 특정범죄가중법 제5조(국고 또는 지방자치단체의 손실이 1억 원 이상인 때)]
- 회사임원 등의 특별배임죄 및 그 미수죄(상법 제622조, 제624조)
- 장물취득 · 양도 · 운반 · 보관 및 그 알선죄(형법 제362조)
- 미공개중요정보이용 · 시세조종 · 부정거래행위(자본시장법 제443조), 거래소 임직원의 비밀 누설 · 이용(자본시장법 제445조 제42호)
- 사기파산(채무자회생법 제650조, 제652조, 제654조)

④ 부패범죄

- 뇌물수수, 뇌물공여, 알선수뢰, 알선수재(형법 제129조부터 제133조까지, 특정범죄가중법 제2조, 제3조, 변호사법 제111조), 특정경제범죄법 제5조 위반(금융회사등 임직원의 뇌물수수 · 알선수재), 같은 법 제7조 위반(금융기관 임직원 직무 관련 알선수재)[136)]
- 정치자금 부정수수(정치자금법 제45조 제1항, 제2항)
- 배임수증재(형법 제357조 제1항, 제2항)
- 경마 조교사 · 기수 · 말관리사의 배임수재(한국마사회법 제50조 제1항 제6호, 제51

---

136) 특정경제범죄법 제7조에서 말하는 '금융기관 임직원의 직무에 속한 사항의 알선에 관하여 금품을 수수한다'고 함은 금융기관의 임직원의 직무에 속한 사항에 관하여 알선을 의뢰한 사람(알선의뢰인)과 알선의 상대방이 될 수 있는 금융기관의 임직원(알선상대방) 사이를 중개한다는 명목으로 금품 기타 이익을 수수하는 경우이지, 이를 전제로 하지 않고 단순히 금융기관 임직원의 직무에 속하는 사항과 관련하여 알선의뢰인에게 편의를 제공하고 그 대가로서 금품을 수수하였을 뿐인 경우에는 금융기관의 임직원의 직무에 속한 사항의 알선에 관하여 금품을 수수한 것이라고 할 수 없다(대법원 2005. 8. 19. 2005도3045; 2000. 10. 24. 99도3115; 1997. 5. 30. 97도367).

조 제1호, 제2호), 자전거 · 모터보트 경주 선수 · 심판의 배임수재(「경륜 · 경정법」 제29조, 제30조)

- 의료인, 의료기관 개설자(법인의 대표자, 이사, 그 밖에 이에 종사하는 자 포함) 및 의료기관 종사자의 의약 리베이트범죄(의료법 제88조 제2호, 제23조의3)
- 외부감사인, 외부감사인에 소속된 공인회계사, 감사, 감사위원회의 위원 또는 감사인선임위원회의 위원의 배임수증재(외부감사법 제40조), 공인회계사 · 외국공인회계사 · 외국회계법인의 배임수재, 부당이득 가담 · 상담(공인회계사법 제53조 제1항 제1호, 제22조 제3항, 제40조의18)
- 재개발 · 재건축 등 정비사업의 조합설립추진위원 · 조합임원의 선임 또는 정비사업상 계약 체결과 관련한 수증재(「도시 및 주거환경정비법」 제135조 제2호, 제132조)
- 전문체육 운동경기의 선수 · 감독 · 코치 · 심판 및 경기단체 임직원의 운동경기에 관한 배임수증재(국민체육진흥법 제47조 제1호, 제48조 제1호, 제2호)

⑤ 통화 · 외환 · 문서 · 카드 관련 범죄

- 통화 위조 · 변조 · 수출입죄, 그 취득죄 및 각 미수죄(형법 제207조, 제208조, 제212조), 통화 위조 · 변조의 예비 · 음모(형법 제213조)
- 유가증권 위조 · 변조 관련죄 및 각 미수죄(형법 제214조부터 제217조까지, 제223조), 유가증권 위조 · 변조의 예비 · 음모(형법 제224조), 수표위조 · 변조죄(부정수표단속법 제5조)
- 공문서 · 공전자기록등 위조 · 변조 · 자격모용, 허위공문서등 작성, 공정증서원본등 불실기재죄, 그 행사죄 및 각 미수죄(형법 제225조부터 227조의2까지, 제228조 제1항, 제229조, 제235조), 사문서 · 사전자기록등 위조 · 변조 · 자격모용, 허위진단서등 작성, 그 행사죄 및 각 미수죄(형법 제231조부터 제234조까지, 제235조)
- 신용카드 · 직불카드 · 선불카드의 위조 · 변조 · 부당판매 · 부당사용, 무허가 · 무등록 신용카드업 등(여신전문금융업법 제70조 제1항, 제6항)
- 물품판매 · 용역제공 등 가장 또는 실제 매출금액 초과 신용카드 거래, 그 대행 교사, 신용카드 구매 물품 · 용역 등의 할인매입[여신전문금융업법 제70조 제3항 제2호 (가),(나)목]

⑥ 기타 불법재산 야기 범죄

- 상습도박(형법 제246조 제2항), 도박장소 · 도박공간 개설(형법 제247조), 투전기 ·

사행성유기기구 이용 사행영업, 투전기 · 사행성유기기구 판매 · 제조 · 수입, 무허가 사행행위영업, 불법 사행기구 설치 · 사용 · 변조, 무허가 사행기구 제조업 · 판매업(「사행행위 등 규제 및 처벌 특례법」 제30조 제1항, 제2항), 경마유사행위, 경마 이용 도박 · 도박방조, 마사회 관계자 등이 경마 이용 도박의 상대방이 되는 행위, 경마 방해행위(한국마사회법 제50조 제1항 제1호부터 제5호까지, 제2항, 제51조 제4호), 자전거 · 모터보트 경주의 공정시행 방해, 경주 유사행위, 경주 관련 영리목적 도박 · 도박방조, 경주사업 관계자가 경주 이용 도박의 상대방이 되는 행위(「경륜 · 경정법」 제26조, 제27조), 불법게임물 유통 · 이용제공, 게임물 관련 사업자의 게임물 이용 사행행위 교사 · 방치 · 사행성조장 등(「게임산업진흥에 관한 법률」 제44조 제1항), 체육진흥투표권 발행 유사행위 또는 이를 이용한 도박, 정보통신망 이용 체육진흥투표권 또는 유사 투표권 발행 시스템의 설계 · 제작 · 유통 또는 공중이용에의 제공, 체육진흥투표권 발행 또는 대상 운동경기 관계자의 체육진흥투표권 구매 · 알선 · 양수, 속임수 · 위력 사용 체육진흥투표권 발행대상 운동경기의 공정시행 방해(국민체육진흥법 제47조 제2호, 제48조 제3호부터 제6호까지)

- 업무방해(형법 제314조), 경매 · 입찰방해(형법 제315조), 권리행사방해(형법 제323조), 강요 · 강요미수(형법 제324조, 제324조의5), 점유강취 · 준점유강취(형법 제325조), 중권리행사방해(형법 제326조), 의료기관에서의 진료방해 또는 그 방해 교사 · 방조, 의료행위를 행하는 의료인 · 간호조무사 · 의료기사 및 의료행위를 받는 환자 폭행 · 협박, 전자처방전 · 전자의무기록에 저장된 개인정보의 불법 탐지 · 누출 · 변조 · 훼손, 진료기록전송지원시스템 저장 정보의 누출 · 변조 · 훼손, 진료기록전송지원시스템 구축 · 운영 수탁기관의 보유정보 누출 · 변조 · 훼손 등 방지 미조치, 운영업무 재위탁 또는 제3자에 대한 임의제공 · 유출, 무면허 의료행위, 무자격 의료기관 개설, 의료인의 의료기관 중복 개설 · 운영, 안마사의 안마시술소 또는 안마원 중복운영, 의료법인등의 명의대여(의료법 제87조 제2항 제2호, 제12조 제2항, 제3항, 제18조 제3항, 제21조의2 제5항, 제8항, 제23조 제3항, 제27조 제1항, 제33조 제2항, 제8항, 제10항, 제82조 제3항)
- 상표권 · 전용사용권 침해(상표법 제230조), 저작재산권등 침해(저작권법 제136조 제1항 제1호), 영업비밀유지명령위반(저작권법 제136조 제1항 제2호), 산업기술의 불

법취득 · 사용 · 공개, 산업기술 비밀유지의무 있는 자의 불법유출 · 사용 · 공개 또는 상대방의 그 취득, 국가핵심기술 불법수출 등[「산업기술의 유출방지 및 보호에 관한 법률」 제36조 제1항, 제14조 각 호(제4호 제외)], 영업비밀 해외유출 관여행위(「부정경쟁방지 및 영업비밀보호에 관한 법률」 제18조 제1항), 방위산업기술의 불법취득 · 사용 · 공개(「방위산업기술 보호법」 제21조 제1항, 제2항)

- 불법직업소개(직업안정법 제46조, 제47조 제1호), 무허가 총포 · 화약류 제조 · 판매 · 소지 등(「총포 · 도검 · 화약류 등 단속법」 제70조), 위해식품 판매, 식품등 허위 · 과대표시, 기준 · 규격 미고시 화학적 합성품 첨가 식품 제조 · 가공 · 판매 등[식품위생법 제94조(다만, 식품위생법 제8조, 제37조 제1항 위반부분은 제외), 「보건범죄단속에 관한 특별조치법」 제2조 제1항(다만, 식품위생법 제6조 위반의 경우만 해당)], 위해건강기능식품 판매 등[「건강기능식품에 관한 법률」 제43조(다만 같은 법 제23조 위반의 경우만 해당)], 무허가 폐기물처리업, 폐기물처리업 허가 부정발급(폐기물관리법 제64조 제5호, 제6호), 가짜석유제품 제조 · 수입 · 저장 · 운송 · 보관 또는 판매 등(「석유 및 석유대체연료 사업법」 제44조 제3호), 대부업자 · 미등록대부업자의 제한 이자율 초과 이자 수령(「대부업 등의 등록 및 금융이용자 보호에 관한 법률」 제19조 제2항 제3호), 무허가 산지전용(산지관리법 제53조 제1호), 무허가 건축물건축 · 공작물설치 · 토지형질변경 · 토석채취 · 토지분할 등 개발행위(「국토의 계획 및 이용에 관한 법률」 제140조 제1호, 제56조 제1항, 제2항), 화학물질 중 금지물질의 무허가 취급, 제한물질의 제한용도 취급, 허가물질의 무허가 제조 · 수입 · 사용, 유해화학물질의 무허가 영업 · 취급(화학물질관리법 제58조 제2호, 제2호의2, 제3호, 제4호)
- 정보통신서비스제공자, 방송사업자 등의 불법 개인정보 수집, 오용 또는 부당제공, 그 정보처리자의 개인정보 훼손 · 침해 · 누설, 영리나 부정목적으로 그 제공을 받는 행위, 정보통신망 이용 음란정보 배포 · 판매, 불법 광고성정보 전송(「정보통신망 이용촉진 및 정보보호 등에 관한 법률」 제71조 제1항 제2호, 제3호, 제5호, 제6호, 제74조 제1항 제2호, 제6호), 불법비디오물 제작 · 유통 · 시청제공 또는 이를 위한 진열 · 보관(「영화 및 비디오물의 진흥에 관한 법률」 제95조 제6호), 음화반포등(형법 제243조), 음화제조등(형법 제244조), 청소년유해행위금지위반(청소년보호법 제55조부터 제57조까지, 제58조 제5호), 개인정보의 불법 제3자제공 또는 그 수령, 목적 외 이용 등 이용 · 제공 제한위반, 민감정보 · 고유식별정보의 불법처리,

업무상 알게 된 개인정보의 누설 · 훼손 · 멸실 · 변경 · 위조 · 유출, 영상정보처리기기의 목적 외 사용, 개인정보의 불법취득 등(「개인정보 보호법」 제71조, 제72조)

- 밀수출입 또는 그 미수죄(관세법 제269조, 제271조 제2항, 특정범죄가중법 제6조 제1항, 제2항, 제3항, 제6항, 제7항, 제8항), 관세 포탈 · 부정환급(특정범죄가중법 제6조 제4항, 제6항, 제7항, 제8항, 관세법 제270조 제5항), 세관신고 물품 가격조작(관세법 제270조의2), 무허가 전략물자 수출, 전략물자 수출허가 부정취득, 외화도피 목적 수 · 출입가격 조작(대외무역법 제53조 제2항 제2호, 제3호, 제9호), 외국인 집단 불법 출입국 알선 등(출입국관리법 제93조의2 제2항), 여권 등 부정 발급 · 재발급의 알선, 여권 등 양도 · 대여 또는 그 알선 (여권법 제24조 중 여권 등 부정 발급 · 재발급의 알선, 제25조 제2호)
- 포탈 · 환급 · 공제세액 연간 3억 원 이상이고 그 포탈 · 환급 · 공제세액이 신고 · 납부해야 할 세액의 100분의 30 이상이거나, 포탈 · 환급 · 공제세액이 연간 5억 원 이상인 조세 · 지방세의 포탈 · 환급 · 공제(「조세범 처벌법」 제3조 제1항 제1호, 제2호. 「지방세기본법」 제102조 제1항 제1호, 제2호)
- 관세포탈(「관세법」 제270조 제1항, 제2항, 제4항, 제5항)

나. 2호(나)목 범죄

2호(나)목 범죄란 재산상의 부정한 이익을 취득할 목적으로 범한 죄로서 범죄수익은닉규제법 제2조 제2호 (나)목에 기재된 범죄인데[범죄수익은닉규제법 제2조 제1호 (다)목], 그 범죄행위에 의하여 생기거나 보수로 받은 재산뿐만 아니라 그 범죄행위에 제공되는 자금이나 재산 등 그 범죄에 관계된 자금이나 재산은 모두 '범죄수익'이 되는 범죄이다[범죄수익은닉규제법 제2조 제2호 (나)목]. 2호(나)목 범죄를 중대범죄와 별도로 분류하는 이유는 자금세탁 규제를 받는 '범죄수익'의 범위가 다르기 때문이다.[137] 2호(나)목 범죄는 폭력조직범죄의 단속, 국익 · 공중 · 국제상거래의 보호, 국제협력 등 특별한 목적을 위하여 폭넓게 범죄 관련 자금을 규제할 필요가 있는 범죄

137) 중대범죄 또는 2호(나)목 범죄와 상상적 경합관계에 있는 죄와, 외국인에 의한 국외범이 그 행위가 대한민국 영역 안에서 행하여졌다면 중대범죄 또는 2호(나)목 범죄에 해당하고 행위지 법령상 유죄인 경우도 특정범죄에 포함되므로[범죄수익은닉규제법 제2조 제1호 (라), (마)목], 범죄수익의 범위결정 시 이를 감안해야 할 것이다.

로서 범죄수익은닉규제법 제2조 제2호(나)목 1)부터 6)까지에 열거되어 있다. 이를 분류해 보면 아래와 같다.

① **성매매 재산제공 영업죄** : 성매매에 제공되는 사실을 알면서 영업으로 자금 · 토지 또는 건물을 제공한 죄(「성매매알선 등 행위의 처벌에 관한 법률」 제19조 제2항 제1호).

② **폭력집단 자금제공죄** : 폭력행위처벌법위반 범죄를 목적으로 하는 단체 또는 집단을 구성하거나 그러한 단체 또는 집단에 가입하지 아니한 자로서 그러한 단체 또는 집단의 구성 · 유지를 위하여 자금을 제공한 죄 및 그 미수죄(폭력행위처벌법 제5조 제2항, 제6조).

③ **국제상거래 관련 뇌물공여죄** : 국제상거래와 관련하여 부정한 이익을 얻을 목적으로 '외국공무원등'(「국제상거래에 있어서 외국공무원에 대한 뇌물방지법」 제2조의 사람)에게 그 업무와 관련하여 뇌물을 약속 또는 공여하거나 공여의사를 표시한 죄(같은 법 제3조 제1항).

④ **재산 국외도피 범죄** : 법령을 위반하여 대한민국 또는 대한민국국민의 재산을 국외로 이동하거나 국내로 반입하여야 할 재산을 국외에서 은닉 또는 처분하여 도피시킨 죄 및 그 미수죄(특정경제범죄법 제4조).

⑤ **「국제형사재판소 관할 범죄의 처벌 등에 관한 법률」위반죄** :

- 국민적 · 인종적 · 민족적 또는 종교적 집단 자체를 전부 또는 일부 파괴할 목적으로 그 집단의 구성원을 살해하거나, 그 집단의 구성원에 대하여 중대한 신체적 또는 정신적 위해를 끼치거나, 신체의 파괴를 불러일으키기 위하여 계획된 생활조건을 그 집단에 고의적으로 부과하거나, 그 집단 내 출생을 방지하기 위한 조치를 부과하거나, 그 집단의 아동을 강제로 다른 집단으로 이주하도록 한 죄 및 그 각 선동죄 또는 미수죄(같은 법 제8조).
- 민간인 주민을 공격하려는 국가 또는 단체 · 기관의 정책과 관련하여, 민간인 주민에 대한 광범위하거나 체계적인 공격으로 사람을 살해한 죄 또는 그 미수죄(같은 법 제9조 제1항, 제5항).
- 민간인 주민을 공격하려는 국가 또는 단체 · 기관의 정책과 관련하여, 민간인 주민에 대한 광범위하거나 체계적인 공격으로, 식량과 의약품에 대한 주민의

접근을 박탈하는 등 일부 주민의 말살을 불러올 생활조건을 고의적으로 부과하거나, 사람을 노예화하거나, 국제법규를 위반하여 강제로 주민을 그 적법한 주거지에서 추방하거나 이주하도록 하거나, 국제법규를 위반하여 사람을 감금하거나 그 밖의 방법으로 신체적 자유를 박탈하거나, 자기의 구금 또는 통제하에 있는 사람에게 정당한 이유 없이 중대한 신체적 또는 정신적 고통을 주어 고문하거나, 강간 · 성적노예화 · 강제매춘 · 강제임신 · 강제불임 또는 이와 유사한 중대한 성적 폭력행위를 하거나, 정치적 · 인종적 · 국민적 · 민족적 · 문화적 · 종교적 사유, 성별 또는 그 밖의 국제법규에 따라 인정되지 아니하는 사유로 집단 또는 집합체 구성원의 기본적 인권을 박탈 또는 제한하거나, 사람을 장기간 법의 보호로부터 배제시킬 목적으로 국가 또는 정치단체의 허가 · 지원 또는 묵인하에 사람을 체포 · 감금 · 약취 또는 유인(이하 '체포등'이라 함)한 후 그 사람에 대한 체포등 사실, 인적사항, 생존여부 및 소재지 등에 대한 정보의 제공을 거부하거나 거짓 정보를 제공하거나, 그 정보제공 의무 있는 사람이 정보제공을 거부하거나 거짓 정보를 제공하거나, 그 밖의 방법으로 사람의 신체와 정신에 중대한 고통이나 손상을 준 죄 또는 그로 인하여 사람을 사망에 이르게 한 죄 및 그 각 미수죄(같은 법 제9조 제2항, 제4항, 제5항).

- 인종집단의 구성원으로서 다른 인종집단을 조직적으로 억압하고 지배하는 체제를 유지할 목적으로 위 각 행위를 한 죄 또는 그로 인하여 사람을 사망에 이르게 한 죄 및 그 각 미수죄(같은 법 제9조 제3항, 제4항, 제5항).
- 국제적 무력충돌 또는 비국제적 무력충돌(폭동이나 국지적이고 산발적인 폭력행위와 같은 국내적 소요나 긴장 상태는 제외, 이하 같음)과 관련하여, 인도에 관한 국제법규에 따라 보호되는 사람을 살해하거나, 인질로 잡거나, 고문이나 신체의 절단 등으로 신체 또는 건강에 중대한 고통이나 손상을 주거나, 강간 · 강제매춘 · 성적노예화 · 강제임신 또는 강제불임의 대상으로 삼거나, 국제법규를 위반하여 주거지로부터 추방 또는 이송하거나, 공정한 정식재판에 의하지 아니하고 형을 부과 또는 집행하거나, 치료목적 등 정당한 사유 없이 대상자의 자발적이고 명시적인 사전동의 없이 생명 · 신체에 중대한 위해를 끼칠 수 있는 의학적 · 과학적 실험의 대상으로 삼은 죄, 또는 조건 없이 항복하거나 전투능력을 잃은 군대의 구성원이나 전투원에게 상해를 입히거나, 15세 미만인 사람을 군대 또는 무

장집단에 징집 또는 모병의 방법으로 참여하도록 하거나 적대행위에 참여하도록 한 죄, 또는 이러한 행위로 인하여 사람을 사망에 이르게 한 죄 및 그 각 미수죄(같은 법 제10조 제1항, 제2항, 제3항, 제6항, 제7항).

- 국제적 무력충돌 또는 비국제적 무력충돌과 관련하여 인도에 관한 국제법규에 따라 보호되는 사람을 중대하게 모욕하거나 품위를 떨어뜨리는 처우를 한 죄 및 그 각 미수죄(같은 법 제10조 제4항, 제7항).
- 국제적 무력충돌과 관련하여, 정당한 사유 없이 인도에 관한 국제법규에 따라 보호되는 사람을 감금하거나, 자국의 주민 일부를 점령지역으로 이주시키거나, 인도에 관한 국제법규에 따라 보호되는 사람으로 하여금 강제로 적국의 군대에 복무하도록 하거나, 적국의 국민을 강제로 자신의 국가에 대한 전쟁 수행에 참여하도록 하거나, 그로 인하여 사람을 사망에 이르게 한 죄 및 그 각 미수죄(같은 법 제10조 제5항, 제6항, 제7항).
- 국제적 무력충돌 또는 비국제적 무력충돌과 관련하여 적국 또는 적대 당사자의 재산을 약탈하거나, 무력충돌의 필요상 불가피하지 아니한데도 적국 또는 적대 당사자의 재산을 국제법규를 위반하여 광범위하게 파괴 · 징발하거나 압수하거나, 국제적 무력충돌과 관련하여 국제법규를 위반하여 적국의 국민 전부 또는 다수의 권리나 소송행위가 법정에서 폐지 · 정지되거나 허용되지 아니한다고 선언한 죄 및 그 각 미수죄(같은 법 제11조).
- 국제적 무력충돌 또는 비국제적 무력충돌과 관련하여, 국제연합헌장에 따른 인도적 원조나 평화유지임무와 관련된 요원 · 시설 · 자재 · 부대 또는 차량이 무력충돌에 관한 국제법에 따라 민간인 또는 민간 대상물에 부여되는 보호를 받을 자격이 있는데도 그들을 고의적으로 공격하거나, 제네바협약에 규정된 식별표장(識別表裝)을 정당하게 사용하는 건물 · 장비 · 의무부대, 의무부대의 수송수단 또는 요원을 공격하거나, 제네바협약에 규정된 식별표장 · 휴전기(休戰旗), 적이나 국제연합의 깃발 · 군사표지 또는 제복을 부정한 방법으로 사용하여 사람을 사망에 이르게 하거나 사람의 신체에 중대한 손상을 입힌 죄 및 그 각 미수죄(같은 법 제12조).
- 국제적 무력충돌 또는 비국제적 무력충돌과 관련하여, 민간인 주민을 공격의 대상으로 삼거나 적대행위에 직접 참여하지 아니한 민간인 주민을 공격의 대상

으로 삼거나, 군사목표물이 아닌 민간 대상물로서 종교 · 교육 · 예술 · 과학 또는 자선 목적의 건물, 역사적 기념물, 병원, 병자 및 부상자를 수용하는 장소, 무방비 상태의 마을 · 거주지 · 건물 또는 위험한 물리력을 포함하고 있는 댐 등 시설물을 공격하거나, 군사작전상 필요에 비하여 지나치게 민간인의 신체 · 생명 또는 민간 대상물에 중대한 위해를 끼치는 것이 명백한 공격행위를 하거나, 특정한 대상에 대한 군사작전을 막을 목적으로 인도에 관한 국제법규에 따라 보호되는 사람을 방어수단으로 이용하거나, 인도에 관한 국제법규를 위반하여 민간인들의 생존에 필수적인 물품을 박탈하거나 그 물품의 공급을 방해함으로써 기아(飢餓)를 전투수단으로 사용하거나, 군대의 지휘관으로서 예외 없이 적군을 살해할 것을 협박하거나 지시하거나, 그로 인하여 인도에 관한 국제법규에 따라 보호되는 사람을 사망 또는 중대한 상해에 이르게 하거나, 국제법상 금지되는 배신행위로 적군 또는 상대방 전투원을 살해하거나 상해를 입히거나, 자연환경에 군사작전상 필요한 것보다 지나치게 광범위하고 장기간의 중대한 훼손을 가하는 것이 명백한 공격 행위를 한 죄 및 그 각 미수죄(같은 법 제13조).

- 국제적 무력충돌 또는 비국제적 무력충돌과 관련하여 독물(毒物), 유독무기(有毒武器), 생물무기, 화학무기, 또는 인체 내에서 쉽게 팽창하거나 펼쳐지는 총탄을 사용한 죄, 그 죄를 범하여 사람의 생명 · 신체 또는 재산을 침해한 죄 및 그 각 미수죄(같은 법 제14조).
- 군대의 지휘관 또는 단체 · 기관의 상급자로서 직무를 게을리하거나 유기(遺棄)하여 실효적인 지휘와 통제하에 있는 부하가 '집단살해죄등'(같은 법 제8조 내지 제14조의 죄, 이하 같음)을 범하는 것을 방지하거나 제지하지 못하거나 과실로 그 행위에 이른 죄, 군대의 지휘관 또는 단체 · 기관의 상급자로서 집단살해죄등을 범한 실효적인 지휘와 통제하에 있는 부하 또는 하급자를 수사기관에 알리지 아니한 죄(같은 법 제15조).
- 국제형사재판소에서 수사 또는 재판 중인 사건, 국제형사재판소의 청구 또는 요청에 의하여 대한민국 안에서 진행되는 절차에 관하여, 거짓 증거를 제출하거나, 폭행 또는 협박으로 참고인 또는 증인의 출석 · 진술 또는 증거의 수집 · 제출을 방해하거나, 참고인 또는 증인의 출석 · 진술 또는 증거의 수집 · 제출을 방해하기 위하여 그에게 금품이나 그 밖의 재산상 이익을 약속 · 제공하거나 제

공의 의사를 표시하거나, 참고인 또는 증인이 그 금품이나 재산상 이익을 수수(收受)·요구 또는 약속한 죄(같은 법 제16조 제1항, 제2항).

- 국제형사재판소에서 수사 또는 재판 중인 사건과 관련하여, 형법 제152조(위증, 모해위증), 제154조(허위의 감정·통역·번역) 또는 제155조제1항 내지 제3항(증거인멸·은닉·위조·변조, 증인은닉·도피)의 규정이나 특정범죄가중법 제5조의9(형사사건의 수사·재판 관련 보복범죄)에 따른 행위를 한 죄(같은 법 제16조 제3항).
- 국제형사재판소에서 수사 또는 재판 중인 사건과 관련하여, 국제형사재판소 직원(재판관, 소추관, 부소추관, 사무국장 및 사무차장을 포함하여 국제형사재판소 규정에 따라 국제형사재판소의 사무를 담당하는 사람을 말함)에게 형법 제133조(뇌물 약속·공여·공여의사표시), 제136조(공무집행방해), 제137조(위계에 의한 공무집행방해) 또는 제144조(특수공무집행방해)에 따른 행위(이 경우 국제형사재판소 직원은 해당 조문에 따른 공무원으로 봄)를 한 죄(같은 법 제16조 제4항, 제5항, 제6항).

⑥ **테러자금조달죄** : 테러자금금지법 제2조 제1호 각 목의 행위(즉, 테러행위)를 하거나 하려고 하는 개인·법인 또는 단체라는 사실을 알면서 그를 이롭게 할 목적으로 그에게 직접 또는 제3자를 통하여 자금 또는 재산을 제공·모집·운반·보관하거나 그 행위를 강요 또는 권유한 죄 및 그 제공·모집·운반·보관행위의 각 미수죄(같은 법 제6조제1항, 제4항).

다. 마약류범죄

마약류범죄는 마약거래방지법 제6조(업으로서 한 불법수입 등), 제9조(마약류 물품의 수입 등), 제10조(마약류범죄·마약류자금세탁범죄의 선동·권유)의 죄 및 마약류관리법 벌칙 중 제58조부터 제61조까지의 범죄이다(마약거래방지법 제2조 제2항 제1,2호).[138] 또한 이들 범죄와 상상적 경합 관계에 있는 다른 범죄도 포함한다(마약거래방지법 제2조 제2항 각 호 외 부분). 마약류범죄는 그 범죄행위로 얻은 재산이나 범죄행위의 보수만이 자금세탁 규제대상인 '불법수익'이 됨이 원칙이다. 다만 그 중 마약류관리법 제60조 제1항 제1호, 제61조 제1항 제1호(즉, 마약·대마 또는 향정신성의약품을 사용하거나, 마

138) 이 범죄와 상상적 경합관계에 있는 죄도 마약류범죄에 포함되므로(마약거래방지법 제2조 제2항), 불법수익의 범위결정시 이를 감안해야 할 것이다.

약 · 대마 또는 향정신성의약품과 관련된 금지행위를 하기 위한 장소 · 시설 · 장비 · 자금 또는 운반수단을 타인에게 제공한 죄) 또는 그 각 미수범의 경우에는 그밖에 그 범죄에 관계된 자금도 불법수익이 된다(마약거래방지법 제2조 제3항). 마약류범죄를 개별적으로 살펴보면 아래와 같다.

① 마약류관리법위반죄

- 마약이나 임시마약을 수출입 · 제조 · 매매하거나 매매를 알선한 자 또는 그러할 목적으로 소지 · 소유한 죄(같은 법 제58조 제1항 제1호), 마약 또는 향정신성의약품을 제조할 목적으로 그 원료가 되는 물질을 제조 · 수출입하거나 그러할 목적으로 소지 · 소유한 죄(같은 법 제58조 제1항 제2호), 오용하거나 남용할 우려가 심하고 의료용으로 쓰이지 아니하며 안전성이 결여되어 있는 것으로서 이를 오용하거나 남용할 경우 심한 신체적 또는 정신적 의존성을 일으키는 약물이나 이를 함유하는 물질인 향정신성의약품 또는 그 물질을 함유하는 향정신성의약품을 제조 · 수출입 · 매매, 매매의 알선 또는 수수하거나 그러할 목적으로 소지 · 소유한 죄(같은 법 제58조 제1항 제3호), 향정신성의약품의 원료가 되는 식물에서 그 성분을 추출하거나 그 식물 또는 버섯류를 수출입하거나 수출입할 목적으로 소지 · 소유한 죄(같은 법 제58조 제1항 제4호), 대마를 수입 또는 수출하거나 그러할 목적으로 대마를 소지 · 소유한 죄(같은 법 제58조 제1항 제5호), 오용하거나 남용할 우려가 심하고 매우 제한된 의료용으로만 쓰이는 것으로서 이를 오용하거나 남용할 경우 심한 신체적 또는 정신적 의존성을 일으키는 약물 또는 이를 함유하는 물질인 향정신성의약품 또는 그 물질을 함유하는 향정신성의약품을 제조 또는 수출입하거나 그러할 목적으로 소지 · 소유한 죄(같은 법 제58조 제1항 제6호), 미성년자에게 마약이나 임시마약을 수수 · 조제 · 투약 · 제공하거나 향정신성의약품이나 임시향정신성의약품을 매매 · 수수 · 조제 · 투약 · 제공한 죄(같은 법 제58조 제1항 제7호), 위 각 죄의 예비 · 음모(같은 법 제58조 제4항) 및 미수죄(같은 법 제58조 제3항).
- 수출입 · 매매 또는 제조할 목적으로 마약의 원료가 되는 식물을 재배하거나 그 성분을 함유하는 원료 · 종자 · 종묘를 소지 · 소유한 죄 및 그 미수죄(같은 법 제59조 제1항 제1호, 제3항), 마약의 성분을 함유하는 원료 · 종자 · 종묘를 관리 · 수

수하거나 그 성분을 추출하는 행위를 한 죄 및 그 미수죄(같은 법 제59조 제1항 제2호, 제3항), 헤로인이나 그 염류 또는 이를 함유하는 것을 소지 · 소유 · 관리 · 수수 · 운반 · 사용 또는 투약하거나 투약하기 위하여 제공하는 행위를 한 죄 및 그 미수죄(같은 법 제59조 제1항 제3호, 제3항), 마약 또는 향정신성의약품을 제조할 목적으로 그 원료가 되는 물질을 매매하거나 매매를 알선하거나 수수하거나 그러할 목적으로 소지 · 소유 또는 사용한 죄 및 그 미수죄(같은 법 제59조 제1항 제4호, 제3항), 오용하거나 남용할 우려가 심하고 의료용으로 쓰이지 아니하며 안전성이 결여되어 있는 것으로서 이를 오용하거나 남용할 경우 심한 신체적 또는 정신적 의존성을 일으키는 약물 또는 이를 함유하는 물질인 향정신성의약품 또는 그 물질을 함유하는 향정신성의약품을 소지 · 소유 · 사용 · 관리한 죄(같은 법 제59조 제1항 제5호), 오용하거나 남용할 우려가 심하고 의료용으로 쓰이지 아니하며 안전성이 결여되어 있는 것으로서 이를 오용하거나 남용할 경우 심한 신체적 또는 정신적 의존성을 일으키는 약물 또는 이를 함유하는 물질인 향정신성의약품의 원료가 되는 식물 또는 버섯류를 매매 · 매매알선 또는 수수하거나 그러할 목적으로 소지 · 소유한 죄 및 그 미수죄(같은 법 제59조 제1항 제6호, 제3항), 대마를 제조하거나 매매 · 매매알선 또는 그러할 목적으로 대마를 소지 · 소유한 죄 및 그 예비 · 음모 · 미수죄(같은 법 제59조 제1항 제7호, 제3항, 제4항), 미성년자에게 대마를 수수 · 제공하거나 대마 또는 대마초 종자의 껍질을 흡연 또는 섭취하게 한 죄 및 그 미수죄(같은 법 제59조 제1항 제8호, 제3항), 마약이나 임시마약을 소지 · 소유 · 관리 또는 수수하거나 한외마약을 제조한 죄 및 그 미수죄(같은 법 제59조 제1항 제9호, 제3항), 같은 법 제2조 3호 (가)목 및 (나)목에 규정된 것보다 오용하거나 남용할 우려가 상대적으로 적고 의료용으로 쓰이는 것으로서 이를 오용하거나 남용할 경우 그리 심하지 아니한 신체적 의존성을 일으키거나 심한 정신적 의존성을 일으키는 약물 또는 이를 함유하는 물질인 향정신성의약품 또는 그 물질을 함유하는 향정신성의약품을 제조 · 수출입하거나 그러할 목적으로 소지 · 소유한 죄 및 그 미수죄(같은 법 제59조 제1항 제10호, 제3항), 대마나 임시대마의 수출 · 매매 또는 제조할 목적으로 대마초나 임시대마초를 재배한 죄 및 그 미수죄(같은 법 제59조 제1항 제11호, 제3항), 마약류 취급자가 같은 법에 따르지 아니한 채 마약류(대마는 제외)를 취급한 죄 및 그 미수죄(같은 법 제59조 제1항 제12호, 제3항), 마약류수출입업자가 아니면서 향정신성의약품을 수출입하거나, 마약류제조업자가 아니면서 향정신성의약품을 제조하거나, 마약류원료사용자가 아니면서 향정신성의약품을 원료로 사용한 의약품을 제조한 죄 및 그 미수죄(같은 법 제59조 제1항 제13호, 제3항).

– 마약 또는 같은 법 제2조 제3호 (가)목의 향정신성의약품(즉, 오용하거나 남용할 우려가 심하고 의료용으로 쓰이지 아니하며 안전성이 결여되어 있는 것으로서 이를 오용하거나 남용할 경우 심한 신체적 또는 정신적 의존성을 일으키는 약물 또는 이를 함유하는 물질인 향정신성의약품)을 사용하거나, 마약 또는 위 향정신성의약품과 관련된 금지된 행위를 하기 위한 장소 · 시설 · 장비 · 자금 또는 운반 수단을 타인에게 제공한 죄(같은 법 제60조 제1항 제1호), 오용하거나 남용할 우려가 심하고 매우 제한된 의료용으로만 쓰이는 것으로서 이를 오용하거나 남용할 경우 심한 신체적 또는 정신적 의존성을 일으키는 약물 또는 이를 함유하는 물질인 향정신성의약품, 같은 법 2조 제3호 (가)목 및 (나)목에 규정된 것보다 오용하거나 남용할 우려가 상대적으로 적고 의료용으로 쓰이는 것으로서 이를 오용하거나 남용할 경우 그리 심하지 아니한 신체적 의존성을 일으키거나 심한 정신적 의존성을 일으키는 약물 또는 이를 함유하는 물질인 향정신성의약품 또는 그 각 물질을 함유하는 향정신성의약품을 마약류취급자가 아님에도 불구하고 매매 · 매매알선 · 수수 · 소지 · 소유 · 사용 · 관리 · 조제 · 투약 · 제공하거나 향정신성의약품을 기재한 처방전을 발급한 죄(같은 법 제60조 제1항 제2호), 같은 법 제2조 제3호 (다)목에 규정된 것보다 오용하거나 남용할 우려가 상대적으로 적고 의료용으로 쓰이는 것으로서 이를 오용하거나 남용할 경우 그 (다)목에 규정된 것보다 신체적 또는 정신적 의존성을 일으킬 우려가 적은 약물 또는 이를 함유하는 물질인 향정신성의약품 또는 그 물질을 함유하는 향정신성의약품을 마약류취급자가 아니면서 제조 또는 수출입하거나 그러할 목적으로 소지 · 소유한 죄(같은 법 제60조 제1항 제3호), 마약류취급자가 업무외 목적을 위하여 마약을 취급하거나, 같은 법에 따라 마약 · 임시마약을 소지 · 소유 · 운반 또는 관리하는 자가 다른 목적을 위하여 그것을 사용하거나, 마약류취급자가 아닌 자로부터 마약을 양수하거나, 마약류소매업자가 아니면서 마약류취급의료업자가 발급한 마약을 기재한 처방전에 따라 조제한 마약을 판매하거나, 마약류취급의료업자가 아니면서

의료나 동물진료를 목적으로 마약을 투약하거나 투약하기 위하여 제공하거나 마약을 기재한 처방전을 발급하거나, 마약류취급학술연구자가 아니면서 마약을 학술연구 목적에 사용하거나, 마약류취급의료업자가 치료보호기관에서 보건복지부장관 또는 시 · 도지사의 허가를 받은 경우가 아님에도 불구하고 마약중독자에게 그 중독 증상을 완화시키거나 치료하기 위하여 마약을 투약하거나 마약을 투약하기 위하여 제공하거나 마약을 기재한 처방전을 발급한 죄(같은 법 제60조 제1항 제4호) 및 그 각 미수죄(같은 법 제60조 제3항).

- 대마 또는 향정신성의약품[같은 법 제2조 제3호 (가)목에 해당하는 향정신성의약품은 제외]을 사용하거나, 대마 또는 향정신성의약품[같은 법 제2조 제3호 (가)목에 해당하는 향정신성의약품은 제외]과 관련된 금지행위를 하기 위한 장소 · 시설 · 장비 · 자금 또는 운반수단을 타인에게 제공한 죄 및 그 각 미수죄(같은 법 제61조 제1항 제1호, 제3항), 마약의 원료가 되는 식물을 재배하거나 그 성분을 함유하는 원료 · 종자 · 종묘를 소지 · 소유한 죄(같은 법 제61조 제1항 제2호), 오용하거나 남용할 우려가 심하고 의료용으로 쓰이지 아니하며 안전성이 결여되어 있는 것으로서 이를 오용하거나 남용할 경우 심한 신체적 또는 정신적 의존성을 일으키는 약물 또는 이를 함유하는 물질인 향정신성의약품의 원료가 되는 식물 또는 버섯류를 흡연 · 섭취하거나 그러할 목적으로 소지 · 소유하거나 또는 다른 사람에게 흡연 · 섭취하게 할 목적으로 소지 · 소유한 죄(같은 법 제61조 제1항 제3호), 대마 또는 대마초 종자의 껍질을 흡연 또는 섭취하거나, 그 행위를 할 목적으로 대마, 대마초 종자 또는 대마초 종자의 껍질을 소지하거나, 그 각 행위를 하려 한다는 정을 알면서 대마초 종자나 대마초 종자의 껍질을 매매 또는 매매알선한 죄 및 그 각 미수죄(같은 법 제61조 제1항 제4호, 제3항), 같은 법 제2조 3호 (다)목에 규정된 것보다 오용하거나 남용할 우려가 상대적으로 적고 의료용으로 쓰이는 것으로서 이를 오용하거나 남용할 경우 같은 법 제2조 3호 (다)목에 규정된 것보다 신체적 또는 정신적 의존성을 일으킬 우려가 적은 약물 또는 이를 함유하는 물질인 향정신성의약품 또는 그 물질을 함유하는 향정신성의약품을 마약류취급자가 아니면서 매매 · 매매알선 · 수수 · 소지 · 소유 · 사용 · 관리 · 조제 · 투약 · 제공하거나 향정신성의약품을 기재한 처방전을 발급한 죄 및 그 각 미수죄(같은 법 제61조 제1항 제5호, 제3항), 마약류

취급자가 아니면서 대마를 재배 · 소지 · 소유 · 수수 · 운반 · 보관하거나 이를 사용하거나, 공무상 임시대마를 압류 · 수거 또는 몰수하여 관리하는 경우이거나 공무상 마약류를 취급하는 공무원 또는 마약류취급학술연구자가 부득이하게 임시대마를 취급할 필요가 있는 경우로서 식품의약품안전처장의 승인을 받은 경우가 아님에도 임시대마를 재배 · 소지 · 소유 · 수수 · 운반 · 보관하거나 이를 사용한 죄 및 그 각 미수죄(같은 법 제61조 제1항 제6호, 제3항), 마약류취급자가 업무외 목적을 위하여 향정신성의약품 또는 대마를 취급하거나, 같은 법에 따라 향정신성의약품 · 임시향정신성의약품 · 대마 · 임시대마를 소지 · 소유 · 운반 또는 관리하는 자가 다른 목적을 위하여 그것을 사용하거나, 마약류취급자 또는 마약류취급승인자가 아닌 자로부터 향정신성의약품 또는 대마를 양수하거나, 마약류취급학술연구자가 아니면서 향정신성의약품 또는 대마를 학술연구 목적에 사용한 죄 및 그 각 미수죄(같은 법 제61조 제1항 제7호, 제3항), 허가 없이 원료물질을 수출입하거나 제조한 죄(같은 법 제61조 제1항 제8호), 마약류소매업자가 아니면서 마약류취급의료업자가 발급한 향정신성의약품을 기재한 처방전에 따라 조제한 향정신성의약품을 판매하거나, 마약류취급의료업자가 아니면서 의료나 동물 진료를 목적으로 향정신성의약품을 투약하거나 투약하기 위하여 제공하거나 향정신성의약품을 기재한 처방전을 발급한 죄 및 그 각 미수죄(같은 법 제61조 제1항 제9호, 제3항), 마약류소매업자가 「전자문서 및 전자거래 기본법」 제2조 제5호에 따른 전자거래를 통하여 향정신성의약품을 판매한 죄 및 그 미수죄(같은 법 제61조 제1항 제10호, 제3항).

② 마약거래방지법 위반죄

– 마약류 **영업범죄** : 마약류관리법 제58조(예비 · 음모죄는 제외), 제59조 제1항부터 제3항까지(같은 조 제1항 제1호부터 제4호까지 및 제9호에 관련된 행위만 해당하며, 같은 항 제4호 중 향정신성의약품은 제외) 또는 제60조 제1항 제4호(그 상습범 및 미수범 포함)에 해당하는 행위를 업(業)으로 하거나, 이들 행위와 마약거래방지법 제9조(마약류 물품의 수입 · 수출 · 양도 · 양수 · 소지) 행위를 함께 하는 것을 업으로 한 죄(마약거래방지법 제6조 제1항), 마약류관리법 제59조 제1항부터 제3항까지(같은 조 제1항 제4호부터 제7호까지 및 제10호부터 제13호까지의 규정에 관련된 행위만 해당하

고 같은 항 제4호 중 마약은 제외) 또는 제60조 제1항 제2호(미수죄 및 상습범 포함), 제3호(미수죄 및 상습범 포함)에 해당하는 행위를 업으로 하거나, 이들 행위와 마약거래방지법 제9조 행위를 함께 하는 것을 업으로 한 죄(마약거래방지법 제6조 제2항)이다. 이 범죄들은 영업으로 하는 마약범죄를 마약류관리법보다 가중처벌하려는 것이다.

– **마약류 물품**의 수출입 · 양수도 · 소지죄 : 마약류범죄(마약류의 수입 또는 수출에 관련된 것으로 한정)를 범할 목적으로 마약류[139]로 인식하고 교부받거나 취득한 약물 또는 그 밖의 물품을 수입하거나 수출한 죄(마약거래방지법 제9조 제1항), 마약류범죄(마약류의 양도 · 양수 또는 소지에 관련된 것으로 한정)를 범할 목적으로 약물이나 그 밖의 물품을 마약류로 인식하고 양도 · 양수하거나 소지한 죄(마약거래방지법 제9조 제2항)이다. 이 죄들은 마약류는 아니지만 마약류로 인식하고 수수한 약물이나 물품(이하 '마약류 물품'이라 함)의 수 · 출입, 양수 · 도 및 소지를 형사처벌한다는 점에 의의가 있다.

– 마약류범죄, 불법수익 자금세탁범죄 등의 **선동 · 권유죄** : 마약류범죄(마약거래방지법 제9조, 제10조의 범죄는 제외)나 불법수익등 자금세탁범죄(마약거래방지법 제7조) 또는 불법수익등 수수죄(마약거래방지법 제8조)의 범죄실행 또는 마약류 남용을 공연히 선동하거나 권유한 죄(마약거래방지법 제10조)이다. 이 범죄는 마약류범죄나 그 자금세탁 관여 범죄를 선동하거나 권유하는 행위도 형사처벌한다는 점에 의의가 있다.

---

139) '마약류'란 마약, 향정신성의약품 및 대마를 말한다(마약류관리법 제2조 제1호).

제3절 공중협박자금 · 대량살상무기확산자금 조달의 직접적 규제

Ⅰ. 규제 경위

우리나라는 세계적으로 증대되고 있는 테러 위험에 능동적으로 대처할 필요가 있고, 금융거래의 규제완화 등을 기화로 국내 금융기관이 테러를 위한 자금조달경로로 이용될 가능성도 있으므로 테러의 효율적 예방을 위하여 2004년「테러자금조달의 억제를 위한 국제협약」(2004. 3. 18. 발효)에 가입하였다. 이에 따라 그 협약 사항을 이행하기 위하여 2007. 12. 21. 테러의 자금조달과 관련된 자를 금융거래등 제한대상자로 지정 · 고시하여 금융거래등을 제한하고, 금융거래등 제한대상자에 대한 자금 · 재산의 제공 또는 그를 위한 자금 · 재산의 모집 행위를 금지하고, 그 테러의 자금을 제공 · 모집 · 운반 · 보관하는 행위 및 그러한 행위를 강요 · 권유하는 테러의 자금조달행위를 형사처벌하는 것을 핵심내용으로 하는「공중 등 협박목적을 위한 자금조달행위의 금지에 관한 법률」을 제정하였다. 또한 같은 날 개정된 특정금융정보법에서는 테러의 자금조달행위도 같은 법의 규제범위에 포함하여 테러자금(즉, 공중협박자금)도 불법재산에 포함하고, STR의 보고대상에 테러자금조달행위도 포함하고 CDD의 목적에 테러자금조달행위의 방지도 포함하였으며, 금융정보분석원장의 수사기관등에 대한 특정금융거래정보 제공 목적에 테러자금조달행위 관련 형사사건의 수사도 포함하였다.

그 후 북한을 비롯하여 일부 국가 · 집단에서 추진하는 핵무기 등 대량살상무기의 무분별한 개발 및 유포 위협에 직면하여 대량살상무기의 확산과 관련된 대량살상무기확산자금 조달행위도 규제대상에 추가할 필요가 생겼다. 이에 따라 2014. 5. 28. 위「공중 등 협박목적을 위한 자금조달행위의 금지에 관한 법률」의 규제범위에 대량살상무기확산자금 조달행위도 포함하여 법의 명칭을「공중 등 협박목적 및 대량살상무기확산을 위한 자금조달행위의 금지에 관한 법률」(약칭 '테러자금금지법')로 변경하고, 금융거래등 제한대상자 지정 범위에 대량살상무기확산 관련자도 포함하여 그 금융거래등을 제한하고, 금융거래등 제한대상자뿐만 아니라 테러행위를 하거나 하려고 하는 자에게 자금 · 재산을 제공하거나 그를 위하여 자금 · 재산을 모집 · 운반 · 보관하는 행위, 그러한 제공 · 모집 · 운반 · 보관 행위를 강요 · 권유하는 행위도 금지하는 법률개정을 하였다.

'공중협박자금(테러자금)'이란 국가 · 지방자치단체 · 외국정부(외국지방자치단체, 조약 또는 국제적 협약에 따라 설립된 국제기구도 포함, 이하 '국가등'이라 함)의 권한행사를 방해하거나 국가등에 대하여 의무 없는 일을 하게 할 목적으로 또는 공중에게 위해를 가하고자 하는 등 공중을 협박할 목적으로 하는 테러자금금지법 제2조 제1호 각 목의 행위(이하 '테러행위'라 함)[140]에 사용하기 위하여 모집 · 제공되거나 운반 · 보관된 자금이나 재산을 말한다(테러자금금지법 제2조 제1호). 테러행위를 구체적으로 살펴보면 ① 사람을 살해하거나 사람의 신체를 상해하여 생명에 대한 위험을 발생하게 하는 행위, 사람을 체포 · 감금 · 약취 · 유인하거나 인질로 삼는 행위, ② 운항 중(「항공보안법」 제2조 제1호의 '운항 중'을 말함)인 항공기(「항공법」 제2조 제1호의 '항공기')를 추락시키거나 전복 · 파괴하는 행위, 운항 중인 항공기의 안전을 해칠 만한 손괴를 가하는 행위, 폭행이나 협박, 그 밖의 방법으로 운항 중인 항공기를 강탈하거나 항공기의 운항을 강제하는 행위, 항공기의 운항과 관련된 항공시설을 손괴하거나 조작을 방해하여 항공기의 안전운항에 위해를 가하는 행위, ③ 운항(「선박 및 해상구조물에 대한 위해행위의 처벌 등에 관한 법률」 제2조 제2호의 '운항') 중인 선박(같은 법 제2조제1호 본문의 '선박') 또는 해상구조물(같은 법 제2조제5호의 '해상구조물')을 파괴하거나, 그 안전을 위태롭게 할 만한 손상을 운항 중인 선박이나 해상구조물 또는 그에 실려 있는 화물에 가하는 행위, 폭행 · 협박 그 밖의 방법으로 운항 중인 선박 또는 해상구조물을 강탈하거나 선박의 운항을 강제하는 행위, 운항 중인 선박의 안전을 위태롭게 하기 위하여 그 선박 운항과 관련된 기기 · 시설을 파괴 또는 중대한 손상을 가하거나 기능장애 상태를 야기하는 행위, ④ 사망 · 중상해 또는 중대한 물적 손상을 유발하도록 제작되거나 그러한 위력을 가진 폭발성 · 소이성(燒夷性) 무기나 장치를, 기차 · 전차 · 자동차 등 사람 또는 물건의 운송에 이용되는 차량으로서 공중이 이용하는 차량, 그 차량의 운행을 위하여 이용되는 시설 또는 도로 · 공원 · 역 그 밖에 공중이 이용하는 시설,

---

140) 「국민보호와 공공안전을 위한 테러방지법」 제2조 제1호의 '테러'행위 개념도 동일함.

전기나 가스를 공급하기 위한 시설, 공중의 음용수를 공급하는 수도, 그 밖의 시설 및 전기통신을 이용하기 위한 시설로서 공용으로 제공되거나 공중이 이용하는 시설, 석유 · 가연성가스 · 석탄 그 밖의 연료 등의 원료가 되는 물질을 제조 또는 정제하거나 연료로 만들기 위하여 처리 · 수송 또는 저장하는 시설, 그 밖에 공중이 출입할 수 있는 건조물 · 항공기 · 선박에 배치 또는 폭발시키거나 그 밖의 방법으로 이를 사용하는 행위, ⑤ 원자로를 파괴하여 사람의 생명 · 신체 또는 재산을 해하거나 그 밖에 공공의 안전을 위태롭게 하는 행위, 방사성물질(즉「원자력안전법」 제2조 제5호의 '방사성물질'), 원자로 및 관계 시설, 핵연료주기시설 또는 방사선발생장치 등을 부당하게 조작하여 사람의 생명이나 신체에 위험을 가하는 행위, 핵물질(즉「원자력시설 등의 방호 및 방사능방재대책법」 제2조 제1호의 '핵물질')을 수수 · 소지 · 소유 · 보관 · 사용 · 운반 · 개조 · 처분 또는 분산하는 행위, 핵물질이나 원자력시설(즉「원자력시설 등의 방호 및 방사능방재대책법」 제2조 제2호의 '원자력시설')을 파괴 · 손상하거나 그 원인을 제공하거나 원자력시설의 정상적인 운전을 방해하여 방사성물질을 배출하거나 방사선을 노출하는 행위를 말한다(테러자금금지법 제2조 제1호 각 목).

위 대량살상무기확산자금이란 핵무기, 화학무기, 생물무기나 그 중 어느 하나의 운반수단을 제조 · 취득 · 보유 · 개발 · 운송 · 이전 또는 사용하는 행위(이하 '대량살상무기확산행위'라 함)에 사용하기 위한 자금 또는 재산을 말한다(테러자금금지법 제2조 제2호, 제3호).

테러자금금지법은 외국환거래법의 적용대상인 외국환거래 기타 행위(외국환거래법 제2조)에는 물론, 재외공관 등 대한민국의 공공기관 및 그 시설 또는 대한민국 국민을 해하기 위하여 대한민국 영역 밖에서 후술하는 테러자금 조달관여행위를 한 외국인이나 무국적자, 대한민국 영역 밖에서 테러자금 조달관여행위를 하고 대한민국 영역 안에 있는 외국인이나 무국적자에 대하여도 적용된다(테러자금금지법 제3조).

Ⅱ. 규제 내용

1. 금융거래등 제한대상자의 지정·고시

금융위원회는 조약 및 일반적으로 승인된 국제법규의 준수를 위하여 또는 국제평화와 안전유지를 위한 국제적 노력에 특히 기여하기 위하여 테러행위 또는 대량살상무기확산행위의 규제가 필요한 경우에 그 행위에 관련되어 있는 것으로 판단되는 개인 · 법인 또는 단체를 금융거래등제한대상자로 지정하여 고시할 수 있다(테러자금금지법 제4조 제1항). 이 경우에 제한되는 행위는 금융회사등(특정금융정보법 제2조 제1호에 따른 '금융회사등'을 말함, 이하 같음)[141]과의 금융거래등[142] 및 그에 따른 지급 · 영수(이하 '금융거래 등'이라 함)와, 동산 · 부동산 · 채권 및 그 밖의 재산 또는 재산권에 관한 양도 · 증여 등 처분행위, 그 점유이전 및 원상변경 행위(이하 '재산처분'이라 함)를 말한다(테러자금금지법 제4조 제4항 제1호, 제2호). 금융위원회는 그 지정을 위하여 필요한 경우에는 관계 기관 · 단체에 필요한 자료를 요구하거나 의견제출 등의 협조를 요청할 수 있다(테러자금금지법 제4조 제8항).

금융위원회가 '금융거래등제한대상자'를 지정 · 고시하려는 경우에는 기획재정부장관, 외교부장관, 법무부장관의 동의를 미리 받아야 함이 원칙이다. 다만, 테러행위 또는 대량살상무기확산행위로 인하여 사람의 생명 · 신체 또는 재산에 피해를 주거나 그 밖에 공공의 안전을 위태롭게 할 긴박한 사정이 있는 경우에는 미리 동의를 받지 아니하고 지정 · 고시할 수 있다(테러자금금지법 제4조 제2항). 이 경우에는 고시한 때부터 48시간 이내에 그 동의를 받아야 하고, 동의를 받지 못하면 그 지정 · 고시의 효력은 상실되며 금융위원회는 그 사실을 지체 없이 공고해야 한다(테러자금금지법 제4조 제3항). 금융위원회는 금융거래등제한대상자의 지정을 위하여 필요한 경우에는 관계 기관 및 단체에 필요한 자료의 요구, 의견 제출 등의 협조를 요청할 수 있다(테러자금금지법 제4조 제8항).

금융위원회는 금융거래등제한대상자로 지정 · 고시된 자가 테러행위나 대량살상무기확산행위와의 관련성이 없어지게 된 때에는 금융거래등제한대상자의 지정을 취소하고 이를 고시하여야 한다. 금융거래등제한대상자 지정을 취소하는 경우에도 기획재정부장관, 외교부장관, 법무부장관의 동의를 미리 받아야 한다(테러자금금지법 제4조 제6항).

만약 위 고시된 자가 금융거래 등을 하거나 위 고시된 자와 그 상대방이 금융거래

---

141) '금융회사등'에는 금융회사, 카지노사업자, 가상자산사업자 등이 포함된다.

142) '금융거래등'이란 특정금융정보법 제2조 제2호의 '금융거래등'을 말하므로(테러자금금지법 제2조 제4호), 금융거래, 카지노사업자의 영업장에서 칩과 현금 · 수표를 교환하는 거래, 가상자산사업자가 수행하는 가상자산거래 등이 포함된다.

등이나 재산처분을 하려고 하는 경우에는 금융위원회의 허가를 받아야 한다(테러자금금지법 제4조 제4항). 금융위원회는 허가신청서 접수일부터 30일 이내에 해당 금융거래나 재산거래의 사유와 금액, 그 거래의 원인이 되는 거래내용 또는 행위내용 등을 심사하여 그 허가 여부를 결정하고 지체없이 신청인에게 문서로 알려야 한다(테러자금금지법 시행령 제2조 제2항). 이 경우에 금융위원회는 금융거래 등 및 재산처분의 종류 및 범위를 정하여 허가할 수도 있다(같은 법 시행령 제2조 제5항). 금융위원회는 금융거래등제한대상자에게 의식주 등 기본적인 생활 유지에 필요한 최소한의 생계비, 의료비, 그 밖에 인도주의에 비추어 지출을 허용할 필요가 있거나, 테러자금의 조달행위와 관련이 없는 제3자에 대한 채무이행을 위하여 지출을 허용할 필요가 있는 경우 또는 그 밖에 테러자금조달과 관련이 없는 경우로서 해당 금융거래 등 및 재산처분 행위를 허용할 필요가 있는 경우에는 허가할 수 있다(같은 법 시행령 제2조 제3항). 다만, 국제연합 안전보장이사회 알카에다 · 탈레반 제재위원회의 제재대상자에 대하여 테러자금조달과 관련이 없는 경우로서 해당 금융거래등 및 재산처분을 허용할 필요가 있는 경우에는 그 허가 전에 해당 위원회에 통지하여 그 승인을 받아야 한다(같은 법 시행령 제2조 제4항).

금융거래등제한대상자의 지정처분이나 그에 대한 금융거래 등 및 재산처분의 허가거부 처분에 이의가 있는 자는 그 지정처분이 있음을 안 날 또는 허가거부 처분이 있은 날부터 30일 이내에 금융위원회에 이의신청을 할 수 있다(테러자금금지법 제4조 제7항, 같은 법 시행령 제3조 제1항).

거짓이나 그 밖의 부정한 방법으로 위 허가를 받고 금융거래 등이나 재산처분 행위를 한 금융거래등제한대상자나 그 상대방, 위 허가를 받지 아니하고 금융거래 등이나 재산처분 행위를 한 금융거래등제한대상자, 금융거래등제한대상자로 지정되었다는 사실을 알면서 위 허가 없이 그와 재산처분 행위를 한 상대방은 3년 이하의 징역 또는 3천만 원 이하의 벌금에 처하고, 이를 병과할 수도 있다(테러자금금지법 제6조 제2항 1,2,3호, 제6항). 그 미수범도 마찬가지 법정형으로 처벌되지만 징역과 벌금을 병과할 수는 없다(테러자금금지법 제6조 제4항). 만약 법인의 대표자나 법인 또는 개인의 대리인 · 사용인 · 종업원이 그 법인 또는 개인의 업무에 관하여 같은 위반행위를 하면 그 법인 또는 개인도 3천만 원 이하의 벌금에 처하되, 그 위반행위를 방지하기 위하여 상당한 주의와 감독을 게을리하지 아니한 법인 또는 개인은 처벌하지 아니한다(테러자금금지법 제6조 제7항).

2. 금융회사등 종사자의 의무

가. 업무회피의무

금융회사등 및 그 종사자는 금융거래등제한대상자에 대하여 금융위원회로부터 허가받은 경우 외에는 금융거래 등 업무를 취급하지 말아야 할 **업무회피의무**가 있다(테러자금금지법 제5조 제1항). 금융회사등의 종사자가 고의로 이를 위반한 경우에는 원칙적으로 법인의 범죄능력을 인정하지 않는 입장에서 그 종사자에 대하여 3년 이하의 징역 또는 3천만 원 이하의 벌금에 처하거나 이를 병과할 수 있다(테러자금금지법 제6조 제2항 제5호, 제6항). 금융회사등은 그 종사자, 즉 법인 대표자, 대리인, 사용인, 종업원이 금융회사등의 업무에 관하여 위반행위를 한 경우에 그 벌금형(즉 3천만 원 이하의 벌금)에 처한다. 다만, 그 위반행위를 방지하기 위하여 해당 업무에 관하여 상당한 주의와 감독을 게을리하지 아니한 금융회사등은 처벌하지 아니한다(테러자금금지법 제6조 제7항, 이하 **'양벌규정'**이라 함).

만약 금융회사등의 종사자가 과실로 위 업무회피의무를 위반하여 업무를 취급한 경우에는 그 금융회사등만 2천만 원 이하의 과태료를 부과한다(테러자금금지법 제7조).

나. 신고의무 및 비밀유지의무

금융회사등의 종사자는 금융거래와 관련하여 수수한 재산이 테러자금 또는 대량살상무기확산자금이라는 사실을 알게 되거나, 금융거래의 상대방이 금융거래 등 제한대상자로서 금융위원회의 허가 없이 금융거래 등을 하고 있거나, 후술하는 테러자금 조달관여 행위를 하고 있는 사실을 알게 된 때에는 지체 없이 관할 수사기관에 그 사실을 신고해야 하는 **신고의무**가 있다(테러자금금지법 제5조 제2항).

또한 원활한 수사나 조사를 위하여 금융회사등의 종사자는 그 신고를 하려 하거나 신고한 경우에는 그 사실을 해당 금융거래 상대방을 포함한 다른 사람에게 누설하지 말아야 할 **비밀유지의무**가 있다(테러자금금지법 제5조 제3항 본문). 다만, 테러 또는 대량살상무기확산의 방지를 위하여 필요한 경우에 동일한 금융회사등의 내부에서 그 신고사실을 제공하는 것은 무방하다(테러자금금지법 제5조 제3항 단서).

금융회사등의 종사자가 이러한 신고의무나 비밀유지의무를 위반한 경우에는 그 종사자에 대하여 2년 이하의 징역 또는 1천만 원 이하의 벌금에 처하거나 이를 병과할 수 있다(테러자금금지법 제6조 제3항, 제6항). 이 경우 금융회사등에 대하여는 위 양벌규정의 적용으로 1천만 원 이하의 벌금에 처할 수 있다(테러자금금지법 제6조 제7항).

3. 공중협박자금(테러자금) 조달관여 행위의 금지

테러행위를 하거나 하려고 하는 개인, 법인 또는 단체라는 정을 알면서 그를 이롭게 할 목적으로, 직접 또는 제3자를 통하여 그 개인, 법인 또는 단체에 자금이나 재산을 제공 · 모집 · 운반 · 보관하거나, 그 조달행위를 강요 또는 권유하는 행위는 금지된다(테러자금금지법 제5조의2). 이를 위반한 자는 10년 이하의 징역 또는 1억 원 이하의 벌금에 처하거나 이를 병과할 수 있다(테러자금금지법 제6조 제1항, 제6항).

만약 법인의 대표자나 법인 또는 개인의 대리인 · 사용인 · 종업원이 그 법인 또는 개인의 업무에 관하여 이러한 위반행위를 하면 양벌규정의 적용으로 그 법인 또는 개인도 해당 벌금형에 처하되, 그 위반행위를 방지하기 위하여 해당 업무에 관하여 상당한 주의와 감독을 게을리하지 아니한 법인 또는 개인은 처벌하지 아니한다(테러자금금지법 제6조 제7항).

위 자금이나 재산의 제공 · 모집 · 운반 · 보관 행위의 미수범도 같은 법정형으로 처벌하고, 그 제공 · 모집 · 운반 · 보관죄를 범할 목적으로 예비 또는 음모한 자는 3년 이하의 징역 또는 3천만 원 이하의 벌금에 처한다(테러자금금지법 제6조 제4항, 제5항).

제4절 금융거래 감시제도

Ⅰ. 개관

특정금융정보법은 자금세탁행위와 테러자금 및 대량살상무기확산자금 조달행위의 방지를 위한 간접적 규제로서, 금융회사등(그 범위는 후술함)에게 그러한 행위나 불법재산으로 의심되는 거래의 보고의무(의심거래 보고의무, STR),[143] 고액 현금등 거래의 보고의무(고액거래 보고의무, CTR) 및 고객의 인적사항 등 고객확인의무(CDD) 등을 부과하고 있다. 위 의무들은 국제적으로 요구되는 자금세탁방지제도의 3대 의무로 불린다. 이러한 3대 의무를 제도화한 입법취지는 자금세탁등의 사전적(事前的)·간접적 규제를 통하여 범죄를 예방하고 건전하고 투명한 금융거래 질서를 확립하며, 나아가 관련 수사·조사·감독의 단서를 제공하는 등 그 실효성을 확보하려는 것이다(특정금융정보법 제1조 참조).

현금거래가 빈번한 카지노사업자 및 가상자산을 거래하는 가상자산사업자도 그 성격상 일반 금융기관처럼 자금세탁에 이용될 가능성이 높은 점을 감안하여 '금융회사등'의 개념에 포함시켜 위와 같은 의무를 부과하였다. 그 밖에도 가상자산사업자의 대하여는 소정의 조건을 갖춘 다음 금융정보분석원장에게 신고해야 할 의무를 부과하고(조건부 신고제), 금융회사등은 가상자산사업자와의 거래 시 그 신고의무의 이행과 신고의 유효, 정보보호 관리체계 인증 획득, 예치금의 구분 관리 등을 확인하도록 하였다(금융회사등의 준수사항).

이러한 보고제도 등 간접적 규제의 실효성 확보를 위한 제도로서, 금융회사등은 100만 원(해외송금의 경우에는 1천 미합중국달러) 또는 그에 상당하는 다른 통화로 표시된 금액을 초과하는 전신송금 업무시 그 송금인 및 수취인의 정보를 수취 금융회사등에게 제공해야 할 의무가 있고(특정금융정보법 제5조의3, 같은 법 시행령 제10조의8, 이하

143) '혐의거래 보고'라고 표현하기도 하나, 법률에 표현된 용어로 '의심거래 보고'로 약칭함.

'전신송금시 정보제공의무'라 함), 한국은행 총재, 세관 및 외환정보집중기관의 장의 금융정보분석원장에 대한 외국환거래자료 등 통보의무(특정금융정보법 제9조, 같은 법 시행령 제11조), 금융정보분석원장의 외국 금융정보분석기구와의 정보교환제도, 외국 금융감독 · 검사기관과의 감독 · 검사 업무협조제도[144]를 두고 있다(특정금융정보법 제11조, 제15조의2). 또한 금융회사등에 대하여 위 보고업무 담당자(즉 '보고책임자')의 임명, 내부보고체제 수립, 직무수행절차 · 업무지침 작성 · 운용, 임직원 교육 · 연수 조치의무 등도 부과하여(특정금융정보법 제5조, 이하 '내부조치의무'라 함)[145] 위와 같은 규제를 지원하고 있다. 이러한 내부조치의무는 법규준수를 위한 내부통제제도(compliance)의 일종이라 할 수 있다.

특정금융정보법은 의심거래 보고(STR), 고액거래 보고(CTR) 등의 보고를 받고, 보고된 금융거래정보를 수집 · 분석하여 수사기관 등에 제공하는 업무 및 금융회사등에 대한 감독업무 등을 효율적으로 수행하기 위하여 금융위원회 산하이지만 독립적으로 사무를 수행하고 정치적 중립성이 보장되는(특정금융정보법 제3조 제2항, 제3항) 금융정보분석원(KoFIU)을 설치하도록 하였다. 금융정보분석원장은 금융회사등이 위 3대 의무, 전신송금시 정보제공 의무, 내부조치의무에 따라 수행하는 업무를 감독하고 감독에 필요한 명령 · 지시를 할 수 있으며, 그 소속 공무원으로 하여금 그 업무를 검사하게 할 수 있다(특정금융정보법 제15조 제1항). 그 검사결과 특정금융정보법 또는 그 법에 따른 명령 · 지시를 위반한 사실을 발견하였을 때에는 해당 금융회사등에 대하여 그 위반행위의 시정조치로서 '시정명령 · 기관경고 · 기관주의'를 조치할 수 있고, 해당 금융회사등의 장에게 관련 임직원에 대한 징계를 요구할 수도 있으며(특정금융정보법 제15조 제3항), 위반행위를 한 자에 대하여 과태료를 부과 · 징수할 수 있다(특정금융정보법 제20조). 금융정보분석원장은 이러한 권한의 효율적 행사를 위하여 그 중 업무검사권과 시정조치 및 징계요구 권한을 한국은행총재 · 금융감독원

144) 금융정보분석원장은 외국 금융감독 · 검사기관의 감독 · 검사요청에 협조하고, 그 경우 감독 · 검사 자료를 상호 제공하는 등의 업무협조를 하는 제도로서 2019. 1. 15.자 특정금융정보법 개정으로 신설되어 2019. 7. 1. 시행되었다.

145) 구체적인 내부통제 구축의무, 내부보고체제 및 외부보고체제의 수립 의무, 보고책임자의 역할 및 책임, 교육 · 연수, 보고의 절차 · 방법 · 시기 · 내용, 등에 관하여는 「특정 금융거래정보의 보고 및 이용 등에 관한 법률 시행령」(이하 '특정금융정보법 시행령'이라 함), 자금세탁방지업무규정 및 「특정 금융거래정보 보고 및 감독규정」(금융정보분석원 고시, 이하 '특정금융정보감독규정'이라 함) 참조.

장 · 과학기술정보통신부장관 · 행정안전부장관 · 산업통상자원부장관 · 중소벤처기업부장관 · 관세청장 · 농업협동조합중앙회장 · 수산업협동조합중앙회장 · 산림조합중앙회장 · 신용협동조합중앙회장 및 새마을금고중앙회장에게 위탁할 수 있다(특정금융정보법 제15조 제6항, 특정금융정보법 시행령 제15조 제2항). 그런데 실제로는 업무검사권과, 시정조치 중 '기관경고 · 기관주의', 금융회사등 임원에 대한 징계 중 '문책경고 · 주의적경고 · 주의' 및 금융회사등 직원에 대한 징계요구 업무만 위 각 기관에 관련 금융회사등 별로 구분하여 위탁하고 있다(특정금융정보법 시행령 제15조 제3항).[146)]

금융정보분석원장은 금융회사등이 위 시정명령을 이행하지 아니하거나, 위 기관경고를 3회 이상 받거나, 금융거래의 상대방 또는 그의 관계자와 공모하여 의심거래보고의무(STR)나 고액거래 보고의무(CTR)를 이행하지 아니하거나 거짓으로 하여 금융거래질서를 해치거나 해칠만한 상당한 우려가 있다고 인정되는 경우에는 행정제재 처분권한을 가진 행정기관의 장에게 6개월의 범위에서 그 영업의 전부 또는 일부의 정지를 요구할 수도 있다(특정금융정보법 제15조 제4항). 그러한 요구를 받은 행정기관의 장은 정당한 사유가 없으면 그 요구에 따라야 한다(특정금융정보법 제15조 제5항).

금융거래정보의 제공 등에 관한 특정금융정보법 규정은 금융실명법의 금융거래 비밀보장, 「신용정보의 이용 및 보호에 관한 법률」의 신용정보보호 또는 외국환거래법의 외국환거래 비밀보장에 관한 규정보다 우선 적용되므로(특정금융정보법 제14

146) 각 검사 · 조치 수탁기관 별 위탁된 금융회사등의 구분내역은 다음과 같다. 과학기술정보통신부장관은 「우체국예금 · 보험에 관한 법률」에 따른 체신관서, 행정안전부장관은 「새마을금고법」에 따른 새마을금고중앙회, 중소벤처기업부장관은 「벤처투자 촉진에 관한 법률」에 의한 벤처투자회사와 벤처투자조합, 관세청장은 「외국환거래법」 제8조 제3항 제1호에 따라 등록한 환전영업자, 금융감독원장은 한국산업은행 · 한국수출입은행 · 중소기업은행 및 「은행법」에 의한 은행, 특정금융정보법 제2조 제1호 (마)목, (바)목, (카)목에 따른 금융회사등, 특정금융정보법 시행령 제2조 제3호, 제4호, 제5호, 제7호, 제13호 및 제14호에 따른 금융회사등, 「농업협동조합법」 제161조의11, 제161조의12에 따른 농협은행, 농협생명보험 및 농협손해보험, 「수산업협동조합법」에 따른 수협은행, 수산업협동조합중앙회, 「신용협동조합법」에 따른 신용협동조합중앙회 및 「산림조합법」에 따른 산림조합중앙회, 외국환거래법 제8조 제3항 제2호에 따라 등록한 소액해외송금업자, 농업협동조합법에 따른 조합, 수산업협동조합법에 따른 조합, 산림조합법에 따른 산림조합, 신용협동조합법에 따른 신용협동조합(다만, 이들 조합은 다음 농협협동조합중앙회장, 수산업협동조합중앙회장, 산림조합중앙회장, 신용협동조합중앙회장이 실시한 검사결과 추가적인 검사가 필요하다고 금융정보분석원장이 인정하는 경우에 한정함), 농업협동조합중앙회장은 「농업협동조합법」에 의한 조합, 수산업협동조합중앙회장은 「수산업협동조합법」에 의한 조합, 산림조합중앙회장은 「산림조합법」에 의한 산림조합, 신용협동조합중앙회장은 「신용협동조합법」에 의한 신용협동조합, 새마을금고중앙회장은 「새마을금고법」에 따른 금고, 제주특별자치도지사는 「제주특별자치도 설치 및 국제자유도시 조성을 위한 특별법」에 따라 허가받아 카지노업을 하는 카지노사업자를 각 위탁받고 있다.

조), 특정금융정보법은 위 각 법률의 특별법이라 할 수 있다. 그러나 금융거래정보가 함부로 유출될 경우에는 사생활의 비밀을 침해하고 금융거래를 위축시킬 수 있다. 그러므로 금융거래 감시제도를 입법하거나 해석함에 있어서는 개인의 금융거래정보에 대한 통제 · 관리권, 즉 금융프라이버시권(the Right to Financial Privacy)[147]의 보호와 자금세탁 · 테러자금조달 방지의 실효성 확보라는 대립하는 이익 사이의 균형과 조화가 필요하다. 금융정보분석원이나 그 중계기관 종사자, 관련 수사 · 조사 종사자 등에 대하여 정보누설 금지 및 목적 외 사용금지 의무를 부과하고(특정금융정보법 제12조), 금융정보분석원장은 특정금융거래정보 등 정보 또는 자료를 일정기간 보존하되, 그 보존기간이 경과된 때에는 특정금융정보법의 목적 달성을 위하여 필요한 경우가 아닌 한 이를 폐기하여야 하고, 복구나 재생되지 않도록 조치해야 할 의무를 부과하고 있는 것(특정금융정보법 제12조의2)도 이러한 금융거래정보의 보호를 위한 노력의 일환이다.

Ⅱ. 의심거래 보고의무

1. 보고의무의 주체

보고의무의 주체는 **'금융회사등'**(즉, 금융거래 관련 기관, 회사 또는 업자)이다(특정금융정보법 제4조 제1항). '금융회사등'이란 은행법 및 특별법상의 각종 은행, 자본시장법에 따른 투자매매업자 · 투자중개업자 · 집합투자업자 · 투자일임업자 · 신탁업자 · 증권금융회사 · 종합금융회사 및 명의개서대행회사, 상호저축은행, 상호저축은행중앙회, 농업협동조합, 농협은행, 수산업협동조합, 수산업협동조합중앙회, 신용협동조합, 신용협동조합중앙회, 새마을금고, 새마을금고중앙회, 보험회사, 체신관서, 관광진흥법에 따라 허가를 받은 **카지노사업자**, **가상자산사업자**, 신용보증기금, 기술신용보증기금, 여신전문금융회사, 신기술사업투자조합, 산림조합, 산림조합중앙회, 금융지주회사, 벤처투자회사, 벤처투자조합, 외국환거래법 제8조 제3항 제1호에 따

---

147) '금융프라이버시권'이란 용어는 미국의 금융프라이버시권법(The Right to Financial Privacy of 1978)에서 개인의 금융거래정보 수집 · 보관 · 이용 등 자기통제권을 의미하는 개념으로 사용한 이래 학계나 실무계에서 일반적으로 사용하고 있으므로[성낙인 · 권건보, "자금세탁방지제도에 대한 법적 검토", 「서울대학교 법학」(서울대학교 법학연구소, 2005), 231면] 여기서도 같은 의미로 사용한다.

라 등록한 **환전영업자**, 농협생명보험, 농협손해보험, 외국환거래법 제8조 제3항 제2호에 따라 등록한 소액해외송금업자, 전자금융거래법에 따른 전자금융업자, 「대부업 등의 등록 및 금융이용자 보호에 관한 법률」 제3조 제2항 제5호에 따라 등록한 대부업자 중 같은 법 제9조의7 제1항에 따른 자산규모 이상인 자 및 이들 금융회사등의 자회사(상법 제342조의2에 따른 자회사)를 말한다[특정금융정보법 제2조 제1호, 특정금융정보법 시행령 제2조, 「특정 금융거래정보 보고 및 감독규정」(이하, '특정금융정보감독규정'이라 함) 제1조의2]. 금융 · 증권 · 보험거래 등이 이루어지는 모든 금융기관과 카지노사업자, 가상자산사업자, 환전영업자, 대부업자 등이 망라되어 있다고 할 수 있다.[148]

보고의무를 금융회사등에게 부담시키고 그 업무종사자를 의무주체로 정하지 아니한 이유는 업무종사자 개개인의 지식 · 경험상 차이로 인한 보고의 불균형을 방지하여 보고기준의 일관성을 유지하고 보고를 위한 내부절차를 거침으로써 보고의 신중함을 유지하려는 것이다.[149] 이는 금융거래와 관련하여 수수한 재산이 불법수익등, 범죄수익등, 공중협박자금 또는 대량살상무기확산자금이라는 사실을 알게 되거나, 금융거래의 상대방이 불법수익등 은닉 · 가장죄, 범죄수익등 은닉 · 가장죄에 해당하는 행위를 하고 있거나, 금융거래등 제한대상자로서 금융위원회의 허가 없이 금융거래등을 하고 있거나, 공중협박자금 조달관여 행위를 하고 있음을 알게 된 때 지체 없이 관할 수사기관 등에 신고해야 하는 신고의무가 업무종사자 개인에게 부과되어 있는 점(마약거래방지법 제5조 제1항, 범죄수익은닉규제법 제5조 제1항, 테러자금금지법 제5조 제2항)과 다르다.

2. 보고의무의 내용

금융회사등은 ① '금융거래등'과 관련하여 수수한 재산이 불법재산(특정금융정보법 제2조 제4호의 '불법재산')이라고 의심되는 합당한 근거가 있는 경우, ② '금융거래등의

148) FATF의 40개 권고사항은 의심거래 보고의무의 주체를 금융기관 외에도 비금융기업이나 변호사, 회계사, 부동산중개인 등 전문직에 종사하는 자에게도 확대적용하도록 규정되어 있으나(성낙인 · 권건보, 앞의 "자금세탁방지제도에 대한 법적 검토", 264면), 우리나라의 경우에는 금융회사등으로 제한하고 있다.

149) 이한진, "자금세탁방지제도로서의 혐의거래 보고 및 고액 현금거래 보고", 「행정법연구」 제16호(행정법이론실무학회, 2006), 32면.

상대방'[150)]이 금융실명법 제3조 제3항을 위반하여 타인의 실명으로 불법적 금융거래를 하는 등 자금세탁행위나 테러자금조달행위를 하고 있다고 **의심되는 합당한 근거**가 있는 경우, ③ 범죄수익은닉규제법 제5조 제1항 및 테러자금금지법 제5조 제2항에 따라 금융회사등의 종사자가 관할 수사기관에 범죄수익등인 사실, 테러자금·대량살상무기확산자금인 사실 등을 신고한 경우에는 지체 없이 그 내용 및 근거 등을 특정금융정보법 시행령 제7조 제1항에 따라 금융정보분석원장에게 보고해야 한다.[151)] 특히 위 ②의 "금융실명법 제3조 제3항을 위반하여 타인의 실명으로 불법적 금융거래를 하는 등" 기재 부분은 2014. 5. 28. 개정 특정금융정보법에 추가된 내용인데, 당시 금융실명법 제3조 제3항에서 일반인에 대하여 불법재산의 은닉, 자금세탁행위, 테러자금조달행위, 강제집행면탈 또는 그 밖에 탈법행위(즉 배임·횡령 등)를 목적으로 타인의 실명으로 금융거래를 하지 말아야 할 의무를 부과하면서(금융실명법 제3조 제3항)[152)] 이러한 실명거래 의무를 위반한 불법 차명거래는 자금세탁행위나 테러자금조달행위를 하고 있다고 의심되는 합당한 근거가 있는 경우로 볼 수 있게 되었다.

'금융거래등'이란 ① 금융회사등이 금융실명법 제2조 제2호에 따른 금융자산[153)]을 수입·매매·환매·중개·할인·발행·상환·환급·수탁·등록·교환하거나 그

---

150) 의심거래 보고제도는 자금세탁등의 사전적·간접적 규제를 통하여 범죄를 예방하고 수사·조사·감독의 단서를 제공하는 등 그 실효성 확보를 기하려는 것이므로 여기서 '금융거래의 상대방'이란 거래의 법적 당사자뿐만 아니라 그 대리인, 사자(使者), 기타 금융거래에 사실상 관여한 자를 모두 포함하는 의미로 넓게 해석하여야 할 것이다(이한진, 앞의 논문, 35면).

151) 종전에는 일정 금액 이상의 금융거래에만 의심거래 보고의무를 부과하였으나, 보고 기준금액 미만으로 분할한 금융거래를 통하여 위 보고제도를 회피하는 탈법행위를 방지할 필요가 있고 자금세탁방지제도를 국제적인 기준에 부합하도록 하기 위하여 2013. 8. 13. 특정금융정보법 개정시 종전의 의심거래 보고 기준금액을 폐지하였다.

152) 종전에는 금융회사등에 대하여 실명 금융거래의무를 부과하였을 뿐이지만, 일반 금융거래자들에 대하여 실명 금융거래의무를 부과하고, 이를 위반한 자는 5년 이하의 징역 또는 5천만 원 이하의 벌금에 처하거나 이를 병과할 수 있게 되었다(금융실명법 제6조). 또한 금융회사등은 그러한 내용을 거래자에게 설명하여야 할 의무가 있다(금융실명법 제3조 6항). 금융회사등의 종사자가 금융실명법 제3조 제3항에 따른 차명 금융거래를 알선하거나 중개한 경우에도 5년 이하의 징역 또는 5천만 원 이하의 벌금에 처하거나 이를 병과할 수 있다(금융실명법 제6조, 제3조 제4항). 이러한 **차명거래금지** 규정은 2014. 11. 29.부터 시행되고 있다.

153) **'금융자산'**이란 금융회사등이 취급하는 예금·적금·부금(賦金)·계금(契金)·예탁금·출자금·신탁재산·주식·채권·수익증권·출자지분·어음·수표·채무증서 등 금전 및 유가증권, 신주인수권을 표시한 증서, 외국이나 외국법인이 발행한 증권 또는 증서를 말한다(금융실명법 제2조 제2호, 금융실명법 시행규칙 제2조).

이자 · 할인액 또는 배당을 지급하는 것과 이를 대행하는 것(특정금융정보법 제2조 제2호 가. 목), ② 자본시장법에 따른 파생상품시장에서의 거래, **대출 · 보증 · 보험 · 공제 · 팩토링**(기업이 물품 또는 용역의 제공에 의하여 취득한 매출채권을 양수 · 관리 또는 회수하는 업무를 말함) · **보호예수 · 금고대여 업무에 따른 거래**, 여신전문금융업법에 따른 **신용카드 · 직불카드 · 선불카드 · 시설대여 · 연불판매 · 할부금융 · 신기술사업금융 업무에 따른 거래**, 외국환거래법에 따른 **외국환업무에 따른 거래**, **전자금융거래법에 따른 전자금융거래**, **「대부업 등의 등록 및 금융이용자 보호에 관한 법률」에 따른 대부 및 대부채권매입추심 업무에 따른 거래**(특정금융정보법 제2조 제2호 나.목, 같은 법 시행령 제3조 제1항), ③ 카지노사업자의 영업장에서 현금 또는 수표를 대신하여 쓰이는 것으로서 특정금융정보법 시행령 제3조 제2항으로 정하는 것(관광진흥법 제25조에 따라 문화체육관광부장관이 정하여 고시하는 **카지노에서 베팅에 사용되는 도구인 칩)과 현금 또는 수표를 교환하는 거래**(특정금융정보법 제2조 제2호 다.목, 같은 법 시행령 제3조 제2항), ④ 가상자산사업자가 수행하는 가상자산거래 행위, 즉 가상자산의 매도 매수 및 다른 가상자산과의 교환 행위, 각 이들 행위의 중개 알선 대행 행위, 고객의 요청에 따라 가상자산의 매매 교환 보관 관리 등을 위해 가상자산을 이전하는 행위, 가상자산을 보관 또는 관리하는 행위, 그밖에 가상자산과 관련하여 자금세탁행위와 테러자금조달행위에 이용될 가능성이 높은 것으로서 대통령령으로 정하는 행위(특정금융정보법 제2조 제2호 라.목, 같은 법 시행령 제1조의2)를 말한다. 이러한 '금융거래등과 관련하여' 또는 '금융거래등의 상대방'에 대하여 소정 사항이 의심되는 합당한 근거가 있는 경우에 의심거래 보고의무는 발생하는 것이므로, 그 금융거래의 계약성립 여부를 불문하고 보고의무는 발생할 수 있다.[154)]

보고의무의 요건으로 **'의심되는 합당한 근거'**를 요구하는 이유는 위 보고제도가 남용되어 사생활의 비밀 및 금융프라이버시권을 침해하고 정당한 금융거래를 위축시키는 것을 방지할 필요가 있기 때문이다. 따라서 금융회사등은 위 보고를 할 때 그 의심되는 합당한 근거를 분명하게 밝혀야만 한다(특정금융정보법 제4조 제3항). 의심되는 합당한 근거가 있는지 여부는 고객의 신원, 금융거래의 종류 및 내용 등을 기초로 제반 자료를 종합하여 판단할 수밖에 없다. 그러나 실제로 어떠한 경우가 이러

154) 이한진, 앞의 "자금세탁방지제도로서의 혐의거래 보고 및 고액 현금거래 보고", 37면.

한 근거를 갖춘 의심거래 보고의무의 대상인지 여부는 다양한 금융거래와 금융상품에 비추어 볼 때 쉽게 판단할 수 있는 문제가 아니다. 그러므로 금융정보분석원장은 이러한 보고대상에 해당하는지 여부를 판단하는 데 참고할 수 있도록 명백한 경제적 합리성이 없거나 합법적 목적을 가지지 아니한 고액의 현금거래, 타인명의 계좌를 이용한 금융거래 등 자금세탁행위와 테러자금조달행위의 가능성이 높은 거래유형을 금융회사등에 제공할 수 있도록 하였다(특정금융정보법 시행령 제8조).[155] 금융회사등은 이러한 자료, 고객의 직업, 평소 금융거래내역, 송금방식 등 금융거래방법 등을 감안하고 금융업계의 일반적 지식과 경험에 비추어 불법재산, 자금세탁행위 또는 테러자금조달행위로 의심되는 합당한 근거가 있는 경우에 의심거래 보고를 해야 할 것이다.[156]

또한 금융회사등은 의심거래나 후술하는 고액거래 보고의무의 원활한 이행과 금융회사등을 통한 자금세탁행위와 테러자금 조달행위를 효율적으로 방지하기 위하여, 임직원이 직무를 수행할 때 따라야 할 절차와 업무지침을 작성 · 운용해야 한다(특정금융정보법 제5조 제1항 제2호). 그 직무수행절차와 업무지침에는 "금융거래등에 내재된 자금세탁행위와 공중협박자금(테러자금)조달행위의 위험을 식별 · 분석 · 평가하여 위험도에 따라 관리 수준을 차등화하는 업무체계의 구축 및 운영에 관한 사항, 자금세탁행위와 공중협박자금(테러자금)조달행위의 방지 업무를 수행하는 부서로부터 독립된 부서나 기관에서 그 업무수행의 적절성 및 효과성을 검토 · 평가하고 이에 따른 문제점을 개선하기 위한 업무체계의 마련 및 운영에 관한 사항, 그 밖에 자금세탁행위와 공중협박자금(테러자금)조달행위를 효율적으로 방지하기 위하여 대통령령으로 정하는 사항(주로 보고의무의 효과적 수행을 위한 금융거래 감시체계의 구축 · 운영,

---

155) 이에 따라 금융정보분석원은 금융회사등 및 금융업협회와 공동으로 자금세탁 · 테러자금조달행위의 가능성이 높은 거래유형을 정리한「혐의거래 참고유형」이란 책자를 발간하여 금융회사등에 제공하고 있다(이한진, 앞의 "자금세탁방지제도로서의 혐의거래 보고 및 고액 현금거래 보고", 36면; http://www.kofiu.go.kr/index.jsp).

156) 이한진, 위 논문, 36면; 그러나 의심되는 합당한 근거 여부 판단은 결국 금융회사등 담당직원의 판단에 맡기게 되는 결과 그 자의적 판단에 의한 금융프라이버시권의 침해 우려도 없지 않다(성낙인 · 권건보, 앞의 "자금세탁방지제도에 대한 법적 검토", 265면). 따라서 금융회사등은 의심거래보고 기준에 관한 적절한 교육프로그램을 개발하여 부적절한 의심거래보고로 인한 고객의 금융프라이버시권 등 기본권 침해를 최소화하려는 자체노력을 하는 것이 고객관리 차원에서도 필요할 것이다[김혜정, 「금융비밀보호와 자금세탁방지의 관계에 있어서 개선방안」(한국형사정책연구원 연구총서, 2003), 130면].

고객확인의무 수행을 위한 자금세탁행위 및 테러자금조달행위의 위험평가 절차 · 방법 등 업무수행의 절차 · 방법)"을 포함하도록 강제하고, 임직원의 준수 여부까지 금융회사등이 감독하도록 의무를 부과하였다(특정금융정보법 제5조 제3항, 제4항, 같은 법 시행령 제9조 제2항).[157] 금융회사등은 위와 같이 임직원의 직무수행절차와 업무지침을 작성 · 운용해야 할 뿐만 아니라, 의심거래 및 고액거래 보고 업무에 관하여 그 담당자를 임명하고 내부보고체제를 수립하며, 임직원의 교육 및 연수 조치를 해야 할 의무가 있는데(이하 '내부조치의무'라 함 – 특정금융정보법 제5조 제1항), 이러한 내부조치의무를 위반한 자에 대하여는 1억 원 이하의 과태료를 부과한다(특정금융정보법 제20조 제1항 제1호).[158]

금융기관등은 금융정보분석원장에게 의심거래 보고를 한 후에도 당해 보고와 관련된 금융거래의 상대방이 의심거래 보고 대상 금융거래를 하고 있다는 의심이 있는 경우에는 이를 금융정보분석원장에게 보고해야 한다(특정금융정보감독규정 제4조 제2항).

금융회사등은 위 의심거래 보고는 물론 후술하는 고액거래 보고, 고객확인 및 전신송금시 정보제공 의무를 이행하였을 때에는 의심거래 및 고액거래 보고에 관하여는 금융거래 상대방의 실지명의를 확인할 수 있는 자료, 보고 대상이 된 금융거래자료 및 의심되는 합당한 근거를 기록한 자료를, 고객확인 의무이행에 관하여는 고객확인자료를, 전신송금시 정보제공 의무 이행에 관하여는 송금인 및 수취인에 관한 정보 등을 금융거래관계가 종료된 때부터 5년간 보존해야 한다(이하 '자료 · 정보 보존의무'라 함 – 특정금융정보법 제5조의4 제1항).[159] 이러한 자료 · 정보 보존의무를 위반한 자에 대하여는 3천만 원 이하의 과태료를 부과한다(특정금융정보법 제20조 제2항 제3호).

---

157) 직무수행절차와 업무지침에 이러한 내용을 포함하고 그 준수 여부를 감독하도록 한 특정금융정보법 제5조 제3항, 제4항의 규정은 2019. 1. 15. 개정 특정금융정보법(2019. 7. 1. 시행)에 신설되었다.

158) 이 과태료 부과 규정은 2019. 1. 15. 개정 특정금융정보법(2019. 7. 1. 시행)에 신설되었다. 이 개정 규정은 이처럼 자금세탁행위와 테러자금조달행위의 효율적 방지를 위하여 금융회사등의 내부조치 의무를 강화하는 한편, 주된 거래유형, 거래규모 등을 고려하여 대통령령으로 정하는 금융회사등에 대해서는 같은 법 제5조 제1항 각 호의 내부조치 의무 중 전부 또는 일부를 면제할 수 있도록 규정하였다(특정금융정보법 제5조 제2항).

159) 금융회사등의 자료 · 정보 보존의무는 종전에는 의심거래 보고의무 이행의 경우에만 부과되었던 것을 2019. 1. 15. 개정 특정금융정보법(2019. 7. 1. 시행)에서 그 적용범위가 확대되었고, 그 의무위반에 대한 과태료 부과 규정도 신설되었다.

금융정보분석원장은 의심거래 보고를 받은 사항이 그 보고요건에 해당하는지를 심사하기 위하여 필요한 경우에만 위 의심거래 보고 또는 고액거래 보고 관련 금융회사등의 보존 자료를 열람하거나 복사할 수 있다(특정금융정보법 제4조 제5항). 이는 금융거래정보의 무분별한 제공으로부터 개인 사생활의 비밀을 보호함은 한편, 금융거래정보의 통제 · 관리권을 실질적으로 보장하기 위함이다.

한편 금융회사등의 종사자는 위와 같은 의심거래 보고를 하려고 하거나 보고를 하였을 때에는 그 사실을 그 보고와 관련된 금융거래등의 상대방을 포함하여 다른 사람에게 누설하지 말아야 할 의무를 부담한다(금융거래정보 누설금지의무, 특정금융정보법 제4조 제6항 본문). 다만, 자금세탁행위와 테러자금조달행위를 방지하기 위하여 같은 금융회사등의 내부에서 그 보고사실을 제공하거나, 금융정보분석 등 특정금융정보법 제3조 제1항의 업무에 상당하는 업무를 수행하는 외국금융정보분석기구에 대하여 해당 외국법령에 따라 위와 같은 보고에 상당하는 보고를 하는 경우에는 그 의무를 부담하지 않는다(특정금융정보법 제4조 제6항 단서). 이처럼 금융회사등 종사자에게 금융거래정보 누설금지의무를 부과한 것은 해당 금융거래와 관련된 수사의 실효성을 확보함과 동시에 금융회사등의 고객관리에 지장을 주지 않도록 하고, 금융거래 관련자의 사생활의 비밀을 보호하기 위한 것이다.

3. 의무불이행에 대한 제재

의심거래 보고의무를 위반한 자[특정금융정보법 제4조 제1항 제1호(불법재산 의심보고의무), 제2호(자금세탁행위나 테러자금조달행위 의심보고의무) 위반의 경우]에 대하여는 3천만 원 이하의 과태료를 부과한다(특정금융정보법 제20조 제2항 제1호).[160] 특정금융정보법 제4조 제1항 제3호(금융회사등이 종사자가 수사기관에 신고한 사실을 금융정보분석원장에게 보고할 의무)를 위반한 경우에는 이미 관할 수사기관에는 신고한 경우이므로 과태료 등 제재규정이 없다. 또한 금융회사등의 내부조치의무 위반, 자료 · 정보 보존의무 위반에 대하여 과태료를 부과하는 점은 앞에서 설명하였다.

금융정보분석원장은 금융회사등에 대하여 그 의무수행 업무를 감독하고 감독에

---

160) 과태료 금액은 2019. 1. 15. 개정 특정금융정보법(2019. 7. 1. 시행)에서 종전 "1천만 원 이하"를 "3천만 원 이하"로 상향조정 하였다.

필요한 명령 또는 지시를 할 수 있으며, 그 소속 공무원으로 하여금 금융회사등의 업무를 검사하게 할 수 있다(이하 '감독 · 검사권'이라 함 – 특정금융정보법 제15조 제1항). 또한 금융정보분석원장은 그 검사 결과 명령 · 지시 위반사실을 발견하였을 때에는 위반 금융회사등에 위반행위의 시정명령, 기관경고 또는 기관주의 조치를 할 수 있고, 위반행위에 관련된 임직원에 대하여 해임권고 · 면직 등 징계조치를 할 것을 해당 금융회사등의 장에게 요구할 수 있다(이하 '시정조치 및 징계요구권'이라 함 – 특정금융정보법 제15조, 제2항, 제3항). 금융정보분석원장은 한국은행총재, 금융감독원장 등 금융회사등의 해당 감독청에 위탁하여 그 소속 직원으로 하여금 위와 같은 검사나 시정조치 및 징계요구를 하게 할 수 있다(특정금융정보법 제15조 제6항).[161] 이러한 금융정보분석원장 등의 명령 · 지시 · 검사에 따르지 않거나 이를 거부 · 방해 또는 기피한 자에 대하여는 1억 원 이하의 과태료를 부과한다(특정금융정보법 제20조 제1항 제4호, 제15조 제1항, 제2항, 제3항, 제6항).

위와 같은 과태료 부과사유의 의무위반자는 대부분 금융회사등이 될 텐데, 금융회사의 대표자, 대리인, 사용인 또는 종업원이 그 업무에 관하여 금융회사에 부과된 법률상 의무를 위반한 때에는 금융회사에 과태료를 부과한다(질서위반행위규제법 제11조 제1항). 과태료는 금융정보분석원장이 부과하고(질서위반행위규제법 제17조 제3항) 그 부과와 징수에 관해서는 달리 특별한 규정이 없으므로 질서위반행위규제법에 따른다.

의심거래 보고를 거짓으로 한 자나 의심거래 보고사실 누설금지의무를 위반한 금융회사등 종사자는 1년 이하의 징역 또는 1천만 원 이하의 벌금에 처하고, 그 징역과 벌금을 병과할 수도 있다(특정금융정보법 제17조 제3항, 제18조). 법인의 대표자나 법인 또는 개인의 대리인, 사용인, 그 밖의 종업원이 그 법인 또는 개인의 업무에 관하여 이러한 위반행위를 한 경우에는 행위자를 벌하는 외에 그 법인 또는 개인에 대하여도 해당 조문의 벌금형을 과한다. 다만, 법인 또는 개인이 그 위반행위를 방지하기 위하여 해당 업무에 관하여 상당한 주의와 감독을 게을리하지 아니한 경우에는 그러하지 아니하다(특정금융정보법 제19조).

---

161) 다만, 위반 금융회사등에 대한 조치 중 기관경고 및 기관주의 조치, 위반 임원에 대한 문책경고, 주의적 경고 및 주의 조치, 위반 직원에 대한 모든 징계조치 요구업무는 금융회사등의 해당 감독청에 그 업무를 위탁하였다(특정금융정보법 시행령 제15조 제3항).

4. 금융회사등의 면책

금융회사등 또는 그 종사자는 위와 같은 보고가 고의 또는 중대한 과실로 인한 거짓보고가 아닌 이상 그 보고와 관련된 금융거래의 상대방 및 그 관계자에 대하여 손해배상책임을 부담하지 않는다(특정금융정보법 제4조 제7항). 이는 그 보고내용이 진실하다거나 경과실로 거짓보고를 하게 되더라도 그로 인하여 관련 당사자에게 발생한 손해에 관한 민사상 손해배상책임을 면제시킴으로써 위 보고제도의 활성화를 기하려는 것이다.

5. 수사기관 등에 대한 정보제공

금융정보분석원장은 금융회사등이나 외국금융정보분석기구 등으로부터 제공받은 정보(즉, 위 의심거래 보고나 후술하는 고액거래 보고를 받은 정보 포함)를 심사 · 분석하고 '정보분석심의회'의 심의를 거쳐 불법재산 · 자금세탁행위 또는 테러자금조달행위와 관련된 형사사건의 수사, 조세탈루혐의 확인을 위한 조사업무, 조세체납자에 대한 징수업무, 관세 범칙사건 조사, 관세탈루혐의 확인을 위한 조사업무, 관세체납자에 대한 징수업무 및 정치자금법위반사건의 조사, 금융감독 업무 또는 테러위험인물에 대한 조사업무(이하 '특정형사사건의 수사등'이라 함)에 필요하다고 인정하는 경우에는 관련 정보(이하 '특정금융거래정보'라 함)를 해당 검찰총장, 행정안전부장관, 고위공직자범죄수사처장, 국세청장, 관세청장, 중앙선거관리위원회, 금융위원회 또는 국가정보원장에게 제공한다(특정금융정보법 제10조 제1항, 제8항). 다만, 행정안전부장관에 대한 특정금융거래정보의 제공은 「지방세기본법」에 따라 지방자치단체의 장에게 제공하기 위해 필요한 경우로 한정한다. 지방세탈루혐의 확인을 위한 조사업무나 지방세체납자에 대한 징수업무에 필요한 경우가 이에 해당할 것이다. 제공하는 특정금융거래정보의 범위는 정보를 수령하는 기관의 수사 · 조사 등 업무에 필요하거나 밀접하게 관련된 범위로 제한함으로써 불필요하게 금융거래상의 비밀과 평온이 침해되지 않도록 배려하고 있다(특정금융정보법 제10조 제1항 각 호, 특정금융정보법 시행령 제11조의2).[162)]

162) 특정금융정보법 시행령 제11조의2 각 호에서는 각 정보수령 기관별로 제공하는 정보의 범위를 구체적으로 명시하고 있다. 즉, 검찰총장 및 고위공직자범죄수사처장에게 제공하는 정보는 형사사건의 수사

또한 금융정보분석원장은 정보분석심의회의 심의를 거쳐 불법재산 · 자금세탁행위 또는 테러자금조달행위와 관련된 형사사건의 수사에 필요하다고 인정하는 경우에는 범죄수익의 금액, 범죄의 종류 및 죄질, 관련자의 신분, 수사의 효율성 등을 고려하여 금융정보분석원장이 검찰총장, 경찰청장 및 해양경찰청장과 협의하여 정한 기준에 따른 특정금융거래정보를 경찰청장, 해양경찰청장에게 제공한다(특정금융정보법 제10조 제2항, 제8항, 특정금융정보법 시행령 제12조). 이와 같이 금융회사등이 고액거래 보고는 물론 의심거래 보고를 관련 수사 · 조사 · 감독기관에 직접 하는 것이 아니라 금융정보분석원장에게 보고하게 하고, 금융정보분석원장이 그 보고의 필요성을 다시 심사한 후 특정금융거래정보를 제공하도록 한 이유는 의심거래 여부 판단을 신중하게 함으로써 금융회사등 거래 상대방의 금융거래 비밀을 보호하려는 것이다.[163]

그러나 이러한 정보제공 방식만으로는 자금세탁방지의 수요에 미치지 못할 우려가 있으므로 검찰총장, 고위공직자범죄수사처장, 경찰청장, 해양경찰청장, 행정안전부장관, 국세청장, 관세청장, 중앙선거관리위원회, 금융위원회, 국가정보원장(이하 '검찰총장등'이라 함)도 특정형사사건의 수사등을 위하여 필요하다고 인정하는 경우

에 필요하다고 인정되는 정보, 행정안전부장관 및 국세청장에게 제공하는 정보는 특정금융정보법 제4조제1항에 따라 보고된 정보(조세탈루혐의와 관련된 정보로 한정)의 내용과 같은 법 제4조의2에 따라 보고된 정보의 내용이 중복되거나 밀접하게 관련되는 경우의 해당 정보, 매출액이나 재산 · 소득 규모에 비추어 현금거래의 빈도가 높거나 액수가 과다하여 조세탈루의 의심이 있는 경우의 해당 정보, 역외탈세(域外脫稅)의 우려가 있는 경우의 해당 정보 또는 그 밖에 조세탈루의 우려가 있는 경우로서 국세청장이 혐의를 제시하는 경우의 해당 정보 중 조세탈루혐의 확인을 위한 조사업무에 필요하다고 인정되는 정보와 조세체납자에 대한 징수업무에 필요하다고 인정되는 정보, 관세청장에게 제공하는 정보는 같은 법 제4조제1항에 따라 보고된 정보(관세탈루혐의와 관련된 정보로 한정한다)의 내용과 같은 법 제4조의2에 따라 보고된 정보의 내용이 중복되거나 밀접하게 관련되는 경우의 해당 정보, 수출입 규모에 비추어 현금거래의 빈도가 높거나 액수가 과다하여 관세탈루의 의심이 있는 경우의 해당 정보, 외국환거래법위반 등 불법적인 외국환거래가 의심되는 경우의 해당 정보, 그 밖에 관세탈루의 우려가 있는 경우로서 관세청장이 혐의를 제시하는 경우의 해당 정보 관세 범칙사건 조사 또는 관세탈루혐의 확인을 위한 조사업무에 필요하다고 인정되는 정보 중 관세 범칙사건 조사 또는 관세탈루혐의 확인을 위한 조사업무에 필요하다고 인정되는 정보와 관세체납자에 대한 징수업무에 필요하다고 인정되는 정보, 중앙선거관리위원회에 제공하는 정보는 정치자금법위반사건의 조사에 필요하다고 인정되는 정보, 금융위원회에 제공하는 정보는 금융감독 업무에 필요하다고 인정되는 정보, 국가정보원장에게 제공하는 정보는 테러위험인물에 대한 조사업무에 필요하다고 인정되는 정보로 제한하고 있다.

163) 이한진, 앞의 "자금세탁방지제도로서의 혐의거래 보고 및 고액 현금거래 보고", 27면 각주 18; 또한 미국의 경우처럼 금융정보분석원이 수집한 자료를 데이터베이스에 저장해 두고 수사기관 등이 언제든지 그 데이터베이스를 열람할 수 있도록 하는 방식을 채택하지 아니한 점도 금융비밀을 보호하려는 입장이라 할 수 있다(이한진, 위 논문, 49면).

에는 금융정보분석원장에게 특정금융정보법 제10조 제1항 제3호의 정보(즉, 특정금융거래정보 중 정보를 정리하거나 분석한 정보)[164]의 제공을 요구할 수 있다(특정금융정보법 제10조 제4항). 이 경우 검찰총장등은 대상자의 인적사항, 사용목적, 요구하는 정보의 내용, 범죄혐의와 조세탈루혐의 등 정보의 필요성과 사용목적과의 관련성을 적은 문서를 직접 금융정보분석원에 제출하여야 하고, 긴급을 요하는 경우에만 우편 · 모사전송 또는 전자문서의 방법으로 요청할 수 있다(특정금융정보법 제10조 제4항, 특정금융정보법 시행령 제13조 제1항). 금융정보분석원 소속 공무원은 이러한 절차를 위반한 정보제공 요구는 거부하여야 한다(특정금융정보법 제10조 제6항). 행정안전부장관, 국세청장 및 관세청장은 금융정보분석원장에게 특정금융거래정보를 요구하여 이를 제공받아 조세 · 관세 탈루사건 조사 및 조세 · 관세 체납자에 대한 징수업무에 활용한 경우에는 1년 이내에 금융실명법 제4조 제1항에 따라 금융회사등에 해당 거래정보 등의 제공을 요구하여야 한다(특정금융정보법 제10조 제11항).

금융정보분석원장이 위와 같이 특정금융거래정보를 제공하였을 때에는 그 제공된 정보의 내용, 사용목적이나 제공사유, 그 수령한 공무원의 소속기관 · 직위 · 성명, 심사분석 및 제공과정에 참여한 금융정보분석원 직원(담당자 및 책임자)의 직위 및 성명, 명의인에게 통보한 날 등을 문서 또는 전산정보처리조직에 의하여 기록하여 제공한 날부터 5년간 보존해야 한다(특정금융정보법 제10조 제7항).

6. 금융정보분석원장의 자료제공 요구권

가. 행정기관 등의 장에 대한 자료제공 요구권

금융정보분석원장은 위 특정금융거래정보, 고액거래 보고의무에 따라 보고받은 정보 또는 후술하는 특정금융정보법 제9조에 따라 세관장 등으로부터 통보받은 외국환거래 정보를 분석하기 위하여 필요한 경우에는 관계 행정기관 등의 장에게 그 이용목적을 분명하게 밝힌 문서로 가족관계등록부 또는 폐쇄등록부의 등록전산정보자료, 주민등록전산정보자료, 범죄경력자료, 수사경력자료, 국민건강보험법 제

164) 이러한 정보는 금융정보분석원이 스스로 필요성을 인정하여 제공하는 특정금융거래정보 중 원래 자료(특정금융정보법 제10조 제1항 제1호, 제2호)가 배제되고 금융정보분석원이 정리 · 분석한 2차적 정보에 해당하는데, 이렇게 제공하는 정보를 제한하는 이유는 금융프라이버시권 보호를 위한 것이다.

69조 제5항에 따른 보험료 금액에 관한 자료, 부가가치세법 제8조 제1항에 따른 사업자등록신청자료 및 그 휴업신고 · 폐업신고 · 등록사항변경신고자료(부가가치세법 제8조 제6항), 그 밖에 심사 · 분석을 위하여 필요한 자료로서 대통령령으로 정하는 자료[165](금융실명법 시행령 제6조의 금융거래정보는 제외)의 제공을 요청할 수 있다(특정금융정보법 제13조 제1항, 같은 법 시행령 제14조 제1항, 제2항, 제4항).

또한 금융정보분석원장은 특정금융거래정보의 분석을 위하여 필요한 경우에는 「신용정보의 이용 및 보호에 관한 법률」 제25조에 따른 신용정보집중기관의 장에게 서면 · 모사전송 또는 선사문서의 방법에 의하여 그 이용목적을 분명하게 밝힌 문서로 신용정보(금융거래정보는 제외)의 제공을 요구할 수 있다(특정금융정보법 제13조 제2항, 같은 법 시행령 제14조 제3항, 제4항).

나. 금융회사등에 대한 자료제공 요구권

앞에서 설명한 것처럼 금융정보분석원장은 금융회사등으로부터 의심거래 보고의무(STR)에 따라 보고받은 사항을 분석할 때에는 보고받은 사항이 특정금융정보법 제4조 제1항의 의심거래 보고 요건에 해당하는지를 심사하기 위하여 필요한 경우에만 같은 법 제5조의4 제1항 제1호에 따라 금융회사등이 보존하는 관련 자료를 열람하거나 복사할 수 있다(특정금융정보법 제4조 제5항).

또한 금융정보분석원장은 특정금융거래정보를 분석할 때에는 보고받거나 제공받은 사항이 특정금융정보법 제4조 제1항의 의심거래 보고요건에 해당한다고 판단하는 경우에만 거래자 인적사항, 사용 목적, 요구하는 금융거래등 관련 정보 · 자료의 내용을 적은 문서로 금융회사등의 장에게 외국환거래법에 규정된 외국환업무에 따른 거래를 이용한 금융거래등 관련 정보 또는 자료의 제공을 요구할 수 있다(특정금

165) 대통령령인 특정금융정보법 시행령 제14조 제2항 별표에 따르면, 해외공사의 수주활동 및 시공상황에 관한 자료, 식품위생법 제37조에 따른 영업의 허가 · 변경허가 · 등록 · 변경등록 및 신고 · 변경신고에 관한 자료, 관세법 제241조 제1항에 따른 물품 수출 · 입신고에 관한 자료, 수출용 원재료에 대한 관세등 환급에 관한 자료, 공중위생관리법 제3조 제1항에 따른 영업의 신고 · 변경신고에 관한 자료, 「대부업 등의 등록 및 금융이용자 보호에 관한 법률」 제3조, 제5조에 따른 등록 · 변경등록에 관한 자료, 「외국인투자 촉진법」 제5조 제1항, 제8조 제1항, 제21조 제1항에 따른 외국인투자의 신고 · 변경신고 및 외국인투자기업의 등록에 관한 자료(다만, 영업비밀과 관련된 자료는 제외), 건설산업기본법 제23조 제3항에 따른 건설업자의 전년도 건설공사 실적 및 재무상태에 관한 자료 및 그 밖에 금융정보분석원장이 관계 행정기관 등의 장과 협의하여 필요하다고 인정하는 자료이다.

융정보법 제13조 제3항).

이는 금융정보분석원장에게 금융거래정보제공 요구권(또는 계좌추적권)을 부여한 것이다. 금융거래자 본인의 동의 없는 금융거래 내용에 대한 정보 또는 자료의 제공은 법관이 발부한 영장에 의하여 함을 원칙으로 하는 영장주의(금융실명법 제4조)의 예외적 제도이다. 따라서 이러한 권한의 남용에 대비하여, 그 정보 또는 자료의 요구는 필요한 최소한으로만 하도록 제한하고 있다(특정금융정보법 제13조 제4항). 또한 이러한 요건에 해당하지 아니함에도 불구하고 직권을 남용하여 금융회사등이 보존하는 관련 자료를 열람 · 복사하거나 금융회사등의 장에게 금융거래등 관련 정보 또는 자료의 제공을 요구한 경우에는 5년 이하의 징역 또는 5천만 원 이하의 벌금에 처하거나 이를 병과할 수 있도록 형사처벌 규정을 두고 있다(특정금융정보법 제16조 제1호, 제18조).

금융정보분석원장, 그 소속 공무원 및 금융정보분석원장의 위탁을 받아 금융회사등의 업무를 감독 · 검사하는 자는 필요한 경우에 금융회사등의 장에게 금융거래등의 정보나 의심거래 보고의무(STR) 및 후술하는 고액거래 보고의무(CTR)에 따라 보고한 정보를 요구할 수 있다(특정금융정보법 제15조 제7항 제1문). 이 경우에도 개인의 금융프라이버시권 보호를 위하여 이러한 정보 또는 자료 제공의 요청이나 요구는 필요한 최소한에 그쳐야 한다(특정금융정보법 제15조 제7항 제2문).

Ⅲ. 고액거래 보고의무

1. 입법취지 및 보고의무의 주체

위와 같은 의심거래 보고(STR) 제도는 불법재산이나 자금세탁행위 등의 의심에 합당한 근거가 있는지 여부 판단이 주관적일 수 있다는 점에서 자금세탁 등에 대한 간접적 규제제도로서의 실효성이 약화될 수 있다. 따라서 의심거래 보고제도를 보완하여 금융거래를 이용한 불법자금거래를 효과적으로 차단하고 자금세탁방지 제도를 국제기준에 부합하게 하여 우리나라와 국내 금융기관의 국제신인도를 높이기 위하여 2005. 1. 17. 개정 특정금융정보법에서 고액거래 보고(CTR) 제도를 도입하였다. 고액거래 보고의무의 입법취지는 금융회사등의 주관적 판단여지를 배제하고 일정 금액 이상의 현금등 지급 또는 영수라는 객관적 기준으로 금융거래를 보고하게 함으로써 자금세탁등의 판단자료를 확보하고 심리적 예방효과를 기하려는 것이다.[166] 그러나 이러한 획일적인 보고의무의 부과는 금융회사등이나 금융정보분석원에 과도한 업무부담을 줄 수 있고 금융프라이버시권 및 개인 사생활의 비밀을 침해할 우려가 있다.[167]

고액거래 보고의무의 주체도 의심거래 보고의무의 경우와 마찬가지로 '금융회사등'이다.

2. 보고의무의 내용

금융회사등이 1천만 원[168] 이상의 현금(외국통화 제외)[169]이나, 카지노사업자가 그 영업장에서 카지노 베팅에 사용하는 칩과 교환하여 지급 또는 영수하는 수표 중 권면액이 100만 원을 초과하는 수표(다만, 카지노사업자가 그 수표를 지급하거나 영수하면서 실지명의를 확인한 후 실지명의 및 수표번호를 기록 · 관리하는 경우는 제외, 위 현금과 수표를 이하 '현금등'이라 함)를 '금융거래등의 상대방'에게 지급하거나 그로부터 영수한 경우에는 30일 이내에 금융정보분석원장에게 그 내용을 보고해야 할 의무가 있다(특정금융정보법 제4조의2 제1항 본문, 제2조 제2호 다.목, 특정금융정보법 시행령 제8조의2 제1항, 제8조의3, 제3조 제2항). 다만, 다른 금융회사등(자금세탁행위와 테러자금조달행위에 이용될 위험이 높은 자로서 금융정보분석원장이 정하여 고시하는 자 또는 카지노사업자는 제외)과의 현금등의 지급 또는 영수, 국가 · 지방자치단체와 현금등의 지급 또는 영수를 하거나, 자금세탁의 위험성이 없는 일상적인 현금등의 지급 또는 영수로서 대통령령으로

---

166) 성낙인 · 권건보, 앞의 "자금세탁방지제도에 대한 법적 검토", 265면.

167) 성낙인 · 권건보, 앞의 "자금세탁방지법제에 대한 헌법적 검토", 268면.

168) 고액거래 보고의무의 기준금액이 종전에는 2천만 원이었으나, 2019. 7. 1. 이후에 지급하거나 영수하는 현금의 경우 1천만 원으로 강화되었다(특정금융정보법 시행령 제8조의2 제1항, 부칙 제2조). 국제기준에 따라 시행령을 개정한 것이다.

169) 외국통화를 제외하는 이유는 외국통화의 거래는 외국환거래법상 일정한 경우 한국은행 총재, 세관의 장 등에게 신고 또는 통보를 하게 하는 등 별개의 규제제도가 있기 때문이다(최승필, 앞의 "자금세탁방지제도에 대한 법적 검토", 6면). 특히 한국은행 총재, 세관의 장, 「외국환거래법 시행령」 제13조 제2항 제2호에 따른 외환정보집중기관의 장은 「외국환거래법」 제17조에 따른 신고에 관련된 자료와 같은 법 제21조에 따른 통보에 관련된 자료를 금융정보분석원장에게 통보해야 하고(특정금융정보법 제9조 제1항), 금융정보분석원장은 그 통보받은 정보를 정리 · 분석한 정보를 수사 · 조사에 필요한 경우 검찰총장등에게 제공하도록 하고 검찰총장등도 그 제공을 요구할 수 있으므로(특정금융정보법 제10조 제1항 제3호, 제4항) 외국환거래를 통한 자금세탁등에 대한 간접적 규제도 이러한 절차를 통하여 이루어지고 있다.

정한 것(즉, 100만 원 이하의 원화 송금 금액, 100만 원 이하에 상당하는 외국통화의 매입 · 매각 금액, '금융정보분석원장이 정하는 공과금 등을 수납하거나 지출한 금액'[170])에 해당하는 경우[171])에는 보고의무 대상에서 제외된다(특정금융정보법 제4조의2 제1항 단서, 특정금융정보법 시행령 제8조의2 제4항, 제8조의4).

고액거래 보고의무는 의심거래 보고의무의 경우처럼 의심거래임을 전제로 하지 않는 대신 자금세탁 등 범죄에 활용될 위험이 높은 현금등의 금융거래등으로 제한하고 있다. 자기앞수표나 양도성예금증서는 현금과 마찬가지로 통용되고 있는 지급수단이지만, 그 금융거래등의 경우에는 현금과 달리 자금추적이 가능하므로 금융회사등의 보고부담을 경감시켜 주기 위하여 고액거래 보고의무 대상에서 제외하였다.[172]

현금등의 '지급' 또는 '영수'란 현금등의 물리적 이동(Physical Transfer of Currency)을 의미하는 것이므로[173] 물리적 이동을 수반함이 없는 계좌이체[174]나 전자자금이체 · 전자화폐 · 신용카드 등 전자지급수단을 이용한 전자지급거래(전자금융거래법 제2조 제2호)에 의한 자금이동은 포함되지 않는다. 금융회사등이 '금융거래등의 상대방'에게 현금등을 지급 또는 영수하는 경우라야 하므로 금융거래를 수반하지 않는 현금등의 단순한 운반시 수수하게 되는 경우는 포함하지 않는다. 또한 수인이 현금등

---

170) '금융정보분석원장이 정하는 공과금 등을 수납하거나 지출한 금액'이란 금융실명법 제3조 제2항 제1호, 같은 법 시행령 제4조 제1항 제2호에서 정하는 공과금 등을 수납한 금액, 법원공탁금, 정부 · 법원보관금, 송달료를 지출한 금액, 은행지로장표에 의하여 수납한 금액, 100만 원 이하의 선불카드 거래 금액을 말한다(특정금융정보감독규정 제9조).

171) 그 밖에도 미국, 캐나다, 호주 등에서 고액거래 보고의무 대상에서 제외하고 있는 자금세탁 등 우려가 희박한 경우, 즉 '1-2년 이상 당해 금융기관에 거래계좌를 보유하고, 소매업 등 현금거래 성향이 높은 업종의 사업자가 하는 현금거래의 경우'에도 자금세탁의 위험성이 없는 일상적인 현금등의 지급 또는 영수로 규정하여 고액거래 보고의무를 면제하자는 논의가 있지만(이한진, 앞의 "자금세탁방지제도로서의 혐의거래 보고 및 고액 현금거래 보고", 51,52면), 자금세탁이나 탈세 등에 이용될 여지가 전혀 없지 않는 이상 자금세탁등 규제의 실효성 확보를 위하여 그 입법에 신중을 기할 필요가 있을 것이다.

172) 이한진, 위 논문, 38면.

173) 이한진, 위 논문, 39면.

174) 다만 사실상 계좌이체를 하면서 금융기관의 창구에서 현금으로 인출하고 그 자리에서 현금으로 송금한 것으로 처리한 경우에는 물리적인 자금이동은 없었지만 자금의 이동 파악이 곤란해질 수 있으므로 자금세탁 등 규제를 위한 고액거래 보고제도의 입법취지에 비추어 그 보고대상에 포함되는 것으로 보아야 할 것이다(이한진, 위 논문, 40면에서는 자금세탁 규제를 위한 보고제도의 입법취지 외에도 "고액거래 보고제도는 금융기관의 주관적 판단에 관계없이 객관적 · 획일적 기준에 따라야 운용되어야 함"도 논거로 제시하고 있다).

지급 또는 영수에 관여한 경우에 고액거래 보고의무의 주체인 금융회사등이나 금융거래등의 상대방은 각 금융거래등의 당사자인 금융회사등과 그 금융거래등의 상대방만을 말한다.[175]

금융회사등이나 금융거래등의 상대방이 현금등의 고액거래를 취소한 경우에 취소 전 현금등 지급 또는 영수가 고액거래 보고 대상인지 여부는 문제이다. 이러한 경우에도 보고대상에 포함됨이 원칙이지만, 당일자 금융거래등을 취소하는 경우에는 금융회사등 직원의 오조작에 의한 경우가 대부분이고 이를 취소의 주체가 금융거래능의 상대방인 경우와 구별할 실익이 없다는 이유로 금융거래등을 한 당일 취소한 경우에는 보고대상에서 제외됨이 타당하다는 견해[176]가 있다. 그러나 원래 금융기관의 오조작에 의한 금융거래등은 고액거래의 보고대상이 될 수 없고, 당일자 금융거래등의 취소를 그 후 거래취소의 경우와 구별할 이유가 없으며, 보고의 대상은 금융거래등을 한 사실이 아니라 금융거래등으로 인한 현금등의 지급 또는 영수 사실이므로, 일단 거래로 인한 현금등의 지급 또는 영수가 있었다면 모두 고액거래 보고의무 대상으로 보아야 할 것이다.

고액거래 보고의 보고사항은 보고하는 금융회사등의 명칭 및 소재지, 현금등 지급 또는 영수가 이루어진 일자 및 장소, 그 지급 · 영수의 상대방 및 내용, 그 밖에 그 지급 · 영수 사실을 분석하기 위하여 필요한 사항으로 금융정보분석원장이 정하는 사항(즉, 무통장입금에 의한 송금 시 수취인 계좌에 관한 정보)이다(특정금융정보법 시행령 제8조의6 제1항, 특정금융정보감독규정 제11조 제2항).

보고대상인 1천만 원 이상 금액인지 여부를 산정할 때에는 '동일인 명의'로 이루어지는 1거래일 동안의 금융거래등에서 지급한 금액을 합산하거나 영수한 금액을

---

175) 이한진, 위 논문, 45,46면(이에 따라 이 논문에서는 다음 사례를 들고 있다. ① A가 甲은행에서 乙은행에 있는 B의 예금계좌에 현금 2천만 원을 송금한 경우에, 송금위탁 금융거래의 당사자인 甲은행만이 A의 고액거래에 관한 보고의무를 부담할 뿐 乙은행은 보고의무의 주체가 아니다. ② A가 甲은행의 현금자동입출금기를 통하여 乙은행에 있는 자신의 예금계좌에서 현금 2천만 원을 인출한 경우에, 甲은행은 乙은행과의 업무위탁계약에 따라 乙은행의 지급을 대행한 것일 뿐 현금인출의 금융거래 당사자인 금융회사는 乙은행이므로 고액거래 보고의무의 주체는 乙은행이다. ③ A가 甲은행에 乙은행 발행 자기앞수표 2천만 원 상당을 지급제시하여 甲은행이 그 수표금을 현금으로 지급한 경우에, 甲은행은 乙은행과의 지급위탁관계에 따라 乙은행의 자기앞수표 지급사무를 대행한 것일 뿐 수표금 지급의 금융거래 당사자는 乙은행이므로 고액거래 보고의무의 주체는 乙은행이다.).

176) 이한진, 앞의 "자금세탁방지제도로서의 혐의거래 보고 및 고액 현금거래 보고", 41면.

합산하고(다만, 위와 같이 100만 원 이하의 원화 송금 금액, 100만 원 이하에 상당하는 외국통화의 매입 · 매각 금액, 금융정보분석원장이 정하는 공과금 등을 수납하거나 지출한 금액은 제외), 카지노사업자의 경우에는 거래 1건당 지급하거나 영수하는 금액을 기준으로 산정한다(특정금융정보법 시행령 제8조의2 제2항, 제4항). 이 경우 '동일인 명의'란 실지명의가 동일한 것을 말하는데(특정금융정보법 시행령 제8조의2 제3항), 실지명의란 개인의 경우에는 주민등록표에 기재된 성명 및 주민등록번호, 법인 및 법인격 없는 사단의 경우에는 사업자등록증에 기재된 법인명 및 등록번호(또는 납세번호), 법인이 아닌 단체의 경우에는 단체 대표자의 실지명의 등을 기준으로 한다(금융실명법 제2조 제4호, 금융실명법 시행령 제3조).[177] 1거래일 동안의 합산 대상은 지급한 전액 또는 영수한 전액을 말하므로 같은 합산대상 범위 내 각 금융거래등의 구체적 유형은 불문하지만 지급금액과 영수금액 상호간에는 합산하지 않는다.[178]

금융회사등은 금융거래등의 상대방이 고액거래 보고(CTR) 제도를 회피할 목적으로 금액을 분할하여 금융거래등을 하고 있다고 의심되는 합당한 근거가 있는 경우에는 그 사실을 금융정보분석원장에게 보고해야 한다(특정금융정보법 제4조의2 제2항, 이하 '회피의심거래 보고'라 함). 이 때에도 위 의심거래 보고(STR)의 경우처럼 실제로 어떠한 경우가 이러한 근거를 갖춘 회피의심거래 보고의 대상인지 여부를 판단하기 어려울 수 있다. 그러므로 금융정보분석원장은 이러한 보고대상에 해당하는지 여부를 판단하는 데 참고할 수 있도록 명백한 경제적 합리성이 없거나 합법적 목적을 가지지 아니한 고액의 현금거래, 타인명의 계좌를 이용한 금융거래 등 자금세탁행위와 공중협박자금조달행위의 가능성이 높은 거래유형을 금융회사등에 제공할 수 있도록 하였다(특정금융정보법 시행령 제8조). 금융회사등은 금융거래등의 상대방이 금액을 분할하여 금융거래등을 하고 있다고 의심되는 경우에는 금융거래등의 상대방 수, 거래횟수, 거래 점포 수, 거래기간 등을 고려하여 당해 금융거래등이 의심거래 보고 대상 금융거래등인지를 판단하여 금융정보분석원장에게 보고하여야 한다(특정금융정보감독규정 제4조 제1항). 미국에서는 고액거래 보고를 회피할 목적으로 금액을 분할하여 금융거래를 하는 행위를 구조화 거래(structuring transaction)라고 하여 그

---

177) 이한진, 앞의 "자금세탁방지제도로서의 혐의거래 보고 및 고액 현금거래 보고", 42면 각주57.

178) 이한진, 위 논문, 43면.

러한 행위나 그와 유사한 행위를 금지하고 그 행위자를 형사처벌 하고 있지만,[179] 우리나라의 경우에는 금융회사등에게 이러한 회피의심거래의 보고의무를 부과하고 있을 뿐이며, 후술하는 것처럼 이를 위반한 금융회사등에게 과태료를 부과하고 그 보고를 거짓으로 한 자에 대해서만 형사처벌을 하고 있다. 그러므로 회피의심거래를 한 자에 대해서는 조사결과에 따라 전제범죄나 탈세 또는 자금세탁행위나 테러자금조달행위로 형사처벌을 하게 된다.

금융정보분석원은 사단법인 전국은행연합회, 한국금융투자협회, 상호저축은행중앙회를 중계기관으로 지정하여 금융회사등이 중계기관을 거쳐 고액거래 보고를 금융정보분석원장에게 하도록 할 수 있다(특정금융정보법 제4조의2 제3항, 특정금융정보법 시행령 제8조의7).

3. 의무불이행에 대한 제재

고액거래 보고의무 및 회피의심거래 보고의무를 위반한 금융회사등에 대하여는 3천만 원 이하의 과태료를 부과한다(특정금융정보법 제20조 제2항 제1호). 앞에서 살펴본 것처럼 금융회사등의 내부조치의무 위반 및 자료 · 정보 보존의무 위반에 대한 과태료 부과, 금융정보분석원장의 감독 · 검사권, 시정조치 및 징계요구권과 그에 관한 명령 · 지시 · 검사 불복 등에 대한 과태료 부과는 의심거래 보고의무의 경우와 같다.

의심거래 보고의무 위반의 경우처럼 금융정보분석원장은 고액거래 보고의무나 회피의심거래 보고의무를 위반한 금융회사등에 대하여 위반행위의 시정명령, 기관경고 또는 기관주의 조치를 할 수 있고, 위반행위에 관련된 임직원에 대하여 해임권고, 면직 등 징계조치를 할 것을 해당 금융회사등의 장에게 요구할 수 있다(특정금융정보법 제15조 제2항,제3항).

고액거래 보고나 회피의심거래 보고를 거짓으로 한 자는 1년 이하의 징역 또는 1천만 원 이하의 벌금에 처하고, 그 징역과 벌금을 병과할 수도 있다(특정금융정보법 제17조 제3항 제1호, 제18조). 이때 법인의 대표자나 법인 또는 개인의 대리인, 사용인, 그 밖의 종업원이 그 법인 또는 개인의 업무에 관하여 이러한 위반행위를 한 경우에

179) 미국 연방법전 31 U.S.C. §5324(Brickey, p.589).

는 행위자를 벌하는 외에 그 법인 또는 개인에 대하여도 해당 조문의 벌금형을 과한다. 다만, 법인 또는 개인이 그 위반행위를 방지하기 위하여 해당 업무에 관하여 상당한 주의와 감독을 게을리하지 아니한 경우에는 그러하지 아니하다(특정금융정보법 제19조).

4. 수사기관 등에 대한 정보제공 및 금융거래정보 제공사실의 통보

금융정보분석원장은 금융회사등으로부터 보고받은 고액거래 정보 등 특정금융거래정보를 특정형사사건 등의 수사 · 조사 · 징세업무에 필요하다고 인정되는 경우에 검찰총장 · 행정안전부장관 · 고위공직자범죄수사처장 · 국세청장 · 관세청장 · 중앙선거관리위원회 · 금융위원회 또는 국가정보원장에게 제공해야 하고, 경찰청장과 해양경찰청장(이하, 이들을 '검찰총장등'이라 함)에게도 특정금융거래정보를 일정한 기준에 따라 제공하게 되며, 이들 검찰총장등도 특정형사사건의 수사 등을 위하여 필요한 경우에는 특정금융거래정보 중 정보를 정리하거나 분석한 정보에 한하여 그 정보제공을 요구할 수 있는 점은 앞서 의심거래 보고의무 부분에서 설명하였다.

그런데 금융거래정보의 무분별한 제공을 방지하여 개인의 사생활을 보호하고 금융프라이버시권의 실질적 보장을 위하여 2013. 8. 13. 개정 특정금융정보법에서 고액거래 보고나 회피의심거래 보고의 정보제공 내용을 명의인에게 통보하는 제도를 마련하였다. 즉 금융정보분석원장은 그 고액거래나 회피의심거래 정보(특정금융정보법 제10조 제1항 제3호의 정보는 제외)를 위와 같이 검찰총장등에게 제공한 경우에는 제공한 날부터 10일 이내에 제공한 거래정보의 주요내용, 사용목적, 제공받은 자 및 제공일 등을 명의인에게 통보해야 한다(특정금융정보법 제10조의2 제1항, 이하 '정보제공 통보'라 함). 금융정보분석원장은 정보제공 통보를 위하여 필요한 경우에 관계 행정기관 등의 장에게 그 이용목적을 분명하게 밝힌 문서로 주민등록전산정보자료나 사업장 소재지 등 사업자의 기본사항에 관한 자료의 제공을 요청할 수 있다(특정금융정보법 제10조의2 제4항).

다만, 검찰총장등이 정보제공 통보가 사람의 생명 · 신체의 안전을 위협할 우려가 있다거나, 증거인멸 · 증인위협 등 공정한 사법절차의 진행을 방해할 우려가 명백하다거나, 질문 · 조사 등의 행정절차 진행을 방해하거나 과도하게 지연시킬 우려가 명백하다는 사유로 서면으로 통보유예를 요청한 경우에는 그 통보를 유예해야 한다. 유예기간은 처음에는 6개월의 범위에서 유예할 수 있고, 그 후에는 서면으로 재유예 요청을 하는 경우에 2회에 한정(사람의 생명 · 신체의 안전을 위협할 우려가 있는 경우에는 횟수제한 없이 재유예 요청을 할 수 있음)하여 각 3개월의 범위에서 유예요청기간 동안 통보를 유예해야 한다(특정금융정보법 제10조의2 제2항, 제3항).

정보제공 통보는 고액거래나 회피의심거래 보고의 경우에만 하는 것이고 의심거래 보고의 경우에는 앞에서 살펴본 바와 같이 오히려 그 보고사실을 그 보고 관련 금융거래의 상대방을 포함하여 다른 사람에게 누설하지 말아야 하는 금융거래정보 누설금지의무를 부과하고 있다. 이는 고액거래와는 달리 의심거래의 경우에는 자금세탁등의 의심이 있는 경우이므로 자금세탁등 방지의 실효성 확보가 금융프라이버시권의 실질적 보장보다 더 중요하고, 보고내용에 비추어 금융회사등의 보고사실이 거래 상대방에게 알려지면 금융회사등의 고객관리에 지장을 줄 우려가 있으며, 금융거래 관련자의 사생활의 비밀을 보호할 필요가 있기 때문이다.

Ⅳ. 고객확인의무

1. 입법취지 및 확인의무의 주체

금융거래를 이용한 자금세탁행위나 테러자금조달행위를 방지하고 그에 대한 수사자료를 확보하는 데 실효를 기하기 위하여는 금융회사등에게 금융거래 당시 일일이 거래 고객의 신원, 거래 재산의 실제 소유자, 금융거래의 목적, 거래자금의 원천 등을 파악하는 고객확인의무(CDD)를 부과할 필요가 있다.

미국의 경우 2001년 911사태를 계기로 제정된 애국법(The USA Patriot Act)에서 채택한 고객알기(Know Your Customer)정책과 같은 개념으로서,[180] 2003년 FATF의 40개 권고사항에서 고객주의의무(Customer Due Diligence)가 채택되었다.[181]

원래 2005. 1. 17. 개정 특정금융정보법에서는 고액거래 보고(CTR) 제도와 함께 고객확인의무(CDD) 제도를 도입하면서 고객확인의무의 내용으로 금융회사등이 금

180) 성낙인 · 권건보, 「자금세탁 방지법제론」(경인문화사, 2007), 87면("미국의 고객알기 제도는 계좌 개설자의 신원 확인, 수집정보의 기록 보관, 금융거래등제한대상자 여부 확인을 내용으로 한다.")

181) 성낙인 · 권건보, 앞의 "자금세탁방지제도에 대한 법적 검토", 286면.

융거래시 고객의 실지명의 등 신원에 관한 사항(즉, 형식적 실명확인)만 기본적 확인사항으로 규정하고 자금세탁 우려가 있는 경우에만 거래의 실제 당사자(즉, 거래 자금의 실제 소유자를 확인하는 실질적 실명확인) 여부 및 금융거래의 목적을 확인하도록 하였다. 그 후 2014. 5. 28. 개정 특정금융정보법에서는 금융회사등의 확인의무를 강화하여 금융거래 자금의 실제 소유자 확인을 기본적 고객확인사항으로 규정하고[특정금융정보법 제5조의2 제1항 제1호 (나)목], 고객이 실제 소유자인지 여부가 의심되는 등 고객이 자금세탁행위나 공중협박자금조달행위를 할 우려가 있는 경우에는 나아가 금융거래의 목적과 거래자금의 원천 등 금융정보분석원장이 정하여 고시하는 사항(금융회사등이 자금세탁행위나 공중협박자금조달행위의 위험성에 비례하여 합리적으로 확인 가능한 범위에 한정)도 확인해야 할 의무를 부과하였다(제5조의2 제1항 제2호). 또한 금융회사등은 고객이 신원확인 등의 정보제공을 거부하여 고객확인을 할 수 없을 경우에는 계좌개설 등 해당 고객과의 신규 거래를 거절하고 이미 거래관계가 수립되어 있는 경우에는 그 거래를 종료해야 하며, 이러한 경우에는 금융정보분석원장에 대한 의심거래 보고(STR) 여부를 검토해야 할 의무가 부과되었다(제5조의2 제4항, 제5항).

이러한 고객확인제도는 의심거래 보고(STR) 및 고액거래 보고(CTR) 제도와 결합하여 자금세탁등 방지의 실효성 확보를 기할 수 있게 하는 제도이지만 금융거래의 비밀이나 금융프라이버시권을 침해할 우려도 적지 않다. 그러므로 후술하는 바와 같이 확인대상 금융거래의 금액이나 대상을 제한하고 있다.

2. 확인의무의 내용

가. 기본적 고객확인사항

금융회사등은 고객이 **계좌를 신규로 개설**하거나[182] 실지거래금액[183] 1,000만 원(외국 통화로 표시된 외국환거래의 경우에는 1만 미합중국달러 또는 그에 상당하는 다른 통화로

---

182) '계좌의 신규 개설'이란 예금계좌 · 위탁매매계좌 등의 신규 개설, 보험 · 공제계약 · 대출 · 보증 · 팩토링 계약의 체결, 양도성예금증서 · 표지어음 등의 발행, 펀드 신규가입, 대여금고 약정, 보관어음 수탁, 기타 금융거래를 개시할 목적으로 금융회사등과 계약을 체결하는 것을 말한다[특정금융정보법 시행령 제10조의2 제2항, 「자금세탁방지 및 공중협박자금조달금지에 관한 업무규정」(이하, '자금세탁방지업무규정'이라 함) 제22조].

183) 금융거래의 대상이 되는 재산의 액면금액과 실지거래금액이 다른 경우에는 실지거래금액에 의한다(특정금융정보법 시행령 제10조의3 제2항).

표시된 금액, 카지노사업자의 영업장에서 칩과 현금 또는 수표를 교환하는 거래의 경우에는 300만 원 또는 그에 상당하는 다른 통화로 표시된 금액, 금융회사등을 이용한 전신송금의 경우에는 100만 원 또는 그에 상당하는 다른 통화로 표시된 금액, 가상자산거래의 경우에는 금융정보분석원장이 고시하는 환산기준에 따라 산정한 금액이 100만 원에 상당하는 가상자산의 금액, 이러한 각 거래가 혼합된 금융거래의 경우에는 특정금융정보법 시행령 제10조의3 제1항 각 호의 금융거래, 즉 위 각 금융거래별로 구분하여 금융거래의 금액 적용)[184] 이상의 **일회성 금융거래**[185] 등을 하는 경우에 고객의 실지명의(즉, 성명 및 실명번호, 다만 은행 · 전자금융업자 등과의 전자금융거래의 경우에는 실지명의 대신 성명, 생년월일, 성별 및 전자금융거래를 위해 전자금융업자에 제공한 계좌번호 등을 말함), 성별, 주소, 연락처(즉, 전화번호 및 전자우편주소), 직업[186] 즉 신원에 관한 사항을 확인하고(이하 '신원확인'이라 함),[187] 고객을 최종적으로 지배하거나 통제하는 자연인 (금융거래 자금의) **실제 소유자**의 실지명의 및 국적(실제 소유자가 외국인인 경우)을 확인해야 할 의무가 있다(특정금융정보법 제5조의2 제1항 제1호, 특정금융정보법 시행령 제10조의2 제1항 본문, 제10조의3, 제10조의4, 제10조의5 제1항, 특정금융정보감독규정 제22조, 제22조의2, 자금세탁방지업무규정 제38조 제1항).

만약 고객이 법인 또는 단체인 경우에는, 영리법인에 대하여는 실지명의(즉, 법인명 및 등록번호 등 실명번호), 업종, 본점 및 사업장 소재지, 연락처, 대표자의 성

---

184) 이러한 금액의 하한은 유럽의 FATF 회원국들과 비슷한 금액기준이다(성낙인 · 권건보, 앞의 논문, 291면).

185) '일회성 금융거래'란 금융회사등과 계속하여 거래할 목적으로 계약을 체결하지 않은 고객에 의한 금융거래로서, 무통장 입금(송금), 외화송금 및 환전, 자기앞수표의 발행 및 지급, 보호예수(봉함된 경우 기준금액 미만으로 봄), 선불카드 매매의 금융거래를 말한다(특정금융정보법 시행령 제10조의2 제2항, 자금세탁방지업무규정 제23조 제1항). 이러한 일회성 금융거래에는 위 기준금액 이상의 단일 금융거래 뿐만 아니라 동일인 명의의 일회성 금융거래로서 7일 동안 합산한 금액이 기준금액 이상인 금융거래(이하 **'연결거래'**라 함)도 포함하고, 이러한 연결거래의 경우에는 당해 거래당사자가 동 거래를 한 이후 최초 금융거래를 하는 때 고객확인을 해야 한다(자금세탁방지업무규정 제23조 제2항, 제3항).

186) 외국인의 경우에는 국적도 포함하고, 외국인 비거주자의 경우에는 성명, 생년월일, 성별, 국적, 실제 거소(또는 연락처)가 신원확인 대상이다(자금세탁방지업무규정 제38조 제1항, 제39조 제1항, 제116조 제1항).

187) 이는 개인고객의 신원확인 사항인데, 만약 고객이 영리법인인 경우에는 실지명의(즉 법인명, 실명번호), 업종, 본점 및 사업장의 소재지, 연락처, 대표자의 성명, 비영리법인 그 밖의 단체인 경우에는 실지명의(즉 단체명, 실명번호), 설립목적, 주된 사무소의 소재지, 연락처, 대표자의 성명을 확인해야 하고, 고객이 외국인 및 외국단체인 경우에는 위 각 해당사항 이외에 국적, 국내의 거소 또는 사무소 소재지도 확인사항이다(특정금융정보법 시행령 제10조의4 제2,3,4호, 자금세탁방지업무규정 제38조 제1항, 제2항).

명 · 생년월일 · 국적, 비영리법인이나 그 밖의 단체에 대하여는 실지명의, 설립목적, 주된 사무소 소재지, 연락처, 대표자의 성명 · 생년월일 · 국적, 외국단체에 대하여는 위 각 해당 사항, 국적, 국내의 거소 또는 사무소 소재지, 신탁의 경우에는 위탁자, 수탁자, 신탁관리인 및 수익자에 대한 신원정보를 확인해야 한다(특정금융정보법 시행령 제10조의4 제2호, 제3호, 제4호, 자금세탁방지업무규정 38조 제2항).

또한 그 **실제 소유자** 확인을 위하여 ① 해당 법인 또는 단체의 의결권 있는 발행주식총수(또는 출자총액, 이하 같음)의 100분의 25 이상의 주식, 그 밖의 출자지분(그 주식, 그 밖의 출자지분과 관련된 증권예탁증권 포함)을 소유하는 자(이하 그 주식이나 출자지분의 소유자를 '주주등'이라 함)의 성명, 생년월일 및 국적을 확인해야 한다. 만약 그러한 자를 확인할 수 없으면, ② 해당 법인 또는 단체의 의결권 있는 발행주식총수를 기준으로 소유하는 주식, 그 밖의 출자지분의 수가 가장 많은 주주등, ③ 단독으로 또는 다른 주주등과의 합의 · 계약 등에 따라 대표자 · 업무집행사원 또는 임원 등의 과반수를 선임한 주주등에 해당하는 자 중, ②나 ③ 어느 하나에 해당하는 자(해당 법인 또는 단체를 사실상 지배하는 자가 위 ②, ③ 요건에 해당하는 주주등과 명백히 다른 경우에는 그 사실상 지배하는 자)의 성명, 생년월일 및 국적을 확인해야 한다. 만약 그에 해당하는 자도 확인할 수 없는 때에는 ④ 해당 법인 또는 단체의 대표자의 성명 및 국적을 확인해야 한다(특정금융정보법 시행령 제10조의5 제2항). 만약 위 ①, ② 요건에 해당하는 주주등이 다른 법인 또는 단체인 경우에는 그 주주등인 법인 또는 단체의 중요한 경영사항에 대하여 사실상 영향력을 행사할 수 있는 사람으로서 ⓐ 의결권 있는 발행주식총수의 100분의 25 이상을 소유하는 주주등, ⓑ 의결권 있는 발행주식총수를 기준으로 소유하는 주식, 그 밖의 출자지분의 수가 가장 많은 주주등, ⓒ 단독으로 또는 다른 주주등과의 합의 · 계약 등에 따라 대표자 · 업무집행사원 또는 임원 등의 과반수를 선임한 주주등(그 주주등인 법인 또는 단체를 사실상 지배하는 자가 ⓑ, ⓒ에 해당하는 주주등과 명백히 다른 경우에는 그 사실상 지배하는 자) 중 어느 하나에 해당하는 사람이 있으면 그 사람의 성명, 생년월일 및 국적을 확인할 수 있다(특정금융정보법 시행령 제10조의5 제3항). 위 ①, ② 또는 ③에 해당하는 자, 위 ⓐ, ⓑ 또는 ⓒ에 해당하는 자가 여러 명인 경우에는 의결권 있는 발행주식총수를 기준으로 소유하는 주식, 그 밖의 출자지분의 수가 가장 많은 주주등을 기준으로 확인해야 한다(특정금융정보법 시행령 제10조의5 제4항 본문).

그러나 금융거래를 이용한 자금세탁행위 및 테러자금조달행위를 방지하기 위하여 필요하다고 인정되는 경우에는 그에 해당하는 자의 전부 또는 일부를 확인할 수도 있다(특정금융정보법 시행령 제10조의5 제4항 단서). 다만 법인 또는 단체인 고객이 국가, 지방자치단체, 공공단체(특정금융정보법 시행령 제10조의5 제5항 제2호의 공공단체), 다른 금융회사등(카지노사업자 등 특정금융정보법 시행령 제8조의4에 해당하는 자는 제외), 자본시장법 제159조 제1항에 따른 사업보고서 제출대상 법인인 경우에는 위와 같은 실제 소유자 확인을 하지 않을 수 있다(특정금융정보법 시행령 제10조의5 제5항).[188)]

만약 대리인(즉 개인 · 법인 · 단체를 대신하여 금융거래를 하는 자)에 의한 금융거래의 경우에는 그 대리권한이 있는지를 확인하고, 해당 대리인에 대해서도 신원확인을 해야 한다(자금세탁방지업무규정 제38조 제3항).

신원확인은 정부가 발행한 문서 등 신뢰할 수 있고 독립적인 문서 · 자료 · 정보 등을 통하여 그 정확성을 검증해야 하고(자금세탁방지업무규정 제37조 제1항, 제39조 제3항),[189)] 법인고객의 경우에는 그 설립사실을 증명할 수 있는 법인등기부등본 등의 문서 등을 통하여 법인 또는 법률관계가 실제로 존재하는지 여부를 확인해야 한다(자금세탁방지업무규정 제38조 제4항).

금융거래의 성질상 고객확인의무의 적용이 적절하지 아니하거나 자금세탁행위와 테러자금조달행위에 이용될 가능성이 현저히 적은 금융거래로서 금융정보분석원장이 정하여 고시한 거래의 경우에는 금융회사등의 고객확인의무가 전부나 일부 면제된다(특정금융정보법 시행령 제10조의2 제1항 단서). 즉, 각종 공과금 등의 수납(금융실명법 제3조 제2항 제1호, 금융실명법 시행령 제4조 제1항 제2호 소정), 금융실명법 제3조 제2항 제3호, 금융실명법 시행령 제4조 제2항, 제3항에서 정하는 채권(즉, 실명확인의무 면제채권)의 거래, 법원공탁금 지출, 정부 · 법원보관금 또는 송달료의 지출, 보험기간 만료시 보험계약자 · 피보험자 또는 보험수익자에 대하여 환급금이 발생하지 아니하

---

188) 자금세탁방지업무규정 제40조 제2항에 의하면 이러한 법인고객에 대하여는 간소화된 고객확인을 할 수 있다.

189) 자금세탁등의 위험이 낮은 경우로서, 주민등록증 또는 운전면허증(외국인의 경우 여권)과 같이 고객의 사진이 부착되어 있으면서 검증사항(연락처는 제외)을 모두 확인할 수 있는 실명확인증표로 고객의 신원을 확인한 경우(또는 학생 · 군인 · 경찰 · 교도소재소자 등에 대해 금융실명법상의 실명확인서류 원본에 의해 실명을 확인한 경우)에는 신원확인 검증을 이행한 것으로 볼 수 있다. 이 경우 금융실명법상 실명확인증표의 진위 여부에 주의를 기울여야 한다(자금세탁방지업무규정 제39조 제2항, 제116조 제2항).

는 보험계약(즉, 비환급형 보험계약), 전자금융거래법상 전자화폐 또는 선불전자지급수단의 발행의 경우에는 금융정보분석원장이 고시하는 바에 따라 위 고객확인 조치의 전부나 일부를 하지 않을 수 있다(특정금융정보감독규정 제21조).

금융회사등이 종전에 고객확인을 한 고객과 다시 금융거래를 하는 경우에는 고객확인을 생략할 수 있지만, 확인 주기가 도래한 경우이거나 기존 확인사항이 사실과 일치하지 아니할 우려가 있거나 그 타당성에 의심이 있는 경우에는 다시 고객확인을 해야 한다(특정금융정보법 시행령 제10조의6 제2항, 제3항).

위와 같은 고객확인은 금융거래가 이루어지기 전(즉, 금융거래 완료 전)에 해야 하지만, 금융거래의 성질 등으로 인하여 불가피한 경우로서 다음과 같이 금융정보분석원장이 정하는 경우에는 사후에 확인할 수도 있다(특정금융정보법 시행령 제10조의6 제1항, 자금세탁방지업무규정 제32조). 즉, 종업원 · 학생 등에 대한 일괄적인 계좌개설의 경우에는 계좌개설후 최초 금융거래를 하는 때, 상법 제639조에서 정하는 타인을 위한 보험의 경우에는 보험금, 만기환급금, 그 밖의 지급금액을 그에 관한 청구권자에게 지급하는 때 또는 보험금, 환급금, 그 밖의 지급금액에 관한 청구권이 행사되는 때, 7일 동안 동일인 명의로 이루어지는 일회성 금융거래의 합계액이 기준금액(원화의 경우 2천만 원, 외화의 경우 미화환산 1만 달러 상당액) 이상인 경우에는 그 거래 후 거래당사자의 최초 금융거래를 하는 때 각 확인할 수 있다(특정금융정보감독규정 제23조).

나. 강화된 고객확인사항

고객이 (금융거래 자금의) 실제 소유자인지 여부가 의심되는 등 고객이 자금세탁행위나 테러자금조달행위를 할 우려가 있는 경우[190]에는 위 확인사항 이외에 금융거래의 목적과 거래자금의 원천 등 금융정보분석원장이 자금세탁행위나 테러자금조달

190) 자금세탁방지업무규정은 금융거래 고객이 금융회사등으로부터 종합자산관리서비스를 받는 고객 중 금융회사등이 추가정보 확인이 필요하다고 판단한 고객, **외국의 정치적 주요인물**, 비거주자, 대량의 현금(또는 현금등가물)거래가 수반되는 카지노사업자, 대부업자, 환전영업자 등, 고가의 귀금속 판매상, 금융위원회가 공중협박자금조달과 관련하여 고시하는 금융거래제한대상자, UN에서 지정하는 제재대상자, 개인자산을 신탁받아 보유할 목적으로 설립 또는 운영되는 법인 또는 단체, 명의주주가 있거나 무기명주식을 발행한 회사인 경우, 카지노사업자로부터 별도 게임장 제공 등 특별한 서비스를 제공받는 고객 중 카지노사업자가 추가정보 확인이 필요하다고 판단한 고객이거나, 금융거래 상품 또는 서비스가 양도성 예금증서(증서식 무기명), 환거래 서비스, 비대면 거래, 기타 정부 또는 감독기관에서 고위험으로 판단하는 상품 및 서비스 등인 경우를 강화된 고객확인이 필요한 경우로 보고 있다(자금세탁방지업무규정 제55조, 제30조 제3항, 제31조 제3항, 제123조 제1항).

행위(이하 '자금세탁등'이라 함)의 위험성에 비례하여 합리적으로 가능하다고 판단한 범위로 한정하여 고시한 사항[191]을 확인해야 한다(특정금융정보법 제5조의2 제1항 제2호).

다. 가상자산사업자 고객확인사항

1) 가상자산사업자의 개념

'가상자산'이란 경제적 가치를 지닌 것으로서 전자적으로 거래 또는 이전될 수 있는 전자적 증표(그에 관한 일체의 권리 포함)를 말하고, 다만 화폐 · 재화 · 용역 등으로 교환될 수 없는 전자적 증표 또는 그 증표에 관한 정보로서 발행인이 사용처와 그 용도를 제한한 것 등[192]은 제외한다[「가상자산 이용자 보호 등에 관한 법률」(약칭 가상자산이용자보호법) 제2조 제1호]. 그 동안 민간 부문에서 가상화폐, 암호화폐 등으로 지칭되며 마치 화폐처럼 거래되고 있던 비트코인(Bitcoin), 이더리움(Ethereum) 등을 말한다. 가상자산은 블록체인(blockchain)[193]이란 분산원장 기술을 이용한 전자적 거래매개체로서 발행기관이 별도로 없고 강제통용력도 없으므로 이를 화폐나 자산으로 인정하기 어려웠다. 그러나 가상자산은 이미 민간부문에서 널리 교환수단으로 이용되

---

191) 그 밖의 강화된 고객확인 사항으로는, 개인고객의 경우에 직업 또는 업종, 기타 금융기관등이 자금세탁 우려를 해소하기 위해 필요하다고 판단한 사항, 법인고객의 경우에 법인구분 정보(대기업, 중소기업 등), 상장정보(거래소, 코스닥 등), 사업체 설립일, 홈페이지(또는 이메일) 등 회사에 관한 기본 정보, 금융회사등이 필요하다고 판단하는 경우 예상거래 횟수 및 금액, 회사의 특징이나 세부정보 등(주요상품/서비스, 시장 점유율, 재무정보, 종업원 수, 주요 공급자, 주요 고객 등)이 있다(자금세탁방지업무규정 제42조 제2항 제1,4호, 제3항 제1,4호, 제118조 제2항 제1,4호).

192) 가상자산에서 제외되는 전자적 증표는 "화폐 · 재화 · 용역 등으로 교환될 수 없는 전자적 증표 또는 그 증표에 관한 정보로서 발행인이 사용처와 그 용도를 제한한 것"과, 그밖에 「게임산업진흥에 관한 법률」 제32조 제1항 제7호에 따른 게임물의 이용을 통하여 획득한 유 · 무형의 결과물, 「전자금융거래법」 제2조 제14호에 따른 선불전자지급수단 및 같은 조 제15호에 따른 전자화폐, 「주식 · 사채 등의 전자등록에 관한 법률」 제2조 제4호에 따른 전자등록주식등, 「전자어음의 발행 및 유통에 관한 법률」 제2조 제2호에 따른 전자어음, 상법 제862조에 따른 전자선하증권, 「한국은행법」에 따른 한국은행이 발행하는 전자적 형태의 화폐 및 그와 관련된 서비스, 거래의 형태와 특성을 고려하여 대통령령으로 정하는 것(「전자금융거래법」 제2조 제16호에 따른 전자채권, 발행자가 일정한 금액이나 물품 · 용역의 수량을 기재하여 발행한 상품권 중 휴대폰 등 모바일기기에 저장되어 사용되는 상품권, 이들에 준하는 것으로서 거래의 형태와 특성을 고려하여 금융정보분석원장이 정하여 고시하는 것)이다(가상자산이용자보호법 제2조 제1호).

193) '블록체인'이란 거래정보가 기록된 암호화된 블록이 다음 블록에 순차적으로 기록되어 연결되는 일종의 데이터베이스로서 거래정보가 온라인 P2P 네트워크에 분산되어 기록 · 보관되고, 새로운 거래 시마다 거래정보가 이러한 공동분산원장에 기록 · 보관되는 방식을 말한다(육태우, "가상화폐 또는 암호화폐에 의한 금융의 변화 및 법적 시사점", 「강원법학」 53권(강원대학교 비교법학연구소, 2018. 2.), 232면.

고 있고 자금세탁에도 악용되고 있어서 2020. 3. 24. 개정 특정금융정보법에서 이를 자금세탁 규제의 대상으로 삼게 되었다. 또한 2023. 7. 18. 제정된「가상자산 이용자 보호 등에 관한 법률」(2024. 7. 19. 시행)에서는 가상자산 이용자의 자산을 보호하고 가상자산시장의 건전한 거래질서를 확립하기 위해 가상자산의 불공정거래행위 등을 자본시장의 경우와 유사하게 규제하고 있고, 금융위원회의 가상자산사업자에 대한 감독 · 검사 · 조사 · 조치권한 등을 규정하고 있다.

'가상자산사업자'란 가상자산의 매도 · 매수, 다른 가상자산과의 교환, 이러한 매매 · 교환의 중개 · 알선 · 대행, 가상자산의 보관 또는 관리, 가상자산을 이전하는 행위 중 대통령령으로 정하는 행위 중 어느 하나의 행위(이하 '가상자산거래'라 함)를 영업으로 하는 자를 말한다(가상자산이용자보호법 제2조 제2호).

2) 가상자산사업자의 의무

가상자산사업자는 상호 및 대표자의 성명 · 국적, 사업장의 소재지 · 연락처 · 전자우편주소, 인터넷도메인 이름, 호스트서버의 소재지 등을 정관(또는 업무운영규정), 사업추진계획서, 정보보호관리체계인증[194]에 관한 자료 및 실명확인입출금계정[195]에 관한 자료를 첨부하여 금융정보분석원장에게 신고해야 한다(특정금융정보법 제7조 제1항, 같은 법 시행령 제10조의11). 그 신고사항이 변경된 경우에는 변경된 날부터 30일 이내에 금융정보분석원장에게 변경신고를 해야 한다(특정금융정보법 제7조 제2항, 같은 법 시행령 제10조의11 제3항). 가상자산사업자의 국외에서 이루어진 금융거래등 행위의 효과가 국내에 미치는 경우에도 특정금융정보법이 적용되므로(특정금융정보법 제6조 제2항) 마찬가지이다. 금융정보분석원장은 정보보호관리체계인증을 획득하지 못한 자, 실명확인입출금계정을 통해 금융거래등을 하지 않는 자(가상자산거래와 관련하여 가상자산과 금전의 교환 행위가 없는 경우는 제외), 범죄수익은닉규제법, 테러자금금지법, 특정금융정보법, 외국환거래법, 자본시장법 등 대통령령으로 정하는 금융관련 법률에 따라 벌금 이상의 형을 선고받고 그 집행이 끝나거나(집

---

194) 「정보통신망 이용촉진 및 정보보호 등에 관한 법률」 제47조 또는 「개인정보 보호법」 제32조의2에 따른 정보보호 관리체계 인증을 말함.

195) 실명확인이 가능한 입출금 계정으로서, 동일 금융회사등(대통령령으로 정하는 금융회사등에 한정)에 개설된 가상자산사업자의 계좌와 그 가상자산사업자의 고객의 계좌 사이에서만 금융거래등을 허용하는 계정을 말한다(특정금융정보법 제7조 제3항 제2호 본문).

행이 끝난 것으로 보는 경우 포함) 집행이 면제된 날부터 5년이 지나지 않은 자(가상자산사업자가 법인인 경우에는 그 대표자와 임원을 포함함), 가상자산사업자 신고나 변경신고가 특정금융정보법 제7조 제4항에 따라 말소되고 5년이 지나지 않은 자의 신고는 수리하지 않을 수 있다(특정금융정보법 제7조 제3항, 특정금융정보감독규정 제27조 제1항).

위 신고의 유효기간은 신고를 수리한 날부터 3년(5년 이하 범위에서 대통령령으로 정한 기간)이므로 3년마다 신고를 갱신해야 한다(특정금융정보법 제7조 제6항, 같은 법 시행령 제10조의15 제1항).

금융정보분석원장은 가상자산사업자가 신고 불수리 사유에 해당하거나 특정금융정보법령 위반에 따른 시정명령 등의 불이행으로 영업정지 명령을 받고도 이행하지 않는 등의 경우에는 직권으로 신고 또는 변경신고를 말소할 수 있다(특정금융정보법 제7조 제4항).

이러한 신고의무를 이행하지 않고 가상자산거래를 영업으로 한 자, 거짓이나 그 밖의 부정한 방법으로 신고를 하고 가상자산거래를 영업으로 한 자는 5년 이하의 징역 또는 5천만 원 이하의 벌금에 처하거나 징역과 벌금을 병과할 수 있다(특정금융정보법 제17조 제1항, 제18조). 신고사항이 변경된 경우에 변경신고를 하지 않은 자, 거짓이나 그 밖의 부정한 방법으로 변경신고를 한 자는 3년 이하의 징역 또는 3천만 원 이하의 벌금에 처하거나 징역과 벌금을 병과할 수 있다(특정금융정보법 제17조 제2항, 제18조).

앞에서 설명한 것처럼 가상자산사업자도 특정금융정보법 상 '금융회사등'에 속하므로 의심거래 보고의무, 고액거래 보고의무, 고객확인의무 등 특정금융정보법상 자금세탁 · 테러자금 감시를 위해 부과되는 의무를 부담한다. 이를 위해 가상자산사업자는 고객별 거래내역을 분리하여 관리하고, 고객의 예치금을 고유재산과 구분하여 관리하며, 고객확인의무에 따른 확인조치가 모두 끝나지 않은 고객의 거래는 제한하고, 위 신고나 변경신고 의무를 이행하지 않은 가상자산사업자와는 영업을 목적으로 거래하지 않게 되는 조치를 취해야 한다(특정금융정보법 제8조, 같은 법 시행령 제10조의20). 이러한 조치를 이행하지 않은 가상자산사업자에 대하여는 1억 원의 과태료를 부과한다(특정금융정보법 제20조 제1항 제3호).

3) 금융회사등의 고객확인사항

가상자산사업자와 거래하는 금융회사등은 앞에서 말한 기본적 고객확인사항, 강화된 고객확인사항은 물론, 위와 같은 가상자산사업자의 신고 및 변경신고 의무의 이행, 그 신고의 수리, 신고 및 변경신고의 직권말소 여부, 예치금과 고유재산의 구분관리, 정보보호관리체계인증 획득 사실을 확인해야 할 의무가 있다(특정금융정보법 제5조의2 제1항 제3호).

라. 업무지침의 작성 · 운용

이러한 고객확인의무를 수행함에는 금융거래를 이용한 자금세탁행위 및 테러자금조달행위를 방지하기 위하여 합당한 주의를 기울여야 한다(특정금융정보법 제5조의2 제1항 각 호 외 제1문). 이를 위하여 금융회사등은 고객 및 금융거래의 유형별로 자금세탁행위 또는 테러자금조달행위의 방지와 관련되는 적절한 조치의 내용 · 절차 · 방법이 포함된 업무지침을 작성 · 운용해야 한다(특정금융정보법 제5조의2 제1항 각 호 외 제2문, 제2항).

고객확인을 한 사항이 의심스러운 경우에는 그 출처를 신뢰할 만한 문서 · 정보 그 밖의 확인자료를 이용하여 그 진위 여부를 확인해야 하는데, 금융회사등은 그 확인자료 및 확인방법을 업무지침에 반영하여 운용해야 한다(특정금융정보법 시행령 제10조의2 제3항).

마. 고객확인 불능시 조치

고객이 신원확인 등을 위한 정보제공을 거부하여 고객확인을 할 수 없는 경우, 가상자산사업자인 고객에게 위와 같은 신고 및 변경신고 의무의 불이행, 신고의 불수리, 신고 및 변경신고의 직권말소, 정보보호관리체계인증 또는 실명확인입출금계정의 미비 사실이 확인되는 등의 경우에, 금융회사등은 계좌개설 등 고객과의 신규거래를 거절해야 하고, 이미 거래관계가 있는 경우에는 해당 거래를 종료해야 하며, 의심거래 보고 여부를 검토해야 한다(특정금융정보법 제5조의2 제4항, 제5항).

3. 의무불이행에 대한 제재

금융회사등이 위 고객확인의무 중 고객이 계좌를 신규로 개설하거나 실지거래금액이 기준금액 이상의 일회성 금융거래를 하는 경우에 고객의 신원에 관한 사항 등 특정금융정보법 제5조의2 제1항 제1호에 기재된 기본적 고객확인사항의 확인조치를 하지 아니한 경우에는 3천만 원 이하의 과태료를 부과한다(특정금융정보법 제20조 제2항 제2호). 또한 금융회사등이 고객확인의무 중 고객이 실제 소유자인지 여부가 의심되는 등 고객이 자금세탁행위나 테러자금조달행위를 할 우려가 있는 경우에 금융거래의 목적과 거래자금의 원천 등 강화된 고객확인사항의 확인조치를 하지 아니한 경우에는 1억 원 이하의 과태료를 부과한다(특정금융정보법 제20조 제1항 제2호).[196]

앞에서 살펴본 것처럼 금융회사등의 내부조치의무 위반 및 자료 · 정보 보존의무 위반에 대한 과태료 부과, 금융정보분석원장의 감독 · 검사권, 시정조치 및 징계요구권과 그에 관한 명령 · 지시 · 검사 불복 등에 대한 과태료 부과는 의심거래 및 고액거래 보고의무의 경우와 같다.

Ⅴ. 전신송금시 정보제공의무

전신송금이란 송금인의 계좌보유 여부를 불문하고 금융회사등을 이용하여 국내외 다른 금융회사등으로 자금을 이체하는 서비스를 말한다(특정금융정보법 제5조의3 제1항). 전신송금을 이용한 자금세탁 및 테러자금조달 행위를 효과적으로 차단하기 위해서는 전신송금 금융회사등 사이에도 금융거래정보를 공유할 필요가 있다. 이를 위하여 2013. 8. 13. 개정 특정금융정보법에서 금융회사등이 100만 원(또는 그에 상당하는 다른 통화로 표시된 금액)을 초과하는 국내 전신송금의 경우나 미화 1,000달러(또는 그에 상당하는 다른 통화로 표시된 금액)를 초과하는 해외 전신송금의 경우에는, 송금인의 성명(또는 법인 명칭, 이하 같음) · 계좌번호(계좌번호가 없는 경우에는 참조 가능한 번호, 이하 같음), 수취인의 성명 · 계좌번호, 그리고 해외송금시에는 그 밖에도 송금인의 주소 또는 주민등록번호(법인은 법인등록번호, 외국인은 여권번호 또는 외국인등록번호)를 송금받는 금융회사등(이하 '수취 금융회사'라 함)에게 제공해야 한다(특정금융정보법 제5조의3 제1항, 특정금융정보법 시행령 제10조의8). 이러한 자금이동 추적제도를 속칭 '트

196) 과태료 금액은 종전에는 고객확인사항에 따른 구분을 함이 없이 "1천만 원 이하"의 과태료를 부과하였으나, 2019. 1. 15. 개정 특정금융정보법(2019. 7. 1. 시행)에서는 고객확인사항 별로 구분하여 "3천만 원 이하" 또는 "1억 원 이하"의 과태료로 상향조정 하였다.

래블 룰(Travel Rule)'이라 한다.

국내송금시에는 수취 금융회사는 특정금융정보법 제4조의 의심거래 보고를 하기 위하여 필요한 경우에 금융정보분석원장은 수취 금융회사로부터 보고받은 정보를 심사 · 분석하기 위하여 필요하면 송금 금융회사등에 송금인의 주소 또는 주민등록번호(법인은 법인등록번호, 외국인은 여권번호 또는 외국인등록번호)를 제공할 것을 요청할 수 있다(특정금융정보법 제5조의3 제2항). 이러한 요청을 받은 송금 금융회사등은 3영업일 이내에 그 정보를 제공해야 한다(특정금융정보법 제5조의3 제3항).

가상자산사업자의 경우에는 고객이 가상자산사업자에게 가상자산의 이전을 요청한 때 가상자산사업자가 표시하는 가상자산 가액을 적용하여 원화로 환산한 금액을 기준으로, 가상자산사업자가 다른 가상자산사업자에게 1백만 원 이상에 상당하는 가상자산을 이전하는 경우에 위 정보제공의무가 발생한다(특정금융정보법 제6조 제3항, 같은 법 시행령 제10조의10 제1호, 특정금융정보감독규정 제26조 제2항). 이때 가상자산을 이전하는 가상자산사업자는 가상자산을 이전받는 가상자산사업자에게 가상자산을 보내는 고객과 가상자산을 받는 고객의 성명(법인 · 단체의 경우에는 법인 · 단체의 명칭 및 대표자 성명), 가상자산을 보내는 고객과 가상자산을 받는 고객의 가상자산 주소(가상자산의 전송 기록 및 보관 내역의 관리를 위해 전자적으로 생성시킨 고유식별번호를 말함) 정보를 제공해야 한다(특정금융정보법 시행령 제10조의10 제2호). 만약 금융정보분석원장 또는 가상자산을 이전받는 가상자산사업자의 요청이 있으면 3영업일 이내에 가상자산을 보내는 고객의 주민등록번호(법인의 경우에는 법인등록번호) 또는 여권번호 · 외국인등록번호(외국인만 해당)도 제공해야 한다(특정금융정보법 시행령 제10조의10 제3호, 제4호). 이러한 가상자산에 관한 '트래블 룰'은 2020년 특정금융정보법의 개정으로 2021. 5. 20.부터 시행되었으나, 가상자산사업자 업계의 정보제공 시스템(트래블 룰 솔루션) 구축작업을 거쳐 실제로는 2022. 3. 25.경부터 시행되었다.[197]

위 전신송금시 정보제공의무에 관해서도 금융회사등의 내부조치의무, 자료 · 정보 보존의무 및 그 위반에 대한 과태료 부과, 금융정보분석원장의 감독 · 검사권, 시정조치 및 징계요구권과 그에 관한 명령 · 지시 · 검사 불복 등에 대한 과태료 부과 규정이 적용되며, 그 내용은 의심거래, 고액거래 보고의무 및 고객확인의무의 경우

197) 금융위원회, 2022. 3. 24.자 보도자료.

와 같다.[198)]

Ⅵ. 외국환거래자료 등의 통보의무

한국은행 총재 및 세관의 장은 외국환거래법 제17조에 따른 지급수단 및 증권의 수출입 신고 자료, 외환정보집중기관(외국환거래법 시행령 제13조 제2항 제2호)의 장(한국은행 총재)은 외국환거래법 제21조(외국환거래법을 적용받는 거래, 지급, 수령, 자금의 이동 등에 관한 자료의 국세청장 · 관세청장 · 금융감독원장 또는 한국수출입은행장에 대한 통보)의 통보 관련 자료 중 금융정보분석원의 업무수행에 필요한 자료로서 기획재정부장관과 협의하여 정하는 자료를 금융정보분석원장에게 통보해야 한다(특정금융정보법 제9조, 특정금융정보법 시행령 제11조 제1항, 제2항).

Ⅶ. 금융거래정보의 비밀보장

특정금융정보법은 금융거래정보를 다루는 기관 종사자의 권한남용이나 부주의 또는 다른 자의 요구로 인하여 금융거래 관련 사생활의 비밀이 침해되는 것을 예방하기 위한 특별규정을 두고 있다. 즉 금융정보분석원 소속 공무원, 금융정보분석원의 특정금융거래정보 처리를 위한 전산시스템의 관리자 및 관련 용역 수행자, 중계기관에 종사하는 자, 수취 금융회사에 종사하는 자, 금융정보분석원으로부터 제공받은 특정금융거래정보와 관련된 '특정형사사건의 수사등'에 종사하는 자, 특정금융정보법 제15조 제1항, 제6항에 따라 감독 · 검사를 한 자, 특정금융정보법 제10조 제9항에 따라 정보분석심의회에 참여하거나 그 회의 업무에 종사하게 된 자는 그 직무와 관련하여 알게 된 특정금융거래정보, 전신송금시 수취 금융회사로서 제공받은 정보, 특정금융정보법 제13조에 따라 관계기관으로부터 제공받은 정보 · 자료, 특정금융정보법 제15조 제7항의 감독 · 검사업무 중 제공받은 정보 및 정보분

---

198) 금융회사등은 위 정보제공의무 대상 전신송금에 대하여 고객과 관련된 정보를 확인하고 보관해야 할 의무가 있지만, ① 현금카드, 직불카드 또는 체크카드 등에 의한 출금을 위한 이체, ② 카드 가맹점에서 신용카드, 직불카드 또는 체크카드 등에 의한 상품 및 서비스 구입에 대한 지불을 위한 이체, ③ 신용카드에 의한 현금 또는 대출서비스를 위한 이체, ④ 금융기관 상호간의 업무를 수행하기 위한 이체와 결제 등의 경우에는 그 정보 보관의무가 면제된다(자금세탁방지업무규정 제46조).

석심의회에서 알게 된 사항을 다른 사람에게 제공 또는 누설하거나 그 목적 외의 용도로 사용하여서는 아니 된다(특정금융정보법 제12조 제1항). 누구든지 위 사람들에게 위 정보를 제공할 것을 요구하거나 목적 외의 다른 용도로 사용할 것을 요구하여서도 아니 된다(특정금융정보법 제12조 제2항).

이를 위반하여 직무와 관련하여 알게 된 특정금융거래정보, 전신송금시 수취 금융회사로서 제공받은 정보, 특정금융정보법 제13조에 따라 관계기관으로부터 제공받은 정보 · 자료, 특정금융정보법 제15조 제7항의 감독 · 검사업무 중 제공받은 정보를 다른 사람에게 제공 또는 누설하거나 그 목적 외의 용도로 사용한 자 또는 그 정보를 제공할 것을 요구하거나 목적 외의 용도로 사용할 것을 요구한 자, 정보분석심의회에서 알게 된 사항을 다른 사람에게 제공 또는 누설하거나 그 목적 외의 용도로 사용한 자 또는 이를 제공할 것을 요구하거나 목적 외의 용도로 사용할 것을 요구한 자는 5년 이하의 징역 또는 5천만 원 이하의 벌금에 처하거나 이를 병과할 수 있다(특정금융정보법 제16조 제2호, 제3호, 제18조).

특히 수사기관이나 사법기관으로부터의 부당한 정보제공 요구를 차단하기 위한 특별규정도 두고 있다. 즉, 금융정보분석원장이 의심거래 보고사항의 심사에 필요하여 요구하는 경우가 아님에도 불구하고, 누구든지 직권을 남용하여 금융회사등이 보존하는 의심거래보고 관련 자료나 외국환업무에 따른 거래를 이용한 금융거래 관련 정보 · 자료를 열람 · 복사하거나 금융회사등의 장에게 그 제공을 요구한 자는 5년 이하의 징역 또는 5천만 원 이하의 벌금에 처하거나 이를 병과할 수 있다(특정금융정보법 제16조 제1호, 제18조).

또한 특정금융정보법 제10조(금융정보분석원장의 수사기관 등에 대한 정보제공)에 따라 제공된 특정금융거래정보는 재판에서 증거로 할 수 없고(특정금융정보법 제12조 제3항), 의심거래 보고의무(STR)에 따른 보고에 관여한 금융회사등의 종사자는 중대한 공익상 필요가 있는 경우 외에는 특정금융정보법 벌칙 규정과 관련된 재판을 제외하고는 그 보고와 관련된 사항에 관하여 증언을 거부할 수 있다(특정금융정보법 제12조 제4항). 이는 금융정보분석원장이 특정금융정보법 제10조에 따라 제공한 정보는 수사절차 중 수집한 정보가 아니므로 수사의 단서로 그치게 함이 타당하고, 만약 그 정보를 증거로 사용할 수 있게 한다면 검찰총장등 수사기관의 수사절차에 따르지 아니한 편법적 증거수집을 허용하는 결과가 되어 금융프라이버시권이 침해될 우려가 있기 때문이다.[199] 또한 그러한 입법취지를 철저히 관철시키기 위하여 그 보고 관련 금융회사등 종사자의 증언거부권도 인정한 것으로 보아야 할 것이다.

Ⅷ. 외국 기관과의 상호협력

1. 외국 금융정보분석기구와의 정보교환

자금세탁의 국제범죄성에 비추어 각 국의 금융정보분석기구 사이에도 금융거래정보를 신속하게 공유할 필요가 있다. 이를 위한 제도로서 금융정보분석원장은 특정금융정보법의 목적달성을 위하여 필요하다고 인정하는 경우에 상호주의 원칙에 따라 외국 금융정보분석기구에 특정금융거래정보를 제공하거나 이와 관련된 정보를 제공받을 수 있다(특정금융정보법 제11조 제1항). 다만 그 정보가 제공된 목적 외의 다른 용도로 사용되지 아니하고, 금융정보분석원장의 사전 동의[200] 없이는 외국 형사사건의 수사나 재판에 사용되지 아니하며, 그 정보제공 사실의 비밀이 유지되어야 한다는 요건이 모두 충족되어야만 제공할 수 있다(특정금융정보법 제11조 제2항).

2. 외국 금융감독·검사기관과의 업무협조

금융정보분석원장[특정금융정보법 제15조 제6항에 따라 금융정보분석원장의 권한을 위탁받은 자(해당 금융회사등의 감독청)도 포함]은 자금세탁방지 외국 금융감독 · 검사기관[201]이 외국의 자금세탁방지 법령[202]을 위반한 행위에 대하여 목적 · 범위 등을 밝혀 이 법에서 정하는 방법에 따른 감독 · 검사를 요청하는 경우 이에 협조할 수 있다. 이때

---

199) 최승필, 앞의 "자금세탁방지제도에 대한 법적 검토", 16면에서도, 만약 금융정보분석원장이 제공한 특정금융거래정보를 재판의 증거로 사용할 수 있게 하면 수사기관이 그 정보에만 의존하고 보다 광범위하고 구체적인 정보요구를 하게 되어 개인의 정보보호에 부정적 영향을 미치게 되는 점을 고려하여 그 정보를 재판의 증거로 할 수 없게 한 것으로 보고 있다.

200) 금융정보분석원장이 외국으로부터 그 동의 요청을 받은 경우에는 법무부장관의 동의를 받아 그 정보를 정보제공 요청과 관련된 형사사건의 수사나 재판에 사용하는 것에 동의할 수 있다(특정금융정보법 제11조 제3항).

201) 특정금융정보법 제4조, 제4조의2, 제5조, 제5조의2, 제5조의3 또는 제5조의4에 따른 금융회사등의 의무를 감독 · 검사하는 업무를 수행하는 외국의 기관을 말한다.

202) 자금세탁행위 방지 및 테러자금조달행위 금지 관련 국제협약과 국제기구의 권고사항을 반영한 외국의 법령을 말한다.

금융정보분석원장은 상호주의 원칙에 따라 감독 · 검사자료를 외국 금융감독 · 검사기관에 제공하거나 이를 제공받을 수 있다(특정금융정보법 제15조의2 제1항).

다만, 감독 · 검사자료를 외국 금융감독 · 검사기관에 제공하는 것은 우리나라도 해당 외국에 감독 · 검사자료를 유사하게 제공받을 수 있는 제도가 있고, 외국 금융감독 · 검사기관에 제공된 감독 · 검사자료가 제공된 목적 외의 다른 용도로 사용되지 아니하며, 감독 · 검사자료 및 그 제공사실의 비밀이 유지된 다는 요건(다만, 감독 · 검사자료가 제공된 목적 범위에서 외국법령에 따른 처분 또는 그에 상응하는 절차에 사용되는 경우는 제외)이 모두 충족되는 경우에만 허용된다(특정금융정보법 제15조의2 제2항).

| 판례 찾아보기 |

대법원

헌법재판소

고등법원

지방법원

일본 판례

찾아보기

ㄱ

ㅇ

한석훈

■ **주요 약력**

성균관대학교 법과대학(법학사)
성균관대학교 대학원 법학박사(상사법)
제28회 사법시험, 사법연수원 제18기(변호사)
서울동부지검 등 검사 및 부장검사
한국형사 · 법무정책연구원 연구위원실장
성균관대 법과대학 교수(상법)
성균관대 법학전문대학원 교수(상법 · 기업범죄)
Research Scholar at Emory University School of Law
금융감독원 외부평가위원, 대한상사중재원 중재인
국가인권위원회 인권위원(現), 법무법인 우리 선임변호사
現 한국상사법학회 부회장, 한국증권법학회 부회장
現 연세대학교 법무대학원 겸임교수
現 보건복지부 국민연금기금운용위원회 상근 전문위원
  (수탁자책임전문위원회 위원장)

■ **주요 저서**

「비즈니스범죄와 기업법」 제1판(2018), 제2판(2019), 제3판(2021), 제4판(2024)
「주식회사법대계」(한국상사법학회 편, 2013, 공동집필), 제2판(2016), 제3판(2019), 제4판(2022)
「주석 외부감사법」(한국공인회계사회 회계법연구회, 2019, 공동집필)

비즈니스범죄와 기업법

초판 1쇄 발행 2018년 3월 30일
제4판 1쇄 발행 2024년 2월 29일

지은이 | 한석훈
펴낸이 | 유지범
펴낸곳 | 성균관대학교 출판부
책임편집 | 신철호
편　집 | 현상철 구남희
마케팅 | 박정수 김지현

등　록 | 1975년 5월 21일 제1975-9호
주　소 | 03063 서울특별시 종로구 성균관로 25-2
전　화 | 760-1253~4
팩　스 | 762-7452
홈페이지 | press.skku.edu

ISBN 979-11-5550-625-7 93360